KB147511

해양스포츠·마리나·스포츠형 해양관광 시리즈

The Theory of Haeyang Sport Plus

해양스포츠론 플러스

지 삼 업 저

머 리 말

　내게는 생애 전반에 걸쳐 가장 오래되고 변하지 않는 연구 공간이 있다. 그것이 바다(연안해)다. '생산의 바다에서 즐기는 바다'로의 경작(耕作)이 곧 나의 연구 테마다. 삶은 한 줄로 요약되지 않을 정도로 구체적이었고, 발걸음 또한 분주(奔走)했기에 업적들은 대부분 최초라는 타이틀을 달고 있다. 한 지인이 권한 나의 아호(雅號)도 경양(耕洋)이다. 태어나고 성장하고 살아온 곳도 모두 바다가 지척이었다. 주로 구사하는 낱말도 치고 빠지는 부사(副詞)보다 정색(正色)하는 명사(名詞)를 더 선호한다. 천성(天性)이 그러했기에 관운(官運)은 하늘이 바다에서 멀듯 아득한 것이었다. 그래서 사람들은 나의 재능도 기질도 인생관도 해양성(海洋性)이라고 말하게 되는지도 모를 일이다.

　국내는 2010년부터 지방과 도시지역 해변 친수공간을 중심으로 해양스포츠 활동의 전진기지 역할을 하는 '해양마리나' 개발이 대세를 이뤄 왔다. 낭만적 칼럼니스트 김성우(1934~　)는 자신의 수필 '돌아가는 배(2011)'에서 "섬[島]은 대해(大海)에 지친 파도가 밀려밀려 안식하는 귀환의 종점이다."라고 설파(說破)했다. 그의 텍스트[本文]를 따라가다 보면, 지방과 도시지역 '해변' 역시 섬과 마찬가지로 대해에 지친 파도가 안식하는 종점으로 귀결된다. 그의 텍스트는 계속 이어진다. "해변은 바다의 집이다. 해변이 없다면 파도는 그 무한한 표류를 언제까지 계속할 것인가. 희뜩희뜩한 파도의 날개는 광막한 항해의 어느 기슭에서 쉴 것인가. 해변은 파도의 고향이다. 고향은 집이다. 아침에 나갔다가 저녁에 돌아오는 집이다. 쉬지 않기 위해 집을 나서고 쉬기 위해 찾아온다."

　주로 지방과 도시지역 해변에 개발되는 해양마리나를 찾는 고객도 그곳에서 세상의 모진 세파에 시달려 지친 몸도, 마음도 내려놓고 심신의 건강을 갈무리하는 한 편으로 잠시 쉬었다 가는 고향집처럼 삶의 에너지를 재충전한다. 그런 다음에는 아무 일 없었다는 듯 전의(戰意)를 다지면서 또 다시 일상으로 돌아간다. 이렇게 보아 간다면 해변은 파도의 안식처이기도 하지만, 해양마리나 역시 고객들에게 세상에서 가장 편한 안식처를 제공하고 있는 셈이 된다. 파도도 해양마리나를 찾는 고객도 해변을 통해 마침내 편히 쉴 수 있다는 점에서는 서로 닮은꼴이다. 이로써 파도며 해변이며 사회며 인간 행동 같은 것들이 해양마리나시설 내에서 소위 '마리나 공동체'가 어떻게 형성되고 발전하며 서로 엮여 있는지

를 어렴풋이나마 연상(聯想)할 수 있게 된다. 더욱이 그런 중심 단어들을 새끼줄에 굴비 엮듯한 줄로 꿰고 보면 어떤 관계, 즉 고객들을 어떻게 집과 같이 '쉬지 않기 위해 마리나 를 나서고, 또 쉬기 위해 마리나시설을 찾도록 할 것인가' 곧 해수면(해양 마리나)은 물 론 내수면 마리나개발 디자인의 총론이고, 또 양질의 해양스포츠 활동을 지원할 고품질 서비스 제공의 알파요 오메가임을 비로소 생생하게 파악할 수 있게 된다.

실제로 최근에 개발된 호주 골드코스트 미라지 마리나와 싱가폴 One15 마리나 등 은 과거에 개발된 미국 LA의 마리나 델 레이(marina del rey)와 스페인 마요르카 마리나 (mallorca marina)에 비(比)하여 충실과 신뢰를 중심으로 고객들이 해양스포츠를 통해 건 강을 다지면서 집과 같은 안락과 쾌락을 만끽할 복합시설 집적지로서 고품질 서비스를 제 공하여 재방문율을 높이고 있다. 이들은 4계절 안정적인 경영수익 창출을 위해 안전과 청 정수질 확보는 물론 바다활동과는 거의 관련이 없는 편의시설, 해양문화시설, 위락시설을 특별히 강화하는 쪽에 경영 방점을 찍고 있다. 그렇다면 왜 마리나가 이렇게 혁신에 혁신 을 거듭할 수밖에 없을까. 그 중심에는 세계관이 다른 '사람'이 있다. 세계관이 다르면 세계 와 관계하는 방식이 달라진다. 중요한 것의 순위도, 삶의 의미도 달라진다. 결국 마리나의 혁신은 시대에 따라 달라지는 사람들의 세계관을 반영한 결과이다. 혁신적인 마리나가 신 수요를 창출 한다.

압축하면, 경영자들은 달라진 사람들의 세계관에 맞춤한 '인간과 바다가 서로 이로운 겸애(兼愛)'를 브랜드로 내세워 판매하고 있다. 브랜드는 그 사회 마리나문화와 같이 간 다. 현대인들은 마리나시설을 구매하는 게 아니라 '생태 문화'와 '양질의 해양스포츠 활 동을 위한 고품질 서비스'를 기꺼이 구매하는 것이다. 현대 경영학을 창시한 피터 드러커 (1909~2005)는, "마케팅의 궁극적인 목적은 고객이 저절로 제품을 찾게 만드는 것이다."라 고 말했다. 서비스는 '도' 아니면 '모'다. 중간은 없다. 99% 잘하다가도 단 1%라도 잘못하면 결국 실패다. 한번 불만을 가진 고객은 다시 돌아오기 어렵다. 결국 '디테일(detail)'에서 승 부가 갈린다. 이럴 '디테일의 악마'라고도 말한다. 그 마리나만의 무형자산인 고품질 서비 스는 유일한 차별화 전략이다. 돈으로는 일조일석에 해결할 수 없기 때문이다. 그래서 고객

과 직접 대면하는 직원들에 대한 자체역량강화교육은 엄청 중요할 수밖에 없다. 아직은 명품마리나가 존재하지 않는 국내는 더욱 그렇다. 고객은 명품마리나의 회원이 되는 순간 열반(涅槃)에 든다. 이게 명품마리나가 갖고 있는 아우라(Aura)다.

고객이 제 발로 해양마리나를 찾도록 만드는 그 중심에는 양질의 해양스포츠 활동을 위한 고품질 서비스가 있다. 특히 성공마리나의 경영자는 남의 사유(思惟)가 아니라 스스로 철저히 현실(고객의 바람)을 반영해 마리나를 개발하고 고품질 서비스를 제공한다. 창조란 사람들의 서로 다른 세계관의 바탕 위에 생각, 즉 발상의 전환을 더한 것이다. 실제 상황을 면밀한 관찰을 통해 그 속에 숨은 특성이랄까, 동시대 또는 곧 도래할 시대의 세계관이 다른 사람들이 추구하거나 추구하게 될 삶의 가치관이랄까 이런 걸 콕 짚어내 형상화(브랜드화)한다. 물론 그 관찰 속엔 상상과 유추, 변형과 통합, 스스로 우뚝 서는 직관과 통찰이 포함된다. 그렇게 디자인되고 고품질 서비스를 제공하는 성공마리나라고 하더라도 정작 그들이 추구한 숨겨진 진실을 파악하기란 그렇게 쉽지 않다. 선무당은 현상과 본질 간의 함수관계, 즉 '연립 미분방정식'처럼 지금은 물론 시간이 흘러 나타나는 변수인 세계관의 변화까지도 고려해야 하는 이른바 '다차원의 동태적 최적화 목적함수'를 파악하는 일에 천착하기보다는 그저 눈에 보이는 겉모습에만 시선이 머물기 일쑤다. 이런 측면이 해양스포츠산업을 비롯하여 마리나산업 활성화를 고민하는 정책입안자의 철학과 안목이 청맹과니 수준에 머물러 있지 않아야 하는 이유다.

내 신분은 '국립부경대 해양스포츠학과 명예교수'다. 그렇지만 해양스포츠 분야를 세계 첫 학문의 반열에 올려놓은 당사자이기에 분야의 발언권으로 치자면 주식을 51% 이상 갖고 있는 최대주주라는 '자부심'을 갖고 있다. 자부심이야말로 오랜 세월동안 일신의 영달과는 담쌓고 숱한 고난의 외로운 길을 오직 구도자적 자세로 걸어온 외길인생만이 가질 수 있는 자긍심일 터이다. 한데, 지난 30여년의 연구자생활에서 줄곧 느낀 생각이 지금은 간절함으로 발전한 것이 하나 있다. '해양레저스포츠'라는 가짜개념이 진짜[正名]를 예사로 쪾 쪄 먹는 풍토에서는 중심개념의 깔끔한 정립은 하세월일 뿐만 아니라 깔끔한 개념을 토대로 태권도처럼 한국 해양스포츠의 제국경영을 위한 퀀덤 점프, 즉 차원이 다

른 전략 모색도 불가능함을 뼈저리게 느낀 것이 바로 그것이다. 그런 절실함의 토대위에서 총 열 번째 집필이 될 '해양스포츠론 플러스'에서는 지금의 보통명사 해양스포츠(Marine Sports)에서 전격 고유명사로서 영어발음대로인 '해양스포츠(Haeyang Sport)'를 사용함으로써 이 분야 중심개념의 깔끔한 정리를 통해 세(勢)의 확장은 물론 '해양스포츠'로 세계와 소통하며 해양스포츠시장을 열고 함께 번영을 하는 가운데 해양스포츠문화 후진 한국이 세계의 해양스포츠세를 평성할 출발섬으로 삼고자 했다.

실학사상을 집대성한 다산 정약용(1762~1836)은 "주장을 세우려거든 근거를 찾아라. 모든 사실이 진실이 아니다. 덮어놓고 앞선 기록을 믿어서는 안 된다. 행간을 살펴 현상에 현혹되면 안 된다. 겉만 보아서는 모른다. 옳고 그름은 언제나 이것과 저것이라는 양극단 '사이'에 있다. 누가 봐도 옳고, 언제 봐도 틀린 것은 별로 없다. 항상 '사이와 중간'이 문제다. 앞뒤를 따지고 진위를 가려서 현상의 안쪽에 숨은 진실을 밝혀라."고 말한다. 이 책 역시 국내외의 학계와 국책연구기관과 전문단체들의 관점을 서로 대조하고 꼼꼼히 살펴 갈래를 나누고 가늠해서 현상의 안쪽은 물론 여기와 저기의 '중간'에 숨겨진 관계성[의미]을 찾고 총체성[진실]을 파악하는 등 '인간의 풍요로운 삶과 이어지는 해양스포츠론 플러스'가 되었으면 하는 바람을 집필의 테마로 삼았다는 점만은 분명히 말할 수 있다. 잘될지는 모르겠으나 어쨌든 내 의도는 그렇다.

살아온 삶의 궤적만 놓고 보면, 연구자로써 다양한 현장경험들과 함께 해양스포츠·마리나·해양관광·정부의 마리나시설 설계기준 마련에 이르기까지의 경험을 통해 분야 간 서로 잇대어 있는 상관관계를 중심으로 총체성을 파악했을 정도로 이들 분야에 관한한 통달의 경지에까지 이르지 않았을까 하는 사회적 기대가 일부 있을 수는 있겠다. 솔직히 나는 30여 년간 줄곧 공부를 해나가다 보면, 해양스포츠학에 대한 통달의 길이 우리 집을 찾아가는 길만큼이나 훤할 줄 알았다. 그러나 고희에 이른 지금까지도 정작 나의 깜냥은 해양스포츠를 비롯하여 마리나의 세계를 꿰뚫어 보는 길을 찾기까지에 필요한 단순성·복잡성, 그리고 기본적인 개념을 몸으로 확실히 체득한 아키텍트(Architect)로서 혁신적·창의적인 생각을 갖기는 커녕 오히려 무지 앞에 고개를 떨어뜨리고 있다.

게다가 전문가가 책에 쓰는 내용은 그 분야의 역사요 등대 불이어야 한다. 물론 앞으로 향한 길만 길인 것이 아니라 지나온 길도 길일 것이다. 특히 '해양스포츠 자원론'과 '해양스포츠론'이 이미 절판된 터에 앞으로 향한 길뿐 아니라 지나온 길도 탐조등처럼 조명할 것이다. 움직이지 않는 역사는 끝냄을 의미한다. 우리가 헤쳐 나가야 하는 당대의 현실은 하나의 역사로 켜켜이 쌓인다. 나는 정지해도 해양스포츠 역사의 물줄기는 도도히 흐른다. 결국 한국 해양스포츠의 현실에 대한 고민의 흔적들은 그 자체로 하나의 역사를 낳는다. 이 책을 내는 이유이기도 하다. 그럼에도 나의 책은 얼마만큼 잊어지지 않을 실록(實錄)일 것인가. 담론의 생산자로서 후학들의 채점을 두려워하고 있다.

그런 뜻에서 이제 이 땅의 해양스포츠학은 어떤 방법으로 진리를 통달하고 공부할 것인가, 또는 당국의 정책입안자들이나 인접 분야에서 마구 쏟아내는 개념 자체가 헛방인 가짜 개념들 때문에 학문 발전에 적잖은 어려움을 겪고 있는 등속의 현안에서 벗어나, 무엇을 통달하고 무엇을 공부할 것인가의 본질적인 과제 앞에 마주서야 할 때이고, 그 본질적인 과제가 곧 해양스포츠학을 올곧게 발전시키기 위한 도정(道程)에서 '인간의 풍요로운 삶과 이어지는 해양스포츠론 플러스'라는 튼실한 알맹이 하나를 더 보태는 일이 되고, 또 그 이후로도 좌우 살피지 않고 맥진(驀進)하는 연구태도가 필요하지 않을까 싶다.

아무튼 이 책에서는 Adie, D. W.(MARINAS : a working guide their development and design : Third Edition : 1984), 梁谷昭夫 · 藤森泰明 · 森繁 泉(Marina의 計劃 : 1988), PIANC(Guidance of Facility and Management Specification for Marine Yacht Harbours and Inland Waterway Marinas with respect to User Requirements : 1991), 三谷 一也 (새 보트 및 중고보트 선택의 A에서 Z까지 : 1992), Blain, W. R.(Marina Developments : 1993), 橫內 憲久(친수공간 개발과 해양스포츠시설의 현상과 전망 : 1996), Raviv. A. (Comprehensive Marina Management Handbook : 2006), ODIT (Le financement des marina de plaisance : 2007), ICOMIA(Recreational Boating Industry Statistics Book : 2010), John Hogan & Lyndall De Marco(sustainable marina development : 2011), Mahoney, E. & RMRC (Helath of the Australian Marina Industry Survey : 2011),

MIAA(Marina Training Program : 2010·2011·2012) 등 외국의 논문·저서·전문단체의 보고서, 그리고 나의 졸저(마리나관리론 : 2008·해양스포츠론-2011-·마리나관리 및 운영론 : 2013 등)를 중심으로 학도들이 최신버전으로 공부할 수 있는 '해양스포츠론 플러스'를 마침내 내놓게 되었다. 학부생, 대학원생, 그리고 연구자들의 공부와 연구를 안내할 밝은 등대불이 되기를 기대한다.

따라서 이 책은 총 제Ⅱ편으로 구성되어 있다. 제Ⅰ편 제1장 용어의 정의, 제2장 한국 해양스포츠가 지금껏 걸어왔고 또 앞으로 가야할 길[고유명사로의 자리매김은 한통세괘(韓通世掛)를 통한 제국경영의 통로 확보 등], 제3장 철학 및 해양스포츠학의 체계와 인간과 해양스포츠…, 제10장 해양스포츠학과 및 유사학과 교육과정 운영실태 분석, 제11장 해양스포츠 지도자의 기능·자질·역할 및 전공자의 진로, 제12장 지도자의 깜냥·학문하는 태도, 제13장 인간과 바다와 해양스포츠와 마리나 간의 상관관계, 제14장 국내외 해양스포츠 및 보트산업 동향, 제Ⅱ편 제1장 선진국 마리나산업 따라잡기, 제2장 해양스포츠전진기지개념과 기능…, 제4장 마리나의 경제적 영향과 잠재적 가치, 제5장 마리나관리 및 운영의 실무 등을 다루었다.

끝으로 집필에 격려를 아끼지 않은 내자 정가희에게 고마움을 전하고, 또한 나의 어깨 위에 서 있는 성기환·임재현·이재빈·이호·김남영·김태수·정영주·김영돈 박사도 자신만의 연구영역을 개척하는 독보적인 연구업적을 쌓는 등 항상 배운 것에 감사하는 가운데 겸손하고 성실하며 의리가 있다는 평판을 받기를 기대한다. 특히 2018년 3월 4일 아버지 정태진 교수와 어머니 지승유 박사의 건치웃음 속에 태어난 서울 외손자 '정재후'도 부디 튼튼하고 총명하며 바다수영까지 잘하는 어린이로, 또한 그 이후로도 예의 바른 것은 물론 밝은 성격과 올곧은 품성을 지닌 가운데 신언서판(身言書判)을 겸비한 청년으로 성장하기를 간절히 기원한다.

2019년 6월

경양(耕洋) 서실에서   지 삼 업(池 三 業) 씀

차 례

제 **1** 편

해양스포츠(Haeyang Sport)의 바다

제1장 용어의 정의

제2장 한국 해양스포츠가 지금껏 걸어왔고, 앞으로 가야할 길

제3장 철학 및 해양스포츠학의 분류체계, 인간과 해양스포츠

제4장 해양스포츠의 가치, 수질환경, 스포츠문화 창조의 기대주

제5장 해양스포츠의 장점과 삶의 틈새, 과학, 환경친화성

제6장 각종 보트 및 운동문화별 분류, 종목별 특성, 안전사고

제7장 해양스포츠 활동과 안전 확보, 구명장비 및 인명구조법

제8장 해양스포츠 활동과 해변 친수공간(해안역)의 관리

제9장 친수공간의 개념과 공간적·심미적 범위 등

제10장 해양스포츠학과 및 유사학과 교육과정 운영실태 분석

제11장 해양스포츠지도자의 기능·자질·역할 및 진로

제12장 지도자의 깜냥 구분·학문하는 태도·4차 산업혁명 응전

제13장 인간과 바다와 해양스포츠와 마리나 간의 상관관계

제14장 국내·외 해양스포츠산업 및 보트산업 동향

제**2**편

마리나의 바다(Marina Of Sea)

제1장 선진국 마리나산업(Marina Industry) 따라잡기

제2장 해양스포츠 전진기지의 개념과 기능

제3장 마리나디자인, 어떤 시설을 유지 또는 강화시켜야 할까

제4장 마리나의 경제적 영향과 잠재적 가치

제5장 마리나의 서비스태도·고객응대·공동체형성, 관리운영의 실제

제 1 편

해양스포츠Haeyang Sport의 바다

제 1 장

용어의 정의

1. 해양스포츠(Haeyang Sport)

"바다·강·호소 등 자연의 물에서 동력·무동력·피견인의 각종 장비(보트) 및 기구를 이용하여 이뤄지는 '엘리트체육형' 해양스포츠를 비롯하여 '생활체육형' 해양스포츠, '학교체육교육형' 해양스포츠, '해양레크리에이션(휴양·기분전환) 및 해양리크리에이션(에너지의 재생·재창조)형' 해양스포츠 등 총 4개 장르를 모두 포괄·함의하는 광의적 개념에, 해양레저와 수상레저 등 유사(類似)개념들도 모두 수렴하는 '고유명사'로서 '개념기준분류체계'에서도 대분류의 위치에 놓이는 이 분야 중심 개념을 해양스포츠"라고 정의한다.

〈그림 1-1〉 해양스포츠 개념의 얼개를 구성하고 있는 관련 4개 장르(genre)

출처 : 지삼업(2011a). 해양스포츠론, 대경북스(서울). 46.

2. 해양스포츠 활동공간의 범위

"수상레저안전법과 수중레저안전법 준수를 비롯하여 사람과 각종 장비 및 기구의 안전이 확보되는 가운데 인간의 해양문화가 미치는 수직과 수평 공간, 즉 수직은 수심 최소 70cm(수상오토바이 이안·접안 안전수심 기준)~최대 30m 내외(스포츠잠수)이고, 수평은 연안해 내(內)를 해양스포츠 활동 공간의 범위"라고 정의 한다.

3. 해양스포츠 전진기지(Base of Haeyang Sport)

"대상 보트 등을 고려한 계획규모, 자연조건, 사회조건, 경제성, 접근성, 유입토사 퇴적률 등 총 6개 고려요소를 중심으로 개발위치를 선정하는 가운데 기본시설, 지원시설, 편의시설, 해양문화시설, 기타 시설 등 총 5개 시설을 일정 공간에 집적시켜 놓은 각종 해양공간건축물의 집적지로서 인프라 구축의 질적 수준·공법·개발 목적에 따라 형성된 아주 작은 단위의 마리나공동체 및 2·5산업단지를 형성하고 있는 해양스포츠단지(마리나 빌리지·새로운 개념의 해양관광단지)를 비롯하여 보트계류장(대·중·소·간이), 다기능어항(소분류에 어촌 마리나 역)으로 각각 중분류하는 가운데, 이들 시설들을 모두 아우르는 대분류 개념을 해양스포츠 전진기지(Base of Haeyang Sport)"라고 정의한다.

4. 해양스포츠맨십(Haeyang Sport Man Ship)

"해양스포츠를 애호하고 사랑하는 가운데 스승에게 배은망덕(背恩忘德)하지 않으며, 이득을 얻기 위해 불의한 일을 행하지 않으며, 우세한 자를 시기하지 않으며, 열등한 자를 경멸하지 않으며, 항상 자연생태계를 보호하는 것은 물론 자기책임 하에 바다(연안해)와 강과 호소에서의 예의(Courtesy)·주의(Care)·상식(Common Sense)과 관련된 안전규칙을 생활화한다. 또한 해양스포츠 사회에서 면면이 이어져온 희생정신·솔선수범·예의범절과 같은 관습을 철저히 실천한다. 특히 해수면과 내수면에서 스스로 안전하게 즐기는 테크닉의 학습과 함께 관련 지식도 겸비하여 안전사고를 미연에 예방하며, 선·후배에게 신의를 지키고 잘못을 관용하며, 동호인 간에도 서로 섬기는 겸양(謙讓)의 자세를 견지하는 것은 물론 인명구조에 자동반사적으로 몸을 던지는 용기를 발휘하는 등 해양스포츠인이 지녀야할 고결(高潔)한 정신을 해양스포츠맨십"이라고 정의한다.

5. 해양스포츠 문화(Haeyang Sport Culture) 및 해양스포츠의 참뜻

"해양레저스포츠, 해양레저, 수상레저, 수상레저스포츠 등 유사(類似)개념들까지도 모두 포괄·함의하는 가운데 해양스포츠문화권에 사는 사람의 사고, 정서, 사상, 표현 등이 그들의 생활구조에 직·간접적으로 막대한 영향을 미친 결과에 의해 자연스레 형성되는 그 문화권의 동일성을 해양스포츠 문화(Haeyang Sport Culture)라고 정의한다." 또한 "각종 해양스포츠 활동을 통해 신체와 정신의 건강을 다져나가는 가운데 너도나도 기분이 좋아지는 행복 활동을 목적으로 하는 데에 해양스포츠의 참뜻이 있다."라고 정의한다.

6. 해양스포츠산업(Haeyang Sport Industry)

"바다·강·호소 등 자연의 물에서 동력·무동력·피견인의 각종 장비(보트) 및 기구를 이용하여 이뤄지는 엘리트(전문) 체육형 해양스포츠를 비롯하여 생활체육형 해양스포츠, 학교체육교육형 해양스포츠, 해양레크리에이션(휴양·기분전환) 및 해양리크리에이션(에너지의 재생·재창조)형 해양스포츠 등 총 4개 장르(genre)는 물론 해양레저 등 유사(類似)개념의 활동들도 모두 포함된 시설업·용품업·서비스업 등 3개 중분류에 7개 소분류로 구성되어 있는 대분류 개념을 해양스포츠산업"이라고 정의한다(지삼업, 2013a).

7. 마리나(Marina or Base of Haeyang Sport)

"해양스포츠와 해양휴양 활동을 위한 복합시설 집적지로서 요트를 포함하는 각종 보트 류(類)를 안전하게 계류, 보관하기 위한 기본시설을 비롯하여 지원시설, 편의시설, 해양문화시설, 특히 계절의 한계를 극복해나갈 기타 다중위락시설을 포함 총 5개 시설을 일정 공간에 배치시켜 놓은 각종 해양공간건축물의 집적지를 마리나 혹은 해양스포츠 전진기지"라고 정의한다.

8. 마리나 공동체(Marina Community or Base of Haeyang Sport Community)

"해양스포츠와 해양휴양 활동을 위한 기본시설, 지원시설, 편의시설, 해양문화시설, 기타 시설을 일정 공간에 집적시켜 놓은 각종 해양공간건축물인 마리나시설들을 관리하거나 함께 이용하는 기회를 통해 자연스레 형성되는 '마리나 공동체사회', 즉 이 시설들을 이용하는 보트오너, 동호인, 각종 해양스포츠 단체 임직원, 관련 산업체 관계자, 마리나텔·콘도이용객 및 해변주택거주자, 그리고 마리나시설관리관련

임직원 등에 걸쳐 모든 이해관계자가 공통으로 지녀야 하는 시설 이용과 관리에 대한 주인의식 공유(共有)를 비롯하여 세련된 매너와 에티켓, 그리고 행동양식의 결정체인 해양스포츠맨십으로 결속된 동일문화권의 작은 사회를 마리나 공동체, 혹은 해양스포츠 전진기지 공동체"라고 정의한다.

9. 마리나 문화(Marina Culture or Base of Haeyang Sport Culture)

"해양스포츠와 해양휴양 활동을 위한 기본시설, 지원시설, 편의시설, 해양문화시설, 기타 시설 등 총 5개 시설을 일정 공간에 집적시켜 놓은 각종 해양공간건축물인 마리나시설을 통해 고객들에게 심신의 건강은 물론 행복한 시간을 보장할 관리·운영 노하우를 갈고닦기 위해 국내외 인재를 혼합시켜 교과서 밖의 고급 경험지식을 꾸준히 축적해나가는 가운데 고객들의 매너와 에티켓도 국제 표준으로 형성시켜 나가는 문화를 마리나문화, 해양스포츠 전진기지문화"라고 정의한다.

10. 마리나산업(Marina Industry or Base of Haeyang Sport Industry)

"세일링(세일딩기·세일크루저)요트·모터요트, 서핑, 수상오토바이, 스포츠잠수(스킨다이빙·스쿠버다이빙), 카이트서핑, 서핑, 용선을 비롯하여 바나나보트 등 워터슬라이드 류(類) 등 각종 해양스포츠를 비롯하여 해양휴양 활동과 관련된 시설업·용품업·서비스업 등 3개 중분류에 7개 소분류로 구성되어 있는 이른바 2.5산업군(群)의 대분류 개념을 마리나산업 혹은 해양스포츠 전진기지산업"이라고 정의한다〈제13장 표 13-1〉.

11. 해양관광(Marine Tourism)

"연안해의 해양자원(무생물·생물·공간자원)을 기반으로 해양관광 요구에 부응하기 위한 해안(해빈·조간대 포함) 및 도서(島嶼)지역의 개발 및 계획의 혼합체이며, 해양관광객이 여가에 거주지로부터 벗어난 일시적 여행을 포함하고, 밀도계면을 기준 완혼합의 염분이 함유되고 조석간만의 차에 영향 받는 연안해(수면·수중)·해안·도서에서 건강을 다지고, 놀이를 하며, 관광하는 것을 비롯하여 그들의 관심이 온통 해양자원에 맞춰지는 3개(스포츠형·레저형·관광·관람형) 콘텐츠들이 이뤄지는 가운데 해역기상에 절대 지배받는 등 해양관광의 목적, 활동공간, 행태 등에 따른 인간의 경험체계이거나 교통, 정보, 해양관광지(해양스포츠단지·마리나 빌리지·새로운 개념의 해양관광단지)를 포함하는 그 혼합형태를 해양관광"이라고 정의한다.

12. 해양문화(Marine Culture)

"연안해의 해양자원을 비롯하여 해빈과 조간대 그리고 지방과 도시지역 해변 친수공간과 도서(島嶼) 지역에서 이뤄지는 사람과 바다의 상호관계를 통해 흥에 겨워 멋으로 하는 각종 해양활동에 앞서, 지금 껏 바다에 기대어 살아온 사람들이 간직해온 모든 삶의 흔적에 대한 존중과 사랑의 마음을 갖는 인문 학적 의식관념을 중심에 두는 사회적 제도를 비롯하여 미지의 것을 향한 시민적 생활양식의 심층적 지 지를 통한 인식, 반응, 이용 및 그 결과를 해양문화"라고 정의한다.

제2장

한국 해양스포츠가 지금껏 걸어왔고,
앞으로 가야할 길

1. 한국 해양스포츠가 걸어온 발자취

1) 일제강점기 고등수산학교의 해양훈련이 한국 해양스포츠의 시원(始原)

이 장(章)에서 주로 언급되는 현대 한국해양스포츠사(史)연구의 특징은 1930년대에 한국 해양스포츠가 그 원형이 첫 갈무리되기 시작한 시대부터 학문 발전과 생활체육시스템 구축, 국제교류 등 역동적 발전을 위한 토대가 거의 완성되는 2010년대까지 대략 80년에 걸쳐 전 시기를 조명했다는 점이다. 비록 해원(海員)들의 직업교육의 일환책으로 실시되긴 했지만, 일제강점기에 고등수산학교(광복 이후 부산수산대학)에서 바다수영, 원영, 단정젓기, 인공호흡법, 보트를 이용한 구조법, 보트 밧줄매기 등을 교육내용으로 취급하여온 '해양훈련'이 우리나라의 현대 해양스포츠의 원형(original form)이요, 시원(시작)이었다고 볼 수 있다.

현 국립부경대학교 전신인 '부산수산대학교 50년사 편집위원회'가 엮어 1991년 12월에 펴낸 『부산수산대학교 50년사』에 의하면, "일제강점기시대부터 하기기초실습으로 실시되었던 해양훈련은 광복 후에도 계속되었다. 영도 가교사에 있을 때에는 가교사 앞바다, 송도해수욕장, 일광해수욕장 등에서 실시하였다. 본교사가 있는 남구 대연동 599-1로 옮긴 뒤부터는 기숙사에서 합숙하면서 용호만에서 해양훈련을 하였다."고 밝히고 있다.

다음은 1955년 8월 1일~10일까지 기장군 월내리에서 총 10일간 실시한 해양훈련 일과표다.

▶ 8월 01일……오전에 월내초등학교 집합, 오후에는 반편성, 훈련 과정표 하달, 내무반 배정, 임원 선출, 주의사항 하달.

▶ 8월 02일……오전에 수영급수별 편성(A급-100m, B급-50m, C급-수영 불능자), 각 급수별로 전체

수영 연습, 오후에 원영(遠泳) 연습.

▶ 8월 03일……오전에 각 급수별 수영, 단정조법(丹艇漕法 : 고정석정에서 노젓기) 연습, 오후에는 원영 연습, 단정조법 연습.

▶ 8월 04일……앞날과 동일, 단정조법 연습.

▶ 8월 05일……앞날과 동일, 단정조법 연습.

▶ 8월 06일……앞날과 동일, 단정조법 연습.

▶ 8월 07일……단거리 바다수영 연습, 스킨다이빙 연습.

▶ 8월 08일……8월 6일 교육내용과 동일.

▶ 8월 09일……단거리 바다수영 시합, 원영.

▶ 8월 10일……오락회, 해산.

이상과 같은 교육내용은 해양훈련에서 빼놓을 수 없는 것들이었고, 특히 단정조법 연습과 스킨다이빙 훈련은 아주 고된 과정이었다고 한다. 단정교육의 경우, 학창시절 해양훈련을 통해 단정교육을 받은 부산수산대 출신 제14대 이병돈 학장은 1983년 2월 '조정부(지도교수 : 지삼업, 감독 : 조희찬)'를 창단하여 이를 교기화시켰고, 특히 그 자신이 우리나라 조정발전 첫세대라 할 수 있는 1930년대, 즉 일제강점기에 한강에서 개최된 대회에 부산수산대 선수로 활약했던 제15대 박영호 학장은 '부산수산대조정부'를 제66회 춘천전국체육대회 싱글스컬·무타페어·유타포어 등 남자일반부 3개 전 종목을 천하통일시킬 정도로 중점 육성하는 등 전국 최강팀으로서 국가대표선수배출 산실로 육성했다.

한편 『대한체육회사』를 보면, 1931년 10월 10일 조선체육협회 주최 제7회 조선신궁경기대회 활석정(滑席艇) 2000m 경기에서는 1위 경성전기, 2위 경성의대 그리고 부산수산대와 체신청이 공동 3위, 고정석정(丹艇) 1,000m 경기에서는 1위 경성전기(일본인과 조선인 혼성 팀), 2위 부산수산대, 그리고 경성제대와 교통부가 공동 3위를 하였다고 기록하고 있다(대한조정협회, 2001). 실제로 부산수산대 제15대 박영호 학장은 학창시절 바로 이 대회에서 활석정과 고정석정에 걸쳐 1인 2종목으로 출전했다고 생전에 필자에게 말한 적이 있고, 퇴임 때는 당시의 조정관련 문헌을 필자에게 전달하기도 했다.

이는 학창시절 단정교육에 매료된 그때의 정서가 먼 후일 대학교육행정가로 변신한 그들(이병돈·박영호 학장)로 하여금 해양스포츠 활성화 밑돌을 놓게 한 동인(動因)으로 작용한 것이 아닌가 하고 추론하는 일은 그리 어렵지 않다는 뜻도 된다. 다르게는 학창시절부터 해양스포츠를 접할 기회를 갖는다는 것은 해양마인드 심화작업에 지름길이 되는 실증적(實證的) 방법론을 제시하고 있다고도 말할 수 있다.

아무튼 그간 해양훈련은 어선원과 상선원 교육기관인 수산·해양계 고등학교 및 대학, 그리고 체육교사 양성기관에서는 필수 교육과정이었고, 심지어 일반 학교에서도 대부분 중요시했다. 그러다 인명사고 등 각종 안전사고가 빈발했던 탓으로 일반 학교에서는 언제부터인가 해양훈련을 회피하는 현상이 일반화되었다. 더욱이 어선(漁船)원 양성기관인 부산수산대, 상선(商船)원 양성기관인 한국해양대 등의 선원 양성 교육기관도 1980년대 초부터는 해양훈련이 사라졌다. 다만 체육교사양성기관을 비롯하여 생활체육지도자 양성기관에서는 해양훈련 본래의 원형에서 크게 벗어난 수영지도에만 한정된 내용으로 지금껏 일부 계속하고 있는 등 해양훈련 본래의 취지에서 크게 벗어난 채 겨우 그 명맥만을 이어가고 있는 등 무늬만 유지하고 있는 수준이다. 물론 해양훈련 회피 현상은 이 기간 일본교육계도 마찬가지였다. 청소년교육 차원에서 그 어떤 프로그램보다 순기능이 대단히 높음에도 안전사고에서 비롯되는 사회적 책임 때문에 적극 나서지 않고 있는 등 지금껏 거의 방기시켜 놓고 있어 안타까울 따름이다.

2) 해양·수산계 고등학교의 해양훈련

필자는 1971년부터 꼭 10년간 매년 5일간씩 600~800여 명의 학생을 대상으로 PT체조, 구보, 퇴선훈련, 능력(A·B·C·D)별 수영, 원영(3km), 국제기류신호, 강제수면 등 매일 8시간씩 강도 높은 해양훈련을 지도한 사실이 있다. 지금도 그러하듯 그 때도 중등학교의 하계방학은 7월 중순경이었다. 그러니 만큼 해양훈련은 자연히 작열하는 태양 아래서 펼쳐질 수밖에 없었기 때문에 뻘겋게 달아오른 피부에 물집[水泡]이 생기는 것은 예사였고, 더욱이 퇴선훈련 시 목물 깊이로부터 백사장까지 조별 선착순을 시킬 때는 몸에 모래가 자연히 붙기 마련이고, 그래서 서로 앞서겠다고 몸싸움을 하는 과정에서는 그 모래 때

〈그림 2-1〉 1970년대 초 부산해양고등학교의 해양훈련[광안리(上), 송도해수욕장(下] 광경
출처 : 1972·1973년 부산해양고등학교 졸업사진첩(album)

문에 수포가 터져 피가 흐르고 진물이 흐르는 것은 흔한 일이었다. 여기에다 장대같이 쏟아지는 장맛비 속에서 체온유지를 위해 "해양훈련! 해양훈련!" 구호를 목이 터져라 외치면서 광안리와 송도해수욕장 일대를 거의 하루 종일 구보를 하기도 했다〈그림 2-1〉.

뿐만 아니라 어떤 때는 태풍 경보가 발령되어 2~3m의 높은 파도가 일렁거려도 해양경찰서의 감시 눈길을 피해 원영만은 어김없이 강행하였다. 해양경찰서의 안전지도를 소홀히 한 행위가 교육적으로 결코 잘한 일은 아닐 것이다. 그렇다고 하더라도 원영이 해양훈련의 백미로 인식되었고, 또 5대양을 삶의 터전으로 삼고자 하는 그들로서는 명예고 자존심일 뿐만 아니라 체력과 수영 능력 또한 탁월했다. 더욱이 그들의 명예와 자존심을 지켜주는 일이 당국의 통제보다 우위에서 확인되어야 하고, 또 그렇게 될 때만이 '진짜 바다사나이'의 기백을 살릴 수 있다고 생각한 결과이다. 이는 맞고, 틀림을 떠나서 '바다사나이는 바다사나이답게' 교육시켜야 하니까 그렇게 했을 뿐이라는 소박한 정서에서 출발했다는 뜻도 된다. 특히 20대 중반부터 간직한 그런 철학은 고희(古稀)를 맞고 있는 지금도 변함이 없다.

지금 생각해 보면, 완벽하게 안전장비를 확보했던 것도 아니고, 특히 원영 때는 고작 노(櫓)보트(그림 2-1 좌측 하단 참조) 몇 척에 타이어 튜브 몇 개 달랑 싣고 구조에 임하는 것이 전부였다. 그래서 아찔한 장면도 없지는 않았다. 그렇지만 10년간 단 한 건의 인명희생도 없이 무사히 마칠 수 있었던 것은 뭐니뭐니 해도 학생들의 5대양 개척 역군으로서의 열정과 강인한 정신력, 그리고 시종일관 엄격한 규율을 확보하는 가운데 안전규칙을 철저히 준수시킨 것이 주효했다고 자평하고 있고, 또 그런 점에서는 함께 늙어가는 당시의 제자들과 함께 지금도 무한한 자부심과 긍지를 갖고 있다. 자부심은 숱한 고난을 견디게 한 힘이었다. 당시 제자들에 의해 붙여진 '저승사자'라는 닉네임까지도 거부하고 싶지는 않다. 적어도 그때는 막연하나마 그렇게 하지 않으면 바다에서는 고귀한 인명이 희생될 수밖에 없다고 생각했기 때문이다. 젊은 시절부터 어렴풋이 갖게 된 '바다에서의 안전은 엄격한 규칙(주의·예의·상식) 준수에 있다'는 생각은 그로부터 약 26년이 지난 1999년에 마련된 해경청 '수상레저안전법' 일부 조항에 반영시킨 출처이기도하다.

3) 해양소년단의 해양기능 활동

청소년교육 차원의 '해양교육'은 1962년 12월 5일 '대한소년단(1922-조철호) 산하 해양소년대(대장 : 김현리)'가 발족되어 그 서막을 연다. 활동 목적은 청소년 해양사상 고취였다. 그러다 청소년 해양에 관한 교육훈련을 목적으로 1980년 5월 24일 (사)한국해양소년단연맹이 해운항만청(지금은 해수부가 법인 행정관리기관)으로부터 비영리법인으로 인가를 받음으로써 본격화의 길을 걷는다. 같은 해 7월 25일에는 부산해양고등학교 운동장에서 45인조 밴드부에 의해 단가(한국해양대 교수 김준연 작사, 서울대 음대 작곡과 4학년생 김정혜 작곡)가 연주되는 가운데 성모여고, 부산해양고등학교, 한국해양대학 등 3개

학교를 중심으로 연맹창단 발대식을 성대하게 가졌다. 필자는 부산해양고등학교 학생주임으로서 학생들을 대거 입단시키는 한편, 학생과에 3명의 전담교사(부대임·이정기·김재일)를 배치하는 등 초창기 해양소년단연맹의 육성조직과 발전에 나름 적극 앞장서기도 했다.

아무튼 해양소년단연맹의 항해대(고등학교) 기능 활동(측량법, 해도제작법, 선박항해술, 소형선박운용술)의 경우, 종전의 선원양성 프로그램인 '해양훈련'에서 많은 것을 원용하고 있음을 보여주고 있는 등 선원교육 프로그램을 거의 원용하는 자세를 취했다고 본다. 뿐만 아니라 선원양성을 위한 '해양훈련'은 본질적으로 그들의 전문성 고양이 목적이었다. 따라서 한국해양소년단연맹은 '청소년해양교육단체'라는 점이 평가의 포인트다. 그렇지만 당국은 지금껏 이 단체의 활동 목적을 혼동하고 있는 것 같다. 실제로 해양소년단연맹의 '해양훈련' 역시 대원들의 단체훈련을 위한 여러 가지 교육 수단(호국훈련, 해양탐구, 해양기능, 항공체험 등) 중 하나인 해양기능훈련 이였다고 볼 수 있기 때문에 해양스포츠 생활체육단체와 해양소년단 간에는 목적 달성을 위한 수단적 방법론에서 일부 공통점은 있다.

그러나 '해양소년단육성법'을 보면, 한국해양소년단은 입단원서를 제출하고 입단한 단원들로 구성된 조직체이기 때문에 생활체육단체가 지향해야 할 목적과는 본질적으로 그 의미를 달리하고 있는 청소년교육단체라는 점은 분명한 사실이다. 그럼에도 이들 단체는 얼마 전부터 해양스포츠단체와 같은 체육사업들을 펼치고 있어 인식에 혼란을 일으키게 하고 있다. 연맹규정을 개정하여 해양스포츠사업을 할 수 있다고 관계자들은 말한다. 그러나 상위법, 즉 '해양소년단육성법(국회의원 윤석순 총재와 김현리 사무총장 재임 시 제정)'에서 밝혀 놓은 목적과는 배치된다는 점에서 결코 업태위반이 아니라고 말하기는 어렵다. 해수부는 한국해양소년단육성법을 따져보고 행정지도에 나섰으면 한다. 해양스포츠는 체육전문단체에, 해양교육은 해양교육단체가 맡는 것이 온당하다는 말이다. 운영경비 확보가 어렵다고 하여 설립목적을 크게 이탈하면 '해양소년단육성법'의 입법 취지가 왜곡된다.

아무튼 단체설립의 목적이야 어디에 있었든, 활동 과정에서는 변형카타마란을 중심으로 초기 우리나라 해양스포츠 발전에 나름 기여한 것은 사실이기 때문에 평가되어야 한다. 다만 그당시는 해양스포츠단체나 전공학과가 없을 때였다. 그러나 이젠 무려 4개 대학이나 해양스포츠는 전공학과가 있고, 특히석·박사급 지도자도 다수 배출되고 있다. 게다가가 비영리 해양스포츠단체까지 활동하고 있는 터에 설립 목적을 벗어난 해양스포츠사업은 자제하는 것이 백 번 맞는다.

4) 1990년대, 대학전공학과 및 전국을 사업권으로 하는 생활체육단체 출현

우리나라에 요트가 첫 활동한 것은 일제강점기인 1930년경으로 연희전문학교(현 연세대학교)의 설립자이자 초대 교장인 언더우드가 한강변 나루터에서 목수를 시켜 요트를 제작하고, '항해요트클럽'이라는 이름으로 활동한 것이 그 효시다(Underwood, H. H. 1934). 그러나 태평양전쟁이 발발한 이후, 일제가 요트 금지령을 내렸고, 또 해방 이후에는 6·25전쟁까지 겪으면서 한동안 한강에서 요팅을 하는 사람을 찾아볼 수가 없었다. 근대화기인 1960년대부터는 개인적으로 요트를 즐기는 사람들이 일부 있었으나, 모임을 갖고 단체를 결성하는 등 적극적인 활동은 없었다. 요팅이 본격적으로 사람들에게 보급된 것은 1970년으로, 국회 사무처에서 근무하던 장영주 씨가 한강나루터에 호수용 턴 클래스(Turn Class) 20척을 합판으로 제작하여 대한요트클럽을 창단하면서부터다. 꽤 좋은 반응을 얻었으나 1972년의 대홍수로 모두 유실되었다. 동호인들은 여기서 주저앉지 않고 계속 요트를 보급했고, 그 결과 1979년 대한요트협회를 창립하게 되었다. 같은 해 대한체육회와 국제요트경기연맹에 가입한 것도, '88올림픽과 '86, '02아시안게임에서 성공적인 요트경기를 개최할 수 있었던 것은 모두 장영주와 같은 지도자들이 앞에서 이끈 헌신이 있었기 때문에 가능했던 일들이었다.

국내 생활체육형 '해양스포츠 체험시스템' 첫구축은 필자가 '94년 체육부(현 문체부)장관의 승인을 받아 설립한 한국해양스포츠회(당초 부산해양스포츠회에서 '99년 한국해양스포츠회로 명칭 변경 승인 받음)의 저변확대 프로그램들이다〈그림 2-2〉. 이 협회의 프로그램은 「해양스포츠 시민 무료 강습회-12개 종목」을 비롯하여 '95년 「청소년 해양스포츠 체험교실-A·B·C형」, 「해양스포츠 테마소풍」, 그리고 '99년 6월 3일 경북 풍양중·고생 120명을 대상으로 선보인 「해양스포츠 테마수학여행(백태현, 1999)」이 되고, 또 대학의 학문으로서 그 정체성 확보에 나선 것은 '96년 부경대 해양스포츠학과, '98년 한국해양대 해양체육과, 그리고 2007년 부경대 해양스포츠전공 석·박사과정도 설치된다. 게다가 이 분야 대학교재 차원의 첫 개발은 『해양스포츠자원론(2006)』이 되고, 이어 『마리나조성계획과 실제』, 『마리나개발 및 운영론』, 『마리나관리 및 운영론』, 『해양스포츠론』 등 지금껏 총 10권이 출판되었다.

국제교류

부산바다축제 해양래프팅대회 개회식

〈그림 2-2〉 1994년 한국해양스포츠회 창립식 때 공개한 '깃발'과 '국제교류', '대회개회식' 모습
출처 : 사단법인 한국해양스포츠회

5) 국제교류 및 모험의 해양스포츠 바다 개척 시대

2001년 7월 13일 하와이를 비롯하여 태평양 연안지역에서 발전·보급되고 있는 〈그림 2-3〉과 같은 '아웃트리거 카누(6인승)'를 일본 동호인 대한해협횡단을 계기로 아시아지역에서는 일본('99년 하와이 국제대회 첫 출전, '01년 기준 보트 10여 척, 동호인 70여 명에 불과)에 이어 두 번째로 국내에 보급되기도 했다. 이 보트는 한국해양스포츠회에 기증되어 2년 정도 부산 바다를 누비다 태풍으로 파손되었다.

〈그림 2-3〉 1·6인승 아우트리거카누 패들링 모습
출처 : 지삼업(2012). 해양관광론 플러스. 대경북스(서울). 119.

특히 리거(Rigger)가 보트 좌·우현에 위치한 형태는 인도네시아 등에서 전통적 해상교통수단으로 사용되어 왔고, 하와이를 비롯한 인근 지역에서는 지금의 형태로 변모되어 왔다. 물론 1인승 아우트리거카누도 있다. 2002년 9월에는 일본 동호인들이 〈그림 2-4〉의 오른쪽과 같이 바디보드(바디보드에서 패들보드가 출현) 대한해협횡단도 시도했다. 결국 2001~2002년은 일본의 아웃트리거카누, 바디보드 등 해양스포츠가 그들의 동호인들에 의해 국내에 첫 소개된 때라고 말할 수 있다.

더욱이 2004년 7월에는 우리나라에서도 처음으로 수상오토바이를 통한 한·일 간 우호증진과 해양스포츠 저변 확대를 위해 진해~후쿠오카, 후쿠오카~진해를 잇는 총연장 288마일(499km)의 대한해협을 횡단하는 등 국내의 해양스포츠가 윈드서핑에 이어 일본에 두 번째 소개되기도 했다. 이 행사는 ㈜코리아마린레저(사장 이수종)와 진해시가 공동주최했다. 대한해협횡단단에 나선 김정환은 "국내 최초 도전이라는 사실에 많이 떨리긴 했지만, 주말을 이용해 〈그림 2-5〉와 같이 꾸준히 연습한 것이 주효하여 성공할 수 있었다."고 말했다. 횡단 팀은 7월 19일 오전 6시 진해 마리나리조트를 출발, 7시간 만인 이날 오후 1시께 후쿠오카시 하카타항에 도착했고, 이어 후쿠오카에서 하루를 보낸 뒤 21일 오전 8시 30분 하카타항을 출발, 오후 3시 30분에 지금의 행정구역인 창원시 진해구 웅천동으로 귀항했다.

〈그림 2-4〉 오른쪽 그림은 일본 '바디보드' 동호인 3명이 2002년 9월 대마도에서 한국해양스포츠회와 자매결연을 위해 부산수영요트경기장을 목적지로 대한해협을 횡단하는 모습이고, 왼쪽은 2013년 5월 21일 부산의 '어드벤처 카약킹' 제주해협 횡단도전 팀이 항해 둘째 날 전남 완도군 보길도 인근에서 거센 역조류에 맞서며 해남 땅끝마을을 향해 길이 5.4m, 폭 54cm 크기의 1인승 해양카약(Sea Kayak)을 타고 힘차게 패들(paddle)을 젓고 있는 모습

출처 : 오른쪽 사진은 필자가 촬영(2002). 왼쪽 그림 : 부산일보(2013).

국내 수상오토바이 분야로서는 첫 국제교류가 되는 이 행사에 동행한 필자는 "내년(2005년) 한·일수교 40주년을 앞두고 열린 이번 행사를 통해 이들이 횡단한 시간만큼 한일 간 거리가 한층 가까워지고, 또 일본에 비해 턱없이 부족한 해양스포츠에 대한 국민들의 관심이 높아지는 계기가 됐으면 한다."고 부산일보 후쿠오카 특파원과의 인터뷰를 통해 이 행사의 의미를 밝혔다(박찬주, 2004). 이후 국내 해양스포츠는 2005년 7월 부산시요트협회 주최 '볼보컵세계청소년요트대회' 개최, 경상남도 역시 2007년부터 매 5월 '이순신요트대회' 개최, 또한 경기도는 2008년부터 매 6월 '남자부 코리아매치컵(12개팀 참가)' 개최, 부산시 역시 '여자부 코리아매치컵대회' 개최 등 요트분야를 중심으로 국내외대회가 활발하게 개최되기 시작한 때이다.

그렇지만 국내의 해양스포츠가 일본과 첫 국제 교류한 것은 1980년 10월 윈드서퍼 '권희범'이 윈드서핑으로 부산~대마도를 단독 횡단한 일이었고, 두 번째는 2001년 7월 일본 아우트리거카누(6인승)가 대마도에서 대한해협을 넘어 부산수영요트경기장에 소재한 자매단체인 (사)한국해양스포츠회를 방문한 것이고, 세 번째는 2002년 9월 일본 바디보드 동호인 3명이 대마도에서 대한해협을 횡단 한국해양스포츠회를 방문하여 상호우호를 증진시킨 일이다. 네 번째는 2004년 7월 수상오토바이 3척을 통해 진해~후쿠오카(7시간), 후쿠오카~진해(7시간)를 잇는 총연장 288마일(499km)의 대한해협을 왕복한 일 등이다.

더욱이 해양스포츠 모험의 바다를 개척한 해양스포츠인들도 있다. 첫째는 단독·무기항·무원조로 부산~샌프란시스코 간 태평양 횡단에 국내 첫 성공한 요트인 김원일 씨이다. 1988년 5월 6일 부산수영요트경기장에서 샌프란시스코까지 약 2만 3608km의 거리를 길이 5.7m의 아주 작은 세일크루저요트(부산 코리아 호 ; 그림. 2-6)로 총 54일 만에 성공적으로 항해를 마쳤다. 특히 일본인으로서는 처음으로 단독·무기항으로 태평양횡단(총 94일)에 성공한 '호리에'보다 무려 40일이나 앞당겼다는 사실은 요트맨

〈그림 2-5〉 수상오토바이 대한해협횡단을 위한 연습 중 잠깐 포즈를 취하고 있는 선수들
출처 : 부산일보(2004)

김원일 씨의 불굴의 집념을 웅변해주고 있다.

두 번째는 한국인 최초, 세계 여섯 번째로 단독·무기항·무원조 세일크루저요트 세계일주에 성공한 김승진 씨이다. 특히 단독·무기항·무원조 요트 세계일주는 혼자 요트로 어느 항구에도 정박하지 않고, 그 누구의 도움도 받지 않은 항해를 말한다. 이런 극한 상황에서의 항해야말로 진정한 요트 세계일주라고 사람들은 평가하게 된다. 2014년 10월 19일 중고 세일크루저요트에 200여 일분의 식량을 싣고 당진 왜목항을 출발한 바다 달팽이라는 뜻의 '아라파니(바다의 순 우리말인 '아라'와 달팽이의 옛말인 '파니'를 조합) 호'는 태평양의 돌풍과 무풍, 남극해의 폭풍과 유빙, 인도양의 해적, 요트의 잦은 고장 등 숱한 고비들을 극복해냈다. 왜목항을 떠난지 209일 만에 4만 1900여 km에 이르는 항해를 마치고 2015년 5월 16일 귀환했다(서창완, 2017). 세 번째는 김승진보다 앞서 단독으로 요트 세계일주에 성공한 강동석(1997년 20세 때 3년 5개월 동안 7만km 항해)과 김현곤(2001년 41세 때 130일간 1만 5km 항해) 씨가 있다. 물론 이들은 단독 항해인 것은 분명하지만, 무기항·무원조 원칙에서는 크게 벗어난 항해였다는 점에서 요트 세계일주라고 평가하기는 사실상 어렵다. 그래도 장한 일이었다. 이런 측면에서도 김승진 씨의 단독·무기항·무원조 세일크루저요트 세계 일주는 현대 한국해양스포츠사에 더욱 빛을 발한다.

한편 요트마니아 윤태근 씨는 중고세일크루저요트 '마치호'로 2004년 10월 25일~2005년 1월 31일까지 총 90일 간 국내 연안과 섬을 세일링하면서 첫 개척한 '요트뱃길 지도'는 요트여행 활성화에 새로운 지평을 열었다. 윤 선장은 일본에서 부산까지 총 10회의 딜리버리(delivery) 활동에서 세일링 실전테크닉을 학습했다. 동호회 활동은 2013년 5월 20일에는 〈그림 2-4〉의 왼쪽 그림과 같이 부산의 해양카약 동호회원들이 국내 처음으로 제주 애월읍 하귀1리 명진리조트 앞 포구를 출발, 9시간 50분만에 하추자도 신양항에 도착한 뒤 다음날 21일 오전 6시 신양항을 출발하여 7시간 30분만인 오후 1시 30분 전남해남군 송지면 송호리 땅끝마을에 도착까지 1박 2일 일정으로 패들링을 하기도 하는 등 이제 국내도 해양카약, 해양카누 등의 무동력 해양스포츠가 본격 선호되는 시대를 예고하기도 했다. 1인승 해양카약을 이용해 제주해협 황단을 시도한 적은 이전에도 몇 차례 있었지만 실제 횡단에 성공한 것은 공식적으로 부산의 해양카약 동호인들이 처음이었다.

따라서 '국내 해양스포츠 모험의 바다 첫개척'은 1980년 10월 윈드서핑으로 대한해협횡단에 성공한 권희범을 시작으로 1988년 5월 세일크루저요트 단독태평양횡단에 성공한 김원일, 그리고 1997년 단독 세일크루저요트 세계일주 강동석과 2001년 김현곤, 특히 2015년 5월 단독·무기항·무원조 세일크루저요트 세계일주 김승진을 꼽을 수 있다. 게다가 국내 요트여행 뱃길지도는 2005년 1월 윤태근 선장이 첫 개척했다. 또한 무동력 보트를 통한 동호인 차원의 모험의 바다개척, 즉 아우트리거카누 한일해협횡단과 카약 제주해협횡단을 서로 비교해 보면 일본과 한국의 '해양스포츠 모험의 바다 개척'의 격차는 대략 11년이 되지만, 한일해협 모험의 바다 개척은 한국이 21년 앞선다.

〈그림 2-6〉 1988년 5월 단독 태평양횡단에 성공한 김원일 씨가 부경대에 기증한 '부산 코리아호' 요트 실물을 필자가 소개하고 있는 모습

출처 : 한국경제신문(2012년 05월 09일자)

6) 개척자 시대를 견인(牽引)한 연구자 및 사업자들

우선 나의 직관과 통찰의 능력에 관해 내세울만한 사실은 이런저런 업적 중 최초라는 몇몇 타이틀들이 그 출처가 되지 않을까 싶다. 그러나 사례를 빙자하여 잘난 척하기 위해 내 자전(自傳)을 첨언(添言)하자는 것이 아니다. 나의 발자취[足跡]에 무슨 역사적 평가를 자청할 것인가. 다만 나의 개인사(個人史)

와 현대한국해양스포츠사가 공교롭게도 상당 부분 겹치기 때문에 어쩔 수없이 나의 행적을 일부 덧붙이기는 했지만 부끄럽다. 연구자라면 자기에게 엄격하고 타인에게 관대한 태도를 지녀야 한다는 '박기후인(薄己厚人)'의 자세 견지가 곧 '학자의 품격'이라는 것을 모르는 바가 아니기 때문에 더욱 마음이 무겁다. 그렇지만 어쩌랴. '현대한국해양스포츠의 개척자 시대'에 대한 정리된 기록이 전혀 없는 형편에서 보도기사와 사료를 비롯하여 생애 '기억'과 '경험'과 '사례'만을 중심으로 기술해야 하는 처지로서는 그만큼 운신(運身)의 폭이 좁을 수밖에 없다. 물론 이 연구는 심층적 분석과 창작이 필요한 구조사(構造史)나 국면사(局面史)가 아니다. 주로 사건사(事件史), 즉 바다로 치면 맨 위의 상층인 해면의 파도에 불과하다. 그럼에도 인간을 이야기한다는 것은 여간 어려운 일이 아니다. 그래서 이것 하나만은 분명히 밝혀두고 싶다. 장기 지속의 구조를 만나기 위해 빠뜨리는 것도, 덧붙이는 것도, 변질시키는 것도 없이 사실 중심으로 서술만 하고 창작하지 않는 이른바 술이부작(述而不作)의 자세만은 확고하게 견지했다. 흘러간 물이 아니라 이 사건사 속에 과거와 현재와 미래가 있다. 역사는 기억들을 모으는 작업이다.

그렇지만 '보도자료 외에 검증된 기록이 거의 없는 개척 분야로서의 한계'라는 대전제 외에도 스스로를 변호할 말이 전혀 없는 것은 아니다. '오늘 기록하지 않으면 내일 기억되는 일은 없을 것이다'라는 가설이 바로 그것이다. 기록이란 결국 기억이 아니던가. 이렇게 말하면 논리의 비약이라는 반론이 당장 날아들 것이다. 한데 따지고 보면 꼭 그렇지만도 않다. "기록은 일단 가장 오래 기억하는 방법이다. 누구에 의해서든 사실(fact)과 적확성을 중심으로 기록해 놓지 않으면 기억하지 못하고, 기억하지 못하면 그 존재(사실)는 잊힌다. 기록이 곧 존재라는 주장은 그래서 과장이 아니다(박희봉, 2017)." 해양스포츠의 흘러온 역사를 모르고 무슨 자부심이 생길까. 한국해양스포츠사(史)에 대한 뿌리의식, 자부심에 달려 있다. 거창한 느낌이 없지는 않지만 민족의 혼, '얼의 꼴'이란 게 그런 것이다. 해양스포츠 분야라고 뭐가 다를까.

이야기는 총 15년간 많은 현장지도자를 만난 것으로부터 시작된다. 회화에서는 원근법이, 소설에서는 3인칭 서술이 리얼리즘을 완성한다고는 하지만, 나는 반대로 1인칭 서술의 리얼리즘을 극대화하려고 한다. 15년 세월은 해양스포츠사회학 교실이었다. 한 사람 한 사람을 주인공의 자리에 앉히면 해양스포츠와 관련된 사회가 엿보인다. 한국해양스포츠는 주로 이 시기에 발전의 토대가 얼추 구축됐다.

일제강점기에 시작된 해양훈련은 1970년대 말까지 수해양계대학 및 수해양계고를 비롯하여 심지어 일반 중고등학교에서도 여름철이면 하루 정도 취급하기도 했다. 나는 이 시기에 주로 중급외항선원양성을 목적하는 부산해양고(항해과·기관과·통신과)의 체육교사로서 부산수산대와 거의 같은 내용의 해양훈련을 약 10년간 1, 2학년 총 800명을 대상으로 매년 5일간 직접 지도했기 때문에 학생해양훈련에 관한 한 산증인이라고 자부한다(지삼업, 2008a). 해양훈련은 가끔 발생하게 되는 익사자 발생 등 안전사고에서 비롯되는 사회적 책임문제 때문에 1980년대 들머리에는 국내 모든 교육기관에서 일제히 종적을 감춘 이래 오늘에 이르고 있다. 당시에는 모든 책임이 교사에게 있었다.

이후 나는 1981년 부산수산대학으로 자리를 옮겨 앉으며 당시의 해양훈련 교육경험에서 얻은 영감을 중심으로 일차 조정(漕艇)팀 창단과 함께 해양스포츠의 체계화를 위한 연구에 본격 나서는 한편으로 1994년 사단법인 한국해양스포츠회 설립, 그리고 1996년 1개 학년 40명 규모의 세계 첫 해양스포츠학과 설치를 통해 대중화의 3요소(지도자·시설·프로그램) 중 두 개 항목인 '지도자양성'과 '프로그램개발 및 보급'에 적극 앞장서는 등 오늘에 이르게 되었다. 핵심 연구테마는 이론과 실천의 변증법적 발전 시스템 구축이었다.

7) 토종 해양스포츠, 국내 첫 한노선(韓櫓船)대회 개최

(1) 한노선대회의 시작과 끝

바다에 기대어 살아온 조상들의 오랜 해상운송 수단이자 임진왜란 때는 병선(兵船)의 부선으로서 정찰, 연락, 환자수송 등에 유용하게 사용된 거룻배(협선)를 경기정(競技艇)으로 사용한 '전국한국노(櫓)경기대회(KOREAN PADDLE RACE)'는 1988년에 첫대회를 개최한 이래 1990년까지 단 3회로써 사실상 막을 내렸다. 이후 단순 체험행사로 전락한 이래 오늘에 이르고 있다. 이처럼 대회가 단명한 것은 당초 기획자가 창대한 계획을 갖고 대회를 의욕적으로 추진하고 있었음에도 그를 배제시켰기 때문이다. 당시 시장의 정치적 행보에 걸림돌이 될 인물이라고 지역에서 소문이 자자하든 터였다. 마키아벨리는『피렌체역사』에서 "지극히 한심스러운 현실이지만 인간이란 힘을 가지면 가질수록 그것을 남용하거나 잘못 행사하기 마련이며 이로 인하여 더욱 스스로를 역겨운 존재로 만든다."고 한탄했다.

물론 그로부터 대략 28년 지난 지금으로서는 사실관계를 확인할 방법은 없다. 그러나 심정적으로는 그를 '한국노대회운영위원회'에서 전격 배제시킨 전후맥락을 조금은 이해할 수 있을 것 같다. 더욱이 세계적으로도 유래를 찾기 어려울 정도로 전통 노(櫓)로 물을 마구 휘저어 앞으로 나아가는 추진원리를 갖고 있는 독창적인 무동력선이 빛을 보지 못했다는 것은 대단히 안타까운 일임에는 틀림없다. 게다가 각종 해양스포츠가 대부분 유럽에서 계발되어 국내에 소개된 상황에서 야심차게 추진한 '토종해양스포츠계발' 계획이 '3일천하'로 끝난 것은 한국해양스포츠계로서는 안타까운 일이 아니라고 할 수 없다.

아무튼 이후 기획자가 손을 놓음에 따라 이 대회의 취지가 실종된 채 '한노젓기'라는 체험행사 위주로 전락되었다. 또한 2004년 제38회 진남제부터 명칭을 '진남제거북선축제'로 변경하여 오늘에 이르고 있다. 2018년 기준 '한노대회'는 '노젓고노세'라는 흥미 위주의 단순체험행사로 전락하여 초라하게 명맥을 이어가고 있는 실정이다. 창대한 계획을 갖고 추진한 대회라고 하더라도 당초의 목적을 왜곡시키면 이처럼 보석이 돌이 될 수밖에 없다.

제22회(1988년 5월) 진남제 주요 행사 중 하나로써 의욕적으로 첫출발한 이 대회의 개최 목적은 '조상들의 생활문화였던 '한노선(韓櫓船)'을 현대 해양스포츠로 계발·발전시켜 장래 오늘날의 해양카약과

〈그림 2-7〉 1988년 5월 6~7일 여수에서 개최된 제22회 '진남제' 주요 행사였던 제1회 '전국한국노(거룻배)경기대회'에 출전한 선수들이 선두 다툼을 하고 있다. 바다에 기대어 사는 사람들에게는 바다가 정복의 대상이 아니라 삶의 동반자이자 친구였음을 엿볼 수 있다.

출처 : 한노진흥연구소(1988)

같은 생활체육형 해양스포츠로 육성하는 데 있었다. 대회종목은 남녀별 장거리코스와 단거리코스 등 두 종류가 있었다. 장거리코스는 총 9.4km로서 전남 여천시 소호동 요트경기장 수역에서 출발하여 여수시 중앙동 구항수역을 도착점으로 했다. 단거리코스는 총 1000m로서 여천시 소호동 요트경기장 수역이었다. 거룻배(선체)에 부착된 노(櫓)의 크기와 길이는 제한이 없는 가운데 1선(船) 1노(櫓)로써 선수는 2명이 승선할 수 있게 했다.

특히 이 대회를 기획하고 3회 대회 때까지 경기를 주관(한국노진흥연구소장)한 사람은 전남요트협회장을 역임한 전 여천시장 정채호(현 70세) 씨였다. 그는 2010년 '여수시민의 상(償)' 지역개발부문에 선정되기도 했다. 게다가 국내 유일의 대형 세일크루저요트(입·출항 때만 보조동력 사용), 즉 범선(帆船) '코리아나호(총길이 41m, 최대승선인원 77명, 총톤수 135톤, 1982년 네덜란드에서 신조(新造), 무동력선으로서 배의 총길이가 21m가 넘으면 범선이라고도 일컫는다.)' 오너인 정 씨는 11명의 크루우(Crew)와 함께 2018년 8월 27일 여수에서 시작해 9월 14일 러시아 블라디보스톡에서 마무리한 '2018 극동세계범선대회'에 참가해 B클래스에서 1등을 하고, 전 종목 종합 성적 2위도 할 정도로 베테랑 스키퍼(skipper), 즉 선장이다. 아시아지역 범선은 러시아 블라디보스톡 2척, 일본 3척, 인도네시아 2척, 오만 2척을 비롯하여 인도, 중국, 베트남도 1척씩 각각 보유하고 있다(김인영, 2018).

한편 '한국현대해양스포츠사에 또렷하게 또는 희미하게나마 족적을 남긴 인물 셋'을 고르라면, 나는 우선 한국해양소년단을 결성·육성시키는 가운데 한서대 해양스포츠학과 운영에 밑돌을 놓은 고(故) 김현리 겸임교수와 한노대회와 한노선(韓櫓船)을 개발한 정채호 선장 두 사람을 거명하겠다. 나머지 한 사람은 나의 입으로는 차마 거명하기가 부담스러워 후학들에게 맡긴다.

(2) 한노(韓櫓)대회(두 종류 : 9.4km, 1000m) 경기규칙

① 장거리레이스 – 경기규칙 총 19개 항

● 경기코스 및 순위는 여천요트경기장 수역출발선에서 구항결승선을 통과한 순위로 한다.

● 경기정 1척당 선수 2인이 승선하여 하나(1)의 노(櫓) 중 교대 또는 함께 저을 수는 있다(단 2개의 노를 사용하여 저을 수 없다.).

● 경기규칙을 위반하여 심판으로부터 규칙위반의 지적을 받은 경기정은 즉시 제자리에서 360° 2회 전 후 계속 경기에 임할 수 있다.

● 출발선은 여천요트장 100m 이내 수역에서 출발감시선 마스트(Mast)를 기준, 부표거리 500m로 정한다.

● 출발신호는 10초간 대북을 치고 난후, 폭죽폭발 음(音)을 출발신호로 한다.

● 경기정의 출발이 잘못되었을 경우에는 5초간 경적 3회로 전 경기정을 대상으로 회항신호를 하며, 개별 경기정의 출발이 잘못되었을 경우에는 해당 경기정을 호출하여 회항 출발토록 한다.

● 다른 선수의 항해를 고의적으로 방해하였을 경우에는 심판위원회에서 실격처리할 수 있다.

● 접촉사고 시에는 항의위원회에서 권리정과 피권리정을 구분하여 실격처리할 수 있다.

● 출전경기정은 한 개의 노 이외의 기관, 예인 또는 돛을 이용한 경기행위는 인정하지 않는다.

● 해당 시·도 위원 및 코치는 경기 중 소속선수에게 항해신호, 조류, 수심 등 경기 전반에 관한 정보 제공과 조언을 일체금하며 위반한 소속팀은 경기 전체를 실격 처리한다.

● 경기 중에는 여하한 경우에도 선수 교체가 불가능하며, 주전선수를 후보선수로 교체하고자 하는 경우에는 경기 당일 출발 30분 전까지 대회본부의 승인을 득하여야 한다.

● 모든 경기정은 대회운영본부측에서 지급되는 백색 바탕의 청색번호기(旗)를 부착하여야 하며, 또한 전 선수는 지급되는 유니폼과 머리띠를 착용하여야 한다.

● 경기정의 노는 파손을 대비하여 경기정당 노를 하나 더 여분으로 준비할 수 있다.

● 경기지원선(구조정 포함)은 경기정의 항해에 방해가 되지 않는 거리를 유지하여 경기를 지원하여야 하며, 특히 경기정에 장해가 되는 일체의 행위를 금한다.

● 각 경기정은 예인을 대비하여 20m의 예인로프를 휴대하여야 하며, 반드시 선수 안전을 위한 라이프재킷도 준비하여야 한다.

● 참가선수는 경기 종료 전까지 음주행위를 일체금하며, 이를 위반한 선수는 실격조치한다.

- 경기 중 발생하는 경기정의 파손 및 기타 제반 사고에 관해서는 선수 본인의 책임으로 한다.
- 태풍 또는 폭풍 등 기상조건의 악화로 인하여 경기진행이 불가능할 경우에는 순연한다(이 경우는 경기위원회의 결정에 따른다.).
- 기타 본 경기에 관한 제반 사항은 국제해상충돌예방법 및 국제요트경기연맹(IYRU)의 해당규칙을 준용, 항의위원회에서 판정한다.

② 단거리레이스 - 1000m, 경기규칙 총 11개항

- 출발선의 마크를 출발하여 500m 지점의 개별 마크를 회항하여 지정된 출발선으로 선수가 골인 하는 순서에 의하여 순위를 결정한다.
- 출발신호는 에어혼(air hone)과 깃발을 동시에 사용한다.
- 출발신호가 내리기 전 출발한 경기정은 심판석에서 개별 호명하면 제자리에서 다른 경기정에 지장 을 주지 않고 360° 회항 후 출발하며, 2척 이상 먼저 출발하였을 경우에는 에어혼을 울리면 전체 경기정이 출발선으로 되돌아와 다시 출발한다.
- 회항 마크를 혼자 독차지했을 경우 실격처리된다. 그러나 선수 스스로 마크를 360° 회항한 후 다 시 경기에 임하면 레이스를 계속할 수 있다.
- 장비에 손상을 입혔을 경우에는 출전선수 책임으로 항의할 수 없으며, 본인 또한 상대편 장비를 손상시켰을 경우에는 출전선수가 배상한다.
- 배가 충돌했을 경우 앞배가 권리정이고 뒷배가 피권리정으로서 피권리정은 심판의 판정에 의해 실 격을 당할 수 있다.
- 동일 선상의 충돌은 우측배가 권리정이며, 고의로 지정항해 선(line)을 이탈할 경우 실격을 명할 수 있다.
- 결승점에 도달하면 북 또는 에어혼 신호로 순위를 알려준다.
- 선수는 경기규칙을 준수하고 진행에 적극 협조하여야 한다.
- 기타 본 경기에 대한 제반사항은 국제해상충돌예방법 및 국제요트경기규칙을 준용하여 항의위원 회에서 판정한다.

※ 경기규칙을 비롯하여 뒤에 이어지는 '신개발 한노선의 특성'에 관련된 자료는 정채호 선장이 지난 2000년대 들머리에 필자와 만났을 때 직접 제공한 소책자에 수록된 내용이다. 특히 해양스포츠를 공부하는 학도들에게는 현대 한국해양스포츠사를 비롯하여 토종 해양스포츠 종목과 장비를 계발 하기 위한 정채호 씨의 독특한 시각과 추진력이 돋보인다는 점에서 유의미한 연구 사료가 될 것으 로 평가하고 있다.

3) 신개발 한노선(韓櫓船)의 특성 및 향후과제

(1) 개발목적

한국노진흥연구소의 연구팀이 전통 거룻배의 경기화에만 머물지 않고 이를 토대로 더욱 진화시킨 한노선(韓櫓船)은 한노의 장점을 충분히 이용하여 현대 생활체육형 해양스포츠로 발전시켜 경기연맹을 구성하는 한편으로 국내는 물론 국제적으로도 발전시켜나가는 가운데 한노(韓櫓)를 이용하여 더욱 성능이 좋은 배(보트)를 국제 감각에 맞게 개발하는 데 목적이 있다.

(2) 한노선의 특성

첫째, 안전성(선체-Hull-가 쌍동선이기 때문에 전복될 위험성은 전혀 없다. 선체 내부가 군함과 같이 칸막이로 차단된 격벽구조(隔壁構造)이기 때문에 외부 충격을 크게 받은 특정의 격실만 침수되는 등 침몰의 위험성이 거의 없다.)이 담보된다.

둘째, 속도감 및 우수한 회전성(물의 저항을 최소화시켜줌으로써 속도의 증가에 유효할 뿐만 아니라 양쪽 선미가 타원형의 형태를 띠고 있기 때문에 회전성이 뛰어나다.)을 꼽을 수 있다.

셋째, 조립과 조작의 간편성(손쉽게 조립이 가능하고 선체가 가볍기 때문에 육상에서의 운반이 편리하다. 또한 노의 사용을 쉽게 조작할 수 있다. 게다가 범주 시 초보자도 쉽게 조작할 수 있다.)을 꼽을 수 있다.

넷째, 다양한 활용성(평상시에는 한노선으로 사용하는 가운데 바람이 많이 불 경우 범선으로도 사용할 수 있다. 게다가 가족·직장단위의 생활체육형 해양스포츠 활동으로서, 또는 연안 바다배낚시를 비롯하여 어촌의 경우 양식업이나 어업 활동에도 사용할 수 있다.)을 꼽을 수 있다.

다섯째, 유체역학적 이용(기존 범선의 성능은 '바람이 불어오는 쪽(wind ward)', 즉 앞바람 항해가 불가능하지만 한노선은 유체역학적으로 풍상능력이 탁월하여 이동하고자 하는 곳까지 수월하게 이동할 수 있다.)을 꼽을 수 있다.

여섯째, 경량화(전통 한노선은 노의 기능이 우수하지만, 선체가 대단히 무겁고 육상에서의 이동 역시 대단히 불편하다. 그러니 신개발 한노선은 가벼워서 육상에서의 이동이 편리하다.)를 꼽을 수 있다.

(3) 전통 및 신개발 한노의 우수성

첫째, 선미 부분에서 추진력을 발휘하기 때문에 해양카누, 해양카약과 같이 선체 좌·우에서 패들을 젓는 방법보다 훨씬 과학적이며, 적은 수의 노(한-1- 노선, 두-2- 노선, 세-3- 노선)로도 큰 배를 운항할 수 있다.

둘째, 적은 힘으로 밀고(어슨다.) 당김(데린다.)운동으로도 능히 커다란 추진력을 발휘할 수 있기 때문에 대형선박 또는 조선시대 세곡선(稅穀船)이나 강을 통해 내륙 깊숙이 소금을 싣고 나르든 소금배처럼 다량의 물품적재 선박이라 할지라도 적은 인원으로 쉽게 운반할 수 있다.

셋째, 방향이 전환이 용이한 가운데 항해 시야가 넓다.

넷째, 노의 운동원리는 수중에서만 작동하는 스크루방식이기 때문에 직접적으로 물갈퀴 역할을 하는 조정 오어(Oar)종목의 오어와 스컬(Scull)종목의 스컬이나 카누의 패들(Paddle)처럼 작동 후 원위치로 가는 공(空)회전이 없는 가운데 계속 추진력을 발휘할 수 있어 매우 효율적이다.

다섯째, 전신의 힘을 이용한 힘의 안배로 운동리듬이 경쾌하고 피로도가 적어 지구력이 유지되기 때문에 혼자의 힘으로도 장거리 운항이 가능하다는 점에서 토종 생활체육형 해양스포츠로 육성가치가 높다.

〈그림 2-8〉 상단 오른쪽 그림은 1995년 8월 15일 광복 50주년을 맞아 '변형카타마란'으로 한강을 종주하고 있는 한국해양소년단 단원들(출처 : 부산일보). 상단 왼쪽은 한노진흥연구회가 신개발한 한노선으로서 우선 소박하여 마음에 와 닿는다. 가운데 그림은 전통 한노(韓櫓)의 구조도. 아래의 오른쪽은 2010년대 현대 카타마란. 왼쪽은 1990년대 카타마란의 겉모습

(4) 평가 및 향후과제

결국 신개발 한노선(韓櫓船)은 전통 거룻배의 노(櫓)＋세일딩기요트의 세일＋카타마란(catamaran)요트의 헐(hull)＋해양래프팅보트의 격벽구조 등 각종 보트들의 장점을 오롯이 조합(組合)시킨 보트라고

평가할 수 있다. 그렇지만 해양카약, 해양카누, 해양조정의 패들이나 오어의 운동메커니즘에 견주어 운동성과 면에서 크게 효율성이 높은 전통 거룻배의 노를 해양스포츠 활동 장비에 과감하게 접목시키는 등 전통 해상교통 수단인 거룻배(협선)의 추진기능과 현대 해양스포츠 장비들의 특성을 절묘하게 결합시킨 토종 해양스포츠 장비를 비롯하여 종목계발을 위한 각고의 노력은 세계의 해양스포츠사에서도 유래를 찾기 어려운 사례다. 기적은 나팔꽃이 장미로 피어나는 게 아니다. 기적은 꽃 몽우리가 터져 나팔꽃이 활짝 피어나는 것이다. 한노선대회가 꽃몽우리 단계에서 속절없이 시들어버린 것은 아쉬운 일이다.

그렇다면 해양스포츠 현장으로 눈길을 돌려보자. '한노선'과 유사한 형태의 보트가 '카타마란', 즉 '변형카타마란' 보트로 한국해양스포츠회가 1994년 9월부터 학생단체를 대상으로 '체험해양스포츠 프로그램'에 실제로 사용을 하고 있었고, 또 한국해양소년단에서도 1995년 8월 15일 광복 50주년을 맞아 한강을 종주한 사례가 있다〈그림 2-8〉. 그렇지만 변형카타마란 보트는 사용된 시기를 놓고 볼 때, 한국해양소년단에서 출현시킨 것으로 추론할 수 있다. 특히 '한선(韓船)'이라는 용어는 18세기 후반기의 실학자 박제가(1750~1805)의 대표적인 저서『북학의(北學議)』에 한선이라는 용어가 나오는 것으로 봐 고려 말기부터 이미 사용되어 왔음을 알 수 있다.

아무튼 이들 두 단체에서 사용한 변형카타마란 보트는 FRP재질의 카누보트 2척을 각목을 이용하여 옆으로 엮는 한편으로 두 보트의 가운데는 합판을 깔았고, 그 합판위에 마스트를 세워 세일을 달기도 했다. 그러나 헐이 격벽구조도 아니었고, 또 동력은 보트 좌·우에 위치한 크루들이 카누의 패들을 이용하여 직접 젓는 방식이었다는 점이 한노선과는 큰 차이점이 있다고 볼 수 있다. 결국 겉으로 보면 신개발 한노선과 변형 카타마란 보트는 서로 같은 듯 다른 보트라고 평가할 수 있게 된다. 특히 한노선은 전통 거룻배의 노운동을 추진력으로 삼고 있다는 점이 변형카타마란 보트와는 현저히 다른 차이점이요 독창성이다.

따라서 한노선은 개념화 단계를 넘어 제품화시키지 못하고 오늘에 이르고 있다. 한국노진흥연구소는 개념화 단계를 성큼 뛰어넘어 제품화와 함께 양산체제에 돌입할 수 있기를 기대한다. 토종 한노선 제조에 관련된 모든 기술은 국내가 이미 보유하고 있기 때문에 어려움은 없다. 다만 부산 하단포구의 김창명 옹(翁)과 같이 전통 한노선을 만들 수 있는 조선장(造船匠)이 어촌을 중심으로 극소수만 생존하고 있는 것은 걱정되는 측면이다. 최고(最古)가 최고(最高), 즉 옛 전통이 토종해양스포츠가 된다는 건 분명 아름다운 일이다. 아름다움의 본질은 숙지성(熟知性)이다. 오래되고 친숙한 것이 아름답다.

8) 시민 양질의 해양스포츠 체험을 위한 국내 첫 시스템 구축

다시 얘기를 '현대한국해양스포츠 발전사' 중 한 줄기인 시민 양질의 해양스포츠 체험을 위한 시스템 구축 시대로 돌아가 보자. 마리나시설을 이용한 양질의 해양스포츠 활동은 1인당 국민소득 3만 달러 이상의 선진국에서나 생활화되는 경향성을 보여 왔다. 그렇지만 한국에서만은 사정이 전혀 달랐다. 〈그림 2-1〉과 같이 전국을 사업권으로 하는 생활체육단체인 한국해양스포츠회(고문 이석희·한부환, 회장 이장희·실무부회장 지삼업·부회장 신성수, 배기일, 백정호, 허정도, 오원룡, 이영복· 감사 이훈·정일수)가 당시 정문화 부산시장의 격려 속에 국내 대표적 해양도시 부산에서 설립되어 저변확대사업에 적극 나선 결과, 이후 15년 간 전국에 걸쳐 약 30여만 명에게 당시로서는 외국 영화에서나 볼 수 있었던 모터요트, 세일링요트, 윈드서핑, 수상스키, 수상오토바이, 스포츠잠수(스킨다이빙), 해양조정, 해양카누·카약 등 10여개 종목의 각종 해양스포츠를 직접 향수할 수 있는 기회를 첫 제공하기 시작한 것은 2019년 기준, 25년 전인 1994년 5월의 일이고, 또 국립부경대에 1개 학년 40명 규모의 해양스포츠학과가 설치된 것은 1996년 3월의 일이었다. 이어 1997년 교육대학원, 그리고 2002년에는 일반대학원 석·박사과정도 설치되었다.

만약 '해양스포츠사(史)'를 연구하는 이가 있다면, 앞에서 언급한 사례들은 한국 체육 및 세계 해양스포츠사에서도 특기할 만한 사례로 기록됨직한 일들이라고 감히 말할 수 있다. "생각은 소리 없는 말이다. 말 없는 생각은 절대 없다. 말은 행동의 지침이다(김열규, 2013)." 1994~1997년 당시 우리나라의 1인당 국민소득은 불과 1만 달러 조금 넘는 수준이었기 때문이다. 1만 달러 사회에서는 마리나시설을 통한 양질의 해양스포츠 향수는커녕 겨우 승용차 구입이 대세를 이룬다. 사람들은 그때를 '마이 카' 시대라고도 그랬다. 이후 "1인당 국민소득이 2만 달러를 넘어선 것은 1만 달러대 달성으로부터 약 10년 지난 2006년의 일이고(정대영, 2016)" 그로부터 12년 지난 2018년에는 3만 달러를 달성했다. 결국 한국 경제는 2만 달러 수준에서 10여 년 간 계속 맴돌고 있었던 셈이 된다. 이 기간 해양스포츠의 대중화 속도 역시 소걸음이었다. 한국의 1인당 국민소득(GNI) 3만 달러 사회 진입은 해양스포츠계에는 고무적인 일이다. 선진국 수준의 경제를 중심으로 해양스포츠의 대중화 속도도 덩달아 한층 빨라질 것이 예상되기 때문이다.

한데, 2018년 6월 26일 OECD의 발표에 따르면, OECD 국가 중에서 한국의 기업들만 유일하게 경기 전망을 부정적으로 보는 것으로 나타났다. OECD가 집계한 5월 회원국의 BCI(Business Confidence Indx ; 기업확신지수)는 한국이 98.74로 자료가 있는 25개 OECD 국가 중 유일하게 기준선인 100을 넘지 못했다. BCI는 100을 기준으로 이를 넘지 못하면 경기가 좋아질 것보다 악화될 것으로 보는 기업이 많다는 것을 뜻한다. 한편 한국은행관계자는 "최근 발표한 취업자 수 증가폭이 상당히 적었고, 잠잠할 것으로 보이던 미·중 무역 분쟁이 재연되는 게 소비자 심리에 좋지 않은 영향을 준 것으로 보인다."라고 말했다. 5월 취업자 증가폭은 7만 2,000명에 그쳐 2010년 1월(− 1만 명) 이후 8년 4개월만에 가장 적었다(방현철, 2018a). 그럼에도 정부는 '경기회복 흐름이 지속될 것'이라고 말하면서도 경제성장률을 당초 3%에서 2.4%로 하향조정했다. 경제전문가들도 정부의 2018년 3% 성장계획에 회의론을 이미 제기한 상태였다. 어떤 학자는 "북한 핵무기로 사망할 확률보다 미·중 간 무역전쟁에서 촉발된 세계 무역전쟁 때문에 실업, 빈곤, 경제적 소외로 병들어 죽을 확률이 높다고 했다." 또한 2018년 7월 블럼버그 통신은

'미·중 무역전쟁으로 인한 경제적 손실의 최대 희생양은 한국'이라고 했다. 따라서 한국이 2018년 3만 달러 사회에 진입했다고는 하지만 2019년에는 수출 침체, 부동산 침체에 인구절벽까지 겹치면서 나라의 경제 상황이 봄철 해빙기에 살얼음판 위를 걷는 것처럼 위태로운 처지에 직면해 있다. 한국은행은 2018년 4월(3%)~2019년 5월(2.4%)까지 13개월 새 성장률 전망치를 무려 6회나 낮춰 잡았다.

아무튼 앞에서도 말했듯 1인당 국민소득 1만 달러를 조금 넘는 그런 열악한 사회·경제적 환경 속에서도 한국에서는 누구에 의해 선진국 생활체육의 꽃인 해양스포츠 씨앗(1994년 한국해양스포츠회 설립과 시민무료강습회 매년 개최)이 국내에 첫 뿌려졌고, 또 나무(1996년 3월 부산수산대학교에 해양스포츠학과 세계 첫 설치 및 신입생 입학)를 심었을까? 게다가 『해양스포츠 자원론』, 『해양스포츠론』, 『마리나 관리론』, 『마리나 관리 및 운영론』, 『해양관광론 플러스』 등 다수의 대학교재 개발은 물론 해양스포츠가 왜 해양스포츠산업과 해양신(新)산업 두 길을 함께 걷게 되었을까? 뿐만 아니라 누구에 의해서 해양경찰청 '수상레저동력 및 요트조종면허 이론시험문제 발굴을 비롯하여 실기시험장 항목별 배점 및 코스설계 등을 위한 연구용역'을 1999년 10월 연구책임자로서 국내 첫 수행한 것에 의해 오늘날 이 법이 무난하게 시민 속으로 안착될 수 있었을까? 2009년 9월 18일에는 '해운대케이블 방송(CJ헬로비전)'에 "바다야 놀자"라는 제목으로 해양스포츠의 국가 사회적 유용성 특강을, 또 2013년 8월 01일 정오와 15시 등 총 2회에 걸쳐 일본 NHK WORLD-TV가 "한국에서 해양스포츠를 대중화시킨 중심인물(4분 20초 분량)"로 누구를 조명한지도 모르는데 어떻게 미래에 해양스포츠의 영광이 있을까 싶다.

물론 역사는 결코 과거사를 정직하게 재현하는 것이 아니라는 주장도 많이 있어 왔다. 사마천의 『사기(史記)』는 중국 고대사를 읽는 것이 아니라 사마천을 읽는 것이라는 지적을 받고 있는 것이 그렇고, 세르반테스(Miguel de Cervantes)의 『돈키호테』 역시 중세 기사의 온당한 모습과는 거리가 멀기 때문이다 (신영복, 2018). 더욱이 일본에 의해 저질러진 '광개토대왕비문' 조작사건에 이르기까지 일일이 열거하기도 숨이 찰 정도다. 그런 탓으로 역사는 흔히 승자 또는 기록자 중심의 기록이라고 말들을 하게 되는 것 같다. 게다가 현실에서 보는 것은 그때 그곳의 조각에 불과한 한계도 있음이 사실이다. 그래서 추가 기록들이 계속 발굴·더해지고 또 해석도 밝혀야 한다는 지적들이 힘을 받을 수밖에 없다.

그런 가운데서도 먼 미래를 위해 이번 기회에 비록 현재의 조각기록일지라도 '개척자 시대'를 조금도 각색을 하지 않고 보도와 사실을 중심으로 서술하고자 하는 것은 기록으로서의 가치에 방점을 찍고 있기 때문이다. "기록해야 기억된다."고 한다. 저마다 기억하는 방식은 다양할 것이다. 나는 기억이 문자로 기록될 때 완성된다고 굳게 믿는 쪽이다. 화가가 색과 선으로 세상을 보는 것처럼, 음악가가 소리와 리듬으로 자기를 표현하는 것처럼, 나 역시 문자를 통해 '한국해양스포츠의 연원(淵源)'을 기록하고자 했다. 따라서 '현대 한국해양스포츠사(史)'에서는 단언컨대 누군가에 의해 보충작업은 계속 될지언정 내용이 일부라도 삭제되는 등 뼈대가 송두리째 흔들리는 일은 결코 없을 것이다. 역사를 통해 보면 승자의 패자에 대한 기록은 야박하다는 공통점이 있다. 그러나 국내 해양스포츠 분야에는 승자가 있을 턱이 없으니

패자 또한 없다. 그러니만큼 현대 한국해양스포츠사는 철저히 사실(fact) 중심일 수밖에 없기 때문에 충분히 신뢰를 담보하고 있다.

"역사는 과거, 현재와의 끊임없는 대화를 통해 미래를 만들어 가는 것이다(신영복, 2018)." 이 평범한 문장만큼 역사를 명쾌하게 표현한 것은 없다. 더욱이 '끊임없는 대화'는 당대 사람들의 보편적 공감 속에서 미래까지 포함시켜 나갈 때 해양스포츠의 역사와 사회와 인간을 직조(織造)하고 창조하는 동력 그 자체가 되기도 한다. 그런 뜻에서 기록해야 할 인물과 사례, 즉 조각기록들이 더 많을 수 있고, 또 미래까지 포함시켜야 하기 때문에 앞으로 후학들이 필자가 놓은 주춧돌을 비롯하여 세운 기둥과 대들보, 즉 사건사 수준에서 기록한 '한국해양스포츠의 연원'을 중심으로 시간을 갖고 현실의 조각들을 계속 추가로 발굴·기록하고 재해석하고, 그것을 내일의 설계와 연결하는 가운데 '한국해양스포츠 역사'의 집을 몇백 년을 통해서라도 차근차근 짓다보면 언젠가는 번듯한 건물이 완성되지 않을까 싶다. 물론 그렇게 되기까지는 앞으로도 족히 150~200년은 더 세월이 흘러야만 할 것 같다. 바로 이런 측면이 '현대 한국해양스포츠사(史)'가 왜곡이 많았던 고대사나 중세사와는 도저히 비교할 수 없을 정도로 차이점을 갖고 있다고 말할 수 있게 된다. 결국 그런 과정을 통해 완성된 '현대 한국해양스포츠사'는 한 사람에 의한 기록물이 아닐 것이 분명하기 때문이다.

〈그림 2-9〉 NHK WORLD(2013)가 한국에서 해양스포츠를 대중화시킨 중심 인물로 소개
출처 : 일본 NHK WORLD-TV

역사의 묘미는 바둑처럼 복기(復碁)해 보는 데에 있다고 한다. 복기에서 교훈과 통찰 그리고 식견이 축적된다. 그래서 '역사와의 대화'는 한마디로 '전문가 활동의 핵심이자 해양스포츠인 모두의 의무'라고 할 수 있다. 그런 가운데서도 주관과 객관이 아주 근접한 사실을 바탕으로 해야 적확성(的確性)을 확립할 수 있다. 그렇지만 적확성이나 의심 위에 무리하게 사실을 세우려고 하면 무너져버린다는 점만은 항상 유의했다. 그렇다면 진실이란 무엇인가. 신조어(新造語) '호모 평범니우스'의 처지로서는 더 말하기 어렵다. 그렇지만 과학적 진실은 명백하다. 객관적 진실이다. 하지만 그너머에 주관적 진실도 분명 똬리를 틀고 있다. 그것을 이해하는 것도 대체로 주관적이다. 그래도 주관과 객관이 서로 가까워지도록 하는 게 바람직하다. "'사람'이 없으면 역사는 '빈껍데기'다. 사람을 통한 역사의 생환(生還)이 중요하다. 그러나 그 경우 개인화된 사람이 아니라 역사화되고 사회화된이라야 한다. 그런 사람의 이야기로 역사가 재구성될 때 비로소 역사가 생환된다(신영복, 앞의 책)."

아무튼 필자가 2009년 9월 19일 지역의 '헬로TV'를 통해 첫 사용한 '바다야 놀자'라는 특강제목만 하더라도 모(某) 방송 부설 '해양레저네트워크'와 일부 언론에서 기억하여 지금껏 여름철이면 즐겨 원용하는 프로그램의 간판 이름이기도 하다. 이처럼 기록해두어야 기억되는 것이다. 마찬가지로 비록 현재로서는 조각기록에 불과하다고 치더라도 '오늘 기록하지 않으면 내일 기억되는 일은 없다'라고 단언해도 지나친 말은 아니다. 실제로 우리나라의 애국가만 하더라도 누가 작사(作詞)한 것인지에 대한 조각기록조차 찾지를 못해 안타깝게도 애국가의 노랫말은 지금껏 '작사 미상'으로 남아 있다. 이런 측면에서도 비록 조각기록이라고 하더라도 그 중요성은 확인되고 있는 셈이 된다.

여태 한 말의 속 알맹이는 무엇일까?

"1994년 5월 전국을 사업권으로 하는 사단법인 한국해양스포츠회 설립과 1996년 3월 국립부산수산대(수산대와 공업대가 1997년 9월 통합하여 현 국립부경대가 탄생)에 해양스포츠학과 세계 첫 설치를 통해 '생산(수산·무역·조선·해저광물자원)의 바다에서 즐기는 스포츠의 바다로 패러다임(paradigm)의 전격 전환', 즉 한 시대 사람들의 바다에 대한 관념이나 인식을 송두리째 바꾼 '해양스포츠의 바다', '마리나의 바다', '스포츠형 해양관광의 바다 개척'과 같은 일들은 결국 스포츠의 운동장을 바다로까지 확장시킨 체육 분야의 일대 사건도 되지만, 다른 한편으로는 국내 해양산업 미답(未踏)의 장르(genre)였던 해양신산업 중 일부 분야를 개척한 선구자로도 평가받게 되어 필자는 지난 2010년 제15회 바다의 날에 '녹조근정훈장'을 수훈했다. 이는 '해양스포츠의 바다'라는 당시로서는 전대미문(前代未聞)의 '생활체육 바다운동장'을 개척한 사람에 대한 정부 차원의 격려요 인증(認證)인 셈이 되고, 또 국민들이 분야 최고에게 건네는 꽃다발이었다고 여기고 있다. 이어 2014년에는 제8회 장보고대상 본상(해양스포츠·마리나·스포츠형 해양관광 분야 개척)까지도 수상했다(정연근, 2014). 신라 해상왕 장보고 대사의 바다개척 정신을 해양스포츠의 바다 개척을 통해 오늘에 구현(具顯)한 공로였다."라고 말할 수 있다.

따라서 내가 지금껏 놓은 주춧돌과 기둥과 대들보를 기초로 어제와 오늘의 역사를 모아 보면, 내일의

〈그림 2-10〉 제8회 장보고대상 수상자들(중앙은 이주영 전 해양수산부 장관), 세종문화회관.

나침반이 된다. 도전, 열정, 헌신, 창조, 자부심 등 현대 한국해양스포츠 발전의 모든 것이 이들 다섯 가지 단어 속에 함의되어 있다. 결국 한국 해양스포츠가 이만큼이라도 발전한 것은 이들 단어들의 힘이었다고 말할 수 있게 된다.

9) 사업자 및 현장지도자 중심의 개척자 시대

다시 '현대 한국해양스포츠사' 중 사업자 및 현장지도자 중심의 개척자 시대로 돌아가 보자. 협회 및 학계의 활동 외에도 '88서울올림픽 개최에 영향을 받아, 몇몇 해양스포츠 사업자들은 청평에서 미8군 및 수도권을 중심으로 영업활동에 나섰고, 그중 '북한강수상레저' 함도웅(현 한서대 교수) 사장은 영업을 성공적으로 이어왔다. 학계로 진출한 지금은 자제가 사업을 잇고 있다.

한데, 일본도 1964년 동경올림픽 개최를 계기로 해양스포츠가 생활체육으로서 크게 활성화되었던 때가 있었기 때문에 한국도 일본과 마찬가지 경로를 밟았다고 볼 수 있다. 부산수산대를 졸업한 함 교수는 2010년 10월 부경대 평생교육원에서 필자가 국내 첫 운영한 '마리나 개발 및 운영 최고경영자과정'을 제3기로 수료했다〈그림 2-11〉.

〈그림 2-11〉 국내 첫 마리나 개발 및 운영 최고경영자과정 개강 기념사진
출처 : 국제신문(2011, 10, 15자)

　부산에서는 1970년대 후반부터 광안리해수욕장을 중심으로 옛 조선공사(현 한진조선) 사원들이 해외근무 시에 배운 윈드서핑을 통해 동호회를 결성하여 본격 활동하기 시작했고, 1980년대 후반부터는 수영요트경기장에 업체사무실을 두고 주로 호텔 이용객을 판촉 대상으로 삼아 약 10억 원 정도를 투자한 부산지역 호텔리어(hotelier) 출신 오덕선 사장이 있었다. 오 사장의 활동은 국내 해양스포츠산업 서비스업 분야 개척자였다고 평가할 수 있다. 이어 1990년대 중반에는 약 20억 원을 투자한 신발산업 경영자 출신 김상훈 사장도 있었다. 이들은 당시만 해도 관련제도(수상레저안전법 2000년 2월 시행)가 미비했기 때문에 정부나 지자체의 지원을 전혀 받지 못한 상태에서 열악한 시장에서 비롯된 영업부진, 그리고 김 사장의 경우는, 얼치기 직원의 건의를 일체의 검증을 거치지 않고 그대로 수용하여 모터요트 등 고가의 동력장비구입에 과도하게 투자한 요인 등이 덧보태져 불과 2~3년 정도 버티다 사업실패의 비운을 맞고 말았다. 제도가 미비했거나 또는 경영자 스스로가 분야에 대한 전문성이 거의 백지상태였기 때문에 경영에 실패한 사례들이다.

　그런 가운데서도 나름 성공한 기업인도 있다. 일본 야마하보트엔진 한국총판 대리점주인 '(주)코리아마린레저' 이수종 사장이 바로 그 사람이다. 이 사장은 1980년대 초반에는 한국해양소년단 부산지부 활동에 관여하면서 주로 모터보트 엔진수리를 하는 일로 봉사했다. 그러다 야마하보트엔진 한국

총판을 경영하면서 어촌의 선외기 엔진판매 쪽에서 크게 사업을 성공시키는 가운데 해양스포츠 분야에도 모터보트와 수상오토바이를 적잖게 판매했다. 1997년에는 한국해양스포츠회와 공동으로 '제1회 코리아마린레저 전국수상오바이대회'를 개최하는 한편으로 1위 수상자에게는 수상오토바이를 부상으로 내놓았다. 뿐만 아니라 2004년 7월에는 국내 수상오토바이분야로서는 처음으로 수상오토바이 3척을 통해 진해~후쿠오카(7시간), 후쿠오카~진해(7시간)를 잇는 총연장 288마일(499km)의 대한해협을 왕복한 일이 있다.

특히 그는 이보다 앞서 같은 해 4월에는 사재 약 50억 원을 투자하여 경남 창원시 진해구 웅천동 와성리에 국내 첫 상업마리나인 '진해마리나 리조트'를 개발했다. 이 마리나의 육해상의 총 면적은 8,743m²이고, 해상계류는 수도와 전기가 공급되는 2열 폰툰에 보트길이 6~10m급 40~50척을 계류시킬 수 있는 선석을 확보하고 있었다. 육상에는 블록방식으로 15척을 계류했다. 부대시설은 용량 8톤의 고정식 크레인 1기를 비롯하여 커피숍, 클럽하우스, 경사로, 야마하엔진수리소(직영)가 있다. 비록 규모는 소규모 보트계류장급이긴 하지만, 당시로서는 부산 수영요트경기장과 통영마리나리조트에 이어 세 번째로 개발됐다. 그러다 이 마리나는 부산신항 컨테이너도로 부지에 편입되어 폐업하는 비운을 맞았다. 이후 맞은편에 해양스포츠업체를 운영하면서 저변확대사업에 나름 열중하고 있다. 이처럼 현장경험이 풍부한 이 사장이 제1세대 사업자로서는 보기 드물게 성공할 수 있었던 것은 해양스포츠분야가 아닌 야마하엔진 판매와 수리를 통해 많은 부를 쌓았기 때문이다. 실제로 마리나사업에서는 운이 따르지 않아 뜻을 이루지는 못했다. 결국 이 사장이 마리나사업을 접을 수밖에 없었던 것은 한국해양스포츠계로서는 손실이 아닐 수 없다.

이 외에도 오늘의 해양스포츠가 있기까지 현장에서 저변확대 사업에 굵은 땀방울을 흘린 제1세대 현장지도자들도 몇 있었다. 앞서 소개한 오덕선 사장 업체에서 현장실무를 익힌 장성복 씨는 이후 전국을 사업권으로 하는 사단법인 한국해양스포츠회 초대 사무국장으로서 과거의 현장노하우를 중심으로 약 10년간 각종 아이디어를 많이 발굴하여 수영만 요트경기장과 광안리해수욕장을 활동 무대로 삼아 전국의 초·중·고등학생 및 일반인 대상 저변확대사업에 많은 성과를 내기도했다. 주요 프로그램은 '시민 해양스포츠무료강습회·해양스포츠 테마수학여행·봄가을 해양스포츠 테마소풍' 등이 있었다. 이때부터 인쇄매체를 비롯하여 TV에서는 여름철 보도에 거의 단골 아이템이 되어 생활체육으로서의 해양스포츠가 크게 저변이 확장되는 효과가 있었다.

장 국장에 이어 이 협회의 실무를 총괄한 이는 해양스포츠 분야 개인사업체를 운영한 경험이 있는 이동환 국장이었다. 한국해양스포츠회는 1994~2006년까지 수영요트경기장을 중심으로 저변확대사업에 적극 나섰다. 특히 한국해양스포츠회는 〈그림 2-12〉에서 처럼 2007~2009년까지 부산 수영구청으로부터 공유수면점·사용허가를 받아 광안리해수욕장 북측에 국내 처음으로 조립식 해상간이폰툰을 설치하여 양질의 해양스포츠체험장을 운영하는 등 전국에 걸쳐 총 30여만 명에게 해양스포츠를 향수할 수 있

〈그림 2-12〉 '07~'09년에 부산광안리해수욕장 북측에 필자가 환경친화적으로 디자인한 조립식 간이보트계류장 전경. 스포츠의 운동장을 바다로까지 확장시킨 전국 첫 사례가 된다.

출처 : 지삼업(2008b). 마리나 조성계획과 실제. 대경북스(서울). 42.

도록 앞장서기도 했고, 그 현장에는 언제나 장성복·이동환 국장이 있었다. 아무튼 이들은 부산해양고등학교 출신으로서 모두 생활급 정도의 박봉에도 불평 한 마디 없이 협회 창립과 실무부회장인 필자를 현장에서 적극 돕는 등 총 15년간 안전사고를 단 한건도 발생시키지 않은 '해양스포츠안전지킴이'로서 부산이 한국 해양스포츠 중심지로 성큼 발돋움하는 데 묵묵히 헌신한 개척자 시대의 모범적인 현장지도자들이었다고 평가할 수 있게 된다.

이론과 실천(현장지도 노하우)은 함께 간다. 실천의 경험을 학술적으로 정리하면 곧 이론이 된다. 이 이론은 다음 실천의 지침이 되고, 동시에 안전성과 체육효과 등 그 진리성이 검증되면서 탄탄한 이론의 발전으로 이어지는 순환구조이다. 결국 이론과 실천, 실천과 이론은 함께 가는 이른바 '한 수레의 두 바퀴'라고 말할 수 있다. 그래서 나는 오늘날 이 분야 설계자의 능력을 갖춘 이른바 아키텍트(Avchitect)로 성장하기까지 장·이 국장의 현장 실천경험들이 많은 영향을 미쳤다는 점에서 적잖은 마음의 빛을 지고 있다. 결국 탄탄한 이론 정립을 비롯하여 설계자로서의 능력 겸비는 철저한 실천경험과 최소 10년 이상의 숙성을 거친 노하우가 피드백되어야 가능한 일이라고 생각하기에 이르렀다. 경험칙이다. 그렇다고 해도 실천경험을 통한 노하우 축적에는 개인의 노력이 전제되지만, 관련 경비 역시 만만찮게 발생하는 만큼 일정 부분 기업인의 역할이 없으면 어려운 일이다. 마찬가지로 실천경험을 통한 실패사례의 경험축적도 연구자의 탄탄한 이론의 뒷받침 속에서 출발한다.

한데, 1980년대 말까지만 해도 현장지도자들을 체계적으로 지도할 이른바 사부(師父)는 없었다. 다만 나를 만나 지도법을 어느 정도는 깨우칠 수 있었다고 본다. 물론 나 역시 해양스포츠나 마리나, 그리고 스포형 중심의 해양관광 분야를 체계적으로 공부시킨 지도교수나 대학이 이 세상에는 존재하지 않았다. 다만 학창시절 대학에서 공부한 체육학의 소양을 비롯하여 다수의 해양선진국 방문, 특히 글로벌차원의 견문을 넓히기 위해 발품을 판 횟수는 헤아릴 수 없을 정도로 대단히 많다. 따라서 장·이 국장을 비롯하여 나 역시 해양스포츠 분야 노하우는 한국해양스포츠회 운영과정에서 박이 터지도록 토론을 거치는 가운데 실천 중심의 숱한 실패와 성공을 통해 이론을 정립시키는 등 스스로 깨우쳤다고 말하게 된다. 그야말로 맨 땅에 헤딩한 경우다. 그런 연유로 사람들은 필자를 해양스포츠분야 '1호 토종박사'라고 말하는 것 같다. 천둥벌거숭이에서 스스로 이론을 정립시켜 학위를 취득했기 때문이다.

지금이야 필자 밑에서 배출된 제2세대 박사급 연구자가 몇 양성되어 있고 또 대학교재도 적잖게 개발되어 있지만, 당시는 국내외를 총망라 어느 나라 어느 대학에도 '해양스포츠학과'와 같은 교육시스템은 아예 없었고, 또 해양스포츠전공교수도 한 분도 없었기 때문에 그럴 수밖에 없었다. 더욱이 외국 대학의 해양스포츠분야 교육환경은 2019년 6월 현재까지도 그때나 지금이나 전혀 달라진 것이 없다. 결국 아직까지는 세계적으로 해양스포츠학 메카는 한국인 셈이 된다. 따라서 현재 내가 갖고 있는 식견이 있다면, 그 실체는 체육학, 그리고 숱한 외국여행을 통한 해양스포츠 및 마리나 분야 글로벌 안목과 함께 한국해양스포츠회에서 약 15년 동안 실패사례의 경험축적을 통해 숙성시킨 실천경험 등 세 가지 요소가 융합되어 있는 결정체라고 볼 수도 있지만, 다른 한편으로는 이 세 가지 요인들이 체육 분야 새로운 장르, 즉 해양스포츠분야를 첫 개척한 동력도 되었다고 말할 수 있다. 그래서 지난 2004년 EBS-1TV 한국교육방송은 약 15분간 나를 '국내 해양스포츠산업 개척자'라고 소개하였을 것이다. 아무튼 장·이 국장의 세련된 현장지도 노하우 축적에는 오·김 사장이 총 20억 원 정도 투자한 요인이 직·간접으로 영향을 미쳤음이 사실이다.

사실 내가 사단법인 한국해양스포츠회를 설립하고, 실무부회장을 맡아 대략 15년 이상 현장에서 활동한 목적도 바로 해양스포츠에 대한 이론과 실천, 실천과 이론의 피드백을 통한 진리성 검증과 함께 더욱 발전된 이론을 정립하는 데 있었다. 나의 이런 노력에 의한 결실이 곧 해양스포츠, 마리나, 스포형 해양관광 분야에 나름 축적(2006년『해양스포츠자원론』집필을 시작으로 이후 다수의 저서 출판)시킨 글로벌 안목이었다고 말할 수 있다. 발생학적 기원 없이 자기 콘텐츠가 없다고 볼 때, 특히 그런 측면이 다른 연구자와 다른 점이고, 또 나의 강점이라고 감히 술회(述懷)할 수 있게 되는 출처다. 협회가 총 15년 동안 투입한 장비구입비 및 경상경비 지출만 하더라도 대략 18억 원 정도 된다. 특히 오늘날의 해양스포츠가 있기까지 투입된 경비는 제1세대 사업자, 협회, 시(市)보조금 등 총 88억 원쯤으로 추산할 수 있고,

결국 이 금액은 필자를 비롯하여 장·이 국장의 활동에 투입된 연구개발, 즉 다르게는 이론과 실천의 변증법적 발전 시스템구축 직·간접적 비용인 셈이 된다.

이처럼 아무도 가보지 않은 미답(未踏)의 길을 단기필마로 개척하기까지에는 개인 연구자의 공력(功力)과 저돌적인 추진력, 그리고 현장지도자의 세련된 노하우도 중요하지만, 오히려 그것보다는 운영경비가 안정적으로 지원되지 않으면 노하우 축적의 성과를 내기가 대단히 어렵다는 측면을 이해하지 않으면 안 된다. 해양스포츠에 대한 개념조차 흐릿했던 개척 시대라면 더욱 그렇다. 그런 뜻으로 그간 많은 도움을 준 일부 명망가를 비롯하여 제1세대 기업인들에게 특별히 감사하지 않을 수 없다. 한국 해양스포츠가 박사급 연구자를 배출하게 되는 등 오늘날 이만큼이라도 발전할 수 있도록 토대를 마련할 수 있었던 것은 바로 이런 분들의 도움이 있었기 때문에 가능했다. 한국해양스포츠계가 결코 잊어서는 안 되는 인사들이다.

한데, 언제부터인가 체육교수 사회에서는 '이론이 실기보다 더 중요하다'. 아니다. '실기가 이론보다 더 중요하다'는 등의 명제를 두고 논쟁이 뜨거웠던 때가 있었다. 보는 입장에 따라 할 말이 있기 때문이다. 물론 이와 같은 논쟁은 지금껏 깔끔하게 정리되지를 못하고 해묵은 논쟁거리로서 수면 아래에 잠복된 상태로 지금에 이르고 있다. 그렇지만 최근 중등체육교사임용시험 실기과목의 난이도는 대단히 높은 특징을 나타내고 있어 시사점이 크다. 체육은 입으로 하는 것이 아니기 때문일 것이다. 그렇다고 하여 체육을 실기로만 일관할 수도 없다. 인간의 생명은 온몸에 있기 때문에 잘 먹고 운동 열심히 해야 된다. 특히 신체에 적절한 자극을 가하지 않으면 건강을 유지·증진시킬 수 없다. 심폐기능을 비롯하여 전신지구력 향상에 달리기가 어떤 효과가 있는지를 모른다면 어떻게 학생을 동기 유발시킬 수 있을까. 결국 이론이나 실기 우위론만을 각각 주장하는 인사들은 한 발 보행자로서 그 반대쪽의 발에 대해서는 지도할 능력이 없음을 자인하고 있는 셈이 된다. 그럼에도 보행에 두 발보다는 한 발이 낫다는 식으로 우기고 있어 안타깝다는 것이다.

따라서 기본적인 자질을 갖춘 교사가 풍부한 실기경험으로 숙성되는 과정을 거치지 않으면 체육교사나 체육교수의 역할을 수행하기 어렵다. 이론만으로 허황되고, 실기만으로는 지도역량이 협소해지기 때문이다. 그렇지만 그 진실은 이론우위론과 실기우위론의 중간지대 어디쯤엔가 있지 않을까 싶다. 결국 생활체육이 크게 활성화되고 있는 시대의 경향성을 감안하면, 이들 양론(兩論)을 적절하게 조화시키는 가운데 실기수업을 조금 더 비중을 높이는 일이 학생지도에 나서는 교사가 취해야할 교수법일 것이다. 초·중등체육교사 양성시스템에 교육과정 개편 등 변화가 필요함을 보여주는 대목이다. 체육수업에 해양스포츠가 취급되어야 하는 것도 마찬가지 맥락이다. 그렇게 하자면, 체육교사나 체육교수가 해양스포츠 몇 종목쯤은 할 수 있는 능력을 갖고 있어야 하는 것은 당연한 일이다. 더욱이 지구촌 시대, 학생들은 이미 젊은 부모와의 외국 여행을 통해 해양스포츠 몇 종목쯤은 체험한 터에 체육교사나 전공체육교수가 맹탕이라면 정말 곤란하지 않겠는가. 이런 분들이 주로 이론, 즉 한 발 보행우위론을 주장하는 쪽이 아닐까 싶다. 편향은 답이 아니다.

다시 사업자 시대를 조금 더 살펴보자. A사장은 자신의 업체회원들을 대상으로 주로 광안리해수욕장을 활동무대로 활동하던 사람이다. 그러다 수영구청으로부터 B사장을 대표로 하는 업체가 위탁받은 '해양스포츠센터'에 이름만 공동운영자로 참여했다. 그러나 현장강사의 안전 소홀로 강습생이 폰툰에서 대기 중 과속으로 진입하는 수상오토바이에 머리를 가격 당하여 안타깝게도 목숨을 잃는 안전사고가 발생했다. 원숭이도 나무 위에서 떨어진다고 했다. A사장은 오랜 세월을 통해 터득한 전문성을 과신한 나머지 정작 현장관리에는 방심함으로써 고귀한 인명이 희생된 사례이다. 주의! 이것이야말로 해양스포츠 현장에서는 반드시 지켜야 하는 유일한 철칙이라고 말하게 된다. 결국 A사장은 이익만 취하고, 약삭빠르지 못한 B사장이 사고수습의 모든 책임을 졌다. 순박한 B가 A의 인간성을 파악하지 못하고 덜컥 동업에 나선 결과이다. 체험현장은 주의로 시작하여 주의로 끝난다고 보면 틀림없다. 특히 육상에서 안전사고가 발생하면 대부분 부상을 당하는 수준이지만, 바다에서 발생한 심각한 안전사고는 인명희생으로 이어지는 경우가 흔하기 때문이다.

한편 장·이 국장은 현장에서 쌓은 내공과 전문성이 풍부함에도 불구하고 지금껏 윤택한 삶을 영위하지 못하고 있어 안타까운 마음 금할 길이 없다. 시대가 많이 발전하여 오늘날 해양스포츠, 마리나, 그리고 스포츠형 중심의 해양관광 분야가 모두 국가 해양신산업 활성화를 위한 아젠다(Agenda)로 부각될 정도로 이 분야가 주목 받고 있다고는 하지만 좀처럼 나아지지 않고 있는 이들의 팍팍한 삶을 지켜보고 있노라면, 마치 해양스포츠산업 서비스업 중 교육업의 현주소를 웅변하고 있는 것만 같아 거저 가슴이 먹먹할 따름이다.

교육업이 대단히 어려운 이유로서 3년 정도 허용하고 있는 '공유수면 점·사용허가'와 관련된 제도를 비롯하여 공공기관의 업체선정공모과정에서는 법적 근거가 없는 과도한 '발전기금'을 요구하는 막무가내 행정 등의 관행들이 사업자들의 계속영업을 위축시키고 있는 것 등을 꼽을 수 있다. 결국 일부 폐업하거나 숙련자가 근무할 신규사업장 역시 속속 출현하지 못함에 따라 생계의 터전을 점차 잃어가고 있는 실정에 노출되어 있음을 최고 기량을 자랑하는 일부 현장지도자들의 팍팍한 삶이 입증해주고 있는 셈이 된다.

앞에서 소개한 오·김 사장의 경영실패를 비롯하여 장·이 국장이 지금껏 업계에 굳건하게 뿌리를 내리지 못한 두 번째 이유는, 업체들은 그때나 지금이나 묘목부터 키우기 시작해서, 그것을 옮겨 심어 가면서 큰 나무로 키우는 것과 같은 새로운 프로그램 개발 작업에 둔감했기 때문이다. 실제로 업체들은 마치 울진에서 이미 엄청나게 크게 자란 '금강송'을 그냥 캐 오면 되는 것으로 생각하는 경향이 강하여 외국의 레저업체들이 사용하는 프로그램을 국내에 접목시키기에 급급했다. 그런 이유 때문에 고객들은 변화 없는 프로그램에 흥미를 상실한 나머지 대부분 레저업체를 찾지 않고 있다. 해양수산부나 업계가 자기성찰을 필요로 하는 항목이다. 다르게 말하면, 한국해양스포츠회와 같은 한국형 중심의 독창적인 프로그램 개발과 보급이 필요하다. 게다가 자금력이 열악한 업체의 경우라면, 이미 국산화되어 있는 해양카누, 해양카약, 해양조정, 서핑, 세일딩기요트, 패들보드, 변형 카타마란 등 무동력 장비투입을 중심으로 단체체험자에서 경영의 답을 찾아야 한다는 말도 된다.

더욱이 해양스포츠대중화 속도가 예상보다 소걸음인 상태에서는 업체도 업체지만 공공의 역할은 더 중요하다. 특히 각종 보트를 1척쯤은 누구나 갖게 되는 이른바 '마이 보트시대'를 더욱 앞당기기 위해서는 우선 그 전제가 두 가지가 있음을 이해하는 일이 필요하다.

첫째는 해양수산부가 해양스포츠전공 및 유사학과에 장비를 직접 지원하는 일이다. 해양스포츠분야에 종사할 우수강사를 양성하고 있지만, 대학행정은 모든 학과의 실험실습비가 산술 평균적으로 배분되는 구조이기 때문에 고가의 실습장비가 필요한 해양스포츠학과와 같은 경우에는 원만한 장비확보는 엄두도 못내는 실정에 노출되어 왔기 때문이다.

둘째는 각 지자체가 세일딩기요트, 서핑, 패들보드 등 무동력 해양스포츠장비를 대거 구입하는 등 '공영장비임차시스템'을 구축하는 일이다. 장비를 개인이 구입하기에는 가격이 부담스러울 뿐만 아니라 일반화되어 있는 아파트형 주거생활에서는 장비보관에도 어려움이 많은 형편 등과 공공장비임차시스템 구축 간에는 대중화를 촉진할 토대 구축이라는 명제가 서로 잇대어 있기 때문이다. 특히 영세업체에서는 고가의 동력장비 확보는 비수기 약 8개월 등 투자 대비 효율이 매우 낮다. 동력장비는 이웃 업체 간 서로 지원·협력하는 방식의 도입이 바람직하다고 본다. 물론 자금력이 비교적 풍부한 중견기업 이상의 경우라면 인구절벽 시대에 접어드는 2030년쯤 도래할 시장변화, 그러니까 점차 인구가 감소하는 가운데 중·장년층이 상대적으로 많이 증가한다는 인구통계적 추이를 감안하면, 앞으로 다가올 5~10년 후에 소비시장이 될 4만 달러 사회 중·장년층과 부유층 등 계층별 콘텐츠제공의 다양화를 위해서도 세일크루저요트 및 모트요트를 통한 데이크루징·오버나이트크루징, 그리고 일본의 해양스포츠 발전과정을 참고해 보면, 바다배낚시 선호와 함께 모터요트의 대형화 추세 등에 관련된 고가의 장비구입은 꼭 필요한 것은 사실이다. 지금도 필요하지만 가까운 장래의 시장변화에 적극 대응하기 위해서도 꼭 필요한 장비들이다.

아무튼 나는 내 소명을 완수하면서 살아왔는가? 지금은 주연에서 조연(助演)으로 물러나 있지만, 전설(傳說)팔이 행상이 아니라 앞으로 나아가는 삶을 살고자 나름 분투하고 있기 때문에 아직 현역에서 물러났다고 말할 수는 없다. 나는 부끄러워진다. 분명 내 연구자 생활의 대부분을 그 일에 썼고, 심지어 모든 교수가 반드시 챙긴다는 안식년과 연구년조차도 스스로 반납한 것은 물론 퇴직 때까지도 일 중독자라는 말을 항상 듣곤 했다. 그러는 과정에서 느낀 것도 네 가지가 있다. 첫째는 우리가 사는 세상은 흑백으로 단칼에 베어낼 수 있는 세계가 아니기 때문에 필연만 믿고 열심히 한다고 해서 모든 결과가 일반으로 잘되는 게 아니더라는 것이고, 둘째는 아주 가끔은 정부 및 지자체지원 등 우연의 행운도 뒤따라야한다는 것이고, 셋째는 일을 하다보면, 생마늘이 입안에 고약한 냄새를 풍긴다는 것쯤은 빤히 알면서도 기꺼이 씹어 삼켜야 할 때가 있다고 생각한 것이 그것이고, 넷째는 순전히 대학이나 협회 활동을 하면서 느낀 것이지만, 그 사람의 생각은 그 사람이 걸어온 삶의 결론이기 때문에 대단히 완고할 뿐만 아니라 다른 사람이 설득하거나 주입할 수 없다는 것을 깨달았다는 것 등이다.

결국 말은 특유의 온도를 가지고 있어서 약해진 사람에게 얼음처럼 박힐 때가 많다. 대화의 상한(上限)은 위로가 되고, 격려가 되고, 약속으로 이어지는 기쁨을 주고 서로 공감할 수 있는 얘깃거리를 대화의 테이블에 올려놓아야 우연이 인연으로 갈무리되고, 또 인연이 운명으로 이어진다는 사실을 알았다는 점이다. 긍정적인 마인드를 갖고 있음에도 때로는 대화를 통한 인연을 만드는 일에 실패하여 마음에 상처를 받는 경우가 가끔 있었고, 그로 인해 마음이 몹시 불편한 나머지 가급적이면 사람 만나는 일은 망설이기도 했다. 그런 가운데서도 원로학자가 한 길을 생의 절반 이상을 할애했다는 것은, 삶에 있어서도 절반 이상에 걸친 인고(忍苦)의 긴 세월 동안 절제를 전제로 하고 있었음을 뜻하기도 한다. 그럼에도 나는 자주 맥이 풀렸고, 지금 내 분야는 온전히 내 책임만은 아니라고 하더라도 기대와는 달리 해양스포츠의 생활화 단계로의 진입, 21세기 가족스포츠 프로그램으로의 계발과 보급, 특히 마리나시설이 마치 크리스털 그릇에 된장찌개를 담아놓은 것같이 시대와 내용물이 엇박자를 빚고 있어 안타깝다. 시대 퇴행이기 때문이다.

특히 앞에서도 잠깐 언급했지만, 마리나운영·보트조종·보트수리(과정당 60시간 교육) 등 3개 분야에 종사할 2개 인력양성사업단 선정(2014년)의 부적격성 논란 제기를 비롯하여 그 사업성과마저도 지금껏 공개적으로 밝히고 있지 못한 것 등은 곧 정책실패의 대표적인 사례로 꼽기에 부족함이 없다. 이후 이 사업은 국가재정전략회의('14. 05)에 따라 '15년부터 고용부의 국가기간·전략산업직종으로 이관되었다. 이 외에도 당국이 사용하는 분야 중심개념 역시 부처몸집불리기의 희생양으로 삼아 지금껏 적확한 용어를 사용하고 있지 못한 채 혼란스럽게 사용됨에 따라 맥 풀리게 하고 있다. 게다가 기존 콘텐츠에 대중들이 크게 식상해 하고 있는 현상이 대략 10년 정도쯤 지속되고 있고 있지만 이에 대한 고민이 없는 상태이고, 또 '마이 보트시대' 실현에 전제가 되는 우수강사양성을 목적으로 하는 해양스포츠전공학과 및 유사학과 '장비 지원'은 물론 체험자와 동호인 수월성 제공을 위한 '공영장비임대시스템' 구축이 꼭 필요하지만, 당국이나 각 지자체 차원에서 그에 대응할 맞춤 대안을 지금껏 각각 마련하지 못하고 있는 것 등이 바로 필자가 드러내 놓고 답답함을 토로(吐露)하는 출처들이다. 결국 당국의 정책은 젖은 장작처럼 불은 붙지 않고 연기만 꾸역꾸역 내뿜는 격이다. 이상주의자처럼 수고는 많고 성과는 신통치 않다. 정책을 수평에서 수직으로 심화시키는 작업이 필요하다.

여태 한 말은 다음과 같이 압축할 수 있다. "'사명감'이라는 야무진 말이 있다. '헌신'이라는 멋진 말도 있다. 개척자 시대, 연구자로서 또는 현장지도자와 사업가로서 각각 앞에서 이끈 사람들의 삶을 지탱하고 있었던 두 기둥이다. 여기서 우리는 그들의 활동이 바로 해양스포츠산업, 또는 마리나산업과 스포츠형 중심의 해양관광산업 저변확장을 위한 노동과 맞먹고 있다는 사실을 절대 놓치지 말아야 한다. 사명감과 헌신에서 바로 이 점을 해양수산부나 오늘날의 해양스포츠사업자들이, 또는 전공학과 교수들이 되새겨야 한다. 사명감과 헌신으로 치면 그들은 하버드대학을 가고도 남았다. 게다가 어촌계원들과 같은 '공유수면점·사용허가 관행의 준용을 통해 해양스포츠업체 활동에 수월성을 제공하는 등 기존사업자의 영업 안정성을 모색하는 것과 함께 체험프로그램도 대중들이 크게 흥미를 잃어가고 있다는 점에 주목하여 '한국형' 개발에 적극 나서는 등 단체별, 또는 소득계층별 맞춤 프로그램과 이에 관련된 경험지식을 꾸준히 축적해 나가지 않으면 안 된다.'라고 말할 수 있다.

10) 제2세대 연구자 및 사업자 시대

'개척자 시대'가 해양스포츠에 대한 개념도, 제도도, 나라의 경제 수준도, 시민들의 인식도, 시장도 모두 흐릿한 상태에서도 협회 회장 및 부회장으로 참여한 부산지역 몇몇 기업인의 후원에 힘입어 연구자의 신분으로 사회에 공헌하기 위해 일제강점기 시대부터 시작된 해양훈련 일부 프로그램에서 영감을 받아 선진국의 생활체육인 해양스포츠를 국내에 뿌리내리게 할 목적으로 사명감과 헌신과 자부심으로 맨 땅에 헤딩하면서 '저변확대사업'에 올인(all in)한 경우라고 말할 수 있다.

한데, 개인의 변화든 사회의 변화든 1회 완료적인 변화는 없다. 설령 일정한 변화가 이루어졌다고 하더라도 계속 물주고 키워나가야 한다. 연구자라도 사정은 별반 다르지 않다. 제2세대 연구자와 잠깐 함께해 보자. 나의 어깨 위에 서 있는 2세대 연구자인 동의대 이재빈 교수, 해군사관학교 이호 교수, 그리고 마리나 & 피싱문화연구원장 김영돈 박사, 부경대 김태규 교수 등은 개척자에 의해 정립된 이론과 저서들을 참고하여 나름 활발하게 연구 활동에 나서고는 있다. 그러나 일부 연구자는 아직도 '떠먹여 줘야 먹을 수 있는' 수준을 벗어나지 못하고 있는 경우도 있다. 늦게 피는 꽃도 있는 법이니까, 분야로부터 존경받기까지에는 시간과 내공이 조금 더 필요할 듯하다. 내친 김에 물주고 키워나가는 심정으로 당부하고 싶은 말이 있다. '못된 송아지 엉덩이에 뿔부터 먼저 난다'고 지금 내가 여기에 이렇게 존재하기까지 많은 도움을 준 사람들에게 감사하면서 묵묵히 연구에 매진하기는커녕 아직은 흔하지 않은 전공자라고 하여, 또는 외국에서 공부 좀 했다고 하여 어깨 힘주는 것부터 먼저 배우면 안 된다. "한 마리 새[鳥]가 되는 일은 공중에 떠서 쉬지 않고 날갯짓을 하는 일에 있다."고 한다. 어제 공부를 했다고 해서 전공자가 아니라, 새의 일처럼 지금도 내일도 부단히 공부를 하고 있을 때에만 전공자로 대접받는 게 맞는다. 연구자는 사회적 계급이 없다. 있다면 웅숭깊은 내공에 절로 고개 숙이는 존경이 있을 뿐이다. 존경받지 못하면 밥버러지에 다름 아니다. 학문은 마치 얇은 옷을 입은 사람이 겨울 추위를 정직하게 만나는 것과 같이 겸허한 자세로 임해야 내공을 쌓을 수 있다. 유일하고 결정적인 방법은 없다. 이들에게 주제넘게 건방 떨지 말고 공부해라, 초주검에 이르도록 공부해라고 당부하게 되는 출처다.

이제 제2세대 사업자 시대의 해양스포츠산업 현장으로 본격 들어가 보자. 한 사람 한 사람을 주인공의 자리에 앉히면 해양스포츠세상이 보인다. 노트르담의 집시 처녀 에스메랄다와 종지기 콰지모도를 통해서 15세기 프랑스 파리를 만나는 것과 다르지 않다. 제2세대 사업자들은 한국해양스포츠회의 계층별 프로그램 계발을 비롯하여 일부 사업자들이 사업 실패한 사례에서 밝혀진 경영노하우 등 분야 개척자와 앞선 경영자들이 힘겹게 경작(耕作)한 해양스포츠, 마리나, 해양관광 스포츠형의 바다를 토대로 개인 사업체를 창업하여 나름 경영수익을 창출해 나가고 있다고 말할 수 있다. 2세대 연구자 및 제2세대 사업자들은 만족스런 수준은 아니지만, 그래도 개척자 시대 연구자 및 현장지도자, 그리고 일부 사업자들의 '사명감'과 '헌신'이 있었기 때문에 오늘날은 그나마 해양스포츠학이 정립되어 가고 있고 또 그 덕분으로 해양스포츠산업 토양도 대강 구비되어 가고 있음을 감사하지 않으면 안 된다.

부산지역에서는 우선 열악한 사회적 환경 속에서도 서핑(Surfing)을 통해 해양스포츠산업 분야 새로운 시장을 2000년대 초부터 본격 개척한 서미희 사장을 꼽을 수 있다. 현실을 감안하지 못한 제도 때문에 몇 차례 벌금을 부과 받는 등 어려움을 겪는 가운데서도 '안전은 서퍼 각자가 책임진다.'는 서약을 전제로 당국을 겨우 설득하여 남쪽바다 부산 송정해수욕장을 북쪽바다 양양 죽도해변과 쌍벽을 이루는 국내 서핑의 명소로 본격 가꾼 이가 바로 서 사장이기 때문이다. 당초 서 사장은 윈드서핑업체를 운영했다. 그러다 송정해수욕장이 초보자 서핑 활동에 적절한 자연 조건(파도·수온·얕은 수심 등), 그리고 배후지에는 양양 죽도보다 비교적 저렴한 다양한 숙박시설을 갖추고 있는 것을 비롯하여 식당 등 각종 편의시설도 고루 갖추고 있는 장점이 있다는 사실에 주목했다. 뿐만 아니라 송정해수욕장이 고속철, 그리고 경부 및 남해안을 비롯하여 부산 포항 간 고속도로를 통한 외지인의 접근성도 대단히 양호한 위치에 놓여 있음도 간파했다. 더욱이 남다른 사업추진력과 함께 오랜 내공을 통해 시대를 읽는 통찰력까지 겸비하여 전국의 서핑마니아를 부산 송정바다로 쏠리게 함으로써 사업을 어느 정도는 성공시킨 여장부라고 평가할 수 있다. 특히 이곳에는 부경대 해양스포츠학과를 졸업한 민경식 사장도 서 사장과 함께 '서프 짐'이라는 서핑업체를 의욕적으로 운영하고 있어 그의 장래에 대해 기대를 갖게 한다. 그는 학부는 물론 석사과정에서도 해양스포츠를 전공하는 등 문무(文武)를 겸비한 사업자일 뿐만 아니라 성실하고 겸손하다고까지 평가받는 이른바 '순혈 해양스포츠사업자'이기 때문에 더욱 기대가 클 수밖에 없다. 이 밖에도 2016년부터는 '멜로우서프' 이상엽 사장도 자금력을 앞세워 주차장과 각종 편의시설 확보는 물론 '서퍼의 룰 그리고 매너'를 소개한 홍보책자를 발간하는 등 클래스별 서프강습을 송정해변에서 대대적으로 펼치고 있다. 다만 서핑존은 불과 50m에 불과하다. 이처럼 송정해수욕장이 해수욕객 중심으로 운영되는 것은 서핑발전에 장애요소로 작용하고 있어 걱정이다. 이곳에서 활동하는 업체는 2019년 6월 현재 총 19개소다.

전국 서핑업체는 2018년 4월 기준, 약 70개소로 추정된다. 이중 41개소가 양양군에서 영업하고 있다. 특히 죽도해변에는 17개소가 몰려 있다. 2000년대 초만 해도 죽도는 서핑의 변방이었다. 당시엔 제주 중문 색달해변과 부산 송정해변이 국내 대표 서핑 포인트로 손꼽혔다. 최근 들어 흐름이 급격히 달라지고 있다. 양양이 서핑 명소로 각광받고 있는 것이다. 서핑에서 가장 중요한 것이 바로 파도인데, 파도의 각도

나 세기 등 파도의 질이 비교우위를 점하고 있기 때문이다. 2014년 첫 선을 보인 서핑 페스티벌은 매년 10월에 열린다. 2017년에는 동호인과 관람객 등 3,000여명이 참여, 국내 대표 서핑 축제의 면모를 과시했다. 2018년에는 약 10만 명 이상이 파도를 타기 위해 양양군을 찾을 것이라고 군(郡)은 전망했다. 그 중심에는 강원서핑연합회와 양양군의 전폭적인 행정지원이 있었음을 주목했으면 한다(정성원, 2018).

2014년에는 해운대 동백섬 '더베이 101 마리나 시설' 외주업체 이성용 사장은 보트구입비 등에 약 50억 원을 투자하고 있는 가운데 사업초기의 경영어려움 극복에 혼신의 노력을 경주하고 있다. 한데, 언제부터인가는 알 수 없지만, 바닷가 사람들 사이에서는 "물 좋아하면 물 먹는다."는 말이 회자되어 왔다. 바다사업은 뭍의 사업에 견주어 그만큼 경영위험이 많이 도사리고 있다는 충고의 말이기도 할 것이다. 그럼에도 이 사장의 풍부한 현장경험과 성실성에 비추어 보면, 우려가 기대로 바뀔 것으로 보고 있다. 다만 사업의 봄꽃과 가을 열매를 동시에 즐기겠다는 조급증만 멀리한다면, 기대가 현실이 될 것으로 믿는다. 농부처럼 씨앗 뿌리고 재배하고 수확하는 메커니즘은 마리나사업에서도 그대로 적용되는 만고의 진리다. 그런 가운데서도 흑자에 이르기까지 소요되는 약 10년 간 버틸 수 있는 종자돈은 성공과 실패를 가름하는 가장 중요한 요소임을 잊지 말았으면 한다.

게다가 지난 2009년에 마련한 '마리나항만법' 시행령과 시행규칙이 그간 몇 차례 개정이 있었지만, 특히 2015년 7월에는 정부가 일자리 창출에 박차를 가하기 위해 '개인이 마리나의 선석(船席)을 임대한 경우, 한 척의 요트나 보트로도 항해나 숙박시설로 대여가 가능'하도록 시행령과 시행규칙을 개정했다. 이 법에 근거하여 2015년에는 부산 수영만 요트경기장에 사무실을 두고 신생 벤처기업인 '요트탈래(www.yachttale.com.)'가 스타트업(start-up)했다. 이 벤처기업을 창업한 김건우(金建佑) 사장은 국립부경대 해양스포츠학과에서 학부 및 석사, 그리고 박사과정도 수료한 업계 정예엘리트 사업가이다. 한데, 글로벌 투자자 짐 로저스(Jim Rogers : 1942~)로부터 "최근 한국사회는 전반적으로 변화(도전)에 대한 의지가 결여되어 있다."고 지적받고 있는 때임에도, 그것도 해양스포츠산업 미지의 분야인 요트를 통한 '숙박(요트텔)' 그리고 러시아에서 강(江) 전용 쌍동모터요트를 수입하여 수영강을 통한 '리버크루저' 국내 첫 개척 등 각종 크루징 이벤트에 연간 1만여 명이 참여함으로써 그야말로 성공가도를 달리고 있다는 점에서 해양스포츠산업 서비업 분야에 주목할 만한 변화를 일으키고 있다고 말할 수 있다. 그러나 김 사장이 창업한 때로부터 대략 4년이 지난 2019년 6월 기준, '요트텔 업'은 부산만 하더라도 약 60여개 업체로 대거 증가했다. 그렇지만 이중 5~6개 업소만 성업 중이다. 결국 한국해양스포츠회의 경우와 견주면, 새로운 콘텐츠가 '약(藥)발(?)'이 다하기까지는 약 10년 정도가 소요되었지만, 이젠 그 약발(?)이 겨우 4년 정도밖에는 되지 않을 정도로 수명이 한층 짧아졌다고 볼 수 있다. 그만큼 유행의 흐름이 빨라졌음을 실감하기에 이르는 오늘날이다.

계속 제2세대 사업가에 대해서 이야기하고 있다. 김 사장은 학부시절에 호주의 마리나에서 현장학습에 무난하게 적응할 정도로 영어회화가 수준급이고, 이후 부경대 해양스포츠학과 실습조교와 시간강사도 각각 역임했다. 박사과정도 수료했다. 그런 그가 이번에는 사업가로 변신한 것이다. 그가 운영하는 요트는 2018년 현재 패밀리형(국내 최대 크기 프랑스 상동선 요트) 1척, 럭셔리A형(2016년 건조된 세일요트 듀포 512) 1척, 럭셔리B형(고급스러운 명품 파워요트) 1척 등 총 12척을 통한 '요트텔'을 운영하고 있다. 이중 패밀리형 1척은 김 사장 자신이 오너이고, 나머지 11척은 이익을 서로 분배하는 협업형태로 운영하고 있다. 특히 김 사장 자신이 소유한 요트가 1척에 불과함에도 다수의 오너들과 협업이 가능했던 배경에는 두 가지 요인이 있다. 첫째, 사계절이 분명한 국내에서 오너 자신이 연중 크루징이나 세일링을 위해 보트를 실제 이용하는 일수는 평균 25일 내외에 불과하다는 점 둘째, 사업자인 김 사장은 규모의 경제를 통해 고수익창출에 나서야 할 필요성이 있었고, 또 오너들 역시 보트의 효율적인 활용을 통해 관리비를 충당하는 일이 필요했기 때문에 결국 서로 원원(Win-Win)이 가능한 이른바 '요트텔운영선단'을 구축할 수 있었다고 볼 수 있다.

특히 이 업체는 문화체육관광부와 한국관광공사에서 사업운영, 친절도, 신뢰, 안전 등 4개 항목에 걸쳐 평가를 받아 전국 유일의 요트 관련 해양관광벤처기업으로 상을 받기도 했다. 실제 고객들의 이용 후기(친절·매우만족·저렴한 가격·기대이상·좋은 시간·잊을 수 없는 추억·재밌다 등.) 역시 평균 만족도는 무려 97점을 받았다. 초기사업자금 확보 등 사업여건이 어려울 수밖에 없는 벤처기업이 극히 짧은 기간에 고객들로부터 칭찬을 받을 수 있다는 것은 예삿일은 아니다. 해양스포츠 분야 정예학도로서 이미 해양스포츠, 마리나, 해양관광을 비롯하여 특히 해양안전 분야까지도 그 개념을 두루 섭렵해가고 있기도 하지만, 이번에는 경영자로서도 자질을 어느 정도는 발휘하고 있음을 엿볼 수 있는 대목이다. 쉬운 것만 찾는 시대에 리스크가 큰 해양스포츠산업 서비스업 분야에서 괄목할만한 성과를 내고 있어 그저 놀랍기만 하다. 2018년에는 부산시로부터 우수벤처창업가로 표창을 받기도 했다. 그러나 아직은 젊기 때문에 약간의 수익 창출이 되고 있는 가운데 일부 언론에서, 또는 옆에서 격려의 뜻으로 잘한다고 칭찬하는 '립(lip) 서비스'에 도취된 나머지 혹시 눈앞의 이익만 쫓다 드디어는 우연을 인연으로 갈무리하지 못하여 서로 불편한 관계가 되고, 또 우쭐대는 등 웃자라지 않을까 하는 우려는 배제하기 어렵다. 더 지켜봐야 할 측면이다.

한편으로 2000년대에 건립된 강원 삼척시(근덕면)·울산 울주군(진하해수욕장)·경북 울진군(매화면)에도 해양레저스포츠센터가 있다. 이들은 주로 스포츠잠수를 주력 종목으로 사업을 펼치고 있는 가운데 울진군에는 잠수 챔버를 확보하고 있다. 해양레저스포츠, 개념 자체가 헛방이다. 순전히 정책입안자의 자기 확신에 의한 가짜개념이 가랑비에 옷 젖듯 스멀스멀 악영향을 미친 결과이다. 이들 업체관계자들도 제2세대 사업자에 해당된다.

아무튼 앞에서 소개한 김·민 사장은 업계 유일의 문무(文武)를 겸비한 최고엘리트 사업자이기도 하지만, 근면하고 성실하며 겸손하다고까지 평판이 자자한 이른바 '순혈 해양스포츠지도자'요 '먹물 사업가'라는 수식어가 따라붙을 정도이기 때문에 학계로서도 그들의 앞날에 기대가 크다. 특히 불과 몇 년 전까지만 하더라도 이들을 대학에서 혹독하게 지도한 필자로서는 해양스포츠 분야 앞서간 지도자들의 성과를 토대로 삼아 제2세대 사업가로서 성공적으로 성장해 가는 모습을 지켜보면서 흐뭇한 미소를 띠고 있다.

내친 김에 더 깊은 곳에 숨겨둔 속내를 이 기회에 드러내면, 후일 사회 공헌 활동에도 적극 나서주기를 바라는 염원이 담겨 있다. 사회 공헌 활동은 해양스포츠 분야 개척자 밑에서, 또는 국립대학에서 정예코스를 공부한 엘리트들이기 때문에 국가 사회에 대한 일종의 보답이기도 할 것이다. 게다가 다산 정약용(1762~1836)이 전남 강진 유배시절에 양성한 제자 중에는 스승에게 끝까지 신의를 지킨 '황상(아호 치원)'이 있는가 하면, 반대로 '이학례'같은 이는 스승이 뒷배를 봐줄 힘이 없음을 알고 추사 김정희의 오랜 식객이 되어 있는 처지에서조차 입에 스승의 험담을 달고 살면서 눈앞의 이익만 따랐다가 결국 배신의 오명뿐 아니라 나이 70세까지도 계속 과거에 낙방하는 등 아무런 성취를 이루지 못함에 따라 결국 절망한 나머지 스스로 우물에 몸을 던져 생을 마감한 아주 추한 놈도 있었음을 꼭 기억했으면 한다(정민, 2011). 인간 배신 중 최악의 배신은 조선시대 '이학례'처럼 스승을 비롯하여 동문수학한 학우들까지 배신한 경우라 할 것이다.

여태 김·민 사장에게 한 말을 더 구체적으로 당부하면 어떻게 될까?

"모교와 스승에게 배은망덕(背恩忘德)하지 않으며, 비정상적 방법으로 이득을 얻기 위해 불의한 일을 행하지 않으며, 우세한 자를 시기하지 않으며, 열등한 자를 경멸하지 않으며, 선·후배에게 '신의'를, 고객에게도 상도의(商道義)를 철저히 지키고 또 그들의 잘못을 '관용'하며, 해양안전에는 '예방'이 최상의 대응책이며, 특히 인명구조 시에는 현장근무자들이 비호(飛虎)같이 바다에 몸을 던지는 '용기'를 발휘할 수 있도록 물에 빠져 허우적거리는 사람에 대한 실전구조훈련을 정기적으로 시켜야 하며, 동업자 간에도 섬기는 '겸양'의 자세를 견지했으면 한다."라고 말할 수 있다.

이중 '겸양(겸손)'은 갖가지 고통을 참고 견뎌야 하는 이 사바세계(娑婆世界)의 무자비한 총질(음해)로부터 유일하게 자신을 보호해 주는 '방탄조끼' 역할을 해준다. 일찍이 사도 바울로는 이르기를, "너희 중에 누구든지 이 세상에서 지혜 있는 줄로 생각하거든 어리석은 자가 되라. 그리하여야 지혜로운 자가 되리라(《고린도 전서》3장 18절)."

그렇다면 왜 겸손하고 어리석은 자가 되도록 노력해야만 할까. 그것은 그 누구도 아닌 바로 자신을 위해서 거저 겸손하고 또 겸손해야하며, 심지어 어리석은 자가 되기까지 해야만 한다. 혈기 왕성한 젊은이 때는 '바보가 하는 짓 아닌가?'하고 당장 거부 반응을 일으키는 경우가 많겠지만, 차츰 나이를 더하다 보면 절로 이해가 될 것이다.

실제로 나는 당시에 전문가에 대한 사회적 위상이 한미(寒微)한 것을 안타깝게 생각한 것을 비롯하여 해양스포츠 발전에 대한 조급증 때문에 지난 30년간 하고 싶은 말과 행동을 거침없이 하고 살았다. 그런 결과로 분야에는 괄목할만한 성과가 분명히 있었지만, 나의 그런 거침없는 말과 행동 때문에 상처를 받은 이가 적잖았다고 전해 듣고 있는 터라 개인적으로는 미안함이 없을 수 없다. 이같은 나 자신에 대한 성찰은 곧 제2세대 해양스포츠사업자들에게 '겸손할 것을 주문(注文)'하는 출처도 된다.

2. 한국해양스포츠가 앞으로 가야할 길(道)

1) 역사 속의 바다와 해양스포츠

인간은 순수 객체로서의 자연을 갖고 있지도 않고, 또 그런 것을 누리지도 못하고 있다. "인간 앞에 자연은 없다. 문화가 있을 뿐이다."라고 단정한다 해도 그것은 결코 편견도 과장도 아니라고 생각한다. 헝가리 출생 미국의 정신분석학자인 게자 로하임(Geza Roheim : 1891~1953)은 "트로브리안 군도(Trobriand lslands) 원주민에 관한 연구"에서 "산모가 애기에게 젖을 먹이면서 규칙적으로 몸 흔들림하는 것이 파도의 출렁거림과 닮았다."고 했다. 자연과 바다는 인간 행위, 사유(思惟) 등과 언제나 은유법적 유대를 나누어 가진 '씌어진 텍스트'로서 존재해 왔다고 볼 수 있다. 그런 점에서 보면 바다도 자연도 모두 '글 없는 공(共)텍스트'라고 볼 수 있다(김열규, 1998).

하나의 문화는 하나의 바다를 만들어 낸다는 것이 역사적 진리다. 우리나라는 삼면이 바다[*이하 '바다'를 연안해 혹은 해양과 이음동의어 개념으로 사용]다. 그렇기 때문에 옛부터 해양문화가 생활의 일부로써 함께하여 왔지 않았을까 하고 약간의 기대를 갖게 한다. 그러나 우리나라는 허황후며, 발해, 그리고 신문왕 시대였던 가야 신라 시대가 끝나고 난 뒤, 바다는 온전한 교과서가 못되었다. 바다에 물은 고여 있었지만 바다는 없는 것이나 다를 바 없었다. 너비도 물마루도 그저 물리적인 것이었다. 한국인의 땅에 대한 개념(topology) 속에서 바다는 아예 부피를 박탈당했다. 바다가 국토 바깥으로 밀려나 있었음을 의미한다. 바다는 국토가 아니었다. 바닷가만이 언저리가 아니라 바다가 숫제 통으로 변두리였고, 변방이었다고 볼 수 있다.

크게 보아서 중세 이후 '바다론'이라고 할 만한 글은 없다. 회화예술도 마찬가지다. 심지어 한국인의 담론체계에서도 바다는 없는 것이나 다를 바 없었다. 삼면이 바다로 둘러싸인 국토에서 바다를 젖혀 놓았다는 것은 안타까운 일이 아닐 수 없다. 그렇지만 상고대를 반추해 보면 적잖이 위안이 된다. 정신적 전진을 위한 무한대의 바다를 떠올릴 수 있기 때문이다. 가야신화에서 바다는 어머니의 공간이다. 발해 신화에서도 마찬가지다. 물론 희랍의 신화에서도 바다는 어머니의 공간이다. 이렇게 보아 간다면 바다는 동서를 가릴 것 없이 모두 자궁(子宮)을 뜻한다는 공통점을 갖고 있는 의미심장한 공간이라고 볼 수 있다. 그런 가운데서도 특히 신라 30대 문무왕은 "삼국통일 이후 반도에서 바다를 관장해야 한다."고 하여 인류사에 가장 먼저 바다 중심의 정치논리를 피력했다. 그뿐만 아니라 후손들은 바다를 외면하지 말라는 유연을 남길 정도였다. 그런 아버지를 모신 맏아들 신문왕이 바다를 좌절할 수 없는 인간의지 최후의 둥지로 삼은 것은 어쩌면 당연한 귀결일 것이다. 이들을 통틀을 때 바다는 수평의 건너편에서 수직의 건너편인 하늘과 대칭을 이룬다. 물론 이런 바다의 이미지는 고려왕조의 창건신화에도 이어진다.

이를 조금 더 소급시켜 지금으로부터 약 8,000년경 신석기시대로 추정되는 세계적으로도 최고로 오래된 배가 경남 창녕에서 최근 출토됐다. 또 신석기 후기에서 청동기 중기쯤으로 평가되는 〈그림 2-13〉의 울산 울주군 대곡리 반구대 암각화에 이르면, 한국인의 바다는 삶에 활기가 출렁이게 된다. 거기에는 범선(帆船)을 타고 한바다를 가르는 선단이 발견되고 있기 때문이다. 바다 없이 삶을 논하지 못할 당대인들은 다름 아닌 부산 연안의 해역에서 살던 주민들이다. 특히 우주구성론(Cosmologie)에 바다를 개재시킨 한국 해양문화의 기념비로서 반구대 암각화는 당당하고도 남는다(김원룡, 1980). 범선은 오늘날 세일링(딩기·크루저)요트의 원형에 해당된다고 볼 수 있다. 지금은 국내에서 사라진 황포돛배 역시 현대 세일요트의 원형으로 볼 수 있다.

〈그림 2-13〉 좌측은 신석기 후기에서 청동기 중기쯤으로 평가되는 반구대 암각화에 그려진 거룻배로서 현대 세일 딩기요트의 원형으로 볼 수 있다. 우측의 황포돛배는 조선 후기부터 널리 사용됐고, 1960년대까지 가끔 볼 수 있었다. 조선장(造船匠) 김창명(76세) 재현(조영미).
출처 : 한국역사민속학회(1997). 한국의 암각화. 한길사. 78. 부산일보(2014년 7월 31일 9면)

결국 암각화의 바다와 상고대 가야국 신화의 바다, 여기에다 신라 제30대 문무왕(626~681), 제31대 신문왕(?~692), 그리고 장보고(?~841)의 바다가 있었다고 말할 수 있다. 그중 장보고는 1200년 전인 9세기에 완도에 청해진을 설치하는 한편으로 한·중 간 해상지역을 완전히 세력권에 넣고, 이어서 일본과 동남아에 이르는 동아시아(태평양 서부지역)를 제패하여 지난 날 백제가 바다를 제패하여 산동-절강에 이르는 해안지역을 비롯하여 일본 오끼나와에 걸쳐 건설했던 해양제국을 명실공히 다시 구현하여 해양대국 신라의 위용을 과시했다. 이와 관련하여 김대중 대통령은 1998년 옛 해양수산부 국정추진과제를 보고 받는 자리에서 해상왕 장보고의 역사 재평가작업 필요성을 역설하는 가운데 "이순신 장군은 해상전쟁의 영웅이지만, 장보고는 바다의 영웅으로 재조명 평가돼야 한다."고 강조했다. 이후 김 대통령의 뜻에 따라 전남 완도읍 장좌리에 「장보고 기념관」이 2008년 2월 29일 개관됐다.

아무튼 장보고의 바다 뒤로는 사정이 딴판이다. 중세기까지 간신히 홍길동전에 자국을 희미하게 남기게 될 뿐이었다. 예컨대 가사(전쟁)문학에서 박인로(노계 : 1561~1642)의 '선상탄'(임진왜란이 종료된 지 7년 후인 1605년에 통주사로 부산에 부임하여 왜적은 물러갔으나 태평시대가 돌아오기를 바라는 마음과 함께 우국충정을 노래함. 특히 이 '선상탄'의 둘째 단락에서는 배를 맨 처음 만들었다고 알려진 헌원씨와 왜국(倭國)에 사람이 살게끔 함으로써 호전적인 족속을 만들어 놓은 진시황 및 그 사신이었던 서불을 탓하는 내용을 담는 등 침략의 주체, 침략 도구의 근원에 대한 원망을 통하여 반일 정서를 분명히 하고 있다. 특히 기념비는 현재 부산 7개 구·군에서 흘러드는 물이 합쳐지는 수영강과 바다가 만나는 기수역인 민락동 진로APT 201동 입구 화단에 놓여 있다.)을 꼽고, 정철의 '관동별곡'을 친다고 해도 썰렁하기는 마찬가지다. 바다의 퇴락이 시작되었다. 중세기 내내 한국인의 바다는 변경이요, 변방이었다. 유배지였고, 사람이 살만한 곳도 아니었다. 더욱이 남해동부에서 서남해지역을 포함하는 남해의 바다는 한층 더 흉한 사태를 겪어야 했다.

위/아래, 안/바깥 등의 두얼리즘은 서울과 지방의 대칭 관계에 에누리 없이 적용된다. 남해의 해남에는 땅끝[土末]이라는 지명이 있듯이, 아래의 아래고, 바깥으로 천대 받아왔다. 바닷가 사람에게는 '갯놈', '뱃놈'이라는 비칭이 따라붙었고, 그들은 또 '생선 뱃대지 따먹는 놈'이라고 폄훼 당하기가 일쑤였다. 산/바다, 물/바다의 양분적 대립에서도 바다는 늘 불리했을 뿐만 아니라 경우에 따라서는 이단시(異端視)되어오기도 했다. 그게 아래의 아래고 바깥의 또 바깥인 남해에서는 더 한층 격심하여 점입가경이다. 북/남의 전 국토적인 양분론에서, 같은 남해에서도 심지어 지역을 부산, 경남, 전남 안으로 좁혀보아도 별로 사정이 달라지지 않는다. 그런 뜻으로도 부산, 경남, 전남 일대의 바다는 다시 한 번 더 아래의 아래다(김열규, 앞의 책).

경남의 경우, 지리산-덕유산-가야산 그리고 천황산을 잇는 태산준령의 맥은 그 아래서 경상우도 유학의 학통이 태어나서 자라나게 한 거대한 문화의 품이다. 남명 조식의 '산천재'가 웅변하듯이 어진 선비의 터전이었다. 여기에다 유농일체가 실천되는 곳이기도 했다. 선비가 학문을 숭상하면서 대물림하며 살아가는 고장이 바로 그곳이다. 합천 해인사 등 명찰이며 거찰 또한 거기 즐비했었다. 이처럼 경남 지역 안에서도 북상남하, 북귀남천의 사시로 남해를 바라보던 그 시각이 20세기 중반을 넘으면서 지역 내에 엄청난 세력이동이 경제·문화 양면에 걸쳐 있으리라는 것을 이해하지는 못했을 것이다.

오늘날 울산-부산-창원-마산-사천-광양-여수-목포를 잇는 해안역이 차지하고 있는 국가경제·사회문화적, 특히 증도 등 규제가 심한 섬, 가장 불편한 섬인 야생의 1004개의 섬을 중심으로 동북아의 해양관광 거점지로 부상하고 있는 전남 신안군을 비롯하여 세계 4대 미항의 반열 진입을 꿈꾸는 해양관광 중심지 여수, 그리고 해양수산부 부활을 계기로 해양수도의 위상을 갖추기 위해 영도 동삼혁신도시지구에 3015년 7월 전후로 한국해양수산개발원(KMI) 등 해양수산 관련 대표적 연구기관 및 단체를 입주시켜 서로 시너지효과를 내고 있고, 또 북항에는 '해양경제특별 구역' 지정이 계획되어 있다. 게다가 부산 신항의 규모가 어느 정도인지 가보지 않고는 말할 수도 없을 뿐만 아니라 해운대 바닷가는 세계인이 놀라는 국제적인 관광문화산업의 집적지가 되어 이미 수도 서울이 부산에 미치지 못하고 있는 2019년 현재의 부산의 비중을 그런 사시적 눈으로는 도저히 넘겨다 볼 수 없었을 것이다.

더욱이 이런 점은 남해의 민속지를 대하면 한층 분명해진다. 이를테면 바다가 입은 상처가 해일처럼 갑자기 거칠어지는 것이다. 통영, 고성, 삼천포를 잇는 남해의 해역에는 반영웅 이야기, 근친 간 이야기, 비운의 영웅 등이 분포되어 있다. 또 그것들은 물/바다의 이분법에 가담하고 있다. 남해별신굿, 배연신굿(갑판 위의 굿), 그리고 동해의 별신굿은 육지의 각종 별신굿이며 서낭신앙을 압도한다. 남해안 민속신앙이야말로 기독교의 전파를 상대적으로 어렵게 만들고 있는 듯이 보인다. 반영웅은 바다에 기대어 살고 있는 사람들에게는 구세의 영웅이었다. 그러나 국가적으로는 난신 짓을 하고 마침내 역신으로 몰려서 횡사한다. 그가 납치한 관원의 아내에게 배반당했기 때문이다. 반영웅이 국가라는 권력사회의 역(逆)이었듯이, 근친간은 인간 윤리의 모반(謀反)일 수밖에 없다. 극도로 기피된 반인류의 더러움이 별로 넓지도 못한 해역 안에 그것도 지척 간의 두 섬, 사량섬과 매물섬에 처박혀진 것이다. 결국 검푸른 물살로 에워싸인 섬에다 처박음으로써 일종의 모순어법을 저지르고 있는 셈이 된다. 가령 제주민속에서 먼 바다란 인간재앙을 대신 도맡은 희생양인 도깨비를 축출하는 이승 밖의 저승이었음을 생각하게 되면, 한국인에게 바다는 슬프고 비통한 무슨 원죄의 공간으로 부각되게 된다(강남주, 1991). 특히 조선왕조 3대 임금인 태종 방원(1367~1422)이 아들인 세종의 치세를 열어가는데 혹시 걸림돌로 작용하지나 않을까 하는 노파심에서 그것도 처남들인 무구·무질을 제주도로 유배시켰고, 그리고 추사 김정희(1786~1856) 역시 당파싸움의 희생양이 되어 제주도로 유배된 것을 보면, 당시의 제주는 뭍의 사람의 관념으로는 이승 아닌 저승 땅으로 인식되고 있었음을 보여주는 실제적 사례로 꼽아도 큰 무리는 없지 않을까 싶다.

여기에다 남해는 또 다른 마이너스(-)적 기호가 매겨져 있다. 남해의 바다는 지키기 위한 공간이었다. 그것은 바다의 변방의식과 겹쳐진 것이다. 그러나 노략질을 일삼은 일본인에게 남해는 진출과 개척하는 공간, 신세계일 수도 있는 공간이었다. 흔히 일의대수(一衣帶水)라고 한다. 그렇지만 옷의 띠와 같은 좁은 해협, 또는 좁다란 바다가 현해탄이라 불려질 때와 남해라고 불려질 때와는 대조적으로 차별화된다. 현해탄과 남해는 결코 같은 문화적 토대 속에 자리하고 있지 않다.

진출이 가능하고 새로운 세계가 약속되는 바다는 대양이고 해양이다. 그것은 항로, 항해, 개척, 모험 등이 실천된 일본 뭍의 남해였다. 그러나 우리로서는 침범당할까 두려운 그저 '개'요, '갯가'에 불과했다. 오죽 했으면 조선 말기 왜구의 노략질에 대한 대응이 고작 섬 주민들을 육지로 모두 옮겨버리는 공도정책[대원군 이하응]이나 펼치는 수준이었을까. 일인들은 해양인데도 저들 안방 누비듯 해 왔다.

물론 대마도의 경우 연민의 정으로 보면, 경작지가 매우 부족하기 때문에 식량의 자급자족이 어려워

처자식을 먹여 살리기 위해 궁여지책으로 남해안을 노략질한 것이 아닌가 하는 추측은 어렴풋이나마 해볼 수는 있었다. 두 차례 대마도여행 길에 한 가정의 가장으로서 느낀 단상이다. 그렇지만 우리는 물이 들면 통발로 고기마리나 잡고, 물이 나면 해초나 캐고 꼬막 등 작은 종류의 조개를 채취하는 개발이나 하며 자족하는 것이 고작인 그런 바다의 수준에 머물러 있었다.

그러나 1950년대 후반부터 모든 것이 달라졌다. 부산수산대 어업학과 출신으로 독립운동가 윤치호의 손자 윤정구(향년 91세로 타계) 선장이 1957년 6월 26일 불과 230톤짜리 선박인 지남호(指南號 : 이 선박에 오늘날의 동원그룹을 일군 김재철(82세) 회장은 23세에 무급 실습항해사로 활동)로 부산항 제1부두를 떠나 인도양에서 참치연승 시험조업에 국내 첫 성공하여 후일 '수산 한국건설'의 밑거름이 되었다(구시영, 2018). 이어 9년 뒤인 1965년 12월 30일 부산수산대학의 원양실습선 '백경호'(지남호보다 159.27톤 큰 총 389.27톤, 길이 45.55m, 너비 8m, 속력 13노트, 항속거리 7,000마일)가 현 한진중공업의 모태인 대한조선공사에서 진수되어 원양어장개척에 나섬에 따라 원양어업 개척사에 두 번째 뱃길을 열었다(부산수산대 50년사, 1991). 이후 불모의 바다가 바다목장과 농장, 해양스포츠, 마리나, 해양관광, 해양에너지(풍력·조력) 및 해양플랜트의 바다, 그리고 세계 조선(造船) 1위, 해운물류수송 5위의 바다로 각각 변했다. 이중 조선·해양플랜트 분야는 2019년 6월 현재 조금은 어려움을 겪고 있다.

아무튼 북(서울)/남(지방)의 부가가치도 달라졌다. 이제 남해바다는 날로 쇠락하고 있는 조선·해양플랜트산업을 대체할 해양신산업 발흥의 요람이요 터전이다. 나는 그런 '해양신산업 발흥의 터전'에다 방점을 찍고 싶다. 해양스포츠, 마리나, 해양관광이 포함되어 있는 해양신산업은 21세기 우리나라의 경제를 확실하게 곧추세워줄 주요 아이템이기 때문이다. 더욱이 21세기 해양의 시대, 태평양시대 한반도의 상대 우위적 위치 그리고 2020년대에 1인당 국민소득 4만 달러를 향한 길에 국가경제를 성큼 공중 부양(浮揚)시킬 스프링보드의 역할에 남해바다가 차지할 상대 우위적 중요성 그 자체를 뜻한다.

특히 부산, 경남, 울산의 해안지대가 시베리아에 이어질 동북아시아 문화의 최종적 도가니(melting pot)였음을 잊지 말아야 한다. 울산 울주의 암벽화가 그렇고, 신라와 가야국의 신화가 그렇다. 더욱이 약 8,000년 전인 신석기시대의 배도 과거 가야국이었던 창녕에서 출토됐다(지삼업, 2012). 상고대는 불교, 중근세는 유교가 각각 녹아들면서 그 융합, 즉 멜팅 폿은 전통성을 살려왔다. 멜팅 폿은 이미 있는 것에다 새로운 것을 받아 들여서 총괄하는 용광로(鎔鑛爐)적 성격을 지닌다. 그러면서도 총괄성을 바탕에 깐 다양한 복합적인 문화를 보편성 강한 문화로 새로이 변모시킬 터전이 된다(김열규, 앞의 책). 이처럼 남해바다 해안지대의 긍정적인 요소는 나열하기조차 벅차다. 그러나 분명한 것은 있다. 다양성과 포용성이 세계관문에 힘을 입어 지식창출능력이 매우 뛰어나다는 점이다. 이 점은 새로운 세기에 우리와 어깨를 겨룰 경쟁국가에 비해 상대적 우위를 말해주는 강점이 아닐 수 없기 때문이다.

아무튼 이제 남해바다의 해양경제 사회문화적 에코센트리즘(Ecocenturicism)을 말할 수 있어야 하고, 또 천착할 수 있어야 한다. 제로(零) 기호로 방기시켜 온 남해동부에서 서남해까지의 남해바다를 극대의 기호, 즉 시그마(sigma)로 치환시키되, 해양생태적으로 전환시켜야 한다. 파도가 바다의 일이듯, 역사의 바다에 드리워진 부(負)와 역(逆), 그리고 변방의 그림자를 에코센트리즘의 카테고리 안에서 떨어내면서 해양스포츠와 마리나와 해양관광의 바다를 활기차게 개척해나가야 하는 것은 해양스포츠인의 일이다.

따라서 개방과 발전, 전진과 해양신경제의 개척, 그리고 자연과 해양환경이 재생하고 소생할 바다는 해양스포츠와 마리나산업 활성화에 천혜의 해양환경을 두루 갖추고 있는 부산, 경남, 전남의 바다일 것이다. 특히 해양생태적인 해양스포츠는 우리 모두가 지향해야 할 생체윤리의 기호가 새겨져 있다. 뿐만 아니라 건강을 다지는 가운데 해양스포츠체험의 질적 가치를 높이고 궁극적으로는 일과 의식의 일체성 확립에 매개체로써 작용하여 생활 속에 해양문화의 바다를 깃들게 해준다. 백문이 불여일견이라고 했다. 그렇기 때문에 해양수산부 해양레저관광과 공무원들부터 남해바다에서 요트도 타고 윈드서핑을 한 번이라도 체험해볼 것을 권유하고 싶다. 짠물 마시면서 직접 바다를 체험해 봐야 피부에 와 닿는 정책도 내놓을 수 있기 때문이다.

더욱이 역사의 바다에 드리워진 부(負)와 역(逆), 그리고 변방의 그림자를 말끔히 씻어낼 모험과 해양개척정신도 약속해주는 가운데 지금껏 바다에 기대어 살아 온 사람들의 생활양식 속에서 심층적 지지를 받기 위한 인문학의 바다를 통한 해양친화의식까지 배양시킬 수 있기 때문에 장기적으로 보면, 해양스포츠의 시장외연을 확장시켜 일자리 및 부가가치 창출의 보고가 된다. 이런 측면에서 보면, 부활 해양수산부는 대학의 전공학과에 위탁교육을 시켜 해양스포츠 저변확대책 전향적 모색도 필요하지만, 이와 병행하여 교육부의 적극적인 협력을 통해 '해양스포츠를 체육교육과정'에 적극 반영하는 일이 미래 시민 모두의 생활 속에 해양문화의 바다가 출렁이게 할 수 있는 비교우위의 효과적인 저변확대, 또는 해양문화 정립 수단이라는 생각을 갖는다. 2019년 현재는 '바다는 있고, 시민은 없다', '시민은 있고, 해양문화는 없다', '해양스포츠는 있고 학생은 없다'고 말한다고 해도 수긍할 수밖에 없는 상황에서는 해양스포츠를 교육과정에 반영을 통한 해양친화 심화작업이 더욱 절실해질 수밖에 없다. 특히 해양문화는 사람과 바다의 상호관계에 의한 그 산물이기 때문에 시민들이 바다를 항상 접할 수 있는 해양스포츠 활성화 여건조성이 해양 중심사고 함양과 해양문화 정립의 지름길이 된다.

따라서 되돌아보는 남해바다는 한마디로 부(負)와 역(逆), 변방, 그리고 벅찬 희망이었다. 2019년 오늘은 그런 역사의 집적이자 성과물이다. 그런 오늘이 자칫 해양중심 사고 함양을 통한 해양문화 정립 노력을 소홀함으로써 미래의 누군가의 눈에 사상누각 정도가 아니라 공중에 집을 짓고자 하는 것과 같이 황당하게 보여서는 안 된다. '일자리 절벽시대, 우리는 '해양스포츠산업 진흥'을 통해 그간 정체되어온 국가경제에, 일자리 창출에 활력을 불어 넣기 위해서라도 해양스포츠산업 발흥(勃興)의 터전인 남해바다의 구두끈을 단단히 조이지 않아서는 안 된다. 더욱이 거꾸로 세계지도를 보면, 지도상에서 대한민국의 남해바다는 결코 변방이 아니다. 해구(海球)의 중심이다.

2) 해양스포츠 고유명사화, 중심개념의 깔끔한 정리와 제국경영의 통로 확보

(1) 국내외적으로 난립하고 있는 유사개념들

국내외적으로 해양스포츠 분야의 중심개념 사용실태를 보고 있노라면, 마치 군웅이 할거했던 중국의 춘추전국시대를 방불케 할 정도로 혼란스런 느낌을 강하게 받는다. 시민들 역시 도무지 뭐가 뭔지 헷갈린다는 반응들이다. 사실이 그렇다면 대단히 심각한 문제다. 시민이 분야의 중심개념을 쉽게 이해 못하는 상황을 젖혀두고, 어떻게 국내 해양스포츠의 세(勢)를 효과적으로 형성시킬 수 있으며, 특히 이 세를 힘으로 글로벌 시대 제국 경영을 위한 브랜드화 전략구사도 쉽지 않아 보인다. 브랜드는 그 나라의 문화와 같이 간다. 엇박이 성박을, 비성상이 성상을 의롱하는 명국이 발목을 삽고 있다. 둘구나두서시도 선리 길에 나설 수는 없다. 중심개념의 깔끔한 정리가 시급한 이유다.

'해양스포츠, 즉 해양체육(海洋體育)'은 〈그림 1-1〉이 보여 주고 있는 것과 같이 관련 4개 장르는 물론 유사분야 개념들까지도 모두 포괄·함의하고 있는 대분류 개념이다. 다르게는 분야 중심개념이다. 단번에 깔끔하게 정리되지 않는다. 그럼에도 외국을 비롯하여 국내에서도 지금껏 '정통개념'과 '유사개념'이 의도와 언어적 습관에 의해 파생된 여러 개의 개념들이 혼재되어 도토리 키 재기하는 양태를 보여 왔다. 그런 가운데서도 정책입안자들은 순전히 자신이 속한 부서의 처지만을 생각하여 개념 자체가 헛방인 순 엉터리개념을 소위 '보도자료'나 '공문'을 통해 확산시키는 이해할 수 없는 행정을 펼쳐왔다. 급기야 가짜가 진짜를 찜쩌먹기에 이르고 있다. 가당찮게도 진짜의 위상이 한미(寒微)한 처지로 내몰리게 됐다. 따라서 해양스포츠학과가 세계 처음으로 설치된 국내에서는 진작부터 이름 그 자체만으로도 분야를 이해할 수 있는 '고유명사화' 작업이 치밀하게 진행되어 왔어야 했다. 이름이 사라지면 존재 자체도 사라진다. 결국 해양스포츠 분야가 오늘날 이처럼 중심개념 확립에 더욱 어려움을 겪고 있는 그 중심에는 당국의 정책입안자가 있지 않을까 싶다. 해법은 국내부터 세를 두텁게 형성하고 또 그 세를 힘으로 해양스포츠의 제국 경영 전략구사를 위해서는 보통명사에서 영어발음대로인 고유명사로 전격 변신을 하는 일에 있다. 한국 태권도처럼 말이다.

국내만 하더라도 '해양스포츠', '해양레저스포츠', '해양레저', '수상스포츠', '수상레저스포츠', '수상레저' 등으로 제각각 용어를 사용하면서 모두 보통명사로 취급하고 있는 실정이다. 따라서 이런 현상을 접하는 사람들은 하나같이 어리둥절할 수밖에 없다. 당연한 결과다. 게다가 영어가 국제언어화되어 있는 영미권에서 조차도 'Marine sports(해양스포츠)', 'Marine leisure sports(해양레저스포츠)', 'Aquatic sports(수상스포츠)', 혹은 'Water sports(물 스포츠)'로 각각 표기하고 있다. 실제로 수상스포츠의 경우, USA투데이 등은 "수상스포츠 애호가인 버락 오바마 전 미국 대통령이 현지시간 2017년 02월 07일 영국령 버진 아일랜드 모스키토 섬의 한 리조트 앞 바다에서 카이트서핑을 즐겼다."고 보도한 사진 설명에서도 옛날 개념인 '수상스포츠'라는 표현이 예사로 쓰이고 있음을 발견할 수 있다. 이것은 영어권 국가에서도 유사개념들이 혼란스럽게 사용되고 있음을 보여주는 것이다.

더욱이 영미권에서 주로 사용되는 'Marine sports'가 이탈리아어로는 'Mare sport', 스웨덴어로는 'Ocean sports', 포르투갈어로는 'Mar de-sporte'로 제각각 자기 나라 말로 번역하여 사용하고 있고, 국내 역시 해양스포츠라는 이름의 괄호 속에 'Marine sports'라고 번역하는 사례들이 바로 이런 경우들이다. 나도 지금까지는 '해양스포츠'를 영어로 'Marine sports'라고 번역하여 보통명사로 사용하여 왔다. 그러나 얼마 전부터는 중심개념을 깔끔하게 정리할 목적으로 생각이 바뀌었다. "공자도 60세가 되기까지 60번이나 생각을 고쳤다."고 한다. 하물며 고희를 맞고 있는 이 분야 개척자로서 국내외적으로 '해양스포츠'라는 이름 그 자체가 보통명사로서 유사개념들과 함께 혼란스럽게 사용되는 악순환의 고리를 과감하게 끊기 위한 계기를 전격 마련하기 위해 생각이 바뀐 것을 두고, 호사가들도 입방아 찧기는 어려울 것이다. 심지어 소주나 설렁탕도 고유명사를 사용하고 있는 터에 순전히 미래지향적으로 발전전략을 구사하기 위한 웅심(雄深)의 발로에서 생각을 바꾸었기 때문이다. 나의 바뀐 생각, 즉 개념은 분야 지식체계 구축의 기본단위라는 점에서, 더군다나 중심개념인 해양스포츠를 자기 나라 말로 제 각각 번역이 가능한 지금의 '보통명사'에서 앞으로는 국내외에 걸쳐 다른 언어로 절대 번역이 불가능한 '고유명사'로 전격 변신하는 일이 매우 중요하다고 생각한 것이 바로 그것이다. 지금까지 국내외적으로 노출된 이런저런 난맥상을 일거에 정리할 유일한 해법일 수밖에 없기 때문이다. 단언컨대, 우리의 해양스포츠문화를 동력화하는 데 제1의 요건은 고유명사로서 영어발음대로인 'Haeyang Sport'를 사용하는 인구를 대거 확보하는 데 있다. 그렇게 되면 고유명사 해양스포츠로 세계와 소통하며 해양스포츠·마리나시장을 열고 함께 번영할 수 있는 가운데 특히 해양스포츠문화 후진 한국이 세계의 해양스포츠계를 호령할 수 있는 전환점을 마련할 수도 있을 것이다.

이같은 주장은 허황된 가설이 아니다. 한국이 중심개념 난맥상 척결의 종결자를 자임할 수 있는 충분한 자격을 이미 세 가지나 갖추고 있기 때문이다. 첫째, 2019년 6월 현재까지도 지구상 어느 나라 어느 대학에서도 '해양스포츠학과'는 설치되어 있지 않다. 특히 분야 학문 발전의 토대구축은 대학의 고유 기능이 아니던가. 둘째, 한국에는 그것도 이미 1996년에 국립부경대학교에 설치되었고 또 그곳에서 학부생은 물론 다수의 석·박사학위소지자를 비롯하여 현직교수도 몇 배출되었다. 셋째, 심지어 유사학과까지 몇 있을 뿐만 아니라 이 분야를 세계 처음으로 학문의 반열에 올려놓은 개척자에 의해 『해양스포츠 자원론』 등 다수의 대학전공교재도 개발했다. 이제 그런 자부심을 비롯하여 지금껏 축적시킨 명분을 중심으로 비록 지금은 한낱 변방의 언어에 불과하다고 하더라도 분야 지식인을 중심으로 '고유명사'로서 영어 발음대로인 'Haeyang Sport'로 담대(膽大)하게 분야 중심개념[이름]을 밝혀나가지 않으면 세계 해양스포츠학 정보발신 중심지로써, 또는 세계 중심언어로써 현재 주인이 없는 것이나 다를 바 없는 세계의 해양스포츠계를 접수하여 제국 경영에 나설 수 있는 반전(反轉)의 기회조차 놓치게 된다.

지식인은 사회적 계급이 없다. 다만 신망과 존경에 개인차가 있을 뿐이다. 다르게는 계급이 없는 지식인이라 해도 내공에 따라 사회적 평판이 사뭇 다르다는 점에서는 결코 계급이 없다고 단언하기도 어렵다. 더욱이 21세기 첫 20년대를 곧 맞는 지금, 우리는 이미 첫 10년대부터 초지리·초연결사회에 노출되어 왔음이 사실이다. 특히 이런 지구촌 사회에서는 어차피 세계의 해양스포츠계를 비롯하여 마리나계와 한 번은 정색(正色)하고 부딪칠 수밖에 없는 운명에 처해 있다. 그렇다면 우선 국내에 지금껏 존재하는 잡다한 개념들을 '해양스포츠'라는 고유명사 하나로 깔끔하게 정리하는 작업을 서둘러야 한다. 이런 일에 사회적으로 신망과 존경을 받고 있는 지식인이 앞장서면 자체 전열정비에 효과적이다. 그렇지만 전열정비 과정에서 소아에 함몰되면 소탐대실, 즉 모두가 함께 죽는다는 사실 하나만은 명심해야 한다. 엄마·아빠의 말이 다르면 애(해양스포츠)가 어디로 가겠나. 엇박자 상태에서는 난제 해결의 단초를 마련하기가 실로 어렵다. 그다음은 고유명사로서 영어 발음대로인 'Haeyang Sport'를 통해 제국 경영을 향한 기습(奇襲) 페달(pedal)을 더 세게 밟아야 한다. 어차피 돌아갈 수 없다면 직진이 답이다. 해양스포츠문화는 분야 지식체계 확립을 중심으로 소유와 함께 즐겨야 진정한 주인이다. 나라의 해양스포츠문화 수준이 브랜드의 수준을 결정한다.

따라서 해양스포츠의 고유명사화는 한국해양스포츠의 깔끔한 중심개념 정리는 물론 제국 경영을 위한 이른바 퀸덤(queendom) 점프, 즉 차원이 다른 도약 전략이다. 이 전략의 중심부에는 중구난방의 양태를 보이고 있는 국내외의 중심개념 사용 혼란을 일거에 깔끔하게 정리할 수 있을 뿐만 아니라 특히 이를 토대로 제국 경영을 향한 브랜드화의 동력으로 삼을 웅심이 똬리를 틀고 있다고 말하게 된다.

(2) 고유명사 'Haeyang Sport'를 국내외인의 언어적 습관으로 승화시켜야

보통명사는 다른 언어로 나름 번역될 수 있으나, 고유명사는 다른 언어로 번역되기 어렵다. 보통명사인 우리말의 '해'는 영어로는 'Sun', 프랑스어로는 'soleil', 독일어로는 'Sonne'으로 각각 번역할 수 있지만, '서울', '부산', '태권도'와 같은 고유명사들은 'Seoul', 'Busan', 'Taekwondo' 등 영어 발음대로 표기할 수 있을 뿐 자기 나라 말로는 절대 번역할 수 없다. 실제로 한국이 종주국으로서 고유명사로 표기하고 있는 태권도는 미국, 영국, 프랑스, 독일 등 선진국을 비롯하여 세네갈 등 전 세계 모든 국가에서도 '태권도(Tae kwon do)' 하나밖에는 표기하지 않는 것이 통례(通例)로 되어 있다. 그렇게 해도 그들은 지금껏 소통에 불편을 조금도 느끼지 않는다는 반응들이다.

그런데 고유명사와 보통명사를 나누는 절대적 기준을 찾는 것은 사실상 불가능하다는 것이 주류학계의 지배적 견해다. 그렇지만 '대중의 언어적 습관'에 따라서 이 구분, 즉 보통명사와 고유명사를 가름하는 기준이 정하여진다는 것이 일반적인 견해이다. 특히 국내외인의 보편적인 인식 지평 확장성에 고유명사가 큰 효과를 발휘하고, 특히 한국에서 중심개념으로 통하고, 또 다른 나라에서도 두루 통하도록 하는 이른바 '한통세괘(韓通世掛)' 작업까지 가능하여 드디어는 한국해양스포츠 제국 경영의 단초를 마련할 수 있기 때문에 우물쭈물 망설일 이유가 없다.

그렇지만 국내를 비롯하여 외국에서도 해양스포츠 분야에 대한 중심개념을 놓고 지금처럼 보통명사로서 제각각 이해하거나, 자기 나라 말로 번역하는 과정에서 일부 이름을 달리하는 경우도 있어서 국내외인의 인식에 적잖게 혼선을 빚어왔다. 사실이 그렇다면 앞으로는 '해양스포츠'를 자기 나라 말로 제각각 번역함으로써 빚어지는 국내외인의 이해를 혼란스럽게 할 우려가 없도록 지금의 한국 'Tae Kwon Do'처럼 아예 대상이 딱 하나뿐인 영어 발음대로 '해양스포츠(Haeyang Sport)'로 고유명사화하여 표기하는 한편, 한국에서 중심개념으로 통하고, 또 다른 나라에서도 두루 통하도록 하는 소위 '한통세괘' 작업을 꾸준히 추진하여 영어 발음대로인 'Haeyang Sport'라는 이름을 국내외인의 언어적 습관 차원으로 승화시켜 해양스포츠문화를 즐기고 소유할 필요가 있다고 본다. 달리 말하면 '속(俗)은 세(勢)를 따른다'는 말을 반면교사로 삼아 이제 국내에서부터 '해양스포츠연구자'를 중심으로 중심개념에 대한 일관성 견지와 함께 고유명사로서 사용하여 세(勢)를 더욱 확장시켜 시대를 관통하는 대세(大勢)가 되도록 노력하는 일이 매우 중요하다 할 것이다. 기울어진 운동장을 일거에 바로 세우는 전략이 되기 때문이다. 이것이 한국해양스포츠사(史)에서 역사적 사건(?)으로 기록될 이 작업에 많은 성원이 있지 않으면 안 되는 이유다.

실제로 우리가 지금 보통명사로 사용하고 있는 해양스포츠를 고유명사로 표기하기로 뜻만 모은다면, 해양스포츠라는 이름은 그때부터 고유명사가 되어 날개 달린 듯 세상으로 퍼져나갈 것이고, 나중에는 사전에도 '해양스포츠'가 고유명사로 올라가게 된다. 사전(辭典)에 나오는 말은 그 누구도 아닌 바로 '우리(대중의 언어적 습관)'가 만드는 것이다. 게다가 바다·강·호소를 갖고 있는 전지구촌에 걸쳐 파생상품까지 생겨 부자가 되고 일자리까지 창출할 수 있는 이른바 인류공영의 '가치중립적인' 효과까지 있다면, 국내는 물론 세계인도 망설이거나 반대할 이유가 없지 않을까 싶다. 요컨대 언어란 생물 같은 것이라 우리, 또는 세계인의 말 속에서 살아 움직이도록 하는 일이 대단히 중요하다. 아무리 보통명사나 고유명사라도 쓰지 않으면 사전 속에 갇혀 있다가 언젠가는 사라지는 비운을 맞는다는 것이 통례(通例)였음을 주목할 필요가 있다.

더욱이 언어는 닫혀 있는 것이 아니라 열려(소통) 있어야 한다. 따라서 해양스포츠를 유사개념과 함께 보통명사로 팽개쳐 놓은 채 가장 혁신적인 알림수단인 하나의 이름을 갖기 위한 논의마저 생뚱맞다고 내치게 되면 지식인 간 머리 맞대고 이견 좁히기는 사실상 불가능 할 뿐만 아니라 그같은 자중지란에 의해 지금처럼 사전에도 계속 오르지 못하는 수모를 모두가 당하게 된다는 사실을 직시했으면 한다. 이러한 때에 시카고 근처의 공립학교에서 7년간 학생들을 가르치면서 주로 시를 쓰고 노래를 작곡하는 앤드루 클레먼츠는 최근 자신의 책 『프린들(Frindle)』을 통해 우리가 쓰는 말이 어떻게 생겨나고 유행하고 변하는지 흥미롭게 보여 주고 있기 때문에 특히 내가 첫 제언하는 영어 발음대로의 '해양스포츠'라는 이름을 고유명사로 표기함과 동시에 그 사용에 많은 시사점을 준다 할 것이다.

한편 지금의 '해양스포츠 브랜드'는 발전국과 선진국, 또는 종주국과 산업국이라는 이분법적 구분은 있겠지만, 딱히 어느 나라가 주도권을 쥐고 쥐락펴락하고 있다고 한마디로 말하기 어려운 무주공산(無主空山)인 상황이다. 따라서 해양스포츠문화 소유와 함께 브랜드의 무주지(無主地) 선점을 위한 전략적 접근의 도정(道程)에서 해양스포츠는 한국이 소유권을 갖고 있다는 인식표, 즉 산업에 에너지를 공급하는 유전(油田)격인 데이터와 그 데이터에 이름표를 붙이는 작업이 중요해진 제4차 산업혁명시대를 맞아 해양스포츠 역시 영어 발음대로 'Haeyang Sport'로 우선 고유명사화하여 표기하는 이른바 브랜드화[이름표] 전략을 지금부터 차근차근 진행시켜 나가는 일이 매우 중요할 수밖에 없다는 생각을 얼마 전부터 해왔다. 이러한 때에 특히 국제신문(김희국·이정환 부장)은 국내 일간지 중 유일하게 해양레저스포츠, 해양레포츠, 해양레저 등의 잡다한 유사 이름들이 난립하고 있는 세태에서도 '해양스포츠 특집'을 총 5회에 걸쳐 시리즈로 보도하는 가운데 '해양스포츠'를 기사작성의 중심개념으로 일관되게 사용하고 있음에 따라 홍보효과는 물론 필자와 관점을 달리하는 일부 연구자들에게도 안목을 넓히고 발전시키는 데 계기가 되는 자기성찰의 자극제로 작용했다. 언론의 입에는 확성기가 달렸다. 작은 소리도 크게 울린다.

지금껏 잡다한 개념들이 난립하고 있는 현상들을 지켜보고 있노라면, 다음과 같은 공통점과 특성이 있음을 발견할 수 있다. 첫째, '해양'을 모두 사용하고 있다는 공통점이 있고, 둘째, '레저스포츠 혹은 레포츠', '레저'라는 용어를 '해양'에다 결합시켜 쓰고 있는 어형(語形)을 취하고 있는 특성이 있다. 결국 '해양'은 공통적으로 사용하고 있기 때문에 모두가 무언으로 동의하고 있는 셈이 된다. 그러나 이들이 제각각 사용하고 있는 '레저스포츠'와 '레저', 그리고 '스포츠(체육)'의 참뜻을 과연 알고 있기나 하는지 의문을 갖지 않을 수 없다. 지금처럼 유사개념들이 계속 중구난방으로 사용될 경우, 해양스포츠(해양체육)학을 체육학의 종개념으로 위치시켜야 할 해양스포츠학계의 바람을 효율적으로 달성하기는 쉽지 않을 전망이다. 뿐만 아니라 국내외인의 인식도 뭐가 뭔지 헷갈리게 할 우려가 있다는 점도 걱정되기는 마찬가지이다. 이같은 난맥상을 일거에 근절시킬 방안 모색은 이래저래 절실하다.

(3) 고유명사로의 자리매김은 한통세괘(韓通世掛)를 통한 제국 경영의 통로 확보

한국에 통하고 세계에도 두루 통하는 이른바 '한통세괘'를 향한 오도(悟道)가 해양스포츠, 마리나, 스포츠형 해양관광 분야를 제국 경영의 지름길로 인도할 나침반 역할을 했으면 한다. 아직은 안목빈곤의 결과로 대의의 길에도 일부 훼방꾼이 있다고 해도 나는 크게 걱정하지 않는다. 유대감이 없다면 집단도 없다. 같은 유전자끼리는 통신을 한다는 것이 일종의 상식이기 때문에 적어도 '밥[동참]은 주지 못할망정 쪽박은 깨지[훼방] 않을 것'이라는 믿음이 있다. 물론 인접분야(해안·항만·해양공학, 중소조선업·관광학·경영학·인문학) 연구자들을 비롯하여 일부 언론과 관련 행정기관, 그리고 관광업계에서도 '한통세괘' 전략구사의 웅심에 대한 깊은 이해가 있다면 금상첨화이다.

그러나 그것까지는 기대하지 않더라도 어차피 이 분야는 해양스포츠계가 스스로 명운을 결정할 주역일 수밖에 없다는 현실만은 인정해 줘야 한다. 특히 정책실무자를 비롯하여 인접분야 전문가들과 관광업계의 분별력은 대체로 해양스포츠 분야를 조금씩 집적거려 보고 따지다가 급기야는 턱도 닿지 않는 대중영합적인 견해에 편승하여 개념을 조금 알았다고 볼 때, 그것의 실체는 근본도 없는 대중 분별로 따진 알음알이에 불과할 뿐이다. 그렇지만 이들도 머잖아 생각이 바뀌지 않을까 기대해 본다. 특히 중심개념은 그 분야 지식체계 구축의 기본단위다. 지금껏 지각 없는 인사들이 주로 퍼뜨린 개념은 실제로 존재하는 분야 중심개념에 부합하지도 않았고, 특히 대분류개념을 신앙하는 국내외체육계의 도도한 흐름과 견주어 봐도 개념 자체가 맹탕이다.

따라서 분야를 상징하는 가운데 해양스포츠학 지식체계 구축의 기본단위인 중심개념을 하나로 통일시키는 일은 해양스포츠계가 통제할 수 없는 외부 영역의 힘이 아니다. 게다가 '고유명사로의 새로운 이름표기를 수용하고 상생'하거나, 아니면 '거부하고 차단'해야 하는 양자택일의 불편한 상황만 주어진 것 또한 아니다. 합종연행의 이 미래지향적인 이름표기, 즉 보통명사에서 고유명사로의 갈아타기에 대한 시대적 변화를 해양스포츠의 정체성과 세계관을 고찰하는 계기로 삼아야 한다. 그렇게 되면, 더 나은 세상을 지향하는 방향으로 한국 해양스포츠의 미래를 만들어낼 기회도 많아질 것이다. 그런 맥락에서 보면 지금의 보통명사인 해양스포츠(Marine Sports)에 대해 모두가 뜻을 모아 그렇게 표기해 나갈 수만 있다면, 그것은 그것대로 좋은 일이긴 하다.

그러나 일거에 인식전환을 기대하기는 현실적으로 난망(難望)한 상황이기 때문에 낙담할 수밖에 없다. 그렇다고 해도 방안이 전혀 없는 것은 아니다. 특히 얼마 전부터 국내외 스포츠계(체육)의 세계는 이미 '스포츠개념' 하나로 통일시켜 놓고 있는 경천동지의 새로운 세상을 맞고 있는 시대의 흐름에서 희망을 찾을 수 있기 때문이다. 사마란치 전 IOC위원장 때부터 올림픽에서 프로와 아마추어를 구분하고 있는가. 또 통합대한체육회 탄생 배경이나 전국체육대회는 어떻고. 해양스포츠 개념과 유사개념들 역시 얼핏 강 하나를 사이에 두고 있는 듯 보이지만, 모두가 '해양'만은 공통분모로 사용하고 있다는 점에서 결국 같은 달을 보고 있다고 생각한다. 사실이 그렇다면, 그런 공통점과 차이점의 갈등 속에서도 모두의 뜻을 모우는 일이 백년하청이라고 낙담만 하고 있을 것이 아니라 '건강과 행복'을 핵심가치로 내세워 글로벌적인 소통을 지향하는 한국의 해양스포츠가 되기 위한 길을 찾는 일이 시급하다 할 것이다.

국내외 체육계의 대세도 그렇다. 같은 달을 보고 있다는 정서적 유대를 중심으로 미래지향적으로는 영어 발음대로인 'Haeyang Sport'라는 고유명사로 표기하여 한 지붕(대분류) 아래 몇 가족이 함께 살아가도록 하는 일이 바람직한 길이라고 믿는다. 한데, 인공지능과 제4차 산업혁명의 시대를 '데이터 경제의 시대'라고 부른다. 과거 석탄과 기름같이 미래사회에서는 데이터가 가장 중요한 사회 동력과 가치일 것이라는 주장이다. 그렇지만 데이터만큼 중요한 것이 또 하나 더 있다. 바로 데이터에 대한 올바른 '인식표(認識票)', 즉 이름표를 붙이는 일이다. 고양이 사진에 '고양이'라는 정답이 동시에 포함되어야 인공지능 학습이 가능하기 때문이다. 마찬가지로 영어 발음대로인 'Haeyang Sport'라고 고유명사로 표기해 나가는 작업 역시 인공지능 시대, 한국이 해양스포츠의 주도권을 쥐고 있다는 확실한 '인식표'가 된다는 사실을 주목해야 한다.

우리가 꿈꾸어야 할 '한통세괘'의 해양스포츠 세상은 해양스포츠라는 존재 그 자체만으로도 후광효과가 적잖지만, 그래도 미래지향적으로 보면 '존재'보다는 오히려 '관계'로부터 세상과의 소통을 위한 출발선으로 삼는 일이 더 중요하다는 생각이다. 특히 밤하늘의 별빛처럼 가야할 밤길을 훤히 밝혀 줄 영혼이 있는 해양스포츠 분야 지식인을 중심으로 한국의 해양스포츠가 '개념기준분류체계상' 더 이상 상위 개념이 존재하지 않는 대분류의 위치에서 국내의 잡다한 유사개념들은 그 하위의 종개념인 중분류 개념으로서, 또는 세계인과 관계 맺기 위한 소통의 중심부에 영어 발음대로인 해양스포츠(Haeyang Sport)의 고유명사화 작업이 있음을 주목하여 양적보다는 질적인 연구에 더 많은 연구자가 적극 동참했으면 한다. 이런 질적인 연구를 위해 연구자들 중 특히 해양스포츠 및 유사학과 교수들이 사명감으로 나섰으면 한다. 그들은 연구비와 논문편 수 같은 세속적인 유혹에 흔들리지 않고 해양스포츠의 고유명사화, 또는 인식표를 붙이는 작업과 같은 새로운 철학을 정립해 나가는 순수연구에 힘을 보태야 할 의무가 있고, 또 그렇게 될 때 해양스포츠가 국내외를 평정하여 제국 경영이 가능하기 때문이다. 그렇게 되면 결국 세계인의 밥상이 함께 풍성해지는 효과까지 있을 것이다. 이래도 옳고만 있을 텐가.

그렇지만 오늘날 대학의 연구 분위기는 새로운 가치를 창출하거나 지식의 어떤 새 영역을 개척하는 것과 같은 질적 연구에는 관심이 없는 것만 같아 걱정이 많다. 영국의 19세기 철학자이자 경제학자인 존 스튜어트 밀(John Stuart Mill : 1806~1873)은 "신념을 가진 한 사람은 이익만을 따르는 사람 10만 명과 맞먹는다."고 했다. 특히 국내 해양스포츠 분야 연구자들은 허투루 들을 말이 아니다. 더욱이 해양스포츠학 지식체계 구축의 기본단위인 중심개념이 존중받기는커녕 시정잡배보다도 못한 함량미달의 인사들에 의해 그 정체성이 마구 훼손당하기까지 하고 있는 상황을 언제까지 지켜보고만 있을 텐가. 상황이 이쯤 되면 성인군자도 발끈할 수밖에 없다. 그럼에도 제밥그릇 하나도 지키지 못하고 있는 멍청이가 되어서는 정말 곤란하다.

131년만에 직선제로 뽑힌 모 여대 김 모 총장은 한 중앙일간지 기자와의 인터뷰에서 최 모(某)씨 모녀에 의해 대학의 민낯이 백일하에 드러난 충격적인 사건과 관련하여 "우리 사회의 욕망 게임, 그 부박(浮薄)한 문화에 대학마저 줏대없이 휩쓸리면서 평가지표개발이 어려운 질적인 분야는 관심이 없어졌다. 큰 과제를 작게 쪼개는 등 오직 논문편 수 늘리기를 통한 양적인 성과만을 위해 사생결단으로 연구비 많이 따와야 하고 뭔가 새로운 작업능력(예 : 00사업단 선정 등)을 많이 보여줘야 유능한 연구자로 평가되는 교수 사회의 천박한 문화[성과 중심의 기업 마인드]가 바로 대학을 줏대 없도록 만드는 원인"이라고 나름 분석했다. 또 그는 "교수 사회의 자존심을 회복하기 위해서는 양적 평가에 흔들리지 않고 견딜 수 있는 시스템(평가제도 혁신)을 만드는 일이 가장 시급한 과제라고 진단했다(송혜진, 2017)." 그의 예리한 분석과 진단에 필자도 전적으로 공감한다. 특정 대학의 치부만은 아니기 때문이다.

그렇지만 오늘날 교수 사회가 처한 현실은 그렇다고 치더라도, 해양스포츠 분야마저도 그놈(?)의 성과

급 때문에 질적 연구 분야를 외면해야만 할까. 물론 지식체계 구축의 기본단위인 중심개념 하나 깔끔하게 정리하고 싶지 않은 전문가는 없을 것이다. 그런데 사수해 나가야 할 개념의 중요성을 모르거나 오해하고 있으면 잘 될 수 없다. 공부가 필요한 이유다. 세상사엔 100 vs 0은 없다. 많은 경우가 51 vs 49이고, 잘해야 60 vs 40이다. 그렇지만 '해양스포츠'를 분야 중심개념으로 공고화시켜 나가야 하는 작업이 과연 이 분야 지식인의 고민거리가 될 수 있을까. 더욱이 여론투표로 결정할 수 있는 문제일까. 분야 중심개념은 학문을 정당화시켜주는 토대가 아니던가. 이 빤한 논리도 굳이 말을 하지 않으면 안 되는 상황이 고통스럽기만 하다.

따라서 직관적이고 예술적인 사상가인 독일의 니체(F. W. Nietzsche, 1844~1900)는 말한다. "나는 한 가지 노래를 부르려고 한다. 내 귀만 듣는 노래라 할지라도 나는 그런 노래를 부르고 싶었다." 필자 역시 니체와 같은 심정으로 오직 내 귀만 듣는 노래라 할지라도 국내외적으로 잡다하게 사용되는 유사 개념의 근절(根絶) 계기 마련과 함께 해양스포츠의 참뜻인 '각종 장비를 이용하여 바다와 강과 호소 등 자연의 물을 운동장으로 삼아 건강과 행복의 갈무리'를 상품으로 세상에 판매할 해양스포츠의 브랜드화를 위한 한통세괘(韓通世掛)의 제국 경영 세상 도래를 염원하는 '해양스포츠(Haeyang Sport)의 고유명사화', 즉 해양스포츠에 인식표를 붙이는 한 가지 노래를 부르고 싶다. 특히 서울대 이정동 교수가 저술한 『축적의 길』을 따라가다 보면, 이 염원(아이디어)의 다음 단계는 "개념설계(밑그림 그리기)가 있고, 그 다음은 스케일 업(scale up : 아이디어를 키워내고 상품화하는 축적의 시간)이 있고, 최종은 상업화(실행하기 : 밑 그림대로 시공·생산)가 있다(이정동, 2017)." 이를테면 '해양스포츠의 고유명사화'는 제품을 만들기 위한 아이디어(원석)에 해당되고, 이 아이디어를 키워내고(개념화), 실행하여 상업화하기 위해서는 후학들 중에서 오랜 시행착오를 축적한 역량, 남들이 갖지 못한 고유한 현장경험을 가진 이른바 '고수'가 나와야 가능한 일이긴 하다. 100세에 이른 연세대 철학과 김형석 명예교수는 2018년 봄에 한 중앙일간지에 기고한 칼럼을 통해 "교육자는 씨를 뿌리거나 나무를 심는 일을 한다. 열매는 사회가 거둔다."고 했다(김형석, 2018). 내가 씨를 뿌리고 나무를 심은 것에 비유되는 후학들이 먼저 해양스포츠의 고유명사화를 통한 제국 경영에 적극 앞장서 주기를 바란다. '한통세괘'를 통한 한국해양스포츠의 제국 경영 작업이 아무리 어렵다고 하더라도 '달라이 라마'의 제자로 인도서 31년간 수행한 청전 스님이 말한 "착하게 살아야 한다는 건 어린아이도 알지만, 백 살을 살아도 실천하기 어렵다(김한수, 2019)."고 한 말보다는 결코 어렵지가 않을 것이다. 한국해양스포츠의 제국 경영의 길은 따로 없다. 고유명사에 의한 한통세괘 그 자체가 길이다. 아무튼 미래 한국해양스포츠의 영광을 돌올(突兀)하게 할 나의 노래는 정녕 황하(黃河)가 맑기를 기다리는 것처럼 난망한 꿈일 것인가.

(4) 인접분야의 '욕망절제' 속에 중심개념 정립시간 앞당겨야

국내는 당초 해양스포츠가 체육학의 종개념(種槪念)으로 발전하지 못한 이유는 크게 두 가지라고 말할 수 있다.

첫째는 순혈연구자 양성 기반 자체가 매우 열악한 상태에서 정부의 필요에 의해 추진된 조장(助長)행정에 대해 맨 처음부터 지금껏 이 분야를 주도적으로 앞장서지 못했다는 점이다. 논문과 저서에 걸쳐 정보발신 기능마저 빈약한 가운데 지금껏 해양스포츠학과에서 석·박사과정 약 10년 정도를 공부한 순혈(純血)연구자는 단 6명에 불과한 실정이다. 한편 외국은 보트제조기술자를 양성하는 해양스포츠과학과(영국 남서쪽에 위치한 플리머츠대)는 있지만, 강사·교사·교수요원을 양성하는 이른바 순혈연구자 양성 시스템 자체가 지금껏 아예 없기 때문에 국내는 그나마 외국보다 해양스포츠순혈연구자 양성 교육시스템구축만은 외국보다 크게 앞섰다고 볼 수 있다. 그렇다고 해도 2019년 기준 국내의 해양스포츠학과는 국립(부경대) 1, 사립(한서대) 1개교이고 유사학과 역시 국립(한국해양대) 1, 사립(세한대) 1개교 등 총 4개교에 불과하기 때문에 앞으로도 교재계발 등에 걸쳐 해양스포츠학이 건너야할 바다의 물결은 거칠기만 하다. 게다가 해양스포츠 분야를 비롯하여 모든 분야가 해당되는 현안이긴 해도, "모방과 추격에만 총력을 동원하는 유량(flow) 중심 사고방식을 과감하게 탈피하여 '축적된 경험'에 관심을 두는 저량(stock) 중심 사고방식으로 전환해야 할 과제도 안고 있다(박성희, 2017)." 즉 선진국에서 이미 완성된 것을 가져다 쓰는 턴키방식에 익숙해져 있기 때문에 기술의 씨앗을 뿌려서 그것을 꽃을 피우기까지 시간을 가지고 키워본 경험을 갖지 못한 것이다. 정책도 성급하기는 마찬가지다(이정동, 앞의 책). 남을 따라가는 것은 비교적 쉽지만 새로운 게임을 주도하는 '퍼스트 무버', 즉 리더가 되는 것은 어려운 일이다. 학문과 기술은 함께 간다. 다르게는 기술개발은 마치 묘목부터 키우기 시작해서, 그것을 옮겨 심어 가면서 키워본 경험을 축적하지 못했다는 뜻도 된다(현택환, 2017). 그렇지만 해양스포츠분야는 선진국이라고 해도 전문단체가 자체수익사업의 일환책으로 관련통계자료를 비롯하여 세미나를 개최하고 있을 뿐 학계에는 축적된 관련 노하우가 많지 않다. 그런 가운데서도 국내는 이례적으로 1996년 이 세상 어느 대학도 가보지 않은 학문의 길인 세계 첫 해양스포츠학과 설치와 이후 전공교재 다수 개발, 그리고 비영리사업인 해양스포츠무료강습회 개최를 위해 (사)한국해양스포츠회를 설립했고, 또 나는 그 단체의 실무부회장을 맡아 15년간 전국에 걸쳐 약 30여 만 명을 대상으로 해양스포츠 10여개 종목을 중심으로 계층별 맞춤 프로그램 계발과 저변확대사업에 앞장 서는 등 그간 분야의 중심을 잡아주고, 또 발전방향까지 나름 제시해 왔다. 그렇지만 개척자가 지난 2014년 8월에 정년퇴직한 상황에서조차 국내 해양스포츠학과와 유사학과 교수 중에는 나의 역할을 이어갈 10~20년의 실패경험을 체계적으로 축적한 교육역량(개념 설계), 다른 전공교수가 갖지 못한 고유한 현장경험을 가진 이른바 '고수'에 해당되는 연구자가 거의 없다는 측면은 해양스포츠학의 밝은 미래를 위해 크게 우려되고 있다. 그런 가운데서도 앞으로 10년 전후에는 사립대학 쪽에서 분야 고수가 1명쯤 배출될 것으로 전망된다는 점에서 조금의 희망은 있어 보인다. 그러나 그가 중심을 잡아줄 역량을 갖기까지 향후 10년 동안은 소위 고수 공백사태를 빚게 된다는 점이 한국해양스포츠학계의 위기라면 위기라고 봐야 한다. 분야 고수의 역할에 대한 중요성은 이미 서울

공대 석학 26명이 펴낸 '축적의 시간(2015)'이 명쾌하게 지적해 놓은바 있기 때문에 더는 언급할 필요는 없을 것 같다.

지금껏 한 말을 압축하면 다음과 같다. 2019년 기준, 국내 해양스포츠학계의 현주소를 진단하면서 마음이 한층 무거운 것은 사실이지만, 현장 노하우를 중심으로 개념 설계를 위한 시행착오의 경험을 체계적으로 축적해가는 연구자가 단 1명 정도가 가시권에 들어오고 있다는 것만으로도 위기 속에서도 조금은 위안이 된다. 그렇지만 당분간은 얼치기만 설칠 것만 같아 해양스포츠학의 앞날은 마치 봄 개울 살얼음 위를 걷듯 위태롭기만 한 상황이라고 토로(吐露)하지 않을 수 없다. 특히 지금껏 단기필마로 고군분투하면서 나름 이 분야를 이끌어온 개척자로서는 해양스포츠학의 불안한 미래를 대하면서 안타까운 나머지 드디어는 거선(巨船)의 뱃고동처럼 목이 메기에 이른다.

둘째는 '집단적 지혜(collective enlightened wisdom)' 결여, 즉 해양스포츠전문가들과 함께 발전과정에 직·간접으로 참여할 수밖에 없는 해안·해양·항만공학, 조선공학, 경영학, 관광학, 인문학 등에 걸쳐 인접분야 사람들 간의 집단지성이 결여되어 있었던 가운데 컨트롤타워 역할을 할 분야마저 부재하여 누가 주체고 누가 협력자인지가 불분명함에 따라 각자도생(各自圖生)의 난맥상까지 노출시켜 옴으로써 결과적으로는 분야별 욕망의 절제를 통한 셀프 레스큐(self rescue), 즉 '자기구조'에 실패할 수밖에 없었다는 점이다. 특히 "각자도생의 길은 공존보다는 늘 자기 분야보다 더 약한 분야의 희생을 담보로 해왔다(백영옥, 2017)." 적어도 해양스포츠계를 비롯하여 인접 분야가 보여 온 그간의 행태에 관한 한 그랬다고 촌평(寸評)할 수 있다. 그런 행태는 인접 분야와 해양스포츠계가 서로 배려하지 않았음을 입증하고 있는 출처가 되기 때문에 우려가 있다고 본다. 결국 지금은 '각자도생은 각자고생(各自苦生) 길이었다.'고 결론을 얻을 수 있는 단계까지에 이르렀기 때문에 자와 타를 가릴 것 없이 관련 분야 모두가 다이버(diver) 분야에서 가장 중요하게 생각하는 '셀프 레스큐'를 경구(警句)로 삼아 스스로 욕망을 절제해 나갔으면 한다. 짚신을 삼아도 기술자가 있고, 썩은 새끼줄을 당겨도 힘이 한군데로 모아져야 한다. 재능에는 진가의 인정이 필요하다. 그래서 지금은 해양스포츠학계를 중심으로 힘을 모아 주어야 모든 일이 효과적이고 능률적으로 된다. 낫 놓고 기역자를 모르는 짚신꾼들의 세계에서도 전문가는 인정했다. 해양스포츠에서, 마리나에서 어느 분야가 앞에서 총대를 메고 가게 해야 할 것인가를 이제 이 시점에서는 분명히 생각해 보지 않으면 안 된다. 백가쟁명의 결과는 분열과 패배한다. 이제 당국은 지금처럼 계속 방관만 할 것이 아니라 컨트롤타워 역할을 맡아 해양스포츠 분야 중심개념 정립을 비롯하여 각종 과제를 해양스포츠학계를 중심으로 관련 인접분야 전문가들이 적극 협력해 나가도록 할 '집단적 지성시스템'을 가동시켜야 할 때가 아닌가 싶다. 관련 학과 및 인접 분야 간 모임을 통해 '자기구조'를 위한 '욕망의 절제' 속에서 분야별 전문가 간 '끝장 토론' 형식으로 토론이 진행되면 어떤 현안이든 협력을 함께해 나갈 방안이 모색되지 않을까 생각해 본다.

'집단적 지성'의 절박성은 해양스포츠가 체육에서 분화한 것은 사실이지만, 체육 분야의 원천기술만으로는 해양스포츠를 독자적으로 발전시킬 수가 없는 한계에서 비롯된다. 실제로 해양스포츠학은 이른 바 '학제적 연구의 표본학문'에 속하기도 한다. 그런 한계 때문에 지금껏 사용되는 중심개념이 대중영합이거나, 아니면 인접분야 용어들까지 가세하여 중구난방의 난장판을 만들어 놓았다. 갇히지 않는 사유, 10년 후나 20년 후의 사유를 선취(先取)할 수 있는 그런 개념 공간을 만들어내는 것이 지식인 담론의 실천적 과제다.

해양스포츠와 인접분야가 상생 발전할 좋은 모델이 있다. 스웨덴의 식물학자로서 계층구조를 중심으로 생물분류학의 기초를 놓은 칼 폰 린네(Carl von Linné)의 '생물분류체계'가 바로 그것이다. 게다가 체육학의 '스포츠산업분류표'도 참고하여 국내에서 처음으로 제시한 '마리나산업분류표'를 비롯하여 '해양스포츠산업분류표'의 중분류에는 이미 '스포츠산업' 중분류에 있는 시설업·제조업·교육업을 그대로 원용했다. 달리 말하면 해양스포츠학의 원천기술은 학문적 정립이 거의 완성단계에 접어든 체육학에 있고, 그 체육학에서 특화 발전시킨 분야가 곧 해양스포츠학이기 때문에 해양스포츠산업과 마리나산업 역시 스포츠산업분류표에서 각각 영감을 얻어 특화·분화시킨 분류표일 수밖에 없다는 뜻도 된다. 다만 이같은 분류표들은 모두 '계, 문, 강, 목, 과, 속, 종' 순으로 분류해나가는 '칼 폰 린네의 생물분류 체계'를 뼈대로 삼고 있다는 점은 공통점이다.

그렇지만 여기에서 우리가 주목하지 않으면 안 되는 것은 비록 체육학에서 분가(分家)한 해양스포츠학이라고 하더라도 그 모태인 체육학의 정체성, 그리고 영감을 얻은 생물분류 체계를 훼손시키기는커녕 철저히 존중하면서도 새로 창업한 해양스포츠학으로서의 그 발전방안을 적극 모색하여 왔다는 측면일 것이다. 그렇게 해도 해양스포츠 연구자가 일반체육 연구자나 생물학 연구자보다 결코 못나 보이지 않는 이유가 바로 애초부터 함께 발전할 수 있는 '상생발전책'을 구사했다는 점에 있다 할 것이다. 모든 학문은 철학이라는 큰 집에서 분가했다. 실제로 철학에서 분가한 종가집인 사회학의 경우 스포츠사회학, 미술사회학 등등으로 다시 분가했다. 물론 분가한 학문들의 원리는 종가집의 가풍(원리)을 그대로 잇고 있음이 사실이다. 그렇다고 해서 사회학을 우월하다고 하거나 스포츠사회학이나 미술사회학을 폄훼하는 사람도 없다. 체육학에서 분가한 해양스포츠학 역시 종가집의 가풍을 그대로 쫓았다. 부모 없는 자식이 존재하는가. 학문도 마찬가지 경로를 통해 분화·발전한다.

'마리나산업'은 책이나 문서로 전달되는 기술만으로 선진국과의 격차를 극복할 수 있는 산업이 아니라 축적된 경험이 중요한 산업이다. 그렇긴 해도 마리나는 해양스포츠산업과 마리나산업시설업에 속하는 분야로서 해양스포츠, 또는 해양관광스포츠형 콘텐츠의 전진기지일 뿐만 아니라 새로운 개념의 해양관광단지(團地)의 역할도 한다. 그러나 마리나 개발에 관련된 설계·시공·감리 측면의 원천기술은 해안·항만·해양공학에 있고 또 제조업의 경우, 활동장비인 각종 보트제조를 비롯하여 보트엔진구조학(수리/보수) 역시 중소조선업 분야에 있기 때문에 전통적 해양산업계의 역할은 거의 필수에 속한다.

그렇지만 시설업의 종개념에 속하는 마리나 관리 및 운영분야, 그리고 서비스업의 종개념인 교육업은 해양스포츠전공자의 몫이고, 워터슬라이드류(類) 등 각종 물놀이기구 제조는 지금껏 '아이비사(社)' 등 일반 스포츠산업계가 주도적으로 생산·수출해 오기는 했다. 동등한 위상으로 서로 발전을 모색한 결과다. 게다가 교육부를 비롯하여 조선(造船)에 관련된 부서인 기획재정부·과학기술정보통신부·산업통상자원부, 그리고 국가기간·전략산업직종 훈련사업부서인 고용노동부, 게다가 전통적(수산·조선·해운물류) 해양산업과 해양신산업(해양스포츠/마리나/해양관광/해상풍력·해상조력 등) 정책부서인 해양수산부뿐만 아니라 관광 및 경영학자들의 협력도 꼭 필요하다. 이처럼 해양스포츠학이 올곧게 발전하기 위해서는 동등한 위상으로 인접분야 간 학제적 연구가 꼭 필요한 가운데 직·간접적으로 연관된 전문분야나 정책부서도 많다. 결국 "해양스포츠산업과 마리나산업 육성을 위해서는 산·관·학 협업은 필수다."라고 말할 수 있다. 특히 해양수산부는 해양스포츠분야 보트산업 육성을 위해서도 전통적 해양산업인 조선(造船)산업 관련 업무를 현재 타 부서에서 관장하고 있는 것을 해양수산부로 업무이관 시키는 일에 적극 나서지 않으면 안 된다. 관련 분야 간 시너지효과 기대는 필수이기 때문이다.

아무튼 인접분야가 협력해 주어야 하는 분야는 분명히 해양스포츠분야이기 때문에 사용하는 중심개념 및 용어 역시 당초부터 해양스포츠학의 용어를 사용했어야만 했다. 그러나 현실은 그들 분야의 정체성과 참여의도에 따라 선택한 이름들을 중구난방으로 마구 남발함에 따라 드디어는 종개념이 같은 분야 대분류 개념을 함부로 찜쪄먹기에 이르는 등 결과론적으로는 대중들이 해양스포츠 분야의 중심개념에 대해 뭐가 뭔지 헷갈려하는 현상이 심화·발전하고 있는 것과 함께 스포츠장비에 불과한 '보트' 역시 전통 해양산업 분야의 전문용어인 '선박', 또는 조금 순화시킨 '레저선박'으로 각각 표현함에 따라 건강과 행복을 지향하는 해양스포츠 분야가 마치 전통 해양산업 쯤으로 오도(誤導)하고 있는 측면은 큰 문제라고 지적하지 않을 수 없다. 전통 해양산업계의 우월감이 빚은 부작용의 사례들이다. 물론 이렇게 된 배경에는 해양스포츠에 관련된 유사 이름의 난립과 함께 보트에 관련된 장비개념 역시 원천기술을 보유하고 있는 중소조선업이 참여할 정당성을 확보할 목적으로 첫 참여할 때부터 선박개념을 무리하게 적용한 것으로 추론할 수는 있다. 그러나 그런 배경 때문에 해양스포츠 활동에 대한 사회일반의 이해를 혼란스럽게 하고 있다면, 중소조선업계가 해양스포츠 활동 장비개념에 불과한 보트를 두고 계속 선박개념을 적용하는 사례는 절대 삼가야 할 일이 아닐까 싶다. 해양스포츠가 체육인 이상 체육활동을 위한 장비개념으로 보는 것이 온당하다고 볼 때 보트라고 지칭하는 것이 맞는다. 이것 외에 다른 어떤 논리도 정당화시킬 수 없다.

그러나 분야 지식체계 구축의 기본단위인 중심개념 사용 사례의 경우, 현재로도 비록 보통명사로서 사용되긴 해도 부산의 국제신문과 KNN 부산방송이 일관되게 두 단어가 결합된 어형인 '해양스포츠'라는 용어를 보도와 리포트를 통해 각각 사용하고 있다. 그런 가운데서도 점차 '해양스포츠(Marine Sports)'라는 '해양'과 '스포츠' 두 단어가 결합된 어형을 사용하는 쪽으로 날로 심화·발전하고 있는 경향성이 논문이나 해외여행전문가가 전하는 EBS방송, 그리고 종편채널 A '비행기 타고 가요'의 보라카이

편을 비롯하여 특히 중국 상해해양대학 부속 다퇀(大団)고등학교 해양교재 시리즈 『해양백문』 발간 현황을 참고해 보면, 국가해양국의 지원 및 전문가의 도움에 의한 중국 최초의 해양을 소재로 한 고등학교용 자체 교육교재는 2015년 기준, 기 발간 교재 6권을 비롯하여 향후 발간 예정 교재(총 6권) 중 다섯 번째가 『해양스포츠 이해』라고 밝혀 '해양'과 '스포츠'라는 두 단어가 결합된 어형을 이미 사용하고 있다(최성애, 2016). 이제 중국도 영어처럼 '해양 스포츠'라고 띄어쓰기 어형에서 벗어나 '해양스포츠'라고 결합어형을 사용하고 있는 등 '해양스포츠'라는 붙여 쓰기 어형이 국내외에 걸쳐 돌올(突兀)하게 나타나기 시작하고 있어 그나마 적잖은 격려가 되고 있다. "만절필동(萬折必東), 즉 황하가 만 번을 꺾여 흘러도 결국 동쪽으로 흐른다."는 말이 맞는가 보다. 돌고 돌아 해양스포츠가 결국은 정명(正名)이 중심개념으로 굳어지고 있는 추세에 있다.

더욱이 그런 추세는 논리적으로도 맞는다. 원인과 결과가 같은 본성(DNA)의 것일 때 단의적(單意的) 원인이라 하고, 반대로 원인과 결과가 본성이 다를 때 다의적(多義的) 원인이라 한다. 부모는 자녀의 단의적 원인이고, 화가는 초상화의 다의적 원인이다. 한데, "원인 없이 일어나는 일은 아무것도 없다."라는 진리가 말해주듯 '원인은 무엇인가'를 일으키는, 있게 하는, 되게 하는 인자를 말한다. 결국 모든 것은 어떤 결과로 나타난 것이고 그 결과를 빚는 행동자(시대 변화)의 작동[영향]을 결과에 대한 원인이라 할 수 있다. 따라서 시대 변화에 따라 나름 성립된 잡다한 여럿 개념을 오늘, 즉 국내외 체육계의 경천동지할 엄청난 격변에 순응하는 자세가 그나마 명줄이라도 부지할 수 있는 막다른 길일 수밖에 없다. 그런 논지에서 작은 보따리인 해양레저스포츠, 해양레저, 수상레저, 수상레저스포츠라는 여럿 개념들을 최근 국내외 체육계를 관통하는 천지개벽의 도도한 흐름인 하나의 보따리로 싸기 위해서는 단의적 원인인 '해양스포츠(해양체육)'개념을 중심으로 싸야 하는 것은 그 당위가 될 수밖에 없기 때문이다.

거듭거듭 강조하고 있지만, 개념은 그 분야 지식체계 구축의 기본단위다. 해양스포츠학 정립은 개념으로부터 출발한다. 더군다나 중심개념이라면 더욱 신성불가침 영역이다. 그 분야 학문 성립의 토대가 되고 있기 때문이다. 학문에 관한 한 만기친람을 하는 대통령도 절대 토를 달지 않는 분야다. 그럼에도 정책입안자를 비롯하여 일부 당돌한 인사들은 해양스포츠인들로 하여금 잠자코 따라오라는 식으로 날뛰고 있어 혀를 내두를 지경이다. 갈수록 점입가경이다. 전문가의 위상이 한미(寒微)하기 짝이 없다.

한데, 해양수산부는 지난 2009년 마련한 '마리나항만법(약칭)' 제1조 목적에서 "해양스포츠의 보급과 진흥…", 즉 두 단어가 결합된 어형인 해양스포츠를 분명하게 사용하고 있고, 이어 2014년과 2017년 7월 발행한 '항만 및 어항 국가설계기준·해설(설계코드 KDS 64 00 00 : 2017)' 중 KDS 64 70 00 마리나편 2.1 조사 및 계획 일반의 해설 (1)에서 "마리나란 해양스포츠와 해양휴양 활동을 할 수 있는 복합시설 집적지로서…,"라고 이미 밝혀 놓고 있는 사례들을 참고하여 온전한 정신으로 돌아오는 가운데 컨트롤타워 역할도 계속 맡아 해양스포츠 분야 중심개념 하나만이라도 교통정리를 위해 나서다보면, 이미 법률용어의 반열에 올라 있는 '해양스포츠'라는 하나의 이름[간판] 아래 집결하지 않으면 안 된다는 현실을 모두가 절감하게 될 때가 오지 않을까 싶다. 시간의 문제일 뿐 머잖아 그렇게 될 것이라고 보는 출처이다. 그런 맥락에서 나는 지금처럼 '해양스포츠'를 '해양레저스포츠', '해양레저', '수상스포츠', '수상레저'로 또는 장비개념의 대분류인 '보트'를 요트/보트, 레저선박으로 나름 이해하고 있는 인접분야 전문가'를 비롯하여 관련 정부부처, 관광업계, 그리고 일부 언론의 문화지체 현상에 대해서도 크게 걱정하지 않는다. 가는 길이 같거나, 비슷하거나, 또는 관련 중앙부처, 해양경찰청, 해안·항만·해양공학, 중소조선·관광학·관광업계, 그리고 바다를 끼고 있는 각 지자체라고 하여 목적지마저 같아야 할 이유는 없다.

저마다 옳다고 생각하는 소의가 있기 마련이고, 또 처해 있는 입장에 따라 의도가 다를 수도 있기 때문이다. 다만 저마다 처해 있는 입장에 따라 생각[소의]은 자유롭게, 그러나 분야 지식체계 구축의 기본단위인 중심개념을 사용하는 행동만은 스포츠의 참뜻(건강과 행복)을 비롯하여 세계 스포츠문화사의 천지개벽 현상에 대한 이해를 중심으로 절제가 요구되는, 즉 종개념(種槪念 ; specific concept)에 의한 '개념기준분류체계'를 중심으로 생각해보면 체육(體育)을 대분류(大分類)로 하는 세 가지 중분류(中分類) 중 하나에는 육상스포츠, 동계스포츠, 해양스포츠가 각각 놓이고, 또 하나의 큰 보따리인 해양스포츠개념의 경우 그 하위의 소분류(小分類)에는 유사개념인 각각의 소의들(해양레저스포츠·해양레저·수상레저스포츠·수상레저 등의 개념)을 위치시킬 수는 있을 것이다. 그렇지만 만약 소분류 아래에 놓이는 또 다른 개념이 존재한다면, 그 소분류의 하위에는 더 이상 종개념을 갖지 아니하는 최저종(最低種)인 세분류(細分類)를 위치시켜야 하는 일련의 작업들은 더 이상 천연(遷延)시킬 수 없는 한국해양스포츠계의 갈급(渴急) 사항이라고 보아야 한다.

물론 필자는 해양스포츠를 체육에서 분화·발전시키는 일에 줄곧 앞장서 왔지만, 그렇다고 하여 필자가 제시하는 논거마저도 객관성이 훼손된다고는 절대 생각하지 않는다. 필자가 주장하는 가설은 다음과 같다. 고유명사인 가운데 대분류 위치인 "'개념기준분류체계'에서도 당연히 '해양스포츠'가 최상위의 대분류 위치에 놓이고, 그 하위의 중분류 개념에는 각각의 유사개념이 놓일 수 있다. 그다음에는 소분류, 세분류 순(順)으로 놓이게 하면, 해양스포츠 분야 중심개념 정립에 대한 소모적 혼란은 단번에 종식시킬 수 있다."고 본다. 중국을 보면 국제적 추세도 그런 방향으로 가고 있다.

아무튼 격물치지(格物致知), 즉 소의에 함몰되어 있는 그들도 대상인 해양스포츠 개념의 참뜻(본질)과 함께 세계 스포츠문화사의 천지개벽 현상을 끝까지 파고들면 언젠가는, 또는 앞에서 내가 이미 밝혀 놓은 해양스포츠 개념의 참뜻을 한 번만 읽어봐도, 모두 앞에 이르게 되어 자신의 소의를 스스로 철회할 때가 오지 않을까 기대하고 있기 때문에 백번 양보한 방안을 앞에서 밝혀 놓았다. 특히 읽기는 무엇인가의 속을 캐내는 일이고 알맹이를 짚어내는 일이 되기 때문이다. 내친김에 지나치게 분야 중심주의에 함몰되어 있는 장비개념에 대해서도 한 번 더 짚어보고자 한다. 해양수산부는 개념기준 분류체계상의 종개념을 실종시킨 채 '요트/보트'를 같은 수준으로 등치시키고 있는 것 또한 이래도 되는 일인가 하고 반문하고 싶을 정도로 불편한 심기를 드러내지 않을 수 없다. '요트'는 '보트'를 대분류로 하는 몇 종개념의 그 하나에 불과하기 때문이다. 이를테면 아버지와 자식을 도저히 같은 반열에 올려놓을 수는 없다는 것은 동양윤리의 속 알맹이에 속하는 문제다. 그렇다고 해서 보트가 상선, 어선, 유조선, 특수선 등 선박을 대분류로 하는 몇몇 종개념 중 하나에 속하는 분야가 아니라고 부정하지는 않는다.

다만 나와 내 가족, 그리고 이웃이 모두 행복해지도록 도움을 줄 해양스포츠가 체육(스포츠)활동인 이상 보트를 체육 분야 장비개념으로 이해하지 않으면 안 된다는 것이 시대적 요구라는 사실이다. 조금 더 설명을 보태면, 해양스포츠학은 모태인 체육학에서 분화·발전시킨 것이듯, 보트 역시 모태[대분류]인 선박에서 특화시킨 스포츠장비 개념으로 특별히 발전시켜나갈 수는 없는 가이다. 체육 분야는 체육답게, 해양신산업은 해양신산업답게, 전통해양산업 분야는 전통해양산업 분야답게 각각 발전시켜야 하는 것은 일종의 상식에 속하는 문제이기도 하다. 그러나 현실은 분야별로 제갈길을 지금도 가고 있다. 내가 말을 하고 또 하면서까지 그들의 비상식과 무지를 성토하게 되는 출처다. 물론 연구자 사회에 그런 비상식이 계속 지배하는 배경에는 정부 유관 부처들의 칸막이 행정과 함께 전통 해양산업계의 우월감이 똬리를 틀고 있는 것과 관련성이 많지 않을까 싶다. 장비개발의 경우, '선박 개발'이라는 개념으로 연구계획서를 작성하면 기재부, 산자부, 과기부 등에 걸쳐 제출할 곳도 많은 반면, '보트 개발'이라는 개념으로 연구계획서를 작성하면 고작 문체부 한 곳밖엔 제출할 곳이 없다는 것이다. 따라서 문재인 정부의 해양수산부 장관들은 해양플랜트를 비롯하여 조선(造船) 관련 업무가 기재부, 산자부, 과기부 등에 걸쳐 흩어져 있는 것을 하루 빨리 해양수산부로 이관시키는 작업에 착수하지 않으면 안 된다. 이런 업무이관 작업 속에 보트개념도 확고히 정립시켜나갈 길을 찾을 수 있기 때문이다.

특히 의문(疑問)이 의미(意味)를 가지려면 최소한의 상식과 합리적 추론을 바탕에 깔고 있어야 한다. 해양스포츠 활동에 주로 이용되는 '요트류(類)'를 강조할 목적으로 자식을 아버지, 즉 '선박' 반열에 함께 위치시켜 놓았다는 것쯤은 상식과 합리적 추론을 통해 나도 안다. 그러나 미움을 바탕에 깐 부정(否定)이 아니라 애정을 담아 비판(批判)을 해야 하는 학자로서의 언행에 한계가 있다고 하더라도 종개념(種概念)의 논리, 즉 '개념분류체계'를 전면 부정(否定)하는 듯한 일부 전통 해양산업계 연구자 및 관련 부처 공무원(사무관)의 '개념사용상의 패륜행위'만은 절대 이해할 수 없다는 점만은 분명히 지적해 두고자 한다. 그 동기가 순수하다고는 결코 볼 수 없기 때문이다.

해양스포츠가 전문가 단계를 넘어 대중의 담론 수준까지 이르고 있는 이 시점에서는 주인(主人)이나 인접분야나 잊지 말아야 할 것은 "도끼자루 썩는 줄 모르고 신선놀음에 빠진 나무꾼이 되어서는 안 된다."는 속담을 경구로 삼았으면 한다. 지금이야 발전 초기단계로서 해양수산부가 2009년 '마리나항만법' 마련을 통해 마리나 개발에 행·재정적 지원을 하고 있는 가운데 적극 앞장서고 있으니까 속으로는 곪을 지언정 겉으로는 별 문제가 없는 것 아닌가 하는 착시현상에 빠질 수도 있기 때문이다. 그렇지만 중심개념에 대한 혼란스런 상황이 너무 오래 지속되면, 저변확대 걸림돌로 작용하여 주인 또는 인접분야를 비롯하여 해양관광업계나 바다를 끼고 있는 일부 지자체를 가릴 것 없이 모두 '시민무관심'이라는 돌이킬 수 없는 낭패를 당한다는 점은 분명해 보인다. 소탐대실이 예상되기 때문이다. 게다가 해양수산부도 문화체육관광부의 불편한 정서를 너무 의식할 필요가 없지 않을까. 양 부처 간 의견조율이 이뤄진 것으로부터 시간이 제법 흘렀기 때문이다.

아무튼 인접분야 인사들은 결과가 기대치에 못 미치는 순간 중이 절을 떠나듯 가벼운 마음으로 표표히 떠나가면 그만이다. 물론 당국의 해양레저관광업무 정책입안자(사무관) 역시 자리를 옮기면 그만이다. 그러나 해양스포츠전문가는 좋으나 싫으나 해양스포츠와 일생을 함께할 수밖에 없는 공동운명체관계에 놓여 있기 때문에 계속 인접분야에, 일부 공무원에, 칸막이 행정에 휘둘리지 말고 지금부터라도 중심을 잡아나가면서 '지식체계 구축의 기본단위'인 분야 중심개념만은 올곧게 정립시켜야 한다. 실제로 학계와 인접분야·행정가 사이에는 인식의 칸막이가 있었다. 내가 인접분야 전문가와 사명감 측면에서 다르지 않을 바엔 무엇 때문에 어릴 적부터 지금껏 현장에서 직접해보고, 게다가 학·석·박사과정 약 10년까지 공부하여 비로소 통찰력을 갖는 경지에 이르게 됨으로써 전체적인 시각을 비롯하여 특히 전체와 부분은 물론 부분이 전체에 미치는 기능까지도 한 눈에 꽤 뚫어 보는 안목을 지닌 해양스포츠전문가가 되기를 소망했는가를 지금 이 시점에서는 스스로에게 분명히 자문해 보지 않으면 안 된다. 게다가 전문지식이 부족한 사람들이 중요한 의사결정 과정에 관여하여 관련정책을 왜곡시키거나, 전문지식이 부족한 기자들이 전문가로부터 자문도 받지 않고, 오직 '관급 보도자료'에 의존하여 해양스포츠나 마리나 분야의 중심개념을 오도하는 경우도 적잖기 때문에 이러한 관행도 속히 고쳐져야 한다.

더욱이 독일 철학자 요한 카스파 슈미트(Johann Kaspar Schmidt : 1806~1856 ; 필명 : 막스 슈티르너 - Stirner, Max)는 자신의 저서 『유일자와 그 소유(1845)』에서 "내가 아닌 것은 내가 아니다."라고 하지 않았던가. 특히 이 말을 해양스포츠 분야에 비판적으로 패러디(Parody)해 보면, '해양스포츠전문가가 아닌 언행을 하는 사람은 해양스포츠전문가가 아니다'가 된다. 이같은 말은 결코 편 가르기하자는 뜻이 아니다. 썩은 새끼줄을 당겨도 힘이 한군데로 모아져야 하듯, 뭉쳐야 해양스포츠인도 살고, 인접분야 전문가도, 관련부처 정책입안자의 행적도 덩달아 빛날 수 있게 되는 것이다.

그렇다고 해도 자신의 십자가는 온전히 자신이 짊어지고 갈 수밖에 없다는 점만은 오롯이 현실로 부각될 수밖에 없다. 더욱이 오늘날은 '지금 당장 무슨 일이 벌어지는가'를 공개적으로 알리는 트위트(twit)에 의해 신상이 발가벗겨지기 일쑤이고, 더욱이 인터넷 때문에 삶의 흔적이 좀처럼 지워지지 않는 세상이 됐다. 실시간으로 전해지는 속도 때문에 일과 언행이 적나라하게 발가벗겨진 채 천하의 몹쓸 사람으로 내몰리는 수모를 겪는 것은 흔한 일이다. 마찬가지로 비록 한 분야의 중심개념에 불과하다고 하더라도 관련정책입안자를 비롯하여 바다를 끼고 있는 일부 지자체 해양담당공무원, 그리고 인접분야의 이기주의에서 비롯되는 한때의 허물은 언제 독화살이 되어 자신을 겨눌지 아무도 모른다.

지식체계 구축의 기본단위인 중심개념에 대한 오·남용의 경우에는 더욱 그렇다. "무심코 던진 돌[언행]에 개구리[해양스포츠]가 죽는다."고 하지 않은가. 심지어 의도적으로 지식체계 구축의 기본단위인 중심개념을 훼손시켰다면, 그 결과에 대해서는 무한책임을 질 수밖에 없는 세상이 됐다. 적확(的確)한 정보를 중심으로 언행에 진중(鎭重)을 기해야 하는 이유다. 이해가 부족하면 전문가에게 자문을 구하면 된다. 특히 언행의 파급력이 큰 언론인과 공무원이라면 더욱 더 요구되는 자세. 모르는 것이 자랑도 아니지만, 그렇다고 하여 비전문가로서 시쳇말로 쪽팔리는 일도 아니기 때문이다. 세상에 척척박사는 존재하지 않는다. 사실(fact)을 능가할 진실은 없다. 비록 문재인 정부 초대 장관 청문회를 비롯하여 2018년 6·13 지방선거 경기도지사후보 TV토론을 지켜보면서 느낀 단상(斷想)이긴 하지만, 해양스포츠의 중심개념 정립 도정(道程)에서 당국의 과거 해양레저과와 현 해양레저관광과, 그리고 바다를 끼고 있는 일부 지자체 해양담당공무원을 비롯하여 일부 비전문가들은 스스로 성찰할 측면이 적잖을 것이다. 자기성찰의 독식은 사트심을 빌려 사기를 키우고 발신시키는 데 있나.

지난 과거를 소환해보면, 해양스포츠 분야 상징적인 이름 하나 갖는 일에 결정적으로 영향을 미치는 중심개념을 놓고 나는 실망한 나머지 '선무당이 사람 잡는다'는 생각을 종종하기도 했다. 그렇지만 '해양스포츠연구자'의 길에서 많은 생각의 편린들이 파노라마처럼 지나가지만, 어떤 생각에 의미를 두어 하나의 장르로 개척하여 국내시장 갈무리는 물론 세계시장도 선점해 나갈 것인가의 문제는 그 누구도 아닌 바로 해양스포츠 전문가인 나다. 더 직설적으로는 해양스포츠연구자인 나의 통찰력이고 사명감이다. 더욱이 신흥학문으로서 할 일이 산적해 있는 해양스포츠 분야는 일반 스포츠연구자와는 다른 연구자가 되어야 한다. 일반체육과 같이 생각하면 일반체육과 어깨를 나란히 하면서 해양스포츠를 반듯하게 절대 발전시킬 수 없다. 특히 해양스포츠연구자는 지식체계 구축의 기본단위인 중심개념 정착에 목숨 걸어야 한다. 만약 그럴 자세가 안 되어 있다면, 자신이나 해양스포츠를 위해서도 당장 학계를 떠나는 것이 온당한 처신이다.

게다가 내 인생의 판권은 내게 있고, 또 우리의 학문은 우리가 지켜야 하는 것은 너무나 당연한 일에 속한다. 미국의 사회학자 랜들 콜린스(Randall Collins, 1941~) 펜실베이니아대 교수는 "지식인들은 동업자로서 강력한 학문 공동체를 갖추고 있어야 한다. 지식인들이 개별적으로[소의] 산재(散在)하거나 서로가 서로를 부정할 경우 제도로서 학문은 자력으로 존립하기 어렵다(전상인, 2017)."고 연구자 세계의 치부를 에둘러 지적한 말을 새겨들었으면 한다. 특히 랜들 콜린스의 충고에 대해서는 인생의 절반 이상을 대학에서 줄곧 시간을 보낸 필자도 '반대를 위한 반대'에 절망한 경우가 적잖았다는 점에서 전적으로 공감하는 바가 크다. 이른바 먹물사회(?)의 병통(病痛)이라면 병통으로 오래 전부터 치부되어 왔기 때문이다. 따라서 작은 아이디어를 키우고 구체화하면서 현실에서 실현 가능한 방법을 찾아내는 창조정신을 가진 해양스포츠연구자가 다른 해양스포츠연구자와는 다른 연구자일 것이다. 그런 가운데서도 국내외를 아우르는 하나의 이름, 국내 및 국제 학회 발족 등의 거대 담론들에 대한 해법은 동업자로서 강력한 '해양스포츠학' 집단적 지성에서 찾아야 한다. 첫 새벽, 동터 오르는 갓밝이와 같이 해양스포츠학 집단적 지성은 서로가 서로를 존중하는 우호적인 분위기 속에서 선의의 경쟁을 통해 한껏 희망을 부풀려나갔으면 한다. 더욱이 거의 고벽화(痼癖化) 수준에 이른 아군끼리 총질하는 병집만은 정말 사라져야 한다.

(5) 린네의 '생물분류체계법'의 원용이 해양스포츠계의 갈급(渴急)사항

지금은 한국이 비록 해양스포츠 발전국에 불과하다고 하더라도 언젠가는 선진국의 반열에서 세계의 해양스포츠문화를 주도하거나, 해양스포츠를 통한 제국 경영에 나설 때를 상정하여 지금부터 착착 준비해 나가지 않으면 안 된다. 더욱이 그런 시대 구가를 꿈꾸는 의식 있는 연구자가 일부라도 존재한다면, 우선 해양스포츠를 체육학에서 분화(分化) 발전한 학문으로 심화·발전시키는 일을 그 출발선으로 삼아야 할 것이다. 그다음은 중심개념의 최적 알림 수단인 이름[중심개념]을 고유명사로 밝혀나가는 가운데 한국·국제·세계해양스포츠학회 순으로 조직·운영하여 나가야 할 일련의 작업들은 곧 한국해양스포츠계가 이름의 난립 때문에 처한 한때의 곤경을 딛고 국내외를 일거에 관리해나가는 가장 혁신적인 동력이 될 수 있는 이른바 신(神)의 한 수로서 한국해양스포츠사에 역사적 사건으로 기록되지 않을까 싶다. 중심개념 하나 통일시키는 일은 해양스포츠연구자의 존재 이유나 마찬가지다. 중요하고 절박할수록 가능하고 현실적인 길로 가야 한다. 절박한 홍보에는 전문가나 언론의 역할이 매우 중요하고, 또 그렇게 될 때 두 단어가 결합된 어형으로써 영어 발음대로인 '해양스포츠(Haeyang Sport)'라는 고유명사가 언젠가는 국내외인의 언어적 습관으로 자리매김하는 변곡점이 마련되어 제국 경영의 동력으로 삼을 수 있다.

더욱이 그런 후광효과에 의해 마침내 사전(辭典)에 등재되는 것은 물론 글로벌시대 해양스포츠 관련 인적·물적 노하우도 수출할 수 있어 일자리와 부가가치가 덩달아 창출될 것으로 보고 있다. 그럼에도 이 같은 담대(膽大)한 생각을 일부 소심한 연구자들이 '익숙하지 않아 어색하다'고 회의(懷疑)한다거나, 또는 소의에 함몰되어 '생뚱맞다'고 폄훼(貶毀)하거나, 아니면 지금처럼 좁은 시야에 갇혀 '속(俗)은 세(勢)를 따른다'는 세속적인 태도를 증명이라도 하겠다는 듯 대중영합의 유사개념을 남발하는 일에 예사롭게 가담하는 등 해양스포츠문화 선진국을 비롯하여 인접분야 인사들의 뒤꽁무니나 졸졸 따라가는 비루한 '밥버러지[食蟲] 짓'은 이제 그만 두었으면 한다. 전공자라고 자처한다면 절대 그런 태도를 취해서는 안 된다. 물론 그런 현상은 정도의 차이는 있겠지만 내가 해양스포츠 대중화 깃발을 들고 본격 나섰던 1994쯤에도 그랬고, 명예교수 신분인 2019년, 그러니까 '강산이 두 번 반(半)이나 바뀐다'는 약 25년이 지난 현재도 여전히 당국의 정책입안자나 바다를 끼고 있는 일부 지자체담당공무원, 더욱이 그들이 생산하는 이른바 '관급(官給) 보도자료'를 여과없이 그대로 기사화시키는 일부 언론인들의 보도행태에, 또는 해양산업계와 관광업계 등 인접분야 일부 인사들에 끌려 다니는듯한 느낌을 강하게 받고 있어 낙망할 때가 많았다.

어쩌면 이것이 한국해양스포츠계의 민낯이 아닌가 하여 부끄럽기조차 하다. 내가 주도한 사단법인 한국해양스포츠회 설립과 국립부경대 해양스포츠학과(학년당 40명) 및 석·박사과정 세계 첫 설치가 곧 해양스포츠 대중화를 위한 인력양성시스템 구축 첫걸음이 되고, 또 영어 발음대로인 'Haeyang Sport'라는 이름이 한국에 가장 중심개념으로 통하고, 게다가 다른 나라에서도 두루 통하도록 하는 이른바 '한통세괘' 작업에 시동(始動)을 걸고 있는 등 이 세 가지 작업이 해양스포츠를 세상에 널리 알리는 오색의 깃발이고 꽹과리 소리였다면, 그로부터 25년이 경과한 지금까지도 '5월은 바다를 잠재우는 자장가의 달'이라는 것도 이해하지 못하고 있는 문화지체 현상이 좀처럼 사라지지 않고 있는 것만 같아 나는 때때로 가슴이 먹먹하다. 정녕 해양스포츠문화 바다의 세월은 '순혈 해양스포츠연구자'의 숫자 열세 때문에 가는 줄을 모르는가.

해양스포츠가 체육(스포츠)의 종개념인 이상 체육의 카테고리 속에서 발전하여야 하는 것은 너무나 당연한 일이라고 볼 때, 그 중심개념을 상징하는 이름 역시 이런저런 유사이름보다는 스포츠의 참뜻인 '건강과 행복'을 목적하는 가운데 두 단어가 결합된 어형인 '해양스포츠(Haeyang Sport)' 하나로 깔끔하게 정리되어야 하는 것도 당연한 일일 것이다. 이름은 개인뿐만 아니라 특정 분야의 가장 상징적인 알림 수단[간판]이다. 그래서 순혈연구자들을 비롯하여 전문가들은 분야 지식체계 구축의 기본단위인 중심개념, 즉 '해양스포츠'라는 하나의 이름을 갖도록 힘을 모아나가야 하는 작업은 자(自)와 타(他)가 따로 있을 수 없다. 오직 우리가 있을 뿐임을 자각하는 일이 매우 중요하다. 해양스포츠학의 정당성을 수호하는 유일의 방편이기 때문이다.

이제 DNA가 같은 더 많은 연구자들이 주인의식을 갖고 지식체계 구축의 기본단위인 중심개념을 수호하는 '해양스포츠주의자(Haeyang sportism)'의 대열에 함께하여 집단적 지성의 힘을 발휘했으면 한다. 달리 말하면, 해양스포츠로 체육하고, 체육으로 해양스포츠 하는 일에 앞장서자는 말이다. 해양스포츠가 나와 내 가족, 그리고 이웃이 모두 행복해지는 주요 수단이라면 반드시 그 겉[상징적 이름]과 속[내용]에 체육학의 메커니즘이 자리 잡아야 한다. 이는 수학 문제의 정답처럼 답이 영락(零落)없이 딱 떨어지는 정설(定說)이다. 어깨너머로 배운 인사들이 예사로 단언적으로 말하는 '해양레저스포츠', 또는 '해양레저'는 백번 양보하여 개념기준분류체계에서 보면 광의의 개념인 '해양스포츠'를 구성하는 네 가지 장르 중 하나인 '생활체육형 해양스포츠 분야쯤'의 뉘앙스를 일부 풍기고 있다고는 하더라도 스웨덴의 동·식물학자 칼 폰 린네의 '생물분류체계'에 근거한 대분류개념에 놓이는 '해양스포츠'와 등치되는 이음동의어는 결코 될 수 없다는 점만은 분명한 사실로 확인된다 할 것이다. 더욱이 앞에서 언급한 잡다한 개념들은 해양스포츠학 지식체계 구축의 기본단위가 절대 될 수 없다. 삿된 이단(異端) 개념에 불과하다.

특히 국내는 2016년 엘리트(전문)체육을 육성하는 '대한체육회'와 생활체육동호인활동을 주로 지원하는 '국민생활체육회'가 산고(産苦) 끝에 '통합대한체육회'로 새롭게 탄생하는 등 현재 세계는 물론 국내만 하더라도 스포츠의 세계는 끊임없이 진화하고 있고, 개념기준 분류체계상 대분류개념인 외국어 '스포츠(Sports)'에 가장 가까운 우리말인 '체육(體育)'의 종개념(種概念)인 중분류에 양 단체(전문체육·생활체육)의 정체성이 각각 위치하고 있기 때문에 대분류개념인 체육(스포츠)이 한 지붕 두 가족이 안주할 우산(雨傘) 역할을 하고 있거나, 또는 '자기 구원(救援)'를 위한 방책으로서 모처럼 인식을 함께함에 따라 각자의 주장을 조금씩 양보하는 가운데 끝내 통합의 길에 함께 나서지 않았을까 하고 미루어 추론해 볼 수 있다.

지금까지 한 말을 압축하면 다음과 같다. "통합의 진실이야 어떠하든, 분명한 사실은 체육을 대분류로 그 하위에 놓이는 중분류에 일반체육, 동계체육, 해양스포츠(해양체육)가 각각 놓여야 하고, 그 세 가지 중분류 중 하나의 위치에 놓여 있는 해양스포츠(海洋體育)는 체육의 종개념이기 때문에 반드시 '체육(스포츠)'에 길을 묻지 않으면 안 된다는 점이 통합의 당위일 수밖에 없다. 게다가 통합(행위)의 목표·척도를 나타내는 당위(當爲)에 대한 사례까지 있다. 그간 각자도생해온 '전문체육'과 '생활체육'이 모두가 살아남으려 고생했지만, 정작 살아남은 누구도 행복해지지는 못했다는 결과론을 통해 위기감을 느낀 두 단체가 드디어는 살아남기 위한 자기 성찰(분야 이기주의 절제)이 있을 수밖에 없다는 점이 바로 통합의 당위이다. 특히 이들 체육단체가 나름 성찰한 '분야 이기주의의 절제'는 곧 '자기 구원'의 길임을 깨닫는 나머지 '체육(스포츠)'이라는 하나[대분류]의 깃발 아래 기꺼이 '통합체육회'로 거듭날 수밖에 없었다고 봐야 한다. 물론 그러는 과정에서는 관련법도 크게 영향을 미쳤음이 사실이다.

따라서 분야를 상징하는 대분류개념을 놓고 혼란이 계속되고 있는 해양스포츠계는 태권도계(총 9관을 통합)나 통합체육회(전문체육과 생활체육 통합), 그리고 올림픽 역시 당시 사마란치 IOC위원장은 전문체육과 생활체육의 장르를 과감하게 무너뜨리고 '스포츠(체육)'라는 하나의 깃발아래 올림픽대회를 개최하기 시작한 사례에서 길을 찾지 않으면 안 된다. 이 길은 '해양레저', '수상레저' 등으로 난립하고 있는 잡다한 개념들을 '해양스포츠'라는 하나의 깃발아래 종(從), 즉 하위인 중분류로 위치시키면 '자기 구원'에 이르는 생명의 길이 된다. 이렇게 되면, 해양스포츠 분야에 대한 대중의 인식 지평 확장성을 기대하게 되는 효과도 있다. 결국 해양스포츠산업, 마리나산업, 스포츠형 해양관광산업 활성화 도정(道程)에서 무엇이 어떻다고 해도 잡다한 유사개념들을 대하는 대중들이 뭐가 뭔지 헷갈려 하는 어려움을 해소시키는 일이 해양스포츠계의 갈급(渴急)사항일 수밖에 없다. 진심으로 마음을 모아 '해양스포츠'라는 이름(대분류개념) 밑에 종개념으로 위치시킬 '개념기준분류체계'를 확립하기 위해서는 일찍이 스웨덴의 생물학자 칼 폰 린네(Carl von Linné : 1707~1778)가 정립한 이른바 '계층적 지식'인 '생물분류체계'를 원용(援用)하면 단번에 해결할 수 있다. 더 이상 헷갈려 할 일은 없다. 이윽고 갑론을박 끝, 발전 시작이다. 국내외 체육계의 도도한 흐름도 그렇다.

사실 '계층적 지식'은 우리에게 아주 익숙하다. 생물시간에 죽어라 외웠던 '계, 문, 강, 목, 속, 종'처럼 순차적으로 분류해 나가는 체계가 대표적인 계층적 지식이다. 세계 최초의 백과사전을 제작한 드니 디드로(Denis Diderot : 1713~1784)는 인간 정신의 기능을 '기억, 이성, 상상력'으로 나눈 프랜시스 베이컨(Francis Bacon : 1561~1626)의 분류에 따라 인간의 지식을 분류했다. 기억에는 역사를, 이상에는 철학과 과학을, 상상력에는 시와 예술을 대응시켜 세상에 존재하는 모든 지식을 이 세 분야의 하위 분과에 배치했다. 백과사전의 본질 또한 트리식(tree) 분류에 따른 계층적 지식이란 뜻이다. 세계의 거의 모든 도서관에서 사용되는 듀이십진분류법 또한 계층적 지식이다(김정운, 2014). 이로써 해양스포츠 분야 '개념기준분류체계'의 확립 필요성 주장은 그간의 혼선을 일거에 종식시키는 깔끔한 분류체계임이 객관적으로 입증되고 있는 셈이 된다.

순전히 노파심에서 하고 또 하는 말이지만, '개념기준분류체계'를 중심으로 이번에는 하나의 보따리인 해양스포츠를 대분류의 위치[개념]에 놓으면, '해양레저', '수상레저', '해양레저스포츠', '수상레저스포츠'와 같은 잡다한 유사개념들은 당연히 해양스포츠라는 공동선조(共同先祖)를 숭배(崇拜)하는 유사 혈통으로서 그 하나의 보따리 속에 담기게 된다. 결국 그간 혈통이 불분명하여 사생아(私生兒) 쯤으로 인식됨으로써 해양스포츠 개념과 반복·갈등하여 왔던 잡다한 유사개념들이 이번에는 혈통적으로 비록 해양스포츠의 직계(直系)는 아니라고 하더라도 방계(傍系)로서 중분류의 위치에 자리하게 되는 근거가 마련된다는 점에서 의미가 있다.

그렇게 되면 잡다한 유사개념들이 '개념기준분류체계'를 통해 해양스포츠(海洋體育)와 유전자(DNA)를 일부라도 같이하는 혈족(血族)임이 증명되기 때문에 비로소 그 전통성이 확립되는 획기적인 계기를 가져올 수 있는 효과까지 있다. 이를테면 애벌레(잡다한 유사개념)가 마침내 나비가 될 수 있는 계기가 마련된다는 뜻도 된다. 그렇다고 해도 현실은 지난(至難)하다. 옳고그름은 희미하고 이해 충돌만 선명하게 드러날 우려가 일부 있기 때문이다. 그럼에도 전문가는 '개념기준분류체계상' 최상위에 놓이는 고유명사 '해양스포츠'라는 하나의 이름을 통한 제국 경영의 길을 맨 앞에서 뚜벅뚜벅 걸어가지 않으면 안 된다.

아무튼 '개념기준분류체계상' 최상위에 놓이는 '해양스포츠'라는 이름 하나를 귀하게 여기는 마음은 분야를 아름답게 만든다. 혼란의 멈춤이 거기서부터 시작되고, 이 시대에 주목받는 해양놀이문화로서 대중의 사랑을 한껏 받는 것도 그렇다. 해양스포츠문화가 국내 경제발전 및 제국 경영에 효자역할을 하려면 국내부터 이 문화를 형성하고 향수하는 사람들이 중심개념을 일관되게 쓰는 가운데 크게 세를 대거 형성하는 것이 무엇보다 중요하다. 경남 통영 출신 김춘수(1922~2004) 시인은 "이름을 불러 주었을 때, 그는 나에게로 와서 꽃이 되었다."고 노래했지만, 그것도 관계와 접속을 통해 잘 불러야 할 일이다. 해양레저, 해양레저스포츠, 해양레포츠, 수상레저, 수상레포츠처럼 함부로 부르면 똥이 된다. 모두의 뜻을 모아 이구동성(異口同聲)으로 '해양스포츠'라고 불렀을 때라야 비로소 꽃이 된다. 그런 결과로 해양스포츠분야 중심개념 정립시간 단축에 의해 해양스포츠생활화 단계 진입 촉진과 제국경영을 위한 동력 확보라는 두 개의 튼실한 열매를 얻을 수 있게 된다. 꽃 없는 열매는 없다.

3) 해양스포츠, '해양'과 '스포츠' 두 단어가 결합된 어형(語形)

결론부터 말하면 미래지향성과 함께 개념 사용의 중구난방 현상을 척결하기 위해서는 '해양스포츠

(Haeyang Sport)'라는 이름을 고유명사로 사용함이 맞다. 물론 보통명사인 '해양스포츠(Marine Sports)' 도 사용자의 철학에 따라서는 일관되게만 사용한다면 된다고 생각하고 있다. 다만 국내에서는 '해양스 포츠'를 표기할 때, 영어처럼 두 단어를 띄어서 '해양 스포츠'라고 쓰면 '해양'과 '스포츠'라는 두 단어가 결합된 어형(語形)을 쓰는 학계의 관행과는 어긋난다. 물론 한국어에서 띄어쓰기는 대원칙이다. 그렇 지만 붙여 쓰기를 하여도 그 뜻을 전달하는 데 전혀 어려움이 없다면, 원칙과 함께 허용되는 예외 규정도 엄연히 존재한다. 그러나 영어에서는 띄어쓰기가 대원칙이다. 따라서 '해양스포츠'라고 붙여 쓰도 그 뜻 을 전달하는 데는 전혀 어려움이 없기 때문에 '붙여 쓰기의 예외규정', '학계의 관행', '전문용어' 등 세 가지 측면을 참고하여 두 단어를 붙여서 쓰는 어형을 존중해주기를 기대한다. 그러다 보면 오늘의 이야 기가 내일의 역사가 된다.

게다가 앞으로는 융합형 지식에 바탕을 둔 창의력으로까지 연결시켜야 할 마리나산업의 제4차 산업 혁명시대 도래를 감안하면, 이제 해양스포츠(해양체육) 전진기지의 중분류에 위치하는 마리나의 운영 과 관리, 장비제조에 걸쳐 인공지능(AI), 빅데이터, 로봇기술, 사물인터넷(IoT) 등 제4차 산업혁명 첨단 기술을 마리나에 접목해 새로운 성장 동력과 일자리 창출에 적극 나서지 않으면 안 된다. 특히 데이터 는 산업에 에너지를 공급하는 유전(油田) 격이다. 그러는 가운데서도 미래지향성의 추구를 위한 전략구 사, 즉 글로벌 시대 상호(商號)가 갖는 배타적 위상까지도 염두에 둔다면 현재 세계 120여개 나라에 보 급되어 있는 한국의 태권도처럼 이 세상에는 딱 하나 뿐인 고유명사로서 영어 발음대로인 '해양스포츠 (Haeyang Sport)' 하나의 깃발아래 제국 경영을 위한 동력 마련이 가능하다는 점에서 지금의 보통명사 에서 고유명사로 변신하는 일에 모두가 힘을 모아 강력한 세(勢)를 형성해 나갔으면 한다.

바둑 용어에 '착안대국(着眼大局), 착수소국(着手小局)'이라는 말이 있다. 대국적으로 생각하고 멀리 바라보되, 실행에 옮길 때는 한수 한수 집중해 세밀한 부분까지 놓치지 말아야 한다는 뜻이다. 이 말처 럼 간판(看板) 역할을 할 '해양스포츠'라는 중심개념도 미래지향성(배타적지위 확보)을 생각하고 멀리 바라봐야 한다. 그런 점에서 보면, 우선은 국내부터 해양레저스포츠, 해양레저, 수상레저, 수상레저스포 츠 등 보통명사로서 제각각 난립하고 있는 유사이름들을 이젠 과감하게 정리할 때가 되었다고 본다. 그 정리의 핵심은 고유명사인 '해양스포츠'를 대분류의 위치에 놓는 가운데 지금껏 존재하고 있는 잡다한 보통명사들은 해양스포츠라는 대분류의 종개념이 되는 중분류의 위치에 놓는 작업이 된다. 특히 그런 지혜의 발휘 속에는 21세기 체육을 주도하고 있는 선진국의 해양스포츠문화를 국내에 잘 흡수하는 가 운데 가장 한국적인 해양스포츠문화로 재창조하는 숙주(宿主)로 작용함으로써 세계의 해양스포츠계를 일거에 평정하여 제국 경영의 토대를 마련할 수 있는 효과까지 있음을 주목했으면 한다. 이쯤에서 제I 편 제1장에 밝혀 놓은 '해양스포츠'의 정의를 다시 한 번 더 숙독해주기를 바란다.

오늘날 한국의 태권도가 하나의 이름을 갖기까지 바로 이런 과정, 즉 당초 공수도 지도관(智道館 ; 중 앙관광 이종우), 당수도 무덕관(중앙관장 홍종수, 당수도 청도관 중앙관장 엄운규), 이외에도 6관을 포함 총 9관의 이름은 각 류파((類派)별 보통명사로 난립, → 1차 태수도 지도관, 태수도 무덕관, 태수도 청도관 등 총 9관의 이름은 '태수도(跆手道)'라는 공통분모를 중심으로 '태수도'와 고유의 '류파'를 뜻하는 단어를 영어처럼 띄어서 쓰는 명칭(예 ; 태수도 지도관)을 보통명사로 사용하여 활동, → 2차에서는 각자 유파(流派)를 뜻하는 고유의 '관(館)' 명칭을 과감하게 버리고 도장 간판을 '태수도' 하나로 통합, → 이후 최종단계(3차)에서는 '태권도'로 명칭(간판)을 변경, 대통합하는 한편 외국에 대해서는 영어 발음대로 표기하여 세상에 딱 하나뿐인 고유명사로서 오늘에 이르고 있음을 반면교사로 삼았으면 한다. 그 중심에는 전 대한태권도협회장·국기원장·세계태권도연맹총재인 김운용 씨의 탁월한 지도력을 비롯하여 각 유파를 대표해온 총 9관 중앙관장들의 기득권(각 유파별 승급·승단심사비) 포기를 통한 대동단결의 고결한 정신이 있었다고 말할 수 있다.

한국해양스포츠(해양체육)계도 태권도계의 선례를 참고하여 함께 뜻만 모운다면, 최종단계에서는 '해양스포츠'를 영어 발음대로인 고유명사로 명칭을 대통합하는 일에 용기를 얻을 수 있을 것으로 생각하고 있다. 더욱이 해양스포츠가 비순수문화라고 하더라도 큰 카테고리에서는 문화의 영역에 속하는 것은 사실이기 때문에 이 분야에 대한 진정한 주인이 되기 위해서는 우선 다음의 세 가지 작업이 필요하다고 보고 있다. 첫째, 소유를 위한 미래지향적인 전략구사 둘째, 전문체육 및 생활체육으로서도 누구나 즐길 수 있도록 인프라 구축과 저변확대 셋째, 해양스포츠의 고유명사화를 위해 무릎맞춤을 통한 끝장 토론 등이다.

특히 이런 측면에 대한 필자의 속내를 이 장(章) 2의 2)에서 밝혀 놓은 "해양스포츠(Haeyang Sport) 고유명사화', 중심개념의 깔끔한 정리와 제국 경영의 출발선"에서 한 구절(句節) 한 구절마다 소유를 위한 작업 필요성을 확인할 수 있을 것이다. 물론 인프라구축과 저변확대사업은 해양수산부가 나름 나서고 있다. 다만 해양스포츠의 고유명사화에 대한 전문가 간 무릎맞춤을 통한 끝장 토론은 없었기 때문에 필요하다는 것이다. 심지어 '소주(Soju)'도 '설렁탕(Seol-Leong-tang)'도 고유명사로 표기하고 있는 터에 나는 이 가설의 효과에 의해 언젠가는 한국의 '해양스포츠'가 고유명사의 위치에서 온세상을 평정하고 화려 명쾌한 오색의 깃발을 휘날리며 꽹과리를 두들기면서 의기양양하게 귀향하는 만선(滿船)의 귀선(歸船)이 되기를 간절히 소망하고 있다. 물론 그런 소망의 실현이 생전이면 더욱 좋고, 아니면 시공(時空)에 관계없이 그 언제가 되었든 '해양스포츠'라는 고유명사가 이 분야를 대변하는 대분류의 위치에서, 또는 고유명사 해양스포츠가 한국이 주인이라는 인식표로 작용하여 세계의 해양스포츠시장을 통해 제국경영을 할 수만 있다면 덩실덩실 한바탕 춤출 것이다.

4) 해양스포츠의 참뜻, '건강과 행복' 추구에 방점 찍고 있어

이쯤에서 유사개념들이 중구난방으로 난립하고 있는 악순환의 고리를 끊기 위해 해양스포츠 분야 중심개념 논의를 중심으로 두 단어(單語 : 단일어·합성어·파생어를 포괄하는 개념)가 결합된 어형(語形)인 해양스포츠의 반쪽 단어인 '스포츠(Sports)'의 참뜻을 밝혀 놓지 않을 수 없다. 외국어 '스포츠'에 가장 가까운 우리말은 '체육(體育)'이다. 그래서 누군가 필자에게 '해양스포츠'는 어떤 뜻이고, 또 '해양체육'과는 어떻게 다르냐고 질문을 하면, 우선 '해양(海洋)'과 '스포츠'라는 두 단어가 결합된 어형(語形)인 '해양스포츠'를 잘난(한국어의 띄어쓰기는 대원칙. 그러나 붙여 쓰기 하여도 뜻을 전달하는데 전혀 어려움이 없다면 원칙과 함께 허용되는 예외규정도 있다. 그러나 영어에서는 일체의 예외규정이 없는 가운데 띄어쓰기가 대원칙이다.) 채 한다고 한국어의 붙여 쓰기 예외규정을 비롯하여 '해양스포츠'가 두 단어로 결합된 어형이라는 사실을 망각한 채 띄어쓰기가 대원칙인 영어처럼 두 단어를 띄어쓰기하여 '해양 스포츠'라고 쓰면, '해양스포츠'는 전문용어로서 '해양'과 '스포츠'라는 두 단어가 결합된 어형이기 때문에 두 단어를 붙여 쓰는 학계의 경향성과 엇박자가 됨으로써 대중이 헷갈려할 우려가 있기 때문에 유의하여야 할 일이다. 그렇지만 만약 '해양스포츠'를 '해양체육'으로, 또는 '해양체육'을 '해양스포츠'로 각각 이해해도 되는가에 대해서는, 그건 그것대로 맞는다고 말해주는 출처가 바로 외국어 '스포츠(Sports)'는 우리말에서 가장 가까운 단어가 '체육'에 해당되는 것에 출처를 두고 있기 때문이다.

그렇지만 교육현장에서는 경향성 측면에서 약간의 차별성을 갖고 있음이 사실이다. 이들 두(해양스포츠 vs 해양체육) '보통명사'를 학과 명칭으로 내세우는 대학 전공학과의 교육과정을 서로 비교해 보면, '해양스포츠학과'는 실기를 이론보다 상대적으로 중시하는 '현장중심'의 교육특성을 나타내고 있는 반면, '해양체육학과'는 이론을 실기보다 상대적으로 중시하는 '교육중심'에 방점을 찍고 있다는 점에서 그렇다. 해양스포츠학과는 1996년 3월에 세계 첫 설치되었고, 체양체육학과는 1998년 3월, 그러니까 2년의 시차를 두고 신입생들이 각각 입학했다. 그렇긴 해도 나 자신은 '해양체육'이 마치 철 지난 의복처럼 느껴지는 등 진부한 용어라는 점에서 꼭 필요한 경우를 제외하고는 거의 사용하지 않는다. 출판에서 말하는 초판, 재판, 3판 등 출판횟수를 거듭하면서 내용과 기능에 차이가 있는 '증보판'이 출판되는 것처럼, 개념 사용에서도 내용과 기능에 따라 최신 버전(Version)이 사용되어야 하는 것은 너무나 당연한 일에 속하기 때문이다. 의류만 유행이 있는 것이 아니다.

그런데 두 단어가 결합된 어형으로서 이 분야 지식체계 구축의 기본단위인 '해양스포츠'의 개념 정립 도정(道程)에서 당초 결합된 두 단어 중 하나인 '해양'이야 유사개념들조차도 거의 모두가 바르게 이해하고 있기 때문에 더는 뭐랄 게 없다. 다만 다른 하나, 즉 광의적 개념인 '스포츠'에 대한 이해가 일부 관점을 달리하는 등 논란의 중심에 있는 것만 같아 답답하기만 하다. 그러나 '스포츠'는 광의적 개념으로서 '건강과 행복'을 뜻하는 '데 스포르(de sport)'라는 프랑스 말에서 유래했다는 것이 정설(定說)이라는 사실을 알고 나면 고개가 절로 끄덕여질 수밖에 없다. 설명을 조금 더 보태면, 스포츠는 "'기분을 좋게 만드는 신체나 정신의 활동'이란 뜻이다. 또는 서로 즐겁게 활동하며 모두 건강해지는 행복 활동이라고도 말할 수 있다. 즉 '건강과 행복' 이것이 스포츠의 참뜻이다(손준구, 2017)." 그런 맥락에서 보면, '체육(스포츠)'의 종개념에 속하는 '해양스포츠' 활동의 참뜻 역시 '각종 장비(보트 및 기구)를 이용하여 바다와 강과 호소 등 자연의 물을 운동장으로 삼아 신체와 정신의 건강과 행복을 갈무리하는 활동'이라고 해야 할 것이다. 팩트(Fact)가 이러함에도 '해양레저스포츠' 또는 '해양레저'가 도저히 비교 대상이 될 수 없는 이 분야 중심개념으로서 광의적 개념인 '해양스포츠'와 등치되는 이음동의어(異音同義語)인 것처럼 계속 지껄이는 이가 있다면, 말이 좀 거칠어서 자칫 뼈 없는 혀가 심장을 찌를 우려가 일부 있긴 하지만 그럼에도 "이제 제발 헛소리 그만하라."고 당부하고 싶은 충동을 강하게 느낀다. 더군다나 광의적 개념이 그 종개념에 불과한 유사개념들과 어떻게 동렬에서 어깨를 나란히 한다는 말인가. 비유하자면 아버지가 아들이 될 수 없듯, 아들 역시 아버지가 될 수 없다. 무지가 이쯤대면 윤리적으로는 폐륜의 극치다.

한편 '스포츠'에 대해 허당 중에서도 으뜸 허당들이 협의(狹義)의 뜻으로만 흔히 말하는 오직 금메달 획득만을 지상 최대의 가치로 삼는 동·하계올림픽과 아시안게임, 그리고 전국체육대회와 같은 운동경기, 사생결단으로 상대를 제압해야만 하는 전문(엘리트)체육, 이런 살벌한 공격성과는 다르다. 달리 말하면, 전문체육은 비교라는 잣대 때문에 칼같이 승과 패라는 결론을 내릴 수밖에 없는 비정한 체육이다. 그러나 '건강과 행복'을 뜻하는 프랑스 말 '데 스포르'에서 '스포츠'가 유래하고 있듯, 광의적 개념인 스포츠(체육)의 본질은 서로 비교하지 않음으로써 '건강'과 '행복'을 얻는데 있다는 점을 특별히 주목하지 않으면 안 된다. 더욱이 비교하지 않으면 얼마나 놀라운 일이 일어나는지 스스로 알게 되는 기쁨까지 준다. 나와 내 가족, 그리고 이웃이 모두 행복해지는 놀라운 활동, 즉 '건강과 행복' 이게 광의적 개념인 '스포츠'의 참뜻이고, 최근 들어 세계 체육계를 비롯하여 문체부, 그리고 통합 대한체육회의 체육(스포츠)행정이 추구하는 또렷한 경향성이기도 하다. 관련 법 개정에 따른 결과다. 그럼에도 당국의 실무자와 바다를 끼고 있는 지자체 공무원들이나 해양산업 분야 전문가, 그리고 일부 언론인들은 '스포츠'라는 용어를 대하면, 거의 서울올림픽 개최 이전처럼 살벌한 공격성을 연상(聯想)하는 협의의 스포츠(체육) 활동인 '비정한 운동경기' '전문체육' '공격성' '금메달' '체육연금'과 같은 단어들을 각각 떠올리는 것이 현실이라는 점에서 절망감을 느낄 때가 많다. 어쩌면 무슨 앉은뱅이 땅바닥 기듯, 그것도 아니면 지렁이 꾸물대듯 좀처럼 바뀌지 않는 그런 철지난 인식이 해양스포츠 분야 지식체계 구축의 기본단위인 중심개념 정립을 방해하는 가장 큰 사회적 요인이 아닌가 하고 짜증이 날 때가 많다.

그런 뜻으로 대한민국 체육정책을 회고해 보면, 서울올림픽 때까지는 극한 훈련을 전제로 하는 '전문체육인' 양성 일변도의 협의의 개념인 편향체육이었다. 이후에는 기존 전문체육 양성에다 올림픽시설 활용성 재고와 함께 실질적 국민건강복지 증진차원에서 기량을 비교하지 않는 '생활(사회)체육' 활성화 정책이 새롭게 추가되는 등 서울올림픽 이후부터 국가 체육정책은 광의적 개념인 '체육(스포츠)'이라는 한 수레에 '전문체육'과 '생활체육'이라는 두 바퀴로 굴러가는 양립정책이었다고 말할 수 있다. 또 올림픽에서도 사마란치 전 IOC위원장에 의해 '아마'와 '프로'의 경계가 무너진 것은 오래 전의 일이 됐다. 게다가 국내 전국체전에서도 바둑과 당구가 정식종목으로 채택됐다. 뿐만 아니라 2016년부터는 '전문체육'을 육성하는 대한체육회와 국민건강 증진을 돕는 국민생활체육회가 '스포츠(체육)'라는 하나의 우산 아래 '통합 대한체육회'로 거듭나기도 했다. 물론 시·도체육회도 '통합 체육회'로 진작 시스템 정비를 끝내고 본격 노 젓기에 나선 것도 3년 전의 일이다.

압축하면 오늘날의 '스포츠(체육)' 개념은 전문체육, 생활체육, 학교체육, 레크리에이션(휴양·기분전환) 및 리크리에이션(에너지의 재생·재창조), 그리고 프로스포츠와 아마추어스포츠 활동들을 모두 포괄·함의하는 대분류 또는 광의적인 개념으로 심화·발전하고 있다고 말할 수 있다. 이는 앞서 열거한 여러 사례가 사실(Fact)을 입증해 준다. 다만 스포츠의 장르(genre)를 특별히 구분하지 않는 그런 추세 속에서도 비교[승과 패]를 전제로 하는 비정한 전문체육은 그 입지가 날로 좁아지고 있는 경향성을 또렷이 나타내고 있는 반면, 건강과 행복을 추구하는 비교하지 않는 생활체육과 레크리에이션 및 리크리에이션 등 광의의 스포츠 활동들은 맹위를 떨치고 있는 추세에 있다. 따라서 국내외를 가릴 것 없이 세상은 스포츠(체육)의 참뜻인 '건강과 행복'이라는 하나의 깃발, 즉 대분류 또는 광의의 개념인 '스포츠(체육)'가 이미 대세를 이루고 있는 셈이 된다. 그럼에도 당국의 실무자, 바다를 끼고 있는 일부 지자체의 해양담당공무원, 해양산업 전문가, 그리고 일부 언론인들의 '스포츠' 개념에 대한 이해는 지금으로부터 약 30년 전에 풍미한 협의의 스포츠인 전문(엘리트)체육 일변도의 시간대에 머물러 있는 것만 같아 안타깝다는 것이다.

그러나 그들도 어차피 시간이 흐르면 광의적 개념인 '체육학의 시각', 또는 '스포츠의 참뜻'을 이해하여 '해양스포츠(해양체육)' 하나의 이름을 사용하게 되는 날이 올 것이 분명하기 때문에 대세를 앞당기기 위한 촉진 수단은 유연해야 한다는 생각이다. 그런 측면에서 보면, 가고 있는 방향이 뚜렷하기까지 그간 유연한 수단으로 견인한 부산지역 일간지인 국제신문의 역할이 많은 위안이 되고 있다고 말할 수 있다. 실제로 각 분야에서 속속 생각을 바꾸는 사례가 점차 돌올하게 나타나고 있는 추세에 있다. 그렇다고 하여 유사 분야 전문가들도 날벼락같이 하루아침에 생각이 바뀐다면, 그게 오히려 이상하다는 생각을 갖는다. 세상의 다툼은 서로 다른 인식 때문에 생겨나는 경우가 많다. 관건은 유연하게 소의를 어떻게 대의의 테두리 내에서 살아가게 하느냐이다. 결국 해양스포츠가 체육의 몇 종개념에 위치하고 있는 이상 한국 해양스포츠의 밝은 미래를 위해서는 비록 편의적인 구분이긴 하지만 '개념기준분류체계'를 중심으로, 우선 '체육(스포츠)'을 대분류로 그 종개념에 위치하는 일반(육상)스포츠, 동계스포츠, 해양스포츠 등 세 가지 중분류 중 한 분야로서 해양스포츠를 발전시켜 나가야 하는 일이 해양스포츠학계가 추구해야 할 대의이고, '해양스포츠의 참뜻' 실현을 위한 교두보인 셈이 된다. 물론 개념기준분류체계에서 해양스포츠를 대분류로 하면, 그 종개념에 놓이는 중분류에는 생활체육형 해양스포츠 활동쯤으로 이해할 수 있는 해양레저, 해양레저스포츠, 수상스포츠, 수상레저 등 각종 유사개념들을 위치시킬 수 있고, 또 그렇게 되면 중심개념을 놓고 지금처럼 서로 이견(異見)을 보일 일도 거의 없다는 생각이다. 인간의 보행 자세에 비유하자면, 물구나무서기로 천리 길에 나설 수는 없지 않은가. 직립 보행만이 천리 길을 보장한다. 바른 모습의 보행 자세이기 때문이다. 합리성에 근거한 중심개념 이해, 시대의 흐름에서 각각 교훈을 얻었으면 한다.

지금까지 한 말을 요약하면 다음과 같다. 21세기의 첫 20년대를 눈앞에 둔 오늘날, 마침내 외국어 스포츠(Sports) 또는 우리말의 체육(體育)의 뜻이 상전벽해로 달라지고 말았다. 그것은 인류에게 새로운 스포츠문화사(史)가 이룩되고 있다는 것을 돌올하게 웅변해주기도 한다. 당시 사마란치 IOC위원장에 의해 올림픽에서 아마추어 스포츠와 프로 스포츠 간의 경계도 이미 허물어진지가 오래되었다. 실제로 프로 선수인 야구의 추신수, 골프의 박인비가 올림픽에서 한국이 우승하는 데 주역으로 활동하기도 했다. 특히 2018 팔렘방아시안게임에서도 그간 이게 무슨 스포츠인가 하고 의아하게 생각하던 수상오토바이, 용선이 정식종목의 반열에 올랐다. 국내 전국체전에서도 바둑과 당구가 정식종목이 되었다. 게다가 전문체육인을 주로 양성하는 대한체육회와 생활체육 동호인 활동을 주로 지원하는 생활체육회가 통합 '대한체육회'라는 하나의 팀으로 본격 노 젓기에 나섰다. 물론 각 지자체의 체육회도 마찬가지로 이 노 젓기에 합류했다. 과거의 인식으로 보면, 전혀 상상하기 어려울 정도로 경천동지(驚天動地)할 체육계의 이같은 큰 변화들은 곧 스포츠문화가 달라졌음을 입증해 주고 있는 구체적인 사례들이다. 실제로 그만큼 국내외의 스포츠계가 일색으로 달라지기도 했다. 스포츠의 세계에 경천동지의 시대가 활짝 열렸다고 말해도 좋을 것이다. 그것은 인류 스포츠문화사의 새로운 국면이다. 스포츠문화사의 세상에 새로운 창세기가 시대가 활짝 전개되고 있다. 특히 정책입안자는 행정가다. 시인이나 소설가처럼 개념의 단정적 표현은 절대 삼가야 하는 이유다.

따라서 스포츠(체육)의 참뜻인 '건강과 행복' 추구의 도도한 흐름 속에서 '해양레저스포츠'니, '해양레포츠'니, '해양레저'니, '수상레저'니 하는 잡다한 개념들을 광의적 개념인 해양스포츠와 단언적으로 등치시키는 이가 있다면, 문화지체현상으로서 웃음거리가 되는 세상이 됐다. 다르게는 이제 어깃장 놓는 일도 더는 계속하기가 스스로 부끄럽게 되었다는 얘기도 된다. 결국 끝마무리는 그 앞의 모든 잡다한 유사개념들이 녹아든 열매이고 보람일 수 있어야 한다. 그것도 태권도의 통합과정처럼 깔끔하게 말이다. 이제 스포츠문화사의 새로운 창세기(創世記)가 본격 전개되고 있는 때에, 해양스포츠분야도 당연히 잡다한 유사개념들이 광의적 개념인 '해양스포츠'라는 하나의 열매[보따리]에 녹아들어 시대의 도도한 흐름에 조응(照應)해 나가지 않으면 안 된다. 정책입안자는 조직의 옹호에서 자유로워지는 가운데 해양스포츠분야 지식체계 구축의 기본단위인 중심개념을 함부로 훼손시키면 안 된다.

5) 해양스포츠산업·마리나산업 진흥정책의 중심부에 놓아야 할 5개 항목

해양스포츠 활성화와 함께 해양스포츠산업과 마리나산업 진흥정책 구사 중심부에 놓여야 할 것들은 다음의 다섯 개 항목이라고 생각된다.

첫째, 해양수산부에서는 '마리나항만법 제1조 목적'에서 밝혀 놓음으로써 이미 법률 용어의 위상을 갖고 있는 '해양스포츠'를 분야 중심개념으로 존중해야 하는 것은 너무나 당연한 일이다. 그리고 해양스포츠(혹은 해양체육) 활동장비 명칭은 '레저선박', 또는 '요트/보트'가 아니라 스포츠 활동 장비인 '보트'로 사용하는 것을 비롯하여 특히 3개 콘텐츠가 100% 일치하는 '해양레저'와 '해양관광'의 개념은 지금처럼 이현령비현령(耳懸鈴鼻懸鈴) 식으로 아전인수(我田引水)로 해석하여 중심개념 이해에 당국이 오히려 혼란을 더욱 부추기고 있다는 의심을 받지 않도록 해야 한다. 앞으로는 강조하고자 하는 논지(論旨)에 따라 중심개념을 분간하여 적확(的確)히 사용함으로써 대중들이 뭐가 무엇인지 헷갈려 하는 현상을 하루 빨리 해소시켜나가는 일이 활성화를 향한 도정(道程)에서는 최우선 작업이 되기 때문이다.

특히 '해양레저'는 분야 대분류 개념인 '해양스포츠'와 도저히 같은 반열에 위치시킬 수 없는 종개념일 뿐이라는 점을 이해하지 않으면 안 된다. 그럼에도 현실은 하늘[天]과 땅[地]도 분간 못하는 정책입안자의 무지가 저지른 중심개념 이해의 결여에서 비롯된 개념 사용상의 패륜행위(悖倫行爲) 때문에 '해양레저'가 '해양스포츠'와 어깨를 나란히 하고 있는 대분류 개념으로 오해하고 있는 이가 적잖다. 낭패도 이런 낭패가 또 없지 않을까 싶다. 드디어는 당국이나 바다를 끼고 있는 각 지자체마저도 '해양레저스포츠'라고 당당하게 내세우고 있어 더욱 가관이다. 민감하고 중요한 개념일수록 정명(正名), 즉 이름을 올곧게 사용하는 것이 기본이다. 도저히 그 무엇과 등치시킬 수 없는 대분류 개념을 그것도 백번 양보하여 그 분야 중분류 개념에 불과한 종개념을 예사로 대분류 개념과 등치시키는 미련하고 우악스러운 무지(無知)가 너무나도 안타깝다. 행정가들이 감히 할 수 없는 단정적인 개념을 앞뒤 안 가리고 내지르고 있기 때문이다. 행정가는 시인이나 소설가처럼 단정적인 개념을 사용하면 안 된다. 까닥 잘못하면 행정의 신뢰성마저 추락시킬 우려가 있다.

따라서 밥그릇에 밥을, 국그릇에 국을 담아야 정상이고 상식이다. 이는 이름이 내용을 결정하고 있음을 보여준다. 고작 공무원 자리 몇 석 늘리겠다고 부처몸집불리기에, 또는 각 지자체도 덩달아 과(課)나 계(係)의 신설에 함몰된 나머지, 또는 체육과 관광행정 주무부서인 문화체육관광부를 지나치게 의식하여 '이름이 내용을 결정한다'는 만고의 진리를 외면하지 않기를 바란다. 궁하면 궁할수록 정명이 답이다. 그래야만 해양스포츠(해양체육)는 해양스포츠같이, 스포츠형 해양레저는 스포츠형 해양레저같이, 스포츠형 해양관광은 스포츠형 해양관광같이 개별 발전할 수 있는 등 3개 콘텐츠 완성을 향한 학문적 토대를 각각 구축해나가야 하는 일은 모두가 존중해줘야 할 자세다. 특히 개념은 그 분야 지식체계 구축의 기본단위다. 해양스포츠학 정립은 그런 토대 위에서 출발한다. 그럼에도 당국의 정책입안자들이 사용하는 개념의 실태를 보고 있노라면 마치 분야 권위자처럼 학계는 잠자코 따르기만 하면 된다는 식으로 일관하고 있는 듯한 느낌을 강하게 받는다. 그들의 안목 빈곤에서 비롯된 근거 없는 우악스런 개념에 드디어는 평정심을 유지할 인내심마저 바닥을 드러낸다. 당국의 정책입안자와 학계 간의 불화는 학계의 까탈이 아니라 순전히 미스매치, 즉 상호 관점의 불일치에서 발생하고 있다.

특히 오늘날과 같은 디지털 시대에는 정책 집행이라는 정부 중심 역할이 점차 약해지거나 달라질 수밖에 없다. 이제 정부는 다양해진 서비스를 가장 효과적이고 개별화된 방식으로 시민사회에 제공하는 능력에 의해 평가 받는 공공서비스센터로 그 역할이 바뀌게 될 것이다. 정부는 규정을 만들고, 개편하고, 실행하는 데 새로운 방식으로 접근해야 한다. 구시대에는 의사결정자들이 특정 쟁점을 연구하고, 필요한 대응 혹은 적절한 규제 체제를 구축하는 데 충분한 시간이 있었다. 모든 과정이 순차적이고 일방향의 선형적(線形的)이고 기계적인 상의하달식 접근법이었다. 그렇지만 이제는 모든 국민이 자유롭게 자신의 의견을 인터넷이나 쇼셜네트워크(SNS)를 통해 밝히고, 또 서로 공유하고 있는 세상을 맞고 있는 것을 비롯하여 다양한 이유로 '구시대'의 방식이 불가능해졌다(송경진, 앞의 책). 실제로 미국 국가안보국(NSA)의 무차별 감시프로그램을 폭로한 스노든(Snowdenl, A.)에 의해 촉발된 국가가 아닌 존재가 거대한 국가에 대항한 위키리크스 사태는 상의하달식 접근법이 빚은 부작용의 좋은 본보기에 다름없다. 정부는 위험성을 최소화하는 동시에 혁신이 번창할 수 있도록 현장의 여론을 적극 수렴하는 등 이른바 '하의상달식' 행정이 되도록 노력해야 한다. 한 분야 학문의 기본단위라면 더욱 그런 자세는 기본이다. 당국의 정책입안자는 특히 전문가와 더욱 효율적으로 소통해야 하고 배움과 적응을 위한 정책 실험을 집행해야 한다.

공부는 분간을 위한 기준을 세우자고 하는 일이다. 대한민국의 행정을 흔히 사무관행정이라고 말한다. 그런데 해양스포츠학은 사무관을 선발하는 행정고시과목에 포함되어 있지 않다. 그것도 어쩌다 해양레저관광과(마리나·해양스포츠·해양관광)에 근무하게 되었다고 하더라도 소관 정책을 기획할 막강한 권한을 갖고 있는 이상 지금부터라도 공부하여 부디 분간을 세워주기 바란다. 전문가를 통한 자문은 분간을 세우기 위한 도정에서 지름길을 제공해 준다. 특히 디지털 시대는 정부 중심 역할이 점차 존재로부터 더 많은 대항을 받을 것이 예상된다는 것이 중론이다. 더욱이 지식체계 구축의 기본단위인 중심 개념을, 또는 대분류 개념을 놓고 일생을 고민한 전문가의 고견을 적극 고려하지 않으면 전문가의 고유권한인 신문칼럼 투고와 저술활동, SNS 등 다양한 경로를 통해 대항을 받을 수밖에 없는 세상에 노출되어 있음을 직시하지 않으면 안 된다. 대항을 꼭 받아봐야 세상의 흐름을 아는가. 그렇게 되면 서로 민망(憫惘)해진다.

둘째, 해양스포츠학과 및 유사학과에 해양수산부나 각 지자체가 직접 장비구입비 지원과 함께 이들 학과를 '시민무료강습회 위탁교육기관'으로 활용할 방안을 모색하고, 특히 저변확대사업은 바른 모습의 교육시스템인 전공학과에 위탁교육시키는 것이 백 번 맞다. 그러나 현실은 사단법인에 불과한 청소년 해양교육단체에 위탁시키고 있어 비정상의 물구나무서기 교육시스템이 작동되고 있는 것이 아닌가 싶다. 국민혈세 투입 효과와 함께 저변확대 성과 또한 의문시된다. 실제로 서울 한강, 그리고 부산 수영강과 광안리해수욕장 해양카약·해양카누, 용선무료강습회장을 찾는 일반 시민은 거의 없는 등 개점휴업상태다. "경제학자들은 인적 자원(강사 양성)을 궁극적 자원(ultimate resources)이라고 부른다. 자연자원(바다와 강 등)보다 중요한 경쟁력으로 본다. 열세한 분야를 지원하는 것이 바람직하다(한삼희, 2018)." 정부가 인적 자원, 즉 강사양성에 앞장서고 있는 해양스포츠학과 및 유사학과의 교육노하우를 협조 받는 가운데 그 지원에 적극 나서야 할 것이다.

셋째, 각 지자체 운영 주체의 체험자 및 동호인 활동 수월성을 제공할 가칭 '공영장비임대시스템' 구축이 꼭 필요한 때이다.

넷째, 단체 및 소득계층별 한국형 맞춤 프로그램 개발과 보급이 시급하다.

다섯째, 공유수면 점·사용허가 기간을 지역어촌계와 같은 방법으로 갱신할 제도개선을 통해 해양스포츠사업자 계속 활동의 수월성을 제공하는 일이다.

6) 진짜 꿀 먹어본 사람은 꿀 먹은 벙어리가 될 수밖에 없는 세태에 절망

해양스포츠 및 마리나 분야 지도자의 깜냥을 제1절 제12장(349페이지)에서 크게 네 종류로 나누고 있다. 순전히 필자의 가설에 의한 구분이라고 하더라도 채용심사 과정에서는 질적 평가로 차등화하는 자료로 활용할 수 있을 것이다. 증명되지 않은 것을 가설이라고 한다면, 지도자에 대한 질적 구분이 비록 가설로라도 있어야 하는 이유는 사람들로 하여금 옥석을 가리게 할 객관적 기준만큼은 반드시 제공되어야 하기 때문이다. 해양스포츠 및 마리나전공자를 교수로 채용하기 위한 적격심사 기준을 비롯하여 자치단체 해양스포츠 및 마리나업무담당 계약직 특채를 위한 적격심사기준, 마리나개발프로젝트 심사위원 구성기준, 마리나개발 기본계획 및 실시설계 연구용역사업자 선정 심사위원 위촉 등에서 각각 적극 고려되어야 할 질적 평가 기준들이라고 생각되기 때문이다. 그러나 지금껏 해양스포츠 및 마리나전공자를 전임교수로 초빙하기 위한 공채기준 제시를 비롯하여 관련 심사위원 선정에 질적 평가 기준을 적용한 사례는 거의 없었다. 다만 있다면 다른 분야와 마찬가지로 논문이나 저서 등 양적 평가가 있었을 뿐이다. 더욱이 2014년 마리나인력양성을 목적하는 국책사업추진을 위한 당국의 심사위원 구성 사례도 별반 다르지 않았다. 그런 이유로 심사자의 전문성에 대한 의문이 애초에 강하게 제기되었고, 또 그렇게 선정된 2개 사업단의 1년 뒤 취업실적은 차마 밝히기조차 민망할 정도로 초라한 밥상이 되었다.

한편으로 인터넷의 등장은 지식의 가격을 단번에 '0(零)'으로 낮춰버렸다. 인터넷 검색만 하면 초등학생도 이제 해양스포츠 전문가 흉내를 얼추 내고, 마리나산업을 이해하는 척 할 수도 있다. 그런 점에서 오늘의 우리는 '호모 핑거' 즉 '손가락 인간'이다. 손가락 끝에 인생살이가 걸려 있다. 지식의 가격이 무료이기 때문에 모두가 전문가 흉내를 낼 수 있게 되었고, 동시에 우리가 흉내만 내고 있는 사회에 노출되어 있다는 사실을 속속들이 알고 있는 진정한 전문가는 오히려 그들로부터 왕따(?)당하는 정말 희한한 세상에 살게 되었는지도 모른다. 다르게는 뇌를 움직여서 세상살이를 진중하게 꾸려가는 '호모사피엔스'가 경박한 '호모 핑거'에 희롱당하고 있다고 말할 수 있다. 세태가 그렇다고 해도, 점입가경인 것은 도처에 전문가 아닌 사람이 없을 정도로 '호모 핑거'인 짝퉁전문가가 판을 치고 있어도 제지하는 사람이 없다. 생전에 꿀 한 방울 먹어보지 못한 인사가 꿀(해양스포츠 및 마리나)에 대해 장황설을 늘어놓을 때는 진짜 꿀을 먹어본 사람은 꿀 먹은 벙어리가 될 수밖에 없는 세태에서는 더욱 정성적, 질적 측면을 중요하게 평가해야 할 필요성이 있음을 절감하고 있는 세태다.

내친 김에 짝퉁 해양스포츠 및 마리나 지도자의 폐해와 관련하여 한마디·덧붙이고자 하는 충동을 느낀다. 하찮은 짐승의 세계도 신성불가침의 먹이활동 영역이 있다고 하는데, 하물며 배울 만큼 배운 식자(識者)가 활동하는 연구자의 세계에서 남의 영토를 예사로 넘나들며 물을 흐려 놓고 홀연히 떠나는 잡상인 수준의 인사가 있다면, 그의 능력 여부는 젖혀두고라도 연구태도 측면에서는 후안무치(厚顔無恥)한 연구자의 표본으로 비난받아 마땅하지 않을까 싶다. 물론 연구주제가 광범위하여 따라 전공을 달리하는 전문가들이 입체적 시각으로 접근할 수밖에 없는 '학제적 연구' 테마라면, 그것은 분야 전공자를 중심으로 과제를 총괄하도록 하고, 나머지 인접분야 연구자는 자기전공 테마를 중심으로 협력하는 방식으로 연구에 접근하면 단독보다는 디테일과 마무리에서 훨씬 충실한 연구 성과물이 생산된다. 그 요긴한 학제적 연구는 앞으로도 멀쩡하게 지켜져야 하는 이유다.

실제로 서울대학교 공과대학 교수 26명이 프로젝트를 총괄한 이정동 교수를 중심으로 집필하여 사회적으로 크게 주목을 받은 바 있는 『축적의 시간(2015)』 집필과정이 곧 학제적 연구의 대표적인 사례다. 물론 자전거는 혼자 타지만, 타는 법을 혼자 터득하는 사람은 많지 않듯, 운동신경이 남다르고 균형감각 뛰어난 사람도 옆에서 돕는 사람 없이는 배우기 쉽지 않다. 그리고 자전거를 배운 지 30년이 넘은 사람도 가끔은 넘어지고 깨지기도 한다. 만사형통의 척척박사가 있어서는 안 되는 이유가 되겠지만, 한편으로는 앞에서 소개한 『축적의 시간』 집필과정처럼 학제적 연구가 있어야 하는 분명한 이유도 될 것이다.

한데, 현재 초기단계를 거쳐 겨우 발전단계에 진입하고 있는 해양스포츠·마리나·스포츠형 해양관광 분야는 앞으로 성장단계 → 최종 성숙단계를 향한 발전단계별 과정과 시간을 단축시키는 일이 매우 중요하고, 또 그렇게 하기 위해서는 우선 학계 자체에서 정예연구자를 중심으로 연구역량 배가 작업이 꼭 필요하다. 따라서 거의 잡상인과 다름없는 행태를 보이는 일부 짝퉁연구자에게 학계의 중심을 잡아주는 역할을 주로 해야 하는 원로교수의 입장에 있는 필자가 이례적으로 '말의 손찌검'에 나설 수밖에 없는 이유 역시 젊은 연구자들의 연구의욕을 고무시키는 분위기를 지금부터라도 적극 조성해나가지 않으면 안 되는 절박함 때문에 발끈하고 있다고 해야 할 것이다.

7) 해양레저 개념을 아전인수로 왜곡시키고 있는 사례들

(1) '해양레저'와 '해양관광'의 개념은 이음동의어(異音同義語)

도저히 비교 대상이 아닌 개념들을 함부로 비교하는 현실이 너무도 우악(愚惡)스럽게 느껴진다. 어떤 이유로 이 지경이 되었을까? 결론은 전문성이 결여된 개인을 비롯하여 인접분야 일부 단체의 분야 이기

주의, 그리고 우리나라 해양의 개발·이용·보존정책 등을 관장하는 당국의 정책입안자들을 비롯하여 바다를 끼고 있는 일부 지자체 역시 덩달아 '공무원 자리 몇 석 늘리기'를 위해 분야 지식체계 구축의 기본단위인 개념 그 자체가 갖는 신성불가침조차 모르고 함부로 아전인수(我田引水)격으로 비틀어 사용한 사례들이 누적되어온 결과라고 말할 수 있고, 더 직설적으로는 당국의 정책입안자들이 난맥상을 빚게 한 직접적인 원인 제공자들이라고 지목(指目)할 수 있다. 다르게는 그 분야 사람들만이 개념에 대해 토를 달 자격이 있을 뿐이라는 말도 된다. 그렇다면 당국의 정책입안자들이 과연 해양스포츠 전문가들이란 말인가. 그들도 절대 아니라고 부정할 것이다.

그럼에도 바다를 끼고 있는 일부 지자체의 경우, 도저히 그 무엇과도 등치(等値)시킬 수 없는 분야중심 개념인 '해양스포츠' 개념의 중분류에 불과한 '해양레저(생활체육형 해양스포츠 활동 약 33.3% 점유)' 개념을 대분류 개념인 해양스포츠와 동격으로 취급함으로써 대중의 이해를 더욱 헷갈리게 하는 원인제공자가 되어 왔다고 지목할 수 있다. 드디어는 바다를 끼고 있는 이들 일부 지자체들은 '해양스포츠(해양체육)' 개념과 '해양레저스포츠(백 번 양보하여 생활체육형 해양스포츠 활동쯤으로 이해할 수 있을 뿐임.)' 개념을 같은 말의 다른 표현인 이음동의어(異音同義語)로 취급하고 있는 난맥상까지 빚고 있어 점입가경(漸入佳境)이다. 물론 이들 허당들이 생뚱맞게 사용하는 '해양레저스포츠'라는 국적 불명의 용어가 난무하게 되는 빌미는 직간접적으로 당국이 제공했다고 볼 수 있다. 물론 '해양레저·스포츠'라고 표현한 당국의 당초 취지는 올곧게 나타내었지만, 바다를 끼고 있는 일부 지자체 해양담당공무원들이 그 용어를 자의적으로 해석함에 따라 사생아가 탄생한 것으로 볼 수 있다. 그럼에도 결과론적으로는 당국이 사생아 탄생의 직접적인 원인 제공자처럼 덤터기를 뒤집어 쓸 수밖에 없는 형국이 되었다. 당초에는 그랬다. 이에 관련된 얘기의 전말은 조금 뒤에 더 구체적으로 언급되기 때문에 이쯤에서 일단 얘기를 다음 장으로 넘긴다.

우선 '해양레저'라는 개념은 오늘날 국내외적으로 그 사용빈도가 점차 높아져 가는 '해양관광'이라는 용어와 개념적으로나, 콘텐츠 측면에서나 100% 닮은꼴이다. 압축하면, 이 두 용어는 이음동의어, 즉 같은 말의 다른 표현일 뿐이라는 뜻도 된다. 실제로 '해양레저'가 되었든, 아니면 '해양관광'이 되었든 이들 두 개념을 구체적으로 나타내고 있는 3개 프로그램, 즉 다음의 〈표 2-1〉에서 확인할 수 있는 것처럼 '스포츠형', '레저형', '관광(람)형' 역시 판박이라는 점이 바로 '이음동의어'라고 보는 출처가 된다. 이처럼 인과관계를 분명하게 밝혀도 헛소리를 계속할 텐가.

그렇다면 한국보다 해양관광이 앞서 발전한 일본은 어떻게 분류하고 있을까? 일본의 분류법은 국내와는 사뭇 다르다. 그들의 해양관광에 대한 유형 분류는 우선 '해양관광'을 대분류의 위치에 놓고 있는 가운데 그 종개념이 될 중분류에 두 가지, 즉 하나는 '해양의존형 활동(스포츠형·휴양형·유람형)'이고, 다른 하나는 '해양연관형 활동(해양문화관광, 도서관광, 생태관광, 해변경관감상)'으로 각각 대별하고 있다.

〈표 2-1〉 해양레저(해양관광) 3개 프로그램 분류표

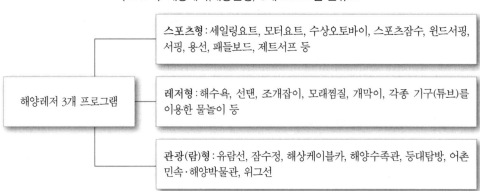

스포츠형: 세일링요트, 모터요트, 수상오토바이, 스포츠잠수, 윈드서핑, 서핑, 용선, 패들보드, 제트서프 등

레저형: 해수욕, 선탠, 조개잡이, 모래찜질, 개막이, 각종 기구(튜브)를 이용한 물놀이 등

관광(람)형: 유람선, 잠수정, 해상케이블카, 해양수족관, 등대탐방, 어촌민속·해양박물관, 위그선

해양레저 3개 프로그램

출처 : 지삼업(2008a). 마리나관리론. 대경북스. 74. 2019년 6월 일부 재구성.

이 분류법을 한때 국내에서는 해양수산부 산하 연구기관의 일부 연구자가 작성한 정책보고서에서, 또는 자신의 저서에서 각각 소개하기도 했다(김성귀, 2007). 이후 필자를 비롯하여 국내 일부 연구자들은 이 분류법이 우리의 해양문화로 보면 설명력이 당당 부분 결여되어 있는 진부한 분류라고 생각하는 가운데, 해양레저와 해양관광의 개념은 이음동의어로서 그 유형 분류는 〈표 2-1〉과 같이 스포츠형, 레저형, 관광(람)형 등 크게 세 가지로 구분하여 사용한 이래 오늘에 이르고 있다.

이는 〈표 2-1〉에서는 보기로서 '해양레저 3개 프로그램 분류'라고 했지만, 이를 '해양관광 3개 프로그램 분류'라고 해도 마찬가지라는 뜻이다. 결국 세상이 변하듯이 분류도 변한다. 그러니 '예전에 일본에서는 그 분류가 이랬는데…'는 소용없다. 분류도 '지금', '여기'가 중요한 것이다. 과거의 분류를 참고는 하여야 하겠지만, 그대로 답습하는 것은 시대의 변화를 전혀 고려하지 않겠다는 아집도 된다.

그런 가운데서도 '해양관광'과 '해양레저'라는 두 개념을 프로그램을 중심으로 서로 비교해 보면, 현대성과 개념의 명징성에서는 '해양관광'이 단연 돋보이는 것이 사실이다. 반면에 '해양레저'는 개념이 다소 모호한 측면이 있는 가운데 시대퇴행적인 진부한 용어라고 볼 수 있다. 압축하면, '해양레저'는 과거 일본에서부터 많이 사용한 용어이고, "해양관광은 1960년대 캐나다에서부터 사용되기 시작하여 국제적으로 선호된 용어라고 말할 수 있다(Orams, M.B., 1999)."

게다가 이들 개념을 구체적으로 보여주고 있는 세 가지 콘텐츠인 레저형(해수욕·모래찜질·개막이·조개잡이 등), 관광(람)형(크루즈선·등대탐방·어촌민속관관람·해양박물관관람·잠수정 등), 스포츠형(세일딩기요트·세일크루저요트·모터요트·수상오토바이·제트카약·스포츠잠수·해양카약·해양카누·윈드서핑·서핑·패들보드·카이트서핑·용선·바다배낚시·해양조정·웨이크보드, 니보드, 바나나보트, 피시플라이 등 각종 워터슬라이드류(類)) 중 특히 각종 해양스포츠 종목들인 스포츠형 프로그램이 버젓이 존재

하고 있음에도 해양레저 3개 프로그램 중 스포츠형이 있음을 핑계로 슬그머니 대분류의 위치에 내세워 해양스포츠 분야의 정체성을 통으로 찜쪄먹을 듯이 날뛰고 있어 개탄스럽기조차 하다. 이것은 체육원리에 대한 이해가 전혀 없기 때문에 빚어지는 오류이다. 결국 해양스포츠의 정체성을 날로 찜쪄먹도록 빌미를 제공한 것은 주로 이 업무를 관장하는 당국의 '해양레저과'였고, 지금은 '해양레저관광과(課)'로 명칭을 변경되었다. 게다가 바다를 끼고 있는 일부 지자체의 해양담당공무원들은 문맥이해의 안목 빈곤으로 사생아(私生兒)를 탄생시킨 주역이 되었다고 말할 수 있는 출처가 된다. 그렇지만 2019년 6월 현재는 정책입안자와 지자체의 공무원이 의기투합하여 '해양레저스포츠'라고 합창하기에 이르고 있다. 행정의 최후 보루인 신뢰를 스스로 무너뜨리고 있는 셈이다.

여러 차례 강조하고 있지만, '해양레저'라는 용어 그 자체는 이해에 다소 명징하지 못한 측면이 있다고 하더라도 가치중립적이기 때문에 좋은 개념이다. 그럼에도 관련 업무담당 공무원들이 해양레저 개념을 아전인수로 비틀어 사용함에 따라 일부 해양스포츠연구자로부터 해양스포츠의 정체성을 심각하게 훼손시키고 있다고 크게 꾸지람을 당하는 출처는 다음의 세 가지다.

첫째는, 우리나라 해양의 개발·이용·보존정책 등을 관장하는 정부중앙부처가 문화체육관광부의 체육과 관광 분야 일부 업무 중 유명무실(생활체육형 해양스포츠·해양관광)한 분야를 이관 받아, 자신들이 관리하기 위한 논리 개발을 위해 다소 개념이 모호한 측면을 내포하고 있는 '해양레저(해양여가)'라는 개념을 희생양으로 삼아 용어 사용의 정당성을 무리하게 확보하고자 했기 때문이다. 박근혜 정부 때 그들 중앙부처에 신설된 과(課)의 명칭은 바로 '해양레저과(해양스포츠·마리나·해양관광 분야 업무관장)'였다.

둘째는, 바다를 끼고 있는 일부 지자체 해양담당공무원들은 관련 중앙부처의 선례를 일단 따르고 보는 일종의 행정관행도 행정에 대한 신뢰를 추락시키는 일에 일정 역할을 했다고 볼 수 있다.

셋째는, 인쇄매체 영상매체 인터넷 등 다매체들 역시 공무원들이 홍보를 하기 위해 제공하는 이른바 '관급(官給) 기사'를 기관 출입기자들이 여과 없이 기사화함에 따라 결과적으로는 용어 사용의 혼란을 더욱 부추기는 선전대 역할을 해왔다는 점이다. 필자가 하고 또 했던 말이지만 '해양레저'라는 용어가 본래의 정체성을 크게 탈선하여 혼란스럽게 사용되는 현상의 중심부에는 순전히 '이현령비현령(耳懸鈴鼻懸鈴)', 즉 코에 걸면 코걸이 귀에 걸면 귀걸이 식으로 '해양레저'라는 개념이 구성하고 있는 3개(스포츠형·레저형·관광형) 콘텐츠를 십분 활용하여 자신들의 부처의 입맛에 맞는, 또는 조직 관리에 유리한대로 콘텐츠를 견강부회시킨 정책입안자들이 있다고 지목할 수 있다. 제대로 된 정부부처의 공무원이라면 이를 수는 없는 일이다.

지금껏 한 말을 요약하면 다음과 같다. "공무원 자리 몇 석 늘리기를 통한 부처몸집불리기 때문에 중심개념 정립에 어려움을 겪는 등 피해를 고스란히 입고 있는 쪽은 해양스포츠 분야 순수연구자들이다. '해양레저'라는 개념을 꼭 사용해야할 경우라면 지금부터라도 해양스포츠 개념정립 길에 해악을 거의 끼치지 않는 '해양관광'이라는 용어를 사용하는 것이 바람직하지 않을까 싶다. 물론 이 경우에도 '문화체육관광부'의 불편한 심기가 예상되기는 한다. 그렇지만 이 용어를 비틀어 사용하기 시작한 때(박근혜 정부 인수위원회)로부터 세월이 어느 정도는 경과했기 때문에 문체부의 불편한 심기 역시 상당부분 완화되었다고 볼 때, 이제는 업무분장 개편을 통해 '해양스포츠', '해양관광'이라는 바른 모습의 개념을 사용해 나가야 하는 일은 일종의 적폐청산 사례에 해당된다."고 말할 수 있다. 특히 나무의 가지를 뿌리라고 고집하는 경우가 있었다면, 과감하게 생각을 바꾸는 용기도 공무원의 기상이라고 믿는다.

(2) 아전인수식 개념 사용의 폐단 및 개념 이해 결여의 사례들

'해양레저스포츠'라는 개념 자체가 뼝띵힌 용어가 아닌 세기를 통해 사용되기 시작했을까? 해양스포츠 분야의 개념 정립과 대중화에 큰 걸림돌로 작용하고 있는 사례들이 무수히 많기 때문에 의문에 의문이 꼬리를 물고 있다. 그런 사례 중 하나만 예를 들면, 관련 정부부처가 생산하는 문서에서 '해양레저·스포츠'라고 가운뎃점을 사이에 두고 표현하고 있음에도, 이를 체육학이나 해양스포츠전공자가 아닌 주로 관광학, 경영학, 해양학 등의 인접 분야를 비롯하여 특히 관광업체 종사자와 바다를 끼고 있는 각 지자체 해양담당공무원들이 문맥의 맥락을 분별할 능력이 거의 없음에 따라 관련 중앙부처에서 생산한 문서상의 표현을 그들이 자의적으로 이해한 사례들이 해당된다. 이쯤에서 관련 중앙부처 사무관에게 솔직하게 한번 물어보고 싶다. '사기'일까? 아니면 '무식'해서일까? 물론 절대 아니라고 펄쩍뛸 것이다. 모르긴 해도 해양스포츠전문가가 볼 때도 그들이 펄쩍뛰는 것은 당연한 반응이라는 데는 일단은 동의한다. 당국의 당초 의도는 '해양레저(관광(람)형·레저형)' 분야와 '해양스포츠' 분야를 문장 부호인 가운뎃점(·)을 사이에 두고 '해양'이라는 공통점을 중심으로 한 줄에 나열하여 간결하게 표현하고자 했음이 분명하다고 추론(推論)되기 때문이다.

그렇지만 현실에서는 문장부호인 가운뎃점의 의미를 실종시킨 나머지 크게 혼선을 빚고 있기 때문에 순혈 해양스포츠연구자들은 당혹스럽기조차 하다는 것이다. 물론 관련 정부부처 관계자는 문장의 간결성과 표현의 수월성, 그리고 이 업무의 과거 소관부처인 문화체육관광부의 입장도 일부 고려하여 세 분야를 두 개 분야로 완곡(婉曲)하게 표현한 것에 불과하다고 미루어 짐작할 수는 있겠다. 여기까지가 이 분야 전공자가 관련 공무원들의 입장을 십분 이해하고자 하는 정서에서 유추한 맥락이라면 맥락이다. 그렇긴 해도 현실에서는 인접분야를 비롯하여 바다를 끼고 있는 일부 지자체에서는 이 두 용어 사이에 놓여 있는 문장 부호인 가운뎃점의 의미를 가당찮게 실종시킨 채 '해양레저스포츠', 혹은 줄여서 '해양레포츠'라고 말하는 경우가 흔한 세상이 됐다는 점에서 전공자들은 더욱 황당하다는 반응들이다. 대학에 해양스포츠학과가 설치된 것이 지금으로부터 23년 전임에도 용어 사용의 실태는 오히려 뒷걸음질만 치고 있는 것만 같아 맥 풀리게 하고 있다.

더욱이 가관인 것은 관련 중앙부처 산하 연구기관인 00개발원 동향분석 제38호('17.7.28) '국내 해수욕장 관리, 패러다임 변화 모색 필요'에서는 "해양레저·관광의 사회경제적 파급효과와 지표개발에 관한 연구(2015)"라는 자신의 보고서를 인용하여 "모터보트/요트/바나나보트 등 각종 워터슬라이드 류/스킨 다이빙/스쿠버다이빙/서핑/윈드서핑 등 각종 해양스포츠 활동을 '휴양·기분전환'의 의미를 갖고 있는 '해 양레크리에이션' 활동이라고 말하고 있는 가운데 2010년 대비 2015년에는 4.8% 증가했지만, 해수욕장 을 중심으로 활동하는 각종 프로그램 중 해양레크리에이션이 차지하는 비중은 총 6.4%에 불과하기 때 문에 특정 레저(생활체육형 해양스포츠를 말하고 있는 듯함.) 활동을 목적으로 해수욕장을 찾는 비율 은 아직 낮은 편이라고 나름 풀이하고 있다(한국해양수산개발원, 2017)." 압축하면, 명색이 국내 유일의 해양수산 관련 대표연구기관이 내놓은 '동향분석'에서 여름철 몸과 마음을 갈무리하는 소재인 '해양스 포츠(해양체육)' 활동을 놓고, 가장 핵심인 육체적 측면은 젖혀 놓은 채 정신적 측면만 강조하는 '해양레 크리에이션(휴양·기분전환)' 활동이라고 왜곡하고 있다는 사실은, 곧 인접분야의 웃자란 특정 인사가 저 지른 한 번의 해프닝(happening)에 불과하다고 치부하여 한바탕 웃어넘긴다고 하더라도 그의 잘못된 인식이 미칠 부정적인 파장을 생각하면 뒷맛이 끝내 개운치 않다. 전문가 치고는 거의 망언(妄言) 수준 이기 때문에 걱정하지 않을 수 없다. 사실은 그게 아니다.

따라서 내가 하고 또 했던 말이지만, '해양레저'라는 개념 속에 스포츠형 콘텐츠가 약 33.3% 정도 차지하고 있음에 따라 아전인수로 이해할 수 있는 개연성을 일부 내포하고 있기는 하지만, 용어 그 자 체는 분명히 가치중립적이다. 그럼에도 사용자의 당당하지 못한 의도에 의해서 아전인수로 비틀어 사 용하거나, 단어를 구분하기 위해 사이에 넣은 문장부호인 가운뎃점(·)이 뜻하는 문맥에 대한 이해력 이 크게 결여되어 있는 일종의 무지에 의해서 마치 '해양레저'라는 용어가 '해양스포츠'의 정체성을 크게 훼손시키고 있는 망나니처럼 오해를 받도록 만들고 있어 안타깝다. 결국 당국이 생산한 문건에 서 '해양레저·스포츠'라고 공통 성분을 줄여서 한 줄에 나란히 나열하고 있는 것이 어쩌면 화근의 발 단을 제공하지 않았을까 추론된다. 결코 잘못된 문맥이나 표현이 아님에도 결과론적으로는 당국의 일부 공무원이 덤터기를 쓰고 있기 때문에 콕 짚어서 하는 말이다. 당국의 담당사무관 입장에서는 억울해도 이렇게 억울한 일이 또 있을까 싶다. 무식이 생사람 잡는다고 했던가. 현실에서는 꼭 그런 형 국이 연출되고 있음을 실감하고 있다. 그렇지만 지금은 중앙부처도 지자체와 함께 합창하기에 이르고 있다. 변심한 것이다.

네이버사전을 참고하여 가운뎃점(·)에 대해 조금 더 설명을 보태어 본다. "한국어에서 가운뎃점(·)은 열거된 여러 단위가 대등하거나 밀접한 관계임을 나타낸다. 짝을 이루는 어구들 사이에 공통 성분을 줄 여서 하나의 어구로 묶을 때 주로 쓴다." 예를 하나 들면 '금·은·동메달'이라고 표현했을 때, '메달'을 공 통 성분으로 보고 이를 줄여서 하나의 어구로 묶은 경우다. 사실이 그렇다면 '해양레저·스포츠' 역시 '해 양레저(해양관광과 이음동의어)'와 '해양스포츠'라는 각각의 어구들 사이에 놓여 있는 공통성분인 '해양' 을 줄여서 하나의 어구로 묶은 경우임이 확실해진다 할 것이다. 만약 공통 성분을 따지기 싫다면 차라리

'해양레저', '해양스포츠'라고 각각 독립적인 단어로 사용하는 방법도 오류를 바로잡을 현실적인 하나의 대안이 될 것이다.

다만 그렇게 될 경우 '해양레저'의 3개(레저형·관광(람)형·스포츠형) 콘텐츠 중 하나에 이미 각종 해양스포츠 활동들이 33.3% 포함되어 있다는 측면을 간과해서는 안 된다. 이상적으로는 해양관광 레저형, 관광(람)형, 스포츠형으로 콘텐츠별로 각각 표현할 수도 있겠다. 결국 '해양레저'와 '해양스포츠'가 서로 짝을 이루는 어구들 사이에 존재하는 공통 성분인 '해양'을 줄여서 하나의 어구로 묶기 위해 '가운뎃점'을 사용한 것이 전혀 문제가 되지 않는다는 것이 한국어 표기의 원칙임을 네이버사전에서 확인할 수 있었다. 그럼에도 현실에서는 그 이해를 놓고, 크게 오류를 빚고 있기 때문에 그런 오류의 악순환을 지켜보는 필자로서는 끝내 인내심이 바닥을 느러낼 수밖에 없다. '해양레저스포츠', '해양레포츠', '해양레저'라는 용어는 더 이상 쓰지 말자. 때로 해양스포츠(해양체육) 용어사용의 세상을 바꾸는 건 전공자의 열정과 혁신보다 오히려 당국과 바다를 끼고 있는 각 지자체의 해양담당공무원을 비롯하여 지자체 출입기자, 그리고 평범한 사람들의 올곧은 중심개념 사용에 있다는 것을 통감하고 있는 오늘날이다.

실소를 금치 못하는 사례는 또 있다. 부산의 어느 군청이 2017년 4월 구민을 위해 행사를 개최한다고 알리고 있는 해양스포츠 홍보 현수막 내용을 꼼꼼히 살펴보면, 전후맥락은 '해양스포츠 무료체험'을 홍보하고 있음이 분명함에도 '해양레저 무료체험'이라고 밝히고 있는 경우가 바로 개념을 비틀어 사용하고 있는 대표적인 오류에 해당된다 할 것이다. 게다가 같은 해 6월에는 해운대구청이 해수욕장조기개장을 홍보하기 위한 보도 자료를 배포하면서 '해양레포츠'라는 조잡한 용어를 무책임하게 사용했고, 이를 지역 일간지들조차 여과 없이 그대로 지면에 소개하기도 했다. 뿐만 아니라 같은 달 26일에는 당시 부산해양경비안전서와 남해해양경비안전본부가 언론기관에 제공한 보도 자료를 보면, "해경은 '해양레저' 활동으로 인한 사고가 자칫 큰 인명 피해로 이어질 수 있다고 지적한다. 대부분 레저 활동(해양여가활동) 참여자들이 기관 고장 등으로 해상에 표류하더라도 '물 위에 떠 있으니 괜찮겠지'라고 생각하지만 기상 악화로 요트 등이 떠밀려가거나, 양식장 그물에 걸려 전복되는 등 큰 사고로 이어질 수 있다는 것이다(이승훈, 2017)." 이 신문기사 역시 전후맥락을 짚어보면, '해양레저 프로그램 중 스포츠형', 즉 해양스포츠 활동을 말하고 있음이 분명하지만, 신문을 통해 기사를 읽는 독자는 '해양레저'가 마치 '해양스포츠'와 등치되는 이음동의어 개념인 것처럼 오도하고 있는 것이다. 이같은 오류를 빚게 하는 사례들의 중심에는 바다를 끼고 있는 일부 지자체 해양담당공무원과 해경 수상레저담당자의 전문성 결여가 똬리를 틀고 있다고 미루어 짐작된다. 그들이 행정에는, 또는 해상안전에는 달인일지 몰라도 해양스포츠, 해양관광(해양레저) 분야의 용어사용에 대한 이해는 청맹과니임이 앞의 사례에서 입증되고 있기 때문이다. 모르면 전문가에게 자문을 구하면 단번에 해결되는 일임에도 왜 그렇게 했을까 하는 아쉬움이 있다. 전문가에게 자문을 구하는 일이 그렇게 어려운 일일까. 더욱이 해양스포츠에 비전문가인 처지에 자존심 상하는 일도 아니다.

내친 김에 '수상레저'라는 용어에 대해서도 생각해 보고자 한다. 설명을 보태면 '수상레저안전법'에서 말하는 '수상레저'는 '수상레저(스포츠형·레저형·관광(람)형) 3개 프로그램 중 하나인 스포츠형', 즉 '수상스포츠(수상체육)' 분야이다. 그래서 이 용어는 당초 법 마련에 앞장선 해경청이 어떤 목적이나 의도를 상당부분 무화(無化)·은폐시킬 목적으로 개념 조작을 일부 시도한 일종의 정치적 용어라고 봐야 한다면, 벼락 맞을 생각일까. 당국의 속내야 어떠하든 가치중립적인 체육학의 돋보기로 '수상레저안전법'이라는 명칭을 잠깐 생각해보면, 당초부터 '수상스포츠안전법'이라고 말해야 했었다. 뿐만 아니라 경중경중 내닫는 시대발전의 속도와 함께 작은(담수) 개념이 큰(바다) 개념에 수렴된다는 용어 정립의 일반적 관행을 생각해 보면, '해양스포츠안전법'이라고 말하는 것이 더 바람직하지 않았을까 하는 아쉬움이 있다. 물론 해경은 학문하는 기관이 아니기 때문에 개념의 중립성 존중보다는 오히려 조직의 이해에 따라 용어를 입맛에 맞도록 선택하지 않았을까 하고 미루어 짐작할 수는 있다.

해경의 속내를 가능한 범위 내에서 한번 생각해 보자. 한강이나 청평호에서 즐기는 윈드서핑은 수상레저로서 바람결에 전혀 영향을 받지 않고 계속 앞으로만 나아가고, 해운대나 경포해수욕장 등 바다에서 즐기는 윈드서핑은 해양스포츠로서 마냥 뒤로만 간다는 말인가. 초등학생이나 비전문가도 그런 것이 아니라는 것쯤은 담방 안다. 그렇다면 너무나 빤한 진실을 놓고 왜 이렇게 난맥상이 계속 노출되고 있는가에 대한 의문이 당연히 발동할 수밖에 없다. 결론은 '수상레저' 혹은 '수상스포츠'라는 용어를 주로 사용하는 당국에서 내부 검토 자료를 공개하지 않는 한 무엇이 어떤 과정을 거쳐 중심개념이 확정되었다고 단정할 출처가 현재까지는 전혀 없는 상태이기 때문에 뭐라 논평도 할 수가 없는 한계가 있기는 하다. 다만 당국은 조직 확대를 위해 나라의 체육정책을 관장하는 소관부처인 문체부의 눈치도 살펴야 하는 한편으로 해수면과 내수면 모두를 안전관리할 해상치안의 명분이 필요했기 때문에 개념이 다소 모호한 측면이 있는, 또는 철지난 용어인 '수상레저'라는 용어를 선택한 것이 아닌가 하고 미루어 짐작할 뿐이다. 물론 그 모든 것은 사회적으로 비판기능이 때맞춰 작동하지 못한 것과 관계가 깊기 때문에 앞 시대, 또는 철지난 용어가 아직도 생명줄을 이어가고 있지 않는가 하고 생각할 뿐이다. 달리 말하면, 그렇게 되기까지에는 온전히 내 책임만은 아니어도 그런 사태를 대비하지 못한 건 내 공력과 정성이 모자란 탓도 일부 있다는 성찰도 있다.

법률 마련 당시에 중심부에서 활동한 몇 인사 중 한 사람이었기 때문이다. 다만 나는 '수상레저안전법' 마련을 위한 몇 차례의 공청회와 토론회를 거치는 과정을 통해 동호인들이 대략 30만 명으로 추산되는 '스포츠잠수' 분야도 모터보트 및 수상오토바이, 그리고 세일크루저요트와 함께 '수상레저안전법'의 관리대상에 포함시켜야 한다는 주장을 강력 피력하였다가 스포츠잠수계로부터 조직적인 반발에 직면하는 등 이른바 분야의 역적으로 내몰린 때가 있었다. 특히 미국에 본부를 두고 있는 어느 잠수단체는 미국대사관 현직영사를 공청회에 참석시켜 정식으로 '통상 마찰'의 우려를 표명하기도 했다. 결국 스포츠잠수 분야는 일단 제외시켰다. 이때가 1998년쯤이다.

그렇지만 그로부터 19년 지난 2017년 5월 30일부터 '수중레저활동의 안전 및 활성화 등에 관한 법률(제14243호)'은 시행에 들어갔다. 돌이켜 보면, 다가올 미래를 예측하고 있었던 것을 내가 너무 일찍 공개적으로 밝힌 탓도 있겠지만, 그렇게 되면 이 분야 산업생태계를 송두리째 흔드는 일도 되기 때문에 업계의 반발은 어쩌면 당연한 현상이라고 이해하여 한때의 오해를 스스로 감내한 사실이 있다. 결국 '수중레저활동의 안전 및 활성화 등에 관한 법률'이 지금에 와서야 마련된 것은 때 늦은 감은 있지만 우연이 아닌 셈이 된다. 이는 서정주(1915~2000) 시인의 "국화꽃 옆에서"의 1연처럼 "한 송이 국화꽃을 피우기 위해 봄부터 소쩍새는 그렇게 울었나 보다."와 같은 확실한 징후(徵候)가 1998년부터 있어왔다는 뜻도 된다. 따라서 한때의 갈등과 진통은 스포츠잠수 분야가 안전을 최우선하는 선진국 스포츠로 새로 태어나기 위한 일종의 통과의례였다고 보는 것이 타당할 것이다.

여태 한 말을 요약하면 다음과 같다. "해양스포츠든, 수상스포츠든, 아니면 '해양레저 중 스포츠형'이든, '수상레저 중 스포츠형'이든 가릴 것 없이 기능적인 측면에서 보면 모두 '같은 개념의 다른 표현'일 뿐이기 때문에 앞으로는 활동공간의 물이 담수든, 해수든 가릴 것 없이 큰(바다) 개념에 작은(담수) 개념이 수렴되는 용어 정립의 일반적 관행을 비롯하여 특히 최근 국내외 체육계의 경향성이 모든 스포츠(체육) 활동을 '스포츠(체육)'라는 대분류 개념 속에 함의(含意)시키고 있는 시대적 추세 등을 감안하여 '수상레저스포츠형'은 '해양스포츠' 개념 하나로 포괄·함의시켜 나가야 할 것이다. 그렇게 되면 대분류인 해양스포츠의 중분류에 위치한다. 다만 학술적으로 꼭 구분해야 할 필요성이 있을 때는 구분하여 비교·설명해도 된다."라고 말할 수 있다.

8) 분야지식체계 구축의 기본단위인 '중심개념'을 절대 존중해야

다음에서 언급되는 내용들은 지금껏 논의한 중심개념에 대한 이런저런 얘기의 결론에 해당된다. 정부의 문화체육관광 행정주관부서는 분명히 '문화체육관광부'다. 그럼에도 '박근혜정부인수위원회'에 참여한 어느 해양전문위원은 문광부 직제에는 존재하지 않은 특히 '해양레저·스포츠'라는 두 어구들 사이에 놓여 있는 가운뎃점의 의미를 궁여지책으로 슬그머니 실종시킨 채 '해양레저스포츠' 업무를 해양수산부로 이관토록 의결하는 데 역할한 일이 있었다. 이 전문위원은 열거된 여러 단위가 대등하거나 밀접한 관계임을 나타내는 가운뎃점의 의미를 전혀 몰랐을 정도로 과연 무지했을까? 결코 그렇지는 않을 것이다. 인수위전문위원들이 생소한 분야인 해양스포츠·마리나·해양관광에 대한 학술적인 안목이 결여되어 있음을 기회로 삼아 꼼수를 부려 슬쩍 통과시킨 것이 아닌가 하고 추론할 수 있다.

이후 두 부처의 실무자 간 협의에서는 서로 의견이 대립하는 한편으로 체육·관광행정에 속하기는 하지만 그 개념이 아주 흐릿했던 해양레저(해양관광)와 해양스포츠, 특히 해양스포츠 중 관련 종목 국가 대표선수를 양성하는 행정은 문체부에 그대로 두는 가운데 해양레저 중 관광(람)형과 레저형을 비롯하여 생활체육형 해양스포츠는 부활 해수부가 관련 행정을 관장하는 것으로 일단 두 부처의 갈등이 봉합되기는 했다. 결국 해수부는 당당하지는 못했지만 당초 목적했던 자리 늘리기에는 일단 성공하기는 한 셈이 된다.

불편한 분위기 속에서 관련부처가 문체부의 촘촘하지 못한 체육행정의 틈새를 집중 공략한 결과 겨우 묵인을 얻어내기는 했지만, 협의과정에서 감지된 문체부의 불편한 분위기를 감안해 볼 때 이후로도 관련부처가 어떻게 문체부의 따가운 눈총을 의식하지 않을 수 없을 것이다. 또 경우에 따라서는 두 부처 간 갈등의 골은 깊어지지나 않을까 걱정되기도 한때가 있었다. 결국 별일과 별고 속에서 부활 해수부에서 유일하게 신설된 부서가 '해양레저과'이고, 이 과의 업무는 생활체육형 해양스포츠, 해양관광, 마리나 분야이다. 이후 더욱 가관(可觀)인 것은 관련부처의 선례를 사례로 삼아 바다를 끼고 있는 일부 지자체들도 기존 '관광과'와 '체육과'가 제기능을 발휘하고 있음에도 버젓이 '해양레저과'나 '해양레저스포츠계'를 신설하는 기염을 토하기도 했다. 여기까지가 '해양관광과'라고 당당하게 내세우지 못했거나, 또는 개념의 모호성에 기대어 꼼수를 부린 나쁜 사례로 꼽을 수 있다. 해수부의 소관업무 역시 명칭은 달리하고는 있지만, 담당사무관들의 업무를 보면, 문체부의 '체육(생활체육형 해양스포츠)·관광(레저형·관광(람)형)'에다 그에 관련된 해양스포츠시설인 마리나 분야만 새로 추가되었다고 말할 수 있다.

전대미문의 사생아가 출생하기까지 어느 부처가 월권을 했고, 또 어느 부처가 자기 업무임에도 시대성을 감안한 촘촘한 행정을 펼치지 못한 채 결국 상투를 잡히는 수모를 당했느냐를 따지는 일도 물론 중요하기는 하다. 그렇지만 그것보다는 이대로 가면 나라의 체육과 관광행정의 정체성이 얼마만큼 훼손될 것이며, 또 행정에 대한 불신 역시 가늠조차 하기가 어렵다는 점이 더 큰 문제일 것이다. 실제로 지방자치단체에 '관광'과 '체육'을 관장하는 부서가 있음에도 부활 해수부의 직제 신설을 선례로 삼아 지붕 위에 또 지붕을 얹는 격으로 '해양레저과'를 버젓이 신설한 것이 행정력 낭비가 우려되는 사례로 꼽을 수 있었다. 아무튼 박근혜대통령인수위원회의 행정편의주의에, 부처이기주의에, 혹은 엉성한 체육행정에 나라의 체육과 관광행정의 정체성이 부디 회복불능으로 망가지지 않기를 바랄 뿐이다.

더욱이 문재인 대통령은 후보시절에, 또는 취임 이후 처음 맞은 '바다의 날'에 해수부의 역할을 증대시키겠다고 약속을 한 바가 있었다. 김영춘 장관이 부임한 해수부에서는 2018년 4월 '해양레저과'를 '해양레저관광과'로 직제를 확대 개편하는 가운데 항만국의 마리나 건설, 해운국의 크루즈 등 해양관광 관련 업무를 해양레저관광과로 흡수 통합시키기는 했지만, 앞으로도 산업통상자원부(조선/해양플랜트 등), 과학기술정보통신부, 공정거래위원회 등에 흩어져 있는 조선·해양플랜트 등 해양 관련 업무를 해수부로 이관시키는 등 업무의 역할 확장 노력과 함께 그동안 모호하게 사용한 개념인 '해양레저과'의 명칭을 이번에는 '해양레저관광과'로 개편하기는 했지만, 이 또한 어정쩡한 명칭이기는 마찬가지다. 앞으로 또 기회가 있다면 개념이 명징한 '해양스포츠·해양관광(해양스포츠·마리나·해양관광·크루저 담당 사무관 각각 배치)과'로 정상화시킴으로써 당초부터 지금껏 본의 아니게 개념을 비틀고, 또 결과론적으로는 중심 개념 사용 과정에서 해양스포츠계에 난맥상을 부추기기까지 한 큰 잘못을 스스로 성찰하는 계기로 삼 았으면 한다. 물론 해양스포츠와 마리나와 크루저와 관광이 융복합된 해양관광은 각 분야의 유기적인 협조가 꼭 필요하다. 아무튼 해양수산부가 '해양레저관광과'로 직제를 개편한 이상 이번에는 '해양레저' 와 '해양관광'이 콘텐츠 측면에서 어떻게 다른지, 또는 '해양레저'와 '해양스포츠(해양체육)'가 개념적으로 어떻게 다른지를 공개적으로 각각 밝혀야 할 때가 되었다는 생각이다. 게다가 개념설정은 민감한 사안이 기 때문에 해양레저를 대분류로 하는 '개념기준분류체계표'까지 제시해 준다면 금상첨화고. 지금처럼 구 렁이 담넘어 가듯 계속 어물쩍 넘어갈 일은 아니다.

따라서 종목별 국가대표선수를 양성하여 아시안게임이나 올림픽에서 국위선양에 나서야 하는 전 문(엘리트)체육의 영역인 전문 체육형 해양스포츠와 함께 일반 관광분야의 업무는 문화체육관광부가 현행대로 관장하고, 다만 생활체육형 해양스포츠·해양리크리에이션 및 해양레크리에이션형을 비롯하 여 해양관광과 크루저와 마리나는 활동공간이 주로 바다라는 점에서 바다행정을 관장하는 해양수산 부에서 육성해 나가는 것이 바람직하다는 생각이다. 특히 문체부에서 '체육'과 '관광'이 자신들의 고유 업무라는 명분만을 내세워 그간 개념조차 흐릿했던 생활체육형 해양스포츠·해양리크리에이션 및 해 양레크리에이션을 비롯하여 해양관광과 크루저 관련 업무나 용어를 해수부에서 가급적 사용하지 않 았으면 하는 일종의 피해의식, 즉 어쩌다 상투를 잡혀 체육(스포츠)행정의 영토를 일부 잃어버린 정신 적 트라우마(trauma)에서 깨끗하게 벗어나는 일이 매우 중요하다.

그래야만 이들 분야를 잘할 수 있는 여건(바다행정 관장)과 강한 의욕을 갖고 있는 해수부나 해경 청에서 사용하는 용어 역시 문광부를 의식한 개념의 모호성(해양레저/해경 : 수상레저)에서 벗어나 보다 명징한 개념인 '해양스포츠', '해양관광'이라는 두 단어를 결합시킨 명칭을 사용할 수 있게 될 것이 다. 그럼으로써 그간 난맥상을 빚어져온 바 있는 이른바 '개념기준분류체계'의 체계성을 단번에 확 립할 수 있게 되는 효과까지 기대할 수 있다. 따라서 해양스포츠 분야 학문 발전도, 해수부 용어사용 의 적확성도 확보할 수 있게 될 것이다. 부처몸집불리기가 낳은 사생아라고 하여 방관하기에는 학술 발전에 미칠 악영향이 너무나 크다. 팽개쳐 두면, 우악스런 논리가 어느 날 갑자기 진실로 둔갑하지 않을까 두렵기조차 하다. 실제로 부활 해양수산부가 처음에는 '해양레저·스포츠'라고 바르게 표기하 는가 싶더니, 2018년 4월부터는 아예 가운뎃점을 실종시킨 채 개념 자체가 '헛방'인 '해양레저스포츠' 라고 사무분장에서 밝히고 있는 경우가 바로 '가짜'를 '진짜'로 둔갑시킨 증거에 해당된다 할 것이다.

따라서 이제 당국은 분야 지식체계 구축의 기본단위에 근거한 정명(正名)을 사용할 때가 되었다. 문 광부의 불편한 심기도 이젠 거의 평정심을 회복한 단계에 접어들었다. '해양레저'나 '해양레저스포츠'라 는 개념 자체가 '헛방'인데, 어찌 오늘날의 해양스포츠, 해양관광, 마리나 분야의 엄청난 변화를 이들 단 언적 또는 엇박자 개념으로 깔끔하게 설명할 수 있을까. 더군다나 처음에는 '해양레저·스포츠'라고 말하더니 이젠 슬그머니 가운뎃점을 실종시킨 채 '해양레저스포츠'라고 말하거나 또는 그렇게 표기하고 있는 것 등은 가짜 개념을 진실로 둔갑시킨 우악스런 사례가 된다. 이런 짓이야 말로 관계공무원이 할 일이라고는 보기 어렵다. 결국 개념 자체가 순 '개뻥'이기 때문에 급기야는 행정이 불신을 받을 수 있음을 직시했으면 한다. 물론 제자리를, 또는 정박자(正拍子)를 찾아가는 도정(道程)에서 '해양레저과'보다는 지금의 '해양레저관광과'가 조금 더 낫다. 최종으로는 '해양스포츠·해양관광과'가 합당한 명칭이 된다. 더욱이 얼마 전부터는 국내외 체육계도 큰 틀(대분류)인 체육(스포츠)개념 하나의 우산 아래에서 합종연행하고 있다. 다르게는 대분류 개념으로의 통일이 국내외의 대세라는 말도 된다. 더군다나 웅지(雄志)의 발로에서 해양스포츠의 고유명사화 가설까지 강력 제기되고 있는 터에 당국이 기억상실증이나 안목빈곤이 아니라면, 앞과 뒤가 또는 국내외 체육계의 경향성과도 전혀 맞지 않는 짝퉁개념을 사용하지는 않을 것이라는 기대가 있다.

행정직 공무원은 결코 시인이나 소설가나 외교관이 아니다. 여기까지는 모든 관계공무원들이 전적으로 수긍할 것이다. 사실이 그렇다면 단정적 표현, 즉 단언적·외교적·확증 편향적 개념보다 학문적으로 정당성이 확보되는 이 분야 지식체계 구축의 속고갱이 개념인 '해양스포츠(해양체육)'와 '해양관광'이라는 용어를 깔끔하게 사용해야 하는 것은 너무나도 당연한 일이다. 더군다나 행정가가 그럴 위치에도 있지 않으면서 주제넘게 분야 중심개념을 함부로 훼손시키면 '해양스포츠활성화'는 어림반푼어치도 없는 일이 된다. 또 학계의 입장은 뭐가 되고. 하는 짓거리만 놓고 보면, 직에 따른 분수(分數)를 정말 모르는 것만 같다. 정책기획자라고 해도 학계를 가르치려 해서는 안 된다는 것이 만고의 진리다.

더욱이 지금처럼 해양스포츠, 마리나, 해양관광 분야 중심개념마저도 사람들로 하여금 뭐가 뭔지 헷갈리게 하고 있다면, 이 분야에 대한 시민 인식전환을 위한 각종 사업들은 꽝이 된다. 게다가 대학이 존립하는, 또는 전공학과가 탄생하는 지식체계 구축의 기본단위[모태]인 중심개념임에도 당국은 2018년 4월부터는 아예 가운뎃점을 생략하고 '해양레저'와 '스포츠'라는 두 단어를 결합시킨 어형인 '해양레저스포츠'라고 업무분장에 밝히기 시작했다. 대단한 담력이다.

드디어는 20여 년에 걸쳐 열심히 연구 성과를 쌓아오고 있는 대학의 해양스포츠학과를 조롱하는 것만 같은 느낌을 받는다. 그래도 부활 해양수산부 출범 당시에는 '해양레저·스포츠'라고 표기하면서 개념의 진실을 나름 존중해 왔다. 물론 앞의 말에서 가운뎃점 뒤에 있는 '스포츠'는 '해양스포츠'를 일컫고 있다는 것쯤은 삼척동자도 다 안다. 당국은 점점 사용하고 싶은 개념만 사용하는 경향성을 띠고 있다. 사용하기 싫은 개념은 진실의 울타리 밖으로 쫓아내는 '이기적 개념' '주관적 개념' '확증 편향'에 갇혀 있다. 더욱이 이런 '선택적 지각'이 점점 도를 더해가고 있는 배포가 그저 놀라울 따름이다.

그렇다면 당국이 지난 2009년 마련한 '마리나항만법(약칭)' 제1조(목적)에서 "해양스포츠의 보급과 진흥을 촉진하고…"라고 명시해 놓고 있는 그 '해양스포츠'와 사무분장에서 밝혀 놓은 지금의 '해양레저스포츠'는 개념적으로 무엇이 어떻게 다른지 분명하게 설명하지 않으면 안 된다. 아무래도 기억상실증에서 비롯되는 자가당착이라고 밖엔 볼 수 없는 명확한 증거이기 때문이다. 학문의 전당인 대학이 관료의 '선택적 지각'에 의한 사이비개념을 따라야 할까? 아니면 관료가 전문가들이 수십년을 공들여 연구한 '지식체계 구축의 속고갱이인 중심개념'을 따라야만 할까? 그 답은 너무나 빤하지 않는가. 특히 학문은 나라님도 일체 토를 달지 않는 분야다. 더군다나 여러 가설이 난무해 아직 교통정리가 되지 않은 개념임에도 관료의 '선택적 지각'에 의해 한마디로 정리하고 명쾌하게 재단한다. 마치 학계를 다스리기라도 할 것 같은 기개가 그저 놀랍다.

관계가 있어야 인식대상이 된다. 관계당국과 학계는 전통적으로 밀접한 관계에 있었다. 그럼에도 지금껏 이례적으로 그 관계가 데면데면했다. 쑥과 잡초. 쑥은 쑥떡을 만들어 먹을 수 있으니까 인간과 관계를 갖지만, 잡초는 인간과 아무런 관계가 없기 때문에 그냥 잡초일 뿐이다. 이처럼 관계가 없이는 인식도 없다. 관료들이 해양스포츠분야 지식체계 구축의 기본단위인 개념을 올곧게 이해할 '보편적 지각'으로의 회귀는 곧 관계를 통한 인식의 변화를 수반한다. 관료라 해도 개인의 변화가 개인을 단위로 완성될 수 없다. 이는 자기 변화는 옆 사람만큼의 변화밖에 이룰 수 없다는 뜻도 된다. 자기가 맺고 있는 인간관계가 자기 변화의 질과 높이의 상한이다. 그런 뜻으로도 관료는 학계와 관계가 돈독해야 좋은 방향으로 정책을 펼 수 있다. 뿐만 아니라 전문가들이 수십년 공들여 연구한 '해양스포츠', '해양관광'이라는 중심개념을 관료들이 존중하는 일이 곧 분야활성화를 위한 동력 만들기와도 맞통해 있음을 '인식'하지 않으면 안 된다. 그럼에도 보도 자료를 통해 대중이나 미디어에 기획의도를 전달하는 관계당국의 사무관의 입장이라면 전문 서적과 논문으로 검증된 개념을 통해 그 뜻을 전달해야 하는데, 대중 인지도가 마치 권위 있는 주장의 근거처럼 전달되고 있는 현실은 어떤 측면으로 봐도 이해하기 어렵다. 심각한 몰인식이다.

결국 지금껏 개념 이해의 난맥상을 빚게 한 원인을 거칠게 요약하면, 다음의 세 가지로 꼽을 수 있다. 첫째, 해양스포츠 분야에 지적 권위를 갖췄다고 결코 보기 어려운 관료(실무 사무관)에게 정책 기안의 권능을 부여했다는 점이고 둘째, 해양스포츠와 해양관광을 담당하는 관료들이 분야에 대한 이해, 즉 공부가 부족하여 전문 서적과 논문으로 검증된 개념을 전달할 능력이 결여되어 있다는 점이고 셋째, 담당 사무관이 생산한 소위 '관급보도 자료'에서 언급되는 주요 개념을 제대로 검증하지도 않고 그대로 보도한 미디어의 책임도 적잖았음을 지적할 수 있다.

아무튼 분야 중심개념에 대한 논의가 중언부언하면서까지 너무 멀리 와버렸다. 사태의 발단은 정책입안자에 있다. 그러나 상황이 복잡하여 설명이 길어질 수밖에 없었고, 설명이 길어지면 본질을 파악하기가 힘들어지고, 설명을 듣고 있는 사람도 짜증나고 헷갈린다는 것쯤은 나도 안다. 그럼에도 작심하고 제 I편 제2장 제2의 2) ~ 8)에 이르기까지 많은 얘기를 쏟아낼 수밖에 없었다. 그만큼 안타깝고 절실했기 때문이다. 이제 정책입안자들이 '선택적 지각'에서 '보편적·상식적 지각'으로의 깨달음이 있어 해양스포츠분야 '중심개념' 하나만 단번에 시정해도 이 분야는 일거에 중심개념을 깔끔하게 정리함으로써 그 세를 크게 형성하는 가운데 제국경영을 위한 동력을 확보하는 등 10년의 시공을 성큼 뛰어 넘어 일의 마지막 단계에 가서는 글로벌시장에서 훨훨 날게 되는 시너지효과까지 기대된다.

특히 정책입안자의 선택적 지각에 의해 사용되는 '해양레저스포츠'라는 개념은 '가짜'다. '이단(異端)'이다. 개념 자체가 '헛방'이다. 학계로부터 박수 받을 수 있도록 분야 지식체계 구축의 기본단위인 '해양스포츠'라는 중심개념을 존중할 수 있는 '인식'의 변화가 있기를 재촉해 본다. 과거에는 말이 곧 증발했지만, 디지털시대는 한번 입 밖으로 나온 말은 본인이 삭제해도 그 이전에 재생산 되어 영원히 박제된다. 게다가 정책입안자가 작성·배포한 공문에 영향 받아 부산시(광안리해수욕장과 송도해수욕장)·울주군(진하해수욕장)·울진군(매화면)·삼척시(근덕면) 등에는 '해양레저스포츠센타'라는 엉터리 명칭이 엄연히 존재하는 등 증거가 오롯이 남아 있다는 점에서 공문에서 사용한 개념도 당연히 치명타다. 부서의 사무분장도 그렇다. '사람'은 다른 가치의 하위 개념이 될 수 없듯, '해양스포츠' 역시 유사 개념들과 등치될 수 없는 지존(至尊)의 위치다. 전격 고유명사로 변신한 가운데 대분류개념이기 때문에 '해양스포츠' 그 자체로 끝이다. 그럼에도 '대거리'에 나서는 인사가 있다면 바보가 되는 세상이 됐다. 그만큼 스포츠 세상이 경천동지할 정도로 빠르게 진화했다. 이제 스포츠(Sports) 분야를 4개 장르로 구분하는 것은 유효기간 지난 옛날 지식이 되고 말았다. 해양스포츠 역시 대분류 개념으로 이해함이 온당하다는 점을 지금껏 여럿 사례를 들어 설명했다. 고유명사로서의 변신도 같은 맥락이다.

따라서 관계와 애정 없이 인식은 없다. '관계의 최고 형태는 당국과 학계 간 입장의 동일함'에 있다. 그간 학계와 관료 간 중심개념을 놓고 이견(異見)을 보여 왔지만, 이제는 인식의 부등식을 등식으로 치환(置換)시키지 않으면 안 된다. 이 등식 속에 해양스포츠라는 정명(正名)이 살아 숨 쉰다. 더욱이 고유명사인 정명으로 한국에 통하고 세계에 통하는 이른바 '한통세쾌'에 나서는 가운데 사람들의 삶을 풍요롭게 하고, 또 한국해양스포츠문화를 브랜드로 삼아 제국경영에 나서자는 대의(大義) 앞에 정책입안자가 속한 기관의 입장은 자연히 왜소할 수밖에 없다. 특히 브랜드는 그 나라의 문화수준과 같이 간다. 지금처럼 중심개념이 혼란스럽게 사용되면 튼실한 해양스포츠문화 정립 토대 구축과 함께 태권도처럼 브랜드화를 통한 제국경영은 어림도 없다. 더욱이 세상이 깜짝 놀랄 정도로 바뀐 변화, 즉 올림픽과 아시안게임과 통합대한체육회의 사례에서 보듯 '스포츠(체육)'라는 하나의 우산아래 통합발전모델이 현실이 되어 있는, 또는 작은 여럿 개념들을 큰 보따리에 이미 싸버린 경천동지할 격변을 아직도 피부로 느끼지 못하고 있다면, 당국의 정책입안자는 자칫 스스로만 정의롭다고 믿는 소위 '젊은 꼰대'로 낙인찍히기 영락(零落) 없는 세상이 됐음이 사실이다. 문화지체현상에 다름 아니기 때문이다. 다르게는 더는 작은 보따리에 연연하기가 어렵게 됐다는 말도 된다.

제 3 장

철학 및 해양스포츠학의 분류체계, 인간과 해양스포츠

1. 해양스포츠철학 (The Haeyang Sport of Philosophy)

1) 해양스포츠학(學)의 원리 연구 필요성

해양스포츠철학이란 해양스포츠의 본질을 철학적으로 탐구해가는 분야라고 말할 수 있다. 그러나 해양스포츠의 본질을 연구함에 있어서 무엇보다 우선되는 것은 "해양스포츠란 과연 무엇인가?"라는 근원적(根源的)인 의문을 해소해 나가는 작업이 될 것이다.

특히 21세기 첫 20년대를 목전에 두고 있는 2019년 현재 제4차 산업혁명 시대의 도래에 따라 빠른 속도로 발전하고 있는 인공지능(AI)과 로봇, 빅데이터와 클라우딩, 3D 프린팅과 퀀텀 컴퓨팅, 나노, 바이오 기술 등의 첨단과학기술문명으로 인하여 '해양스포츠'와 '해양스포츠학'도 많은 변혁과 혼란을 겪을 수밖에 없는 상황에 직면해 있다. 20세기 미래학 창시자 엘빈 토플러(Alvin Toffler : 1928~2016)는 그의 저서 『미래 쇼크(1989)』에서 "변화는 그 크기에 있어서 역사적 연속성의 첫 일대 단절인 야만에서 문명으로의 이행과 맞먹는다."고 했다. 게다가 독일 태생의 경제학자로서 '다중이해 관계자 이론'의 창시자인 클라우스 슈밥(Klaus Schwab : 1938~) 역시 자신의 저서 『제4차 산업혁명』을 통해 과거에 인류가 경험했던 1·2·3차 산업혁명에 비해 제4차 산업혁명은 더욱 광범위한 분야에 걸쳐 눈부시게 빠른 속도로 진전될 것이라고 전망했다(송경진, 앞의 책). 실제로 엘빈 토플러나 클라우스 슈밥의 주장과 전망처럼 인류역사상 변화가 가장 가속화하고 있는 흥분된 사회에 살고 있음을 일부 실감하고 있는 우리로서는 한시도 변신을 통한 자기발전에 소홀할 수 없는 사회에 노출되어 있다. 물론 전문가라고 하더라도 특정인이 미래를 내다보는 일은 신뢰성에 일부 의문이 제기되는 등 언제나 어렵다. 그렇긴 해도 정보가 곧장 지식으로 바뀌는 것은 아니기 때문에 사람이 직접 정보를 찾아내서 흡수하고, 이해하고, 통합하고, 간직하는 과정을 거쳐야 비로소 지식이 된다.

21세기 사회의 본질은 첨단과학기술과 정보다. 디지털 기호로 구성된 첨단과학기술과 정보가 20세기 산업사회 전반을 지배한 자본력을 대체할 정도의 위력을 발휘하고 있다. 특히 21세기는 유전공학 등 과학의 발전으로 역사상 처음으로 지구상의 모든 인구를 먹일 수 있는 세기가 된다는 것이다(김중웅, 2006). 이를테면 20세기 산업사회에 있어서 공장이 절간과 성당이었다면, 21세기의 공장은 첨단과학(인공지능 등)과 정보가 된다. 그러나 정보 홍수시대에 유의할 점도 있다. 우리 사회가 정보화시대라고 불리고 있지만 지식의 시대로 불린 적은 없다. 시시각각 쏟아지는 수많은 정보를 여과해서 이를 신뢰할 수 있는 것으로 편집, 제공된 정보만을 대하는 일이 중요하고, 또 그런 편집지식을 개인이 갖는 일은 자기 변신에 더욱 중요하게 될 것이다.

스포츠(체육) 분야의 경우, 1인당 국민소득 3만 달러 사회 진입을 계기로 건강에 대한 관심이 더욱 증대되고 있는 것과 정비례하여 청장년층을 중심으로 자연·모험스포츠에 대한 선호경향도 심화·발전하고 있다. 여기에다 19년 전부터는 스포츠 역동성에 대한 기대감마저 증대되어 왔다. 2000년 시드니올림픽을 기점으로 일부 종목은 룰 개정을 통해 느릿느릿한 것에서 스피디하고 역동적인 스포츠로 이미지를 업그레이드시켰고, 실제로 국내 프로농구의 사례들이 바로 그런 경우이다. 스포츠가 대중으로부터 계속 선호되고, 또 지속적으로 사랑 받기 위해 2024년 파리올림픽에서는 야구를 빼고 서핑 등 창의적인 스포츠를 전격 수용하고 있다. 게다가 시드니올림픽은 세계체육사에 스포츠 역동성 고려 원년으로 기록하고 있다. 2018 러시아월드컵 축구 F조 예선 마지막 경기 한국과 독일 게임을 명지대가 빅데이터로 분석한 자료를 보면, 한국선수는 독일에 비해 손흥민을 비롯하여 팀 전체적으로도 훨씬 많이 달린 결과, 기량의 열세에도 불구하고 2 vs 0으로 승리하여 세계적으로 큰 화제가 되기도 했다. 결국 기본기만 갖춰져 있다면 "많이 달리는 팀이 승리한다."는 축구계의 오랜 속설을 이번에는 빅데이터가 인과관계를 중심으로 입증해 보인 것이다. 이처럼 역동성과 창의성과 첨단과학은 21세기 스포츠 기호(記號)요 코드인 셈이 된다. 특히 그런 분위기 속에서 수상오토바이, 모터요트, 윈드서핑, 카이트서핑, 서핑, 패들보드, 전동 서프보드(일명 제트서프) 등 각종 해양스포츠에 대한 국내 선호도는 날로 높아만 가고 있다. 역동성과 창의적인 스포츠 선호 추세는 그 자체로서도 이제 걸음마 단계인 한국 해양스포츠 발전에 많은 긍정적 효과를 기대할 수 있다는 점에서 매우 고무적인 현상이다.

그렇지만 해양스포츠를 단지 일회성 흥미 위주로 인식하는 사회 일각의 잘못된 생각에 대해 분야 전공자들은 주목과 경계를 늦추지 말아야 할 것이다. 이는 해양스포츠 본질에 대한 철학적 구명(究明)작업을 어렵게 하기 때문이다. 더욱이 해양스포츠의 과학화 작업에 있어서 '기량의 향상'이나 '근육 양의 증대', 그리고 '스트레스해소' 등 가시적 성과의 구현은 중요하다. 그러나 인간의 내면세계를 살펴보는 철학적 탐색은 무엇보다도 중요한 측면이다.

그런 가운데서도 '해양스포츠학(해양체육학)'이 하나의 학문적 체계를 이루기 위해서는 '사상(海洋스포츠哲學)'과 '과학(스포츠科學)', 그리고 '실증(實證 - 運動學)'이 삼위일체가 되어 이들 요소가 상호 유기적으로 깊은 관련성을 맺어야만 가능하다. 이것이 '해양스포츠학' 정립 도정(道程)의 첫 출발선(Start line)이 된다고 보고 있다. 그러나 해양스포츠학 정립을 위한 출발선에 서서 그 학문적 상위 체계인 일반체육학을 생각해 보면, 정체성 면에서 여전히 큰 진전을 보지 못하고 고민하고 있는 상황 등이 적잖이 부담으로 다가서고 있는 것이 현실이다. 과학으로서의 체육학을 체계화시키는 과정에서 사상(체육철학) 면에 대한 정립 작업에 우선적으로 착안하지 못한 것이 그 뼈아픈 반성의 결과라 하겠다.

특히 해양스포츠 발전국인 한국에서, 그것도 대부분의 종목들이 놀이 수준에 머물러 있었던 해양스포츠(해양체육)가 1995년 10월 국립부산수산대학교에 1개 학년 40명 규모의 해양스포츠학과를 인가받았고, 그 이듬해 3월 5일에는 경쟁률 13 vs 1의 치열한 경쟁을 거친 첫 신입생들이 입학함으로써 해양스포츠도 전격 세계 첫 대학 학문의 반열에 당당히 자리하는 계기를 마련할 수 있었다. 이는 스포츠형 해양스포츠, 생활체육형 해양스포츠, 학교체육교육형 해양스포츠, 해양레크리에이션 및 해양리크리에이션형 해양스포츠 등 4개 장르(genre)를 모두 포괄·함의하는 광의적 개념인 가운데 이 분야 유사개념들(해양레저·수상레저·해양레저스포츠 등)까지도 수렴하고 있는 큰 그릇으로서 '개념기준분류체계상'으로도 가장 앞머리에 놓이는 우두머리 개념의 위치에 놓이게 됨을 뜻하기도 한다. 더욱이 그와 같은 큰 카테고리(kategorie)의 학문적 기반을 중심으로 해양스포츠는 이제 체육(스포츠) 프로그램의 다양화를 위한 확장성 기여는 물론 해양신산업 분야의 한 일원으로서도 국가 경제발전을 견인할 정책 어젠다(agenda)로까지 급부상할 수 있었다.

그렇다고 하여 해양스포츠 4개 장르가 모두 균형 발전한 것은 아니다. 이중 엘리트 체육형과 학교체육교육형 해양스포츠 분야가 특별히 큰 진전을 보지 못하고 있다. 한국 엘리트체육의 경우 동·하계 올림픽에서 10위권에 넘나들고 있는 스포츠 강국이지만, 해양스포츠 분야만은 유독 한국체육의 자존심을 지키지 못하고 있기 때문이다. 물론 역대 아시안게임 중 1990년 북경아시안게임에서는 천인식 선수가 카누 종목에서 금 3개를 획득하여 기염을 토했고, 2014년 광저우·팔렘방아시안게임 요트 종목에서 하지민 선수가 연속 금메달을 획득하기는 했다. 조정과 용선도 마찬가지 성과를 내고 있다. 이는 한국 스포츠형 해양스포츠 전체의 위상이라기보다는 특출한 개인과 단일팀에 의한 깜짝 메달일 뿐이다. 결국 아시안게임을 제외하면, 올림픽에서 단 한 개의 메달도 따지 못하고 있는 처지이기 때문에 그 위상을 단시일에 곧추세우기란 쉽지 않을 전망이다. 학교체육교육형 해양스포츠 역시 중등학교체육교과에 포함되어 있지 못하다. 그렇지만 일반체육학이 범한 한때의 오류가 오늘에 주는 시사를 반면교사로 삼는다면 방안이 전혀 없진 않을 것 같다.

아무튼 참된 스포츠과학은 철학을 떠나서는 존재할 수 없기 때문에 이제 해양스포츠학의 원리(철학) 연구에 적극 나서야 할 때가 되었다고 생각된다. 이 장의 연구 역시 해양스포츠자원론과 해양스포츠론에 이어 계속 토론의 장을 마련하고 있는 것도 해양스포츠학 원리연구의 심화작업 일환이다.

2) 해양스포츠철학의 대상

(1) 해양스포츠의 본질(本質)

해양스포츠의 학적 토대를 구축해 나가기 위해서는 그 상위 체계인 일반체육학에게 그 길을 묻지 않으면 안 된다. '해양스포츠학'은 필자가 체육학에서 분화(分化)·독립시킨 학문이긴 하지만, 아직은 그 얼개가 완전하지 못하기 때문이다. 체육은 신체활동을 통한 인격의 완성, 심신의 건전한 발달도모, 인간형성, 사회의 요구와 수요에 충실 등 여러 가지 표현으로 이해되고 있다.

예컨대 부처(Bucher, C. A.)는 "전체 교육과정에서 불가결한 부분인 체육은 신체활동을 매개로 신체적, 정신적, 정서적, 사회적으로 적응된 시민으로의 발달을 목적으로 하는 시험영역(field of endeavor)"이라고 했다. 밸리와 필드(Baley, J. A. & Field, D. A.)는 "체육이란 그 활동을 통해 기관, 신경근육, 지적, 사회적, 문화적, 정서적, 미적 측면에서의 바람직한 적응과 학습이 이루어지고 또한 선택된 강한 신체활동을 통해 더더욱 발전해 가는 과정"이라고 말한다. 베넷과 하우웰(Bennet, B. L. & Howell, H. L.)은 "교육의 일부로서의 체육은 그 사회의 요구와 수요에 맞추지 않으면 안 된다."고 단언한다. 가와무라(川村英男)는 "체육은 개인의 특성과 방법을 고려하여 선택된 신체활동의 잠재적 가치를 구현함으로써 인간을 형성하려 하는 작용"이라고 했다(정종훈, 1998).

모두들 교육적 측면에서 체육을 고찰하고 있는 가운데 그 핵심에 도달하려 하고 있는 공통점이 있다. 그러나 현대사회에서도 과연 그런 패러다임을 여과없이 그대로 수용하여도 될 것인가에 대해서는 의문이 있다. 인구통계적(성별·연령)·사회경제적(학력·직업) 특성을 비롯하여 사람들의 서로 다른 가치관의 추구에 따른 사회적 변동은 역동성을 띠고 있는 추세에 있다. 뿐만 아니라 특히 최근 그 환경변화 속도와 인간 반응의 제한된 속도 간에도 시차가 점차 증대되고 있어 이에 대한 고려도 있어야 하기 때문이다. 그래서 그러한 변화에 대응할 수 있는 새로운 체육의 본질을 끊임없는 의문 속에서 추구하지 않으면 안 될 뿐만 아니라 더욱이 절실한 태도로서는 독단과 상식을 배제하고 가능한 한 폭넓게 과학적 지식을 흡수하는 가운데 명확한 철학적인 인식을 갖지 않으면 안 된다.

한편 1964년 국제스포츠체육협의회(ICSPE)는 스포츠선언(Declaration on Sport)을 통해 "스포츠란 유희의 성격을 가지고 자기와의 투쟁의 형식을 취하든지 또는 타인과의 경쟁을 포함하는 활동은 모두 스포츠다. 만약 이 활동이 경쟁적으로 행하여 질 때는 그것은 언제나 스포츠 정신을 가지고 행하지 않으면 안 된다. 페어플레이(fair play)가 없는 곳에 참다운 스포츠는 없다."라고 신체활동으로써의 스포츠(체육)를 정의하고 있다. 스포츠 개념 설정의 토대는 문화사회적 차이에 있지 않다는 사실을 시사해 주고 있다. 인간의 스포츠에 대한 욕구 그 자체가 바로 스포츠 개념 설정의 토대가 된다는 사실을 분명히 하고 있음을 주목해야 한다. 결국 해양스포츠의 본질은 인간의 스포츠에 대한 욕구인 '건강과 행복추구'로 귀결된다 할 것이다. 따라서 체육학의 종개념(중분류)인 해양스포츠학 역시 역사적·사회적 조건을 바탕으로 어떠한 인간을 어떻게 형성해 나아갈 것인가를 구체화시킬 필요가 있다.

(2) 해양스포츠의 정의에 대한 이해

일반적으로 '해양'이라는 용어는 자연의 넓고 큰 바다를 의미하고 있다. 그런데 '해양'과 '스포츠(체육)'라는 두 단어를 결합시킨 어형인 해양스포츠(해양체육)에서 사용되는 해양이 의미하는 공간은 인간의 문화가 미치는 그 어디쯤, 즉 수평적으로는 영해 내의 연안바다이고, 수직적으로는 수심 70cm~30m 내외의 공간인 가운데 자연의 물을 활동의 장으로 하는 모든 스포츠(체육) 활동을 일컫는다. 따라서 필자는 '해양스포츠'를 "바다·강·호소 등 자연의 물에서 동력·무동력·피견인 등의 각종 장비(보트 등)를 이용하여 이뤄지는 스포츠형(엘리트 체육) 해양스포츠와 생활체육형 해양스포츠를 비롯하여 학교체육교육형 해양스포츠, 그리고 해양레크리에이션 및 해양리크리에이션형 해양스포츠 등 4개 장르를 모두 포괄·함의하고 있는 고유명사로서 유사개념들까지도 수렴하고 있는 광의적(대분류) 개념"이라고 정의하고 있다.

스포츠형과 생활체육형, 그리고 학교체육교육형과 해양레크리에이션 및 해양리크리에이션형은 유희의 성격을 띠고 신체적·정신적 가치를 중심으로 건강과 행복을 추구하는 인간의 신체활동이라는 점은 공통점이다. 그러나 차이점이 스포츠형은 궁극적인 목적이 승리추구에 있다고 한다면, 생활체육형은 개인의 건강을 비롯하여 체력향상과 건전한 여가선용, 그리고 사교적인 활동 등 개인의 취향에 따라 활동의 목적이 다양하게 추구될 수 있다. 게다가 학교체육교육형은 '신체의 교육(신체적 가치)'과 '신체를 통한 교육(정신적 가치)'에 방점을 찍고 있는 가운데 학령기에 체력보다 활동에 더 무게를 두는 '활발한 생활방식(active lifestyle)'의 습관을 몸에 익히도록 하는 데 있다. 또한 '해양레크리에이션(휴양·기분전환) 및 해양리크리에이션형(에너지의 재생·재창조)'은 놀이를 통한 건전한 여가(틈새)선용에 있다. 따라서 해양스포츠는 이와 같은 논리적 준거(準據)를 중심으로 이해함이 맞는다.

3) 해양스포츠의 목적과 목표

해양스포츠의 목적은 그 본질을 바탕으로 하면서 시대별 역사적·사회적 조건에 따라 나타나는 교육관에 의해 결정되는 것이라고 하겠다. 게다가 해양스포츠의 활동 목적을 실현시킴에 있어 추상적인 느낌을 주는 목적을 피부에 와 닿도록 보다 구체화시킨 것이 목표라고 말할 수 있다.

그런 점에서 보면, 해양스포츠의 목적은 근본적으로 그 시대 교육의 목적과 일치하지 않으면 안 된다. 해양스포츠 역시 분명히 체육교육의 범주에 포함되어 있기 때문이다. 해양스포츠의 목적에 대해서 명확한 형태의 정리는 쉽지 않다고 생각된다. 그렇지만 우선 해양스포츠란 각자의 적절한 신체활동의 학습을 통해 현재와 미래의 사회생활을 충분히 영위해 나갈 수 있는 강건하고도 운동능력이 뛰어난 신체를 교육적 입장에서 육성하는 것이다. 게다가 개인의 자유로운 흥미의 추구를 통해 실질적인 생활의 질을 높이고 주체성을 확립하는 것과 함께 자주적이고도 협력적인 성격 육성을 통해 국가와 사회에 널리 봉사할 수 있는 능력을 향시키는 데 있다고 해야 할 것이다.

캐나다의 지글러(Zeigler, E. F.)는 교육의 목적과 목표를 설정함에 있어서 "어린이의 사회화가 지적인 발달과 마찬가지로 대단히 중요해지고 있다. 사회적 자기실현(self-realization)은 교육에 있어서 최고의 가치이다."라고 말하고 있다. 이는 해양스포츠에서도 중요한 의미를 갖게 하는 것과 함께 해양스포츠의 목적관(目的觀)과도 일맥상통하고 있다고 생각된다. 또한 윌리엄즈(William, J. F.)는 "육체만의 숭배나 정신적 면만의 찬양에 반대하여 존 듀이의 사회적 실용주의(social pragmatism)의 영향 속에 체육을 생활의 한 방법(way of living)이라고 믿었다. 게다가 심신의 일체성을 주장하며 스포츠를 통해 현재와 미래생활을 위한 신체적 기술과 사회적 발달에 관심을 가지면서 그로부터 체육은 신체의 교육이 아니고 '신체를 통한 교육'이라는 입장을 취했다." 그러다 의학계와 운동생리학 전문가들은 성인으로서의 삶이 의미가 있고 또 건강한 것이 되기 위해서는 생활의 스타일이 신체활동을 활발하게 추구하는 방식, 즉 체력(physical fitness)보다는 활동(physical activity)이 더 근본적인 중요성을 갖는다고 주장하고 있는 이론에도 많은 체육학자들이 공감하고 있는 터다. 그런 점에서 보면, 해양스포츠 활동 역시 생활의 한 방법일 뿐만 아니라 해양스포츠를 통한 신체의 교육이라고 해야 할 것이다. 이를테면 해양스포츠 활동은 그런 목적을 달성하기 위한 수단적 방법론일 뿐이라는 뜻도 된다. 따라서 해양스포츠교육의 목적은 "전인(全人)으로서의 이상적인 인격의 완성을 목적으로 신체운동의 올바른 실천과 해양스포츠와 건강생활에 필요한 지식의 이해에 의하여 신심(身心)의 건전한 발달을 촉진하여 건강한 생활을 하는 태도나 활동능력을 육성하는 데 있다."고 정의할 수 있다. 정의는 곧 진리다. 진리는 이론의 준거(準據)를 재구성하는 그릇이다.

이와 같은 해양스포츠의 목적이 실현될 수 있도록 구체화된 것이 해양스포츠의 목표이다. 그러나 이와 같은 해양스포츠 목표 설정에 대한 개념을 명료하게 파악하기 위해서는 지금껏 수많은 학자들이 제각각의 입장에서 언급하고 있는 일반체육의 목표를 중심으로 검토하는 것이 보다 효과적일 뿐만 아니라 바람직한 자세라고 생각된다. 이는 앞에서 체육학에 겸허히 길을 청하겠다고 한 말에 대한 답이다.

미국의 아담스와 밀러는 체육의 목표를 다음 네 가지로 정리하고 있다. 즉 ① 기관(器官)의 발달, ② 이해력 발달, ③ 신경근육의 발달, ④개인적·사회적 조정(調整) 등이다. 또한 앞에서도 소개한 밸리와 필드는 체육의 목표를 크게 ① 심적 적성(mental fitness), ② 사회적 적성, ③ 정서적 적성, ④ 신체적 적성 등 네 가지를 꼽고, 특히 신체적성 속에 체격, 기관의 적성, 운동적성을 포함시키고 있다.

클라인맨(kleinman, s)은 현상학적, 실존주의의 입장에서 체육의 목표를 다음의 여섯 가지로 압축시키고 있다.

① 이 세상에 신체적 존재의 의의를 높인다.

② 자아의식(self-consciousness)의 이해에 도달한다.

③ 운동(movement)의 의미를 파악한다.

④ 사람과의 만남과 행위(acts)에 민감해 진다.

⑤ 이제까지 애매모호했던 행위의 흐름(perspectives)을 발견한다. 그리고 운동경험을 탐구할 때 인간존재의 깊은 의미를 밝힌다.

⑥ 궁극적으로 스스로가 의미 있는 목적을 지니고 있는 자기실현이 성취될 수 있는 운동을 통하여 스스로의 경험을 창조해 나갈 수 있도록 한다.

이처럼 클라인맨은 운동을 실시할 때 자신의 신체적 인식의 심화를 바탕으로 널리 인간형성을 꾀할 수 있는 세계를 그려냈다고 볼 수 있다.

필자 역시 해양스포츠에서 목표가 필요한 이유를 다음 4가지 측면을 중심으로 강조하고자 한다.

① 지도자가 성취하려는 것을 보다 잘 이해시키는 데 도움이 된다.

② 지도자가 교육에 있어서 해양스포츠분야의 가치를 보다 잘 이해하는 데 도움이 된다.

③ 지도자가 논쟁(issues)과 문제가 발생했을 때 보다 의미 있는 결정을 내릴 수 있도록 도움을 준다.

④ 지도자가 일반 체육지도자를 비롯하여 특히 해양스포츠문외한들에게 해양스포츠분야를 이해시키는 데 보다 설명력을 높일 수 있다.

따라서 해양스포츠교육은 다음과 같은 목표를 지향해야 할 것이다.

① 신체적 발달, ② 사회적 자질의 발달, ③ 지적 정서적 발달, ④ 안전지도, ⑤ 여가선용

특히 앞에 열거한 5개항 중 어느 항목에 역점을 두느냐 하는 문제는 시대와 장소, 그리고 대상에 따라 달라질 수밖에 없다. 참고로 내가 검토한 부경대 해양스포츠학과 교육목표는 "해양스포츠에 대한 이론과 실기를 체계적이고 집중적으로 교육함으로써 학문성 정립과 고도의 실기능력 배양, 그리고 유연한 사고와 교양을 두루 겸비한 개성적 전문인재를 양성하여 국내외 해양스포츠의 미래를 활기차게 열어가고자 하는데 목적을 두고 있다."이다.

2. 해양스포츠학과 해양스포츠철학

1) 해양스포츠학의 체계화

해양스포츠학에서 해양스포츠철학이 어떠한 위치를 차지하고 있으며, 어떠한 역할을 수행하고 있는

가를 알아보기 위하여 우선 해양스포츠학이 학문으로서 성립될 수 있는 원리적인 입장을 설명해 보고자 천착하였다. 이어서 "해양스포츠란 과연 무엇인가?" 즉 지적(知的) 가치에 대비되는 태도·기질·정서·가치관·동기 등의 정의적 가치(情意的價値)에 대한 평가를 통해 체계화의 논리적 고찰을 바탕으로 해양스포츠학의 체계를 오롯이 드러내도록 하였다.

2) 해양스포츠학의 학문적 근거

해양스포츠학이 학문으로서 성립될 수 있는 근거는 과연 무엇인가? 그리고 그 체계화는 어떻게 하면 가능할 것인가? 해양스포츠학의 종가(宗家)인 체육학의 경우, 그러한 물음에 대하여 지금까지 적잖은 연구자들의 노력이 있어 왔다. 마찬가지로 체육학의 체계화를 향한 고민은 체육학에 토대를 형성하고 있는 소위 구조학문(構造學問)인 인문과학, 사회과학, 자연과학 분야의 각 연구자들에게 있어서도 하나의 커다란 과제였었다고 말할 수 있다. 그런 점에서 체육학에서 분화·독립시킨 해양스포츠학은 더 더욱 어려운 길을 걸어가야 할 수밖에 없다.

아무튼 체육학이든, 아니면 해양스포츠학이든 이 과제를 해결하기 위해서는 현실적으로 우선 두 가지에 걸쳐 어려운 난관에 부딪히게 된다고 생각된다.

첫째, "체육학이나 해양스포츠학이 교육학에서 독립된 하나의 학문으로서 성립할 수 있는 것인가?"라는 문제이다. 즉 오늘날의 일반체육이 교육의 한 분야로서 교육의 목적에 공헌하지 않으면 안 된다고 한다면, 그 학적 체계도 당연히 교육학의 카테고리 속에 포함된다고 생각되기 때문이다. 이로부터 역사가 일천한 체육학이 학적 체계를 지니고 있다고 한다면, 소위 교육학의 응용학으로서의 형태를 취하지 않으면 안 되게 되는 것이다. 이 점에서는 체육학이 신체교육의 학이지 단순한 신체의 학이 아니라고 해석하는 한 넓은 의미에서 교육학의 응용학으로서의 성격은 피할 수 없게 된다고 생각한다. 단지 일반체육이나 해양스포츠가 신체활동을 직접적 매개로서 펼쳐지는 관계를 중시하는 교육이며 아울러 건강의 증진이라든가 운동기능의 향상, 사회적 성격의 육성 등을 인간의 행동과 행위라는 관점에서 추구해 가려는 특이성을 감안한다면, 교육학에서 분화된 형태로서 독립된 학문으로 성립할 수 있는 가능성은 충분히 있다. 체육학의 범주에 포함되어 있는 해양스포츠 역시 그런 논리의 전제하에서 생각해 보면, 모태(母胎)인 체육학에서 분화된 하나의 학(學)으로서 성립될 수 있는 논거가 충분히 확보되고 있음이 사실이다.

둘째, 해양스포츠학이 학으로서의 성격을 갖기 위한 영역의 문제이다. 즉 해양스포츠교육법의 내용이라고 생각되는 지도론, 커리큘럼론, 교사론 같은 것들이 그야말로 해양스포츠학의 대상이 될 수 있는가라는 측면이다. 일반적으로는 해양스포츠와 해양스포츠학을 구별하여 현장의 실천면에 있어서 직접적으로 부딪히는 해양스포츠교육법과 같은 것들은 해양스포츠의 연구분야이지 해양스포츠학의 연구대상은 아니라고 생각되기 때문이다. 이점에 관해서는 실천을 주체로 하는 해양스포츠의 독자성에서 미루어 보아 해양스포츠학의 체계 중에 당연히 지도론이나 커리큘럼론, 평가론과 같은 것들을 포함시키지 않으면 안 된다고 할 것이다. 이와 같은 사실은 해양스포츠학이 이론과 실천이 종합적으로 뒤섞여 성립된다는 기본적인 사고에 기인하고 있다. 만약 실천면을 해양스포츠학의 체계에서 제외하게 된다면, 해양스포츠학은 스스로 생명력을 잃게 되어 행여 미이라처럼 박제(剝製)되지는 않을까 크게 우려되는 것이 사실이다.

따라서 신체활동을 직접적인 매개로 하는 실천학문으로서의 해양스포츠학의 특성을 토대로 하여 그 체계화를 처음으로 다음과 같이 시도해 보고자 한다.

3) 해양스포츠학(學)의 정의

해양스포츠학의 모태인 체육학의 정의에 관해서는 많은 연구자들이 나름대로 설명해 왔다. 예를 들어 마에가와(前川峯雄)는 "체육학이란 신체 연습에 의한 인간의 신체적 형성원리와 법칙을 연구하고 건강의 증진, 신체적 발달의 조성을 꾀하며 신체활동을 비롯하여 이와 관계되는 경험을 통하여 바람직한 사회성을 육성하여 생활을 풍요롭게 하기 위한 과학"이라고 말하고 있다. 또한 아사이는 "체육학이란 체육이 무엇인가라는 것을 익히는 학문이다. 즉 체육이라는 문제에 대해서 그 존재와 의미를 이해해 나아가는 것이 체육학이다."라고 설명하고 있다. 메시츠카(飯塚鐵雄)는 체육이란 신체운동을 수단으로 하여 인간의 체력을 조절하는 작용이라는 견해에서 체육학을 다음과 같이 정의하고 있다. 즉, "체육학이란 신체운동이 인간의 심신에 미치게 되는 효과에 관한 과학"이라고 정의하고 있다.

특히 메시츠카의 경우, 체육학을 자연과학적으로 이해하며 교육학적으로는 이해하지 않는 자신의 입장으로부터 체육학의 중심영역을 신체운동생리학, 키네시올로지, 신체운동심리학, 신체운동진단처방학으로 들고 있으며 체육사학이나 체육교육학, 체육법학(안전교육), 체육시설학, 체육관리학, 체육보건위생학 등은 이들 영역의 주변에 종속적으로 자리매김시키고 있다. 결국 이들 세 사람 모두 체육학이란 무엇인가라는 물음에 대하여 제각각의 체육관(體育觀)에 입각하여 독자적인 정의를 내리고 있는 셈이 된다.

따라서 필자는 '해양스포츠학'은 앞의 학자들의 주장을 참고하는 가운데 우선 신심일원론(身心一元論)을 해양스포츠철학으로 내세우는 한편 "해양스포츠학이란 해양스포츠 활동을 통한 신체활동의 의미와 효과를 비롯하여 그 가치를 과학적으로 연구하고 인간형성의 가능성과 한계를 추구해 나아가는 과학이다."라고 정의한다. 게다가 "해양스포츠라는 개념은 이 분야 중심개념으로서 해양스포츠학 지식체계 구축의 기본단위다."라고 정의한다.

그런데 이와 같은 해양스포츠학의 정의를 만족시키기 위해서 해양스포츠학은 어떠한 학적 체계를 지니지 않으면 안 될 것인가?

4) 해양스포츠학 체계화를 위한 일련의 작업들

하나의 학문으로써 그 체계를 구축하기 위해서는 '사상'과 '과학'과 '실증'이 삼위일체가 되는 가운데 이들 요소들이 서로 유기적 연관성을 갖지 않으면 안 된다는 것이 일반적 견해이다. 해양스포츠학의 체계를 구축할 때에는 우선 사상의 자리에 해양스포츠철학을, 과학의 자리에 해양스포츠과학을, 실증의 자리에 해양스포츠운동학을 두고 보았다. 물론 이것은 아직 시론(試論)의 영역을 벗어나지 못한 불완전하기 짝이 없는 한갓된 논리일쑤 있다는 지적을 받을 수 있는 개연성은 일부 있다.

그러나 장래를 위해 지금부터 해양스포츠학의 체계를 하나하나 구축해 나가지 않으면 안 되는 현실적 절박감을 생각하면 장님 문고리 잡는 심정으로 하나의 지지대(支持臺)로 삼을 수 있다고 생각된다. 그리고 여기서부터 '해양스포츠철학', '해양스포츠과학', '해양스포츠운동학' 등은 해양스포츠학을 구성하는 3대 요소, 즉 세 가지 기둥이 되는 셈이 된다. 물론 이들 요소는 제각각 독립적으로 성립되는 것이 아니기 때문에 상호의존의 형태로 해양스포츠학의 체계를 구성하지 않으면 안 된다는 점도 잊지 말아야 할 측면이다. 그렇지만 오늘날의 체육계를 비롯하여 해양스포츠계를 살펴보면 실증적인 면을 담당하고 있는 현장의 실기담당 교사와 코치들, 그리고 해양스포츠의 본질을 추구하고 있는 이론 연구자들, 그리고 해양스포츠를 과학적인 면에서 연구하고 있는 사람들 사이에는 반드시 긴밀한 관계가 유지되고 있다고 할 수 없는 것이 현실이다. 게다가 어떤 면에서는 오히려 분리되어 있다고 까지 말할 수 있을 정도로 제각각인 형편이다. 이 같은 관점의 차이는 결국 해묵은 논쟁거리가 되었지만 '실기가 이론보다 중요하다.' 아니다. '이론이 실기보다 더 중요하다.'라는 따위의 부질없는 논쟁이 한때나마 존재했던 배경이기도 하다.

즉 해양스포츠원리나 철학을 연구하는 이론 연구자들은 해양스포츠관련 제(諸)과학 분야의 진보에 대응할 수 있는 인식방법이나 올바른 세계관에 근거한 방법정립에 다소 소홀하고 있으며, 변함없이 낡은 철학적 지식만으로 해양스포츠를 설명하려는 경향이 있다. 그런 탓으로 그 연구 성과물들도 해양스포츠 과학 연구자들이 납득할 수 있도록 구체적이고 실천적인 단계에까지는 아직 이르지 못하고 있다는 비판이 적지 않다.

반면에 운동생리학, 운동심리학 등 해양스포츠의 과학적 연구자들은 일반적 경향으로서 철학을 경시하고 있으며, 그 결과 실험을 위한 실험이나 데이터의 축적에만 몰두하고 있다고 할 수 있다. 실험적 연구가 과학에는 반드시 필요하지만 현상간의 관련을 분석적으로, 단편적으로만 접근하는 태도로서는 만족한 결과를 얻을 수 없기 때문에 이들을 보다 폭넓은 해양스포츠의 입장에서 통일적으로 체계지울 수 있을 때만이 해양스포츠의 과학으로서의 의미를 지니게 된다고 할 것이다. 해양스포츠의 과학적 연구 분야는 계속 세분화될 것으로 전망되고는 있지만, 지금까지의 해양스포츠는 과학으로서 많은 문제를 안고 있었던 것도 사실이다. 참된 과학은 철학을 떠나서는 존재할 수 없다는 점에서 해양스포츠과학 연구자들도 해양스포츠의 원리적인 연구를 소홀히 해서는 안 될 것이다. 즉 해양스포츠 원리 연구가 필요한 이유이다.

특히 체육의 경우, 최근 체육의 과학적 연구자들 사이에 체육학을 신체의 자연과학적인 연구로 한정하려는 경향이 적지 않다. 즉 체육학이 학으로서 성립되기 위해서는 과학으로 명확히 증명되지 않는 정신면을 제외시켜나아가야 한다는 것이다. 그러나 인간은 단순히 신체적인 존재만은 아니라는 데 문제해결의 어려움이 있다. 체육의 장에서 신체활동을 인간의 행동이나 행위로서 파악해 나아갈 때 체육학은 그 체계 속에 철학과 그밖의 인문과학 연구영역을 포함시키지 않으면 안 된다는 것은 너무나도 당연하다. 해양스포츠학 역시 마찬가지라는 점에서 지금껏 나는 아예 신심일원론(身心一元論)에 철학적 토대를 두고 연구해 왔다.

5) 해양스포츠학의 체계(體系)

해양스포츠학의 체계적 구축을 위하여 '해양스포츠철학', '해양스포츠과학', '해양스포츠운동학'의 3요소를 고려했다는 것은 이미 앞에서 언급했지만, 각 요소에 대해서 우선 그 내용을 정리하고 그 각각에 대해 검토해보기로 한다. 미래의 해양스포츠학 정립을 위하여 〈표 3-1〉과 같이 그 구성내용을 일반체육학을 참고하여 구성해 보았다. 해양스포츠학 속에 포함되지 않으면 아니 될 영역이 이 이외에도 적잖게 있을 것이라 생각되지만, 우선 오늘날 자주 언급되는 것들을 중심으로 구성하고자 하였다.

이밖에도 해양스포츠학의 기초과학으로서 운동생리학, 잠수생리학, 심리학, 생물학, 인류학, 의학, 바이오에식스, 바이오테크놀로지, 정치학, 경제학, 종교학, 인간학, 미학 등이 필요함은 두말할 필요가 없지만, 해양스포츠학의 체계에서는 유사한 인접분야가 들어 있기 때문에 생략하였다. 또한 해양스포츠철학, 해양스포츠과학, 해양스포츠운동학은 병렬적으로 분리되어 있는 것이 아니고, 때로는 이러한 분류가 오히려 무의미하다고 여겨질 정도로 서로 유기적으로 또는 수평적으로 의존관계를 가지면서 해양스포츠학의 존립 토대로 기능하고 있다는 사실에 주목했으면 한다. 특히 이들 3개 요소는 변증법적 관계에 있다고도 볼 수 있다. 즉 한 요소의 연구 성과가 바로 다른 요소에 영향을 미쳐 그것을 더욱 발전시켜 나가는 식으로 상호 밀접한 관련성을 지니지 않으면 인간형성을 위한 해양스포츠학이란 것도 하나의 환상에 불과해버리기 때문이다.

한편으로 〈표 3-1〉에서 국내외에 걸쳐 처음으로 내놓은 해양스포츠학의 구성체계에 대해 생각의 일단을 앞에서 밝혔다. 해양스포츠철학의 대상론 안에 넣고 있는 지도론, 커리큘럼론, 교재론, 평가론 등은 해양스포츠와 해양스포츠학의 통합이라는 측면에서 해양스포츠철학 속에 포함시켜 보았다. 물론 지도론, 커리큘럼론, 교재론, 평가론 등은 단순히 해양스포츠철학의 대상이 될 뿐만 아니라 해양스포츠운동학에 자리 잡은 학습론에서 그 방법론으로서 고려하지 않으면 안 된다고 하겠다. 그러한 의미에서도 해양스포츠학의 3요소는 서로 유기적 관련성을 지니고 있다고 말하게 된다.

〈표 3-1〉 해양스포츠학의 구성내용(예시)

해양스포츠학	
	1. 해양스포츠철학
	(1) 대상론 　　① 해양스포츠의 본질론 　　② 해양스포츠의 목적·목표론 　　③ 지도론, 커리큘럼론, 교재론. 평가론, 교사론 (2) 내용론 　　① 심신상관 문제 　　② 인간형성 문제 　　③ 해양스포츠를 통한 신체활동의 의미와 가치, 방향정립 (3) 방법론 　　① 해양스포츠를 지탱하는 각종 철학의 검토 　　② 해양스포츠에 관한 종합적 인식방법
	2. 해양스포츠과학(개별 해양스포츠학)
	(1) 인문과학 분야 　　해양스포츠철학, 해양스포츠사학, 비교해양스포츠학, 해양스포츠심리학 (2) 자연과학 분야 　　스포츠잠수생리학, 운동생리학, 해양스포츠의학(보건·위생), 신체발달·발육학, 체육측정학(스포츠통계학), 　　바이오메카닉스, 보트엔진구조학(점검·수리), 운동역학, 보트조선(造船)학 등 (3) 사회과학 분야 　　스포츠사회학, 마리나관리 및 운영론(정책·경영), 마리나 개발 및 운영론, 해 양스포츠 안전교육론, 해양스 　　포츠론 플러스(교육), 해양관광론 플러스, 해양학. (4) 특별 부분 　　학교해양스포츠론, 사회해양스포츠론(어린이해양스포츠, 노인해양스포츠 등), 특수해양스포츠론(신체장애아, 　　정신지체아 등)
	3. 해양스포츠운동학
	(1) 기술의 본질론 (2) 각 종목별 기술론 (3) 해양스포츠방법론(인간운동으로서의 기술(Skill)의 학습방법 및 연습법) (4) 트레이닝론(컨디셔닝) (5) 지도론(심폐소생술 및 수상인명구조법 등)

출처 : 지삼업(2011). 해양스포츠론. 대경북스(서울). 29. 2019년 6월 일부 재구성.

특히 개별 해양스포츠학으로서의 사회과학 분야는 해양학, 스포츠사회학, 마리나 관리 및 운영론(정책·경영), 마리나 개발 및 운영론, 해양스포츠 안전교육론, 해양스포츠론(교육), 스포츠형 해양관광론이 적절한 과목이고, 2019년 기준 관련교재도 거의 개발되어 있다. 자연과학 분야는 스포츠잠수생리학, 운동생리학, 신체발달·발육학, 체육측정학(통계), 바이오메카닉스, 보트엔진구조학, 운동역학, 보트조선(造船)학, 스포츠의학(보건·보트위생) 등이 최적의 과목들이다. 특히 보트엔진구조학은 보트엔진 점검 및 수리 분야다. 더욱이 스포츠잠수생리학은 해양스포츠학과 전공과목 중에는 스포츠잠수가 2학기 이상 배정되어 있기 때문에 그에 따른 조치이다. 그러니까 체육학과나 생활(사회)체육학과는 운동생리학에 대한 이해가 반드시 필요하다. 체육 분야에서 양성된 박사급 중에서 운동생리학 전공자가 가장 많다. 그렇지만 해양스포츠학과는 운동생리학보다는 오히려 스포츠잠수생리학에 대한 이해가 더 절실한 것이 사실이다. 그럼에도 OO대의 경우, 실제 그렇게 하지 못한 것은 학과가 출범하기 이전부터 운동생리학 전공자가 전임교수로 이미 재직 중이었기 때문이다. 위인설관의 전형적 사례다. 스포츠잠수생리학 전공자는 2019년 현재도 극소수일 것으로 추정된다. 그렇지만 '스포츠의학'은 개념을 크게 건강부회시켜 이름을 보기 좋게 꾸며 놓았을 뿐, 학문의 본질은 예나 지금이나 앞으로나 변함없는 보건·위생학 분야다. 마치 과거 수도권의 어느 대학이 학생모집의 어려움을 극복하고자 '누에고치학과'를 '천연섬유학과'로 학과의 명칭을 바꿔 재미를 톡톡히 봤다는 후문이 있다. 학문을 앵벌이(?) 대상으로 삼으면 안 된다. 내친 김에 예를 하나 더 들면, 언어순화라는 측면에서 '운전수'를 '운전기사'로 '간호원'을 '간호사'로 각각 이름을 바꾸었다고 하여 그들의 고유 업무가 결코 달라지지는 않았음을 우리는 잘 알고 있다. 자칫 헷갈릴 수 있기 때문에 설명이 조금 길어졌다. 또한 해양스포츠학의 분류에서 해양스포츠심리학 등의 경우도 일반 체육학을 참고해 보면, 오늘날 대단히 많은 실험적 조작이 필요하게 되었기 때문에 자연과학 부문에도 포함될 수 있다. 그러나 이 해양스포츠학의 구성내용에서는 우선 인문과학부문에 일차 포함시켰다. 심리학은 인문과 자연에 걸쳐 양(兩) 걸림이 가능하다.

특별부문을 설정한 이유에 대해 설명해 둔다. 학교해양스포츠론, 사회해양스포츠론, 특수해양스포츠론 등의 연구 분야를 응용과학으로 묶어서 다른 묶음을 만들어 보려고 일차 고민은 하였으나, 결국 이들 부문도 학적 성격을 가진다면 해양스포츠과학 안에 정착시켜도 좋을 것이라고 생각되어 특별부문을 만들어 그 안에 넣어 보았다. 그 다음의 해양스포츠운동학이란 것은 바이오메카닉스와는 차별화 되는 것으로서 해양스포츠의 제(諸)과학을 기초로 하여 운동이라는 것을 종합적으로 수용하는 영역을 가리키고 있다. 실천학문 또는 행동학문으로서의 해양스포츠학의 특징을 여기서 특별히 강조하려 한 것이다. 누군가 이 분야를 적극 개척해주기 바란다.

이상 해양스포츠철학적 입장을 기초로 해양스포츠학의 체계화를 시도해 보았다. 물론 이 이외의 체계화도 새로운 개념을 통해 가능할 것으로 본다. 예컨대 사이버네틱스의 한 영역을 만들어 나아가는 이론 등은 각종 과학의 분화와 고립에 대한 저항으로서 나타난 것이라 일컬어지지만, 이러한 입장에서 해양스포츠학의 체계화도 생각할 수가 있을 것이다. 뿐만 아니라 교육을 제어 가능한 커뮤니케이션 시스템이라고 생각하는 발상이 점차 강화되고 있는 추세를 고려해 보면, 여기서도 해양스포츠학을 행동과학의 한 분야로서 체계화시키는 것도 가능하리라고 생각된다.

한편 체육학의 체계화에 대한 본질적 고찰을 시도하고 있는 얼마 전의 경향성에 착안하여 해양스포츠학을 분화와 통합이라는 관점에서 살펴보았다. 두 말할 것도 없이 과학의 진보와 연구의 세분화 사이에는 필연적인 관련성이 존재하지만 하나의 문제를 실험적 조작에 의해서 분석적·단편적으로 추출하는 것만으로는 불충분하다고 하겠다. 이를 폭 넓게 해양스포츠의 목적관에 비추어 통일적으로 체계화시킬 수 있어야만 비로소 해양스포츠는 과학으로서의 의의를 지니게 된다고 하겠다.

오늘날 생명과학(life science)이라는 말을 자주 사용하고 있다. 이는 물질기계론적 생명관, 또는 유물적 생명관에 서있는 과학을 말하는 것이다. 그렇지만 과연 이것으로만 인간이 해명될 수 있는가 라는 측면에서 보면 의문은 여전히 남게 된다. 그래서 정신과 신체를 포함한 종합적 생명관을 확립시키는 학문을 탐구할 필요가 있다고 주장하고 싶다. 이를 위해서는 자연과학과 인문과학간의 상호작용을 중시하지 않으면 아니 되기 때문에 이들 양자 간에는 서로 무릎맞춤을 통한 토론이 필요하다고 본다.

따라서 '해양스포츠학'은 인간의 질(質) 향상을 꾀하는 넓은 의미에서의 인간학이며, 그중에서도 특히 일반 체육학과 함께 신체교육의 학적 역할을 담당하는 것이라고 할 수 있다. 더욱이 지글저(Zeigler, E. F.)는 스포츠와 체육 분야는 인간의 운동(human motor performance or human movement)에 있다는 점에 대해 합리적 동의를 구하고 있음을 상기할 필요가 있을 것이다.

6) 해양스포츠철학의 내용

(1) 연구대상

해양스포츠철학의 내용으로서 이 책에서는 연구대상, 가치문제, 방법론을 들고 있다. 그렇지만 이 장에서는 연구대상과 방법론을 중심으로 설명하도록 할 계획이다. 따라서 가치문제는 제4장에서 언급한다.

연구대상으로서의 중심과제는 '해양스포츠의 본질' 추구와 '목적·목표' 등이 될 것이다. 또한 해양스포츠철학은 널리 해양스포츠에 관한 제(諸)문제를 종합적고찰의 대상으로 삼아 해양스포츠의 현실과 이념의 통일적 형태추구를 위한 역할을 담당하고 있다고 할 것이다.

'해양스포츠의 본질론'으로서는 "해양스포츠란 과연 무엇인가." 또 "무엇이어야만 하는가."라는 문제에 대해서 불가분적으로 통일시키는 작업이 중요한 과제가 된다. 이를 위해서는 현대의 역사적·사회적 현실의 파악, 신체의 과학적·철학적 인식의 방법, 인간관·세계관 등의 연구가 기초적으로 필요하게 된다. 그리고 그 본질론을 토대로 하여 현실적으로 이해 가능한 가치가 정립되어 해양스포츠의 '목적·목표'로서 구체화되어야 하는 것이다. 과학이 대상의 한 부분 또는 한 측면을 문제로 삼는 데 비해, 철학은 항상 전체를 문제로 삼고 있다. 따라서 지도론, 커리큘럼론, 평가론, 교사론, 교재론 등을 그 각각의 본질적 연구라는 의미에서도 해양스포츠철학의 대상으로 삼을 수밖에 없다. 물론 이들 각각이 해양스포츠의 장(場)에 구체화되기 위한 방법론으로서는 비록 극히 일부 연구자에 의해 수행되고 있다고 하더라도 해양스포츠과학이나 해양스포츠운동학 분야 연구의 성과들을 활용하지 않으면 안 된다.

(2) 연구방법

각자에 따라 결정된 철학을 기초로 해양스포츠의 본질을 인식해가는 해양스포츠철학의 연구방법에는 어떠한 것이 있을까? 여기서는 연역법과 귀납법 그리고 변증법을 중심으로 살펴보기로 한다. 특히 언어분석의 방법은 오늘날 일반 체육학 분야에서도 전문용어들을 묶어놓은 목록인 터미놀로지(ter-minology)의 연구로서 채용되고 있는 방법이기도 하다. 예를 들어 일반 체육학에 관련되는 용어의 한 사례로서 체육원리, 체육개론, 체육특강과 같은 다소 혼동되기 쉬운 용어들이 있다. 해양스포츠학 역시 앞으로 해양스포츠원리, 해양스포츠개론, 해양스포츠특강과 같은 용어들이 사용될 가능성이 높기 때문에 이러한 용어에 대해 언어분석이라는 방법으로 엄밀하게 그 의미를 검토해 볼 필요가 있다. 용어의 분석만으로 해양스포츠의 문제가 모두 해결될 수 있는지에 대해서는 당연히 한계가 있을 수 있다. 그러나 언어분석의 방법은 이후 재검토되지 않으면 안 되는 것도 사실이다. 필자는 죽고 연구자는 꾸준히 탄생한다. 그 시대의 과제를 조명하는 독법이 먼저라고 생각한다.

① 연역법

그 현상이 '반드시(must)' 그래야만 한다는 연역법은 시대나 이데올로기를 초월하여 무언가 보편적 가치를 지닌 것이 존재한다고 상정(想定)하고, 여기서 일체의 문제에 대해 각각의 의미를 부여하면서 처리해가는 사고의 방법을 말한다. 전통주의적 교육에서 진·선·미·애 등과 같이 불변의 가치를 지닌 것을 짚어내어 해양스포츠방법을 도출해 내는 것이 연역법의 입장이다. 게다가 수학과 자연과학 등에서 정리나 가설 등을 세워 그로부터 논리법칙에 따라 필연적인 결론을 이끌어내는 형식도 연역법에 의한 방법이다. 다르게는 '주체가 철저히 배제된 객관성'이 존중되는 자연과학적 연구방법이라고도 말할 수 있다.

"자연과학의 기초는 실험이다. 실험의 결과가 과학적 사실로 받아들여지려면 다음의 네 가지 조건을 충족시켜야 한다. 첫째, 누가 실험해도 같은 결론에 도달해야 한다는 '객관성' 둘째, 반복해도 같은 결과가 나와야 한다는 '신뢰성' 셋째, 측정하고자 하는 것을 제대로 측정했는가의 '타당성' 넷째, 그 결과를 일반화할 수 있는가의 '표준화' 및 '비교 가능성'이다. 과학적 주장이란 그 누구도 주관적 의견을 제시하면 안 된다는 것을 뜻한다. 이 자연과학적 과학성이 어느 순간부터 인문·사회과학에도 적용되기 시작했다. 이후 아무도 자기 이야기를 하지 않게 되었다. 자연과학이 학문의 모범으로 받아들여졌던 것은 우리의 주관적 경험 또한 객관화할 수 있다는 믿음 때문이다. 이같은 객관성의 신화가 구체화되고 제도화된 결과가 바로 심리학이다. 심리학은 인간의 마음을 객관적으로 측정할 수 있다는 신념의 결과다. 그래서 심리학과에 들어가면 통계학과 자연과학적 실험방법론을 필수로 배워야 한다. 이런 점에서는 '스포츠심리학'도 마찬가지다. 그러나 20세기 후반, 인문·사회과학에서 들불처럼 일어난 포스트모던 논쟁을 거치면서 '객관성의 신화'는 왕창 무너진다. 자연과학에서 조차 그랬다. 하이젠베르크(W.K. Heisenberg : 1901~1976)의 불확정성 원리나 아인슈타인((1879~1955)의 상대성 원리의 핵심은 객관성의 해체다. 그렇지만 이제는 객관성 대신 '상호주관성'이란 개념이 사용되기에 이르고 있다. 주체들이 공유할 수 있어야 유효한 진실이 되기 때문이다. 상호주관성에서는 각 주체들 간의 소통이 가장 중요하다. 여기에 계몽이나 강요가 설 자리는 없다(김정운, 2014)."

아무튼 연역법은 주어진 법칙을 통해 사례를 설명할 뿐, 주체의 새로운 인식과는 아무런 상관이 없다. 절대적·보편적인 것은 과연 존재하는 것일까? '해양스포츠의 본질론'에서 본질적인 것이 우선 존재하여 그것이 역사나 사회적 조건에 따라 변화해 갈 것이라는 입장을 취하지 않고 오히려 본질은 변화 속에서 탐구되어야만 하는 것이 아닌가라는 입장을 표명했다. 그러나 보편적으로 가치가 있는 것을 설정하는 일은 해양스포츠철학에서도 개념의 공전(空轉)을 초래할 위험이 있을 뿐만 아니라 독단론에 빠질 우려도 배제하기 어렵다. 특히 그러한 측면은 자연과학 역시 자유스럽지 못하기는 마찬가지라고 말할 수 있다.

예를 들어 자연과학의 존재가 완전한 것이며 그 법칙이 고정불변의 것이라면 우리는 안정된 상태에서 그것에 따르기만 하면 되지만, 현실은 꼭 그렇지만은 않다는 것이다. 과학 그 자체가 오히려 끊임없이 변화·생성되고 있다는 점에 주목할 필요가 있다고 생각된다. 특정 과학이론이 영구적으로 존재할 확률은 거의 없다. 실제로 객관성의 신화가 포스트모던 논쟁을 거치면서 상호주관성이 시대를 이끌고 있다. 뿐만 아니라 특히 21세기 제4차 산업혁명 시대의 도래에 따라 과학이론의 수명은 과거에 비해 대단히 짧을 수밖에 없다는 것이 일종의 상식으로 받아들여지고 있는 2019년의 오늘날이다.

그렇다고 하여 연역법을 전면적으로 부정할 수 있는 것도 아니다. 해양스포츠의 본질을 추구할 경우에 해양스포츠의 현실적 사상을 본질파악의 중요한 근거로 삼고 있으나, 그 과정에서 경험을 초월한 직관력이나 구상력에 의한 연역적 사고를 자주 사용함으로서 자신의 철학의 충실도를 측정해 볼 수 있을 것이다. 이 점은 다음에 설명하는 귀납법과의 관련을 통해 더욱더 쉽게 이해가 될 것이다.

② 귀납법

귀납법은 각각의 특수한 사례에서 법칙을 이끌어내는 사고의 방법을 말한다. 진보주의적 교육에서 절대적·보편적 가치를 부정하고 시대의 변화에 따라 이에 가장 잘 적응할 수 있는 방법을 그때마다 과학적으로 고안하여 일체의 교육문제를 해결해 가려는 입장은 전통적인 귀납법적 사고라 할 수 있을 것이다. 그러나 이 경우, "시대에 적응하려는 방법은 어떻게 도출해 내는 것일까?" "교육이란 무엇일까"라는 전제 없이 가능할 것인가.

여기에 귀납법의 한계가 있다. 해양스포츠 활동 장을 예로 든다면 해양스포츠는 신체활동이라는 실천과 밀접하게 관련되어 있다. 해양스포츠의 과학적 연구도 매년 심화되어 실증과학이라는 측면도 지니게 되겠지만, 여러 가지 해양스포츠의 현실적인 문제들을 모아서 이를 실천의 장에 효과적이 될 수 있도록 재구성하기 위해서는 이미 "해양스포츠란 과연 무엇인가"라는 점이 전제되지 않으면 안 된다. 평가적 추론(evaluative inference)에 의한 부분의 재구성만으로는 살아 숨 쉬는 전체가 될 수는 없다. 그 현상이 '실제로(actually)' 그렇다는 것만을 이야기할 뿐이기 때문이다. 그런 의미에서 보면 귀납법은 현상을 기존 법칙으로 설명하는 연역법과는 확실히 대립되는 방법이지만, 그래도 현실의 사고(思考)에서는 양자가 결합한다든지 혹은 상호 보완할 필요성은 분명 있어 보인다.

특히 해양스포츠학을 체육학으로부터 '분화(分化)'시키기 위한 논리의 얼개를 '현상이 실제로 그렇다'는 귀납적 방법[A]과, '그 현상이 반드시 그래야만 한다'는 연역적 방법[B]의 두 연구방법을 교집합(交集合 : intersection)'시키기 위해 편집을 시도하면, 이 양자가 하나(A∩B)가 됨으로써 "해양스포츠학은 그 모태(母胎)인 체육학으로부터 드디어 '개체 독립'하여 독자적인 학문으로써 그 위상을 당당히 정립할 수 있는 신천지가 성큼 열리게 된다." 해양스포츠학 어슴새벽을 여는 이 길은 곧 학도들에게 자부심을 부풀려주는 갓밝이(여명) 역할도 할 것이다. 다만 걱정되는 것은 이 '양자의 교집합'의 경우, 그 일체화의 방법은 어떻게 이루어져야만 할 것인가라는 점이다. 바로 이런 측면이 '변증법적 사고'의 필요성을 제기하고 있는 출처가 된다.

③ 변증법

변증법이란 간단히 말해서 모순·충돌하는 것을 지양(止揚)함으로써 보다 고차적인 것으로 발전시켜 나가는 방법을 말한다. 사고의 주체가 자기 안에 2개의 모순되는 입장을 생각할 수 있는 것은 본래 동일한 사물에 관해 2개의 모순되는 견해가 성립될 수 있기 때문이며, 또한 그것은 사물 그 자체가 모순·충돌되는 계기의 결합에 따라 존재하기 때문이기도 하다. 이것을 교육과 관련시켜 보면, 변증법적 사유방식을 가지고 생각하기 때문에 교육의 본질이 변증법적 성격으로 보이는 것이라고 해석할 수도 있을 것이다. 그러나 원래 교육 그 자체가 변증법적 성격의 것이기 때문에 이를 올바르게 받아들이기 위해서는 변증법적 사유방식에 의하지 않으면 안 된다고 하겠다.

이와 같은 사실은 해양스포츠의 본질을 추구하는 태도에서도 그대로 적용되어야 하는 문제다. 예컨대 일반 체육이 처해 있는 모든 문제를 보더라도 여기에는 여러 가지 학설과 논의가 있으며 제각각 모순·대립되고 있기 때문이다. 이것을 올바르게 파악하여 보다 고차적인 것으로 만들어 가기 위해서는 어찌됐든 변증법 이외 다른 어떤 묘안이 더는 있을 수 없다. 그래서 해양스포츠철학의 방법으로는 귀납법, 연역법 등도 제각각 중요한 의미를 지니고 있음은 사실이지만, 해양스포츠를 사회적 존재로서의 인간의 운동으로서 종합적인 가치를 부여하려 할 경우에는 변증법적 인식방법을 해양스포츠철학의 연구방법으로 삼는 것이 가장 타당하다고 봐야 한다. 따라서 해양스포츠의 현실과 이념의 통일을 목표로 하는 종합적인 논리로서 '자기모순'을 그 자체로는 부정하면서 오히려 더 높은 단계에서 이 모순을 긍정하여 나감으로써 해양스포츠의 본질은 자연스럽게 해명될 수 있으리라고 생각된다.

다만 사람을 논의의 중심에 두는 인문학적 주장은 객관적 척도가 있을 수 없기 때문에 듣고자 하는 사람의 '태도', 즉 '믿음'이 결정적이다. "기본적으로 주장하는 이에 대한 존경심(respect)이 없으면 아무리 우겨도 안 듣는다. 몸무게가 무겁다고 바로 위대한 사람이 되는 것은 아니다. 영어권, 특히 미국에서 논의되는 것들을 끊임없이 힐끔대야만 비주류의 불안에서 벗어날 수 있는 주변부 지식인의 슬픔이다. 심지어 서구 객관성의 신화에 억눌린 일부 유학파들은 마치 신체 기관 중에서 자기표현이 없는 가장 수동적인 부위인 귀[耳]처럼 아예 자기 생각이 없는 듯하다. 스스로 생각해서 이론을 수립하는 것은 미국이나 유럽의 위대한 학자나 할 수 있는 것이라는 주변부 열등감에 주눅 들어 있기 때문이다. 이처럼 외국에서 통용되는 개념만이 진리 판단의 기준이 되는 한, 지식의 종속에서 영원히 벗어날 수 없다(김정운, 앞의 책)." 전 외신기자클럽 회장 마이클 블린 역시 자신의 책 『한국, 한국인』에서 '한국인이야말로 스스로에 대해 부정적'이라고 했다. 그는 또 "한국인은 스스로를 믿지 못한다."고도 했다. 우선은 그의 일침이 불편할 수도 있지만, 다른 한편으로는 서울에서 37년간 살고 있는 소위 '한국통'이기 때문에 내부자로서의 애정이 담긴 비판이다. 그의 관찰력이 그저 놀라울 따름이다.

한데, 다행히 해양스포츠 분야는 사정이 전혀 다르다. 지금껏 영어권, 유럽권을 통틀어 눈씻고 살펴봐도 대학에는 해양스포츠학과 자체가 2019년 6월 현재까지도 존재하지 않는다. 다만 세일링요트를 제작하는 기술을 가르치는 '해양스포츠과학과'는 영국 폴리머츠대학 단 한 곳 있다. 그러니만큼 외국에는 고수의 반열에서 이론을 정립한 위대한 해양스포츠학자가 있을 턱이 없다. 특히 국내는 이미 1996년 국립부경대에 1개 학년 40명 규모의 해양스포츠학과가 설치되어 있고, 또 지금은 해양스포츠전공 석·박사학위 소지자도 수십 명이나 배출됐다. 이 외에도 3개 대학이 더 있다. 그러나 국내 해양스포츠학의 학문적 역량은 아직 함량미달인 것은 사실이다. 그럼에도 여전히 한국이 해양스포츠학에 관한 세계 표준이다.

따라서 한국의 해양스포츠학계에서는 주변부 지식인의 불안을 겪을 일이 없고, 또 지식의 종속도 전혀 우려할 필요가 없다. 국내에서 정립된 이론을 세계표준으로 믿고 신뢰하는 등 우리 스스로가 '존경심을 갖는 태도'가 요구될 뿐이다. 위대한 학자가 따로 있는 것이 아니듯 해양스포츠학의 개체 독립을 위한 '얼개구축 가설'만 하더라도 이미 국내외에 걸쳐 해양스포츠 분야 학문의 길을 인도할 북두칠성(北斗七星)의 역할을 하고 있다. 그렇지만 첫 개념설계자의 역할은 딱 여기까지다. 그런 가설도 설계자의 손을 떠나면 사람과 마찬가지로 자기의 길을 갈 수밖에 없기 때문이다. 모든 가설은 언제나 다시 읽히는 것이 옳다. 가설의 설계자는 죽고 연구자는 끊임없이 탄생한다.

7) 해양스포츠철학의 필요성

해양스포츠철학의 필요성을 논하기에 앞서, 먼저 인간에게 철학이 왜 필요한가를 생각해보는 것이 당연한 순서일 것이다. 우리는 철학을 통해 세상을 살아가는데 필요한 가치관을 정립하고, 또 사고에 대한 행동의 방향성을 설정하여 인생을 참된 목적으로 이끌어주는 길잡이 역할을 기대할 수 있다. 우리가 동물처럼 그저 먹고, 쉬고, 자고, 살다가 죽는다면 인생에 대한 철학이 필요 없다. 그러나 인간은 적어도 만물의 영장으로서 생각하는 동물이기 때문에 의미와 목적이 있는 삶을 산다는 것이 대단히 중요하다.

철학의 어원이 '지혜의 사랑(love of wisdom)'이라는 것을 이해한다면, 한마디로 현명하라는 뜻일 것이다. 즉 어떤 문제의 해결에 있어 여러 사항들을 고려하고 통찰력을 발휘하여 현명한 결정을 내리는 일이다. 예컨대, 세계 제2차대전 당시 미국은 일본에 대항해서 힘겨운 전쟁을 하고 있었다. 이때 미국에서는 원자폭탄이 처음으로 아인슈타인을 비롯하여 일군의 과학자들에 의해 제조되었다. 일본에 원자탄을 투하하면 미국은 쉽게 승리할 수 있었다. 그러나 가공할만한 핵무기로 인해 수많은 인명피해가 있을 것은 불을 보듯 빤하였다. 이때 원자탄을 사용할 것인가, 안할 것인가 하는 선택의 판단은 객관성을 전제로 하는 자연과학의 힘으로는 절대 해결할 수 없는 성질의 것이다. 그렇다고 해서 여론조사로 결정할 일도 아니다. 이는 통치자의 깊은 통찰력과 분별력, 이성적이고 합리적인 사고를 통하여 결정을 내려야 하는 다분히 철학적 문제해결 방법이 가장 중요하게 작용할 수밖에 없다.

이처럼 철학은 '부분을 종합식으로 재구성하여 전체를 만드는 것'이라고 생각하면 틀림없다. 예를 들어 학생들의 수업부담을 줄이기 위하여 교과과정에서 해양스포츠수업을 줄이는 안이 나왔다고 가정해 보았을 때, 누가 정책 결정자에게 해양스포츠의 필요성을 정당화시킬 것인가? 운동생리학자나 스포츠심리학자, 또는 스포츠의학자와 운동역학자는 각기 자기 분야에서 전문적으로 연구적인 태도만을 취하고 있기 때문에 해양스포츠 분야의 전체적인 흐름을 파악하지 못하거나 혹은 관심이 없을 수가 있다. 그렇다면 이를 정당화할 수 있는 분야는 어디인가? 그것은 바로 해양스포츠철학자가 그 역할을 담당하여야 한다. 즉 마리나관리 및 운영론, 해양스포츠론, 스포츠잠수생리학이나, 해양스포츠심리학, 해양관광론 등 각 분야에서 나온 이론이나 학설을 바탕으로 해양스포츠철학자는 모든 것을 종합해서 해양스포츠의 필요성이나 각 종목에 대한 강의시간의 교육적 효과를 정당화할 수 있을 것이다.

최근 우리나라는 주입식으로 일관되는 입시교육으로 학생들은 날이 갈수록 이기주의화 혹은 개인주의화되어가고 있다고 한다. 이를 바로잡기 위해서는 학교교육에서 도덕교육을 강화해야 한다는 개탄의 목소리가 여기저기서 나온 때가 있었다. 체육이나 해양스포츠의 목적이 신체활동을 통한 인격완성이라고 할 때 스포츠의 역할이 그 어느 때 보다도 시급하다고 볼 수 있다.

그러나 스포츠 현장에서는 오히려 선수구타, 관중난동, 승부조작, 성폭행 등 비스포츠맨십이 빈번하게 일어나고 있는 것이 오늘날의 현실이다. 철학의 중요한 연구영역인 윤리학이 바로 이러한 문제들을 연구하는 데 길잡이가 된다. 여기에서 우리가 꼭 알아야 할 점은 철학과 해양스포츠는 두 개의 분리된 학문이라는 점이다. 철학을 하는 것은 철학자의 일이고, 해양스포츠를 하는 것은 해양스포츠를 하는 사람들의 일이라는 것이다. 이는 대니얼 리 클라인맨이 자신의 저서 『과학기술 민주주의』에서 지적하였듯이 '사용하는 것'의 차이일 것이다. 모든 학문을 하는 사람은 자기 분야를 위하여 다른 분야의 원리를 원용할 수밖에 없다. 해양스포츠학자 역시 철학을 도구나 지침으로 사용할 수밖에 없다는 현실론으로부터 출발하여야 한다. 모든 학문에 걸쳐 척척박사 일쑤는 없기 때문이다. 특히 지식인은 사회적 계급이 없다. 계급을 스스로 선택하는 계급이다. 스스로의 선택은 곧 연마한 내공과 함께 품성을 말한다. 결국 지식인의 계급은 사회적 '신망과 권위'가 결정한다. 이렇게 보아 간다면 분야 최고의 권위자가 4성 장군의 계급에 해당되는 셈이다.

3. 인간과 해양스포츠

1) 인간존재와 신체

(1) 철학적 인간학

"인간이란 무엇인가?"의 물음은 유사 이래(有史以來) 꾸준히 탐구되어 온 문제이며, 인류가 지구상에 존재하는 한 영원한 물음일 것이다. 임마누엘 칸트(Immanuel Kant : 1724~1804)에 의하면, 철학의 모든 문제가 최후에는 인간이란 무엇이냐의 문제로 모아진다고 한다. 칸트는 인간학을 철학의 중심문제로 고정시킨 철학자로서, 그의 『윤리학』의 서론(Ⅲ) '철학일반의 개념'에서 철학이 탐구해야 할 근원적인 물음을 세 가지로 제시하고 이것은 결국 '인간이란 무엇인가(人間學)?'로 귀착된다고 말하였다. 그리고 거기에 대한 대답으로서 그의 철학은 철학적 인간학으로 발전되어 왔다. 철학적 인간학은 생물학이나 생리학 등을 기초로 하는 인류학이나 인종학과는 구별된다고 하는 그의 세 가지 물음을 〈그림 3-1〉을 통해 설명해 보면 다음과 같다.

〈그림 3-1〉 칸트의 철학적 인간학
출처 : 정종훈(1998). 체육철학. 동아대출판부(부산). 38.

칸트가 제기한 철학적 인간학은 후에 서양철학의 근본사상이 되었으나 "해양스포츠란 과연 무엇인가?"라는 문제의 적시(摘示)는 해양스포츠학의 궁극적 과제이며, 그것은 동시에 인간이란 무엇인가를 알아보는 심근(心根)과 표리(表裏)를 같이 하는 것이라고 말할 수 있다. 즉 해양스포츠는 인간의 존엄성을 자각하고 인간존중을 기반으로 하여 성립되는 인간의 과학이기 때문이다. 이와 같은 의미에서 가와무라(川村英男)가 "체육의 목적을 인간으로 규정하고, 인간을 떠나서는 신체는 없고, 신체를 제외하고 인간은 존재할 수 없다."고 한 말에 고개가 절로 끄덕거려진다. 마찬가지로 체육은 어디까지나 해양스포츠 분야를 포함하고 있기 때문에 해양스포츠 역시 그 대상은 인간이며, 그것은 동시에 신체가 된다. 해양스포츠가 신체를 떠나서 생각할 수 없는 과학이란 것은 너무나도 자명한 사실이다. 이는 그 아버지의 아버지는 그의 할아버지가 되듯, 해양스포츠가 과학이라는 것은 의심의 여지가 없다는 뜻도 된다. 그럼에도 이와 같은 인간의 존재성을 의식하여 거기에 해양스포츠의 근거를 정하고자 했던 해양스포츠연구자는 극히 일부다. 일반체육이 그랬던 것처럼 해양스포츠 역시 흔히 목전의 방법론에 관심이 집중되어 목적론적 추구를 기피하는 경향이 있으나, 인간이 무엇인가를 자각하지 않는 해양스포츠는 존재할 수 없다고 단언할 수 있게 된다. 철학적 인간학은 인간존재를 통로로 해서 이루어지는 인간학이기 때문에 인간존재는 대상(對象)이 아니라 주체(主體)가 된다.

따라서 현대철학이 인간존재를 문제로 할 때 독일 관념론과 같은 철학이나, 객관적인 물리적 세계의 일부로서 파악하려는 자연과학적 관점이나, 또는 이 둘을 절충한 물심이원론(物心二元論)으로서는 해석할 수 없는 문제라고 생각된다. 생의 철학을 바탕으로 구축된 현대철학은 이와 같이 편견적인 것이 아니라 인간존재의 구체성이나 전체성을 더욱 중시하여 인간을 파악하고자 하는 경향성을 짙게 띠고 있는 결론을 얻을 수 있다. 특히 이와 같은 경향성에서 우리는 경기의 승패가 아니라 동료의 우정을 소중하게 생각해야 한다는 교훈을 얻을 수 있다. 현상에 주목할 것이 아니라 현상의 저변에 있는 구조, 즉 인간을 중히 여기는 철학이 중요하다. 꼬리가 개를 흔들어서는 안 된다. 결국 승패는 잃어버리더라도 자각적 체계를 갖추고 있는 사상(철학)은 남겨야 한다고 말하게 된다. 물론 해양스포츠 육성과 같은 사상이나 철학은 시대가 낳는다. 현대철학의 인간 중심 언어가 해양스포츠철학 정립 희망의 언어로 비약하고 있다.

(2) 현상학파 - 신체

"실존이 본질에 앞선다." 또는 "누군가 정해 놓은 내 삶보다 내가 스스로 만들어 가는 실존적 삶을 더 우선해야 한다."고 주장한 프랑스 철학자이자 소설가인 샤르트르(J. P. Sartre : 1905~1980)를 비롯하여 현상학파의 사람들은 인간 본연의 존재를 물질이나 심령(心靈)이 아니라는 점에 착안(着眼), 무리가 없는 가운데 종합적으로 판단하고자 하여 '세계내(世界內) 존재(存在)'라는 용어를 가지고 이를 규명하고자 했다. 즉 '세계 내 존재가 인간존재의 기초구조'라는 것이다. 이 사고방식의 특징은 인간의 근본적인 존재성을 운동(運動)하는 주체로 보고, 정신이나 의식 등은 행동의 고차적 구조라고 해석하는 것이다.

그렇기 때문에 신체란 세계의 출현을 가능하게 할 수 있는 행동의 통일태(統一態)를 기하는 곳이며, 이것만이 세계 내 존재의 주체라고 생각하게 되었다. 그래서 인간은 신체에 의해서 세계 속에 삽입된 존재에 불과하다는 견해를 낳게 하였다(정종훈, 앞의 책).

결국 세계 내 존재의 중심축은 신체라고 하는 것이다. 이와 같은 인간존재론의 새로운 인간의식의 방향은 '해양스포츠란 과연 무엇인가'의 의의를 고찰해 나갈 경우, 신체를 높이 평가하여 신체의 건전한 발달은 해양스포츠를 포함하는 체육운동에 의해서만이 가능하다고 단정하게 되는 것이다. 따라서 인간존재의 일부가 신체에 뿌리를 두고 있는 이상 인간 – 신체의 계열은 인간이 살아가는 참모습이 될 것이며, 해양스포츠의 의의는 당연히 인간존재의 참모습에 접촉하고 그 진상(眞相)에서 계속 추구되어나가야 한다. 물론 철학적 입장은 신체를 객관적 대상으로 한 자연과학을 부정하는 것은 아니다.

2) 정신적 영역에 대한 작용

(1) 의식의 구조

의식이 생명현상으로서 성립되는 구조를 〈그림 3-2〉와 같이 도형화한 설이 있다. 그것에 의하면, 인간의식은 계층적인 것으로 이중지배의 구조를 갖고 있다는 것이다. 즉 인간의 의식이란 식물적·동물적인 의식 이전의 생명이나 본능을 기반으로 해서만이 존재할 수 있으며, 이와 같은 소지를 초월해서 습관이나 성인적(聖人的)인 이성은 존재할 수 없다. 또 이성과 의식하의 이중지배의 관계에 대해서도 생리학에서는 자율신경계와 뇌·중추신경계를 구별하고 있다. 자율신경은 의식의 최하층에 해당하는 신경으로서

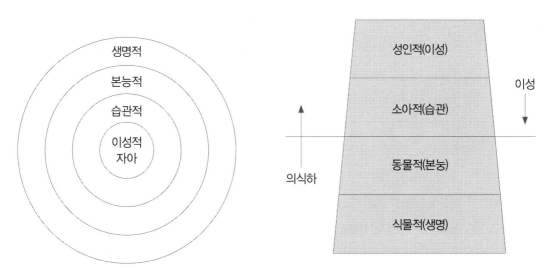

〈그림 3-2〉 인간의식의 층계(層階)
출처 : 정종훈(1998). 앞의 책. 41.

우리들의 의지와는 전혀 무관하게 생애에 걸쳐 쉴사이없이 내장기관을 지배하고 있다.

(2) 해양스포츠교육의 1차적 대상

자율신경계는 외부환경에 민감하여 정신작용에도 예민한 반응을 나타낸다. 우리는 때때로 신경계의 부조화로 말미암아 정신적인 리듬이 파괴되고 인간에게 육체적 고통을 안겨줌과 동시에 건강에 해를 끼치는 원인이 되기도 한다. 이와 같은 자율신경계의 실조(失調)는 결국 의식의 동물적 층계(層階)뿐만이 아니라 이성적 층계까지도 그 작용을 불충분하게 만들고 만다. 이러한 이유로 해양스포츠가 식물적·동물적 층계까지를 대상으로 하는 전신운동의 의미가 발생하게 되는 것이다. 기분전환, 즉 목적 달성을 위한 수단인 해양레크리에이션형의 해양스포츠나 경쟁적인 스포츠형 해양스포츠의 가치를 동등하게 인정하는 것도 그 때문이다. 즉 생명적 층계에 대한 직접적인 관여는 신진대사를 원활하게 하는 동시에 정신기능까지도 쾌적하게 만든다. 천부적 권리인 생명은 이와 같은 입장에 있어서도 침해할 수 없는 절대적 권리로서의 근거가 확보된다 할 것이다. 그리고 "목적과 수단은 통일체이다. 목적은 높은 단계의 수단이며, 수단은 낮은 단계의 목적이다(신영복, 2011)."

(3) 해양스포츠교육의 2차적 대상

뇌·중추신경의 개발은 행동의 자유로운 행사를 위해서 필요하며, 의식의 본능적·습관적 층계를 지배하고 있기도 하다. 그리고 이성적 자아의 지배를 받아 인간은 욕구실현에도 도움이 되고 있다. 따라서 해양스포츠는 이들 두 층계에 관여하여 그 만족을 도모함을 직접적인 목표로 삼고 있다. 그러나 이성적 자아는 무절제한 신체작용을 통제하는 역할을 한다. 해양스포츠는 이와 같은 높은 이상을 향한 윤리성을 지니고 있음을 확인할 수 있다.

과학문명이 오늘날과 같이 인간사회를 능가하게 되면, '나는 인간이다.' '인간은 이성적 존재다.'라고 생각하기 이전에 동물이나 생물로 생각하는 쪽이 보다 인간적이라고 하는 주장이 우세해진다. 인간의 원시성에 대한 향수 같은 심정이다. 이러한 향수는 인간이 자연성을 상실하고 소외되고 있다는 결과이기도 하다. 동시에 의식하(意識下)라는 말로써 표현되고 있는 식물적 차원이나 동물적 차원은 과학의 발달과는 반대로 비교하여 퇴보의 경향을 걷고 있다. 즉 과학기술의 문명은 인간에게 풍요로움을 제공하지만, 인간존재에서 가장 기본이 되는 인간의 자연성을 손상(損傷)시키는 것이다. 달리 말하면 과학의 능력주의가 인간의 자연성을 훼손시킨다고 말할 수도 있다. 따라서 해양스포츠 활동은 인간신체의 퇴보를 방지하고 그 발달에도 기여하고자 하는 것이다. 해양스포츠 활동은 그것이 본능의 충족을 도모하는데 그치는 것이 아니라 그것을 체험하고 단련시켜 이성적 자아를 기르는 형성적 작용이라고 할 수 있다. 이성적 자아의 확립은 자기의 본능을 통치함과 동시에 이를 통하여 이성적 자아에 좋은 영향을 미치게 하는 것이다.

3) 인간성의 구조와 해양스포츠

(1) 인간성의 이념

우리가 인간성을 이념화하기 위해서는 과학적이며 윤리적인 사고가 요구된다. 그리고 하나의 입장에 편중되는 것은 바람직한 일이 아니다. 또한 이념인 이상 어떠한 주의주장에도 충분히 적응할 수 있는 보편성이 있어야 한다. 오오에(大江精三)는 인간성을 이념화하기 위해서는 상상실험에 의한 방법이 가장 공평하고 확실한 방법이라고 했다.

그 방법에 따르면 인간성의 이념이 구체적이고 생생한 모습으로 묘사된다. 또 현실의 동태에 맞춰서 이념화할 수 있는 데에 그 특징이 있다고 하였다. 그가 형이상학적인 시도에서 구상했던 인간성 이념화의 공식을 소개하면 다음과 같다.

☞ 구체적 인간성을 유도하기 위한 이상적 인간상의 형성과정

P = Personality(인격, 인간)

· 3개의 기본적 성질 ; V : Vital energy(원시적 생활력), S : Social mixed (공동체적 정신),
I : Creative reasoning intelligence(창조적 정신성, 이지적 정신)

$P(Ve. Sm. In.)$ ······················· (1)

$P(V_0. S_{10}. I_{20})$ ······················· (2)

$P(V_{10}. S_{10}. I_{20})$ ······················· (3)

---

(1)을 인격의 구성요소로 한다면, (2)의 경우는 금욕주의적 크리스트교의 인간상을 나타내며, 이성적 정신 내지는 인류상애(人類相愛)의 자극이 강한 반면에 본능적·육체적인 요소(V_0)는 존재하지 않는 인간상이 되어 버린다. (3)의 경우, 이것이 표준형이 될 것이다.

이 공식에 의해서 다음과 같은 형태가 발생될 수 있다.

$$P(V_{15}. S_{10}. I_5) : V-type, P(V_5. S_{10}. I_5) : I-type$$

이상과 같은 기본적 방향을 제시하고 인간성 이념이 세 가지 기본성질 즉, '원시적 생활력', '본능적 사회성', '창조적 정신성' 등을 다음과 같이 설명하고 있다. 자연적·인위적 환경의 격변은 때때로 우리들의 존재를 위협한다. 우리 인간은 이것에 굴하지 않고 영속적인 발전을 도모하고자 한다. 그렇기 때문에 우

리는 어떠한 인간이 바람직한 것인가에 대하여 생각하게 된다. 이 경우 우리는 하나의 이론적 가설을 수립하고 그 과정을 상상하면서 될 수 있는 한 명확한 결론을 얻고자 노력해야 한다. 이를테면 타 세계와의 연락이 일체 불가능한 이 새로운 환경 속에서 우리들이 인간으로서의 새로운 생활발전을 성취하기 위하여 과연 어떠한 기본적 성질을 갖추어야 할 것인가에 대하여 생각해 볼 필요가 있다.

첫째, 새로운 생활환경의 시련에 견디기 위해서는 개체와 가족보존의 본능을 중심으로 우리들 각자에게 충분한 육체적·정신적 생활력이 필요하게 될 것이다. 문명생활의 안일에 익숙해진 우리들로서는 자칫하면 이와 같은 원시적 생활력의 중대성을 상실하는 경우가 허다하다.

둘째, 불안에 싸인 공동생활을 지키기 위해서는 상부상조와 희생적인 봉사 등 각 개인에 있어서의 공동생활에 대한 본능적인 사회성이 요구되어야 할 것이다. 지금까지 사회적인 보호혜택에서 살아온 우리들로서는 이와 같은 본능적 사회성을 부정하기가 결코 쉬운 일이 아니다.

셋째, 공동생활의 안정과 질서를 유지하기 위해서는 각 개인의 창의성을 발휘하여 새로운 방법이나 이념이 고안되어야 할 것이다. 원래 우리들 인간의 생존은 생물적 본능이나 사회적 본능에 의해서 깊이 뿌리내리고 있다고는 말들을 하지만, 그것만으로는 불충분하기 때문에 항상 직감보다는 이지적(理智的) 정신작용에 의해서 보충되지 않으면 안 된다고 할 수 있다.

(2) 인간상을 기초로 한 해양스포츠맨십

인간상이란 사람이 그 시대를 살아가는데 있어서 최고의 방식을 의미한다. 즉 그 시대의 이상적 인간상을 말한다. 해양스포츠는 항상 이상적인 인간상을 목표로 하여 그 실현을 사명으로 하고 있다. 그렇기 때문에 이상적인 인간은 해양스포츠 활동의 근본적 과제이다. "개체의 능력은 개체 그 속에 있지 않고 개체가 발딛고 있는 처지와의 관계 속에서 생성된다고 하는 생각이 바로 '주역'의 사상이다(신영복, 앞의 책)." 인간의 행동에는 반드시 뭔가의 형태로 그 사람 자신의 인간상이 표출된다. 해양스포츠 활동도 마찬가지로 그 활동에는 반드시 실천자의 어떤 가치의식이 존재하고 있다. 그 가치의식이야말로 그 사람이 갖고 있는 해양스포츠관의 발로이다. 인간상이 사람에 따라 각양각색이듯이 해양스포츠관도 사람과 종목에 따라 각기 다르다. 실제로 같은 요트인이라고 해도 단체종목인 세일크루저요트와 개인종목인 모터요트인 간에는 '협동'과 '아집'이라는 측면에서 특성을 보인다.

이와 같은 것들은 어느 것이든 간에 그 의식 속에는 그 사람의 인간상이 뿌리를 틀고 있는 것이다. 따라서 해양스포츠를 영위하는 기초는 그 사람 인간상의 발로에 의한 것이며 그것은 동시에 그 사람의 해양스포츠관이라고 봐도 무방하다. 독일의 현대철학자 니콜라이 하르트만(Nicolai Hartmann : 1882~1950)은 그의 저서 『정신적 존재의 문제』에서 인간존재는 각각 다른 여러 층계를 갖고 있어서 인간은 가치를 추구하는 존재라고도 하였다. 특히 하르트만이 앞에서 언급한 정신적 '객체화'라는 말은 철학사적으로 보았을 때, 하르트만에 와서야 명료하게 해명되는 개념이다.

  따라서 인간은 초월적인 주체로서 정신적 객체화를 통해 각각 다른 층계 또는 계층을 넘어가게 되는 것이다. 해양스포츠 활동에 있어서는 인간의 생리적 기초를 무시할 수 없는 것과 같이 실천자의 심리적 현상에 대해서도 무관심할 수가 없다. 이와 같은 해양스포츠의 필연성 이외에도 인간의 자율성에 착안하여 그 자율성을 되도록 활용하는 방향에서 해양스포츠 활동이 이루어질 때, 사회성이나 윤리성은 자연히 육성되어질 것으로 기대된다. 그리고 전체적 현상에 반성을 가하고 해양스포츠학을 구성하는 개별과학들의 방향을 올바르게 인도하기 위해서도, 해양스포츠철학의 필요성은 더욱 강조되어야 한다. 미국의 정치철학자 마이클 샌들(Michael J. Sandel : 1953~)은 『정의란 무엇인가』에서 "함께 사는 사회의 미덕을 키우고 공공선을 고민하는 것이 정의다."라고 주장했다. 따라서 '해양스포츠 맨십'이 곧 해양스포츠 사회의 미덕을 키우고 공공선을 지향하고 있다는 점에서 해양스포츠인의 정의요 길이요 철학인 셈이 된다.

4. 전공자의 내공과 자기관리, 철학이 요구되는 인간중심의 정책

  언젠가 "생활의 달인"이라는 TV 프로그램을 봤다. 기상천외한 신기(神技)를 발휘하는 온갖 직업인들의 모습에서 그 어떤 직업을 하찮게 여길 수 있으며, 그 어떤 사람을 경시할 수 있겠는가. 이 세상에 존재하는 모든 인간은 저마다 존재할 가치가 있고, 모든 인간은 이 세상에 태어나면서 한 가지 일은 신을 능가할 만큼 잘할 능력이 있다는 점을 확인시켜주었다. 단언컨대 달인은 그냥 만들어지는 게 아니다. 고난과 위기, 절망과 좌절 같은 뒤안길이 반드시 존재한다. 그렇다면 해양스포츠 전공자들은 어떤 각오로 임하고 있는가.

  더욱이 해양스포츠 분야에 재능이 있는 전공자라고 하더라도 일가를 이루기 위해서는 10년 단위, 20년 단위, 30년 단위의 노력이 필요하지 않을까 싶다. 동양 도학(道學)의 사유체계에서는 무슨 일이든 10년의 내공을 거치지 않은 것은 결국 사상누각이 되고 만다는 믿음이 있다. 최소 10년을 통해 실패의 경험을 축적해나가야 그 바닥에서 나름 알려진 '선수'가 되고, 20년 정도 지나면 초심자로서는 도저히 헤아릴 수 없는 새로운 경지에 이른다. 또다시 30년을 채우고 나면 '연단(練丹)' 과정이 끝나 자신만의 여의주(丹), 즉 한 문파(門派)를 창시하게 된다. 그러니 이런 통과의례를 돌파한 전공자들에게는 당연히 존경과 경외감을 가질 수밖에 없다.

  그렇다고 해도 자기관리 역시 철저해야 한다. 현존하는 최고의 투자자 워런 버핏(Warren Buffett : 1930~)은 "평판 쌓는 데는 20년 걸리지만 무너지는 덴 단 5분도 안 걸린다."고 했다. 해양스포츠 전공자에 있어 내공관리는 대단히 중요하지만, 자기관리도 같은 수준으로 잘 관리하여야 한다. 특히 연구자에 있어 명예나 사회적 평판은 생명과 다를 바가 없다. 자칫 삐끗하면 투명인간 취급당한다. 비록 목숨이 붙어 있어도 사회적으로는 이미 죽었다.

그런 뜻으로 '내공'과 '자기관리'는 해양스포츠인이라면 누구나 가슴속에 품어야 할 해양스포츠사랑과 잇대어 있다고 말하게 된다. 그 사랑의 본질은 자기가 영위하는 삶에 의해서 형성되고 표현된다. 겉모습으로 실현할 수 없는 것이 내공이고 자기 정체성이다. 사람이 다님으로써 만들어지는 등산로처럼 내공 역시 그 자신의 고민의 흔적이고 소통의 결과로 생겨나는 주름이다.

내공과 자기관리의 중요성을 쉽게 설명하려다 정작 가장 중요한 것을 빠뜨린 것만 같아 이야기를 하나 더한다. 그것은 해양스포츠가 처한 역경을 희망으로 바꾸어내는 작업에 철학이 필요하다는 얘기다. 첫째, 어려움에 직면할수록 냉정하게 현실을 직시하고 환상과 거품을 청산하는 일부터 시작해야 한다. 둘째, 환상과 거품으로 가려져 있던 해양스포츠의 구조와 뼈대를 직시하는 일이다. 셋째, 사람을 키우기 위해 거름하고 키우고 기다리는 문화가 필요하다. 특히 사람을 키우는 일이야말로 해양스포츠세상을 인간적인 사회로 만드는 일이다. 사람은 다른 가치의 하위 개념이 아니다. 사람이 끝이다. 해양스포츠계에 산적한 어려움을 '사람'을 키워내는 것으로 극복해 나가야 한다. 사람을 키우는 일, 일조일석에는 불가능하기 때문에 거름하고 키우고 기다리는 문화가 필요하지만 이것이 내공과 자기관리의 전제이고 절망의 언어가 희망의 언어로 비약할 중심에는 철학이 놓여 있다. 소프트웨어인 정책은 그다음이다. 물론 정책의 우선은 핵심적인 것을 먼저 파악하고 난 다음에 관련된 것들을 하나하나 연결해 나가는 순서일 것이다. 물론 그 핵심 파악도 오직 사람에 바탕을 둔 합리적인 추론을 통해 해법을 내야 한다. 그럼에도 일부 정책가들은 보고 싶은 것만 보려는 자기 확신에 갇힌 채 선한 의도만으로 원하는 결과를 이끌어낼 수 있다고 믿는다. 겉도는 정책은 주로 돈을 따진 결과이다.

투자 대비 효용(B/S)만을 따지는 행정은 천박한 행정이다. 한데, 19세기 갈등이론주의자로서 『국부론』 제1권을 저술한 공산주의 사상가 칼 마르크스(Karl Marx : 1818~1883)는 "모든 것을 이윤 계산의 관점에서만 바라보는 경향이야말로 자본주의의 진수"이다. 이런 계산 과정에서 인간적 가치들은 경제적 가치에 종속되고, 자본주의 조직 속에서 인간에 대한 고려는 실종된다."고 비평했다. 신영복 역시 자신의 저서 『담론』에서 "상품과 자본은 자본주의 사회의 설약(說約)이면서 압골(壓骨)"이라고도 했다. 그렇지만 '지식사회학'이라는 새로운 사회학을 개척한 헝가리 태생 유대인 사회학자 카를 만하임(Karl Mannheim : 1893~1947)식 표현을 빌리자면, "자본주의의 '기능합리성[수단]'을 비판하고 있는 마르크스의 지적도 사실은 그 불신의 요소들이 기본적으로는 신뢰의 요소, 즉 '실질합리성[목적]'에 뿌리를 박고 있다는 점이 야릇하고 짓궂기까지 하다."고 평가했다(김승욱, 2014). 그럼에도 나는 '수단'이 '목적'을 압도하는, 즉 효용[돈]만을 따지는 행정을 천박한 행정이라고 보고 있다. 사람들이 인간을 중요하게 여기지 못하는 것은 기능합리성이 실질합리성을 압도하기 때문이다. 오스트리아 출신 미국의 사회철학자 칼 폴라니(Karl Paul Polanyi ; 1886~1964)는 상품화하지 않아야 하는, 즉 돈으로 계산하지 않아야 할 세 가지로 인간, 자연, 화폐를 꼽았다. 자연과 인간은 생산하지 못하기 때문이고 화폐는 실물이 아닌 시스템이다(신영복,

2018). 문 대통령이 2019년 1월 국가균형발전을 위해 지방의 대형 토목사업에 대해 '예비타당성조사'를 면제시킨 결단의 중심에는 돈보다는 사람중심 철학이 있다.

따라서 해양스포츠산업계에 드리워진 어려움과 사업자의 고통을 해소시켜주는 정책이었으면 한다. 문 대통령처럼 부동의 신념인 철학에 의해 돈보다는 인간중심의 정책이 개발돼야 한다. 대학의 전공학과 중점지원도 인간중심 철학의 기다리는 문화이다. 경작하거나 기다리지 않고 추수할 수는 없다.

제4장

해양스포츠의 가치, 수질환경, 스포츠문화 창조의 기대주

1. 해양스포츠의 가치와 기능

1) 해양스포츠의 가치

인간은 생활환경에서 자연을 잃게 되면 잃게 되는 것만큼 자연에서의 활동을 갈망하게 된다. 주로 바다와 강과 호수에서 즐기는 해양스포츠는 잠자는 인간의 본성을 흔들어 깨우고, 몸과 마음을 모두 정화·재생시켜 주는 가운데 사람의 됨됨이(인간성)를 올곧게 만들어주는 사회교육의 장(場)을 제공한다. 실제로 해양스포츠는 스포츠(체육)가 이상으로 하는 지·덕·체의 덕목을 순도 높게 함축하고 있다. 또한 해양스포츠를 통한 사회화를 촉진시킬 수 있는 요소까지도 두루 갖추고 있기 때문에 뭍의 육상스포츠보다 오히려 신체적·정신적 효과가 높다. 내기오염에 찌들지 않은 맑은 공기와 시원한 바람, 그리고 바다와 강과 호수는 습도가 높은 곳이기 때문에 호흡 순환계에 좋은 영향을 미치는 것도 해양스포츠다. 물 표면에 반사되는 따뜻한 햇살(자외선)도 적당한 수준에서 피부를 노출시킨다면, 높은 건강가치를 지니게 해주는 것도 이 스포츠다. 더욱이 해양스포츠는 인간을 자연의 일부임을 깨닫게 되는 계기를 마련해 주는 것과 함께 바다, 강, 호수 등 있는 그대로의 자연이 종교요 삶이게 해준다. 뿐만 아니라 높은 체육적·정서적·심미적 효과를 비롯하여 자아실현, 생태와 환경, 삶의 질 향상 등의 항목에 더 많은 관심을 기울이게 하는 탈물질주의적 가치관 확립 효과 등 여러 가지 장점과 함께 품격까지 두루 갖추고 있는 완전스포츠이다(지삼업, 2006b).

해양스포츠의 좋은 점은 또 있다. 거센 파도를 헤치고 바람결을 읽으며 자연환경에 순응하는 가운데 자신의 마음 한구석에 똬리를 틀고 있을지도 모르는 만용을 순화시켜 겸허한 자기로 돌아오게 해주기도 한다. 또한 정신적 스트레스 해소와 고혈압, 고지혈증, 당뇨병 등 성인병 예방효과까지 있는 등 생활체육으로서도 최적이다. 더욱이 해양래프팅, 용선, 변형 카타마란(catamaran : 국내에서 특별히 청소년 해양스포츠체험용으로 해양카약 2척을 옆으로 엮어서 카타마란 보트를 변형시킨 쌍동선), 아웃트리거 카누, 2·4인승 해양카약, 해양조정(일본의 지바시로가 경기정을 이용하기 앞서 초보자의 연습정으로 개발한 넉클포어정(艇)으로 생활체육용으로는 최적), 세일크루즈요트와 같은 각종(단체종목) 해양스포츠들은 공동협력체로의 적응과 발전에 필요한 희생정신이 자연스레 체질화될 수밖에 없는 운동메커니즘(mechanism)이기 때문에 협동심과 사회성 함양에 매우 긍정적인 효과를 기대할 수 있다(지삼업, 앞의 책). 꿀벌이 다른 곤충보다 존중되는 것은 부지런해서가 아니라 생의 대부분은 남을 위해 일하기 때문이다. 꿀벌이 희생정신의 아이콘이라면, 단체종목으로 대변되는 팀 해양스포츠 역시 희생정신 배양의 인큐베이터라 할만하다.

특히 해양스포츠는 청소년의 신체적 균형발달을 도모하는 한편, 모험심과 탐구정신을 길러주고, 희생과 봉사정신을 배양해주며, 적극적인 사고력까지 지니게 해준다. 게다가 청소년 발달적 가치(욕구의 충족·사회성 및 정서의 발달·태도·흥미·능력, 사회적 규범의 준수), 진단적 가치(자기평가·자아발견 기회 제공), 치료적 가치(새로운 습관의 내면화), 학교 및 지역사회에 대한 가치(개인 능력의 최상 발달) 등 크게 네 가지 측면에서 탁월한 가치가 있기 때문에 청소년 교육프로그램으로서는 최적이다. 그렇다면 해양스포츠란 과연 무엇인가. 해양스포츠의 본질은 신체활동을 통해 전 기능적인 건강한 인간이 되도록 교육하는 데 있다. 해양스포츠에 스스로 참여함으로써 자신의 체력을 증진시키고 또 기능도 향상시켜 자아실현 욕구를 성취하는 데 있는 것이다. 이런 점에서 해양스포츠를 한 차원 높이기 위해서는 프로그램의 다양화·보편화·조직화가 모색되어야 한다. 동시에 사회발전에 활력을 불어넣어줄 다양한 종목들이 개발되어야 함은 물론이다. 육상스포츠 못지 않게 해양스포츠가 특별히 강조되어야 하는 까닭이 바로 해양스포츠의 탁월한 교육적 가치에 있다. 그런 가운데서도 청소년 체육·정서 측면의 교육적 가치는 더욱 빛을 발한다.

결국 해양스포츠는 체육·교육·경제·사회적인 측면에 걸쳐 덕목이 대단히 많은 가운데 자연친화적인 스포츠로서 21세기 스포츠(체육) 전반을 이미 주도하고 있다. 특히 삼면이 바다인 우리나라에서는 앞으로 일상과 아주 동떨어진 활동이라기보다는 활동 그 자체가 생활의 일부분이 되도록 해양스포츠 대중화 환경을 적극 조성해나가야 하는 과제를 안고 있다고 볼 수 있다. 특히 해양스포츠산업, 마리나산업, 스포츠형 해양관광산업은 해양관광객을 한 곳에서 4시간 이상 머물게 할 이른바 '해양관광매력물'로써, 또는 건강을 다지고 친목을 도모하는 가운데 집과 같은 안락함과 쾌락을 만끽할 수 있는 마리나시설을 통해 개인 행복추구를 위한 활동 에너지와 타인과의 자연스런 만남을 통해 즐거움을 만끽하고 스트레스를 해소하며 건강과 기쁨을 향상시키는 등 높은 체육·정서적 효과가 있다.

게다가 보트제작에 관련된 첨단산업에 이르기까지 해양스포츠산업 제조업에 미치는 직·간접 경제적 파급효과도 매우 크다. 실제로 각종 해양스포츠 프로그램을 소프트웨어로 하는 마리나는 비록 작은 경제주체들이 한 곳에 둥지를 틀고 있는 '마리나공동체'라고 하더라도 지역과 나라를 먹여 살릴 21세기 신성장 녹색산업인 가운데 작은 중소기업들이 군집해 있다. 서비스업과 제조업, 그리고 건설업이 어우러져 있는 이른바 '2.5산업단지'로써, 또는 새로운 개념의 해양관광단지로써 일자리와 부가가치 창출효과가 대단히 크다. 특히 일자리 창출은 오늘날 '고용절벽시대'에 노출되어 있는 국내 젊은이들의 처지에서 보면, 청년복지 중 으뜸복지가 되고, 경제안정의 기초가 된다는 점에서 국가·사회적으로도 공헌도가 크게 기대되는 분야다. 뿐만 아니라 제35회 세계청소년요트대회 부산개최 등과 같은 각종 국제대회 개최 등을 통해 외국과 결합시키는 스포츠외교의 역할을 비롯하여 해양문화의 우수성도 뽐낼 기회를 제공해 준다. 게다가 2024년 파리올림픽에서 서핑이 정식종목으로 채택된 것도 해양스포츠의 가치가 높게 평가받고 있는 증거다.

따라서 해양스포츠는 스포츠(체육)가 이상으로 하는 지·덕·체의 덕목을 두루 겸비하고 있음이 여러 측면을 통해 확인할 수 있었다. 그런 덕목 때문에 시민 건강과 정서의 풍부화를 통한 실질적 삶의 질 향상을 비롯하여 특히 건설업, 제조업, 서비스업으로 중분류하고 있는 '해양스포츠산업'도 나라와 지역의 부(富)를 약속해 준다. 중앙정부의 통합육성책을 비롯하여 각 지자체의 산업특성을 중심으로 개별산업들(건설업·제조업·서비스업)의 육성책도 함께 검토되어야 할 필요성이 바로 여기에 있다.

(1) 해양스포츠의 스포츠사회화적 가치

① 해양스포츠로의 사회화

해양스포츠로의 사회화(socialization)는 개인이 해양스포츠로의 참가 상황에서 얻은 경험과 지식을 통해 행동을 형성하고, 그의 행동에 대한 타인의 기대를 인식하게 되고, 해양스포츠 동호인집단 형성을 통해 규범·도덕·가치·신념 등을 학습하게 된다. 이는 해양스포츠문화가 전승되는 메커니즘이지만, 그렇다고 하여 사회의 구성원들이 해양스포츠로의 참가 기회를 모두 가지는 것도 아니다. 그렇기 때문에 참가자들은 특별한 상황(환경)에서 개인적으로 참가한다고 봐야 할 것이다.

특히 해양스포츠로의 사회화는 사람들로 하여금 해양스포츠에 흥미를 가지게 만들어주는 사회화적 조직 또는 마니아(mania), 그리고 친구나 부모를 비롯하여 2015년 5월 16일 국내 최초, 세계 여섯 번째로 세일크루저요트 단독·무기항·무원조 세계 일주에 성공한 김승진, 1988년 6월 국내 첫 요트 단독·무기항·무원조 태평양횡단에 성공한 김원일, 그리고 요트 단독 세계 일주에 성공한 강동석, 김태근, 김현곤, 북경아시안게임카누 3관왕 천인식, 2014·2018아시안게임에서 연속 우승한 요트의 하지민 등과 같은 해양스포츠스타들의 무용담(武勇談)이나 권위(authority)에 의해 동기유발되는 경우도 적잖다.

우선 해양스포츠로의 사회화적 조직 또는 마니아의 역할을 이해하기 위해서는 공간적 성격에 주목할 필요가 있다. 역할은 한 마디로 스포츠경기에서 각 선수들이 일정한 위치를 차지하고 있는 것과 같은 이치이다. 위치 또는 지위를 갖지 않은 채 경기에 참여한다는 것은 생각할 수 없다. 공간적 위치로서의 스포츠 지위가 보다 설득력 있는 의미를 지니게 되는 까닭은 그것이 일정한 스포츠적 기대와 긴밀히 연관되어 있기 때문이다. 다렌도르프(Dahrendorf)는 역할기대의 강도 또는 그 수준에 따라 사회적 제재가 다르게 나타난다고 했다(한완상, 1987). 스포츠적 제재 역시 마찬가지다. 역할기대는 법적(룰) 기대, 스포츠문화적 기대, 용인적 기대로 구분할 수 있다.

첫째, 법적 기대는 반드시 지켜야 한다. 이것을 어길 때에는 심판에 의해 룰이 정하는 바에 따라 제재를 받는다. 그러나 룰을 잘 지켰다고 하여 특별한 보상을 받는 일은 없다. 이를테면 한 남자가 한 여자를 아내로 삼는 일부일처제의 기대를 지켰다고 하여 누가 특별히 상을 주는 것은 아니다. 그러나 2019년 기준 한국은 한 사람 이상의 아내를 거느릴 때에는 중혼죄(重婚罪)로 법적 제재를 받는다.

둘째, 스포츠문화적 기대는 스포츠적인 구속력을 갖고 있을 뿐 벌칙은 갖고 있지 않는 경우이다. 그렇다고 하여 스포츠문화적 기대가 항상 룰(rule)적 기대보다 더 약한 강제력을 갖고 있다고 생각하면 큰 잘못이다. 특히 역할 기대를 어기는 사람들이 그들의 양심에 따라 행동하는 경우에는 역할기대가 갖는 구속력은 룰이나 징계규정에 의한 구속력보다 훨씬 강할 수도 있다. 예를 하나 들면, 러시아월드컵 축구 한국 국가대표로 출전한 어느 수비수는 관중들의 함성 때문에 "동료선수의 주문을 듣지 못해 결국 커뮤니케이션에 실패했다."고 잡아떼다가 여론의 뭇매를 맞고 한동안 여간 괴롭지 않았다는 것이다. 이처럼 스포츠맨은 스포츠계로부터, 펜으로부터 소외당하는 것을 심판이나 상벌위원회로부터 징계받는 것보다 더 아프게 생각한다. 그러나 스포츠문화적 기대는 대체로 룰에 의한 제재나 징계보다 약한 제재를 받는다고 봐야 한다. 스포츠문화적 기대에 따라 충실하게 게임을 하고, 겸손하면 동료들로부터, 또는 관중으로부터, 대중으로부터 인기를 얻게 된다. 축구의 차범근, 홍명보, 안정환, 박지성, 이영표, 손흥민, 골프의 박세리와 박인비, 테니스의 정현, 배구의 김연경, 피겨의 김연아, 야구의 최동원 등이 그 좋은 예다.

셋째, 용인적(容認的) 기대는 반드시 지켜야만 하는 기대는 아니다. 같은 조건이면 지키는 것이 좋을 뿐이다. 팀의 주장으로서 후배들과 매일 우호적으로 대화할 수도 있고, 또 하지 않을 수도 있다. 대화하지 않는다고 하여 뚜렷한 불이익을 받는 것은 아니다. 그렇지만 하루 한 시간씩 후배들과 대화할 때, 그 주장은 분명히 팀 내에서 존경을 받게 된다. 해도 좋고, 안 해도 무방하지만, 하는 경우 반드시 존경을 받게 되는 기대가 바로 용인적 기대의 실체이다. 박항서 감독이 베트남축구 국가대표 팀에서 신뢰를 얻고 있는 것도 바로 진심이 담긴 대화 태도였다.

물론 이와 같은 역할기대도 일정한 양식과 구조의 모양으로 나타난다. 스포츠적 지위가 실제적 힘을 지니게 되는 것은 그것이 갖고 있는 기대양식 때문이다. 이 기대는 단순한 희망이 아니다. 그것은 스포츠적 구속력을 지니는 스포츠적 힘(power)이기도 하다. 그러기에 스포츠사회학자들은 지위에 따른 스포츠적 기대를 하나의 실재, 혹은 리얼리티(reality)로 본다. 이는 스포츠적 지위(감독·주무·주장·선배·스포츠스타)가 스포츠적 기대로 이어지고, 스포츠적 기대는 스포츠적 구속력 또는 영향력으로 이어져 하나의 스포츠적 실재가 된다는 뜻도 된다. 공간적 개념으로서의 스포츠지위는 이제 그 스포츠적 기대를 통해 비로소 설득력 있는 스포츠사회학적 개념이 된다고 볼 때 해양스포츠 내에서의 지위인 조직과 마니아, 그리고 관계자의 자세, 가치, 행동 등을 통한 역할은 해양스포츠로의 사회화뿐만 아니라 참가자들의 규범, 신념, 가치, 행동에도 직접적으로 영향을 미친다고 봐야 한다.

해양스포츠로의 참가는 영국 등 선진국의 경우, 어릴 적 학교시절부터 참가하여 청년기까지 지속되고 가끔은 노년기에 이르기까지도 즐기는 것이 일반적 경향성이다. 그러나 해양스포츠 발전 초기 단계인 우리나라는 오히려 청·장년층에서 첫 참가하는 양태를 보이고 있다. 바른 모습의 저변확대를 위해서는 이를 바로 잡아야 할 필요성이 있다. 그러기 위해서는 어릴 적 학교시절부터 스킨다이빙, 해양카누, 해양카약, 해양조정, 해양래프팅, 서핑, 패들보드 등을 체육교과에, 또는 체험학습프로그램으로 적극 도입하는 것이 그들의 동기유발에 첫 걸음이 될 것이다. 아무튼 이러한 사회화 진행(행동)은 해양스포츠 참가경험을 통해 긍정적 또는 부정적 영향이 따르고, 또한 해양스포츠 기량 향상이나 가치관의 중재(仲裁) 단계를 향상시키거나 하향시키기도 한다.

해양스포츠의 중재를 강화시키고 유지하기 위한 것들은 다음과 같다.

첫째, 극복스포츠로서의 해양스포츠를 통한 즐거움, 즉 해양스포츠를 통해 거센 파도를 헤치고 바람결을 읽으며 계속되는 도전을 통한 인간 한계의 극복, 그리고 바다에서 크고 작은 파도에 직접 부대끼는 과정에서 얻는 기쁨과 느끼는 두려움, 특히 인간은 고양이의 재간과 코끼리의 힘을 갖고 있지 않음을 통감함으로써 겸허함을 배우게 된다. 둘째, 해양스포츠는 타고난 스포츠적 자질에 크게 좌우되지는 않기 때문에 남녀노소 누구나 해양스포츠를 통해 성취감을 맛볼 수 있다. 셋째, 세일크루저요트, 윈드서핑, 서핑, 스포츠 잠수, 패들보드 등을 통해 뭍의 스포츠들과 비교하는 만족, 사회에서의 상대적인 엘리트, 혹은 히어로(Hero)를 낳을 수 있을 뿐만 아니라 자신감 있는 삶을 돕는다. 세일크루저요트 세계일주에 성공한 김승진 등 해양스포츠 스타가 만들어 내는 신드롬은 해양스포츠로의 사회화(저변확대)를 촉진하는 계기 마련이 되는 것을 비롯하여 사회에 희망과 기쁨을 안겨주는 효과도 있다.

그러나 해양스포츠로의 사회화는 매우 복잡한 요인들이 상호영향을 미치기 때문에 한마디로 말하기는 어렵다. 그런 가운데서도 각종 장비와 마리나 빌리지·해양스포츠단지·새로운 개념의 해양관광단지·마리나(국립국어원에서 해변유원지라고 규정함.)나 보트계류장과 같은 시설들을 쉽게 이용할 수 있고, 또 활동 그 자체에서 오는 보상과 긍정적인 미래의 전망이 있고, 게다가 물리적, 사회적, 정신적 보상(대가)을 받은 경험이 있다면, 해양스포츠로의 사회화는 더욱 가속화되어질 것으로 전망된다.

그렇지만 우리나라는 현재 학교 체육교과에 해양스포츠가 전혀 평가받지 못하고 있을 뿐만 아니라 이를 전담할 교사양성책도 없다. 더군다나 국가 차원의 해양스포츠 진흥을 위한 '해양관광자원 개발 및 이용에 관한 법률(가칭)' 제정을 위해 해양수산부가 적극 나선 사실이 있었지만, 관광업무를 관장하는 문화체육관광부와의 이해조정이 쉽지 않아 법 제정에 실패한 사례가 있는 실정에서 해양스포츠로의 사회화에는 많은 어려움이 있을 수밖에 없다. 그렇지만 2009년 12월에는 국토해양부가 발의·제정한 '마리나항만육성법(약칭)' 마련을 계기로 해양스포츠 대중화를 위한 마리나 개발은 활발해지고 있기 때문에 해양스포츠로의 사회화가 과거보다는 많이 촉진될 수 있을 것으로 기대하고 있다. 우리나라 체육은 역대 동·하계올림픽에서 종합 10위권을 유지할 정도로 스포츠강국인 것은 사실이지만, 스포츠형 해양스포츠분야는 올림픽에서 단 하나의 메달도 얻지 못하는 등 뭍의 스포츠에 비해 해양스포츠는 매우 낙후되어 있다. 이를 극복하기 위해서는 인식전환이 절실하다. 바다와 강, 그리고 호소와 소규모어항을 '어촌마리나역'으로 적극 활용하는 가운데 '뭍의 스포츠와 해양스포츠 간 균형발전책'에 의한 스포츠선진국 건설 모색이 한국체육계에 주어진 당면과제가 된다할 것이다.

이제 어릴 적 학교시절부터 바다와 강과 호소에서 맘껏 즐길 수 있는 해양스포츠 활성화 교육환경 조성을 통해 해양스포츠로의 사회화 시스템을 구축해 나가야 할 것이다. 이를 위해 중앙정부 및 지자체 또는 상업체육시설 차원의 '해양스포츠체험원' 운영도 생각해 볼 수 있을 것이다. 부산이라면 체험원 규모와 위치는 200~300명 수용 규모로서 일광해수욕장과 송정해수욕장 일부 지역을 활동 공간으로 하는 바다 접지와 인근 국유림지역에 마련할 수 있을 것으로 보고 있다. 게다가 2011년 3월 현재 폐교상태에 놓여 있는 강서구 해포초등학교 부지를 활용하여 시 및 교육위원회 주관의 '청소년해양스포츠체험원'을 운영한다면, 청소년해양친화교육의 요람으로서 역할할 것으로 기대된다.

이 외에도 부산은 해운대구 송정초등학교 부지를 활용하여 수상레저안전법에 의거한 법정단체인 '수상레저안전협회'의 활동 기지로도 활용된다면, 국내 최대의 해양도시 부산에 걸맞은 명실상부한 해양교육위상을 갖추게 될 전망이다. 또 내수면 시범지라면 충주 탄금호를 활동 공간으로 하는 '해양스포츠체험원'을 운영해 볼 수도 있다는 생각이다. 다만 법정단체인 '수상레저안전회'와 비영리공익단체인 '수상레저안전연합회' 간 통합발전책 모색은 해양경찰청이 무릎맞춤을 통해 반드시 해결하지 않으면 안 되는 현안이다.

② 해양스포츠를 통한 사회화

해양스포츠를 잘 익혀 그 기대대로 행동할 때 비로소 바람직한 사회적 존재로 성숙된다는 해양스포츠를 통한 사회화(socialization)는 해양스포츠 참가를 전제로 한다. 해양스포츠를 통한 사회화는 원칙적으로 해양스포츠 활동 참가에 의한 결과나 성과로서 해양스포츠 활동의 경험을 통하여 특정 사회에서의 적응과 성공에 필요한 자질을 습득하는 과정에서 형성되는 가치나 태도, 그리고 행동에 대한 학습의 내용이다. 이는 해양스포츠 활동 참가의 결과이기도 하다.

만약 해양스포츠에 개별적으로 참가를 한다면, 그런 해양스포츠 활동들에 대한 경험들이 개인의 인성과 태도를 비롯하여 가치관확립에 영향을 미칠 요소로 작용하게 된다. 그것은 개개인의 변화를 다양한 측면에서 예측할 수 있게 만든다. 예컨대 삶의 질이나 건강 그 자체의 향상도 다양한 변화중의 한 가지일 것이다. 대체적으로 해양스포츠 참가자들은 참가(가입)기회의 인식 구조와 사회적·경제적 수준에 따라 영향을 받는다. 사회적 행동은 다양한 스포츠현상들과 관련되어 있기 때문에 참가 예절, 참가 기간, 그리고 참가 장소와 같은 그런 해양스포츠의 참가타입은 각양각색이고, 이에 따라 해양스포츠를 통한 목적(기능) 또한 변화되어질 수 있다(지삼업 외 3인, 2007a). 따라서 참가 타입은 여러 가지 측면에서 분류되어 질 수 있다. 스포츠 참가타입 특성을 행동의 참가(behavioral participation), 인식의 참가(cognitive participation), 그리고 결정적인 참가(definitive participation)와 같은 특성에 의해 분류하고 있다면, 해양스포츠 참가타입 또한 그렇게 분류해도 큰 무리는 없다는 생각이다.

우선 행동의 참가(behavioral participation)는 '참가'와 '참여'로 대별되어진다. 우선 참가는 해양스포츠에 직접적인 참가를 의미한다. 그리고 참여란 해양스포츠에 직접적인 참가를 의미하는 것은 아니지만, 해양스포츠에 관련된 각종 장비 및 부품 생산, 그리고 마리나경영과 해양스포츠에 관련된 소비행위를 갖는 참가타입을 의미한다. 인식의 참가(cognitive participation)는 해양스포츠에 관한 확실한 지식(정보)의 이해를 통한 참가이다. 해양스포츠 게임의 결과, 전략, 기술, 규칙, 역사 등을 포함하는 그런 지식을 말한다. 결정적인 참가(difinitive participation)는 실질적인 해양스포츠 참가는 아니지만 해양스포츠에 감상적인 태도를 갖는 해양스포츠 열성 팬을 꼽을 수 있다.

(2) 해양스포츠의 교육적 가치
① 해양스포츠와 바다수영

인간은 약간의 기술 습득만 하면 누구나 자유로이 헤엄칠 수 있다. 그렇지만 해양스포츠 활동에 전제되는 바다수영은 수영장수영과는 전혀 환경이 다르기 때문에 실전을 통한 능력배양을 필요로 한다. 물론 라이프재킷만 착용하면, 소문난 물기피증 환자라도 해양스포츠 활동에는 전혀 어려움이 없다. 그러나 바다수영 능력이 어느 정도만 있어도 자신감이 충만해지는 것은 사실이다. 바다수영 능력이 있고, 또 라이프재킷까지 착용한다면 금상첨화다.

더욱이 인간이 살고 있는 지구는 바다(71%)가 육지(29%)보다 광대할 뿐만 아니라 뭍 역시 하천, 호소, 저수지, 댐 그리고 개울 등이 산재해 있기 때문에 그런 공간에서의 인간 활동은 제약을 받을 수밖에 없다. 그래서 수영의 중요성은 아무리 강조해도 지나침이 없다. 물론 그 첫걸음은 풀장수영이다. 그러나 풀장수영은 바다수영 테크닉을 연마하기 위한 첫 걸음마에 불과할 뿐이다. 특히 바다가 치열한 삶의 현장일 수밖에 없는 해양스포츠 지도자의 경우, 풀장수영에서 얻은 능력을 과신하는 잘못을 범하지 않아야 한다. 동호인 역시 마찬가지다.

현대 생활에서 바다수영을 통해 직접 경제활동을 하는 사람은 그다지 많지 않다. 다만 해운대해수욕장 바다를 통해 아침에 바다수영을 즐기는 동호인들은 있다. 아무튼 바다수영은 수중에서 자신과 타인의 생명을 지켜주는 필수 불가결한 요소가 됨을 잊지 말아야 한다. 뿐만 아니라 제4차 산업혁명 시대가 심화·발전할수록 상대적으로 자연·모험스포츠에 대한 선호도가 날로 높아만 가고 있는 추세에 따라 해양스포츠 참여자가 날로 증가하고 있다는 측면도 주목할 측면이다. 통계청 자료(1999년)에 의하면 매년 200~300명의 사람이 물에서 생명을 잃는다고 한다. 특히 열대야와 가마솥더위가 맹위를 떨치고 있는 2018년 여름철에는 유난히 전국 곳곳에서 익사사고 소식이 빈번하게 전해 졌다. 어느 경우나 평소 수영에 조금만 관심을 가졌더라면, 귀중한 생명을 구할 수 있었을 것임에는 틀림없다. '세월호 참사'도 마찬가지다. 수영은 단순한 물놀이를 비롯하여 스포츠로서 인간에 유익할 뿐 아니라 인명 보호라는 사회적 사명까지도 요구받고 있다고 할 수 있다. 더욱이 뭍에 견주어 더 많은 위험 요소에 노출되어 있는 각종 해양스포츠 활동에 있어 바다수영은 대단히 중요하다. 물론 첨단의 라이프재킷이 앞 다투어 출시되고 있기 때문에 일회성 해양스포츠 체험자의 경우, 바다수영에 미숙하더라도 구명조끼(라이프재킷)만 착용하면 조금도 걱정할 필요가 없다.

그러나 항상 바다에서 생활해야 하는 해양스포츠지도자의 경우는 사정이 다르다. 바다의 일기는 변화무상하기 때문에 바다수영은 풀장수영에 비하여 훨씬 고난도의 기법을 요구하기 때문이다. 그렇다고 하여 풀장수영이 무용하다는 말은 아니다. 풀장수영은 바다에 대한 막연한 두려움을 어느 정도 해소시켜 주는 가운데 바다수영으로의 입문에 대한 자신감을 갖게 해주는 등 여전히 그 중요성은 변함없이 인정되고 있고 앞으로도 그럴 것으로 믿는다. 여기에다 수영의 보급률이 매우 낮은 인도네시아에서는 한 번 해일이 발생되면 일시에 많은 익사자를 내는 것으로 볼 때, 그것이 풀장수영이든, 아니면 바다수영이든 가릴 것 없이 수영 보급의 중요성은 두 말할 필요가 없다. 그렇지만 바다를 삶의 터전으로 삼아야 하는 강사, 또는 해양스포츠의 활동 공간으로 이용해야하는 동호인의 경우는 바다수영과 풀장수영은 그 환경이 전혀 다르다는 점을 염두에 두지 않으면 안 된다. 필자가 젊은 시절 중급외항선원양성기관인 '부산해양고등학교'에 근무하면서 송도·광안리해수욕장에서 연 5일간 600~700명을 대상으로 실시하는 해양훈련 지도경험을 통해, 또는 외항선원으로서 일생을 바다에서 세월을 보낸 당시 제자들의 후일담에서도 해양훈련을 통해 익힌 바다수영의 진가가 입증되고 있기도 하다〈제2장 그림 2-2 참조〉.

'자기 노 젓기'라고 볼 수 있는 수영은 전신 운동으로서 물이라는 부동체의 부력 비중에 의거 손발을 좌우 균등하게 움직이고, 호흡기, 순환기의 기능을 높여 일광, 공기, 물의 자극으로 피부를 단련시키고 신체를 조화 있게 발달시켜, 체력 증진은 물론 모든 운동에 적응할 수 있는 전신지구력과 기초체력(심폐기능)을 강화해준다. 더욱이 우리나라는 인구에 비하여 내륙이 좁고 밀도가 높으며, 삼면이 바다에 접한 자연적 입지 조건, 여기에다 21세기 해양시대에 전통 해양산업 및 해양스포츠와 해양관광을 포함하는 해양신산업 발전을 위한 토대구축 작업이 선행되지 않으면 안 된다. 그 첫 걸음은 청소년 바다수영을 통한 몸으로 넓혀 가는 해양친화 의식 심화에 있다.

더욱이 해양스포츠 전공자의 경우, 바다에서 생활할 수 있는 강인한 정신력이나 규율은 해양스포츠 교육에 중심이 되는 바다수영 활동으로부터 배양되어야 하기 때문에 바다수영에 미숙하거나 원영에 자신이 없으면 해양스포츠인으로써 지녀야 할 바다사람의 기백마저 상실하게 됨을 특별히 강조해 두고 싶다. 겉모습만 닮은 짝퉁 해양스포츠인은 곤란하다. 더 직설적으로는 '자기 설사병도 못 고치면서 남의 설사병 고치겠다.'고 나서는 돌팔이 의사와 다르지 않다고 말하게 된다.

② 놀이정신과 창조정신

사람들의 취미는 다양하다. 취미는 감흥을 불러일으키는 인간적인 여백(餘白)이요 탄력이다. 그러기에 아무개의 취미는 그 사람의 인간성을 밑받침한다고도 볼 수 있다. 하고 한 날 되풀이되는 따분한 삶의 굴레에서 잠시나마 벗어난다는 것은 무엇보다 즐거운 일. 우리들의 입술에서는 저절로 휘파람이 새어 나온다(법정, 1990).

해양스포츠 활동은 건강을 다지는 가운데 자연의 아름다움도 함께 느낄 기회를 갖게 되어 정서까지 풍부화를 기할 수 있는 장점이 있다. 아침 물안개가 끼는 호반과 강에서, 또는 해무가 건강에 좋지 않기는 하지만, 그럼에도 옅은 해무가 끼는 아침 바다에 외로이 떠있는 세일크루저요트의 모습만은 정말 멋지다. 게다가 상관을 이루는 밀술, 그리고 소위 신(神)이 창조했나른 수명선을 신봉색으로 물들이면서 그 모습을 서서히 감추는 낙조 등 사계(四季) 모두 저마다 달리하여 보여주고 있는 아름다움을 통해 일상의 스트레스를 말끔히 해소시킬 수 있는 등 육체와 정신에 높은 정화력(淨化力)을 기대할 수 있는 것이 바로 해양스포츠 활동의 매력이다.

뿐만 아니라 스포츠잠수(스킨다이버·스쿠버다이버)의 경우, 다양한 수중생태계 이해를 통해 자연에 동화될 수 있는 소중한 기회를 갖게 되는 등 학습에 의한 것보다는 정서가 훨씬 풍부한 인간성을 함양시킬 수 있다. 특히 제4차 산업혁명 시대는 창의성이 풍부한 인재를 필요로 한다. 그것은 국가·사회적 또는 인류 전체로서도 중요한 과제이다. 놀이는 문화창조의 원동력이다. 그래서 놀이는 소비가 아니고 생산이며 재창조라는 사실은 이제 일반적 학설이다. 이 놀이는 취미에 의해서 동력을 얻으며 취미가 놀이의 내용을 결정한다. 그러나 취미는 사람들의 얼굴만큼이나 다양하다. 동시에 취미는 삶에 감흥을 불러일으키는 인간적인 여백(餘白)이요, 탄력을 주는 메신저이다. 남들이 보기에는 저런 짓을 뭣하려 할까 싶지만 당사자에게는 그 무엇과도 바꿀 수 없는 절대성을 지니게 된다. 취미의 본질은 곧 절대성에 있다.

현대인은 산업사회 문명의 최후인 후기산업사회 세대이고 동시에 제4차 산업혁명 시대의 첫 세대가 된다. 그래서 이제 더 많은 것은, 더 좋은 것과 동의어로 이해하지 않는다. 평판이 실력이나 능력 이상의 덕목으로 평가되는 사회인 것이다. 특히 에리히 프롬(Erich Fromm : 1900~1980)이 『희망의 혁명』이라는 저서에서 과학자들은 이제 인간적인 요소들을 염두에 두고 테크놀로지를 재평가 하고 재편성해야 될 것이라고 주장한 소이도 여기에 있다. 미국 심리학자요 철학자인 아브라함 매슬로우(Abraham Maslow : 1908~1970) 역시 '동기와 인간성격'이라는 저서에서 인간의 욕망충족을 목적으로 시작된 과학도 가치라는 개념을 염두에 두고 발전되어야 한다고 주장했다. 그렇다면 놀이는 인간적인 요소가 짙은 것이며 삶의 가치를 높이는데 없어서는 안 될 중요한 것임을 재론할 필요가 없다. 그런 이유로 현대인은 아는 것을 덕으로 승화시켜줄 바람직한 취미생활을 모색하여 지식이나 정보에 얽매이지 않은 발랄한 삶을 갈망하게 되는 지도 모른다(지삼업, 1996). 더욱이 제4차 산업혁명 시대 오늘날의 사람들도 해양스포츠와 같은 취미생활을 통해 발랄한 삶을 더 많이 원하지 않을까 싶다.

지금 우리 사회에서 투쟁적인 전문체육보다 놀이적인 생활체육에 관심이 집중되고 있으며, 그 개발이 선진국에서 더욱 빛을 보고 있는 것도 바로 이와 같은 '동기와 인간성격'에 주목하고 있기 때문이라고 해야 할 것이다. 그래서 제4차 산업혁명 시대 ICT기반 영토 넓히기가 성당이나 절간처럼 신성시 여기는 시대에 삶에 새로운 에너지를 획득하고, 마음공부도 단단히 할 수 있는 가장 질 높은 놀이의 축도(縮圖)인 해양스포츠를 취미화의 단계까지 활성화시켜야 할 필요성이 크다고 본다. 더욱이 요즈음 젊은이들은 곱돌냄비같이 미래지향적인 감내를 못하고 도갓집 강아지처럼 남의 눈치나 보고 그때그때 영합하고 사는 현실반응적인 즉흥에 멍들어 있다고 한다. 더욱이 조지 오웰은 현대 인간이 지식의 포화로 머리는 커지고 행동의 약화로 수족은 새 다리처럼 가늘어지며 눈치만 늘어 부엉이 눈에 뱀목으로 퇴화해 간다지 않은가. 실제로 요즈음에 개체로서의 독립적인 양심에서 자신의 생각을 당당히 밝힐 수 있는 지식인을 만난다는 것은 참으로 어려운 시대가 되었음을 실감하기에 충분하다.

사람은 잘살 줄을 알아야 하듯이 잘 놀 줄도 알아야 하는 것이다. 잘 놀 줄을 모르기 때문에 재창조를 위한 반성과 모색과 탐구의 기회를 아깝게 놓치고 만다. 산다는 것은 불여의(不如意)한 것을 가능한 세계로 바꾸는 데 그 뜻이 있기 때문에 스스로의 존재를 반성할 수 있는 해양스포츠의 취미화에서 그 무엇을 찾아야 하지 않을까. 그 무엇이 곧 해양스포츠를 통해 창조정신을 함양하는 것이라고 볼 때, 해양스포츠의 취미화와 창조정신의 함양은 서로 잇대어 있는 관계라고 볼 수 있기 때문에 제4차 산업혁명 시대 신생해양국가 한국에 있어서 청소년을 대상으로 한 해양스포츠 활동은 몰개성적인 인간에서 개성적인 인간으로, 또는 희생정신과 협동심, 그리고 창의성이 풍부한 인간으로 성장할 수 있도록 해준다는 점에서 국가 사회적 기대가 그만큼 클 수밖에 없다.

현대인들은 재충전이 필요하다는 위험 신호가 몸 여러 곳에서 울리지만 과도한 업무 탓으로 짬을 내기가 쉽지 않은 환경에 노출되어 있다. 그러나 여가에 해양스포츠 활동을 통한 심신회복의 시간은 본질적으로 창조성과 긴밀히 연결되어 있다. 음표들 사이에 공간이 있어야 음악이 만들어 지고, 또 문자들 사이에 공간이 있어야 문장이 만들어지듯이 사랑과 우정, 깊이와 차원이 성장하는 곳 역시 일과 일 사이의 공간인 여가(틈새)이다. 특히 직장인들에게 필요한 것은 활기찬 체력을 비롯하여 협동심과 유연한 사고와 창의성이다. 그런 점에서 보면, 생활체육으로서의 해양스포츠는 여름철 여가활동 프로그램으로서는 최적의 맞춤 콘텐츠인 셈이 된다(지삼업, 2019).

따라서 해양스포츠교육은 제4차 산업혁명 시대에 국민복지 구현에 크게 기여할 사회교육 프로그램일 뿐만 아니라 시민 실질적 삶의 질 향상을 체감할 수 있는 생활체육 활동으로서, 21세기형 가족건전여가 문화 학습 프로그램으로서 그리고 청소년 건강과 정서함양을 위한 체육교육으로도 그 가치를 결코 폄훼할 수는 없을 것이다. 새의 아름다운 목청도 끊임없는 훈련을 통해 얻는다고 한다. 마찬가지로 해양스포츠교육과 생활체육 그리고 가족건전여가를 위한 해양스포츠 참여 효과 역시 지속적인 활동을 통해서 얻는다.

③ 인격도야

자연은 인간에 있어서 원천적인 삶의 터전이고 배경이다. 그래서 인간과 자연은 빼앗고 빼앗기는 약탈과 주종(主從)의 관계가 되어서는 안 된다. 문명은 단지 삶을 편리하게 하는 도구이고 수단일 뿐, 최종 목적이 될 수 없다. 특히 자연은 지치고 상처받은 인생이 기대고 쉬면서 위로받을 유일한 휴식의 공간이다(법정, 1989). 더욱이 자연과 교감하면서 천연의 자연 속에서 해양스포츠를 즐긴다는 것은, 잠자는 인간의 본성을 흔들어 깨우고, 또 몸과 마음을 모두 정화·재생시켜 주는 등 인간성을 풍부하게 할 수 있다는 것이다.

한편, 지금껏 경험한 적이 없는 새로운 문명인 제4차 산업혁명시대의 도래에 따라 인간 소외감을 비롯하여 인간관계의 복잡함과 과당경쟁에서 비롯된 정신적 스트레스, 그리고 운동 부족증 등 이래저래 심신 관리에 어려움을 겪을 수밖에 없을 뿐만 아니라 사람 됨됨이도 '너 죽고 나 살자', 또는 불행을 당한 사람을 보고도 돕기는커녕 '나만 아니면 돼'라는 식으로 스스로 위안 삼는 등 인간성이 점점 더 황폐화되어 가고 있다. 더욱이 2000년 세계보건기구(WHO)는 지금까지의 건강 개념인 정신적·신체적·사회적 건강에다 영적(靈的)인 건강을 새로운 건강요소로 추가한 것은 지금으로부터 19년 전의 일이다. 뿐만 아니라 2001년 우리나라 보건복지부도 '우리 국민이 평생 한번 이상 정신질환에 걸릴 확률이 31.4%에 이른다'고 밝힌바 있다. 게다가 65세 이상 고령자 1인당 연 진료비는 400만원을 첫 돌파했다. 2019년 9월 26일 건강보험공단과 건강보험심사평가원이 발간한 『2017년 건강보험 통계연보』에 따르면 2017년 65세 이상 1인당 연간 진료비는 425만5000원이었다. 2016년 398만3000원보다는 27만2000원 늘어났다. 65세 이상 1인당 연간 진료비는 2012년 307만6000원으로 처음으로 300만원을 넘어섰고, 5년 만에 400만원대로 늘었다. 1인당 진료비는 건강보험공단이 부담하는 금액과 환자 본인이 부담하는 금액을 합친 금액이다. 65세 고령자는 2017년 680만6000여 명으로 전체 인구 5094만1000여 명의 13.4% 수준이었다. 하지만 이들이 지출한 진료비 28조3247억 원은 2016년 전체 진료비 69조3352억 원의 40.9%에 이른다(홍준기, 2018a). 이 처럼 오늘날의 급변하는 사회 환경은 개인의 심신관리를 비롯하여 고령자들의 건강 관리가 과거에 비해 얼마나 어려운 환경에 노출되어 있는가를 반증해 주고 있다할 것이다. 그런 사회 환경의 급격한 변화는 2019년 현재도 진행형이라는 데 특별히 주목할 필요가 있다.

해양스포츠 활동은 건강을 다지는 가운데 자연 환경에의 여행이라고 볼 수 있다. 한번 마음만 먹으면 일상에의 안주로부터 탈출할 수 있고, 또 일상의 잡다한 모든 것을 잠시 잊게도 해준다는 것이 필자의 오랜 체험이기도 하다. 자연환경에 순응하는 가운데 위기에 대처하면서 느끼는 긴장감과 생명에 대한 소중함을 깨닫게 해주는 등 겸허한 자기로 되돌아 올 수 있는 소중한 기회를 얻게 해주기도 한다. 뿐만 아니라 새로운 삶을 창조해 나가는 적극적인 활동 등이 그 매력이다.

일본의 오오에 세이지는 인간의 생존과 발전에 필수 불가결한 기본 조건으로서 원시적 생활력, 본능적 사회성, 창조적 이성 등을 들고 다음과 같이 말하고 있다. "남녀노소 누구나 즐길 수 있는 스포츠로서 바다수영을, 또 과학자나 예술가를 가릴 것 없이 모두 잠시나마 직업의식을 완전히 잊고 즐거움을 얻을 수 있는 취미 활동으로서 세일링 요트, 스포츠 잠수, 윈드서핑 등을 꼽을 수 있다.”는 것이다. 이처럼 해양스포츠 활동은 앞으로 더욱더 생활화되면서 인류의 생존과 번영, 그리고 지구촌 가족의 끝없는 존속을 위해 크게 공헌할 것이라고 기대할 수 있다.

④ 사회성의 발달

아동들은 놀이를 통해 사회적 인간관계를 배우고, 또 서로 어울리는 과정에서 상호 작용하면서 성장해왔다. 그러나 오늘날의 입시중심의 학력 편중주의는 아동들로 하여금 놀이 시간 자체를 원천봉쇄 시키고 있고, 또 국내는 2017년 기준 도시화율이 무려 85.0%에 이르는 등 인구과밀은 놀이 공간을 빼앗아 버렸다. 여기에다 자동차 보급의 급증은 절대 운동량 확보마저 어렵게 하고 있고, 특히 경유차에 의한 초미세먼지 발생 등 사회적 환경은 날로 악화되고 있는 추세가 심화·발전하고 있다.

그런 이유 때문에 아동들은 서로 자연스럽게 교우하고 건강을 다질 시간적·공간적 조건이 열악한 탓에 삶의 풍요로움과 자기성장·발달에 필요한 스포츠 체험 기회를 얻지 못하고 있다. 그런 점에서 보면, 북쪽은 막혀 있기 때문에 사실상 도서국가인 우리나라에 있어서 바람직한 청소년심신교육모델은 '청소년해양스포츠체험수련원'이 되고, 또 그런 체험 활동을 통해 서로 벗을 사귀는 기회가 주어짐으로써 자기 확장을 도모할 수 있는 소중한 기회가 되기 때문에 사회성 함양에 유효하다. 특히 그룹단위의 해양스포츠 활동과 같은 집단 활동의 지도에 의해 ① 발달적 가치, ② 진단적 가치, ③ 치료적 가치, ④ 학교 및 지역 사회에 대한 가치 등이 발달된다. 특히 이 네 가지 가치는 이미 앞에서 일부 언급되었지만, 다음에서는 이해를 높이기 위해 더 구체적으로 설명하였고, 또 그 방법도 제시하고 있다.

첫째, '발달적 가치'는, 기본적 욕구의 충족(집단에의 소속감, 개인적 가치관의 강화, 사회적 요구, 안정감과 사회적 인정 등)과 사회성 및 정서의 발달(타인의 사고방식에 대한 관심을 갖는 능력, 타인에게 성공감이나 행복감을 느끼는 유쾌한 감정, 긴장의 이완, 비판적 사고 등)과 태도·흥미·능력 및 사회적 규율(타인 존중의 태도, 사회적 책임, 문화 활동에 관한 감상력, 사회적 행동의 기준, 자기이해, 특수한 흥미와 능력, 창조성, 책임감 등) 등을 향상시켜 준다. 둘째, '진단적 가치'는, 개인의 관계를 비롯하여 보다 좋은 이해의 기회를 제공한다. 또 해양스포츠 활동은 성원에게 자기 평가·자기 발견의 기회를 주기도 한다. 셋째, '치료적 가치'는, 타인과 보다 더 만족스러운 관계를 유지할 계기를 만드는 것, 새로운 습관의 형태를 발달시키는 것, 점차 독립심을 갖는 것, 특별한 재능을 갖도록 해주는 것 등 환경 요법적(療法的) 가치도 가진다. 넷째, '학교 및 지역사회에 대한 가치'는, 개인 능력의 최상의 발달은 그 자체로도 집단의 복지를 증진시키지만 집단 활동에는 그 주된 목표를 학교나 지역 사회의 개선을 목표로 하는 것도 있다.

이상에서 언급된 네 가지 가치는 사회적으로도 요청이 높을 뿐만 아니라 극도의 이기주의와 정신적으로 나약한 오늘날의 젊은 세대에 있어서 꼭 필요한 능력이라고 할 수 있다. 실제적 방법이 될 '청소년해양스포츠체험수련원'을 통한 활동은 생활권에서 잠시 떠나 집단과 함께 활동할 기회를 제공해 주는 만큼 앞으로 충실한 집단 해양스포츠 활동기회를 더 많이 보급·확충해 나가는 것이 개인 이기주의 극복 등 현대의 청소년 위기를 해결해 주는 여러 가지 방법 중 하나가 될 것이라고 보고 있다.

2) 해양스포츠의 기능

해양스포츠는 자연·모험적인 스포츠로서, 오늘날 직장생활, 가정생활, 사회생활 등 사회전반에 걸쳐 여러 형태로 영향을 미치고 있다. 이러한 해양스포츠의 기능은 첫째, 해양스포츠 활동을 함으로써 일상 생활에서 느껴보지 못한 청량감을 느낄 수 있다. 둘째, 해양스포츠 활동은 건강의 유지 및 증진에도 도움을 주기 때문에 당뇨, 고혈압 등 성인병을 예방할 수 있는 등 예방의학적 기능이 있다. 셋째, 작업의 단조로움과 반복, 사회에서의 반복되는 생활, 노동의 자동화로 인한 인간소외와 자기상실, 그리고 비정규직과 아르바이트 기회 악화에서 비롯되는 정신적(고독, 욕구불만, 좌절감, 정서불안 등)·육체적(피로, 질병 등) 스트레스를 말끔히 해소시켜 준다. 넷째, 자신의 직업과 관계없이 취미, 특기를 살릴 수 있으며, 급변하는 사회 속에서 창조적인 삶을 영위하며, 해양스포츠 활동에 자발적으로 참여함으로써 자신과 사회의 발전에 필요한 체력을 비롯하여 특히 제4차 산업혁명 시대 직장인들에게 요구되는 유연성과 창의성 배양에 매우 효과적인 프로그램이다. 다섯째, 해양스포츠 활동을 함으로써 사회 속에서 자신의 위치를 깨닫게 하고, 조화로운 인간관계를 길러주며, 자신의 개성을 살릴 수 있다. 더군다나 개인 간, 단체 간의 벽을 허물며 원만한 대인관계를 유지시켜준다.

실제로 영국 캠브리지와 옥스퍼드, 미국 하버드와 예일, 일본 게이오와 와세다대학 조정팀의 역대 졸업생들의 직장생활 기여도를 보면, 해양조정과 같은 집단적인 해양스포츠 활동을 통해 체질화된 팀워크(협동심)는 조직사회에 업무효율성을 높여 주는 자극제로 작용하고 있음이 입증되고 있다. 여섯째, 양질의 해양체험관광 프로그램(스포츠형·레저형·관광(람)형)은 스포츠형인 각종 해양스포츠의 적극 도입에 있다. 지금껏 해양관광은 레저형인 해수욕, 조개잡이, 모래찜질을 비롯하여 관광(람)형인 해양관광유람선, 잠수정, 해양박물관 관람이 대종을 이뤄왔다. 그러나 그런 프로그램들에 해양관광객들은 식상해 하고 있다는 것이다.

따라서 스포츠형 해양관광 활성화를 통한 고부가가치 창출 기대에 해양스포츠의 기능적 역할은 절대적이다. 해양스포츠는 관광객을 한 곳에서 4시간 이상 머물게 할 수 있는 소위 '해양관광매력물'로써 작용하기 때문이다. 결국 해양관광객이 특정지역에 머물러야 숙박과 식음료산업을 통한 부가가치 및 일자리 창출이 각각 가능해진다. 그렇기 때문에 해양관광전략의 핵심은 무엇이 어떻다고 해도 사람들을 특정지역에 자연스레 머물게 하는 방안으로 귀결될 수밖에 없다고 볼 때, 머무는 해양관광에 해양스포츠의 진가는 유감없이 발휘된다.

2. 해양스포츠 활동과 수질환경

자연환경은 삶의 환경일 뿐만 아니라 해양스포츠의 현장이기도하다. 그렇기 때문에 어릴 적부터 해양스포츠 활동을 통하여 다양한 자연 현상과 관계를 가지는 가운데 바다와 강과 호수에 대한 올바른 인식을 확립해 나가는 것이 매우 중요하다.

스포츠잠수, 세일링(세일딩기·세일크루저)요트, 해양카약, 해양래프팅, 아웃트리거 카누, 윈드서핑, 서핑, 카이트서핑, 패들보드(SUP) 등 어떤 종목을 예를 들어도 자연환경에 관한 깊은 이해가 없다면 즐겁게 활동하는 것이 원칙적으로 불가능할 뿐만 아니라 경우에 따라서는 자연의 냉엄함으로부터 고귀한 생명을 잃는 일조차 가끔 있다는 점을 잊지 말아야 한다. 이처럼 자연을 이해하고, 또 자연에 대한 경건한 마음가짐을 갖게 하는 것이 건강증진 효과와 함께 해양스포츠 체험활동의 가치라고 말할 수 있다. 그러나 우리나라의 자연환경을 다른 문명국과 비교하면 비교적 짧은 근대화 기간에 환경 파괴와 오염이 급격하게 진행되었다는 점에서 깊은 반성이 있어야 할 측면이 되고 있다. 무엇이 어떻다고 해도 원인 제공의 주체는 1960년대 국가정책이었던 '수출제일주의'이다.

1995년 7월 23일 각종 수산물 생산의 보고였던 청정 해역 남해 앞바다가 싸이프러스선적 씨프린스호 기름 유출사건에 의해 남해, 거제, 해운대, 태종대, 기장, 울주군, 경주시 해안 등 총 127마일 73.2km의 해상과 해역이 황폐화되었고, 국내 최대의 해양도시 부산은 1993년 봄 감천항에서 미포항에 이르는 바다밑바닥을 조사한 결과 COD(화학적 산소요구량) 및 총황화물 수치가 전국에서 가장 높은 것으로 밝혀져 부산항의 오염에 대한 심각성을 잘 웅변해 주고 있다. 음용수 역시 당국은 낙동강의 강물이 괜찮다고 말은 하고 있지만, 그 말을 곧이 곧대로 신뢰하고 음용수를 수돗물에 의존하는 시민은 그리 많지 않은 오늘날이다.

바다와 강과 호수가 살아 숨을 쉬어야 인간이 살 수 있다. 이것은 위협이나 막연한 걱정이 아니다. 구체적이고 절박한 현실이다. 우리가 처해 있는 이 상황이 보다 널리 알려지고 많은 사람들로부터 공감을 얻어내야 바다와 강과 호수를 살리는 일이 좀 더 효과적으로 진행될 수 있다는 생각을 갖는다. 특히 해양스포츠체험을 통하여 강과 바다가 어떻게 오염되고, 또 수질환경이 얼마만큼 악화되고 있는가를 직접 몸으로 체험하는 기회를 갖는 일은 대단히 중요하다. '백문이 불여일견'이라고 했다. 탁상공론으로 막연히 짐작하기보다 실제의 교육에 의한 활동을 통하여 자연과 사람이 조화를 이루는 가운데 즐기는 방법을 모색하는 일이 그 첫걸음이다. 뿐만 아니라 각종 생물과 함께 공존하지 않으면 안 된다는 철학을 확립하는 등 21세기 인류의 화두인 청정한 수질환경 유지를 위한 환경 파수꾼으로의 역할이 앞으로 '해양스포츠체험교육'에 거는 사회적 기대 중 하나다.

1990년대 중반부터 미국, 영국 등을 중심으로 보트로부터 배출되는 각종 오염물질에 대한 규제를 놓고 논쟁이 있었다. 많은 전문가들은 보트 내의 화장실로부터 배출되는 배출수를 바다나 호수에 마구 버리는 행위를 규제할 방안을 적극 모색 했다. 그런 결과로 미국과 영국에서는 호수 및 하천 등 내수면의 경우, 보트 자체 내에 보관 탱크를 설비토록 하는 한편, 이를 육상처리 시설을 통해 버리도록 의무화 시켰다. 일본도 수상오토바이의 경우, 내수면은 4사이클 기종 사용을 의무화시켰다. 4사이클 엔진에 비해 상대적으로 유류의 연소능력이 약한 2사이클 기종은 단종(斷種)시켰다. 해수면은 EU지역을 제외하고는 아직 적극 규제하지 않고 있다. 그렇지만 미국, 유럽 등 국제적 추세는 모터요트 범주에 속하는 각종 보트에 대해서, 특히 2사이클 선외기 엔진 부착 보트에 대해서 기준을 설정하는 등 해양오염을 통제하는 경향을 띠고 있다.

해양환경에서 수질은 해양스포츠 활동에 악영향을 끼칠 수 있다. 특히 우리나라와 같이 대부분의 도시가 해안을 따라 형성되어 있는 경우, 생활하수를 비롯하여 공장폐수가 하수관로관리시스템에 의해 처리되는 율이 80% 내외이기 때문에 걱정되는 부분이 일부 있다. 뿐만 아니라 지금은 마리나 숫자가 몇 안 되기 때문에 마리나에 관련된 수질오염은 걱정할 단계는 아니지만, 앞으로 10여년 뒤면 관리할 단계에 이르게 된다. 영국에서는 해수욕 등 바다 수영자의 경우 오염된 바닷물이 설사, 피부질환 감연 등 각종 질병을 유발할 수 있다는 연구보고가 몇 있다. 그러나 영국과 미국 등 선진국에서 측정된 일부 연구결과는 해양스포츠 활동으로 인한 수질오염과 질병 간 확실한 인과관계를 제시하지는 못했다. 그렇지만 마리나 주변의 동력 해양스포츠 활동에 따른 수질오염은, 오염원 자체가 완전연소가 되지못한 극미량의 유류이기 때문에 당장은 큰 문제가 없지만, 장기적으로는 저서생물의 생태계에 나쁜 영향을 미칠 수 있다고 보아야 한다. 식물성휘발유 사용 권장과 함께 동력장비도 보다 연소율이 높은 4사이클 기종을 의무화시켜 나가야 할 것이다.

아무튼 호수와 같이 물이 고여 있는 완전히 폐쇄된 수역을 제외하면, 해양스포츠 각종 동력보트로부터 배출되는 배출 수는 실제 생활하수와 공장폐수가 파이프에서 쏟아져 나오는 것과 비교하면 매우 적은 양이다. 그러나 유럽연합(24개국)은 바다수영의 경우, 더욱 엄격한 수질 확보를 의무화 하고 있다. 국제올림픽위원회가 권장하고 있는 보건/관광 권고 수질은 해수면의 경우, 화학적 산소 요구량(C-OD) 기준으로 2.0ppm이고, 내수면은 생물학적 산소요구량(BOD) 기준 3.0ppm 이하이다. 해수욕장의 안전수질 기준은 2.0ppm 이하이다.

각종 해양스포츠 활동에 따른 기름 오염은 여러 가지 방식으로 수계로 들어갈 수 있다. 가장 흔한 사례는 바지선이나 잔교에서 유류를 주입하는 과정에서 엔진오일, 휘발유, 디젤유 등이 유출되는 경우이다. 마리나에서는 숙련된 주유전담 요원을 배치해야 한다. 가급적이면 육상 보트 야드에서 주유하는 것을 원칙으로 해야 한다. 보트 바닥의 오수 또한 기름 오염의 원인이 될 수 있다. 물론 이런 작은 양은 기름 파이프로부터의 유출을 비롯하여 대형 보트의 오일탱크 불법 세척에 비하면 미미할 수 있다. 그러나 멜((Mele, 1994)에 의하면, 보트 길이 약 8m 정도의 패밀리보트가 2사이클 선외기 엔진을 사용했을 경우, 불연소기름이 바다로 유출되고 있다고 주장한다. 물론 이러한 작은 양의 기름유출은 해수면에서는 큰 문제가 되지 않지만, 환경적으로 매우 민감한 강의 하구, 호소 등에서는 문제가 될 수 있다.

특히 보트제조산업에서 많이 사용되는 연료는 매우 독성이 강하다. 그런 가운데서도 클락(Clark, R. B. 1989)에 의하면, 디젤유는 안전하고 저렴한 연료로 인식되기 때문에 많이 사용되지만, 특유의 높은 방향성 때문에 다른 여러 연료들 보다 더 해롭다. 기름과 석유 화학 제품들은 물속의 미생물에 여러 가지 방식으로 영향을 끼친다. 중유 제품들은 미생물들을 질식시키고 물고기의 아가미를 막거나, 또는 새의 깃털이나 물개 등 포유류동물의 털을 엉클어 놓음으로써 생명을 치명적으로 위협한다. 또한 이러한 중유뿐만 아니라 경유제품들도 환경을 오염시키기는 마찬가지다. 석유 잔여물들이 물고기, 새, 포유류에 집중되면 치명적이기 때문이다. 일반적으로 경유일수록 더 휘발성이 강한데 이들이 더 빨리 분산되거나 증발한다는 것을 의미하고는 있지만, 실제에 있어서는 경유의 빠른 이동성은 야생 동물에 더 쉽게 흡수된다는 것을 의미한다. 생태계 피해의 차이는 대단히 크지만, 2007년 12월 서해에서 발생한 유조선 기름유출 사고에 따른 바다 생태계 황폐화 사례가 보트에서의 기름유출에 따른 좋은 본보기로 삼았으면 한다.

연료뿐만 아니라 엔진에서 내뿜는 배기가스도 환경적으로 해롭다. 유럽연합은 해양스포츠 산업계로 하여금 보트 배기가스 기준을 설정하도록 했다. 멜(Mele, A. 1994)은 2사이클 엔진이 자동차 엔진보다 80배 더 오염을 발생시킨다고 주장하고 있다. 선외기 엔진에 의해 사용되는 휘발유/석유가 혼합된 엔진에서 나오는 보트 배기가스는 오염원으로 의심받고 있다. 오염은 일부 물고기와 갑각류의 기름 맛 때문에 어업의 손실을 야기하고 있다(Clark, 1989). 실제로 가끔 찾는 해물탕 가게에서 역한 기름 냄새를 풍기는 일부 패류가 발견되는 경우가 바로 유류오염에 따른 결과이다. 물론 그 주범은 공장폐수나 대형선박인 경우가 대부분이다.

그렇지만 많은 우려가 있는 가운데서도 휘발유의 경우, 미국 플로리다 가네스빌 환경공학연구소는 생물학적 정량실험을 통해 물고기가 위험하다고 판단될 정도의 유독성은 미국산 머큐리엔진의 경우, 1년 동안 하루 24시간 18,000척의 모터보트가 엔진을 계속 작동시켜야 하는 경우에 해당된다고 보고한 사실이 있다. 더욱이 활동 시간을 하루 8시간으로 제한하고, 또 해양스포츠 시즌이 180일(6개월)이라고 했을 경우에는 108,000척의 모터보트가 활동하는 것에 해당된다. 앞의 예는 분명히 실제의 상황에서는 절대 일어날 수 없는 일이다. 그래서 모터보트의 평범한 사용은 농약, 축산폐수 등의 수질오염에 견주어 거의 걱정할 필요가 없다고 생각된다(지삼업, 2007b). 그러나 오염원의 누적적인 측면을 고려하면 식물성 휘발유 사용이 바람직하다 할 것이다.

아무튼 그간 국내외 환경론자들은 해양스포츠 동력 장비들이 다량의 오염물질을 바다에 마구 쏟아낸다고 곱지 않은 시각을 갖고 있었던 것이 사실이다. 게다가 극미량의 오염원을 배출하고 있다고 하더라도 수질환경은 인간 삶의 환경일 뿐만 아니라 해양스포츠의 현장이기도하기 때문에 걱정하지 않으면 안 된다. 특히 다음 세대의 건강한 환경을 위해서도 앞장서야 한다.

이제 EU 가입 24개국, 미국, 일본을 시작으로 환경의 중요성에 대한 세계인의 인식 기준에 걸맞은 해양스포츠 동력 장비들이 속속 출현하고 있고, 또 식물성 휘발유도 많이 사용하는 추세를 띠고 있어 건강한 바다와 강을 위해 바람직한 현상으로 평가된다. 다만 같은 마력의 보트라 하더라도 '포 사이클'은 '투 사이클'보다 출시 가격이 약 30% 정도 값비싼 것이 흠이라면 흠이다. 그러나 연료비는 약 40% 정도 절약되는 이점도 있기 때문에 장기적으로는 이익이다. 눈앞의 경제에 현혹되어 수질환경을 악화시키는 일은 없어야 한다. 더욱이 해양스포츠 활동에 있어 환경지표 종(種)으로 볼 수 있는 물고기가 죽고 새가 떠난 바다에 사람인들 얼씬할 수 있겠는가.

3. 스포츠문화 창조 기대주(期待株)로서의 해양스포츠

최근 해양스포츠는 지금껏 인기를 일부 누려왔던 요트, 윈드서핑, 스포츠잠수(스킨다이빙·스쿠버다이빙) 뿐만 아니라 새로이 개발된 해양래프팅, 해양카누·카약, 아웃트리거 카누, 카이트 서핑, 패들보드(SUP) 등 어느 특정 종목을 가릴 것 없이 동호인이 점차 증가하고 있는 추세를 보이고 있다. 한국은 모터요트, 세일크루저요트 등 각종 장비 수입이 대폭 증가하고 있고, 일본 역시 많은 수의 장비 생산과 함께 저변도 급증하고 있는 것에서 각각 입증되고 있다. 그런 가운데서도 미국, EU지역, 호주, 일본, 한국 등 세계적으로 모트보트를 포함하는 모터요트 류(類)의 증가 속도는 중장년층을 중심으로 급속한 추세에 있다.

여기에다 한국의 경우 여름철 해수욕객은 주말 집중화 현상을 보이고 있고, 바다배낚시 동호인 역시 최근 크게 증가하고 있다. 그런 가운데서도 바다 속의 매력에 흠뻑 빠진 30대 전후의 여성 스포츠잠수 동호인도 크게 증가하고 있고, 또 자연의 바람이나 파도를 이용, 호쾌하게 수면을 활주하는 세일크루저 요트와 윈드서퍼의 급증 등 이는 해양스포츠를 한 번 경험하면 누구나가 그 매력에 빠지게 됨을 보여주는 사례들이다. 심지어 북한도 2003년 1월부터 '외화벌이' 차원에서 외국의 해양스포츠 애호가 및 전문가를 타깃으로 삼아 '바다배낚시 투어' 등 일부 해양스포츠 상품을 개발, 선보이고 있을 정도라고 한다. 게다가 국내 어느 방송이 2018년 봄에 방영한 자료그림을 보면, 명사십리 앞 바다에 윈드서퍼가 몇 보이기도 했다.

한 편으로 국내의 경우 한 조사연구보고서에 의하면, 지금으로부터 약 18년 전인 2001년에는 전체 해양스포츠 활동 인구 중 해수욕(바다수영), 갯바위 위주의 바다낚시 활동이 82%를 차지했고, 그 외 18% 정도가 각종 장비를 이용한 해양스포츠 참여자였다고 한다. 물론 그 이후 지금까지는 보트를 스스로 구입하여 즐기는 마니아층도 적잖게 증가했다. 게다가 2011년 7월부터는 주2일 휴무제가 모든 사업장으로 확대된 것을 비롯하여 2018년 7월 1일부터는 주 52시간 근무제까지 도입되었기 때문에 그에 따른 개인의 여가 시간이 증대될 것이 분명한 가운데 경제적 여유를 비롯하여 물질적 풍요를 즐기고 있는 만큼 해양스포츠 활동 동호인 역시 사회변동에 따라 더 많이 증가할 전망이다. 한국해양수산개발원(KMI)이 '2018 국민인식도 조사'를 토대로 바닷가에서 희망하는 여가활동을 살펴본 결과 '해양경관감상'이 18.7%로 가장 높게 나타났고, '해수욕' 17.6%, '바다낚시' 12.4%가 뒤를 이었다. 해수부가 지정한 국내 해수욕장은 2018년 기준 총 260개소이다. 국민들이 가장 많이 찾는 해수욕장 톱(TOP) 5를 부산이 석권해 눈길을 끌고 있다. 해운대 1위, 광안리 3위, 송도 4위, 다대포 5위이다. 대천은 2위이다(송현수, 2018b).

미국, 영국 등 해양선진국의 경우, 국민소득 15,000~20,000달러 사회가 되면 해양스포츠가 선호되는 경향을 서서히 나타냈던 것이 사실이다(지삼업, 1996). 그러나 한국이 앞으로 그 어떤 사회가 되던 해양스포츠는 자유방임적인 속성을 지니고 있는 스포츠이기 때문에 동호인 스스로 안전성 확보에 최대한 노력해야 하고, 해양경찰청 역시 동호인들에 대한 사전 안전교육을 '수중레저법'마련과 같이 지금보다 더 우회적으로 접근할 제도마련과 그 제도를 통한 통합시스템구축에 적극 나서야 할 것이다. 이제 일선 지도자들은 안전성 확보 등 종합적 시각에서 해양스포츠의 보급과 진흥에 적극 나서야 하는 그런 시대에 살고 있음을 인식하여야 할 것이다. 뿐만 아니라 진흥 방향 설정 역시 청소년들의 인성교육을 위한 각종 사회성 개발과 함께 안전성 확보, 그리고 바다친화 기회 확대 등을 통한 한국 스포츠의 뭍과 해양 간 균형발전책 모색 등 미래 한국 사회가 요구하고 있는 새로운 스포츠문화 창조의 기대주로써 내실을 다져나가는 일이라고 생각된다. 그 지름길은 초중등학교 단계부터 해양스포츠체험교육 기회를 많이 제공하는 일이 될 것이다.

한편, 부산시교육청은 전국 처음으로 필자가 10여 년 전부터 각종 언론을 통해 주장해왔던 새로운 스포츠문화 정립을 위해 강서구 폐교 부지를 활용해 '청소년해양스포츠체험수련원'을 조성, 2012년부터 운영해 왔다. 지난 2004년 폐교한 해포분교는 9천823m² 부지에 연면적 1천506m²의 건물 4개동을 갖고 있으며, 서낙동강까지의 이동거리가 10여 m에 불과할 정도로 지척이고 수심이 얕은데다 물의 흐름도 거의 정지되어 있기 때문에 해양스포츠 교육장소로 최적지라는 평가를 받고 있다.

부지는 시교육청이 제공하고 시설조성비 약 50억 원은 시가 지원한다. 운영은 전문단체에 위탁했다. 그러나 운영단체의 철학 부재와 운영미숙으로 '해양스포츠체험교육'은 당초의 목적 달성에는 크게 못 미치고 있는 것으로 파악되고 있다. 결국 이런 상태에서는 새로운 스포츠문화 창조를 위한 기대주로써의 해양스포츠 활성화는 허방을 짚고 있는 해양스포츠체험교육 운영시스템 때문에 어려울 것으로 전망되고 있어 참으로 안타까운 실정이다.

제**5**장

해양스포츠의 장점과
삶의 틈새, 과학, 환경친화성

1. 해양스포츠의 장점

21세기 체육을 주도하고 있는 환경(자연) 친화적·테크노스포츠인 해양스포츠는 그 기대만큼이나 체육적·정서적·사회적·경제적 측면 등 다방면에서 높은 효과를 갖고 있을 뿐만 아니라 제1장 〈그림 1-1〉이 보여 주고 있는 것과 같이 여가(틈새)를 선용하는 놀이의 성격을 지닌 '생활체육형 해양스포츠'와 기록이나 경쟁에 목적을 두고 있는 '스포츠(전문체육)형 해양스포츠' 등 4개 갈래[장르 : genre]로 구성되어 있는 가운데 '해양레저'와 '해양레저스포츠' 등 유사개념들까지 포괄·함의하고 있다. 해양스포츠는 신체의 균형발달, 정신적 스트레스 해소, 성인병 예방기능 등 매력적인 요소들을 두루 포함하고 있기 때문에 아주 순도 높은 '완전스포츠'라고 할 수 있다.

해양스포츠는 모험심과 탐구정신을 길러주고, 희생과 협동심을 배양해 주며, 적극적인 사고력까지 지니게 해주기 때문에 청소년 정서순화 프로그램으로서는 최적이다. 특히 운동부족으로 다리가 비교적 허약한 현대인들은 천연(天然)의 자연 속에서 즐길 수 있는 해양스포츠에 관심을 가져야 할 것이다. 다리 근육의 혈액순환 불능은 내장기능을 약화시키고, 뇌세포에까지 영향을 주는 것으로 알려져 있기 때문에 운동 부족증에 시달리고 있는 현대인들의 생활체육으로서도 복음적 메시지를 준다.

그런 의미에서 보면 해양조정, 윈드서핑, 수상스키, 세일링요트(세일 딩기·세일 크루저), 패들보드, 서핑 등은 하체단련과 전신운동에 더없는 맞춤 콘텐츠다. 해양조정의 경우, 2,000m를 오어(Oar)를 저어 가기 위해서는 혼신의 힘으로 220~240회 정도 손과 다리를 동시에 움직여야 한다. 윈드서핑 역시 돛이 360°로 회전하기 때문에 보드 위에서 다리를 움직여 균형을 잡아야 하기 때문이다. 해양스포츠의 좋은 점은 이뿐만이 아니다. 탁 트인 수평선 위로 하얀 물보라를 일으키며 미끄러지듯 달리는 수상스키는 높은 체육적 효과를 비롯하여 피부 마사지(massage) 효과, 그리고 일상에서 찌든 정신적 스트레스까지 말끔히 씻어 준다. 특히 세일크루즈요트는 가족·친구·연인과 함께 낭만과 정취에 젖어 볼 수 있는 가운데 바람이 강할 때는 요트의 움직임이 빨라지기도 하지만, 파도 역시 바람의 강도에 거의 비례하여 거칠어지기 때문에 이런 환경에서는 세일링 그 자체만으로도 충분한 전신운동이 된다. 다만 순전히 개인 차원이지만 평소 신체가 허약한 사람들에게서 가끔 발생하는 가속도 병(배 멀미) 때문에 느끼는 불쾌감과 고통은 젖혀두고 하는 말이다.

따라서 만약 인생이 하나의 긴 문장이라면 반드시 쉼표가 필요하다. 마찬가지로 음표들 사이에도 공간이 있어야 음악이 만들어지고, 또 문자들 사이에도 공간이 있어야 문장이 만들어지듯이 '사랑과 우정, 깊이와 차원'이 성장하는 곳 역시 일과 일사이의 공간이다(지삼업, 2019). 세일링요트, 모터요트, 수상오토바이, 윈드서핑, 카이트서핑, 서핑, 패들보드(SUP) 등 각종 해양스포츠 활동들은 일과 일사이의 쉼의 시간으로써 복잡다단한 생활에 쫓기고 있는 현대인의 실질적 삶의 질을 윤택하게 해주는 것과 함께 육체적 건강과 정서순화, 그리고 정신적 스트레스 해소 등 다양한 덕목을 두루 갖추고 있음이 사실이다.

2. 삶의 틈새와 해양스포츠 활동

1) 해양스포츠 활동, 안전사고에 스스로 대처할 수 있는 학습이 필수

삶의 틈새를 통한 해양레크리에이션형(휴양·기분전환) 및 해양리크리에이션형(에너지의 재생·재창조)을 비롯하여 생활체육형 해양스포츠 프로그램과 같은 해양스포츠 활동에는 해양환경과 해양의 물리적 조건이 각각 영향을 미친다. 실제로 밀러와 디톤(Miller, M. & Ditton, R. D. ; 1986)은 그들의 연구 "여가 생활 사회"에서 "해양환경과 여가[삶의 틈새] 활동 간의 상호 관련성은 매우 민감하게 작용하고 직접적이며, 도처에 존재하는 가운데 복합적이다."라고 강조하고 있다. 이같은 사실은 관련 동호인의 수, 종목별 공간 활용의 이질성, 매우 장기적인 투자자본의 회수기간, 스포츠잠수 동호인과 어촌계원(나잠업 등 허가 어업자) 간 이해관계자 충돌의 잠재성 증가와 함께 해양자원 자체의 차별화된 민감성에 의해서도 확인된다. 물론 이런 측면은 해양스포츠 동호인 증가에 영향을 미치는 직·간접인 요인이 되기는 하지만, 주로 경제적인 시각에서 본 평가이다.

그렇지만 사회적 측면을 놓고 보면, 문제점도 일부 야기시킨다. 해양의 환경오염 문제를 비롯하여 안전사고의 증가, 사회계층 간 위화감 조성 등이 그것이다. 헨리(Henley, 1991)는 그의 연구 "레저의 미래"에서 "여가[삶의 틈새]는 산업화된 국가에서 사람들의 삶에 두드러진 특징이 되고 있다."고 말한다. 또 그는 승용차 소유의 증가, 개인소득의 증대, 가족 크기의 감소와 같은 인구 사회적 변화, 여성의 사회적 역할 변화, 교육 및 여가 기회의 확대를 비롯하여 그 선택과 접근의 증가, 기술 혁신 및 패션의 영향 등의 요인들이 20세기 후반 전반에 걸쳐 세계의 해양스포츠 대중화에 기여해왔다는 점은 분명한 사실이라고 밝히고 있다. 물론 해양스포츠의 대중화에 많은 영향을 미치는 이같은 요인들은 21세기 첫 20년대를 목전에 둔 2019년 현재도 여전히 현재진행형이다.

2019년 6월 현재, 주 52시간 근무제가 300인 이상의 사업장을 시작으로 점차 전사업장으로 확대될 계획인 우리나라에서도 여가는 대부분의 사람들에 의해 권리로써 인식되고 있다. 2011년부터 시작된 주2일 휴무제가 2019년 기준, 이제 완전 정착단계에 진입한 우리나라도 소수만이 삶의 틈새를 즐길 수 있는 시대로부터 대부분의 사람들이 삶의 여유를 즐길 수 있는 시대로, 여가 계층으로부터 여가 사회로 본격 변화를 거듭하고 있다. 더욱이 문재인 대통령은 2018년 8월 6일 청와대 수석·보좌관회의에서 "체육시설, 도서관 등 지역 주민의 삶의 질을 높이는 지역 밀착형 생활 사회간접자본(SOC)시설 분야에 투자를 과감하게 확대하라."고 지시함으로써 지역밀착형 스포츠기반이 크게 확충될 청신호가 되고 있어 고무적이다(정우상, 2018). 결국 과거에는 삶의 틈새를 활용한 여가활동이 일과 반대되는 개념으로 받아들여졌으나, 오늘날에는 업무를 위한 에너지 충전과 기분전환이 곧 일의 연장으로 인식되기에 이르고 있다.

그렇지만 2018년 1분기부터 돌올(突兀)하게 나타나기 시작한 충격적인 실업률, 특히 최근에는 조직에 얽매이지 않고 오직 자신의 능력만 믿고 스스로 삶을 설계한다는 비정규직 및 알바 등으로 대변되는 프리에이전트들의 대거 등장, 게다가 청년취업의 절벽, 조선업 불황에 따라 군산과 통영지역을 중심으로 발생한 대량 실직, 수명의 연장에 따른 노령인구(65세) 증가 등 이들에 대한 잠재적 여가활동의 필요성 확대로 일과 틈새 활동의 관계가 우리 사회에 유례없는 일대 큰 혼란기를 맞고 있다. 게다가 과거 우리나라의 기성세대들은 노동에 많은 가치를 부여해옴으로써 국가 발전을 압축 성장시킬 수 있었기 때문에 일의 신성함의 굴레로부터 벗어나 틈새를 통해 삶의 질을 높이는 가운데 일과 개인과 사회, 그리고 가정을 어떻게 조화시킬 것인가 하는 문제 역시 아직도 말끔히 해소된 상태는 아니다.

토킬센(Torkildsen, G. : 1992)은『레저와 레크리에이션의 관리』에서 "여가는 인간 삶의 리듬 유지에 중요하다. 활동 그 자체를 위해, 그리고 일과 대비되는 상대적 자유를 통해 선택되는 활동과 관계가 있으며 내재적 만족을 가져 온다."고 말한다. 사람들은 일상생활에서 무의식적으로 그것이 바다이든, 호소이든, 혹은 강이든, 그 장소를 가길 것없이 물에 이끌림을 흔히 경험한다. 우리나라에서는 예로부터 물을 통한 즐기고 치료하기 위한 여행은 울진의 백암·덕구를 비롯하여 유성·온양·동래온천 등 주로 뭍의 지하에서 온천(溫泉)이 솟는 곳을 중심으로 이루어졌다. 실제로 조선 왕들은 온천에서 질병을 치료했다.『신증동국여지승람』은 "태조, 세종, 세조가 온양에 머무르며 목욕을 했다."는 기록이 있다. 온천욕은 피부질환 개선은 물론 혈압과 콜레스테롤을 떨어뜨리는 일종의 수치료(水治療)다. 특히 영국의 의사인 리차드 러셀(Richard Russel) 박사는 18세기 중반, 그러니까 1750년에 "바닷물이 내분비선에 작용하는 긍정적인 효과"에 대한 연구논문을 통해 건강을 위해 해안가로 가기를 권장하였다(Gilbert, E. W. 1953). 그는 질병을 치료하는 목적으로 바닷물에서 수영하는 것과 함께 마시는 것 모두에 대하여 기술하였다. 비록 그가 건강을 위해 바다에서 수영하는 것에 대한 처방을 내리는 전공의(專攻醫)는 아니었지만, 의학적인 측면에서 바다를 적극 권장한 대표적인 선구자였다고 평가할 수 있다(지삼업, 2012)

물은 직접 입수하지 않더라도 시각적인 청량감을 주고, 특히 바다는 동경과 두려움이 교차하는 공간으로서 익숙하면서도 낯선 느낌에 젖어 시심(詩心)을 불러일으키는 데도 큰 가치가 있다. 유레이(Urry, J. : 1990)는 "관광객의 시각 : 현대 사회에서의 레저와 관광산업"에서 "오늘날 여행의 요구는 판에 박힌 일상의 스트레스로부터 벗어나야 한다는 필요성에서 나온다."고 주장했다. 앞에서 소개한 밀러와 디톤(Miller, M. : Ditton, D. : 1986) 역시 "여행, 관광산업 그리고 해양관련 업무"에서 "물은 시원(始原)으로서의 원형질적인 특질을 가지고 있다. 또한 해양환경 그 자체에 대한 능동적인 관찰이 근본적인 해양관광 활동"이라고 설명하고 있다.

사실이 그렇다면, 바닷가에서 자전거를 타는 행동은 과연 해양관광 활동이 될까. 밀러와 디톤에 의하면 '아니다'가 정답이다. 바닷가에서 자전거를 타는 사람의 관심은 온통 모래사장에 있을 뿐 해양환경에 있지 않기 때문이다. 요컨대 정답이다, 또는 아니다의 판단기준은 오직 행위자가 어디에 관심의 무게를 두고 있느냐 이기 때문이다. 만약 바닷가에서 바다사자나 고래의 움직임에 몰입하여 즐기고 있다면, 그 것은 해양관광이나 해양레저 관람(광)형 활동에 해당된다. 내친 김에 사족 하나 더 덧붙이면, 만약 해양관광객의 관광활동으로서 해양래프팅대회나 서핑 활동을 관람한다고 해도 그것 역시 세 가지 프로그램 중 하나의 장르인 관람(광)형이 된다. 이는 앞에서 소개한 밀러와 디톤이 강조하고 있는 '해양환경 그 자체에 대한 능동적인 관찰'을 키워드로 필자가 손에 잡히도록 사례를 들어 설명한 얘기다. 이로써 '해양관광'이나 '해양레저(marine leisure)' 콘텐츠는 스포츠형, 레저형, 관람(광)형의 세 가지로서 서로 100% 닮은꼴, 혹은 판박이라고 말하게 된다. 그렇다면, 앞으로 이 두 가지 중 어떤 용어를 선택하는 것이 바람직할까. 그건 말하고자 하는 논지(論旨)에 따라 분별해서 사용하면 맞는다. 그렇지만 이들 두 개념을 혼동하여 오락가락하면 그 자체로서 얕은 공부가 담방 바닥이 드러난다.

특히 지금 우리는 체육교수 출신 국민체육진흥공단 이사장의 취임을 계기로 국가 차원에서 펼치는 건강증진에 대한 이런저런 인식 확장 노력을 경험하고 있다. 이는 정부가 과거보다 국가적으로 개인 건강과 복지, 그리고 인구의 노령 속도에 더 많은 관심을 갖고 있기 때문일 것이다. 앞으로 사람들은 더 많은 자유시간을 가지게 될 것이고, 이에 따라 수동적인 휴식과 피로회복에 쓰는 시간은 감소하는 반면, 신체 및 정신 활동에 쓰는 능동적인 시간은 더 늘어나게 될 것으로 전망되고 있다. 이는 정신과 마음을 적극적으로 활용하는 질 높은 여가시간의 활용 요구에 대한 인식이 높아가는 구체적인 경향이라고 볼 수 있다. 예를 들어 소비자 중심 주의적이고 각종 매체에 크게 영향 받는 소비위주의 여가와, 활동적이고 참여적인 여가 간의 차이와 같이 서로 다른 여가의 역할과 기능에 대한 이해가 확대되고 있는 것이다. 이러한 때에 그는 부산지역 한 일간지와의 인터뷰를 통해 "부산이 해양스포츠 발전의 청사진을 마련하는 단계에서 분명 국민체육진흥공단이 해야 할 역할이 있을 것"이라고 여운을 남김으로써 부산지역 해양스포츠 활성화에 대한 기대감을 갖게 하고 있다(권상국, 2018).

특히 질 높은 해양여가 활동의 경험을 위해 사람들은 그에 필요한 전문성을 스스로 획득할 강습과 같은 학습(교육)의 필요를 강하게 느끼고 있는 것이 사실이다. 더욱이 동력 및 요트 분야에 국가면허제도가 있다고는 하지만 바다는 결코 관대하거나, 너그러운 대상이 아니기 때문에 특히 먼 바다에서 가끔 발생하는 엔진고장과 프로펠러 샤프트에 비닐이나 로프가 감기는 등 안전사고에 의해 자칫 고립무원의 표류상황에 쉽게 노출될 수 있는 만큼 평소에 보트엔진구조학에 대한 이해를 비롯하여 스포츠잠수(스킨·스쿠버다이빙) 기능을 통해 수중에서 로프를 해체할 수 있을 정도의 잠수능력을 갖는 등 스스로 안전을 확보할 수 있는 능력을 필수로 학습해 놓지 않으면 당황스런 상황에 쉽게 노출된다. 스마트폰을 통한 구조요청시스템(해경 : 122)의 활용은 그다음의 차선책일 뿐이다. 국내는 보트수입업자들이 2010년 전후부터 일본에서 거의 폐선 수준에 도달한 중고모터요트나 세일크루저요트를 적잖게 수입하여 소비자에게 저렴하게 판매하여 왔기 때문에 그에 따른 안전사고가 최근에 빈번하게 발생하고 있기 때문에 우려되고 있다.

해양여가 활동의 선택 대안들이 늘어남에 따라 이러한 몇몇 활동에서 전문가들이 배출되고 있고, 또 이러한 전문가들을 비롯하여 '해양여가평론가들'이 해양여가시장에서 점차 중요한 위치를 차지하게 될 것으로 전망된다. 해양스포츠 분야 전문가 배출의 경우, 부경대 해양스포츠학과가 있고, 유사학과로서는 한국해양대 해양체육과와 한서대 레저·해양스포츠학과, 그리고 세한대(옛 대불대) 해양레저스포츠학과가 있다. 강원대 삼척캠퍼스 레저스포츠학과는 레저스포츠전공과 해양스포츠전공으로 한때 세분화할 계획을 적극 검토했으나 교수 간 이견을 끝내 좁히지 못하여 결국 무산된 사례가 있다. 게다가 해양스포츠 저변확대 기반구축 작업이 될 초·중등학교의 교과과정에는 해양스포츠가 전혀 포함되어 있지 않다.

특히 초·중등학교의 교과과정에 해양스포츠 활동을 포함시킬 필요가 있다. 사실 오늘날의 초·중등학교의 학생들은 경쟁하는 법만 배웠지, 내가 나에게 주는 여가를 즐겁게 보내는 방법에 대해서는 학습을 받지 못하고 있다(최승담 외 4인, 2008). 생활체육형 해양스포츠와 같은 프로그램이라고 하더라도 원칙적으로 해양스포츠 활동을 기반으로 하는 만큼 무작정 즐길 수 있는 것이 아니다. 물론 타고난 소질까지는 아니더라도 반드시 기초 동작부터 시작하여 점차 고난도 테크닉까지 체계적인 학습이 필요한 것이 사실이다. 해양관광 3개 프로그램 중 스포츠형인 각종 해양스포츠의 경우, 참여와 안전을 위한 기본교육은 꼭 필요한 가운데 그런 기회를 통해 건강을 다지고, 또 바다와 친화할 수 있음으로서 호연지기까지 배양할 수 있다. 게다가 생활체육으로서의 해양스포츠를 통한 건강증진 뿐만 아니라 해양관광내수 확보차원에서도 의미가 크다. 이제 해양스포츠의 생활화 기반 구축에 교육계가 적극 나서야 할 때다. 특히 21세기형 가족건전여가문화 창달을 위한 각종 해양스포츠 프로그램은 어릴 적 학창시절에 학습해 두는 것이 가장 바람직한 시기다. 학습능력이 탁월하기 때문이다.

2) 현대사회, 요트 등 개인종목 선호 추세 심화

영국에서 "일반 가정을 대상으로 설문 조사"한 연구에 따르면 성별·연령·계층 등에 걸쳐 서로 다른 차이점이 존재함에도 불구하고 성인의 거의 2/3가 적어도 하나의 활동에 참여하고 있다고 한다. 그중 가장 인기가 높은 것은 비공식적인 활동으로, 특히 팀으로 즐기는 스포츠와 반대되는 야외, 지방에서 즐기는 개인스포츠 활동들이었다는 것이다. 게다가 영국체육회(1988)도 일찍이 이러한 유형의 신체적 여가활동의 광범위한 확산은 더 개인적인 유형의 여가활동을 지향하는 더욱 광범위한 경향들을 반영하며, 개인스포츠 활동과 단체스포츠 활동 간에 서로 분리되는 경향이 점차 또렷하게 나타나고 있다고 말한다. 특히 1943년 알제리에서 태어나 파리소르본느대학에서 경제학을 전공한 자크 아탈리(Jacques Attali, 2007)는 자신의 저서『미래의 물결』에서 "가까운 장래의 스포츠는 팀보다는 개인 차원에서 즐기는 운동으로서, 구성원 개개인이 모두 균등한 기회를 가진 요트, 승마, 골프, 춤이 선호될 것"이라고 전망했다. 이는 20여 년 전에 영국체육회에서 발표한 보고서 내용을 재확인해주는 결과가 됨으로써 가까운 장래에도 여전히 유효함을 입증해 주고 있다. 또한 이들 스포츠들은 여행의 모의체험이라고 할 수 있는 정해진 세계의 체계를 따르면서도 세계와의 단절을 흉내 내볼 수 있다는 특징이 있다는 것이다.

마틴과 마슨(Martin, B. & Mason, S. : 1993)은 "레저의 현재 트랜드 : 지방의 레크리에이션에 대한 새로운 시각"에서 "더 새롭고, 모험적이며, 지방에서 즐기는 많은 신나는 스포츠들과 건강한 생활 방식과 연관된 것들이 가장 빠르게 성장하고 있다. 개인들은 개인과 가족의 건강을 위해 야외 스포츠와 운동을 지금보다 더 우선할 것이다."라고 전망했다. 더욱이 지난 2007년 부경대 해양관광연구팀이 수행한 "부산·경남지역 해양관광 활성화를 위한 해양스포츠 체험프로그램 개발" 연구에서 "라이프스타일 유형별 참가특성은 친구와 연인과 함께 해양스포츠를 즐기는 경우가 다른 군집 유형에 비해 높았고, 또 군집 전체를 통해 가장 선호하는 체험활동은 윈드서핑이며, 그다음은 수상스키, 바나나보트, 플라이피시, 땅콩보트, 수상오토바이, 모터보트 순으로 선호하는 것으로 밝혀졌다."고 보고했다.

국내의 경우 최근 해양스포츠 활동의 범위와 다양성이 확대되고 있는 추세에 있다. 세일링과 같은 전통적으로 인기가 높은 무동력 종목들은 주로 자연·모험스포츠를 즐기는 가운데 유행을 선도하는 신세대들이 이끄는 윈드서핑, 패들보드, 서핑 그리고 카이트서핑과 세일크루저요트는 청장년들의 활동에 의해 각각 선호되고 있는 추세에 있다. 그 뒤를 피견인 해양스포츠 종목들인 바나나보트, 땅콩보트, 플라이피시, 수상스키 등이 선호되고 있다. 그다음은 바람이나 인간 에너지를 추진력으로 사용하기보다는 주로 연료에 의존하는 모터요트, 수상오토바이, 파워스키 보트(Power Ski Boat), 전동 서프보드 등 역동적인 동력해양스포츠 종목들이 바짝 뒤를 추격하고 있다. 그럼에도 국내 해양스포츠산업은 아직은 저변이 빈약하여 그 시장이 열악하다는 점을 투자에 관심이 있는 사업가들은 특별히 주목했으면 한다. 물론 중견 수준의 기업을 이미 경영하고 있음에도 미래 시장 환경의 변화에 대응하기 위해 사업 다각화 전략에 따른 해양스포츠산업 시장선점을 목적으로 마리나개발에 투자한다면 그건 그것대로 좋은 일이지만, 당장은 투자 대비 효율과는 별개의 사안임을 이해할 필요가 있다. 흑자가 가능할 시점인 마리나개발 후 약 10년 동안은 주력 기업에서 운전자금을 계속 투입하지 않으면 안 된다.

특히 국내는 2019년 현재까지도 공식적인 통계는 존재하지 않지만, 지금으로부터 15년 전 해양수산부(2004)는 '해양관광진흥계획'에서 우리나라의 해양스포츠 참여인구는 2000년 157만 명, 2003년 239만 명, 2010년 637만 명이 각각 될 것이라고 예측했었다. 이같은 숫자는 마치 2018년 8월 5일(일요일) 하루에 무려 210만 명이 부산지역 7개 해수욕장을 이용했다고 밝히는 부산시의 거품통계와 같이 피부에 와 닿지 않기는 마찬가지다. 실제로 2006년 8월 울진에서 개최된 해양수산부 주최 '제1회 전국 해양스포츠세션'에 삼가한 임원 선수는 2선어 명에 불과했나. 세나가 그도부터 12년이 성과한 2018년 8월 16~19일까지 총 4일간 강원도 속초해수욕장·청호동해변·청초호 일원에서 정식종목 4개(요트·해양카누·핀수영·철인 3종), 번외종목 4개(바다수영·드래곤보트·카이트 서핑(일명 카이트 보딩)·고무보트), 단순 체험종목 바나나보트 등 20개 등을 중심으로 개최된 '제13회 전국해양스포츠제전'에 참가한 임원 선수 역시 대략 3천 명 내외였다. 또한 대한수중협회는 스포츠잠수 동호인이 약 30만 명, 게다가 대한낚시연합회도 갯바위낚시와 바다보트낚시를 합하면 동호인은 약 350만 명 정도는 될 것이라고 각각 추산하고 있다. 그렇지만 일부 연구자들은 2018년 기준, 국내의 해양스포츠 인구는 많이 잡아도 10여개 해양스포츠 전 종목을 통 털어 총 300~350만 명을 넘지 않는, 즉 영국에서 각종 해양스포츠가 크게 활성화되었던 1970년대 수준과 거의 맞먹을 것이라고 조심스럽게 유추(類推)한다. 물론 유추는 진실을 완전하게 대변하고 있지는 않다. 그때는 맞지만, 지금은 옳지 않게 해석할 여지가 많기 때문이다.

그렇지만 생각의 도구 중에서 2가지 이상의 현상으로부터 도출해 내는 유추(analigy)만큼 중요한 도구는 드물다. 인간은 유추 없이는 생각도 말도 제대로 하기 힘들다. 그렇지만 이 유추라는 생각의 도구는 점차 사용하기가 어려워진다. 항상 사용하기 까다로웠지만 더욱 까다로워지고 있다. 세계가 변화함에 따라 예전의 유사점들이 비유사적(非類似的)으로 바뀌고 있기 때문이다. 한때 적절했던 비교가 사실을 옳지 아니하게 해석하도록 만들고, 과거의 유사물이 자신도 모르는 사이에 무너지고, 이를 근거로 한 결론도 잘못된 방향으로 흐른다. 현재처럼 변화의 속도가 대단히 빠른 사회일수록 유추의 유용함도 그만큼 수명이 짧아진다(김중웅, 앞의 책). 또한 한 사회 내의 많은 현상이 함께 발생해야 할 논리적 필연성이 있어 보이는지의 여부를 떠나, 하나의 차원은 직접관찰을 통해 현상에 대한 자료를 수집하고 분석하여 해답을 찾는 경험적 연구에서 실제로 함께 발생할 수 있는 현상들을 묶어 준다. 사회의 논리는 그 사회를 바라보는 개인들의 논리와는 다르다. 한 차원으로 묶인 다양한 면의 묶음은 언제나 통계적 관계에 기반을 둔 것으로, 절대적 관계가 아니라 경향적 관련성에 입각한 것이다. 대부분의 사회에서 발견되는 일반적인 경향이 일부 사회에서는 달리 나타날 수 있다. 입장에 따라 소위 '가짜 뉴스'가 될 수도 있는 개연성이 존재하는 지도 모른다. 이런 입장의 차이는 통계적 방법을 통해 진짜와 가짜가 발견되기 때문에 많은 사례에 대한 자료가 있어야만 사실을 알아낼 수 있다(차재호·이은영, 2014). 현재 우리나라 해양스포츠 분야 동호인 관련 통계는 대체적으로 유추에 근거한 경우가 적잖았다는 점에서 평가 시점에 따라 고무줄처럼 늘어났다 줄었다 하는 것도 속도가 빠른 사회에 노출되어 있는 것과 무관하다고 보기는 어렵다. 더욱이 발전 초기단계인 해양스포츠분야로서는 사례 수가 매우 적은만큼 통계에 의한 경향을 파악하기가 사실상 힘들기 때문에 그간 유추에 기대어온 측면을 정면으로 비판하기가 어려운 이유다.

3) 해양스포츠와 참여동기

결론부터 말하면, 사람들이 처음에 어떤 동기에서 해양스포츠를 접하게 되었는가 하는 문제는 그 영향을 미친 요인이 매우 다양하다는 특징을 나타냈다. 물론 국내외적으로 해양스포츠 참여 동기와 선택에 대한 연구는 충분치 않은 실정이다.

그렇지만 해양스포츠산업의 장기적인 성공은 새로운 참여자들의 동참에 달려 있다. 런던 보트쇼에 참가한 350명을 대상으로 설문조사한 앤더슨(Anderson, J. 1994)의 연구결과인 〈표 5-1〉을 참고해 보면, 해양스포츠에 처음 참가한 사람들의 79%가 친구 또는 친척에 의해 소개되었거나 영향 받았다는 것을 보여주고 있다. 이 숫자는 모터요트 참가자들을 대상으로 할 때는 1/4로 뚝 떨어진다. 결국 해양스포츠에 처음으로 참여하는 사람들은 대부분 해양스포츠를 선호하는 가족들의 강력한 권유나 영향에 의한 것으로 나타났고, 세일크루저요트, 윈드서핑, 서핑 등 많은 종목들은 모터요트동호인들보다 연령층도 한층 젊다는 것을 시사한다.

영국의 경우 해양스포츠 분야 동호인들의 공식적인 참여 방법은 1970년대 말에 설립되었던 영국왕립요트협회 및 윈드서핑 학교들을 통해서이다. 약 77개의 요트스쿨이 있고, 그 중 하나는 아일랜드에, 그리고 또 다른 하나는 유럽에 있다. 치체스터에서 사우스햄턴까지의 남부 지역에는 2019년 기준, 30여개의 학교가 있다.

그러나 RYA(왕실요트협회) 학교를 더하면, 그 숫자는 대략 50개소로 확대된다(BMIF, 1992). 이들은 세일크루징, 모터크루징, 세일딩기, 모터요트 등에 걸쳐 소정의 교육과정을 제공하고 있다. 또한 전국적으로 170개가 넘는 RYA 윈드서핑센터에서도 교육을 시키고 있으며, 이중 50개가 넘는 곳이 숙박시설을 갖추고 있다. 〈표 5-1〉은 2019년 기준, 25년 전의 통계이지만 그 시사점은 지금도 유효하다.

그러나 우리나라는 중앙정부나 각 지자체 차원에서 운영하는 시민해양스포츠교육장은 해양수산부가 위탁한 해양소년단에서 드래건보트나 카약 등 단 두 종목을 무료로 제공하고 있을 뿐이다. 부산 수영강의 경우 2018년 7~8월 직접 관찰한 결과, 그나마 그것도 이용하는 이가 거의 없는 등 개점휴업 상태나 마찬가지였다. 왜 이런 사업에 국가예산을 계속 투입해야 하는가에 대한 강한 의문을 불러일으키기 딱 좋은 아주 썰렁한 분위기에 연민의 정을 느낄 정도였다. 게다가 문화체육관광부 승인 비영리생활체육단

〈표 5-1〉 해양스포츠 참여동기

참여 동기	인원 수 (총 350)	%
가족 소유 보트를 통해	111	31
친구의 보트를 통해	103	29
클럽가입을 통해	24	7
가족 휴가 시에	19	5
학교수업을 통해	13	4
스포츠센터에서의 클럽활동을 통해	13	4
주말 휴가를 통해서	9	3
보이스카우트 또는 클럽활동을 통해	8	2
일회성 흥미 위주로 즉흥적으로 참가	7	2
어릴 때 부모님과 휴가 활동을 통해	3	–
어른이 되어서 휴가 활동	3	–
정부관리 시설인 해양스포츠센터에서	3	–
해양소년단/베이워치 활동 기회에	3	–
직장/군복무 시에	2	–
비참가자	29	8

출처 : Anderson(1994). '런던보트 쇼' 참가자를 대상으로 한 해양스포츠 참여 실태조사.

체로써 전국을 사업권으로 하고 있는 (사)한국해양스포츠회가 부산에서 1994년부터 약 15년 동안 열심히 활동한 결과, 전국에 걸쳐 약 30만 명에게 해양스포츠를 향수할 수 있는 기회를 제공하였지만, 필자가 손을 놓은 2007년 8월 15일 이후부터는 거의 식물상태에 처해있어 안타까운 실정이다. 그렇지만 대한요트협회, 대한수중협회, 대한카누협회, 강원대삼척캠퍼스, 한서대 등에서 저변확대 목적으로 교실이나 해양스포츠센터를 각각 운영하고 있다.

특히 부산광역시는 2008년부터 협회 및 사설단체에 1천만 원 수준에서 예산을 지원하여 해양스포츠 4계절화에 적극 나서기도 했다. 그러나 당시 우려했던 이유는 세 가지가 있었다. 하나는 100% 무료이면 문제가 없지만, 만약 불특정 다수인 참여자에게 참가비, 교재비 등 어떤 형태로든 금액을 부과할 경우, 수상레저안전법에 따른 불법영업 행위에 해당될 우려가 높다는 점이고, 다른 하나는 4계절화 극복 변수가 될 맞춤프로그램이 개발되어 있지 않은 상태였기 때문에 말로만 4계절화가 될 수밖에 없다는 점이고, 나머지 하나는 선수양성을 목적하는 단체인 00요트협회가 바나나보트, 해양카약, 해양래프팅에 걸쳐 백화점식으로 저변확대를 위한 아카데미를 개최하는 등 생활체육분야를 침범해도 괜찮은 제도가 있는가에 대한 의문 등이었다. 지금은 부산시의 저변확대사업은 전면 백지화된 상태다.

아무튼 앞으로 국민체육진흥공단에서 부산, 목포, 인천, 강릉 등 지역 밀착형 '시민해양스포츠체험아카데미' 운영에 나서면 어떨까 싶다. 다만 지금껏 해양수산부가 청소년교육단체에 무료강습을 위탁시켜온 사업은 재검토함이 맞는다. 20여 년 전부터 저변확대를 통한 파이를 키우는 작업이 무엇보다 중요함을 일관되게 주장하여 왔지만 말의 속뜻을 이해하는 이가 그렇게 많지 않았다.

때마침 전직 체육교수 출신인 국민체육진흥공단 이사장이 해양스포츠 활성화에 관심이 많은 만큼, 제도적 요건을 갖추고 있는 해양스포츠학과 및 유사학과에 장비구입비 지원 등 그들을 앞장세우면 효과적이다. 게다가 참여 수월성에 착목, 각 지자체에도 예산을 지원, 해양카약과 해양카누, 해양래프팅, 서핑보드, 패들보드, 세일딩기 요트 등에 관련된 '무료강습 및 장비임대시스템'을 전국 주요 해수욕장에 구축하는 문제도 해양스포츠 저변확장을 위해 우선 검토 가능한 방안 중 하나다.

4) 해양스포츠와 휴가, 보트 렌트 및 체험업체 육성의 시급성

국내의 경우 대부분 성인들과 어린이들은 해양스포츠를 경험해 볼 최초의 기회는 괌, 파타야, 보라카이 등 해외나 부산 등 해양도시에서 여름휴가를 잠깐 보낼 때이다. 영국의 경우 1994년 인구의 약 60%가 4일 이상의 휴가를 보냈다. 이 비율은 1970년대 후반 이래로 비교적 일정하게 현재까지 유지되어 오고 있다. 휴가는 여유 있는 사람들에게는 사치가 아니라 필수적인 것으로 인식되고 있는 것이다. 많은 사람들이 휴가 때 처음으로 해양스포츠를 접하게 되는 사례가 많다. 일부는 해양스포츠를 잠시 체험하는 정도이고, 또 임대보트로 하루를 보내거나, 요트를 며칠씩 임대하기도 하는 한편, 각종 해양스포츠를 본격 배우기 위해 휴가를 그곳에서 보내는 사람들도 일부 있다. 실제로 2016~2018년 사이에 패들보드나 서핑을 학습하기 위해 강원도 양양이나 부산 송정해수욕장에서 여름휴가를 보내는 젊은이가 많이 증가하고 있는 추세에 있다. 해양스포츠는 광범위한 요구가 만나는 다양한 산업이다. 영국의 『레저 컨설턴트(Leisure Consultants, 1989)』지(紙)는 "동적 휴가 : 관광산업에 있어서의 성장 시장" 연구에서 "휴가기간 중 약 3,000개의 단체가 사람들에게 일정한 유형의 활동적 프로그램을 제공하고 있다."고 추산했다. 이들 단체 중 약 1/3은 프랑스 등 해외에서 프로그램을 제공하고 있다고 한다.

휴가시장 실태 파악은 해양스포츠 참여 실태 파악의 경우와 마찬가지로 데이터의 부족으로 정량화하는 것은 사실상 불가능하다. 우덜(Wooder, 1992)에 의하면 "비교할 수 있는 범위와 측정의 문제가 발생하지만, 강습료 또는 강사직과 관련되는 공식적인 여가가 1년에 적어도 약 200만 개의 일자리를 창출하고 있고, 또 비용으로는 2억 5천만 파운드가 넘는 것으로 추산된다."고 한다. 또한 영국체육회가 발행(1988)한 보고서에 의하면 "EU지역 총 24개국에서 이루어진 모든 휴가의 10%가 특정 활동이나 스포츠를 중심으로 진행되었다."고 추정했다. 뿐만 아니라 마틴과 마슨(Martin, B. & Mason, S. : 1993)은 "거의 4명 중 1명의 휴가자들이 동적인 휴가에 참가하고, 또 그 보다 더 많은 수의 사람들이 동적인 활동을 기반으로 한 여행을 할 것이라고 전망했다. 게다가 어린이들을 대상으로 하는 여가산업도 이에 더해져야 한다."는 것이다.

특히 여름휴가는 사람들에게 해양스포츠를 접할 기회를 제공할 뿐만 아니라 장비(각종 보트)와 적절한 참여 환경을 조성해주는 역할을 한다. 양질의 해양스포츠 참여는 다른 스포츠(체육)에 비해 장비가 비교적 값비싸고, 또 체험 장소도 일정수준의 시설을 갖춘 보트계류장이나 마리나시설이 있어야 하기 때문에 어려움이 많다. 물론 '해양스포츠 각종 보트 렌트 및 체험업체(이하 해양스포츠업체)'가 인근에 있다면 그런 어려움을 한층 반감시킬 수 있다. 그렇지만 우리나라는 해양스포츠업체가 다수 출현할수 있도록 하기 위해서는 수상레저안전법 시행규칙 제30조에 종사자자격 신설과 관련된 제도개선이 꼭필요한 실정이다. 전공학과에서 온갖 공력을 들여 양성한 고급 인력들이 마땅히 발붙일 곳이 없기 때문이다. 펠리(Pelly, D. : 1989)에 의하면 "영국에서 해양스포츠를 즐기기 위해 최초로 보트를 렌트해 쓴 것은 1900년대 초"라고 한다. 우리나라는 1980년대 초반에 한강, 청평, 부산 등지의 극히 일부 해양스포츠업체로부터 보트를 겨우 빌려 쓸 수 있었다. 그당시만 하더라도 국내에는 해양스포츠업체가 거의 없었기때문이다. 물론 유원지나 해수욕장, 그리고 호수나 강에서 탈수 있는 노(櫓)보트나 오리보트는 젖혀두고하는 말이다.

특히 필자의 경험칙에 따르면 해양스포츠분야는 다른 스포츠(체육)분야보다 각종 동력보트나 무동력보트를 빌려주고, 또 무면허자에게는 강사가 조종하는 일회성 체험기회를 제공해 주는 해양스포츠업체육성을 적극 검토하지 않으면 저변확대 정책은 겉돌 수밖에 없다는 생각을 줄곧 갖고 있었다. 물론 그런인식은 20여년 지난 2019년 현재도 변함이 없다. 특히 모터요트 등 동력보트는 면허소지자의 경우, 다음의 다섯 가지 이유 때문에 업체의 보트를 일회성으로 이용하는 편이 백번 맞는다. 물론 무동력인 세일크루저요트도 마찬가지 메커니즘이 적용된다.

첫째, 각종 동력보트는 비교적 고가이기 때문에 개인구입은 가계에 큰 부담으로 작용한다는 점이다. 그렇다면, 아는 사람끼리 공동으로 구매하고 관리하면 되지 않느냐고 반문하는 이가 있을 수 있다. 물론그렇게 하면 된다. 그러나 아버지와 아들 간에도 보트구입 문제는 그렇다고 치더라도, 관리문제를 놓고는갈등을 빚는 경우가 흔히 있다. 심지어 친구 간에는 이용 날짜나 보트관리에 대한 책임소재를 놓고, 또는 부담스런 수리비 배분에 따른 비율 때문에 이견(異見)을 보이는 등 더욱 마음에 상처를 받는 경우가많음을 목격하기도 했다. 참고하기 바란다.

둘째, 지구온난화 영향으로 여름철이 100년 전과 견주어 약 1개월 정도나 연장되었다는 기상청의 발표가 있기는 하지만, 그럼에도 활동을 하지 않는 기간이 연 대략 8개월 이상 되는 가운데 시즌이라고 하더라도 실제 보트운용 일수는 많아도 연 20~25일을 채 넘지 않기 때문에 동력장비의 활용성이 매우 낮고, 또 염분침투에 따른 장비의 훼손율도 대단히 높다는 점이다. 동력보트는 일단 구매한 상태라면, 비교적 짧은 기간에 이용률을 최대한 높이는 일이 가장 경제적이라고 마니아들은 이구동성으로 말하고 있다. 결국 세워두는 것보다는 사용하는 쪽이 백번 낫다.

셋째, 도시지역의 경우 사람들의 주거형태가 대부분 아파트구조이기 때문에 불가피하게 보트계류장이나 마리나시설에 보트를 보관할 수밖에 없음에 따라 부담스런 보트계류비를 비롯하여 고가장비인 만큼 다른 스포츠(체육)기구에 비하여 턱없이 값비싼 유지/관리비가 계속 투입된다는 점이다. 회사의 중간간부급이라고 하더라도 자칫 살림 거들나기 십상이다.

넷째, 중고보트의 경우 간단없이 발생하는 엔진고장을 비롯하여 선체세척 등 관리/수리에 관련된 시간할애의 어려움과 신뢰성 높은 수리전문 마리나가 국내에는 아직 부재하기 때문에 난감한 경우가 흔하고, 실제 모터요트의 경우 심각한 고장과 수리는 일본 후쿠오카 소재 마리노아까지 원정하여 해결하는 경우도 가끔 있다. 또 각종 부품이 외국으로부터 대부분 수입됨으로써 적기에 수리를 기대하기 어려운 점 등 보트관리/수리에서 비롯되는 각종 스트레스가 누적되어 결국은 해양스포츠 활동 자체에 대해 후회막급으로 이어지는 경우가 흔히 있다.

끝으로 다섯 번째는 고가의 보트를 마리나에 맡겨 놓았다고는 하지만 연중 몇 차례 발생하는 태풍과 폭풍해일에 따른 보트파손 우려를 비롯하여 보트자체에 빗물을 어느 정도는 배수시키는 빌지펌프가 자동으로 작동한다고는 하지만, 그래도 장마철의 경우 한 밤중에 마구 쏟아지는 폭우에 대응할 마땅한 방법이 없어 밤을 꼬박 하얗게 밝힐 수밖에 없는 난감한 상황에 고스란히 노출됨으로써 결국 보트에 대한 있는 정, 없는 정이 모두 사라지는 이른바 공황상태에 빠진다는 점이다.

따라서 개인적으로 해양스포츠업체의 각종 동력보트를 임차해 사용하면, 우선은 값비싼 렌트(Rent)비용이 부담스럽게 느껴지고, 또 시즌에는 수요증가에 따라 필요시에 즉각 사용할 수 없는 불편함이 일부 있는 것은 사실이다. 그럼에도 앞에서 열거한 다섯 가지 이유를 감안하면, 해양스포츠업체의 장비를 필요시에 사전 예약을 통해 이용하는 편이 어느 측면으로 보나 대단히 효과적인 방법임은 확실해 진다. 게다가 국가나 지역의 경제를 살찌울 해양스포츠산업 파이를 키우기 위해서도 저변확대를 위한 사회적 환경 조성이 꼭 필요하고, 또 시민 밀착형 삶의 질 향상을 위해서도 해양스포츠업체 육성책 검토는 더이상 방기시킬 수 없는 현안임을 이해했으면 한다. 이 같은 심층 분석은 전적으로 경험에 근거하고 있기 때문에 헛방도 과장도 아닌 진실이다. 해양스포츠업체 육성대책 검토, 정말 시급하다고 거듭 강조하게 된다. 정책이 현실을 직시하지 못하면 허방을 짚기 일쑤다.

5) 해양스포츠와 계절(기후)

레벤스(Levens, G.; 1991)는 "보트오너에 관한 통계"에서 "해양스포츠는 성격상 계절스포츠이다. 실제로 참가자의 2/3가 겨울에는 해양스포츠에 참여하지 않는다."고 하였다. 영국의 해양스포츠 시즌은 6월~8월까지로써 약 3개월 정도이다. 그렇지만 우리나라는 점차 봄과 가을이 짧아지는 현상이 심화·발전됨에 따라 4월 중순부터 9월 중순까지 최대 약 4~5개월 정도는 가능해졌다.

앞에 열거한 다섯 가지의 어려움을 감당할 각오가 되어 있는 상태에서 자신의 보트를 가진 사람들은 보트가 없는 사람들 보다 참여 빈도가 더 높다는 것은 일종의 상식이다. 그렇기 때문에 해양스포츠업체 다수 출현을 통한 렌트보트 시스템 구축은 해양스포츠 활성화에 필요한 사회적 환경을 조성해 주는 셈이 되어 매우 중요한 작업이 된다. 우리나라의 해양스포츠 대중화 작업 과정에 이런 측면이 주요 현안 중 하나로 부각되어 있다.

수온과 기온도 중요한 가운데 특히 바람과 파랑의 강약은 무동력 해양스포츠 마니아들에게는 대단히 큰 영향을 미친다. 실제로 윈드서핑의 경우, 거의 무풍일 때는 대회 자체가 운영이 곤란한 가운데 보퍼트 풍력 5등급이면 최상이다. 파랑도 마찬가지다. 최근 크게 선호되고 있는 서핑은 파랑이 최소 60cm이상이 유효하다.

이러한 계절적 성격은 우리나라의 전통적 여름휴가 최고 성수기인 7월말부터 8월초까지의 기간에 해양스포츠를 많이 즐기는 집중현상에서도 입증되고 있다. 이런 측면에서 보면, 전국 240여 해수욕장의 개장 기간을 7월 1일 전후에서 탈피하여 이젠 수온이 20℃ 정도에 육박하는 6월 10일 전후, 즉 종전보다 1개월 정도 전격 앞당길 필요가 있다는 생각이다. 실제로 몇몇 곳은 그렇게 앞당겼다. 그러나 부산의 경우, 관리 인력들의 인건비 부담기간 연장으로 최근에는 슬그머니 원래대로 회귀시키는 경향성도 나타나고 있다. 그런 가운데서도 부산 해운대해수욕장은 밤 9시까지 입수를 허용하고 있어 휴가객들에게 특별히 환영을 받고 있다.

현재로서는 국내 해양스포츠가 미국 캘리포니아처럼 주로 자연환경이 양호한 특정 해수욕장을 중심으로 이뤄지고 있다는 점에서 굳이 해수욕이 아니더라도 해양스포츠를 통해 해수욕장의 활용성을 높여 지역의 부가가치를 창출할 수 있다면, 관리요원 배치에 따른 예산증액 등 어려움은 일부 있겠지만 이를 이유로 지자체들이 망설일 필요는 없다는 생각이다.

최근 점차 아열대성 기후구로 변화하는 국내의 기후 특성을 적극 활용한다면 예상외의 성과가 있을

〈표 5-2〉 기후대별 각종 해양스포츠 활동시즌

기후특성	지역	중심활동	비고
열대	태평양 군도 : 하와이, 괌, 사이판 중국 :하이난도	각종(동력·무동력) 해양스포츠	사계절
	동남아 : 필리핀, 태국, 베트남 등	각종 해양스포츠	사계절
	호주: 멜버른, 골드코스트	각종 해양스포츠	사계절
아열대	일본 : 오키나와	스포츠 잠수, 해양카약, 해양카누, 해수욕 등 무동력 해양스포츠 활발	5~11월(시즌)
지중해성	지중해, 캘리포니아(미국)	각종 해양스포츠	캘리포니아는 해수욕장 특성을 중심으로 서핑, 윈드서핑 등 해양스포츠 종목별 특화 발전
아열대성온대	일본 : 규슈, 세토내해 등	각종 해양스포츠	크루저해양관광 활발

출처 : 김성귀(2007). 해양관광론. 현학사(서울). 518. 2019년 6월 일부 재구성.

것으로 전망되기 때문이다. 기후대별 각종 해양스포츠 활동 시즌은 〈표 5-2〉와 같다. 해양스포츠 참가자 중 거의 1/2은 해양스포츠 특유의 역동성에 따른 짜릿한 자극에 매료된다. 특히 모터요트와 수상오토바이에 관심이 크지는 이유들 중 하나이다. 동력조종면허제도가 시행된 2000년 2월 9일 이전에는 젊은 층들이 수상오토바이에 매료되어 많이 참여했다. 윈드서핑, 요트와 같이 테크닉을 습득하는 느린 과정을 거치지 않고도 약 30분 정도만 조종술을 익히면 즉각적으로 만족감을 느낄 수 있기 때문이다. 그러나 2000년 2월 9일 이후부터는 동력조종면허가 반드시 필요하기 때문에 면허제시행 이후 지금껏 약 20년 동안은 그 이전에 비해 수상오토바이 동호인들의 증가속도는 많이 둔화되었다.

실제로 "해양스포츠 참여자의 재미 요인과 참여제약이 몰입도에 미치는 영향"에 관한 연구에 의하면 "스포츠잠수 참여자는 성취감 재미요인, 유능성 재미요인으로 나타났고, 수상스키/수상오토바이 참여자는 구조적 제약요인이 가장 낮은 것으로 나타났다(김준 외 2인, 2007)." 또한 해양스포츠 전반적으로 참여자의 유능성, 성취감, 재미요인은 몰입도에 긍정적인 영향을 미치는 것이 확실하다고 보고하고 있는 것에서도 입증되고 있다. 그렇지만 최근 국내외적으로 느린 교육과정을 전제하고 있는 전통적 해양스포츠인 무동력보다 즉시 만족을 느낄 수 있는 동력해양스포츠가 널리 선호되는 것도 따지고 보면, 현재의 삶의 방식과 믿음이 일시적일 수밖에 없는 그래서 모든 것이 제4차 산업혁명을 견인하고 있는 디지털시대에 급변하는 오늘날의 사회를 실시간으로 반응하도록 강요하는 시대성도 상당부분 가세한 결과다. 도시에서는 소유와 소비와 패션이 그 사람의 유력한 표지가 되고 있다. 도시라는 복잡하고 바쁜 공간에서는 지나가는 겉모습만 보인다. 집, 자동차, 성형, 의상, 특히 모터요트와 세일크루저요트 등 고가의 명품으로 자기를 표현한다. 더욱이 변화의 가속도가 제품과 기술, 시장의 사이클을 단축시키는 오늘날, 해양스포츠업체가 생존하고 대중이 계속 관심을 갖도록 할 수 있는 길은 겉모습을 통해 자기를 표현하고자 하는 사람들의 속성과 함께 조변석개(朝變夕改)로 변하는 대중 선호도를 중심으로 프로그램과 장비, 고품질 서비스 제공 등 끊임없는 혁신이다. 게다가 혁신은 유연성을 가지면서 정보에 따라 신속하게 변해야 한다. 특히 비교적 유행과 경기변동에 민감하게 반응하는 해양스포츠 분야로써는 지능적 혁신이 꼭 필요하다. 그렇게 되기 위해서는 단지 현재의 변화뿐만 아니라 더욱 가속화되는 가까운 장래인 미래도 고려하는 것이 중요하다 할 것이다.

앤더슨(Anderson, J. : 1994b)이 '런던보트 쇼'에 참가한 사람들을 대상으로 설문조사한 연구에 따르면 350명의 참가자들에게 앞으로 해양스포츠에 참여를 확대할 것인가를 물었다. 그 연구결과 참여 확대의 걸림돌은 시간(40%)과 돈(30%)이었다. 생활체육으로써의 해양스포츠 활동은 일반적으로 비용이 많이 드는 활동으로 인식되고 있는 것이 사실이다. 그러나 실상은 그렇지 않다. 레벤스(Levens, G. : 1991)는 그의 연구 "영국 보트오너들에 관한 통계"에서 "참여 비용이 가장 많이 드는 것으로 알려져 있는 모터요트 오너들의 경우, 매년 총 경비는 1파운드를 우리 돈 1800원으로 계산하면 약 1천2백만 원 소요되었고, 세일딩기요트 오너들은 1백만 원 수준이었다고 보고하고 있는 것에서도 입증되고 있다. 참가자들의 2/3는 보트를 소유하지 않은 사람들이었고, 이들은 오너들에 비해 연중 보트관리비가 투입되지 않기 때문에 비용이 훨씬 적게 든다. 2001년 해양스포츠 활동 총 경비 중 세일크루저요트가 세일링에 소요되는 직접경비는 67%, 스포츠잠수 15%, 윈드서핑 12%, 수상스키 6% 등의 순이었다. 세일크루저요트를 제외하면, 거의 모든 해양스포츠가 직접적인 활동 경비는 크게 부담스럽지 않다."는 것을 알 수 있다.

〈표 5-3〉 부산시 승인 해양스포츠비영리단체 요금표('07년 기준)

구 분		이용요금(단위: 원)
모터보트	대 인	1회 10분/7,000
(1인기준)	소 인	1회 10분/6,000
수상오토바이	대 인	1회 10분/10,000
(1인기준)	소 인	1회 10분/8,000
고무보트 (10인 이내)		1시간 대여/5,000
카타마란 (10인 이내)		1시간 대여/5,000
세일크루저요트 (1인기준)		1시간/20,000
플라이피쉬	대 인	1회 10분/10,000
(1인기준)	소 인	1회 10분/9,000
바나나보트	대 인	1회 10분/8,000
(1인기준)	소 인	1회 10분/7,000
윈드서핑 (1인기준)		1시간 대여/5,000

출처 : (사)한국해양스포츠회 내부자료

더욱이 〈표 5-3〉을 참고해 보면 국내에서는 처음으로 지자체 차원에서 비영리생활체육단체인 (사)한국해양스포츠회에 부산시가 승인한 요금은 대단히 저렴하다. 2007년의 경우 이 협회는 수상레저안전법 제39조 및 같은 법 시행규칙 제30조가 정하는 바에 따라 행정관할 기초지자체로부터 공유수면 점·사용허가를 받아 광안리해수욕장에서 해양스포츠 저변확대를 목적으로 사업을 펼쳤다. 이와 같이 보트를 소유하지 못한 사람들은 비영리생활체육단체가 제공하는 각종 해양스포츠 저변확대사업에 참여하면 경제적 부담은 한층 적다. 물론 개인사업자의 경우는 이익을 목적하기 때문에 비영리보다 대략 100% 값비싼 것으로 파악되고 있다. 그래서 비영리생활체육단체의 활동에 행·재정적인 지원이 있어야 한다. 지금 부산지역에는 해양스포츠 분야 생활체육단체의 활동은 이사진 구성의 어려움 때문에 개점휴업 상태다. 반대급부가 없는 상태에서 출연금 부탁이 쉽지 않다.

수상스키, 세일크루저요트, 세일딩기, 윈드서핑과 같은 해양스포츠는 민첩성과 속도를 요구한다. 동력 종목은 일상적인 활동에서는 격렬함이 덜하다. 특히 생활체육 활동들의 경우 중단 율이 대단히 높다는 연구보고가 일부 있다. 중단 율은 활동 종목에 따라 상이한 것이 사실이지만, 이런 현상은 해양스포츠 사업체 종사자들에게는 분명 중요한 문제이기 때문에 해양스포츠도 그런 특징을 나타내는가에 대해 앞으로 심층적인 연구를 계속 진행할 가치가 충분히 있다고 생각된다.

6) 해양스포츠와 대회 개최

요트경기는 영국에서 1661년부터 시작되었다. 경쟁은 모든 스포츠형 스포츠(체육)에 있어 가장 중요한 구성 요소이다. 경기출전은 국가 및 지역의 영예는 물론 승리와 기량 향상, 특히 승리에 대한 불같은 열망과 긴밀히 연관되어 있다. 1851년부터 처음 시작된 오늘날의 아메리카즈컵 요트경기는 한마디로 첨단과학기술의 경연장이라고 볼 수 있다. 출전 팀 당 장비구입과 연습, 그리고 대회출전을 위한 제반 경상경비까지 합치면 줄잡아 팀당 우리 돈으로 약 500~700억 원 정도 소요된다는 것이 상식이다.

영국, 미국, 뉴질랜드, 스위스 등 세계 각국은 대회 출전뿐만 아니라 요트산업 투자에 적극적이다. 아메리카즈컵과 같은 대형 경기 출전은 자국 업체에 대한 홍보 효과를 비롯하여 각종 첨단 소재와 기자재 및 부품 등 직간접적으로 연계되어 있는 연관산업에 미치는 경제적 효과는 엄청날 뿐만 아니라 특히 관련 부품을 국산화할 수 있는 계기가 될 수 있어 정부투자가 적극적이다. 뉴질랜드 정부통계에 의하면, 이 대회 후 경제적 파급효과는 2003년 기준 우리 돈으로 5,000억 원이 넘는 것으로 나타났다(지삼업, 2007b). 홍보효과의 경우, 2005년 부산시요트협회가 '볼보컵 청소년세계요트대회'를 부산에 유치함으로서 해양스포츠에 대한 일반의 이해력 증진과 함께 부산에 대한 세계요트인의 이목집중에도 크게 기여한 사례가 있다. 그렇지만 직간접경제유발효과를 정량적으로 측정하여 밝히지는 못했다. 게다가 울산시윈드서핑연합회(회장 : 백원진)도 진하해수욕장에서 PWA '세계윈드서핑대회'를 매년 개최하여 윈드서핑 울산의 위상을 스타TV 등 위성방송을 통해 자랑하기도 했다. 이 대회는 2018년 현재도 계속 개최되고 있다.

7) 해양스포츠의 미래

외국에서 1980년대 말과 1990년대 초에 이루어진 몇몇 연구는 장래의 해양스포츠 수요를 예측하기 위한 목적으로 연구되었다. 관련된 변수들의 수, 특히 개별 업체의 혁신 전략, 그리고 패션에 대한 예측은 사실상 불확실성이 높기 때문에 예측을 하기 어려운 분야로 인식되고 있다. 영국의 일부 전문가들은 해양스포츠의 미래를 예측함에 있어 검토해야 할 요소로서 〈표 5-4〉와 같은 내용을 제시했다. 즉, 전문가들은 참여율과 참여경비가 점차 증가할 것은 분명하지만, 1992년을 기준으로 보면 무동력 해양스포츠는 그 이전 20년인 1970년대보다 앞으로 20년인 2010년대까지는 그 속도가 더 느릴 것으로 예측했었다. 실제로 2019년 3월 현재 그들의 전망이 얼추 맞았다. 그러나 모터요트, 모터보트, 수상오토바이 등 동력 해양스포츠 종목은 년 성장률이 해를 거듭할수록 더 높을 것으로 전망하고 있다.

앤드슨(Anderson, J. : 1993a)은 "해양스포츠 참가의 변화 유형"에서 동력보트들은 다른 해양스포츠 참가자들보다 참여율은 거의 두 배로 증가할 것이라고 보고 있다. 우리나라는 관련 동력장비를 전량 수입에 의존하고 있기 때문에 해양스포츠 선진국보다 그 성장률이 다소 낮은 것은 사실이지만 최근 해양

〈표 5-4〉 해양스포츠 미래시장 예측 시에 고려되어야 하는 요소

동호인 참여 추세	16세~24세(과거보다 점차 감소하는 추세) 45세~54세(과거보다 점차 증가하는 추세)
라이프스타일 및 가치	레저를 통한 건강증대 인식 여가의 적극적 활용 패션의 영향 환경 소비자 더욱 유연한 시간 활용
경제적 경향/나라 안의 경제	고가의 장비 경제 불황에 영향을 받지만 전반적으로 부(富)의 확대 금리 개인소득의 증가 환율
중앙정부 및 지자체 정책	정부로부터의 보조금 감소 계획 통제 증가
기후	최적수온(20℃ 이상)을 고려하여 참여 적절한 바람 등 양호한 기후는 활동에 절대적 요소 선탠에 대한 태도 변화
수질 오염	수질 오염으로 인한 건강에 대한 인식 증대
시설	접근성 마리나개발 등 해양스포츠 각종 전진기지 구축에 대한 새로운 투자의 부족

출처 : Goodhead & David Johnson(2005). Coastal Recreation Management. Taylor&Francis Group. 19. 재구성.

스포츠현장을 중심으로 놓고 보면, 국내도 그런 추세를 확연히 나타내고 있는 것은 분명하게 확인할 수 있다. 실제로 2019년 현재, 국내도 중장년층을 중심으로 모터요트를 구입하는 경향이 또렷하게 나타나고 있다. 해양카약, 서핑, 패들보드 등 몇몇 장비는 비교적 저렴하고, 사용이 간편하며 참가자들은 대부분 관련협회의 회원들이 아닌 평범한 시민들과 학교단위의 청소년들(14~24세)을 비롯하여 해양관광객들이다. 그러나 과거에 한때 유행했던 길거리농구, 인라인스케이트 등을 참고해 보면, 2000년대 초부터 본격 대중화되기 시작한 해양스포츠가 계속 크게 발전할 것이라고 많은 사람들은 기대하고 있지만, 실상은 새로운 스포츠가 초기에는 높은 성장률을 보이는 특성을 갖고 있다고 볼 때 성급한 낙관론은 경계할 일이다. 동력 및 요트 등에 걸쳐 수상레저조종면허제가 시작된 2000년 2월 9일 이후 2018년 9월까지 면허취득자는 총 22만2347명이다. 특히 2007년부터 2018년 9월까지는 연 1만5천명 이상 증가했다. 그럼에도 실제 보트를 구입하고 활동하는 경우는 총 면허취득자의 15~20%인 3~4만 명 안팎일 것으로 추산된다. 물론 이 수치가 완전한 진실이라고 보긴 어렵지만, 그래도 '장롱면허자'가 80~85%쯤 된다고 볼 수 있다.

사실이 그렇다면 언제 해양스포츠의 참신성이 사라지고, 대신 더 새로운 스포츠가 오늘날의 해양스포츠를 대신할 것인가 하는 측면은 주목해야 한다. 시다웨이(Sidaway, R. : 1991)는 그의 연구 "마리나개발, 그리고 해양스포츠의 성장 관리"에서 "모터요트는 특히 중년층 부유한 사람들에게 호응을 얻고 있

다. 많은 나라에서 모터요트가 마리나 점유율 증가에 일등공신으로 역할하고 있다."고 했다. 특히 시다웨이의 연구로부터 대략 28년 지난 2019년 3월 기준, 국내 최대 규모인 부산 수영요트경기장 해상계류장의 모터요트의 점유율을 놓고 보아도 지금으로부터 28년 전의 유럽과 마찬가지 현상을 발견할 수 있다. 전체 500여척 중 세일크루저요트 점유율은 약 25% 수준이고, 모터요트 점유율은 약 75% 수준이다. 앞으로 우리나라의 해양스포츠업체들은 소득계층별로 맞춤 프로그램을 개발하는 가운데 특히 현재 거의 손을 놓고 있는 중상류층을 겨냥한 중대형(50~80피트)모터요트를 통한 고급스런 프로그램의 제공에 적극 나서야 할 것으로 보고 있다.

테이트(Tate, M. 1994)는 "파도 정점의 보트 쇼"에서 "중급의 모터요트를 생산하는 기업들은 1994년 사업의 대폭적인 확대를 경험했다. 어떤 업체는 1993년 매출이 16% 증가하여 1,760만 파운드 이익을 낸 가운데 1994년 초에 16만1천 파운드에서 35만 파운드로 수익이 급증했다고 보고했다. 그러나 이 시기에 패밀리 모터요트에 속하는 모터보트 생산은 수상오토바이가 1994년에 매출이 20%나 상승하는 빠른 성장세를 보임으로써 일부 타격을 입었다."고 분석했다.

이제 수상오토바이는 2018년 팔렘방아시안게임 정식종목 채택을 계기로 국내외를 막론하고 조종테크닉 숙달의 간편함과 특유의 박진감 때문에 젊은 층을 중심으로 선호될 전망이다. 이와 함께 최근 모터요트는 중장년층을 중심으로 크게 선호되고 있다. 동력 및 세일크루저요트 종목은 면허제도가 있어 불편함이 일부 있지만 비교적 단기간에 학습이 가능하다는 점에서 앞으로 더욱 더 선호될 전망이다. 해양스포츠 전체적으로 보면, 당초 내가 예상했던 2020년보다 5~10년 더 지난 2025~2030년쯤이면 본격 대중화되는 가운데 1인 1척 보유를 뜻하는 이른바 '마이보트 시대'도 그때쯤이면 활짝 열릴 것으로 전망하고 있다. 이처럼 예상보다 5~10년이나 뒤로 후퇴시킨 근거는 2019년 3월 기준, 2%대에 머물러 있는 나라의 경제가 좀처럼 돌파구를 찾지 못하고 있다는 이유 때문이다. 게다가 해양스포츠업체의 경우, 짧은 성수기로 인한 수익모델 창출의 어려움, 해양스포츠수요 현재화 시점의 불투명성 등은 건너야 할 험난한 바다이다.

3. 스포츠과학 및 첨단과학, 항만·해안·해양공학의 진화, 환경친화성

1) 스포츠과학과 해양스포츠

인공지능(AI), 사물 인터넷, 빅데이터, 모바일 등 첨단 정보통신기술(ICT)이 기존 스포츠 과학(디지털 체육)에 융합되어 체육 분야에도 혁신적인 변화를 예고하고 있다. 게다가 21세기 스포츠 발전의 3대 요체는 과학·기술·자연성이라고 이미 예측하여 왔다는 점에서도 어렴풋하게나마 앞으로 전개될 혁신적인 변화를 읽을 수 있다.

지금껏 스포츠과학은 많은 측면에서 향상되어 왔고 특히 해양스포츠 중 스포츠잠수의 경우, 잠수생리학이 중심이 된 스포츠과학의 기여는 심해잠수를 가능케 하였고, 또 여성들까지도 생활체육으로서의 스포츠잠수 활동에 적잖게 참여하고 있는 등 이 분야 급속한 저변확대 추세에 결정적인 역할을 하고 있는 것이 사실이다. 일본은 1980년대 중반부터, 우리나라는 1990년대 중반부터 스포츠잠수에 여성들이 현저하게 많이 참여하는 경향성을 보여 왔다.

해양스포츠 속의 스포츠과학은 육체적 기능을 향상시켜 '스포츠형 해양스포츠' 분야 선수들에게 기량향상을 가져왔고, 그리고 '생활체육형 해양스포츠' 분야에는 더 안전하고 즐겁게 만들어 동호인들의 참가를 크게 증가시키는 요인으로 작용하여 왔음이 사실이다. 스포츠형 해양스포츠에서의 스포츠과학은 심사숙고한 전략의 결정을 돕고, 또 각종 보트와 보드 등에 관련된 장비발전을 견인해 왔다.

다음은 스포츠과학 측면에서 윈드서핑을 한 번 생각해 보고자 한다. 현재는 세일링 요트의 경기종목 중 한 종목으로 분류되고 있지만, 최근 들어 선호도가 높아지면서 독립된 종목으로 점차 자리를 굳혀가고 있는 추세에 있다. 윈드서핑 장비는 미국의 요트맨인 '호일 슈바이처'와 초음속 항공기 설계사인 '짐 드래이크'에 의해 고안되었다. 360°회전이 가능한 돛대, 그리고 마스트(돛)를 자유자재로 움직일 수 있는 활(弓) 모양의 붐(boom)까지 추가시키는 등 서핑과 세일요트의 장점들을 오롯이 담아낼 수 있게 됨으로써 윈드서핑이 대중의 사랑을 받게 되는 계기를 마련한 것이다. 이는 해양스포츠 분야 스포츠과학의 개가에 좋은 본보기가 될 것이다. 다음의 〈그림 5-1〉은 윈드서핑의 추진 원리를 운동역학을 중심으로

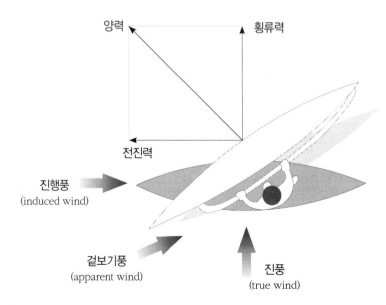

〈그림 5-1〉 윈드서핑의 추진 원리
출처 : 지삼업(2011a). 해양스포츠론. 대경북스(서울).

쉽게 설명하고자 했다.

다음은 계곡래프팅 활동에 참고해야 하는 스포츠 과학의 이해이다. 계곡 래프팅활동도 알고 보면, 그 원동력은 중력과 부력에 대한 이해가 중요하다. 패들(paddle) 젓기는 진행방향과 속도를 조절할 뿐 래프팅의 근간을 이루는 요소는 아니기 때문이다. 어떤 사물이든 지상에서는 언제나 질량에 비례하여 중력을 받는다. 그러나 물 위에서는 중력과 반대 방향으로 작용하는 힘이 존재한다. 그 힘의 존재는 바로 물체를 떠받치는 힘인 '부력'이다. 부력은 물속에 잠긴 물체의 부피와 비례한다. 결국 중력과 부력의 힘은 같은 만큼 보트에 탄 사람의 무게에 따라 보트는 물속에 잠기게 된다.

그렇지만 실제 래프팅을 탈 때 느껴지는 힘은 주로 원심력(遠心力)과 관성력(慣性力)이다. 물이 빠르게 흐르는 협곡에서 방향을 급히 바꾸려고 하면 보트를 탄 사람은 원심력을 받게 된다. 특히 이때 사람의 몸은 보트에 부착된 손잡이를 잡으면 밖으로 튕겨나가지 않지만, 몸속에 있는 내장기관들은 일종의 유체이기 때문에 한쪽 방향으로 몰리게 된다. 내장(內臟)이 한쪽 방향으로 몰리게 되는 이 순간에 스릴감이 느껴지게 되는 것이다. 또 다른 하나는 관성력이다. 갑작스런 방향 변화에 대해 인체는 가속도를 느끼게 된다. 보트가 가속 운동을 하면 보트 안에 탄 사람은 보트가 받는 힘의 반대 방향으로 힘을 느낀다. 갑자기 물살이 빨라지는 곳에서는 몸이 저절로 뒤로 젖혀지고, 반대로 보트가 바위 등에 부딪히면 앞으로 쏠리는 관성력을 받는다. 그래서 헬멧 착용은 필수일 수밖에 없다. 그렇지만 얼마나 짧은 시간동안 얼마나 속도변화가 심한가에 따라 사람이 느끼는 관성력과 스릴 정도가 달라진다. 그리고 작은 폭포를 만났을 때 스릴감이 더욱 증폭되는 것은 보트의 포물선 운동으로 사람이 무중력 상태를 순간적으로 느끼기 때문이다. 바다 역시 파도가 높으면, 마찬가지로 스릴을 느낄 수 있다.

계곡 래프팅의 경우, 폭포 아래에는 어김없이 깊은 웅덩이가 있다. 특히 이 웅덩이 주변에서는 물의 역류현상이 생긴다는 것을 주의해야 한다. 더욱이 웅덩이의 모양에 따라 역류의 형태도 달라진다는 점도 잊지 말아야 한다. 예컨대 상류에서 하류 쪽으로 바라보았을 때 역류현상은 'U'자(字)나 역 '∩'자 모양을 하고 있다. 대체적으로 'U'자 모양일 경우에는 물이 상류로 가기 때문에 물살이 벽에 부딪혀 결국 물은 좌우로 흘러나간다. 그렇기 때문에 역류에 의한 영향을 가장 적게 받을 수 있다. 반대로 역 '∩'자형은 역류한 물이 웅덩이 가운데로 집중되기 때문에 보트가 이 속에 갇힐 우려가 있다. 또한 직선형도 있다. 특히 비가 많이 쏟아지는 장마철에는 강 전체에 웅덩이가 생기는 경우가 비일비재하기 때문에 그런 예기치 못한 현상에 의해서 만약 역류가 강하게 발생하면 역 ∩형보다 더 위험하다는 사실을 인식하지 않으면 안 된다. 그러나 V형은 역류가 강(江) 가장자리 끝부분으로 흐르기 때문에 보트를 강 가장자리 끝부분으로 접근시키면 위험에서 쉽게 벗어날 수 있다.

물론 래프팅의 원동력은 중력과 부력이다. 그러나 물에서 자유자재로 움직이려면 패들을 젓는 기술이 필요하다. 패들을 젓는 기술은 크게 세 가지가 있다. 첫째, 보트를 앞 또는 뒤로 움직이도록 하는 '파워 스트로크'이다. 둘째, 회전을 위한 '회전 스트로크'이다. 셋째, 균형을 잃고 뒤집어지는 것을 방지하기 위한 수평 '브레이싱(bracing)'이다. 이들 기술은 모두 작용과 반작용의 법칙이 지배한다. 설명을 더 보태면, 물체 A가 물체 B에 힘을 가하면 A도 B에 가한 동일한 힘을 되돌려 받게 되는데, 결국 뉴턴의 제3법칙인 '작용과 반작용의 법칙'은 '크기가 같고 방향은 반대가 된다'고 말하게 된다.

스트로크 기술을 통해 물을 뒤쪽으로 밀어내는 작용을 하면, 물은 반대로 패들을 앞쪽으로 밀어내는 반작용을 한다. 패들을 이용해 물을 힘차게 밀어내면 보트가 더 빨리 달리는 것도 바로 이 원리가 작용하기 때문이다. 보트가 균형을 잃고 한쪽으로 뒤집어지려면 브레이싱 기술을 적용하면 된다. 가령 보트가 오른쪽으로 뒤집어질 듯 하는 상황에 맞닥뜨릴 때는, 보트 오른쪽에 탄 사람들이 패들의 깃을 수면에 반듯하게 눕힌 다음 양손으로 패들을 누르면서 체중을 패들에 싣는다. 이렇게 대처하면 무게중심이 왼쪽으로 이동, 중력을 분산시켜 보트가 순식간에 뒤집어지는 것을 예방 할 수 있게 되는 것이다.

2) 첨단과학과 해양스포츠

다음은 세일크루저요트에 관한 얘기다. 아메리카컵요트대회는 한 마디로 첨단과학의 경연장으로 유명하다. 경기에 사용되는 세일크루저요트는 첨단 섬유, 또는 우주항공 소재산업의 소산으로 매 경기 때마다 새롭게 등장하고 있다. 경기용 세일크루저요트의 제작은 비행기 제작과 맞먹을 만큼 정교한 작업이 필요하다. 동력 없이 오직 바람과 돛의 상호 작용에 의해 움직이는 만큼 경기정의 선형은 컴퓨터 수치계산을 통해 경기가 행해지는 실제 수역의 시간대 별 조류, 해류, 바람의 강도, 파도의 높이에 맞춰 가장 빠른 스피드의 보트를 설계해야 한다.

소재 역시 항공기에 쓰이는 것과 같은 카본 복합 섬유를 사용한다. 무게 대비 강도가 강철보다 다섯 배(倍)나 강해 저항을 줄이기에 안성맞춤이다. 1992년 이탈리아 팀은 최초로 선체뿐 아니라 돛의 소재로도 카본 복합 섬유를 사용했다. 이처럼 세일크루저요트는 엄청난 설계 및 제작비로 경기용 요트의 척당 원가는 비행기 제작비와 거의 맞먹는 우리 돈 500~600억 원에 달할 정도다. 미국, 호주, 뉴질랜드, EU지역(영국·독일·프랑스·스위스) 등 세계 각국은 대회 출전뿐 아니라 요트산업 투자에도 적극적이다. 특히 아메리카컵과 같은 대형 경기 출전은 자국 업체에 대한 홍보효과뿐 아니라 각종 첨단 소재와 기자재 및 부품을 국산화 할 수 있는 계기가 될 수 있어 정부투자가 적극적이다. 뉴질랜드 정부 통계에 따르면, 아메리카컵 출전 후 직접적인 경제적 파급 효과는 2003년 기준으로 우리 돈 5,000억 원이 넘는 것으로 밝혀져 있다. 2019년 현재는 직간접적인 경제적 파급효과가 지난 2003년보다 훨씬 많을 것이라는 것은 상식의 문제다.

우리나라는 요트를 포함하는 보트산업에 대한 관심이 높지 않다. 대부분 각종 보트를 수입에 의존하고 있다. 아메리카컵세계요트대회 출전도 외국인 선수, 즉 용병을 통해 한 차례 했다. 일본은 아메리카컵을 1992년부터 3회 출전했다. 중국도 2005년부터 본격 준비해 2007년 예선까지 진출했다. 지난 2005년

12월 부경대 조선해양시스템공학과는 고려시대 말기부터 사용한 돛단배의 모양(선형)과 원리를 이용해 토종세일크루저요트 '방방해해'를 개발하기도 했다. 2007년 4월엔 선체 및 선내인테리어 자체설비와 함께 바닷물을 음용수로 만드는 워터메이커를 갖춘 15m(50ft)급 메탈 세일크루저요트와 13m(43ft)급 모터요트를 개발하기도 했다. 결국 우리나라는 우수한 자연환경과 오랜 돛단배의 역사를 비롯하여 대형 선박은 세계적인 조선기술을 갖추고 있지만, 지금껏 해양스포츠 활동에 관련된 보트생산기술은 유럽뿐 아니라 아시아에서도 뒤처지고 있다. 일본은 일찍부터 보트산업의 중요성을 인식하고 야마하와 같은 유명 브랜드를 키워내고 있다. 대만과 싱가포르 역시 1990년대 초반부터 각종 기자재 표준화 작업으로 보트생산업체의 경쟁력 확보에 열을 올리고 있다.

한국은 볼보컵 청소년세계요트대회는 부산에서 한 번 개최했지만, 볼보컵세계대회 유치는 2011년 2월 20일의 실패까지 합치면 총 3번째 고배를 마신 셈이 된다. 유치에 실패한 이유는 크게 세 가지였다. 첫째, 부산 앞바다가 이 대회를 무난하게 진행할 수 있을 정도로 수역이 더 넓지 못하다는 점이고 둘째, 바람의 강·약이 들쭉 날쭉하는 등 도무지 종잡을 수 없다는 것이고 셋째, 세계적인 유명 회사들이 안심하고 거액의 광고비를 지출할 만큼 부산의 인지도가 세계적으로 크게 높지 않다는 점이다. 아무튼 2019년 현재 1450억 경제효과를 기대하는 볼보컵세계요트대회 부산유치를 위해 2018년 5월에 조직위원회를 결성하는 가운데 본격 유치활동에 들어간 상태다. 총 4번째 도전하는 셈이 된다. 녹록하지는 않지만 성공했으면 한다.

3) 항만·해안·해양공학기술의 진화와 해양스포츠

매우 빠르게 발전한 항만·해안·해양공학 기술의 진화는 가혹한 자연환경을 상당한 수준에서 제어할 수 있음에 따라 과거에는 마리나개발이 거의 불가능한 장소라고 생각했던 곳에도 지금은 고정방파제를 비롯하여 부유식 방파제, 그리고 수면의 높이에 따라 폰툰시설이 자동으로 상하로 움직이는 텔레스코픽 파일 등을 통해 해양스포츠단지(마리나 빌리지), 새로운 개념의 해양관광단지, 그리고 보트계류장 등 양질의 해양스포츠를 향수할 수 있는 해양스포츠 각종 전진기지 개발을 촉진시켜 왔고, 앞으로도 그럴 전망이다. 더욱이 이들 분야 전문가에 의해 제안·설치된 '수중잠재'는 해수욕장의 고질적인 모래유실 현상을 일부 완화시키기도 했다. 다만 텔레스코픽 파일의 경우, 한 번 고장이 발생나면 수리에 적잖은 경비가 지출되고, 또 경우에 따라서는 좀처럼 고치기가 어렵다는 단점을 2019년 3월 현재도 극복하지 못하고 있다.

따라서 해양스포츠의 미래기술은 기존 스포츠 과학과 항만·해안·해양공학기술, 그리고 첨단 정보통신기술(ICT)의 융합에 의해 참가자들이 예측할 수 없는 수준에서, 즉 네트워크 시대를 맞아 사람들이 기차를 이용하듯 수요와 공급이 만나도록 하는 생태계를 형성하는 플랫폼(platform) 활용에 의해 마리나시설의 이용이 한층 편리해지는 가운데 인간 능력 한계 극복을 위한 육체적 활동 능력 또한 크게 향상시키게 될 것이고, 게다가 가혹한 자연환경 때문에 현대기술로도 마리나개발은 엄두도 낼 수 없는 장소라고 포기했지만, 그런 악조건의 위치도 머잖아 마리나가 개발되는 시대가 도래 할 전망이다. 역사적으로 봐도 당초에는 '강 마리나' 중심이었으나 항만·해안·해양공학기술의 발전으로 '해양마리나 시대'를 성큼 열어왔고, 지금은 국내외적으로 해양 마리나개발이 대세가 되어 있다. 특히 마리나는 사람과 사람, 시간과 시간을 이어주어야 하고, 또 인간의 삶이 반영되어야 하기 때문에 인간이 추구하는 경향성과 욕망을 충족시키기 위해서는 항만·해안·해양공학기술 분야의 공헌은 거의 절대적이라 할 수 있다. 결국 해양스포츠학도는 이 분야에 대한 이해가 꼭 필요하다고 말할 수 있게 된다. 그렇다고 하여 마리나가 항만·해안·해양공학기술 분야의 공헌만으론 인간이 추구하는 경향성과 욕망을 충족시킬 수는 없는 것도 사실이다. 그것은 절대조건은 될 수 있을지언정 충분조건은 되지 못하기 때문이다.

마리나개발 총론은 인류 보편적 가치인 환경 존중과 사람들의 바람인 안심과 안전, 그리고 모험, 흥분, 쾌락 등 즐거움을 고려하는 가운데 국내는 국내 나름의 자기 세계를 창조할 수 있는 혁신적인 토종디자인이 창조되어야 한다. 즉 항만·해안·해양공학 분야의 발달된 기술을 토대로 우리의 전통과 이미지, 정서에 집중해서 마리나개발 디자인을 독특(unique)하게 창조해낸다면, 개성 있는 유니크(Unique)한, 즉 독특한 풍경은 저절로 따르게 되어 있다. 앞으로 개발될 국내 마리나는 디자인단계부터 돈을 가지고도 구매할 수 없는 비물질적인 가치, 즉 단순 간결하여 절제된 미니멀리즘(Minimalism)의 미를 자랑하는 전통한옥의 아름다움과 함께 건강과 편리성을 융합시킨 이른바 제4세대 마리나인 '복합녹색안전인공지능 토종 마리나' 개발이 될 수 있도록 지혜를 모아 나가야 할 것이다. 국제 마리나산업 흐름을 간파하는 가운데 이 보다 더 진화된 '복합녹색안전인공지능 토종 마리나'는 국내 해양스포츠산업과 마리나산업 발전 도정(道程)에서 성배(聖杯)가 될 것이 분명하다.

4) 환경친화스포츠로서의 해양스포츠

자연스포츠는 조직적이지는 않지만 게임 활동에 필드(field)로 삼고 있는 자연에서 행해지는 자연적인 놀이 스포츠 타입이라고 볼 때, '생활체육형 해양스포츠'와 '해양레크리에이션형(휴양·기분전환) 및 해양리크리에이션형(에너지의 재생·재창조)' 해양스포츠가 거기에 해당될 것이다. 바다와 강과 호수 등 자연이 곧 해양스포츠의 현장(운동장)이기 때문이다. 이는 특별한 규칙이 없는 가운데 경쟁보다는 참가와 협력을 구하는 공개되고 자유스런 신축성 있는 생활체육형 해양스포츠와 해양레크리에이션형 및 해양리크리에이션형 해양스포츠의 본질과 잇대어 있기 때문이다. 다른 한편으로는, 자연스포츠의 형태가 바다, 강, 호수 등 존재하고 있는 그대로의 자연과 함께 친숙한 관계를 가진 스포츠를 의미하고, 거기에는 모든 종류의 해양스포츠가 포함되기 때문에 해양스포츠는 21세기 '환경 친화스포츠'의 대표선수가 되고 있다고 말해도 무방할 것이다.

특히 스포츠사회학자들은 21세기 체육은 자연·모험스포츠가 선호될 전망이라고 조심스럽게 예측해 왔다(안영필외 3인, 1996). 실제로 얼마 전부터 선진국을 비롯하여 우리나라에서도 일부 젊은 층을 중심으로 그런 선호경향을 보이고 있다. 더욱이 각종 해양스포츠 중 윈드서핑은 역동적인 가운데 바다라는 탁 트인 더 넓은 공간을 바람결에 따라 맘껏 이용할 수 있다는 점에서 그 무엇에 옥죄이기를 생리적으로 거부하는 젊은이들의 정서를 한껏 고무시킬 수 있는 장점을 갖고 있다.

실제로 마니아들의 평균적인 연령대도 20~30대들이다. 물론 그들 중에는 젊은 여성들이 적잖은 비중을 차지하고 있는 특징을 발견할 수 있다. 여성들의 참여가 활발한 배경에는 화려 명쾌한 세일(Sail)의 색상도 한 몫을 했다는 평가도 있다. 여기에다 대략 지난 20세기 말부터 사회 전반에 걸쳐 주목받은 바 있는 이른바 일정한 형식을 거부하는 '테크노'의 물결은 생활체육형 해양스포츠와 해양레크리에이션형 및 해양리크리에이션형 해양스포츠가 본질적으로 추구하고 있는 여가(틈새) 선용의 놀이 성격과 서로 일맥상통하고 있기 때문에 시너지효과까지 기대된다.

20세기말에 꽃피우기 시작한 '테크노 정신'과 생활체육형 해양스포츠와 해양레크리에이션형 및 해양리크리에이션형 해양스포츠 간에는 그 본질이 서로 잇대어 있어 해양스포츠에 대한 시민 참여는 21세기 첫 20년대에도 1인당 국민소득 3만1000 달러를 중심으로 더욱 높아질 것으로 기대된다. 결국 해양스포츠는 환경 친화스포츠로서, 테크노스포츠로서 21세기 체육을 주도할 것이라는 예측을 가능케 한다고 전망해볼 수 있다.

제 6 장

각종 보트 및 운동문화별 분류,
종목별 특성, 안전사고

해양스포츠는 핀(Fin)을 착용하지 않은 상태의 바다수영만 젖혀두면, 모두라 해도 좋을 만큼 각종 장비를 이용하여 이뤄지는 공통점을 지니고 있기 때문에 장비의 특성에 따라 〈표 6-1〉처럼 크게 동력, 무동력, 피견인 등 3개 분야로 분류할 수 있다. 게다가 운동문화별로 분류하면 제1장 〈그림 1-1〉처럼 크게 스포츠형 해양스포츠(기능스포츠)와 생활체육형 해양스포츠(극복스포츠), 그리고 놀이적인 해양레크리에이션형(휴양·기분전환) 및 해양리크리에이션형(에너지의 재생·재창조) 해양스포츠를 비롯하여 학교체육교육형 해양스포츠 등 4개 분야로 나눌 수 있다. 게다가 유사개념들도 포괄·함의하고 있다.

1. 각종 보트의 기능적 특성에 따른 분류

1) 동력 해양스포츠

우선 '동력 해양스포츠'는 주 동력원이 기계적이기 때문에 엔진 또는 추진기 작동의 메커니즘에 대한 높은 이해를 필요로 한다. 특히 기계적 운동에 따른 동력을 힘으로 사용하기 때문에 고속(高速)의 것이 대부분이다. 그러나 '보트엔진구조학'을 중심으로 장비에 대한 정비와 관리, 그리고 수리가 제때 이뤄져야하며, 보트를 조종(操縱)하는 상황에서도 안전한 취급이 요구된다. 한번의 정비 및 취급소홀로 생명을 잃을 수도 있기 때문이다. 국내는 대부분의 장비가 외국산이 점하고 있는 탓으로 가격이 매우 고가(高價)이고, 또 A/S 시에 부품에 관련된 경비도 만만찮다는 점에서도 특별히 유의해서 취급해야 한다. 특히 지방에서는 주요부품을 제조 본사인 외국, 또는 한국총판인 서울에서 조달받아야 하는 불편함이 있다. 대리점이 지방에서는 흔하지 않기 때문이다. 5마력 이상의 내외연기관의 동력에 의존하여 활동하는 것

〈그림 6-1〉 수상레저안전법 제2조에서 규정하고 있는 해양스포츠장비들의 종류
출처 : 지삼업(2019). 동력수상레저동력조종면허 예상문제집. (주)시대고시기획(서울).

으로서 모터요트(Motor Yacht : Motor Boat - 인·아웃보트, House Boat - 캐빈형- 보트 등), 수상오
토바이(Personal Water Craft), 호버크래프트(Air Cushion Vehicle), 스쿠트(Scooter), 전동서프보드(일명
씨크루저 : Sea Cruiser), 바다배낚시(Sea Boat fishing), 위그선(WIG : Wing-In-Ground Effect Ship)
등이 있다.

〈표 6-1〉 해양스포츠 장비(보트 및 기구)의 특성별 분류

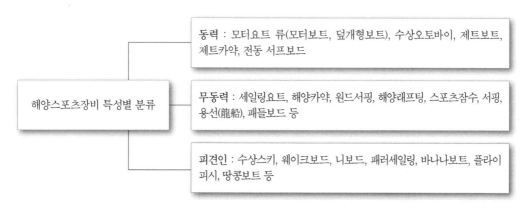

출처 : 지삼업(2011a). 해양스포츠론. 대경북스(서울). 98.

2) 무동력 해양스포츠

자연의 바람이나, 사람의 근력에만 의존하여 움직이는 보트 및 기구로서 세일링 요트(Sail dinghy·Sail cruiser), 해양카누(Sea canoe), 해양카약(Sea kayak), 수상자전거(Water Bicycle), 윈드서핑(Wind Surfing), 해양래프팅(Sea Rafting), 카누폴로(Canoe Pollo), 카타마란(Catamaran), 패들보드(Stand Up Paddle board; SUP), 조정(Rowing), 해양조정(Sea Rowing), 용선(Dragon Boat), 노보트(Oar boat), 스포츠 잠수(Skin diving, Scuba diving), 플라이피시(Fly fish), 바다수영(Sea Swimming), 카이트 서핑(Kite Surfing), 서핑(Surfing), 아우트리거 카누(Outrigger Canoe) 등이 있다.

'무동력 해양스포츠'는 주 동력원이 자연의 바람과 파도, 그리고 사람의 근력에 의존하고 있기 때문에 동력 해양스포츠보다 힘겨울 수밖에 없다는 점에서 즐거움은 반감되지만, 운동학적 효과는 대단히 높다. 또한 장비가격도 비교적 저렴하고, 이동과 관리도 편리하다. 게다가 단독으로 즐기는 것이 대부분이기 때문에 언제든지 맘만 내키면 자신의 육체와 정신적 스트레스 해소를 위해 가까운 바다나 강에서 즐기기에 더 없이 좋은 해양스포츠이다. 특히 해양래프팅의 경우 6~10명이 한 팀이 되어 파도를 헤치며 나아가는 해양스포츠이기 때문에 청소년과 직장인 협동심 배양에 안성맞춤인 것으로 평가받는다. 지금도 이 종목은 강이나 계곡에서 '래프팅'이라는 이름으로 주로 많이 활동하고 있고, 초기에는 안전사고가 가끔 발생하여 사회적 이목이 집중되기도 했다.

필자는 바다도 파도의 물결(웨이브)만 잘 이용하면 강이나 계곡에 뒤지지 않은 스릴감과 함께 운동학적인 효과, 그리고 안전성도 대단히 높다는 점에서 우선 명칭을 주로 바다에서 활동한다는 측면을 고려하여 '해양래프팅'으로 명명하는 한편 한국해양스포츠회가 주관하는 학생단위 해양스포츠체험단체를 중심으로 집중 소개하여 언론의 호평을 받기 시작한 이래 전국화의 길을 걷게 됐다. 이후 '장애인해양래프팅대회'가 장애인체육회에 의해 매년 여름철이면 광안리해수욕장에서 성황리에 개최되고 있다. 이 대회 역시 필자가 첫 기획하고, 또 2년에 걸쳐 대회를 개최해 본 후에 문제점을 보완하여 부산장애인체육회로 이관시켰다. 래프팅은 활동 공간에 따라 강래프팅과 해양래프팅으로 분류한다. 카약과 해양카약도 같은 방식으로 분류한 사례이다.

더욱이 운동장(運動場)하면 사람들은 어김없이 축구장, 야구장, 테니스장, 수영장, 농구장 등 전통적인 운동장만 생각하던 시대에 각종 해양스포츠가, 특히 해양래프팅 종목이 바다도 청소년 심신연마와 함께 시민 건강을 다지는 훌륭한 운동장이 될 수 있음을 인식시키는 일대 전환점을 가져오기도 했다. 당시만 해도 바다하면 어김없이 군사의 바다, 해상치안의 바다, 무역의 바다, 수산의 바다, 자원의 바다, 관조의 바다만을 말하던 때였다.

그런데 수산의 바다는 1953년 '수산업법' 제정과 1962년 수산업협동조합의 설립으로 연안바다는 신고어업, 허가어업, 면허어업 등 3개 허가권취득자만 마을어촌계결성을 중심으로 어업생산에 참여할 수 있었고, 또 원양어업 활성화에 의해 1980년대 중반까지만 하더라도 국부 창출의 효자분야였다. 그러다 1990년대 들머리에 접어들면서 각종 해양스포츠 동호인들이 연안바다에서 활동하기 시작하면서부터 어촌계원들과 해양스포츠 동호인 간에 마찰이 빈번하게 발생하기 시작했다. 지금도 그들 간의 갈등은 끊이지 않고 있다.

3) 피견인 해양스포츠

주로 모터보트에 견인되어 활동하는 종목으로써, 수상스키(Water Ski), 웨이크보드(Wake Board), 니보드(Knee Board), 패러세일링, 바나나보트, 땅콩보트, 플라이피시 등이 있다. 이 외에도 더 많은 피견인 종목들이 개발될 전망이다. 특히 주로 업체에서 수상오토바이를 이용해 피견인 장비들을 끌고 있는 현장을 가끔 발견할 수 있어 우려하고 있다. 수상오토바이의 엔진에 크게 무리를 주어 결국 사용 수명을 단축시키는 직접적인 원인으로 작용하기 때문이다. 고가의 장비를 그렇게 함부로 사용하면 전문 업체의 신뢰성이나 강사의 자질마저 크게 의심 받는다. 절대 삼가야 한다.

2. 운동문화별 분류

1) 제도화된(엘리트체육형) 해양스포츠

협회가 조직되어 있고, 각종 국내 및 국제대회가 개최되는 가운데 규정과 규칙을 지키는 한편으로 상대와 기능이나 재능을 중심으로 승부를 겨루는 제도화(스포츠형)된 해양스포츠는 수상오토바이, 세일링요트, 윈드서핑, 카누, 카약, 조정, 아웃트리거카누, 서핑, 용선, 수상스키, 핀수영 등이 있다.

2) 비제도화된(생활체육형 등) 해양스포츠

인간이 아닌 자연을 대상으로 하는 극복스포츠로서, 자연에 순응하거나 극복하기 위해서, 남녀노소 누구나 즐길 수 있는 생활체육 차원의 비제도화된 생활체육형 해양스포츠는 서핑, 니보드, 패들보드, 스포츠잠수, 수상자전거, 패러세일링, 바다배낚시, 카이트 서핑, 바다수영(원영), 모터보트, 호버크래프트, 스쿠트, 서프제트, 변형카타마란, 노보트, 플라이피시, 전동 서프보드, 바나나보트 등을 꼽을 수 있다.

3. 해양스포츠 활동에 크게 영향을 미치는 자연환경 조건

해양스포츠의 경쟁력은 양호한 자연환경에 있다. 스포츠잠수(스킨·스쿠버다이빙) 활동 중 스킨다이빙은 해수욕장이 있는 곳이라면 어디서나 즐길 수 있고, 특히 동해 및 남해지역은 시야가 양호하고 볼 것 역시 풍부하다.

〈표 6-2〉 각종 해양스포츠의 경쟁력에 영향을 미치는 자연환경 및 주의할 점

구 분		특성	자연환경 및 주의할 점
스포츠 잠수	스쿠버 다이빙	수중 가시거리 및 수심 30m 내외.	급경사, 바위, 계곡 등이 골고루 분포되어 있고, 바람과 물이 잔잔하며 수중비경과 어족이 풍부한 곳.
	스킨 다이빙	수심10m 미만의 얕은 지역을 잠수.	해수욕장이 있는 곳이라면 모두 즐길 수 있음. 동해(삼척 장호항)·남해지역은 시야양호, 특히 해운대는 이안류 조심.
수상오토바이		파도의 출렁거림(웨이브)이 큰 바다에서는 스릴만점, 단 허리를 다치지 않도록 주의.	바다, 강, 호소(湖沼) 등 수심 30cm이상의 물이 있는 곳. 그러나 장비의 안전을 위해서는 수심 70cm이상이 바람직 함. 동력조종면허1급 및 2급 필요함. 흔히 바나나보트를 견인하기도 한다. 그러나 엔진수명을 단축시키는 원인으로 작용하기 때문에 절대 삼가야 함.
수상스키		비교적 쉽게 배우고 즐길 수 있음.	잔잔한 바다 및 물 흐름이 완만한 강, 호소 등 - 물깊이는 1.5m이상인 곳 -.
윈드서핑, 카이트 서핑		바람의 강도에 따라 영향을 받음.	강, 호소, 바다 등 물과 강한 바람이 있는 곳이면 가능. 카이트서핑은 수심이 얕은 제주구좌읍 종달리 해변이 적지
모터보트 5마력 이상의 엔진장착, 콤비형 고무보트		쾌속질주, 수상스키, 워터슬래드류 견인, 바다배낚시, 스포츠잠수 활동에 모선(母船)으로 활용.	모터보트를 즐기려면 가급적 육·해상계류장이 있어야 하며 특히 수상스키와 연계하여 입지를 선정할 필요가 있음. 모터보트 및 5마력이상의 콤비형 고무보트는 동력수상레저조종면허가 필요함(자가 조종 2급, 강사 및 시험관 1급).
서핑(Surfing)		파도가 높고, 따뜻해야하기 때문에 국내는 조건이 매우 양호한 편은 아님.	탁 트인 바다에 간출암이 없고, 수온과 얕은 수심, 높은 파도 등 3요소를 두루 갖춘 곳. 부산 송정, 양양죽도해변, 제주 중문색달해변, 충남 태안이 명소로서 동호인들이 즐겨 찾음. 서핑보드에 머리를 부딪쳐 부상을 입는 경우가 많음.
요트(yacht)		무동력 : 세일딩기요트·세일크루저 요트 동력 : 모터요트	세일딩기요트: 자연의 풍력에 의존하여 세일러의 체중이동과 돛의 방향에 따라 세일링하며, 연안바다 및 강, 호소, 운하 등에서 주로 활동. 세일크루저요트: 주로 자연의 풍력으로 세일링하며 입·출항 시에만 저(低)마력의 엔진을 사용함. 요트조종면허소지자여야 한다. 모터요트 : 소형 모터보트로부터 대형유람선(관광크루저)까지 포함하는 등 다소 광범위한 개념.
패러세일링		보트에서 직접 하늘을 날 수 있는 가운데 쉽고 안전한 것이 특징.	바닷가나 호소 등 가능한 한 시야가 넓게 트이고 안전한 가운데 장애물로부터 멀리 떨어져 위험이 없는 장소. 장소는 견인 로프 길이의 최소 10~12배(倍)가 되어야함.

출처 : 지삼업(2004). "해양스포츠 대중화를 위한 자연환경요인 분석". 한국스포츠리서치 제15권 제6호(통권87호). 956. 2019년 6월 일부 재구성.

주로 수심 30m 내외의 스쿠버다이빙은 급경사, 바위, 계곡 등이 골고루 분포되어 있고, 특히 '자유로운 영혼들의 낙원'이라고 말할 수 있는 수중비경과 어족이 풍부한 곳이 적지다. 서핑은 동해엔 '하비자', 서해엔 '만리포니아'라고 부른다. 부산 송정해수욕장, 양양 죽도해변(하조대 해변을 스페인 이비자 섬에 빗대 '하비자'), 제주 중문 색달해변, 충남 태안(캘리포니아 해변에 빗대 '만리포니아')이 특별히 선호된다. 국내 연안자원은 동해안(해양자원·해중경관), 서해안(해양생태·해양문화), 남해안(해양스포츠·다도해)별로 각각 특색이 있다.

4. 해양스포츠 종목별 특성

1) 세일링 요트(Sailing Yacht : Sail Dinghy·Sail Cruiser Yacht)

(1) 요트의 역사

다수의 돛대에 거대한 삼각돛을 단 세계 최초의 범선은 항해왕 엔히크(Henrique o Navegador: 1394~1460)에 의해 대항해 시대를 주도한 카라벨(Caravel)이다(송동훈, 2019). 오직 자연의 바람만을 이용하여 앞으로 나아가는 기능을 갖고 있는 것이 세일링(세일딩기·세일크루저)요트다. 세일크루저 요트는 입·출항 시에만 잠깐 저(低)마력의 엔진을 사용한다. 요트라는 말은 옛날 독일어 야트(Jacht : Jachtschiff의 준말)에서 유래되었다. 현재는 네덜란드어의 'Yaght'가 영어로 관용어가 되어 요트(yacht)가 되었다. 야트(Yaght)는 추적선(hunting ship)이란 뜻을 갖고 있는 작고 가벼운 슬루프(sloop)식 쾌속 범선으로 14세기경 해적들에 의해 해적선으로 사용되었다. 네덜란드에서는 출몰하는 해적선을 나포하기 위해 이용되었다. 이후 이 쾌속선은 암스테르담 선주들이 동인도 무역선의 통선으로, 또는 유람선으로 사용하였으며, 16~17세기에는 운하·호수·포구, 그리고 강 하구 등에서 많이 활동하였다.

요트의 어원이 네덜란드인 것은 네덜란드가 조선기술, 특히 종범 양식이 뛰어난 세계적 해운 국이었기 때문이다. 그러나 요트의 어원과는 달리, 놀이로서의 요트의 역사는 고대 로마·그리스·이집트 시대까지 거슬러 올라간다. 특히 클레오파트라를 비롯하여 왕족들은 그들의 권위를 과시하기 위해 호화로운 놀이배를 만들어 나일 강에서 유유자적하면서 즐겼다고 한다.

영국에서 요트라는 말이 사용된 것은 1660년 네덜란드에 망명하고 있었던 영국왕자 찰스가 왕정이 복고되자 귀국하여 찰스 2세가 되어 즉위했을 때, 네덜란드인들이 선물한 100t급 '야하트 메리호'가 들어와 영어로 요트(yacht)라 불리게 되면서부터이다. 이후 요트는 해양스포츠의 꽃으로서 크게 발전하였다. 1840년대에는 증기기관이 상선에 이용되기 시작하여 유람선에도 증기기관이 사용되고, 그다음으로 내연기관이 이용됨에 따라 기관의 마력이 점점 높아져 장거리 순항을 즐기게 되었다. 그러나 19세기 후반까지는 보조용 동력기관을 장착한 범선, 즉 보조기관선(auxiliary)이 많았다. 1890년대는 대형 증기요트가 붐을 이루었는데, 대표적인 것이 메이플라워호(1897년 건조, 2,690t, 철선, 승조원 150명)이다. 이 요트는 1898년 미국 해군이 매입하여 미국 대통령 전용요트로서 1929년까지 사용하였다. 제1차 세계대전 중에는 중유를 사용하는 디젤엔진이 발달하여 대형모터요트가 번창하는 가운데 1930년에는 3,097t의 오리온 호를 건조하여 요트의 대형화는 최절정에 이르렀다. 그러다 1932년 이후부터는 요트의 규모가 작아지는 추세를 띤다. 건조 비용이 적게 소요될 뿐만 아니라 유지·관리에도 장점이 있기 때문에 소형요트가 선호되기 시작한 것이다. 물론 장인(匠人)에 의한 이 수제품은 옛날부터 줄곧 명맥을 이어온 조선술(造船術)이다.

그러다 제2차 세계대전 종전 이후인 1950년대부터는 세일딩기 요트가 미국의 공장에서 대량생산·보급되기 시작한 것에 영향을 받아 20세기 중엽에 들어 마침내 부유층의 '놀이(위락)' 중심에서 모두의 '스포츠(체육)'인 해양스포츠로서 대중화의 길을 본격 걷기 시작한다. 특히 19세기부터 요트는 영국과 미국이 중심이 되어 서로 다른 환경과 조건하에서 특색이 있는 발전을 거듭하였다. 즉 영국의 요트는 악조건의 기상과 해상조건 때문에 내항성을 중시하여 흘수가 깊고 육중한 선형과 두터운 마직의 돛[帆]을 사용, 파도가 거친 해양에서의 순항에 적합한 커터(cutter)양식의 범장(帆裝)이 발달하였다. 그렇지만 미국에서는 속력위주로 보트의 길이가 길고 흘수가 얕으며 미려한 이물[船首]과 편평하고 넓은 고물[船尾]의 선형에다, 얇고 가벼운 면직의 돛을 사용하여 연안항해구역인 평수구역(平水區域)에서 우수한 성능과 경쾌한 속력을 최대한으로 발휘할 수 있는 슬루프(sloop)와 스쿠너(schoone) 스타일의 범장[[帆裝 : sail ; 돛의 형상 – 커터(cutter), 케치(ketch), 스쿠너(schooner), 슬루프(sloop), 욜(yawl) 등의 의장(艤裝)]이 발달하였다.

그런 가운데서도 특히 국제적으로는 1960년대까지, 국내는 1980년대 초반까지는 '해양스포츠'라는 이 분야 대분류, 혹은 중심 개념이 존재하지 않는 상태에서 '요트'가 모든 해양스포츠 활동을 대변하는 개념으로 인식되기도 했다. 그러다 독일에서 모터보트가, 일본에서 수상오토바이가 그리고 해양카약, 윈드서핑 등의 다양한 종목들이 속속 개발·대중화됨에 따라 요트는 10여개 이상의 각종 해양스포츠 종목들과 함께 그 하나의 종목으로 자연스레 위치하게 된다. 결국 '개념기준 분류체계상'으로 보면, 해양스포츠를 대분류로 하는 그 하위의 종개념에 속하는 중분류로서 다른 여럿 해양스포츠들과 함께 요트가 나란히 위치하게 된다. 그럼에도 일부에서는 해양스포츠 활동 장비의 '개념기준 분류체계'에 대한 개념이 있기나 한지 의문을 갖지 않을 수 없을 정도로 아주 무지막지(無知莫知)하게 '요트/보트'라고 표현하면서 그 개념을 '같은 뜻의 다른 표현', 즉 이음동의어로 생각하는 경우가 가끔 있어 갈 길 바쁜 해양스포츠용어 정립 길에 적잖은 장애가 되고 있어 안타깝기 짝이 없다. 문화지체현상, 또는 무지막지의 압권에 다름 아니기 때문이다.

기왕 얘기가 여기까지 이른 김에 장비에 대한 개념기준을 밝혀 놓고자 한다. 해양스포츠 활동 장비

(보트 및 기구)에 있어 대분류의 위치에는 당연히 '보트'가 놓이고, 다음은 그 대분류의 종개념인 중분류에는 요트, 해양조정, 해양카누·카약, 윈드서핑, 서핑보드 등 다양한 해양스포츠 장비들이 놓인다. 특히 요트는 무동력과 동력 종목이 있기 때문에 중분류인 요트의 종개념으로서 '소분류'에 무동력과 동력이 놓이고, 만약 무동력 요트라면, 그 소분류의 종개념으로서 '세분류'에 세일딩기요트와 세일크루저요트가 각각 위치하게 되는 것이 이른바 '개념기준 분류체계'라고 설명할 수 있다.

〈그림 6-2〉 겉모습이 마치 고무신 모양을 띠고 있는 토종요트 '방방해해'가 부산 수영만 요트경기장 앞바다의 해역에서 세일링에 나서고 있는 모습.
출처 : 부경대 조선해양시스템공학과 이동준 교수·박근옹 박사 제공

아무튼 영국과 미국의 요트 특성을 놓고 보면, 요트 구입은 어떤 해역에서 주로 활동할 것인가를 우선 고려하여 구입하는 것이 바람직하다 할 것이다. 사실이 그렇다면, 가장 좋은 방법은 자국의 해역상황을 고려하여 개발한 토종요트를 구입하는 일이라고 생각된다. 그러나 국내는 지금껏 분명한 발생학적 기원을 바탕으로 개발된 세일크루저요트는 〈그림 6-2〉의 '방방해해'밖에는 없다. 그렇지만 조선업계, 특히 조선학계의 일부 인사들이 약간의 흠결을 꼬투리 삼아 딴죽을 걸고 있는 등 홀대하고 있는 것만 같아 안타까운 실정에 놓여 있었다. 만약 부족한 측면이 있다면, 조선전문가들이 힘을 모아 흠결을 개선 발전시켜 나가면 되는 일인데도 말이다.

이 '방방해해'의 아들격인 세일크루저요트가 옛 '대불대 산학연구센터' 박근옹 박사에 의해서 두 척이 더 건조되어 지금도 '목포 마리나'에서 활동하고 있다. 이 요트생산의 운명은 그 것으로 끝이었다. 실로 안타까운 일이 아닐 수 없다.

(2) 세일링(세일딩기·세일크루저)요트 돛의 특성

요트는 강·호소, 또는 연안해에서 사용되는 아주 작은 세일딩기요트에서부터 넓은 바다에서의 쾌속이나 또는 대양을 건너는 오션 레이스에 사용되는 수백 톤에 이르는 세일크루저요트까지 다양한 종류가 있다. 그러나 요트는 범장 양식에 따라 분류하는 것이 일반적이다. 가장 보편적인 양식은 캐트리그(catrig)·슬루프(sloop)·커터(cutter)·욜(yawl)·케치(ketch)·스쿠너(schooner) 등이 있다. 욜 이상의 것은 비교적 대형보트이다.

캐트리그는 선수(船首 : 이물) 가까이에 세운 한 개의 마스트(돛대)에 비교적 대형의 돛 한 장을 올린 스타일로서 조종이 간단하고 빠른 속력을 얻을 수 있기 때문에 소형 경주용으로 많이 사용된다. 돛의 면적은 요트의 용도에 따라 다르지만 쾌속순항용의 요트는 안전성의 문제 때문에 비교적 돛이 작고, 경주용의 요트는 면적이 큰 돛을 사용한다. 국제 모노타이프(monotype) 3.6m 딩기정(dinghy)은 선체에 견주어 면적이 큰 돛을 사용하는 전형적인 예이다. 슬루프는 가장 일반적인 기본양식으로, 길이도 3~30m에 이르는 것까지 있다. 이 슬루프는 집세일(jib sail)과 메인세일(main sail) 2장의 돛을 갖추고 있으나 많은 것은 5장 이상(마스트의 수에 따라 다름)을 갖춘 것도 있다. 특히 선수에 바우스프리트(bowsprit)를 갖지 않은 슬루프를 녹어바우트(knockabout)라 하는데, 슬루프 스타일에는 이러한 녹어바우트가 많다. 보트의 모양은 일반적으로 날렵한 편이다.

그렇지만 타(Key)의 효과가 탁월하며 경쾌하여 파도가 작은 곳에서 쾌속 질주에 적합하다. 슬루프 타이프의 대표적인 것으로는 스나이프(snipe), 씨홀스(seahorse), 플라잉더치맨(flying dutchman), 스타(star), 드래건(dragon)급 등이 있다. 커터는 양식상으로는 슬루프 양식 가운데 개프 탑세일(gaff-topsail), 집 탑세일(jib-top sail), 포스테이 세일(forestay sail), 집 메인세일(jib-mainsail)을 가지고 있는 것을 말한다. 커터는 속력보다는 내항성에 중점을 둔 것으로 흘수가 깊고 묵직한 것이 특징이다. 슬루프와 함께 현대 요트의 기본형식을 이루고 있다. 욜은 속력보다도 조종성을 중시하여 외양에서의 큰 파랑 가운데서도 항주(航走)하기 좋게 만든 모델(Model)이다. 선체도 크고, 보통 2개의 마스트(돛대)를 가지고 있다. 선미(고물) 가까이의 미즌세일(mizen sail)은 메인 세일에 비해 아주 작은 것이 특징인데, 파도가 높은 곳에서도 무난히 속력을 유지할 수 있을 뿐만 아니라 높은 파랑 속에서의 태킹(tacking) 등에 유리하다(박근웅, 1997).

다음의 〈그림 6-3〉에서 (d)의 케치(ketch)는 영국에서 발달한 양식으로 욜의 장점을 취한 것인데, 미즌 세일의 돛 면적을 크게 하고 마스트의 위치도 앞쪽에 두었다는 것이 욜(yawl)과의 다른 차이점이다. 미즌 세일의 돛 면적에 맞추기 위하여 헤드세일(head sail)을 2장으로 하는 것이 보통이다. 그러나 욜과는 달리 바우 스프리트를 가졌고, 선체도 대형이기 때문에 외양 순항용으로서 선호되는 모델이다. 스쿠너(schooner)는 일반적으로 2개의 마스트를 가졌는데, 대형 스쿠너는 더 많은 마스트를 가지기도 한다. 외양 순항용으로서 욜·케치의 장점들을 취하여 전체적으로는 이들에 능가하는 성능을 가진다. 스쿠너

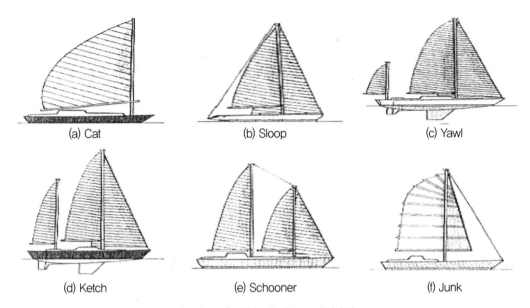

〈그림 6-3〉 세일크루저요트 세일타입
출처 : 지삼업(2006a). 해양스포츠 자원론. 대경북스(서울). 118

는 종범양식으로, 그 우수성으로 인하여 당시에 선호되던 횡범양식을 다시 생각하는 계기를 마련하기도 하였다. 특히 스쿠너는 크루(Crew)의 소수정예화, 태킹 능률의 향상, 리깅(rigging)의 간편화, 그리고 갑판면적 활용도의 획기적 증대를 비롯하여 각종 기기 조작의 편리화 등 중요한 장점들을 두루 갖춘 순항에 아주 적합한 요트라고 볼 수 있다(박근옹, 앞의 책)

　여기에다 사용목적(수심에 따른 지형의 형태)에 따라 요트를 즐기는 크루저(cruiser), 경기용의 레이싱(racing), 상륙용으로도, 혹은 경주용으로도 사용하는 딩기(dinghy)로 나눌 수 있다. 선저(船底) 구조에 따라 요트의 종류를 분류해 보면, 소형 요트에 많이 이용되는 것으로서 선체 중앙부의 킬(keel)을 뚫어서 마음대로 올리고 내릴 수 있는 센터보드(center board)를 장착한 센터보드 보트가 있고, 내리 바람쪽[풍하]으로 떠밀리는 것을 방지하기 위하여 풍하현에서 수중에 판을 돌출 시키는 장치를 한 리 보드 보트(lee board boat)가 있다. 여기에다 〈그림 6-4〉와 같이 센터보드 대신에 킬(keel)의 하면(下面)에 지느러미 모양의 무거운 철제를 고정시킨 핀 킬 보트(fin keel boat), 그리고 대형요트에서 많이 이용하는, 요트 하부에 철제 중량물을 선체의 일부로 달고 있는 디프 킬 보트(deep keel boat : 또는 ballast keel boat) 등이 있다.

　요트의 단면 모양에 따라서는 단면이 둥근형인 라운드 보텀 타이프(round bottom type)와 단면이 직선으로 각이 진 형태의 너클 타입(knuckle type, 또는 V-bottom type)이 있다. 또한 외관의 상하 연결 모양에 따라, 겹쳐지게 연결한 클링커 빌트(clinker built), 외판이 맞물리게 붙인 카벨 빌트(carvel built), 그리고 외판을 이중으로 하고 안팎의 외판이 서로 직각방향이 되도록 비스듬하게 외판을 붙인 더블 다이에거널 빌트(double diagonal built)로 나눌 수 있다.

또한 추진방식에 따른 분류는, 돛에 부딪치는 자연의 바람을 이용하여 질주하는 세일링 요트(sail dinghy-sail cruiser)가 있고, 또 전적으로 기관에 의해 항주(航走)하는 모터요트(motor yacht)가 있다. 그러나 일부에서는 입·출항시와 무풍, 그리고 고장 등에 보조기관을 제한적으로 이용하는 가운데 본격 항해는 돛으로 운항하는 세일크루저요트를 '보조기관 요트'로 특별히 구분하는 전문가도 일부 있다(심 상목, 2004).

결국 요트에 대한 분류는 범장양식, 사용목적, 보트의 단면, 추진방식 등으로 혼란스런 양태를 보임으로써 사회 일반의 이해를 어렵게 하고 있는 측면도 있다고 볼 수 있다. 따라서 필자는 추진방식을 중심으로 요트를 크게 '세일링 요트(세일딩기·세일크루저)'와 '모터요트'로 간단하게 구분하고 있다. 게다가 무동력 해양스포츠 종목에 세일링 요트, 동력 해양스포츠 종목에는 모터요트로 각각 분류하고 있기도 하다. 물론 모터요트는 개념적으로 작은 모터보트에서부터 크게는 10만 톤(톤은 중세 유럽 포도주저장 오크통— 톤느 ; ton— ne—에서 유래) 등 대형해양관광유람선까지 포함된다. 그러나 해양스포츠에서 모터요트라고 일컫는 것은 보트길이가 40~70피트(ft) 정도의 크기를 말한다.

(3) 스포츠형(엘리트체육) 해양스포츠 : 요트경기종목

스포츠(엘리트체육)형 해양스포츠에 속하는 요트경기는 자연의 바람만으로 세일링하는 경기로서, 단일형 급(one-design class)·레이팅 급(rating class)·핸디캡 급(handicap class) 등 크게 3개 급(級)으로 나눈다.

단일형 급에서는 모든 요트의 선체·색구·의장 등이 거의 동일한 규격으로 제조되고 있는 가운데 경기의 승패는 오직 승조원(Crew)의 보트 컨트롤 기술과 스키퍼(skipper: 선장)의 노회한 노하우가 좌우하게 된다. 레이팅 급(rating class)은 시간공제(time allowance) 없이 경기를 하는 것으로, 이 경기에 참가하는 요트들은 규격이 같을 필요가 없다. 다만 산술적인 레이팅 공식에 의해 산출된 어떤 수치를 초과하지만 않으면 된다. 이 레이팅 공식들은 요트의 길이 너비 흘수·무게 수면 하부면적 삭구방법 보트의 모양, 그리고 돛의 너비 등 속력에 영향을 주는 각종 요소들이 곧 산술적 고려의 백 데이터가 되는 것이다.

20세기에 들어와 보편적으로 사용되는 레이팅 규칙은 미국에서 사용되는 '유니버설' 규칙과 유럽에서 사용되는 '인터내셔널' 규칙 등 두 가지 종류의 규칙이 있다. 우선 유니버설 규칙 레이팅은 피트(feet)로 표시되고, 보통 클래스 큐(class Q)라고도 말한다. 인터내셔널 규칙 레이팅은 미터(meter : 예컨대 12m, 6m 등)로 표시된다.

특히 인터내셔널 규칙은 유니버설 규칙보다 유럽뿐만 아니라 미국에서까지 우선시 되고 있다. 핸디캡 급은 한 종목에 여러 모양의 보트가 함께 참가하는 것으로, 참가하는 각 요트들의 치수를 측정하여

〈표 6-3-1〉 2016 리우올림픽 및 2018 자카르타 팔렘방아시안게임을 기준한 경기종목(예시)

순번	올림픽 종목			아시안게임 종목		
	종목	세부사항		종목	세부사항	
1	RSX(남, 여) CLASS	전장	2.86m	RS:X CLASS(남, 여)	전장	2.86m
		선폭	0.93m		선폭	0.93m
		세일면적	남 9.3m² 여 8.5m²		세일면적	남 9.3m² 여 8.5m²
		보트중량	15.5kg		보트중량	15.5kg
		승정인원	1명		승정인원	1명
		제작년도	2004년		제작년도	2004년
2	LASER(남) CLASS	전장	4.2m	LASER(남) CLASS	전장	4.2m
		선폭	1.39m		선폭	1.39m
		세일면적	7.06m²		세일면적	7.06m²
		보트중량	59kg		보트중량	59kg
		승정인원	1명		승정인원	1명
		제작년도	1969년		제작년도	1969년
3	LASER RADIAL (여) CLASS	전장	4.2m	LASER RADIAL (오픈) CLASS	전장	4.2m
		선폭	1.39m		선폭	1.39m
		세일면적	5.76m²		세일면적	5.76m²
		보트중량	59kg		보트중량	59kg
		승정인원	1명		승정인원	1명
		제작년도	1969년		제작년도	1969년
4	FINN(남)CLASS	전장	4.5m	420(오픈) CLASS	전장	4.2m
		선폭	1.47m		선폭	1.63m
		세일면적	10.6m²		세일면적	10.25sqm
		보트중량	107kg		보트중량	80kg
		승정인원	1명		승정인원	2명
		제작년도	1949년		제작년도	1959년
5	470(남, 여) CLASS	전장	4.7m	470(남, 여) CLASS	전장	4.7m
		선폭	1.69m		선폭	1.69m
		세일면적	12.7m²		세일면적	12.7m²
		보트중량	120kg		보트중량	120kg
		승정인원	2명		승정인원	2명
		제작년도	1963년		제작년도	1963년
6	49er(오픈) CLASS	전장	4.87m	49er CLASS (남)	전장	4.87m
		선폭	2.74m		선폭	2.74m
		세일면적	21.2m²		세일면적	21.2m²
		보트중량	94kg		보트중량	94kg
		승정인원	2명		승정인원	2명
		제작년도	2000년		제작년도	2000년

〈표 6-3-2〉(앞에서 계속)

순번	올림픽 종목			아시안게임 종목		
	종목	세부사항		종목	세부사항	
7	Nacra(혼성) CLASS	전장	4.7m	LASER 4.7 CLASS(오픈)	전장	4.2m
		선폭	2.35m		선폭	3.81m
		세일면적	16.9m²		세일면적	4.7m²
		보트중량	140kg		보트중량	59kg
		승정인원	2명		승정인원	1명
		제작년도	2005년		제작년도	1990년
8	STAR(남) CLASS	전장	6.92m	RS:One(오픈)	전장	3.72m
		선폭	1.73m		선폭	0.635m
		세일면적	26.5m²		세일면적	7.4m²
		보트중량	671kg		보트중량	15kg
		승정인원	2명		승정인원	1명
		제작년도	1910년		제작년도	1982년
9				49erFX(여)	전장	4.87m
					선폭	2.74m
					세일면적	21.2m²
					보트중량	94kg
					승정인원	2명
					제작년도	2000년
비고	2016년 리우올림픽 8개 종목(10개 메달)			2018년 팔램방 아시안게임 10개 종목 (10개 메달)		

〈표 6-4-1〉 국내 전국체전 및 각종 선수권대회 개최종목(예시)

순번	전국체전 종목			각종 선수권대회 종목		
	종목	세부사항		종목	세부사항	
1	RS:X CLASS (고등부, 일반부)	전장	2.86m	RS:X 8.5 CLASS(남-고, 여- 고, 대, 일) RS:X 9.5 CLASS (남-고, 일)	전장	2.86m
		선폭	0.93m		선폭	0.93m
		세일면적	남 9.3m² 여 8.5m²		세일면적	남 9.3m² 여 8.5m²
		보트중량	15.5kg		보트중량	15.5kg
		승정인원	1명		승정인원	1명
		제작년도	2004년		제작년도	2004년
2	LASER CLASS(고등부, 일반부)	전장	4.2m	LASER CLASS(남-고, 대, 일)	전장	4.2m
		선폭	1.39m		선폭	1.39m
		세일면적	7.06m²		세일면적	7.06m²
		보트중량	59kg		보트중량	59kg
		승정인원	1명		승정인원	1명
		제작년도	1969년		제작년도	1969년

〈표 6-4-2〉 (앞에서 계속)

순번	전국체전 종목			각종 선수권대회 종목		
	종목	세부사항		종목	세부사항	
3	420 CLASS(고등부 오픈)	전장	4.2m	LASER RADIAL CLASS (남, 여-중, 고, 대 일)	전장	4.2m
		선폭	1.63m		선폭	1.39m
		세일면적	10.25m²		세일면적	5.76m²
		보트중량	100kg		보트중량	59kg
		승정인원	2명		승정인원	1명
		제작년도	1960년		제작년도	1969년
4	49er CLASS	전장	5.04m	LASER 4.7 (남, 여-중, 고) CLASS	전장	4.2m
		선폭	2.41m		선폭	1.39m
		세일면적	20m²		세일면적	4.7m²
		보트중량	145kg		보트중량	59kg
		승정인원	2명		승정인원	1명
		제작년도	1962년		제작년도	1969년
5	470 CLASS(오픈)	전장	4.7m	470(남, 여) CLASS	전장	4.7m
		선폭	1.68m		선폭	1.68m
		세일면적	13.28m²		세일면적	13.28m²
		보트중량	120kg		보트중량	120kg
		승정인원	2명		승정인원	2명
		제작년도	1962년		제작년도	1963년
6				420(남, 여) CLASS	전장	4.2m
					선폭	1.63m
					세일면적	10.25sqm
					보트중량	80kg
					승정인원	2명
					제작년도	1959년
7				OPTIMIST CLASS(남, 여)	전장	2.36m
					선폭	2.18m
					세일면적	3.3m²
					보트중량	35kg
					승정인원	1명
					제작년도	1947년
8				RS:X One CLASS (남-고 대일, 여-고, 대)	전장	3.72m
					선폭	0.635m
					세일면적	7.4m²
					보트중량	15kg
					승정인원	1명
					제작년도	1982년

〈표 6-4-2〉 (앞에서 계속)

순번	전국체전 종목		각종 선수권대회 종목	
	종목	세부사항	종목	세부사항
9			49er CLASS(남-대, 일)	전장 4.87m
				선폭 2.74m
				세일면적 21.2m²
				보트중량 94kg
				승정인원 2명
				제작년도 2000년
10			테크노 CLASS(남, 여- 중등)	전장 2.93m
				선폭 0.79m
				세일면적 7.8m²
				보트중량 12.5kg
				승정인원 1명
				제작년도
비고	2011년 전국체전5개 종목(7개 메달)		1)2018년 각종 선수권대회 11개 종목(34개 메달). 2)참가신청 사항에 따라 메달 수 및 개최종목이 다를 수 있음.	

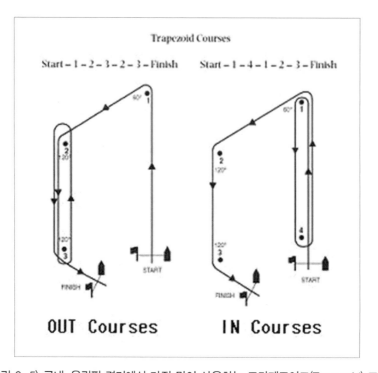

〈그림 6-5〉 국내·올림픽 경기에서 가장 많이 사용하는 트라페조이드(Trapezoid) 코스

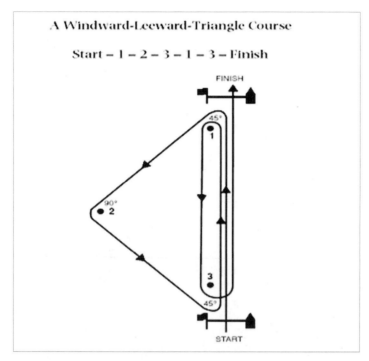

〈그림 6-6〉 트라이앵글 코스 (Triangle Course)

※ 〈그림 6-6〉은 트라이앵글(Triangle) 코스로서 흔히 '올림픽코스'라고도 말한다. 그만큼 역대 올림픽을 비롯하여 지금의 올림픽에서도 많은 비중으로 이 경기코스를 채택·진행하는 경우가 많다.

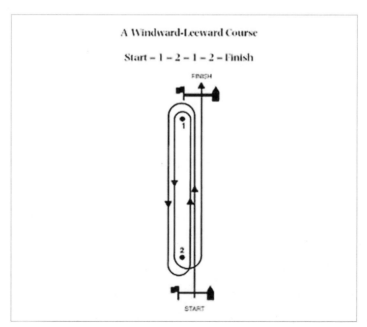

〈그림 6-7〉 윈드워드-리워드 코스(Windward-Leeward Course)

※ Windward-Leeward Course는 국내의 경우, 세일크루저요트 경기나 초보자들 위주로 하는 경기에서 많이 사용한다. 일명 '소시지코스'라고도 일컫는다.

앞에서 설명한 계산법에 따라 레이팅을 구하고, 그 레이팅에 해당하는 핸디캡을 표준공제시간표(sta-ndard time allowance table)에서 찾는다. 표준공제시간표는 핸디캡을 받지 않는 표준요트와 비교하여, 주어야 할 핸디캡[매 마일(mile) 당 초(秒)]을 각 레이팅 0.1ft(약 3cm) 마다 정해 놓은 것이다.

〈그림 6-8〉 인터내셔널(International) 14 세일딩기(2인승)요트

여기에서 찾은 값에 코스의 거리를 곱하여 공제시간을 구하여 각 요트가 레이스에서 실제 그 코스를 항주하는 데 소요된 시간에서 공제해 준다. 요트 경기는 일정 시각에 일제히 스타트하여 정해진 코스를 반칙 없이 완주하고, 먼저 결승선(flnish line)에 도착하는 요트를 상위로 하는 '타임레이스' 방식이다. 코스는 여러 개의 표지를 설정하고, 당일의 풍향에 따라 그 중의 몇 개를 골라 레이스 마크로 표식하고, 회항순서와 회항법을 지정한다.

룰(Rule)은 충돌예방을 전제로 하고 있다. 여기에다 마크 회항 시에 접촉을 예방하는 규칙, 추월을 방지할 권리를 추월을 당하는 쪽의 요트에 주어지는 규칙 등을 더한 것이다. 경기 중 반칙이 있는 경우, 반칙한 요트는 실격 처리된다. 그러나 반칙을 당함으로써 불리한 결과를 당한 요트는 반칙한 요트에 대해 반드시 항의서를 심판위원회에 제출하여야 한다. 항의(抗議)는 법원의 재판형식으로 재결되는데, 어필(appeal)이 인정되면 반칙한 요트는 즉시 실격 처리된다.

모든 요트의 경기규칙은 국제세일링연맹(IYRU : International Yacht Racing Union)에서 4년마다 룰을 개정하여 발표한다. 세일크루저요트의 경우, 무게와 길이 등 여러 가지의 데이터를 가지고 경기 결과를 산출한다. 그러나 딩기종목의 경우 정해져있는 종목의 무게, 길이 등에 관련된 디자인이 기본적으로 국제세일링연맹이 요구하는 기준치에 적합하도록 이미 공장에서 제작되어 출시된다. 하지만 제작회사마다 공법과 특정회사만의 공법의 차이로 인해 오차가 일부 발생하기도 한다. 이 경우 경기 전 계측을 통

〈그림 6-9〉 2004년 8월 초에 개최된 제9회 부산바다축제 프로그램의 하나로 해운대해수욕장 앞바다에서 열린 세일크루저요트대회에 참가한 선수들이 파도를 가르며 레이스를 펼치고 있는 모습.

해 보트의 무게 및 각종 기본 장비가 대회 규정에 맞는지 여부를 재확인한다.

요트경기는 해상에서 이뤄지는 종목이기 때문에 정확한 스타트를 위해 바다에서 정해진 깃발과 소리 (혼)로 경기를 진행한다. 경기방법은 RC(Race Committee)에서 경기 5분전 출발 해당 클래스 깃발과 5 분전 소리신호 1번으로서 해당 클래스의 경기가 시작됨을 알린다. 그 후 5분 뒤 해당클래스는 해상에 띄워져 있는 부표의 라인선상에서 정확한 시간에 출발을 한다. 부산에는 부산요트협회, 수영만 요트클 럽 등 몇 개의 요트클럽에서 동호인들과 선수들이 활약하고 있다. 전국체육대회가 시도 간에 경쟁이 치 열해지면서 바람직한 현상은 아니지만 선수들의 몸값도 천정부지로 치솟고 있다. 그런 가운데서도 부산 이 요트종목 종합성적에서 1위를 6년째 고수함으로써 부산해양스포츠의 위상을 줄곧 곧추세워 왔다. 그 러다 2019년 6월 현재는 양운고 요트부의 맹활약이 예상되지만 예전과 같은 성적을 거두기에는 힘겨워 보인다.

한편 〈표 6-4-1~2〉의 국내의 요트경기 종목은 앞으로 아시안게임과 올림픽 종목 중심으로 변화할 것으로 전망된다. 특히 아시안게임의 경우 주최국의 권한으로 종목변경이 가능하기 때문에 사전 공시 를 통해 추후 개최되는 대회에 적용이 가능하다. 반면 올림픽에서의 종목의 변경은 오랜 기간을 준비하 여 변경 종목의 사전검토와 변경사유에 당위성을 각 분과별로 충분히 검토한 후 해마다 개최하는 ISAF Word Sailing 총회에서 컨퍼런스를 개회한 후 변경확정을 공고한다. 이러한 사항들은 국내와 아시안게임의 종목선정 변경방식과는 사뭇 대조적이다. 따라서 국내의 종목변화는 국제적인 추세와 국내 종목별 저변확대 추이를 감안하여 종목변경을 해나갔으면 한다.

2) 생활체육형 해양스포츠 : 모터요트(motor Yacht : 40~70ft)

내·외연기관으로 추진되는 소형요트를 말한다. 주정의 일종으로 기동정 혹은 발동기정이라고도 말한다. 용도는 다양하지만 개인 해양스포츠 활동용과 업소용으로 대별된다. 해양스포츠용 기동정은 모터요트·순항정·연락정·러너바우트(runabout)·유람정·경주정·선외기정·모터보트 등이 있다. 상업용 기타 실용되는 기동정을 총칭하여 실용정이라고 하며, 용도에 따라 종류가 다양하다. 간단한 식사 접대용, 텐더(tender:보급선), 구조정·소방정·순시정·경비정·검역정 등이 있다. 이들 주정은 크기·추진기관·속력·설비·용도 등에 따라 차이가 있다. 각종 해양스포츠 활동에 이용되는 기동정은 용도에 따라 조금씩 차별성을 갖는다. 그렇지만 해양스포츠 활동에서는 보통 속력에 중점을 두기 때문에 물의 저항을 고려한 갖가지 선형의 보트들이 채택되고 있다. 보통의 기동정에서는 선체의 무게와 같은 물을 배수(排水)하여, 전진할 때 물을 가르고 전진하는 배수정이지만, 고속의 경주정에서는 활주정(hydroplane)을 채택하고 있다. 보트가 마구 달리기 시작하면 수압력 때문에 보트 앞쪽(이물)은 수면 위로 약간 뜨고, 뒷부분(고물)은 수면에 접해서 활주한다. 보트의 밑바닥은 평평하고 뒷부분이 앞부분보다 낮고, 스텝(step)이라고 하는 단(段)을 붙여서 물의 저항을 줄임으로써 시속 100km 이상의 쾌속으로 질주할 수 있다.

얼마 전부터 국내도 일본처럼 모터보트가 크게 증가하고 있다. 미국, EU지역, 일본, 호주 등 해양스포츠 발전 국으로부터 수입된 보트들이 대부분이다. 동호인의 입장에서는 우선 모터보트를 활용하여 어떤 종류의 해양스포츠 활동을 할 것인가를 생각해 두는 일이 중요하다. 모터보트는 안전성이 충분히 확보되는 가운데 보팅이 즐겁고 재미까지 있다면 금상첨화다. 특히 자신 소유의 이른바 '마이보트'를 갖는다는 것은 그만큼 보람찬 생활을 만끽할 수 있는 생활환경이 조성되었다는 점에서 즐거운 일이다. 얼마나 바다가 좋았으면 시인 월트 휘트먼(Walt Whitman ; 1819~1892)은 그의 자작시 "O to Sail in a Ship"에서 "변화 없는 육지를 떠나 봤으면, 그리고 집들을 떠나 봤으면, 아이! 영영 움직일 줄 모르는 육지 그대를 떠나, 배를 타 봤으면, 항해했으면, 항해했으면, 바다를 달렸으면!"하고 바다를 간절하게 동경했다.

(1) 모터요트(모터보트·캐빈—덮개—보트 등)의 활용 종류

▲ 크루징(Cruising)용 : 당일코스(Day Cruising), 숙박코스(Overnight Cruising) 등
▲ 보트(선상)낚시용 : 하천이나 만(灣)에서의 낚시, 강 호소 등에서 선상낚시[앞 바다낚시, 먼 바다낚시(Big trolling)] 등. 일본은 바다배낚시가 선호도가 매우 높다. 국내도 최근 어느 종합편성채널에서 예능프로그램으로 인기리에 방송하고 있는 '나만 믿고 따라와, 도시어부' 프로를 참고해 보면,

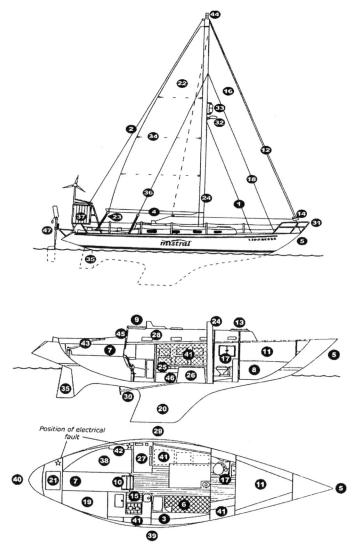

1. 보조 버팀줄	2. 후방 버팀줄	3. 책 보관 장소	4. 붐	5. 뱃머리
6. 침상	7. 조타석	8. 포말재를 채워 넣은 충격 완화벽		9. 갑판 승강구 슬라이드
10. 갑판 승강구 계단	11. 이물의 식량 보관소	12. 앞돛 버팀줄	13. 이물 해치	14. 퓰러
15. 조리대	16. 제노아	17. 화장실	18. 안쪽 버팀줄	19. 드럼통 보관 장소
20. 용골	21. 식료품 저장실	22. 주돛	23. 메인시트	24. 돛대
25. 알코올 연료 탱크	26. 모터	27. 항해 테이블	28. 현창	29. 좌현
30. 프로펠러	31. 풀핏	32. 레이더	33. 레이더 탐지기	34. 리핑 라인
35. 방향타	36. 후방 보조 버팀줄	37. 태양열 집열판	38. 스페어 돛 보관 장소	39. 우현
40. 고물	41. 저장실	42. 스위치보드		
45. 물막이판	46. 물탱크	47.윈드 베인		

〈그림 6-10〉 세일크루저요트의 각부(各部) 명칭

출처 : 윤미연 역(2002). 라이언 하트(제스 마틴 · 에드 게논). 인북스. 318~319.

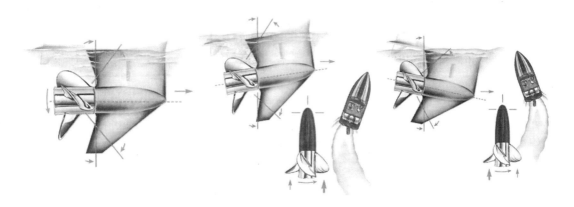

〈그림 6-11〉 모터보트의 트림 각(角)에 의한 선수(船首 : 이물)의 전향력

머잖아 바다배낚시가 크게 선호될 것이 거의 확실해 보인다.

▲ 각종 해양스포츠 활동(Action Boating)용 : 경정(競艇), 장거리 경주(Rally), 수상스키·니보트·땅콩보트·바나나보트·플라이피시(일명 가오리보트) 등 피견인 해양스포츠 종목에서 많이 사용, 패러세일링, 스포츠잠수(스쿠바다이빙) 포인트 이동 등

▲ 2019년 3월 현재 덴마크, 노르웨이, 스웨덴, 핀란드 등 북유럽에서는 식사·손님접대(소규모 파티)·선탠과 휴식과 기분전환·주거·보팅·사무실외, 내해배낚시 등 실로 다양하게 활용되고 있다. 국내는 2025~2030년쯤의 사회에서나 구가할 수 있는 보팅문화일 것으로 전망된다.

(2) 보트의 실내인테리어 고급화 추세 심화·발전, 동력조종면허 취득 추이

보트는 승용차와 같이 일상생활에서 없어서는 안 될 정도로 꼭 있어야 하는 생활필수품은 아니다. 그렇지만 활동무대가 주로 바다라는 점에서 안전성과 내구성은 확실하게 검증되어 있는 제품이어야 한다.

〈그림 6-12〉 생활체육 차원의 해양스포츠 활동에 안전조종은 기본적인 태도다.

게다가 활동 목적이 삶에 여유를 즐기기 위한 생활체육활동이라는 점에서 최근 외국 보트 구매자들의 경향성을 중심으로 생각해 보면, 대형보트 선호 추세를 띠고 있는 가운데 보트 내부의 각종 시설들은 고급호텔 및 콘도 수준으로 생활에 조금도 불편함이 없도록 설비하는 가운데 실내인테리어도 목재로 고급스럽게 치장되어 있어야 구매력이 높다. 보트구매 시 결정권은 대체로 아내 쪽에 있다.

특히 보트 구입은 단독으로 할 것인가, 아니면 몇 사람이 뜻을 모아 공동으로 구입할 것인가. 또는 어떤 용도로 사용할 것인가를 미리 분명하게 결정하는 일이 매우 중요한 고려사항이다. 그다음은 경제적 형편에 따라 새 보트나, 아니면 중고보트 중에서 결정하면 될 것이다. 게다가 구입한 보트를 어디에 계류해 둘 것인가도 반드시 생각해 두어야 한다. 해상계류장 확보의 경우, 국내에는 공공 및 공공상업 마리나가 2015년 기준 30개소가 확보되어 있기 때문에 별 어려움이 없으나, 그렇지 못한 곳은 태풍 등에 보호될 수 있는 장소를 확보하기가 현실적으로 어렵다. 2019년까지 32개소의 마리나시설이 더 개발될 예정이기 때문에 결국 국내는 2019년 말쯤이면, 총 62개소의 크고 작은 마리나가 확보될 예정이다. 정부의 계획이 차질 없이 추진된다면, 그렇다는 뜻이다. 그런 곳을 지역 거점화시켜 나간다면, 동호인들의 보트 해상계류장 확보는 2019년을 기준, 큰 어려움이 없을 것으로 예상해 볼 수 있다.

해양경찰청에 의하면, 동력조종면허 및 요트면허 소지자는 2010년 기준 약 10만 명이고 최근에는 면제교육자를 포함 년 1만5천 명 안팎이 면허를 취득하고 있다. 2020년에는 24만 명을 웃돌 것으로 예측된다. 이중 장롱면허가 약 80%쯤 될 것으로 추측된다. 일본은 해사광보협회에 따르면, 해수면과 내수면을 구분하여 소형선박조종자 면허(4급)로 가름하고 있는 가운데, 92년 기준 상업보트 조종자와 순수 동호인을 포함할 경우, 해수면 활동 면허소지자는 1,381천 명이고, 내수면은 6만7,000명이다. 물론 2019년을 기준하면, 이보다는 몇 배 더 많은 수가 면허를 취득했을 것으로 추론할 수 있다. 따라서 일본의 면허취득자 증가 추이와 함께 최근 필자의 수상레저동력조종면허시험 예상문제집 판매부수의 급증 등을 참고해 보면, 국내도 면허취득자 수가 증가할 것이 예상되고 있다. 다만 합격에만 급급하여 이론 공부에는 관심이 거의 없는 것만 같아 안전사고 대처 능력이 우려된다. 보트오너는 안전에 스스로 대처할 보트엔 진구조학(엔진 점검과 수리)에 대한 기초학습이 필요하다.

3) 각종 보트에 대한 이해 및 보팅 날씨

(1) 크기(Size)

국제적으로 보트의 크기를 두고 몇 피트(ft)라고 말하는 것은 오랜 관행이다. 길이에 대한 개념만으로도 크기를 대략 짐작할 수 있기 때문이다. 그렇지만 우리나라는 1964년 1월 1일 이전까지는 '몇 자, 몇 치'라고 하는 척관법(尺貫法)을 사용해 왔다. 지금은 공식적으로는 사용하지 못하도록 되어 있지만, 보트사업자가 사용하면 어쩐지 전문가 같은 느낌을 주는 것도 사실이다.

그렇지만 보트의 길이에 대한 개념은 국제적으로도 관행일 뿐 반드시 관념과 실제의 길이가 일치하지는 않는 것이 일반적이다. 예컨대 25피트 보트라고 하면, 전체길이가 적확히 25피트, 또는 7.62m(1m는 약 3.28피트)인 것은 아니다. 실제의 길이는 다소 크기도 하고, 또 때로는 작기도 하기 때문이다. 여기에다 선수(船首) 부분인 바우 스프릿트나, 선미(船尾) 부분인 스위밍플렛폼이 전체길이에 포함되었는지 여부가 애매모호한 경우도 흔한 실정이다.

〈표 6-5〉 각종 보트의 특징

사이즈		엔진의 종류			특 징
		선외기	가솔린선 내외기	대젤선 내기	
소형 낚시보트	10~14 피트	◎			가격이 저렴하고 부담 없이 즐기는 보트. 파도가 잔잔한 수면에서 활동하기에 최적이다.
중형 낚시보트	15~25 피트	◎	◎		혼자서도 쉽게 취급할 수 있는 편리한 모델, 파도가 거의 일지 않는 조용한 때에는 먼 바다에도 나갈 수 있고, 실용적으로 사용할 수 있는 이점이 있다.
대형 낚시보트	25 피트	○	◎	○	먼 바다 낚시에 최적으로 실용성이 높다. 한국 보트에 주종을 이루고 있다. 패밀리크루즈도 있다.
소형 스피드보트	15~18 피트	○			잠깐 기분전환이 가능한 스포티한 스피드 보트로서 속도감을 즐기는 데는 최적이다.
중형 스피드보트	19~25 피트	◎	◎		바다에서 모든 해양스포츠 활동이 가능한 실용적인 보트다. 가끔 식사도 할 수 있고 잠깐 쉴 수 있는 것도 있다.
중형 스포츠크루즈	20~25 피트	○	◎		스피드보트 정도로 민첩하지는 않다. 그러나 파도에 강하다. 먼 바다용으로도 가능한 오픈 크루즈.
대형 스포츠크루즈	26~40피트 수준		◎×2	○×2	파도에 강하기 때문에 고속 크루징에 최적이다. 오픈 크루즈이지만 숙식도 가능하다. 활용범위는 광범위하나 전천후용에는 부적합하다. 주거성을 중시하기 때문에 패밀리 크루즈에 적합하다.
중형 컨버터블크루즈	25~30 피트		○×2	◎×2	필요에 따라 천정 덮개를 접었다 폈다를 자유로이 할 수 있는 컨버터블(conrertible) 크루즈는 4계절전천후로 먼 바다 낚시에 활용 가능한 보트다.
대형 컨버터블크루즈	31~40 피트			◎×2	대형이기 때문에 주거성이 쾌적하고 파도에 견디는 내구성도 강하다. 한국의 바다에 실용적, 즉 유틸리티(utility)한 크루즈라고 볼 수 있다.
캐빈(덮개)크루즈	30~40 피트			◎×2	보트의 형태는 비교적 선실 덮개의 공간을 많이 두고 있어서, 주거성은 쾌적하지만 무겁기 때문에 일반적으로 컨버터블보다 먼 바다 활동에 조끔 제약을 받는다.
모 터 요 트	50 피트 이상			◎×2	선실에 덮개가 있는 캐빈크루즈보다 한 차원 높은 고급보트, 쾌적하게 크루징하는 일명 바다의 고급맨션.
트롤(trawl)보트	35~40 피트			◎	trawl 보트는 저속 배수형으로 마음 편하고 느긋한 보트, 파도에는 강하기 때문에 장시간 크루징이 가능하다.
하이퍼포먼스보트	25~40 피트	○	◎×2		high performance 보트는 크기에 비하여 아주 값비싸다. 고난도 곡예를 목적하기 때문에 대체적으로 레이싱보트를 화려하게 개조한 보트가 많다. 고속성이 매우 우수하다.

※ ◎ : 보트의 체적(體積)이 크다(大). ○ : 보트의 체적이 작다(小)를 각각 표시. ×2 : 엔진 2개 부착.
출처 : 미타니 카즈야(三谷一也 : 1992). 신·중고보트 선택의 A에서 Z까지. 舵社(일본). 21.

그러나 그 부분에 대한 판단 기준에 따라 보트계류장의 계류요금이 차이를 보이기 때문에 무관심할 수 없는 것도 현실이다. 특히 영국은 전통적으로 톤수를 약간 적게 하는 것이 관행으로 되어 있다. 미루어 짐작컨대 군함의 개념을 따르고 있는 사례라고 추론된다. 보너스 톤이라고 해서 말하는 것보다 실물(實物)쪽이 실제는 크다.

〈표 6-6〉 각종 해양스포츠 활동을 위한 보트의 용도(用途)

	작은 물고 기 낚시	깊은 바다 배 낚시	라이 트	피크 게임	호소	스킨 다이 빙	스쿠 버다 이빙	수상 스키	파라 세일	음식 파티	휴식 숙박	데이 크루 징	오버 나이 트크 루징	파도 가른 곳 하지 만달 릴수 있다	파도 에 대한 내구 성	파도 속의 서의 고속 성
	견지 낚시	먼바 다배 낚시	트롤 링	트롤 링												
소형낚시보트	●	×	×	×	●	○	×	○	×	×	×	×	×	No	×	×
중형낚시보트	●	◎	●	×	●	●	○	○	×	×	×	○	×	No	×	×
대형낚시보트	◎	●	●	○	○	●	●	×	○	○	○	◎	○	Yes	○	○
소형 런어바우트	◎	×	×	×	◎	◎	●	●	●	○	×	●	×	No	△	△
중형 런어바우트 (Run about)	◎	×	○	×	◎	◎	●	●	○	×	○	●	×	Yes	○	○
중형스포츠크루즈	◎	○	●	×	●	◎	●	●	○	●	○	◎	○	Yes	◎	◎
대형스포츠크루즈	◎	○	◎	○	○	●	◎	△	○	◎	○	●	◎	Yes	●	●
중형컨버터블크루즈	○	×	●	◎	◎	◎	◎	×	×	◎	◎	●	◎	Yes	●	◎
대형컨버터블크루즈	○	×	●	●	●	◎	●	×	×	●	●	●	◎	Yes	●	●
캐빈크루즈	○	×	●	×	●	●	●	×	×	●	●	●	●	Yes	○	○
모터요트	○	×	○	×	○	○	○	×	×	●	●	●	●	Yes	●	×
트롤보트	○	×	×	×	○	○	△	×	×	●	●	●	●	Yes	●	●
하이퍼포먼스보트	○	×	×	×	○	○	×	×	×	△	△	◎	○	Yes	●	●
하우스보트	○	×	×	×	●	●	방법 에따 라	×	×	●	●	방법 에따 라	방법 에따 라	방법 에따 라	방법 에따 라	×

※ ● : 최적이다. ◎ : 아무런 불편이 없다. ○ : 형편에 따라 활동할 수 있다.
　　△ : 활동하기 곤란하다. × : 아주 부적합하다.
출처 : 미타니 카즈야(1992), 앞의 책, 22.

물론 보트도 영국에서 말하는 38ft가 미국에서는 40ft가 된다. 보팅 분야는 그런 애매모호한 측면이 있어서 오히려 흥미를 갖게 하는지도 모를 일이다. 일본은 보트의 크기에 대한 구분은 그 종류에 관계하고 있다. 국내도 크기에 대한 개념이 애매모호한 측면이 있다. 예컨대 피싱보트나 스피드보트는 25피트 이상을 '대형보트'라고 규정하고 있다. 그러나 세일크루즈요트에서는 '소형보트'에 속한다. 이는 종류에 따라 보는 시각이 국제적으로 조금씩 다르다는 것을 보여 주고 있는 사례이다. 우리나라도 지금껏 통일된 그 어떤 규정도 없다. 그렇지만 보트산업 발전국 영국, 프랑스, 독일 등 EU지역의 표준에는 100피트이상의 메가요트가 '대형보트'에 속하고, 〈그림 6-13〉과 같은 70ft급은 '중대형(upper middle)보트'에 속한다. 그리고 50피트가 '중형보트'이다. 그러나 30ft는 소형보트라고는 하지 않고, 보통 '패밀리보트'라고 말하는 경우가 많다. 보트에 '패밀리'라는 이름이 붙은 보트는 오너가 동승자에게 사전에 안심을 시켜주지 않아도 그 자신의 느낌만으로도 안전에 대한 신뢰감을 충분히 가질 수 있게 해준다. 그래서 이름도 친근한 패밀리보트다(三谷 一也, 앞의 책). 국내는 소형선박안전검사기준에 따른 소형보트는 길이 12m 미만으로 규정하고 있는데, 대체로 40ft가 조금 넘는 수준이다. 물론 12m 이상은 대형보트의 범주에 포함된다.

(2) 정원

소형선박안전법은 보트의 크기를 기준(5톤 이상)으로 설정한 승선정원 규정이 있다. 최대 승선정원은 12명으로 그 이상 승선하면 위법이다. 좌석이나 바닥의 면적을 기준으로 정원이 정해진다. 그러나

〈그림 6-13〉 다양하게 활용되는 50~80피트(ft)급 중·대형보트
출처 : 미타니 카즈야(1992). 앞의 책. 54.

〈그림 6-14〉 일상의 스트레스를 단번에 날려버릴 정도로 시원하게 쾌속 질주하고 있는 모터요트 크루징 모습

소형선박안전법에서 규정하고 있는 소형선박에 해당되지 않는 5톤 이하의 소·중형 보트에서조차 그런 규정을 준수할 필요는 없다. 만약 그런 규정을 참고하여 이행한다면 오히려 안전성이 위협받는 등 현실적이지도 않다. 물론 자동차의 정원과는 그 개념(뉘앙스)이 전혀 다르다.

(3) 마력(馬力)

일본의 경우 보통의 모터보트는 소형선박안전법에 따라 그 보트에 대한 최대 허용 마력이 정해진다. 예컨대 100마력의 선외기에는 155마력의 선내외기와 같은 수준에서 등치(等値)되기도 하는 경우가 그런 사례에 속한다. 그렇지만 자기 마음대로 대마력(大馬力)엔진을 장착하면 보트로서 등록할 수 없다. 여기에다 미국에서 생산된 소·중형보트도 고마력엔진이 장착된 보트가 흔히 보급되기도 한다. 일본에서는 그런 수입보트에 대해 추후 개선하겠다는 조건부로 보트 등록을 승인하고 있다. 하지만 지나치게 큰 마력을 장착시킨 보트는 승인을 아예 불허하고 있다. 특히 우리나라는 지금껏 5톤 이하의 개인보트에 대해서는 등록 규정이 존재하지 않았다. 사정이 그러니 만큼 당국에서는 그 수효조차 파악하지 못하고 있고, 또 요트의 경우 외국항에 입항했을 때 보트등록증이 없어 국제적 망신을 당하는 경우가 가끔 있었다.

그러다 2005년 3월 2일 5톤 이하의 개인용 보트의 등록, 안전검사, 보험가입 등을 골자로 하는 수상레저안전법 개정 법률이 국회를 통과했고, 그에 따른 하위법인 시행령·시행규칙을 합리적으로 개정하기 위해 해양경찰청은 '수상레저 활동 효율적 관리방안'에 대해 연구용역을 진행한 사실이 있었다. 이후 용역 결과를 중심으로 2006년 6월부터 보트등록 및 안전검사를 반드시 필하도록 규정해 놓고 있다.

그런데 선외기 엔진은 고속회전으로 높은 추진력을 얻기 때문에 빠르게 달리기 위해서는 고(高)마력의 엔진을 장착하지 않으면 안 된다. 그러나 스피드를 낼려고 해도 파도가 높아서 달릴 수 없게 되면 엔진마력을 낮출 수밖에 없게 된다. 물론 그때는 엔진의 힘이 부족하여 달리기 어렵게 되는 것이다. 특히 저·중속으로 파도를 좌우로 밀어 헤치려고 할 때, 그 보트에 적합한 표준적인 마력의 엔진을 장착한 선외기는 또다시 마력을 올려서 달릴 수 없을 때 힘의 약함을 느끼게 된다. 마치 여름철 삼복더위에 2000cc급 승용차로 에어컨을 켜 놓은 채 오르막을 마구 달리다 보면 엔진의 힘이 부족하여 점차 속도가 느려지는 것과 같은 이유다. 그래서 외양으로 달리는 기회가 많은 선외기 보트는 그 엔진에 그 회사 선체를 선택하는 가운데 가능한 여유마력이 있는 엔진을 장착할 것을 권유하고 싶다. 선외기는 다른 바다엔진에 비하면, 같은 마력이라도 무게가 비교적 가볍다. 200마력의 선외기와 선내외기(가솔린), 그리고 선내기(디젤유) 간의 무게를 각각 비교하면 대체로 1 vs 2 vs 3이라는 것이다. 제작 때부터 소형보트용으로 만들어진 선외기와, 승용차와 트럭용으로 제조된 엔진간의 차이라고 보면 된다. 특히 중량과 외관의 길이는 논외로 하고 성능적 측면만 따진다면, 같은 회전수일 때 선외기는 토오크(回傳偶力 : Torque)가 강하다〈그림 6–11〉.〈마력=회전수 × Torque(회전우력)〉

(4) 패밀리(소형)보트와 중대형보트

일본의 경우 2000년대 초반부터 대형 모터요트의 수입이 증가하기 시작했다. 그렇지만 플레저보트(pleasure boat)로서 사용할 수 있는 크기는 제한이 있을 수밖에 없다. 총길이 12m 이하의 모터보트는 JCI(소형선박검사기구)의 검사에 따라 소형선으로서 등록할 수 있고, 용적량 20톤 이하의 보트라면 1급 면허로 조종할 수 있다. 그러나 길이가 조금이라도 오버하면 대형선박(JG선)으로 취급되기 때문에 국가의 검사를 받아야 한다. 20톤 이상의 선박에 대해서는 면허도 일반 해원들이 소지하는 해기사의 자격이 필요하기 때문에 보트오너가 되기 어렵다. 결국 해양스포츠 활동용 소형보트가 되기 위해서는 총길이 42ft~45ft 범위이내의 보트이어야 한다. 그것 이상은 개조하여 통과되는 경우도 가끔 있다고 한다. 우리나라 역시 5톤 이상 20톤 미만은 소형선박으로 취급된다. 그러나 해양스포츠 활동용 모터요트들은 대부분 5톤 미만이기 때문에 소형선박안전법에서 규정하고 있는 선박이 아닌 셈이 된다.

그럼에도 불구하고 사회적 통념은 선박으로 인식하고 있다. 그런 잘못된 인식 탓으로 생활체육 분야로서 법적 지위를 한동안 당당하게 확보하지 못하고 있었다. 그러다 보트를 선박이 아닌 생활체육 분야 장비개념으로 발전시켜 나가야 한다는 여론이 비등하여 얼마 전부터는 1급 동력조종면허를 취득 후 해양수산항만청에 소형선박면허를 신청하면, 면허장 뒷면에 '레저 활동에 한함'이라는 단서조항을 붙여 소형선박면허증을 발급하고 있다. 관련법 적용의 유연성이 돋보인다.

〈그림 6-15〉 패밀리보트와 중·대형보트 간의 파도처리 능력에 대한 시각적인 이미지 비교
출처 : 미타니 카즈야(三谷 一也 : 1992), 앞의 책. 11.

(5) 스피드(Speed)

자동차는 흔히 100km부터 고속이라고 말한다. 제한속도 60km의 도로를 100km로 달리다 적발되면 과속으로 벌금을 부과한다. 그러나 보트에서는 30노트(Knot ; 배의 속도를 나타내는 단위. 1노트는 한 시간에 1해리, 즉 1,825m를 달리는 속도이다.)를 고속으로 본다. 자동차에 견주면 불과 55.5km에 해당되는 수준일 뿐이다. 20노트가 중속이고, 10노트 정도는 저속이라고 말할 수 있다. 그렇지만 법적으로 규정하고 있는 속도 개념은 아니다. 이 분야에 종사하는 사람들이 느낀 경험칙에서 비롯된 오랜 전통적 개념일 뿐이다. 요즘은 군함도 30노트 정도는 예사로 속도를 낸다.

수면이 잔잔한 바다 위를 보트가 30노트로 달리면 아주 기분 좋은 속도로 느껴진다. 그러나 파고(波高) 1~2m의 약간 높은 파도 속을 20노트의 스피드로 달리면 대단히 빠른 속도라고 말할 수 있을 것이다. 결국 바다에서의 속도 개념은 파고의 높낮이가 관건이 된다고 볼 수 있다. 해양스포츠 동호인들이 탁 트인 잔잔한 수면 위를 달릴 때는 대체로 60노트(자동차 100km 수준)가 최상의 스피드라고 생각하면 된다. 그 이상은 고도의 조종술이 전제되지 않으면 전복(顚覆) 등 아주 위험한 상황에 처하기 때문이다.

그러나 먼 바다에서는 파고가 조금 낮다면, 누구나 60노트 이상으로 달리고 싶은 유혹에 빠진다고 한다. 노년층도 오토바이만 타면 100km 이상 속도를 내는 것은 예사이다. 국내 어느 대기업의 회장도 무서

〈그림 6-16〉 2003년11월, 당시 해양수산부는 2천만원대 패밀리보트 선체를 국산화 했다. 그러나 지금껏 예상만큼 대중화되지 못하고 있고, 판매실적 역시 거의 없다.

운 속도로 모터요트를 조종함으로써 동석한 젊은 강사가 어쩔 줄을 몰라 당황했다는 후일담도 듣고 있다. 물론 세계적으로도 대기업 오너가 평소의 과중한 업무스트레스를 해소하기 위해 자가용 경비행기로 곡예조종을 즐기다 사망하는 경우도 가끔 있음을 외신을 통해 전해지기도 한다. 이처럼 스피드에는 뭔가 짜릿한 끌림이 있다. 더욱이 바다라고는 하지만 혈기 왕성한 청·장년들의 경우, 고속질주를 한번 해보고 싶은 충동은 누구나 갖게 될 것으로 예상해 볼 수 있다. 그러나 거침없이 파도를 째고 마구 돌진하는 듯한 느낌인 능파력(能波力)의 도취로부터 벗어나야 할 자제심이 필요하다. 자칫 전복사고로 이어질 수 있다.

그렇다면 한국인은 보팅에서 스피드를 좋아할까. 일반적으로 중형보트는 파도에 강하다. 평소 한국인의 운전습관을 엿보면 대체로 조급해서 빨리 달리기를 좋아하는 것 같다. 보팅과 수상오토바이 조종에서도 마찬가지 경향을 보인다. 웬만큼 높은 파도라도 태연하게 달려 나가는 행태에서 읽을 수 있다. 언젠가 보팅을 좋아하는 오너와 지인(知人)이 21피트의 작은 모터보트[Sports Cruiser]로 눈높이의 높은 파고임에도 점프하면서 마구 달린 적이 있다고 한다. 지인은 "무섭다"라는 말을 연발하면서 완전히 공포에 질려 버렸다는 것이다. 목적은 앞바다에서 낚시하는 것이었는데 결국 바로 마리나로 되돌아와 준비한 도시락을 먹고 그날은 헤어질 수밖에 없었다고 한다. 아무튼 오너는 경험이 없는 동승자를 배려해야 한다. 21피트로 달릴 수 없는 거친 파도는 30피트 보트로도 즐겁지 않다. 운항 컨디션은 보트의 크기보다는 오히려 날씨(파도의 높이)가 중요한 포인트가 된다는 점을 주목해야 한다.

외국여행 중에 경험한 일들이지만 영국, 독일, 프랑스, 덴마크, 스웨덴, 뉴질랜드, 호주의 마니아들은 평균적으로 우리들 보다는 훨씬 느긋하게 보팅을 하는 경향성을 엿볼 수 있었다. 한국인의 보팅 자세와 무엇인가 다른 것 같은 느낌을 받았기 때문이다. 생활체육 차원의 보팅은 무조건 쏜살같이 달리는 것만

이 능사는 아닐 것이다. 한가로운 기분에 젖어 더 넓은 바다를 바라보면서 일상의 스트레스를 해소시키는 등 기분전환을 목적하는 가운데 부(富)를 통한 느긋함을 갖는 유럽의 보팅 태도를 배웠으면 한다. 물론 스피드와 안락함을 모두 만족시키는 보트는 이 세상에는 없다. 스피드나 안락함 중 어느 쪽을 선택할 것인가의 문제는 전적으로 오너의 선호도에 관계한다.

(6) 보트계류 장소

소규모 어항과 호수 등에 해상 및 수상계류의 장점은 연료를 넣어 운항하면 언제라도 즐겁게 크루징할 수 있다는데 있다. 게다가 몇 시에 출발해서 도착예정은 몇 시라고 해경파출소나 출장소에 신고하여야 하고, 또 즐길 시간을 제한받게 되는 등 이런저런 제약을 받게 되는 마리나나 보트계류장, 그리고 지방어항이나 국가어항보다는 이용하기가 훨씬 수월한 장점이 있다. 그러나 단점도 있다. 보트수리를 때 맞춰 맡길 수 없는 난감한 상황과 함께 관리자 부재의 장소에서는 접촉사고를 당해도 가해자를 찾기가 어려운 경우가 많다. 뿐만 아니라 태풍 등으로 인한 자연재해에도 거의 무방비로 노출되어 있는 것 등이 바로 그런 경우이다. 결국 소규모 어항의 해상계류 및 호수의 수상계류 이용이 편리하고 계류비도 없거나 아주 저렴하다. 그렇지만 관리 측면에서 나타나는 모든 위험을 자기 스스로 해결해야 하는 고민도 있다.

해상계류에서는 적합한 보트가 있는가 하면, 부적합한 보트도 있다. 우선 대형보트인 스턴 드라이버형과 엔진이 선내에 장착되어 있는 인보드형인 선내기(船內機)는 해상계류를 해도 무방하다. 선내기는 해상계류를 전제로 스크루(Screw)와 스크루 축(軸), 키(舵) 등에는 해수의 부식에 강한 금속을 사용하고 있기 때문이다. 그렇지만 해상계류를 해두면 보트 밑바닥이 오염되기 쉽고, 또 때로는 냉각수 흡입구가 홍합과 석화 껍데기로 막히는 등 어려움도 있다. 그러나 선내·외기 보트에 견주면 인보드형(In Board Type) 보트는 해상계류에 강한 보트임에는 틀림없다. 인보드(In Board) 아웃드라이버형(Out Drive Type)인 선내·외기 보트는 해상계류가 부적합하다고 할 수 있다. 특 바닷물을 직접 흡입하여 엔진을 냉각시키는 가솔린 선내·외기는 운항 중에 엔진냉각회로(Cylinder Water Jacket, Oil Cooler, Exhaust(배기관) 부분 등)를 통해 깨끗한 물을 필요로 하기 때문에 결국 냉각계가 곧 오염되고 더러워지는 등 물의 순환이 악화되어 엔진냉각수회로 계통에 문제를 발생시키는 원인이 된다. 모든 동력 해양스포츠 보트의 엔진은 냉각계의 관리가 대단히 중요하다고 말하게 된다. 냉각기 계통에 효율이 떨어지면 즉각적으로 엔진성능이 저하되는 원인으로 작용하기 때문이다.

또한 아웃드라이버형 역시 전기계통에 부식이 일어날 수 있기 때문에 부식에 약한 제품은 엔진의 수명을 단축시킨다. 선내·외기에도 간접 냉각 방식의 엔진은 직냉식보다 엔진 본체는 잘 긁히지 않지만, 내장되어 있는 전기제품과 컨트롤(Control)계가 혼기(混氣)와 조기(潮氣)로 되어 있기 때문에 안전성을 잃어버리기 쉽다. 게다가 드라이버 유니트(Drive Unit)를 풀 틸트 업(Pull Tilt Up), 즉 엔진하부를 최대로 물 밖으로 들어 올려 놓으면, 배수구와 흡수구를 통해서 공기가 들어와 냉각회로를 더럽게 하는 경우가 많다. 반대로 풀 틸트 다운(Pull Tilt Down)해 놓으면 외면은 더럽게 되지만 회로 중앙에 찌꺼기는 적다.

아무튼 어느 정도는 문제가 있지만, 스턴 드라이버(Stern drives)의 엔진트립(Trip) 버튼(Button)을 작동시키면 엔진하부는 물에 잠긴다. 선외기는 엔진트립 버튼을 작동시키면 엔진하부가 수면에서 떨어지는 정도의 위치까지 올라오기 때문에 엔진이 항상 물에 잠겨 있는 것보다 상황은 훨씬 좋다. 그렇지만 사용 후 냉각 회로를 수돗물로 씻을 수 있는 육상계류보다는 못하다. 소형 선외기는 쉽게 이동할 수 있기 때문에 시즌이후(Season Off)에는 자택이나 실내보트보관창고(Dry Stack)로 옮겨 냉각 회로를 충분히 담수로 씻을 수 있고, 또 필요한 곳에 냉청윤활제(冷靑潤滑劑)를 뿌려둘 수 있어 보트보관에는 최적이다. 차선책으로는 플로그(Plug)를 뽑아내고, 플로그유(油)를 실린더 내에 소량 흐르게 하는 한 편으로 스타트레버를 고정시켜두면 아무리 해상계류를 해두어도 엔진의 관리에 큰 문제가 없다. 선체 길이가 26~27피트 이하라면 가솔린 선내외기 엔진 2개를 장착시키는 것이 좋다. 아웃보드 보트는 엔진, 기어박스, 프로펠러 등의 시스템이 트랜섬 밖에, 즉 선미의 판자에 설치되어 있다.

한편 마리나의 보트야드나 드라이스택을 통한 육상계류는 가장 좋은 상태로 관리되고 있다고 말할 수 있다. 사용전후의 점검과 수리가 비교적 쉽기 때문에 해상계류보다 유지관리비도 적게 든다. 그러나 단점도 있다. 일본의 경우 어떤 오너는 바다보트낚시의 최적지인 마리나에서 오랜 기간 즐겁게 활동하였지만 얼마 전부터는 접근 교통이 불편하여 짜증이 난다고 했다. 또 다른 오너는 시즌 중 주말과 공휴일에 마리나에 귀항하면 언제나 붐비기 때문에 육상계류를 위한 상하가(上下架) 크레인을 이용하기까지 대기시간이 너무 많이 소요됨에 따라 아예 마리나를 집과는 거리가 멀어진 다른 곳으로 바꾸었다고 한다. 앞의 사례는 마리나산업 호황기 시절의 얘기다.

아무튼 마리나를 사용할 때는 크레인 사용비를 별도 지불한다든지, 또는 보급품과 식당 등 서비스 역시 그 마리나에서 해결하지 않으면 안 되는 등 부담스럽고 불편한 측면도 있지만, 그래도 2019년 현재 상황에서는 마리나에 보트를 보관하는 가운데 안전 보팅이 가능한 한국의 보트오너들은 행운이라고 봐야 한다. 편의시설 구축 측면에서 미국과 유럽의 마리나, 그리고 일본의 마리나시설과 비교하는 것은 아직 무리라고 하더라도 특히 일본의 보팅환경에 견주면 결코 불평할 일이 못되기 때문이다. 일본은 2019년 3월 현재 마리나, 보트계류장, 다기능어항 등 해양스포츠 각종 전진기지는 대략 590여개소가 조금 넘는다. 각종 협회는 '일본해양레저안전협회', '일본주정(走艇)공업협회', '전국시스테이션, 즉 바다정거장 협회'가 있다. 이중 바다정거장협회에 등록된 업체는 마리나 90개소, 어항 18개소, 마리나항만 22개소 등 총 130개소이고, 이 협회의 서비스가 고품질이다(지삼업, 2011b). 그럼에도 각종 해양스포츠 전진기지 이용에 관련된 사회적 환경은 보트를 계류시킬 곳이 없어 해상이나 강 하구에 보트를 방치시킬 정도로 매우 열악한 실정임을 고려하면, 보트오너들의 불평이 나올 수밖에 없다는 생각을 갖는다.

(7) 보트계류와 수질·진흙·배수(排水)

바다에서 사용 중에는 아무리 깨끗한 수질에 계류해 두어도 석화(굴)와 홍합을 비롯하여 각종 해조류(海藻類)가 부착되는 것을 피할 방도가 없다. 여름철에는 특히 빠르다. 석화와 홍합 등이 스크루와 엔진케이블에까지 성장하고, 또 전기 회로를 막는 등 도저히 믿을 수 없는 일들이 발생한다. 오염이 심한 바다는 깨끗한 수질의 바다에 비하여 아주 빠르다. 그렇지만 담수의 강이나 호숫가에 선체의 일부를 비스듬히 끌어 오려 놓은 채 반쯤 수상계류시켜 놓은 보트는 엔진과 엔진하부의 냉각 회로가 담수의 물결에 자연히 씻어지기 때문에 온전히 수상계류시켜 놓은 것보다 좋은 상태로 관리할 수 있다. 그러나 보트의 흘수선이 시커멓게 오염되는 정도는 당연히 감수해야 할 측면이다.

특히 소수간만의 차가 큰 서해안을 비롯하여 강과 호수에서 발생하는 문제는 냉각 회로에 진흙이 들어가는 경우다. 강과 호수에 계류해 두는 선외기들의 고장은 약 90%가 냉각 회로에 진흙이 들어가 꽉 막힌 경우다. 관리자의 부주의로 타박하기 어렵다. 게다가 해상계류에서 우려되는 것은 몇 있다. 그 중 하나는 빗물의 처리이다. 자동인 빌지펌프(bilge pump)의 작동과 배수구를 통한 자연배수 이외의 경우에서는 보트에 덮개를 꽉 덮어 비에 대한 대비를 항상 해두지 않으면 안 된다. 빗물이 엔진 룸에 모이면 FLY HOLL과 CELL MOTOR가 침수되어 엔진 수명이 단축되기 때문이다. 물론 자연배수(Self Bearing) 보트라도 배수구가 막히면 선체 내에 고여 있는 물이 붉게 변하는 등 악취마저 풍긴다. 배수구를 막는 것은 낙엽과 쓰레기, 그 중에는 담배꽁초와 비닐이 가장 많이 들어가기 때문에 주의하지 않으면 안 된다.

(8) 보팅(Boating)과 날씨

바다라고 해도 언제나 거친 파도가 일렁이는 것은 아니다. 그렇지만 바다의 일기는 조석변(朝夕變)이라는 말도 당치 않을 정도로 그야말로 예측 불허의 순식변(瞬息變)인 경우가 흔하다. 물결이 잔잔한가 싶으면, 또 순식간에 돌풍과 파도가 높아지는 것이 예사이기 때문이다. 물론 적당하게 바람이 이는 평온한 날씨라면 크루징이나 세일링에 최적이다.

난바다로의 세일링이나 크루징은 반드시 기상청이 제공하는 일기예보를 참고하여 항해계획을 세워야 하는 것은 너무도 당연하다. 그러나 국지적으로 발생하는 악천후에 대한 대비는 사실상 불가능하다. 평소 보트오너 자신이 스스로 급변하는 날씨를 판단할 수 있는 징후들, 예컨대 '산의 정상에서 삿갓구름이 끼면 날씨가 나빠진다.' 혹은 '밤에 서쪽 하늘에서 번개가 보이면 높은 파도를 동반한 돌풍이 온다.' 등을 파악해 두는 일이 중요하다. 더욱이 일기 예보관들에 의하면, "날씨는 서(西)에서 라는 말이 있다."고 한다. 실제로 예보관들은 일기도의 서편에 나타나는 기상배치로부터 약 3~4일 후의 날씨를 예측하는 것이 일반적이라고 한다.

일기도를 보는 법은 "머리에서 기억하는 것보다 실제로 경험을 쌓는 편이 훨씬 낫다."는 것이 기상 분야 은퇴 예보관의 견해이기도 하다. 아마도 그것은 자신이 직접 주(株)를 갖고 있으면, 그 조그만 움직임을 예의주시하게 되고 그에 따라 주가(株價)의 변화를 누구보다도 먼저 파악할 수 있는 예지력(叡智力)을 갖게 되는 것과 비슷한 경우일 것이다. 그러나 그 미세한 움직임에서 그 무엇을 파악하지 못하면 투자자는 쫄딱 망하고 만다. 마찬가지로 세일링이나 크루징에서 가끔 생사를 결정하는 국지적(局地的)으로 발생하는 대단히 강한 돌풍의 그 시작도 미세한 징후에서 찾아야 하는 것이다. 더욱이 기상청 예보관들이 슈퍼컴퓨터(super compute)를 활용하여 작성하는 일기도임에도 그런 미세한 징후를 예견할 수 있는 자료는 그 어디에도 없다. 그런 점에서 보면 그 곳에서 바다에 기대어 오랫동안 물고기를 잡으면서 살아온 늙은 어부들의 경험에서 비롯되는 예지력이 뭐니 뭐니 해도 살아있는 교과서요 해신(海神)의 말이라고 해도 좋을 것이다. 따라서 국지적으로 발생하는 수 시간 뒤의 기상악화 여부에 대한 정보는 그곳 어촌계원들, 특히 어부라 해도 같은 어부가 아니기 때문에 경험이 풍부한 늙은 어부의 조언을 반드시 참고하는 태도가 요구된다고 할 것이다.

(9) 캐빈크루저(Cabin Cruiser)는 어떤 요트이고, 구매 결정자는?

주로 해양레크리에이션(휴양·기분전환) 및 해양리크리에이션형(에너지의 재생·재창조) 해양스포츠 활동차원에서 사용되는 프레저보트(Pleasure Boat : PB)는 크루징을 하기 위한 모트요트(보트) 류(類)이기 때문에 어지간한 악천후에도 무난하게 항해할 수 있는 강한 기능을 갖고 있는 가운데 숙박도 할 수 있는 쾌적하고 화려한 설비를 갖추고 있는 한 편으로 점차 대형화 추세를 띠고 있다. 마리나들 역시 이들 보트를 위해 선석을 크게 개조하고 있다.

〈그림 6-17〉 상쾌한 기분으로 크루징을 즐기고 있는 캐빈크루저 요트
출처 : www.azimutyachts.com

실제로 최근에 개발한 마리나일수록 이들 대형보트를 수용할 선석(船席)을 과거보다 더 많이 마련해 놓고 있는 경향성을 보이고 있다. 프레저보트 활동의 목적은 크게 두 가지다. 하나는 소위 신(神)이 창조했다는 수평선을 향해 자유롭고 통쾌한 정신 상태로 한없이 달리는 그 자체를 즐기는 레이싱파가 있다. 다른 하나는, 느긋하게 항해하며 풍광이 수려한 곳에서 앵크링시켜 놓고 동승자와 향기 그윽한 핸드드립 커피를 마시면서 도란도란 담소를 나누고, 또 서산마루에 펼쳐지는 장엄한 석양을 감상하면서 식사를 하거나, 스포츠피싱인 바다배낚시 등을 통해 망중한(忙中閑) 그 자체를 즐기는 경우이다.

한국과 일본의 경우 크루징이라는 말이 풍기는 뉘앙스는 바다에서의 항해를 뜻하고 있다. 그렇지만 유럽을 비롯하여 미국과 캐나다 등지에서는 길고 완만한 강이나 큰 호수를 며칠에 걸쳐 크루징하는 경우가 흔하기 때문에 크루징을 바다에서 항해하는 것이라고만 단정하는 것은 무리한 이해이다. 인랜드크루저 항해는 해외로 여행할 때 즐기는 형태다. 아직 국내는 먼 나라 얘기다. 그렇다면 〈그림 6-17〉과 같은 캐빈크루저는 어떤 모터요트인가를 알아볼 차례다. 크루저 중에서 덮개가 있는 가운데 거실, 주방, 응접실 등 주거공간을 갖춘 형태를 보통 '캐빈크루저'라고 말한다. 크루저의 평균사이즈가 작았을 때는, 선체사이즈에 견주어 캐빈하우스가 상대적으로 크기 때문에 의심의 여지없이 캐빈크루저라 단정해도 무리가 없었던 시기가 있었다. 그러나 얼마 전부터는 보트는 대형화하였으나 인간의 체격은 변하지 않았기 때문에 선체사이즈에 비례해서 캐빈하우스도 커진 것은 아니다. 그런 이유로 캐빈크루저와 컨버터블크루저(Conrertible Cruiser)는 겉모양만 얼핏 보면, 차별성이 크게 발견되지 않는다. 그렇지만 컨버터블크루저는 선미에 후 갑판이 없지만, 대신에 물고기를 잡기 쉬운 설비를 갖추고 있다. 바다보트낚시 선으로는 안성맞춤이다. 그러나 캐빈크루저 스타일은 바다배낚시를 하기가 아주 불편할 뿐만 아니라 경우에 따라서 아예 낚시를 할 수 없다는 점에서 두 보트 간에는 현격한 차별성을 갖고 있다고 말하게 된다(三谷一也, 앞의 책).

캐빈크루저는 소형이 30~40피트, 중형은 50피트, 중대형은 70피트, 그리고 100피트 이상을 대형의 메가요트라 말한다. 특히 캐빈크루저는 보트내부의 쾌적성과 화려함이 평가의 기준이 되기 때문에 인테리어와 각종 액세서리에 많은 투자를 할수록 멋지게 보이는 것이 사실이다. 그렇지만 가격결정은 경쟁력에 역점을 둘 수밖에 없기 때문에 경쟁력이 있는 범위 내에서 보트제조사업자인 빌더(builder)는 어디에 특징을 둘 것인가를 심각하게 고민하지 않을 수 없다. 그런 결과의 산물이 곧 오늘날 여러 종류의 특징을 갖는 보트가 속속 출현하게 되는 배경이 되고 있다. 결국 캐빈크루저는 외관이나 내부 장식을 럭셔리(luxury)하게 꾸며서 판매하기도 하고, 또 외양항해에 적합한 측면을 부각시켜 판매하기도 한다. 뿐만 아니라 앵크링시켜 놓고 파티를 하기에 적합한 특징을 갖고 있다는 식으로 판촉에 나서는 등 캐빈크루저의 사용 용도는 각양각색의 특징을 보이는 가운데 크게는 레이싱과 망중한 두 종류의 스타일로 대별된다.

특히 캐빈크루저는 여성들이 많이 좋아하는 경향이 있다. 여성들은 확실히 섬세하기 때문에 보트내부 전체의 분위기를 한 눈에 표현하는 특성을 나타내는 것이 사실이다. 다음은 논지(論旨)에서 조금 벗어나는 내용이지만, 구매자들의 선호도를 파악하고, 또 보트관리를 하는 데는 참고가 되기 때문에 판촉과 관리에는 좋은 자료가 된다. 언젠가 일본의 어느 보트전문잡지사에서 여성 오너 3명에게 '어떤 보트가 좋은가', '근사하네', '갖고 싶어' 등 지극히 호감이 가는 느낌을 받는 보트는 어떤 것인가 라고 물은 일이 있었다. 그들의 견해를 종합해 보면, 첫 인상이 좋고 나쁨은 뭐니 뭐니 해도 선내의 액세서리가 평가의 기준이 되더라는 것이다. 보트 외관은 사실 크면 큰대로 '와 크다'라고 하는 감탄사는 절로 나오지만 그 이상의 매력은 느낄 수 없었다고 한다. 게다가 대형이면 값비싸고, 소형이면 저렴하다는 것에도 관심이 없었다. 더욱이 승선감과 스피드는 전혀 염두에 두지 않고 있을 뿐만 아니라 엔진이 가솔린이든 디젤이든 전혀 관심을 보이지도 않았다는 것이다.

남성들은 겉과 보트밑바닥의 형상을 살피고 나서 다시 선체까지 꼼꼼히 따져보고 최종 결정에 이르기 위해 마지막으로 선내에 들어가는 경향성을 보이는 것이 일반적이다. 그러나 여성은 남성과는 반대로 겉모양은 언뜻 보는 것으로 끝내고 선실에 들어가서 내부를 놀라울 정도로 꼼꼼하게 살펴보면서 많은 시간을 할애하는 특징을 보였다는 것이다. 대체적으로 여성들이 보트내부로 들어가면 특급호텔 현관처럼 푹신한 카펫이 죽 깔려진 마루바닥에 눈길을 돌린다. 다음은 양탄자와 소파의 컬러, 이어서 각종 집기류 간 컬러가 조화를 이루면서 배치되어 있는지를 판단한다. 물론 벽의 색상을 비롯하여 원목 집기류가 무겁고 두꺼운 것을 좋아하는 사람과, 프랑스와 스페인 등 남유럽인들과 같이 파스텔 류의 밝은 색상을 선호하는 사람들 간에는 각각 색상에 대한 취향에서 차이를 나타낼 뿐 자신이 '이것 멋지네!'하고 생각되면 그것으로 충분하기 때문에 남자보다 확실히 결단이 빠르다는 것이다. 그다음에는 침대를 언뜻 한 번 보고 자신의 이미지와의 조화를 연상해 본다. '침대는 꿈을 꾸는 장소로써 중요하다'라고 여성들은 하나 같이 말한다. 다음은 생활공간으로써 주방기기와 식탁까지 세련된 기능과 아름다움을 선실의 주인으로서 하나하나 비교하면서 유심히 관찰한다. 어떤 사람은 친구를 비롯하여 가까운 지인들에게 어떻게 평가 되는가에 구매의 포인트를 두는가 하면, 또 어떤 이는 선민의식의 발로에서 외국풍의 식사를 만들어 모두 함께 즐기는 자신을 상상해 본다. 역시 여성은 남성보다 섬세한 관찰력이 있을 뿐만 아니라 캐빈크루저 내부의 인테리어에 대한 세련미 등 그들의 섬세한 감각에 크게 좌우되고 있음을 엿볼 수 있다. 구매결정은 거의 아내 쪽이다.

캐빈크루저의 선실은 선수(船首), 즉 뱃머리부분에 화장실과 샤워기가 설비되어 있는 침실이 있고, 그 후방(선미 쪽을 향해서)에 조리대와 식탁과 안락한 매인응접실이 설치되어 있는 가운데 아웃캐빈이 있어서 선실하우스(덮개)의 옥상이나 선수(船首)에 선탠 등이 가능한 플라이브릿지(flybridge)가 있는 것이 일반적인 공간 배치 구조이다. 그래서 30~40피트급의 캐빈크루저는 한 마디로 고급스런 아파트를 통째 옮겨 놓았다고 생각하면 틀림없다. 특히 크루저냐, 혹은 아니냐는 그 기준이 침대, 화장실, 그리고 선실과 거실이 마련되어 있는가에 있다. 보트가 대형이 되면 될수록 샤워실이 달린 독실과 대형 드레스 룸 등 호화스런 독실이 완비되어 있다. 일반적으로 크루저의 주요한 방(Room)은 역시 응접실이고, 그 다음이 침실 순이 된다.

침실은 대형 모터요트일지라도 항해 중에 한낮부터 잠자는 일은 적다. 더욱이 30피트급의 크루저에서는 죽을 만큼 피로하거나, 또는 개인적으로 몸이 다소 허약하여 가속도병(배 멀미)에 시달릴 경우가 아니면 침대에 누울 정도는 아닐 것이다. 보트의 침실은 컬러풀하고 화려하지 않아야 하며, 또 흔들리는 가운데 철썩거리는 파도소리가 시끄럽게 들리지 않는 것이 좋다. 그 다음에는 습기가 차지 않는 것이 숙면상태를 좌우하는 중요한 조건들이 될 것이다. 습기는 에어컨을 틀어도 매트리스나 걸어 놓은 옷가지가 바짝 마르지 않기 때문에 낮에는 반드시 이불을 건조시키는 일이 필수적인 조치이다.

응접실은 가능한 범위 내에서 최대한 평평하고 넓게 소파에 앉아서 창 너머 바다가 보이는 곳이 좋다. 혹시 가속도병에 시달릴 때는 바닥에 가로누우면 그런대로 견딜만하기 때문에 부드러운 카펫이 깔려있으면 도움이 된다. 그러나 무엇보다도 멀미를 빨리 가시게 할 때는 타워브릿지에 올라가던지, 그것도 아니면 갑판에 나가서 먼 곳을 바라보고 있으면 회복이 빨라지는 것이 일반적이다. 특히 응접실에 함께 모여서 술을 한 잔 하는 것은 보트가 멈춰 있을 때뿐이고, 항해 중일 때는 대체로 선실 밖에 있기 때문에 응접실은 너무 자질구레한 것보다 단순한 디자인의 긴 의자와 간단한 음식을 테이블에 놓아 둘 수 있는 정도면 충분하다 할 수 있다. 그렇지만 선내에 차 있는 습기는 상상이상으로 심하다. 선실 내에서 사용되는 모든 섬유(纖維)는 화려함보다 젖어도 눅눅하지 않고 빨리 건조되는 소재의 선택이 중요할 것이다.

(10) 보트의 선택 요령과 사전에 반드시 확인해야 할 항목들

어떤 보트가 좋은 보트인가 하는 측면은 무엇보다 그 자신의 활동 목적에 적합한 보트가 될 것이다. 그러나 공통점은 첫째, 선체와 엔진 등이 안정성이 높은 것 둘째, 동·정적인 측면에서 모두 보트로서 밸런스기능이 우수한 것 셋째, 우리 바다 컨디션에 부합되는 제품일 것 넷째, 아웃테리어와 인테리어가 놀이 활동에 편리하게 설치된 것 다섯째, 고장에 대한 대응책으로서 메이커의 서비스가 고품질인 것 등이다. 그리고 오너 개인의 취향으로서 첫째, 스피드 선호 둘째, 느긋함을 지향 셋째, 파티를 좋아함 넷째, 주로 바다보트낚시가 삶의 즐거움이다 등이다. 특히 보트는 생활체육형 해양스포츠 활동을 즐기는 장비에 불과하기 때문에 선택의 폭은 넓을 수밖에 없다. 그러나 실제는 선택할 만한 보트에 대한 선택의 폭은 그렇게 넓지는 않다.

다음은 보트의 크기에 관한 측면이다. 보트는 대(大) 소(小)를 겸하지 않는다. 마찬가지로 소(小) 대(大)도 겸하지 않는다. 특히 나홀로 항해하는 기회를 즐기고 싶다면 20피트 전후가 적당하다. 최소 3명 정도가 언제라도 사용하려면 30~40피트를 사용하는 것이 좋다. 또한 스타일 측면에서 기능적으로 아름답고, 정적·동적으로도 균형이 잘 유지되는 보트가 사용하기 좋다. 작은 선체에 각종 장식품을 과도하게 설치하여 언밸런스가 느껴지는 보트는 활동하는 수면에 제약을 받을 수밖에 없다. 스타일은 시도 때도 없이 수시로 바뀌지만, 성능은 그렇게 쉽게 바뀌지 않는다. 중요한 것은 보트의 균형유지이다.

다음은 선형과 엔진에 관한 측면이다. 보트의 성능은 선형과 엔진으로 거의 결정된다. 소·중형보트의 선형은 크게 두 종류로 나뉜다. 첫째, 높은 파도 속에서도 달리기 쉬운 선형 둘째, 파도처리 능력은 약하지만 경쾌하게 달릴 수 있는 선형이다. 그러나 대형보트는 대체로 파도에 강하기 때문에 선내의 설비 정도에 따라 외양(外洋)형인가, 근해형인가로 구분된다. 엔진은 오버파워의 필요는 없다. 다만 외양에서 주로 활동한다면 여유마력이 필요하다. 70~80% 수준에서 충분히 만족하고 즐길 수 있는 정도의 힘을 가진 엔진을 장착한 보트가 최고다. 일반적으로 선미의 보트바닥이 경사가 깊고, 또 여유마력이 있는 보트는 바다 컨디션이 불량하더라도 항해하기 쉽다. 반대로 선미의 경사도가 얕은 보트에 저마력의 엔진이라도 스피드는 낼 수 있겠지만, 높은 파도에는 맥을 못 춘다. 모든 배에는 블레이크(blake), 즉 멈춤 기능이 없다

다음은 품질에 관한 측면이다. 보트에 부가가치를 높인 것은 내장재(內裝材)와 각종 장비들이다. 소재와 세련미의 좋고 나쁨, 즉 액세서리는 거의 가격에 비례하고 있기 때문에 그 기준으로 판단해야 한다. 그러나 중요한 기능면은 가격에 관계없이 정말 확실하고 꼼꼼하게 조사해야 한다. 첫째, 방수 여부다. 파도로 인한 물보라나 내린 빗물이 스며드는지 어떤지, 지붕이나 창의 방수성도 잘 확인해둔다. 오픈 크루저요트는 시트의 방수성도 조사대상이다. 둘째, 배수 여부다. 어떤 종류의 대형보트라도 때로는 파도가 때리고 호우도 만난다. 보트 내에 들어온 물이 빨리 빠지지 않으면 곤란하다. 장마철 외양에서 사용하는 보트는 배수성이 나쁘면 위험하기조차 하다. 자동배수 펌프나 배수구멍도 꼭 점검하여야 한다. 셋째, 녹(綠) 여부다. 녹과 부식은 염기와 습기에 따라 진행 정도가 결정되기 때문에 어느 면에서는 불가항력이라고 볼 수 있다. 그러나 녹, 소금, 곰팡이의 발생으로 수리비가 부담스럽게 된다. 철 등에 도장한 금속류는 곧 녹슨다. 금속은 스테인리스와 알루미늄 합금 또는 청동이 오래간다. 넷째, 엔진룸 확인이다. 엔진룸은 몸이 무리 없이 들어가 보수를 필요로 하는 곳에 손이 닿고 공구를 사용할 수 있을 정도의 공간이 있어야 한다. 오일, 카브레다, V 벨트, 플러그, 배터리, 메인스위치, 해수필터, 스텐튜브, 연료필터, 엔진 마운틴 볼트 등이 작동하는 상태가 잘 보이도록 하여 직접 접촉하는 것을 최소한으로 한다. 여기에다 엔진룸에 자연 통풍이 가능하다면 더욱 좋다. 이 외에도 사용이 편리 하느냐, 혹은 불편 하느냐도 주요 검토의 대상이다.

끝으로 시험운항에 관한 측면이다. 바다에서 직접 시험운항을 해보면 매장에 보관되어 있는 보트를 살펴보는 것보다 많은 정보를 얻을 수 있다. 외양보트의 경우 시험운항은 대·소형에 관계없이 어느 정도의 파도와 바람이 있는 날을 선택하는 쪽이 바람직하다. 통상적으로 수면상태는 50cm~1.0m 안팎 높이의 파도가 일렁이는 것이 알맞다. 1.0m 안팎 높이의 파도 속에서 여러 방향으로 가능한 빨리 직진으로 달려본다. 대형보트라면 대부분 전속력에 의한 톱 스피드가 나올 수 있지만, 패밀리·중형에서는 인체에 무리가 없을 정도의 스피드밖에 나오지 않는 경우가 많다. 어느 쪽이든 안전하게 달려서 스피드가 빠를수록 고성능이다. 좀처럼 스피드가 오르지 않는 보트는 점핑이 잦게 발생하고, 착수 시에 발생하는 충격

또한 큰 보트이다. 일반적으로 보트 밑바닥 각도가 얕을 뿐만 아니라 길이에 비해서 폭이 넓은 보트는 그런 경향이 나타난다. 여기에다 선내에 냉장고, TV 등 가전제품이 많아 무거운 보트는 특히 승선할 기분이 나지 않는다. 물론 그런 타입의 보트는 외양에서 고속성에 한층 뒤쳐진다고 단정해도 무리가 없다.

4) 윈드서핑(Wind Surfing)

윈드서핑을 흔히 해양스포츠의 요정(妖精)이라고 말한다. 보드(board)로 파도를 타는 서핑과 돛을 달아 자연의 바람을 이용하여 물살을 헤치는 보드세일링의 장점들만 오롯이 담아내고 있기 때문이다. 빨강 파랑의 화려 명쾌한 돛, 뿐만 아니라 360°회전이 가능한 돛대(mast foot), 그리고 마스트(돛)를 자유자재로 움직일 수 있는 활(弓) 모양의 붐(boom)까지 추가시켜 서퍼로 하여금 현란한 기교를 맘껏 부릴 수 있는 다양한 기능을 갖추고 있다.

흔히 '보드세일링'이라고도 말한다. 1968년 미국 캘리포니아주에서 활동하고 있는 컴퓨터 기사이고 요트마니아인 '호일 슈와이스'와 또 선박 항해사 출신으로써 초음속 항공기 설계사인 '제임스 드레이크'에 의해 공동으로 고안된 것으로써 그 역사는 일천하다. 그럼에도 불구하고 각종 해양스포츠 가운데 대중적으로, 또는 젊은 여성층에서 선호도가 높은 몇 종목 중 하나다.

윈드서핑은 오늘날 유럽·미국·호주·아프리카·중동·동유럽권, 심지어 사회주의 국가인 중국과 북한에서도 인기를 모으고 있다. 주로 바다에서 즐기고 있지만, 강이나 호소에서 자연과 인간이 일체가 되어 남녀노소를 가릴 것 없이 자연의 바람을 이용해 즐거움을 한껏 맛볼 수 있다는 것이 윈드서핑의 장점이

〈그림 6-18〉 윈드서핑대회에 참가한 선수들이 바람결을 읽으며 역주하고 있는 모습
출처 : 지삼업(2011a). 앞의 책. 122.

다. 제1회 세계선수권대회는 1974년 미국 온테리오호(湖)에서 7개국 66명의 선수가 참가한 가운데 열렸다. 그 후 제8회 일본 오키나와에서 열린 대회에는 40개국 600여명의 선수가 대거 참가하였다. 1984년 로스앤젤레스 올림픽 정식종목으로 채택되었다.

우리나라에는 1976년에 소개되어 일반에는 잘 알려지지 않으나, 1980년 10월 권희범이 부산~대마도 간을 단독 횡단함으로써 붐을 일으키게 되었다(안두옥, 1996). 2019년 3월 현재는 'PWA세계윈드서핑대회'가 울산진하해수욕장에서 19회째 개최되고 있다. 특히 2010년 광저우 및 2014 인천아시안게임에서는 부산의 하지민이 레이저종목(6일간 총 16회 레이스를 합산하여 순위 결정)에서 각각 우승했다. 게다가 그는 2018년 7월 덴마크 세계요트대회에서 국가순위 12위에 올라 아시아 선수로는 유일하게 2020년 도쿄 올림픽출전권을 획득했다. 삼면이 바다로 싸여 있고 강과 호소가 질펀히 많은 우리나라는 윈드서핑 활동 공간이 풍부하다고 볼 수 있다.

국내 윈드서핑 최적지는 울산 진하와 포항 후포를 꼽는다. 타 지역에 비해 바람이 강하기 때문이다. 파도는 대체적으로 바람의 강약에 정비례한다. 이 외에도 많이 즐기는 곳은 청평과 한강 수역을 비롯하여 전국의 각 해수욕장이다. 최근에는 국산장비도 우수하여 손쉽게 장비를 구비할 수 있다. 세계선수권대회 경기종목은 ① 올림픽 코스, ② 자유형, ③ 회전(slalom) 등 3 가지 유형이 있다. 올림픽코스란 세계선수권대회의 주 종목으로 해상에 3각 지점을 선정, 그곳에 부표를 띄워놓고 세 지점을 차례로 돌아오는 경기방식이다. 채점은 일곱 번의 항주에서 잘한 여섯 번의 주파기록만을 따진다. 남자는 체중에 따라 라이트·미디엄·라이트헤비·헤비급의 4체급으로 나누고, 여자는 중량에 관계없다. 자유형은 규정종목과 3분 동안 3가지 이상의 자유로운 기술을 보여야 하며, 채점은 기술의 난이도·창의성·완숙도를 따진다. 회전은 바다에 2개의 부표를 띄워놓고 2명씩 달려서 앞서 골인하는 선수가 승리하는 방식이다. 경기는 토너먼트로 진행되며, 종합기술이 요구되는 종목이다.

보드(board)의 재료는 합성수지로 규격은 길이 3.65m, 폭 0.66m, 무게 18kg, 돛대 4.20m, 활대 2.70m, 돛 면적 $5.4m^2$, 중량 28kg이다. 부산에서도 수영만 요트경기장과 광안리 해변 등지를 중심으로 많은 동호인들이 활동하고 있다. (사)한국해양스포츠회 등에서는 일반인들에게 10여 년간 무료로 '윈드서핑 교실'을 개최하여 왔다. 여성 동호인들의 참여가 비교적 많은 경향성을 나타내었다. 이 때가 2007년 전후다. 2019년 현재는 이 보다 훨씬 여성참여자가 많이 증가했다.

5) 스포츠 잠수(스킨 다이빙·스쿠버 다이빙)

잠수에 대해 대부분 공기통(酸素 tank)을 메는 단순행위라고 생각하는 경우가 많다. 그러나 잠수는 호흡계와 순환계가 동시에 물에 잠기는 상황이기 때문에 잠수생리학 등 스포츠과학과 인체생리학에 대한 높은 이해가 필수적이다. 실제로 2010년 백령도해상에서 북한에 폭침당한 '천안함' 승조원을 수심 약

40m 내외의 깊이에서 아주 시야가 흐린 상태인 가운데 강한 조류와 악천후 속에서도 승조원을 구출하기 위해 휴식 없이 반복적으로 잠수를 단행하다 감압소홀로 안타깝게도 목숨을 잃은 해군UDT의 전설 '한주호 준위'의 사망이 '잠수생리학'의 중요성을 단적으로 증명해 준다. 이처럼 베테랑도 원칙을 지키지 않으면 유명을 달리하는 경우가 있음을 보여준 사례다.

잠수의 종류는 호흡매체에 따라, 혹은 용도에 따라 분류할 수 있다. 잠수형태를 중심으로 크게 분류하면 스포츠잠수(開放式 Scuba), 과학잠수(反閉鎖的 Scuba), 군사잠수(閉鎖的 Scuba), 산업잠수(表面供給式) 등 4개 분야로 나눌 수 있다. 특히 산업잠수의 경우, 차주홍씨가 중심이 되어 부산을 활동 근거지로 한 '한국산업잠수기술인협회'가 해양수산부로부터 사단법인으로 1999년 7월에 인가를 받았고, 이후 주)산업잠수협동조합도 함께 활동함으로써 이제 우리나라의 잠수 분야도 '스포츠잠수'와 대칭개념인 '산업잠수' 시대로 양립 발전시스템을 구축하는 계기가 마련되었다고 볼 수 있다. 이는 해양스포츠의 학문적 발전을 위해서도 바람직한 일일뿐만 아니라 해양선진국에 견주어 낙후된 해양산업분야 플랜트 엔지니어링 기술 향상을 위해서도 매우 바람직한 일이라고 할 수 있다(차주홍, 1991).

그런데 두 가지 대칭 개념 중 하나의 분야인 스포츠잠수에는 간단한 보조용구 또는 수중호흡기를 몸에 부착하고 물속에 잠수하는 형태 등 2 종류가 있다. 수중 마스크·휜·스노클을 부착하고 주로 최대 5~10m 이내의 수심에서 활동하는 형태를 '스킨다이빙(breath-hold diving)'이라고 일컫는다. 상군 해녀도 10~15m 안팎의 수심에서 활동한다. 애쿼렁(aqu- alung-수중폐) 등을 메고 잠수하는 형태는 '스쿠버 다이빙'이라고 일컫는다.

〈그림 6-19〉 강사의 지도 아래 산호초를 관찰하며 스포츠잠수(스쿠버다이빙)를 즐기고 있다.
출처 : https://post.naver.com/viewer/postView

다이빙의 역사는 수영만큼이나 오래 되었다. 역사의 기록에 의하면, BC 325년에 알렉산드로스대왕이 밧줄에 매단 유리통에 들어가 바다 구경을 한 것이 최초의 잠수 장비이다. 하지만 19세기 말까지도 잠수 장비의 기본 원리는 2천 년 전과 별반 차이가 없었다. 물 밖에서 튜브로 공기를 공급해야 했기 때문에, 잠수부는 움직임이 굼뜨고 행동반경도 제한을 받기 마련이었다. 그러다가 1920~30년대 지중해와 미국에서 처음 대중화되기 시작하였고, 19세기부터 장비 제작이 시작되어 다이빙의 대중화를 촉진시키는 계기를 마련했다. 특히 1943년에 이르러 '자크 이브 쿠스토(Jacques-Yves Cousteau ; 1910~1997)'가 기술자 '애밀 가냥'과 공동으로 '애쿼렁'을 제작하고 특허를 얻음으로써 공기 튜브 대신에 공기통을 착용하는 폐쇄 회로식 호흡 장비가 도입되고, 아울러 오리발의 사용이 보편화되면서 비로소 물속에서의 자유로운 움직임이 가능해 졌다. 물론 쿠스토의 '애쿼렁' 개발과 특허는 스포츠잠수 역사에 영원히 남을 그의 가장 큰 업적이 될 것이다. 2019년 현재 손자인 '파비엔 쿠스토'도 해양 탐험가로 활동하고 있다.

더욱이 1959년 스포츠잠수를 정립시킨 프랑스인 쿠스토의 주도하에 15개국 잠수협회가 모여 세계수중연맹(CMAS)이 창설되었다. 1995년 기준, 92개 회원국을 두고 있다. 활동은 스포츠위원회(휜수영·수중방향찾기·수중사냥·수중 표적 사격·수중 하키·수중 럭비), 기술위원회(스쿠버다이빙교육·수중 사진 및 영상), 과학위원회(수중 고고학·수중 생물학·수중 지질학·수중 환경보호·잠수기술), 의학위원회(안전사고 예방·다이빙사고치료연구)등4개 위원회가 있다.

아시아수중연맹(AUF)은 1988년 11월 한국, 일본, 인도네시아, 싱가포르 등 6개국 수중협회가 인도네시아에서 모여 창립되었다. 1995년에는 홍콩, 중국, 대만, 호주, 베트남 등 9개 회원국으로 확대되었다. 활동은 스포츠위원회(아시아휜수영선수권대회 개최), 기술위원회(스쿠버 다이빙 강사교육 및 일반교육) 등 2개 위원회가 중심 역할을 하고 있다. 한 편으로 스포츠잠수 분야가 대중화되면서 1960년대 후반부터 해양관광 프로그램이 수중으로까지 확장되는 가운데 당시 관광분야로서는 생소한 '해양관광' 개념을 첫 접하기도 했다.

'스킨다이빙'에서는 잠수기 없이 높은 수압에 견디면서 들이쉰 공기만으로 잠수하기 때문에 한정된 시간밖에 머무를 수가 없다. 자유로운 영혼들의 낙원인 바다 속 비경을 감상하기 위한 잠수시간은 일반 성인이 30초~2분 정도이고, 세계기록도 4분 정도이다. 깊이도 수압 차와 잠수시간의 관계로 5~20m 정도이다. 그러나 AP통신에 의하면, 2003년 7월 22일 케이만 제도 출신으로 미국 텍사스 오스틴에 살고 있는 주부 다이버 '타냐 스트리터(Tanya Streeter·30세)'가 카리브해에 위치한 프로비덴시알레스섬 인근 바다에서 공기통 없이 물속 깊이 잠수하는 '프리 다이빙'을 시도해 122m를 내려가는 기록을 세웠다. 또 2014년 8월에는 '기욤네리'도 125m를 내려가는 진기록을 수립했다. 대체적으로 수심 2m 정도까지는 괜찮으나 2m보다 깊이 잠수하면 수압 때문에 귀에 통증을 느끼고 고막이 터지는 일도 있기 때문에 코를 막고 공기를 불어 내어 목 윗부분의 이관(유스타기오관)을 통해 공기를 중이(中耳)로 넣어준다. '스쿠버다이빙'은 탱크(tank)에 공기가 있는 한 수중에 머무를 수 있다.

그러나 고압의 공기를 들이쉬고 있기 때문에 여러 가지 장애가 일어나는 수가 있다. 실제 사용에 있어서는 고도의 기술적인 훈련이 필요하다. 반드시 해양수산부 등록단체(2017년 기준, 총 33개)로부터 교육을 받아 '다이버마스터'자격증 정도는 소지해야 수심 30m내외를 잠수할 수 있다. 이 수심 30m내외가 바로 스포츠잠수 활동 공간이다. 부산·경남·울산지역이라면, 가급적 노회한 잠수경력을 갖고 있는 (사)한국산업잠수기술인협회(부산 기장군 기장읍 대변로 159번지) 차주홍 회장의 지도를 통해 스포츠잠수 분야에 입문하기를 추천하고 싶다. 만약 선생님으로부터 기량이 일취월장할 정도로 소질이 있다고 판단되면, 스포츠잠수 분야에서 전격 산업잠수 쪽으로 인생 행보를 바꾸는 것도 좋다. 부경대 해양스포츠학과 졸업생 일부도 그렇게 인생을 바꿨다. 특히 도제(徒弟)관계로 기술이 전수되는 잠수와 같은 특수 분야는 고수인 훌륭한 장인(匠人)을 만나는 것도 일종의 행운이다. 적어도 개고생은 시키지 않을 것이기 때문이다.

스포츠잠수 활동에는 비교적 많은 종류의 용구와 장비가 필요하다. 수중 마스크(수중안경) : 눈과 코를 가리는 것. 핀(fin : 물갈퀴) : 수중에서 추진력을 더하기 위해 발(足)에 신는 것으로 합성고무로 만든 물갈퀴. 스노클(snorkel) : 길이 약 40cm, 지름 약 2cm의 고무로 만든 파이프. 한쪽 끝을 입에 물고, 다른 쪽은 수면 위에 나오게 하여 호흡을 한다. 드라이 및 웨트 슈트(wet suit) : 합성고무의 스펀지로 만든 잠수복. 몸을 보호·보온한다. 웨이트 벨트(weighted belt) : 납으로 만든 추를 단 벨트. 부력을 0(零)으로 하기 위한 것. 무게는 1개 1kg. 웨트 슈트를 입었을 경우, 성인은 5~6kg이 필요하다. 라이프 베스트(life vest) : 긴급 시나 장시간 해면을 표류할 때 팽창시키는 구명구. 반드시 착용하여야 하며 플로테이션 베스트(flotation vest)라고도 한다. 탱크(tank:봄베) : 고압 공기를 넣은 합금제의 용기. 여러 종류가 있으나 대략 용적 12*l*의 것이 알맞다. 150기압의 압축공기가 들어 있기 때문에 직사광선이나 고온·화기를 피할 것. 레귤레이터(regulator) : 탱크 속의 압축공기를 수심에 따라 공급하는 장치. 잔압계 : 탱크 속에 남아있는 공기량을 알리는 기구. 수심계 : 수중에서 수심을 알기 위한 기구 등이 있다. 강릉에는 800톤 규모의 침선어초를 투하시켜 놓고 다이버들을 유혹하고 있다.

(1) 스포츠잠수 강사 자격증 발급단체(PADI) 분석

스포츠잠수는 체험다이빙에서부터 전문다이빙에 이르기까지 단계적으로 각종 자격증이 요구되는 해양스포츠산업, 또는 스포츠잠수산업이다 국가가 발급하는 면허증은 아니다. 다만, 상업단체가 소정의 교육절차에 따라 발급하는 자격증이 없으면 다이빙을 즐길 수 없는 구조적인 제약(인명희생)이 있는 해양스포츠산업으로서 초보자는 반드시 '수중레저안전법'에 의거 해양수산부에 등록된 33개 잠수단체에서 반드시 소정의 교육을 받고 자격증을 취득해야 한다.

특히 이 장에서는 일부 오해가 있을 수 있는 가능성이 있음에도 미국에 본부를 두고 있는 'PADI'라는 특정 스포츠잠수단체를 예를 들어 말하고자 하는 이유는 다음과 같다. 학술 차원에서 가치중립적으로

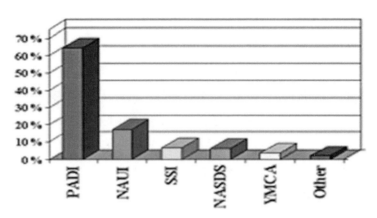

〈그림 6-20〉 PADI 자격증을 보유하고 있는 스포츠잠수 인구가 세계적으로 총 일천만 명 이상이다.
출처 : http://www.padi.com/english/common/padi/statistics/)

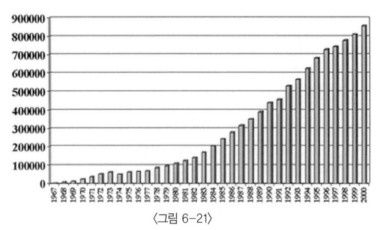

〈그림 6-21〉
출처 : http://www.padi.com/english/common/padi/statistics/)

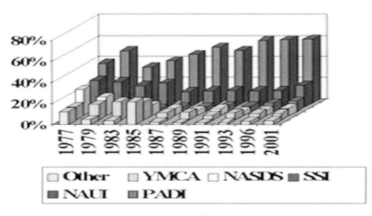

〈그림 6-22〉
출처 : http://www.padi.com/english/common/padi/statistics/)

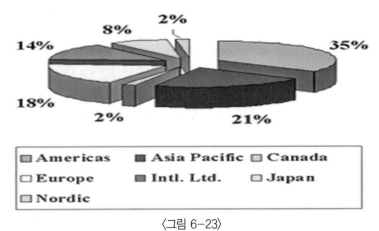

〈그림 6-23〉

출처 : http://www.padi.com/english/common/padi/statistics/)

접근하고 있기 때문에 부디 오해가 없기를 바란다. 다만 소개한 통계는 2011년 기준이다. 세계적으로 가장 많은 스포츠잠수 다이버를 교육시키고 있는 실적이 있고, 또 체계적이고 과학적인 교육시스템을 갖추고 있는 것을 비롯하여 모범잠수단체로서 국제적으로 신뢰가 두터운 가운데 광대한 조직망도 구축하고 있는 측면 등을 나름 평가했기 때문이다.

오직 PADI에서 발급하는 강사 자격증을 가진 스포츠잠수 전문인만을 고용하는 센터, 리조트가 전 세계에서 4,600여 곳 170여 개국에 이르는 광대한 네트워크(網)를 가진 단체로서 고용기회가 단연 우세하다고 알려져 있다. 〈그림 6-22, 23〉을 참고하여 각 국가별 스포츠잠수산업의 발전도를 분석할 때, PADI가 국가별 회원 수와 교육센터, 리조트 보유 수(數) 측면에서 단연 비교 우위의 위치에 있음을 보여준다. 비록 이 통계가 2011년 기준이지만, 이후 8년이 경과한 2019년 현재도 그 비교우위의 우수성은 계속 유지하고 있다. PADI 다이버 인구의 분포도를 중심으로 스포츠잠수산업에 대한 일본과 국내를 비교해 보면, 일본은 418개의 교육센터 및 리조트가 있고 우리나라는 2017년 기준, 해양수산부에 교육 인정단체로 등록된 33개소가 있다.

일본과 한국 양국 간 인구수, 소득 등에 걸쳐 편차가 있다고 하더라도 한국은 일본과 비교할 때, 스포츠잠수 교육기관이 1/12 정도보다도 밑도는 수적 열세와 함께 각 단체별 들쭉날쭉한 교육의 질도 의문시 되고 있어 앞으로 스포츠잠수 분야 인적자원 관리에 대한 국가차원의 안전 및 활성화 법률 마련이 꼭 필요하다고 볼 수 있다.

이러한 때에 2017년 7월 26일부터 '수중레저활동의 안전 및 활성화 등에 관한 법률(제14839호)'이 시행에 들어감에 따라 수중레저활동의 안전과 질서를 비롯하여 이 분야 활성화 및 사업의 건전한 발전이 기대되고 있다. 특히 이 법 제2조(정의)제8항 '가목'에는 "수중레저(스킨·스쿠버다이빙)사업이란" 수중레저활동자에게 수중레저기구 또는 수중레저장비를 빌려주는 사업. 이어 '나목'에는 수중레저활동자를 수중레저기구(보트 등)에 태워서 운송하는 사업. 그리고 '다목'에는 수중레저활동자에게 수중레저활동에 필요한 사항 등을 교육하는 사업 등을 구체적으로 명시해 놓고 있다. 또한 제5조(활성화 사업)제4항에서는, '수중레저활동 및 수중레저교육에 관한 표준의 수립 또는 지침의 작성'이 명시되어 있기 때문에 인적 자원 양성시스템이 안정적으로 관리될 예정이라는 점에서 기대를 갖게 한다.

이렇게 교육 인정단체나 수중레저사업자가 등록되면, 두 가지를 장점으로 꼽을 수 있다. 하나는, 단체에 따라 교육의 질이 들쭉날쭉 편차가 심하여 안전사고가 적잖게 발생했으나 앞으로는 교육의 질을 평균적으로 향상시킬 수 있어 수중레저 활동자의 안전 확보가 가능해졌다는 점이고, 다른 하나는, 그간 무자격자의 교육행위에 의해 양산된 동호인들이 전국 각지에서 안전사고를 다수 발생시킴으로서 사회적으로 스포츠잠수 분야에 대한 우려가 팽배하여 왔으나, 이젠 관련 법률이 마련됨으로써 무자격자의 교육을 원천봉쇄하는 효과가 기대된다는 점이다. 그러나 '수상레저안전법'처럼 이 법률이 시민사회 속으로 안착되기까지는 갈등관리와 함께 적잖은 시간이 소요될 것으로 전망된다. 그간 스포츠잠수 분야에서 발생한 사망사고 숫자는 전체 해양스포츠보다 훨씬 높았다. 어쩌면 이런 측면이 국가가 법률을 마련하지 않으면 안 되는 사회적 주요 배경으로 작용하지 않았을까 하고 추론해 볼 수 있다.

다시 스포츠잠수단체에 대한 얘기는 계속된다. 교육기관이 아닌 다이버의 숫자와 교육자를 비교할 때 역시 대동소이하거나 더 열악한 상황에 처해 있다. 일본의 경우 스포츠잠수 전문 PADI 강사를 양성하는 PADI 코스 디렉터(Course Director)의 숫자가 2003년에 이미 110명을 넘어서고 있지만, 한국은 2011년 기준 5~6명에 불과하며, 스포츠잠수 인구는 일본이 백만 명을 넘어서서 인구비례로 보면 3.5% 이상이 스포츠잠수를 즐기고 있는 셈이 된다. 그러나 한국은 대한잠수협회가 밝힌 자료에 의하면 30만 명 정도로서 전체 인구비(比) 대략 17% 수준이기 때문에 일본보다 상대적으로 미래가 밝은 유망 분야임을 파악할 수 있다.

게다가 인구가 한국의 14%도 채 안 되는 380만 명 정도인 뉴질랜드의 PADI 교육기관의 수가 50여개 소에 달하는 것과 비교할 때, 한국은 5천2백만만 명 인구에 '수중레저법'에 따라 등록된 교육 인정단체가 2017년 기준, 불과 33개소가 있을 뿐이다. 앞으로 국내의 스포츠잠수 분야 발전 가능성은 절대적이기 때문에 관련법 시행을 계기로 동호인 증대에 적극 대처해 나가야 할 필요성이 있다.

(2) 스포츠잠수(스쿠버다이빙)는 정말 위험한가

전 세계적으로 네트워크를 가지고 있는 다이빙 사고 전문기관인 DAN(Div- ers Alert Network)의 보고서에 의하면, 1970년대 중반 경부터 다이빙에 의한 인명사고율이 현저하게 감소하고 있다. 한국은 해양스포츠 분야 중에서도 안전사고율이 가장 높은 수준이지만, 다행히 조금씩 감소추세를 띠고 있다.

세계적으로 보면, 스쿠버 다이버의 인구가 급격히 증가하고 있는 것에 반하여 사고율이 반대로 감소하는 것은 다이빙의 대중화로 인해 잠수관련 교육이 체계적으로 정립되게 되어 일반인들이 안전한 범위에서 다이빙을 즐길 수 있게 되었기 때문이다.

미국의 경우 1970~1979년까지의 다이빙 인명사고가 123명이었으나, 1980~1990사이에는 다이빙인구의 증가에도 불구하고 104명으로 감소하였다. 또한 DAN의 보고에 의하면, 전 세계적으로 1976년에 100,000명당 8.62명이던 사고율이 1992년에는 2.74~3.2명으로 감소되었다. 이러한 숫자는 위험성이 대단히 높은 산업다이버(수중작업, 해산물채취 다이버 등)와 다이빙 교육이 체계적으로 정립되지 않은 후진국에서의 사고까지 포함한 통계이다.

〈표 6-7〉에 밝혀 놓은 1991년 미 안전국 (U.S. NATIONAL SAFETY COU- NCIL)의 사고 통계를 보면 현대의 다이빙이 얼마나 안전한 스포츠인가를 잘 알 수 있다. 결국 스쿠버다이빙의 위험성은 지극히 낮다고 볼 수 있으며 대부분의 사고는 전문적인 교육기관에서 체계적인 교육을 이수하지 못한 이른바 무면허 운전자와 같은 얼치기 다이버에게서 교육받은 경우가 대부분이라고 보면 틀림없다. 세계적으로 체계적인 교육과 이를 뒷받침하는 잠수이론이 인정받고 있는 전문기관의 강사에게서, 또는 해양수산부 등록 33개 단체로부터 교육을 받고 다이빙을 한다면, 안전사고에 대한 확률이 볼링과 같은 아주 낮은 수준이 확보될 것으로 전망된다.

〈표 6-7〉 미국에서의 각종 생활체육 사고율(단위 : %)

종목	사고율	종목	사고율	종목	사고율
미식축구	2.17	축구	0.91	라켓볼	0.17
야구	2.09	배구	0.37	볼링	0.04
농구	1.86	수상스키	0.21	스쿠버다이빙	0.04

출처 : 미 안전국 여가스포츠 안전사고 통계집(1991년)

(3) 감압병(減壓病, 잠수병) 치료기관

2004년 12월 기준, 스포츠잠수 분야에는 활동성 및 비활동성 동호인은 약 30만 명 정도로 추산되고 있고, 이들 중에는 잠수병으로 인하여 고생하는 동호인도 일부 있다. 걷지 못하거나 대소변을 제대로 보지 못하고, 또 성기능이 마비되는 증상을 나타내는 무서운 질병인 잠수병에 대한 사회적 인식이 부족한 것은 물론 〈그림 6-24〉와 같은 시설을 갖춘 전문병원도 소수다.

우리나라에는 지금까지 잠수병을 전문적으로 치료하는 의료기관은 서울 강남병원, 부산고신대 복음병원, 경남 통영, 해군, 해경 등 고작 5개소뿐이기 때문에 치료에 불편이 많은 실정이다. 이외에도 울진해양레포츠센터도 챔버를 갖추고 있다. 물속 활동 중 잠수병에 걸리게 되면 방향감각을 잃거나 실신, 목숨

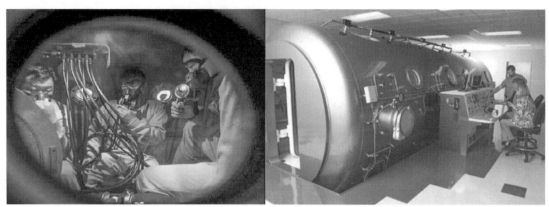

〈그림 6-24〉 특수 고압산소 실(室), 즉 체임버(chamber)에서 감압치료중인 환자들의 모습

출처 : 좌(세계일보 2010년4월4일 감압치료), 우(https://blog.naver.com/spuad/220530947591)

까지 잃을 수 있는 질환이다. 수심 10m 깊이로 내려가면 수압은 대기압의 배로 증가, 폐 용적이 반으로 줄어들고 폐활량이 감소하게 되며 더 깊은 수심에서는 고막이 터질 수도 있다. 공기로 호흡하는 스포츠 잠수 중 스쿠버다이빙은 수심 30m 이상에서 활동하는 건 한마디로 목숨을 건 무모한 행위다. 공기 중의 질소가 혈액 흐름을 막아 잠수병을 일으킬 수 있기 때문이다. 잠수병 위험 때문에 공기 호흡 방식으로는 수심 30m로, 잠수 시간도 30분이내로 제한 한다. 그래서 스포츠잠수는 30m이내에서 활동하는 것을 원칙으로 한다. 원칙을 원리라고도 말한다. 할아버지의 할아버지도, 나도 지켜야 하는 것이 원칙과 원리의 본질이다.

그런데 세월호의 경우, 해저와 맞닿은 선체 좌현까지 진입하기 위해 47m까지 내려가야 했다. 이럴 때는 당연히 질소를 뺀 가스로 호흡하는 '포화 잠수'를 해야 한다. 심해에서 장시간 일을 해야 하는 산업잠수 현장에서는 이 방법이 동원될 수밖에 없다. 헬륨과 산소 혼합 가스로 호흡하는 밀폐된 체임버에서 수심과 압력을 같게 유지한 뒤 다이빙벨을 통해 목표 수심으로 이동하는 산업잠수사는 깊은 바다에서도 최장 6시간까지 연속 작업을 할 수 있다. 우리 해군과 해경도 수백 억 원대의 포화 잠수 장비를 갖고 있는 가운데 해외로 연수를 보내 훈련도 시켰지만, 이를 운용할 전문 인력이 부족하여 지속적으로 사용하지 않았기 때문에 세월호 사고 당시에는 장비가 무용지물이 되어 있는 상태였다. 따라서 포화 잠수 관련 첨단 설비와 전문 인력을 언제든 투입할 수 있는 교육시스템의 마련이 현안 이라고 볼 수 있다. 물론 세월호 사고로부터 5년이 지난 2019년 3월 현재는 운용할 전문 인력이 제법 양성되었을 것으로 믿고 싶다.

6) 수상스키(Water Ski)

수상스키는 양 발 혹은 한 발에 스키를 신고 모터보트에 끌려 물 위를 활주하는 해양스포츠로서 피부 마사지의 제왕이라고 일컫는다. 양 발(足)에 스키를 신는 것을 '투 스키'라 하고, 한 발은 '원 스키'라 한다. 그렇지만 수상스키는 원 스키, 투 스키, 트릭스키, 점프스키, 슬라롬스키 등 다섯 종류가 있다. 초보자는 투 스키를 통해 익히고, 중급자는 원 스키로 즐기는 것이 일반적이다. 결국 트릭스키, 점프스키, 슬라롬스키는 고도의 테크닉을 요구하기 때문에 수준급 스키어들이나 가능한 종목이다.

정규 경기종목 역시 슬라롬(slalom), 점프(jumping), 트릭(tricks) 등 3가지가 있다. 각 종목 모두 개인경기와 팀 경기가 있다. 개인종목은 예선을 거쳐 8명이 결승점에 참가하여 우승자를 가리게 된다. 팀 경기는 1개 팀 남·여 선수 6명 혼성으로 구성한다. 그러나 남성이나 혹은 여성이 총 6명 중 4명을 초과할 수 없다. 여기에다 슬라롬, 점프, 트릭 종목의 성적을 각각 합산하여 우승팀을 결정하게 된다. 속도는 대체로 시속 60km 정도이고, 베테랑급은 80km 정도 활주할 수 있다. 운동량이 과다하기 때문에 한 차례에 10~15분을 넘지 않도록 유의해야 하고, 또 1시간 이상 휴식이 필요하다.

초보자들은 먼저 뭍에서 양발을 어깨너비로 벌리고 말(馬)을 탄 기마자세로 가슴에 두 무릎을 밀착시킨 뒤 교육용 봉을 잡고 당기는 힘에 따라 서서히 일어나는 연습을 수차례 반복한다. 이때 엉덩이가 치켜 들리지 않도록 유의해야 한다. 그런 다음 물로 이동하여 모터보트에 달린 교육용 봉을 잡고 다리를 모으는 한편, 특히 어깨에 힘을 빼고 물위에 뜨는 동작과 함께 몸의 균형을 유지하는 연습을 수없이 반복한다.

〈그림 6-25〉 부산 광안리해수욕장에서 이동환 (사)한국해양스포츠회 제2대 사무국장이 원 스키를 통해 시범을 보이고 있다.

그다음은 로프를 잡고 수면 위로 뜰 수 있는 정도가 되면, 말 탄 자세를 유지한 채 앉았다 일어서는 동작을 반복하고, 균형이 흐트러지면 자세를 낮추어야 한다. 결국 슈트, 구명복, 장갑 등을 착용한 후 물속에서 뒤로 누운 채 스키판을 신고 부츠를 자신의 발에 맞도록 조여 고정시킨 다음, 자세와 균형을 잡고 직선활주를 익힌다. 선회를 위한 방향전환은 양 손의 힘 조절에 따라 가능해진다. 특히 속도가 60km 이상 되면 파도 위로 상하 피칭현상이 일어나기 때문에 중심을 잡기가 어렵게 되는 것이 예사이다. 이때에는 무릎을 조금 굽혔다 폈다를 반복해 주면 된다. 그런 숙달이 있은 다음에는 원 스키를 즐기기 위한 예비연습을 동시에 해 두는 것이 좋다. 한 발을 수면 위로 조금 들어올리고, 또 다른 한 발만으로 동작을 취한다는 뜻이다. 이런 연습을 반복하다 보면, 투 스키의 기량 향상은 물론 원 스키도 탈 수 있을 정도로 발전된다. 그렇지만 출발 자세를 취하고난 후 모트보트 조종자가 갑자기 속도(RPM)를 높이면 부상(浮上)은 거의 불가능하다. 초보자는 베스트 드라이버의 조종이 꼭 필요하다.

수상스키는 1924년 미국의 왈러(Waller, F)가 창안하였고, 1936년에는 미국 수상스키연합회가 발족되었다. 초기에는 활동비용이 많이 소요되어 동호인들에게 큰 부담이 되었고, 또 모터보트 엔진 성능 역시 우수하지 못한 탓으로 저변확대 효과는 미미했다. 그러나 1945년 이후에는 고성능 모터보트가 개발되어 활성화의 계기를 맞았다. 미국, 유럽, 호주 등에서 활발했고, 특히 프랑스는 1949년 샹레방에서 제1회 세계선수권대회를 개최할 정도였다. 2년마다 세계선수권대회가 열리고, 경기내용은 슬라롬(slalom ; 카누경기의 일종을 말하나 스키에서는 회전을 뜻한다.)·점프·트릭스키 등 3 종목이 있다. 이밖에 장거리 레이스도 있다. 마이애미 비치의 200km 레이스, 영국해협 횡단레이스 등은 장거리레이스의 상징이다. 세계기록은 1946년에 결성된 세계수상스키연맹(world water ski union : WWSU)이 승인한다.

우리나라에는 6·25전쟁 후 미군들이 한강에서 시범경기를 가짐으로써 소개되었고, 1963년 지금의 교육부가 수상스키를 대학생 특수체육 종목으로 채택 실시함으로써 급격히 붐을 이루었다. 1970년 이후에는 한강을 비롯하여 광나루·청평·남이섬·춘천 등지와 진주의 진양호, 그리고 부산해운대 앞바다, 광안리해수욕장 등에서 많이 볼 수 있다. 수상스키의 종류는 다목적용 스키로 대회전에 주로 사용하는 슬랠롬 싱글스키(slalom single ski), 초보자를 위한 저속도 스키(low speed ski), 어린이를 위한 짧은 스키(short ski), 물 위에서 쉽게 방향을 바꾸어가며 묘기를 부리는 회전용 스키(turnaround ski, trick ski), 어린이들이 손쉽게 즐길 수 있는 수상 썰매(disk toboggan) 등이 있다.

경기정은 선수의 몸무게에 상관없이 필요한 속도를 내고 이를 유지할 수 있어야 하며 전장은 보통 5m 정도가 일반적이며 6.5m를 초과해서는 안 된다. 로프는 점프용의 경우 21.5m의 단일 줄에 핸들부분은 1.5m이다. 슬라롬용 로프는 16.75m의 단일 줄에 핸들부분이 1.5m이다. 트릭종목은 길이를 비롯하여 재질에 제한이 없다.

점프경기는 점프대로부터 점프한 거리로 우승자를 가리는 경기이다. 점프대는 2단으로 된 목재나 금속의 도약대로서 길이 7m, 너비 4m의 규격이며 표면은 베니어판으로서 왁스 등으로 칠해져 있다. 점프대의 높이는 여자의 경우, 평균 1.5m이고 남자는 1.65m와 1.80m 중에서 선택할 수 있다. 속도는 점프 종목에서 모든 선수에게 일정해야 하며 속도의 허용오차는 ±1km/h이다. 점프경기에서 경기정의 속도는 최대 남자 57km, 여자 51km이내에서 선택할 수 있다. 점프횟수는 예선 2회, 결승 3회이다. 점프거리는 점프대에서 물에 떨어진 지점까지의 거리로 계산한다.

점프경기의 자세는 스키 간격을 20~25cm로 하고 무릎은 유연하게 구부린다. 또한 상체를 앞으로 약간 기울이고 양어깨는 무릎과 양발 위쪽으로 오게 하여 일직선을 이루게 한다. 핸들을 잡은 팔은 45° 아래로 경사지게 하고 핸들은 둔부(臀部)로부터 약간 떨어지게 한다. 공중동작에서는 밑을 쳐다 보지 말고 머리와 눈높이를 유지하며 핸들을 놓지 말아야 한다. 주의사항으로는 첫째 속도를 내기 위해 등을 흔들지 않으며, 둘째 체중을 발전체에 두며, 셋째 양팔이 로프에 끌리지 않도록 하여야 한다(지삼업, 1996).

슬라롬은 길이 259m, 너비 23m, 6개의 회전부표, 입구 및 출구로 구성된 슬라롬 코스를 정확하게 완주하는 것으로 승부를 가리는 경기이다. 슬라롬 경기는 선수가 23m 정도 길이의 로프를 잡고 출발하여 6개의 회전 부표를 실수하지 않고 회전한 다음 출구로 빠져나갔을 때 1회 통과로 간주한다. 매회 통과 시 경기정 속도를 3km/h씩 증가시키게 되며, 경기정의 속도가 최고 58km/h(여자는 최고 55km/h)까지 올라가게 되면, 다음에는 로프의 길이를 매회 통과 시 23m에서 18.25m, 16m, 14.25m, 13m, 12m, 11.25m, 10.75m로 줄여간다. 완벽하게 통과하였을 경우 6점 만점을 받게 되며 결승 성적만을 합산하여 우승자를 가리게 된다.

뒷쪽 다리의 무릎이 앞다리의 무릎 뒷부분에 자연스럽게 닿게 하고 발은 5cm 이상 떨어지지 않게 하는 자세와 항상 일정한 힘으로 로프를 당기면서 물위에 떠있는 부표의 바로 앞을 목표로 나아간다. 체중이 아래로 실리도록 양어깨와 몸을 뒤로 기울여야 하며 상체는 곧추세우고 무릎은 굽힌 채 양팔은 둔부와 같은 높이에 있어야 한다.

트릭스키는 일정한 트릭코스 구간에서 2회에 걸쳐 묘기를 펼치고 이에 대한 점수를 계산하여 높은 성적순으로 우승자를 가리는 경기이다. 스키는 평균 100~105cm로서 짧은 편이다. 너비는 길이의 최대 30% 범위 내에서 선택할 수 있다. 경기정의 속도는 선수가 속도를 결정할 수 있으며 속도가 결정되면 경기 중에는 그 속도를 일정하게 유지하여야 한다. 일반적으로 24~32km/h 사이가 적당하며 스키가 충분히 물에 잠겨 안정되게 묘기를 연출할 수 있으면 된다. 로프의 길이는 10m정도면 충분하다. 선수는 경기 시작 전에 자신이 시도하게 될 연기동작을 순서대로 목록에 작성하여 제출하여야 하며 심판은 이를 토대로 연기의 정확성, 난이도, 목록과의 일치여부 등을 채점하게 된다. 주의사항으로는 첫째, 등은 펴고 고개를 들며 둘째, 팔은 아래쪽에 두어 무게중심을 낮추도록 하고 셋째, 묘기 중에 손잡이에서 손을 뗄 때는 한 손씩 교대로 하도록 한다.

경기종목은 토너먼트와 맨발로 스키를 타는 베어풋, 레이싱의 세 종류로 있으며, 토너먼트가 일반적이다. 국제대회는 IOC주최로 열리는 '세계주니어 선수권대회, 세계선수권대회, 월드컵 대회'가 있으며, 국내 대회로는 대한수상스키·웨이크보드협회가 주최하는 '수상스키대회, 전국학생종별선수권대회, 전국종별 선수권대회, 회장배대회'가 있다. 필자는 잠깐 이 협회의 부회장을 역임하기도 했다.

남자의 최고속도는 1983년 호주에서 수립한 시속 230.6km이고, 점프높이는 1992년 미국에서 수립한 63.4m이다. 여자의 최고속도는 1977년 미국에서 수립한 178.8km이고, 점프높이는 47.5m이다. 맨발스키 의 경우 최고속도는 118.56km이고, 점프높이는 16.6m이다.

장비는 스키, 끄는 줄, 모터보트, 웨트슈츠가 필요하다. 스키의 재료는 히코리·마호가니·미송 등의 나 무와 합판, 또는 알루미늄 등으로 만든다. 표준형은 길이 약 1.6m, 너비 약 15cm, 무게 2~4kg으로 중앙 에 고무로 된 발을 고정시키는 바인더가 부착되어 있다. 끄는 줄은 길이 18~29m 되는 나일론 제품의 끈 으로 뒤쪽 6~9m 부분이 두 갈래로 나뉘어 그 끝에 손잡이가 달려 있다. 모터보트의 길이는 4.2m 이 상으로 연습용은 45마력, 경기용은 75~180마력의 강력한 모터보트에 의하여 추진된다. 웨트 슈츠(wet suits)는 물에 빠졌을 때 쉽게 물 위에 뜨게 하고, 또 물의 온도가 낮을 때 체온을 보존하기 위해 입는 고 무로 만든 옷이다.

7) 수상오토바이(Personal Water Craft)

수상오토바이는 기능적인 측면에서는 수심 30cm 이상이면 바다·강·호소 등 어디에서나 활동이 가 능하다. 그러나 안전성 확보라는 측면에서는 수초에 감기는 것을 비롯하여 물밑 각종 장애물에 부딪힐 가능성도 있기 때문에 수심 70cm 이상이 좋을 것이다. 활용 면에서는 경기출전용, 생활체육용, 선상낚 시용, 연인들의 데이트용, 그리고 전국 240여 각 해수욕장에서 수영미숙자 구조용으로 사용되는 등 다양 한 제품이 출시되고 있는 만큼 애호하는 동호인들이 많다. 1995~2000년대 들머리까지만 하더라도 일반 오토바이 동호인들이 여름철이면, 대거 수상오토바이(PWC)를 많이 즐겼다. 작동원리가 엇비슷하다.

유의해야 할 점도 많다. 체력소모가 생각보다는 많기 때문에 준비운동을 충분히 하는 가운데 특히 허 리에 무리가 가지 않도록 주의해야 할 것이다. 더욱이 무서운 속도에 따른 파도와의 충격도 크기 때문에 허리디스크가 약한 사람은 특별한 주의를 요한다. 게다가 엔진에 관한 응급 대처능력도 소홀히 할 수 없 으며, 드라이슈트와 구명복은 반드시 착용해야 한다. 그렇지만 무엇보다 염두에 두어야 할 것은 어떠한 경우라도 해수욕장 수영안전구역을 침범하는 등 타인에게 피해를 끼치지 않아야 하고, 또 각종 유류를 비롯하여 해상에서 발생한 쓰레기를 버리는 등 환경을 오염시키는 행위는 절대 삼가야 한다. 뿐만 아니 라 해상계류장 내에서, 혹은 해변 가까운 곳에서의 유류주입, 그리고 난폭 조종, 아파트단지 주변에서의 굉음으로 인한 집단민원 야기, 각종 수산양식장과 스포츠잠수 및 산업잠수지역 침범, 그리고 철새도래 지 쾌속질주에 의한 새들의 포란을 방해 등 조종자가 지켜야 할 준수 사항은 각종 해양스포츠 활동 종목들 중 가장 많다.

수상오토바이는 일본 가와사키(kayasaki)사(社)에서 생산 보급한 '제트스키(jet ski)'가 있고, 야마하(yamaha)사의 '웨이브런너(wave runner)'도 있다. 여기에다 캐나다(canada)·미국(U·S·A)이 공동 참여한 다국적 기업인 씨두(sea doo)사에서 생산한 '범버디어(bombordier)'도 있다. 뿐만 아니라 얼마 전 미국의 폴라리스(polaris)·타이거샥(tiger shark)사에서도 각각 '범버디어'라는 다국적 기업 생산의 제품명과 같은 제품을 생산하고 있다. 국제시장 점유율은 다국적 기업의 범버디어 55~60%, 웨이브런너 30%, 제트스키 6%, 미국의 폴라리스·타이거샥사 범버디어는 각각 3% 내외이다. 미국 폴라리스와 타이거샥 제품을 제하고는 어느 경우나 국내에 많이 보급되어 있는 가운데 1~5인용 제품이 다양하게 생산되고 있다. 그러나 국내에서는 모든 제품을 통틀어 '제트스키'라고 말하는 경우가 흔하다. 특히 언론사 기자들이 그런 잘못을 저지르는 경우가 대단히 많다. 특정회사의 상혼에다 개인의 무지까지 가세하여 그런 오류를 계속 빚고 있다. 이제 오류의 악순환을 과감하게 끊기 위해서는 '수상오토바이'라는 포괄 명칭을 사용하는 가운데 국제적으로는 'personal water craft'라고 해야 할 것이다. 물론 '수상오토바이'라는 명칭은 '수상레저안전법(2000년)'에서 명시해 놓은 일종의 법정 용어라는 점을 주목해야 한다. 그런데 2018 인도네시아 팔렘방에서 개최된 수상오토바이대회 명칭도 '제트스키대회'라고 밝히고 있다. 이처럼 잘못된 인식을 바로 잡는 일이 얼마나 힘든가를 보여 주는 사례다. 오류를 수정해 줘야할 해양스포츠학과가 인도네시아에는 지금껏 부재한 것도 오류를 빚는 몇 이유 중 하나가 아닐까 싶다.

〈그림 6-26〉 미국 폴라리스사(社) 제품인 수상오토바이를 (사)한국해양스포츠회 사무국장 장승복의 조종으로부산 민락해변친수공간 앞에서 어린이무료체험회를 개최했다.

수상오토바이는 1965년 캐나다에서 그 원형이 첫 개발되었다. 그렇지만 이를 생활체육용 해양스포츠 용품으로 전격 상품화시켜 1973년 미국에 수출한 것은 일본이다. 결국 이 분야 저변확대 측면에서는 미국이 국제적으로 첫 활성화되었고, 일본은 오히려 미국보다 14년이나 늦은 1987년부터 본격 활성화되기 시작했다. 한국은 '88 서울올림픽 한강축제 때 처음으로 선보인 이래, 그간 동호인 중심의 생활체육형 해양스포츠 차원에서 맴도는 수준을 보여 왔다. 그러다 국내 수상오토바이는 1995년부터 필자에 의해 생활체육형 해양스포츠와 스포츠형 해양스포츠가 양립 발전할 수 있도록 스포츠형 해양스포츠를 위한 경기규정 마련과 함께 대회도 개최했다.

1999년에는 대학의 전공 선택과목으로까지 채택되는 등 비교적 빠른 템포로 해양스포츠학과의 실기 종목으로서 그 정체성을 확보해 가고 있다. 특히 1995년 8월 필자는 일본제트스키협회의 경기규정을 참고하여 우리의 실정에 맞도록 총 34조의 경기규칙과 경기장 규격을 국내 처음으로 제시하는 한편 이를 1997년 제2회 부산 바다축제 때(제1회 부산광역시장배 전국수상오토바이 대회) 적용하여 관계 전문가들로부터 호평을 받은 바 있다(박희봉, 1995). 이로써 국내 수상오토바이(PWC)는 스포츠형 해양스포츠가 갖추어야 할 공정성·안전성·유희성·체육적 효과까지 입증하였다. 더욱이 한국(부산)을 비롯하여 일본 등 세계 각지의 노력들이 추동력으로 작용하여 2018년 자카르타 팔렘방 하계아시아경기대회에서는 전격 정식 종목으로도 채택됐다.

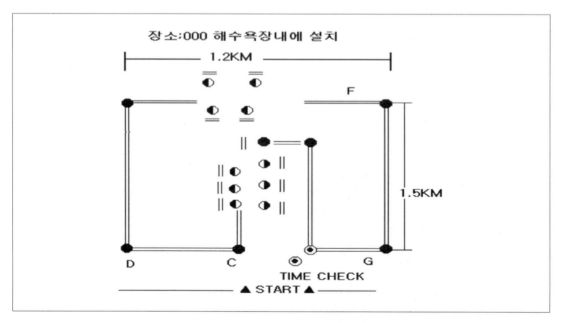

〈그림 6-27〉 수상오토바이(PWC)경기장 디자인개념도

출처 : 지삼업(2006a). 해양스포츠자원론. 대경북스(서울). 148.

아시안게임 경기 종목은 네 종류로써 모두 굴절(슬라롬) 코스를 가장 빠르게 완주하는 선수가 우승하는 경기 방식이다. 종목은 스키 모디파이드(Ski Modified), 런어바웃 1100 스톡(Runabout 1100 Stock), 런어바웃 리미티드(Runabour Limited), 앤듀런스 런어바웃 오픈(Endurance Runabout Open) 등이다. 우리나라의 김진원 선수는 수상오토바이대회에서 흔히 장거리 철인 경기라 일컫는 6.5km '앤듀런스런어바웃오픈' 종목에 출전했다. 그간 생활체육형 해양스포츠에 머물러 있었던 수상오토바이가 자카르타 팔렘방 아시안게임 정식 종목 채택을 계기로 기존 생활체육형 해양스포츠에다 스포츠형 해양스포츠로도 추가되는 등 명실상부하게 양립 발전하기까지는 1995~1997년 필자의 노력을 기준, 대략 21~23년 쯤 경과한 셈이 된다. 1999년 3월부터는 부경대학교 해양스포츠학과 전공 선택과목으로 채택된 것과 함께 2000년 2월 9일부터 해양경찰청에 의해 동력 수상레저(해양스포츠) 면허제가 도입되어 수상오토바이는 모터보트와 면허를 교차 사용할 수 있는 가운데 안전성 확보에 새로운 지평이 열렸다고 볼 수 있다. 그런데 경기장 규격과 대회 주최의 경우, 국제적으로 경기장 설치 규정은 통일된 것이 없었다. 지금껏 조직화된 국제규모의 수상오토바이 단체가 없기 때문이다. 그렇지만 미국, 일본, 호주 등에서 실시되고 있는 경기장 설치와 대회 개최 양태는 크게 세 가지 측면에서 그 특징을 파악할 수 있었다.

첫째, 직선주로를 가급적 많이 가미시켜 직선주파 능력이 탁월한 경기정이 단연 돋보이도록 하는 경우이다. 둘째, S자형 슬로프를 주로 곳곳에 많이 연출하여 선수들의 기량 여부가 승패에 결정적 영향을 미치도록 하는 경우이다. 이 경우 게임 전반에 걸쳐 역동성은 있지만, 선수들의 무리한 코너웍으로 인하여 다른 선수의 옆구리를 가격하게 되는 등 부상자가 적잖게 발생하는 원인이 되기도 한다. 특히 선수가 무시로 다치고 또 경우에 따라서는 사망까지 할 개연성이 있다면, 그건 이미 스포츠가 될 자격을 상실했다고 보는 것이 맞는다. 셋째, 수상오토바이 제품 생산업체가 자사 제품 장점에 대한 홍보를 위해 각종 대회를 개최하고 있는 경우 등이다. 결국 어떤 제품은 직선주로에서 우수하고, 또 다른 제품은 슬로프에서 각각 우수한 성능을 갖고 있기 때문에 이를 경기대회로 발전시키기 위해서는 직선과 슬로프 연출을 평균적으로 설계해야 한다는 점 등이다.

필자에 의해 국내 처음으로 〈그림 6-27〉와 같이 제시된 경기장 설계디자인과 경기규칙은 외국의 시행착오를 가급적 고려하는 것을 원칙으로 다음 5가지 측면을 중점 검토했다. ① 승부를 결정지울 거리와 관중 가시권을 각각 충분히 확보하기 위해 편도 6.7km의 S자형 슬로프를 3회 반복, 총 20.1km가 되도록 하는 가운데 해수욕장해변 가까이에서 게임이 진행되도록 했다. ② 선수 보호를 위해 직선주로에서는 상대의 주로를 방해할 경우, 가벼우면 경고 심하면 퇴장을 명했다. ③ 직선주로와 슬로프 지역 간의 거리를 각각 평균화시켜 특정 제품의 우월성을 최대한 배제시켰다. ④ 경기장 끝부분에 90°직각의 코너를 몇 개 가미하여 코너웍에 의한 선수들의 테크닉 발휘도 승부에 영향을 일부 미치도록 했다. ⑤ 특히 수상오토바이의 출발은 시동을 끈 채 시작되는 외국의 대회와는 달리, 출발자세는 오른손을 머리 뒤에 붙여주되 시동은 걸어 놓고 출발시킴으로써 이 경기 특유의 출발 박진감을 고조시켰다.

1997년 1회 대회 초대 챔피언은 9분10초42를 기록한 조성철에게 돌아갔고, 손관식(9분24초59) 김대중(11분19초18)씨가 각각 2위와 3위를 차지했다. 한데, 2018 팔렘방 아시안게임에서는 굴절 코스를 통해 우승하는 방식을 채택했다.

8) 해양래프팅(Sea Rafting)

해양스포츠는 뭍[육지]과 격리된 상태에서 이뤄지기 때문에 이 분야 저변확대를 위한 동기유발 계기 마련에 결정적인 걸림돌이 되어 왔다. 가능한 한 해변 인접한 지역에서 연출될 수 있도록 지혜를 모아야 한다는 것이 필자의 오랜 현장체험이 주는 반성이었다. 경기장규격과 규칙이 단순화된 길거리농구처럼, 해양스포츠도 그런 시각을 갖지 않는 한 해양스포츠 대중화의 길은 멀고도 험할 수밖에 없다는 생각을 끝내 떨쳐 버리지 못하고 있었다.

국내 처음으로 필자에 의해 1998년 제3회 '부산바다축제' 해양스포츠 6개 행사 중 하나로서 선보인 '해양래프팅대회'가 바로 그런 반성의 결과물이다. 안전성이 완벽하게 확보되는 가운데 1km를 10명(좌 : 4명, 우 : 4명은 각각 패들을 젓고 나머지 1명 : 키잡이, 또 다른 1명 : 징이나 꽹과리를 두들겨 선수들을 격려하고, 또 패들을 젓는 리듬을 일치시키는 역할을 담당.)의 선수가 1개 팀을 이루어 일사불란하게 패들을 저어 가면서 협동 단결하는 장면은 체육적·사회교육적 효과를 비롯하여, 특히 시민들로 하여금 해양스포츠가 자신과는 무관한 스포츠가 아니라 자신도 함께 할 수 있는 스포츠임을 인식하게 되는 계기를 마련해 주었다는 점에서 해양스포츠 저변확대에 미칠 효과는 더욱 크다.

특히 2003년 제8회 부산바다축제 해양래프팅대회 때부터 필자는 국내 처음으로 〈그림 6-28〉처럼 배리어프리 프로그램, 즉 사회적 약자배려 프로그램인 '장애자부'를 신설, 해양스포츠분야에 지체장애자들이 활동할 수 있는 기회를 첫 제공하기도 했다. 지금은 한국해양스포츠회로부터 부산장애인체육회가 인계받아 2019년 현재도 부산바다축제 기간에 대회를 계속 개최하고 있다. 그간 래프팅은 동강, 내린천, 경호강, 한탄강에서 즐기는 것이 일반적이었다. 그러나 바다도 강과 계곡처럼 스릴과 협동단결의 장점을 기대할 수 있고, 또 출렁거리는 파도가 바로 그런 효과를 대신해 줄 수 있다. 계곡에서는 조금만 방심하여도 머리를 바위에 부딪치는 등 안전사고를 당하기 쉽다. 특히 1997년 여름, 갑자기 불어난 강물에 부산의 어느 회사 신입사원들이 극기훈련 중 고귀한 인명이 희생되는 등 전국적으로는 10여 명이나 희생되었다.

결국 해양래프팅은 해수욕장 사장(沙場)에서도 바다에서 펼치는 선수들의 박진감 넘치는 열기를 함께 느낄 수 있고, 또 참가자 전원이 라이프재킷을 필수적으로 착용하기 때문에 안전성도 확보된다. '관람 스포츠'로서, 또는 직접 참여하여 즐기는 '참여 스포츠'로서도 부족함이 없다. 특히 심폐기능과 근지구력 강화 등 높은 체육적 효과를 비롯하여 협동 단결하는 사회 교육적 효과까지 기대할 수 있다. 따라서 삼면이 바다인 우리나라에서 풍부한 바다를 스포츠의 공간으로 확장시키는 가운데 청소년들의 심신단련

〈그림 6-28〉 제8회(2003년) 부산바다축제 지체장애인 해양래프팅대회 우승 패들링
출처 : 부산일보

과 시민생활체육 종목으로의 개발, 그리고 지체장애인에게도 해양스포츠를 향유할 수 있는 기회를 제공
하는 등 만인평등의 해양스포츠정신을 실천해 보이기도 했다.

결국 해양래프팅은 해수욕장 사장(沙場)에서도 바다에서 펼치는 선수들의 박진감 넘치는 열기를 함
께 느낄 수 있고, 또 참가자 전원이 라이프재킷을 필수적으로 착용하기 때문에 안전성도 확보된다. '관람
스포츠'로서, 또는 직접 참여하여 즐기는 '참여 스포츠'로서도 부족함이 없다. 특히 심폐기능과 근지구력
강화 등 높은 체육적 효과를 비롯하여 협동 단결하는 사회 교육적 효과까지 기대할 수 있다. 따라서 삼
면이 바다인 우리나라에서 풍부한 바다를 스포츠의 공간으로 확장시키는 가운데 청소년들의 심신단련
과 시민생활체육 종목으로의 계발, 그리고 지체장애인에게도 해양스포츠를 향유할 수 있는 기회를 제공
하는 등 만인평등의 해양스포츠정신을 실천해 보이기도 했다.

9) 갈매기선·용선(Seagull Boat : Dragon Boat)

갈매기선(船)이라는 명칭은 필자가 1997년 제2회 '부산바다축제집행위원회' 해양스포츠 프로그래머
로 활약하면서 명명한 것이 효시가 된다. 흔히 사용하는 명칭은 용선이다. 갈매기선은 약 2,000년경 고
대 중국에서 유래된 '용선(dragon boat)'에 착안, 용선(드래건보트)의 보트 선수(船首)에 장식된 용(龍)
모양을 부산의 시조(市鳥)인 갈매기 모양으로 그 장식을 대체(代替)한다면, 지역축제인 부산바다축제에

걸맞은 '갈매기선대회'가 될 것으로 생각한 것이다. 울산이라면, 처용선대회로 명명할 수도 있을 것이다. 여기에다 대회는 16개 구·군대항전으로 한다면 축제형이 될 수 있다는 생각이었다. 그러나 끝내 실현되지는 못했다. 아무튼 용선대회는 중국, 홍콩, 인도네시아, 싱가포르 등 동남아시아 국가들을 중심으로 전통화된 물과 관련된 축제형 프로그램 중의 하나로써 전해지고 있는 해양스포츠라는 점을 주목할 필요가 있다. 지금은 심지어 호주, 일본 등지에서도 애호되고 있다.

이는 해양스포츠의 원조(元祖)가 대부분 유럽이나 쪽인 것과는 대조를 보이고 있기 때문에 더욱 흥미로운 것이다. 국내는 대한드래건보트협회 회원들이 1999년 11월 21일 한강시민공원 보트장에서 12인승 국산 1호 용선을 선보였고, 〈그림 6-30〉과 같은 용선이 충주호수축제에서도 매년 대회가 개최된다. 지금은 울산과 부산도 용선대회를 개최하고 있다. 부산은 2010년부터 수영강을 통해 세계 및 국내대회를 동시에 개최했고, 국립부경대 해양스포츠학과생들은 부산에서 개최된 국내부 제1회 대회에서 월등한 기량으로 우승을 했다.

특히 주로 축제형으로 선호되었던 용선대회가 2014년 광저우아시안게임에서는 정식종목으로 첫 채택되었다. 이어 2018년 8월 인도네시아 자카르타 팔렘방아시안게임에서는 출전종목이 증가되는 등 일취월장하고 있다. 팔렘방 자카바리스포츠시티에서 열린 아시안게임에 출전한 코리아의 남자 단일팀(남북혼성)은 3종목(200, 500, 1000m), 여자 단일팀은 2종목(200, 500m)에 출전했다. 특히 여자 단일팀은 200m에선 3위를 했지만, 8월 26일 개최된 500m 결선에서는 2분24초788을 기록하며 2위 중국(2분 25초 092)을 0.304초차(差)로 따돌리고 우승했다. 500m 드래건보트대회는 용 모양을 한 배에 12명이 올라타 한 팀을 이뤄 속도를 겨루는 경기이다. 10명이 패들(노)을 젓고 뱃머리에 박자를 맞추는 드러머(북잡이) 1명, 그리고 〈그림 6-30〉이 보여주고 있는 것과 같이 보트의 꼬리엔 방향을 조절하는 키잡이 1명이 탄다.

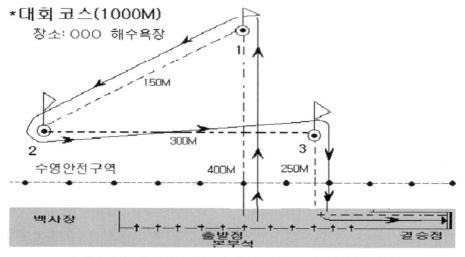

〈그림 6-29〉 제8회 부산바다축제 해양래프팅대회 경기장디자인 개념도

〈그림 6-30〉 부산 수영강에서 펼쳐진 제8회 부산 국제드레건보트대회 역주 모습
출처 : 부산일보(2018년 9월 10일자), 24면.

카누(canoe)의 원리가 거의 그대로 적용되는 경기로서 바다·강·호소 등 물이 있는 곳이면 어디에서나 20여 명(1000m의 경우)의 패들러가 고수의 북소리에 맞춰 일사불란(一絲不亂)한 동작으로 패들(Paddle)을 저어 가는 가운데 고도의 기량도 요구되지 않기 때문에 남녀 노소 누구나 즐길 수 있다는 점에서 대중스포츠가 갖춰야 할 장점을 오롯이 지니고 있다.

몸도 마음도 하나로 일치시켜 주는 협동심, 그리고 인내심과 모험심도 배양할 수 있을 뿐만 아니라 자연을 조금도 훼손시키지 않는 21세기형 자연친화적인 스포츠라는 것을 그 특징으로 꼽을 수 있다. 특히 코리아 카누 용선 단일팀은 아시안게임 출전에 앞서 충주 탄금호 조정경기장에서 불과 20여 일 정도 훈련을 함께하면서 호흡을 맞춰보는 수준이었음에도 여자 500m에서 우승했다는 것은 결국 용선도 조정의 팀 경기나 카누의 팀 경기처럼 기본적인 체력만 갖춰진 상태라면, 선수들 간의 일사불란한 협동심이 승패를 가름하는 대단히 중요한 요소임을 입증하고 있다고 볼 수 있다.

레이스 거리는 200, 500, 1,000m 등 3종류로 할 수 있다. 실제로 이번 자카르타 팔렘방아시안게임 남자 종목도 200, 500, 1,000m 등 3종류였다. 다만, 축제형 레이스라면 거리를 250m, 혹은 500m로 하고, 남녀 혼성경기로 하는 것이 더욱 흥미롭다. 그렇지만 선수를 모두 남자로 할 경우는 1,000m가 바람직할 것이다. 축제형이나 아시안게임 1,000m대회의 인원은 보트 당 22명(좌현 10명·우현 10명은 각각 패들(노)을 젖고, 그리고 2명중 1명은 뱃머리에서 북 혹은 축제형은 징을 박자에 맞추어 치고, 나머지 1명은 보트의 방향을 조절하는 키잡이), 혹은 500m라면, 12명(이중 1명은 키잡이, 나머지 1명은 뱃머리에서 박자를 맞추는 드러머-북잡이-다.)도 가능하다.

경기장 설계는 8개 레인 이상의 직선 코스로 하고, 각 레인 간 간격은 조정이나 카누경기장 처럼 15m 이다. 보트 규격은 목선(홍콩산), 혹은 FRP(중국산) 재질로써 총 길이 11.6m, 너비(폭) 1m, 깊이 43cm이 다. 패들(노) 길이는 105~130cm(카누 패들로도 대체가능)이다. 원칙적으로 기록경기이긴 하지만, 조정경 기나 카누경기처럼 날씨에 따라 기록이 영향을 대단히 많이 받기 때문에 선착순으로 승부를 결정하는 것이 일반적이다. 한 편으로 2018년 11월 캄보디아청년연합(UYFC)이 6개월의 작업 끝에 길이 83.7m의 드래건보트를 제작, 기네스 세계 기록 증명서를 받았다. 기존 세계 기록은 77.8m였다. 드래건보트는 중 국이 종주국이다.

10) 서핑(Surfing)

서핑은 주로 중상류층 생활체육 활동으로 인식되는 세일크루저요트나 모터요트와는 사뭇 다르게 생 활체육형 해양스포츠로서 대중적인 이미지의 부각(浮刻)에 결정적인 역할을 했다. 실제로 우리말의 '파 도타기, 혹은 '물결 타기'라고도 일컫는 서핑은 '보드'와 연안쇄파(沿岸碎波)의 너울에 의한 '파랑[wave]' 만 있으면 어디에서나 맘껏 즐길 수 있는 장점이 있기 때문에 세계적으로 5백만 명 내외가 참여하는 널 리 알려진 대중적인 생활체육으로 자리 잡고 있다. 국내는 2012년을 전후하여 봄부터 가을에 걸쳐 부산 송정, 강원 양양, 충남 태안, 제주 색달을 중심으로 20~30대가 주류를 이루는 동호인들이 많이 활동하 고 있다. 이들 중에는 젊은 여성들의 참여가 크게 증가하고 있다. 특히 2024년 파리올림픽조직위원회에 서는 야구를 빼고 창의적인 스포츠로서 서핑을 정식종목으로 채택할 계획이다. 그렇게 되면, 이제 서핑 은 생활체육은 물론 전문체육으로서도 날개를 달 전망이다.

역사는 고대와 근대로 나뉜다. 고대 서핑의 경우, 정확한 유래에 대해서는 명확하지 않지만, 적어도 기 원전 400년경에 서핑의 원형이 동태평양일대의 해안을 끼고 있는 미크로네시아, 멜라네시아, 오세아니아 등 많은 섬나라, 즉 하와이, 타히티 등 폴리네시아(Polinesia)지역에서 수세기동안 행해진 것으로 추정되 고 있다. 실제로 1778년 하와이안 섬으로 방문한 영국인 탐험가 제임스 쿡(Cook) 선장은, 그의 항해 일 지에서 서핑은 폴리네시아 민족의 생활환경과 밀접한 관계를 맺고 있는 가운데 널리 퍼진 활동이며, 20 세기 이전보다 훨씬 전부터 행해져온 활동으로 추정된다고 기록하고 있다(Brasch, 1995). 그러다 19세기 초에는 유럽에서 파견된 선교사들이 포교활동에 방해가 된다는 이유로 오랜 전통의 서핑을 하와이에서 금지시키는 한 편으로 보드를 모두 소각시켜 버림에 따라 서핑은 한때 암흑기를 맞는다.

이후 근대서핑은 20세기 초에 하와이 출신 '조지·후리스'라는 청년에 의해 미국 캘리포니아에 처음으 로 서핑이 보급된다. 또한 조지는 캘리포니아 최초로 지금의 '베이 워치'와 같은 해상인명구조대를 조직 하여 활동하는 한 편으로 1907년 일본 어부 7명을 구조하기도 했다. 특히 이 시기에 하와이가 세계적인 해양관광지로 급속하게 발전함에 따라 구조대가 필요하여 오늘날 '근대 서핑의 아버지'로 불리는 듀크·카하나모쿠가 그 중심역할을 담당했다. 또한 그는 하와이는 물론 호주까지 서핑을 적극 보급함으로써 근대서핑의 서막이 열렸다. 하와이의 와이키키와 호주의 프레시워터 해안에는 그의 업적을 기리는 동상이 세워져 있다.

1945년 제2차 세계대전 이후에는 현재도 선호되고 있는 유리섬유와 발포합성고무재료의 서프보드가 개발되었다. 게다가 영화, 음악(1963년 여름부터 미국 하와이에서 유행하기 시작하여 이후 세계적으로 널리 알려진 새로운 리듬의 재즈인 'surfing usa'), 의류 그리고 전문적 기술들은 1960년대 후반 이후로 전 세계적으로 확산된 '서핑문화'를 형성하는데 적잖은 역할을 해왔다. 세계적으로 서핑이 가장 활성화된 곳은 미국 하와이와 캘리포니아, 그리고 호주의 프레시워터 해안이다. 호주의 경우, 서핑클럽이 많이 조직되어 현재 시드니 본다이비치, 골드코스트 등에서 활동 중인 서핑인구는 총 인구 1,940만 명 중 약 300만 명이 서핑을 생활체육 목적으로 즐기고 있는 등 호주에서 가장 대표적인 생활체육 종목으로 자리 잡고 있다. 특히 하와이의 오아후 북쪽 해안지역, 피지의 투발루 그리고 남아프리카공화국의 제프리만과 같이 평소에도 비교적 파랑이 높은 수많은 해안 지역들은 서핑의 세계적 명소로 유명세를 떨침에 따라 스포츠형 해양관광 프로그램으로서 지역과 나라의 경제를 살찌우는 주요 해양관광산업으로 성장하고 있는 추세에 있다.

국내는 2002년 첫 대회가 개최되었다. 2003년 '송정서핑스쿨'이 장비를 수입하여 저변확대사업에 적극 나선 것이 대중화의 시초이다. 부산 송정해수욕장에서 악천후 시, 또는 파랑이 높을 때에만 동호인들의 활동이 활발하다. 이 스쿨의 전문강사 민경식 씨에 의하면, 송정스쿨에서 서핑을 배우는 사람은 2012년 한 해만 해도 약 3,000여 명, 전국적으로는 약 3만여 명에 이른다고 한다. 부산은 남해동부 연안에 위치하고 있음에 따라 사계절에 걸쳐 어느 정도는 파랑을 기대할 수 있기 때문에 그런대로 갈증을 풀 수는 있다. 2016년의 경우, 우리나라 대표 서핑 포인트로 손꼽히는 송정해수욕장에서는 봄부터 가을에 이르기까지 주말이면 동호인들의 활동이 비교적 활발하다. 숙박과 식음료산업에 걸쳐 지역경제도 덩달아 활성화되기도 했다. 그러나 한때 국내 서핑 메카로 떠올랐던 부산 송정해수욕장의 서핑 업체 수(19곳)가 수년 째 20곳 안팎에 머물러 있다. 업체 수가 더 이상 증가하지 못하는 이유는 두 가지다. 하나는 해수욕객 중심으로 검토한 50m에 불과한 서핑 존을 꼽을 수 있다. 그러나 이 서핑 존은 실측 결과 30m에 불과한 것으로 확인되어 스퍼들이 분통을 터트리고 있다. 다른 하나는 송정을 서핑 메카로 만들겠다며 2017년 '송정서프빌리지 조성' 기본계획을 수립했던 부산시의 행정도 답보 상태에 있다는 점이다. 다만 2019년부터 '웹툰 라인업'이라는 회사가 웹툰을 통해 송정을 국내 3대 서핑명소로 홍보하고 있어 기대가 크다. 대한서핑협회가 추산하는 동호인 수는 2014년 4만 명에서 2016년 10만 명, 2017년 20만 명으로 3년 새 5배로 급증했다.

실제로 최근 강원도 양양의 죽도해변(《그림 6-31》)을 비롯하여 동산포·남애3리 해변, 포항 후포, 제주

〈그림 6-31〉 강원도 양양 죽도해변에서 서핑을 즐기는 여성동호인들의 우아한 모습
출처 : https://m.post.naver.com/viewer(2018)

중문 색달해변이 송정보다 더 유명 포인트로 떠올랐다. 이중 양양은 2000년대 초만 해도 서핑의 변방이었다. 파랑의 각도나 세기에서 다른 지역과의 경쟁력을 압도하는 가운데 2016년 영동고속도로가, 2017년 6월 서울~양양고속도로 개통, 2017년 12월 원주~강릉 복선 철도가 잇따라 개통되면서 수도권에서 동해안으로 당일치기도 가능하게 됨에 따라 양양의 죽도해변이 국내 신흥 중심지로 각광받고 있다.

전국 서핑업체 70곳 중 절반 이상인 44곳이 양양군에서 영업하고 있다. 죽도해변에만 서핑 업체가 16곳에 달한다. 이 외에도 인근 인구(8곳), 남애(10곳), 기사문(10곳) 등 양양 일대만 2018년 9월 기준 61개 업체가 성업 중이다. 양양군은 2017년 6만7000여 명이 양양을 찾았고, 직간접경제 효과도 130억 원에 이를 것으로 추정하고 있다. 2012년 기준, 국내 서핑은 보드가 국산화되는 등 장비가 매우 저렴하고 수송도 간편하기 때문에 1960년대의 미국 하와이와 캘리포니아, 호주 골드코스트처럼 대중화를 위한 저변확대 속도가 급물살을 타고 있다. 다만, 국내는 파랑의 높이 등 자연환경이 외국의 서핑 명소들보다는 조금은 열악하기 때문에 끝없는 저변확장에는 어느 정도 한계가 있을 것으로 전망된다. 그런 불리한 자연환경 속에서도 대한서핑협회는 전국의 서퍼 인구가 최근 3년 사이 5배(倍)나 증가하여 2017년 기준, 20만 명을 돌파한 것으로 보고 있다. 가히 폭발적이라 할만하다. 일부 실내 서핑장도 성업 중이다.

아무튼 윈드서핑과 서핑 등 무동력 해양스포츠는 항상풍의 방향과 풍속, 그리고 높은 파랑 등 지역의 수역환경에 따라 자국(自國)내에서도 선호되는 종목이 서로 다른 특성을 갖고 있음을 이들 서핑의 명소들을 통해서도 확인할 수 있다. 이는 일부 무동력 해양스포츠 활동의 경우, 자연환경에 많은 영향을 받는다는 것을 입증하고 있다고 볼 수 있다.

내친 김에 협회에 당부하고 싶은 것이 하나 있다. 올림픽종목을 계기로 패러글라이딩 동호인들과 적극 협력하여 카이트서핑을 활성화시켜 나갔으면 한다. 카이트서핑의 원리는 패러글라이딩과 서핑의 접목에 있기 때문이다. 관계자들의 무릎맞춤을 기대한다. 상생발전 할 수 있는 윈윈 전략이다. 수심이 얕고 바람이 비교적 강한 울산 울주군 진하해수욕장, 부산 다대포해수욕장, 포항 후포해수욕장 그리고 제주 구좌읍 종달리도 적지로 평가 받는다.

11) 패들보드(Paddleboard) ― SUP(Stand Up Paddle)

보드 손잡이에 붙은 리쉬(Leash)를 발목에 차고 보드 위에서 패들(Paddle)을 저어 앞으로 나아가는 '스탠드 업 패드보드(SUP)'는 얼마 전부터 우리 사회 유행을 선도하고 있는 이른바 '2030 패드 세력(Fad Grroup)'들이 대거 참여하고 있는 현상에 많은 사람들이 고무됨으로써 2018년 여름 기준, 질풍노도의 기세로 대중화되고 있는 해양스포츠이다. SUP는 서핑을 보다 쉽게 할 목적으로 미국 하와이에서 처음 시작됐다. 해외에서는 이미 인기 생활체육형 해양스포츠로 자리 잡았다. 그러나 국내에서는 아직 생소한 탓으로 가르치는 곳이 그렇게 많지 않은 편이다. 그렇지만 특별한 기술을 필요로 하지 않기 때문에 부산, 제주, 양양의 서핑 교습소에서 3~4회 정도 강습만 받으면 누구나 패들보드와 친숙해질 수 있다.

〈그림 6-32〉 패들보드(SUP) 대회에 출전한 선수들이 순위 다툼을 위해 역주하는 모습
출처 : 대한패들보드연맹(2018)

패들보드(SUP)의 장점을 다음의 다섯 가지로 꼽을 수 있다. 첫째, 해양스포츠 관련 각종 장비(보트 및 기구) 가운데 가장 간편한 몇 종목 중 하나라는 점이다. 둘째, 날씨가 좋으면 비키니나 반바지 차림으로도 즐길 수 있기 때문에 준비가 번거롭지 않다. 물론 체온을 유지시켜 주는 드라이슈트만 착용하면, 봄이나 가을을 비롯하여 시즌 중 비가 가볍게 오는 날도 아무런 문제가 없다. 셋째, 재미는 파도가 높은 곳에 비하여 상대적으로 반감되지만, 파랑이 없어도 즐길 수는 있기 때문에 전국 240여 개소의 해수욕장을 비롯하여 강과 호수에서도 즐길 수 있다. 그렇지만 부산 해운대해수욕장은 특히 이안류를 유의하지 않으면 안 된다. 넷째, 기본적으로 리시코드가 보드와 몸을 연결해주기 때문에 수영이 서툴어도 즐기는데 큰 애로가 없다.

그러나 베테랑급이라고 하더라도 인도네시아 발리처럼 파도의 웨이브가 집채만한 곳에서의 서핑은 가끔 몸이 리시코드와 보드 사이에 엉켜 순간 위험천만한 상황에 처하는 경우도 있다. 원숭이도 나무에서 떨어져 죽는다는 속담이 있음을 잊지 말아야 한다. 게다가 자신을 위해서도 수상레저안전법은 반드시 준수하여야 하기 때문에 라이프재킷 착용은 필수다. 그렇지만 실상은 대부분 라이프재킷 착용을 하지 않고 있어 패들러의 안전이 우려되고 있다. 대한패들보드연맹이나 업체에서 적극 홍보·실천하지 않으면 안 된다. 다섯째, 고도의 테크닉을 요구하고 있지 않기 때문에 운동신경이 남다르지 않아도, 또는 왕초보자나 심지어 중장년의 나이가 지긋한 사람들도 얼마든지 즐거움을 만끽할 수 있다는 점 등이다.

물론 난이도가 높은 파도에서는 고도의 기술을 필요로 한다. 또한 지체장애인의 경우 보드 위에 앉아서 패들을 젓거나, 아니면 패들 길이를 아주 짧게 조절하는 가운데 라이프재킷만 착용시키면, 그들도 참여할 수 있는 기회가 주어지지 않을까 싶다. 또 다른 방법 하나. 연맹에서는 일본 '바디보드' 동호인들이 2002년 9월 대마도에서 부산 수영요트경기장까지 보드 위에 엎드려 양 손을 이용하여 바닷물을 뒤로 밀어 내면서 앞으로 나아가는 제2장 〈그림 2-4〉를 참고하여 '패드보드'도 적극 검토 있기를 기대한다. 필자는 '해양래프팅'을 통해 지체장애인들이 참여할 수 있는 기회를 국내 첫 제공하여 그들로부터 진심으로 '고맙다'는 인사를 기회가 있을 때마다 받고 있다. 패드보드가 오늘날의 패들보드의 원형이 아니던가. 지체장애인들에게도 과감하게 문호를 개방할 수 있기를 기대한다.

따라서 보드와 패들, 그리고 적당한 수심의 바다와 강과 호수 등 물만 있으면 여름을 시원하게 보낼 수 있다. 배우기가 서핑에 비해 아주 쉽다. 보통 서핑은 제대로 일어서는 데만 대략 3일 이상 걸리는 경우가 많지만, SUP는 30~40분, 혹은 많아도 1시간 정도 시간을 할애면 걸음마 수준에는 이른다. 보드의 아래 부분에 키 역할을 하는 핀(Fin)이 있다. 먼저 무릎 높이의 물에 들어가서 보드에 탄다. 가장 초보적인 동작은 양반다리를 하고 패들을 젓는 것이고, 보드는 충분히 부력이 있고, 자세는 낮추어 안정감 유지가 최고의 과제가 된다. 다음 동작은 무릎을 꿇고 타는 일이다. 속도가 많이 빨라진다. 패들을 앉았을 때 보다 조금 더 길게 잡고 시선은 멀리 본다. 최종 단계는 일어서서 타는 동작이다.

일어설 때는 패들을 양손으로 잡고 보드의 앞쪽을 짚은 뒤 천천히 일어서면 된다. 수면에서 방향을 전환할 때는 가고자 하는 방향의 반대쪽의 패들을 저으면 천천히 보드가 방향을 잡는다. 급하게 방향을 전환시켜야 할 때는 백패들, 즉 가고자 하는 방향의 패들을 뒤에서 앞으로 저으면 보드가 순식간에 방향을 튼다. 이 단계부터는 연습에 얼마나 많은 시간을 할애하느냐 여부가 기량 향상을 결정짓는다.

끝으로 보드를 운반할 때는 가운데 손가락이 들어가는 구멍이 있기 때문에 그곳에 손을 넣어서 옆구리에 끼고 들면 이동이 쉽다. 다른 한 손으로는 패들을 들면 된다. 안경이나 모자는 물에 빠졌을 때 분실할 우려가 있기 때문에 별도의 끈으로 연결해야 한다. 파도의 웨이브가 높거나 균형을 잃으면 물에 빠질 수 있다.

이때 가장 중요한 것이 패들을 버리는 것이다. 패들은 카본 재질이기 때문에 잃어버릴 염려가 없다. 보드를 확보하고 올라타는 것이 최우선이다. 리쉬코드(Leash Cord)를 당겨 보드를 몸 쪽으로 가져온 후 보드를 가로질러 엎드리듯 위로 올라가면 된다. 그 다음엔 양손으로 패들링을 해서 패들(Paddle)이 놓여 있는 곳으로 나아가면 된다.

제7장

해양스포츠 활동과 안전 확보, 구명장비 및 인명구조법

1. 개 요

해양스포츠 현장관리에서 으뜸은 고객의 건강과 안전 확보이다. 특히 강사의 역할은 해양스포츠 활동 시에 발생할 수 있는 제반 위험 요소를 미리 예측하여 고객이 사용할 장비와 교육장 주변을 매일 점검 하는 등 안전사고를 미연에 예방 또는 최소화시키는 일이다. 물론 위험에 대한 최소화의 방향과 해양스 포츠에 대한 참여의 의사결정 사이에는 신뢰할만한 안전수칙, 즉 업체의 자체매뉴얼이 존재해야 한다. 그 렇지만 예방의 일차적 책임은 전적으로 참가자 개인에게 있다. 다만 강사들은 참여자들이 참고할 정보 제공을 통해 위험에 노출되지 않도록 적극 도울 뿐이다. 그렇지만 마리나, 수상스키협회, 요트학교, 그리 고 해양스포츠 분야 비영리생활체육단체를 비롯하여 해양스포츠업체 등 단체나 업체도 강사 개인과 함 께 사회적 책임을 져야할 법적·도의적 위치에서 자유스러울 수 없다. 업체는 수상레저안전법에 따라 장 비에 대해 해경으로부터 안전검사를 반드시 받는다. 그러나 안전검사를 받았든, 안 받았든, 그리고 보험 에 가입 여부와 관계없이 안전사고에 대한 민·형사적 책임이 면탈되지는 않는다. 그렇기 때문에 단체나 업체 나름의 자체 안전수칙 매뉴얼이 반드시 작성되고, 또 그렇게 운영되어야 한다.

해양스포츠 활동 참여자 개인은 동력과 요트의 경우만 면허를 취득해야 하고, 또 안전교육 이수를 비 롯하여 장비등록도해야 한다. 그렇지만 해양스포츠업체나 단체의 유자격강사에 의해 지도받는 개인과 회원은 면허취득과 안전교육제도가 없다. 게다가 동력개인장비도 안전검사를 받지만, 구입 시 선택과 평 상시의 관리, 그리고 개인 장비인 해양카누, 해양카약 등 무동력은 전적으로 개인의 책임이다. 그렇다면 '무동력 개인 장비에 대한 안전상식과 테크닉 수준은 어느 정도 되어야 하며, 또 이들의 안전을 어떻게 담보할 것인가?'하는 문제는 앞으로 더 많이 연구되어야 할 측면이 있다고 생각된다.

2. 수상레저안전법과 동호인 유의사항

1) 수상레저안전법 마련 과정

5마력 이상의 동력종목(요트·일반 조종 I · Ⅱ급―수상오토바이·모터보트 병행 사용) 면허제 도입, 안전교육, 장비안전검사, 장비등록 등과 관련된 수상레저안전법이 마련된 이래 약 18년이 경과한 지금, 해양스포츠는 여름철에 국민 생활체육의 한 장르로써 널리 선호되고 있다. 면허취득자만 해도 2018년 기준 약 22만 명 수준이다. 당초 해양경찰청은 해수면만 먼저 검토했으나, 강과 호소 등 내수면 역시 안전측면에서 문제점이 많다는 행정안전부의 걱정도 수렴하기 위해 해수면·내수면을 포괄하는 일원화된 하나의 법률을 마련했다. '수상레저안전법'이라는 이름으로 1999년 1월 5일(제199회 임시국회) 여당(국민회의·자민련) 단독 국회를 통과한 이 법은 동력수상레저기구조종면허제 도입과 수상레저사업, 그리고 각종 벌칙을 주요 내용으로 하고 있다. 1년간 공포기간을 거쳐 2000년 2월 9일부터 시행되었다.

당초에는 1999년 여름부터 국내 첫 도입되는 것을 목표로 1998년 9월 정기국회 통과를 위한 일차 공청회가 해양스포츠 일선 지도자들이 높은 관심을 보인 가운데 해양경찰청과 한국해양수산연구원 공동 주최로 1998년 5월 8일 수산업협동조합중앙회에서 개최된 바 있었다. 제2차 공청회는 3개월 뒤인 8월 해양경찰청 강당에서 해경차장 주재로 의견을 수렴했다. 결국 우여곡절을 거쳐 스포츠잠수 분야가 제외되는 등 법 마련 취지가 일부 퇴색한 가운데 이 법이 국회를 통과한 것은 1999년 1월 5일 이었다.

해양경찰청이 선정한 시험대행기관에서 이론 및 실기시험에 합격하면 면허가 발급되었고, 업체의 장비는 안전검사를 받도록 했다. 그러다 2005년 3월 일부 조항이 개정된 수상레저안전법이 2007년 4월 1일부터 시행됨에 따라 수상오토바이 등 각종 기구를 사용하여 해양스포츠를 즐기려면 우선 장비(보트)를 기초지자체에 등록하고, 또 부산의 경우 해경이 지정한 부경대 해양스포츠학과(대행기관장 : 지삼업)를 비롯하여 복수(複數)의 대행기관에서 안전교육(3시간)을 받아야 했다. 그렇지만 부경대는 1년 뒤인 2008년 2월 안전교육대행기관지정을 스스로 취소 요청했다. 이 대학이 안전교육대행기관에 참여한 목적은 한쪽으로만 편향되어 있는 면허시험대행기관 운영시스템은 자유시장경제를 기본으로 하는 시민사회에서 어떤 측면으로 보나 성역시되어서는 안 될 뿐만 아니라 독과점은 결코 바람직하지도 않다는 메시지를 주기 위한 것이었고, 그 성역이 부경대에 의해 무너진 이후 안전검사대행기관선정에서도 적용됨으로써 당초의 참여 목적이 상당부분 달성되었다고 판단하여 본연의 강의 및 연구에 충실하기로 한 것이다. 머잖아 실기시험·안전교육·안전검사대행기관도 응시자가 증가하면 복수의 대행기관시대가 활짝 열릴 것으로 전망되고, 또 그렇게 되어야 한다는 생각이다.

등록대상 기구는 수상오토바이, 20마력 이상의 모터보트(인·아웃보트), 30마력 이상의 고무보트(바람을 빼도 접을 수 없는 고무보트) 등 3종이다. 기구 소유자들은 2007년 3월 31일까지 해양경찰청이 지정하는 검사기관으로부터 안전검사를 받은 후 보험가입증명서, 제조증명서, 기구 사진 등을 첨부해 관할 시·군·구에 등록해야 한다. 7년마다 동력기구 조종면허를 갱신해야 하기 때문에 2000년 4월 1일부터 계산하여 7년이 되는 해인 2007년부터 면허를 첫 갱신하기 시작했다. 이 과정에도 안전교육은 반드시 필해야 한다. 2007년 대상자는 전국에 걸쳐 6,900여 명인 것으로 밝혀졌다. 두 번째 면허갱신 기간은 2014년이었고, 세 번째 갱신기간은 2021년이 된다.

2) 3C(주의·예의·상식)의 생활화가 해양스포츠안전 담보

우리나라는 3,400여개의 도서(島嶼)와 국토 면적당 세계 최대(16,857km)의 긴 리아스식 해안선, 여기에다 빼어난 해안 경관과 이상적인 기상 조건 등을 두루 갖추고 있어 혹한기(12월~2월) 3개월을 제한 나머지 계절에는 시즌(6~8월 말)과 비시즌으로 나눠 다양한 해양스포츠들을 맘껏 즐길 수 있다.

부산의 경우, 해운대·광안리·송정해수욕장 등은 봄, 여름, 가을에 비교적 쾌적하고 온화한 날씨가 계속되기 때문에 서핑을 비롯하여 모든 해양스포츠 활동에 적지로 평가받고 있다. 바람(風)은 봄(3/5월)의 경우 북서풍, 여름(6/8월) 남동풍, 가을(9/11월) 북동풍, 겨울(12/2월) 북북동풍 등이다. 풍속(風速)은 봄 4m/초, 여름 3.4m/초, 가을 3.8m/초, 겨울 4.2m/초이다. 온도(溫度)는 봄 11.7℃, 여름 24.2℃, 가을 14.3℃, 겨울 1.7℃ 이다. 강우량(降雨量)은 봄에 122mm, 여름 141mm, 가을 102mm, 겨울 58mm이다. 파고(波高)는 앞바다 1/1.5m, 먼바다 2.5/3m이다. 조류(潮流)는 북동과 남서로 흐르고, 대조기 때의 최강 유속은 1~2km이고, 항상 북동쪽으로 흐른다. 해수(海水)의 움직임은 복잡한 해안지형의 영향을 받아 매우 불규칙적인 특징을 보이는 가운데 낙조류(落潮流)는 창조류(創潮流)에 비하여 30% 정도 우세하다. 조석간만의 차(差)는 약 1.8m로서 보트의 안전계류에 걱정이 없다. 조석(潮汐)은 바다로부터 강쪽으로, 강쪽에서 바다 쪽으로 나아가는 지구와 달 사이의 기운(氣運) 놀이다.

따라서 기후, 풍향, 풍속, 조석간만의 차는 해양스포츠 활동과 보트계류 적정 수심에 적지임을 증명해주고 있다. 그러나 낙조류가 우세하고 또 해류의 흐름이 불규칙적이기 때문에 윈드서핑, 세일링(무동력 딩기정)요트 등 무동력 해양스포츠 초보자 안전에 각별한 주의를 요한다.

특히 수상오토바이를 비롯하여 각종 모터요트류(類) 등 동력 해양스포츠의 경우도 유류 부족과 기계적 고장 등에 의해 표류하는 일이 얼마든지 일어날 수 있다고 상정(想程)해 볼 때, 해상안전에 자유롭지 못한 것은 무동력 해양스포츠와 마찬가지다. 일본의 경우 해상안전사고 발생의 약 30%가 해양스포츠 분야이다. 우리나라 역시 최근 다양한 형태의 해상안전 사고가 빈번히 발생하고 있지만 그 심각성을 체감하고 있지 못하다. 2018년 10월 14일 국회 농림축산식품해양수산위원회 박완주 의원이 해경청으로부터 제출받은 자료에 따르면 수상레저기구 사고로 2017년만 64건의 인명피해(10명 사망)가 발생했다.

2016년 28건의 인명피해가 발생한 것과 비교하면 2배 이상 증가한 수치다. 최근 5년간(2013~2018년 9월) 수상레저기구로 인한 사고는 총 172건으로 유형별로는 충돌이 75건(43.6%), 전복 25건(14.5%), 표류 9건(5.2%) 등의 순으로 나타났다(김종우, 2018). 이제 국민 생활체육으로서의 해양스포츠 안전법규의 철저한 이행, 그리고 해경의 구조 활동이 바다배낚시선사고 대응을 보면 조금은 아쉬운 측면이 있지만, 전체적으로는 신뢰할 수 있다. 개별 마리나차원의 해양구조대(Life Guard) 활동도 필요한 시대가 곧 닥치게 된다.

이론 및 실기시험과 안전교육을 거처 해당 면허증을 소지한 동호인들은 해운대, 경포대, 대천, 비진도 등 전국 어디에서나 해양스포츠를 맘껏 즐길 수 있을 뿐만 아니라 여행 중일 때는 그곳 마리나 해양스포츠업체의 장비를 이용하면 된다. 그러나 각종 해양스포츠는 강, 호수, 바다에 나가기 전에 반드시 라이프재킷 착용을 비롯하여 장비의 안전성을 꼼꼼히 확인하여야 한다. 하지만 동력 해양스포츠의 경우 해변으로 부터 약 8km 이상의 구역에서 활동을 할 때는 휴대용 전화기도 가급적 지참하여야 당황하는 일이 없을 것이다. 구조가 필요할 때는 122번(해경), 또는 119로 연락하면 된다.

특히 구명복은 최신 모델이 1998년 7월부터 국내에 본격 보급되어 왔기 때문에 해양스포츠 활성화에 크게 기여하고 있다. 입으면 물에 뜨는 최신 모델의 구명복은 피폼이란 특수소재를 사용, 두께가 8mm, 무게 500g 정도로 아주 얇고 가볍지만 최대부력 130kg으로 웬만한 헤비급 체격도 물에 띄운다. 여기에다 영구적 부력성을 갖춘 가운데 세련된 패션디자인과 얇은 두께로 인해 해수욕장 야간평상복으로 입고 다녀도 전혀 어색하지 않다. 뿐만 아니라 영하 25°C까지 견딜 수 있는 방한성도 고려되어 있다. 결국 정품 구명복은 안전성 의문에 의한 자기 소멸의 두려움과 소문난 물(水) 기피증 때문에 해양스포츠를 회피해온 일부 동호인들에게 자신감과 친근감을 느끼게 한다. 다만 2018년 6월 창원해양경찰서 수사발표에 의하면, 중국산 불량 라이프재킷이 국내에 대량 유통되고 있다고 알려지고 있어 주의하지 않으면 안 된다.

더욱이 동력장비를 새롭게 구입한 경우 약 10시간의 엔진 예열과정을 거친 후 가능한 한 해변 가까운 곳에서 활동하는 가운데 기량 향상보다는 오히려 그 장비에 익숙하도록 노력하는 일이 더 중요하다. 만약의 경우 돌발 사태가 발생하여도 무리 없이 해변으로 나올 수 있기 때문이다. 훌륭한 조종술은 자신의 장비에 대한 높은 이해와 신뢰가 있을 때 얻을 수 있고, 또 그런 자세가 확립되어야 장비 파손을 미연에 예방할 수 있다. 특히 동력은 엔진에 이상이 발견될 때는 즉시 엔진을 정지시킨 후 예인조치를 취해야 한다. 무리하게 계속 엔진을 작동시키면, 작동시킨 그 시간만큼 비례하여 수리비가 크게 상승한다. 그러나 무엇보다 중요한 것은 신뢰성 있는 교육기관이나 사회체육단체에서 조종술, 해양스포츠 안전교육, 안전수칙 등을 기초부터 철저히 교육 받는 일이 될 것이다. 특히 주취중이거나 마약, 대마, 향정신성의약품을 비롯하여 기타 정상적으로 해양스포츠 활동을 할 수 없는 상태에서 보트를 조종하는 일은 결코 없어야 한다.

더욱이 해양스포츠 동호인들은 반드시 3C(예의 ; Courtesy, 주의 ; Care, 상식 ; Common Sense)를 생활화 하여야 한다. 이는 해양스포츠가 궁극적으로 지향해야 할 목표가 예의, 주의, 상식이라는 낱말 속에 모두 함의(含意)되어 있고, 특히 자신의 생명은 자신이 스스로 지켜야 한다는 뜻도 내포하고 있음을 주목해야 한다. 해경, 소방서 등의 구조체계가 마련되어 있다고 하더라도 일차적 대처책임은 그 자신에게 있기 때문이다.

3) 장비(보트)에 대한 유의사항

바다는 우리들이 일상생활을 하는 뭍과는 전혀 다른 특수한 환경이기 때문에 인간의 힘이 즉각 미치지 못하는 등 냉엄한 특성을 갖고 있다. 수면(水面)상태는 언제나 기상 변화에 따라 순식간에 돌변하고, 또 그런 바다에서 만약 장비 밖으로 실족하면 목숨을 잃는 경우가 가끔 있다. 여기에다 거센 파도에 의한 장비의 심한 흔들림이나, 혹은 엔진소음 등이 조종자로 하여금 당황하게 하는 원인이 되어 그 자신의 조종 능력을 현저히 저하시킨다. 뿐만 아니라 현명한 판단력마저 흐리게 한다.

더욱이 그런 상황에서는 진행 방향을 뜻대로 조종하기가 곤란하기 때문에 다양한 각도에서 접근하게 될 가능성이 높은 선박과의 충돌을 피할 수 없는 등 큰 곤경에 처하기도 한다. 심지어 해안역 인근 간출암에서 바다낚시를 즐기다 갑작스런 풍랑을 만나 긴급구조 요청을 해보지만, 구조대 역시 접근할 마땅한 방법이 없어 발을 동동 구르는 등 인명이 희생되는 장면을 뻔히 바라만 볼 수밖에 없는 안타까운 사례도 가끔 있다. 심지어 무리하게 접근을 시도하다 사망하는 구조대원도 있었다. 실제로 2016년 울진에서 그랬다.

무엇보다 중요한 것은 뭍(陸上)이나 다른 보트와의 의사 전달이 곤란하고, 또 세일크루저요트라면 미처 충분히 확보하지 못한 물과 식량 등 각종 물자 보급을 비롯하여 엔진고장과 그 부품의 파손에 이르기까지 원만한 지원을 받기가 매우 어려운 환경에 처한다는 점을 잊지 말아야 한다. 특히 예기치 못한 상황에서 안전사고가 발생했을 때, 역시 그 구조 수단도 완벽을 기할 수 없는 등 고립무원(孤立無援)의 상태에 쉽게 노출될 수 있는 가능성이 가장 높은 곳이 곧 바다라는 점을 이해하는 일이 매우 중요하다. 이는 바다에서 한 번의 중대한 실수는 곧 바로 귀중한 생명마저 희생당할 수밖에 없다는 그런 뜻도 된다.

20여 년 전의 일이다. 1997년 12월 31일 옛 발해인 들의 해상 발자취를 1,300백년 만에 추적하기 위해 21세기 바다연구소회원 4명이 물푸레(杉木) 나무로 만든 뗏목(길이 15m, 폭 5m)으로 블라디보스토크 항을 출발, 부산항을 목표로 항해하다 이듬해 1월 24일 악천후(초속 20m의 강풍, 파고 8~10m)와 혹한 탓으로 일본 근해 오키군도 도고섬으로부터 불과 100m 앞 해상에서 구조 중 뗏목마저 전복돼 전원이 사망한 사고는 해상안전 수칙 준수의 중요성에 대한 실제 사례가 된다. 이들은 00해양대대학원생으로서 사전에 고난도 연습을 충분히 했음에도 불구하고 악천후에는 큰 도움이 되지 않았다.

3. 조난 시 정신력의 중요성

바다에서 조난을 당하여 생명을 잃을지도 모르는 심각한 위기에 처하게 되면, 정신력은 생(生)과 사(死)를 결정하는 핵심적인 요소가 된다고 한다. 보트를 포기하고 바다에 완전히 노출되었을 때, 직면하게 되는 위험들은 오직 자신의 정신력으로만 극복하지 않으면 안 되기 때문이다. 강인한 정신력만이 공포감을 해소할 수 있을 뿐만 아니라 급박한 위험에 대하여도 침착하게 대처할 수 있는 심리적 여유를 갖게 해준다. 여기에다 경험, 교육, 훈련을 통해 체득하고 있는 해상안전사고에 대한 지식의 활용을 비롯하여 타인과의 협조와 원조를 가능하게 하는 토대가 되기도 한다.

그러나 그러한 정신력도 단시일에 간단히 기대할 수 있는 성질의 것이 아니기 때문에 평소에 익혀둔 안전교육 내용과 건전한 인생관, 그리고 개인의 철학에 따라 상황 대처 능력은 크게 달라진다. 그렇지만 어떤 경우에도 안전교육 내용 숙지와 실천이 중요함을 잊지 말아야 할 것이다. 정신력은 해상 표류 초기의 다급한 위험시에 뿐만 아니라 라이프재킷이나 구명정에 의지하여 장시간 표류를 계속하게 될 경우도 조난자를 괴롭히는 고독감, 절망감, 허탈감, 무력감과 같은 정신적 위기를 극복하는 데 대단히 중요하다는 것이 선박에서 근무한 해기원(海技員)들의 공통된 견해다.

실제로 조난에 노출된 경험을 갖고 있는 선원들에 의하면, 특히 조난자는 조난 중에 일상의 이런저런 일들을 곱씹게 되고, 자신만이 이 세상의 모든 것을 잃어버린 비운의 주인공처럼 비탄에 빠지는 것이 예사라고 한다. 순식간에 무뚝뚝해지고 원기마저 잃게 되며, 거기에다 공복감과 갈증까지 겹치게 되면 의

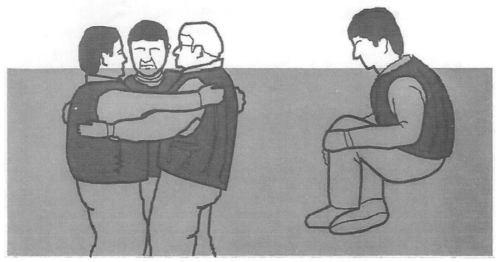

〈그림 7-1〉 스크럼(Scrum)을 짜고 서로 격려하는 가운데 구조를 기다리는 것이 바람직

출처 : JJ lsler & Peter lsler(1997), *Sailing for Dummies*, IDG BOOKS, 128.

지력이 약화되고, 극심한 공포를 느끼게 된다는 것이다. 더욱이 조난자 중 한 사람이라도 그런 상태에 빠지면, 다른 사람에게 빠른 속도로 파급되어 결국 모든 조난자가 같은 분위기에 젖어들게 된다고 한다. 모든 조난자는 구조에 관해 항상 긍정적이 되도록 노력하는 가운데 서로를 격려, 그런 자포자기적인 분위기에 쉽게 젖어들지 않도록 스스로 노력하는 일이 중요하다. 〈그림 7-1〉과 같이 원형으로 어깨동무하면서 사기유지를 위해 서로 농담을 주고받거나, 일상의 재미있는 이야기를 비롯하여 손장난, 오락, 합창 등을 하는 것이 매우 유익하다는 것이 경험자들이 전해주는 조언이기도 하다.

4. 조종자(操縱者)의 유의사항

해양스포츠의 특징은 보트가 일단 바다에 나서면 고립무원의 상태가 되는 것이고, 또 그와 같은 특징은 다른 어떤 스포츠와도 견줄 수 없는 높은 매력을 지니고 있는 등 대조적인 양면성을 갖고 있다. 그러나 예상치 못한 돌발적 사태에 대한 대처는 어차피 조종자 자신의 주관적 판단과 평소의 능력(전문성)으로 해결할 수밖에 없는 처지에 놓이게 된다. 조종술에 대한 숙달을 비롯하여 엔진에 관한 간단한 정비(整備) 정도는 스스로 할 수 있는 숙달된 기능을 평소에 갖춰야 할 것이다. 뿐만 아니라 강과 바다에 나갈 때는 반드시 장비에 대한 안전점검을 하는 일을 생활화시켜야 한다. 특히 새로 구입한 장비의 시운전(試運轉)은 조종자 자신이 직접하고, 또 그에 관련된 모든 기기에 대한 기능을 엔지니어의 도움을 받아 하나하나 빠짐없이 확인하는 등 시운전의 전 과정을 통해 장비의 각종 기능에 대한 신뢰를 갖는 일이 중요하다는 생각이다. 물론 해양스포츠업체나 마리나에서 장비를 렌트했을 경우도 마찬가지다. 더욱이 기존 장비에 숙련된 조종자라 하더라도 하루가 다르게 쏟아져 나오는 신형보트들은 고가의 최첨단장비가 많이 내장되어 있기 때문에 그에 관련된 사용법의 숙지(熟知)와 고장(故障) 시에 대처하는 요령도 터득해 두는 일이 앞으로 더 많이 필요하게 될 전망이다. 시니어는 더욱 그렇다.

동력 해양스포츠 해상안전 사고 중에 가장 빈도가 높은 것이 엔진기능의 결함이라고 알려져 있다. 그 다음은 안전점검 소홀과 취급미숙 등 평소 조금만 유의하면 사고를 미연에 예방할 수 있는 이른바 사람에 의한 예기된 인재(人災)들을 꼽을 수 있다. 특히 마리나와 해양스포츠업체에서는 장비관리에 철저를 기해야 한다. 1998년 여름 부산 해운대해수욕장에서 수상오토바이 동호인이 속도감을 즐기던 중 휘발유가 부족하여 표류하는 안전사고가 있었다. 조종 전에 계기판을 확인하는 지극히 초보적인 안전점검 소홀히 그 원인이다. 수영과 마찬가지 자세가 필요하다. 목표물을 자기 능력(휘발유 확보량)의 절반 수준으로 정해 놓고 활동하는 것이 좋다. 스포츠잠수의 경우도 특히 해류에서 움직일 때는 평소보다 훨씬 힘겹기 때문에 공기 소모량이 상대적으로 많다는 점을 잊지 말아야 할 것이다. 물론 강한 해류에서 벗어나는 가장 짧은 거리는 해류에 대하여 직각으로 헤엄치는 일이 될 것이다.

현 상황에서 당장 해양스포츠 활동에 나설 것인가. 또는 그러지 않을 것인가는 전적으로 일기예보와 현지 어민들의 조언에 의존하는 일이 중요하다. 그러나 먼 바다에서 부닥치게 되는 돌변하는 기상변화는 사실상 구름의 모양을 보고 예측할 수밖에는 없기 때문에 그에 관한 전문성을 갖는 일도 중요하다. 여기에다 판단은 신속하게 하면서 '오늘은 언제나 있는 것'이기 때문에 부디 '마음의 주인'이 되어 다음 기회를 위안 삼는 것이 현명하다. 만약의 사고에 대비하여 생수와 식량 등 필요한 선용품(船用品)을 미리 확보해 두는 것과 함께 그 사용 목적과 이용법을 반드시 파악해 두어야 한다. 또한 긴급 시에 취할 수 있는 통신수단(스마트폰 등)이나 구조요청 체계를 평소에 숙지해 두는 것도 꼭 필요한 일이 될 것이다.

5. 관련 안전법규의 준수

해양스포츠 관련 수상레저안전법을 비롯하여 해상안전법규를 철저히 숙지하여 이를 생활화하는 일이 안전사고 예방의 첫걸음이다. 어떤 상황에서도 신속하게 대처하고, 또 안전한 해양스포츠 활동이 될 수 있도록 보장해 주는 것은 수상레저안전법과 해상안전 법규의 준수뿐이기 때문이다.

모터요트나 세일크루저요트의 경우, 항상 면허증의 휴대를 비롯하여 승선 정원 및 활동구역(해경의 허가 지역)의 엄수, 그리고 사업자와 개인은 년 1회 장비에 대한 안전점사를 반드시 받아야 한다. 바다에서는 어떠한 경우에도 사전에 충분히 검토된 계획에 따라 행동하는 것이 필수적이다. 가족이나 마리나의 클럽하우스에 활동 예정표를 출발에 앞서 밝혀두는 것도 잊지 말아야 할 일들이다. 뿐만 아니라 단 시간의 해양스포츠 활동이나 혹은 평소에 지형지물을 잘 알고 있는 수역(水域)이라고 하더라도 반드시 사전에 면밀한 검토와 계획을 세워 활동을 하여야 한다. 세일크루저요트의 경우 만약 기약 없이 표류할 때는 반드시 국제기류신호기 중 조난구호기(NC旗)를 정확하게 게양하고 차분히 구조를 기다리는 가운데 해무 시에는 주변을 살필 수 있는 견시(見視)요원을 반드시 배치하여야 한다.

〈모터요트 및 세일크루저요트 활동을 위한 고려 사항〉
① 평균속력　　　　② 활동 소요 전체 시간　　　③ 연료소비량
④ 목표물과 통과시각　⑤ 활동수역의 해류·조류 파악　⑥ 활동수역 관련 해상안전법규
⑦ 각종 수산물(해태, 미역, 멍게) 양식장 및 투망 예정지의 상태(너비, 수심, 지형 등)

〈가족이나 마리나, 해양경찰지서 및 해경출장소에 알리거나 신고할 사항〉
※ 해경 신고는 2마일 이상의 해역에서 활동할 때

① 승선자 명단　　　② 활동 일시　　　③ 활동 예정 수역

④ 돌아올 일시　　　⑤ 돌아올 장소

6. 조종자의 활동예절(Manner)

　어떠한 경우라도 타인에게 피해를 끼치지 않아야 한다는 것은 해양스포츠 동호인들이 반드시 지켜야 할 최소한의 기본 태도, 혹은 매너에 속한다.

　마리나의 해상계류장(3노트 이하 – 평상적인 보행속도) 내에서나 해변 가까운 곳, 그리고 해수욕장 수영안전구역 근처에서는 고속으로 질주하는 것과 함께 다른 보트에 근접하여 활동하는 행위, 여기에다 스포츠잠수를 비롯하여 산업잠수사, 그리고 나잠업에 종사하는 잠수(潛嫂 ; 海女·포작 – 전복을 채취하는 사내)가 활동하고 있는 곳, 그리고 각종 수산양식장을 근접하여 달리는 행동 등은 철저히 회피하여야 할 일들이다. 고려 시대에 소위 해남(海男)인 포작이 있었지만 고려 숙종조 5년(1105년) 구당사 윤응균이 풍기문란(숭유사상과 배치)을 이유로 금지시켜 사라졌다(한림화·김수남, 1987). 그렇지만 2019년 3월 현재 북제주군 애월읍 동귀리 문 모 씨를 비롯하여 추자도 1명 등 포작은 전국에 걸쳐 총 5~6명 활동하고 있어서 겨우 명맥은 유지되고 있다.

　부산 수영요트경기장 해상계류장의 경우 3노트 이하로 서행하도록 권장하고 있으나 수상오토바이를 비롯하여 각종 동력 해양스포츠 장비들이 거의 횡포에 가까울 정도로 운행하고 있는 실정인 가운데 일부 수상오토바이 동호인들의 무분별함은 우려할 수준에 이른 때가 있었다. 2019년 현재는 수상오토바이 계류전용항으로 남천마리나를 개발하여 성업 중이다. 부산 광안리해수욕장에서는 수영안전구역 내에 침범한 수상오토바이에 수영 객이 머리를 부딪쳐 전치 4주에 해당하는 중상을 입은 일이 있었다. 북한강 상류 어느 유원지에서는 일가족이 고무보트 놀이 중 수상오토바이가 과속으로 뛰어들어 그 중 1명이 현장에서 목숨을 잃기도 했다. 여기에다 경남 합천 가회면 낚시전용 저수지에 수상오토바이 폭주족이 느닷없이 나타나 낚시질을 방해하기도 하는 등 생명 위협을 비롯하여 놀이기분을 상하게 하는 사례가 전국 곳곳에서 빈번히 발생하고 있는 실정이다. 특히 강과 바다에서는 발생 쓰레기를 비롯하여 어떠한 오물도 버려서는 안 된다. 우리나라는 삼면이 바다이고 또 북쪽은 막혀 있다. 이는 사실상 섬으로서 바다를 넘거나 통하지 않으면 아무런 일도 도모할 수 없다는 뜻이 된다. 그러나 그간 우리는 바다를 이용하고 남용하고 악용하고 착취하기만 했다. 연근해 바다는 육지에서 유입된 오폐수와 쓰레기, 양식장에서 내다 버린 각종 폐기물 등으로 넘쳐흐르고 있다. 바다를 보호하고 관리하는 데는 인색했다는 증거들이다. 그렇지만 바다는 삶의 환경일 뿐만 아니라 해양스포츠의 현장이기도 하기 때문에 해양스포츠인들은 특히 솔선수범하여 바다의 환경정화활동을 해야 한다.

7. 안전사고 예방

조종자는 항상 사고나 재해를 미연에 예방하기 위해 모든 노력을 경주하지 않으면 안 된다. 운항중일 때는 주변을 전체적으로 살피는 것뿐만 아니라 앞, 뒤, 좌, 우에 대해서도 주의를 태만히 할 수 없다. 특히 위험수역과 어로수역을 근접하여 통과할 때는 철저히 속력을 줄이고, 또 주의를 집중하는 일이 필요하다. 대형선과 어선, 그리고 작업선이 갖는 특성과 움직임의 한계를 감안하여 어구(漁具)와 작업의 범위를 고려하는 가운데 안전한 거리를 확보하는 일도 매우 중요하다. 또한 활동수역에 브이, 대나무 장대, 나무 말목 등이 꽂혀 있을 때는 자의적(恣意的)으로 해석하여 마구 뽑지 말고 이를 피해 가야할 것이다. 나 에게는 비록 장애물이 될지언정 어민 등 또 다른 이에게는 그것들이 갖는 큰 의미가 있을 수 있기 때문이다.

8. 두 보트 간의 상호작용

두 보트가 서로 가깝게 마주치거나 한 보트가 추월하는 경우에 두 보트 사이에 당김, 밀어냄, 회두 작용이 생긴다. 이것을 상호 간섭작용 또는 흡인작용이라고 말한다. 이러한 작용은 충돌 사고의 원인이 되기도 하는데, 두 보트의 속력과 배수량이 클 때, 또는 수심이 얕은 곳을 항상 주시해야 한다.

<추월 및 마주 칠 때 등>
추월할 때에는 추월보트와 추월당하는 보트는 고압(高壓) 부분(선수나 선미)끼리 마주치면 베르누이의 법칙에 따라 선수나 선미가 중앙부 쪽으로 끌린다. 두 보트가 평행하면 두 보트 사이를 흐르는 수류(水流)가 바깥쪽보다도 더 빨라져서, 두 보트는 서로 끌어당겨 접촉 사고가 생길수도 있다. 마주칠 때에도 같은 현상이 생기는데, 추월할 때에 비하여 훨씬 짧은 시간에 두 보트가 통과하게 되어서, 작용할 시간이 짧다. 상호 간섭 작용을 막기 위한 대책은 보트속력을 저속으로 하고, 상대보트와의 안전거리를 확보해야 한다. 이때의 보트 간격은 최소 두 보트 길이의 합(合)만큼 유지해야 한다. 추월 때에는 마주칠 때보다도 상호 간섭 작용이 오래 지속되므로 더 위험하고, 소형보트는 선체가 작아서 쉽게 빨려들 수 있으므로 주의해야 한다〈그림 7-2〉.

9. 간출암

수면 상에 나올까 말까 하게 노출되는 것, 썰물 때만 노출되는 것, 해면 밑 수 미터에 있는 것 등이 있다. 화산으로 생긴 암초의 경우에는 해면 위에 나타났다가 다시 해면 밑에 모습을 감추기도 한다. 군도

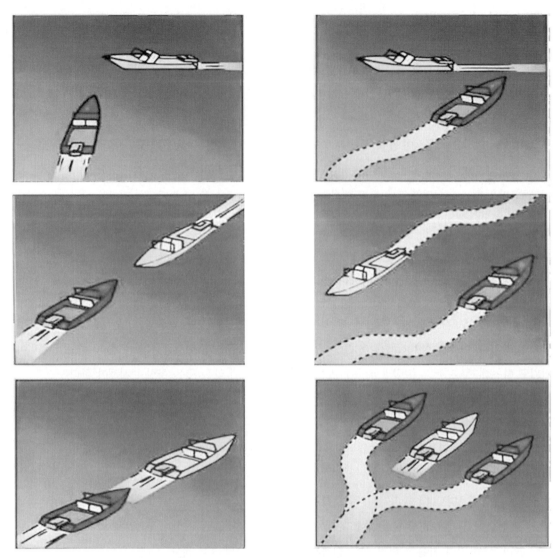

〈그림 7-2〉 해상충돌예방법에 따른 권리보트와 피권리보트(오른쪽 그림)의 조종 방법
출처 : 호주 퀸즐랜드 보팅 안전 핸드북. 36~37.

(群島) 주변의 암초, 해저화산의 폭발로 섬이 침수하여 생긴 암초, 산호초에 의한 암초 등이 있다. 육지에서 떨어진 외양의 암석 초는 화산도의 일부이며, 해면보다 낮으면서도 바람이 불 때 그 부근의 파도로 알 수 있는 것을 파랑초(波浪礁)라고 한다. 주위의 해저로부터 높이 돌출해 있어서 보트 항행에 장해물이 된다. 바위가 많은 해안 부근이나 섬 주변부를 항행할 때에는 암초를 피하기 위한 많은 주의가 필요하다.

육안으로는 쇄파(碎波)에 주의하고, 해도(海圖)에 기재된 것이 많으므로 그 위치를 판별하도록 한다. 특히 조수간만의 차가 현격한 서해의 경우, 바다로 나설 때는 문제가 없었지만, 돌아올 때는 해면 밑에

감추어진 암초가 부분적으로 돌출되는 사례가 많기 때문에 주의해야 한다. 실제로 간조 시에 목포항으로 귀향하던 어선이 간출암에 부딪쳐 전복된 사례가 있는가 하면, 서해에서는 바다배낚시선이 좌초되어 해경의 구조를 받은 사례도 다수 있었다.

10. 각종 어구(漁具)에 대한 주의

동력 해양스포츠 장비들은 속도가 빠르고, 급회전이 가능하기 때문에 해안 가까이 접근하여 활동할 기회가 많다. 그러나 남해안의 경우, 해안 가까운 곳에는 어김없이 각종 수산양식장을 비롯하여 다양한 종류의 어망과 어구가 발견되기 때문에 이에 대한 이해력을 갖는 일이 필요하다고 본다.

넓게는 어구를 조작하기 위하여 쓰이거나 어획효과를 높이기 위하여 쓰이는 도구까지 포함하는 경우도 있다. 그런 뜻에서는 어선까지도 어구에 포함시킬 수 있으나, 그러나 이 장에서는 협의의 뜻으로만 접근하고자 한다. 어구는 이동성·구성 재료·어법 등에 따라 여러 가지로 분류된다.

1) 이동성에 따른 분류

어구는 구조에 따라 설치위치를 쉽게 옮길 수 있는 것과 옮기기 힘든 것이 있다. 전자를 운용어구(運用漁具), 후자를 고정어구(固定漁具)라 한다.

또 고정어구 중에는 어획과정이 완료될 때마다 고정된 위치를 비교적 쉽게 옮길 수 있는 것과 없는 것이 있는데, 후자를 특히 정치어구(定置漁具), 또는 정치망이라 한다. 〈그림 7-3〉과 같은 정치망은 수면 위로 촘촘히 떠있는 부표 밑에는 긴 밧줄에 의해 어망이 설치되어 있다. 소위 쌍끌이선이라고도 말하는 기선권현망의 경우, 그물코가 아주 작은 주머니형의 그물에 그물코가 큰 날개그물을 달고 상부에는 부자를, 하부에는 침자를 단 어구 1통을 그물배 두 척이 각기 일정한 간격을 유지하면서 끌줄로 예인하여 표층어류인 멸치를 주로 잡는 어업이다. 어망 밑의 바깥쪽에는 추가 달린 여러 가닥의 밧줄이 바다 밑바닥에 있기 때문에 근접 세일링이나 크루징은 삼가야 한다.

2) 구성재료에 따른 분류

어구의 구성재료를 세부적으로 보면 어떤 어구든지 한 가지 재료만으로 된 것이 아니고 여러 가지가 혼용되어 있다. 그러나 주된 재료가 무엇인가에 따라 그물어구[網漁具]·낚시어구[釣漁具]·잡어구(雜漁具)로 각각 나눈다.

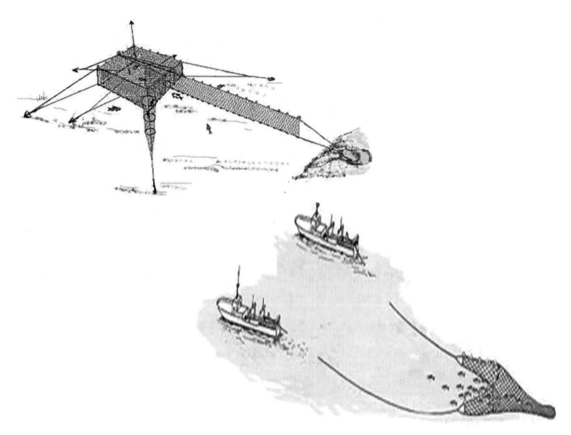

〈그림 7-3〉 정치망과 기선권현망(쌍끌이어망)

그물어구는 주된 부분이 그물감으로 된 것이고, 낚시어구는 낚시로 된 것이며, 잡어구는 그물감이나 낚시 이외의 것, 가령 금속 등으로 된 것을 말한다. 안강망은 긴 자루형의 그물 입구에 전개(展開)장치를 부착한 어구를 조류가 강한 해역의 해저에 닻으로 고정시켜 놓고 조류에 의해 어군이 그물 안으로 들어가게 하는 어업이다. 행동반경이 크기 때문에 멀리 돌아서 세일링이나 크루징을 해야 한다.

3) 어법(漁法)에 따른 분류

앞에서 말한 분류들은 실용적으로는 의미가 있으나 어구를 과학적으로 연구하는 입장에서는 별 의미가 없다. 어구를 과학적으로 연구하는 데는 어법, 즉 어획방법에 따른 분류가 주로 쓰인다.

어법이 비슷하면 필연적으로 어구의 형상·구조와 조작방법이 비슷해지기 때문이다. 그러나 같은 어법을 사용하기 위한 것이라도 세부적으로는 구조가 다른 것이 있고, 또 형상·구조가 같은 어구라도 사용방법에 따라서는 다른 어법을 사용할 수 있는 경우도 있다. 따라서 1차적으로는 어법을 기준으로 하나

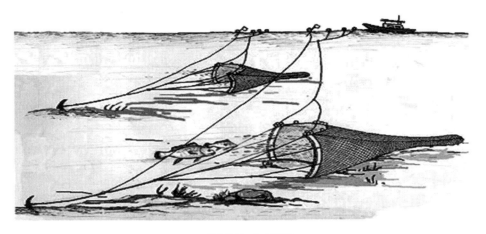

〈그림 7-4〉 안강망

세부적으로는 구조도 참고하고 있다. 또 어법은 어구에 사용되는 것이지만, 어법과 어구는 손바닥과 손등, 즉 표리(表裏)의 관계에 놓여 있기 때문에 보통 함께 묶어서 말한다. 어법은 크게 소극적 어법과 적극적 어법으로 나눌 수 있다. 소극적 어법은 어구를 크게 이동시키지 않고 대상물이 어구에 들어오도록 하여 잡는 방법이고, 적극적 어법은 어구를 적극적으로 움직여서 대상물이 어구에 들어가도록 하여 잡는 방법을 일컫는다.

〈그림 7-5〉와 같은 저인망(트롤어법)의 경우, 수평방향으로 그물입구를 펼치고 있는 쓰레그물을 1척 또는 2척의 어선이 당기고 있기 때문에 선미 쪽을 주의하면서, 많은 간격을 두고 세일링이나 크루징을 하여야 한다. 이 외에도 자망, 고기잡이 발, 채 낚시선, 연승, 봉 그물, 문어 항아리 등이 있다. 특

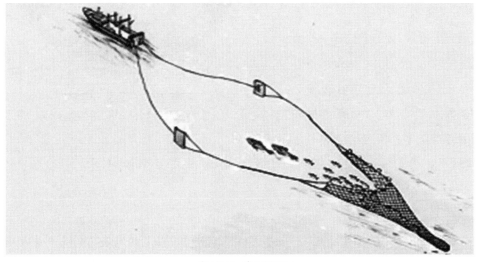

〈그림 7-5〉 저인망

히 문어 항아리는 바다 밑바닥에 문어 항아리를 깔아 놓고 밧줄에는 부표를 달아 놓고 있다. 밀물과 썰물의 차에 의해 시설물들이 자연적으로 이동하기 때문에 주의해야 한다. 또한 전남 진도 울돌목처럼 물살이 강한 곳에서는 예로부터 고기잡이 발을 사용한 어법이 발달했다. 지금도 수심이 얕은 해안에는 그물을 미로처럼 설치한 고기잡이 발이 많이 발견된다. 그 바깥쪽에는 일정 길이의 밧줄이 발을 팽팽하게 당기고 있기 때문에 근접 세일링이나 크루징을 하지 않도록 주의해야 한다. 남해지역의 죽방렴 근처도 마찬가지다.

11. 구명장비 및 인명구조법

1) 구명장비

(1) 구명부환

〈그림 7-6〉과 같은 구명부환, 혹은 구명링(Ling)은 콜크 등 물에 뜨는 재료를 방수테이프로 감은 것으로서 보트 명(名)이 쓰여 져 있다. 물에 빠진 자가 있을 경우 구명부환에 끈을 메달아 던져 구조한다. 그러나 물에 빠진 자가 의식을 잃었을 경우는 구조자가 직접 구명부환을 갖고 수영하여 구조할 때도 있다.

특히 필자의 경험으로는 악천후 때 구조 시에는 만약을 생각하여 구조자 자신도 허리에 끈(로프)을 단단히 묶고 수영하여 구조하는 것이 이중조난을 예방하는 방법이 된다고 믿는다. 또 구명부환은

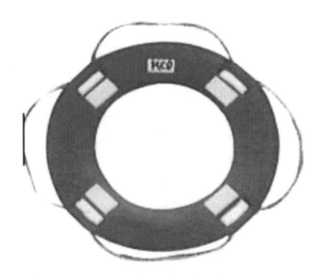

〈그림 7-6〉 구명링, 구명부환

출처 : 지삼업(2008a). 마리나관리론. 대경북스(서울). 141.

어떤 상황에서도 쉽게 이용할 수 있도록 눈(目)에 잘 보이는 곳에 보관하여야 한다.

(2) 라이프 재킷(Life Jacket)

라이프 재킷, 혹은 구명복은 물에 뜨는 재료를 방수 처리한 천으로 감싸 놓은 것이다. 사용할 때는 평상복 위에 착용하면 되고, 그 숫자는 승선인원 보다 더 많이 확보하도록 법으로 규정되어 있는 가운데

이를 의무적으로 착용하도록 되어 있다.

〈그림 7-7〉의 가운데에 있는 라이프 재킷을 착용하고 물에 빠졌을 경우, 얼굴이 수면보다 위로 향하도록 기능하고 있기 때문에 잠깐 정신을 잃어도 익사하지 않는 등 호흡하는 데는 아무런 어려움이 없다. 주로 해군, 해경, 선원들이 많이 이용한다. 해수(海水)와 담수(淡水)에서 뜨는 시간은 담수 쪽이 짧다는 것은 꼭 기억해야 한다. 어둠 속에서 위치를 알리기 위해 호각이 부착되어 있다. 한편, 2018년 10월 부산에서 개최된 제12회 세계해양포럼 스타트업대회에서는 '10초 라이프재킷' 개발계획이 발표되기도 했다.

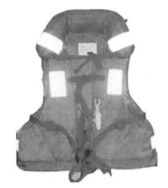

〈그림 7-7〉 각종 스타일의 라이프 재킷(구명복)
출처 : 지삼업(2008a). 앞의 책. 141.

(3) 자동점화등(自動點火燈)

자동점화등은 대체적으로 구명부환에 부착되어 있는 것이 많다. 물속에 뛰어들면 자동적으로 불이 켜지기 때문에 조난자의 위치를 분명하게 해준다.

2) 인명구조법

질주 상태에서 조종자나 동승자가 물에 빠지는 사례는 흔치 않다. 일반적으로 악천후 시에 구조를 요청받아 다른 보트의 조종자나 탑승자를 구조하는 경우가 대부분이다. 그렇지만 이 장에서는 업체의 고객에 대해 조난을 알고, 또 발견했을 때, 신속하고 안전한 구조를 하지 않으면 안 된다. 다음을 참고해 두면 유익할 것이다.

가. 구조에 임할 때는 반드시 라이프 재킷 착용을 스스로 확인한다.

나. 조난자를 발견하면 가시권(可視圈) 속에서 계속 감시하는 것과 함께 선수(船首) 쪽에서 구조가 되도록 조심하면서 보트를 접근시킨다.

다. 풍파(風波)가 심할 경우, 모터보트는 바람을 뒤에서 받으면서 접근하는 것이 조종하기 쉽다. 특히 조난자의 귀중한 생명이 담보된 상황이기 때문에 가능하면 가깝게 접근한다. 구조작업 시작과 함께 엔진의 기어는 중립 위치로 하거나, 아니면 엔진을 정지시킬 수 있는 상황이면 그렇게 한다. 조난자가 체력이 있어도 로프가 달린 구명부환을 던져 구조한다. 의식이 불분명 하거나 체력이 현저히 약화된 상태라고 판단되면 로프가 달린 구명부환을 직접 갖고 수영하여 구조해야 한다. 특히 모터보트로 조난자를 보트로 인양 할 때는, 보트의 침수와 전복에 주의할 필요가 있다. 더욱이 파도가 사나운 암초지대에서 구조할 때는 자신도 함께 어려움에 처하는 이른바 이중조난(二重遭難)이 발생하지 않도록 조난자를 구명부환이나 로프를 잡도록 하여 안전한 곳 까지만 일차 끌어내는 등 예비조치를 철저히 취하는 것도 필요한 일이다.

라. 조난자는 대부분 추위와 두려움으로 인하여 혈압이 상승하고 호흡도 어렵게 되는 상황에 처한다. 마른 수건으로 잘 닦아주고 담요로 보온 시켜 준다. 호흡이 정지 되었을 때는 폐에 공기를 불어 넣는 등 인공호흡을 실시한다. 물론 물을 마셨다고 생각될 때는 먼저 물을 토하게 한다. 그렇지만 좁은 보트에서 흔들리는 것 보다는 해변으로 신속하게 이동하면서 구급차를 대기토록 하는 등 신속하게 대처하는 것이 바람직하다.

마. 크루징 중 동승자가 물에 빠졌을 경우, 그 위치에서 선수가 조난자 쪽으로 향하도록 키를 조종하면서 구조태세를 취한다.

바. 만약 자신이 미처 라이프 재킷을 착용하지 못한 상태에서 물에 빠졌을 때는 의복내의 공기 때문에 한번쯤 뜨지만, 그 다음에는 공기가 빠져나가 가라앉는다. 떴을 때 공기를 깊이 마셔두고 신과 무거운 것은 벗어던져야 헤엄하기 쉽다. 특히 호흡은 2~3분 정도 정지해도 소생할 확률이 높지만, 만약 폐에 물이 들어가면 사망하는 경우가 많다. 거기에다 짠 바닷물을 한 모금만 마셔도 체력이 갑자기 떨어질 뿐만 아니라 추가로 2회, 혹은 3회 정도 더 마시면 정신이 혼미하여 스스로 헤엄을 칠 수 없게 되기 때문에 그 자리에서 구조를 기다리는 것이 좋다. 바닷물을 한 번쯤 먹어본 사람은 그 부담스러움을 잘 알고 있을 것이다. 가능하다면 위험을 무릅쓸 필요가 없다. 모터보트를 혼자 조종하다 물에 빠지면 수상오토바이나 서프제트처럼 엔진이 즉시 정지하도록 제작과정에서부터 안전장치를 해두는 것도 제도적으로 고려해 볼만한 일이다. 물론 일부 제품은 그렇게 고려되어 있다.

(1) 동력보트를 이용한 구조

수영 구조법을 모르는 사람의 경우, 구명부환(life ring)이 도달하지 않는 먼 곳에 빠진 사람을 구조하기 위한 가장 좋은 방법은 보트를 이용하는 것이 좋다. 이때 우선 필요한 조건은 무동력 보트인 경우, 구조자인 강사가 노(櫓)를 저을 줄도 알아야 한다. 동력의 경우는 조종면허소지자이어야 한다.

구조를 하는 데 동력보트를 이용하느냐, 아니면 수영을 하느냐 하는 문제는 구조자인 강사의 판단에 달려 있다. 그러나 해변이나 수변으로부터 100m 이상 거리의 물에 빠진 사람을 구할 때에는 무조건 수상오토바이 등 동력보트를 이용하는 것이 현명하다. 따라서 고객들은 수상레저안전법에 따라 이미 라이프 재킷을 착용한 상태이기 때문에 수영에 미숙한 사람에 비하여 어느 정도 오래 수면에 머물러 있을 수 있다. 또한 해변에서 멀리 떨어진 곳에서 조난을 당하고 있는 사람은 대개 뒤집힌 보트를 잡으려고 노력하고 있기 때문에 얼마 동안은 수면에 떠 있을 수 있다.

(2) 무동력(카누·카약·노보트 등) 보트를 통한 접근

노(櫓) 보트로 물에 빠진 사람까지 접근해 갈 때에도 헤엄쳐서 접근할 때와 같은 문제가 생긴다. 즉 물에 빠진 사람은 어느 때 물속으로 가라앉을지 예측할 수 없기 때문에 잠시도 물에 빠진 사람에게서 눈을 뗄 수가 없다. 그러나 보트를 저어 접근할 때에는 젓는 사람이 목표를 등지고 보트를 젓기 때문에 더욱 어렵다. 혼자서 보트를 저어갈 때는 두 가지 방법이 있다. 즉 접근해 갈 거리가 짧으면 보트 선미(꼬리)가 물에 빠진 사람 쪽을 향하게 하고 후진한다. 그러나 거리가 멀고 빨리 접근해야 할 경우에는 보통 때와 같이 저어가되 어깨 너머로 자주 돌아보면서 저어간다. 가능하면 보조자가 선미에 타고 보트를 젓는 사람에게 방향을 알려주고 현장에 도달하면 물에 빠진 사람을 구조하는 것을 협조하게 하는 것이 좋다. 특히 전방을 보면서 패들을 젓는 해양카약이라면 가시권 속에서 신속하게 접근이 가능하다.

(3) 교차방위법의 이용

해변에서 상당히 먼 거리에 물에 빠진 사람을 구조할 때에는 비록 그 물에 빠진 사람이 물밑으로 가라앉더라도 교차 방위법을 이용하면 물에 빠진 사람의 위치를 찾는데 큰 도움이 된다. 교차 방위법에 의하여 보트의 위치를 결정하는 방법은 가장 오랜 항해술 중의 하나이다. 물론 이 방법을 인명구조에 활용하는 것은 확실히 해양스포츠인 다운 새로운 착안이 된다고 본다. 직업적 활동이든 생활체육 활동이든 바다를 활동 장으로 삼는 한 그 메커니즘은 같은 수준에서 이해하고 있어야 하기 때문이다.

위급한 사태에 처한 물에 바진 사람을 해변에서 보았을 때 한 사람이 해변에 서서 낚싯대나, 노, 또는 보트 갈고리로 물에 빠진 사람 쪽을 가리키며 그 연장선을 따라 바라본다. 그리고 다른 한사람이 장대를 가지고 100m, 또는 150m 떨어진 곳으로 달려가 서서 앞사람이 취한 동작과 같이 장대로 물에 빠진 사람을 가리키고 그 연장선을 따라 바라본다. 구조자는 처음 지점에서 보트를 저어 관측자의 지시를 받으면서 시선을 따라 간다. 이때 보트에 탄 구조자는 물에 바진 사람에게 주의할 필요 없이 전력을 다하여 지시하는 방향으로 보트를 저어 가면 된다. 이렇게 하는 동안에 물에 바진 사람이 가라앉는 수도 있다.

제2의 관측자는 그 자리에 그대로 서 있다가 보트가 그의 시선을 지나는 순간 손을 흔들어 구조자로 하여금 보트를 멈추게 한다. 이 저점이 바로 두 시선이 교차하는 점이며 물에 빠진 사람의 위치이기도

하다. 여기서 닻을 내리고 잠수하거나 또는 갈고리로 물에 빠진 사람을 찾아 건져 올린다.

(4) 효과적인 구조방법

보트가 물에 빠진 사람에게 접근하면 구조자는 한번보고 곧 어떻게 물에 빠진 사람(溺水者)과 접촉할 것인가를 판단해야 한다. 우선 무엇보다도 중요한 것은 물에 빠진 사람이 붙잡을 것을 주어 가능한 한 빨리 물에 빠진 사람이 물 위에 떠 있을 수 있게 해주는 것이다. 이때 문제는 그 현장의 상태와 가장 안전한 구조 방법을 결정하는 일이 될 것이다.

만약 물에 빠진 사람이 전복한 보트를 붙잡고 있을 때에는 시간적 여유가 있으며 구조정(救助艇)을 뒤로 돌려 보트 선미(船尾)가 물에 빠진 사람에게 닿게 하면 된다. 만일 바람이 불고 물이 흐르고 있을 때에는 구조자는 자신의 보트를 뒤로 돌려 바람이 부는 반대쪽으로 물에 빠진 사람에게 접근한다. 바람이 부는 쪽으로 접근하면 보트에 깔려 부상할 염려가 있기 때문이다. 모터보트일 경우는 더욱 그렇다. 물에 빠진 사람이 기진맥진하여 헤엄을 못 치거나 흐르는 물을 이기지 못하여 해변으로부터 멀리 떠내려갈 때에는 구조자는 자신의 보트를 앞질러 이동시켜 뒤로 돌아 물에 빠진 사람이 보트 선미를 붙잡게 한다. 물에 빠진 사람이 생명의 위험을 느껴 반사적으로 허우적거릴 때에는 보트를 물에 빠진 사람의 옆으로 이동시키는 가운데 닿지 않을 정도까지 접근하여 〈그림 7-8〉처럼 노를 내밀어 물에 빠진 사람이 노 끝을 붙잡게 한다. 특히 이때 노 대신 패들, 낚싯대, 카본장대를 활용하는 방법도 좋다.

물에 빠진 사람이 완전히 가라앉았더라도 물에 빠진 사람의 손이 닿는 곳에 노를 내밀어 주면 붙잡을 수 있다. 그리고 물에 빠진 사람의 머리가 수면 위로 올라오게 한 다음 보트의 뒷부분으로 물에 빠진 사람을 끌어올린다. 동작이 느려지거나 혹은 의식을 잃은 물에 빠진 사람은 자기 혼자의 힘으로는 어떻게 하지를 못한다. 그는 어느 순간에 물속으로 가라앉을지도 알 수 없는 것이다. 이런 경우에는 보트를 돌리거나 노를 내밀어 물에 빠진 사람을 건질 시간적 여유가 없다. 구조자가 물에 빠진 사람 옆으로 접

〈그림 7-8〉 노(櫓) 보트의 노나 해양카약의 패들(Paddle)을 사용한 물에 빠진 사람 구조법

근하여 물에 빠진 사람이 있는 쪽 노를 보트 위에 올려놓은 다음 보트 옆으로 몸을 기대어 직접 물에 빠진 사람을 잡는다. 그리고 물에 빠진 사람의 머리가 수면 위에 올라오면 곧 반대 쪽 노를 저어 보트를 뒤로 후퇴시켜 물에 빠진 사람을 자신의 보트 위에 끌어올릴 준비 태세를 갖춘다.

구조정이 물에 빠진 사람에게 도달하기 직전에 또는 도달하려는 순간 물에 빠진 사람이 물속으로 가라앉을 때에는 주저하지 말고 노를 보트 안으로 올려놓고 곧 물에 빠진 사람이 있는 장소 바로 옆으로 보트에서 뛰어내려 물에 빠진 사람을 따라 잠수해 간다(구조자가 대한적십자사 발행 수상인명구조자격 증소지자인 경우). 이렇게 할 때 구조자는 보트 바닥에 바로 서서 한쪽 옆으로 뛰어 내린다. 뛰어 내릴 때는 보트를 되도록 뒤로 밀지 말고 밑으로 차면서 뛰어내려야한다. 보트를 뒤로 밀면서 뛰어 내리면 보트가 멀리 밀려가서 다시 수면으로 올라왔을 때 보트와의 거리가 너무 멀어지기 때문이다. 약한 바람이 불어도 빈 보트는 사람이 익수자를 끌고 헤엄치는 것보다 빠르게 떠내려간다. 구조자가 명심하여 뛰어내릴 때 구조보트가 물에 빠진 사람으로부터 바람이 불어오는 쪽에 놓이게 하면 보트가 바람에 조금 밀려가더라도 구조자가 수면으로 다시 떠 올라왔을 때 보트에 도달할 수 있는 거리 내에 있게 된다. 만일 구조 보트가 도달할 수 없는 거리에서 빠르게 떠내려가고 있을 때에는 그 보트를 따라가 잡으려고 시간과 노력을 허비할 필요가 없다. 그 방향으로 5~6차 헤엄을 쳐보면, 그 구조보트를 따라가 잡을 수 있을지 혹은 없을지를 담방 판단할 수 있을 것이다.

구조자가 수면으로 떠올라왔을 때는 보트의 어느 부분을 붙잡아도 된다. 그러나 곧 물에 빠진 사람을 보트 위에 끌어올릴 수 있도록 보트 선미 쪽으로 움직여 가야 한다. 보트에서 뛰어내릴 때 닻을 내리면 보트가 떠내려가는 것을 방지할 수 있다. 뛰어내리기 전에 닻을 던지는 것은 순간적인 일이며 별로 시간이 걸리는 일도 아니다. 그래서 평소 보트에 닻을 장착해 놓는 일은 대단히 중요하다.

물에 빠진 사람이 구조정이 현장에 도달하기 몇 분전에 물속으로 가라앉았거나 그가 가라앉은 정확한 위치가 확실치 않을 때에는 닻을 내리고 잠깐 동안 살펴본다. 구조자가 수영 구조방법에 대한 지식이 없고, 또한 이에 대한 훈련을 받지 않았을 경우에는 보트 안에서 물속을 계속 들여다보면서 노(櫓)나 갈고리 같은 것으로 익수자를 더듬어 찾아야 한다. 그러나 훈련을 받은 구조자는 수직 잠수(surface dive)를 계속하여 익수자를 찾아야 한다.

(5) 물에 빠진 사람을 보트에 끌어올리기

해양카누나 해양카약 등 소형보트는 뒤집히거나 물이 들어오지 않게 물에 빠진 사람을 끌어올릴 수 있을 만큼 폭이 넓은 것은 드물다. 공포에 사로잡힌 물에 빠진 사람이 제 마음대로 보트 현(뱃전)을 잡게 내버려두면 현(舷)을 내리눌러 순식간에 보트에 물이 들어오게 된다. 그러나 보트를 뒤로 돌려 물에 빠진 사람이 보트선미를 붙잡게 하면 내리누르고 기어 올라와도 보트가 수면 밑으로 내려가지 않는다. 그런 이유 때문에 〈그림 7-9〉처럼 대개 보트의 선미(船尾) 쪽으로 물에 빠진 사람을 끌어올리는 것이

상식화되어 있다. 만약 물에 빠진 사람이 의식이 있고 어느 정도 혼자 힘으로 움직일 수 있으면 물에 빠진 당사자 자신이 보트 선미 윗부분을 붙잡고 보트 안으로 추어 오르게 하고 구조자는 보트 뒤에 서서 물에 빠진 사람의 겨드랑 밑을 잡고 끌어올린다. 이때 중심을 낮게 하고 양쪽의 노력이 일치하게 한다. 물에 빠진 사람이 혼자의 힘으로 움직일 수 없을 때에는 물에 빠진 사람을 보조자 없이 물에서 낮은 부표에 끌어올리는 방법으로 보트 안에 끌어올린다. 구조자가 물에 빠진 사람을 보트 안에 끌어올리기 전에 자기 자신이 스스로 보트에 기어오를 때에도 이 방법을 이용한다. 때로는 구조자 혼자의 힘으로는 보트에 끌어올릴 수 없는 경우가 있다.

이런 경우에는 물에 빠진 사람의 팔을 당겨 그의 가슴이 보트의 선미에 와 닿게 한다. 그리고 물에 빠진 사람의 팔을 보트 뒷자리에 올려놓게 하면 협조할 사람이 오거나, 또는 그 자세를 그대로 지탱하거나, 보트 안으로 끌어올리는 어떤 방법을 생각해 낼 때까지 별로 힘 안 들게 물에 빠진 사람을 그대로 붙들고 있을 수 있다. 특히 보트에 끌어 올린 물에 빠진 사람이 정신분열이나 쇼크로 발작을 일으키려는 조짐이 있으면 이에 대한 필요한 조치를 취해야 한다.

한편, 부경대 IT융합응용공학과 4학년 이예진 학생은 2018년 7월 23일 제주 함덕해수욕장에서 남자친구와 해양카약을 타던 중 튜브가 뒤집혀 물에 빠진 6세 여아를 보트로 구조, 남자친구가 평소에 익힌

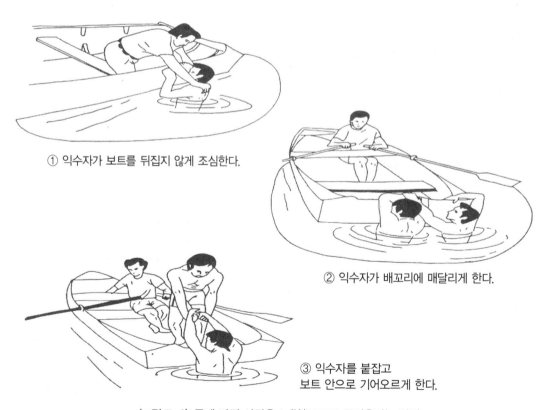

① 익수자가 보트를 뒤집지 않게 조심한다.

② 익수자가 배꼬리에 매달리게 한다.

③ 익수자를 붙잡고
보트 안으로 기어오르게 한다.

〈그림 7-9〉 물에 빠진 사람을 노(櫓)보트로 끌어올리는 방법

심폐소생술을 실시하는 동안 해변을 향해 열심히 패들을 저어 결국 아이의 목숨을 구한 사례가 있다. 특히 보트에 끌어올린 물에 빠진 사람이 호흡을 못할 때 어떻게 다루어야 하는가는 간단한 문제가 아니다. 상태가 다양하기 때문에 극히 일반적인 원칙만을 설명할 수밖에 없다. 이런 경우에 물에 빠진 사람이 무엇보다 먼저 필요한 것은 공기다.

따라서 구조 호흡을 해야 한다. 보트 공간이 넓으면 물에 빠진 사람을 보트 바닥에 눕히고 구조 호흡을 할 수 있겠지만, 장소가 좁을 때에는 그 때의 상태를 잘 고려하여 가능하면 앉아서라도 곧 실시해야 한다. 또한 협조할 수 있는 사람이 보트에 있을 때에는 보트를 전력으로 해변으로 저어가게 하며 계속 앉아서 하는 구조호흡(공기 불어넣기)을 한다. 이러한 경우에 수반되는 문제에 대한 판단은 구조자 자신의 지식과 재량에 맡기는 수밖에 달리 방도가 없다. 특히 해양스포츠학과나 유사학과생들은 엄격한 교육을 실시하는 것으로 소문이 자자한 대한접십자사에서 심폐소생술 및 인명구조강습을 필수로 받아야 하는 이유다. 이미 앞에서 밝혀 놓은 사례처럼, 구조자의 전문성과 판단이 고귀한 생명을 구할 수도 있고, 아니면 희생시킬 수도 있는 긴박한 상황을 다스려야 하는 절대자이기 때문이다. 앞서 소개한 부경대 이예진 학생의 남자 친구는 물에 빠진 그 여아에게는 절대자의 존재였던 셈이 된다.

(6) 두 척의 보트를 이용한 구조

2척의 보트를 가지고 구조를 할 때에는 앞에서 언급한 여러 가지 곤란한 상황은 대부분 해결된다. 이 구조법은 두 사람이 필요하며, 그 중 한 사람은 구조법에 대한 지식(전문성)이 별로 없어도 된다. 즉, 한 사람은 보트를 젓고 다른 한 사람은 물에 빠진 사람을 보면서 보트를 젓는 사람을 지시한다. 그리고 두 사람은 물에 빠진 사람을 보트에 끌어올릴 때 서로 협조할 수 있다. 필요한 경우에는 한 사람은 물에 빠진 사람을 따라 보트 밖으로 나가고 또 한 사람은 보트에 남아서 보트가 떠내려가지 않게 노를 조금씩 젓는다. 그 다음에는 구조 호흡을 실시하거나 육지를 향해 보트를 전심전력으로 저어간다. 즉 한 사람은 보트를 저어가고 또 한사람은 구조 호흡을 실시한다.

(7) 모터보트에 의한 구조

모터보트를 구입하는 사람들이 크게 증가함에 따라 모터보트는 수상오토바이와 함께 많은 경우에 구조목적으로 사용되고 있다.

일반적으로 노(櫓)보트에 의한 구조 방법은 거의 그대로 모터보트에 의한 구조에도 적용된다. 그러나 모터보트에 의한 구조에 있어서 두 가지 위험 요소가 있다. 즉 비록 소형이라도 속력이 빠르다는 것과 선미에 부착된 스크루의 프로펠러가 고속으로 회전한다는 점이다.

과거 모터보트에 의한 구조에 있어서 물에 빠진 사람이나 물에 들어간 구조자가 고속으로 회전하는 모터보트의 스크루에 접촉한 사례가 있었다. 이에 대한 대책은 명백하다. 구조 모터보트는 극히 느린 속도로 물에 빠진 사람에게 접근하여야 하며 측면으로 지나가고 측면으로 접촉하게 하여야 한다. 그리고 실제로 사람과 접촉할 때에는 클러치를 빼서 중립상태로 스크루가 정지하게 해야 한다. 클러치가 없는 모터보트에 있어서는 모터를 멈추어 보트가 수 미터 범위 내에서 달려오든 탄력을 이용하여 접근하게 한다.

(8) 세일링(딩기·크루저)요트에 의한 구조

세일링요트를 다루는 사람들은 대개 기술이 능숙하므로 물에 빠진 사람에게 접근할 때 별로 조언할 것이 없다. 다만, 주의할 것은 계류할 때와 꼭 마찬가지로 보트가 물에 빠진 사람에게 가장 효과적인 방법으로 접근할 수 있게 그 침로(針路), 즉 보트의 진행방향을 정확히 잡느냐 하는 문제일 것이다.

12. 해양스포츠와 국내외 안전사고 발생원인과 기소사례

1) 개요

2019년 6월 기준, 국내외적으로 해양스포츠 분야에서 발생한 안전사고는 모두 열거하기조차 버거울 정도로 대단히 많다. 그런 가운데서도 국내외에서 사회적으로 여론의 반향이 대단히 컸던 두 가지 사례를 중심으로 안전사고 원인을 분석하고자 한다. 외국의 경우, 영국 라임만(Lyme Bay)에서 발생한 카누 사망사고가 해당되고, 국내는 수상스키어가 견인줄을 놓치는 순간, 때 마침 그 수상스키어 뒤를 곧장 따르던 모터보트가 덮침에 따라 결국 보트의 스크루에 전치 12주의 중상을 입은 사례가 해당된다. 게다가 2018년 8월 6일에는 부산 광안리 앞 바다에서 윈드서핑 선수 3명이 훈련을 마치고 요트장으로 귀항(歸港)하던 중 선수 1명이 코치의 관리소홀로 1시간 20분 동안 해상에서 표류하는 안전사고가 발생한 사례이다. 또한 최근부터 해양카약 동호인들이 많이 증가하고 있는 가운데 2019년 2월 부산 송정해수욕장 앞 해상에서 해양카약을 즐기던 동호인들이 표류하다 해경에 구조되기도 했다.

2) 영국의 해양스포츠 안전사고 발생 대표적 사례

영국은 해양스포츠 교육시스템이 1980년대 후반부터 크게 변화하였다. 그 이전에는 주로 많은 비영리 체육단체인 각종 협회에서 교육을 주도해 왔다. 그러다 학생을 대상으로 한 체육교육활동은 각 급 학교에 위임하는 한 편으로, 나머지 일반인을 대상으로 하는 사회교육활동은 개인사업자인 센터들에 의해 주도되도록 하는 등 이원화교육시스템을 구축하였다.

한편 그 이원화교육시스템이 본격 가동되든 때인 1993년 3월 22일에 상업센터들이 주로 이용하는 '라임만 카누 활동코스'에서 플리머스의 '사우스웨이' 초등학교 어린이 4명이 카누를 타다가 사망하는 충격적인 안전사고가 발생했다. 이 사건을 두고 영국의 모든 언론매체들은 경쟁적으로 집중보도했다. 더욱이 어린이들의 사망이 우발적 안전사고가 아니라 무책임한 강사로 인하여 발생한 인재(人災)로 밝혀짐에 따라 시민들이 느끼는 충격은 매우 클 수밖에 없었다. 특히 이 사건 재판 1심 직후인 1994년 9월 9일 '타임지'에 안전사고의 내용이 상세하게 보도되었다. 이어 '가디언지'도 같은 날짜 보도에서 1면 톱뉴스로 취급하였다.

이 사건은 8명의 학생들과 이들을 인솔한 학교의 선생님이 상업센터의 장비를 이용하는 가운데 가이드인 2명의 센터강사가 안내하는 코스를 따라 라임만 해안을 해양카누로 바다여행을 하던 중 발생했다. 학생들이 이용한 해양카누는 강한 물살을 가르기에 부적합한 뱃머리(船首)를 가지고 있었고, 해안과 통신 가능한 무전기가 탑재 되어 있지도 않았다. 게다가 이 여행을 해안경비대에 사전 신고하지도 않았을 뿐만 아니라 라임만을 안내한 강사는 당일의 기상과 조류에 대한 정보도 사전에 전혀 파악해 놓지 않은 상태에서 무작정 학생들을 라임만으로 안내했다. 결국 어린이들이 탄 보트는 거친 파도에 떠내려가다 전복됨에 따라, 그 보트에 탄 어린이들은 속절없이 모두 사망하고 말았다. 더욱이 센터강사는 목적지에 도착한 이후에야 비로소 4척 중 1척의 보트가 도착하지 않았음을 파악했다고 한다. 물론 센터강사는 목적지 도착 후에 해안선을 따라 수색에 나섰다. 그러나 그 수색도 해안경비대가 학생들의 실종 사실을 알려준 뒤 2시간도 더 지난 후였다.

따라서 재판 결과, '올리미티드센터' 강사는 살인죄로 기소되었고, 기업주 역시 강사와 함께 살인죄로 기소되었다. 1994년 12월 8일 강사 '피터 카이트'는 3년형의 징역을 선고 받았고, 센터는 6만 파운드(영국 법조계 역사상 기업 살인에 대한 첫 기소 사례)의 벌금형을 선고 받았다. 센터업주인 '조셉 스토다트'는 배심원들의 과반수가 유죄라는 것에 동의를 하지 않았기 때문에 살인죄가 성립되지는 않았다. 이 사건 이후 영국에서는 해양스포츠 안전에 대한 제도적 검토가 본격 이루어지는 계기를 촉발시켰다. 이 재판을 담당한 판사 '오그날'은 "생활체육분야에서 부상과 사망에 대한 잠재성은 적절하지 못한 제도와 업체자체의 매뉴얼 부재 때문에 발생하는 것은 명백한 사실이다."라는 견해를 피력하기도 했다(Tim Gooddhead and David Johnson, 2005). 결국 '오그날' 판사의 견해는 안전에 관한 제도를 비롯하여 업체자체의 매뉴얼 마련이 안전사고 예방의 지름길임을 강력시사하고 있다고 볼 수 있다.

3) 국내의 해양스포츠 안전사고 발생 대표적 사례

국내는 영국보다 약 5년 4개월 뒤인 1998년 7월 부산 광안리해수욕장에서 수상스키를 타던 서 아무개 씨가 지친 나머지 견인줄을 놓치는 순간, 그 뒤를 곧장 뒤따르든 어느 업체의 모터보트 스크루에 전치 12주의 중상을 입는 안전사고가 발생했다. 종합병원치료비가 약 1억 원에 이른 결과 이를 감당할 수 없는 피해자는 억울함을 모든 언론에 진정함으로써 여론화되기 시작했다.

언론을 통해 밝혀진 사건의 전말은 다음과 같다. 이 업체는 광안리해수욕장에서 수상스키 강습을 시켜주는 것을 통해 영업하는 전문 업체였다. 이 업체 소속 강사 아무개 씨는 자신들의 영업구역에 수상스키를 타는 것을 못마땅하게 생각하여 자신들이 임의로 설정한 소위 '영업구역'으로부터 서 아무개 씨를 쫓아낼 목적으로 위협조종을 일삼다 결국 안전사고를 발생시킨 것으로 밝혀졌다. 이후 강사는 구속되었다. 게다가 강사는 가정형편이 어려워 보상합의금을 마련할 수 없었고, 영세한 업체 역시 사정은 마찬가지였다. 당시만 하더라도 수상레저안전법이 마련되어 있지 않았기 때문에 보험제도 자체가 없었다. 이해 당사자 간에 합의가 전부였던 셈이다. 아무튼 영국과 마찬가지로 이 사건발생을 계기로 전격 '수상레저안전법'이 마련될 수 있었고, 또 그 법이 시민 속으로 완전히 정착되기까지는 대략 18년쯤 지난 2019년 현재를 기준으로 과거를 돌이켜보면, 그야말로 격세지감이 있다 할 것이다. 이후 강사는 3년 정도 구속되었다.

이것을 계기로 하여 1998년 10월부터는 해양경찰청이 적극 앞장섬으로써 동력 및 요트조종면허, 사업자등록(보험가입 필수) 등이 핵심인 '수상레저안전법'을 마련, 2000년 2월 9일부터 본격 시행에 들어간 이래 오늘에 이르고 있다. 따라서 수상레저안전법과 같은 제도마련을 비롯하여 강사의 자질은 본인뿐만 아니라 업체에게도 경영위험 요소를 크게 감소시켜 주기도 하고, 또는 경영위험에 빠뜨리고 있음을 국내외 안전사고의 대표적 사례들이 보여주고 있다는 점에서 업체의 위험관리에 참고해야 할 바가 많다 할 것이다. 아무튼 "물은 배를 띄우기도 하지만 배를 뒤엎기도 한다."는 순자(荀子)의 말은 오늘날의 해양스포츠 안전에도 통하는 불변의 진리라는 사실을 결코 잊지 말아야 한다. 해양스포츠에 있어 순자의 말은 현재는 물론 미래까지도 관통하는 금언(金言)이기 때문이다.

4) 코치의 선수관리 소홀에서 빚어진 해상표류 방치 사례 등

해상안전사고 얘기가 나온 김에 참고로 코치의 선수관리 소홀에서 비롯된 표류사고 발생 사례를 소개한다. 코치 B씨와 A군 또래 윈드서핑 선수 2명 등 모두 4명이 2018년 8월 6일 오후 2시 15분 수영만 요트경기장에서 훈련을 위해 바다로 나갔고, 이후 훈련을 마치고 돌아오던 중 A군이 낙오한 것으로 파악했다. 오후 4시쯤 요트경기장으로 돌아온 코치 B씨는 1시간 20분 경과한 오후 5시20분 부산해경에 신고했다. 해경은 수색 끝에 오후 5시48분 A군을 찾아 구조했다. A군은 바람에 떠밀리지 않기 위해 돛을 물 위로 내린 채 표류하던 중 발견됐다(김민주, 2018). 결국 무책임한 강사에 의해서 발생한 영국의 카누 사고처럼 부산에서도 해상낙오를 약 80분간 방치한 코치의 무책임과 협회의 자체구조 매뉴얼 부재를 우려하지 않을 수 없다.

만약 당일 바다의 상황이 악천후였다면, 결과는 인명희생으로 이어졌을 가능성도 배제하기 어려웠을 것이다. 기하학에도 왕도가 없다고 하는데, 하물며 해양스포츠안전에 왕도가 있을 까닭이 없다. 다만 있다면 하나도 안전, 둘도 안전, 셋도 안전 확보일 뿐이다. 더욱이 선수들을 대상으로 한 현장지도라 해도 예외가 있을 수 없다. 코치는 전문가 그룹에 속한다. 관점 획득에 능한 사람을 전문가라고 일컫는다. 관점 획득에 실패하면 그건 이미 전문가가 아닌 셈이 된다. 다르게는 아예 코치 자격 자체가 없다는 뜻도 된다. 관점 획득 능력(상황 판단), 전문가와 비전문가를 분별하는 기준이다. 가벼운 안전사고라 하더라도 엄격하게 법 적용을 하여 경각심을 고취시키는 일도 꼭 필요하다.

이 외에도 2019년 3월 9일 송정해수욕장 앞 약 3km 해상에서 8척의 해양카약 동호인들이 강풍과 높은 파도임에도 아랑곳 하지 않고 활동하다 표류하는 안전사고가 발생했다. 때 맞춰 해경이 신속하게 구조를 하기는 했지만, 이들 동호인들의 안전 불감증 역시 우려할 수준임을 보여준 사례이다. 협회나 동호인 활동이라 하여 당국이 호의를 베풀다보면 권리인 줄 착각한다.

제 8 장

해양스포츠 활동과
해변 친수공간(해안역)의 관리

1. 관리의 필요성

관리(管理)는 사람들과 조직이 목적을 효과적으로 달성하기 위한 적극적인 인간 활동이자 지속적인 과정이라고 말할 수 있다. 우선 이 장에서는 해양스포츠 활동이 이뤄지는, 또는 마리나시설을 중심으로 양질의 해양스포츠 활동을 위한 전진기지 기능을 발휘하는 해변 친수공간 개념과 직·간접으로 잇대어 있는 '해안역 활동의 경험관리'와 '해안역의 관리'에 대해 지방과 도시지역 해안선의 경우, 각각의 개념으로 이해하지 않고, '해변 친수공간'의 개념에 이들 두 개념을 포괄·함의시키고 있다. 다만 지방과 도시지역 해안선 이외의 경우에는 '해안역 활동의 경험관리'와 '해안역의 관리'라는 해안·항만·해안공학 분야의 개념도 함께 사용하고 있음을 밝혀 둔다. 이는 논의의 대상지가 지방과 도시역인가, 아니면 어촌 및 도서지역 해안선인가에 따라 구분하였다는 말도 된다.

세계적으로 스포츠형 중심의 해양관광과 해양스포츠는 새로운 기구(보트) 및 첨단장비(GPS 등)의 개발과 매우 빠르게 발전하는 해양과학기술(해안·항만·해양공학 분야)의 발전에 힘입어 1960년대부터 '강 마리나시대'가 퇴조(退潮)하는 가운데 '해양 마리나시대'가 성큼 열리기 시작했다(Orams, M. B. 1999). 국내에서는 윈드서핑 등 각종 해양스포츠가 주한 외국인을 비롯하여 외국상사에서 근무한 일부 내국인들을 중심으로 한강, 청평, 광안리해수욕장 등에서 처음으로 선보이기 시작한 것은 1970년대 중반이다. 이때만 하더라도 해변을 전진기지로 삼아 주로 해수욕장에서 이루어지는 윈드서핑 등 각종 해양스포츠 활동에 대해 사회적으로 수용할 준비가 거의 되어 있지 않았다. 실제로 바다가 공유재임에도 전국 240여 곳의 해수욕장은 1953년에 제정된 수산업법(그간 여러 차례 개정되었고, 11장 100조 및 부칙으로 구성)과 1962년 '수산업협동조합' 탄생에 의해 '국가 권리를 가진 연안지선(沿岸地線) 어장에 있어서의 어업행위를 특정한 자에게 특허한 마을어장', 즉 해수욕장은 그들의 논과 밭이기 때문에 사유재로 인정되기도 한다. 정부가 수산업법에 따라 특정한 자에게 특허한 연안어업은 신고어업, 허가어업, 면허어업 등 세 종류가 있다. 한데, 1950~1970년대 중반까지만 하더라도 이들 3개 연안어업은 국가경제 발전에 효자로 역할하고 있었다. 반면에 해양스포츠의 꽃인 세일크루저요트는 아랑 드롱 주연의 "태양은 가득히"와 같은 외국 영화를 통해서나 어쩌다 목격할 수 있었을 뿐 해양스포츠 대한 개념 이해를 비롯하여 실제 체험할 기회조차 거의 없었던 시기였다. 따라서 바다가 비록 공유재라고 하더라도 수산자원 증대를 위한 정부의 3개 어업권허가는 어쩌면 그 당시로서는 합당한 행정이었다고 봐야한다. 그때는 정부의 판단이 맞는다는 얘기다.

그러다 1970년대 중반부터 심각해지기 시작된 연안오염과 남획으로 연안어자원이 점차 고갈되는 현상이 심화·발전하는 것과 거의 때를 같이하여 시민 사회는 국가의 근대화 정책효과로 1인당 국민소득이 크게 증가함에 따라 윈드서핑, 수상오토바이, 세일링요트 등 각종 해양스포츠동호인들이 속속 활동하기 시작했다. 이때부터 전국 240여 곳, 특히 도시지역의 해수욕장은 해양스포츠동호인들과 지역어촌계 간의 마찰은 불가피할 수밖에 없는 갈등의 공간으로 변하여 지난 2009년까지 약 40년간 줄곧 길항(拮抗)의 관계가 형성돼 왔다. 실제로 여름철에 시민들에게 각종 해양스포츠를 향수할 기회를 제공할 해양스포츠업체의 활동도 지역어촌계의 동의 없이는 바다행정관할 기관에 영업허가신청을 할 수 없는 등 사실상 영업은 불가능하다. '공유수면관리법'에서 이해관계자의 동의서를 반드시 첨부해야만 바다관할 행정기관인 시·군·구청으로부터 '공유수면점·사용허가'를 받을 수 있도록 규정해 놓고 있기 때문이다. 게다가 어쩌다 동의를 받는다고 해도 상식을 뛰어넘는 보상비 때문에 협상과정에서 어려움을 겪기 일쑤이고, 또 그런 지난한 협상과정을 거친 업체라고 하더라도 시민이 지불하는 요금에는 지역어촌계에 지불한 보상비가 일부 전가됨으로써 결국 시민들은 값비싼 요금을 지불할 수밖에 없었고, 그로 인하여 민원이 제기되기도 했다. 뿐만 아니라 사업자 역시 바다도 물과 공기처럼 엄연히 공유재인데 어떻게 지역어촌계가 업체의 시장진입을 좌지우지할 수 있느냐고 거칠게 항의해 왔다. 그러나 지역어촌계원들은 엄연히 수산업법을 통해 보호를 받고 있는 연안어업자들임을 강변하고 있다. 그렇게 될 수밖에 없었던 국가 사회적 배경에 대해서는 앞에서 조금 밝혀 놓은 것과 같다.

부산 A구청의 사례를 중심으로 현실을 파악해볼 필요가 있다. 바다행정관할 A구청은 업체이용고객과 사업자가 제기하는 민원을 해소할 목적으로 공모를 통해 해양스포츠사업자를 선정하는 방식을 전격 채택했다. 물론 구청이 지역어촌계의 협조를 통해 공모 방식을 채택한 배경에 대해서는 약간의 설명이 더 필요하다. 지역어촌계가 해양스포츠사업자와의 협상에서는 '갑'의 입장에서 동의여부를 결정했음에도, 이번에는 무슨 이유로 구청의 협조요청에는 순순히 협조했을까가 궁금하지 않을 수 없기 때문이다. 모르긴 해도 지역어촌계원들 역시 구청수산계로부터 매 3년마다 연안어업허가를 반드시 갱신해야 하고, 그 갱신허가의 전제는 연 60일 이상 조업한 실적이 있어야만 가능하도록 수산업법에서 규정해 놓고 있다. 그렇지만 지금껏 실사를 통해 그 조항을 적용하여 3개(신고어업·허가어업·면허어업) 연안어업권을 취소한 사례는 전국적으로 단 한 건도 없었다. 선거 때문이다. 그렇지만 만약 구청이 어느 때라도 그 조항을 적용한다면, 사실상 개점휴업 상태인 대부분의 어촌계원들은 연안어업허가의 갱신이 불가능한 처지에 놓일 약점을 갖고 있기 때문에 어쩔 수 없이 협조했을 것으로 짐작된다. 물론 앞에서 언급한 얘기에 대해서는 심증은 있지만, 사실관계를 입증할 증거는 없다. 다만 비영리해양스포츠단체 실무부회장으로서 필자가 지역어촌계의 협조를 받아 이 구청의 시범사업 1년과 본 사업 2년을 직접해본 전국 첫 유경험사업자였기 때문에 그 때의 경험을 중심으로 추론해 보았을 뿐이다. 지역어촌계에겐 시·군·구청이 '갑'이라는 얘기다. 물론 해양스포츠사업자에게는 어촌계가 갑의 위치다. 삼척동자도 알고 있지만, '갑' 앞에서 어떻게 제할 말 다하면서 살 수 있을까.

아무튼 A구청은 사업공모제안서에서 발전기금(이해관계자인 어촌계의 동의서를 구청이 사업자를 대신하여 받아준 것에 대한 대가가 아닐까 추측됨)액수를 높게 제안한 업체에게 높은 점수를 배점함에 따라 결국 그렇게 선정된 업체는 이용요금에 발전기금 일부를 전가시키는 등 시민이 봉(鳳)이 되는 메커니즘은 여전히 바뀐 것이 없었다.

특히 필자는 칼럼(스포츠에세이)을 통해 부산시가 총 17억 4천만 원을 들여 조성한 '해양스포츠센터'를 구청이 위탁 관리하는 입장에서도 오히려 발전기금을 요구하는 것은 법적으로도 아무런 근거가 없다고 지적한(지삼업, 2014) 이후, 시(市)의 지적을 받은 구청은 발전기금 납부는 없던 일로 하기는 했다. 구청이 공모라는 그럴듯한 방식을 통해 잠시 눈가림할 수 있을지는 몰라도 결국 시민을 봉으로 전락시킨 본질이 어디 가지는 않았던 셈이 된다. 더욱이 이번에는 해양수산부로부터 태풍복구사업비를 배정받아 해양스포츠센터가 위치한 연안을 2년간 정비(토지조성)한 이후인 2018년 10월에는 재차(8월에 1차 선정된 업체가 스스로 사업권을 반납) 실시한 공모사업에서 구청은 위그선 생산업체인 아론비행선박산업의 자회사인 '블루윙주식회사'를 사업자로 선정했다. 1차 사업기간은 2018~2021년까지 3년이다. 이번에도 공유수면점·사용료를 연 8천만 원이나 납부하는 가운데 총 수입금의 20%를 발전기금으로 납부토록 하는 등 제 버릇을 끝내 버리지 못하고 있는 것만 같아 안타까운 실정이다. 뿐만 아니라 당초 부산시의 지원으로 해양스포츠 활성화를 목적으로 조성한 '해양스포츠센터'였음에도 이번에는 목적을 크게 왜곡시켜 해양관광 관광형 콘텐츠인 위그선(수면비행선박) 운항 기·종착지로 사용해도 되는가에 대한 강한 의문이 제기된다. 또한 인접한 대규모아파트단지에서 엔진 소음으로 인한 집단민원 발생우려는 없을까도 걱정이다. 구청의 해명이 필요한 부분이다. 한 편으로 마리나개발사업자인 경우도 어촌계의 동의가 없는 상태에서는 개발허가를 얻지 못한다. 레저업체도 시장진입이 불가능하다.

아무튼 정부가 이런 불합리한 상황, 즉 지역어촌계가 국가 차원의 마리나개발 사업에서도 왕 행세하는 나쁜 관행을 개선할 목적으로 입법한 것이 2010년 2월 8일부터 효력을 발생한 '마리나항만법(약칭)'이다. 주요 내용은 해양수산부로부터 마리나항으로 지정 받은 곳에 한하여 마리나개발사업자와 지역어촌계는 상호 적극 협상에 나서야 하고, 그래도 의견 접근이 어려울 때는 해수부의 '중앙중재위원회'에 중재 요청을 할 수 있도록 하고 있다. 그렇다면, 해수부로부터 마리나항 개발 예정지로 지정받지 못한 항이나 전국 240여 해수욕장은 어떻게 될까? 레저업체는 물론 비영리생활체육단체나 한국해양소년단의 활동도 어촌계의 동의가 없는 한 불가능하다. 결국 2019년 6월 현재까지도 정부의 해양스포츠산업 활성화 사회적 준비가 부족하다고 봐야한다. 1953년 수산업법 제정과 1962년 수산업협동조합이 설립되면서 정부는 협동조직(어촌계)에 연안에 대한 배타적 이용권(신고어업·면허어업·허가어업권)을 부여했다. 이후 '해안역관리'를 목적하는 '공유수면관리법'이 제정되면서부터 어민공동체의 동의서가 없는 개발 및 이용 행위를 불허하고 있다. 어민공동체는 조선시대에 어망계(漁網契), 포어계(捕漁契)가 있었고, 일제강점기에는 어획물의 공동판매 및 출자 등 근대적인 규약과 조직을 갖춘 어업계가 출현했다(김창일, 2019). 아무튼 정부는 지금껏 마리나개발 관련 갈등해결을 위한 우회정책에만 골몰하는 추세에 있다. 우회정책의 단적인 예가 '마리나항만법'이다. 추세적이라면 구조적인 문제가 해결되지 않고는 개선될 수 없다는 것을 의미한다. 추세적인 문제를 더 심각하게 받아들여야 하는 이유가 된다.

그렇지만 마리나개발은 그렇다고 하더라도, 주로 전국 240여 개소의 해수욕장을 중심으로 이루지는 해양스포츠 활동에 대한 점증하는 사회적 요구와 마을어장으로서의 어민 기득권 주장 등 어민 이외의 다수 사용자들과의 잠재적 충돌이 자원으로써 해안역의 계획과 관리에 중앙정부(해양수산부)가 개입하지 않으면 안 되는 주요 이슈 중 하나로 부각되어 왔고, 앞으로도 그럴 전망이다. 2010년에 마련한 마리나항만법으로도 악순환의 고리를 끊지 못하고 있기 때문이다. 더욱이 2008년 6월 18일 해안역 개발 관련 36개 법률이 의제처리 되고, 또 5개 개발 부담금도 감면되는 '동·서·남해안발전 특별법'을 마련하였지만, 마리나개발과 해양스포츠업체의 활동에 미치는 효과는 기대에 미치지 못했다. 이번에는 그런 반성의 토대 위에서 국토교통부는 '동서남해안발전특별법'시행령 개정을 통해 2017년 8월 9일에 동서남해안발전특별법의 적용대상에 내륙권을 포함시키고, 이에 따라 법의 명칭도 '동서남해안 및 내륙권발전특별법'으로 변경했다. 국무회의에서 의결된 시행령의 주요 개정 내용은 크게 다음의 세 가지다.

첫째, 해양관광진흥지구 지정 기준 마련(바다에 면한 토지경계로부터 1킬로미터 이내의 육지지역이나 도서지역을 포함해야 하며, 난개발 예방을 위해 지구면적은 10만km²(30,250평) 이상, 가시적인 효과 창출을 위해 민간투자 규모는 200억 원 이상이어야 한다.). 둘째, 설치 가능한 시설의 종류 확대 (해양관광진흥지구 내의 수산자원보호구역(중첩된 보전산지 포함)에 마리나·수상레저(해양스포츠)시설·야외공연장·음식점 등 집객시설 설치를 허용함으로써 이용자의 편의성을 높였다.). 셋째, 건폐율·용적률 등 규제 완화(지구 내 수산자원보호구역 및 보전산지에 설치하는 숙박시설의 높이 제한을 관광휴양형 지구단위계획 수준인 40m(종전 21m)로 완화하고, 건폐율과 용적률의 최고한도도 계획관리지역 수준인 40%, 100%로 각각 환화하였다.). 적용대상 권역과 지역은 동해안권(울산시, 강원도, 경상북도에 속한 기초지자체 중 해안선에 인접한 지자체), 서해안권(인천시, 경기도, 충남, 전북에 속한 기초지자체 중 해안선에 인접한 지자체), 남해안권(부산시, 전남, 경남도에 속한 기초지자체 중 해안선에 인접한 지자체), 내륙권, 즉 접경지역(인천시, 경기도, 강원도에 속한 행정구역중 대통령령으로 정한 지역) 등 총 4개권역이다.

따라서 시행령 개정으로 마리나개발 및 해양스포츠업체 활동에 미치는 긍정적인 영향과 함께 미흡한 측면은 대략 다음과 같은 것들을 예상해 볼 수 있다. 첫째, 해안선 기준 1km 이내의 배후지의 개발을 절대 금지해온 '수산자원보호구역(바다의 GB법)'에 마리나개발 및 해양스포츠시설은 물론 이에 관련된 음식점, 그리고 건물을 약 10층 정도까지도 허용한 것은 매우 바람직했다. 다만 민간투자 규모가 200억 원이상인 점은 중견기업에서나 참여할 수 있는 마리나개발에만 해당되는 항목일 뿐, 주로 영세사업자인 해양스포츠업체, 그리고 비영리생활체육단체와 해양소년단의 활동과는 아무런 관계가 없다. 둘째, 마리나개발 및 해양스포츠업체 활동에 관련된 공유수면관리법 제7조제1항에 따른 이해관계자, 즉 지역어촌계의 동의서 첨부 부분은 전혀 언급되어 있지 못함으로써 해안역 관리와 개발에 관한 진통과 어려움은 계속될 전망이다. 결국 공유수면관리법 제7조제1항이 해묵은 논쟁거리인 이유는 처한 입장에 따라 나름 할 말이 많기 때문이다. 따라서 앞으로 시행령이 다음과 같은 이유로 다시 개정되어야 한다. 공유재인 바다를 어민에게 사유재로 인정한 것은 그때는 맞았지만, 지금은 다수 국민의 행복추구권 보장이라는 기본권과 정면으로 충돌하고 있기 때문에 계속 이런 길항관계가 유지되어야 하는 가에 대한 강한 회의(懷疑)를 갖게 한다는 점에서 틀렸기 때문이다.

미국, 프랑스, 영국, 호주 등 해양선진국의 해안역(해변 친수공간) 개발의 주요 목적은 해양스포츠, 해양관광 활동 사회적 요구를 원만히 수용하는 가운데 상업, 경제개발, 야생생물 및 자연의 역사, 그리고 시각 및 미학적 요구를 비롯하여 환경훼손에 대한 지역사회의 요구와 균형을 맞추는 선진해양문화 정립에 두고 있다. 그러나 우리나라의 경우, 1970년대 중반부터 발전하기 시작한 해양스포츠가 주로 해수욕장의 해안선 기준, 바다 쪽으로 약 0.5~1km범위 이내에서 활동을 하고 있지만, 이미 해수욕장은 1953년에 제정한 '수산업법'에 따른 입어자 등 3개 연안어업자들의 마을어장으로 허가되어 있고, 더욱이 지금은 연안오염과 남획으로 인하여 포획·채취할 수산동식물이 거의 사라진 상태에서조차 그들에게 바다이용 독점권을 계속 인정하는 가운데 점증하는 다수 국민의 해양스포츠 향수 욕구 충족을 위한 공간 확보는 오히려 외면당함으로써 시민 평등권에 어긋나는 정책을 구사하고 있는 등 지금까지의 통제관리 기법은 매우 후진적일뿐만 아니라 상당부분 부적절한 것으로 인식되고 있다. 앞으로 정부의 정책은 다수 국민과 어민, 그리고 전문분야가 협력하는 다중협력시스템 구축을 통하여 선진해양문화 정립에 적극 나서야 할 것이다. 물론 2008년 마련한 '동서남해안권발전특별법', 2010년 '마리나항만법', 2017년 '동서남해안 및 내륙권발전특별법' 등이 각각 마련되어 있다고는 하지만, 공유수면관리법 제7조제1항에 따른 이해관계자, 즉 지역어촌계의 동의서 첨부 부분은 여전히 개선을 못하고 방기(放棄)시켜 놓고 있기 때문이다. 이것이 '해변 친수공간', 혹은 '해안역관리' 및 '해안역 활동의 경험관리'에 관련된 현안의 중심부에 놓여 있다고 봐야 한다.

뿐만 아니라 공적·사적·상업적·자발적(비영리해양스포츠단체) 또는 전문적으로 개별 또는 그룹 수준에서 해양스포츠 활동의 관리에 대한 명확한 지침마련을 필요로 하고 있음도 사실이다. 특히 이러한 지침은 국지적·지역적, 그리고 전국적으로도 필요하다. 특히 인기가 높은 강원도 경포대, 충남 대천, 부산 해운대, 광안리, 송정, 송도지역에서, 그리고 가장 선호도가 높은 여름철에 해양스포츠에 대한 요구는 그러한 요구를 수용할 지역의 능력과 환경용량을 초과할 수 있는 우려도 있다. 해양스포츠 활동의 기회를 최대화하는 것은 해변 친수공간 내외에서 벌어지는 각종 해양스포츠 활동에 대한 책임 있는 관리를 요구한다. 지방이나 도시지역 '해변친수공간'의 해양스포츠 활동 관리자들은 이러한 구체적인 요구에 직면하고 있다. 공공기관, 환경단체, 어민단체, 비영리 해양스포츠단체, 해양소년단이 각각 활동하고 있고, 그 안에서 관리자들이 정책 판단을 하고 있지만, 상이한 단체들이 펼치는 활동은 그 나름으로는 유의미한 일이기는 하지만, 총론에서 보면 일부 문제를 발생시키고 있다고 생각된다. 전문가는 팩트를 연결해 의미를 부여하는 사람이다.

따라서 지금껏 이러한 개별적인 관리 문제를 통합하고 해결에 주효할 확실한 해결책이 마련된 적은 없었다. 그러나 선진해양문화 정립과 지속 가능한 개발이라는 총론(원칙)에 기초한 지방과 도시지역 '해변 친수공간 관리' 개념은 전 세계적으로 힘을 얻고 있는 추세에 있고, 또 지금까지 부족했던 정부 관리의 이론적 배경을 일부 제공하고 있다. 영국의 경우, 해안역 문제를 해결하기 위한 국가 정책 개발에 적극 나서고 있는 가운데 지자체 및 기초지자체의 정책들이 이미 시행 중이다. 우리나라도 국제적 추세를 고려하여 해변 친수공간(해수욕장)에서의 해양스포츠 활동에 직접 관련이 있는 해양스포츠단체들과 해양스포츠업체를 비롯하여 마을어장관리 지역어촌계 등 모든 사용자들과 기득권을 갖고 있는 입어자 등 연안어업자들이 선진해양문화 정립 여론에 등 떠밀려 언젠가는 검토할 수밖에 없는 정부의 전략적(제도개선) 정책에 전적으로 동의하는 가운데 실제적으로 그 정책에 솔선수범한다면, 공유수면관리법 제7조제1항의 '이해관계자 동의서'는 생각보다는 쉽게 해결의 실마리를 찾을 수 있지 않을까 싶다. 공유재인 바다에, 그것도 포획할 수산자원이 거의 없는 연안바다에 어민의 권리만 기세가 등등하고, 시민의 행복추구권은 고려 대상이 아니라면 공정한 사회라고는 보기 어렵다. 더욱이 네덜란드 철학자 바뤼흐 스피노자(1632~1677)는 그의 신학정치론에서 "사람의 가장 큰 축복과 행복은 선(善)을 함께 향유하는 데 있지, 자기 혼자만 그것을 배타적으로 향유하고 있다고 자만하는데 있지 않다."고 했다. 다르게는 우월감에 기초한 선민의식이란 철학적으로 성립될 수 없다는 이야기다.

따라서 시간 단축을 통해 해양선진국들과 어깨를 나란히 해야 할 나라의 해양신산업발전을 위한 선진해양문화 정립 길에 이해분야 간 무릎맞춤을 통해 서로 적극 협력하는 자세를 견지하지 못하면, 그 누구도 아닌 나라의 경제가 멍들고, 또 시민 놀이문화도 싹트지 못함을 주목했으면 한다. 어떤 상황에서도 소탐대실하는 잘못은 범하지 말아야 한다는 말이다. 더욱이 정부도 항만물류 분야보다는 오히려 해양스포츠 중심의 해양관광산업이 21세기 가장 영향력이 있는 경제·사회적 주요 이슈인 점을 인식하고 있는 가운데 공유재인 바다를 놓고 어민과 균등한 기회를 제공해 주어야 한다는 다수 국민의 여론을 더 이상 외면할 수 없다는 측면을 특별히 주목하기를 기대한다.

2. 관리원칙과 과정

1) 원칙

관리에 대한 초기 연구들은 개인들과 기업들의 경제적 효율성에 대한 이해 및 효율성의 향상에 초점이 맞춰졌다. 드러커(Drucker, P. 1955)의 '관리실행'은 어떠한 관리 상황에서도 적용 가능한 관리지침을 다음과 같이 제시했다.

- 관리는 현재뿐만 아니라 미래에 대한 책임과 관련이 있다.
- 관리는 이상적인 목표를 먼저 설정한 후에 구체적인 계획을 세워야 한다.
- 관리는 단지 수동적·순응적인 행동이 아니다. 원하는 결과가 나오도록 행동을 적극 취하는 것이다.
- 관리자의 임무는 업체의 성공에 가시적이고 측정 가능한 공헌을 한다.

해양레크리에이션형 및 해양리크리에이션형을 비롯하여 생활체육형 해양스포츠와 같은 삶의 틈새 관리에 대한 연구는 '사람을 위한 서비스' 프로그램이 상업적, 수익 지향적 관리와는 근본적인 측면에서 다르다는 것을 인식하면서부터 발전했다. 모든 형태의 여가(틈새) 관리는 여가의 기회를 수용하고 시작하는 경제적 과정일 뿐만 아니라 사회적 과정으로 고려되어야 한다. 이것은 또한 수용되는 자연환경도 최소한으로 훼손해야한다는 측면을 전제하고 있다. 모든 관리 주제(主題)에 적용될 수 있는 관리 이론들이 많이 존재한다. 고전적인 관리 이론은 5개의 관리 과정들(계획, 조직, 명령, 조정, 통제)과 14개의 관리 기능들(규율, 명령 체계 등)로 세분화하고 있다. 관리의 효율성은 측정 가능하다. 이 구조화된 접근법은 지자체차원에서 해양스포츠 활동이 운영되는 여러 가지 관리 틀을 제시하지만, 다수자의 사용을 위한 자원관리에는 부적합하다.

매슬로우(Maslow ; 1908~1970)와 허츠버그(Herzberg ; 1904~)의 행동주의, 또는 인간관계 이론은 조직 내의 개인들의 요구사항과 사람들의 요구의 중요성을 강조한다. 이들이 조직 자체의 목표와 균형을 이루어야 한다고 강조한다. 매슬로우의 '동기와 인간성격'은 상이한 그룹들 간의 그룹 역동성과 행동이 모두 이러한 이론들의 중요한 요소들이다. 최근의 시스템 접근법들에서는 조직 내부의 요소들, 즉 사람들, 업무와 기술이 함께 모인다. 관리 시스템은 각 관리자가 일련의 공개되고 이미 검증된 기술 및 관리

틀을 이용하고 새로운 기술을 만들어 문제나 기회를 다루는 방식을 결정하도록 하고 있다. 이것은 또한 목표들이 얼마나 잘 충족되는지를 측정하고 점검하는 수단을 포함해야 한다. 궁극적으로 모든 형태의 관리는 사람들에 의해 만들어진 조직의 맥락에서 실행된다(Torrington, D. & Weightman, J. ; 1994). 조직적인 구조에 대한 비상 접근법은 각 조직이 다양한 환경이나 비상사태에 대응하는 것을 제시하고 있다. 공식적인 구조는 규모와 긴밀하게 연결되어 있다.

조직이 클수록 높은 수준의 공식적인 구조의 채택 요구가 더 크다. 지방 및 도시지역 '해변친수공간' 혹은 '해안역'에서 이루어지는 해양스포츠 관리는 이러한 각 이론들의 결합을 통합할 필요가 있다고 생각하고 있다. 톨킬센(Torkildsen, G. 1986)은 상이한 조직의 요구를 충족시키기 위해 적용되고 수정되는 고전적인 관리 이론이 여가 서비스, 시설 및 프로그램 관리를 위한 기본 틀로써 사용될 수 있다고 주장한다. 그는 다음의 다섯 가지 관리기능들을 제시하고 있지만, 이를 해양스포츠 관리에도 적용할 수 있다.

〈해양스포츠 관리기능〉
① 개념화 ② 목표 설정 ③ 계획 실행 및 사람들을 통한 결과 달성 ④ 향상 추구 및 결과 평가 ⑤ 하급자(후배) 원조(援助) – 영감을 주고 동기 부여시킴

그러나 해양스포츠 관리는 또한 사람들의 요구를 예측하고 이에 부응하는 것에 관심을 가지고 있으며, 그렇게 함으로써 사람들로 하여금 해양스포츠에 대한 충성도를 높인다. 관리자들의 역할은 동호인들의 목적과 목표를 파악하고, 단체와 개별 목적을 감시하면서 개인들을 위해 역할과 목표를 인식하도록 돕는 것이다. 해양스포츠로의 동기 부여는 분명히 중요하다. 물을 매개체로 한 해양스포츠 활동은 관리자들이 활동에서 개인적인 능력과 강사구성의 측면에서 인정받고 지위를 얻을 수 있는 기회를 제공한다. 업무 만족도, 사회 계약 및 선망하던 업체의 일원이라는 자긍심이 때로는 많지 않은 급여와 열악한 작업 환경을 극복하는 동인(動因)이 된다. 직원의 효과적인 팀워크에 영향을 끼치는 주요 요소들은 다음과 같다.

〈효과적인 팀워크에 영향을 끼치는 요소들(Cole, G, A. 1993)〉
① 리더십 ② 이행되어야 하는 업무들의 성격 ③ 팀 구성원들의 지식, 기술 및 동기 부여 ④ 집단의 규모 ⑤ 집단의 발전 단계 ⑥ 집단의 응집력 ⑦ 집단의 규범과 조직의 규범 ⑧ 개인들의 역할 ⑨ 집단의 작업 환경

이들 요소 중 지도력이 해양스포츠 관리 내부에 큰 영향력을 가지고 있다. 업무의 요구, 집단과 개인

을 설명하는 어드다이어(Adair, J. 1982)의 지도력 모델은 〈그림 8-1〉에서 예시하는 바와 같다. 이러한 경우, 지도자는 작은 팀과 세일딩기요트 내의 개인적인 역량을 실현하기 위해 자신의 접근법에서 개인/단체 지향적이 될 수 있다. 그러나 기후가 바뀌거나, 또는 단체의 안전이 문제 시 되면 우선순위가 즉각 바뀐다. 그러면 업무 요구가 우위를 차지하게 될 것이다. 업무 실행에서 '업무 이행'과 '업무 파악'을 구별하는 것이 중요하다. 해양스포츠 관리에서 특히 안전 확보가 가장 중요하기 때문에 업무에 대한 높은 수준의 세밀한 파악이 중요하다. 이는 단체의 정체성과 동기 부여의 중요성을 강화한다.

해양스포츠 관리 업체들이 전문 지식, 재무 및 장비와 같은 투입물이 관리 과정에 의해 현장 경험으로 전환되는 공개된 사회 시스템으로 보일 수 있다. 오픈된 시스템에서 투입, 전환, 산출의 각 단계는 해양환경에 영향을 끼치고 해양환경에 의해 영향을 받는다. 해양스포츠 관리는 여러 가지 측면에서 자원으로써의 지방 및 도시지역 해변 친수공간 혹은 해안역에 대한 의존을 고려할 때, 지역 관리와 유사한 개념이다. '목표에 의한 관리' 체계 구축이 가장 적절하다. 브롬레이(Bromley, P. 1990)는 그러한 체계가 관리자로 하여금 다음을 가능하게 할 것이라고 말하고 있다.

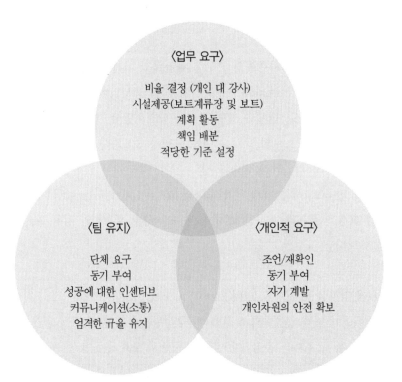

〈업무 요구〉

비율 결정 (개인 대 강사)
시설제공(보트계류장 및 보트)
계획 활동
책임 배분
적당한 기준 설정

〈팀 유지〉

단체 요구
동기 부여
성공에 대한 인센티브
커뮤니케이션(소통)
엄격한 규율 유지

〈개인적 요구〉

조언/재확인
동기 부여
자기 계발
개인차원의 안전 확보

〈그림 8-1〉 세일딩기 요트 강습현장에 적용되는 지도력 요구의 기능적 모델

출처 : Tim Goodhead &And david Johnson(2005). *Coastal Recreation Management*. Taylor & Francis Group, 27. 재구성.

① 목표를 달성하기 위한 작업의 적절한 틀을 제공 ② 공개 토론과 상호 신뢰의 적절한 관리 문화 계발 ③ 변화 관리 및 문제를 통한 팀워크 지원 ④ 공약

2) 과정

실제 관리과정들은 코레(Cole, G. A. 1993)에 의해 요약되는 4가지 주요 관리 활동들, 즉 계획, 조직, 동기 부여와 통제간의 관계에 초점을 맞추고 있다. 그러나 이것이 '단선적(單線的)인' 과정으로 이해해서는 안 된다. 지속적인 재평가와 피드백(feedback)의 '주기적'인 과정으로 인식되어야 하는 것이다. 실제로 '목표 지향의 관리'에 대한 지나친 집착은 '편협한' 접근법으로 이어져 '숲을 보되 나무를 보지 못하는' 잘못을 저지를 수 있다.

(1) 관리계획
관리의 계획 기능은 관리자들이 자신들의 운영 목적과 목표를 설정하지 위해 사용하는 의사 결정 과정이다. 사업 방향과 자원 조달에 대한 그러한 결정은 전략적, 운영적, 또는 행정적으로 분류될 수 있다. 지방 및 도시지역 해변 친수공간 혹은 해안역에 관심을 갖는 다수의 이해 당사자들은 특히 전략적인 수준에서 이 과정에 영향을 끼친다. 운영의 측면에서 특정 목표, 실행 기준 및 인력동원 계획이 중요한 요소이다.

(2) 조직
조직의 과정은 목적과 목표 이행 수단 창출과 관련된다. 코레(Cole, G. A. 1993)는 이를 다음을 위한 과정으로 규정한다.
① 활동의 결정, 분류 및 구조화 ② 활동 그룹에서 나오는 역할의 구상 및 배분 ③ 그룹과 개인의 결과에 대한 책임 배정 ④ 커뮤니케이션, 의사 결정 및 충돌 해결을 위한 것들을 포함하여 구체적인 규칙과 작업 이행 시스템의 결정 등
해양스포츠 관리의 구체적인 조직은 운영과 안전 확보의 측면에서 대단히 중요하다.

(3) 동기부여
직원과 참여자들로부터 적극적인 호응을 얻어 내는 것은 본질적으로 인간 관리를 위한 과정이나 기술이다. 일단 관리와 조직 과정들이 발생하면 단체가 목표를 달성하도록 감독해야 한다는 측면에서 보면, 그 효과는 주로 관리 형태나 관리자가 가진 영향력의 수준에 의해 결정된다고 볼 수 있다. 그러나 관리자들의 관리목표 및 해양스포츠업체의 운영 수준 간에 높은 일체감을 갖도록 노력하는 것이 대단히 중

요하다.

(4) 통제

제어 관리 과정은 설정된 기준에 대하여 실행을 측정하고, 그 결과로 잘못된 행동을 수정(修正)하기 위한 것이다. 시의적절한 피드백, 통제 시스템에 의해 발생되는 정보는 정확한 제어 관리에 중요하다. 해양스포츠 관리를 위해 예산 제어 조치를 비롯하여 특히 안전교육을 비롯하여 라이프재킷 착용과 같은 신체적 제어 조치가 중요하다. 더욱이 얼마 전부터 총체적 품질관리(TQM) 개념이 여가 운영에 적용되었다. 이러한 개념들은 품질이 고객에 의해 규정되는 고객 관리 원칙에 기초한다. 고객 만족은 분명히 생활체육형 해양스포츠 활동 등 모든 여가 서비스 운영에 중요하다. 총체적 품질 정책은 경영진의 의지에 달려 있으며 조직 전체에 영향을 미친다.

3. 사용자 간 갈등의 조정

해변친수공간(Waterfront) 및 해안역은 한정된 주요 국가 자원이다. 물, 공기와 같은 차원의 공유재인 해양자원 관리는 해변 친수공간(해안역) 관리 및 계획의 한 측면으로 중앙정부기관인 국토교통부와 해양수산부에 의해 관리된다. 그리고 지방과 도시지역 해변 친수공간(해안역 자원) 내에서 해양스포츠 활동이나 마리나개발은 해변 친수공간이 제공하는 다양한 이점들을 활용하는 중요한 합법적 사용 아이템들 중 그 하나에 속할 뿐이다.

해양스포츠 활동의 급성장은 자원 관리자인 국토교통부와 해양수산부로 하여금 이전보다 마리나개발이나 해양스포츠 활동의 효과를 더욱 적극적으로 고려하도록 요구하는 사회적 압력으로 작용하고 있다. 해변 친수공간(해안역)의 상황은 〈표 8-1〉에서 예시되는 바와 같이 육지 및 해양자원 간의 중요한 차이에 의해 더 복잡해지고 있다. 시민 삶의 질 향상을 위한 해양자원에 대한 사용의 영향은 다른 사용자들의 권리에 대한 간섭부터 통제받지 않는 다른 장소로의 전환까지 다양하다. 이러한 맥락에서 해양스포츠 활동과 마리나개발은 관리되어야 하는 갈등제공 원인행위자로 보인다. 〈표 8-1〉은 이용자 간 갈등에 대한 전반적인 상황을 간략하게 보여주고 있다.

이 모든 잠재적 갈등 중에서 해양스포츠 활동을 비롯하여 마리나개발과 자연보존 간에는 서로 대척점에 놓여 있지는 않지만, 가장 길항적(拮抗的)인 관계에 놓여 있음을 보여주고 있어 눈길을 끈다. 〈그림 8-2〉처럼 해양스포츠 활동과 마리나개발이 자연보존에 끼치는 영향은 변경하거나 변경할 수 없는 단기, 또는 장기적인 훼손과 소란을 발생시킬 수 있다. 잉글리쉬 네이처(English Nature, 1992)는 특히 강 하구에서의 소란은 주민과 철새에게 주거 및 서식지 환경에 영향을 끼치기 때문에 주요 갈등 영역으로 인식하고 있다. 구체적인 충돌 내용은 다음과 같은 것들이 있다.

① 자동차 주차장, 마리나와 폰툰, 고정 및 부유식 방파제와 같은 해양스포츠 활동에 관련된 마리나나 보트계류장의 기본시설 조성을 놓고 어민 등 이해관계자의 공유수면 점·사용권 주장에 의해 야기되는 민원 발생

② 해양스포츠 활동을 위해 사용될 수 있는 내수면 댐에 의해 야기되는 철새 도래지의 위협

③ 마리나개발에 관련된 준설물 운반 차량의 도로 훼손과 소음, 특히 수중암반 폭파에 따른 인근 주택지의 지반 흔들림, 토사(土砂)를 도로에 마구 흘림, 비산먼지 발생에 따른 대기 '미세먼지' 악화 문제 등

〈표 8-1〉 육지자원과 해양자원 간의 주요 차이점

주요 특성	육지 환경	해양환경
△ 사유 재산권	△ 자원 사용의 모든 측면을 포괄하는 매우 발전된 시스템	△ 극히 제한적(어민에게만 배 타성 인정: 영국, 일본, 한국)
△ 자연도	△ 매우 변형된 환경	△ 일반적으로 해저에서만
△ 자원의 공간적 성격	△ 단기에서 중기로 고정	△ '높은 수준의 자연성'으로 수정되지 않음
△ 자원/사용/사용자의공간적 성격	△ 주로 단일 사용자, 지역별	△ 다수 이동성
△ 사용자 효과의 공간적 성격	△ 일반적으로 단기에서 중기로 고정	△ 주로 지리적, 임시적으로 널리 보급

출처 : Kerr, S,(1994). *Business Opportunities in the Coastal Zone*. RICS Workshop. Cardiff.

셀만(Selman, P. 1992)은 이러한 자원 관리 문제를 법률 구조, 협상, 중재와 설득의 적절한 조합이 요구되는 가장 넓은 의미에서의 환경 계획의 하나로서 정의하고 있다. 환경의 사회적 또는 개인적 사용이 고의적 또는 무의식적으로 자기 본위라면 소유 또는 소유와 관련된 사용자 권리를 제한할 수밖에 없다. 이것은 자원이 가장 잘 사용되도록 배분함에 있어 시장이 갖는 불완전성에 대한 다소 극단적인 반응이다. 그러나 시장 기제는 자연 환경의 내재적, 또는 존재 가치에 대한 고려가 불충분하다. 시장은 주로 '사물(事物)이' 사용성, 그리고/또는 희소성에 가치가 있다는 점에 기초하여 운영된다.

더욱이 희소성의 가치는 '소유권'과 한 소유자로부터 다른 자에게로의 임대, 판매 등 양도·양수와 관련된다. 양도/양수가 가능한 것은 공유수면허가권이다. 소유되거나 양도될 수 없는 동식물군은 '야생'으로 간주되고 경제적 가치가 없다. 이런 이유로 대부분의 해안역 자원 관리는 주로 당국의 기획 부서에 의해 이루어진다. 이에 대한 보기 드문 예외가 사유지의 일부인 영국 햄프셔에 있는 볼로우 만이다. 해안역 계획 PPG20(DOE/WO ; 1992)의 로드맵에 명시된 정부 관리계획을 다음과 같이 밝히고 있다. "해안역(지방 및 도시지역은 해변 친수공간)은 해양스포츠, 해양관광을 위해 인기 높은 곳이며, 그 수용능력에 한계를 노출하고 있다. 해안역의 자연미와 다양한 풍경, 자연 보존에 대한 관심과 물, 해변과 절벽과 같은 해양관광을 위한 다양한 자연 자원이 이곳을 명소로 만들고 있다. 대부분의 해안역에서는 이러한

통제

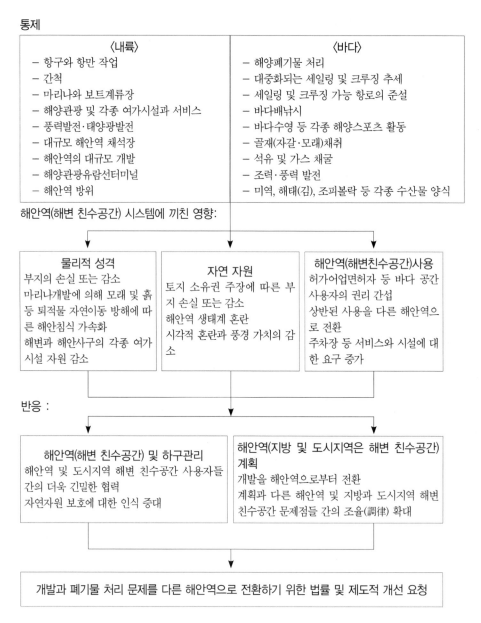

〈내륙〉	〈바다〉
– 항구와 항만 작업 – 간척 – 마리나와 보트계류장 – 해양관광 및 각종 여가시설과 서비스 – 풍력발전·태양광발전 – 대규모 해안역 채석장 – 해안역의 대규모 개발 – 해양관광유람선터미널 – 해안역 방위	– 해양폐기물 처리 – 대중화되는 세일링 및 크루징 추세 – 세일링 및 크루징 가능 항로의 준설 – 바다배낚시 – 바다수영 등 각종 해양스포츠 활동 – 골재(자갈·모래)채취 – 석유 및 가스 채굴 – 조력·풍력 발전 – 미역, 해태(김), 조피볼락 등 각종 수산물 양식

해안역(해변 친수공간) 시스템에 끼친 영향:

물리적 성격 부지의 손실 또는 감소 마리나개발에 의해 모래 및 흙 등 퇴적물 자연이동 방해에 따른 해안침식 가속화 해변과 해안사구의 각종 여가시설 자원 감소	자연 자원 토지 소유권 주장에 따른 부지 손실 또는 감소 해안역 생태계 혼란 시각적 혼란과 풍경 가치의 감소	해안역(해변친수공간)사용 허가어업면허자 등 바다 공간 사용자의 권리 간섭 상반된 사용을 다른 해안역으로 전환 주차장 등 서비스와 시설에 대한 요구 증가

반응 :

해안역(해변 친수공간) 및 하구관리 해안역 및 도시지역 해변 친수공간 사용자들 간의 더욱 긴밀한 협력 자연자원 보호에 대한 인식 증대	해안역(지방 및 도시지역은 해변 친수공간)계획 개발을 해안역으로부터 전환 계획과 다른 해안역 및 지방과 도시지역 해변 친수공간 문제점들 간의 조율(調律) 확대

개발과 폐기물 처리 문제를 다른 해안역으로 전환하기 위한 법률 및 제도적 개선 요청

〈그림 8-2〉 해안역(지방 및 도시지역은 해변 친수공간) 자원관리
출처 : 영국환경부(1993). 2019년 6월 일부 재구성

이해들 간에 균형을 찾고 이를 조정하며 적절한 관리 조치를 통해 마구 사용되는 것을 예방하는 것이 목적이다."
- 1980년대에 들어 더 많은 사람들이 환경 보호 조치의 경제적 비용을 기꺼이 받아들이겠다고 했다.
- 1981년 이래 영국의 환경 그룹 회원이 대폭 증가했다.

- 10명 중 약 9명이 환경에 관심이 있다고 말하고 있다.

그렇기 때문에 해안역(지방과 도시지역은 해변 친수공간) 자원 관리자는 해안역이 일정 규모 이상의 인간의 활동에 의해서 너무 쉽게 파괴되는 것뿐만 아니라 자연자원인 해안역 그 자체의 보존을 위해서도 해안역을 관리하고 있다고 보아야 할 것이다. 아마도 해안역(해변 친수공간) 자원 관리의 가장 시급한 사안은 해안역(지방 및 도시지역은 해변 친수공간) 전역에 걸친 조정 활동과 의사 결정의 문제일 것이다.

대규모 해안역 훼손 우려에 따른 주민반발 사례 하나. 우리는 당사자 일 때 흥분한다. 제3자일 때 조금 더 차분해진다. 주민과 어민들이 의견을 모아 일제히 개발사업자를 성토하는 이야기를 시작하는 이유다.

해양수산부가 추진 중인 부산 해운대구 동백섬 앞 '운촌마리나 사업'에 대해 공공성 결여와 상업공간으로 악용 가능성 등을 이유로 해운대 주민들이 반발하고 나섰다. 운촌마리나항 개발사업 결사반대 주민비상대책위원회(이하 운촌비대위)는 2017년 9월 29일 오전 부산시청 앞에서 동백섬 앞 운촌마리나 개발사업을 철회할 것을 부산시와 해운대구의회 등에 촉구했다.

운촌마리나 사업은 동백섬 인근에 300척 규모의 보트해상계류장과 공원, 클럽하우스 조성 등이 핵심이다. 운촌마리나의 총 면적은 14만1212m²(해상 8만6466m²·육상 5만4654m²) 상당이며, 830(국비 – '마리나항만법'에서 정하는 바에 따라 도로, 방파제, 전기, 수도 등에 관련된 280여억 원·S건설 컨소시엄이 550여억 원)여억 원의 사업비가 들어갈 예정이다. 운촌비대위 측은 개발 사업 반대 이유로 ① 공유수면매립에 주민 의견 수렴 부족, ② 특정 사업자의 수익을 위해 공공재인 바다를 사유화, ③ 사업지의 상업 공간으로 악용 가능성 등을 지적했다. 운촌항 인근 아파트 주민 573명이 반대의견과 함께 주민공청회가 필요하다고 주장했다. 이 외에도 미포어촌계와 우동어촌계 역시 어선 충돌 가능성이 있다며 반대하고 있다. 찬성주민은 36세대에 불과하다(김준용, 2017).

한 발자국 떨어져 분쟁의 전말을 되짚어보면, S건설은 운촌마리나 맞은편 동백섬에 위치한 'A 마리나' 사장의 아버지가 경영하는 건설업체다. 말하자면 족벌마리나업체가 탄생할 전망이다. 한데, 주민들이 크게 반발하는 배경에는 이 'A 마리나'가 그간 상업성에만 치중한 나머지 인근 주민과의 소통에는 관심이 없었다는 측면을 꼽을 수 있고, 더욱이 이 마리나는 마리나 본래의 기능인 보트해상계류장 관리는 외주업체에 떠맡겨 놓은 채 마리나회원 전용시설인 클럽하우스 공간을 크게 확장하여 일반 대중을 대상으로 예식업 및 외식사업에만 열중해 왔다. 특히 인근주민들이 운촌마리나 개발에 크게 반발하는 배경의 중심에는 'A 마리나'의 왜곡된 상업성추구도 적잖게 영향을 미쳤다고 보는 출처다. 실제로 'A 마리나'의 경영 형태는 정부의 '마리나항만법' 마련 취지를 크게 훼손시키고 있는 실정이다.

4. 관리방향

해안역관리(Coastal Zone Management) 및 해변 친수공간 관리의 개념은 해안역 및 해변 친수공간 자원에 대한 사회적 요구와 자연자원 간의 균형을 유지하고, 또 지속 가능한 사용을 촉진하는 가운데 해양스포츠, 해양관광과 관련된 개별 활동들을 관리하기 위한 기제를 찾기 위한 노력에서 발전했다고 볼 수 있다. 국내는 최근 해안역들이 통합된 방식으로 관리되어야 한다는 인식이 점차 확산되고 있다. 해양스포츠 활동은 전체의 일부분으로 고려되어야 하며, 동일한 장소를 놓고 다른 활동들과 별개로 관리되어서는 안 된다.

실제로 해안역의 재산권의 성격은, 특히 공유재로서의 수역 표면, 공개 접근 자원의 기존 개념과 관련하여 해양스포츠가 어업 등 다른 해양산업 활동과 공존해야 하는 것이다. 해안역과 관련된 국토교통부, 해양수산부 등 다양한 기관들과 협조해야 하는 것은 해양스포츠 관리자들의 업무의 중요한 요소이다. 이러한 접근 방법은 세계 해안역 회의에서 "국가 해안역관리(CZM) 프로그램은 환경과 교육을 통한 개발, 공유재 인식 및 모든 이해 당사자들의 참여를 위한 공평한 과정과 관련된 활동의 관리에 대한 국가 및 지자체의 이해를 통합하면서 분야들 간의 협력과 조정을 위한 지속적이고 발전적인 과정을 통해 통합된 의사 결정을 촉진시켜야 한다."고 자세히 설명하고 있다.

1972년 미국 시애틀에서, 그리고 그 후 스웨덴과 호주에서 입법으로 도입된 CZM 개념이 국제적으로 채택되었다(OCED, 1993). 해안역 관리는 리우환경회의의 환경과 개발에 대한 유엔 회의에서 도출된 행동 의제인 아젠다 21의 '해양' 부분이다. '어젠다 21'에서 세계의 해안역 국가들은 해안역과 국가 관할권 하에 있는 해양환경의 통합된 관리와 지속 가능한 개발을 위해 노력할 것을 공약하고 있다. 유럽연합(EU)은 현재 통합된 CZM을 위한 전략을 지향하고 있으며, 해안역은 '지속 가능성을 지향하는' 제 5차 환경 행동 프로그램의 주제이다. 브리핑 자료에서 유럽환경정책연구소는 유럽연합 전략의 대략적인 내용을 설명하고 있다(Mullard, S. 1994).

우리나라에서 해안역 관리가 학문적으로 소개된 것은 1980년대 중반이다. 한국해양연구소(초대소장 이병돈 박사, 미국에서 해양과학을 연구하는 가운데 한국인으로서는 첫 남극에 진출, 1980년대 초반 부산수산대 제14대 학장재임 시 조정부 창단 등)에 의해 외국의 해안역 관리에 대한 제도적 고찰과 한국의 해안역 이용현황에 대한 다각적인 분석이 시도된 이래, 경희대 법학과 김찬규(1987) 교수에 의해 미국의 해안역관리법을 중심으로 해안역관리에 대한 제도적 고찰이 이루어졌고, 해안역관리의 사회적 역할에 대한 경제적 분석이 서울대환경대학원 이정전(1987) 교수에 의해 수행되었다. 1973년에 설립된 한국해양연구소가 지금은 '한국해양과학기술원'으로 기관 명칭을 변경했다.

이상동(1987)은 해안역의 환경문제를 중심으로 우리나라와 주요국의 해안역환경관리법제에 관한 비교연구를 하였고, 해안역 관리의 한 방법으로 사용되는 용도지정에 관한 연구도 이론적 구상과 우리나라 해안선지구 관리 실태에 대한 분석이라는 측면에서 수행되었다. 이들의 연구는 국내 해안역관리의 필요성을 인지시키고 외국의 사례들을 소개하고 있고, 또 해안역의 취약성에 대한 환경적 우려를 여론화시키는 데는 기여하고 있다. 그러나 해안역관리의 특성에 대한 이론적 논의와 해안역관리가 어떻게 운영되고 있는지에 대한 분석 등은 미흡하다고 보여 진다.

국토자원의 마지막 남은 간석지와 갯벌은 매우 중요한 해안역 자원이다. 이러한 자원을 난 개발하고 있다. 자원의 이용은 그 효용성과 환경가치, 그리고 개발의 기술 진보적 수단이 보장되어야 한다. 그리고 단일 목적이용이 아닌 복합적 이용이어야 한다. 그러나 현재는 단일 목적으로 그 이용이 강조되고 있다. 농업과 토지이용의 경합적 관계에서 어떤 것이 우월한가를 따지는 것이 아니라 선진해양문화 정립을 통한 100년 대계의 후대를 위한 해안자원의 활용을 어떻게 해야 할 것인가를 가려야 할 것이다.

이러한 관점에서 볼 때, 우리나라는 부처 이기주의에 의하여 자원의 난 개발을 비롯하여 목적 없는 개발을 일삼는 경우가 흔하다. 이러한 부처 이기주의를 어떻게 조정 할 것인가를 결정해야 한다. 이기주의적 정책이 도사리고 있는 한에는 국토자원을 효율적으로 쓸 수 없다. 인간과 바다의 만남은 예로부터 바다는 풍부한 먹거리를 얻는 장소이다. 근대화되면서 자연을 이용하는 인간의 능력이 급속하게 확장됨에 따라 해안자원개발과 바다로의 진출이 현저하게 발전하고 있다. 해안역 혹은 해변 친수공간은 육지와 바다가 만나는 지역이다. 해안역은 물리적인 공간의 접속이라는 단순한 의미뿐만 아니라 육지와 바다 사이의 에너지와 물질의 순환의 생태적 통합이 이루어지는 종합적인 자원이 분포한 지역을 의미한다. 해안역에 속하는 환경에는 강 하구, 간석지, 해안습지, 해변, 만, 대륙붕 등이 있다. 그리고 인간 활동의 영향이 직간접적으로 미치는 해양환경도 포함된다. 1993년 12월 미국의 뉴욕 주립대에서는 세계적인 해안환경 전문가들이 참석한 가운데 'The Coastal Summit'가 열렸다. 여기서 현재와 미래의 해안환경문제에 대한 진단을 하였다. 전문가들에 의해 진단된 현재 및 미래 연안환경문제들을 지적하였다.

첫째는 해안환경에서 현존하는 문제점은 부영양화, 서식처 손실, 어류의 남획, 담수순환의 변화, 독성유기물질, 미생물 오염 등이며, 둘째는 해안환경에서 미래에 예상되는 문제점으로는 서식처 손실, 어류의 남획 및 양식증대, 부영양화, 담수순환의 변화, 미생물오염, 쓰레기 오염, 독성유기물질 퇴적 등을 거론하였다. 우리나라에서 바다에 면한 해안 시·군이 차지하는 면적은 전체 국토 면적의 약 20%이다. 이곳에 거주하는 인구는 전체 인구의 약 33%를 차지한다. 해안 시군의 인구집중률이 타 지역에 비해 높다(국토연구원, 2000). 전통적으로 농업, 수산업으로 이용되어왔던 해안지역이 1970년대 이후 급속한 경제성장 개발정책에 의해 공업단지로 개발됨에 따라 해운업, 수산업, 항만업의 기능이 강조되게 되었다. 해안에서의 공업단지개발 및 도시의 발달은 결과적으로 산업폐수와 도시하수의 해안해역으로의 집중적인 유입을 야기 시켰다. 이와 같은 점을 고려한다 해도 해안역 개발수요가 급증하여 2020년까지 2,224km^{2}가 소요된다.

이 면적은 우리나라 전체 해안역 이용가능 면적 $9,423km^2$의 23,6%에 이르는 면적이다(국토연구원, 2000). 용도별로는 간척농지$320km^2$, 임해공업단지 $188km^2$, 임해도시 $1,648km^2$, 임해관광용지 $68km^2$ 등이다. 이러한 수요는 새만금 간척지 $401km^2$의 5.5배에 해당하는 면적이다. 즉 앞으로 20년간이라면 적어도 4년에 새만금 간척지규모와 같은 해안역 간척·매립사업을 추진하여 완성해야 한다는 결론이다. 매년 $111.2km^2$ 씩을 공급해야 한다는 천문학적인 규모이다. 이러한 규모는 어림잡아도 매우 불가능한 규모이다. 그러면 수요는 이처럼 발생하는데 토지공급은 어떻게 해야 하는가 하는 문제가 등장한다. 이러한 토지를 만들어 공급하기 위해서는 새만금간척이 약 2조 원(1995년 가격 기준)이라면 $1km^2$ 당 약 50억 원의 투자가 소요되어 매년 5,000억씩의 투자가 되어야 한다는 것을 뜻하기도 한다.

이는 현시가로 따지면 약 2조원에 가까운 돈이다. 2007년 기준 해안역 이용은 12개 부처가 각각의 해안역 관련 법률을 제정하여 운영하고 있으며, 54개의 법률이 적용되고 있는 실정이다. 또한 2008년에 마련한 '동·서·남해안권발전특별법'에서 의제 처리되는 법률은 36개의 개별 법률이다. 이밖에, 해안역 관련 정책을 조정하기 위한 정부 부처 간 위원회는 약 17개에 달하고 있다. 해안 및 해양이용행위의 다양성에 비추어 볼 때, 해안역 관련 정부조직 및 법률이 이와 같이 복잡한 것은 일반적이긴 하지만 이렇게 복잡하게 분화된 해안역 관련 행정체계로서는 해안환경 악화나 자원손실, 그리고 해양스포츠, 해양관광 활성화 등의 문제에 대응하기에는 비효율적이다. 그래서 국토교통부는 2017년 9월 '동서남해안 및 내륙권 발전 특별법'을 제정하기에 이른다.

해안역이 다른 환경과 구분되는 고유한 국가의 관리대상으로 인식되어 정부활동으로서의 해안역 관리가 시작된 것은 미국의 해안역관리법이 1972년에 제정된 이후라고 할 수 있다. 이후 1970년대와 1980년에는 미국의 해안역관리 프로그램과 유사한 형태의 프로그램들이 많은 나라에서 개발되었으며, 대부분 단일분야의 해안역 문제인 해안침식, 해안재해, 수산자원 보호, 해안토지이용, 관광자원 개발, 마리나 개발 등에 초점을 맞추고 있다. 1980년대 중반에 이르러 이러한 단일분야 중심의 해안 관리 프로그램들이 복잡한 해안생태계를 관리하는 데 갖는 내재적인 문제점들이 명백해짐에 따라 '해안역통합 관리'의 개념이 대두하기 시작하였다. 1992년 리우회의(United Nations Conference on Environment and Development : UNCED)에서는 해안역의 지속적 개발과 이용을 위하여 해안역을 통합적으로 관리할 필요성이 강조되었고, 각 해안국들은 자국의 해안역통합관리 방안을 수립하도록 권고되었다.

우리나라도 현재 리우회의 '21세기를 위한 실천강령, 17장 : Agenda 21, Chapter 17 : 해양 및 해양생물자원보호'의 실행계획을 한국해양과학기술원에서 검토하였는데 여기에는 해안역 통합관리가 주요 요소로서 포함되어 있다. 우리나라에서 해안역 관리에 대한 기존의 노력은 주로 해안역 관리를 법적, 행정적인 측면에서 제도화시키는 데에 집중되어 왔다. 그러나 이러한 노력들에도 불구하고 아직 국가적인 차원에서 해안역 관리가 외국의 경우처럼 법적으로 제도화되지는 못한 실정이다. 특히 우리나라는 세계적으로 양질의 갯벌이 분포하여 있다. 현재 약 $2,393km^2$의 갯벌이 분포하며, 과거 1997년에서 1998년 사이에 422km²의 갯벌이 잠식되었다. 이는 전체 갯벌의 17.6%에 해당한다. 이러한 추세라면 우리나라 갯벌은 앞으로 60년이면 모두 소비되어 없어진다는 결론이다. 1992년 2월 습지보전법이 제정되어 해양수산부는 이 법에 따라 보다 체계적으로 갯벌을 보전 관리해 나가고 있다(http://cafe.naver. com).

아무튼 앞으로 해안역(도시지역은 해변 친수공간) 관리는 자원에 대한 사회적 요구와 자연자원 간의 균형을 유지하고, 또 지속 가능한 사용을 촉진하는 가운데 해양스포츠, 해양관광과 관련된 개별 활동들을 적절하게 관리하는 방향으로 발전해야 할 것이다. 2008년 국내는 '동서남해안권발전특별법' 마련을 계기로 해안역들이 통합된 방식으로 관리되어야 한다는 인식이 점차 확산되어 왔다. 그러나 그 효과는 크게 미흡했다. 그러한 맥락에서 국토교통부는 2017년 9월 국무회의를 통해 '동서남해안 발전 특별법'을 더욱 발전시키기 위해 동 시행령 개정을 통해 '동서남해안 및 내륙권 발전 특별법'으로 명칭을 개칭하는 한 편으로 해양관광진흥지구 지정 기준 마련, 수산자원보호법 및 중첩된 보전산지를 포함하여 설치 가능한 시설의 종류 확대, 지구 내 수산자원보호구역에 설치되는 숙박시설 높이, 즉 종전의 21m에서 40m로 완화하고 건폐율 40%·용적률 100%로 각각 규제를 완화시켰다.

따라서 국민의 행복추구권 보장과 해양관광 활성화라는 측면에서 해안역 관리에 관련된 법률이 국토교통부의 시행령 개정에 의해 크게 완화되었다. 그러나 마리나개발, 해양스포츠업체, 어촌계 활동은 전체의 일부분으로 인식해야 한다. 동일한 장소를 놓고 개별 관리는 곤란하다. 특히 지역어촌계원들의 삶의 터전인 바다를 놓고, 마리나개발과 업체의 활동에는 반목이 있을 수 있다. 서로 처한 입장에 따라 나름 할 말이 많다는 얘기다. 시대는 사용자 간 협력을 요구한다. 어촌계는 기득권 주장보다는 시민사회의 요구도 수용해야 한다. 수산업법에 의한 어촌계원보호는 그 때는 맞지만, 지금은 강한 의문(疑問)이 제기되는 등 맞는다고 할 수 없기 때문이다. 마찬가지로 마리나사업자 역시 인근주민에게 시설을 가능한 범위 내에서 무료로 크게 개방하는 등 인근주민과의 소통강화 방안을 적극 모색해야 한다. 또한 지역어촌계에게는 그들의 가족을 마리나에 우선 취업시켜 주는 방안도 찾는 것이 바람직하다. 행정은 어느 쪽이든 일방통행이 아니라 함께 윈윈하는 상생이 가능하도록 할 중재방안을 모색하는 것이 올곧은 관리 방향일 것이다.

한편 시론(試論) 차원이지만 지방과 도시지역 이외의 바다는 해안선을 기준, 앞과 뒤쪽을 포함하는 언저리를 '해안역(海岸域)'이라고 한다면, 강은 수제선의 언저리를 '수(강)변역'이라고 할 수 있고, 호수 역시 수제선의 언저리를 '호반역'이라 말할 수 있을 것이다.

제 9 장

친수공간의 개념과 공간적·심미적 범위 등

1. 친수공간의 개념

해양스포츠 활동과 마리나개발을 생각하기에 앞서 우선 무엇부터 이해하지 않으면 안 될까? 이들 산업 활성화의 중심부에 놓여 있는 마리나시설, 즉 마리나시설 확보가 중심이 되는 새로운 개념의 해양관광단지가 개발되는 위치가 아닐까 싶다. "장사는 목이 좋아야 반은 성공할 수 있다."는 속설이 있다. 예컨대 누군가가 "마리나, 혹은 새로운 개념의 해양관광단지 개발 최적의 장소는 지방과 도시지역 친수공간(water- front)"이라고 말했을 때, 그가 말한 지방과 도시지역 친수공간은 과연 바닷물과 땅이(육지) 서로 만나는 해안선(海岸線)이나 그 근처인 해안가, 혹은 해변만을 뜻하는 것인가? 그것도 아니면 강물과 땅이 서로 만나는 수제선(水制線)이나 그 근처인 강가, 혹은 강변, 그리고 호수의 물과 땅이 서로 만나는 수제선이나 그 근처인 호반가, 혹은 호반까지도 모두 포괄·함의(含意)하는 광의적[대분류] 개념인가를 생각해보지 않을 수 없다.

만약 그가 말한 '친수공간'이 대분류 개념이라면, 이 개념의 아래에 놓이는 종개념에는 해변(바닷가), 강변(강가), 호반(호숫가)이 분명 놓여야 하고, 이를 다시 스웨덴 린네의 개념분류체계상으로 분류해 보면, '해변 친수공간', '강변 친수공간', '호반 친수공간'으로 각각 중분류할 수 있게 됨에 따라 지금껏 대중의 이해를 어렵게 하여온 개념의 모호성도 일거에 해소할 수 있는 효과가 있다는 생각이다. 게다가 얼마 전부터는 친수(water-friendly)공간을 주변에 호수나 하천 등 물과 친화할 수 있는 공간으로 이해하는 경향성도 일부 나타나고 있다. 실제로 일본 풍경학의 대가인 나카무라 요시오(中村良夫)는 워터프런트를 '물과 관련된 기능의 시설물이 갖추어진 친수공간'이라고 정의하면서 "친수공간이란 1차적인 수변기능인 항만활동뿐 아니라 여타 도시 활동 모두를 수용할 수 있는 유연성과 규모를 가진 장소로서, 모든 도시민이 이용 가능한 공공 공간이다."라고 설파(說破)했다.

한편으로 앞에서 말한 '생각해 보지 않을 수 없다.'에서 그 생각의 의미는 기억, 경험, 지식의 반응을 일컫는다. 그렇기 때문에 생각은 발전·진화의 결과라고도 볼 수 있는데, 현재[공시성]를 통해 미래[통시성]를 투사(透寫)하고 있다는 점에서 '생각'은 곧 '시간'인 셈이 된다. 게다가 "경험이 어떤 것과 만나면, 그 경험이 지식으로 기록되고, 그 지식이 기억이 되며, 그 기억은 마음을 짜 맞추는 행위인 생각으로서 행한다. 즉 인간은 경험―지식―기억―생각으로 이어지는 일련의 사슬 속에서 수많은 세월을 살아왔음이 사실이다. 따라서 생각은 시간의 결과이며, 그래서 자기 주위에다 스스로 만들어 놓은 공간 안에서만 기능할 수 있다. 그런데 그 공간은 매우 제한 적이다(정채현, 2014)." 그런 측면에서 보면 '친수공간' 개념 역시 시대의 흐름에 상관없이 이어지는 통시적(通時的) 개념이라기보다는 특정시대에서만 한시적으로 설명력을 높이는 공시적(共時的)인 성격을 강하게 풍기고 있다고 볼 수 있다. 세월이 흐를수록 개념의 적확성(的確性)에 적잖은 의문이 제기되고 있는 상황이 바로 그런 성격을 간접적으로나마 반증해 주고 있기 때문이다.

그럼에도 지금까지 워터프런트의 개념이 국내외적으로 여전히 생명력을 잃지 않고 존재하고 있는 현상에 대해서는 또 어떻게 설명되어야만 할까. 다만 당초 공간적 개념을 바닷가, 강가, 호숫가로 각각 진화시키지 못한 채 물(Water)이 존재하는 공간으로만 두루뭉술하게 정의했기 때문에 대분류 개념으로서나마 생명력을 지금껏 이어오고 있는 것이 아닌가 하고 추론(推論)해 볼 수 있다. 사실이 그렇다면 이제 지방과 도시지역의 경우 친수공간은 바닷가, 강가, 호숫가 등 주로 개발이 이뤄지는 특정의 공간에 따라 가능한 최적화(最適化)된 중분류 개념으로써 각각 진화시켜야 한다는 생각을 갖기에 이르고 있다.

더욱이 "개념은 현실의 조각 몇 개를 감싸고 있는 꼬투리에 지나지 않는다."는 것이다. "생각하는 사람이라면, 현실은 개념보다 항상 더 복합적일 뿐만 아니라 개념은 현실 앞에서 너무 쉽게 무력해질 수 있다는 것도 잘 안다. 개념은 개념 '밖'을 전제하는 것이다. 아무리 멋있고 널찍하게 현실을 위한 개념의 집을 지어도, 결국 개념은 현실의 이론적 숙소일 뿐이다. 따라서 한번 지어진 개념의 숙소에 현실이 머무는 것은 일시적이다. 현실을 수용하기 위해서 개념은 자신의 집을 지속적으로 개조하고 새롭게 단장해야 한다. 이것이 현실 앞에 선 개념의 메타모르포시스(metamorphosis)적 운명이다. 개념은 현실이 영원히 안주할 집, 즉 주택을 짓는 데는 항상 실패하기 때문이다. 따라서 하나의 개념은 다른 개념적 가능성들을 갈구한다. 그리고 한번 설정된 개념은 지속적으로 '대화의 장소'와 '논쟁의 상황'을 제공해야 한다. 아니 개념의 집이 바로 그러한 대화의 장소 그 자체이다(김용석, 2001)."

그렇기 때문에 한때, 혹은 특정시대의 생각이나 개념은 영원하지도 않고, 또 그렇게 될 수도 없는 운명에 처해 있는 것이 바로 개념의 본질임을 이해할 수 있다. 따라서 일부에서 금과옥조로 여기는 전통적인 친수공간 개념, 즉 두루뭉술하게 정의해 놓은 개념은 한 때의 이론적 숙소일 뿐이라고 볼 수밖에 없기 때문에 자신의 집을 지속적으로 개조하고 새롭게 단장해 나가지 않으면 안 되는 현실에 처해 있음이 사실로 확인되고 있는 셈이 된다. 바로 이런 측면이, 필자가 이제는 친수공간이 놓여 있는 특정의 위치에 따라 명료한 개념이 각각 정립되어야 하고, 또 다른 한편으로는 '개념분류체계'에 따라 대분류, 중분류 대이어야 한다고 주장하는 논거(論據)이기도 하다.

1960년대 초반 지중해지역에서 첫 선을 보인 전통적인 친수공간개발 개념은 세월이 적잖게 흐름에 따라 나타나기 시작한 사람들의 인식변화를 지금껏 적극 수용하지 못하여 왔음에도 여전히 해안가나 물가 중심의 두루뭉술한 전통적인 개념을 금과옥조로 여겨도 되는가에 대한 의문이 당연히 제기될 수 있다는 생각이다. 만약 오늘날의 사람들이 친수공간에 대한 표현에 워터프런트(waterfront), 워터 프랜들리(water friendly), 워터 어메니티 스페이스(water amenity(생활편의시설) space) 등 여러 가지 뜻이 있는 다의적(多義的) 개념으로 인식하고 있는 경향성을 수용해야 한다면, 워터프런트가 놓여 있는 특정의 공간, 즉 지방과 도시지역 해변, 강변, 호반에 따른 최적화된 각각의 개념 정립이 불가능한가? 가능하다면 '그 공간적·정서적 범위는 어디까지인가?'라는 점 등이 더욱 궁금해질 수밖에 없다.

한편으로 '해변 친수공간' 개념은 일본대학 해양건축공학과 요코우치 케이쿠(橫內惠久) 교수에 의하면 "워터프런트는 원래 방파제와 부두를 의미하고 있고, 도시의 항만 구역을 의미하는 것이었다. 현재는 도시구역뿐만 아니라 도시를 비롯하여 다른 자연성이 풍부한 해안이나 하천 주변까지 그 대상이 점차 확대되어왔다."고 말한다. 이처럼 해변친수공간은 공간적 범위가 크게 확장 해석되어가고 있는 추세에 있다고 볼 수 있다. 특히 일본 건축학회 해양윤리위원회는 "수제선(水際線)에 접한 육역(陸域), 또는 그것에 인접한 수역(水域)"이라고 정의하고 있다. 더욱이 "최근에는 장소(공간)를 나타내는 친수공간 개발이라는 행위 그 자체의 의미를 확장시키는 추세에 있지만, 그렇게 되면 그 공간적 의미가 지나치게 넓어지는 문제가 발생하기 때문에 개발 행위보다는 소박하게 개발 그 자체만으로 좁혀서 이해할 필요성이 있다."고 요코우치 케이쿠 교수는 난개발의 우려를 함께 밝히고 있다.

결국 일본 해변 친수공간 개념의 특징은 〈그림 9-1〉이 보여주고 있는 것과 같이 바다와 땅이 맞닿아 이루는 수제선, 혹은 해안선을 끼고 있는 육역과 수역을 하나의 공간으로 이해하고 있다고 볼 수 있다. 과거 일본의 경우, 수제선은 제방[둑]이나 저수로의 비탈면에 시공하는 긴 호안(護岸)을 의미하기 때문에 강이나 바다의 기슭을 비롯하여 제방이 무너지지 않도록 보호하는 시설인 호안(護岸)을 경계로 육역과 수역은 서로 대척점에 있는 이른바 '지키고' '침범'하는 '공방(攻防)의 공간 또는 길항(拮抗)의 공간'이라고 보는 견해가 지배적이었다. 특히 파(波)의 에너지가 비교적 약한 쓰나미를 비롯하여 홍수 등으로부터 육역의 인명과 재산 등을 지키는 기능을 발휘하고 있는 곳은 역시 호안이기 때문에 이 호안을 경계로 내측과 외측의 가치관은 서로 다를 수밖에 없다. 그래서 육역은 '지키는 것', 수역은 '침범하는 것'이라는 이른바 공격과 방어의 대립공간으로 이해하여 왔음이 사실이다.

그렇지만 오늘날 매우 빠르게 발전하는 해안·해양·항만공학기술에 의해 수역의 침범기능을 상당 수준에서 제어(制御)할 수 있음에 따라 수역의 물리적 환경을 일부 순화시킬 수 있게 되었기 때문에 오늘날의 수역은 양질의 공간으로 주목받는 신천지가 됨으로써 육역과 수역의 등가성이 수평으로 평가받게 되었다. 실제로 최근 바다나 강을 끼고 있는 세계의 도시들을 비롯하여 국내도 2010년부터 육역보다 해역을 중심으로 해양마리나시설을 본격 개발하는 등 해양스포츠 중심의 해양관광 활동을 통한 부가가치가 높은 공간으로 가꾸어 가고 있는 추세가 심화·발전하고 있다. '해양마리나'로 재단장에 나서고 있는 부산 수영요트경기장이 대표적이다. 게다가 지방과 대도시에서는 강변 혹은 해변을 중심으로 고급아파트단지 개발 최적의 장소로도 평가받고 있다. 수(강)변 친수공간은 서울 한강변 양안을 중심으로 형성된 고급아파트단지가 그렇고, 해변 친수공간은 가끔 해안 침식이나 폭풍해일에 노출되어 도로는 물론 지하주차장이 침수되고 유리 창문이 파손되는 등 적잖은 피해를 입기도 하지만 그럼에도 초고층빌딩이 숲을 이루고 있는 부산해운대 마린시티가 사람들이 주거지로 특별히 선호하는 대표적인 곳으로 꼽을 수 있다.

특히 해안 침식과 관련, 일본대학 해양건축공학과 고바야시 아키오 교수는 "해안 침식 문제는 한국의 동해안이 심각한 수준인 가운데 세계적인 현상이기 때문에 단순히 해안 침식이 나쁘다는 인식보다, 더 나은 해안을 만들기 위해서 노력해야 한다에 방점을 찍어 조화로운 대책을 세워 실행해야 한다."고 강조했다. 게다가 "연안마다 침식 원인은 다르기 때문에 현지 상황에 따라 맞춤 대책을 세워야 한다."는 것이다. 이어 고바야시 교수는 "일부 나라에서는 바닷가에서 조금 멀찍이 떨어진 땅을 이용하도록 하는 '세트백(Set-back)'을 법적으로 규정하고 있다."면서 "다만 토지 소유권 등 문제가 있기 때문에 시험적으로 일부 지역에 세트백을 도입해 영속적인 해안 이용법을 따져보는 것도 좋을 것"이라고 덧붙였다(민소영, 2018). 고바야시 교수가 언급한 일부 나라는 스페인을 일컫는 듯하다. 발렌시아 테베사해변은 해마다 태풍으로 인하여 해안 고속도로가 유실되는 등 해양관광지를 중심으로 해안 침식이 심각하게 발생한 스페인은 그간 해변에서 영업을 계속해온 상인들의 엄청난 저항을 감수하면서까지 1988년에 '해안법'을 전면 개정해 세트백을 법적으로 규정해 놓고 기존 상업시설을 해안으로부터 조금 멀찍이 이주시키는 가운데 해안사구 복원사업에 착수하여 개발 이전의 자연 상태로 해양환경을 되돌려 놓는데 성공함으로써 이곳을 찾는 해양관광객으로부터 호평을 받고 있다. 스페인은 침식이 일어난 해변에 모래를 공급하는 양빈공법과 관련된 해안 공사비용은 중앙정부에서 지원한다.

우리나라 역시 해운대해수욕장 등 유명해수욕장의 경우 해안 침식에 따른 양빈사업은 해양수산부가 예산을 지원하고 있다. 이탈리아의 지자체들은 해안 침식을 막기 위해 연안통합관리계획까지 수립했다. 이탈리아의 백사장은 국가 소유지만 해안 방호는 지방자치단체 책임이다. 이에 따라 방호사업의 초기비용은 중앙정부가 유지관리는 지방정부가 담당한다. 한 편으로 2018년 제12회 세계해양포럼(부산) '스타트업'대회에서 '인공산호초 코랄셀을 이용한 해안침식 완화 계획'이 대상을 받은 바 있어 그 실용화에 기대가 모아지고 있다. 국내는 물론 세계적으로도 심각해지고 있는 해안 침식에 대한 우려는 현재진행형이기 때문이다.

일본이 육역과 수역을 하나의 공간으로 이해하게 된 것은 국토 종합계획인 '제3차 전국총합개발계획

〈표 9-1〉 친수공간(Waterfront : 해변·수-강-변·호반)의 범위 및 기능

구 분	계획레벨	장소레벨	행위레벨	기능레벨	비슷한 용어
친수공간 (Waterfront)	도시계획	지방·도시지역	도시기능재편 신도시개발	살며·즐기며·건강을 다짐(住·遊·體)	수제역
해변(Seaside)	국토계획	국토·지방	국토정책 지역거점	기능배치(마리나 등)	코스탈존 베이 에리어
수(강)변·호반 (Waterside)	지구계획 시설계획	지구·해안선	디자인 친수창조	생활체육 및 놀이의 공간	수제 공간 · 임해 부·리버프런트

출처 : 요코우치 케이쿠(1996). "친수공간 개발과 해양스포츠시설의 현상과 전망". 해양스포츠연구 제1호. 국립카노야체육
대학 해양스포츠센터, 5. 일부 재구성.

(1997)'에서 비롯되었다. 이 개발계획서에서는 해안선을 끼고 있는 육역과 수역이라는 공간적인 개념을 강하게 시사하고 있고, 또 해안역이 앞으로 이용 잠재력이 대단히 높은 공간으로 이해하고 있기 때문이다. 더욱이 이를 계기로 친수공간을 처음으로 〈표 9-1〉과 같이 '코스탈존(Coastal Zone)', '베이에리어', '임해부', '리버프런트', '수변' 등 육역과 수역을 하나로 이해하고 있는 것 같은 뉘앙스를 짙게 풍기는 유사 용어가 많이 사용되고 있는 실정이다.

실제로 일반 사람들에게는 친수공간에 대한 개념이 조금은 혼란스러운 것이 사실이다. 그러나 〈표 9-1〉을 중심으로 그런 용어들의 개념적인 차이점이 어디에 있는가에 주목하면 담방 이해 가능하다고 생각된다. 우선 '해안역 개발'은 앞에서 언급한 것과 같이 국토개발계획으로부터 착안되었기 때문에 국토·지방 등 정책적 뉘앙스가 강한 가운데서도 도시기능 재편의 성격이 더 강하다고 볼 수 있다. 특히 부산에서도 경제가 날로 쇠락하고 있는 원도심지역인 영도, 중구, 남구 일부 지역의 해안선을 하나의 벨트로 묶어 예전과 같은 경제 활력을 기대하기 위해 도시기능 재편 작업의 일환책으로 추진하고 있는 북항 해변친수공간(해안역) 개발 사업은 '해안역(Coastal Zone) 개발' 사례에 더 가깝다고 볼 수 있다.

반면에 '수(강)변개발'은 주로 하천공간의 아름다움, 즉 어메니티(amenity) 조성이 목적인 가운데 강(수)변 친수공간을 중심으로 창조·디자인을 통한 마리나 개발 등 놀이기능 강화에 방점을 찍고 있다. 그렇지만 지금껏 '해변 친수공간 개발', '강(수)변 친수공간 개발', '호반 친수공간 개발' 등으로 친수공간이 놓여 있는 장소에 따라 그 개념을 명징하게 최적화시키지 못하고 두루뭉술하게 모두 통으로 수변개념으로만 시종함으로써 지금껏 일부 혼란스러움이 야기되고 있다고 볼 때, 앞으로 특정 공간에 따라 명징하게 그 개념을 최적화시켜야 할 과제를 안고 있는 셈이 된다.

더욱이 'water amenity space', 'water friendly'의 뉘앙스가 강하게 풍기는 '친수공간 개발'은 '해안역(Coastal Zone)개발'과 '수변(Waterside)개발' 개념의 중간에 위치한 불명확한 개념이긴 하지만, 계획 레벨로는 도시계획의 범위에 들어간다고 볼 수 있다. 그렇지만 친수공간 개발이 해안역 개발에 비해서는 좁은 의미로 사용되고 있다고 하더라도, 지방과 도시지역 시민 삶의 질을 높이는 아름다운 공간으로 이해되고 있는 추세가 심화·발전되고 있다는 측면을 주목한다면, 이젠 최적화시킨 개념 정립이 꼭 필요하

다고 볼 수 있다. 아무튼 지방과 도시지역 친수공간의 장점은 살고, 즐기며, 건강을 다지는 등 3개 덕목을 꼽을 수 있고, 더욱이 이 3개 장점을 중심으로 인간 삶의 질을 높이는 매력적인 공간이라는 점에 대해서는 이론(異論)이 없는 것 같다.

2. 친수공간의 공간적·심미(정서)적 범위

친수공간을 사전적으로는 지방과 도시지역의 해안가, 물가, 부둣가라고 밝히고 있다. 그런 뜻으로 보면, 전통적으로는 '친수공간'이 해안가나 해변 중심 개념이었다고 봐야 한다. 그럼에도 친수공간에 대한 이해가 시대의 발전에 따라 당초 친수(親水)에 대한 물의 개념이 협의[해수]에서 출발했지만, 2019년 3월 현재는 점차 광의[해수·담수를 모두 통으로 아우르는 개념]로까지 확장되고 있는 추세에 있는 것이 아닌가 하는 생각을 갖기에 이르고 있다. 실제로 시민들이 휴식과 산책을 통해 감상하고 지각하고 즐기는 심미적(審美的) 측면에서도 주변에 바다, 호수, 하천 등 물(Water)이 존재하는 공간으로 이해하고 있는 경우가 일반적이다. 따라서 오늘날의 사람들은 해변 중심의 전통적인 친수공간 개념에 대해 일부 이해는 할 수 있지만, 그렇다고 하여 전적으로 공감하기는 어렵다는 반응들을 보이고 있는 것도 사실이다.

친수공간에 대한 개념 정의는 편리성, 친수성, 경관성 등에 걸쳐 고려해야할 요소가 적잖다. 지금껏 일본건축학회에서는 해변 중심의 협의로, 또는 해변에다 강변과 호반을 포함하는 확장된 개념은 바다면 바다, 강이면 강, 호수면 호수 등에 걸쳐 더 넓은 국토를 자랑하는 미국의 일부 주(州)에서 있어 왔다. 사실 친수성이 풍부한 친수공간에서 인간은 물이 가진 공간적, 물리적, 화학적 성질을 긍정적으로 지각하며, 정서적인 즐거움과 심리적 만족감을 얻게 되고, 워터프런트의 환경의 질을 높이 평가하게 된다.

이러한 때에 특히 국내는 강의 경우, 2010년 12월 국회를 통과한 '친수구역 활용에 관한 특별법'에서 한강·금강·낙동강·영산강 등 4대 강을 중심으로 주거·상업·산업·문화·관광·스포츠 등에 관련된 개발 사업을 국가·지자체·수자원공사·토지주택공사 등이 시행할 수 있도록 '친수구역'의 범위를 '국가하천변 양쪽 2km'로 규정한 사실이 있었다. 특히 이 법만 놓고 보면, 외국은 지금껏 '친수구역'의 범위를 도시지역 해변을 비롯하여 일부 뭍을 포함하는 협의의 개념으로 생각해 왔다면, 한국은 국가하천변, 즉 '강변, 혹은 수변'을 법으로 친수구역으로 규정하는 가운데 사업 아이템도 비교적 구체적으로 밝혀 놓고 있어 외국보다 공간 개념이 보다 확장된 개념을 적용하고 있어 바람직하다고 볼 수 있다. 지금껏 국제적으로 친수공간에 대한 개념이 도시재개발을 위한 해변 중심의 반쪽이었다면, 한국에서는 강변으로까지 확장된 준(準) 완성 개념을 제시한 사례이기 때문이다. 내친 김에 도시지역 '호반'까지도 확장시켜 친수공간에 대한 완성(해변·강변·호반)된 개념이 한국에서 첫 정립되기를 기대한다. 다만 그렇게 되기 위해서는 지금껏 어정쩡하게 접근하고 있는 지방과 도시지역 해변 친수공간을 비롯하여 호반의 공간적 범위도 4대 강의 수변처럼 근거마련을 통한 법률 용어로 사용하는 일이 필요하다고 본다.

때마침 해양수산부는 2018년 9월 20일 국내에 내수면 마리나를 도입하기 위한 입지조건 검토를 마치고, 부산 화명생태공원·을숙도·삼락생태공원 등 12곳을 내수면 마리나 최종 후보지로 선정했다고 밝혔다. 이번에 최종 후보지로 선정된 곳은 부산 3곳을 포함해 강원도 의암호, 경기도 시화호, 경북 형산강 하구, 인천 경인항 함상공원, 전남 영암호, 전북 심포항, 충남 탑정호, 충북 청풍호 청풍랜드·남한강 등이다. 해수부는 내수면 마리나의 개발유형으로 ① 도심 레저형, ② 전원 휴양형을 도출, 최종 후보지 12곳을 '제2차(2020~2029년) 마리나항만 기본계획'에 반영해 내수면 마리나 개발을 위한 근거마련에 나선다는 계획이다(이민용, 2018). 특히 2020년 발표할 제2차 마리나항만 기본계획에서 2009년 마련한 '마리나항만법'을 중심으로 마리나 정비업, 내수면 마리나 도입 등에 관련된 법적 근거가 마련되면 비록 최적화시킨 공간개념과 그 공간의 범위를 적확하게 표현하고 있지는 않지만, 그래도 최종 후보지에 선정된 장소들의 면면을 살펴보면 지방과 도시지역 해변, 수(강)변, 호반을 친수공간 개념에 모두 포괄·수렴시키고 있음을 분명히 한 국내 첫 사례라는 점에서 의미가 크다고 평가된다. 뿐만 아니라 그간 개념의 모호성 때문에 '친수공간'에 대한 대중의 이해를 어렵게 하여왔다고 볼 때 더욱 환영할 일이다. 다만 최적화시킨 적확한 공간개념의 사용과 함께 그 공간의 범위가 어디까지인가에 대해서는 언급이 생략되어 있어 아쉬운 측면이 있다.

전통적으로는 친수공간을 두리뭉실하게 워터프런트(waterfront), 또는 '수변(水邊) 친수공간'이라고만 말하여 왔다. 물론 여기에서 말하는 '수변'은 주로 육지와 바다가 만나는 수제선의 언저리인 지방과 도시지역 해변을 비롯하여 육지부의 일부를 포함하는 바닷가를 의미하고 있다. 그러나 필자는 시간의 흐름에 따라, 또는 시대의 발전에 따른 시민 인식(water amenity space or water friendly)의 변화를 감안하여 우선 공간적·심미적 측면을 중심으로 보다 명징(明澄)한 '개념기준분류체계'가 필요하다고 줄곧 생각해왔다. 그런 뜻으로 필자는 개념을 명징하게 최적화시키기 위해 '친수공간'을 대분류의 위치에 놓고, 그 밑에는 대분류의 종개념으로서 '해변 친수공간'·'강(수)변 친수공간'·'호반 친수공간'으로 각각 중분류해 놓음으로써 장소별로 최적화시킨 공간개념을 이미 제시한 사실이 있다(지삼업, 2011b).

다음은 친수공간의 공간적·심미(정서)적 범위를 조금 더 심층적으로 고찰해 보고자 한다. 친수공간이 지방과 도시지역 해안선 또는 해변·수변·호반으로부터 육역·수역으로 나누어진다고 해도 어느 정도의 범위인가를 결정하는 문제 역시 친수공간 개념에 대한 정의만큼이나 난해하여 어렵다. 해안·해양·항만공학이 발달되어 있는 미국의 경우 친수공간 개념과 관련이 있는 연안역(沿岸域) 개념을 중심으로 생각해 보면, 연안역관리법은 주(州)에 따라 친수공간의 공간적 범위가 다르지만 크게 2가지 사례로 좁힐 수 있다.

첫째, 육역을 해역으로부터(해안선 기준) 328m~8km(5마일) 정도까지이거나, 또는 가장 인접한 간선도로까지이고, 반대로 해역측은 영해 약 4.8km(3마일)까지라고 친수공간의 공간적 범위를 정해 놓고 있다. 둘째, 육역은 해수의 미세한 입자 등이 바람을 타고 육역에 도달하여 영향을 미치는 범위까지이고, 해역측은 육역으로부터 이용하기 쉬운 수심 약 20~50m까지의 얕은 해역을 친수공간의 범위로 정해

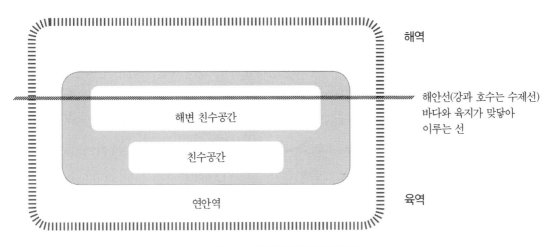

〈그림 9-1〉 해변 친수공간의 범위
출처 : 橫內憲久(1996), 앞의 책, 05.

놓고 있는 경우이다. 특히 〈그림 9-1〉을 보면, 일본은 도시지역의 경우 해안선(수제선)을 기준, 육역 측으로 2km, 해역 측으로 300m 정도가 친수공간의 공간적 범위로 이해하고 있는 것이 일반적 시각이다(橫內憲久, 앞의 책).

국내도 2010년 12월 '친수구역 활용에 관한 특별법'이 국회를 통과했다. 이 법률에 의하면, "국가하천의 하천구역 경계로부터 양안 2km 범위 내의 지역"을 친수구역으로 규정하고 있는 가운데 국가, 지자체, 수자원공사, 토지주택공사 등이 주거·상업·산업·문화·관광·생활체육형 스포츠 활동 등에 관련된 개발 사업을 시행할 수 있도록 하는 내용을 담고 있다. 물론 국내에서 2010년 첫 규정한 '친수구역'의 범위는 일본에서 도시지역 해수면을 중심으로 규정해 놓은 '육역측 2km'를 원용하여 '국가하천변 양쪽 2km'로 규정해 놓고 있는 듯한 뉘앙스를 강하게 풍기고 있다. 그렇지만 이 규정이 해수면의 친수공간(구역) 범위에도 그대로 적용될지는 조금 더 지켜봐야 할 것으로 생각된다. 이 법은 하천 친수구역(공간)에 관련된 법률이기 때문이다.

결국 친수공간의 공간적 범위에 대한 결정은 미국과 일본, 그리고 한국의 사례만 놓고 보면, 제각각이기 때문에 정의하기 나름이라고 봐야 한다. 일반적으로는 해변 친수공간의 공간적 범위에 대한 인식이 다를 수밖에 없겠지만, 필자는 해양스포츠학적인 측면에서 본 마리나 개발과 해양스포츠 활동을 위한 해변 친수공간의 공간적 범위를 "마리나의 동호인들이 해양스포츠 활동과 그 지원시설지역으로 강하게 인식하고 있는 공간"이라고 정의하고 싶다. 해양스포츠인에 있어 마리나 시설을 위한 해변 친수공간의 개발과 활동수역의 확보는 동호인들의 의식 속에 쌓이는 가치의 크기를 더욱 크게 할 수 있는 매력적인 공간이다. 일반적 시각으로도 그렇다. 사람들이 해변 친수공간을 이용하는 것은 당연한 권리이기 때문에 그 범위를 결정하는 기준은 사람들의 행위나 의식이 중심이 될 수밖에 없다. 그렇기 때문에 해양스포츠인에 있어 해변 친수공간을 통한 마리나 개발과 활동수역에 대한 의식이 미치는 범위가 바로 '해변 친수공간의 공간적·정서적 범위'라고 말해도 큰 무리는 없다고 보고 있다. 뿐만 아니라 '강(수)변·호반 친수공간'의 범위도 마찬가지라고 생각한다. 이런 측면에서 보면, 비록 강변이라고 하더라도 '친수법'에서 '국가하천변 양쪽 2km'를 친수구역으로 규정해 놓은 것은 강변에 대한 사람들의 행위나 의식이 미치는 친수범위를 말한다기보다는, 정부가 수개공으로 하여금 4대강에 투입된 개발비를 회수할 수 있도록 그들의 사업범위를 정해 놓은 것 같은 느낌을 강하게 풍기고 있음이 사실이다.

한데, 일본건축학회에서는 '친수공간(Waterfront, Waterfront area)'을 해안·해양·항만공학 측면에서 도시지역 '해안선에 접한 육역주변 및 그것에 특히 근접한 수역을 병행한 공간'이라고 정의하고 있다. 이는 1970년대 전후로 도시계획의 용어로서 내놓은 연안역 개발을 위한 확장 개념이다. 국내『물백과사전』에서는 친수공간(親水空間 ; water amenity space)을 "시민이 물[水 - 海水·淡水]에 가까이 접하여 휴식, 관광, 여가 등을 즐길 수 있도록 휴식장소 및 여유 공간을 제공하고, 물과 관련된 기능의 시설물들이 갖추어진 공간을 말한다. 서울의 청계천이나 부산의 온천천 등이 이에 해당된다."라고 밝히고 있다. 게다가 『해양과학용어사전』에서는 "주민이나 방문객에게 휴식장소 등 여유 공간을 제공하고 해양을 조망할 수 있는 수변공간을 의미할 뿐만 아니라 바다에 접하는 육역 및 바다에 가까운 수역을 합한 개념인 연안역(沿岸域)에 비해서는 좁은 의미"라고 밝히고 있다. 또한 『서울시 도시계획용어사전』은 워터프런트(Waterfront)에 대해 "바다, 하천(강), 호수 등의 수변(水邊 - 註 : 물의 성질에 따른 해수나 담수로 대별하지 않고 이를 모두 포괄·함의하는 광의적 개념으로 이해하고 있음을 주목할 필요가 있다.) 공간 자체를 의미하기도 하고, 수변공간을 가지는 육지에 인공적으로 개발된 공간을 지칭하기도 한다."라고 밝히고 있다(서울특별시, 2012). 뿐만 아니라『지식백과사전』에서는 워터프런트는 "내륙지역과 차별적인 공간적, 환경적 매력을 지니고 있는데 그 특징은 다음과 같다. 첫째, 수변공간은 주변의 자연과 접하기 쉬운 공간으로서 시민에게 안정 및 재충전의 공간을 제공한다. 둘째, 역사적으로 수변공간을 중심으로 많은 도시가 형성되고 발전하여 왔고, 이러한 수변공간은 도시의 역사·문화의 중심지로서의 가치를 지닌다. 셋째, 획일적인 도시환경의 내륙공간과 차별적으로 한쪽이 수변과 접하여 개방적 시야와 양호한 조망을 제공한다."라고 밝히고 있다.

아무튼 워터프런트(Waterfront), 즉 우리가 흔히 말하는 친수공간(親水空間)이란 개념은 2019년 3월까지도 국내외에 걸쳐 명징하게 정의되어 있는 용어가 아님을 확인 할 수 있었다. 다만 이들 개념들을 시계열별, 혹은 통시적(通時的)으로 고찰해 보면, 그 특징은 몇 있다. 첫째, 당초 지중해지역에서 지방과 도시지역 해변을 중심으로 편리성과 쾌적성을 갖추기 위해 적용되었다는 점이다. 둘째, 프랑스의 경우 1960~70년대 사이에 어촌지역을 대상지로 마리나(랑그독 루시옹 마리나·뽀르 까마르그 마리나) 중심의 새로운 해양관광단지로 재개발하기 위해 친수공간 개발 개념이 적용되었다는 점이다. 셋째, 해수, 담수를 모두 포괄·함의하는 광의적 개념인 물[水]을 전통적으로 '수변(水邊)'이라는 하나의 개념으로 취급함에 따라 해수든, 담수든 가릴 것 없이 물이 존재하는 모든 공간을 워터프런트, 즉 친수공간으로 이해하여 왔다는 점이다. 이런 관점은 지금도 여전히 크게 영향을 미치고 있다. 넷째, 그러다 시간이 흐르고, 시대가 발전함에 따라 친수공간을 기존 해변뿐만 아니라 새롭게 강변과 호반도 주목하고 있는 가운데 그 마인드 역시 대규모의 도시재개발 중심에서, 이젠 사람들의 삶의 질 향상 측면에서 꼭 필요한 공간으로만 최소화시켜 시민 친화적으로 접근하려는 추세가 점차 대세를 이뤄가고 있다. 더욱이 국내의 경우 대부분의 사람들은 육지와 바다가 만나는 수제선을 기준으로 바다 언저리를 '해변'이라고 말하고 있고, 또 육지와 강이 만나는 수제선을 기준으로 강 언저리를 '강변', 혹은 '수변'이라고 말한다. 게다가 육지와 호수가 만나는 수제선의 언저리를 '호반'이라고 각각 말하고 있는 관행(慣行)도 주목할 필요가 있을 것이다.

시간은 힘이다. 대분류인 친수공간 개념 정립 도정(道程)에서 친수공간 세상을 공간적·정서적으로 변화시키는 힘이다. 시간이 없다면 친화적인, 또는 인간에게 유익한 친수공간 세상이란 아예 존재하지 않았을지도 모를 일이다. 이런 점에서도 시간은 변화다. 시간이, 시대의 발전이, 친수공간 개념의 새로운 정립에 대한 생명을 순환시키는 동력이다. 그러니 시간은 친수공간 세상을 인간에게 우호적인 방향으로 움직이는 힘이다. 그 힘은 물론 친수공간 새로운 개념을 정립시키기 위한 생명이라 이름 해도 틀리진 않을 것이다. 어쨌든 시간은 시대의 발전은, 친수공간 새로운 세상을 굴리는 작동 원리임에는 틀림없다. 친화적인 친수공간 세상의 새로운 개념정립 문제도 시간의 힘에, 시대 발전의 힘에, 의존하지 않고는 결코 해결되지 않는다고 보고 있다. 그런 점에서 오늘날의 시각에서 보면, 친수공간 개념에 대한 최적화된 개념이 정립되어야 할 당위성이 확인되고 있는 셈이 된다.

앞의 내용을 요약하면 다음과 같다. 친수(water friendly) 공간은 주변에 바다, 호수, 하천 등 물이 존재하는 공간을 의미하는 것이지만, 더 적확하게는 '해변 친수공간', '수(강)변 친수공간', '호반 친수공간'으로 최적(세분)화시켜 나갔으면 한다. 결국 우리가 흔히 '친수공간'이라고 말할 때는 앞에서 열거한 세 가지 개념이 모두 포괄·함의된 대분류 개념이 된다. 그렇기 때문에 대분류 개념에 종개념으로서 말하고자 하는 장소가 해변인 경우는 '해변 친수공간', 또는 호수인 경우는 '호반 친수공간', 그리고 강(江)인 경우는 '강(수)변 친수공간'으로 각각 표현하는 것이 바람직하다 할 것이다. 따라서 필자가 앞서 언급한 친수(water friendly) 공간 주변에 바다, 호수, 하천 등 물이 존재하는 공간을 의미하는 개념들은 도시재개발과 도시기능 재편에 역점을 두고 있는 일본건축학회보다 한층 진화된 시민 친화적인 '놀이공간(마리나개발)조성' 개념에 방점을 찍고 있다고 말하게 된다.

3. 지방·도시지역 친수공간 개발이 국가·사회적으로 미치는 효과

지방 및 도시지역 해변·수변 친수공간 개발은 사업자로 하여금 활동 기회와 선택기회를 준다. 뿐만 아니라 우리가 어디에 살든지 호반과 수(강)변과 해변은 인간 삶의 질을 개선해 주기도 한다. 호반과 수변과 해변의 중요성은 인류의 역사초기부터 이미 인식되어 왔다. 자연은 가끔 혹독한 격변을 격기도 하지만 물은 사람들에게 편안함을 주고, 또 물이 있음으로써 쾌적한 삶의 환경을 조성해 주기도 한다. 게다가 삶의 환경을 개선하고 더욱더 발전할 수 있도록 촉진시키기 위해 적극적으로 물을 이용하기도 하는 가하면, 수동적으로 물을 즐기기도 한다.

바다의 경계선과 육지의 경계선은 해안선이다. 같은 개념으로 강(江)의 경계선과 육지의 경계선은 수제선이다. 이제 바다는 육지를 연결해야 하고, 바다는 육지를 연결해야 할 필요성이 증대되고 있다. 강과 호수 역시 마찬가지다. 특히 오늘날과 같이 육지도 필요하고 바다도 필요한, 또는 육지도 필요하고 강과 호수도 필요한, 즉 사회·경제적 측면에서 두 개의 필요성이 중첩되는 경계선은 해안선과 수제선 밖에 없기 때문에 지방과 도시지역에 친수공간을 개발해야할 사회·경제적 환경이 성숙될 때에는 해안선이나 수제선이 다른 토지에 비해 가장 등가성이 높을 수밖에 없다. 따라서 사람들이 강과 바다 등 자연접촉을 통한 힐링(heeling)을 삶의 최고 가치로 생각하는 오늘날 해안선이, 수제선이 육지의 어떤 땅보다 값비싼 시대를 맞고 있는 것은 어쩌면 당연한 귀결인지도 모를 일이다. 이것이 바로 지방과 도시지역 친수공간의 미래고 우리가 만들어 가야되는 삶의 환경이기 때문일 것이다.

그렇다면 정부가 친수공간개발, 특히 마리나 개발에 집중하는 이유는 무엇일까. 그리고 이것이 우리의 미래에 중요한 이유는 무엇일까. 한국은 오는 2019년까지 총 62개소의 마리나개발과 함께 선석도 총 4,000석을 확보하겠다는 당찬 목표를 세워놓고 있는 이유가 무엇일까. 우선 미래에 대한 야심도 하나의 이유가 된다. 야심이 있기 때문에 더 나은 삶의 질을 원한다. 이를 통해서 독특한 경험을 하기를 원하는 사람들이 날로 증가하고 있다. 하지만 그러한 욕심의 차원에서는 사업자의 투자로 이어질 수 없다. 그렇다면 애초에 왜 투자를 마리나에 하고 있을까. 친수공간에 접근을 하기 위해서는 가치를 수백 번 업그레이드해 줄 수 있는 각종 공사를 필요로 함에도 말이다. 세계적으로 해변 친수공간 개발이 첫 시작된 1960년대 초반의 지중해지역을 기준으로 삼는다면, 지난 60년 동안 겪은 경험들을 통 털어 놓고 보았을 때, 친수공간에 진입할 수 있는 시설을 조성하는 것은 아주 중요하고, 또 여러 가지 측면에서 비용도 많이 수반된다. 하지만 미국 LA 국제공항 북서쪽의 산타 모니카에 위치한 '마리나 델레이(Marina del Ray)'의 인근지역을 보면, 심지어 1960년대에는 갈대가 무성한 황무지였음에도 25%에서 100%로 토지의 가치가 나중에 크게 인상된 첫 사례로 회자되는 것을 시작으로 이후로도 마리나개발 인근지역 토지가격의 앙등현상은 계속 이어짐으로써 지금은 거의 일반적인 현상으로 받아들이기에 이르고 있다.

사실이 그렇다면 도시지역 친수공간개발을 통한 마리나 뿐만 아니라 전반적으로 부동산이라든지 주변

지역까지 개발을 하는데 얼마나 많은 돈이 투입될까 하고 슬그머니 궁금증이 발동한다. 2005~2012년까지 지난 7년 동안 전 세계에서는 얼마나 많은 비용을 친수공간 개발에 투자했을까. 관련 통계에 의하면, 약 10조 달러 이상이 친수공간 개발에 사용되었다고 한다. 이렇게 집중적인 투자를 하는 이유가 분명히 있다. 사업자들이 이유를 안다면 친수공간을 중심으로 마리나 개발에 참여하고 싶은 의욕이 생길 것이다. 도시지역 친수공간 개발 덕목은 크게 세 가지로 꼽을 수 있다. 첫째, 개인은 물론 지방 및 중앙정부의 경제발전에도 큰 영향을 미친다. 둘째, 부가가치와 일자리를 창출할 수 있다. 셋째, 도시기능 재편을 중심으로 지역개발에도 기여를 하게 될 뿐만 아니라 지역사회의 경제에도 기여하게 된다는 점 등이다.

간접효과에 의해서도 2~10명 정도를 고용한 인접 비관광시설이 생길수가 있고, 직접적 효과는 10~15명을 고용한 해양관광시설이 생길 수도 있다. 게다가 지역사회에는 1개소의 마리나가 개발될 때마다 약 15달러씩 소비가 늘어나기도 한다는 연구보고도 있다. 바로 이런 측면이 지역사회의 경제 활성화에 기여하는 사례가 된다. 그렇지만 뭍의 도시지역 마리나가 아닌 섬을 활용한 마리나 중심의 새로운 개념의 해양관광단지나 해양관광지 개발이 지역사회에 미치는 가장 대표적인 경제적인 영향은 인플레이션에 의한 물가앙등현상이다. 해양관광객들이 섬을 방문하면서 발생하는 수요의 증가는 보통 상품과 서비스 가격의 인상으로 이어진다는 것이 일반적 사례였다. 그렇기 때문에 만약 해양관광으로 계속 더 큰 수익을 창출하지 못한다면, 지역사회는 높은 물가 때문에 경제적으로 어려움을 겪을 수밖에 없다. 제주가 좋은 예다. '누출'이라는 용어는 지역주민들이 다른 지역으로 가는 등 외지방문으로 인하여 그곳에서 소비되는 돈이 발생할 때, 지역의 경제주체로부터 경제적 복리의 손실을 설명하는데 사용된다.

해양관광객들은 주로 다른 지역에서 보트나 크루즈선을 이용하여 섬으로 들어오기 때문에 그들이 소비한 돈은 해양관광 관련사업체의 수익이 된다. 게다가 많은 섬 지역에서 해양관광 관련사업체를 운영하는 상공인들은 대체적으로 현지인들이 아닌 경우가 많고, 이들은 삶의 연고지가 수도권 등 다른 곳에 있는 '시즌사업자'들이라고 볼 수 있다. 결과적으로 가령 부산이나 광주에서 영업하는 유명 백화점의 본사는 거의 서울에 소재하기 때문에 부산과 광주에서 실현된 이익임에도 서울로 곧바로 송금되어 돈이 서울에서 유통되는 경우와 마찬가지로 시즌사업자들이 유통하는 대부분의 돈은 현지에서 실현된 이익임에도 현지가 아닌 그들의 삶의 터전에서 돈이 유통되는 경우가 많다. 그러나 지방과 도시지역 해변 친수공간에 개발된 마리나를 통한 경제는 대부분 그 지역에서 유통되는 것이 통례(通例)다(지삼업, 2012). 그런 가운데서도 싱가폴과 영국의 일부 마리나는 체인이 있다.

따라서 평균적으로 보면, 지방 및 도시지역 해변친수공간을 통한 마리나 개발은 나라와 지자체가 더 잘살기 위한 비즈니스의 일환책일 뿐만 아니라 시민 삶의 질을 향시키고 여러 분야의 비즈니스를 동반 성장시킬 수 있는 효자아이템이 되는 등 그 덕목이 많은 것이 사실이다.

4. 국내외 친수공간 개발의 어제와 오늘

'친수공간(Waterfront)' 개발 개념은 1945년 제2차 세계대전 이후인 1950년대 후반부터 지중해지역에서 낙후지역 해안개발을 통해 해양관광단지를 조성하는 등 편리성과 쾌적성을 갖추기 위해 세계 처음으로 선을 보였다는 것이 정설이다. 이후 1960년대 중반부터 북유럽으로 벤치마킹된 친수공간 개발은 미국, 일본, 한국 등으로 전파되기 시작하여 2019년 6월 현재는 세계의 거의 모든 나라가 해변을 통해, 강변을 통해, 호반을 통해 이 개념을 본격 적용하고 있다. 1950년대 후반부터 항만 및 어촌어항기능의 쇠퇴에 따라 항만·운송·수산 등의 전통적인 기능과 마리나·해양관광·국제회의장 등의 친수기능을 복합하여 다양한 용도로 개발하기 시작하였다.

특히 프랑스 드골(1890~1970) 대통령은 이 시기에 해양관광 분야에 정부중심 '책임건축가제도'를 도입하여 유명건축가 7인으로 하여금 '꼬트 다쥬르' 서남쪽 해변촌락(17개 어촌어항)을 7개 개발지구로 지정하여 친수공간 개발에 착수했다. 그렇게 탄생한 '랑그독–루시옹' 지역은 마리나산업 중심의 세계적 명품해양관광단지가 되었다. 7개 해양관광거점도시는 그랑모뜨, 뽀르까마르그, 빨라비스, 깝다그드, 그뤼쌍, 나르본, 세트 등이다(지삼업, 앞의 책).

한국에서는 1992년 부산 해운대와 광안리 중간지점인 민락동에 바다 매립공사를 시작하여 5년 뒤인 1997년에 약 4만 명 수용규모로 완공한 민락동 '해변공원'이 국내 해변 '친수공간' 개발의 효시이다. 이후 인천, 군산, 여수, 목포 등 바다를 끼고 있는 거의 모든 도시들도 이 대열에 참여했거나 또는 참여하고 있는 추세에 있다. 특히 강변 친수공간 개발은 서울시(오세훈 전 시장 재임 시)가 한강을 끼고 있는 마곡지역에 친수기능을 살린 미래형 워터프런트로의 국내 첫 개발을 추진한 사실이 있었지만, 지금은 후임 시장의 문화지체 현상으로 적극 추진하지 않고 있기 때문에 서울시의 강(江)을 통한 강–수–변 친수공간 개발계획은 '갑신정변(甲申政變 : 고종 21년인 1884년 김옥균을 비롯한 급진개화파가 개화사상을 바탕으로 조선의 자주독립과 근대화를 목표로 일으킨 정변)'처럼 '3일 천하'로 끝나기도 했다.

그러다 지난 2017년에 이러서는 해양수산부가 '강 마리나' 개발에 적극 나서기 시작했다. 해양수산부의 '강 마리나' 개발 계획 역시 '강변 친수공간' 개발 기법의 연장선상에 있다고 봐야한다. 다음은 식수원이라는 한계가 있기는 하지만, 접근하기에 따라서는 마리나나 보트계류장개발 마지막 신천지인 강원도 춘천의 의암호를 비롯하여 밤섬, 경기도 가평군의 자라섬 등을 중심으로 '호반 친수공간' 개발이 되지 않을까 전망된다. 거대도시 서울과는 인접해 있고, 또 접근성도 아주 양호하기 때문에 호텔·콘도부대시설로써 검토 해볼 수 있을 것이다. 실제로 해양수산부가 2018년 9월 발표한 것에 따르면, 2020~2029년 사이에 '호반 친수공간'에도 국내 첫 마리나가 개발될 전망이다. 그렇게 되면 한국은 친수공간개발 개념에 대한 최적화된 중분류 용어를 세계 첫 갖게 되는 나라가 된다.

한편으로 지방과 도시지역 친수공간을 잘 활용하기 위해서는 해안 방재(防災)에도 노력을 경주해야 한다. 2018년 인도네시아는 지진 해일로 인하여 수천 명이 사망했다. 특히 과거 해양 재난으로 수천 명의 사상자가 발생한 유럽과 미국 등에선 국가 차원 프로젝트로 '해양 방재'에 총력을 기울이고 있다. 네덜란드는 1953년 2,000여 명이 사상자가 발생한 대형 재난을 겪고 방재 선진국으로 거듭났다. '델타프로젝트'라는 이름으로 북해와 육지를 잇는 방파제가 주요 관문 7곳에 들어섰다. 세계 최대 폭풍 해일방벽인 마에슬란트 폭풍해일방벽도 1997년 델타프로젝트로 만들어졌다. 미국 뉴저지의 경우 2012년 허리케인 샌디가 뉴욕 일대를 삼킨 뒤 8km의 이동식 방파제 건설이 현재 진행되고 있다. 영국 런던과 이탈리아 베니스, 캐나다 르 굴레도 인근 해안에서 발생하는 폭풍해일을 막기 위해 방파제를 설치했다.

국내는 부산해운대 '마린시티' 일대 해안이 침수 피해를 입고 있지만, 방파제 설치에 소걸음이다. 다만 창원시 영월동 마산만 방재언덕은 투명 차수벽 형태로 설치했다(김준용, 2018). 2019년 6월 현재 경남 남해군에는 고정식 방파제에서 보다 진화시킨 구멍뚫인 이른바 '통수식 고정방파제'도 국내 첫 설치되어 있다.

그런데 부산해운대 마린시티 방파제 설치의 경우, 공사비를 중앙정부나 지자체가 전적으로 부담하는 것은 불합리하다는 생각을 갖는다. 원인 행위자 부담원칙, 즉 고급아파트 분양으로 거액을 챙긴 아파트 사업자는 어리로 갔다는 말인가. 당초 구청이 아파트건설 허가 때에 방파제 건설을 옵션으로 허가했어야 했기 때문이다. 지금의 상태라면 국민혈세로 방파제 공사를 해야 할 어처구니없는 상황에 직면해 있다고 볼 때, 누가 이해할 수 있을까. 복잡한 것을 해결하기 위해는 단순하게 접근해야 한다. 재발 방지를 위해 허가 당시의 관계공무원을 찾아 그 책임을 엄중히 묻지 않으면 안 된다. 이익을 챙긴 사업자는 '먹튀'한 상태에서 애먼 국민이 방파제건설비를 부담해야 하는 고약한 상황에 직면할 가능성이 높기 때문이다.

제 10장

해양스포츠학과 및 유사학과 교육과정 운영실태 분석

1. 학과 교수사회를 변화시키지 않으면 교육과정 혁신은 연목구어

학과교육은 의도적이고 계획적인 과정이며 그에 따른 계획과 의도는 해당 학과의 교육과정에 반영된다. 학과의 교육과정은 그 학과 교육의 방향과 방법을 결정하는 중요한 요소로 작용한다. 특히 학과교육이 어떤 목적을 추구하고 그것과 관련하여 어떠한 교과 내용들로 구성되어 있으며, 그에 따른 교과 내용들은 언제 어떠한 순서와 방법에 의해 교육되어지느냐는 등 교육의 핵심적 과제들이 그 학과의 교육과정 속에 포함되어 교수와 학생들은 그들의 교육과정을 중심으로 상호작용 함으로써 소기의 교육목적을 달성한다. 그렇기 때문에 해양스포츠학과 및 유사학과의 생활(사회)체육지도자 양성 실태를 파악하기 위해서는 우선 그들의 교육과정 운영 실태를 분석해 보는 것이 가장 사실적인 접근법이 된다.

물론 이들 학과 전공자라고 해도 일부는 교육대학원을 수료한 후 임용고사를 거쳐 체육교사가 되기도 한다. A대의 경우 대략 6명 정도는 꼽을 수 있다. 게다가 또 다른 일부와 함께 타 대학 학부 출신자로서 일반대학원 석·박사과정을 거쳐 체육교수가 되는 경우도 있다. A대 해양스포츠학과 학부졸업생이기는 하지만 타 대학 석·박사를 거쳐 모교에, 또는 타 대학에 근무하는 교수들이 바로 다른 일부의 사례다. 물론 이들이 추구한 길은 당초 학과설치 목적인 생활(사회)체육 지도자와는 사뭇 다르지만, 그래도 취업의 폭을 확장, 또는 취업의 질을 한층 고도화시켰다는 측면에서는 평가할만한 사례들이다.

교육과정에 제시된 의도, 목적, 내용과 구체적인 교수의 교육방법이 부분적으로 일치되지 않을 수도 있고, 또 교육의 결과 또한 본래의 목적에 미치지 못할 수도 있겠지만, 그렇다고 하여 교육과정 자체의 중요성이 반감되는 것은 아니다. 대학교육법에 의하면 "대학은 국가와 인류사회 발전에 필요한 학술의 심오한 이론과 그 광범하고 정교한 응용 방법을 교수·연구하며 지도적 인격을 도야하는 것을 목적으로 한다고 규정하고 있으며, 학술문화의 연구기관으로서 항상 새로운 연구 활동을 행하여 조국 및 세계학술의 진보와 문화향상에 공헌함을 의무로 한다(교육대사전, 1972).”고 밝히고 있다.

특히 해양스포츠학과 및 유사학과들은 이 분야에 종사할 생활(사회)체육지도자 양성을 목적으로 설치된 학과들이다. 한데, 한국체육은 아테네올림픽 9위 등 역대 올림픽대회에서 항상 10위권을 넘나들 정도로 스포츠 강국으로서의 위상을 자랑한다. 그렇지만 엘리트 체육형 해양스포츠 분야의 메달은 올림픽에서 단 하나의 메달도 없는 등 스포츠형 해양스포츠 발전은 매우 저조한 상태에 놓여있다. 물론 북경 아시안게임에서는 카누 3관왕 천인식, 요트는 인천아시안게임 금 4개와 팔렘방아시안게임 금 1개 등 총5개를 비롯하여 레이저(1인승) 급에서 2010년, 2014년, 2018년 연속 금메달을 획득한 하지민이 있기는 하다. 그럼에도 육상체육과 해양스포츠(해양체육) 간 균형발전을 통한 스포츠선진국으로의 발돋움은 앞으로 한국체육이 풀어가야 할 과제라고 봐야한다. 한국체육의 균형발전을 위해서는 특별히 해양스포츠 분야의 지도자양성에 관련된 육성책은 꼭 필요하다. 그렇지만 생활(사회)체육계열의 4년제 및 2년제 대학교육이 생활(사회)체육지도자 배출의 풍년농사 속에서도 취업 돌파구를 마련하지 못하고 큰 어려움을 겪고 있는 것은 걱정이다.

더욱이 대학들은 엎친 데 덮친 격으로 교육부가 2018년 8월 23일 발표한 ‘대학기본역량진단평가’에 따르면 전국의 333개 일반대·전문대 중 11곳이 최하위 등급을 받음으로써 존폐 여부까지 현실이 됐다. 게다가 3년 뒤인 2021년까지는 38개 대학교가 폐교될 것이란 예측을 내놓기도 하여 대학가는 그야말로 초상집처럼 침울한 나날을 보내고 있다. 실제로 최근 어느 전문대 총장은 ‘미취업’과 ‘대학기본역량진단평가’ 여파로 학생모집이 어려울 뿐만 아니라 대학운영이 곤경에 처함에 따라 유사학과 간 통·폐합을 서두를 수밖에 없다고 말할 정도로 절박하다는 것이다. 더욱이 끝이 보이지 않는 ‘취업 절벽’과 ‘대학 구조조정’의 우울한 분위기 속에서 해양스포츠 및 유사학과들은 불과 20여년 정도의 일천한 역사를 갖고 있기 때문에 그들보다 더욱 더 험로가 예상된다. 이러한 어려운 시대에 해양스포츠 전공자에 대한 ‘교육의 질’을 어떻게 향상시키느냐 하는 문제는 전공교수의 인식전환과 함께 학과의 교육과정 혁신이 매우 중요한 의미를 가지게 될 것으로 본다. 특히 교육의 질을 향상시킨다는 것, 그것은 상당한 정도로 ‘훑어보고 눈여겨본다’는 것을 전제한다. 여기서 ‘본다’는 것은, 판단하고 생각한다는 뜻을 함의하고 있다.

교육이 이루어지는 과정을 크게 나누어 보면 첫째 왜, 둘째 무엇을, 셋째 어떻게, 넷째 얼마만큼 달성되었는가? 등 4가지 영역으로 나누어 구분된다. 즉 교육의 목적이나 목표가 설정되는 일, 또 무엇을 가르쳐야 할 것인가의 문제를 해결하는 일, 그리고 그에 따른 교육의 내용들을 어떻게 가르쳐야 할 것인가를 구명(究明)하고 계획된 교육목표가 얼마만큼 달성되었는가를 검증하고 반성하는 일로 구분된다고 말할 수 있다. 따라서 그에 따른 교육의 결과에 의해 교육 목표가 재검토되는 등 순환의 과정이 이루어지면서 교육은 점진적으로 발전을 이루게 된다. 그렇다고 해도 교육은 교육의 내용과 과정을 기반으로 하여 어떠한 교육철학을 갖느냐에 따라 교육에의 접근방법은 달라질 것이다. 이와 같이 교육의 네 가지 과정은 모두 중요하다. 한데, 윤증현 전 기획재정부 장관은 ‘바른사회운동연합’ 교육개혁 토론회에서 “우리나라 교육의 가장 큰 문제는 아무런 철학과 이념이 없는 것"이라며 "도대체 학교에서 무얼 가르쳐야 하는지 방향성이 없다."고 지적했다(박세미, 2018). 그의 지적처럼 교육에의 접근방법 중 교육철학은 매우 중요한 것이 사실이다.

그런 가운데서도 제4차 산업혁명시대 도래와 '기그(Gig) 경제' 시대에서는 가치수용의 폭이 커질 수밖에 없음에 따라 교육시켜야 할 교육과정 역시 시대의 가치관을 구현하는 쪽으로 과감하게 개편할 수밖에 없다. 더욱이 물리학, 디지털(인공지능·가상현실·증강현실), 생물학 분야가 기술 융합을 기반으로 서로의 분야를 증폭시키는 발전의 변곡점에 이미 도달함에 따라 엄청난 변혁을 예고하고 있는 제4차 산업혁명시대와 함께 계약직 혹은 임시직 고용이 대세를 이루는 경제 상황을 뜻하는 '기그 경제시대', '기그 노동자' 사회까지 일부 경험하고 있는 등 사회의 변화가 급격하게 변동하고 있는 지금, 대학이 지금껏 금과옥조로 여겨온 평생직장 혹은 평생직업인 양성 목표는 너무나 낭만적이다. 특히 국내도 최근에는 조직에 정규직으로 예속되지 않고 자유로운 삶을 원하는 사람들이 점차 증가하고 있고, 또 그들은 일자리가 아니라 '일거리 기반'인 아르바이트와 프리랜서로 살아가길 원하는 이른바 '개별화시대', 프리에이전트(Free Agent) 세대들의 가치관도 근본적으로 바뀌고 있는 오늘날의 사회에서 어느 특정의 분야에만 열중한다는 것은 그 만큼 가까운 미래사회에 대한 적응이 대단히 어려울 수밖에 없다. 결국 개별화 시대, 학생 개개인의 역량을 키우기 위한 창의적인 학습 혁신이 정답이다.

따라서 개별화 시대에 교수는 '강의하는 사람'이 아니라 학생 한 명 한 명에게 학습기회를 주는 '디자이너(designer)'가 돼야 한다는 생각이다. 인공지능(AI)을 비롯해 가상현실(VR), 증강현실(AR), 특히 데이터와 그 인식표 부착 같은 디지털 기술이 강의실에 들어오면 그때부터 학생들에게 맞춤형 교육을 할 수 있을 것으로 짐작된다. 그러나 이미 디지털 기술은 현재진행형이다. 그럼에도 교수가 학생 개개인의 잠재력을 읽지 못하고 지금껏 그랬던 것처럼 일방적 주입식 강의를 계속 고수하면, 학과가 아무리 깊이 생각하여 충분히 의논한 숙의(熟議)과정을 거쳐 교육과정을 바꿔도 아무런 의미가 없어진다.

결국 학과의 교수 개개인을 변화시키지 않으면 교육과정 몇 가지만 고치면 될 것이라고 생각하는 건 문제의 본질을 놓치게 되는 경우가 된다. 적어도 대략 40여 년간의 내 경험칙으로는 그렇다고 말하게 된다. 머잖아 디지털 기술을 중심으로 엄청난 사회 변혁이 예고되어 있는 제4차 산업혁명 시대 도래와 함께 2018년 7월 1일부터 주 52시간 근무제가 300인 이상의 사업장을 시작으로 본격 시행에 들어감에 따라 삶의 질을 중시하는 소소한 행복 채우기를 위해 문화와 여가(생활체육 분야 등)에 관심을 갖는 직장인이 늘면서 '1인 1취미' 시대도 열리고 있다(변희원·백수진·이해인, 2018).

따라서 디지털 기술에 의한 사회 변혁을 비롯하여 계약직 혹은 임시직 고용이 많아지는 이른바 '프리에이전트 시대(Free Agent Nation)'에 적응할 학생 개개인의 역량을 키우기 위한 창의적인 학습 혁신은 더 이상 천연시킬 수 없는 당면한 과제가 되고 있음이 사실이다. 창의적인 학습 혁신을 위해서는 그것을 혁신할 수 있는 역량 없이는 불가능하다. 학과의 혁신 역량을 배가(倍加)하기 위한 방안은 다음의 두 가지라고 본다.

첫째, 체육교수요원이 이미 대거 양성된 현 시점에서는 학창시절 한 학기 정도 테니스 등 실기를 배워 이후 현직에서 전공강의를 맞는 경우, 과연 그 밑에서 배운 학생 개개인의 실기능력을 신뢰할 수 있을까. 더욱이 그렇게 양성된 생활(사회)체육지도자가 과연 '1인 1취미' 시대를 성공적으로 선도할 수 있다는 말인가. 결론은 어불성설이다. 그런 이유로 이젠 사범대 출신자는 대학의 전공학과에서 교수채용을 두고 심각하게 고민할 때가 되었다는 생각이다. 물론 극히 소수이겠지만, 실기 능력이 탁월한 개인도 있을 수 있다. 게다가 일반체대 출신은 체대에 진학하기 이전부터 실기는 이미 선수 급을 능가하는 경우가 대부분이지만, 이론은 기대보다 약하다는 말도 항상 들어 왔다. 따라서 체육교수초빙 시에는 사범대·일반체대·외국대 출신을 총망라 정성적·정량적 평가는 물론 실기테스트도 같은 수준에서 평가되어야 옥석을 가릴 수 있고, 또 실기담당 강사도 확 줄일 수 있다. 교수요원 양성이 다급했던 때의 교수채용 시스템을 이젠 깔끔하게 청산할 때가 되었다. 보는 것은 생각이 되고, 파악이 되고, 판단이 된다. 그래야만 체육교수사회가 이론과 실기를 두루 겸비한 쪽으로 변한다. 한 바퀴로 굴러가는 마차를 보았는가. 지금까지는 유감스럽게도 일부 그런 체육교수가 있었다. 그런 성찰의 토대 위에서 생각한 것이 체육교수사회에 대한 혁신 역량 배가 방안이다.

둘째, 해양스포츠학과 및 유사학과 수(數)도 현재를 기준, 대략 50% 정도 줄이는 구조 개혁도 병행·추진돼야 향학열에 불타는 우수한 학생이 입학한다. 이것이 학생 개개인을 대상으로 한 혁신 역량 배가 방안이다.

해양스포츠학과 및 유사학과의 경우, 국립 2개교, 사립 2개교 등 이제 겨우 4개 대학 정도가 있는데 꼭 그래야만 할까. 그래도 구조 개혁에 나서야 한다. 결국 체육교수사회와 학생을 대상으로 한 혁신이 각각 선행되면, 학생 개개인들이 역량 있는 해양스포츠지도자, 또는 생활체육지도자로 양성됨으로써 청년들이 '일자리 절벽시대'라고 낙망하고 있는 세태이지만, 그나마 해양스포츠 분야는 외국의 해양리조트 근무를 비롯하여 양질의 일자리를 쉽게 찾을 수 있는 돌파구가 마련되지 않을까 싶다. 아무튼 학과 교수사회와 학생을 변화시키지 않으면 교육과정 혁신은 한마디로 꽝이다.

2. 개별화 시대, 학생 개개인의 역량 배가를 통해 대응해 나가야

많은 지식과 실기 중에 어떠한 것을 선택하여 급변하는 미래사회를 대비할 것인가의 문제는, 역량 있는 전임교수를 중심으로 어떠한 교육과정과 내용들로 구성할 것인가에 의해 학생들의 미래 보장과 함께 학과의 발전 여부도 결정된다고 본다. 따라서 그에 따른 교육내용을 어떠한 방법으로 지도하고 학습시켜야 급격히 변화하는 사회에서 경쟁력을 갖는 지식과 실기를 두루 습득할 수 있으며, 다양화되고 혁신적인 오늘날의 사회에 잘 적응할 수 있느냐가 중요한 관심사가 되었다. 혁신과 혁신이 부딪쳐야 승부가 갈린다.

현대사회에서 한 국가의 정치·경제·문화·체육 등 모든 분야의 발전방향과 미래를 전망하고 그 내용을 어떻게 교육현장에 반영해야 할 것인가 하는 것은 교육과정 검토의 중요한 과제이다. 시대 발전을 수용할 혁신적인 학과교육의 목표 설정아래 어떤 내용으로 어떻게 교육시킬 것인가에 관한 과제들을 적극 검토하지 않으면 안 된다. 더욱이 일본 오키나와의 한 해양리조트업체에서는 이미 20여 년 전부터 해양스포츠관련 모든 종목을 두루 섭렵한 것은 기본이고, 거기에다 고압가스기사 자격증, 특수 장비 운전 면허증, 정보처리기사자격증 소지 등 멀티플레이어 차원의 지도자 배출을 원하고 있었다. 뿐만 아니라 해양스포츠는 계절성에 크게 영향 받기 때문에 벤처사업의 경우, 회원관리를 위해서는 스키강사 자격증 취득 필요성과 함께 인력의 국제이동시대 심화·발전에 따른 외국어구사능력 고도화 등 국내외적 환경은 급변하고 있기 때문에 이에 대응할 교육과정의 개편은 혁신적으로 단행되어야 할 필요성이 있다. 물론 교육과정은 언제나 완전할 수 없는 것이며, 시대의 요구에 따라 개선되어야 할 조건을 지니고 있는 것은 사실이라고 해도 과목 신설을 위해서는 기존 과목 중에서 폐강을 단행해야 하고, 또 그에 관련된 교수도 경우에 따라서는 직장을 떠나야하기 때문에 언제나 어려운 난제다. 그런 가운데서도 학과특성과 직관된 교과목은 더욱 강화시켜야 한다.

해양스포츠학과를 비롯하여 유사학과의 경우 교육과정을 개편할 때 학과의 특성과 사회적, 시대적 요구에 맞추어 교과목을 신설 또는 폐지시키는 것이 원칙일 수밖에 없다. 그럼에도 현실은 시대적 요구 수렴은 고사하고 전임교수들의 기본강의시간 확보위주로 교육과정을 편성해온 경우가 많았다. 심지어 시대요구를 감안한 신규전공과목을 몇 개설하기 위해 전임교수들이 관리하고 있는 일부 학점을 각자 조금씩 조정하자고 학과회의에 안건으로 상정해도 결과는 매번 마이동풍으로 끝나기 일쑤였다. 결국 명색이 해양스포츠학과 임에도 3학점인 해양스포츠관련 몇몇 이론과목을 2학점으로 낮춰, 거기에서 발생한 학점을 '보트엔진구조학'과 '바다배낚시' 등 신규과목에 배정할 수가 있었다. 그 누구의 이해도 없는 상태에서 순전히 자구책으로 과목신설이 가능했지만, 나는 전임교수들의 반대를 위한 반대에 절망한 나머지 입에서 육두문자가 절로 튀어나올 지경에 이른 경우가 많았다. 혁신적인 교육과정 개편, 정도의 차이가 있을 뿐 현실은 많은 대학들이 입으로만 혁신하고 있는 것이 현실이다.

미국의 경영학자 피터 드러커는 "기존 사업을 과거와 같은 방식으로 지속하는 것은 앉아서 재난을 기다리는 것과 같다."고 했다. 마찬가지로 교육혁신도 입으로만 지껄이고 있는 수준에서는 백년하청일 것이 빤하다고 볼 수 있다. 더욱이 역사가 제법 오래된 4년제 및 2년제 일반 생활(사회)체육학과의 경우라고 하더라도 교수들의 현실인식은 해양스포츠학과 일부 교수들과 별반 다르지 않다고 듣고 있다. 결국 이상과 현실 간의 간극을 끝내 메우지 못하고 지금껏 어정쩡하게 교육과정을 운영하고 있다는 것이다. 실제로 얼마 전부터 선호되기 시작한 해양스포츠 관련 과목은 극히 일부 일반체육대학 및 체육학과에서도 반영하고 있고, 또 어쩌다 반영되어 있다고 하더라도 지도할 전임교수가 확보되어 있지 못함에 따라 교육의 내실을 기하지 못하고 있는 안타까운 상황에 계속 노출되어 왔음이 사실이다.

마냥 입으로만 지껄이는 교육과정의 혁신, 만약 피터 드러커(1909~2005) 아저씨가 저승에서라도 이 말을 듣는다면 버럭 화낼 일이 아닐까 싶다. 그것도 학생의 장래에 명운을 가름할 거의 교육재난 수준의 비관적인 전망을 접하고 있는 오늘날, 일부 체육교수들이 맥 놓고 앉아서 기다리는 것과 같은 형국이 연출되고 있기 때문이다. 그런 뜻으로 21세기 개별화 시대에 대응할 학생 개개인의 역량 강화를 위한 교육 혁신에 적극 나서주기를 기대한다.

3. 지금의 교육과정, 회전문인가 여닫이문인가?

산업에 에너지를 공급하는 유전(油田)격인 데이터와 그 데이터에 이름표를 붙이는 작업이 매우 중요 해진 시대를 맞아 '어떻게 가르칠 것인가'가 전 세계 교육계의 화두인 상황에서 새로운 교육환경에 대응 하기 위한 다양하고도 광범위한 교육 내용을 얼마나 수용하고 있느냐를 파악할 목적으로 국내 4년제 해 양스포츠학과 및 유사학과들의 교육과정을 첫 전후 비교·분석하였다. 중요한 것은 이러한 작업을 통해 이들 학과들이 과연 그들의 교육과정에 대해 어떠한 자세를 견지해 왔느냐를 파악하고자 하는 일이 이 연구의 목적이다. 요컨대, 교육과정 편성을 '회전문(門)'의 자세로 대하지 말고, '여닫이문'의 자세로 대해 야 개별화 시대에 대응할 학생 개개인의 역량을 갖추게 할 수 있다는 생각이다. 그것은 두 문이 학생의 입장, 즉 빤한 과목의 강의가 아니라 학생 개개인의 역량을 배가시킬 방식에 있어서 서로 매우 다른 자 세를 취할 수 있기 때문이다. 이는 구태의연한 과목으로부터 전격 결별해야 하고, 특히 해양스포츠 관련 과목은 대거 강화시켜야 한다는 것을 의미한다.

회전문의 축(軸)은 중심에 있다. 축을 중심으로 통상 네 짝의 문이 계속 돌게 되어 있다. 특히 특급호 텔의 문은 마치 계속 열려 있는 듯한 착각을 주지만, 사실은 네 짝의 문이 계속 안과 밖을 차단하도록 만들어져 있다. 실질적으로는 열려 있는 순간이 없이 계속 닫혀 있는 것이다. 또한 회전문을 이용하는 사람은 회전문의 구조와 운동 메커니즘에 맞추어야 실수 없이 문을 통과해 안으로 들어갈 수 있다. 어린 아이, 장애인, 또는 민첩성이 결여되어 있는 노인은 쉽게 그 리듬에 맞출 수가 없다. 맞이하는 사람의 방 식과 틀에 들어오는 사람을 일률적으로 맞추도록 하는 이 같은 열림은 진정한 열림이 아니다. 그것은 회 전문의 축의 구조처럼 맞이하는 자(교수)가 모든 것의 중심에 군림하려 하고 타자(학생)의 개별적 특성 과 시대성을 전적으로 고려하고 있지 않기 때문에 회전문에 비유되는 가르치는 자(교수) 중심의 구태의 연한 교육과정은 결별해도 벌써 결별했어야 했다. 그러나 그들도 말은 수요자(학생·사회적 요구) 중심이 라고 곧잘 말들을 한다. 그렇지만 실상은 상당부분 공급자인 가르치는 자의 기본강의시간 확보를 중심 으로 구태의연한 과목이 편성되어 있는 것이 현실이요 진실이다. 이는 어쩌면 거의 모든 대학의 학과들이 지금껏 취하고 있는 자세의 공통점이라면 공통점일 것이다.

반면 여닫이문은 말 그대로 열고 닫을 수 있다. 뿐만 아니라 열어놓을 수도 있고, 또 닫아놓을 수도 있다. 더욱이 들어오는 사람(학생)이 원한다면 반쯤 열고 중간에 서 있다가 들어올 수도 있다. 이렇게 다양한 방식이 가능한 것은 여닫이문의 축이 맨 가장자리에 있기 때문이다. 축이 주변에 비켜 있음으로 해서 문의 기능은 활발하고 다양하지만, 막상 문설주에 붙어 있는 '돌쩌귀'는 눈에 띄지도 않는다. 돌쩌귀가 제공하는 기축(機軸)성은 열림과 닫힘을 가능하게 하면서, 겉으로는 전혀 표가 나지 않는다. 이는 돌쩌귀(수요자 중심의 교육과정)가 문을 지지하고 운동을 가능하게 하는 '기축'의 기능을 지녔지만 통제적 기능을 지닌 중심에는 있지 않은, 즉 교육현장에 견주면 교수가 디자이너의 역할을 할 뿐이지 통제적 기능을 지닌 '중심'에 있지 않아야 함을 이해할 필요가 있다 할 것이다. 그럼에도 돌쩌귀는 열고 닫을 때마다 자신에게 힘이 실리는 것을 고스란히 감내한다(김용석, 앞의 책). 마찬가지 논리로 수요자인 학생 개개인 중심과 학과특성을 적극 반영한 교육과정의 혁신이 여닫이문의 돌쩌귀에 비유될 수 있는 것은 겉으로는 전혀 표가 나지 않게 학생 개개인의 장래를 걱정하는 학과를 비롯하여 전임교수의 진정성이 담겨 있어야 하는 것이다.

교육과정 편성 자세에 있어 회전문에 비유되는 것은 대체로 교수가 강의하는 주입식에 의해 '주어지는' 교육과정이고, 여닫이문은 학생 선택권의 다양화를 중심으로 학생 한 명 한 명에게 학습기회를 주는 디자이너(교수)에 의해 '제시되는' 교육과정이다. 그러나 그렇게 제시되는 교육과정도 그 실현 가능성은 학생이 스스로 '찾아가야' 하는 분별력에 좌우되고 있다는 점이다. 그런 점에서 보면 21세기 체육을 주도하고 있는 해양스포츠 및 유사분야 지도자양성에 대한 학과들의 의지는 흐릿한 상태라고 볼 수 있고, 학생들의 분야 이해에 대한 분별력 역시 정보제공이 결여된 탓으로 희미하다고 볼 수 있다. 결국 학과의 교육과정이 '제시되는 것'이라고 해도 막상 현실에서는 표현의 간편함은 있지만 접근방법에서 틀렸고 이에 근거한 대안 찾기에서도 적잖은 오류를 불러일으키고 있지 않은가 생각되고 있을 정도다.

특히 국내 해양스포츠 및 유사학과를 지금껏 앞에서 이끈 이 분야 선도학과인 A대가 교육과정을 줄곧 혁신적으로 운영하는 가운데 다수의 전공교재까지 첫 개발해온 어느 교수가 정년을 하고 난 이후 불과 2~3년이 체 못된 기간에 선배교수들이 모두 퇴임한 틈새를 이용하여 주로 자기중심으로, 또는 일반 체육 중심으로 교육과정을 개편해 놓음에 따라 결국 교육과정이 학과의 정체성을 크게 잃고 마구 퇴행을 거듭하는 가운데 해양스포츠분야 인재양성시스템이 뿌리째 흔들렸다면, 이를 어떻게 이해해야 할까. "인간은 항상 자기의 체험에서 선악의 분별을 실감할 수 있다(이주홍, 1954)." 그렇다면 그의 해양스포츠분야에 대한 자기 체험 결여에서 비롯된 콤플렉스(complex)에서 답을 찾을 수 있을 것 같다. 거칠게 말해, 똥인지 된장인지도 분간을 못하는 처지에서조차 마치 조자룡이 헌 칼 휘두르듯 학과의 정체성을 송두리째 훼손시켰기 때문이다. "자신의 십자가는 자신이 지고갈 수밖엔 없다."는 만고의 진리가 있다.

한편 사납고 용감해 보이는 맹수도 익숙지 않은 것 앞에서는 항상 몸을 도사리고 두려워한다고 한다.

하물며 자신의 장래를 설계하는 학생들의 입장에서는 모험을 단행하기가 쉽지 않을 것이고, 일반 생활 (사회)체육 및 체육학과의 경우도 그들의 교과과정에 해양스포츠를 대거 반영하기에는 약간의 용기가 필요할 것이다. 게다가 해양스포츠산업은 호황기에는 왕자이지만, 불황기에는 걸인으로 수직 전락하는 등 국내외 경기(景氣)에 따른 곡선에 아주 민감하게 반응하는 특성을 지니고 있는 분야이기 때문에 더욱 두려움을 가질 수밖에 없는 것은 사실이다. "사람은 진기함·신기함·놀라움 등 넓은 의미에서의 '새로움'에 대해 거부감을 갖기도 하지만, 그것을 향한 문화적 활동의 정열에 사로잡히게 되는 경우도 많다(김용석, 앞의 책)."

더구나 과거와는 달리 현대인은 '익숙지 않은 것'에 미치도록 매혹당하는 데에 '익숙해' 있기 때문에 2011년 7월부터 도입된 주 5일 근무제 정착을 비롯하여 특히 2018년 7월 1일부터는 300인 이상 사업장을 시작으로 주 52시간 근무제도 본격 실시됨에 따라 에코스포츠로서 또는 자연모험스포츠로서의 해양스포츠에 대한 동호인 증대가 예상되어 이들을 지도할 강사들의 수요 역시 증가할 것이 예상되고 있다. 그러나 동호인 증대의 동력으로 작용할 국내의 경제는 2018년 12월을 기준, 고용지수 하락 등 총체적으로 어렵다는 것이 경제전문가들의 일치된 견해이다. 그렇지만 엘빈 토플러(Alvin Toffler : 1928~2016)는 자신의 저서 『제3의 물결』에서 "미래(호황기)는 지금의 불황기(2018년 기준)라는 물결 속에 이미 하나의 작은 파랑으로 존재하고 있다."고 했다. 사실이 그렇다면 경제 호황기가 될 가까운 장래를 위해 2019년 초입부터 본격 그 희망의 파랑(波浪)을 등대불로 삼아 교육과정 편성에 있어 여닫이문의 자세로 학생 개개인의 역량 강화를 위한 교육혁신에 적극 나서지 않으면 안 된다. 물론 학과전공교수의 혁신적 변화는 그 전제다. 학과의 존망을 결정짓는 능력 있는 교수, 정말 중요하다고 말하게 된다. 일부 젊은 교수는 능력이 없다는 것을 자신만 모르지 학생들은 다 안다. 바로 여기에 비극이 있다.

4. 미국과 국내 2·4년제 생활(사회)체육·체육학과 교육과정 고찰

특히 미국의 사례를 보면, 생활(사회)체육 또는 지역생활(사회)체육(community-based physical program)에 대한 교과과정의 기본이념은 수요자 중심으로 보다 실천적이고 실용성 있는 운동 (community-based functional activities)을 개발하고 보급하는 데 역점을 두고 있다. 이것은 여닫이문의 돌쩌귀 기축원리와 마찬가지로 겉으로는 표가 나지 않게 학생들의 취업기회 확대를 배려하고 있다는 점에서 눈길이 모아진다. 지금으로부터 대략 20여 년 전부터 시작된 실천적이고 실용적인 체육프로그램에 관한 인식은 생활(사회)체육지도자들에게 고도의 전문성을 요구하게 되었으며, 각 대학의 지역사회체육학과의 교과과정 개발에 많은 영향을 주었다. 미국 대학의 지역생활(사회)체육 교과과정은 대상자들의 특성 또는 지도자들의 역할에 따라 그 전문성이 달라지기 때문에 각 대학에 설치되어 있는 지역생활

(사회)체육학과의 교과과정 개발에도 많은 영향을 끼쳤다.

미국 대학의 지역생활(사회)체육 교과과정은 대상자들의 특성 또는 지도자들의 역할에 따라 그 전문성이 달라진다. 일반적으로 선별된 전문분야는 역할에 따라 레크리에이션 전문인(recreational specialist), 레크리에이션치료법 전문인(therapeutic recreational specialist), 생활(사회)체육 행정 및 경영인 등 세 분야로 구분된다. 또한 대상자의 특성에 따라 아동체육 전문인, 직장체육 전문인, 신체발달 전문인(occupational /physical therapist, motor development specialist), 장애자 체육인(adapted physical education /corrective physical education) 등 세 가지로 나누어진다. 물론 미국이라고 하여 교육과정 편성과정에 어려움이 없는 것은 아닐 것이다. 그런 가운데서도 우리가 주목하지 않으면 안 되는 것은 이들 전문인들이 사회에서 그들의 역할을 수행할 수 있는 실천적 지식을 비롯하여 관련 기술을 충분히 대학에서 습득하고 배출되고 있다는 데 있다(정광복, 1999). 이는 어떤 상황에서도 교육과정의 중요성을 결코 잊지 않고 있다는 뜻도 될 것이다. 우리나라 일부 대학처럼 학생의 사회적응력은 아예 관심이 없는 등 무늬만 체육지도자 양성은 아닌 것이다.

따라서 해양스포츠 및 유사학과는 비록 해양스포츠 후진국의 체육풍토에서도 그래도 세계 처음으로 대학에 학과를 설치(A대, 1996년)하는 등 학문적인 정립 노력에서는 선진국보다 오히려 앞서고 있다. 다만 장비개발 기술자를 양성하는 '해양스포츠과학과'는 영국 남서쪽에 위치한 본머츠대학이 있다. 그러나 4년제 대학 체육교육학과, 체육학과, 생활(사회)체육학과, 레저스포츠학과, 그리고 2년제 전문대학 사회체육학과, 생활체육학과 등에서는 주 5일 근무제 정착 및 주 52시간 근무제까지 본격 시행됨에 따라 사회 및 체육환경 역시 급격하게 변하고 있음에도 지금껏 해양스포츠가 비중 있게 취급되지 않고 있는 실정이기 때문에 이 분야 지도자 양성 역시 거의 맥 놓고 있는 상태라고 볼 수 있다. 더욱이 초등학교교육을 전담하는 교육대학을 비롯하여 중등학교 체육교사 양성을 목적으로 한다는 사범대학 체육교육학과에서 조차 해양스포츠가 지금껏 거의 취급되고 있지 못하다는 것은 매우 걱정스런 일이다. 다만 해양스포츠학과에서 교육대학원을 개설하여 체육교사가 일부 양성되는 정도도. 21세기 세계와 어깨를 나란히 해야 할 오늘날의 아동들이 건강을 다지고 모험심과 호연지기를 배양할 해양스포츠, 21세기 체육선진국 건설에 토대구축 작업이 되는 국민 해양친화 기회 확대를 위한 수단으로서의 해양스포츠 활성화에도 매우 걱정되는 항목이 되고 있기 때문이다. 그런 가운데서도 부산의 '동의대 레저스포츠학과'는 매우 고무적이다.

어른들은 누구나 아이였던 적이 있다. 그러나 그 사실을 기억하는 어른들은 별로 없는 듯하다. 우리가 어린아이였을 때의 획일화교육을 오늘날의 어린아이들도 큰 틀에 있어 거의 그대로 답습하고 있는 상황이라면, 어떻게 오늘날의 어린이들이 내일에 세계와 어깨를 나란히 할 수 있기를 기대할 수 있으며, 또 이런 형편을 두고 교육혁신에 나서고 있다고 감히 말할 수 있을까.

이제 획일화체육 청산과 함께 해양스포츠 이해 결여에 대한 악순환의 고리를 과감하게 끊는 작업이 국가체육의 균형발전뿐만 아니라 교육의 백년대계를 위해서도 꼭 필요하다. 더구나 곤혹스러운 것은, 학생들은 비교적 외국여행을 잦게 하는 신세대부모들의 영향으로 해양스포츠를 이미 몇 종목쯤은 이해하고 있는 세상이 됐다. 그럼에도 이들을 지도해야 할 체육교사는 해양스포츠를 지도할 능력이 거의 없는 백지상태라면 이런 낭패가 또 있을까. 그렇지만 이런 황당한 상황이 남의 나라 얘기가 아니고 우리나라 체육교육계가 곧 부닥치게 될 가상현실(virtual reality)이라는 점에서 당국에서는 이에 대한 혁신정책을 지금부터 추진해나가지 않으면 안 된다. 체육교육, 더 이상 역주행은 곤란하다. 해양스포츠에 대한 이해 결여도 곤란하다.

한편 2008년 스위스 국제경영개발원(IMD)이 발표한 "세계경쟁력 연차보고서"에 따르면 한국의 교육 분야 경쟁력 순위는 조사 대상 55개국 중 35위였다. 게다가 한국의 고등교육 이수율은 4위로 상당히 높은 반면에, 사회가 요구하는 대학교육의 질적 수준을 평가하는 '대학교육의 경쟁사회 요구부합도'는 53위로 최하위 수준이었다(김진석, 2009). 또 그로부터 3년 지난 2011년에 스위스의 같은 개발원(IMD)이 발표한 대학교육경쟁력 평가에 따르면, 한국 대학교육의 사회 요구부합도는 57개국 중 51위로 최하위그룹에 속했다. 이는 3년 전보다 오히려 퇴보했음을 보여준다. 그 원인의 중심부에 회전문식 교육과정이 놓여 있다고 지적한다면, 천부당만부당한 말일까. 그로부터 대략 8년쯤 지난 2019년 현재도 한국 대학교육의 사회 요구 부합도는 크게 변한 것이 없다. 이는 겉돌고 있는 대학교육에 대해 부끄러움을 모르는 교수가 아직도 현직에 적잖게 머물고 있다는 방증도 된다. 물론 진리탐구는 대학교육의 본질이다. 그렇다고 해도 시장이 요구하는 인재양성도 그것 이상으로 엄청나게 중요하다.

5. 해양스포츠 및 유사학과 교육과정의 진화와 퇴행 추이(推移)분석

1) A대학

지방국립 A대학이 세계 처음으로 해양스포츠 분야 생활체육지도자 인력양성을 목적으로 '해양스포츠학과'를 설치, 신입생을 맞이한 것은 1996년 3월이었다. 이어서 1999년 일반대학원, 2000년 교육대학원을 각각 설치했다. 2019년 3월 현재 학부 졸업생은 22회째 배출했고, 교육대학원은 18회째 체육교육전공석사를 배출하고 있는 가운데 해양스포츠학과 졸업생으로서 교육대학원에 진학한 5명은 순위고사를 거쳐 울산, 경북, 경기 등에서 체육교사로 근무하고 있다. 일반대학원은 18회째 체육학 석·박사를 배출하는 한편, 그중 해양스포츠 전공 1명은 동의대학교 레저스포츠학과 해양스포츠 교수로, 또 다른 1명은 해군사관학교 해양체육교수, 그리고 1명은 학부졸업생으로서 모교에 체육교수로, 또 1명은 시체육회 본부장으로 각각 근무하고 있다. 특히 2019년 3월 현재까지 해양스포츠전공교수 밑에서 해양스포츠, 마리나, 스포츠형 해양관광 관런 논문으로 6명의 이학박사가 배출되었다. 앞으로 이들을 필요로 하는 곳은 교육계를 비롯하여 각 지방자치단체를 중심으로 점차 증가할 전망이다. 한데, 세상에는 얼치기가 아직도 발호하고 있어 진짜, 가짜를 분별하기까지는 시간이 더 필요로 할 것 같다는 씁쓰레한 전망을 내놓게 된다.

2011년 기준 이 학과의 교육과정(학점별)에 나타난 이론과목 비율은 52.8%이고, 실기과목은 47.2%이다. 해양스포츠 관련과목은 35.8%이고, 일반체육과목은 64.2%이다. 이론과목과 실기과목 비율은 일반 생활(사회)체육계열학과와 엇비슷한 분포로 구성되어 있지만, 선택과 집중이 요구되는 시대임에도 불구하고 정확히 어느 분야 생활체육지도자를 특별히 육성하고자 하는지가 선명하지 않다는 인상을 준다. 그런 가운데서도 실기과목은 스포츠피싱(바다배낚시)과 보트엔진구조학, 그리고 이론과목 역시 해양스포츠자원론(2006), 마리나관리론(2008), 마리나조성계획과 실제(2008), 마리나 개발 및 운영론(2011), 해양스포츠론(2011), 마리나관리 및 운영론(2013) 등 학과특성과 일치되는 세상 유일과목들을 속속 자체계발을 통해 강의에 나서는 등 해양스포츠분야 이론과 실기를 하나하나 선도적으로 정립해 나가고자 하는 독창성과 추진력이 특히 돋보였다. 4년 전까지는 그랬다.

그러나 해양스포츠와 일반체육 간의 비율은 학과의 명칭과는 동 닿지 않는 구성비를 보여 주고 있어 눈길을 끈다. 해양스포츠(해양체육)를 전공하는 학과라면 해양스포츠가 교육과정에 당연히 높은 비중을 점하고 있어야 하는 것이 상식이겠지만, 이 학과의 교육과정은 일반의 인식을 크게 벗어나고 있어 매우 이채로운 현상을 보여주고 있는 것이 사실이다. 전임교수는 총 7명이고, 이중 해양스포츠전공은 1명이다. 또 이들 중 학창시절에 겨우 한 두 학기 정도 배운 실기를 통해 전공학과의 실기강의에 나선 사범대출신은 무려 4명이고, 일반 체대출신은 고작 2명이었다. 그런 탓으로 교육과정 개편을 위한 의사 결정과정에서는 배가 산으로 가는 경우가 흔했고, 또 지도수준과 고령의 나이 때문에 실기과목은 자연히 젊은 시간강사를 많이 활용하는 특징을 나타냈다. 게다가 명색이 해양스포츠학과 임에도 일반체육과목을 왜 그렇게 많이 교육과정에 수용했을까 하는 소박한 의문이 생길 수밖에 없다. 이 학과가 설치되기 이전에 주로 교양체육을 강의한 전임교수들이 무려 5명이나 있었고, 또 인근대학과 발전적 통합 때에 그 대학의 교양체육담당 교수 2명도 가세했기 때문에 총 7명을 위한 과목을 개설할 수밖에 없었던 이른바 '학과 탄생의 태생적 한계'에 의해 일반체육과목이 대거 교육과정에 포함된 배경이라고 그 불가피성을 담백(淡白)하게 설명할 수 있게 된다.

해양스포츠 선호추세 심화라는 시대의 요구와 국가체육의 뭍과 해양 간 균형발전 필요성을 일찍이 파악하여 학계나 체육계로부터 기대를 갖게 하는 학과를 세계 처음으로 설치하기는 했다. 그러나 앞에서 말한 바와 같이 불가피성이 당초 기대했던 학과설치 목적을 크게 왜곡시킬 불안 요소로 계속 작용할 것이라는 것을 학과설치 당초에는 그 누구도 심각하게 생각하지를 못했다. 학과탄생의 태생적 한계야 어떠하든 간에 교육의 방향과 방법을 결정하는 교육과정이 본래의 취지대로 방향을 올곧게 잡아갈 수 있도록 책임을 다해야 하는 것은 전임교수 모두에게 주어진 부동의 책무일 것이다. 그럼에도 그렇게 하지를

〈표 10-1-1〉A대학 교육과정(2011년 기준)

학년	1학년			2학년			3학년			4학년			계
구분	과목명	학점 전	후	과목명	학점 전	후	과목명	학점 전	후	과목명	학점 전	후	
전공 필수	체육사	3-3-0		수영	2-1-2		스포츠잠수1	2-1-2					
				체육측정평가	3-3-0		해양스포츠론	2-2-0					
				해양훈련	2-0-4		생체역학	3-3-0					
				세일링요트(1)	2-1-2		운동생리학	3-2-2					
				체육원리		3-3-0	스포츠경영학		3-3-0				
				마리나 개발론		3-3-0	트레이닝방법및운동처방론		3-2-2				
소계		3			9	6		10	6				34
전공 선택				마리나관리론	2-2-0		조정	2-1-2		수상스키	2-1-2		
				모터보트	2-1-2		무용	2-1-2		볼링	2-1-2		
				배구	2-1-2		응급처치	2-1-2		생활체육지도론	2-2-0		
				육상	2-1-2		특수구기	2-1-2		수상오토바이	2-1-2		
				윈드서핑(1)	2-1-2	2-2-0	스포츠피싱	1-0-2		스포츠마케팅	3-3-0		
				실무체육통계학		3-2-2	수상인명구조	2-1-2		카누	2-1-2		
				스포츠해부학	2-1-2		스포츠심리학		3-3-0	보트엔진구조학	2-1-2		
				체조	2-1-2		스포츠마사지	2-1-2		스포츠의학	2-2-0		
				테니스	2-1-2		동계스포츠	2-1-2		골프		2-1-2	
				윈드서핑(2)	2-1-2		배드민턴	2-1-2		농구		2-1-2	
				세일링요트(2)			스포츠잠수(2)및실습	2-1-2		스포츠사회학		2-2-0	
							레크리에이션지도	2-2-0		스포츠영양학		2-2-0	
소계					10	13		11	13		17	8	72
합계		3			19	19		21	19		17	8	106

못한 잘못을 범한 것이다.

자신의 전공을 중심으로 해양스포츠를 접목시키고자 하는 이른바 '전공의 재단장' 노력이 선행되었어야 했고, 또 그에 따른 해양스포츠 비중도 상당부분 높여 왔어야 했다. 그러나 현실은 학과설치 10여년이 지난 그때까지도 일부 전임교수는 자신에게 부과된 책임(자신의 전공을 중심으로 점차 해양스포츠 쪽으로 전공을 재단장)은 망각한 채 기회만 있으면 딴죽 걸고, 또 통역이 필요할 정도로 인식의 편차가 극심하게 나타나는 등 태생적 한계를 거의 극복하지 못함으로써 학과의 발전은 그야말로 소걸음인 상태였다. 물론 이와 같은 갈등의 과잉은 정도의 차이는 있지만 어느 대학 어느 학과에도 공통적으로 있는 것들이라고 가볍게 생각할 수도 있다. 그러나 학문의 의미를 달리하는 전임교수 간 갈등이라는 점에서 그 해소가 만만치 않았다. 이익은 경우에 따라서 양보할 수 있지만, 학문에 대한 가치관은 쉽게 바꾸지 못하는 게 학자의 속성이기 때문이다. 이는 개똥철학도 철학이니까 정당한 논리가 뒤안길로 밀려나기 일쑤였다는 뜻도 된다. 따라서 경쟁력 있는 고품질 교육을 실현하기 위해서는 소모적 논쟁을 접고 이 분야 선도학과로서 해양스포츠 학적 미래를 활기차게 열어가기 위해 교육혁신에 적극 나서야 할 숙제가 있다.

〈표 10-1-2〉 A대학 교육과정(2018년 기준)

구분	1학년 과목명	전	후	2학년 과목명	전	후	3학년 과목명	전	후	4학년 과목명	전	후	계
전공필수	해양스포츠론	3-3-0		수영	2-1-2		해양스포츠안전교육론	2-2-0					
				해양훈련	2-0-4		운동생리학	3-2-2					
				응급처치 및 수상인명구조	3-2-2		스포츠의학	3-2-2					
				인체해부학		3-3-0	운동역학	3-2-2					
				체육사	2-2-0		스포츠심리학		3-3-0				
							스포츠산업경영학		3-3-0				
							트레이닝방법론		2-1-2				
소계		3			9	3		11	8				34
전공선택	스마트 해양수산리더십 CK	1-0.2		스포츠잠수	2-1-2		세일링요트	3-2-2		체육정책	2-2-0		
				해양스포츠실습I	3-1-4		해양스포츠와 국제교류	2-2-0		스포츠교육학	2-2-0		
				체육측정평가	3-2-2		해양스포츠실습II	3-1-4		여가레크리에이션	2-1-2		
				육상	2-1-2		운동능력검사 및 실습	2-1-2		테니스	2-1-2		
				배구	2-1-2		스포츠 손상재활		3-2-2	스포츠마케팅		3-3-0	
				수상구조사		2-1-2	스포츠영상분석 및 실습		2-1-2	생활체육지도자론		2-2-0	
				스포츠사회학		3-3-0	스포츠마사지와 테이핑		2-1-2	노인 및 유아스포츠		2-1-2	
				체육철학		2-2-0	배드민턴		2-1-2	현장중심교육 및 인턴십		2-2-0	
				스포츠영양학		2-2-0	축구		2-1-2				
				운동기능학		2-2-0	동계스포츠		2-1-2				
				체조		2-1-2							
				농구		2-1-2							
				글로벌 해양수산 탐사 CK		1-0-2	스마트 해외현장실습 CK				3-0-10		
소계		1			12	16		10	13		11	9	72
합계		4			21	19		21	21		14	9	106

아인슈타인은 세상을 살아가는 데 두 가지 방법이 있다고 했다. 하나는 세상 모든 게 기적이라고 믿는 것이고, 다른 하나는 기적이란 없다고 믿는 것이다. 이 둘은 어느 게 맞고 틀리느냐 혹은 옳고 그르냐의 문제가 아니다. 단지 삶을 살아가는 태도의 문제일 뿐이다. 개인의 인생관만이 아니라 조직 경영, 사회 공공경영 즉, 거버넌스(governance) 등 다양한 차원에서 변주되는 가치관이기도 하다(김소영, 2018). 특히 선도학과는 리더를 키워내야 할 책무가 있다. 리더에게 필요한 것은 기본이다. 해양학, 통계학, 해양스포츠론 등 기본과목을 빡세게 공부시키면 똑똑한 학생들은 스스로 진화할 수 있다.

나는 아주 젊었을 적에도 그랬고, 고희에 이른 지금도 여전히 혁신을 좋아하고 바란다. 한데, 대부분의 혁신은 특히 교육과정 개편을 위한 혁신은 아주 오랜 시간 서서히 점진적으로 이루어진다는 것이 경험칙이다. 실제로 세상 유일 과목이기 때문에 구성원들이 쉽게 이해하기도 어려웠든 측면도 있었겠지만, 새로운 과목을 교육과정에 반영하는 데 그렇게 오랜 시간이 흐르고 흘렀던 사례가 있기 때문이다. 게다가 새롭고 빠르고 놀라운 혁신은 드물고 어렵다고 한다. 특히 교육과정 개편을 위한 혁신은 기존 교육과

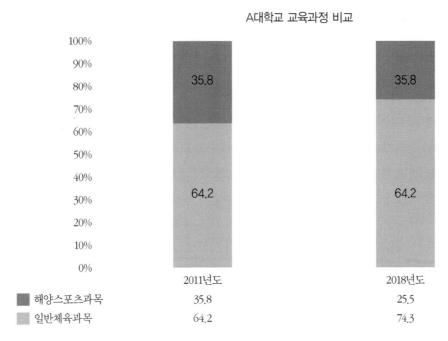

〈그림 10-1〉 A대학교의 2011년과 2018년 교육과정 비율 전후비교

정과 구성원의 인식과 제도를 원점에 두고 사고할 것을 요구한다. 즉 세상에 널리 이로운 '홍익인간'으로의 교육이 교수에게 주어진 근본적인 교육과정 개편의 조건이라고 볼 때, 그 원칙을 내팽개칠 수도 없고 내팽개쳐서도 안 된다. 더욱이 사회가 요구하는 인재양성을 위한 교육과정 개편도 마찬가지 맥락이다.

따라서 교육과정 개편을 위한 혁신의 종점은 기적이 있다고 믿는 가치관과 아예 없다고 믿는 가치관 사이에 놓여 있는 중간지대로 정하는 것이 합당하지 않을까 싶다. 그런 가운데서도 학생 한 명 한 명에게 기적 같은 새로운 기회를 만들어 주는 것도 교수이고, 학생의 기회 포착에는 아예 관심조차 없는 것도 교수의지나 가치관이기 때문에 기존 교육과정에다 사회가 요구하는 신규과목의 개설, 또는 학과의 특성과 연계된 과목들의 집중배치가 필요하다. 더 구체적으로는 일반 체육학 전공교수가 다수 재직한 태생적 한계 속에서 출발한 해양스포츠학과이기 때문에 퇴직자가 다수 발생한 지금이 기울어진 운동장을 바로세울 유일한 기회다. 해양스포츠 6 vs 일반체육 4가 바람직하다. 신임교수 공채 시 해양스포츠 실기 과목을 꼭 옵션으로 부과해야 한다.

그런데 선배교수가 모두 퇴직하였다고 하여 마리나관련 전공과목을, 또는 미래지향적인 해양스포츠 과목을 폐기시키고, 그 자리에 구태의연한 일반체육학과의 전공과목 일부를 비롯하여 '글로벌 해양수산 탐사'라는 이상한 과목을 개설하는 기행(奇行)을 저지르는 역주행은 교수자격 자체가 없다고 봐야 한다. 안타깝게도 그는 다른 이유로 그렇게 되었다. "공적인 일에 개인의 영달이 뒤따르면 지저분하게 된다."는 진리를 스스로 증명해 보인 셈이 된다.

2018년 현재 A대학의 해양스포츠학과 전공 교육과정(학점별)은 일반체육과목 74.3%, 해양스포츠관련 과목 25.5%로, 2011년 교육과정과 비교해 볼 때, 당초 38학점의 해양스포츠전공과목에 비해 지금은 전공수업이(이론 총 16시간, 실기 총 22시간) 27학점으로 그 비중이 현격하게 감소하였다. 2011학년도의 해양스포츠과목을 원상 복귀시키는 가운데 1학년에 해양학, 특히 요트 및 동력조종면허, 그리고 심폐소생술과 수상인명구조격증은 졸업과 연계시켜야 한다.

아무튼 초심이 점차 흐릿해져 가는 가운데 목적지마저 잃고 부평초처럼 이리저리 떠밀려 다니는 등 전임교수에게서 철학이라고는 거의 발견할 수 없는, 그래서 결국에는 밥버러지들만 근무하게 되는 비루한 학과로 전락하지 않을까 걱정되고 있다. 특히 전공자들의 필독서인 전공서적의 한 모퉁이를 통해 남기는 이 같은 소회가 역사의 한 조각이 된다는 사실을 안다. 게다가 역사에는 지우개가 없다는 것도 잘 안다. 더군다나 나는 이 분야를 단기필마로 분투하면서 개척해온 소위 창업자라는 자부심을 갖고 있다. 그럼에도 누군가에게 반면교사가 되기를 바라면서 익명을 전제로 기술할 수밖엔 없었다.

2) B대학

또 다른 지방국립 B대학이 해양체육(해양스포츠) 분야의 학문을 연구하고 운동을 과학적으로 수행하며, 지도할 수 있는 해양체육 분야 전문인력을 양성할 목적으로 '해양체육학과'를 설치, 신입생을 맞이한 것은 A대학보다 2년 뒤인 1998년 3월이다. 그로부터 6년 뒤인 2004년 3월부터는 일반대학원생을 모집했다. 그러다 교육대학원을 개설했으나 관련 법령이 개정되어 현직교사상위자격취득 중심으로 교육대학원을 운영하고 있다. 일반 학생은 교육과정을 이수해도 교사자격증을 취득할 수 없도록 때 마침 법령이 개정돼 버렸기 때문이다.

애초 이 학과의 전임교수는 4명인 가운데 교육과정에 나타난 이론과 실기과목의 비중은 약 4 vs 6이다. 이중 해양체육(해양스포츠) 과목은 38.8%를 점하고 있고, 일반체육 과목은 61.2% 수준 이였다. 특히 이 학과의 교육과정에 나타난 해양체육 비중은 다른 대학동일학과보다 약 3% 정도 높게 반영되어 있어 이 분야 생활체육지도자 양성에 대한 확고한 의지를 읽을 수 있게 하는 대목이 되고 있다. 물론 학과를 개설할 당시에는 이 분야를 전공한 교수가 부재한 상태였음에도 불구하고 교육과정을 바람직한 방향으로 편성할 수 있게 되었던 배경으로 크게 두 가지를 꼽을 수 있다.

하나는 학과설치 당시 일반체육을 전공한 전임교수가 두 사람뿐이었기 때문에 그들의 강의시간 확보율이 해양체육 학과목 중점개설에 크게 영향을 미치지 않을 정도의 낮은 비율이었다는 점이고, 다른 하나는 이 분야 후발학과의 처지에서는 어떤 형태로든 선도학과인 A대학을 의식하지 않을 수 없는 외부요인도 작용했기 때문에 전향적인 교육과정 편성이 가능했을 것이라고 미루어 짐작할 수 있다. 게다가 선도학과의 교육과정을 참고할 수 있는 이점도 함께 작용했다고 본다.

〈표 10-2-1〉 B대학 교육과정(2011년 기준)

학년	1학년			2학년			3학년			4학년			계
구분	과목명	전	후	과목명	전	후	과목명	전	후	과목명	전	후	
기초 필수	수영I	2-1-2											
	건강과운동	3-2-2											
	수영II		2-1-2										
	운동처방론		2-2-0										
소계		5	4										
전공 필수	육상I	2-1-2		생체해부학	3-3-0		요트II	2-1-2					
	체조I	2-1-2		스포츠심리학	3-3-0		조정I	2-1-2					
	윈드서핑I		2-1-2	윈드서핑II	2-1-2		운동생리학		3-3-0				
	육상II		2-1-2	카누I	2-1-2		운동역학		3-3-0				
				수상안전및구급법	2-1-2		조정II		2-1-2				
				요트I		2-1-2							
				카누II		2-1-2							
				트레이닝론		3-3-0							
				윈드서핑III		2-1-2							
소계		4	4		12	9		4	8				41
전공 선택	해양스포츠산업론	3-3-0		신체발육발달론	3-3-0		스포츠마케팅	3-3-0		배드민턴	2-1-2		
	체조II		2-1-2	체육측정평가	3-3-0		골프	2-1-2		수상스키	2-1-2		
	체육사		2-2-0	레저스포츠론	2-1-2		동계스포츠	2-1-2		운동처방이론및실습	3-2-2		
				스킨스쿠버I		2-1-2	스킨스쿠버I	2-1-2		해양현장실습	2-0-4		
				스포츠사회학		3-3-0	운동영양학	3-3-0		크루저요트	2-1-2		
				테니스		2-1-2	수구	2-1-2		운동지도록	3-3-0		
				수상레저안전론		2-1-2	체육행정학		3-3-0	운동생화학	2-2-0		
							체육통계학		3-3-0	스포츠상해치료마사지	2-1-2		
							스포츠정보론		2-2-0	레크리에이션		2-2-0	
							산업잠수		2-1-2	체육학연구법		2-2-0	
							동력수상레저기구		2-1-2	스포츠댄스		2-1-2	
										수중에어로빅		2-1-2	
										해양관광개발		3-3-0	
										해양훈련		2-0-4	
										격기		2-1-2	
										해양체육영어		2-2-0	
소계		3	4		8	9		14	12		18	17	85
합계		12	16		20	18		18	20		18	17	139

2019년 6월 현재는 전임교수가 5명이다. 따라서 그 속사정이야 어떻든 결과는 그와 같은 배경이 학과 설치 목적에 상당부분 부합되는 교육과정이 편성될 수 있게 하였던 직접적 동인(動因)이 되고 있다는 점이 눈길을 끈다. 학과 특성과 연계된 고품질 교육이 가능한 교육과정이 되고 있기 때문이다. 다만 학과 명칭을 한참 지나간 과거의 개념을 내세우고 있는 가운데 전공에 관련된 이론과목을 지금껏 단 한 과목도 자체계발하지 못하고 벤치마킹에 거치고 있는 측면은 아쉬움으로 남는다. 이젠 전공자도 근무하고 있

〈표 10-2-2〉 B대학 교육과정(2018년 기준)

구분	1학년 과목명	전	후	2학년 과목명	전	후	3학년 과목명	전	후	4학년 과목명	전	후	계
교양필수	KMOU 미래설계 및 상담I	0-0-0		KMOU 미래설계 및 상담 III	0-0-0		KMOU 미래설계 및 상담 V	0-0-0		KMOU 미래설계 및 상담 VII	0-0-0		
	KMOU English I	3-3-0		KMOU 미래설계 및 상담 IV		0-0-0	KMOU 미래설계 및 상담 VI		0-0-0				
	KMOU 미래설계 및 상담 II		0-0-0										
	대학생을 위한 글쓰기		3-3-0										
소계		3	3		0	0		0	0		0	0	6
	수영I	2-1-2		스포츠사회학	3-3-0		스포츠영양학	3-3-0		졸업논문	1-0-2		
	수영II		2-1-2	운동생리학	3-3-0		스포츠경영학	3-3-0		졸업논문		1-0-2	
	운동생체해부학		3-3-0	트레이닝론		3-3-0	스포츠마케팅		3-3-0				
	스포츠윤리		3-3-0	수상안전 및 인명구조		2-1-2	체육연구법		3-3-0				
소계		2	8		6	5		6	6		1	1	25
전공필수	스포츠철학사상사	3-3-0		요트 II	2-1-2		수상스키	2-1-2		운동역학	3-3-0		
	요트 I		2-1-2	윈드서핑I	2-1-2		스킨스쿠버 II	2-1-2		해양관광개발	3-3-0		
	동력수상조종기구		2-1-2	Sea 카약	2-1-2		조정	2-1-2		구조 및 과학잠수	2-1-2		
				스킨스쿠버I		2-1-2	스키	2-1-2		현대사회와 스포츠	3-3-0		
				윈드서핑II		2-1-2	체육측정평가 및 통계	3-3-0		스포츠의학		3-3-0	
				해양스포츠산업론		3-3-0	스포츠심리학		3-3-0	여가학		3-3-0	
				레저보트엔진정비		2-1-2	축구		2-1-2				
							크루저요트		2-1-2				
							운동처방론		3-3-0				
							마리나시설 개발및 방제론		3-3-0				
소계		2	4		6	9		11	13		11	6	63
전공선택	운동과 건강관리	3-2-2		스포츠와 법	3-3-0								
	체력트레이닝실습		2-1-2	테니스 I	2-1-2								
				레저스포츠론	3-3-0								
				테니스 II		2-1-2							
				스포츠와 생활영어		3-3-0							
소계		3	2		8	5							18
합계		11	17		20	19		17	19		12	7	122

는 만큼 전공도서도 자체 계발하는 등 앞으로 더 많은 발전이 있기를 기대한다.

2018년 기준 일반체육과목은 66.4%, 해양스포츠 과목의 비중은 33.6%로 구성되어 있다. 이는 2011년 교육과정과 비교해 보면, 당시 54학점의 해양스포츠과목에 비해 지금은 41학점(이론 총 25시간, 실기 총 32시간)을 이수하는 가운데 해양스포츠 비중이 2011년에 비해 약 5% 감소하였다. 이는 해양스포츠 분야 인력양성을 목적하는 학과의 특성에 비춰볼 때 아쉬움이 많다. 해양스포츠 전공자 채용에 편견을 갖지 않고 공채에 나선다면, 교육목적이 달성될 수도 있다. 지금처럼 일반체육 전공자를 채용하면, 해양스포츠 실기는 책임성이 없는 강사에게 도맡겨진다. 전공도서계발도 거의 불가능이다. 외국대학출신자는 전공자가 있을 수 없다. 다만 국내는 A대에서 5명 배출됐다.

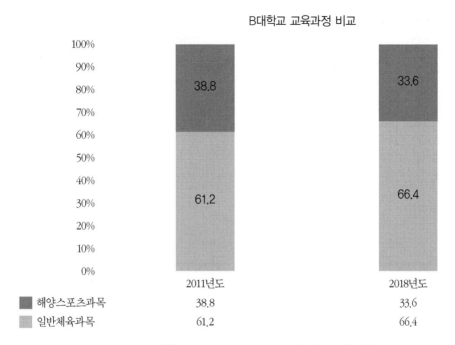

B대학교 교육과정 비교

	2011년도	2018년도
해양스포츠과목	38.8	33.6
일반체육과목	61.2	66.4

〈그림 10-2〉 B대학교의 2011년과 2018년 교육과정 비율 전후 비교

3) C대학

충남 소재 C대학이 사립대학으로서는 국내 처음으로 '항공해양스포츠학과'를 개설한 것은 2002년으로, 이 학과는 미래 여가사회에 요구되는 '항공스포츠'와 '해양스포츠'분야의 전문지도자 및 레저마케팅 전문가, 운영요원을 집중 육성함을 목적으로 하고 있었다. 이를 위해서 체계적인 이론교육을 바탕으로 전문화된 실기교육과정을 이수하여 첨단 레저스포츠산업분야에서 필요로 하는 현장지향형 인재를 양성함으로서 국민건강과 풍요로운 삶의 질 향상에 앞장서겠다는 각오를 밝히고 있다.

이 학과의 당시 교육과정에 나타난 이론과 실기과목 비중은 약 37.1% vs 62.9%이다. 해양스포츠는 23.6%이고, 항공스포츠 22.9%, 일반체육 19.9%이다. 게다가 학과특성과 부합되는 항공해양스포츠과목은 51.5%를 점하고 있다는 점에서 새로운 분야 개척을 통해 학생들의 진로를 활기차게 열어가고자 하는 전임교수들의 높은 열정을 읽을 수 있게 해준다고 볼 수 있다. 물론 학과 설치 이전의 학문 바탕이 항공분야였다는 점에서 그들의 하드웨어를 응용하여 국내 처음으로 항공스포츠분야를 의욕적으로 개척해 나가고자 하는 것뿐만 아니라 최근 국내외적으로 크게 각광 받고 있는 해양스포츠분야도 함께 발전시키고자 하는 실험정신에 이 분야 학자의 한 사람으로서 고개가 숙여지지 않을 수 없다. 다만 마리나 관련 분야 이론과목이 배제되어 있는 것은 아쉬움으로 남아 있었다.

해양스포츠의 경우, 국민소득 30,000달러 이상의 선진국에서는 생활체육으로서 이미 모든 계층을 통

〈표. 10-3-1〉 C대학 교육과정(2011년 기준)

구분	1학년 과목명	전	후	2학년 과목명	전	후	3학년 과목명	전	후	4학년 과목명	전	후	계
기초필수	항공스포츠개론	2-2											
	항공우주학개론	3-3											
	수영	1-2											
	구급및응급처치1	2-2											
	해양스포츠개론		2-2										
	항공법개론		3-3										
	수영II		1-2										
	구급및응급처치II		2-2										
소계		8	8										
전공	체육원리	2-2		운동생리학	2-2		스포츠마케팅	2-2		발육발달론	2-2		
	스포츠댄스I	1-2		비행론	2-2		운동처방	2-2		측정평가	2-2		
	패러글라이딩I	1-2		여가론	2-2		스포츠안전관리	2-2		운동역학	2-2		
	무도I	1-2		레크리에이션	1-2		수상인명구조	1-2		모험스포츠	1-2		
	패러글라이딩II		1-2	모형항공기I	1-2		카누	1-2		열기구	1-2		
	스포츠댄스II		1-2	스포츠잠수I	1-2		아쿠아리스	1-2		동력수상레저III	1-2		
	스키		1-2	수상스키	1-2		등반빛야영I	1-2		요트I	1-2		
	무도II		1-2	배드민턴I	1-2		초경량항공기I	3-6		스카이다이빙I	1-2		
	윈드서핑I		1-2	패러글라이딩III	1-2		행글라이더I	1-2		스포츠관리행정론		2-2	
				스포츠기상학	2-2		낚시II	1-2		경주스포츠산업론		2-2	
				윈드서핑II	1-2		스포츠의학		2-2	현장실습		2-3	
				스포츠사회학		2-2	스포츠심리학		2-2	스포츠카이트		1-2	
				건강교육론		2-2	스포츠지도자론		2-2	요트II		1-2	
				저항성운동		2-2	행글라이더II		1-2	스카이다이빙II		1-2	
				모형항공기II		2-2	동력수상레저I		1-2				
				래프팅		1-2	등반빛야영II		1-2				
				낚시I		1-2	수중재활운동		1-2				
				배드민턴II		1-2	초경량항공기II		3-6				
				스포츠잠수II		1-2	해양수영		1-2				
				스노우보드		1-2	스포츠잠수III		1-2				
소계		5	5		15	13		15	15		11	9	88
합계		13	13		15	13		15	15		11	9	88

으로 아우르는 생활화의 수준에서 선호되고 있지만, 대학의 학문으로서는 스포츠잠수 등 개별 종목중심으로 일부 학점으로 취급되고 있는 등 전공학과 설치와 관련된 특성화된 단계까지는 발전하지 못한 상태였다. 게다가 이 분야 초보자교육 및 생활체육지도자 양성기능은 관련 전문단체가 자체적으로 운영하는 강사양성 교육시스템을 거의 완벽하게 갖추고 있기 때문에 군이 대학이 나서야 할 필요가 없다. 특히 뉴질랜드는 스포츠잠수의 경우, 정부가 승인한 '다이버 HQ'라는 교육단체를 통해 직업재교육 차원에서 교육비 전액을 국비에서 지원하고 있다. 또한 대학생의 경우 이곳에서 이수한 교육은 대학의 스포츠잠수 학점으로도 인정된다. 물론 이들 교육단체는 정부가 요구하는 제반 기준에 맞는 우수한 시설과 유

〈표. 10-3-2〉 C대학 교육과정(2018년 기준)

영역/구분	과목명	레저스포츠 전	레저스포츠 후	해양스포츠 전	해양스포츠 후	해양레저산업 전	해양레저산업 후	과목명	레저스포츠 전	레저스포츠 후	해양스포츠 전	해양스포츠 후	해양레저산업 전	해양레저산업 후
	레저해양스포츠학개론	2		2		2		레저해양스포츠지도론	2		2		1	
	유아체육론	1		2		2		운동생리학	2		2		1	
	레저해양영어I	1		2		1		인체해부학	2		2		1	
	수영	1		1		1		해양레저법론	1		2		2	
	딩기요트	1		1		1		수영II	1		2		1	
	수상스키 및 보드I	1		1		1		동력수상레저	1		2		2	
	스포츠잠수I	1		1		1		세일링요트	1		2		1	
	건강체력평가		2		2		1	특수잠수I	1		1		1	
	스포츠사회학		2		2		1	모험스포츠III	1		1		1	
	레저해양영어II		1		2		2	라켓스포츠I	1		1		1	
	퍼스널트레이닝I		1		1		1	오리엔티어링I	1		1		1	
	모험스포츠II		1		1		1	스포츠심리학		2		2		1
	윈드서핑		1		1		1	스포츠산업		2		2		1
	수상스키 및 보드II		1		1		1	스포츠안전관리		2		2		1
	스포츠잠수II		1		1		1	마리나관리론		·		1		2
								해양네비게이션		1		2		1
								퍼스널트레이닝II		1		1		1
								라켓스포츠II		1		1		1
								오리엔티어링II		1		1		1
								모험스포츠III		1		1		1
								특수잠수II		1		1		1
								패들스포츠		·		1		1
	소계	9	10	10	11	9	9	소계	14	12	18	15	13	12
	운동처방론	2		1		1		심폐체력검사	2		1		1	
	특수체육론	1		1		1		스포츠마케팅	2		1		1	
	운동역학	2		1		1		스포츠낚시	1		1		1	
	수상구조	1		1		1		해양레저현장실습I	·		2		·	
	골프I	1		1		1		마리나현장실습I	·		·		2	
	캠핑I	1		1		1		레저스포츠현장실습I	2		·		·	
	카이트서핑I	1		1		1		해양레저현장실습II	·			2		·
	동력수상레저지도실습	1		1		1		마리나현장실습II	·		·			2
	원양세일링I	1		1		1		레저스포츠현장실습II		2	·		·	
	산업잠수I	1		1		1								
	보트관리실습I	·		1		2								
	장비관리실습I	·		1		3								
	병태생리학		2		1		1							
	스포츠교육학		2		1		1							
	노인체육학		1		1		1							
	해양기상학		1		2		1							
	골프II		1		1		1							
	캠핑II		1		1		1							
	카이트서핑II		1		1		1							
	원양세일링II		1		1		1							
	산업잠수II		·		1		1							
	보트관리실습II		·		1		2							
	장비관리실습II				1		2							
	소계	12	10	12	12	15	13	소계	7	2	5	2	5	2

능한 강사진을 보유하고 있다고 평가되어야 활동할 수 있다. 그러나 국민소득 30,000달러인 우리나라는 아테네올림픽 9위를 할 정도로 스포츠강국인 것은 사실이지만 해양스포츠분야는 만족할 수준으로 크게 대중화되어 있지 못하다.

그렇지만 A대학은 지금보다 국가 사회적 인식이 더욱 결여되어 있었던 1996년에 해양스포츠학과를 설치한 이래, 현실이 논리를 압도하는 왜곡된 분위기 속에서도 그 나름 학문적 성과를 올려 왔다. 이는 비록 해양스포츠 후진국이지만 학문적 측면에서는 논문과 저서발간을 등을 통해 국제적으로 정보발신 기능을 훌륭히 발휘하고 있다는 뜻도 된다. 그렇기 때문에 C대학은 비록 이 분야 후발학과이지만, 그래도 선도학과가 시행착오를 겪었던 어려움은 또다시 반복하지 않아도 될 정도로 벤치마킹을 할 대상이라도 있는 상황이기 때문에 다행스럽다면 다행스런 입장에 있었다고 볼 수 있다.

말이 쉬워 벤치마킹이지 실제에 있어서는 한 걸음 한 걸음이 모두 모험일 수밖에 없는 상황에서 전임교수들이 겪어야 하는 어려움은 생각보다 많을 것이라고 생각된다. 특히 지금은 유명을 달리했지만 청소년교육단체인 한국해양소년단의 발족과 그 육성에 일생을 바친 '김현리'라는 분이 초창기에 겸임교수로서 잠깐 강의를 했기 때문에 사립대학에서, 그것도 충남의 변방에서 해양스포츠지도자를 큰 차질 없이 양성할 수 있는 토대를 구축할 수 있었지 않았을까 하고 미루어 짐작해 본다. 캠퍼스에서 대천해수욕장을 약 1시간 거리에 두고 있는 지리적 이점을 살려 서해지역 해양스포츠 대중화에 구심점 역할을 수행할 '해양스포츠교육원'을 운영하고 있다. 게다가 학교 인근에 항포구를 갖고 있기 때문에 지역의 해양스포츠 수요를 충족시킬 수도 있다.

2011년 C대학교 항공해양스포츠학과 전공 교육과정(학점별)은 일반체육 및 항공과목 76.5%, 해양스포츠 관련과목 23.5%이었고, 학과 통폐합으로 2018년 현재 3개의 전공분야(레저스포츠, 해양스포츠, 해양레저산업)로 통합학과 운영을 하고 있다. 전격 통합학과 운영시스템을 도입하는 등 고군분투하는 가운데 살아남기 위한 치열함이 느껴진다. 전공별 비중을 보면 레저스포츠전공은 일반체육 65.8%, 해양스포츠 과목의 비중은 34.2%로 구성되어 있고, 해양스포츠전공 일반체육은 48.2%, 해양스포츠 과목의 비중은 51.8%로 구성되어 전공별 특화가 잘되어 있고, 해양레저산업전공의 일반체육은 42.3%, 해양스포츠 과목의 비중은 57.7%로 구성되어 있다. 2011년 교육과정과 비교해 보면, 당초 23학점의 해양스포츠전공과목에 비해 레저스포츠전공 26학점, 해양스포츠전공 44학점, 해양레저산업전공 45학점 등으로 전공수업의 비중이 증가하였다. 결국 국내 첫 '해양스포츠교육원'을 운영하는 등 해양스포츠 전문 인력양성을 목적하는 학과의 특성을 잘 보여준다. 이는 특별히 현장교육에 밝은 함도웅 교수의 해양스포츠 활성화에 대한 강한 의지를 엿볼 수 있게 하는 대목이다.

2011년 당시 C대학교 항공해양스포츠학과 전공 교육과정(학점별)은 일반체육 및 항공과목 76.5%, 해양스포츠 관련과목 23.5%였고, 학과 통폐합으로 2018년 현재 3개의 전공분야(레저스포츠, 해양스포츠, 해양레저산업)로 학과 운영을 하고 있다. 전공별 비중을 보면 레저스포츠전공 일반체육과목은 65.8%,

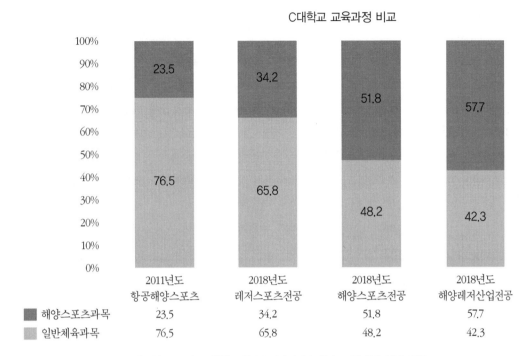

C대학교 교육과정 비교

	2011년도 항공해양스포츠	2018년도 레저스포츠전공	2018년도 해양스포츠전공	2018년도 해양레저산업전공
■ 해양스포츠과목	23.5	34.2	51.8	57.7
■ 일반체육과목	76.5	65.8	48.2	42.3

〈그림 10-3〉 C대학교의 2011년과 2018년 교육과정 전후 비교

해양스포츠 과목의 비중은 34.2%로 구성되어 있다. 해양스포츠전공 일반체육과목은 48.2%, 해양스포츠 과목의 비중은 51.8%로 구성되어 전공별 특화가 되어 있음을 보여 준다. 해양레저산업전공 일반체육과목은 42.3%, 해양스포츠 과목의 비중은 57.7%로 구성되어 있고, 2011년 교육과정과 비교해 보면, 23학점의 해양스포츠전공과목에 비해 레저스포츠전공 26학점, 해양스포츠전공 44학점, 해양레저산업전공 45학점으로 각각 전공 수업의 비중이 증가하였다. 이는 학내외의 급격한 환경변화로 학과통폐합을 할 수밖에 없었기 때문에 백화점식이라는 평가가 있을 수 있다. 그럼에도 해양스포츠 분야 인력양성에 매진하고자 하는 학과의 교육 방향만은 분명히 하고 있어 기대를 갖게 한다.

4) D대학

전남에 위치한 D대학 '해양레저스포츠학과'는 2005년에 일차 '해양레저장비학과'로 교육부로부터 정원 77명(수시2학기 1차 28명, 2차 25명, 정시 24명)명을 인가 받아 같은 해 10월~12월 중에 학생을 모집, 2006년 3월부터 신입생을 교육시킬 계획이었다. 2005년 11월 학과개설 당시의 전임교수는 6명이 소속되어 있지만, 학생을 교육할 '교육과정'은 2006년까지 밝혀진 것이 없었다. 특히 이 학과는 이후 '해양레저선박학과'로 변신을 하게 되고, 또 지금의 '해양레저스포츠학과'는 이 학과의 변신 이후에 신설하여

〈표 10-4-1〉 D대학 교육과정(2011년 기준)

학년	1학년		2학년		3학년		4학년	
구분	과목명		과목명		과목명		과목명	
	1학기	2학기	1학기	2학기	1학기	2학기	1학기	2학기
전공	체육사 수영I 세일링요트I 레저스포츠학개론	스포츠사회학 레저스포츠지도자론 세일링요트II 수영II 스키	체육원리 세일링요트III 스포츠관광론 수상스키 배드민턴 배구 수영II 래프팅	스포츠심리학 해양스포츠자원론 세일링요트IV 딩기 댄스스포츠 응급처치법 스노우보드	운동생리학 스포츠산업론 건강교육론 농구 패러글라이딩 스킨스쿠버	체육경영및행정 레크레이션 수상스키 레저보건학 승마 골프I	생체역학 체조 레저스포츠시설운영론 코칭론 볼링 해양조정	스포츠영양학 스포츠피싱 스포츠마사지 골프II 트레이닝방법론 체육학연구법

〈표 10-4-2〉 D대학 교육과정(2018년 현재)

구분	과목명 (1학년)	전	후	과목명 (2학년)	전	후	과목명 (3학년)	전	후	과목명 (4학년)	전	후
교양필수	자율세미나 안전수영 세계와 관광 자율세미나 대학생활과 레크레이션 교양스키	1-0-1 2-0-2 2-2-0	1-0-1 2-0-2 2-0-2	자율세미나III 자율세미나IV	1-0-1	1-0-1	자율세미나V 자율세미나VI	1-0-1	1-0-1	자율세미나VII 자율세미나VIII	1-0-1	1-0-1
소계		5	5		1	1		1	1		1	1
전공필수	스포츠사회학 관광사업개론 응급처치법 구조수영	3-3-0 2-2-0	2-0-2 2-0-2	스포츠교육학 스포츠마케팅	3-3-0	2-2-0				호텔경영실무		2-2-0
소계		5	4		3	5		0	0		0	2
전공선택	수상스키 윈드서핑 해양레저산업론 스포츠심리학 동계스포츠 딩기	2-0-2 2-0-2 2-2-0	3-3-0 2-0-2 2-0-2	체육사 스킨스쿠버 해양레저안전학 마리나운영관리론 세일링요트(기초) 레저보건학 스포츠잠수 세일링요트(심화) 수·해양레포츠장비개론	3-3-0 2-0-2 2-2-0 2-2-0 2-0-2	3-3-0 2-0-2 2-0-2 2-0-2	트레이닝방법론 동력수상레저기구운용 항해학총론 레저스포츠현장실무 크로스핏 전공영어 체육측정평가 배드민턴 레저스포츠시설운영론 아쿠아·플로팅	3-3-0 2-0-2 2-2-0 2-0-2 2-0-2	2-2-0 3-3-0 2-2-0 2-2-0 2-0-2	운동생리학 운동역학 Work shop 기초과정 운동해부학 Work shop 기초과정 스포츠과학연구법	3-3-0 3-3-0 2-0-2	3-3-0 3-3-0 2-0-2
소계		6	7		11	9		11	11		8	7
합계		16	16		15	15		12	12		9	10

2011년 현재 8년차를 맞고 있다.

특히 해양스포츠 활동에 절대 필요한 장비인 보트국산화에 얼마 전부터 대학의 조선관련 학과나 한국해양연구원, 그리고 중소조선연구원(RIMS)을 비롯하여 일부 보트생산업체 등에서 나선일은 있었지만, 대학에 해양레저장비학과가 설치되어 이 분야 인력양성에 본격 나서고 있는 사례는 국내에서는 처음이라는 점에서 큰 기대를 갖게 하고 있었다. 이는 해양스포츠 활동 보트들이 거의라 해도 좋을 만큼 고가의 외국산보트들이 국내시장을 점하고 있는 현실에서 해양스포츠 관련 유사학과에 의해서 보트가 대거 국산화된다면, 그만큼 해양스포츠 대중화를 앞당길 환경조성에 청신호가 되기 때문이다. 게다가 전라남도 서남권을 해양스포츠산업으로 육성하기 위해 해양스포츠산업 디자인혁신센터(DIC)와 중·소형보트산업 지역기술혁신센터(TIC)를 설립, 대학이 산학 연계의 중심이 되도록 박차를 가한 때가 있었지만, 지금의 활동은 종전에 비추어 의욕을 거의 상실하고 있는 것 같아 아쉬운 실정이다. 아무튼 학과의 명칭을 놓고 보면, 체육 분야의 장비에 불과한 보트를 선박개념에서 접근하고자 하는 측면은 이해하기 어렵긴 하지만, 장비국산화에 대한 사회적 기대가 높은 만큼 유사학과로서 그 나름 많은 발전 있기를 기대한다.

이런 굴곡진 과거를 딛고 출발하고 있는 '해양레저스포츠학과'는 서남해지역 해양스포츠산업 육성정책과 연계하여 이론과 실기를 습득케 하고 그에 따른 각종 자격증을 취득한 후 보다 진취적이고 안정된 직장을 갖도록 하는 데 교육의 목적을 두고 있다. 주5일 근무제, 소득증대, 여가욕구증대, 전국

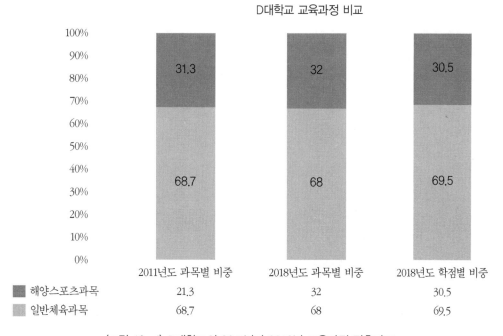

〈그림 10-4〉 D대학교의 2011년과 2018년 교육과정 전후비교

적도로망 확충 등 미래 사회에서 예상되는 여가시간의 증가로 바다를 친근한 휴식공간으로 활용하는 해양스포츠 활동인구가 증가하고 있고, 또 건강하고 행복한 삶을 추구하려는 국민적 인식이 높아가고 있기 때문에 이러한 시대적 요구에 부응한 해양스포츠 지도자 양성기관으로서, 서남해지역 해양스포츠(해양체육) 분야를 활기차게 열어갔으면 한다. 지금은 교명을 달리하고 있지만, 2011년 당시 D대의 해양레저스포츠학과 교육과정은 일반체육 68.7%, 해양스포츠관련과목 31.3%이었고, 2018년 현재 과목별 비중의 경우 일반체육은 68%, 해양스포츠의 비중은 32%로 구성되어 있다. 게다가 학점별 비중을 살펴보면, 일반체육은 69.5%, 해양스포츠과목의 비중은 30.5%로 구성되어 있다. 그렇지만 2011년 교육과정과 현재의 교육과정은 별 차이가 없다. 학점별 비중을 살펴보면 총 105학점 중 해양스포츠전공과목 32학점(이론 총 8시간, 실기 총 24시간)으로 나타났다. 특히 해양스포츠 특성화를 위해 '삼학마리나'를 위탁경영하는 가운데 현장실습에 역점을 두고 있다. 그러나 학과운영에 외부의 영향력이 적잖게 작용하는 현실을 보면서 학과를 이끌어 갈 전공교수의 채용이 걱정되고 있다.

6. 해양스포츠 및 유사학과 인력양성 실태분석과 발전방안 모색

1) 인력양성 실태분석

2018년 통계청 자료기준 국내 전체대학(산업대·전문대·교육대 포함 등) 384개교 가운데 4년제 대학이 해양스포츠분야 인력양성을 위해 해양스포츠학과를 비롯하여 유사학과인 해양체육과, 레저·해양스포츠학과와 해양레저학과, 해양레저관광학과 등을 운영하고 있는 곳은 총 5개 대학이 이 분야 인력양성에 나서고 있다. 6~7년 전에는 전문대학도 2곳이 있었으나 학생수급의 어려움으로 학과가 없어지는 경우도 있었다. 따라서 2011학년도에는 총 6개 대학에서 배출된 인력은 총 300여명 정도로 추산되었다. 반면에 2018년도 기준으로는 약 200여명으로 추산된다. 이는 전국 4년제 대학 체육계열학과(부) 입학정원 총 9,662명 중 고작 2.1%에 해당되고 있는 셈이 된다(교육통계연보, 2018).

한편 전국 국공립 및 사립 4년제 대학 총 189개교 가운데 체육계열학과(부)를 설치하고 있는 곳은 403학과로서 이들 중 63%가 수영을, 38%는 해양훈련(캠프)를 교육과정에 포함하고 있다. 그렇지만 스포츠잠수(스킨다이빙·스쿠버다이빙)를 비롯하여 윈드서핑 14.5%, 조정과 카누·카약은 3.6%, 요트 1.8% 등으로서 매우 낮은 강의 개설율을 보인다.

특히 수영을 제외한 나머지 해양스포츠종목들에 대한 강의 개설율이 저조한 이유는 다음의 세 가지다. 해양스포츠전공 교수요원 확보, 장비확충의 어려움, 그리고 새로운 분야에 대한 두려움 등이다.

한편 일본의 경우 2~3년제 전문학사 양성목적의 대학에 해양스포츠학과가 3개교 설치되어 있고, 유

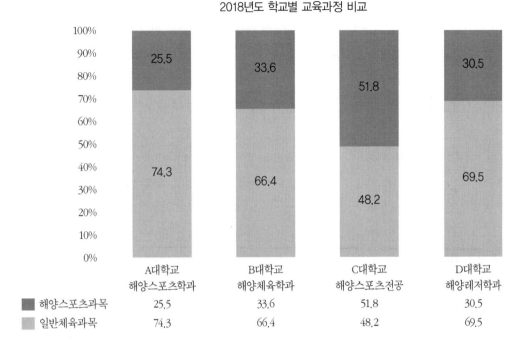

〈그림 10-3〉 C대학교의 2011년과 2018년 교육과정 전후비교

사학과는 18개교 정도 있다. 영국 본머츠대학교에는 '해양스포츠과학과'가 있고 이 학과에서는 주로 세일요트제작에 관련된 전문가를 양성하는 가운데 관련업체에 현장실습을 1년간 시킨다. 영국의 대학학제가 3년이라는 점을 감안하면 현장실습 1년은 그만큼 사회가 요구하는 인력양성에 교육의 방점을 두고 있다고 볼 때 그런 측면은 주목했으면 한다.

일반적으로 교육과정은 철학적·심리학적·사회학적 관점 및 영향에 따라 그 성격이나 운영 방식이 달라진다. 특히 대학의 교육과정은 그 학부나 학과의 전임교수들이 갖고 있는 교육적 관점을 비롯하여 전임교수들의 전공별 특성, 그리고 학교 밖의 사회적·환경적 변화에 대처할 수 있는 교육적 요구 등이 절충된 산물이라 볼 수 있다(김경숙, 1994). 인간은 살면서 행운만으로도 부족하고 능력만으로도 부족하다. 자기 자신을 끊임없이 변화시킬 줄 알아야 한다. 경영학에서도 변하지 않는 원칙이 있다면 '변화하지 않으면 안 된다'는 사실이다.

어느 대학의 경우, 세계 첫 해양스포츠분야 생활체육지도자 양성을 목적으로 학과를 설치하기는 했다. 그러나 지난 20여 년간의 교육과정개편 내용만 놓고 보면 뼛속 보이는 자기 성찰이 결여되어 왔음을 시사한다. 학과설치 당시 고령에다 사범계일반체육 전공자까지 다수를 점한 태생적 한계 때문이다. 후발학과도 시대를 관통하는 학과목을 다수 개설하고 있는 등 학과발전을 위한 벤치마킹과 치열한 자기반성이 있어왔다. 그럼에도 이들은 전임교수들 간 교육적 관점에 대한 극심한 편차를 보이고 있는 것을 비롯하여 전공별 특성의 상이함마저 덧씌워져 학교 밖의 급변하는 사회적·환경적 변화에 능동적으로 대처하지 못하고 학과설치 당시의 교과과정에서 계속 맴돌고 있는 양태를 보여 왔다. 또 다른 대학은 학생들의 학문적 갈증을 해소할 전공도서 자체계발은 지금껏 손 놓고 있는 상태다. 나머지 또 다른 대학은 해양스포츠전공교수를 초빙해 나가는 과정에 있기 때문에 앞으로 그들에 의해 더욱 바람직한 방향으로 교육과정이 일부 개편될 것으로 기대는 하고 있다. 이외에도 강원지역 국립K대 삼척캠퍼스의 레저스포츠학과에서는 2006년 '해양스포츠센터'를 운영할 해양스포츠전공교수를 1명 채용한 사실이 있다.

따라서 해양스포츠학이 체육학에서 분화한 분야로서 활기차게 뿌리를 내려가기 위해서는 연구자 양성을 비롯하여 해결해 나가야 할 과제가 비교적 많다고 봐야 한다. 그러나 학적 정립의 길에 국내외적으로 미말히 벤치마킹 될 데없도 없다. 그렇기 때문에 그 원리와 방법론은 체육학에 실을 눈시 않으면 안 된다. 게다가 나라의 체육행정을 주관하고 있는 문화체육관광부. 그리고 해양스포츠, 마리나, 스포츠형 해양관광 행정을 관장하는 해양수산부조차 해양스포츠나 마리나에 대한 개념이 흐릿한 실정이다. 특히 용어 사용의 난맥상 노출이 압권이다. 더군다나 해양스포츠학과를 비롯하여 유사학과를 운영하고 있는 대학이 단 4곳뿐인 상황에서 그 어느 분야보다 힘을 한 곳으로 모아 학적 발전에 박차를 가해야함에도 불구하고 연구자들 간 교육적 관점의 차이를 극복하지 못하고 이견을 보이고 있는 등 이래저래 우리나라 해양스포츠의 학적 정립은 물론 고품질 인력양성의 앞날에 걱정되는 일들이 적잖았다.

특히 제4차 산업혁명시대에 여가생활과 관련된 사회변동은 필연적으로 다양한 프로그램을 요구하는 등 해양스포츠학과 및 유사학과 설치대학에 대한 국가 사회적 기대도 클 수밖에 없다. 뿐만 아니라 체육강국에서 체육선진국으로의 발돋움을 위해서도 해양스포츠를 중심으로 시대를 앞서가는 고품질 교육에 적극 나서야 한다. 생활체육형 해양스포츠는 일과 운동을 병행한다는 점에서 사회적 기대가 높다. 게다가 인력의 국제이동시대, 세계와 나란히 가야할 우리나라의 해양스포츠 분야 인력양성을 위해서는 선진국 해양리조트업체들의 요구를 참고할 필요가 있다. '취업 절벽시대', 그 길만이 사회요구부합도를 높여 양질의 일자리를 안정적으로 확보할 수 있다. 2018년 기준, 전국의 해양스포츠 및 유사학과의 교육과정을 살펴보면, C대학의 레저해양스포츠학과 해양스포츠 전공의 비중이 51.8%로 타 대학에 비해 월등히 높은 비중을 나타내고 있어 고무적이다. 그 뒤를 이어 B대학 33.6%, D대학 30.5%, 그리고 세계 첫 해양스포츠학과를 설치했다는 A대학이 25.5%로 꼴찌였다. 창업에서 수성까지는 20년이나 걸렸지만, 망가지는 데는 불과 2~3년이었다.

특히 A대의 끝을 모르는 추락은 놀라움을 넘어 충격적이다. 학과설치 20여년을 통해 이 학과가 이룩한 업적은 크게 세 가지였다. 첫째, 전문 인력을 체계적으로 양성할 수 있는 교육시스템(학부·석사·박사)이 세계 첫 구축되었다. 둘째, 해양스포츠, 마리나, 스포츠형 해양관광에 이르기까지 전공교재가 이 기간에 계발된 가운데 모두 최초라는 타이틀을 달고 있기 때문에 전공자들이 반드시 읽어야 하는 유일한 전공서적들이다. 셋째, 국내 해양스포츠 분야 개척자 밑에서 해양스포츠 실기능력이 우수한 가운데 연구경력도 10여년 이상인 박사급 정예전공자가 6명 배출됐다. 더욱이 이런 강점을 갖고 있는 해양스포츠학과가 이 세상 어디에 또 존재하는지 묻고 싶다. 어쩌다 불과 2~3년 만에 학과 꼴을 이 지경까지 망쳐놓았는지 그저 한숨만 나온다. 태풍을 만나 침몰직전의 위기상황에 놓여 있다. 항해술 가운데 황천(荒天)항법이 있다. 악천후 속에서 항해하는 기술을 일컫는다. 태풍 속에 갇힌 배는 엔진이 꺼지는 순간 침몰한다고 한다. 특히 태풍 속에 휘말린 해양스포츠학과에 '해양스포츠과목' 일부 배제라는 엔진마저 꺼지면 백약이 무효다. 침몰이다.

2) 발전방안 모색

C대학을 젖혀두면, 나머지 대학들은 해양스포츠과목이 점차 감소하고 있는 특징을 보여주고 있기 때문에 기업들의 요구가 제대로 반영될 턱이 없다. 그렇다면, 일반체육 전공자로서 해양스포츠 실기 지도 가능자를 초빙하면 어떻게 될까. 결론은 지금보다 별반 달라질 것이 없다 이다. A·B·D대의 교육과정이 강력 시사하고 있는 바다. 생각 같아서는 1학년 교양지정과목에 '큰 바다'를 이해할 '해양학'을 반드시 지정하는 한 편으로 '조각 바다'에 적용할 동력 및 요트조종면허를 비롯하여 심폐소생술과 수상인명구조자격증(대한적십자사 발행) 취득을 졸업과 연계시켰으면 한다. 이런 자격증도 없는 학생이 어떻게 해양스포츠 및 유사학과 졸업생이라고 감히 말할 수 있을까. 무늬만 해양스포츠전공자이다. 같은 맥락에서 타 대학에서는 A대가 망가지기 전에 구축해 놓은 교육시스템을 적극 벤치마킹하여 사회요구부합도를 한층 높여 나갈 혁신교육과정을 운영해 보기를 권유하고 싶다. 마리나산업이 곧 활성화 된다.

다음은 사족(蛇足) 두 가지 중 첫째다. 나는 '일거리의 일거리'로서 앞에서 권유한 3개 자격증취득을 전공필수과목에서 학점에 반영하여 만족할만한 성과를 얻기도 했다. 물론 학생들을 잘 설득하는 가운데 일관성을 유지해야 성공률이 높다. 두 번째 사족이다. "교양인 양성을 목적하는 대학에서는 인성을 닦고 인품을 다듬어서 스스로 인간다움에 보람을 느낄 수 있도록 '책 따라 한평생'을 실천할 수 있도록 했으면 한다. 이래서 우리는 '책 따라 한평생'이 과장 아닌, 실제의 실속 차리는 가르침이고 잠언이라고 해도 좋을 것 같다. 잠언(箴言)의 '잠(箴)'은 대바늘이고 대나무 침이란 뜻이다. 그래서 잠언은 따가운 가르침, 매서운 질책의 한 마디라고 할 수 있다. 격언이라는 말과 막상막하의 뜻이다. 하지만 다같이 '책 따라 한평생'을 넌다고 해도 그저 관습으로 그럴 수는 없다. 절대로 못 그런다. 열성껏, 정성껏 하는 것이다. 다부지게 만사 젖혀놓고 오직 책만 읽자고 드는 것이다. 그리하면 '책 따라 한평생'을 잠언 삼아서 그것을 진짜로 실현하게 될 것이다. 그 말을 다그쳐서 마음에 새기기도 할 것이다(김열규, 앞의 책)." 한데, 전공 책도 구입 안 하는 요즘의 학생들에게 씨알이 먹히기나 할까. 그래도 지도하지 않으면 안 된다.

한편으로 일본의 해양스포츠 산업과 같이 글로벌화된 산업 아래서 양성된 고품질 인력은 일본 인력시장에서의 경쟁우위가 우리나라의 인력시장에도 중대한 영향을 미칠 수 있는 경쟁형태를 이미 띠고 있다. 야마하(YAMAHA)에 의한 보트산업의 경우, 자국에서 얻어 낸 경쟁우위 토대에다 전 세계 고객에 대한 서비스 제공능력과 세계적 브랜드명성까지 결합시킴으로써 우리나라의 보트시장에서 그 어느 브랜드보다 경쟁력이 높다. 무국경, 디지털 시대 인력시장도 마찬가지 논리가 적용된다고 믿는다. 일본 후쿠오카 서남쪽 바닷가에 위치한 국립가노야체육대학 해양스포츠센터(센터장 : 코이치 키아시 교수)가 발표한 "해양스포츠지도자 양성교육의 실태와 취업상황에 관한 연구(1998)"에 의하면, 기업들(해양리조트)의 취업 조건 요구 사항은 심폐소생술과 수상인명구조자격증, 스포츠잠수 강사자격증, 1급 소형선박조종면허 소지는 말할 것도 없고 심지어 고압가스취급책임자격증, 포크리프트기능강습수료증, 스트래들 케리어(straddle carrier : 보트상하이동 시설)/리프트 자격증, 외국인과 언어소통에 불편함이 없는 영어회화 능력, 바다배낚시 지식, 사무용기기(PC)의 습득도, 스키강사자격증 소지자 등이다.

결국 590여개 소의 각종 마리나를 확보하고 있는 일본의 해양스포츠산업 관련기업들은 해양스포츠가 계절성과 불황기에 많은 영향을 받고 있다는 측면을 고려하여 효율적인 인력관리를 위해 현장의 수준 높은 실기지도능력 소유자뿐만 아니라 관련분야 영업과 세일즈 등 휴먼 커뮤니케이션 기능까지도 다양하게 요구함으로서 자기분야는 물론 인접분야까지 다양한 능력을 갖춘 멀티플레이어 차원의 고품질 인력양성을 요구하고 있다. 이런 요구는 국내 마리나 분야나 해양리조트업체도 별반 다르지 않을 것으로 전망된다. 자기 통제가 쉬운 사람은 결코 없다. 쉽고 편한 길을 가고 싶은 것은 인지상정이다. 그렇지만 안일과 눈앞의 자신의 입장만 고집해서는 결코 전임교수로서 학과의 특성화 지향을 통한 경쟁사회 사회 요구부합도에 충실하기 어렵다. 그 어떤 분야도 처음부터 전공자가 있는 것은 아니다. 더욱이 개척 분야인 해양스포츠학은 더욱 그렇다. 처음에는 국내 선도학과에서 계발된 전공교재를 사용하는 가운데 위험요소를 최대한 줄여나가야 한다. 물론 모방하는 태도 그 자체는 조금도 나무랄 게 없다. 그것을 통해 자기논리를 다듬어 나갈 수 있기 때문이다. 다만, 처음부터 가짜가 진짜처럼 행세하는 것이 문제일 뿐이다.

교육적 관점의 차이 극복을 비롯하여 위인설관 식 교과목 개설 병폐 해소에 우리나라 해양스포츠 발전의 지름길이 있다. 게다가 아예 깜냥이 되지 못하면서도 과욕에 불타거나, 또는 원천기술조차 없는 상태에서 위계질서를 무너뜨리는 경쟁은 너도 나도, 학과도 분야도 함께 죽자는 자살행위다. 사례를 보면, 분탕질을 일삼은 자신이 정작 남보다 먼저 망가지는 경우가 많았다.

따라서 심리학에 '샤덴프로이데(Shadenfreude)'라는 독일용어가 있다. 즉 타인의 불행에서 기쁨을 느낀다는 뜻이다. 금기(禁忌)다. 선의의 경쟁과 위계질서 존중, 함께 살아가는 유일한 공존의 법칙이다. 연구경력이 10년 미만인 전공자는 곁에서 벼락을 쳐도, 심지어 지진이 일어나도 개의치 말고 오로지 수도(修道)하는 마음가짐으로 깨달음에만 정진하여야 한다. 특히 대중이 공감을 할 메시지도 연구되어 있지 않은 맹탕인 상태에서 나서기를 좋아하는 등 건방 떨다 스스로 망가지는 경우가 많았다. 교수를 포함하는 전문직은 집중과 내공을 중심으로 자기관리에 철저해야 하는 직업 중 대표의 위치에 있다. 물론 최고 수준의 전문성이 노력만으로 이뤄지는 것은 아닐지라도 노력의 양과 성취의 정도는 비례한다고 믿고 있다. 더욱이 명가의 보검도 칼집에 있을 때 위엄이 느껴진다. 함부로 뽑으면 부엌칼만도 못한 대접을 받는다. 얌전히 있지 못하고 나부대다 '명예'나 '권위' 중 어느 한쪽만 잃어도 교수는 그 즉시 투명인간으로 취급당한다. 집중력과 내공은 물론 실력과 덕망과 자기관리에 철저한 열정적인 전공자들이 많이 활동하기를 바란다. 마음으로 간절히 원하고 노력하면 비록 적중하지는 못해도 크게 벗어나지는 않는다.

제11장

해양스포츠지도자의 기능 · 자질 · 역할 및 진로

1. 해양스포츠지도자의 기능

생활체육형해양스포츠(생활체육형·해양레크리에이션 및 해양리크리에이션형)는 시민의 자발적인 참여를 전제로 이뤄지는 생활체육활동으로 시민 모두가 '내가 나에게 주는 휴가의 콘텐츠'인 생활체육 중심의 틈새생활의 영위를 위하여 구성되는 신체적인 모든 활동이 중심이 된다. 따라서 해양스포츠는 일상생활의 일부분으로서 학교체육교육형 및 스포츠형 해양스포츠 활동을 제외한 모든 시민의 건강과 삶의 질적 향상을 위해서 전개되는 신체활동, 즉 일상생활에서 행해지는 모든 시민의 자발적인 해양스포츠 활동을 의미하는 것으로 해양스포츠 활동을 통해 건강과 체력의 유지 및 증진, 삶의 질적 향상, 여가(틈새)선용 등을 목적으로 하는 활동이다.

해양스포츠가 대중화되기 위해서는 사회적 환경(프로그램, 지도자, 안전법률, 조직, 시장성, 보트국산화, 육성정책 등), 자연적 환경(바다, 강, 호소, 운하, 수질, 기후, 바다환경 등), 수정된 환경(해양스포츠단지(마리나), 보트계류장, 다기능어항 및 어촌 마리나역, 실내 오션돔 등)이 각각 조성되어야 한다(지삼업, 2006a). 생활체육이 갖는 기능을 고려할 때 생활체육 현장에서 갖는 해양스포츠지도자의 필요성과 중요성은 중대한 의미를 지닌다. 그 이유는 지도자의 능력에 따라 집단이나 사회의 발전이 활성화되기도 하고, 침체되기도 하며 또 집단이 완전히 해체되는 위기까지도 맞을 수 있는 등 시설과 프로그램을 직접 운영하는 주체이기 때문이다. 따라서 해양스포츠지도자는 '해양스포츠 문화'를 선도하고 보급하는 주체로서 해양스포츠에 대한 시민의식을 긍정적인 방향으로 심화시킬 수 있도록 지도하여 시민들이 해양스포츠 활동에 쉽게 참여할 여건을 만들어 주는 중간매개자 기능을 담당하는 사람이라고 할 수 있다. 즉 '해양스포츠지도자'는 보다 많은 사람들이 해양스포츠 활동에 참여할 수 있도록 노력하는 사람일뿐만 아니라 해양스포츠 활동에 적극 참여할 수 있도록 동기를 부여하고 촉진하는 가운데 다양한 운동방법을 습득시켜주는 디자이너이기도 하다.

2. 해양스포츠지도자의 자질

서로 다른 가치관을 지닌 해양스포츠 참가자에게 해양스포츠 활동을 매개(媒介)로 건강에 대한 관심과 욕구를 충족시키고 건전한 해양스포츠가 정착화, 활성화되어 발전하기 위해서는 우선 어떠한 해양스포츠 지도자상(象)이 정립되어야할 것인가에 대한 궁금증이 발동할 수밖에 없다.

해양스포츠학과 출신자, 1·2급 경기지도자자격증 및 3급생활체육지도자자격증 소지 등 해양스포츠지도자로서 소정의 교육을 받았거나 또는 해양스포츠경험 및 연구경력, 각종 해양스포츠 및 스포츠잠수(스킨·스쿠버다이빙) 지도, 해양스포츠 진흥에 열의와 의욕이 있는 사람은 누구나 지도자가 될 수 있다. 그러나 해양스포츠에 대한 지도는 개인적인 활동인 동시에 사회적인 영역이기 때문에 이에 대한 합당한 조건과 자질(소양)을 갖추어야 한다는 사회적인 요구가 강한 추세에 있다. 실제로 사회적인 강한 요구는 '수상레저안전법'이나 '수중레저안전 및 활성화법'이 제정되는 배경으로 작용한 것이 사실이다.

또한 생활체육으로서의 해양스포츠는 해양스포츠지도자에 의하여 실현되고 그 효율성이 증대된다고 볼 때, 해양스포츠지도자의 자질은 곧 국가가 추구하고 있는 복지사회구현에 따른 국민 실질적 삶의 질 향상과 직결된다고 할 수 있다. 이러한 측면에서 해양스포츠 활동을 어떻게 구체화할 것인가는 해양스포츠 활동 주체인 해양스포츠지도자의 자질여하에 달려 있다. 그리고 해양스포츠 활동을 효과적으로 수행할 수 있는 〈표 11-1〉과 같은 현장직원의 자질은 궁극적으로 생활체육으로서의 해양스포츠의 목적 및 목표를 달성하는데 필수 불가결한 요소라 할 수 있을 것이다.

해양스포츠지도자는 해양스포츠문화를 선도하고 보급하는 주체로서 운동기능만 전수하는 단순한 역할이 아니라 사회적, 문화적으로 인격을 고양하며 해양스포츠 참가자로 하여금 교양과 높은 품격, 전문적 기술과 지도능력, 즉 인격(사회적, 문화적), 교양, 품격, 지도능력(전문적 기술, 안전지식), 뚜렷한 해양스포츠관과 사명감, 전문적 지식, 해양스포츠지도 테크닉, 해양스포츠지도력, 특히 정박되어 있는 요트를 통한 이색숙박업인 '요트텔업'과 같은 벤처사업으로서의 해양스포츠기획 및 경영능력, 인격적 요소, 간결한 표현력 및 문장력, 교양 및 휴먼커뮤니케이션 요소 등도 겸비하여야 한다.

한편으로 생활체육지도자 실태조사에서 생활체육참가자의 수준과 기대에 따라 다양하게 나타난 조사를 통하여 드러난 생활체육참가자가 바라는 지도자상은 인격형성이나 교육적 측면을 강조하는 인간주의자(47.9%)가 가장 선호되었다. 이어 팀웍이나 협력을 중시하는 지도자(19.0%), 기술과 과학성을 중시하는 지도자(18.5%), 인내와 근성을 강조하는 정신주의자(14.6%)의 순으로 나타난 것과 같이 생활체육참가자들은 자신의 체력관리나 건강증진, 여가선용을 위해 체육활동에 참가하며 인간적이고 교육적인 지도를 받기를 원하고 있는 것으로 나타났다(김영명, 1994). 물론 해양스포츠지도자상에 대한 기초연구는 지금껏 없다. 그런 가운데서도 이태식·지삼업(2002)의 '지체 장애인의 해양스포츠 참여 실태연구' 중 지도자의 책무에 관한 설문 항목을 참고해 보면 안전지도 49.4%, 기술지도 22.0%, 건강지도 14.6%, 동기유발 9.6%, 시설관리 4.3% 순(順)이었다(이태식·지삼업, 2002).

⟨표 11-1⟩ 해양스포츠지도자의 자질

구 분	자 질
지적 요소	해박한 지식(일반적, 전문적), 교육적 소양, 지능, 매우 가변적인 바다환경에 따른 위험에 대처할 신속한 판단력, 간결한 표현력 및 문장력, 휴먼커뮤니케이션(영업·사무), 어촌 마리나 역 개념을 포함하는 마리나와 해양리조트 개발과 운영, 그리고 이들 시설의 관리에 대한 이해력 등
신 체 적 요소	건강(신체적, 정신적), 강인한 체력, 매력적인 용모와 음성 등
성 격 적 요소	쾌활, 관용, 정서적 안정, 관심과 애정, 정열과 열성, 유머와 센스 등
사 회 적 요소	흥미, 협동성, 사명감, 지도성, 시민적 자질, 사회에 대한 관심 등
도 덕 적 요소	용기, 단정한 용모(※ 문신은 혐오감), 정의감, 예의, 봉사와 희생정신 등
기 능 적 요소	해양스포츠지도 테크닉, 탁월한 지도력(1급동력조종면허 및 요트면허, 심폐소생술 및 수상인명구조 자격증–대한적십자사 발행–, PADI 등 총 33개 단체 발행 스포츠잠수 강사자격증), 업체 및 단체운영과 관련된 기획 및 마케팅능력, 수상인명구조 실전능력, 포크리프트/스트래들 캐리어 자격증, 고압가스취급기사 자격증, 보트엔진수리(보트엔진구조학) 능력 등

출처 : 지삼업(2011a). 해양스포츠론. 대경북스(서울). 163. 2019년 6월 일부 재구성.

게다가 대략 15년간의 현장 경험칙으로 볼 때, 해양스포츠 참가자들이 원하는 지도자상 역시 일반 생활체육참가자들이 원하는 지도자상과 총론에서는 별반 다르지 않을 것으로 생각되지만, 실제는 전혀 그렇지 않다. 해양스포츠의 활동 장(場)이 바다, 강, 호소 등 물이라는 점에서 그 어떤 자질보다 매우 가혹한 바다환경과 관련된 각종 위험요소에 대처할 고도의 판단력이 특별히 요구되기 때문이다. 물론 고도의 판단력은 최소 10년 이상의 현장경험에서 나온다. 그런 이유로 현장근무자는 반드시 정규직 팀장급은 되어야 한다. 특히 인건비 절감을 위해 아르바이트를 투입하는 일은 절대 금해야 할 일이다.

게다가 "서쪽 하늘에 적활운(赤活雲)이 나타나면 돌풍이 온다.", "동절기에 따뜻한 날 바람이 거의 없으면 돌풍이 온다.", "동쪽 하늘의 무지개는 비가 된다." 등 기상청에서 제공하는 일기예보의 범위에는 포함되어 있지 않은 좁은 지역의 국지적 일기 변화를 비롯하여 돌풍 징후에 따른 신속한 안전조치, 그리고 수상인명구조능력 등 기본적인 지도자상은 희생정신으로 무장된 인간주의자인 가운데 안전능력까지 겸비한 지도자상을 원할 수밖에 없다고 생각된다. 국지적인 일기 변화는 활동지역 어촌계장에게, 혹은 고령 탓으로 이젠 조업에는 직접 나서지는 않는 은퇴어부에게 자문을 받는 것이 바람직하다.

3. 해양스포츠지도자의 역할

체육사회학연구회(1994)의 자료를 참고해 보면, 해양스포츠지도자의 역할은 첫째, 집단에 대한 운동지도로 해양스포츠 활동에 필요한 능력과 자질을 갖춘 지도자가 운동의 기술, 지식과 매너 등을 가르치는 것에 의미가 있고, 둘째 해양스포츠 집단이 그들의 목적과 목표를 달성하기 위하여 필요한 마리나, 보트계류장 및 장비(보트)확보 등 기초적인 조건을 정비하는 것뿐만 아니라 안전한 해양스포츠 활동이 전개되도록 하기 위한 현장관리자의 입장이 특별히 강화되어야 한다고 볼 수 있다.

〈표 11-2〉 해양스포츠지도자의 역할

구 분	역할내용
지역주민과의 관계	소득계층별 초보자강습회, 해양스포츠단체 및 운영의 경영·관리, 전국 및 지역단위 각종 해양스포츠대회 개최 및 바다·호소(湖沼)축제의 지도·운영, 해양스포츠 동호인회 운영, 조직화, 해양스포츠 강습회 정보제공 및 홍보활동 등
시설과의 관계	마리나, 보트계류장(간이보트계류장), 다기능어항 및 어촌 마리나 역 등 해양스포츠시설의 확보/관리/운영, 사용상황의 적절한 조정, 시설이용 및 장비대여 조건의 편리제공 등
프로그램과의 관계	모든 계층이 자기 수준에서 부담 없이 참여할 수 있는 다양한 맞춤해양스포츠 프로그램의 기획/입안/현장안전 확보 등
해양스포츠 조직과의 관계	해양스포츠 활동을 통한 주민의 요구와 문제해결을 위한 적극적인 의견수렴, 행정기관과 해양스포츠 단체, 그리고 지역장애인단체가 주관하는 '해양래프팅대회 등 각종 대회 및 지역축제에 적극 참여를 통한 협력 등

출처 : 지삼업(2011a). 앞의 책. 164.

지역사회에 있어서 해양스포츠지도자의 본질적인 역할은 앞의 〈표 11-2〉와 같이 해양스포츠 활동에 참가하여 운동효과를 극대화시키고 활동의 합리성을 제고하는데 있기 때문에 연령별, 성별에 따른 지도방법, 그리고 소득계층에 따른 다양한 맞춤프로그램이 계발되어야 한다.

4. 해양스포츠 전공자의 진로

해양스포츠학과 및 유사학과를 졸업하고 참여할 수 있는 분야를 비롯하여 각종 실기종목을 더욱 심화·발전시켜 인접 산업분야에 진출할 수 있는 직종은 〈표 11-3〉과 같다(지삼업, 앞의 책).

물론 이러한 분야들이 모두 해양스포츠전공을 한 사람들을 환영한다고는 볼 수 없지만, 그래도 취업이 가능한 분야라고 생각하고 있다. 우리나라는 2017년 기준, 크고 작은 규모의 마리나가 개발된 곳은 총 34개소가 있지만, 해양스포츠산업은 초기단계에 머물러 있다. 그렇지만 미국, 영국, 프랑스, 호주, 일본 등 선진국의 사례를 참고해 보면, 해양스포츠 중심의 해양체험관광이 선호되고 있고, 해양리조트 개발도 활발하는 등 기회의 분야인 것만은 분명하기 때문에 1인당 국민소득 3만 달러를 넘어 4만 달러를 향하는 과정 속에서 해양스포츠산업은 성장단계, 도약단계를 비롯하여 최종 성숙단계까지 발전함으로써 이 분야 전공자들의 일자리 창출은 대단히 많아질 것으로 전망되고 있다.

게다가 정부 역시 2009년 12월에 '마리나 법'을 마련하는 가운데 2019년까지 연차적으로 속속 마리나를 개발해 나갈 계획으로 있기 때문에 결국 2019년쯤에는 총 60여개소의 마리나에 선석도 4000석 확보된다. 비록 지금은 앞이 잘 보이지 않는 상태이지만, 앞으로 일자리 창출은 마리나 개발 숫자만큼 증가한다고 보면 틀림없다. 300척 규모의 마리나에 필요한 인력은 현장 및 관리 분야에 걸쳐 약 20~25명 내외이다(지삼업, 2008b).

뿐만 아니라 인적자원의 국제이동이 활성화되는 글로벌시대에 따른 해외 고용기회 확대도 예상할 수 있다. 예컨대 최근 우리나라 관광객들에게 선호되고 있는 필리핀, 괌, 태국, 뉴질랜드 등의 해양리조트 호텔 수중체험 가이드 및 각종 해양스포츠지도강사로 해외진출이 가능한 분야라고 꼽을 수 있다. 한양순

〈표 11-3〉 해양스포츠 전공자의 진로방향

분 야	내 용
건 강	수상인명구조원, 수상레크리에이션 지도자, 지체장애자지도자, 각종 해양스포츠선수 트레이너. 스포츠잠수(스킨·스쿠버다이빙) 강사. 동력 및 요트조종면허시험장 강사 등
해양스포츠/대중매체	부산 국제신문 박수현부장과 같은 수중 사진작가 및 각 언론사 영상부 기자, 해양스포츠 잡지기자, 해양스포츠 저널리스트, 해양스포츠 통계학자 등
해양스포츠 관리	해양스포츠선수 지도자, 해양스포츠선수 관리자, 각 행정기관 지도선(指導船)운영 공무원, 해양스포츠 관계기관 관리자(Y.M.C.A, Y.W.C.A 등), 마리나 경영자 및 시설관리자, 중고등학교 및 해양관광고등학교 체육교사, 해양스포츠학과 및 유사학과 교수, 보트관리자, 해양스포츠이벤트사, 해양스포츠 교습 및 장비대여업체 강사, 해양리조트 강사 및 사무직원, 해양래프팅 및 해양카약 현장 안전관리자 등
해양스포츠마케팅	각종 해양스포츠 장비 및 용품 판매자, 각종 해양스포츠 의류 판매자. 중고보트시장 소개업 등
각종 해양스포츠 활동 지도자	청소년수련원 해양스포츠지도자, 해양캠프 지도자, 해양스포츠 동호인회 코치, 각 구청 생활체육협의회 해양스포츠지도자, 해양스포츠체험 여행 및 수중가이드, 해양리조트 강사, 스포츠잠수 강사, 지역소방본부 119시민수상구조대원 등
해양스포츠 경영자	스포츠잠수 경영자, 해양리조트 경영자, 체육회(대한체육회·시도체육회)사무원, 마리나·보트계류장·어촌 마리나 역 시설관리자, 해양스포츠 교습 및 장비대여업체 경영자, 강(江) 크루저 경영자, 요트텔 및 해변주택임대 벤처사업자 등
* 인접 산업분야	수중영화·영상촬영기사, 각종(참치·고등어 등) 수산양식장 수중관리사, 대형수족관관리사, 보험관련 수중손해사정사, 산업잠수사(ADAS), 해안·해양·항만분야 수중감리사, 보트조선(造船)설계사, 엔진 및 선체수리사 등

출처 : 지삼업(2011a). 앞의 책. 165. 2019년 6월 일부 재구성.

과 오준석(1991)은 생활(사회)체육과 졸업자들의 활동영역을 ① 생활(사회)체육지도자, ② 생활(사회)체육행정가, ③ 산업 경영·관리, 프로그램기획가, ④ 신체운동요법 지도자, ⑤ 체육관계 매스컴종사자, ⑥ 연구원 등으로 분류하고 있다. 그러나 필자는 해양스포츠학과 및 유사학과가 해양스포츠(해양체육)분야 생활(사회)체육지도자를 양성하는 것을 목적으로 교육하고 있는 것은 사실이지만 그 특성과 최악의 청년실업난, 그리고 인력의 국제이동시대 등을 고려하여 해양스포츠전공자들의 진로 방향을 〈표 11-3〉과 같이 구체적으로 예시하였다.

해양스포츠학과 및 유사학과 학생들이 앞으로 사회에 진출해야 할 방향은 실기 분야에서 국내외적으로 활약하는 것도 중요하나 행정이나 경영, 특히 산업잠수사(ADAS ; 호주·뉴질랜드·영국정부 공통인정), 보트관리(엔진 및 선체수리)사, 수중영화·영상촬영기사 및 각 언론사 수중전문영상 기자, 보험관련 수중손해사정사, 보트조선(造船)설계사 등 인접 산업분야 틈새공략에도 적극 나서야 한다는 생각이다. 특히 〈그림 11-1〉과 같은 국제교육시스템도 있기 때문에 이 시스템의 국내 접목을 통한 취업 창출도 적극 모색해 볼 수 있다는 생각이다.

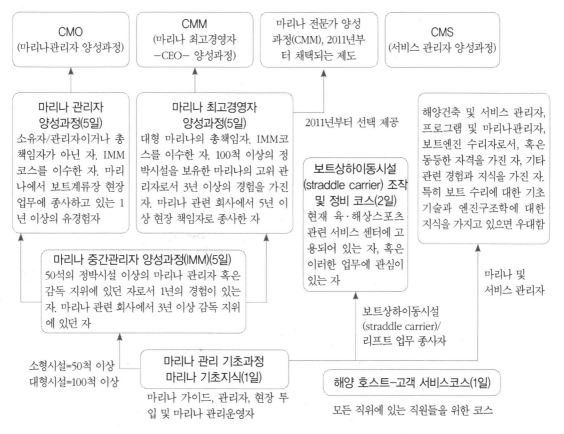

〈그림 11-1〉 2011년 기준, 호주마리나산업협회(MIAA)가 운영하고 있는 각종 교육사업
출처 : 지삼업(2013a). 마리나 관리 및 운영론. 대경북스(서울). 227.

현재 우리나라에서는 2011년 7월부터 시행된 주 5일 근무제 정착과 2018년 7월 1일부터 300인 이상 사업장부터 본격 시행에 들어간 주 52시간 근무제까지 도입됨에 따라 국민들의 삶의 질적 향상에 대한 기대가 높아지면서 정부의 체육정책 역시 엘리트 체육위주의 스포츠(체육)에서 대중을 위한 생활스포츠로 무게가 이동되었고, 이와 더불어 공공생활체육시설, 비영리생활체육시설, 상업생활체육시설, 직장 체육시설 등 여러 체육시설이 출현하고 있다. 이런 시설에서도 일부 해양스포츠지도자를 요구하고 있다. 게다가 주 5일 근무제 완전정착과 함께 주 52시간 근무제도 점차 전사업장으로 확대될 예정이기 때문에 보트계류장 및 해양스포츠단지(마리나) 개발이 활발할 것으로 전망되고 있는 가운데 30만 어민의 생활 환경을 개선할 목적으로 개발되고 있는 부산 대변항 등 6개 다기능어항, 그리고 가족 및 동호인 단위 세일크루저요트와 모터요트가 잠시 쉬어가거나 혹은 고장수리를 비롯하여 부족한 물과 식량, 유류 등에 걸쳐 물자보급 기능을 할 '어촌 마리나 역(驛)'도 속속 선보일 예정으로 있다. 2019년 기준, 울진 오산항 과 부안 격포항은 이미 개발이 완료되었고, 추진 중인 곳은 울릉 저동항을 포함 5곳이다. 앞으로 개발될 예정인 곳은 9곳이다. 결국 어촌 마리나 역은 머잖아 총 16개소가 확보될 것이기 때문에 이 시설관리를 위한 일자리도 다수 창출될 전망이다. 게다가 어촌 마리나 역이 활성화되면 그 뒤를 이어 '보트랜탈업'도 속속 나타날 것으로 보고 있다. 물론 확실한 아이템이라고 생각되지만, 가까운 장래의 얘기이기 때문에 현재로서는 담방 피부에 와 닿지는 않을 듯하다.

해양스포츠행정가는 정부와 정부지원조직 및 단체에서 한국의 해양스포츠발전을 위하여 정책을 입안, 수립해 가는 사람을 지칭한다. 여기에 해당되는 조직이나 단체로는 해양수산부 해양레저관광과, 해양정책과, 항만재개발과를 비롯하여 문화체육관광부 체육국 스포츠산업과, 시·도의 체육진흥과 및 해양 정책과, 체육회, 대한체육회, 각 종목별 경기단체, 국민체육진흥공단, 그리고 앞으로 지방자치시설과 함께 하위 행정단위까지 확대되어갈 시·군·읍·면·동의 건전생활체육부서 등이 있다. 실제로 부산시, 포항시, 경남도에는 해양스포츠전문가를 계약직으로 공채하기도 했다. 또한 여름철 각 해수욕장 '119시민수상구조대' 운영을 위한 지역소방본부특채도 생각해 볼 수 있다.

그러나 현재 우리나라의 생활체육 행정부서에서 일하고 있는 행정지도자의 대다수가 체육을 전공하지 않고, 체육과 관련 없는 일반학문을 전공한 행정가들이 대부분 자리를 차지하고 있다. 그런 탓으로 생활체육을 비롯하여 해양스포츠의 진흥과 발전을 위한 신념과 적극성, 그리고 전문성이 결여되어 있는 등 부정적인 문제점이 존재하고 있다. 심지어 '체육계는 언제나 시끄럽다', 또는 '체육인은 행정력이 없다'는 등 이유 같지 않은 이유를 내세워 엘리트체육 및 생활체육행정을 관장하는 체육회사무처장과 사무차장 및 본부장 직을 일부 시·도는 현직 행정공무원으로 보(輔)하고 있는 곳도 있을 정도다.

오늘날 우리나라에서 시끄럽고, 또 행정력 결여로 치자면 꼭 체육계만 그런 것은 아닐 것이다. 그럼에도 왜 체육계만 유별나게 행정가가 나서고 있는지 이해할 수 없다는 반응들이다. 모르긴 해도 그 속사정은 공무원의 정년은 보장해 줘야 하고, 그러나 본청에는 마땅한 자리가 없기 때문에 체육회보직을 희생양으로 삼았다고 보는 것이 보다 타당한 이해가 아닐까 싶다. 최소한 밥(혜택)은 주지 못할망정 쪽박(체육인의 자존심 훼손)은 깨지 말아야 하는 것 아닌가. 선출직 시장과 군수들이 유념했으면 한다.

경영·관리, 프로그램기획가는 경제적인 풍요와 더불어 보트계류장과 마리나 및 해양스포츠단지, 그리고 다기능어항과 어촌 마리나 역 시설은 증가하고 있으며 해양스포츠산업 또한 오늘날 각광받는 산업으로 주목받고 있다. 이러한 시설에서는 지도자들에 대한 요구뿐만이 아니라 시설을 경영·관리하고 프로그램을 체계적으로 계획하며 지도해 나갈 마리나관리 전문요원을 필요로 하고 있다. 사회요구에 부합되도록 인력을 양성해온 해양스포츠학과 출신들은 이러한 분야로 진출할 수 있다.

신체운동요법 지도자는 우리 사회에서 일상생활을 하는데 지장을 갖고 생활하는 지체장애자들이 많이 있다. 그 중에서도 지체장애자들에게 있어서 해양스포츠와 같은 생활체육은 재활(rehabilitation)교육에서 없어서는 안 되는 하나의 프로그램으로 인식할 필요가 있다. 선천적으로 또는 후천적으로 장애를 갖게 된 사람들은 장애를 갖지 않은 사람들과는 다르게 인체 기능의 약화나 결함을 갖게 되는데, 일상생활을 영위하기 위해서는 남아 있는 기능을 발달시켜 정상이나 정상기능에 가깝도록 기능을 회복시키든지, 또는 정신적 스트레스 해소 수단으로서도 해양래프팅, 해양카약, 해양카누와 같은 해양스포츠 프로그램이 매우 효과적이다. 실제로 부산바다축제 장애자 해양래프팅대회에 20년째 계속참가하고 있는 장애자들은 의족이 일부 망가져도 얼굴에 웃음을 잃지 않는 가운데 이런 프로그램이 더 많이 제공될 수 있도록 적극 앞장서 줄 것을 필자에게 주문하고 있을 정도다. 이와 관련하여 이태식·지삼업(2002)은 해양래프팅, 해양카약, 해양카누, 해양레크리에이션 등을 통하여 신체적·정신적·사회적 재활을 도모할 수 있도록 신체운동요법사로서의 해양스포츠전문가를 양성하여야 할 때가 되었다고 주장하여 주목을 받은바 있다. 한 편으로 대중매체가 우리에게 주는 영향은 매우 크다. 국내 유일의 수중영상전문가인 국제신문 박수현부장과 같은 스포츠잠수 또는 해양스포츠 전공자들이 이 분야에 종사한다면 좀 더 전문성이 확보되리라고 본다.

특히 2019년 3월 현재 스포츠 복지 시대를 맞아 국내에서는 국가 및 지방자치단체가 해양스포츠를 포함하는 체육지도자들의 정보를 집약하는 '애플리케이션'을 개발하는 것이 바람직하지 않을까 싶다. 영국의 경우 체육지도자들을 풀(pool)을 구축해 놓고 이를 토대로 스포츠클럽 지도자를 클럽과 매칭 시켜주는 시스템을 갖추고 있다. 간단히 스마트폰을 통해서 누구나 지도자 등록이 가능하다. 이미 국내는 체육지도자 자격증을 취득한 이가 무려 20만 명을 웃돌고 있는 상황이지만 운동을 배우고자 하는 사람들은 정작 자신에게 적합한 지도자가 어디에 있는지 아무도 모른다는 것이다. 이러한 애플리케이션을 통한 지도자와 피학습자 간의 원활한 매칭은 생활체육의 발전에만 기여하는 것이 아니라 체육지도자들로 하여금 다양한 루트를 통한 일자리 찾기가 가능하기 때문에 체육지도자의 복지 및 처우 개선에 상당한 도움을 줄 수 있다(김준, 2018). 해양스포츠분야 역시 마찬가지다.

아무튼 우리나라에서 사용되고 있는 직업분류방법에서 산업분류는 제조업을 중심으로 농업, 수산업, 임업 및 어업과 광업 등을 포함하여 총 9가지로 구분하고 있으나, 너무 포괄적이며, 에드워드(Edward ; 1973)의 사회·경제적 분류체계, 홀랜드(Holland ; 1966)의 직업 선호목록, 켄니크(Kenneke, L. L ; 1973)의 미국무성에 의한 직업군 분류, 프라켄(Prakken ; 1977) 등이 검토한 기술자 교육연감에서 제시한 직업, 기술 등을 살펴보아도 체육계열의 직업분류체계를 세우기에는 너무나 빈약함을 확인할 수 있었다.

국내외의 실정이 그렇기 때문에 이 장에서는 국제직업분류에서 밝히고 있는 분류법을 토대로 하여 해양스포츠학과 및 유사학과전공자의 진로와 관련시켜 취업가능 업종이 어느 정도인가를 다음과 같이 직접 첫 분류해 본 목적은 청년 일자리 절벽시대, 좌절에서 희망의 노젓기를 안내할 등대(燈臺)불을 제공하는 데 있다.

1) 분류 1 : 공업계 종사자

생산직 감독 및 기술인으로서 각종 해양스포츠 용품 및 장비(보트)생산 감독, 그리고 수질 환경 관계직 기사

2) 분류 2 : 상업계 종사자

각종 해양스포츠용품 장비(보트)의 판매 관리자 및 경영주(도매상 및 소매상) 판매원 감독 및 구매관리인 전문적 기술 판매원, 판매 외무원, 장비제조 업체의 판매원, 보트제작, 보트 딜리버리(delivery : 외국에 있는 보트를 직접 세일링 및 조종하여 국내 주문자에게 전달)사, 보트관리사(엔진 및 선체수리), 어촌 마리나역 개념을 포함하는 마리나와 보트계류장 각각 운영 및 관리

3) 분류 3 : 인문·사회계 종사자

(1) 관·공·기업체직을 겸한 해양스포츠(체육)관계 종사자 : 문화체육관광부 및 교육부 산하 각종 부서·대한체육회 산하 시도체육회 및 각종 경기단체, 사회체육센터 등의 행정요원, 그리고 해양수산부 및 행정안전부 산하 지역소방본부[119수상구조대 및 해상구조대 – 일명 베이워치(Baywatch)].
(2) 사회 사업직 종사자 : Y.M.C.A, Y.W.C.A, 스포츠클럽 등에서의 해양스포츠지도 관계 종사자

4) 분류 4 : 교육계 종사자

(1) 체육교수 및 초중등학교교원, 각 대학 평생교육원체험학습담당자.
(2) 특수교육교원(특수해양스포츠·놀이요법·수중레크리에이션요법) 등을 통한 재활 담당자.

5) 분류 5 : 보건계 종사자

(1) 신체운동치료법사 및 보조원(지체장애자에 대한 수중신체운동 요법사 및 보조원)

6) 분류 6 : 예·체능계 종사자

(1) 해양스포츠예술가(해양스포츠예술, 수중영상예술사진사, 해양스포츠조각가, 해양스포츠 관련 전 문미술가 등)

(2) 저작 및 언론 관계 전문기자직(해양스포츠관련신문, 잡지, 방송기자 및 PD와 방송구성작가, 광고카 피라이터 등)

(3) 작곡가(해양음악 작사·작곡가)

(4) 선수 및 경기 임원(경정팀 운영 매니저, 홍보 담당자, 경기 종목별 코치 및 트레이너, 보트계류장 및 해양스포츠단지, 다기능어항 및 어촌 마리나 역시설관리 실무자 및 책임자, 안전관리자, 경정 심 판 및 선수스카웃 담당자, 경기 및 훈련기획, 경정선수 건강관리 담당자 등)

(5) 수상지도자(실무자 및 안전요원 : 수영장, 해양리조트, 스포츠잠수리조트, 119 등)

(6) 직장 및 단체시설 지도요원(유스호스텔 등의 해양스포츠 팀, 각급 청소년 단체, 한국해양소　년단, 한국해양스포츠회 등)

(7) 공원관리 분야(국립해양공원, 해양리조트 기타)

(8) 해양스포츠 관련 업체(샵) 등의 운영

위와 같은 직종을 좀 더 구체적으로 분석하면 직업(occupation), 직무(job), 작업(task)의 단계를 세분 하여 직업군(群)을 만들어 그에 따른 교육과정을 작성하고, 영국 플리머츠대학처럼 직종에 관련되는 기 초지식을 익히고 그 위에 실기를 쌓고 실습을 통한 현장학습(1년)을 한다면, 지역사회의 산업발전과 병 행하여 해양스포츠와 관련되는 해양스포츠산업 발전에도 기여할 뿐만 아니라 취업기회도 확대되리라 생각되어 다음과 같이 해양스포츠학과 및 유사학과 졸업생들이 진출할 수 있는 해양스포츠전문직 분야 에 대한 분류, 즉 진로영역과 양성방안을 제시한다.

7) 스포츠형해양스포츠 선수(경정·용선·PWC·카누·요트·서핑 등)

(1) 직무분야 : 각종 해양스포츠종목별 운동선수

(2) 양성방안 : 수상오토바이, 용선, 윈드서핑, 요트, 서핑, 모터보트 등의 개인경기 중심의 우수자를 육성, 전국체전, 아시안게임, 올림픽, 특히 모터보트는 경정선수로서 진출기회를 확대

8) 경기임원 및 동력·요트면허시험관

(1) 직무분야 : 팀 운동 매니저, 경기종목별 코치 및 트레이너, 심판, 선수 영양 및 건강관리자, 홍보담 당 및 기타 임원

(2) 양성방안 : 전문코치양성 위주의 교육과정을 구상, 운영한다. 코치아카데미와 협동체제를 행정적

차원에서 구축하여 자격제도를 도입한다. 운동경기 임원으로서 업무를 수행할 수 있는 1인1기 이상 교육

9) 생활스포츠형 해양스포츠지도자 및 안전요원

(1) 직무분야 : 수상오토바이, 해양래프팅, 해양조정, 해양카약, 카타마란 등 생활체육형 해양스포츠 지도자, 수영장, 청소년수련원, 해양소년단, 한국해양스포츠회, 한국수상레저안전협회, 한국수상레저안전연합회, 유스호스텔스포츠단 등의 사무직 및 수상안전관리요원

(2) 양성방안 : 수영 등 1인 1기 이상의 교육을 강화, 수상인명구조자격증 취득. 각종 생활스포츠형 해양스포츠시설 등에 지도자나 안전관리원을 의무적으로 수용하도록 제도화한다.

10) 요트텔 등 해양스포츠사업체 CEO 및 강사(요트조종 선장 등)

(1) 직무분야 : 내수면 및 해수면의 해양스포츠사업체 CEO 및 강사

(2) 양성방안 : 1인 1기 이상의 교육을 강화한다. 실기지도방법이나 교육학적 측면의 교육과정을 강화하여 지도자로서의 자질을 함양시킨다. 업체종사 강사의 50%이상을 해양스포츠 및 유사학과 출신자로 하는 제도(수상레저안전법 및 수중레저법 시행령·시행규칙)를 모색한다.

11) 해양레크리에이션 및 해양스포츠지도자

(1) 직무분야 : Y.M.C.A, Y.W.C.A, 새마을 본부·지부, 청소년연맹 등의 해양레크리에이션 및 해양스포츠부분지도자, 각종교육, 연수기관, 직장 등의 사회교양해양스포츠지도자

(2) 양성방안 : 해양스포츠지도자 자격제도를 도입하여 정책차원에서 육성 지원한다. 국민체육진흥법 제9조 2항 제10조 국민체육진흥법 시행령 제4, 8, 10조를 보다 탄력성 있게 보완·적용하여 적정선 이하의 각 산업체에 생활체육 또는 해양스포츠 지도자를 의무적으로 수용토록 한다. 학과 내에 과외 동아리활동을 통해 해양스포츠 프로그램의 전담분야를 둔다.

12) 해양스포츠행정, 연구 및 마리나 시설관리 분야

(1) 직무분야 : 문화체육관광부, 교육부, 대한 체육회 산하의 체육 행정담당 및 보조자, 해양스포츠 과학화에 따른 각종 연구의 조교, 해중공원, 해양리조트시설 및 보트계류장, 해양스포츠단지 및 마리나, 다기능어항 및 어촌 마리나 역 시설의 관리 및 지도자와 경영, 방송 및 보도 매체의 스포츠 보조 및 홍보 요원 양성방안, 해양스포츠시설관리를 위한 행정 연구에 관한 교육 프로그램을 개발 운영한다. 각종 해당 분야와의 산학·관학협동체제를 구축, 인턴십화하여 현장실습을 갖도록 한다. 시설을 확충하여 실험 실습, 연구실을 완비, 교수 학생의 연구 분위기를 지원하도록 한다. 해양스

포츠업체의 경영을 대학 졸업자 이상으로 강화, 각종 사설 해양스포츠 조직체를 정비, 육성토록 제도화한다.

13) 판매, 경영, 관리 분야

⑴ 직무분야 : 각종 해양스포츠 용품, 장비의 판매, 경영 관리 요원, 홍보담당자 양성방안, 경영학과와 근접선택 교과목의 선택기준을 부여하여 인문 사회분야의 교과과정을 탄력성 있게 운영한다. 국내·외 해양스포츠용품 장비, 제작 및 판매 홍보의 전문요원으로서의 부전공 기회를 갖게 하고 산학 협동 체제를 강화한다.

14) 각급 학교 해양스포츠 실기교사

⑴ 직무분야 : 초·중등학교를 중심으로 한 해양스포츠전공 체육교사 양성 방안, 교육법 시행령에 따른 실기 교사 자격과 관련된 교육과정을 운영한다. 초·중등학교에 실기 교사 및 특기적성지도자로서의 취업 기회를 제도적으로 고려한다. 실기교사 자격증을 생활체육(해양스포츠)지도자 자격증으로서의 활용 방안을 강구하여 그 실행을 제도적으로 강화한다.

15) 기타 분야

앞에서 소개한 직업 외 해양스포츠예술가를 양성하기 위해 예술대학과 협력, 관련프로그램을 이수할 수 있는 기회를 부여하기 위한 방법 등이 고려되어야 하겠다. 특히 스포츠잠수를 중심으로 수중영화·수중영상촬영감독 및 PD, 참치 등 바다양식장관리사, 보험관련 선박파손 수중손해사정사, 산업잠수사, 마리나개발 수중발파 공사 완결여부 확인 및 수중교각공사 감리사를 양성하는 등 인접 산업분야도 적극 개척해 나갈 수 있다. 부경대에서는 부산시와 협력, 기장군 동백리 수산과학연구소단지 내에 수조(水槽)를 설비하여 스포츠잠수 강사 및 수중영화 촬영감독 양성을 계획한 일이 있었다.

한편으로 젊은이들에게 주문하고 싶은 것이 하나 있다. 순수하고 정직하고 야성적인 곳에 청년다운 매력이 깃들어 있음을 잊지 말아야 한다. 비록 그들이 무모한 위험을 되풀이한다고 해서 웃을 일이 아니다. 그들이 정상적이 아닌 곳으로 방종(放縱)한다고 해서 근심할 일도 아니다. 인간은 항상 자기의 체험에서 선악(善惡)의 분별을 실감(實感)할 수 있는 존재이기 때문이다. 독일의 철학자인 니체(Nietzsche, Friedrich Wilhelm : 1844~1900)는 말했다. "삶이란 심연(深淵) 위에 걸쳐진 밧줄과 같아서, 건너가는 것도 힘들고, 돌아서는 것도 힘들고, 멈춰서 있는 것도 힘들다고." 그렇다고 끙끙대고만 있을 텐가. 모름지기 청년기에는 순수와 정직과 야성을 잃지 않는 가운데 마음의 주인이 되어야 한다. 그것이 '청년의 향기'이고 '청년기 비장의 무기'이다. 더욱이 2019년 6월 현재, 수출·내수 동시 감소로 10년 전으로 후퇴했다고 하는 조선 및 자동차 산업 위기는 곧 한국 경제에 미치는 파장이 메가톤급이라고 볼 때, 더욱 좁아 질 바늘구멍 취업을 위해서는 청년들의 '순수'와 '정직'과 '야성'이 절대 요구되는 때임을 인식하는 일이 매우 중요하다.

제 12장

지도자의 깜냥 구분 · 학문하는 태도 · 4차 산업혁명 응전

1. 해양스포츠 및 마리나 분야 지도자의 깜냥 구분

1) 개요

쇼설미디어와 단문(短文)의 시대, 2018년부터 인터넷상에서 '세 줄 요약'이 일종의 매너가 돼가고 있다. 압축적인 정보와 이미지 중심 습득에 익숙해져 긴 글을 거부하는 이들이 많아지면서 세 줄짜리 책·서비스도 등장할 정도다. 이런 현상과 관련, 시인인 부산 동아대 신진 명예교수는 2018년 봄에 발행된 『시문학』 5월호를 통해 '세 줄 요약'이 유행하는 것은 "암기하기 좋은 편의성 때문일 수도 있고, 또 자기 합리화와 자기 방어기제로서 써먹기 좋기 때문일 수도 있다. 게다가 상업주의 문화사회에서는 이런 수단적 가치가 순수 목적적 가치를 훼손시키는 경우가 허다하다."고 말한다.

그렇지만 세태가 그렇다고 하더라도 공부를 일생의 과제로 삼고 있는 학도의 입장에서는 장문(長文)의 종이 책을 많이 읽어야 뭘 알아서 깊이 있게 생각하게 된다는 점을 절대 잊어서는 안 된다. "읽기를 통해 마음이 살찌고 가슴이 영글고 영혼이 승화해가는 것을 실감할 것이다. 그래서 읽기는 자기발전이고 자기성장이 된다. 이후 전문 서적이나 교양서적을 통해 읽기가 제구실을 하게 될 것이다(김열규, 앞의 책)." 니와 우이치로 역시 자신의 저서 『죽을 때까지 책읽기』에서 책의 매력과 효용에 대해 다음과 같이 말하고 있다. "스마트폰에서 쉽게 얻을 수 있는 짧고 단편적인 정보는 '지식'이 아니다. 정보는 머릿속에서 '생각하는' 과정을 거친 뒤에야 비로소 지식이 된다. 독서의 숱한 효용 중에서도 '무지(無知)의 지(知)'를 알게 해준다는 점. 책을 읽으면 읽을수록 지식이 늘어나고 이 세계를 어느 정도 안 듯한 착각도 들지만 동시에 여전히 모르는 게 아주 많다는 사실도 깨닫게 해준다. 이 때문에 책을 많이 읽는 사람은 겸손할 수밖에 없다(이영미, 2018)." 뿐만 아니라 많은 독서는 좋은 답을 이끌어 내기 위한 좋은(예리한) 질문을 많이 던질 수 있을 뿐만 아니라 어휘를 다양하게 구사할 수 있는 능력을 확장시켜준다는 점에 대해서도 많은 사람들이 공감하는 바다.

더욱이 한 분야에 대한 깊이 있는 전문지식은 하루아침에 공부하여 쌓을 수 없다. 적어도 10년 이상의 시간[내공]이 전문가를 만든다고 보는 것이 통설이다. 그럼에도 요즈음은 인터넷에 올라와 있는 글 몇 개만 읽고도 자신이 제법 '전문가'라고 착각하는 사람이 많다. 특히 최근에 주목받기 시작한 해양스포츠나 마리나 분야에 그런 사람이 다른 분야에 비해 상대적으로 많은 편이다. 그러나 전문지식(expertise)과 의견(opinion)은 구분되어야 한다. 자신이 살게 될 건물의 설계도를, 자신이 타고 다닐 자동차의 주행기술을, 자신이 받게 될 의료 수술을 인터넷상 다수의 의견으로 결정하고 싶은가? 웅숭깊은 내공을 지닌 전문가가 더 인정받는 사회가 되어야 하는 이유다. 인터넷 회사가 제공하는 '지식'은 '이윤'에 복종하는 하인에 불과할 뿐이다. 그럼에도 예사로 전공 책도 갖지 않고 강의에 임하는 학생을 방관한다면, 그런 사람을 교수라고 할 수 있을까. 학생 역시 장문(長文)의 종이책마저도 거부할 텐가.

대학의 강의실을 잠깐 들여다보자. 석·박사과정은 지도교수의 지도하에 일곱 명 이하의 단위로 진행되는 필수 및 선택과목 수강을 통해 재능을 부단히 연마하는 시간이다. 이 과정은 노력이 아니라 전공은 물론 인접분야 책까지 깊이를 중심으로 재능의 연마가 서론이고 결론이다. 한 학기 16주를 한글을 익힌 것을 후회할 정도로 읽히고 또 읽혀 매주 200자 원고지 10매 분량으로 리포트를 쓰게 했으면 어땠을까. 이를 박박 갈았겠지만 학기 초와 학기말의 학생은 분명 전혀 다른 인간이 되었을 것이다. 디테일과 마무리에서 질적으로 크게 달라지기 때문이다. 명예교수가 되고 나서야 알았다. 내가 얼마나 제자를 잘못 지도해 왔는지를. 암튼 읽어야 얼개 전개가 디테일한 리포트를 작성할 수 있고, 그런 혹독한 연마과정을 거친 다음에서야 비로소 자기발전이고 자기성장인 창의적이고 실용성 있는 석·박사논문을 쓰게 된다. 글을 쓴다는 건 자기만의 생각을 명료화하는 작업이다. 논문 작성이라 해도 자기만의 생각을 디테일하게 전개하고 깔끔하게 마무리해야 논문의 질이 달라진다는 점에서는 별반 다르지 않다. "인류가 동굴벽에 그림을 그리다 문자를 만들고, 종이와 인쇄술을 발명한 것도 정리된 생각을 후대에 남기려 한 일이다. 이처럼 생각이 정리되면 창의적인 발상으로 발전한다(한현우, 2018)."

그렇다면 석·박사논문 작성단계에 이르기에 앞서 훈련되어야 할 글쓰기는 어떻게 해야 할까. '대한민국문화예술인' 공동대표 남정욱은 한 중앙일간지에 투고한 "글 잘 쓰려고요? 독서부터 하세요."라는 제목의 칼럼에서 "'노르망디 상륙작전과 라이언 일병 구하기'라는 제목의 칼럼을 썼다. 그 글을 쓰기 위해 나는 관련 도서 2,000페이지를 읽었고 50분 분량의 다큐멘트리를 10편 이상 봤으며 영화 '라이언 일병 구하기'를 세 번이나 돌려봤다. 그리고 쓴 게 달랑 200자 원고지 11매다. 수집한 글 재료의 분량을 들으면 그렇게 읽고도 그렇게 밖에 못 쓰느냐는 소리가 절로 나오실 거다. 이게 글쓰기의 본질이다. 풍성한 콘텐츠가 있고 나서 그다음으로 문장이 있는 거다(남정욱, 2017)." 영국 작가 조지 오웰도 에세이 '나는 왜 쓰는가'에서 글쓰기를 "고통스런 병을 오래 앓는 것처럼 끔찍하고 힘겨운 싸움"이라고 했다. 힘겨운 운동을 해야 근육양이 증대되듯 글을 써야 생각의 근육이 자란다. 결국 글쓰기는 기술이 아닌 셈이 된다. 생각에 근력을 키우는 일이라고 말해도 무방할 것이다.

더욱이 지금의 학문은 소리 없이 초연결, 초실감의 세계를 향해 초지능화로 진행되고 있고, 또 인공지능(AI)이 사람보다 훨씬 더 세련된 문장을 작성하고 있는 2019년 들머리이기 때문에 많이 읽고, 쓰고, 논리적으로 생각하는 연마과정이 과거보다 더욱 혹독함을 필요로 하고 있는 시대를 경험하기에 이르고 있다. 게다가 지금은 재능 연마과정에서 아이디어를 바탕으로 개념설계 역량까지 키워야 하는 제4차 산업혁명 시대도 맞고 있다.

그럼에도 대학의 강의실은 아직도 경중경중 걸음으로 옥죄어 오는 초지능화의 학문세상을 실감하지 못하고 있는 것만 같아 우려스럽다. 내친 김에 현장지도자들의 세계도 한 번 들여다보자. 순전히 나의 경험칙이지만, 해양스포츠·마리나·스포츠형 해양관광 분야에서 활동하는 현장지도자들의 자질은 크게 다음의 네 가지 부류 중 하나에 속한다고 생각해 왔다.

2) 순혈 지도자

해양스포츠·마리나·해양관광(스포츠형 콘텐츠) 분야를 전공 또는 부전공한 지도교수를 통해 10년 이상 4년째 대학 해양스포츠(유사학과 포함)학과에서 이론 및 현장실습 등에 걸쳐 학부·석사·박사과정, 혹은 석사·박사과정, 그것도 아니면 지도교수가 평생 천착한 해양스포츠·마리나·스포츠형 해양관광분야를 중심으로 최소한 박사과정이라도 지도받은 원생이어야 한다. 다만 이때의 원생은 학부 및 석사과정을 일반 체육학과에서 공부한 경우에만 해당된다. 특히 일반 학과 일부 출신자를 비롯하여 나이가 50줄에 접어든 고령자는 가정경제 때문에 학위취득 이후, 하이에나처럼 자존심도 지도교수의 입장도 그 무엇도 고려 없이 먹거리만 있으면 마구 덤비는 등 해양스포츠전문가들의 평판을 크게 훼손시키는 경우가 가끔 있었음을 경험하기도 했다. 현실적인 문제이긴 하지만 교수가 원생을 받아들일 때 참고할 사례이다.

결국 청년기부터 이미 개별 종목에 현장 중심으로 처음부터 끝까지 직접 활동해오는 가운데 석·박사과정 약 10년을 통해 해양스포츠·마리나·해양관광은 물론 인접 분야 종이책까지 두루 많이 읽어 콘텐츠가 풍성해야 한다. 특히 학부생을 비롯하여 석·박사, 혹은 박사과정에서 정보와 메시지가 주를 이루는 넷북, 노트북, 페이스북, 쇼셜미디어(social media ; SNS), 세 줄 요약 등 디지털 읽기가 아닌 전통적인 장문의 종이책 읽기가 왜 중요할까? 장문의 종이책을 읽음은 다듬고 다듬는 사고며 사색, 그리고 심사숙고가 존재의 확립에 결정적으로 영향을 미치기 때문이다. 그래야만 주목 받는 논문발표와 실용성이 있는 저서집필은 물론 해양스포츠·마리나·스포츠형 해양관광에 대한 총괄성인 산업차원의 안목을 어렴풋하게나마 갖게 된다.

특히 산업현장에서 어릴 적부터 끝까지 직접 해본 사람만이 전체적인 시각을 갖는다. 더욱이 산업현장에서 명장(名匠)의 반열에 있는 고수(高手)의 작업 메커니즘을 처음부터 끝까지 세밀하게 지켜보는 것도 큰 배움이다. 그런데 "산업현장에서 고수나 남의 작업을 지켜보는[見] 것이 왜 중요할까?" 생각이 되고 파악이 되고 판단이 되고 지식이 되기 때문이다. 따라서 최소 10년 이상 해양스포츠나 마리나 연구과정에서 한글을 익힌 것을 후회할 정도로 장문의 종이책 읽기를 통해 연마한 지적 통찰력과 함께 산업현장에서 직접 실천하고, 또 고수의 작업 메커니즘을 지켜보는 과정에서 겪거나 느낀 수많은 성공과 실패의 경험지식을 통해 터득한 정확하고 날카로운 판단력과 안목까지 겸비해야 비로소 온전한 '해양스포츠나 마리나 읽기'가 가능한 전문가적 안목을 어느 정도는 갖추었다고 말할 수 있다.

보트제조(세일딩기·세일크루저 요트) 기술을 지도하는 영국 서남쪽에 위치한 플리머즈대학교 해양스포츠과학과의 경우, 재학기간 3년 중 2학년 때인 1년은 필수로 보트제조공장에서 현장실습을 하도록 하고 있다. 현장실습의 중요성은 영국에서도 확인되고 있는 셈이 된다. 한데, 국내 대학들은 얼마 전까지만 해도 이론은 강하지만, 현장은 오히려 실업계 고교출신자나 전문대출신보다 못한 경우가 허다하다고 혀를 껄껄 차는 제조업체사장을 가끔 만날 수 있었다. 실제로 산업현장 적응력 결여 때문에 4년제 대학을 마치고도 다시 전문대학을 진학하는 경우도 흔한 세상이 됐다. 실기가 약해 취직이 잘 안 되기 때문이다. 그런 반성의 결과로 4년제 대학들은 기업이 원하는 인재를 양성하기 위해 맞춤교육에 나서기도 했다. 그러나 나는 과문한 탓인지 몰라도 국내 대학들의 약점인 산업현장 적응력이 지금은 얼마나 강화되었는가를 잘 알지 못하고 있다.

아무튼 '순혈해양스포츠 및 순혈마리나 지도자' 혹은 '전문가'가 갖춰야할 소양 중 '해양스포츠나 마리나 읽기'가 왜 중요할까? 갑자기 읽기라고 하니까 사람들은 지래 짐작으로 전자책이나 장문(長文)의 종이책 읽기만을 떠올릴지 모르겠다. 그러나 그것만은 아니다. 읽기에도 전자책이나 장문의 종이책 읽기 못지않은 구실이며 의미가 듬뿍 담겨있기 때문이다. 우리는 가끔은 남들의 눈치를 보고 이웃의 마음을 헤아려보고 사물의 속내를 따져보고 세상의 물정을 캐고 하면서 살고 있다. 그 모든 것을 읽으면서 우리의 삶은 지탱된다. 살아가는 고비마다에서, 대목마다에서 읽기는 크나큰 구실을 맡아 한다. 갈잎 지는 것을 보고는 이미 짙어가는 가을을, 또는 한 마리의 제비를 통해 천하에 봄이 왔음을 넘겨본다면, 그것은 그것대로 훌륭한 읽기가 아닐 수 없다. "인간은 자연도 읽고 있다. 세월도 마찬가지다. 그뿐 아니다. 세상이며 세계를 읽고 그 속에 있는 사물도 읽고 있다. 그렇다면 읽기가 무엇이냐는 물음에 대해서는 우선 '짚어내기'고 '캐기'라고 답하게 된다. 드디어는 '차지하기'고 '얻기'라고 답하게 된다. 그런 뜻으로 읽기는 수확이고 소유라고 말해도 무방하다. 읽는 그만큼 사물을 내 것으로 갖게 된다. 그래서 우리는 읽기를 통해 '사물과 세계의 소유주'가 된다. 임자가 된다(김열규, 앞의 책)." 주인이 된다.

마찬가지로 '해양스포츠나 마리나 읽기' 역시 범박(汎博)하게나마 맥락을 짚어내기가 되고 진실을 캐기에 비유된다고 말할 수 있다. 마치 광부가 광맥을 캐듯이 해양스포츠나 마리나를 읽는 높은 안목을 가진 그만큼 해양스포츠나 마리나의 밑층을 빠진 곳 없이 낱낱이 헤집어 추수하고 내 몫만큼의 해양스포츠나 마리나 세상을 소유할 수 있을 때 비로소 다른 전문가와 다른 전문가가 된다. '전문가'나 '전공자'가 갖춰야 할 소양 중 해양스포츠를 비롯하여 마리나 읽기가 대단히 중요한 항목이 된다고 거듭거듭 강조해 두는 연유다.

따라서 총괄성(산업)에 이르는 길[안목]인 해양스포츠·마리나·스포츠형 해양관광에 관련된 개별성 파악, 그리고 그들 개별성이 총괄성에 미치는 각각의 기능과 역할까지도 훤히 꽤 뚫고 있는 통찰의 능력, 즉 해양스포츠 및 마리나 읽기, 혹은 해양스포츠나 마리나 짚어내기에 대한 높은 안목을 갖춘 전문가를 이른바 '순혈 해양스포츠지도자(pure blood haeyang sport leader) 및 순혈 마리나지도자(pure blood marina leader)'라고 각각 말할 수 있고, 특히 이들을 '관점 획득의 능력자'들이라고 봐도 무방하다. 국내는 2019년 기준, 많아도 두 세 손가락 안? 과문한 탓인지 어떤지 숫자까지는 알 수 없다.

3) 지도자

어릴 적부터 이미 개별 종목에 산업현장 중심으로 최소 10년 이상 처음부터 끝까지 직접 활동해오는 가운데 일반 유사학과 및 일반체육학과에서 해양스포츠 및 마리나 비전공 지도교수를 통해 학부 및 석·박사과정을 지도받은 경우다. 노력은 했지만, 직·간접 분야 방대한 독서와 체계적인 지도를 받지 못함에 따라 높은 안목은커녕 재능의 연마단계까지는 이르지 못했다. 순혈 해양스포츠 및 순혈 마리나지도자의 연구역량과 실기능력, 그리고 논문과 저서 등의 업적에는 못미치지만 해양스포츠·마리나·스포츠형 해양관광 분야에 어느 정도는 나름 견해를 갖고 있는 전문가를 '지도자'라고 말할 수 있고, 이들의 숫자는 부지기수까지야 갈까마는 열 손가락으로는 다 꼽아질 것 같지 않다. 쉽게 떠오르는 지도자만 해도 그럴 것 같다. 대체로 이들은 통계기법을 동원해 논문을 위한 논문작성은 가능하겠지만, 해양스포츠나 마리나에 대한 전모 파악을 통한 전율을 느낄 정도의 실용성 있는 논문발표는 어림도 없을 뿐만 아니라 예리한 관찰력 또한 계속 연마되지 못하고 어정쩡한 수준에서 머문 것은 결과적으로는 개고생만 시킨 비전공 지도교수의 책임이 결코 작다고는 말할 수 없을 것이다. 해양스포츠 비전공 교수의 한계라면 한계다. 비전공 교수의 지도 한계를 더 사실적으로 표현하면 "수탉은 아무리 힘을 줘도 알을 낳지 못한다."는 비유와 일맥상통한다.

4) 함량미달 지도자

이렇게 보아간다면 고졸 및 비체육대학 출신자를 비롯하여 해양교육단체 활동자로서 연구경력 또는 실기능력에 걸쳐 어느 한 쪽만 전문성을 갖춘 전문가는 '함량미달 지도자'인데, 이들은 어림잡아 20명 내외쯤이다. 재능연마의 경우, 사과를 나무에서 따야지 책의 그림에서 딸 수 없듯 오랜 기간의 현장학습은 기본이다. 그러고도 해양스포츠와 마리나 분야 권위자인 지도교수 밑에서 10년 이상을 통해 전공은 물론 인접분야 종이책까지 두루 읽어야 하는 연마과정이 더해져야 비로소 깊은 생각도 하고, 누군가 새겨들을 영양가 있는 말을 할 것이 아닌가. 특히 00교육단체에서 주로 종사한 일부 인사의 경우, 나의 경험으로는 자기 아집만 있지 아는[해양스포츠의 원리, 마리나 및 스포츠형 해양관광 읽기, 통찰력] 게 없는데 말하긴 뭘 말해. 심지어 자기단체의 설립과정에 어떤 인사들이 헌신하고 봉사하여 오늘에 이르게 되었는가 하는 이른바 '음수사원'의 연원(淵源)조차 모르는, 아니 그런 것은 전혀 관심도 없는 생계형 인사가 단체의 간부로서 일부 활동하고 있어 그가 이끄는 단체의 앞날이 자못 궁금해지기도 한다.

반대로 현장학습 없이 장문의 종이책만 읽은 경우도 현상의 뒤에 은폐되어 있는 맥락, 즉 어떤 현상에서 직접적으로 나타나 있지는 않지만 그 현상이 나타내려고 하는 숨은 뜻인 맥락(인과관계)과 진실을 파악하지 못함으로써 논리가 겉도는(사변적) 경우가 많다. 그래서 연구(책 읽기와 논문발표를 통한 분석과 종합 능력 배양)와 현장학습, 즉 이론과 실기를 두루 섭렵한 균형을 갖춘 연마과정이 중요하다고 말하게 되는 것이다. 학문은 대출받아서 하는 게 아니다. 더욱이 학문은 자기한테 없는 것을 논리정연하게 설명할 수는 없다. 단언컨대 학문은 어디서 대출받듯 아예 논리를 펼칠 수 없다. 그러면 가짜, 흉내 내기에 머물지 실제처럼 설명할 수 없다는 것은 자명한 일이기 때문이다. 무엇이 어떻다 해도 학문의 첫 번째는 내공이고, 두 번째가 테마다. 이것은 불변의 진리다. 더욱이 해양스포츠학에서 테마에 해당되는 해양스포츠나 마리나전공자라고 큰 소리만 친다고 해서 저절로 분야에 왕이 되는 것은 아니다. 더욱이 해양스포츠학과 학부출신자라고는 하지만 타 대학에서 석·박사를 한 인사도 마찬가지다. 일생에 걸쳐 묵묵히 오직 이론과 실천 경험을 통한 성공과 실패로 점철된 내공 연마에 나서야 하는 이유라면 이유가 된다.

이쯤에서 맛있는 애플파이(apple pie) 한 접시를 생각해 보자. 한 그루의 사과나무에서 탐스런 사과가 맺기까지는 오랜 세월 아이디어의 시행착오를 통해 비로소 개념을 설계하여 상품화시킨 그 농부만의 노하우가 내재되어 있기 마련이다. 또 그 사과를 다양한 방법으로 맛있는 요리를 만드는 셰프(chef) 역시 유능한 주방장 밑에서 최소 10년 이상 혹독한 수련을 쌓은 연마과정이 있어야 한다. 더 구체적으로는 요리사가 사과를 재배하는 착한 농부의 노하우를 농장에서 땀 흘리며 직접 배워야 특정 지역의 토질과 더 많은 일사량의 중요성을 이해하게 되고, 게다가 특정 농부가 노고를 아끼지 않고 재배(栽培)한 맛있는 사과를 단번에 선별할 안목(眼目)을 갖게 된다. 또 그렇게 엄선한 사과를 자신의 요리내공으로 고객의 미각을 맞춤한 애플파이 등 다양한 요리까지 응용할 수 있는 고도의 전문성까지 갖췄다면, 사과요리 하나로도 존경 받을 자격을 충분히 갖춘 최고의 셰프(chef)라고 말할 수 있지 않을까. 결국 겉으로 보면, 고객이 맛있는 사과요리 한 접시를 고가에 기꺼이 사먹고 있지만, 사실은 고객이 지불하고 있는 돈은 착한 농부가 오랜 시행착오 끝에 얻은 영농노하우를 비롯하여 오랜 기간 유능한 주방장 밑에서 연마한 셰프의 내공까지 모두 합쳐진 것이 아닐까 싶다.

해양스포츠나 마리나 전문가 양성의 메커니즘 역시 내공을 갖춘 셰프의 양성과정과 별반 다르지 않다고 볼 수 있다. 마리나의 고객 역시 경영자의 통찰력과 직원들이 오랜 시행착오를 통해 얻은 내공에 의해 제공되는 시설이용의 편리성과 고품질 서비스에 기꺼이 돈을 지불한다고 봐야 하기 때문이다. 여기까지가 고객이 돈을 지불하기 전에 따질 수밖에 없는 투자 대비 효율, 즉 가성비(價性費)에 관한 얘기다.

다음은 마리나(Marina)에 대해 고찰(考察)해 보고자 한다. 현대적 마리나 개발의 효시는 1832년 미국 매사츠세스주 뉴잉글랜드 퀘인트 시에 위치한 '사우스 워프 마리나(South Whart Marina)'이다(지삼업, 2008a). 2019년 기준, 그로부터 약 187년 동안 운영·관리되어온 선진국 마리나에 대해 필자가 인생의 절반 이상을 통해 천착한 결론은, 다음의 네 가지였다.

"첫째는 건강을 다지는 가운데 집과 같은 안락과 쾌락을 제공하여 고객이 무한한 행복을 느끼면서 집으로 향하게 하는 일이고, 둘째는 고객들의 매너와 에티켓도 세계 표준으로 세련(洗鍊)시키기 위한 이른바 '마리나 문화' 정립은 약 187년 동안 꾸준히 축적되어 오는 가운데 오늘에 이른 것이며, 셋째는 경영자의 상도의[도덕성]와 안목도 마리나의 오랜 역사와 함께 키워오는 것이지, 선진국 제도의 자국(自國)내 이식이나 경제 성장처럼 단기간에 발전하고 정립시킬 수 있는 성질의 것이 아니라는 것이고, 끝으로 넷째는 품격 높은 마리나문화의 정립은 선별과 여과의 긴 역사였다."라고 각각 말할 수 있게 된다.

사실이 그렇다면, 국내에 마리나의 기능을 일부 담아낸 시설이 첫 선을 보인 것은 1986년, 그러니까 '86 아시안게임과 '88서울올림픽 요트경기를 위해 개발된 부산 수영요트경기장이다. 그렇지만 당초 순수경기장 목적으로 개발된 시설이라고 하더라도 이 시설을 마리나시설로 본다면 2019년 기준, 그 역사는 불과 33년밖에는 안 된다. 세계 최초의 마리나와는 무려 154년의 시간 여행을 필요로 하는 셈이 된다. 이후 2017년 기준, 국내에는 크고 작은 마리나가 34개소 개발되었고, 2019년 말에는 총 62개소가 확보될 것이라고 해양수산부는 밝혀 왔지만, 실제는 이보다 적게 확보될 전망이기는 하다. 그런 일천한 운영기간에, 그것도 마리나 숫자가 겨우 60여개소를 확보한 상황에서 선진국의 품격 높은 마리나 문화를 온전히 이해하고, 또 국내에서도 마리나 문화가 상당 수준에서 정립되어가고 있다고 말하는 이가 있다면, 그가 바로 견강부회의 본당과 다르지 않다. 결국 국내 마리나산업계의 현주소는 고객이 가성비를 따져가면서까지 선택할 수 있을 정도로 가격과 규모와 질적(각종 해양문화 향수 수준) 측면에서 선택의 폭이 결코 크지 않다는 것이 우려되는 측면이라고 봐야한다. 지금은 명품마리나가 존재하지 않기 때문이다. 이중 규모와 질적 수준은 앞으로 국가 사회적으로 큰 걱정거리로 부각될 우려가 높은 측면들이다.

우리가 흔히 마리나라고 말들은 하지만, 실상은 그 어떤 경영전략을 구사한다고 하더라도 손익분기점 달성이 거의 불가능한 '영세보트계류장급'에 불과한 가운데 시설도 세계적으로 1950년대 말까지 풍미한 최소한의 기능만 갖추고 있는 이른바 기본시설 중심의 '제1세대 마리나', 즉 시대퇴행적인 마리나시설들을 개발했거나, 하고 있기 때문이다. 그렇지만 초연결 시대, 고객은 인터넷을 통해 거의 실시간으로 선진국의 품격 높은 마리나문화에 대한 정보를 접하고 있는 오늘이다. 그렇다고 해서 경박하게 인터넷을 통해 검색된 마리나를 비교 검토시키는 등 맥락을 젖혀 놓은 그런 과정을 학점 이수시키는 학과목이 있다면 정말 한심한 일이다. 허당 중에서도 으뜸 반열에 있는 일부 얼치기가 진행한 강의 행태다. 이런 인사가 교수였다.

그런데 얼치기의 폐해에 대한 좋은 사례가 있다. 2017년 '농약 달걀'이 사람들을 크게 분노케 하였고, 또 식품 전반에 걸쳐 불신이 팽배했던 때가 있었던 것이 바로 그것이다. 국민들의 분노와 불신은 순전히 식약청 관계 공무원의 안일과 부도덕하고 안목이 없는 일부 얼치기 양계업자가 빚은 합작품에서 비롯되었다고 봐야 한다. 그렇지만 얼치기 때문에 빚어지는 실망이 비단 양계업계 한 분야에만 한정된 문제일까? '무공해식품'이라는 이름으로 생산되는 모든 식품에 걸쳐 국민들의 불신이 비등했기 때문이다. 솔직히 우리는 신뢰가 없는 사회에 노출되어 있다는 것을 '농약 달걀' 사태가 입증해 주고 있다고 볼 때, 농약 달걀 사태를 반면교사로 삼아 해양스포츠학계를 비롯하여 해양스포츠업계는 얼치기 없는 풍토를 하루 빨리 조성해 나갔으면 하는 간절한 바람이 있다. 이처럼 얼치기는 국가 사회를 발칵 뒤집어 놓는 경우가 가끔 있다는 측면을 주목해야 한다. 국가가 직접적인 사고원인을 제공했다고 법원이 결론을 내린 '세월호 사고'도 마찬가지 사례였다. 아무튼 국내 해양스포츠업계 및 마리나업계는 '농약 달걀'과 같은 황당한 사태를 결코 빚지 않도록 지금부터라도 고객에게 안전한 가운데 편안하고 행복한 시간을 보장해 주기 위한 품격 높은 '해양스포츠 문화, 마리나문화' 정립을 위해 긴 호흡으로 해양스포츠 및 마리나 문화를 꾸준히 축적하여 가는 '축적의 시간'으로 갈무리해 나가는 가운데 정책 당국자의 글로벌 안목과 경영자의 도덕성도 함께 키워나가야 할 것이다. 달걀은 이제 출고날짜를 밝히도록 했다.

꽃은 햇살 없이 못 핀다. 당국은 농약 달걀 사태나 세월호 사고를 반면교사로 삼아 어느 때보다 해양스포츠를 비롯하여 마리나 분야에 대한 치밀한 정책구사와 관리가 필요하다. 잘못된 낙관론이 잘못된 정책을 낳고 그것이 해양스포츠산업과 마리나산업 활성화를 어렵게 하고 있다. 정부는 기본적으로 비관론자이어야 하고, 또 사용하는 중심개념도 학계의 고견을 절대 존중해야 한다. 최악의 상황을 상정(想定)하고, 또는 혼란스런 개념사용의 폐해를 염두에 두는 게 제대로 된 정부다. 당국의 해양레저관광과는 보고 싶은 것만 보고, 또 사용하고 싶은 개념만 사용한다. 이웃 지자체 간 엇비슷한 규모의 영세한 마리나 중복투자 부작용을 비롯하여 정부의 체육정책을 관장하는 문체부와 다른 개념을 중구난방으로 사용함으로써 빚어지는 개념 이해의 부작용 등 불편한 사실에는 눈을 감는다. 그러니 옳은 정책이 나올 턱이 없고, 또 엉성한 관리에서 비롯되는 개념사용의 순수성 역시 의심을 받을 수밖에 없다. 2019년 현재 한국의 마리나산업은 고만 고만한 규모의 마리나공급 과잉 우려와 함께 매우 열악한 편의시설을 비롯하여 수요(고객) 부족에 직면해 있다. 규모의 경제와 고객 편의성을 고려한 마리나개발과 함께 수요 먼저 늘리는 게 성장의 정도(正道)다. 그럼에도 수요 증대를 위한 저변확대 운영시스템은 엉성하기만 하다. 올곧은 정책은 꽃의 햇살에 비유할 수 있다.

해양스포츠·마리나 분야에 종사하는 전문가 역시 현장학습은 물론 재능연마 과정이 있어야 한다는 생각이다. 풍부한 현장 경험은 두말 할 필요도 없을 뿐만 아니라 특히 풍성한 콘텐츠를 구하기 위한 학부 및 석·박사과정 10년이 더해져야 하는 인고의 세월은 어쩌면 전문가가 반드시 거쳐야 하는 통과의례요 고도의 기획력과 지적 통찰력을 얻기 위한 연마기간이 아닌가 싶다. 세인트헬레나 섬에 유배된 나폴레옹은 책 한 권을 한 시간에 독파했다고 한다. 인생을 실행으로 다 배운 영웅도 만년은 책만이 교사였던 셈이다. 읽음은 존재의 확립이다. 압축하면, 어릴 적부터 입문한 현장 활동이 지금껏 이어져 오는 가운데 분야 전공자인 교수 밑에서 공부한 재능연마 과정 약 10년까지 더해지고 나서야 비로소 기술적 항목에서 해박한 이론으로 검토한 프로젝트 기획서를 작성할 수 있는 역량은 물론 논리가 정연한 자기주장이 있다는 말도 된다. 만약 아이디어의 성공과 실패를 통해 비로소 얻은 개념설계 역량을 키우기 위한 연마과정이 생략되었다면, 부디 입 닫아 주었으면 한다. 이들이 바로 엉터리교수 또는 무늬만 지도자에 다름 아니기 때문이다. 전공학부출신자라 해도 석박사과정이 단절됐다면 함량미달 지도자다.

5) 짝퉁 지도자

해양산업 및 관광·경영 등 인접분야 전공자로서 인터넷에 올라와 있는 해양스포츠와 마리나 관련 글 몇 개만 읽고도 해양스포츠를 비롯하여 마리나 개발 이치를 다 깨달았다는 듯이 요설을 내뿜으면서 사람들을 혼란에 빠뜨리는 인사는 '짝퉁 지도자'라고 말해야 하지 않을까 싶다. 이들은 주로 바다를 끼고 있는 각 지자체를 비롯하여 당국의 산하연구기관에서 해양관광·해양문화·어촌·항만, 그리고 해운 분야 등에 종사하는 인접분야 일부 연구자인 경우가 대부분이고, 관련 연구자는 많아도 15명 내외이다. 특히 이들은 주로 외국의 문헌연구를 중심으로 보고서를 발표하는 경향성을 보여 왔고, 또 이들이 사용하는 해양스포츠 중심 개념 역시 현재는 과거의 경험이 쌓인 것이라고 볼 때, 자신이 학창시절에 전공한 자기 분야의 안목을 좀처럼 벗어나지 못한 채 대중영합적인 용어를 남발하는가 하면, 또 어떤 때는 전후 맥락상 명백한 해양스포츠 활동임에도 외국 자료에만 충실하여 육체적 측면은 실종시킨 채 정신적 측면만 강조하는 '해양레크리에이션' 활동이라고 엉뚱하게 말하는 이도 있어 우선은 괴란(愧赧)쩍고, 또 인접분야라고 하더라도 너무나 무책임하다는 느낌도 동시에 받는다. 드디어는 이들 유사분야 일부 전공자들 때문에 해양스포츠 분야 중심개념의 정립 길에 분야 전공자들이 적잖게 어려움을 겪고 있는지도 모른다는 피해의식을 느끼기에 이르고 있다. 순전히 수적 우열 때문이다. 물론 그들이 외국 문헌을 중심으로 직역을 하던, 아니면 이역을 하던, 하등 상관할 바는 아니다.

어차피 자기 십자가는 자기가 지고갈 수밖에 없다 것이 진리다. 그렇지만 '해양스포츠(해양체육)'라는 중심개념만은 분야의 견해를 절대 존중해 주는 등 연구자로서 갖춰야 할 최소한의 예의쯤은 지켜주었으면 하는 바람이 있다. 조금은 그칠게 말해서 개념을 존중해 준다고 해서 자신의 몸에 알레르기(Allergy)가 돋는 것도 아니지 않은가. 해수든, 담수든 가릴 것없이 물을 연구테마로 하는 연구자라면 최소한 훼방은 놓지 않았으면 한다. 인접 분야라고 하더라도 해양스포츠 분야 중심개념 이해에 지금처럼 결과적으로는 계속 어깃장이나 놓는 상황이 계속된다면, 자신은 물론 어느 분야에도 결코 도움이 되지 않는다는 사실을 부디 유념했으면 한다. 물론 생각과 행동은 자유다. 직장에 기본을 잡아주는 어른 없이 근무함으로써 웃자란 탓도 있겠지만, 그 하나하나에도 품격이 있음을 인접분야 일부 전공자가 생산한 보고서의 부적절한 표현을 대하면서 느낀 단상(斷想)이다. 더욱이 박사라고 하여 모든 분야에 걸쳐 척척박사일수는 없다는 것이 일종의 상식이다.

2. 학문하는 태도

1) '성공'에는 많은 시간과 노력과 준비에 최소 10년은 필요

비록 체계를 세우지 않은 상태이기는 하지만, 지난 30여 년 동안 대학과 산업현장에서 느낀 해양스포츠, 마리나, 해양관광 스포츠형 프로그램 전공자가 취해야 할 학문하는 태도에 대해 생각의 일단을 다음에서 밝혔다.

공병호경제연구소장은 자신의 저서 『10년 법칙』을 통해 다중지능 이론의 창시자인 하버드대 교육심리학자 하워드 가드너(Howard Gardner ; 1943~)가 심리학, 물리학, 회화, 음악, 시, 무용, 정치 분야에서 걸출한 업적을 남긴 일곱 명의 거장들, 즉 지그문트 프로이트, 알버트 아인슈타인, 파블로 피카소, 이고르 트라빈스키, T.S. 엘리엇, 마사 그레이엄, 마하트마 간디를 연구한 결과를 『열정과 기질(Creation Minds)』이라는 한권의 책을 내놓았는데, 그 책에는 다음과 같은 내용이 있음을 소개했다. 하워드 가드너 교수의 연구결과가 소개된다. "어느 분야의 전문지식에 정통하려면 최소 10년 정도는 꾸준히 노력해야 한다. 창조적인 도약을 이루려면 자기 분야에서 통용되는 지식에 통달해야 한다. 바로 이런 이유에서 10년 정도의 꾸준한 노력이 선행되지 않으면 의미 있는 도약을 이룰 수 없다. 흔히 모차르트는 이 규칙이 적용되지 않는 예외라고 말하지만, 그 역시 10년간 수많은 곡을 쓴 다음에야 훌륭한 음악을 연거푸 내놓을 수 있었다. 앞에서 열거한 일곱 명의 창조자들 역시 혁신적인 업적을 이루기 전에 최소한 10년의 수련기를 거쳐야 했다. 물론 더 오랜 세월이 필요했던 인물도 있을 것이다. 그리고 대다수는 또 다른 10년 후에 다시 한 번 중대한 혁신을 이루었다."

다시 하워드 가드너 교수의 연구결과가 계속 이어진다. "이 연구를 수행하는 과정에서 나는 '10년법칙'을 발견했다. 일곱 명의 창조적인 인물들은 분야마다 약간씩 기간은 달라도 대략 10년을 사이에 두고 창조적인 도약을 이루었다. 인지심리학 계통의 연구를 통해 알려진 것처럼 한 사람이 어느 분야를 기본적으로 통달하는 데 필요한 기간은 대략 10년이다. 피카소처럼 네 살에 시작하면 10대에 거장이 될 수 있고, 10대 후반에 창조의 노력을 시작한 스트라빈스키 같은 작곡가와 그레이엄 같은 무용가는 20대 후반이 되어서야 비로소 창조성의 본 궤도에 올라선다. 10년간의 견습 기간을 거쳐야 중대한 혁신을 이룰 수 있다. 이러한 도약은 대개 일련의 시험적인 단계를 거쳐 이루어지는 편이지만, 일단 도약하게 되면 과거와는 완전히 달라진다."

뿐만 아니라 공병호소장의 주장도 추가된다. "성공에는 분명한 법칙이 있다. 그것은 도전에서부터 시작한다. 도전을 전제로 10년은 공부해야 상당한 수준에서 물리가 트인다는 이른바 '10년 법칙'이 거의 모든 분야에 적용된다. 10년 법칙은 하루아침에 이루어지지 않는다. 짧지 않은 '시간'과 적지 않은 '노력', 쉽지 않은 '준비'가 필요하다(공병호, 2006)."

게다가 원로 배우 신구(申久 : 1936~) 선생 역시 한 중앙일간지 기자와의 대담에서 배우를 지망하는 청년에게 당부하고 싶은 말로서 "언제나 '10년을 묵혀라' '10년 공부다.' 일제강점기의 영화인 나운규(羅雲奎 : 1902~1937 : 감독·배우·시나리오 작가·제작자) 선생이나 제임스 딘 같은 천재 말고는 사람의 재능이 거의 비슷하다. 누가 더 진정성 있게 하느냐에 따라 격차가 생긴다. 그러니 성실해라, 먼저 인간이 돼라, 고독할 테지만 길게 보고 참을 줄도 알아야 한다. 어느 분야나 장인(匠人)이 되려면 10년 정도의 시간이 필요한데, 근자에는 과거보다 환경이 좋아지는 바람에 인내심은 약해지고 조급해지는 것만 같아 안타깝다. 참고 견디는 자가 끝에는 이긴다."고 말했다(박돈규, 2017). 서울대 주경철 교수 역시 "팩트 많이 외우면 퀴즈왕일 뿐, 전문가는 시간이 만든다."고 말했다. 이 같은 분야 고수들의 통찰에다 "성공은 위치가 아니라 바라보는 방향이다."와 같은 조지 버나드 쇼(George Bernard Shaw : 1856~1950)의 말까지 덧붙여 결론을 얻으면, 해양스포츠와 마리나, 그리고 스포츠형 해양관광 분야에서 활동하는 전문가는 모두 도전에서부터 시작하지만, 그들의 공부하는 태도를 엿보면, 자기 성찰은커녕 헛바퀴를 돌리는 가운데 에너지와 시간을 잘못 사용하는 경우가 적잖았다.

이는 각 분야에서 세계적인 업적을 남긴 거장들도 최소 10년간의 견습 기간을 거쳐야 중대한 혁신을 이룰 수 있는 터에, 하물며 평범한 사람의 처지에서 '10년 법칙'만을 금과옥조로 여기고 도전을 한다고 해서 모두가 자기 스스로 우뚝 서는 '직관과 통찰의 능력'을 갖추고, 또 모두가 '유의미한 방향'을 바라보거나, 또는 '개념설계 역량'을 갖춘 연구자가 되지는 못한다는 이른바 '10년 법칙'의 역설(Paradox)도 있기는 하다. 아무튼 하워드 가드너 교수의 연구나, 공병호 박사, 신구 선생의 논지, 주경철 교수, 조지 버나드 쇼의 말이나, 특히 서울대 공대 26명의 교수들이 집필한『축적의 시간(2015)』에서 강조하고 있는 "개념설계 역량을 키워라."와 같은 말들은 한마디로 '지식은 경험이 축적'된 것이라고 웅변해 주고 있는 셈이된다. 지식은 언제나 과거에 있다. 성경에서도 "태양 아래 새로운 건 아무것도 없다."고 말하고 있다(정채현, 2014). 따라서 해양스포츠, 마리나, 스포츠형 해양관광을 공부하는 학도들이 이들 창조자들을 통해 다시 한 번 마음을 다잡는 가운데 '숱한 실패의 경험축적을 통한 내공'을 갖기까지 최소 10년을 향해서 목숨을 건다는 비장한 각오로 자신의 에너지와 시간을 올바르게 사용하지 않으면 안 되겠다는 다짐을 하는 계기가 되었으면 한다.

2) 지도교수를 뛰어 넘는 자신만의 장르(genre)를 개척해 나가야

필자의 경험칙(經驗則)으로는 특히 석·박사과정(이하 원생) 지도교수는 자신만이 갖고 있는 원천기술(지식)과 함께 성공과 실패를 통한 경험에서 얻은 소중한 지혜도 제자가 먹고 흡수할 영양분이 될 수 있도록 강도 높은 훈련을 시키는 가운데 풍부한 현장경험까지 두루 갖추고 있어야 한다고 생각해 왔다. 더욱이 지도과정에서는 막연한 기대감으로 미래를 예측하기보다 지금 이 순간 자신감을 가지고 내가 확실히 아는 것부터 하나하나 계단을 밟아가는 것이 미래를 준비하는 안전한 방법임을 주지시키는 가운데 섣불리 미래를 예측하지 않은 한편으로 실패는 실패가 아닌 성장을 위한 소중한 성장통이고 자산이며 밝은 미래로 인도하는 계단임을 머릿속에 새겨 넣듯 각인(刻印)시키는 일도 매우 중요하다. 더욱이 원생이 공부에 자신감을 잃으면 그 어떤 성과도 기대할 수 없다. 원생으로 하여금 혹독하리만큼 빡센 재능연마 과정에 무난히 적응하도록 하는 것은 물론 공부에도 자신감을 갖도록 지원하는 일이 곧 지도교수의 역량이고 자질이다. 다만 지도교수의 역량에 무임승차 하고자 하는 얌체제자가 혹시 있다면 과감하게 내쳐야 한다. 한데, 요즘에는 세태 탓도 있겠지만 그런 얌체족이 일부 있는 것만 같아 걱정이다.

다시 지도교수의 역량[실력] 얘기를 계속해 보자. 지도역량이나 자질이 결여된 지도교수 밑에 있는 원생이라면, 한마디로 개고생만 잔뜩 하다 겉만 그럴듯하고 실속이 없는 그야말로 '빛 좋은 개살구', 혹은 '속빈 강정'과 같은 형국의 학위만 취득하는 경우가 흔하다. 달리 말하면 원생이 공부해야 할 원천기술 확보는 고사하고, 겨우 한다는 짓이 교수라면 누구나 다 아는 통계기법을 동원하여 학위를 위한 학위논문, 또는 소논문을 위한 논문지도에만 머무는 '밥버러지[食蟲]'에 불과한 지도교수는 곤란하다는 뜻도 된다. 학위논문이나 소논문을 해양스포츠학이라는 큰 그릇에 견주어 보면, 그 그릇의 크기가 지극히 왜소할 수밖에 없다. 더 넓은 바닷물에서 작은 컵으로 물을 뜨는 것이나 다를 바 없기 때문이다. 결국 "컵으로 바닷물을 뜨면 그 성질이 바닷물이긴 하지만 이미 바다가 아니다(신영복, 앞의 책)." 더 직설적으로는 학위논문이나 소논문은 큰 바다인 해양스포츠학 전체에서 차지하는 비중이 겨우 조각바다, 혹은 작은 레고 조각에 불과하고 그 조각들을 열심히 모으고 모아야 비로소 큰 바다인 해양스포츠학의 바다와 마주하게 된다. 왜소한 컵에 담긴 바닷물을 큰 바다로 착각하는 이런 부류의 교수가 해양스포츠 및 유사학과에는 모르긴 해도 더러 있는 것만 같아 안타깝다는 것이다.

더욱이 가관인 것은 바다 근처에도 가본 적이 없는, 또는 자기전공도 아니면서 해양스포츠전공자를 지도하는 이도 있어 실소를 금하지 못할 때가 가끔 있다. 대개 이들은 연구보다는 닭벼슬보다 못한 지도

교수를 비롯 학과장이라는 우월적 지위를 이용하여 원생이나 시간강사에게 갑질을 일삼고, 심지어 선배 교수에게도 뒤에서 비열한 짓을 저지르는 것은 예사일 뿐 아니라 '말을 지어서' 엉터리로 꾸며대고 둘러 대면서 사실도 진실도 아닌 거짓을 토하는 경우가 적잖다고 한다. 심지어 거짓말에 거짓말로 일관하다 보니 자기 자신도 언제 무슨 거짓말을 했는지조차도 기억 못하는 인사가 있다. 삶의 법칙이자 진리인 '인과응보(因果應報)'는 그 자신의 몫이니까 일단 논외로 젖혀둔다고 치더라도, 걱정되는 것은 이른바 허언증(虛言症) 때문에 부끄러움을 모르는 인사가 원생의 지도교수라면, 그 원생의 학문적 성취는 말할 것이 없다. 더군다나 대학 교육의 세 가지 핵심인 '많이 읽고', '쓰고', '논리적으로 생각하는' 공부를 통해 최종 지향해야 할 유연함과 품성도 기대하기가 더욱 어려울 것이다. 왜 원생에게 유연함과 품성이 중요할까? 공부는 머리로 하는 것이 아니라 가슴까지, 즉 낡은 생각을 깨뜨리는 것이기 때문이다. 다르게는 세상에서 가장 먼 여행길이 머리에서 가슴을 거쳐 발까지 내려가는 여정이라는 점에서 그만큼 사람의 변화가 어렵다는 의미도 된다. 결국 학문과 인격은 그야말로 빈껍데기에 불과할 것이 예상되기 때문에 나라와 원생을 함께 망칠 것만 같아 낭패스럽다는 것이다. 마하트마 간디(1869~1948)는 나라를 망치는 7가지 사회악 중 하나로써 '인격 없는 교육'을 꼽았다.

다음은 스승과 원생 간의 관계 설정에 관한 얘기다. 명나라의 사상가로서 예교(禮敎)를 부정하며 남녀평등을 주창한 양명학의 좌파인 이탁오(李卓吾 : 1527~1602)는 "사제(師弟)가 아니라 사우(師友) 정도가 좋다고 한다. 친구가 될 수 없는 자는 스승이 될 수 없고, 스승이 될 수 없는 자는 친구가 될 수 없다고 했다(신영복, 앞의 책)." 스승과 제자는 비대칭 관계라는 뜻이다. 일부 대학가에서 아직도 존재하는 원생에 대한 갑질문화에 반성의 울림이 큰 말이다. 게다가 만약, 석·박사과정 지도교수가 건강에 이상이 있거나 또는 평소 그 자신의 처신이 올곧지 못하여 신분에 변화가 있을 때는 원생은 그야말로 닭 쫓던 개의 형국에 처하는 경우가 있다. 학위가 끝날 때까지 건강은 물론 삶의 태도 역시 건강하게 관리하는 등 지도교수와 원생은 상호 자기관리에 철저하지 않으면 안 된다. 식사의 끝은 디저트가 아니라 설거지까지다.

'빈껍데기'라는 말에 기대어 '목숨부지'라는 말을 해볼 수도 있다. "사람이 산다는 것, 그것은 목숨 부지로 끝나는 것이 아니다. 단지 목숨을 부지하는 일은 벌레도 짐승도 능히 해낸다. 풀도 나무도 곧잘 감당해 낸다. 사람으로 살자면 스스로를 다듬고 가꾸는 일이 무엇보다도 앞서야 한다. 누구나 자기 자신이 창조주라야 비로소 사람다워진다. '인간이란 그가 행하는 바의 것이다.' 앙드레 말로(Andre Georges Malraux ; 1901~1976)의 대표작 『인간의 조건』에 나오는 말이다. 인간은 누구든지 자신이 하는 나름대로 자아의 처지며 운명을 만들어가는 것을 가리킨 말이지만, 이 말을 우리 누구나의 인생론과 겹친 인간론에 적용시켜도 괜찮을 것이다. 그렇다. 인간은 각자가 행하는 바를 따라 자기를 만들어 가는 존재다(김열규, 앞의 책)." 특히 해양스포츠 분야 일부 교수나 원생들이 새겨들어야 할 말이 아닌가 싶다.

그런데 교수는 호락호락하지는 않지만 어떤 경우에도 논문이나 저서로서 존재감을 드러내야 한다는 것은 만고불변의 진리다. 모르면 말이 꼬여 어려워지고, 알면 명백해서 학생들이 이해하기 쉽다. 빡세게 공부해야 쉽게 풀어낸다. 단순보다는 복잡성에 천착한 공부가 깊은 교수라야 설명이 간결하다. 더욱이 지도교수의 역량이나 연구태도가 형편없다는 사실을 자기만 모르지 원생들을 비롯하여 학부생들은 다 안다. 그래서 스스로를 다듬고 가꾸는 일을 엄격히 관리하는 것은 물론 원천기술도 갖고 있는 분야의 권위자를 지도교수나 과목담당교수로 모신 경우를 두고, 원생을 비롯하여 학부생들 사회에서는 흔히 "행운이다."라고 말하면서 무한한 자긍심을 갖는 이유가 바로 거기에 있다. 인격도야는 물론 적어도 헛고생은 하지 않을 것 같은 믿음이 가기 때문이다. 특히 하나의 질문에 답이 여럿 존재하는 4차 산업혁명 시대가 무르익고 있는 때에 하워드 가드너 교수의 연구결과에 기대어 "원생은 높은 인격과 함께 탁월한 능력도 겸비한 지도교수 밑에서 대략 10년 동안 체육과 해양스포츠는 두 말할 필요도 없이 전공은 기본이고 인접분야 책까지 두루 섭렵하여 콘텐츠가 풍성해야 아무 관련 없어 보이는 분야의 지식을 묶는 힘[창의력]이 생기고, 또 서로 다른 주장들 속에서 자신만의 길[장르]을 개척하는 힘인 통찰의 능력이 생긴다는 사실을 주목하지 않으면 안 된다."라는 말을 해볼 수도 있겠다. 더욱이 원생은 지도교수의 업적과 주장을 비롯하여 국내외의 관련 문헌도 두루 섭렵하여 그것을 토대로 자기만의 장르를 개척하고, 독특하면서도 실용성이 높은 이론을 바탕으로 개념을 설계해 나가는 일이 매우 중요하다. 그래야만 다른 원생과 다른 원생, 또는 다른 학부생과 다른 학부생이 될 수 있다.

그런데 내가 불쑥 "다른 학도와 다른 학도가 되도록 공부해야 한다."라고 주문(注文)해 해놓고 보니까 막상 공부 방법론 측면에서 뭔가 막연한 느낌이 있는 것만 같아 세 분의 선각자(先覺者)들이 일생을 통해 탁마(琢磨) 정진하여 비로소 깨달은 혜안(慧眼)을 특별히 소개한다. 그들의 혜안을 통해 얻는 결론은 "그 다름이 달라지려 해서 달라지는 것이 아니라 같아지기 위해 달라진 것이어야 다른 학도와 다른 학도가 된다."는 것이다. 선각들의 얘기가 이어진다. 청나라 원매(袁枚)가 "속시품(續詩品)" 저아(著我)에서 "옛사람을 안 배우면 볼 만한 게 하나 없고, 옛사람과 똑같으면 어디에도 내가 없다. 옛날에도 있던 글자, 하는 말은 다 새롭네, 묵은 것은 토해 내고 새 기운을 들이마셔야 제 말 제 소리가 나온다. 주공에서 공자가 나왔고, 공자를 배워 맹자가 섰다. 배운 자취가 분명하나 드러난 결과는 판이하다. 잘 배운다는 것은 이런 것을 두고 하는 말이다." 이 말을 받아 연암 박지원은 『녹천관집서(綠天館集緖)』에서 "왜 비슷해지려고 하는가? 비슷함을 구함은 진짜가 아니다. 세상에서는 서로 같은 것을 '꼭 닮았다'고 하고, 분간이 어려운 것을 '진짜 같다'고 한다. 진짜 같다거나 꼭 닮았다는 말에는 가짜이고 다르다는 뜻이 함께 담겨 있다."고 했다. "이미 있는 논리에서 없는 나, 새로운 나, 나만의 나를 끌어내야 진짜다. 같아지려면 같게 해서는 안 된다. 똑같이 해서는 똑같이 될 수 없다. 다르게 해야 같아진다. 똑같이 하면 다르게 된다. 같은 것은 가짜고, 달라야만 진짜다(정민, 2018)."

따라서 지도교수의 업적과 주장을 비롯하여 국내외의 관련 및 인접분야 문헌도 두루 섭렵하여 내 안에 녹여 완전히 내 것으로 만들면 무엇을 해도 새롭게 된다. 그러지 않으면 허무맹랑하고 황당무계한 것을 새롭다고 착각할 수가 있다. 황당무계한 착각의 대표적인 사례가 있다. 도저히 그 어떤 것과도 등치(等値)시킬 수 없는 지식체계 구축의 기본단위인 중심개념을, 또는 대분류 개념에 바로 종개념에 놓이는 중분류 개념을 가당찮게도 대분류 개념과 같은 반열, 즉 '해양스포츠'는 대분류이고 '해양레저나 해양레저스포츠(생활체육형 해양스포츠)'는 백번 양보하여 평가한다고 해도 기껏 해양스포츠의 중분류쯤에 해당됨에도 세간(世間)에서는 흔히 수평개념으로 이해하고 있어 너무나도 안타까운 실정이다. 암튼 이 분간(分揀)을 세우자고 우리는 오늘도 공부를 한다. 공부는 해양스포츠와 세계[삶]에 대한 올바른 인식을 키우는 일이다. "세계 인식과 자기 성찰이 공부다. 공부는 모든 살아 있는 생명의 존재 형식이다. 공부는 실천이고 변화이기 때문에 '머리가 아니라 가슴'으로 하는 것이며, 또 '가슴에서 끝나는 여행'이 아니라 '가슴에서 발까지의 여행'이어야 한다(신영복, 앞의 책)." 결국 낡은 생각을 깨뜨리는 것이 공부다. '해양레저스포츠'와 '해양레저'를 '해양스포츠'와 같은 층위의 개념으로 이해하는 이가 있다면, '내가 바로 천치(天痴)요' 하고 스스로 선전하는 것과 같다. 해양스포츠 vs 해양레저스포츠, 비슷한 듯 보이지만 다른 층위의 예기다.

더욱이 우리 말 '해양(海洋)'과 외국어 '스포츠(Sports)'의 결합어형인 해양스포츠, 특히 '해양스포츠학'을 체육학자들은 종합학문이라고 일컫는다. 물론 종합학문인 체육학에서 분화된 분야이기 때문에 해양스포츠학의 원전인 체육학의 이해는 기본이고, 해안·해양·항만공학을 비롯하여 해양건축공학, 조선해양공학, 해양학, 해양기상학, 해양관광학, 잠수생리학, 생태공학, 경영학, 심지어 바다란 질료(質料)에 스포츠의 바다라는 스토리텔링을 통해 형상을 부여하는 인문학 등 인접분야 학문도 두루 섭렵하지 않으면 해양스포츠학 이해의 총체성을 확보할 밝은 눈의 기대는 실로 난망(難望)한 것이 사실이다.

이는 얼치기 선생님을 만나 까딱 잘못 공부하면 공부는커녕 순전히 개고생만 한다는 일종의 경구(警句)이기도 할 것이다. 학생은 모름지기 학문의 지름길로 방향을 잡아줄 선생님을 잘 만나야 한다. 선생님 역시 제자를 잘 만나야 주목받는 업적을 쌓을 수 있다. 이쯤에서 지도교수와 원생의 역할을 조정(漕艇)경기 오어(Oar : 櫓)종목의 대표격인 에이트(eight)에 한번 견주어 볼까 한다. 지도교수와 원생이 지적 충실을 향한 가속도를 붙이기 위해서는 조정경기처럼 서로 믿음과 성실 속에서 오어를 젓는 힘점을 한 사람이 젓는 것과 같은 박자로 잘 맞추는 일이 매우 중요하다.

그래야만 보트가 삐뚤빼뚤하지 않고 속력 가속도까지 붙어 결승선을 향해 아주 효율적으로 잘 나아갈 수 있기 때문이다. 이는 부산수산대 조정 팀을 약 15년간 지도교수로서 줄곧 국가대표선수양성 산실로써, 또는 전국 최우수 팀으로 육성하면서 얻은 경험칙이다. 더욱이 지도교수와 원생의 관계는 크루우(Crew) 간 반석 같은 신뢰와 무한 성실과 헌신을 요구하는 조정경기처럼 콕스(Cox : 키잡이)와 크루우[동력]의 역할과 별반 다르지 않다. 결국 석·박사과정의 지도교수와 원생 간에는 조정경기처럼 자기관리는 물론 탁월한 체력과 무한신뢰에 토대를 두고 있는 '찰떡 팀워크'가 중요하다고 말하게 된다.

3) 지도교수와 원생 간에는 조정(漕艇)선수들처럼 '찰떡 팀워크'가 중요

사람들은 세상에, 선수들이 결승선을 등지고 달려가다니 하고 감탄사를 연발한다. 그래, 우리의 삶 역시 앞이 보이지 않는 캄캄한 시간 속에서 힘껏 오어(櫓)를 젓는 것 같은 불안감을 갖고 있던 터에 조정경기가 은유하는 메타포(metaphor)에 더욱 공감하는 것은 아닐까. 나의 콕스(키잡이)는 누구? 조정경기는 스타플레이어가 없는 경기다. 다만 있다면 탁월한 체력과 무한신뢰에 토대를 두고 있는 '찰떡 팀워크만이' 빛나는 스타플레이어일 뿐이다. 실제로 경기의 전 과정이 바로 무한신뢰 속에 나를 희생시켜 팀을 구하는 데 있기 때문이다. 그래서 조정경기는 우리에게 이렇게 말해주는 것인지도 모른다. 나의 삶은 언제나 너의 삶에 기대어 있다고 말해주는지도. 또 무한신뢰 속에서 너와 내가 힘을 합쳐야 저 깊은 물을 건널 수 있다고 말해주는지도.

특히 조정경기의 몇 특징 중 하나인 무한신뢰, 즉 높은 수준의 신뢰는 상호연계와 팀워크를 이루게 하고, 이것은 협력적 혁신이 핵심인 제4차 산업혁명 시대에서 더욱 빛을 발하게 될 덕목이기도 하다. 서로 다른 구성 요소와 사안들이 난마(亂麻)처럼 서로 얽혀 있는 시대이기 때문에 상호간 협력은 신뢰를 바탕으로 해야만 가능해 진다. 결국 조정경기처럼 관련된 모든 이해관계자[크루우 ; crew]들은 혁신[무한신뢰]이 모두의 이익[우승]을 추구하고 있는지 여부를 보장하는 역할을 맡게 된다. 조정경기를 통해 더 직설적으로 비유하면, 멤버 중 한 사람이라도 최선을 다하고 있지 않다고 느껴지면 무한신뢰가 순식간에 무너짐으로써 보석 같은 팀워크는 급기야 똥이 되고, 팀의 꼬락서니 역시 대략 수습불능의 수렁으로 빠진다. 따라서 무한신뢰는 제4차 산업혁명의 시대정신도 된다는 점에서 조정경기가 제4차 산업혁명 시대에 주는 시사점에 공감이 클 수밖에 없다는 생각을 갖게 된다.

잠깐 쉬어 가는 의미로 부산수산대(현 부경대) 조정팀에 대한 나의 감상(感想), 즉 사례를 통해 지도교수와 원생 간의 관계를 좀 더 사실적으로 이해할 수 있었으면 한다. 1983년 2월 16일 팀 창단 때부터 최전성기에 이르기까지 약 15년간 지도교수인 나에게 서울 및 북경아시안게임을 비롯하여 전국체전과 각종 전국대회를 통해 건치 웃음을 잃지 않도록 줄곧 기쁨을 준 것은 물론 해양스포츠학과 세계 첫 설치에 동력까지 마련해 준 조희찬 감독을 비롯하여 제1기 졸업생(1987년) 이봉수·조영기·이성환·곽명환·이성진, 그리고 이들의 후배인 박승덕·선우상·이성균·김웅학·어성길·이호·김구현·이형기·윤용호·윤남호·박인태 등 일일이 거명하기에도 숨이 찰 정도인 총 80여 명에 달하는 제자들에게 이 기회를 통해 늦게나마 진심을 담아 감사의 마음을 전한다. 이중 저 세상에 무엇이 그렇게 바쁜 일이 있다고 어느 날 우리 곁을 홀연히 떠나버린 애칭이 '점박이'인 고(故) 박승덕 군의 명복을 빈다. 그와의 인연을 맺게 된 것이 벌써 30년도 더 지났다. 특히 경기 중 '나를 희생시켜 팀'을 구하겠다는 각오로 항상 파이팅을 외치면서 크루우들을 독려하던 그의 당찬 모습이 지금도 뇌리에 선명하게 남아 있다. 또한 박인태 군은 졸업 후 교통사고로 두 다리를 잃었음에도 재활에 성공하여 세계장애인조정대회 싱글스컬 종목에 출전하여 6위를 한 것은 인간승리라 할만하다. 그의 불굴의 의지에 아낌없는 격려를 보낸다.

대한조정협회가 펴낸(2001) 『한국조정 85년사(史)』를 보면 부산수산대 조정팀이 잘하기는 참 잘했던 모양이다. 팀 창단 100일만에 전국대회 우승을 비롯하여 1985년 춘천전국체육대회 남자일반부 3개 전 종목 천하통일, 1985~1987년 1~3회 대통령기 전국시도 대항 조정대회(에이트 종목) 내리 3연승, 1987년 10월 제68회 광주전국체전 남자일반부 5개 종목에서 단일팀이 금 4, 은 1개를 획득한 진기록은 2019년 기준 103년, 그러니까 산천이 열 번 바뀐다는 한 세기가 지난 지금까지도 한국조정계에 전설로 회자되고 있고, 또 1988년 5월 '한강레가타조정대회' 10km 에이트경기에서도 발군의 기량으로 우승한 것을 비롯하여 아시안게임 남자종목에서 국내 첫 은메달 획득은 물론 역대 전국체전에서도 총 32개의 금메달을 획득하였고, 그리고 장보고기전국하계조정대회 15년 연속 종합우승한 일 등은 내 생애 전반에 걸쳐 결코 잊지 못하는 한편의 장엄한 파노라마(panorama)였다고 회고할 수 있다(대한조정협회, 2001).

특히 지도교수로서 항상 강조한 것은 '교훈적인 레이스', 즉 우승은 단지 결과론일 뿐 결코 레이스의 목표가 될 수는 없다. 따라서 "한수 가르쳐주는 교훈적인 레이스가 목표가 되어야 하고, 그런 결과로서의 우승이면 좋은 일이다."였다. 실제로 그들은 그렇게 증명해 보였다는 사실이 『한국조정 85년사』에 오롯이 기록되어 있기도 하지만, 그들과 함께 한 세월에 대해 나는 한없는 긍지를 갖고 있다. 더욱이 한국조정 103년이 지난 지금까지도 전설로 남아 있는 빛나는 업적들의 중심에는 지도교수·감독·선수 간 무한신뢰 속에 '찰떡 팀워크'가 있었다고 말할 수 있다. 매번 훈련비가 턱없이 모자라 어려움을 겪는 가운데서도 소머리 곰탕, 자연산 장어 탕, 소골[牛骨] 등은 그 때의 주요 영양식이었다.

지금은 이들이 한국 조정계를 좌지우지하고 있다. 조(趙) 감독은 30여 년을 함께하다 나보다 조금 먼저 명예퇴직을 하고 남해에서 앓고 있는 내자를 지극정성으로 간호하고 있다. 지난 세월을 돌이켜보면 어디 좋은 일만 있었겠는가. 엄마가 사내아이를 낳아 남자로 키우는 데는 장장 20년이라는 긴 세월이 필요하지만, '여자가 남자를 망가뜨리는 데는 고작 20분이면 족하다'는 말이 있다. 비록 내가 팀을 떠난 뒤의 일이긴 해도 무능한 지도교수가 약 15년 정도 아주 잘나가던 팀을 망가뜨리는 데도 불과 2~3년밖에 걸리지 않았던 사실을 직접 목격할 때는 참담한 아픔을 겪기도 했던 터라 부산수산대 조정팀에 대한 나의 감상이 남다를 수밖에 없다. 아무튼 앞으로 한국 조정계에서는 이런 전설적인 팀이 두 번 다시 출현하기 어려울 것이다. 다만 과거 부산수산대에 준하는 팀은 1회 졸업생 이봉수 감독이 이끄는 '한국수자원공사'가 될 것으로 기대된다.

에피소드(episode)도 있다. 훈련기간을 비롯하여 대회 중에 체력이 급격히 저하된 선수에게는 어김없이 링거주사를 처방하여 결국 우수한 경기력을 발휘함으로써 다른 팀에서는 부산수산대가 혹시 금지약물을 투약하는 것이 아닌가 하고 의심하는 경우가 많았다고 한다. 그만큼 링거주사를 통한 피로회복 처방은 1980년대로서는 신선한 충격이었던 셈이 된다. 이후 다른 팀들도 너도나도 링거주사 처방 대열에 합세하기도 하는 등 비록 소금물에 불과한 링거주사 처방이라고 하더라도 심리적으로는 안정감을 주는 효과는 분명히 있기 때문에 지금은 거의 모든 조정선수들에게 일반화되어 있다는 얘기를 전해 듣고 있다.

특히 국립대학 특기부로서 30년 이상 활동한 팀은 지금껏 부산수산대 조정팀뿐이다. 더욱이 조정경기 에이트종목은 세계적으로 대학스포츠의 꽃으로 평가 받고 있다. 영국 옥스퍼드와 캠브리지, 미국 하버드와 예일, 일본 와세다와 게이오의 에이트 경기가 유명하다. 대기업에서 이들 조정 명문대학의 졸업생을 스카우트를 하기 위해 인사담당자들이 적잖게 공을 들이는 것으로 알려져 있다. 이들은 조직 관리에 절대 필요한 탁월한 체력과 희생정신과 협동심과 적극성이 이미 조정경기를 통해 체질화되어 있기 때문에 조직 발전에 활력소가 되고 있다는 것이다. 그런데 인간의 기본능력인 지능, 적성, 창의력은 주로 유전에 의해 결정되기 때문에 계발 범위가 상대적으로 좁다. 그러나 '태도'와 '가치관'은 100% 학습되기 때문에 계발 가능성이 높다. 특히 역경에서 생각과 태도를 바꾸면, 전혀 다른 세상과 미래를 볼 수 있음을 세계 조정명문대학 졸업생들이 입증해 주고 있는 셈이 된다.

조정 명문대학들의 키잡이는 주로 여학생이 선발되는 경우가 흔하다. 이런 점에서 보면 조정경기는 진작부터 양성평등을 실현한 선진스포츠였을 뿐만 아니라 긍정적인 태도와 가치관을 계발할 수 있다. 올림픽경기 에이트종목에 여자출전이 첫 허용된 것은 '88서울올림픽 때부터다. 총 2km를 죽을 각오로 오어를 힘껏 저어야 하는 만큼 에이트4경기는 남자도 그야말로 '위장 속의 밥알이 타 콧구멍으로 연기가 모락모락 나올 정도로 아주 힘든 종목'이라고 정평이 나 있다. 실제로 결승선을 통과한 직후에 호흡곤란을 일으켜 의무실로 후송되거나, 점심 먹은 것을 스스로 확인하는 선수도 가끔 있을 정도다. 얘기가 길어졌다. 앞에서 지도교수와 원생 간의 관계를 조정경기에 비유하다 결국 얘기가 여기까지 이르고 말았다.

지금까지 지도교수와 대학원생 간의 팀워크에 대해서 이야기했다.

"통찰의 능력은 제4차 산업혁명 시대 일자리에서의 생존에도 꼭 필요한 자질이다. 연구자는 스스로를 다듬고 가꾸는 가운데 주목받는 논문이나 저서로서 존재감을 드러내야 한다. 인간은 각자가 행하는 바에 따라 자기를 만들어 가는 존재다. 특히 원생은 자기만의 장르를 개척하고, 독특하면서도 실용성이 높은 이론을 바탕으로 개념화해 나가야 한다." "꿀벌은 여기저기의 꽃에서 당분을 빨아들이지만 나중에 그것으로 꿀을 만든다. 그 꿀은 꽃의 것이 아니라 꿀벌의 것이다(김성우, 2015)." 이 말은 한국 최초 명예시인이자 언론인인 김성우(1934~)가 자신의 저서『인생을 묻는다』를 통해 철학자 미셀 몽테뉴(Montaigne, Michel De : 1533~1592)의 『수상록』에서 인용한 말이다. 뿐만 아니라 앞에서 소개한 청나라 원매(1716~1797), 그리고 연암 박지원(1737~1805)의 말이나 김성우의 인용문이 각각 시대 면에서 앞뒤가 있을망정 그 맥락은 시공을 초월하여 서로 일맥상통하고 있기 때문에 그들이 고행의 탁마 정진을 통해 깨달은 혜안을 대하면서, 순간 머리칼이 쭈뼛해지는 것을 느낄 수 있었다. 학도들도 환희랄까 전율과도 같은 것을 체험하게 될 것이다. 그런 점에서 보면, 전공은 기본이고 국내외 관련 및 인접분야 문헌까지도 두루 섭렵하여 개념화해나가는 가운데 꿀벌처럼 그 모든 것을 자기 것으로 만드는 등 독창적인 노하우를 탁마해 나가지 않으면 안 된다. 따라서 "지도교수와 원생 간에는 조정경기에 출전한 선수들처럼 건강을 물론 무한신뢰에 토대를 두고 있는 '찰떡 팀워크'가 대단히 중요하다."라고 거듭 강조하게 된다. 한편 "지식인이 갖춰야 할 가장 중요한 품성은 '양심적인 사람'이다. 양심은 다른 사람을 배려하는 인간학일 뿐만 아니라 그 시대와 그 사회를 아울러 포용하는 세계관이고, 또 관계를 조직하는 장이기 때문이다. 양심은 인간과 세계를 아우르는 최고 형태의 관계론인 가운데 가장 연약한 심성에 뿌리 내리고 있는 지극히 인간적인 품성이기도 하다(신영복, 앞의 책)."

4) 학부와 대학원 강의의 차이점

학부생 강의에 가장 불편한 것은 항상 문제 중심이어야 하고 정답이 반드시 있어야 한다는 점이다. 특히 학부에서 취급하는 개념과 논리 중심의 선형적(線形的) 단순 지식은 지식이라기보다는 오히려 지식의 파편에 가깝다고 보는 게 맞다. 그렇지만 해양스포츠 세상은 조각의 지식들로 채워진 모둠이 아니다. 이런 측면이 학부 강의에 내재된 불편한 진실이다. 다르게는 대학원 강의처럼 먼저 핵심적인 것을 파악하고 난 다음에 관련된 것들을 하나하나 연결해 나가는 순서라야 모순을 크게 줄일 수 있지만, 학부 강의는 개념을 아예 단순화시켜 진리에 접근하기 때문에 자칫 오류(모순)가 발생할 우려가 높다는 점이 곧 학부 강의가 싹싹하지 못하다고 말하게 되는 출처다. 특히 여기서 말하는 그칠게 요약한 '단순화'는 일찍이 맹자가 말한 설약(說約)과는 전혀 차원이 다른 개념임을 이해하지 않으면 안 된다.

한편 대학원 강의는 "여기저기 우연의 점을 찍어 나가는 일이 아닌가 생각된다. 얼핏 보면 순서도 없고 질서도 없다. 그렇지만 여기저기 우연의 점들을 무수히 찍어 나가다 보면, 그것이 어느 날엔가 서로 연결되어 인연의 선(線)이 된다. 그 선들이 모여 면(面)이 되고 장(場)이 되어 운명이 된다. 그 운명을 당장은 아니더라도 5년 후, 혹은 10년 후 문득 신기루처럼 만나게 될지도 모른다(신영복, 앞의 책)." 달리 말하면, 기하학에도 쉬운 방법인 왕도(王道)가 없는 데 하물며 공부에 무슨 왕도가 있겠느냐고 반문하는 이가 적잖지만, 그래도 하다 보면 점이라고 생각했던 것들이 어느 날 문득 선(우연)이 되고 면(인연)이 되고 장(운명)임을 깨닫게 된다는 뜻도 된다. 따라서 그 점들을 이어서 선을 만들고 장을 만들어 자신의 지적 충만의 길인 지도(知道)를 완성해 가는 수고를 스스로 감당해야 한다. 더욱이 우연의 점들을 하나하나 제자리에 앉힘으로써 지도를 완성해 갈 길을 이윽고 찾았을 때 비로소 우리는 '환희를 느낀다.' 나는 우리들의 삶도 우연이라고 생각했던 것들이 어느 날 문득 인연이었다는 것을 깨닫게 되는 때가 있고, 또 그러한 인연들이 갈무리되어 운명이 되기도 하는 경험을 가끔 한다. 그런 점에서 보면, 우리의 삶이나 공부의 여정도 닮은꼴이 아닌가 싶다. 아무튼 전공을 중심으로 국내외의 직간접인 분야의 책까지 두루 많이 읽지 않으면 안 된다. 장문의 종이 책을 뜻하는 점들을 무수히 찍어 나가다 보면 어느 날 홀연히 선을 만나고, 면을 만나고, 최종 장을 만들어 앎의 길을 완성해 가는 일련의 메커니즘이 곧 대학원생들이 가지 않으면 안 되는 기약 없는, 아니 학위취득 후로도 20~30년 공부의 여정이 기다리고 있는 것과도 맞통해 있을 것이다.

따라서 대학원 과정에서는 핵심을 요약[설약]하고 추출할 수 있는 추상력(복잡한 것을 간단하게 압축하여 단순화)을 비롯하여 작은 것, 사소한 문제 속에 담겨 있는 엄청난 의미를 읽어 내는 상상력(빙산처럼 눈에 보이는 부분은 비록 작지만, 수면 아래에는 엄청나게 큰 얼음 덩어리가 있음을 읽어 내는 능력, 즉 복잡성과 직면), 즉 '단순화'와 '복잡성' 이 둘을 적절히 배합하여 구사할 수 있는 유연함을 발휘할 수 있도록 공부를 열심히 하기 바란다. 유연함은 사고(思考)의 문제가 아니라 품성(品性)의 문제다. 한 편으로 학문하는 태도는 그렇다고 쳐도 대학원 석 박사는 어떻게 지도해야 할까. 특히 박사를 지도한다는 것은 독자적인 연구를 할 수 있는 연구자를 만드는 일이다. 어부에 비유하면 지금까지의 경험을 활용하고, 음파탐지기를 이용하든 아니면 자신의 직감을 사용하든지 해서 물고기가 어디 있는지를 스스로 찾을 줄 알아야 한다. 결국 고기를 잡는 기술도 익혀야 하고, 잡은 고기를 손질해서 회도 뜨고, 찌개도 끓이는 전 과정을 다 해야 한다. 대학원 교육은 이래야 한다. 그렇게 전 과정의 문제에 부딪쳐가면서, 자기 연구를 해나가면서 배우는 것이 진정한 의미의 석 박사 교육이다. 대학원에서는 과목을 수강해서 새로운 것을 배운다기보다는 실제로 연구하면서 배우는 것이 훨씬 더 비중이 크다(현택환, 2015).

그런데 자기만이 할 수 있는 독창적인 노하우[내공]가 없으면 이 세상 그 어디에서도 개인 창업은 물론 기업에도 이력서 한 장 낼 곳이 없는 시대가 바로 오늘날의 사회다. 버리다시피 하는 프로그램에 새로운 아이디어를 투입해서 고객의 흥미를 높이고 새로운 레저 업체를 만들어내는 것이 바로 해양스포츠 분야 지식산업이 나아갈 길이다. 계획을 정교하게 세우고, 과감하게 시행하고, 철저한 사후관리를 통해 교육성과를 극대화시켜야 한다. 더욱이 자신의 미래를 스스로 책임져야 하는 '프리 에이전트(FA)의 시대'에 "더 이상 대기업이 베푸는 자비심에 의존하지 않고 오직 자기 자신의 지식과 지혜에 의존하여 살아가야 한다. 경제의 기본 단위가 이젠 '조직'이 아니라 '개인'이라는 뜻이다. 프리 에이전트는 고용주이면서 동시에 피고용자다(석기용, 2004)." 우리는 괴짜도 아니고 선구자도 아니다. 시대가 요구하는 새로운 장단에 맞춰 춤을 추어야 할 뿐이다. 대학교육이 놓쳐서는 안 되는 측면이다.

3. 4차 산업혁명 응전(應戰)과 해양 DNA 배양

1) 2.5차 마리나산업군(群)의 완성도, 제4차 산업혁명 응전의 토대

2016년 1월 세계경제포럼(다보스포럼)에서 제기된 '제4차 산업혁명'이 국제사회의 화두가 되어 있다. 세계경제포럼 회장인 클라우스 슈밥(Klaus Schwab: 1938~)은 독일 라벤스부르크에서 태어났다. 독일 프리부르대학교(University of Fribourg)에서 경제학 박사, 스위스 연방공과대학교(Swiss Federal

Institute of Technology)에서 공학박사를, 하버드대학교 케네디공공정책대학원(Kennedy School of Government at Harvard University)에서는 행정학석사과정을 수료했다. 1972년 제네바대학교 최연소 교수로 임용된 바 있다. 클라우스 슈밥은 학자이자 기업가, 정치인으로 활동했던 독특한 이력을 갖고 있으며, 지난 45년간 세계 경제 발전에 헌신하고 국제분쟁 해결에 노력해왔다.

1971년 클라우스 슈밥이 창립한 세계경제포럼은 스위스 제네바에 본부를 둔 민관협력을 위한 국제기구이다. 세계경제포럼은 전 세계에 걸쳐 비즈니스, 정부, 시민사회에까지 다양한 이해그룹의 리더들이 세계의 상황을 개선시키기 위해 함께 공동의 의무를 다할 수 있도록 포괄적이고 통합적인 플랫폼 역할을 한다. 포럼의 방향성은 1971년 클라우스 슈밥이 창시한 '다중이해관계자이론(multistakeholder theory)'에서 파생되었고, 이로 인해 사회 참여자 누구에게나 신뢰를 주는 가치중립적인 국제기구로 거듭날 수 있었다. 그의 리더십하에 세계경제포럼은 다양한 협력과 국제적 이니셔티브를 통해 세계 각국의 조정 및 화합을 이끌어왔다. 독일 경제학자 클라우스 슈밥은 4차 산업혁명을 인간과 기계의 잠재력을 획기적으로 향상시키는 '사이버 물리 시스템(CPS)'으로 정의했다. 요즘 인공지능(AL), 빅데이터, 로봇기술, 사물인터넷(LoT) 등을 통해 실제와 가상이 통합돼 사물을 자동적·지능적으로 제어할 수 있는 시스템의 구축이 기대되는 산업상의 변화가 일어나고 있다는 것이다(송경진, 2016).

한편으로 2012년 독일에서 첫 시작된 4차 산업혁명의 횃불은 2017년부터 인류의 모든 것을 바꿔놓을 만큼 거대한 파급력을 가진 채 들불이 번지듯 무서운 속도로 번지고 있는 가운데 국내도 이에 대한 사회적 담론이 활발하다. 어쩌면 1784년 1차 산업혁명(증기기관 발명과 기계화), 1870년 2차 산업혁명(전기 발견에 따른 대량생산), 1969년 3차 산업혁명(1969년 처음 등장한 인터넷이 이끈 컴퓨터 정보화 및 자동화 공정과 관련된 디지털 혁명) 때보다도 인류는 기술발달의 혜택을 더 많이 누릴 것으로 보인다. 이처럼 더 많은 물건을 더 적은 인력으로 더 빨리 만든다는 점을 특징으로 하는 4차 산업혁명을 위한 창조는 문화융합의 용광로[Melting pot]를 통해 문화와 문화가 서로 몸을 섞어야 생긴다는 것을 실증(實證)해주고 있는 셈이 된다. 독일과 미국이 선도하고 일본, 중국, 유럽에선 정부가 앞장서 인공지능(AI)·사물인터넷·센서가 융합된 자율주행차를 출시하는 가운데 4차 산업혁명 전략을 짜고 관련 기초산업에 투자하고 있는 등 박차를 가하고 있는 추세다. 독일 설비 단말, 미국 클라우드(Cloud), 일본 로봇기술 등이다. 세계 경제의 주도권을 가진 이들 국가는 핵심 역량을 바탕으로 4차 산업혁명마저 주도하기 위해 문화와 문화가 서로 몸을 섞는 이른바 '문화의 도가니'를 통해 발 빠르게 움직이고 있는 상황이라고 말할 수 있다. 게다가 물리학, 디지털, 생물학 분야 과학기술의 융합에서 나오는 예측할 수 없는 힘이 점차 수면 위로 드러나면서 기존 법적, 윤리적 체제에 도전하고 있기도 하다(송경진, 앞의 책).

다른 한편으로 미국 노스웨스턴대 석좌교수 로버트 J. 고든(Robert J. Gordon, 거시경제·사회경제학자 ; 1940~)은 그의 저서『미국 경제성장의 성쇠 : The Rise and Fall of American Growth』, 한국어판 제목『미국의 성장은 끝났는가(2017)』에서 "4차 산업혁명은 기술낙관론자(techno-optimist)

의 근거 없는 주장"이라고 비판하고 있어 눈길을 끌고 있다. 이어 그는 "기존 디지털 산업이 진화하고 있을 뿐 4차 산업혁명은 없다는 것이다. AI과 공장 자동화는 사실 20여 년 전 이미 시작됐다. 그런데 생산성이 극적으로 향상됐다는 증거가 없다. '빅데이터'도 마찬가지다. 빅데이터 분석을 도입해 소비자 성향을 파악하는 기업은 단기적으로는 앞서나간다. 그렇지만 경쟁기업들도 빅데이터를 활용하게 되면 결국 같은 고객층을 누가 어떻게 차지하느냐의 대결이 되기 때문에 빅데이터 도입 이전과 별반 다르지 않는 상황이 된다. 이런 변화는 전체 산업 규모의 1% 수준에 그친다는 매킨지의 보고서도 있다. 미국은 앞으로 20년 동안 경제성장률이 1.2% 안팎이 될 것이라고 했다. 인구 노령화, 교육 불평등, 소득 불평등 심화, 정부 부채 증가 등 네 가지 '역풍' 때문이라는 주장이다. 그는 역풍에 맞설 방법으로 '부자 증세' '이민 확대 정책' '최저임금 인상' 등을 제안한다(이경남, 2017)."

이어 고든은 국내 한 중앙일간지 기자와의 전화인터뷰에서도 4차 산업혁명에 대해 '혁명(revolution)보다는 진화(evolution)'라는 표현이 어울린다고, 전기차와 자율주행차를 예로 들어 설명했다. 그는 "1879년 내연기관이 발명된 후 딱 30년만에 미국의 가구당 자동차 소유율이 90%가 됐고, 매일 11~22kg 대변과 4.5L 소변을 길거리에 배설하고 미국 곡물 생산량의 4분의 1을 먹어치우던 말(馬)을 대체했다."며 "전기차와 자율주행차량이 시장에 가져온 효과가 얼마나 되느냐?"고 반문했다. 말이 자동차로 바뀌었을 때처럼, 세탁기나 냉장고가 등장했을 때처럼, 극적인 변화는 벌어지지 않고 있다는 말이다. 따라서 최근 기술낙관론자들이 전망하는 혁명적인 변화가 생각처럼 빨리 일어나고 있다는 근거는 없기 때문에 '4차 산업혁명과 빅데이터는 허구', 즉 우리식으로 말하면 순 '개뻥'이라고 비판했다. 문화심리학자요 나름 화가인 김정운도 로버트 J. 고든의 주장에 가세하여 '산업혁명'이라는 개념 자체가 '헛방'이라고도 했다(김정운, 2018). "인류 역사상 이례적인 성장의 시기로 회자되고 있는 1870~1970년, 즉 19세기부터 20세기까지 약 100년간 이어진 경제발전은 끝났다. 오늘날 미국 젊은이들은 부모 세대보다 생활수준이 떨어지는 첫 번째 세대가 될 것이다."라고 예측했다(양지호, 2017).

아무튼 독일 경제학자 클라우스 슈밥은 '4차 산업혁명이 인간과 기계의 잠재력을 획기적으로 향상시킬 것이라고 주장'하고 있는 반면, 미국 노스웨스턴대 로버트 J. 고든 석좌교수는 '4차 산업혁명은 기술낙관론자의 근거 없는 주장'이라고 일축하고 있는 가운데서도 지구촌 곳곳에서는 아직도 과거의 산업혁명이 지속되고 있다. 세계 인구의 17%가 아직 2차 산업혁명을 경험하지 못한 상태다. 아직도 전기를 사용하기 어려운 사람이 약 13억 명에 이른다. 3차 산업혁명 역시 마찬가지다. 전 세계 인구의 절반이 넘는 40억 명은 인터넷을 사용하지 못하고 있으며, 이들 대부분이 개발도상국에 살고 있다. 1차 산업혁명을 대표하는 기계부품인 축(軸 : spindle)이 유럽 이외의 지역에 보급되는 데 120년 가까운 시간이 걸렸다. 반면 인터넷이 전 세계에 확산되는 데는 10년도 채 걸리지 않았다. "기술혁신의 수용 정도가 사회 발전을 결정하는 주요 요인이라는 1차 산업혁명의 교훈은 4차 산업혁명 시대인 오늘날에도 여전히 유효하다." 정부와 공공기관, 민간부문 모두 각자의 역할을 잘해야 하지만, 시민들이 산업혁명을 통해 얻게 될 장기적 혜택을 자각하는 것이 무엇보다 중요하다(송경진, 앞의 책).

한편 4차 산업혁명에서 출현하는 신기술과 광범위한 혁신은 더욱 빠르고 폭넓게 확산 중이지만, 과거보다 정작 기계에 일자리를 더 많이 빼앗기면서 인간이 소외될 수 있다는 우려도 동시에 제기되고 있다. 특히 4차 산업혁명이 이전의 산업혁명과 다른 것은 대량 실직이 예상돼 큰 위기감을 낳고 있다는 점이다. 1·2·3차 산업혁명은 그나마 노동과 일자리를 새로운 형태로 전환시킨 정도였다면, 4차 산업혁명은 기존 일자리 형태를 송두리 채 바꾸기도 하지만, 특히 인공지능과 로봇이 차지한 영역에서는 더 많은 직업을 단기간에 없앨 수 있다는 점에서 가공(可恐)할 위력은 상상을 초월한다. 세계경제포럼은 2020년까지 AI와 로봇의 영향으로 전 세계적으로 710만 개의 일자리가 사라지는 반면 창출되는 일자리는 불과 200만 개, 즉 향후 3년간 510만 개가 사라지는 가운데 이후로도 지금의 초등생 65%는 예상치 못한 직업에 노출될 것이라고 예측했다(강병균, 2017). 물론 한국의 해양스포츠산업은 우리가 대처해 나가기에 따라 상황의 반전은 얼마든지 가능하겠지만, 4차 산업혁명이 우리 해양스포츠산업과 마리나산업생태계를 어떻게 바꾸어 놓을지 짐작조차 어렵게 하고 있기 때문에 축복이 될지 재앙이 될지는 2019년 6월 현재까지도 아무도 모른다.

실제로 우리가 지금까지는 4차 산업혁명에 대해 눈으로는 일부 보고 있지만, 정작 그 실체에 대해서는 달을 바라보는 개(犬)처럼 아는 것이 거의 없기는 마찬가지이기 때문이다. 다만 현재로선 앞으로 찾아가야 할 뱃길이 폭풍과 태풍 등의 악천후에 노출되어 있음이 예상됨에 따라 황천항해(荒天航海) 상황에 처해 있음은 분명해 보인다. "황천항법(荒天航法) 시에는 반드시 엔진의 작동이 멈추지 않아야 하는 전제가 있는 가운데 유능한 선장에 의해 배의 앞머리(船首)가 파도를 비스듬하게 받을 수 있도록 조타기(操舵機)를 적절하게 조종하는 일이 절대 필요하다(정철화, 2016)." 멈추지 않는 엔진은 정부의 지속적인 진작(振作)행정이 해당되고, 유능한 선장은 다양한 개인과 집단의 역할로 각각 귀결된다. 2017년 기준, 'IT 강국'이라는 한국의 4차 산업혁명 적응도는 고작 세계 25위 수준에 머물러 있다고 한다. 따라서 일본, 중국, 유럽처럼 정부는 4차 산업혁명이 제공할 기회와 도전의 기틀을 형성하고 일관성을 갖춘 긍정적이고 보편적인 담론(談論)을 활성화시켜 근본적인 변혁에 대한 대중의 불안을 해소시켜 나가는 가운데 다양한 개인과 집단에게 힘을 실어주는 일이 매우 중요할 수밖에 없다. 꽃을 피우는 건 천둥이 아니라 빗물[정책]이다.

그런 현실을 해양스포츠산업 중분류 중 시설업에 해당하는 마리나산업(마리나 분야는 해양스포츠산업 세 가지 중분류 중 하나에 해당되지만, 마리나 관련 산업을 특별히 강조할 목적으로 대분류 개념으로 그 품격을 격상시킨 개념으로 이해하기 바람) 분야로 좁혀보면, 당국의 지속적인 진작(振作)행정 추진을 비롯하여 마리나산업을 육성하기 위한 정책방향을 '마린 플러스(해양+)', 즉 유관부서인 기획재정부, 중소기업벤처부, 산업통상자원부, 과학기술정보통신부, 교육부, 고용부 등과 모든 정책과 훈련에서 연계하는 쪽으로 설정하는 가운데 다양한 이해관계자와 전문가집단의 분발을 통해 기능쇠락의 항만을 친환경 거점마리나항(보트길이 10미터 기준, 약 250~300척 내외 수용규모)으로 기능전환·중소조선업 제조방향은 해양스포츠 활동을 위한 보트제조 쪽으로 선회 및 고속 테스트 수조와 설계지원센터설립을 통해 기술개발을 제품화로 연결·해양스포츠·마리나·해양관광·금융·ICT·인공지능·빅데이터를 융합시킨 친환경, 4차 산업혁명과의 접목을 통해 고객 데이터 분석 및 통계·계류된 각종 보트에 대한 통계·마리나 분포도 제공·선석(船席)관리·온라인 예약·자동 결제 및 예약·이용자 포털 등 정보 및 서비스 제공 등 이용자 편의성 위주의 마리나 관리 서비스시스템 구축 작업이 긴요하다. 결국 기초가 있는 콘텐츠라야 지식 기반경제에서 창조기반경제로 성큼 올라설 수 있다. 더욱이 발생학적 기원 없이, 자기 콘텐츠 없이 4차 해양스포츠산업과 마리나산업 없다. 기초 없는 융합은 거짓말이다.

특히 해양스포츠산업과 마리나산업에서 서비스는 특급호텔과 회원제 골프장운영처럼 가장 중요한 요소다. 대부분 '가격 대비 효용(만족도)', 즉 가성비(價性比)로 평가 받게 된다. 현재는 개별 마리나를 중심으로 고객이 직접 검색하여 선택하지만, 앞으로는 지역별로 구축된 플랫폼을 통해 마리나고객이 예정 소비 규모를 제시하면 빅데이터 분석을 통하여 특정 마리나가 소유한 보트 중 그에 맞는 크기(사이즈)의 보트제공, 식사배달메뉴, 보팅 코스까지도 정확하게 추천받을 수 있는 세상이 곧 오게 된다는 점을 유념할 필요가 있다. 2016년 기준, 마리나 관리 시스템을 운영하는 세계 유일의 회사는 '마리나 클라우드(Marina Cloud)'뿐이다(Kresimir Zic, 2016). '마리나 클라우드 시스템'은 스마트폰과 개인용 컴퓨터를 활용한 마리나 인프라 관리 프로그램을 말한다.

독일, 미국, 일본 등 선진국에서 4차 산업혁명은 더 이상 미래가 아니다. 그런데 한국에선 아직 '미래'다. 더욱이 마리나산업과 해양스포츠산업은 2차 산업과 3차 산업이 융합되어 있는 이른바 '2.5차 산업군(필자의 이론적 가설 개념)'을 성장 동력으로 삼고 있지만, 이 중 국내 마리나산업 분야는 이 수준마저도 제대로 도달하지 못한 미성숙 상태에서 이번에는 엎친 데 덮친 격으로 4차 산업혁명의 소용돌이에 휘말리고 있는 황천항해의 형국이기 때문에 더더욱 그 미래를 안전하게 인도할 멈추지 않는 엔진과 유능한 선장에 대한 기대가 클 수밖에 없다. 그럼에도 해양수산부는 부산소재 B·H대학 해양스포츠학과 및 해양체육학과 등 전공학과 2개소를 모두 탈락시킨 채 2014년~2016년까지 3년간 보트수리·마리나운영·보트조종 등 3개 분야에 종사할 2개 인력양성사업단에 국비 총 18억 원을 투입한다는 계획이었다. 그러나 2014. 4~11월까지 7개월 간 투입한 실제예산은 총 3억 원 이었다. 그 성과는 사업종료 4년이 지난 2019년 현재까지도 공식적으로는 밝혀진 것이 없다. 이후 이 사업은 2015년부터 고용노동부의 국가기간·전략산업직종 훈련 사업으로 이관된 상태다.

게다가 마리나개발 정책추진의 경우, 마리나발전 초기단계에서 성장단계에 진입시킬 목적으로 2019년 말까지 크고 작은 마리나 총 62개소에 선석(Pontoon) 4,000석을 확보할 계획으로 있다. 그러나 2015년까지 확보한 30개소의 마리나에 선석 1,800개소를 비롯하여 2019년 말까지 확보할 나머지 32개소 마리나에 선석 2,200석 역시 500여석 규모인 부산 수영요트경기장을 포함한다고 하더라도 1개소당 선석의 산술평균은 60~70척 수준에 불과한 이른바 '규모의 경제' 수준에 크게 미달한 마리나들이 주류를 이루고 있다. 더욱이 이들 마리나들은 연중 수익이 창출되는 각종 편의시설을 비롯하여 기타시설, 그리고 경영 호황기 때 확장, 또는 각종 편의시설 구축 계획을 상정(想定)한 배후부지 확보도 거의 되어 있지 못한 상태다. 따라서 정부가 2019년 말까지 확보할 총 62개소의 마리나들은 현재를 비롯하여 가까운 장래에도 저변확대 미진에 따른 수요 부족 때문에, 규모의 경제 미달 때문에, 또는 놓여 있는 위치 역시 수요 확보를 위한 자체생태계 갈무리가 절대 의문시 되는 상주인구 50만 명 안팎의 중소도시 이하이기 때문에, 장래 확장부지 확보를 비롯하여 특히 조수간만의 차(差)가 큰 서해의 경우, 예상을 불허하는 유입토사의 퇴적률에 따른 거액의 준설비 지출 때문에 사업성공을 담보할 수 없는 등 구조적으로 경영 어려움에 노출되어 있는 마리나들이 대부분이라고 말할 수 있다. 유입토사 퇴적률은 연(年) 10cm 이내가 바람직하다. 특히 정부가 지금껏 추진하고 있는 규모와 위치라면, 말만 마리나일 뿐 실상은 최소한의 기본 및 지원시설만 갖추고 있는 소규모 보트계류장급인 가운데 위치 역시 마리나 배후지의 상주인구가 30~50만 명, 심지어는 그 이하의 지역에도 위치하는 등 만성적인 수요 부족에 직면할 것이 빤한 마리나들이 적잖다. 배후지의 상주인구가 100만 명 내외의 대도시이어야 경영흑자를 기대할 산업생태계를 확보할 수 있다. 2019년 현재 상태라면 양양공항 등 지방의 소규모 공항이 폐쇄 또는 적자 운영되는 것과 같은 상황이 전개될 가능성이 높은 실정이다.

지나간 역사의 소환을 통해서도 마리나산업 흥망의 직간접 인과관계를 어느 정도는 확인할 수 있다. 대도시는 항상 경제성장과 번영, 사회 발전을 주도하는 중심 역할을 해왔고, 국가와 지역의 미래 경쟁력에 반드시 필요한 요소다. 오늘날 세계인구의 절반 이상이 중간 규모의 도시와 대도시에 거주하고 있고, 세계적으로 도시 거주 인구의 수는 지속적으로 늘고 있고(송경진, 앞의 책), 마리나개발 시장 또한 도시 인구의 규모에 주목하고 있다. 공항, 항만, 도로, 통신 등 사회간접자본시설(SOC)과 행정에서 각종 체육시설에서 각종 문화시설에서 마리나 개발에 이르기까지 지역 경쟁력에 영향을 미치는 수많은 요소들은 바로 도시의 권한 아래 있음이 과거의 역사가 증명해 주고 있다. 결국 도시는 인간의 욕망이 만들어낸 인공물임을 입증해 주고 있는 셈이 된다. 그런데 "보통 개발도상국에서 발전을 하는 가장 큰 원동력은 시골에서 도시로의 인구이동이다. 경제학자들은 보통 도시화의 비율이 80% 정도 수준이 되면 도시화가 마무리되었다고 본다. 현재 우리나라의 도시화 비율은 85% 정도이다. 결국 도시로의 인구 이동이 거의 끝났다고 보는 것이 옳다(유현준, 2017)."

따라서 시골에서 도시로의 인구 이동이 사실상 끝난 한국의 경우, 안정적인 거점마리나(보트 길이 10m 기준, 250~300척 내외 수용규모)개발 위치와 시장은 최소 상주인구 50~100만의 중간 규모의 도시, 이상적으로는 100~200만 명 수준의 대도시가 바람직하다고 봐야 한다. 대도시인 부산이라면, 마리나배후지 상주인구가 350만 명 수준이기 때문에 거점마리나 규모라고 하더라도 총 3개소 정도가 필요한 산업생태계가 조성되어 있는 셈이 된다. 2019년 현재는 1개소뿐이다. 그렇지만 당국은 지금껏 국내의 도시화 비율이 거의 정점을 찍고 있는 상황을 비롯하여 인구사회적인 측면에 대한 고려는 거의 놓치고 있는 것만 같아 안타까운 실정이다. 내친 김에 콕 집어 말하면, 2015년까지 개발된 총 30개소의 마리나의 경우 거의라 해도 좋을 만큼 상당수의 마리나가 열악한 상주인구와 취약한 산업생태계를 적극 고려하지 않고 마구 개발했기 때문에 걱정이라는 것이다.

그렇다면 왜 이 같은 초라한 성적표가 나왔을까? 당국을 비롯하여 지자체단체장들이 합작하여 무리하게 마리나 확보에, 또는 업적 쌓기에 나선 결과 함양미달의 마리나가 양산될 수밖에 없었기 때문이다. 물론 상주인구 20~30만 명 정도의 소도시에도 투자 대비 효율을 따질 필요가 없는 시민복지 목적 및 클럽회원을 위한 공공마리나, 비영리마리나, 클럽마리나 개발은 필요하다. 한편으로 일부 관광학자들은 지금껏 인접 도시에서, 혹은 중국, 일본 등에서 해양관광객들이 찾아오기 때문에 수요확보에는 크게 걱정할 것이 없다고 떠벌려 왔다. 전국 곳곳에 산재해 있는 일반 관광지를 비롯하여 경주 보문관광단지의 경우, 이들의 허황된 전망만 믿고 개발에 나선 일부 지자체를 비롯하여 개발사업자들은 거의라 해도 좋을 만큼 만성적자에 어려움을 겪어왔다. 이들 관광학자들의 전공은 거의 호텔경영·컨벤션·식음료 분야다. 결국 얼치기 관광전문가의 장미 빛 전망만 믿은 일부 지자체와 개발사업자만 골병이 들었다.

마리나 하나는 단순한 물리적인 시설이 아니라 수직·수평적 가치사슬로 얽혀 있는 마리나 생태계 전체의 기술 역량과 암묵적인 노하우를 담은 그물망의 한 결절점으로 보아야 한다. 더욱이 마리나개발은 책이나 문서로 전달되는 기술만으로 격차를 극복할 수 있는 산업이 아니라 축적된 경험이 중요한 분야다. 아무튼 관광지개발의 경우, 자체시장 확보는 경영에 명운을 결정하는 요소다. 마리나개발 역시 자체시장 확보가 매우 중요하기는 마찬가지다. 이런 측면에서 보면, 터널이 뚫려 있다고는 하지만 장복산에 가로 막혀 있는 인접 마산시와 창원, 그리고 진해 자체적으로는 대부분 농어촌 주민과 군인가족으로써 상주인구 20만 명을 조금 밑도는 창원시 진해구 소재 공공상업마리나인 '명동마리나(보트길이 10m 기준, 300척 내외의 거점마리나 규모)'의 경우 마산과 창원의 고객을 진해마리나로 어떻게 유인할 것인가 여부가 성공과 실패를 가름하지 않을까 싶다. 그럼에도 이런 측면에 대한 검토가 흐릿한 것만 같아 장래 경영이 어떤 상황에 처할 것인가에 대해 일말(一抹)의 불안감을 감출 수 없다.

물론 이같은 전망의 근거는 나는 점쟁이가 아니기 때문에 명동마리나의 다가올 현실에 대해 마리나 배후지의 상주인구와 마산과 창원지역의 유인예상인구를 함께 고려한 추론(推論)을 중심으로 약간의 오차는 있지만 그래도 참값에 가까운 '근삿값'에 접근하고자 한 것이 그 출처다. 결국 명동마리나는 인근에 대중골프장과 위락장 등 유인요소를 특별 강화할 인프라를 함께 구축하지 않는 한 가장 온건한 예측조차 빗나갈 가능성을 배제하기 어려운 상황에 노출되어 있는 셈이 된다. 아무튼 당초부터 육·해상계류비만을 통해 경영흑자를 달성하고자 하는 마리나의 경우라면, 규모의 경제(경영흑자) 수준은 보트길이 10m를 기준, 1개소 당 250~300척 수준이고, 게다가 이들 마리나들도 고품질 서비스 제공을 위해서는 정규직 17~20명 내외가 배치되어야 한다(지삼업, 2008a). 특히 안전이 최우선인 마리나에 근무할 현장인력은 안전노하우의 축적이라는 측면에서 가급적 비정규직은 배제시켜야 한다. 다른 한편으로 마리나 배후에 더 넓은 부지가 확보되어 있다면, 이 공간을 통해 바다활동과는 직접 관련이 없는 콘도, 마리나텔, 요트텔, 레스토랑, 편의점, 보트제조 및 정비/수리공장, 보트판매소, 건식보트창고시설인 드라이 스택(dry stack) 등 각종 편의시설과 지원시설을 통해 연중 수익창출이 가능하기 때문에 계류 척수가 200척 내외의 수준이 되어도 경영흑자 달성은 가능하다는 것이 세계의 성공마리나들이 보여주고 있는 사례다. 특히 국내는 해양스포츠 시즌이 고작 3~4개월에 불과하고 연중, 특히 비수기 수익창출을 위한 각종 아이템을 구축할 더 넓은 배후부지 확보는 거의 필수에 속한다(지삼업, 2011a). 그럼에도 해양수산부가 2010년~2015년까지, 또는 2019년까지 추진할 마리나 확보계획 역시 이 개념이 흐릿한 실정인 가운데 한국경제연구원(KDI)이 전망하는 국내 경제성장률도 불과 2.4~2.6%수준이고, 또 2019년 4월에 한은이 밝힌 경제성장률은 2.5%이다. 그렇지만 2019년 6월에는 2.4%로 낮춰 잡았다. 이런 상황이 계속된다면, 마리나개발 정책이 1차 마무리되는 2020년 들머리부터 경영 실패한 마리나가 나타나기 시작할 것으로 예상됨에 따라 당국과 일부 지자체에 대해 사회적으로 책임론이 대두되는 등 정책효과 의문에서 비롯되는 부작용이 일부 나타나지 않을까 우려되고 있음이 사실이다.

결국 당국의 과거 '해양레저과(2018년 4월부터 해양레저관광과)'가 추진한 보트수리·마리나운영·보트조종 등 3개 분야에 종사할 인력양성사업 추진실적 분석을 비롯하여 마리나·해양스포츠·해양관광정책들을 자체적으로 면밀하게 따져볼 기회를 반드시 가져야 하는 가운데 이들 분야 4차 산업혁명의 항해에도 순풍을 만나 잘 따라갈 체계적인 대책이 필요함을 보여 주는 대목이다. 더욱이 '황천항해 시에는 정부의 지원으로 대변되는 정책'이 계속 작동되어야 하기 때문이다. 절대 엔진이 멈추면 안 된다. 국내 마리나산업은 마리나개발 숫자에만 연연하는 마리나 확보계획 대신에 우리의 핵심 역량과 여건을 제대로 평가한 뒤 저변확대사업에 따른 ① 수요 확장, ② 규모의 경제에 따른 적정 척수 확보, ③ 그리고 비수기 극복전략, ④ 위치는 배후지 상주인구 중급 및 대도시 등 현안인 4개 항목을 중심으로 선택과 집중을 꾀해 우선 '2.5차 마리나산업군(群)'의 완성도(3.0)를 높여 나가는 한 편으로 4차 산업혁명에도 적극 대응할 시범지역(허브)을 지정, 그리고 그 성과를 타 지역으로 확산시키는 이른바 '허브 앤 스포그(hub and spoke ; 자전거 바퀴의 중심축, 그 중심축과 이어진 바퀴살처럼 허브에서 키워진 파이가 자연스럽게 바퀴살인 인접 지역에도 전달.)' 전략을 마련하는 등 마리나산업 경제 파이를 허브격인 '거점마리나'를 중심으로 키워나가는 전략구사를 통해 난제들을 극복할 '유능한 선장'이 절대 필요하다.

하지만 지금의 정부정책 내용과 함께 추진 속도를 보면 그 기대가 까마득하기만 하다. 그렇다고 하여 꿈은 멈출 수 없다. 그 시범지역은 해양수산부가 2017년 4월 6일에 처음으로 발표한 '2015년 해양산업 통계조사'에서 입증(부산에는 관련업체 35% 밀집, 동남권 51.7%/전라권 16.2%)된 '국내 최대의 해양산업 도시 부산'이다. 마리나산업 인적·물적 인프라를 풍부하게 갖춘 곳 역시 부산이다. 이런 통계를 토대로 부산은 장미대선 대통령후보들에게 '해양특별시 지정공약'을 강하게 압박한 일이 있었지만, 특히 부산이 정치적 고향인 문재인 후보는 다른 지역과의 형평성을 고려하여 부산지역의 공약 압박을 회피하기도 했다. 그렇지만 부산은 2018년 6·13 지방선거에서 '행복도시 부산'을 표방한 집권당 오거돈후보가 다른 후보를 여유 있게 따돌리고 당선됐다. 해군장교출신으로서 부산시장직무대행과 해양수산부 장관, 그리고 한국해양대 총장을 역임한 오 시장의 화려한 행정경험에 비춰 볼 때, 그간 구호수준에 머물러 있었던 '해양수도'를 임기 중에는 반드시 튼실한 알맹이를 갖춘 명실상부한 해양수도 부산으로 발전시키지 않을까 기대된다. 그 리드펀치는 해양신산업에 있다.

한편으로 약 7개월 정도 지속되는 '비수기' 극복과 관련, 희망적인 통계자료가 있다. 2018년 5월 2일 기상청이 발표한 자료에 따르면 지난 100년 사이에 여름은 30일 길어졌고, 겨울은 20일 짧아졌다고 한다. 온실가스에 따른 기후변화이긴 하지만 해양스포츠산업·마리나산업은 영업기간 확대가 예상되어 고무적이다. 그러나 기온이 1° 오르는 것만으로도 전 세계적으로 고산 우림지가 절반으로 줄고 희귀동물의 서식지가 사라지는 등 심각한 문제가 생긴다는 측면은 우리 모두가 주목해야할 측면이다. 아무튼 서울의 여름 길이는 1910년대(1911~1920년) 94일에서 2010년대(2011~2017년) 131일로 37일이나 길어졌다. 여름이 시작되는 시기는 6월 10일→5월 21일로 앞당겨진 반면 끝나는 시기는 9월 12일→9월21일까지 늦춰졌기 때문이다. 반면 같은 기간 봄의 길이는 5일(73일→68일), 가을은 12일(66일→54일), 겨울은 20일(132→112일) 짧아졌다. '길어진 여름'은 다른 지역에서도 뚜렷했다. 강릉(88일→136일), 목포(107일→124일), 부산(101일→133일) 등이다. '2050년 한반도'는 서해안으로는 황해도 서부, 동해안으로는 일부 강원도 지역까지 아열대 기후대에 속하게 된다(홍준기·김효인, 2018b). 이에 따라 '해양마리나'의 활성화에 미치는 영향도 적잖을 것이 예상되고 있다. 내륙지방에서는 경남과 전남·전북·충남 일부 지역 역시 아열대기후로 변할 전망이다. 강이나 호수를 활동무대로 하는 '내수면마리나' 역시 해양스포츠산업·마리나산업 영업기간 확장에도 좋은 영향을 미칠 것은 분명해 보인다.

아무튼 그동안 당국이 추진한 마리나산업 정책성과 미흡과 함께 정부나 국민들의 관심이 적었던 마리나산업 중분류 3개 분야에 해당하는 시설업(마리나개발/관리 및 운영)·용품(보트)/장비제조업·서비스업의 경우, 2.5차·4차 산업혁명 기술들을 접목시키면 '해양신산업경제', 즉 불루오션이 될 수 있는 산업분야라는 점을 주목해야 한다. 조선 및 항공과 해양관광이 융합하고, 해양과학(해안·항만·해양공학과 풍력/조력 등) 기술과 ICT(정보통신기술) 융합을 통해 '전통 해양산업(조선·해운/항만물류·수산)'과 해양신산업(해양스포츠/마리나/해양관광·마리나개발·창의력과 인문학적 소양을 겸비한 고급 강사 및 보트수리 엔지니어와 마리나관리 및 운영 등에 관련된 글로벌 마리나인재 양성·풍력/조력/태양광을 통한 마리나의 스마트그리드시스템 구축·실시간 보트 대여와 숙박(요트텔), 그리고 선석 관리가 가능한 '마리나 클라우드 시스템' 구축 등)이 융합하고, 마리나산업과 해양문화가 융합하고, 해양스포츠와 마리나가 융합하여 새로운 부가가치를 창출하고 일자리도 만들어 낼 수 있다는 생각이다. 그렇지만 이중 용품/제조업이 특별히 중요한 이유는 상대적으로 안정적인 양질의 일자리를 다수 만들어내는 원천이면서,

서비스산업을 포함한 전후방 산업의 발전을 견인하는 역할을 하는 해양스포츠 및 마리나산업의 중추이기 때문이다. 이 분야 선진국에서 강조하는 용품 및 장비제조업은 단순한 가공 산업이 아니라 혁신적 지식이 집약된 정보통신기술 혁명이나 나노기술, 바이오기술 등의 혁신적 지식을 용품 및 장비제조업과 어떻게 결합하여 새로운 패러다임의 용품 및 장비제조업으로 변화시킬 것인가가 논의 초점이 됨을 주목하는 일이 중요하다.

결국 식물상의 천이(遷移)속성에 천착(穿鑿), 이미 있는 장인기술(중소조선)과 신기술(IT)을 융합시켜 하이브리드 파워 보트무인조종시스템 구축, 무인이동체인 인공지능과 로봇을 통한 모델별 패밀리보트대량제조 및 지게차와 보트상하이동시설의 자율주행, 사물인터넷과 빅데이터를 통한 마리나 클라우드 시스템 구축에 의한 마리나 관리 및 운영, 더욱이 조선 및 항공과 마리나의 융합체가 될 위그선의 경우, 마리나 휴게시설 활용을 통한 식음료 등 승객 편의 제공, 그리고 해상폰툰을 통한 기체해상계류 및 승객의 승·하강 장으로 활용, 게다가 마리나시설의 앞 바다에서 이륙과 착륙을 비롯하여 마리나배후지는 매표장 및 위그선정비창으로 사용할 수 있는 상업용 수면비행선박, 즉 위그선(WIG : Wing In Ground-effectcraft ; 시속 200km 속도로 수면 위 2~5m, 최대 150m까지 날 수 있다.) 개발과 조종사(400시간 이상 일반 비행경력과 항해사 6급 이상 면허소지자가 필기시험에 합격 후, 교육용 위그선 60시간 실습과 모의조종훈련장치 35시간 교육) 양성에 적극 나서면, 해양관광 분야가 포함되어 있는 마리나산업에서 성장판으로 삼고 있는 2차 산업과 3차 산업 간 융합의 산물인 2,5차 마리나산업군(群), 또는 해양신산업인 3.0 마리나산업 및 해양스포츠산업으로의 완성도를 한층 높이는 한편으로 스포츠형 중심의 해양관광 분야를 획기적으로 발전시킬 수 있을 것으로 전망된다.

한국해양수산연수원에 의하면, 2017년 5월에 세계 첫 탄생할 상업용 위그선 조종사 배출을 계기로 2018년쯤에는 부산 광안리~울릉도, 부산 광안리~남해안해상국립공원, 포항~울릉 노선에서 각각 해양관광객을 대상으로 운항에 나설 것이라고 밝히고 있어 '2,5차 마리나산업군의 완성도' 충실에 대한 기대감을 부풀게 하고 있다. 다만 수면비행선박인 위그선 운항은 앞에서 언급한 내용들이 조금도 차질 없이 계획대로 추진되었을 경우에 장미 빛 기대가 현실이 된다는 점을 전제하면서 이해해야 한다. 실제로 2019년 6월 현재까지도 그 같은 계획의 실행 여부에 대한 소식은 더는 전해지지 않고 있다. 프레임이나 패러다임이나 같은 말이다. 노우 하우(Know how ; 실행력량)는 효율성이 기준이다. 시행착오는 용납 안 된다. 매뉴얼이나 교과서를 통한 반복적 실행에 의한 학습이 중요하다. 노우 와이(Know Way ; 개념설계 역량)는 차별성이 기준이다. 시행착오는 필수 코스다. 개념설계를 해 온 사람의 몸에 체화된 경험, 유사 사례를 담은 데이터 베이스(반복적 설계에 의한 방법)가 전부다(이정동, 2017). 특히 수면비행선박인 위그선 운항계획이 크게 차질을 빚고 있는 것은 아무래도 이 분야가 새로운 것에 도전하고, 시행착오를 축적하는 프레임이 결여되어 있었기 때문이 아닌가 싶다. 노우 (하우의 마인드로 노우)와이, 즉 실행 역량의 마인드로 개념설계 단계를 기대하면, 흙 묻지 않고 갯벌에서 자유롭게 놀겠다는, 또는 가당찮게도

네모난 동그라미를 그리려고 하는 인지부조화 상태와 다르지 않다.

지구 표면의 71%나 차지하는 해양은 4차 산업혁명 시대에도 여전히 해양스포츠·해양관광·마리나산업을 통해 물리적 비중 이상으로 더 많은 부(富)를 제공해 줄 공간일 뿐만 아니라 국내 해양스포츠산업 및 마리나산업의 2,5차 산업군(群)으로의 완성도 충실과 함께 4차 산업혁명을 향한 도정(道程)에서 고도화 작업도 가능하여 앞으로 우리나라를 G7과 같은 반열의 부국대열에 합류시킬 수 있는 국부(國富)의 터전이 되고 있음이 사실이다. 우리는 이 같은 사실을 경시해서도 안 되고 부인해서도 안 된다. 따라서 해양수산부의 지속적인 진작행정 추진을 비롯하여 마리나산업을 육성하기 위한 정책방향을 '마린 플러스(해양+)', 즉 유관부서인 기획재정부, 금융위원회, 산업통상자원부, 미래창조과학부, 교육부, 고용부 등과 모든 정책과 훈련에서 연계하는 쪽으로 설정하는 가운데 다양한 이해관계자와 전문가집단이 노젓기에 가세하여 항만·중소조선·해양스포츠·금융·ICT·인공지능·빅데이터를 융합시키는 작업이 필요하다 할 것이다. 4차 산업혁명, 알고 보면 연관된 아이디어들이 중첩되고 쌓이면서, 수십년에 걸쳐 개념설계가 조금씩 축적되어 온 결과라고 볼 수 있다. 지금껏 당대 사회가 축적한 지식과 경험의 수준에 적합한 수준으로만 무언가를 할 수 있었기 때문이다. 그렇긴 해도 꽃[4차 산업혁명]은 빗물과 햇살 없이는 못 핀다. 마찬가지 논리로 해양스포츠산업·마리나산업 활성화 역시 정부 및 지자체차원의 행·재정 측면의 전폭적인 지원 없이는 공염불에 머문다.

지금까지 한 말을 소환하여 요약하면 다음과 같다.

산업의 변화 속도가 클라우스 슈밥과 같은 기술낙관론자의 주장처럼 4차 산업혁명이 '사이버 몰리 시스템(CPS)'에 의해 가히 혁명적으로 빨리 진행되든, 아니면 로버트 J 고든과 같은 비관론자의 가설처럼 단순 진화 수준에 머물든, 우리가 반드시 주목하지 않으면 안 되는 실체적 진실은 어느 경우나 산업의 발전 속도가 대단히 빠르게 진행된다는 통찰력을 갖는 일일 것이다. 그런 가운데서도 만약 클라우스 슈밥의 주장에 동의한다면, 수많은 답을 만들어 내는 능력이 곧 로봇과의 경쟁에서 인간이 살아남는 길이 아닐까 싶다. 마리나산업의 4차 산업혁명 응전은 수많은 답을 만들어 낼 수 있도록 어릴 적 학교시절부터 '바다수영'을 통해 바다에 대한 '이해력 고양(정신의 친화)'과 '취미화(육체의 친화)'라는 '투 트랙(two-track)'을 통해 해양 DNA를 배양시켜 나가는 일이 매우 중요하고, 이를 기반으로 상부에는 '2,5차 해양스포츠산업군 및 마리나산업군의 완성도'를 충실하게 할 이른바 '허브 앤 스포그(hub and spoke)'와 함께 '마린 플러스(해양+)' 전략 등 3개 트랙(track)을 병행 추진하여 응전하면, 그런 해양신산업 구조물의 최상층부에는 당연히 4차 산업혁명의 축복이 기다리고 있지 않을까라고 말할 수 있게 된다.

그렇지만 해양스포츠산업계 및 마리나산업계의 걱정이 해피엔딩으로 끝나기 전에 드리울 4차 산업혁명의 그늘, 즉 일자리가 줄어드는 문제를 적극 대비해야 한다는 전제가 있음을 잊지 말아야 한다. 게다가 마스터카드는 2017년 7월 17일 미국 터프츠대 플레처스쿨과 공동으로 조사한 '2017 디지털 진화지수(Digital Evolution Index 2017)'를 발표했다. 조사에 따르면 한국의 디지털 진화지수는 60개국 중 7위를 기록했다. 하지만 2008년부터 2015년 사이의 디지털 변혁 속도로 미래 성장 가능성을 측정한 순위에서는 49위에 머물렀다. 한국은 높은 수준의 디지털 변혁을 경험했지만, 앞으로 성장할 수 있는 동력이 부족한 국가로 진단됐다. 이 결과를 기준으로 하면 한국은 미국, 호주, 네덜란드 등과 함께 '정체군'으로 분류됐다. 마스터카드는 "정체단계에 속한 국가들은 디지털 경제에서 경쟁력을 유지할 수 있는 추가적인 혁신방안을 모색해야 한다."고 진단했다(김미희, 2017). 따라서 한국은 지금껏 높은 수준의 디지털 변혁을 통해 산업을 활성화시켜 왔지만, 앞으로는 디지털 산업을 특별히 관리하지 않으면, 해양스포츠산업 및 마리나산업의 4차 산업혁명의 응전도 기대에 못 미치는 초라한 성적표를 받을 가능성도 배제하기 어렵지 않을까 싶다.

2) 투 트랙의 해양교육을 해양유전자(DNA) 배양 인큐베이터로 삼아야

2,5차 해양스포츠산업군(群) 및 마리나산업군의 완성도를 토대로 추진되어야 할 3.0, 혹은 4차 해양스포츠산업 및 마리나산업혁명 응전을 위한 일련의 작업들이 사상누각이 되지 않으려면, 정신과 육체의 해양친화를 위한 '이해력 고양'과 '생활화'라는 투 트랙(two-track) 전략구사가 꼭 필요하다. 우선 이해력 고양을 위해서는 초중등학교 교육과정에 해양교육 및 수영과 해양스포츠 편이 흥미롭게 집필되어 동기 유발시켜야 하고, 또 그런 토대 위에서 병행되어야 할 몸으로 넓혀 가는 해양친화교육은 크게 두 가지 방법으로 접근하는 것이 바람직하다.

첫째, 어릴 적 학교시절부터 수영을 익히며 물과 친해지면 자연스럽게 해양중심 사고를 할 수 있다. 그러기 위해서는 시·도 단위로 권역별 초등학교에 수영장을 지어 모든 학생이 수영을 배울 수 있도록 체계화해야 한다. 그러나 세월호사고 이후 초등학교 3, 4학년에게 생존수영교육이 이미 의무화됐지만 수영장시설이 턱없이 부족한 탓으로 당초의 교육성과 기대는 크게 못 미치고 있을 뿐만 아니라 바다수영으로까지는 연결시키지 못하고 있는 실정이기 때문에 걱정이 많다. 특히 수영장 수영과 바다수영은 그 환경이 전혀 다르다는 점을 주목하지 않으면 안 된다. 수영장 수영은 최종 바다수영을 위한 기초일 뿐이기 때문이다.

둘째, 체험학습 시간을 통해 바다에서 직접 몸으로 부대낄 수 있는 바다수영, 스킨다이빙, 생존수영, 파도타기(Surfing), 패드보드(feather board), 스탠드업 패들보드(SUP ; 숏보드 – 길이 9피트 이하·초보자 파도적응용) 등 낮은 단계의 각종 해양스포츠부터 접하도록 지원하여 점차 난이도가 높은 단계의 세일링 요트(세일딩기·세일크루즈), 스쿠버다이빙, 윈드서핑, 수상스키, 스탠드업 패들보드(SUP ; 미디엄보드 길이 9~12피트·전천후/중급자, 롱보드 – 길이 12.6~14피트·경기용/상급자) 중급 및 상급자 등으로 생활화를 위한 관련 인프라 구축과 함께 교육기회를 지속적으로 제공하여 최종 취미 차원으로 발전시키는 일이 매우 중요하다(지삼업, 2013a). 특히 학교단위에서 수업의 일환책으로 도입하는 해양스포츠 활동이라면 바다가 안전하고 즐거운 놀이의 공간이라는 인식을 갖도록 처음은 실내수영장에서, 다음은 바다수영, 그리고 화룡점정(畵龍點睛)이 될 최종은 생존수영 순(順)으로 지도해 나가는 교수법이 효과적이라고 생각된다. 스카나 스노우 보드(snow board)에 능하면 수상스키가 배우기 쉽고, 마찬가지로 수상스키에 능하면 겨울철 스키와 스노우 보드를 배우기 쉽다. 게다가 실내수영 → 바다수영 → 생존수영 → 스킨다이빙 → 스쿠버다이빙 순으로, 그리고 패드 보드, 니(Knee) 보드, 서핑, 스탠드업 패들보드에서 윈드서핑으로 기승 전결시키는, 또는 서핑과 패러글라이딩의 결합체인 카이트 서핑으로 연결시키는 교수법도 적극 권장할만하다.

아무튼 안전이 담보된 가운데 해양스포츠를 접하다 보면 해양스포츠를 좋아하게 되고, 좋아하다 보면 해양스포츠가 생활화되고, 해양스포츠가 생활화되면 자연스럽게 취미차원으로 발전하는 등 결국 건강한 해양환경과 생존수영을 통한 안전 확보 속에서 이뤄져야 하는 해양스포츠 활동은 해양환경과 해양안전의 필요성을 직접 체험하는 가운데 쉬운 종목에서 난이도가 높은 종목으로 배우는 메커니즘을 통해 바다가 안전하고 즐겁고 은혜로운 공간으로 인식되는 가운데 해양중심 사고 함양은 물론 산업차원으로까지 발전하는 효과가 있다. 이같은 확신에 찬 논리는 필자가 1970년대 부산해양고등학교의 해양훈련 지도를 통해서, 또는 1994년부터 15년간 전국에 걸쳐 약 30여만 명을 대상으로 지도한 해양스포츠현장지도 과정에서 각각 얻은 경험칙에서 그 인과관계를 찾을 수 있다. 뿐만 아니라 나는 부산시교육청 교육과학원에서 열린 '2009 환경해양교육 교사직무 연수'에서 약 30년 전에 실종된 초·중등학교의 해양훈련을 부활시켜야한다고 국내 첫 주장하기도 했다(박찬주, 2009). "교육은 경험에서 온다."는 것이 만고불변의 진리다. 그렇기 때문에 우리는 경험이 불가능한 천당이나 지옥에 대해서는 절대 교육할 수가 없다. 이는 어쩌면 현장 교육경험이 풍부한 전문가의 조언을 귀 담아 들어야 하는 이유가 되지만, 다른 한 편으로는 '바다의 날(매년 5월 31일 ; 세계 해양의 날 - 6월 8일)'에 전국 곳곳에서 지금껏 펼치고 있는 백일장과 사생대회 등과 같은 '관념의 바다'로는 효과적인 해양마인드 심화교육 수단이 못 된다는 반성의 출처도 될듯하다(지삼업, 2016).

특히 한 인간에 있어 '취미'는 그 무엇으로도 대체할 수 없는 절대성에 굳건히 뿌리를 박고 있다는 것이 정설이고, 또 네덜란드의 역사가요 철학가인 요한 호이징하(Johan Huizinga : 1872~1945) 역시 자신의 저서 『Homo Ludens : 놀이하는 인간』을 통해 "문화 그 자체가 놀이의 성격을 가지고 있고, 또 놀이가 취미의 내용을 결정한다."고 역설하고 있는 점 등을 참고해 보면(김윤수, 1981), 결국 미래 국민의 가슴 속에 해양 DNA를 가장 효과적으로 깃들게 하기 위한 배양수단은 무엇이 어떻다고 해도 가치관 형성의 적기인 어릴 때부터 '정신'과 '육체'를 병행시킨 '투 트랙'의 해양친화교육이 곧 해양 DNA 배양 부화기(孵化器), 즉 인큐베이터(incubator)가 될 수 있다고 믿는다.

따라서 해양친화교육은 어릴 적 학교시절부터 생존수영, 혹은 해양훈련을 통한 바다에 대한 두려움 해소를 중심으로 해양마인드 형성과 함께 각종 해양스포츠체험을 통해 몸으로 직접 부대끼면서 느낀 바다의 유용성을 확장시켜나갈 해양스포츠 취미화 단계로의 진입 등 '투 트랙 병행추진'을 해양친화교육의 으뜸 정책수단으로 삼아야 할 것이다. 특히 반석 같은 해양 유전자 기반을 전제로 추진되어야 할 해양스포츠산업과 마리나산업은 인간의 심미성과 오락성, 그리고 신체성을 상품으로 판매하고 있기 때문에 불변의 산업생명력을 갖고 있다는 점에서 반짝 산업이 아니라 인간이 지구상에 존재하는 한 인간과 해양스포츠산업 및 마리나산업이 함께할 수밖에 없는 '상생적 관계'에 놓여 있음도 사실이다. 이런 관계성의 진작을 통해 시민 복지 중 으뜸복지인 직·간접적인 일자리 창출효과가 탁월하다면, 우리가 해양스포츠산업·마리나산업 육성에 망설일 이유가 없지 않을까 싶다. 실제로 부가가치 및 일자리 창출 효과의 경우, 2016년 11월 30일 서울 마리나에서 개최된 '제5회 국제마리나 컨퍼런스(2012년부터 해양수산부가 매년 개최)'에서 세계해양산업협회(ICOMIA) 피트 얀센 사무총장은 2015년 기준, 마리나시설 이용객 1명당 1일 75유로를 지출하고 있는 가운데 1개의 마리나 선석(船席)은 1개의 직접 일자리와 9개의 간접 일자리를 창출하고, 또 계류선석 100석당 44개의 직·간접적인 일자리를 창출하는 효과가 있음을 밝힌 사례를 참고해 보면, 마리나의 직·간접적인 부가가치 및 일자리 창출 효과가 상당하다는 것이 입증되고 있는 셈이 된다(Peter Jansen, 2016).

게다가 프랑스 감사원인 ODIT(Observloppment, Developpment et Ing enieric Tourristiques., 2007)의 사례조사에 의하면, 마리나는 크게 세 가지 측면에서 경제적으로 직·간접적인 영향을 미친다고 한다. 첫째, 마리나 건설과 개발에 따른 직접적 영향들(시설업 분야)이고 둘째, 해양스포츠 활동을 비롯하여 해양관광객들에게 필요한 각종 인적(강사 및 가이드 등)·물적 서비스 제공과 관련된 경제활동과 지역 호텔 및 식음료산업 분야에서의 지출에 해당하는 간접적 영향들(서비스업 분야)이다. 셋째, 마리나가 지역에 위치한 존재 그 자체만으로도 긍정적으로 영향을 미치는 이른바 후광효과(Halo effect, 後光效果)에 의해 지역의 해양관광지 개발 가능성 증대, 지역경제의 활성화 기대, 마리나가 위치하는 인접지역을 비롯하여 마리나로 향하는 접근도로변에 걸쳐 부동산 가치 상승 등에 미치는 긍정적인 영향들도 상당하다는 것이다(지삼업, 2013a).

따라서 바다에서 바람결을 읽으며 화려 명쾌한 색상의 세일(Sail)을 통해 요팅(Yachting)과 윈드서핑(wind surfing)을 하고, 모터요트를 통해 크루징(Cruising)을 하며, 스포츠잠수(스킨·스쿠버다이빙)를 통해 자유로운 영혼들의 낙원인 바다 속 진경(珍景) 감상은 물론 보드를 통해 파도를 타는 서핑(Surfing), 보드 손잡이에 붙은 리쉬(Leash)를 발목에 차고 보드 위에 서서 패들(Paddle)을 젓는 스탠드업 패들보드(SUP) 등의 각종 해양스포츠 활동은 주로 사나이들이 즐기는 바다의 놀이이긴 하지만, 얼마 전부터는 유행을 선도하고 있는 이른바 '2030 패드 세력(Fad Group)'이 해양스포츠의 매력에 흠뻑 빠지는 현상에 고무되어 특히 젊은 여성들의 참여도 날로 높은 경향성을 나타내고 있기 때문에 청소년들의 해양중심 사고 함양작업에 미치는 긍정적인 효과와 함께 '21세기형 가족여가문화' 보급과 학습의 길에도 고무적인 현상들이라고 볼 수 있다.

특히 해양스포츠 활동과 같은 21세기형 가족여가문화 창달을 위한 학습과 생활화는 어머니가 앞장서면 성공률이 높다는 연구도 있기 때문에 젊은 여성들의 높은 해양스포츠 참여는 현재는 물론 미래에도 해양스포츠 활성화에 기대되는 역할이 크다. 게다가 교육부의 협조에 의해 '마린 플러스(해양+)' 전략의 일환책으로 추진되어야 할 초·중등생의 해양교육은 그들의 교육과정에 해양이론교육과 함께 수영장 수영과 생존수영 및 해양훈련과 해양스포츠 편이 반드시 반영되어야 하고, 또 '자기주도학습'이 되어야 할 체험학습시간을 통해 해양스포츠를 접할 수 있도록 하기 위해서는 관련법과 제도를 혁신해 나가는 가운데 현장을 지도할 교사를 위해 일반사범계대학(중등교사 양성)과 교육대학(초등교사 양성)의 교육과정에서 필수학점으로 이수시키는 교육과정의 혁신도 반드시 병행되어야 함은 물론이다(지삼업, 2018). 체계적인 해양교육을 통해 바다를 미치도록 그리워하게 만들면 구태여 보트를 만드는 법을 가르쳐 주지 않아도 결국 스스로 보트를 만드는 법을 만들어 내기에 이른다. 이 같은 '자기주도학습'이야말로 우리의 해양교육이 지향해야 할 가장 효과적인 로드맵이 아닐까 싶다.

한편으로 평소 요트를 무척 애호한 고(故) 노무현 전 대통령은 변호사시절 부산광안리해수욕장 해변에 위치한 낡은 창고를 빌려 '세일링 요트 2인승 스나이프(snipe)급(級) – 길이 4.7m, 너비 1.5m–'을 직접 제작에 직접나선 것은 바다 사랑 해양스포츠 사랑에서 비롯된 '자기주도학습'의 좋은 사례가 될 것이다. 대통령 선거운동 당시 "호화요트를 즐겼다."고 유력 중앙일간지가 크게 보도하여 몹시 곤욕을 치르기도 했다. 한낱 선수들의 경기정(艇)에 불과한 스나이프급 요트를 두고 부자들의 놀이문화인 호화요트라고 견강부회시킨 보도가 당시에 세인의 주목을 받을 수밖에 없었던 배경에는 그만큼 요트나 해양스포츠에 대한 사회교육이 부족했다는 측면을 꼽을 수 있다. 아무튼 그와 함께한 동안 곱지 않은 시선을 받았던 해양스포츠계로서는 지금과 같이 생활체육으로서 크게 발전하는 과정에서 겪을 수밖에 없었던 시대의 해프닝이요 성장 통으로도 기록할 수 있을 것이다. 그렇지만 자유민주주의 국가에서, 그것도 개인의 생활체육에 불과한 스나이프급 요트 활동 때문에 황당하게 당하는 사람의 입장에서는 너무나도 억울할 수밖에 없다. 이미 10년 전에 그가 저 세상으로 가고 없는 2019년을 맞고 있지만, 그래도 사실을 밝혀둘 필요를 강하게 느끼는 것과 함께 해양스포츠 분야 학자의 한사람으로서 그에게 진심을 담아 위로의 말이라도 전하고 싶은 심정이다. 우리가 언제 또 해양스포츠를 진실로 사랑하는 대통령을 만날 수 있을까를 생각하면 가슴이 먹먹해 진다. 물론 기자가 척척박사일 쑤는 없다. 그래서 잘 모르면 전문가에게 단 한 번이라도 자문을 구하면 되는 일인데도 왜 그랬을까 하는 아쉬움은 여전히 남는다. 아무튼 옳고 그름에 대한 판단은 언제나 이해관계가 없는 우리들의 몫이다. 정확성을 중심으로 사실을 사실대로 기록해 두어야 바르게 기억된다. 지금은 공식 경기에서 없어진 종목이다.

다시 오늘날에 대한 이야기로 이어진다. 글로벌 시대 학생들은 젊은 부모와 함께 괌, 파타야, 보라카이 여행을 통해 이미 해양스포츠 몇 종목쯤은 경험한 경우가 흔한 세상이 됐다. 결국 교육부와 학교가 학생보다 오히려 해양스포츠에, 또는 해양교육의 중요성에 대해 문화지체 현상을 보인다면 가까운 장래 해양스포츠 강국, 해양신산업, 또는 해양스포츠산업과 마리나산업, 그리고 해양관광산업 한국 건설에 낭패도 이런 낭패가 또 있을까 싶다. 이는 교사를 대상으로 한 해양교육도 학생보다는 더 시급한 문제라고 봐야 하는 이유라면 이유다. 1995년쯤에 부산에서는 필자가 당시 교육감(정순택)에게 직접 건의한 것이 받아들여져 산하교육연수원에서는 중등체육1급 정교사 자격취득연수교육과정에 해양스포츠 이론과 함께 실기프로그램을 총 3년간 매년 6시간 도입하여 연수생들의 호응이 대단히 높았던 선례가 있다. 물론 교육부의 일에 해양수산부는 한계가 있을 수밖에 없다. 교육부에서 4차 산업혁명 시대를 반영한 해양교육의 공교육화, 또는 몸으로 넓혀가는 해양친화교육을 위해 해양스포츠를 체육교과과정에, 아니면 체험학습시간에 반영할 교육혁신 작업이 있었으면 한다. 해양수산부는 가까운 장래에 국민이 될 학생 해양교육의 필요성을 절감하고 있지만, 정작 교육의 주무부처인 교육부는 4차 산업혁명 적극 응전을 위한 주요 방편인 해양교육의 공교육화에 대해 관심을 갖기는커녕 아예 관심이 없는 것만 같아 나라의 해양교육 장래가 걱정되지 않을 수 없다. 2019년 현재 어느 정도는 체계화되어 있다고 볼 수 있는 중국과 일본의 '해양스포츠 중심 학교들'이 적극 나서고 있는 해양교육에서 자극받기를 기대한다. 따라서 해양스포츠산업의 4차 산업혁명 응전의 토대 구축에는 해양 중심사고 함양에 있고, 특히 실내수영과 바다수영, 그리고 해양스포츠를 통한 해양 DNA 배양 교육이 그 중심에 있음을 이해하지 않으면 안 된다.

한편으로 2017년 7월 창립한 '국회해양문화포럼(간사 오영훈 의원·더불어민주당 제주 제주을)'이 가칭 '해양교육·문화진흥법' 제정이 국회에서 논의되는 데 따른 의견 수렴이 2019년 1월 18일 부산 국립해양박물관 대강당에서 "대한민국해양문화 비전을 말하다."는 주제로 정책 세미나를 열었다. 앞으로 제정될 '해양교육문화진흥법'은 부정적인 바다 이미지를 불식시키고, 국민들이 친근하게 해양 문화를 접하도록 접점을 넓히는 활동의 근거가 돼야 한다. 이런 해양 문화 확산이 결국 해양 문화 산업화와 새로운 비즈니스 모델 창출의 기회가 될 수도 있다. 해양 교육 활성화를 위해 ① 해양교육 체계화, ② 해양 공교육 확대, ③ 사회 여건 변화에 부응, ④ 교육지원 플랫폼(해양교육센터) 구축 등을 추진하고, 해양문화 창달을 위해서는 ① 해양문화 사업의 인식 전환, ② 라이프스타일 변화에 대응, ③ 해양 문화사업의 비즈니스화, ④ 다른 산업 분야와 융·복합 추진 등을 법안에 포함시킨다는 것이다. 5월 중 입법 공청회를 열고, 가급적 2019년 내로 법안 국회통과를 목표로 하고 있다. 그러나 교육부의 교육과정 혁신을 통한 해양교육(이론)과 그 실천인 실내수영과 바다수영, 그리고 해양스포츠를 교육과정에 포함시킬 것을 권고하는 항목을 놓치고 있는 것만 같아 아쉽다고 말하지 않을 수 없다. 주제 발표자가 바다경험이 부족한 탓으로 추상적인 방안 제시에 머물고 있는 것은 해양중심 사고 함양을 위한 확실한 지름길을 파악하고 있지 못하고 있기 때문이다. 따라서 모처럼 검토하고 있는 '해양문화진흥법'에서는 교육부로 하여금 실내수영과 생존 수영, 그리고 해양스포츠체험교육을 교육과정에 반드시 반영하도록 권고했으면 한다. 특히 생존 수영은 수영을 잘하는 것이 아니라 최대한 오랜 시간 몸 자체의 부력으로 물 위에 떠서 구조를 기다리는 기술이다.

제13장

인간과 바다와 해양스포츠와 마리나 간의 상관관계

1. 3생(三生)의 해양스포츠세상 실현을 위한 '사람과 바다' 등 5개항 탐구

전체가 이해되지 않으면 부분의 역할은 전혀 이해될 수 없다. 이 시대 세계인의 모든 인식의 체계 내에서 한국해양스포츠가 차지하고 있는 위치 등에 대한 인식 없이 모터요트, 세일크루저요트, 스포츠잠수, 패들보드 등 각각의 개별종목들에 함몰되면 해양스포츠산업의 추동력(推動力)을 약화시키는 요소로 작용한다. 요트 등 몇몇 종목들의 활성화에 대한 가설들이 합리적인 대안 제시인 것처럼 오인되는 경우가 바로 숲을 보지 못한 사례이다. 인간은 두뇌와 말초신경이 서로 연결되어 있는 생물학적 유기체다. 마찬가지 논리로 해양스포츠산업 역시 인체의 말초신경에 비유되는 개별산업의 활성화가 곧 해양스포츠산업 활성화 기반 구축으로 연결된다. 나무가 흙이 아니고서는 뿌리를 내릴 수 없듯 기반을 중요시해야 하는 것은 두 말할 필요가 없다. 이는 사회학자 에밀 뒤르켐(1858~1917)의 '기능주의'를 쉽게 설명한 말이다.

따라서 2019년 6월 기준, 해양스포츠산업 후진 한국이 하루 빨리 선진국과 어깨를 나란히 하기 위해서는 선(先) 숲(전체)을 머릿속에 그려보면서, 후(後) 나무(개별종목)를 봐야 시간단축을 통한 해양스포츠산업 선진국 건설이 앞당겨질 수 있다. 해양스포츠산업에 있어 바다, 마리나, 해양스포츠 간의 관계성, 즉 상생적 관계에 대한 '총체적인 이해'가 숲에 해당된다. 이는 해양스포츠산업 활성화 질료(質料)는 바다, 마리나, 해양스포츠가 해당된다는 뜻도 된다. 더욱이 해양스포츠산업에 관련된 분야를 오롯이 담아내고 있는 상차림[분류표]의 담음새를 봐도 영락없이 그렇다. 〈그림 13-1〉에서처럼 바다, 마리나, 해양스포츠 간에는 각각 트라이앵글의 상생적 관계에 놓여 있는 가운데 '사람과 바다', '사람과 해양스포츠', '사람과 수질환경', '사람과 사람', '사람과 기업과 산업'을 각각 이어주는 매개체로써 서로 상생적인 관계성 속에서 그 관계가 매우 가까워 빈틈이 없이 긴밀하게 연결되어 있다. 이는 바다 없는 마리나시설은 무용

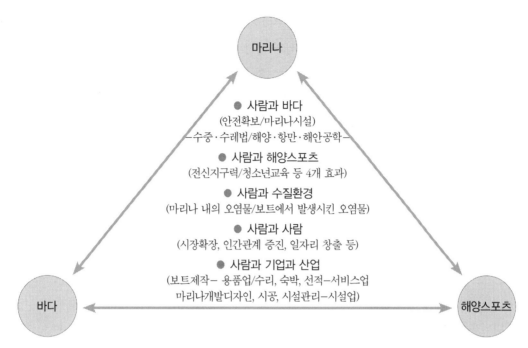

〈그림 13-1〉 해양스포츠산업 활성화에 질료가 되는 바다, 마리나, 해양스포츠 간의 관계성
출처 : 지삼업(2011b). 마리나 개발 및 운영론. 대경북스(서울). 36. 2019년 6월 재구성.

지물일 뿐만 아니라 마리나시설 없는 해양스포츠 역시 질 높은 해양스포츠 활동을 기대할 수 없다. 결국 마리나시설은 바다, 마리나, 해양스포츠 간의 상호관계(5개항)를 중심으로 인간의 삶을 반영할 수밖에 없기 때문에 안전과 인간이 추구하는 트랜드(trend)와 욕망을 담아내야 바람직한 방향으로 마리나가 디자인되었다고 말할 수 있게 된다.

특히 마리나는 매우 빠르게 발전한 해양·항만·해안공학 분야를 중심으로 자연이 시도 때도 없이 변덕을 부리는 물리적 재앙을 최대한 제어(制御)하는 가운데 지방과 도시지역의 새로운 장소인 해변 친수공간에 해양스포츠 활동에 필요한 고정식·통수식 및 부유식 방파제, 사무동, 경사로, 폰툰과 선석(船席), 스트래들 캐리어, 트래블 리프트, 드라이 스택(실내보트보관 창고시설), 급유소 등의 기본시설과 수도와 전기 등 지원시설에다 마리나텔, 해변주택, 요트텔 등 각종 편의시설을 다양하게 구축하여 집과 같은 안락함과 쾌락을 제공함으로써 고수익창출을 기대하고, 또 해양스포츠 질서의 영역을 점점 넓혀 나가는 한편으로 해양스포츠의 세계를 형성하는 근거지로서의 기능도 한다.

더욱이 해양스포츠에서는 주로 마리나시설을 전진기지로 삼아 양질의 해양스포츠 활동이 이뤄진다. 세일링(딩기·크루저)요트, 모터요트, 수상오토바이, 카이트서핑, 패들보드, 서핑, 윈드서핑, 땅콩보트, 플라이피시, 패러세일링, 씨워킹, 스포츠잠수(스킨·스쿠버다이빙) 등 10여종의 각종 해양스포츠들은 비즈니스를 할 때와는 전혀 다른 근육과 뇌 세포가 필요하다. 그건 평소에 잘 쓰지 않는 근육과 뇌 세포를 마구 활동하게 함으로써 육체와 정신의 건강을 유지하게 한다. 뿐만 아니라 복잡다단한 사회 관계망(網) 속에서 자신의 위치를 깨닫고, 조화로운 인간관계의 형성과 원만한 대인관계[연대]를 유지시켜주는 가운데 자신의 개성도 살릴 수 있다. "산다는 것은 사람과의 만남이다. 그리고 사람들과의 만남이 연대(連帶)다. 연대는 전략이 아니라 삶의 철학이다. 관계론의 실천적 버전이 연대다(신영복, 앞의 책)." 특히 해양스포츠는 글로벌사회, 무국경사회, 초지리사회에 노출되어 있는 오늘날의 청소년들에게는 섬기는 리더십의 근본이라 할 수 있는 '실력·인격·헌신' 등 세 가지 글로벌적인 자질을 함양시켜 줄 순도 높은 교육수단이 되기도 하는 등 청소년들의 육체와 정신의 건강과 함께 글로벌적인 자질의 함양에 이르기까지 미치는 효과도 대단히 높은 완전스포츠이다.

더욱이 제4차 산업혁명시대 현대인들은 재충전이 필요하다는 위험신호가 몸 여러 곳에서 삐삐 울지만 과도한 업무 탓으로 짬을 내기가 쉽지 않은 환경에 노출되어 있다. 물론 2018년 7월 1일부터 300인 이상의 사업장을 중심으로 주 52시간 근무제 도입과 함께 생활권 주변에 각종 스포츠인프라가 구축되어 가고 있음에도 사람들의 삶의 방정식은 별반 달라진 게 없기 때문에 짬을 내기가 여전히 쉽지 않은 것이 현실이다. 그렇지만 내가 나에게 시간을 할애하여 즐기는 생활체육형을 비롯하여 해양리크리에이션형(에너지의 재생·재창조) 및 해양레크리에이션형(휴양·기분전환) 해양스포츠(해양체육) 활동들을 통한 심신회복의 시간은 본질적으로 창조성과 연결되어 있다. 음표들 사이에 공간이 있어야 음악이 만들어지고, 또 문자들 사이에 공간이 있어야 문장이 만들어지듯이 사랑과 우정, 깊이와 차원이 성장하는 곳 역시 일과 일 사이의 공간(틈새)이다.

그렇지만 첼리스트 양성원은 "음악이 누군가에게 강한 감동을 주는 순간은 음표가 아닌 쉼표가 나올 때이다. 즉 쉼표란 살다가 한순간 자기 삶에 깊은 의문이 생길 때 절규하듯 던지는 질문이다."라고 했다. 결국 음악에서는 틈새인 음표들도 중요하지만, 그 음악 탄생의 전 과정을 깊게 생각하게 하는 쉼표가 더 아름답다는 것이다. 물론 우리는 심오한 경지에 도달한 그의 깨달음에서 나오는 말의 속뜻을 온전히 이해하기는 어렵다. 그렇긴 해도 이것 하나만은 분명히 이해할 수 있을 것 같다. 우선 음악 탄생의 전 과정을 머릿속에 그려보는 것이 부분에 충실을 기할 수 있다는 말로도 읽힌다는 점이다. 사실이 그렇다면, 틈새[음표들 사이]를 통한 심신회복의 시간을 갖는 의미 역시 쉼[쉼표]의 시간을 통해 자신의 일과 삶 전반을 진지하게 성찰해보는 가운데 창조적인 아이디어까지 덤으로 얻는 더 웅숭깊은 결과를 얻게 된다는 교훈을 준다. 특히 제4차 산업혁명시대 직장인들에게 필요한 것은 활기찬 체력을 비롯하여 유연성과 창의성이다. 그런 점에서 보면 현대인에게 생활체육형을 비롯하여 해양리크리에이션형(에너지의 재생·재창조) 및 해양레크리에이션형(휴양·기분전환) 해양스포츠(해양체육)는 여름철 '내가 나에게 주는 휴가[쉼표]의 콘텐츠'인 여가[음표]활동 프로그램으로써는 안성맞춤이 된다.

다시 얘기를 해양스포츠산업 활성화의 질료(matter)가 되는 바다, 마리나, 해양스포츠 간의 상생관계에 놓여 있는 5개 항(項)을 중심으로 탐구(探究)하여 '3생(三生)의 해양스포츠 세상실현', 즉 '생명(안전·

건강·수질)의 해양스포츠', '생산(일자리·기업·산업)의 해양스포츠', '생활(인간관계 증진·삶의 질)의 해양스포츠' 세상을 실현해야 한다. 특히 '탐구'는 땀 흘려 일하는 데서 비롯되기 때문에 순수하게 몰입하고 집중하는 그 일과 자기 자신이 하나가 될 때 현실이 된다.

2. 사람과 바다

우선 '사람과 바다'의 상관관계를 따지고 파고들어가 보자. 해양스포츠 활동 공간은 주로 〈그림 13-2〉와 같은 '연안해(沿岸海), 즉 조각바다'에서 이뤄진다. 그 조각바다도 수직과 수평개념으로 각각 구분하여 이해해야 한다. 수직공간은 수상오토바이와 스포츠잠수(스쿠버다이빙) 활동을 기준으로 삼으면, 대략 70cm~30m 내외이고, 수평공간은 해안선 기준, 연안해 내(內)이다. 바다는 은혜로운 공간인 가운데 위험한 공간이기도 하다. 사람이 해양스포츠를 즐길 목적으로 바다에 접근하기 위해서는 안전 확보가 최우선일 수밖에 없다. 안전성 확보는 사람을 비롯하여 시설에 관련된 두 가지 측면이 있다.

첫째, 사람에 관련된 안전성 확보이다. 해양스포츠 활동의 전제는 주의(care), 예의(courtesy), 상식(common sense) 등 3C의 생활화이다. 결국 바다는 안전수칙만 준수하면 건강과 행복을 주는 은혜로운 공간이지만, 자칫 방심하거나 오만하면 목숨을 잃는 등 두려움의 공간이 된다. 기량이 수준급이라고 하더라도 몸 컨디션이 양호한 가운데 슈트나 라이프재킷을 착용하는 등 안전 확보는 기본이다. 또한 동력 종목이라면, 엔진구조학에 대한 기초적인 학습도 필요하다. 교습소를 통해 수상레저안전법에서 규정하고 있는 요트 및 동력조종면허를 반드시 취득해야 한다. 게다가 스포츠잠수(스킨·스쿠버다이빙)는 '수중레저안전 및 활성화법(2017년)'에 의해 해양수산부에 교육단체로 등록된 33개 교습소를 통해 교육을 받아야 한다. 스킨다이빙도 그렇고, 스쿠버다이빙은 더욱 그렇다. 특히 지인(知人)을 통해 교습 받는 일은 절대 삼가야 한다. 지금껏 스쿠버다이빙에서 발생한 안전사고는 무자격인 지인을 통한 교습이 높은 비중을 차지해 왔다. 따라서 중독성이 강한 자연·모험스포츠인 스포츠잠수, 세일링요트, 모터요트, 수상오토바이, 해양카약, 서핑 등 각종 해양스포츠를 통한 디오니소스적인 정열과 쾌락이 한층 삶에 상승을 가져온다고 할지라도 고귀한 생명을 정렬적인 모험주의에 팽개쳐 버릴 수는 없다. 삶에 절제와 공동관계를 이룩하는 합리적인 이성을 토대로 하는 안전 확보를 위한 노력은 '공공보다 오히려 개인의 자유로운 결단이 더 중요'하다(지삼업, 2019). 해경의 지역별 '122 구조시스템'이 잘 작동되고 있기는 하지만 뭍에서 멀리 떨어진 바다는 고립무원(孤立無援)의 상황에 노출되기 쉽고, 그런 곳에서의 안전은 누가 대신 지켜주기도 어려운 공간이다. 갑자기 닥친 상황에 스스로 대처할 수 있도록 평소에 응급대응력을 어느 정도 수준은 학습(보트엔진구조학)해 두어야 한다.

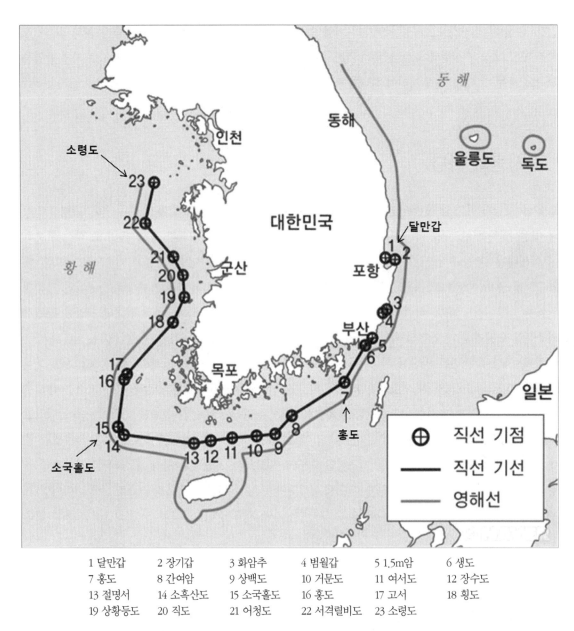

〈그림 13-2〉 우리나라의 영해[직선 기선을 기준, 외측 12해리(21.6km)까지가 영해 또는 연안해로써 해양스포츠 및 해양관광 활동은 대부분 이 공간 내에서 이뤄진다] 기선도.

출처 : 윤경철(2009). 대단한 바다여행.

△스쿠버다이빙 안전사고 발생 사례 1 ; 마산 합포구 구산면 앞바다에서 스킨스쿠버 활동하던 60대 여성이 숨졌다. 경남 통영해양경찰서는 2017년 8월 25일 오전 11시45분 구산면 인근 해상에서 A(62) 씨가 숨진 채 발견됐다. 해경에 따르면 A 씨는 일행 3명과 함께 스쿠버다이빙 활동을 하다 갑자기 물 위로 떠올랐다. 놀란 일행이 A 씨를 육상으로 인양, 심폐소생술을 실시했지만 호흡은 돌아오지 않았다. 곧이어

도착한 해경이 인근 병원으로 옮겼지만 이미 사망한 것으로 확인됐다(김민진, 2017). 준비운동 부족이거나, 갑자기 냉수대에 노출됨으로써 나타난 심장마비가 아닐까 추측된다. 이처럼 안전사고는 예고가 없기 때문에 철저하게 안전 수칙을 준수하는 방법밖엔 별 도리가 없다.

△스쿠버다이빙 안전사고 발생 사례 2 ; 2018년 8월 12일 야간 근무 후 스킨스쿠버를 즐기던 50대 경찰이 숨졌다. 11일 낮 12시 22분 부산 기장군 대변리 기장해양정수센터 앞 100m 해상에서 부산 A지구대 소속 B(54)경위가 숨겨 있는 것을 지나가던 시민이 발견해 해양경찰에 신고했다. 당시 B 경위는 스킨스쿠버 장비를 착용했으며 미역양식장 줄 위에 엎드린 채로 발견됐다. 의식이 없던 B 경위는 이날 오후 1시께 숨졌다. B 경위는 10일 오후 8시 30분부터 다음날인 11일 오전 8시 30분까지 근무한 후 스쿠버다이빙 동호회원 5명과 함께 바다에 들어간 것으로 알려졌다. 해경은 "몸이 좋지 않아 먼저 물 밖으로 나간다고 한 뒤 보이지 않았다."는 일행의 진술이 있었다고 전했다(박호걸, 2018). 다이빙 기량은 우수하였으나 매너리즘에 함몰되어 몸 컨디션이 좋지 않은 상태였음에도 방심하여 목숨을 잃은 사례다.

둘째, 시설에 대한 안전성 확보 측면이다. 마리나에서 가장 중요한 시설이 고정식방파제 및 부유식방파제이다. 이 시설에 의해서 마리나의 모든 시설물들에 대한 안전 확보여부가 결정되기 때문이다. 마리나 개발에서 가장 많은 돈이 투입되는 고정식방파제의 건설비는 수심 30~40m의 경우, 대략 1m 당 1억8천~2억 원 정도가 투입되는 것으로 알려져 있다. 게다가 직선에서 곡선으로 굽어지는 곳은 파(波)의 엄청난 에너지에 의해 쉽게 파손되는 경우가 가끔 있기 때문에 고도의 건설노하우를 갖고 있는 전문 업체에 의해 시공되는 것이 바람직하다. 만약 곡선으로 굽어지는 곳에 공사부실이 발생하면, 보수비가 애초 공사비보다 몇 배가 더 투입되는 것은 물론 바로 잡기도 매우 어렵다는 것이 해안·항만·해양공학 전문가들의 공통된 경험담이다.

마리나는 1950년대까지는 해안·항만·해양공학 분야의 발전이 미진하여 태풍이나 해일에 의한 환경재앙이 거의 없는 가운데 물 흐름이 완만한 '강 마리나'를 중심으로 발전했다. 그러다 이들 분야가 1960년대부터 빠르게 발전하기 시작한 것과 때를 같이하여 '해양마리나시대'가 성큼 열리기 시작한 이래 지금은 해양마리나 전성시대를 구가하고 있다. 물론 초창기에는 해양환경의 물리적 영향을 아주 낮은 수준에서 제어할 수 있는 수준이었지만, 2019년 3월 현재는 미국, 영국, 네덜란드, 덴마크, 프랑스, 일본 등을 중심으로 상당한 수준에서 관련 노하우가 축적되어 있다. 특히 일본은 니혼대학과 오사카대학에 해안·항만·해양공학 분야의 축적된 학문적 노하우가 세계적 수준이다. 게다가 재해 방재(防災)에 철저하다는 일본에서도 2018년 9월 4일에 오사카를 강타한 태풍 21호 '제비(자동차를 날려 버릴 정도의 최대순간 풍속 58.1m)' 때는 9명이 사망하고 350여 명이 다쳤다. 강풍의 힘으로 만조(滿潮)였던 해수면이 높아지더니 바닷물이 순식간에 둑과 방파제시설을 넘어 오사카간사이국제공항 활주로엔 50cm 이상 물이 차오르고 펄이 쌓여 그곳이 활주로인지 바다인지를 분간하기 어려울 정도로 공항시설을 초토화시킨 사례를 보면, 아직도 극복해야 할 숙제가 적잖다고 볼 수 있다. 결국 공격자 격인 초대형 태풍이나 허리케인에 둑이나 방파제시설을 통해 무난히 방어하고자 하는 인간의 노력은 거의 속수무책에 가까울 정도로 한계를 보이고 있음이 사실이다. 그만큼 바다의 환경재앙은 가공할 위력을 지니고 있음을 태풍 21호 '제비'를 비롯하여 미국 플로리다의 허리케인, 특히 2018년 10월 26일 사이판을 초토화시킨 태풍 '위투(Yutu)'에 의한 큰 피해들이 입증해주고 있다.

아무튼 주로 지방과 도시지역 해변친수공간을 중심으로 개발되는 해양마리나는 해안·항만·해양공학 분야의 비상한 발전이 없었다면, 태풍에 따른 엄청난 파(波)의 에너지를 비롯하여 폭풍해일 등 가혹한 바다환경을 지금처럼 상당 수준에서 제어하기가 힘들었다고 보면 틀림없다. 더욱이 해양의 주요 환경인 파랑, 조류, 해상풍, 수심, 수온 등을 이해하고 있는 이들 분야의 기여가 없었다면, 어촌 마리나역과 마리나시설을 통한 양질의 해양스포츠 활동은 생각할 수 없을 뿐만 아니라 '사람과 바다'의 관계도 지금껏 무역의 바다, 수산의 바다, 자원의 바다, 관조의 바다 수준에서 맴돌고 있었다고 볼 수 있다. 결국 전통적 해양산업을 비롯하여 바라만 보는 바다에서 한 걸음도 앞으로 나아가지 못함으로써 결국 '바다는 있고 시민은 없는' 썰렁한 바다 풍경이 계속 이어지지 않았을까 싶다. 국내는 1990년대 중반부터 '해양스포츠의 바다', '마리나의 바다', 그리고 '해양관광의 바다'가 첫 개척되기 시작한 이래 지금은 전문가들이 모여 의논할 주제(agenda)가 될 정도로 주목받는 분야가 됐다. 실제로 세상이 그만큼 달라지기도 했다. 마리나의 개념만 하더라도 미국에서 먼저 써먹은 '마리나'라는 말의 이력이야 어떻든, 그 뜻이 오늘날에는 잘 맞지 않는 것과 함께 개념기준분류체계도 확립시키지 못하고 있음에 따라 이래저래 새옷으로 갈아입지 않으면 안 되는 세상을 맞게 됐다.

3. 사람과 해양스포츠

다음은 '생명의 해양스포츠'에 대한 얘기다. 인간의 생명은 온몸의 가운데에 있는 생물학적인 존재다. 생물학자들은 인간을 포함하는 모든 생명이 있는 유기체는 에너지를 소비하고 전환함으로써, 그리고 내부 환경을 안정되고 생동적인 상태로 유지하도록 조절함으로써 생존하고 있다고 생각하고 있다.

특히 인간은 운동이라는 자극(stress)에 대하여 정상적인 인체 기능을 바탕으로 반응(response)하여 나타나는 기능적인 변화와 규칙적이고 반복적인 자극 형태의 트레이닝에 의해서 나타나는 적응현상(adaptation)에 의해 건강을 유지·증진시킨다. 특히 발달시키고자 하는 체력 요소 및 운동능력을 목표 수준까지 증진시키기 위해서는 우선 트레이닝의 원리를 이해하는 일이 필요하다. 트레이닝의 원리는 과부하의 원리, 점진성의 원리, 개별성의 원리(운동형태·운동강도·운동시간·운동방법/체력 특성 및 수준·성별·연령·발육단계·노화의 정도·체형·건강상태·운동 종목의 선호도 및 숙련도·심리적 특성 등), 다면

적 발달의 원리, 반복성의 원리, 특이성의 원리 등 여섯 가지가 있다. 이러한 원리는 서로 다른 기대 효과를 갖고 있지만, 결국은 상호 연관성을 가지고 있기 때문에 어느 한 가지 원리라도 고려하지 않으면 전체적인 운동 효과에 영향을 줄 수 있음을 이해하지 않으면 안 된다. 아무튼 '생명의 해양스포츠' 실현을 위해서는 인간은 정상적인 정신과 인체 기능을 바탕으로 앞서 언급한 트레이닝의 여섯 가지 원리를 고려하는 가운데 끊임없는 스포츠(체육)활동을 통해 몸을 관리하지 않으면 신체의 유지·증진은 물론 건강한 삶도 불가능하다. 세상 어디가나 밀로 빵을 만들고, 쌀로 밥을 짓듯이 인간 역시 스포츠 활동을 통해 신체의 유지·증진을 도모한다. 사람의 생명은 온몸에 있다는 얘기다.

해양스포츠의 운동효과(정신적·사회적·청소년 교육/신체적 – 근력 및 근지구력·유연성·순발력·민첩성·조정력 및 심폐지구력 등)는 크게 두 가지를 꼽을 수 있다.

첫째는, 정신적·사회적 측면을 비롯하여 청소년교육 측면을 꼽을 수 있다. 우선 정신적·사회적·신체적인 측면은 자연에 순응하는 가운데 그 섭리를 깨달아 자신을 자연환경에 적응시켜 혼연일체를 이룰 수 있다. 여기서 인간은 자연의 위대함을 이해함으로써 자신의 마음 한구석에 똬리를 틀고 있을지도 모르는 만용을 순화시키는 한편, 거센 파도를 헤치고 바람결을 읽으며 목표까지 나아가는 가운데 미약한 인간의 힘을 극대화시킬 수 있는 불굴의 의지도 배양할 수 있다. 게다가 자신의 개성을 살리는 가운데 사회 속에서 자신의 위치를 깨닫고 원만한 인간관계를 형성시켜 대인관계망(網)을 확장시켜 준다. 특히 성공은 사람과 사람 간의 관계 증진에서 비롯된다는 점에서 해양스포츠의 역할이 기대된다. 또한 중장년층을 비롯하여 노령층의 운동은 기억력과 생활에 활력을 증진시켜 준다. 더욱이 글로벌사회를 살아가야 할 오늘날의 청소년들에게는 섬기는 리드십의 속고갱이인 글로벌 자질, 즉 '실력과 인격과 헌신'을 J24(24피트 즉 보트길이 약 7.3m, 레이스에서는 남녀 구분 없이 4명 이상 – 크루우(crew)의 총 몸무게 400kg 이하, 통상 4~5명이 승선, 그러나 생활체육에서는 인원과 몸무게에 구애받지 않는다.)와 같은 세일크루저요트를 통해 학습할 수 있고, 또 그런 세일링 과정에서는 모험심과 탐구정신은 물론 희생과 봉사정신을 배양해 주며 적극적인 사고력까지 지니게 해주는 가운데 규칙, 명예, 승복, 협동과 희생의 가치를 깨닫는다. 선진국의 청소년교육에서 해양스포츠 활동을 중시하고 있는 이유도 바로 여기에 있다.

둘째는, 다리근육과 뇌세포 발달 등 신체적 측면에 미치는 탁월한 효과이다. 각종 해양스포츠를 즐기면 비즈니스를 할 때와는 전혀 다른 근육과 뇌세포가 발달된다. 그건 평소에 잘 쓰지 않는 근육과 뇌세포를 마구 활동하게 함으로써 육체와 정신의 건강을 유지·증진시켜 주기 때문이다. 특히 운동부족으로 다리가 허약한 현대인들은 자연 속에서 즐길 수 있는 친환경 스포츠인 해양스포츠에 관심을 가져야 한다. 전문가들은 다리근육의 순환불능은 내장기능을 약화시키고, 나아가 뇌세포까지 영향을 준다고 한다. 해양조정, 윈드서핑, 수상스키, 패들보드(SUP), 서핑 등은 하체단련에 특별한 효과가 있다. 조정경기 오어(Oar)종목의 경우 선수들은 2000m 레이스에서 혼신의 힘으로 220~240회 정도 다리와 팔, 특히 온몸을 앞뒤로 움직이면서 오어를 힘차게 저어야 하고, 윈드서핑은 돛을 360°로 회전시키는 경우가 흔하고 또 출렁거리는 파도와 함께 보드위에서 붐(boom ; 돛의 아래 활대)대를 잡고 펌핑하는 하는 가운데 순전히 팔과 다리 힘으로서 몸의 균형을 유지시켜야 하기 때문에 하체기능은 물론 팔의 근육도 절로 강화된다. 물론 수상스키, 패들보드, 서핑 역시 스키에서, 또는 보드 위에서 몸의 균형을 유지하고자 하는 전 과정을 통해 자연히 다리근육이 강화된다.

생활체육형 싱글스컬(1인승), 드블스컬(2인승), 쿼드러풀(키잡이가 없는 4인승 스컬), 그리고 오어 종목인 에이트 등의 조정(漕艇)은 외국 영화에서도 연인과 가족, 그리고 대학동아리(OB·YB팀) 활동장면을 통해 가끔 볼 수 있는 목가적(牧歌的)인 풍경이다. 이와 같은 조정은 몸 전체를 사용하는 전신기능을 비롯하여 특히 등근육을 많이 요구하기 때문에 그만큼 하체의 근력과 전신지구력, 그리고 등근육과 함께 심폐기능 강화에 걸쳐 체육효과가 대단히 높다는 것을 그들은 이미 생활 속에서 몸으로 느끼고 있는 것만 같다. 더욱이 전문의들은 몸이 앞으로 숙여지는 노후 변화를 막으려면 조정의 노젓기[에르고메터(ergometer)로 트레이닝]와 같은 등근육 강화 운동을 평소에 열심히 해야 한다고 조언하고 있는 것에서도 조정의 예방의학적 효과까지 입증해준다.

따라서 해양스포츠는 시민 심신의 건강을 비롯하여 청소년 글로벌자질의 함양 등 정신적·사회적·신체적·청소년교육 등 크게 네 가지 측면에서 일반체육이 감히 넘볼 수 없는 돌올(突兀)한 효과가 있음이 확인되고 있다고 말할 수 있게 된다. 2018년 10월 102세 현역 의사인 다카하시 사치에(1916~)는 자신의 저서『백 살에는 되려나 균형 잡힌 마음』에서 "건강에는 몸에 조금 무리가 가도록 운동을 하는 것이 좋다."고 조언한다. 사람의 생명은 온몸에 있다. 잘 먹고 운동도 열심히 해야 온전한 사람이 될 수 있다. 사실이 그렇다면 해양스포츠에서 멀어질수록 짐승이나 병원과 가까워진다고 말할 수 있다. 건강관리는 하늘이 도울 성질의 것이 아니기 때문에 사람이 노력하는 수밖에 없다. 더욱이 삶에는 즐거움이 뒤따라야 한다. 즐거움은 밖에서 누가 갖다 주는 것이 아니라 긍정적인 인생관을 지니고 스포츠를 통해 건강을 관리해나가야 한다.

4. 사람과 수질환경

바다를 절실하게 삶 속에서 인식하는 모습은 전 세계 곳곳에서 나타난다. 물론 지중해나 인도양 유형처럼 특정한 권역으로 꼬집어 말하기는 어렵다. 그런 가운데서도 바다를 삶의 터전으로 생각하는 관점은 태평양문화권에서 가장 높은 강도로 나타난다. 실제로 지도를 펼쳐보면, 동남아에서 태평양으로 갈수록 땅이 적어지고 바다가 커진다. 이런 지역에 사는 폴리네시안(polynesian)들은 전통적으로 '아웃리거카누'를 교통수단으로 사용했고, 오늘날은 이를 해양스포츠로 발전시켜 놓고 있다. 게다가 1980년에 영국과 프랑스로부터 독립한 인구 20만 명의 남태평양 섬나라 '바누아투'에는 '워터댄스'가 민속춤으로 지금껏 이어지고 있다. 수도 포트빌라에는 청정바다를 중심으로 스킨다이빙을 통해 접근할 수 있는 세계 유일의 수중우체국도 운영하고 있다. 이 나라는 세계에서 행복지수가 가장 높다. 더욱이 뉴질랜드와 호주는 세계 첫 '클린마리나' 개념을 선보인 세계적 해양스포츠 낙원지이다. 영국과 미국(하와이·플로리다)도 이들 나라의 클린마리나를 벤치마킹하여 본격 실천하고 있다. 해양기후를 포함한 모든 환경인자와 문화가 가미된 정량적 분석을 토대로 하는 정밀한 마리나디자인이 이뤄져야 클린마리나가 된다.

국내는 최근 전국적으로 자연 해안이 크게 사라지고 있는 현상이 심화·발전하고 있는 가운데 해양쓰레기 때문에 연안 바다의 수질오염이 심각하다. 그 이유는 인위적 요인 두 가지와 자연적 요인 한 가지 등 크게 세 가지로 대별된다. 첫째는, 인위적 요인으로서 공장용지와 택지 확보 등 산업화를 위해 1960년대 이후 지금껏 자연 해안을 무분별하게 마구 매립했기 때문이다. 둘째는, 인접 주민들이 버린 비닐과 라면봉지 등 생활용품과 어민들이 방치한 폐어구가 연안 바다를 망치는 등 해양 쓰레기 문제가 갈수록 심각한 지경에 이르고 있기 때문이다. 뿐만 아니라 해수욕객의 선크림 사용도 해수를 오염시키고 있다. 셋째는, 자연적 요인으로서 급격한 해양환경 변화로 해안 침식이 가속화되어 해변 친수공간이 사라지고 있기 때문이다. 이 중 급격한 해양환경 변화에서 비롯된 해안 침식에 의한 전국 유명 해수욕장과 동·서·남해안에서의 모래유실 현상은 아주 심각하다. 그런 가운데서도 부산의 해운대해수욕장과 송도해수욕장의 경우는 '수중잠재[일명 잠수형 방파제]'를 설치하여 모래유실에 적극대응하고 있다. 그렇지만 수중잠재 설치의 효과에 대해서는 긍정과 회의론이 팽팽한 상황이다. 조금 더 지켜볼 일이다.

아무튼 국내 최대의 해양도시 부산은 2018년 8월 기준, 자연 해안이 60%나 사라지는 한편으로 특히 부산시역 내(內) 7개 해수욕장 중 하나인 임랑해수욕장의 사장(沙場)의 폭(幅)은 해수의 운동에 의해 육지가 침식되는 해식작용(海蝕作用; wave erasion) 탓으로 어른 보행(步行)으로 채 10보(步), 즉 약 10m도 안 되기 때문에 만약 폭풍해일이라도 밀어닥친다면, 해변 주택은 속절없이 파손될 위기에 직면할 우려가 있는 등 대대(代代)로 바다에 기대어 살아온 주민들의 경제생활도, 주거안전도 위협 받을 수 있을 정도가 됐다. 이 같이 인간과 자연에 의한 심각한 해변 친수공간의 환경훼손 외에도 생활하수와 공장폐수에 의해 연안바다의 수질환경도 날이 갈수록 뒤틀려가고 있어 이래저래 우려되고 있다. 더욱이 각종 해양스포츠 활동이 주로 이뤄지는 지방과 도시지역 '연안 바다'를 중심으로 발생하고 있는 이러한 심각한 환경훼손과 수질오염 현상을 산업화와 도시인구 과밀화의 피할 수 없는 결과라고 체념하기에는 해양스포츠와 마리나산업 활성화를 통한 국부 창출에 직결되는 수질환경의 중요성은 너무도 크다.

바다 밑바닥과 해수 수질오염도 우려되고 있다. 우선 바다 밑바닥은 1993년 봄 부산 감천항에서 미포항에 이르는 바다밑바닥을 조사한 결과 화학적 산소요구량(COD) 및 총황화물 수치가 전국에서 가장 높은 것으로 밝혀진 사실이 있었고, 또 마산항의 경우는 여름철에 빈산소수괴현상마저 나타날 정도로 바다오염은 우려할 수준이었다.

게다가 해수수질오염은 1995년 3월 8일 낙동강 환경관리청이 발표한 1994년 중 연안 해수 수질오염도 자료에 따르면, 남해안 및 동해남부 연안 15개 해역 가운데 마산을 비롯, 진해·행암·고성·자란·부산·온산 등 7개 해역이 해수 수질 기준상 최하위 등급인 3등급(COD 2.0ppm)인 것으로 밝혀졌다. 이는 지난 1993년의 4개 해역보다 3개 해역이 더 늘어난 것으로 매년 연안 수질이 급격히 악화되고 있음을 입증하고 있다. 해역별로는 마산이 지난해 평균 화학적 산소요구량(COD)이 5.6ppm으로 1993년의 4.0ppm보다 1.6ppm이나 상승, 최악의 해역으로 조사됐다. 진해는 작년보다 0.7ppm높아진 2.9ppm이었다. 부산과 온산 해역도 1993년 1.7ppm(부산), 1.9ppm(온산)에서 지난해 각각 2.2ppm으로 악화돼 해수욕 등 해양레크리에이션 및 해양리크리에이션 활동에 적합한 수질 2등급 수준을 넘어섰다. 또 남해안 청정해역으로 알려져 있는 통영해역과 고성자란 해역도 모두 2.1ppm으로 지난 1993년의 1.4ppm, 1.3ppm에 비해 각각 0.7ppm, 0.8ppm이 높아졌다. 이외 삼천포 진주 등 다른 해역의 수질도 전반적으로 작년보다 오염도가 심화되는 추세를 보였다(이선규, 1995). 물론 그로부터 20여년 지난 오늘날의 부산과 마산의 바다오염은 그때나 지금이나 별반 다르지 않다는 데 심각성이 있다〈표 13-1 참고〉.

〈표 13-1〉 주요 지역별 해수수질 평가지수(1·2등급 비율) 추이

지역	2007년	2015년
부산연안 *	89.5(1)	66.0(9)
인천연안	57.9(10)	79.2(6)
울산연안 *	88.9(2)	68.2(8)
경기연안	44.4(11)	72.7(7)
강원연안	84.2(5)	87.2(4)
충남연안	87.5(3)	96.9(1)
전북연안	68.8(9)	56.3(11)
전남연안	70.5(8)	84.8(5)
경북연안	75.0(7)	94.9(3)
경남연안 *	85.5(4)	63.6(10)
제주연안	82.6(6)	96.2(2)

출처 : 해양수산부
※ 2007과 2015년 수치 중 괄호 속의 숫자는 수질 순위를 나타냄.

실제로 해양수산부가 조사한 〈표 13-1〉에 따르면, 부산 연안은 2007년 해수수질 평가지수가 89.5로 전국 11개 연안 중 1위를 차지했다. 그러나 그로부터 8년 지난 2015년 조사 결과에서는 국내 대표적 해양도시 부산이 66.0을 기록해 9위까지 급격히 추락했다. 지수 하락 폭이 국내 전체 연안 중 가장 클 뿐만 아니라 인천·경기 연안 등 20 이상 수치가 크게 증가한 타 연안과도 너무 대조적인 모습에 실로 충격적이다. 울산·경남 연안도 부산과 마찬가지로 수치가 크게 하락했다. 특히 수질이 급격히 악화된 경남연안을 두고 어떻게 청정바다라고 계속 자랑할 수 있을까. 게다가 조개잡이 계잡이를 중심으로 가족단

위 해양관광을 선전하는 전북 연안의 수질 역시 꼴찌이기 때문에 그들이 외치는 구호에 진정성이 담겨 있다고 보기는 어렵다. 반면에 대천해수욕장을 중심으로 머드축제를 개최하는 충남의 연안은 해수수질을 꾸준히 상위 수준으로 관리해 왔음을 수질등급 1위가 입증해 주고 있어 해양관광과 해양스포츠 활성화를 외치는 말과 행동이 일치하고 있다.

한편 전국적인 추세지만, 부산 연안의 해양 쓰레기 수거량도 2007년 342톤에서 2012년 그러니까 5년 만에 2061톤으로 6배(倍) 이상 급증하며 해양 생태계 훼손 우려를 키우고 있다. 해양쓰레기는 대부분 연안에 인접한 육지에서 주민들이 마구 버린 생활용품이거나 선박종사자들이 선박에서 사용한 물품이나 어구 등을 바다에 방치한 것들이다. 해양쓰레기통합정보시스템의 모니터링에 의하면, 전국의 연안 바다에서 수거한 6000톤 외에 바다에 방치된 쓰레기까지 다 따지면 그 규모가 어느 정도일지 짐작조차 하기 힘들다. 특히 우리 근근해에 매년 4만 4000톤이나 발생하는 폐어구는 수산자원까지 고갈시키고 있다(김한수, 2018). 해양쓰레기는 이렇듯 쌓이는데, 이를 수거하는 일에만 매달릴 수는 없는 노릇이다. 이제는 쓰레기 유입 자체를 줄이는 예방 위주의 통합관리 정책으로 가야한다. 먼저 전국 연안의 해양 쓰레기 규모, 유입량, 피해 영향 등에 대한 과학적인 조사와 쓰레기 발생원에 대한 중점적인 관리가 이뤄져야 하는 건 물론이다. 해양수산부가 연안 바다 관련 각 지자체와의 협력 체제를 구축하여 통합관리에 적극적으로 나섰으면 한다.

지방과 도시의 해변 친수공간과 연안 바다가 산업화와 해양쓰레기로, 또는 급격한 해양환경 변화로 날로 훼손되고, 특히 도시인구의 과밀화로 부산·울산·경남 연안의 해수수질이 이렇게 급격하게 악화된 형편에서 해양스포츠와 스포츠형 해양관광 활동을 하고, 마리나를 개발하겠다는 말은 너무나도 비현실적인 이야기라고 하지 않을 수 없다. 결국 새가 떠나고 기형 물고기가 목격되는 바다는 해양스포츠 활동을 할 수 없을 만큼 해양생태가 파괴되었다는 뜻이 되기 때문이다. 윈드서핑을 하다 물에 빠져도 피부병 감염이 걱정 없는 바다와 강, 그리고 그런 바다와 강이 우리의 수질 환경, 스포츠의 환경일 때 해양스포츠와 마리나산업이 활성화될 것이 아닌가 생각된다. 바다는 건강을 지켜주고, 관련 산업을 활성화시켜주는 해양스포츠의 현장이기 때문이다. 그렇긴 해도 에너지·환경·경제는 하나의 시스템으로 연결되어 있기 때문에 한 가지 척도로 통합평가 할 수 있어야 한다. 지금처럼 이들 분야를 개별평가하면 '차세대에 코이노베이션'은 백년하청이다. 아무튼 선택은 자유이지만, 자유는 기쁨이자 책임감을 수반한다는 사실을 잊지 말아야 한다.

연안 바다의 수질환경에서 현존하는 문제점은 부영양화, 서식처 손실, 독성유기물질 퇴적, 미생물 오염, 비닐과 플라스틱 등 해양 쓰레기 오염 등이 있고, 특히 마리나의 수질오염 발생원은 '마리나 내(內)'와 '일반 보트'를 비롯하여 '주거용 보트'에서 배출시키는 오폐수가 각각 있다. 다만 이 연구에서는 인간과 급격한 해양환경에서 비롯되는 해변 친수공간의 훼손 현상과 그 문제점은 다음 기회로 미룬다. 따라서 마리나 내와 각종 보트를 중심으로 발생하는 수질환경만을 중점 검토하고자 하였다. 국제올림픽위원회(IOC)가 권고하고 있는 보건·관광 수질기준치는 내수면의 경우, 생화학적 산소 요구량인 BOD(Biochemical Oxygen Demand) 기준 3.0 PPM 이하이고, 해수면은 화학적 산소 요구량 COD(Chemical Oxygen Demand) 기준 2.0 PPM 이하이다.

1) 마리나 내의 수질오염 발생원

첫째, 보트에서 발생하는 오수를 적절히 처리하지 않고 마리나에 마구 방출시킨다면 국부적인 수질오염이 발생할 수 있다.

둘째, 보트 오수 외에 마리나에서의 수질오염의 다른 요인으로는 선상 오수처리용 화공약품, 보트연료, 보트 배기가스, 선체 도료(AF페인트), 갑판 청소 선체 표면 청소(Scraping) 및 샌딩, 육상 우(雨)배수와 우수(雨水) 등이 있다.

2) 선상 오수에 의한 수질오염 및 대책

첫째, 선상에서 발생하는 오수는 불규칙적이고 발생원을 추적하기 어려운 문제가 있다. 물론 폐유는 발생원 추적이 가능하다.

둘째, 선상 오수에는 박테리아, 원생동물, 바이러스 등과 같은 미생물(병원균)이 존재하여 인간에게 심각한 영향을 줄 수 있다.

셋째, 선상 오수로 인해 해양스포츠 활동이나 각종 수산물 등의 섭취 시 심각한 질병이 발생할 수 있다.

넷째, 해당 수역의 오수 오염 정도를 나타내는 데는 일반적으로 단위 체적 당 대장균 박테리아수(數)를 쓰고 있다.

다섯째, 보트로부터 나오는 오수는 육상에서 비롯되는 오수보다 경과시간이 짧기 때문에 일반 병균이 훨씬 많은 탓으로 더 큰 수질오염 문제를 발생시킬 수 있다.

여섯째, 마리나의 수질 보존을 위해서는 보트 위생 배관, 보트로부터 흘러나오는 오수 수집 및 육상처리장까지 배송(펌핑: pumping) 시설 등을 반드시 설치하여야 한다.

3) 선상 오·폐수 발생량 추정 및 성분

첫째, 요트를 포함하는 보트 등 각종 중소형보트의 오폐수 발생량은 해변 주거지에서 배출되는 일일 평균 배출량(1인당 170리터/일)을 기준으로 생각해 보면, 일일 평균 배출량의 약 1/4 또는 최소 1인당 38리터/일(日)로 가정할 수 있다.

둘째, 요트 류(類)를 포함하는 각종 보트들로부터 배출되는 오폐수의 수질 성분은 일반적으로 〈표 13-2〉와 같다.

셋째, 특히 숙식과 오락이 가능한 주거용 보트일 때는 해변 주거지의 일일 발생량과 같은 1인당 170 리터/일로 가정하고 있다. 배출되는 오폐수 수질성분은 일반적으로 〈표 13-3〉과 같은 것으로 분석됐다 (Marina developments, Blain, W. R. 1993).

〈표 13-2〉 일반 보트 오폐수 성분

오폐수 특성		단위	평균치
부유 물질	Suspended Solids(SS)	mg/L	1,940
휘발성 부유 물질	Volatile Suspended sSlids(VSS)	mg/L	1,520
전체 유기 탄소	Total Organic Carbon (TOC)	mg/L	1,800
용해 유기 탄소	Soluble Organic Carbon (SOC)	mg/L	1,270
생화학적 산소 요구량	Biochemical Oxygen Demand (BOD)	mg/L	1,960
화학적 산소 요구량	Chemical Oxygen Demand (COD)	mg/L	5,210
전체 질소	Total−Nitrogen (T−N)	mg/L	1,270
암모니아 질소	Ammonia−Nitrogen (NH3−N)	mg/L	630
전체 인산	Total Phosphorus (T−PO4)	mg/L	250
아연	Zinc	mg/L	150
전도도	Conductivity	MHO	16,100
수소이온농도	pH		7.6
대장균	Coliform	MPN/100ml	1.0×10^{7}

출처 : 정현·지삼업(2017). 항만 및 어항 설계기준 및 해설(하권). KDS 64 70 00 마리나. 해양수산부. 37.

〈표 13-3〉 주거용 보트 오폐수 성분

오폐수 특성		단위	평균치
부유 물질	Suspended Solids(SS)	mg/L	3,030
휘발성 부유 물질	Volatile Suspended sSlids(VSS)	mg/L	2,390
전체 유기 탄소	Total Organic Carbon (TOC)	mg/L	2,610
용해 유기 탄소	Soluble Organic Carbon (SOC)	mg/L	1,650
생화학적 산소 요구량	Biochemical Oxygen Demand (BOD)	mg/L	3,290
화학적 산소 요구량	Chemical Oxygen Demand (COD)	mg/L	7,280
전체 질소	Total−Nitrogen (T−N)	mg/L	1,810
암모니아 질소	Ammonia−Nitrogen (NH3−N)	mg/L	1,190
전체 인산	Total Phosphorus (T−PO4)	mg/L	580
아연	Zinc	mg/L	145
전도도	Conductivity	MHO	9,100
수소이온농도	pH		8.1
대장균	Coliform	MPN/100ml	6.9×10^{9}

출처 : 정현·지삼업(2017). 앞의 책. 37.

4) 마리나의 선상 오수처리시설

마리나 내의 오수처리시설에는 다음과 같은 형태를 많이 사용한다.

첫째, 일반 오수설비 : 오수 펌핑 잔교를 보트의 접근이 용이하도록 계류장의 바다 쪽 끝에 위치시키고, 보트를 선석에 계류시킨 다음 보트의 오수 배수관을 유연관(Flexible hose)으로 연결하여 오수를 육상처리장으로 강제 이송시키는 시스템을 말한다.

둘째, 이동식 오수설비 : 이동식 펌핑 시설로 각 보트해상계류장 마다 옮겨 다니며 오수 처리가 필요한 보트의 오수를 수집하여 육상처리장으로 강제 이송시키는 시스템을 말한다.

셋째, 개별 오수 설비 : 해상계류장에서 계속적으로 오수를 수집, 펌핑할 수 있도록 한 시설을 말한다. 즉 중앙에 위치한 진공 펌프실에서 각 해상계류장에 연결된 소형 PVC 배관을 통해 오수를 수집하여 육상처리장으로 강제 이송시키는 시스템이다.

한 편으로 런던 템즈강(江)에는 '하우스보트'에 사는 사람이 크게 늘고 있다. 영국 수로를 관리하는 캐널 리버 트러스트(Canal River Trust)는 2019년 3월 기준 영국 전역에서 1만 5,000명이 보트 생활을 하고 있다고 발표했다. 캐널 리버 트러스트 관계자는 "런던 템즈강에서만 5,000여 명이 배에 살고 있다"며 "2012년에 비해 두 배로 늘어났다."고 말했다. 영국 하우스보트의 증가의 가장 큰 원인은 급격한 주거비 상승에 있다. 강에 오래 정박하는 경우엔 1년에 보통 1만파운드(약 1,525만원) 정도 정박료와 각종 세금을 내야 하지만, 2주에 한 번씩 장소를 옮기면 공짜다. 물론 2주에 한 번씩 옮길 경우, 전기·수도를 스스로 끌어와야 하고, 화장실 오수 등을 직접 처리해야 하는 부담도 있다. 하지만 하우스보트에 대한 부정적 여론도 늘고 있다. 아무리 규제가 엄격하다고는 하지만, 하우스보트에서 나오는 오·폐수와 오염 물질을 완벽히 차단할 수 없기 때문이다(김아진, 2019). 국내에서도 머잖아 한강이나 낙동강을 중심으로 하우스보트가 출현할 가능성이 있는 만큼 당국에서는 영국의 사례를 반면교사로 삼아 오·폐수와 오염 물질을 완벽히 차단할 선제대응책을 마련해 놓기를 기대한다.

5) 연료 등 화학제 오염원 및 대책

첫째, 오염원 중 화학첨가제 종류로는 보트자체를 비롯하여 변기, 세면대, 주방기기 등의 위생 시설에 많이 사용되는 화학 방부제나 소독제인 프름알데히드, 아연염, 염소 등을 들 수 있지만 경우에 따라서는 염색소, 방향제, 계면활성제 등도 포함된다.

둘째, 선외기 엔진에서 유출되는 오염물에는 일반적으로 다음의 세 가지가 있다. ① 윤활유와 혼합 연료를 사용하는 선외기 엔진은 저속에서 크랭크 케이스 내의 연소되지 않은 일부 연료가 외부로 유출될 수 있다. 특히 마리나 내에서 지정된 선석을 향해 저속 운항하는 과정에서 이런 현상이 많이 발생한다. ② 연소되지 않은 연료증기가 실린더 내부를 지나 배기관을 통해 외부로 유출될 수 있다. ③ 급유 과정에서 유류의 직접적 외부(육상·해상) 유출이 있을 수 있다. 해상급유담당 직원은 근무경력이 많은 사람을 배치해야 하는 이유다.

셋째, 급유시설이 있는 해상부와 육상부는 유류 유출로 인한 환경오염이 발생하지 않도록 적절한 방지대책을 수립하여야 한다.

넷째, 선외기 엔진에서 발생되는 오염물질에는 연소실 가스, 산화탄소, 탄화수소, 납화합물 등이 있다.

다섯째, 선체외부나 마리나 내의 폰툰 등 부유체에 홍합과 석화, 그리고 해조류(海藻類) 등이 부착하지 않도록 바르는 도료(AF페인트)에는 바다 생물에 유해한 독성을 지닌 물질이 포함될 수 있다.

6) 보트 유지관리 시 발생하는 오염원 및 대책

첫째, 선체의 세척 및 청소, 사포(砂布)로 닦는 샌딩(sanding), 페인팅 작업 등 일상적인 보트 유지관리 시 오염물이 방출될 수 있다.

둘째, 청소 시 쓰이는 합성세제는 인산염을 포함하고 있으며, 따라서 국부적 부영양화와 용존 산소의 결핍을 초래할 수 있다.

셋째, 선체의 샌딩 시 보트 밑바닥, 즉 선저 페인트에서 떨어진 독성 입자가 수질 환경에 영향을 줄 수 있으며, 선저에 대한 페인팅 작업 자체도 유독 물질을 방출할 수 있다.

넷째, 보트수리시설 전체 면적에 대해 우수 및 오폐수(유류 및 페인트) 차집과 처리 시설을 반드시 설치하여 오염을 방지해야 한다.

다섯째, 보트 밑바닥에 고인 빌지(Bilge) 오수는 엔진에서 유출된 유류나 기타 물질이 혼합되어 있어 정기적으로 육상처리장으로 펌핑하여 제거해야 한다.

여섯째, 겨울에 엔진이나 수도관, 화장실 등에 동파를 막기 위해 사용되는 동파 방지제는 오수처리시설 등을 통해 처리하여야 한다.

일곱째, 마리나 내 모터보트의 프로펠러는 진동을 일으켜 해저 퇴적물을 재 부유시킴으로써 수질 탁도가 증가하고 유기 탄소와 인의 밀도가 높아질 우려가 있다.

7) 강우 시 배수 오염원 및 대책

첫째, 마리나 육상 구역의 개발로 건물, 포장, 조경 등이 밀집되고 불투수층이 늘어남에 따라 집중 강우 시 대량의 우수가 바다로 직접 유출될 수 있다. 이때 다량의 오염물질도 같이 유입되며 주로 강우 초기 상태에 가장 많은 양의 오염 물질이 흘러 들어가는 경향이 있다. 여기에는 기름, 그리스(Grease), 중

금속, 퇴적물, 영양염, 살충제, 배설물 속의 대장균 등이 존재해 해수 오염을 발생시킬 수 있다.

둘째, 우수가 직접 마리나 내부로 흘러들지 못하게 마리나 외부로 전환시키거나 해당 지역의 우수 배수 하수 시스템과 연계하여 처리토록 하는 것이 바람직하다.

셋째, 필요시 유보지, 침사지, 침전지, 여과지 등을 따로 설치할 수도 있다. ① 유보지는 일정량의 우배수를 처리장으로 보낼 수 있도록 저장함으로써 해양 방류를 방지하는 시설을 말한다. ② 침사지나 침전지는 배수로의 중간에 위치하여 우수가 바다로 흘러들기 전에 부유물질이나 용존 오염원이 미리 침전될 수 있도록 하는 시설을 말한다. ③ 여과지는 우배수가 천연 토양이나 모래층을 거치도록 하여 부유 입자를 제거하는 시설을 말한다.

8) 마리나 수질의 유지관리

첫째, 마리나 내의 해수 순환을 촉진시키고 수질 문제를 최소화하기 위해 설계 단계에서부터 수치 또는 수리모형실험을 통해 조류의 흐름 양상을 파악하고 그 결과에 따라 대책을 수립하는 것이 바람직하다.

둘째, 마리나를 많이 사용하는 여름에는 바람이 약해 마리나 내부에 해수정체 현상이 생기기 쉽다.

셋째, 마리나 수질 보존을 위해서는 다음의 3가지 방법이 많이 사용된다. ① 직접적인 오염원의 제거(하수처리, 오수/우수 처리, 쓰레기 투기 방지 등) ② 주기적인 청소 관리 ③ 적절한 해수 교환

넷째, 해수교환을 효과적으로 하기 위해서는 설계 시 다음의 일곱 가지 사항을 고려할 수 있다. ① 항 입구를 두 개로 한다. ② 항내의 예각 구석을 없앤다. ③ 연결 수로 뒤쪽에 인공 못(Lagoon, Flushing basin)을 둔다. ⑤ 항내 수심의 급격한 변화를 피한다. ⑥ 방파제 하부에 통로를 두어 해수 교환이 원활히 일어날 수 있도록 한다. ⑦ 강제 해수 순환을 발생시킬 수 있는 설비를 둔다.

다섯째, 필요시 강제 해수 순환 설비(Water flushing & Oxygenation facility)는 다음의 세 가지 경우에 설치한다. ① 해수 교환이 잘 안될 때 설치 ② 방파제 아래쪽에 직경 0.6~1.0m 파이프 설치 ③ 펌프에 의한 제트 노즐(Jet nozzle) 시스템과 수중 산소 발생기(Underwater oxygen generator) 설치 등이다(정현·지삼업, 앞의 책).

5. 사람과 사람

인간관계는 사회의 본질이다. 사회에 대한 정의가 많지만, 사회의 본질은 '인간관계의 지속적 질서'다. 맹자의 「곡속장(穀觫章)」에 '이양역지(以羊易之)', 즉 양과 소를 바꾼 이야기가 나온다. 내용은 맹자가 인자하기로 소문난 제나라 선왕(宣王)을 찾아가 자기가 들은 소문을 확인한다. 소문은 이런 것

이었다. 선왕은 "제물로 끌려가는 소가 벌벌 떨면서 사지로 가는 것을 보고 불쌍하게 생각하여 신하에게 놓아주어라."고 했다. 신하는 "그렇다면 제물은 무엇으로 합니까?"하고 묻는다. 그러자 왕은 "소를 양으로 바꾸라고 지시했다."는 얘기다. "그럼 양은 불쌍하지 않습니까?" 양도 불쌍하기는 마찬가지다. 맹자는 선왕도 모르고 있는 이유를 얘기해준다. 소를 양으로 바꾼 이유는 양은 보지 못했고 소는 보았기 때문이라는 것이 맹자의 해석이었다. 우리가 맹자의 이 대목에서 생각해 봐야하는 것은 '본 것'과 '못 본 것'의 차이에 관한 것이다. 생과 사가 엇갈리는 차이다. 본다는 것은 만남이다. 보고, 만나고, 서로 아는, 이를테면 '관계'가 있는 것과 관계가 없는 것의 엄청난 차이에 대해서 곡속장이 바로 그것을 이야기 하고 있다. 이처럼 인간사회는 만남을 통한 연대만큼 중요한 것도 없다. "연대는 전략이 아니라 삶의 철학이다. 산다는 것은 사람과의 만남이다. 그리고 사람과의 만남이 연대와 상생이다. 관계론의 실천적 버전이 연대와 상생이다(신영복, 앞의 책)." 그런 점에서 사회적 구조 자체가 소위 '끈의 사회'로 형성되어 있는 우리 사회에서 마리나를 통해 끈을 갖는다는 것은 생존경쟁에서 한수 접고 들어가는 프리미엄으로 작용할 수도 있겠다. 뿐만 아니라 혼자 즐기는 것보다 함께 즐기는 기회를 통해 즐거움의 최고경지도 도달할 수 있게 해준다.

마리나시설은 사람과 사람 간의 관계를 좋은 방향으로 더욱 촉진시켜주는 해양스포츠문화의 향유(享有) 공간이다. 특히 인간 삶의 성공은 곡속장의 이야기처럼 사람과 사람 간의 관계 증진이 매우 중요하다고 볼 때, 바다와 마리나와 해양스포츠가 인간과 인간 간의 만남기회를 자연스레 제공해주는 가운데 그 만남을 통해 인간관계를 더욱 친밀하게 촉진시켜 주는 일품 촉매제(觸媒劑) 역할을 한다. 이런 측면이 마리나의 스포츠사회학이다.

해양스포츠 활동의 참뜻은 세일크루저요트, 모터요트, 해양카약, 바다배낚시, 서핑 등 각종 해양스포츠 활동을 통해 신체와 정신의 건강을 다져나가는 가운데 너도나도 기분이 좋아지는 행복 활동을 목적으로 하는 데 있다. 게다가 해양스포츠 문화(Haeyang Sport Culture)는 해양레저, 해양레저스포츠 등 유사(類似)분야까지도 모두 포괄·함의하는 해양스포츠문화권에 사는 사람의 사고·정서·사상·표현 등이 그들의 생활구조에 직·간접적으로 막대한 영향을 미친 결과에 의해 자연스레 형성되는 그 문화권의 동일성이다.

더욱이 해양스포츠문화권의 동일성이나, 또는 그곳에서 활동하다 떠난 사람들이 형성시켜 놓은 '해양스포츠맨십'과 같은 여운(餘韻)의 문화는 우연히 형성되는 것이 결코 아니다. 해양스포츠와 해양휴양 활동을 위한 기본시설, 지원시설, 편의시설, 해양문화시설, 기타 시설을 일정 공간에 집적시켜 놓은 해양건축물인 마리나시설을 관리하거나 또는 함께 이용하는 기회를 통해 자연스레 형성되는 '마리나 공동체사회', 즉 이 시설들을 이용하는 보트오너, 고객 및 동호인, 각종 해양스포츠단체 임직원, 보트제조와 판매 및 관련 산업체 관계자, 마리나텔·콘도이용객 및 해(수)변주택거주자, 그리고 마리나시설관리업체 임직원 등에 걸쳐 모든 이해관계자가 공통으로 지녀야 하는 시설 이용과 관리에 대한 주인의식 공유(共有)

를 비롯하여 가치 규범인 세련된 매너와 에티켓, 그리고 행동양식의 결정체인 '해양스포츠맨십'으로 결속된 우호적인 사회인 '마리나공동체사회'를 통해 그 사회의 동일성이나 여운의 문화가 형성되기 때문이다. 처음은 너와 나로 대면 대면한 관계에서 만났지만, 결국은 해양스포츠가 '우리'로 발전·연대시킴으로써 친밀한 인간관계가 형성된다. 이런 점에서 바다와 마리나와 해양스포츠가 인간관계를 더욱 친밀하게 연대(連帶)시켜 주는 촉매제(觸媒劑) 역할을 하고 있음이 사실로 확인되고 있다고 말하게 된다.

연대(連帶)는 무리를 짓는 행위이고, 남에게 피해를 주는 연대는 담합이지만, 남에게 피해를 주지 않는 연대는 협력이다. 연대에는 수평적 연대와 수직적 연대, 의도적으로 기획된 연대와 자연스럽게 발생한 연대 등이 있다. 힘에 따라 결성되고 해체되기도 하지만 규범 같은 가치 기준도 중요하게 작용한다. 그렇지만 연대 게임은 기본적으로 수의 경쟁이다. 바둑에서 검은돌이 많으냐 아니면 흰돌이 많으냐에 따라 승부가 결정되듯이, 연대 게임의 승패도 얼마나 많은 힘을 규합하느냐에 따라 좌우된다. 물론 한 개의 같은 돌이더라도 위치에 따라 그 영향력은 매우 다르다. 고수의 바둑 기사는 상대에게 여러 개의 돌을 먼저 주고도 자신 돌 간에 띠를 이뤄 이기는 것이다(김재한, 2018). 이런 점에서도 남에게 피해를 주지 않는 연대협력체인 마리나공동체사회는 규범 가치와 함께 그곳에서 활동하다 떠난 사람들이 남겨 놓은 자산(資産)인 여운의 문화, 즉 해양스포츠맨십과 같은 고결한 정신을 중심으로 인간 띠를 이뤄 너도 나도 스트레스 받지 않고 해양스포츠로 단련된 건강한 몸으로 즐거움을 누리는 마을단위의 소규모 사회를 통해 나만 행복하기를 바라기보다는 모두의 행복을 기원하는 인생의 참 의미를 깨닫게 됨에 따라 현대사회의 성공강박에 의한 일탈을 예방해 주기 때문에 사람과 삶 간의 건강한 관계는 밝은 사회 조성의 토대가 된다.

삶은 본질적으로 도덕적 드라마다. 죄는 악마적인 무언가가 아니다. 그저 일을 망치는 쪽으로 기우는 우리의 삐딱한 성향, 길게 보다 단기적인 결과에, 상위보다 하위의 가치에 눈이 어두운 우리의 성향 때문에 벌어지는 일이다. 죄를 반복적으로 짓게 되면 습관으로 굳어져 하위 가치의 노예로 전락하고 만다. 죄가 위험한 까닭은 죄가 죄를 먹고 자라는 악순환을 거듭하기 때문이라고 한다. 텐트 위의 새 둥지, 잠깐의 행복일 뿐이다. 뭍으로 잘못 뛰어올라온 물고기는 잠시 퍼덕이다 죽는다. 있지 않아야 할 곳에 있는 죄다. 위치를, 또는 자리를 잡는 것은 이처럼 생사를 좌우할 만큼 중요하다.

"삶의 묘미와 의미는 발을 헛디디는 데 있다. 또한 발을 헛디뎠다는 것을 인식하고, 시간이 흐르면서 휘청거리던 몸짓을 좀 더 우아하게 만들려고 노력하는 데 삶의 아름다움이 있다. 발을 헛디뎌 휘청거리는 사람은 여기저기서 균형을 잃으며 앞으로 넘어질 뻔하기도 하고, 어떨 때는 넘어져 무릎이 깨지기도 하며 삶의 길을 따라 어렵게 어렵게 걸어 나간다. 그러나 그는 자신의 불안전한 본성과 실수에 예민하게 굴지 않고 꾸밈없는 정직함으로 삶과 마주하는 가운데 자신의 본성이 뒤틀린 면, 즉 이기심과 자기기만, 때로 하위의 사랑을 상위의 사랑 위에 두려는 욕망 같은 것들을 부끄러워한다. 그렇다면 이력서에 들어갈 덕목과 조문(弔文)에 들어갈 덕목 간에는 어떤 차이가 있을까. 이력서 덕목은 일자리를 구하고 외적인 성공을 이루는 데 필요한 내용들을 나열해 놓은 것이다. 조문 덕목은 이력서 덕목보다 더 깊은 의미를 지닌다. 조문객들이 고인에 대해 이야기할 때, 한 존재의 가장 중심을 이루는 성격들이다. 의협심이 강하고, 정직하고, 겸손하고, 신의가 두터운 사람이었는지, 또는 어떤 인간관계를 이루고 살아간 사람이었는지 등이다. 그런데 대부분의 사람들은 조문 덕목이 이력서 덕목보다 더 중요하다고 말들을 한다(김희정, 2015)." 그럼에도 현재의 교육시스템은 조문 덕목보다 이력서 덕목(경력) 위주로 만들어져 있다. 깊이 있는 인격을 기르는 방법보다 성공적인 커리어를 성취하는 방법에 대한 내용들로 구성되어 있기 때문이다. 결국 실제보다 더 권위 있고 영리한 척하는 이른바 '빅 미(Big Me)'의 시대에 '리틀 미(Little Me)'의 가치관 확립이 절실한 현대사회의 한 구성원인 우리는 마리나공동체를 통해 내적 성장을 위해 분투하는 겸손한 사람이 되어야 하지 않을까 싶다. 삶이란 더 나은 인간이 되기 위한 투쟁이라고 하지 않는가. 마리나공동체는 대화와 충고를 나눌 친구들이 있는 곳이고, 지금껏 그곳을 거쳐 간 사람들이 우리가 따라 하고 스스로를 평가해 볼 '해양스포츠맨십'과 같은 고결한 정신을 남겨둔 곳이기 때문에 마땅히 사람이 있어야 할 바람직한 자리가 된다.

따라서 자연인인 내가 스스로 참여하여 누리어 가지는 해양스포츠문화를 매개로 하여 타인과 만남을 통해 농밀한 관계로 발전한다는 것은, 있어야 할 곳에서 연대를 형성하는 마리나공동체의 일원으로서 내적 성장을 위해 분투하는 가운데 신뢰받는 위치를 덤으로 확보하게 되어 바람직한 방향으로 사회적 가치 및 규범을 실현할 수 있는 배경(background)으로 작용한다. 이 배경이 곧 자신의 정체성이다. 정체성의 본질은 생성(being)이다. 내부의 어떤 것이 아니라 자기가 맺고 있는 관계를 적극적으로 조직함으로써 형성되는 것이다.

처음엔 데면데면하다가 후에 친해지도록 할 자연스런 기회제공은 곧 마리나의 또렷한 사회학적 기능이다. 이런 점에서 보면, 해양스포츠맨십과 같은 고결한 정신을 통해 자신의 결함을 직시, 즉 성찰하는 데로부터 상생을 통한 참된 삶의 의미를 얻을 수 있다고 생각하게 된다. 뿐만 아니라 마리나경영자에게는 사람과 사람간의 연대, 시간(일상을 통한 틈새)과 시간을 통해 혼자보다는 함께 즐김으로써 즐거움의 진수를 만끽할 수 있도록 '사람과 사람, 시간과 시간'을 얼마나 잘 이어 주느냐, 그것에 마리나경영의 명운(命運)이 달렸다는 역설로도 읽히게 된다. 고객을 내 몸같이 사랑하는 겸애(兼愛)의 실천이 곧 고객과 경영자가 수평으로 이로운 관계가 형성됨으로써 고객의 인적 네트워크 강화는 물론 마리나도 함께 번영할 수 있는 토대가 구축된다.

6. 사람(일자리)과 기업과 산업(성공 마리나개발 13개 항의 목적함수 등)

긴 소매가 요긴해도 춤 솜씨 없이는 안 된다. 그런데 사람들은 긴 소매의 현란한 말재간만 멋있다 하니 안타깝다. 속담에 '소매가 길어야 춤을 잘 추고, 돈이 많아야 장사를 잘 한다'고 했다. 밑천이 넉넉해야 장사를 잘하기 쉬운 법이다. 그러나 춤 솜씨가 뛰어나도 긴 소매의 맵시 없이는 솜씨가 빛을 잃고 만다. 게다가 장사 수완이 좋아도 밑천이 두둑해야 큰돈을 번다고 한다. 특히 앞의 말이 뜻하는 개념의 속 내용을 새겨서 생각해보면, 마리나개발 디자인을 비롯하여 마리나경영자의 자질과 역량의 중요성을 강조하는 메타포(metaphor)로 읽히는 것 같아 순간 머리칼이 쭈뼛해지는 전율마저 느끼게 된다. 마리나 분야 사람(일자리 창출효과)과 기업과 산업 활성화 정곡을 찌르고 있기 때문이다.

해양스포츠산업 중 시설업에 속하는 마리나시설이 양질의 해양스포츠 활동을 위해서는 요긴해도 자체시장의 생태계가 열악한 상주인구 20~30만 명의 소도시에 위치하면 마치 뭍으로 잘못 뛰어오른 물고기처럼 잠시 퍼덕이다 곧 죽는 운명과 닮은꼴이 된다. 마리나개발 디자인도 시대에 한참 뒤쳐진 시대퇴행의 1950년대 '기본시설' 중심, 즉 대략 70년 전의 제1세대 마리나시설로는 이미 제2세대(복합) 마리나시대를 거쳐 제3세대(친환경복합) 마리나시대마저 종말을 예고 있는 가운데 제4세대(복합녹색안전인공지능) 마리나시대의 여명기도 동시에 맞고 있는 2020년대를 목전에 두고 있는 지금의 국내외 고객들에게 그들의 바람인 건강을 다지는 가운데 인간관계 증진은 물론 안전 속에서 집과 같은 안락과 쾌락을 제공할 수 없기 때문에 외면당할 수밖에 없다. 그럼에도 정부와 바다를 끼고 있는 각 지자체는 마리나개발 숫자 늘리기와 함께 지자체단체장의 업적 쌓기에만 급급하여 2019년 연말까지 크고 작은 마리나 총 62개소에 선석 총 4,000석, 더 구체적으로는 마리나 1개소 당 선석 평균은 70척 규모를 중심으로 해양스포츠산업과 마리나산업 활성화 낙관론만 선전하고 있어 그 결과에 대해 강한 의문을 갖지 않을 수 없다. 마리나를 황금알 낳는 거위로만 선전하다 자칫 영세한 규모와 경영 생태계 열악에 따른 소위 태생적 한계 때문에, 또는 이웃 지자체간 중복·과잉투자 때문에 사회적 책임론이 대두될 우려가 일부 있어 보인다.

실제로 2018년 10월 국립해양박물관 대회의실에서 해양수산부가 주최하고 (특수법인)한국마리나협회와 (재)한국마리나산업협회가 공동 주관한 "마리나 투자설명회 및 워크샵"에서 한국마리나협회 김 모 박사가 용역한 "마리나 사업체 동향 조사" 내용을 보면, "2017년 12월 기준 국내 마리나 총 34개소의 수익창출 아이템 수상운송업, 숙박업, 음식점 및 주점업, 임대업, 사업지원 서비스업, 창작과 예술 및 여가 관련 서비스업, 스포츠 및 오락관련 서비스업, 수리업 등 총 8개 업종 중 '음식 및 주점업'이 하나같이 압도적인 이용률을 보였다."는 것이다(김용환, 2018). 사실이 그렇다면 이건 마리나시설이 아니라 숫제 요식업시설이라고 해야 하지 않을까 싶다. 당국이 '마리나항만법'까지 제정하면서 얻은 중간평가가 고작 '없는 거북의 털'을 기대하는 것처럼 바다 활동과 관련된 시설에서는 수익성이 거의 없는 마리나를 개발하고자 했다는 말인가. 정말 황당하다 못해 어안이 벙벙해진다. 더욱이 이 같은 실망은 '사회적 책임론' 대두의 서막에 불과하다는 데에 심각성이 있다고 봐야한다. 특히 문호 어니스트 헤밍웨이도 말했지만, 김 박사가 사석에서 '그냥 이야기'를 한 것이 아니라 '글로 쓴 용역보고서'를 통해 밝혔다는 점에서 그의 '영원한 진심'이기도 하기 때문에 한국마리나산업의 맨얼굴을 적나라하게 드러내 보였다고 봐야 한다. 물론 이 연구자가 수행한 '용역보고서'의 분석내용은 한 마디로 학생들의 리포트 수준에도 못 미치는 낙제점 (F)이었다. 나랏돈을 투입한 용역사업이라는 점에서 당국은 합당한 행정조치를 취해야 할 것으로 생각된 다. 마리나업계에 짝퉁전문가가 설친다는 말은 진작부터 들어 왔지만, 이 정도로 맹탕일 줄은 정말 몰랐 다는 점에서 실로 충격이 크다.

게다가 BTO 개발, 즉 민간이 수백 억 원을 들여 건설하고 소유권은 중앙정부나 지자체로 양도한 채 대략 30년 동안 민간이 직접 운영하여 사용자 이용료로 수익을 추구하는 '공공상업마리나'들로서 개발 후 경영기간이 사실상 초읽기에 들어가게 되는 상황이지만, 정작 그 기간 중 약 10년간의 적자를 거쳐 남은 20년 안에 흑자를 달성해야하는 경영자의 자질(탁월한 사업 감각과 근면성 80%·보트산업에 대 한 이해도 10%·도전정신 10%)과 역량(풍부한 종자돈)은 대단히 우려되고 있는 수준이다. 한 마디로 경 영자의 자질 100% 중 겨우 도전정신 10%만 충만할 뿐 소위 '실용과 현실을 앞세우는' 마리나사업에서 적자기간 약 10년을 버텨야 할 종자돈 역시 빈약한 중견기업 이하의 소상공인들이 주류를 이루고 있다. 그것도 대부분 마리나경영에 왕초보자들이다. 더욱이 국내 마리나분야에는 축적된 시행착오를 비롯하 여 성공 노하우가 없다. 무릇 세상에는 도움이 되지 않는 직·간접 경험은 없다고 한다. 국내의 실정은 지 금껏 유일본(唯一本)들인 『마리나관리론』·『마리나개발 및 운영론』·『마리나관리 및 운영론』·『해양스포 츠론』 등 참고도서 7~8권과 함께 관련 논문이 대략 100편 정도 발표되어 있기 때문에 간접경험은 일부 할 수는 있다. 그러나 정작 마리나업계 안에서는 알려주거나 배울 만한 사람은 없다. 이처럼 기대할 배 경이 간접적(책과 논문)으로는 조금 있지만, 직접적으로는 거의 없기 때문에 시작부터 '맨땅에 헤딩'이기 일쑤일 것이 예상된다. 결국 하루하루 출혈경영에 부닥치면서 악전고투해 나갈 수밖에 없는 대단히 어려 운 상황에 노출되어 있기 때문에 그나마 밑천[종자돈]이라도 넉넉해야 가을 열매를 얻기까지 스스로 경 영학습에 열중하는 가운데 겨우 버틸 수 있다고 말하게 된다. 그렇지만 개발에 참여할 의욕을 불태우고 있는 일부 기업인의 역량은 대단히 우려스런 중견기업 이하의 사업자들이 대부분이다.

따라서 고품질 서비스제공을 염두에 두는 마리나라면, 배후지의 상주인구가 100만 명 수준은 확보되어 야 하고 또 보트길이 10m를 기준, 250~300척 규모로서 개발완료 후 대략 10년쯤은 지나야 손익분기점에 도달한다는 것이 일본 애노시마와 베이사이드 마리나를 비롯하여 선진국 마리나업계의 사례이다. 그럼에 도 국내는 대부분의 마리나가 위치한 배후지의 상주인구는 고작 20~30만의 소도시이다. 보트계류 규모도 70~80척 내외의 소규모이다. 이처럼 상주인구가 시장생태계 형성에 절대 미달하는 가운데 규모의 경제에 크게 밑도는 계류척수로는 고품질 서비스제공에 직결되는 각종 서비스시설 구축과 함께 정규직 약 15~20 명 내외의 인건비와 금융경비 충당은 고사하고 만년 적자를 면하기 어렵게 될 것이 빤하다. 그렇다고 하여 고정비 지출에 주요 항목인 직원의 숫자를 줄이면 고품질 서비스제공은 말의 수준에 거쳐 자연히 충성고 객도 떠나감에 따라 사업 부도사태를 더욱 부채질한다. 한 걸음 한 걸음이 벼랑 끝으로 내몰린다. 속사정이 이러함에도 당국은 짝퉁전문가를 내세워 땅 짚고 헤엄치기 사업으로만 선전해도 좋은 일일까.

더욱이 마리나개발 디자인이 뛰어나도 시장의 생태계가 열악하면 고객 맞춤한 디자인도 빛을 잃고 만다. 게다가 경영수완, 즉 경영자의 자질이 뛰어나도 밑천(종자돈)이 두둑해야 손익분기점 도달 약 10년간을 잘 버틸 수 있다. 물론 국내는 지금껏 자질을 검증받은 마리나경영자는 아무도 없다. 마리나개발 후, 수익도 변변찮은 상태에서 고정비인 금융경비와 인건비 조달에 급급하다 가랑이 찢어지는 경우가 바로 앞에서 열거한 이유들 때문이다. 결국 사업은 가을 열매를 보지도 못하고 스스로 고꾸라져 망한다. 따라서 고객 맞춤한 마리나개발 디자인, 보트계류 규모의 경제수준 확보, 경영자의 자질과 역량과 같은 항목들은 사람(일자리)과 기업과 산업의 생명을 앗아가는 파산의 초대장이라고 말하게 된다. 마리나경영자들에게 이 보다 더 두려운 항목들이 또 있을까 싶다.

그런데 사람들은 마리나산업을 황금알 낳는 거위라고 앵무새처럼 말한다. 그렇지만 해양스포츠가 생활화 단계에 접어들어 있는 등 제반 사회여건이 성숙되어 있는 마리나산업 선진국에서나 가능한 성공담일 뿐이다. 가능성만 난무하는 국내의 경우 '아직은 기다려라 서두르지 마라'고 조언하고 싶다. 꽃마다 피는 시기가 다르듯 각종 산업도 활성화되는 시기가 저마다 다르다. 더욱이 국내의 마리나산업은 경제 호황기라 해도 본보기가 될 만한 성공마리나가 아직은 존재하지 않는 상황에서 서둘러 투자하기에는 경영위험요소가 너무나 많다. 심지어 2019년 들머리처럼 불황기라면 두 말할 필요도 없다. 그렇다면 적절한 투자 시기가 언제일까. 2025~2030년쯤일 것으로 추론할 수 있다. 해양스포츠산업과 마리나산업 활성화 마중물이 될 국내의 경제가 당분간은 전반적으로 어려울 것이라고 거의 모든 경제전문가들이 전망하고 있는 상황이고, 또 정부의 마리나산업 활성화 정책마저 보트계류 숫자와 관련된 '규모의 경제'를 비롯하여 개별 마리나자체의 경영생태계는 아예 고려하지 않고 있는 등 일부 허방을 짚고 있기 때문이다. 이렇게 보아간다면, 2019년 연말기준 총 62개소에 달하는 마리나의 운명은 향후 5~10년 이내에 어떻게 될까. 물론 나는 점쟁이가 아니다. 그렇긴 해도 보트계류 척수 미달과 열악한 편의시설과 시장 생태계로 대변되는 태생적 한계 때문에 성공마리나보다는 실패한 마리나가 훨씬 더 많을 것으로 조심스럽게 전망할 수는 있다.

2019년 들머리인 현재 골목상권까지 넘본다고 비난받고 있는 대기업들조차 지금껏 왜 마리나개발에는 유독 몸을 사리고 있을까. 정말 궁금하지 않은가. 때가 그러함에도 복수의 마리나산업단체는 2018년 10월 26일 국립해양박물관에서 개최한 투자 설명회와 워크숍을 통해 "마리나산업에 투자하세요."라고 적극 선전한 일이 있다. 한데, 국내는 2018년 10월 기준 해양스포츠 생활화로의 단계 진입이 소걸음인 상태에 있고, 또 나라의 경제도 당초 3% 성장계획을 접고 2.4%로 하향 조정하는 상황 등을 감안하면 권유 시기를 놓고 볼 때, 혹시 '관변단체다운 헛소리가 아닌가'하는 의심을 갖게 하고 있지만, 일단 그런 의심은 접어둔다고 치더라도 이들의 정신상태가 정말 궁금해질 수밖에 없다. 충정은 이해하지만 적극 권유 시기가 틀렸기 때문이다. 당국의 실무자와 해당 단체는 야속하다는 반응을 보이겠지만, 권유 시기가 틀렸다고 일갈(一喝)하는 이유를 다음의 두 가지 측면에서 확인할 수 있기를 바란다.

첫째, 지금껏 국내의 마리나개발 투자환경이 얼마나 어려운 가를 보여 주는 단적인 사례이다. 공기업인 부산항만공사가 그간 추진해온 '북항 마리나' 개발계획도 애초에는 민자를 유치해 조성하기로 했지만 우선협상대상자로 선정된 글로벌 마리나클럽운영업체인 싱가포르의 'SUTL(회장, 아서 테이)'은 사업성이 없다는 이유로 포기했고 이후 추가로 벌인 국제공모도 성과 없이 끝났다. 게다가 부산항만공사는 사업자의 부담을 한층 경감시켜 주기위해 기반시설을 직접 건설해 운영만 민간에 맡길 계획이었지만 이마저 희망하는 업체가 없어 결국 이번에는 '울며 겨자 먹기 심정'으로 건설과 운영을 모두 직접 하기로 방침을 정했다. 2021년 9월 말까지 해상 6만여m² 육상 2만8400m²의 공간에 550억 원을 투입하여 200척 정도의 육·해상보트계류장 외에 숙박시설, 식당, 장비 수리 및 판매 등의 다양한 편의시설을 갖춘 마리나를 준공할 계획으로 있다(이은정, 2018). 운영형태는 회원제와 일반고객(퍼블릭)을 혼합시킨 '투 트랙', 즉 두 종류의 고객을 모두 만족시킬 소위 하이브리드(Hybrid)' 경영방식을 채택할 예정으로 있다. 싱가포르의 SUTL은 1965년에 설립됐고, 전 세계 20여 곳에 마리나클럽을 운영하고 있는 전문 업체다.

그렇지만 해상 6만여m²의 공간에 200척의 패밀리 및 중형보트를 수용하고도 경영에 효자역할을 할 80~100피트에 달하는 대형 및 슈퍼요트를 몇 척이나 과연 수용 가능할 것이며, 또 배후부지 2만8400m²의 공간 역시 최근 국제적 경영추세인 각종 편의 및 기타시설을 얼마나 다양하게 구축할 수 있을 것인지, 게다가 마리나경영에 문외한인 상태에서 과연 흑자경영을 달성할 수 있을 것인가에 대해서도 이목이 쏠리지 않을 수 없다. 특히 세계 5대륙 138개 마리나의 경영추세를 참고해보면, 대형 및 슈퍼요트는 불황기에도 안정적인 수익원이 되는 것을 비롯하여 바다 활동과는 거의 관계가 없는 각종 편의 및 기타시설 역시 연중에 걸쳐 마리나수익 창출에 효자역할을 하고 있음이 사실이다(지삼업, 2008a). 이외에도 공기업인 항만공사가 그것도 공유재인 바다를 사유재 처럼 독점 자본으로 삼아 부자들의 놀이마당을 제공하여 수익창출에 적극 나서도 되는가에 대해서도 의문이 제기될 여지는 있어 보인다. 그럼에도 나는 진심으로 잘되기를 기대하고 있다. 당국이 지난 2009년 '마리나항만법(약칭)'을 마련한 이후 국내에서는 마리나다운 마리나가 첫 개발되고 운영되는 사례가 될 것이기 때문에 기대를 가질 수밖에 없다.

둘째는, 최근 국내에서 마리나개발을 위한 투자에 얼마나 신중해야 하는가를 읽을 수 있는 풍향계(風向計)이다. 다음은 2018년 10월 26일자 국내 한 유력 중앙일간지가 보도한 큰 제목과 중간제목을 그대로 옮긴 내용이다. 제1면의 큰 제목은 "3중 먹구름 몰려오는 한국경제", 또 이 기사의 세 가지 중간제목은 ① 주저앉은 성장(투자부진 이어지며 3분기 0.6% 그쳐 9년 만에 최저), ② 추락하는 주가(외국인 이달에만 4조 팔아치워 코스피 2000선 위협), ③ 식어가는 수출(미중 무역전쟁 격화, 대중 수출 많은 한국에 치명적)이다. 다음은 같은 신문 제3면의 큰 제목이다. "설비투자 마이너스4.7%, 건설투자 마이너스 6.4%… 경제 퍼펙트 스톰(온갖 악재 겹치는 경제 재앙 상황) 올 수 있다". 이어지는 중간제목은 다음의 세 가지다. ① 반도체·디스플레이 등 한국 경제 버팀목 줄줄이 위기 신호, ② 계속 이어지는 美 금리 인상, 치솟는 국제유가도 큰 복병, ③ 美中 무역 갈등 장기화땐 한국 성장률 최대 1% 떨어질 수도 등이다

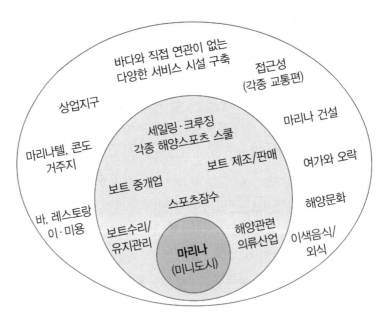

〈그림 13-3〉 마리나는 직·간접으로 연관되어 있는 개별산업들이 군집(群集)되어 있기 때문에 아주 작은 단위의 '미니도시'기능을 발휘하고 있는 2.5산업단지에 비유된다.

출처 : 지삼업(2013). 마리나관리 및 운영론. 대경북스. 168.

(방현철, 양모듬, 2018b). 이처럼 최근 한국경제가 처한 어려움을 더는 설명이 필요 없을 정도로 간단명료하게 전하고 있기 때문에 이를 대하는 당국의 실무자와 일부 낙관론자들도 유구무언이 되지 않을까 싶다. 한 마디로 '입 닥치고' 신중하게 때를 엿봐라 하는 메시지이기도 할 뿐만 아니라 당국은 기다리며 더 좋은 투자여건을 조성하라는 뜻도 함의하고 있기 때문이다.

아무튼 비관주의보다 아무 대책 없는 낙관주의가 마리나개발 희망자들을 더 심각한 수준으로 오판하게 만든다. 교수는 원래 걱정하는 직업이다. 뿐만 아니라 사태의 비관적 전망을 예고하는 것은 '지식인'의 의무이기도 하다. 지금 내가 하는 걱정이 나중에 부끄럽기를 진심으로 바란다.

한편으로 해양스포츠는 여름철 사람의 정신과 육체의 건강을 지켜주는 지킴이로서, 게다가 마리나는 사람과 사람 간에 사회성을 깃들게 하는 소통의 장을 제공해 준다. 더욱이 마리나운영업체(기업)는 〈그림 13-3〉에서처럼 자연이 제공하는 새로운 장소인 지방 및 도시지역 친수공간(해변·수변·호반)을 활용, 해양스포츠산업 중 시설업(설계디자인/시공/건설/시설·장비·급유·선석관리 등)을 중심으로 안전한 해양스포츠 활동을 위한 고정 및 부유식 방파제 등 기본시설과 지원시설, 그리고 각종 편의시설과 기타시설을 통해 집과 같은 안락함과 쾌락을 제공하여 집객력을 높임으로써 부가가치를 창출하는 가운데 필수장비인 보트산업(제조/수리/판매/각종 용품 유통), 그리고 서비스업(보트여행/숙박/선석/임대/보트수리 및 세척과 보트계류 대행/방문자보트 식자재 공급)을 진흥시켜 주는 등 사람(일자리 창출)과 기업과 산업을 활성화시켜주는 매개체의 역할을 하고 있다.

특히 해양스포츠시대, 마리나시대 도래는 무엇이 어떻다고 말해도 경제(1인당 국민소득 3만 달러 이상의 사회)가 견인한다. 청정한 수질환경 또한 경쟁력이라는 점에 대해서도 모두가 동의하는 바다. 청청한 수질이 담보되는 바다에서는 해양스포츠와 마리나산업이 활성화됨을 호주와 뉴질랜드, 그리고 미국 마이애미 마리나에서 각각 확인할 수 있기 때문에 마리나와 해양스포츠, 그리고 바다의 관계성은 역시 상생적 관계에 놓여 있음이 입증되고 있고, 이는 곧 해양스포츠산업 활성화의 배경이 되고 있다고 말할 수 있다.

현대 마리나 개발의 시작과 끝, 즉 1832년(미국 메사츠세스주 뉴잉글랜드 퀘인트에 위치한 사우스 워프 마리나 기준)~2019년 현재까지 총 187년을 통해 분석된 성공 마리나개발과 경영을 견인하는 13개 목적함수를 중심으로 국내 실정에 맞도록 모두 최적화하는 일이 사람과 기업과 산업 활성화를 위한 당면과제가 된다. '연립미분방정식'처럼 시간이 흘러 나타나는 변화, 즉 가까운 장래의 예측 가능한 변수까지도 대안을 마련해 두어야 하는 이른바 '다차원의 동태적 최적화 목적함수'는 다음과 같다(지삼업, 2011b).

〈성공 마리나개발과 경영을 견인하는 13개 목적함수〉
① 경영자 자신의 자질(탁월한 사업 감각과 근면성 80%·보트산업에 대한 이해도 10%·도전정신 10%)과 역량(풍부한 종자돈)
② 마리나건설, 해양스포츠, 해양관광 등 전문가집단의 구성과 유연성 발휘.
③ 마리나의 개발위치는 대상 보트 등을 고려한 계획규모와 자연조건, 사회조건, 경제성, 접근성, 유입 토사 퇴적률(준설 예상주기 예측 지표, 년 10cm 이내면 양호, 년 50cm 수준이면 최악) 등 총 6개 항을 고려하여 선정
④ 섭씨 20℃안팎의 수온과 온화한 기후(지구온난화 현상의 심화·발전은 해양스포츠산업 활성화의 호재)가 유지되는 총 기간(성수기 예측 지표)
⑤ 제4세대 마리나인 가칭 '복합녹색안전인공지능 마리나' 디자인(design)
⑥ 해안·항만·해양공학 분야 고도의 기술력을 보유한 가운데 해양환경이 혹독한 지역에서 마리나를 건설해본 경험이 풍부한 외국의 유명마리나개발업체와 관련 건설노하우 국내 이전협약을 전제로 국내엔지니어링 간의 협업에 의한 시공시스템 구축
⑦ 규모의 경제를 고려한 선석숫자 확보 및 약 50%를 상회할 길이 10~15m의 보트를 위한 선석 배정 (패밀리보트나 중형보트보다 대형·메가보트가 상대적으로 고수익 창출에 유효하게 작용할 뿐만 아니라 특히 불황기의 안정적인 수익증대에 효자역할을 한다. 특히 부자들은 불황기에도 크게영향 받지 않는 계층임을 시사한다.)이 필요. 선진국의 경우 보트선호 추세는 패밀리보트에서 중·대형 과 메가보트로 순(順)으로 이행하는 경향성을 나타냄. 다만 한국은 승용차 구매 경향성과 함께 전 통적으로 체면을 중시하는 사회라는 측면을 고려하면, 처음부터 중·대형보트 구매 쪽으로 무게가 실릴 것으로 전망되고 있음

⑧ 보수적인 공급과 수요예측(공급과 수요, 특히 수요 예측 시 국내 총 면허소지자 중 대략 70~80%는 소위 '장롱면허소지자'라고 봐야할 것임)

⑨ 서비스제공 품질에 상응하는 합리적인 계류비 책정(세계의 시장질서 천차만별, 운영주체의 성격이 비영리가 가장 저렴한 가운데 공공, 공공상업, 회원제, 상업 순으로 값비싼 경향성을 나타내고 있는 특징을 보임)

⑩ 바다와 직접연관이 없는 다양한 편의시설 및 기타시설 구축 등 계절의 한계성(비수기 약 7~8개월)을 극복할 아이템(item)을 적극 발굴

⑪ 고객 만족도(모니터링) 제고 및 서비스품질 자체평가를 통한 피드백(feedback) 시스템 구축, 고객 및 계류보트에 대한 데이터 분석과 통계

⑫ 인공지능첨단보안장비 및 무인안전관리시스템(감시 카메라) 설비

⑬ 정기적인 직원역량강화[응대자세·국제감각·안전(채용 시 심폐소생술 및 수상인명구조자격증 소지자 우대)교육·소방교육] 교육 등이다.

특히 고객이 스스로 마리나를 찾도록 할 직원들에 대한 응대자세(hospitality)의 강화, 즉 '업무역량강화교육'은 마리나경영과 운영에 있어서 스스로 역량을 배가시킬 수 있는 가장 중요한 자산(資産)이다. 직원은 고객만족을 위해서 양질의 교육이 되어 있어야 하고, 또 더 높은 수준의 업무효율성을 갖춰야 한다(구체적인 것은 필자의 졸저『마리나 관리론』p.294를 참조 바람). 교육은 보안, 서비스품질, 비용의 절감, 전문성 고양 등에 유효하다. 마리나를 운영하고 있는 CEO는 직원들의 지속적인 업무역량강화교육이 고객들의 충성도 고양에 결정적으로 영향을 미친다는 점을 주목해야 한다. 더욱이 국내도 2019년 이후부터 총 62개소를 중심으로 마리나시장 내에서의 경쟁이 치열해질 것이 예상되는 만큼 고품질서비스 제공이야말로 개별 마리나의 경영자가 구사할 수 있는 유일한 차별화 자산이라는 점도 특별히 주목하지 않으면 안 된다. 마리나개발을 계획 중인 사업자는 서비스품질의 보증과 국제인식 기준에 맞는 환경보호의 수준을 이행하는 개발이 되어야 한다. 지금은 친환경안전마리나개발이 대세다. 국내외의 고객들이 이러한 국제적 환경 및 안전표준을 철저히 지키는 마리나를 선호할 것은 인지상정이기 때문이다. '환경과 안전이 곧 돈인 시대'다. 무공해농산품을 예로 들면, 소비자는 안전무공해채소처럼 농부의 '도덕성'을 값비싼 가격으로 기꺼이 구매한다. 마찬가지로 마리나의 고객 역시 CEO의 '녹색환경과 안전' 정신을 값비싼 가격으로 구매하는 시대라는 뜻이다. 같은 값이면 다홍치마다. 취미로서의 해양스포츠 활동에 조금도 불편함이 없도록 배려하기 위하여, 당초부터 마리나를 친환경적인 가운데 흥미롭고 매력적이고 안전한 공간으로 디자인하는 것이 필요하다. 마리나의 주요 자산은 고객이며, 이들은 그 사회의 주류계층인 중·상류층들이 대부분이다.

그렇지만 그들의 소박한 정서는 지불한 돈보다 값어치가 높은 고품질서비스를 제공해 주기를 강력 원

한다는 점이 공통점이다. 부자가 생각보다 더 깐깐하다는 뜻이다. 특히 공공, 공공상업, 상업, 비영리, 회원제 그리고 회원제와 함께 일반고객도 함께 이용할 수 있는 '투 트랙'운영 형태(부산 북항 마리나가 국내 첫 사례) 등 운영주체들의 성격과 경업전략이 서로 다른 마리나들이 이웃하며 영업활동을 하고 있지만, 실제 고객들이 특정의 마리나를 선택하는 가장 비중 높은 선택요소는 여름철의 경우 따가운 일사광선으로부터 승용차를 보호해줄 식재(植栽)를 통한 나무그늘 제공과 함께 선석에 계류시켜 놓은 보트 위에 간이천막시설 설치를 통한 고가의 보트와 고급시트의 보호 등 비교적 사소한 것들이 주류를 이룬다. 결국 사소한 것들에 대한 세심한 주의와 관심이 고객을 감동시킨다고 보면 틀림없다. 실제로 특급호텔들의 고객에 대한 주의와 관심 역시 사소한 배려에 방점을 찍고 있음이 사실이다. 큰 행복은 누구나 감동한다. 그러나 행복은 감정이라서 저축되지 않는다. 더군다나 적정선, 즉 심리학에서 말하는 '행복의 평균값'을 넘어가면 더 이상 증폭되지도 않는다. 그래서 한 번의 큰 감동보다는 자잘한 것, 소소한 감동을 빈도를 잦게 제공하는 것이 바람직한 경영전략이 된다고 말할 수 있게 된다. 물론 평균적으로는 그렇긴 해도 모두가 일반으로 감동하는 것은 아니다. 사람마다 반응이 다른 건 '방어기제'가 다르기 때문이다.

따라서 CEO는 마리나개발과 경영에 성공을 견인하는 총 13개항의 이른바 '다차원의 동태적 최적화 목적함수'를 모두 최적화시키기 위해 개발 당초부터 이들 항목들을 적극 고려하지 않으면 안 된다. 특히 최근에는 마리나경영의 무게중심이 보트 또는 바다와 직접적으로 연관이 없는 육역의 마리나 배후지를 활용한 콘도, 마리나텔, 해변주택, 다중위락시설 등에 관련되는 활동 쪽으로 이동되어 있음도 주목해야 한다. 바다 활동과는 직접 관련이 없는 이런 편의 및 기타시설들이 오히려 연중평균적인 수익창출에 효자역할을 하고 있기 때문일 것이다. 이외에도 프랑스 '뽀르까마르그 마리나'처럼 골프장 등 일반 체육시설을 통한 수익창출은 기본이다.

더욱이 마리나 경영전략 변화의 경우, 그간 면면히(ceaselessly) 존중되어온 보팅문화 중심의 부가가치 창출 경영가치가 최근에 크게 변화할 수밖에 없었다. 그 이유로(2019년 6월 현재 과거의 활성화 때와는 비교할 수 없지만, 그래도 최근 마리나개발 시장이 조금은 호전되고 있는 미국과 호주를 접어두면) 세계의 마리나개발 시장이 글로벌 경기둔화 때문에 하나같이 고전을 면치 못하고 있는 어려운 시장 환경을 꼽을 수 있다. 결국 마리나가 생존하기 위해서는 수단과 방법을 가릴 낭만적인 여유가 없는 시대에 노출되어 있다. 그만큼 세계의 마리나시장은 지금 어려운 환경에 노출되어 있다는 것을 반증하고 있다. 특히 국내는 2018년 4월에 3% 성장을 목표로 했지만, 그로부터 1년 지난 2019년 6월에는 2.4%로 하향조정했다. 대한민국의 경제가 큰 어려움에 처해 있다는 의미로 읽힌다. 심지어 1%대가 될 수도 있다는 경제전문가도 있다.

한편으로 2016년 12월 해양수산부 주최 제5회 국제세미너에서 국제마리나산업협회(ICOMIA) 사무총장 피터 얀센(Perter Jansen)을 비롯하여 몇 발표자의 내용을 주목해 보자. 우선 피터 얀센은 2015년 기준 세계의 마리나산업(보팅)의 사회경제적 영향 분석에서, 1인당 총 75유로를 지출한다고 상정(想定)할 경우 보트계류와 보관/연료비 등에 걸쳐 지출이 23%를 점하는 반면 쇼핑, 식음료, 기타 보팅 외 각종 위락활동에는 77%를 지출하는 것으로 나타났다는 것이다. 이는 마리나 경영에서 바다활동과는 직접적인 관계가 없는 각종 편의시설이 부가가치 창출 보고(寶庫)라는 말도 된다는 점에서 마리나배후지를 통한 넉넉한 공간 확보가 매우 중요함을 강력 시사하고 있다고 봐야 한다. 그러나 현재 당국이 지정하는 마리나개발 예정지의 배후부지는 하나같이 매우 협소하여 당국자의 안목이 그저 놀랍기만 하다. 빠끔히 보이는 조각하늘을 우주라고 착각하는 우물 안 개구리의 세상 인식 지평과 무엇이 다를까 싶기도 하다. 그렇긴 해도 이들 편의시설들은 효용기간이 비교적 짧은 것이 특징이다. 시대의 유행에 따라 어떤 편의시설은 철거하고 난 후 그 자리에 새로운 유행시설을 조성하는 패턴이 이어지는 등 순환메커니즘이 적용된다. 어쩌면 이런 측면이 마리나시설의 변천사라고도 말할 수 있겠다. 볼링장의 명멸이 대표적인 사례다. 그러나 방파제와 보트계류와 지원시설 등 기본시설들은 2019년 기준 현대 마리나개발 역사 총 187년 동안 큰 틀에서는 거의 변화가 없었다. 방파제와 폰툰 등 마리나 기본시설은 마치 태권도의 주춤서기, 얼굴막기, 아래막기와 같이 이제 입관한 무급자를 비롯하여 최 고단자인 9단도 매일하는 기본동작과 그 존재 가치가 막상막하라고 이해하면 쉽다. 기본시설은 거의 시절을 타지 않는다. 다만 중·대형보트를 위해 선석의 크기와 공간을 과거보다 더 크게, 또는 더 많이 배정하고 있는 가운데 고정방파제는 친환경적인 플로팅방파제로 그 선호도가 바뀌는 정도일 뿐이다.

특히 마리나산업 중 엔진제조, 액세서리, 보트대여, 보트건조 및 판매가 27.29%로서 가장 높은 비중을 차지했다. 게다가 1개의 마리나선석은 1개의 직접 일자리와 9개의 간접 일자리를 창출하는 것으로 분석됐다고 한다. 이는 계류선석 100석(席) 당 44개의 직·간접적 일자리를 창출하는 효과가 있는 것으로 볼 수 있다. 또한 전 세계적으로 마리나는 10~15m의 보트를 위한 선석 배정률이 50%를 차지하고 있는 경향성을 나타내고 있다는 것이다.

한편으로 중국은 2015년 기준 총 102개의 마리나가 개발되어 있고 등록 요트는 약 4,000척인 가운데 이미 마련해 놓은 계류선석은 해상 9,566척, 육상 2087척 등 총 11,653척이다. 이는 등록 요트를 기준 대략 30%의 선석이 이용되고 있을 뿐 나머지 70%의 선석은 개점휴업상태라는 의미도 된다. 한마디로 마리나 공급과잉에 처해 있다. 마리나는 청도 등 광동지역에 중국 전체의 절반인 50여개소가 분포해 있다. 일본은 보트수입 시장은 매우 작지만, 반면에 야마하와 스즈키 등을 중심으로 엔진 수출 시장이 매우 크다. 일본은 세계에서 11번째로 큰 보트시장을 갖추고 있다. 2015년 현재는 주춤하지만 앞으로 성장세를 예측하는 이유는 제2차 세계대전 이후에 출생한 이른바 베이비부머 세대의 은퇴로 앞으로 크게 성장할 것으로 예측되고 있다. 이런 예측은 경제적으로 여유가 있는 장·고령층이 선호하는 모터요트 류가 그렇다는 의미로 읽힌다. 2016년 기준 일본의 60세 이상 고령층의 평균소비성향은 88.6%이다. 한국은 2018년 10월 28일 국회예산처가 발표한 '2019년 및 중기 경제전망'보고서에 의하면 60세 이상 고령층의 평균소비성향은 67.2%이다.

도시국가인 싱가포르의 국토면적은 한국보다 무려 143배 작지만, 마리나 개발현황(해상 선석 964척,

육상 1,278척)을 놓고 보면 한국과 가장 비슷하다. 마리나의 숫자는 2015년 기준 총 7개로 한국 30개소에 비해 훨씬 적지만 선석확보 규모는 2,142석으로서 한국 1,800석과 비슷하기 때문이다. 성장 원인으로 경제력, 그리고 미국 트럼프 대통령과 북한 김정은 국무위원장이 회담 장소로 사용할 정도로 안전한 치안을 꼽을 수 있고, 이 외에도 카지노와 같은 시너지 효과(배후관광지 등)를 발휘할 수 있는 장점도 있다. 그러나 약점으로는 크루징 코스가 없고, 빈부격차가 크다는 점이다.

Kresimir Zic의 소개에 의하면, 마리나 클라우드 (Marina Cloud) 라는 회사는 BPMN(비지니스 과정 모델링 기법)을 활용하여 마리나를 효과적으로 운영하는 방안을 제시하고 있다고 한다. 이 회사는 마리나 운영자에게 마리나에 대한 복잡한 통계를 단순화하여 통계처리하고, 고객만족도를 높이며, 더 나은 의사결정을 도와주며, 지출을 줄이는 방안 제시를 컴퓨터와 모바일을 통해서 쉽게 해결책을 제시해 준다는 것이다. 서비스 내용은 총 8개 항이다. ① 고객 데이터 분석 및 통계, ② 정박된 보트에 대한 데이터 통계, ③ 보트 감시 카메라, ④ 마리나 지도 제공, ⑤ 선석 관리, ⑥ 온라인 예약, ⑦ 자동 결제 및 예약 8) 이용자 포털 등 정보 및 서비스 제공 등이다.

이미 소프트웨어를 개발한 회사는 많이 있었지만, 이 회사의 경우는 이용자 편의성 위주의 최신 감각을 활용한 마리나 운영 관리시스템 전문 업체로 크게 성장할 것으로 예상된다. 특히 일반 매장이나 헬스장 등 고객 및 기자재 관리 시스템 소프트웨어 분야에는 많이 있었다. 그러나 마리나 분야 최적의 관리시스템을 만드는 '마리나 클라우드'와 같은 회사가 첫 등장한 것은 마리나산업계도 이제 많은 변화를 일으키고 있음을 엿볼 수 있는 사례다.

다음은 John Kwong이 전하는 마리나설계의 최근동향, 즉 환경친화적 마리나 및 관련 제품 개발에 관한 얘기다.

① 방파제

지금껏 선호한 고정방파제는 물의 순환을 막아 해양생태계를 파괴했기 때문에 콘크리트 재질의 물에 뜨는 플로팅방파제가 그 선호도가 날로 높아만 가고 있다. 물의 흐름을 방해하지 않고 또 퇴적물의 준설이 필요 없다. 플로팅방파제의 효시는 1842년 영국 그레이브 선장(Captain Grave)에 의해 부력의 원통모양의 탱크에 무거운 장막과 함께 고안한 것이었다. 게다가 널리 알려진 사례는 노르망디 상륙작전에 사용된 십자가 모양의 '봄버던(Bombardon)' 방파제이다. 이 방파제는 2.5m의 파도를 견뎌내기 위해 설계되었지만, 폭풍우에 의해 발생한 4.5m로 추정되는 파도에 의해 설치된 후 얼마 지나지 않아 부서졌다(지삼업, 2011b). 아무튼 첫 선을 보인 이후 지금껏 진화를 거듭한 최근의 플로팅방파제는 대형크루즈선까지 정박 가능한 가운데 파도를 막아주는 등 1석2조의 효과로 수익창출과 함께 클린마리나를 함께 실현할 수 있는 장점이 있다.

② 무어링 계류

기존 앵커식 무어링 계류는 쇠사슬이 바다 해저 바닥의 생태계를 해칠 수 있지만 조석간만의 차에 따라 자동으로 높낮이가 결정되는 수페리어 제띠(Superior Jetties)에서 개발한 텔레스코픽 파일(Telescopic Piles) 방식의 무어링 계류는 해양생태계를 보호 할 뿐만 아니라 행동반경(숨은 공간)을 최소화 시켜 많은 보트를 계류시킬 수 있다. 다만 한 번 고장이 발생하면 수리가 어렵다는 단점이 있다.

③ 보트수리 및 세척

AF 페인트 등 화학약품을 바다로 바로 흘려내려 보내지 않고 아쿠아클린(Aqua Clean)과 같은 기계장치로 물을 정화해야 할 것이다.

따라서 가까운 장래에는 콘크리트 재질의 부유식 방파제인 플로팅공법을 이용하여 바다 공간의 새로운 활용 방안이 나타날 것으로 전망되고 있다. 예를 들자면, 동남아지역 전통적인 수상가옥처럼 개별 플로팅하우스(각각의 집)가 모이면 마리나 주거 타운으로서 커뮤니티(공동체)가 형성된다. 무엇보다 간척효과가 크다. 그렇지만 국내의 해역환경을 놓고 볼 때 실현 가능성은 매우 낮다. 다만 다도해의 극히 일부지역 바닷가에서는 인도 벵골 지방의 독특한 주택인 방갈로(bungalow) 형태를 물에 뜨도록 설계하여 바다밤낚시 용도로 활용되고 있는 정도다. 언젠가 화재가 발생하기도 했다.

끝으로 해양수산부 해양레저과장은 보트구입 시 부과되는 중과세 기준을 1억에서 3억으로 상향조정한 사실과 함께 보트대여업 기준을 5톤→2톤으로 하향 조정된 규제 개선은 실제 업계에서는 상당한 효과가 있을 것으로 기대된다. 특히 중과세 기준 상향 조정은 많은 기업(법인) 및 개인의 요트 구매력이 높아 질 것이며, 보트대여업 대상 톤수의 하향조정은 앞으로 더 많은 보트대여업체가 생겨날 것이기 때문에 요트대여에 대한 요금이 상당히 내려갈 것으로 예상된다. 이는 일반인들이 보다 쉽게 요트에 접할 수 있는 가장 큰 요인으로 작용할 것으로 정부는 기대하고 있다는 것이다.

따라서 마리나시설은 그 시대 인간 삶을 적극 반영할 수밖에 없다는 현실론이 지배하는 가운데 살아 있는 생물체와 같이 서로 다른 사람들의 세계관의 변화에 따라 많은 진화를 거듭해 왔다. 특히 오늘날 모든 것이 빠른 속도로 무섭게 바뀌는 경영환경에서 고객의 바람을 적극 수용해야 할 각종 편의 및 기타시설들이 변화의 중심부에 놓여 있다고 봐야 한다. 이들 시설이 마리나의 총 수익 중 약 77%를 차지한다. 반면에 바다 활동을 통해서는 23%의 수익을 창출한다. 1개의 선석은 1개의 직접 일자리와 9개의 간접 일자리를 창출한다. 또 100석당 44개의 직·간접적인 일자리를 창출한다. 경제적 파급효과가 상당하다는 뜻이다. 전 세계적으로 마리나는 길이 10~15m의 중형보트를 위한 선석 배정률이 대략 50% 안팎을 차지하고 있다.

결국 현대 마리나 187년을 통틀어 놓고 보면, 당초에는 바다 활동에 경영의 무게가 주어졌지만, 점점 시대가 최근에 가까워 올수록 바다 활동과는 거의 관계가 없는 각종 편의시설과 기타시설이 비수기경영에 효자시설로서 주목받고 있다고 볼 수 있다. 이는 지금껏 마리나시설 하면 어김없이 바다 활동과 직관된 기본시설(선석 등), 지원시설(전기/수도 등) 등을 통한 수익창출이라는 통념을 비웃고 있는 현상이라고 봐야 한다. 그만큼 마리나 배후 부지를 통한 다양한 편의 및 기타시설의 구축이 절실해졌다는 것을 의미한다. 그런 뜻으로 '여유 있는 마리나 배후 부지의 확보'와 이 부지를 통한 트랜드에 맞춤한 다양한 연출을 가능케 할 '자본력', 이 두 요소가 마리나의 흥망을 결정지울 변수로 작용할 가능성이 높다고 전망된다. 그렇다고 하여 기본시설이나 지원시설이 마리나의 수익창출에 기여가 없다는 말은 아니다. 다만 과거보다 그 기여도가 조금 낮아지고 있을 뿐이다. 다르게는 총 경영수익에서 차지하는 기여도가 편의 및 기타시설 쪽이 조금 높은 경향성을 나타내고 있다.

마리나는 골프장과 함께 부유층들의 놀이마당이라고 생각하는 이가 많다. 이제 세계의 마리나산업계는 냉정한 현실 그 자체인 자본력의 각축장으로 변화하고 있는 가운데 부자들로 하여금 돈을 쓸 수 있도록 유도할 편의 및 기타시설 중심의 '개성적인 마리나'를 향한 지속적인 이미지변신만이 살길이라는 답을 얻게 되기에 이르렀다. 게다가 2019년 6월인 현재는 '비지니스 과정 모델링기법' 개발과 플로팅방파제의 선호 추세, 아쿠아클린 기계장치를 통한 오염물 정화 등은 제4세대 마리나인 가칭 '복합녹색안전인공지능 마리나시대'의 여명기를 맞고 있음을 실감할 수 있게 하는 사례들이다.

그렇지만 해양스포츠세상은 경제가 만든다. 나라의 경제가 선진국 수준에서 고도성장을 유지해야 해양스포츠와 마리나시설을 통해 사람(일자리 창출)과 기업과 산업에 안정적으로 활력을 불어 넣을 수 있게 된다. 이는 그 사회의 경제가 해양스포츠산업을 비롯하여 마리나산업 활성화 중심부에 놓여 있다는 말도 된다. 2019년 6월에 한국은행이 전망한 경제성장은 2.4%이다. 2018년에는 1인당 국민소득 3만1000달러를 달성함으로써 우리도 선진국에 첫 진입했다. 이제 한국 해양스포츠계는 자(自)문화와 이(異)문화의 교집합을 통해 독창적인 해양스포츠문화를 정립시켜 세계를 향해 새로운 해양스포츠문화 정보를 발신했으면 한다. 혁신적인 마리나가 신수요를 창출한다.

아무튼 아무리 마리나나 보트산업의 세계가 빠른 속도로 변해도 한국의 해양스포츠 속에는 결코 변하지 않는 '얼의 꼴'인 영혼의 자질이 있다. 지난 2005년 박근용 박사가 전통한선을 세일크루저요트로 첫 개발한 선형은 곧 '영혼의 자질'을 오늘에 되돌린 대표적인 사례에 해당 된다. 토종세일크루저요트를 세계화시켜야 할 필요성이 상당하다. 남다른 해양스포츠 장비는 남다른 스타일로 포장해야 한다. 이 디자인의 중심에 사람(일자리)과 기업과 산업이 있다.

제 14 장

국내·외 해양스포츠산업 및 보트산업 동향

1. 해양스포츠산업의 시장특성, 국지적·글로벌적

해양스포츠산업은 〈표 14-1〉과 같이 시설업·용품업·서비스업 등 3개 중분류에 7개 소분류로 구성되어 있다. 종류가 다양하고, 특히 용품업의 경우 그 범위도 국지적·글로벌적인 가운데 시장 흥망의 영향도 서로 병렬적(竝列的)으로 잇대어 있는 특징을 갖고 있다. 국내 용품산업은 병렬적인 시장특성을 중심으로 발생학적 근거가 분명한 토종세일크루저요트는 내수시장을 통한 학습(단점을 충분히 개선) 후 해외시장 개척이라는 전략 설정을 통해 활로를 모색했으면 한다. 한편 마리나산업을 강조할 목적이라면, '마리나산업'을 '해양스포츠산업분류표'의 대분류에 그대로 대입(代入)시켜도 논리 전개에는 아무런 문제가 없다.

용품업의 경우, 해양스포츠 선진국 미국과 유럽연합(EU) 등 국제보트시장들이 위축되지 않는 한 우리나라에서 생산되는 토종보트 수출 길은 얼마든지 열려 있다는 뜻도 된다. 그렇지만 그에 앞서 내수시장을 통한 학습할 기회를 충분히 가져야 한다는 전제가 있지만, 시장규모가 불과 5,120만 명에 불과한 가운데 2019년 6월 기준 해양스포츠로의 사회화 인구는 많아도 300~350만 명 수준이기 때문에 해양스포츠산업 전체로도 열악한 시장 규모지만, 개별 종목의 경우는 더욱 열악하다는 점에서 개별 종목은 사업 초기에 직면할 시장성 확보를 위한 노력은 눈물겨울 수밖에 없는 매우 어려운 환경에 노출되어 있음도 사실이다.

『셀즈 마린 마켓 인터내셔널(Sells, 1993)』지(誌)에 의하면, 해양스포츠산업 종류 다양성의 경우 영국은 약 5,000개의 기업들이 이 시장에서 다양한 제품생산을 통해 서비스를 제공하고 있다. 또한 소형보트 생산업체를 비롯하여 해양스포츠 분야 모든 보트생산업체들 중 약 75%가 참여하고 있는 '영국해양산업협회(BMF)'는 1993년 35,000척의 요트를 포함하는 각종 보트를 생산하여 10억 파운드가 넘는 매출을 올렸다. 이는 전 세계적, 또는 국지적(대륙별)으로 해양스포츠가 활성화되어도 이 분야 특정 제품 생산업체의 주요 산업적 기반으로 작용하고 있음을 시사하고 있다고 볼 수 있다.

테이트(Tate, M)는 그의 연구 "파도(인기) 정점의 보트 쇼"를 통해 "영국 자체의 내수시장은 물론 수출 시장도 1990년대 중반 중동과 아시아권에서 경제가 활성화되어 높은 매출을 올리면서 영국의 보트생산 업체들에게 이들 지역이 점차 중요한 위치를 차지하고 있다."고 하였다. 이는 해양스포츠 산업은 나라 안 의 내수시장을 비롯하여 전 세계적, 또는 국지적인 대륙별 대중화도 기술력(내수시장을 통한 결점 보완 등 충분한 학습)만 인정되면, 특정 나라에서 생산하는 제품의 판매에 직접적으로 큰 영향을 미치고 있 음을 입증해주고 있는데, 이것으로 시장의 병렬적 특징을 엿볼 수 있다. 국내 아이비사(社)의 고무보트 가 프랑스 등 EU지역에 수출하여 호평을 받고 있는 것도 좋은 사례가 될 것이다.

미국에서 보트산업이 다시 활기를 되찾고 있다. 2007년에 26만 7,300척이 팔렸으나, 2009년에는 15 만 3,500척이 팔리는 데 그쳤다. 그렇지만 2016년은 최근 10년을 통틀어 개인 요트 판매실적이 가장 높 은 해였다. 미국 해양제조협회(National Marine Manufacturers Association, NMMA)의 통계에 따르면 보트산업 매출액이 2015년 대비 3.2% 증가한 360억 달러(우리 돈 약 40, 6조 원)를 기록했다. 모터보 트(Powerboat)는 전년 대비 6%가 증가한 24만 7,800척이 팔렸는데, 이러한 추세는 2018년까지 이어 질 전망이다. 아웃보드 보트[Outboard Boat : 엔진, 기어박스, 프로펠러 등 제동(制動) 시스템이 트랜섬 (transom) 밖에 설치되어 있는 보트]는 모터보트[일명 선외기(船外機) 신규 판매척수의 85%, 전년 대 비 6.1% 증가한 16만 900척이었다. 한편 NMMA 등이 발표한 2016년 "레크리에이션 보트 실태"보고서 (2016 Recreational Boating Participation Study)에 따르면 2016년 한 해 동안 미국 가구의 36%에 해당 하는 1억 4,200만 명이 보트를 탄 것으로 나타났다. 그중 절반인 7,100만 명은 18세 이하의 청소년들과 아이들이었고, 또 그중 약 18%인 1,700만 명은 생애 최초 참가자였다. 보트 애호가들은 평균 71.5시간, 처음 보트를 탄 사람들은 평균 23시간 동안 보트를 탔다. 보트 애호가들의 62%는 가구 소득이 연간 10 만 달러 이하였다. 이 연구 결과는 레크리에이션 보트 활동이 미국 전반에 넓게 퍼져 있고, 앞으로도 더 많은 사람이 보트를 즐길 것임을 말해준다(KMI 성장동력실, 2017).

2. 국내 해양스포츠산업 및 보트산업 현주소

시장 영향의 병렬적 특징을 국내의 해양스포츠산업 시설업에 관련시켜 보면, 2015년 기준 국내는 총 30개소(선석 1800석)의 크고 작은 마리나와 보트계류장 등 해양스포츠 각종 전진기지 시설이 구축되 어 있고, 또 2019년 말까지 32개소(선석 2200석)가 신규 개발되면 총 62개소에 선석(船席)도 총 4,000 석이 확보된다. 그렇지만 보트계류규모를 보면 산술평균 70척 미만으로 '규모의 경제'에 크게 미달되는

〈표 14-1〉 해양스포츠산업 분류표

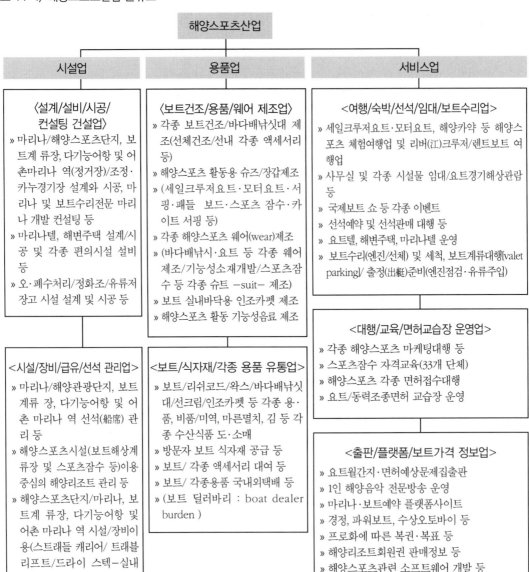

해양스포츠산업

| 시설업 | 용품업 | 서비스업 |

〈설계/설비/시공/컨설팅 건설업〉
» 마리나/해양스포츠단지, 보트계류장, 다기능어항 및 어촌마리나 역(정거장)/조정·카누경기장 설계와 시공, 마리나 및 보트수리전문 마리나 개발 컨설팅 등
» 마리나텔, 해변주택 설계/시공 및 각종 편의시설 설비 등
» 오·폐수처리/정화조/유류저장고 시설 설계 및 시공 등

〈보트건조/용품/웨어 제조업〉
» 각종 보트건조/바다배낚싯대 제조(선체건조/선내 각종 액세서리 등)
» 해양스포츠 활동용 슈즈/장갑제조
» (세일크루저요트·모터요트·서핑·패들 보드·스포츠 잠수·카이트 서핑 등)
» 각종 해양스포츠 웨어(wear)제조
» (바다배낚시·요트 등 각종 웨어 제조/기능성소재개발/스포츠잠수 등 각종 슈트 -suit- 제조)
» 보트 실내바닥용 인조카펫 제조
» 해양스포츠 활동 기능성음료 제조

<여행/숙박/선석/임대/보트수리업>
» 세일크루저요트·모터요트, 해양카약 등 해양스포츠 체험여행업 및 리버(江)크루저/렌트보트 여행업
» 사무실 및 각종 시설물 임대/요트경기해상관람 등
» 국제보트 쇼 등 각종 이벤트
» 선석예약 및 선석판매 대행 등
» 요트텔, 해변주택, 마리나텔 운영
» 보트수리(엔진/선체) 및 세척, 보트계류대행[valet parking]/ 출정(出艇)준비(엔진점검·유류주입)

<시설/장비/급유/선석 관리업>
» 마리나/해양관광단지, 보트계류장, 다기능어항 및 어촌 마리나 역 선석(船席) 관리 등
» 해양스포츠시설(보트해상계류장 및 스포츠잠수 등)이용 중심의 해양리조트 관리 등
» 해양스포츠단지/마리나, 보트계류장, 다기능어항 및 어촌 마리나 역 시설/장비이용(스트래들 캐리어/ 트래블 리프트/드라이 스텍-실내 창고-) 및 선석대여 등
» 각종 해양스포츠 전진기지(마리나 등)해상구조물/선석/보안/구조선/교통선/소방장비/해상계류장 및 해상급유선 관리 등

<보트/식자재/각종 용품 유통업>
» 보트/리쉬코드/왁스/바다배낚싯대/선크림/인조카펫 등 각종 용·품, 비품/미역, 마른멸치, 김 등 각종 수산식품 도·소매
» 방문자 보트 식자재 공급 등
» 보트/ 각종 액세서리 대여 등
» 보트/ 각종용품 국내외택배 등
» (보트 딜러바리 : boat dealer burden)

<대행/교육/면허교습장 운영업>
» 각종 해양스포츠 마케팅대행 등
» 스포츠잠수 자격교육(33개 단체)
» 해양스포츠 각종 면허접수대행
» 요트/동력조종면허 교습장 운영

<출판/플랫폼/보트가격 정보업>
» 요트월간지·면허예상문제집출판
» 1인 해양음악 전문방송 운영
» 마리나·보트예약 플랫폼사이트
» 경정, 파워보트, 수상오토바이 등
» 프로화에 따른 복권·복표 등
» 해양리조트회원권 판매정보 등
» 해양스포츠관련 소프트웨어 개발 등
» 각종 신품 및 중고보트 판매가격 대 정보제공 및 보트구매컨설팅 (consulting) 등

출처 : 지삼업(2008a). 마리나 관리론. 대경북스(서울). 23. 2019년 6월 일부 재구성.

시설들이다.

게다가 각종 편의시설 구축 실태 역시 매우 열악하다. 세계적으로 1950년대까지 대세를 이룬 기본시설 중심으로 개발했기 때문이다. 시설 측면에서 보면 시대 퇴행도 이런 퇴행이 없다. 앞으로 양질의 서비스 제공을 원하는 국내외 고객들의 발길을 마리나로 향하게 하기 위해서는 상주인구 1백만 명 이상의 도시지역을 중심으로 집과 같은 안락과 쾌락을 제공할 각종 편의시설을 집중 구축하는 가운데 보트길이 10m를 기준, 250~300척 내외의 거점마리나 확보가 시급한 실정이다. 게다가 교육업시장 활성화를 통한 내수시장 현재화 시점을 앞당기는 문제도 현안일 수밖에 없다. 그러나 이런 어려운 상황이 어쩌면 자금력이 풍부한 신규사업자의 참여기회를 촉진할 수도 있지 않을까 싶다. 기회의 배경은 크게 세 가지다. 첫째, 시장 현재화 시점의 불투명성을 극복해 나갈 기존 경영자의 종자돈 투입역량 의문. 둘째, 평균 70척 내외로써 규모의 경제에 크게 미달됨에 따라 경영적자가 장기간 누적될 가능성이 높은 가운데 금융경비 지불능력도 의문시되는 요인들이 겹친 경영악화에 의해 부도사태에 내몰리는 마리나가 다수 출현할 가능성이 높다는 점. 셋째, 가까운 장래 시장 활성화에, 또는 시대의 요구에 따른 각종 편의 및 기타시설 구축에 적극 대응할 여유부지가 거의 확보되어 있지 않다는 점 등이다. 이런 상태라면 국내외 고객의 발길을 잡기가 쉽지 않을 전망이다.

따라서 2019년까지 확보될 총 62개소의 마리나들은 앞의 세 가지 취약점에 노출되어 있는 업체들이 거의 대부분이기 때문에 국내 마리나산업계에 머잖아 밀어닥칠 사업부도 사태로 인하여 촉발될 업계의 질서 재편은 역설적으로 투자기회의 정점을 제공할 것으로 전망하고 있다. 이런 측면이 아이러니하게도 사업다각화를 모색하고 있는 능력자, 즉 이미 중견기업 이상의 주력 기업을 갖고 있는 사업자가 마리나시장에 진입할 좋은 기회가 되지 않을까 싶다. 결국 국내 해양스포츠산업 시설업 분야는 능력자에게는 더 없이 좋은 기회를 제공하겠지만, 그렇지 못한 영세사업자에게는 악몽이 될 가능성이 높다. 아무튼 2019년 6월 기준, 국내 해양스포츠산업 시설업 분야는 머잖아 능력자를 중심으로 물갈이가 자연스레 이뤄지는 등 업계의 질서재편이 불가피하다는 전망을 내 놓을 수밖에 없는 어려운 상황에 노출되어 있음이 사실이다. 그렇다면 국내 마리나산업계의 자연스런 질서재편 시기는 언제쯤 본격 전개될까. 한국은행이 전망하는 년 2%대의 경제성장 예측을 고려하면, 오는 2025~2030년 안팎이 되지 않을까 싶다.

다음은 용품산업(제조/유통)에 대한 전망이다. 각종 용품산업 중 모터요트는 지금 현재로도 세계적으로 명성을 자랑하는 브룬즈윅(Brunswick), 베이라인 마린(Bayliner Marine), 베네토(Beneteau), 뒤푸르(Dufour), 조디악(Zodiac) 등 20여 개 글로벌 유명보트회사들이 과열경쟁으로 출혈생산하고 있는 실정이다. 특히 하나의 세계적 브랜드를 개발하기까지는 약 2~3천억 원 정도의 개발비가 투입된다고 한다. 또 이 제품을 홍보하여 세계적인 인지도를 얻기까지는 약 10년 정도의 기간과 2천억 원 이상의 글로벌 홍보비가 추가로 투입된다는 것이 정설이고 보면, '투자 대비 편익(B/S)' 측면에서는 강한 의문이 제기된다. 더욱이 많은 기회비용을 투입한 상태에서 글로벌 과열시장에 우리나라가 뛰어 들었을 때, 과연 승산이 있을 것인가에 대해서는 확신을 갖기가 어려운 것도 사실이기 때문에 보트제조업 육성을 위한 정부 차원의 집중투자는 고도의 정책판단을 요구하는 문제라고 볼 수 있다.

그렇다고 하여 마냥 맥 놓고 있을 수만은 없는 것도 사실이다. 그러나 그간 희망 속에서 추진한 몇몇 사업들은 중단되거나, 또는 흐지부지된 상태이기 때문에 안타깝기 짝이 없다. 어떤 행태로든 직·간접 분 야에 걸쳐 전 방위로 연구의 불씨를 지펴 나갔으면 한다. 우선 전통 한선의 선형을 중심으로 2005년 부 경대 조선해양시스템공학부에서 세일크루저요트를 첫 개발한 〈그림 14-1〉의 선체를 개선·활용하는 것 을 비롯하여 보트 내 디자인은 세한대(옛 대불대) '보트디자인센터'의 노하우가 일부 있고, 또한 국내에 는 '푸른중공업(현 100ft급에서 2020년 130ft급 대형요트 생산계획)'을 비롯하여 보트선진국 이탈리아, 영국, 프랑스에서 보트디자인을 공부한 연구자도 일부 활동하고 있기 때문에 국내에서 해결하고, 돛대/ 세일 등 일부 부품은 해양선진국에서 수입하여 조립·생산하는 방식도 다시 추진했으면 한다. 대불대가 세한대로 바뀐 지금은 이 사업을 의욕적으로 주도한 박근옹 박사의 건강이 보트를 제조할 만큼 양호하 지를 못하여 일선에서 물러나 있는 상태이고, 또 유명대학 일부 조선전문가의 악의적인 평가에 의해 정 부의 연구비 지원도 중단됨으로써 의욕적으로 추진한 토종 요트 개발은 총 3척(보트길이 31ft)을 끝으 로 사실상 막을 내린 상태다. 3일 천하였다.

앞으로 중견기업 이상의 재력가가 연구전열을 정비하는 가운데 만약 결점이 있다면, 중지(衆智)를 모 아 해결해 나가는 등 발생학적 기원이 또렷한 토종요트의 설계도를 중심으로 국내 삼해역(三海域) 바다 특성을 각각 고려한 맞춤요트를 양산(量産)해 나갈 수 있었으면 한다. 특히 일부 전문가들은 이 세일크 루저요트는 선저(船底)가 낮은 평저선이기 때문에 한강과 낙동강을 비롯하여 의암호 등 내수면 중심의 활동은 최적일 것으로 평가하고 있다는 측면도 주목할 필요가 있다.

〈그림 14-1〉 박근옹 박사가 황해도 옹진군 동남면 용호도 안강망어선의 선형(船型)을 참고하여 현대 세일크루저요 트로 개발한 고무신 모양의 토종요트 '방방해해'의 모습

출처 : 대불대 RIC 디자인연구소(왼쪽)·부경대 조선해양시스템공학부(오른쪽)

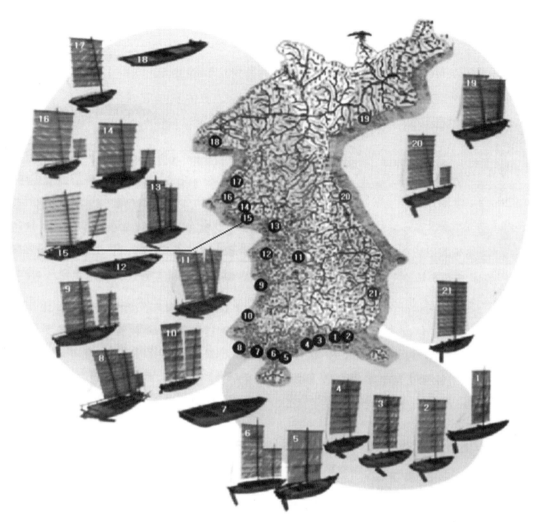

남해안 지방의 재래형 어선(1~7)
1. 경상남도 통영군 통영면 정량리 **잡어 연승어선**
2. 경상남도 통영군 통영면 정량리 **설방렴망어선**
3. 경상남도 남해군 선소리 **제권자망어선**
4. 전라남도 여수군 돌산면 돌산리 **낙지어업 해조운반선**
5. 전라남도 완도군 청산면 도청리 **석수어 일본조잡어**
   자망어선
6. 전라남도 완도군 소안면 진산리 **석수어일본조어선**
7. 전라남도 진도군 임해(臨海)면 굴포리 **자망어선**

서해안 지방의 재래형 어선(8~18)
8. 전라남도 진도군 조도면 관매도리 **석수어정선망어선**
9. 전라북도 옥구군 미면 어청도리 **설접분연승**
10. 서해안지방 **SAMPAN선**

11. 충청남도 보령군 대천면 람곡리 **중선망어선**
12. 충청남도 서산군 안면면 고남리 **석수어 주목망어선**
13. 경기도 강화군 길상면 택리 **중선망어선**
14. 황해 해주 서변면 용당리 백석동 **잡어연승어선**
15. 황해도 옹진군 동남면 용호도 – **안강망어선**
    (※ 토종 세일크루저요트 선형)
16. 황해도 장연군 몽금포 **갈치 연승어선**
17. 평안남도 진남포부 **연승어선**
18. 평안북도 철산군 정혜면 등곶동 **량어선**

동해안 지방의 재래형 어선(19~21)
19. 황경남도 이원군 동면 고암리 **명태자망어선**
20. 강원도 고성군 신복면 장전동 **청류망어선**
21. 경상북도 영일군 포항 서두호동 **련자망어선**

〈그림 14-2〉 1920년대 우리나라 삼해역(三海域)의 전통 돛단배 분포도와 각기 다른 선형
출처 : 박근옹·최미순(2007). 21척 우리 고유의 돛단배. 대불대 출판부(전남). 313.

한편 2007년 경남에서 첫 시작된 '대한민국국제보트쇼'는 2008년 '경기국제보트쇼', 2013년 '부산국제보트쇼'로 각각 이어졌다. 이 중 가장 의욕적으로 출발한 경남의 대한민국보트쇼는 총 개최 8년째인 2015년을 끝으로 막을 내렸다. 2019년 현재 총 11번째인 경기국제보트쇼는 의욕이 예전 같지는 않지만 그나마 명맥은 지금껏 이어오고 있다. 총 6번째인 부산국제보트쇼는 3월에도 개최했다.

이처럼 국내에서 개최되는 국제보트쇼는 해를 거듭할수록 일취월장했어야 했지만, 경남을 보면 당초의 기대는 크게 빗나가는 등 중간평가는 초라하다. 나머지 경기도와 부산은 지금껏 대차대조표를 공개하지 않아 사업성공 여부를 판단할 자료가 없기 때문에 뭐라 평가할 수는 없지만, 미루어 짐작컨대 외화내빈의 경남과 별반 다르지 않을 것으로 추측된다. 투자 대비 효율이 아주 저조하다는 점에서 이익창출은커녕 행사비 충당에도 급급할 정도로 크게 골병이 들고 있지 않을까 싶다.

결국 국민혈제를 일부 지원한 행사임에도 보트산업선진국의 몇몇 회사들에 휘둘린 나머지 그들의 생일밥상만 차려주고 있는 셈이 되어 안타까운 실정이다. 공무원이 오히려 찬물을 끼얹은 사례가 있다. 경기도에서는 어느 외국브랜드가 상품전시장 조명을 화려하게 하여 타사와 차별화를 시도했지만 공무원이 조명을 철수하도록 했기 때문이다. 세계 유명브랜드, 그리고 조금은 초라하지만 국산제품을 서로 대비시켜 보트국산화를 위하여 분발할 계기를 제공하는 한편, 상품전시 관련 디자인과 조명분야 국제 감각을 갖는 기회로 삼아야 했다. 순전히 외국브랜드를 홍보하여 얻는 이익과 효과가 과연 얼마만큼 국내와 지역에 남으며, 또 득은 누가 직접 보는가를 반문하지 않을 수 없다. 시민, 도민, 국산보트업체 등 적어도 그들은 수혜자가 아닌 것은 분명해졌다. 따라서 이런 행사에 해수부나 지방자치단체가 계속 예산을 지원하고 육성하기는 사실상 어렵지 않을까 싶다. 얼굴내기 국제보트쇼가 되어서는 안 된다. 국내 보트산업부터 진흥시키는 작업이 우선이다.

게다가 '해양스포츠웨어' 개발사업 역시 2009년 부산의 어느 대학 산업디자인학부 패션디자인전공이 지식경제부로부터 5년간 총 53억 원을 지원 받아 스포츠잠수복 등 해양스포츠분야별 웨어(wear)의 '디자인국산화'에 의욕적으로 나섰지만, 연구책임자의 경험부족으로 사업 자체가 초기단계부터 연구방향을 잃고 헤매다가 사업 2년차에 들어 일반 스포츠웨어개발로 연구방향을 전격 전환하던 중 주변으로부터 음해를 받아 당국의 조사까지 받는 등 사업은 결국 흐지부지됐다. 뿐만 아니라 연세대학 의류환경학과 일반대학원 역시 2010년부터 '근력강화를 위한 기능성 해양스포츠(해양조정·해양카누)웨어의 디자인개발'에 착수했지만, 연구결과는 기대에 미치지 못했다. 그렇지만 지금껏 해양스포츠웨어는 변방에 놓여 있는 분야이었으나, 이제 국내 일부 디자인 및 의류소재전문가들의 연구영역에서도 이목이 쏠리기 시작하는 단계에 진입하고 있기 때문에 머잖아 양질의 제품이 생산되는 등 희망의 불씨를 살려나갈 수 있는 분야라고 말할 수 있다.

따라서 보트선체/엔진, 웨어, 디자인 등 〈표 13-1〉과 같은 해양스포츠산업 중 용품산업에 관련된 기반이 매우 열악한 국내의 실정에서는 이 분야에 대한 정부의 육성정책은 더 이상 방기시킬 수 없는 현안임을 인식하는 일이 매우 중요하다. 프랑스, 영국, 독일, 이탈리아 등이 포함되어 있는 해양스포츠산업 선진국 유럽연합(EU)을 비롯하여 미국과도 이미 자유무역협정(FTA)이 체결되어 있는 상태이지만, 2019년 3월 기준 단체장의 얼굴내기 국제보트 쇼나 개최하는 등 지금껏 무엇을 어떻게 육성할 것인가 조차 제대로 방향을 설정하지 못하고 우물쭈물하고 있는 것만 같아 걱정이 많은 실정이다.

더욱이 2011년 3월 울산 00중공업 이노테크기술연구소에서 모터보트엔진 국산화 작업에 나서기는 했지만 결국 실패했다. 이후 지금껏 일부 업체에서 장비개발에 많은 관심을 보이고 있기는 하지만 전체적으로 보면 걸음마 단계에 불과한 국내 해양스포츠산업은 의욕마저 상실하여 제기불능의 상황에 처할 가능성도 배제하기 어렵다는 점에서 정부와 업계, 그리고 학계의 진지한 고민이 있어야 할 시점이라고 볼 수 있다.

이 시점에서는 우리가 어느 정도 희망이 있다고 판단되는 '토종요트' 개발 분야를 중심으로 힘을 모으고, 또 기술적으로 미흡한 점은 세계 유명브랜드 중 경영이 어려운 업체를 통째로 인수하여 발전시켜나가야 할 것이다. 그리고 불가능한 것은 일부 수입하고, 〈그림 14-3〉과 같은 세일딩기요트, 해양카약, 해양카누와 같은 경우는 공장조립으로 대처하여 저렴한 보트를 대량생산하는 가운데 완전 국산화를 목표로 해야 한다는 생각이다. 물론 주문자의 취향에 따라서는 공장제품보다 상대적으로 값비싼 수제품 우드(木材)보트도 생산 가능한 '투 트랙' 전략 구사가 필요하지 않을까 싶다.

〈그림 14-3〉 국립부경대 출신 김웅학·강언호 사장이 제작기술을 보유하고 있는 해양카누·해양카약·스나이프·세일딩기요트(시계바늘 방향) 등

출처 : 지삼업(2011), 앞의 책.

이는 보트산업 선진국과 체결한 자유무역협정 때문에 수년간 국내 보트산업에 일대 위기를 맞고 있는 상황에서 현재로써는 완전하지는 않다고 하더라도 '방방해해'와 같은 보트의 선체활용에 관심을 가져야 하는 이유도 된다. 더욱이 전통 한선의 선형을 중심으로 어렵게 개발한 '한국형 선형(평저선)'에 대해 자긍심을 갖기는커녕 소아병적으로 이 선형을 악의적으로 폄훼하는 일에만 열중했던 국내 명문대학 조선공학과의 어느 인사를 결코 잊을 수 없다. 그 반사이익은 각종 외국산 보트에 돌아갔다. 좋은 일을 평가하지 못하고 악의적인 분위기를 조성한 인사에 대해 실명까지는 거명을 삼간다고 하더라도 우리는 해양스포츠 토종장비개발 역사에서 나라 팔아먹은 역적쯤으로 기억해야 하지 않을까 싶다. 지금 당장은 먼 바다 세일링에 일부 걱정이 있다고 치더라도, 강과 호수 중심의 내수면 용도로 쓰면 어떨까 한다.

그렇다면 이 시점에서 분명히 따져봐야 할 일이 하나 있다. 호주, 뉴질랜드, 프랑스, 일본, 미국 등 해양 선진국과 기술제휴(로열티 지불)를 통해 단순히 국내에서 조립과정만 거친 그들의 보트가 과연 국내의 3해역(동해·서해·남해)을 비롯하여 한강, 낙동강, 청평, 의암호 등 강과 호소 등에 걸쳐 서로 다른 자연환경에 적합한 최적의 선형인가를 검증해나가는 일이다. 뿐만 아니라 외국의 기술자와 고용계약을 통해 국내에서 생산한 보트 역시 마찬가지다. 극히 일부 사업자에게는 이익이 되겠지만, 이제 초기단계인 한국의 보트산업에는 기술이전이 전제되어 있지 않다는 점에서 거의 도움이 되지 않기 때문이다. 투자 대비 편익이라는 눈앞의 이익만 생각할 것이 아니라, 힘에 겹다고 하더라도 우리의 조선(造船) 전통을 중심으로 100% 국산보트로 개발해 나가는 등 선 발생학적 기원을 중심으로 국산화 기초를 다져나가는 가운데 내수시장을 통한 결점보완 후 완벽한 제품을 통해 글로벌시장 진출 쪽으로 접근할 것을 주문하고 싶다.

특히 필자는 로열티 때문에 원천기술을 제공하게 될 가능성이 높은 브룬즈윅, 뒤푸르, 선시커 등 글로블 브랜드가 실제는 자국(自國)이나 우리나라에 동등하게 헌신하지 않을 뿐만 아니라 만약 원천기술을 제공한다고 하더라도 결론은 제공하는 그들이나 제공받는 한국이 동등하게 이로울 것이라고도 절대 믿지 않고 있다. 글로벌 브랜드가 두 나라를 만족시키는 필요충분조건은 아니기 때문이다. 그런 의미에서 2001년 8월 『비즈니스위크(Buisness Week)』지(誌) 아시아판에 실린 '베스트 글로벌 브랜드'란 제목의 특집기사는 18년 지난 지금에도 여전히 시사하는 바가 매우 크다. 이 기사에서는 1억 달러 이상의 '브랜드가치'를 지닌 세계 100대 글로벌 브랜드의 서열을 공개했다. 먼저 10위권을 살펴보면, 1위 코카콜라, 2위 마이크로소프트, 3위 IBM, 4위 제너럴일렉트릭, 6위 인텔, 7위 디즈니, 8위 포드, 9위 맥도날드, 10위 AT&T 순이었다. 이 순위를 이 보다 10년 전(1991년), 그러니까 지금으로부터 28년 전에 미국의 한 컨설팅전문회사가 실시한 브랜드 인지도 설문조사와 비교하면 매우 흥미로운 사실을 발견할 수 있다. 당시 인지도 조사에서는 코카콜라(1위), 소니(2위), 벤츠(3위), 코닥(4위), 도요타(7위), 맥도날드(8위), IBM(9위), 펩시(10위) 순으로 밝혀졌기 때문이다(김민수, 2002). 물론 실제 판매실적과 재무제표 같은 객관적 자료에 기초해 실시한 2001년 조사와 단순 인지도만을 측정한 1991년의 조사를 같은 맥락에서 다룰 수는 없다. 그러나 중요한 것은 여전히 전 세계의 베스트 식음료 브랜드로 1위 코카콜라와 9위 맥도날드(8위/91년)가 올라 거의 순위 변동이 없다는 사실이다. 또한 1991년 조사에서 내구성 소비재 관련 제조업체들(소니, 벤츠, 코닥, 도요타, IBM)이 주류였던 데 반해 2001년 조사에서는 제너럴일렉트릭과 포드만 남고, 마이크로소프트, 인텔, AT&T 같은 IT(정보기술) 분야의 브랜드로 대체되었다. 10년 전 16위였던 디즈니가 21세기 문화산업의 강세를 입증하듯 7위로 도약한 것도 눈길을 끈다. 10위권에 속해 있던 소니와 도요타 같은 일본 브랜드가 순위에서 한참 뒤로 밀리는 현상도 주목된다. 물론 2019년 3월 현재 소니와 도요타는 그간 엄청난 노력을 경주하여 지금은 과거의 순위를 많이 회복해 가고 있는 중이다.

중요한 것은 베스트 글로벌 1위부터 10위 중 모바일 휴대폰의 대명사인 핀란드 노키아(5위)를 제외한 모든 브랜드의 소유권이 미국 기업에 있다는 사실이다. 유럽산 브랜드는 50위권 내에서 고작 9개 브랜드 만이 올라있다. 예컨대 메르세데스 벤츠(12위), BMW(22위), 폴크스바겐(35위), SAP(43위), 스위스의 네스카페(23위), 에릭슨(30위), 스웨덴의 이케아(46위), 프랑스의 루이뷔통(38위), 이탈리아 구찌(50위), 특히 아시아산 브랜드는 100위권을 확장해 봐도 일본이 6개, 한국이 단 1개(삼성)를 차지했을 뿐이다. 물론 2019년 현재는 휴대폰의 경우 삼성이 1위를 지키고 있는 가운데 중국이 바짝 그 뒤를 추격하고 있는 등 전 품목에 걸쳐 어떤 것은 사라졌고, 또 어떤 것은 급부상하는 등 그 순위가 부침이 많은 것은 사실이다.

그럼에도 코카콜라와 같은 강력한 글로벌 브랜드는 좀처럼 쉽게 자리바꿈을 하지 않고 있다. 모든 글로벌 브랜드는 '글로벌'을 논하기 전에 이미 또렷한 발생학적 기원과 정체성(identity)을 갖고 있다는 점이다. 이는 글로벌 브랜드를 창출한 신화가 어떻게 만들어진 것인지를 말해 준다고 봐야 한다. 이 모든 글로벌 브랜드는 해외로 관심을 돌리기 전에 이미 오랜 세월을 통해 자국 내의 내수시장을 만족시키는 법을 먼저 학습(지속적으로 결점 보완 작업)했기 때문에 남들이 따라갈 수 없게 성장할 수 있었다. 이탈리아의 패션과 가구산업은 르네상스 이래 아직도 살아 숨 쉬는 공방(工房)들이 창출하는 천진난만한 실험성이 산업과 긴밀히 연결되어 있기 때문에 가능했다. 특히 삼성 휴대폰의 경우, 국내 내수시장에서 젊은 이들의 취향에 맞춤한 고감도 디자인과 품질의 실험이 먼저 있었기 때문에 경쟁력을 확보할 수 있었다. 삼성은 모토롤라와 노키아를 제치고 휴대폰 시장을 석권하게 되었다는 사실은 정설이다. 더욱이 삼성은 2019년 6월 현재 화면을 접었다 펼 수 있는 '폴드블(folderable)폰'으로 세계 휴대폰 시장을 계속 선도하고 있다.

아무튼 국내 해양스포츠산업이 조선 분야 특정 학맥에, 또는 개인 사업자를 비롯하여 중소조선업 등 일부 전문가들이 분야이기에 함몰되어 원론적 수준에서 갑론을박을 일삼는 등 우물쭈물하다가는 어느 글로벌 브랜드의 밥상이 될지 모른다는 위기의식을 함께 공유했으면 한다. 따라서 국내가 보트산업 글로벌 브랜드의 단순 하청공장으로 만족할 것인가, 아니면 고려 말기부터 우리 바다에서 활동한 한선(韓船)의 선형을 오늘날의 세일크루저요트 선형으로 접목시키는 등 또렷한 발생학적 기원과 정체성을 중심으로 내수시장을 만족시키는 법을 먼저 학습할 것인가 하는 정책적인 문제부터 결정하는 것이 중요하다.

2011년 기준, 국내는 세일링요트 등 용품생산업체는 총 7개 업체가 있고, 그중 3개 업체는 부산과 김해에 소재하고 있다. 모두 단순 선체제작 수준에 머물러 있기 때문에 100% 국산화가 공통적인 과제라고 볼 수 있다. 그런 가운데서도 각종 부품을 포함하는 용품생산업체는 전국에 84개 업체가 있고, 이 중 40%에 가까운 32개 업체가 부산·김해지역에 몰려 있다. 모터요트는 푸른중공업(사장 김봉철) 등 일부 업체가 주문자상표(OEM) 부착 방식으로 국내납품 또는 외국에 수출하고 있다. 또 아이비 등에서 생산하는 고무보트를 비롯하여 워터 슬레이드류(바나나보트, 플라이피쉬 등)에 해당되는 고무제품은 이탈리아, 미국, 프랑스 등지로 수출하고 있다. 〈그림 13-3〉과 같은 해양카누, 해양카약, 스나이프, 세일딩기요트에 관련된 우드보트는 김웅학·강언호 사장이 생산하고 있다. 물론 2019년 6월 현재는 이들 외에도 적잖은 사람들이 국산 우드보트의 생산 대열에 가세하고 있다.

한편 해양스포츠산업과 동계스포츠산업을 포함하는 우리나라의 전체 스포츠산업에 대하여 미국처럼 크게 성장할 것이라는 낙관론적 견해를 갖는 사람들은 스포츠에 대한 많은 사람들의 관심과 정부의 정책적 관심이 날로 커지고 있다는 점, 세계요트대회의 경우, 서폰서들이 볼보·오라클·루이뷔통·프라다·일리안츠·BMW 등 세계 굴지의 기업임을 예로 들면서 기업이 광고수단으로 스포츠를 사용하는 것이 세계적인 흐름이라고 말하고 있다는 점, 월드컵을 계기로 우리나라의 프로축구가, 또는 평창 동계올림픽으로 동계스포츠가 멋진 경기장을 각각 갖게 됨으로써 관객유인이 생겼다는 점 등을 이유로 든다. 또한 노동의 가치상실이 급속히 진행되면서 사람들이 여가에서 삶의 가치를 찾으려는 경향이 갈수록 증가할 것이며, 참여스포츠 형태든 아니면 간접소비 형태든지 스포츠는 중요한 여가 수단이라는 점에서, 인공지능 시대 방송환경 때문에 스포츠콘텐츠의 값은 서서히 올라갈 수밖에 없다는 구조론적 해석이 존재한다.

그러나 이에 반대되는 비관적 전망의 근거도 다양하다. 청소년을 비롯하여 20~30대 젊은층이 스포츠가 아닌 다양한 여가수단(영화, 인터넷, 각종 모바일게임 등)을 많이 갖게 되었고, 국내 시장규모가 적어도 1억 명은 넘어야 하는데 남한의 총 인구가 불과 5,100만 명 수준인 상태에서는 스포츠산업시장의 성장이 어렵다는 점, 수도권에만 집중된 비정상적인 인구분포, 방송시장의 독점적 구조와 규제중심의 광고정책의 지속, 지방자치단체가 각종 스포츠경기장을 소유하여 경직적으로 운영하며, 프로경기로부터 단기적 이익을 챙기려는 경향, 프로구단이 적극적 마케팅을 할 요인이 없는 자본구조를 갖고 있다는 점 등을 이유로 들고 있다. 그렇지만 스포츠산업이 앞으로 어떻게 성장할 것인지에 대하여 단적으로 말하기는 어렵다. 스포츠산업이 날로 성장은 하겠지만, 하위부문(스포츠산업 소분류업종)에 따라서 성장속도가 차별적일 것은 분명하다(원영신, 2005).

이런 측면에서 보면 산업규모가 일반 스포츠산업의 하위에 놓여 있고, 또 저변확대 속도가 아주 느린 가운데 마리나, 어촌 마리나역, 보트계류장 등 해양스포츠 각종 전진기지 개발관련 시설업, 보트제조 및 유통업, 서비스업 등 연관 산업들이 제대로 발전하지 못한 해양스포츠산업 및 마리나산업에 대한 전망은 더 더욱 어려운 것이 사실이다. 공급 측면에서 보면 제도적 장애, 미발달된 자산권보유조직체, 인재 및 전문 인력 부족의 문제가 있다. 보트생산 등 국산 해양스포츠상품, 즉 자본주의사회는 상품사회이고 상품의 최고 형태가 화폐다. 돈을 만들어내고 이를 유통시키는 업체, 해양스포츠조직체, 관련종사자의 의지, 경영마인드 역량이 중요하다. 해양스포츠마케팅대행사나 해양스포츠정보업체, 그리고 개별 마리나 보트계류장, 그리고 어촌마리나역, 해양스포츠단지컨설팅사를 비롯하여 장비유통업 등의 기업적 성공은 이러한 자산을 가지고 있는 조직체의 성장과 사업여건에 달려 있기 때문에 저변확대 목적의 사단법인체 활동과 국내외 경기개최를 통한 부가가치 창출을 기대하는 대한요트협회, 대한조정협회, 대한카누협회와 그 산하단체와 같은 해양스포츠조직체의 변화는 해양스포츠산업 성공의 관건이다.

그런 가운데서도 선진국의 선례를 보면, 1인당 국민소득 1만 달러 사회에서는 승용차, 2만 달러는 골프, 3만 달러는 해양스포츠, 4만 달러 사회는 승마가 각각 대중스포츠로서 꽃을 피웠다. 실제로 2011년 3월 기준 2만 달러 사회였던 우리나라 역시 골프가 대중스포츠로써 각광 받았고, 이 분야 산업도 연 50%이상 신장세를 나타낸 선례가 있다. 특히 선진국이라고 하더라도 자국 내의 소득계층별 생활체육형 스포츠의 양태는 확연히 다른 것도 사실이기 때문에 개인소득 수준과 생활체육의 선호 양태는 서로 상이한 현상을 보인다. 게다가 영국의 해양스포츠 대중화 과정을 봐도 수긍된다. 영국은 2만 달러 사회였던 1980년대에 해양스포츠 동호인 수는 약 450~500만 명 정도였으나, 4만 달러 사회인 2017년 5월(44,118 달러) 현재는 약 700만 명 수준이기 때문이다. 특히 해양스포츠산업은 고용창출 효과가 대단히 크다. 실제로 성신여대 개량경제학 전공 강석훈 교수는, 소형승용차 100대를 생산할 경우, 불과 11명의 고용창출 효과밖에는 없지만 보령마리나(해양스포츠 단지급)를 참고해 보면, 단 1개소의 마리나에서 무려 3,600명의 직·간접 고용창출 효과가 있을 정도로 대단히 매력 있는 산업이라고 말한다.

결국 우리나라의 해양스포츠는 1990년대 중반부터 대중의 관심을 끌기 시작한 이래, 그로부터 20여 년이 지난 2019년 6월 현재까지도 저변확대 미진으로 시장현재화 시점을 예측하기가 어려운 상황에 놓여 있다. 다만 해양스포츠산업 서비스업 중 숙박업에 속하는 '요트텔업'은 부산만하더라도 2016년에는 불과 2개소에서 2018년 8월에는 60여개 업체로 성장했다. 그러나 이중 성업 중인 곳은 5~6개소에 불과하다. 그럼에도 해양스포츠산업 전체는 오는 2025~2030년쯤이면, 크게 활성화될 것으로 예상되는 것도 사실이다. 게다가 2018년 인구 5000만 명 이상의 경제단위로서 1인당 국민소득(GDP) 3만 달러가 넘는 세계 7개국 중 하나로 이미 이름을 올린 한국은 지금부터 미래 성장 동력산업으로써 공공상업거점마리나 개발, 저변확대사업, 보트 및 서비스업종 육성 등 인프라 구축과 시장외연을 확장해 나가는 가운데 1인당 국민소득이 약 4만 달러 사회가 거의 확실한 2030년까지 꾸준히 육성해 나간다면, 이후에는 해양스포츠산업이 오늘날의 IT 산업에는 미치지 못한다고 하더라도 상당 수준에서 국가경제 활성화에 크게 역할 할 것으로 전망된다. 다만, 2019년 6월 현재 몰려오는 '3중 먹구름(주저앉은 성장·추락하는 주가·식어가는 수출)' 때문에 나라의 경제가 대단히 어려운 형편에 처할 전망이다.

따라서 국내 해양스포츠산업은 해양스포츠 대중화 기반이 아주 취약하고, 또 장비국산화 미진과 열악한 내수시장 규모, 그리고 마리나빌리지 개발 원천기술 결여와 수도권에만 거의 집중되어 있는 해양스포츠인구 등의 요인 때문에 내수시장이 어렵다고 하더라도 일부 고무보트제품처럼 내수시장 학습을 통해 관련 제품이 국제적으로 충분한 경쟁력만 갖추고 있다면, 선진국은 대부분 해양스포츠가 생활화되어 있기 때문에 지금 당장이라도 글로벌시장을 통한 수출 길은 얼마든지 열려 있다고 봐야 한다. 바로 이런 측면이 초기단계에 머물러 있는 국내 해양스포츠용품산업에 대한 국가적(해양수산부·재정경제부·산업자원부) 차원의 적극적 지원이 있어야 하는 몇 이유 중 하나가 될 것이다. 국제보트쇼, 필요는 하지만 적어도 지금은 그것보다는 보트국산화 중점 지원이 우선이다.

3. 국내 및 세계의 보트산업 현주소

해양스포츠, 마리나, 해양관광 모두 경기에 매우 민감한 분야라는 것은 필자가 저술한 『마리나관리론』, 『해양스포츠자원론』, 『해양관광론 플러스』, 『마리나개발 및 운영론』, 『마리나 관리 및 운영론』 등 각종 저서에서 일관되게 언급한 바 있다. 그럼에도 불구하고 국내 해양스포츠산업의 경제성에 있어서 여전히 의문을 품고 있는 많은 해양 및 경제관련 전문가들 때문에 해양스포츠산업의 경제적 측면의 조사는 거의 실시해오지 않은 관계로 아직까지도 우리나라의 해양스포츠산업의 경제적 영향력은 물론 산업적 측면의 현황조차도 정확하게 분석하지 못하고 있는 실정이다.

물론 우리나라에서도 해양스포츠와 관련된 조사를 전혀 실시하지 않고 있는 것은 아니다. 통계청, 해양수산부, 해양경찰 등 일부 조사기관이나 해양스포츠 관련 기관에서 해양스포츠와 관련된 조사를 실시하고 있으나 자세히 들여다보면 조사대상이나 조사방법이 해양스포츠 발전을 위한 조사라기보다는 단순한 통계자료집을 만들기 위한 항목 채우기에 급급하고 있다는 것이 여실히 엿보인다.

통계청 자료의 경우 해양여가활동의 참여율 변화가 거의 유일한데, 해양여가활동의 범위를 유람선타기, 해양래프팅, 해수욕(바다감상), 윈드서핑, 수상스키 단지 4가지 항목으로 정해두고 조사는 2008년에 마지막으로 실시된 것이 유일하다. 해양경찰은 매년 발간하는 『해양경찰백서』를 통해 해수욕장 이용객 추이, 수상레저 관련 정보를 조사하고 제공하는데 그칠 뿐 해양스포츠의 경제성이나 산업적 측면으로 조사는 이루어지고 있지 않다. 수상레저기구의 등록 현황이나 조종면허 자격증 취득자 수에 대한 통계자료는 밝히고 있지만, 실제로 등록되지 않은 수상레저기구나 세일링요트 등 미등록 보트의 수가 상당한 것으로 나타나 조사된 자료는 현실적이지 못하다고 볼 수 있다. 그나마 해양수산부에서는 해양수산백서를 2~5년 단위로 발간하여 해양수산 분야에 대한 조사를 실시하고 있고, 2013년에는 우리나라 연안의 분야별 주요 현황과 활용방안 등 연안에 관련된 전문적인 정보를 제공하고자 연안포탈사이트를 신설하였으나, 그 조사 내용이나 제공 정보가 해양경찰백서와 유사하고, 수산 분야도 함께 조사하는 까닭에 전문성과 집중도가 떨어지는 것이 사실이다.

다만 2010년 부산시가 실시한 부산광역시 해양산업조사는 국가 차원에서 실시한 최초의 해양관광산업 조사로 볼 수 있다. 이 조사에서는 해양산업을 크게 해운항만물류, 수산, 해양과학기술, 조선, 해양관광, 기타 해양산업으로 구분지어 사업체 수, 종사자 수, 매출액 등 다양한 범위의 조사를 실시했다. 하지만 조사내용에는 해양스포츠산업이 명확하게 구분되지 않았으며, 2010년 당해 연도에만 그쳐 지속적인 연구를 통한 장기적인 결과를 알 수는 없었다. 다시 말하면 아직까지도 국내 해양스포츠산업의 규모나 경제에 대한 연구는 제대로 실시되지 않고 있다는 뜻이 된다.

그렇다면 "왜 해양스포츠산업에 대한 연구가 활발하게 진행되지 않았을까?"라는 의문을 갖지 않을 수가 없다. 해양스포츠산업의 경제적 영향에 대한 의구심으로 인한 무관심도 있지만 해양스포츠산업의 발전을 목적으로 연구를 전문적으로 실시하는 기관의 부재가 그 이유라고 할 수 있다. 최근에 들어서 2010년 12월에 설립한 '대한마리나산업진흥회', 2011년 마리나산업 육성대책 발표 이후 설립된 사단법인 '한국마리나산업협회'와 같은 마리나산업 발전을 위한 이익단체는 있지만, 이러한 단체들의 설립 목적은 마리나산업의 개발과 발전에 있다. 그러나 마리나산업의 발전에 앞서서 해양스포츠(여가를 목적으로 한 보팅 활동)의 저변확대와 발전이 선행되어야 하는 것은 당연한 일이다. 해양스포츠산업의 대중화와 발전을 위한 관련 단체나 기관의 부재는 우리나라 해양스포츠산업의 발전의 저해요인 중 하나라고 할 수 있다.

외국의 경우 미국, 영국, 호주, 프랑스, 이탈리아, 독일, 일본 등 해양스포츠산업 선진국에서는 실제로 해양스포츠 산업이 국가경제에 큰 몫을 차지하고 있을 뿐만 아니라 관련된 조사 및 연구도 지속적으로 실시하고 있다. 국가차원에서 정책적으로 장려하고 있으며, 더 나아가 다양한 협회나 연맹과 같은 해양스포츠 단체를 조직하여 관련 정보를 조사하여 연구하는 등 체계적이고 과학적으로 해양스포츠산업 발전과 육성에 힘쓰고 있다.

이 점이 바로 필자가 외국의 해양스포츠산업에 대한 연구를 지속적으로 실시하고 있는 까닭이기도 하다. 해양스포츠 선진국의 산업적 차원의 성공과 실패야 말로 현재 우리나라가 습득해야할 유일하면서도 가장 중요한 자료이기 때문이다.

1) 세계 해양스포츠산업 관련 단체 및 기관, 연구활동

세계해양산업협회(ICOMIA: International Council of Marine Industry Associations)는 외국에서 해양스포츠·보팅산업이 얼마나 중요한지를 단적으로 보여주는 예시라고 할 수 있다.

이 협회는 유럽, 북미, 아시아 그리고 호주 등 총 35개국(아르헨티나, 호주, 벨기에, 브라질, 캐나다, 중국, 크로아티아, 키프러스, 체코, 덴마크, 핀란드, 프랑스, 독일, 그리스, 헝가리, 인도, 아일랜드, 이탈리아,

일본, 한국, 레바논, 네덜란드, 뉴질랜드, 노르웨이, 폴란드, 포루투갈, 싱가포르, 남아프리카공화국, 스페인, 스웨덴, 스위스, 태국, 터키, 영국, 미국)으로 1966년에 결성되어 해양스포츠·보팅산업(틈새 활동의 활성화를 목적으로 하는 해양스포츠산업)의 발전을 위한 비영리단체이다.

이 협회는 보트 운항 및 건조 기준과 관련된 약 60여개 이상의 국제표준화 개발에 참여하였으며, 해양제조업연합회(NMMA), 미국보트·요트협의회(ABYC), 영국해양연맹(BMF), 국제해양자격인증기관(IMMI) 등 세계 각국의 해양관련 대표 단체와 협력하여 세계 해양스포츠산업 발전을 위한 연구보고서 및 지침서 등을 지속적으로 출판하고 있다.

그중 대표적인 연구결과인 『보팅산업통계자료집(Boating Industry Statistics Book』은 세계해양산업협회(ICOMIA)에서 2년에 한 번씩 전 세계 해양스포츠산업 선진국 약 20여 개국을 대상으로 각 국의 경제·인구·사회 등 다양한 자료를 바탕으로 보트 및 요트, 수상오토바이, 엔진, 기타 액세서리 등 해양스포츠산업 관련된 내용뿐만 아니라 보팅산업과 관련된 모든 내용을 포함하고 있다. 이처럼 외국에서는 약 반세기 전부터 해양의 중요성을 인식하였으며, 해양스포츠산업은 한 국가 내에서만 성장하고 발전하는 것이 아닌 바다라는 공통분모로 전 세계가 서로 유기적으로 연결되어 있단 사실을 일찌감치 인식하고 해양스포츠의 산업적 측면을 유심히 살펴보고 있다.

해양스포츠산업의 중요성을 세계 공동체적인 측면에서 인식한 것은 2019년 기준 대략 117(미국 전국엔진보트제조업체연합회가 1902년에 출범)년이었다면, 각각의 국가에서 그 중요성을 인식한 것은 이 보다도 훨씬 더 오래됐다고 추론할 수 있다. 국가별로 살펴보면 전 세계 해양스포츠산업의 절반을 차지하고 있다고 해도 과언이 아닌 미국은 역사와 전통이 깊은 미국보트·요트협의회(ABYC; America Boat & Yacht Council), 해양제조업체연합회(NMMA), 해양스포츠산업협회(WSIA), 윈드·해양스포츠산업협회(AWSI), 아웃도어산업협회(OIA) 등 관련단체는 물론 연구기관이나 국가차원에서 해양스포츠산업의 발전 및 육성은 물론 해양스포츠산업의 경제, 해양스포츠 참여자 현황 및 증감 추이, 해양스포츠산업의 현재와 전망 등 다양한 자료조사 및 분석하는 연구도 함께 진행하고 있다. 특히 '마리나'라는 용어를 처음 사용한 것으로 알려진 해양제조업체연합회(NMMA ; National Marine Manufacturers Association)는 1902년에 조직된 전국엔진·보트제조업체연합회(NAEBM ; National Association of Engine & Boat Manufacturers of New York)와 보팅산업협회(BIA ; Boating Industry Association of Chicago)가 1972년에 합병하여 '해양제조업체연합회'라는 이름으로 재출범한 범국가 단위의 해양스포츠산업 관련단체 중 그 규모가 가장 크고 오래된 단체이다. 이 협회는 보트쇼 개최는 물론, 해양관련 제조, 판매, 서비스 등 보팅(해양스포츠)의 발전을 위해 다양한 활동을 하고 있다. 특히 마리나(Marina)라는 용어를 1928년에 세계 처음으로 써먹은 단체는 1902년에 출범한 '미국 전국엔진보트제조업체연합회'였다.

미국 해양제조업체연합회(NMMA)는 해양산업시장의 시기적절하고 정확하고 현실적인 자료와 분석을 통해 해양신산업을 발전시킬 수 있는 해양산업통계자료와 연구를 통해 '관련 지식(정보)을 집적'해 오고

〈표 14-2〉 세계 해양스포츠산업 관련 단체 및 기관

구분	국 가	정식명칭	설립년도
ICOMIA	세계	세계해양산업협회(ICOMIA) International Council of Marine Industry Associations)	1966년
NMMA	미국	해양제조업체연합회(NMMA: 1972년 통합명칭 : National Marine Manufacturers Association)※ '전국엔진보트제조업체연합회'는 1902년에 발족된 단체이지만 1972년 '해양제조업체연합회'로 흡수 통합됨.	1902년
British Marine	영국	영국해양연맹(BMF) British Marine Federation	1913년
BIAA	호주	보팅산업협회(BIA) Boating Industry Association	2011년
FRENCH NAUTICAL INDUSTRIES FEDERATION	프랑스	프랑스해양산업연맹(FIN) French Nautical Industries Federation	1964년
DBSV	독일	독일 보트·조선협회(DBSV) German Boat and Shipbuilders Association	1955년
UCINA	이탈리아	이탈리아해양산업협회(UCINA) (Italian Marine Industry Association)	1962년
HISWA	네덜란드	해양스포츠연맹(HISWA) Handel[Trade] and Industries the area of Shipbuilders and Water sport	1932년
	일본	일본보팅산업협회(JBIA) Japan Boating Industry Association	1962년

출처 : 마리나산업 관련 세계의 단체 및 기관들의 홈페이지

있는 기능을 하고 있다. 여가가 주목적인 해양스포츠산업에 대한 신뢰할 수 있는 현시대의 정보를 해양신산업의 이해관계자, 언론 그리고 일반 대중들에게 제공하기 위해서 여러 단체에서 시행된 해양스포츠산업에 대한 통계자료 및 조사결과를 모두 한 곳에 집적해야한다. '지식의 중심'에 있는 해양제조업체연합회(NMMA)의 목표는 해양스포츠산업에 대한 가장 최신화되고 신뢰도가 높은 정보를 산업이해당사자, 언론, 일반인들에게 제공하기 위해서 해양스포츠산업통계자료와 조사활동을 위한 자료를 한곳에 집적시키는데 있다.

영국에서 가장 대표적인 해양스포츠 관련 단체는 12개의 지역에서 16개의 연합회와 1,400여개의 업체로 구성되어 해양스포츠 및 보팅산업을 위해 구성된 영국해양연맹(BMF ; British Marine Federation)이다. 1913년 보트·요트 협동조합(The Boat, Yacht and Allied Trades Association)으로 출범하였으나 2008년에는 지금의 영국해양연맹이 되었다. 이 연맹은 『영국 레저, 슈퍼요트, 보트 등 해양산업』이라는 책자를 매년 발간하는데, 그 내용에는 해양스포츠산업의 경제, 해양스포츠 참여자 현황 등 다양하고 자세하게 다루고 있다.

호주에서는 보팅산업협회(BIA : Boating Industry Association)가 가장 대표적인 해양스포츠산업 단체이다. 호주 최대의 해양관련 전시회인 '마린 15(marine 15)'를 주최하는가 하면 해양스포츠 관련 연구보고서·매거진 등을 출판함으로써 해양스포츠산업 발전에 앞장서고 있다.

1964년에 설립된 프랑스해양산업연맹(FIN : French Nautical Industries Federation)은 프랑스의 해양산업 발전을 위해 해양관련 다양한 분야에서 대중과 미디어에 다양한 해양신산업 정보를 제공하여 법적, 사회적, 경제적 그리고 기술적 역할을 하는 대표적인 해양 관련 단체이다. 또한 연맹은 2009년에 유럽보팅산업(European Boating Industry)을 설립한 주요 기관이다. 세계적으로 유명한 파리 국제보트쇼, 깐느 국제요트·보트쇼를 비롯한 다양한 행사를 주최하고 있다. 뿐만 아니라 프랑스해양산업 주요지표(French Nautical Industries Key Figures)를 매년 발간하여 프랑스의 보트 생산현황, 등록 및 허가 현황, 엔진 생산 및 수출입 현황, 보드스포츠 시장 현황 등 다양한 조사를 실시하여 해양스포츠산업 연구에도 힘쓰고 있다. 독일의 경우, 독일 보트·조선협회(DBSV : German Boat and Shipbuilders Association)에서 매년 보트 생산현황, 해양스포츠 참여자 현황 등 다양한 조사를 실시하고 그 결과를 분석하여 해양스포츠 산업의 발전에 기여하고 있다.

이탈리아는 이탈리아해양산업협회(Italian Marine Industry Association)에서 보트 생산, 수리, 유지 및 관리, 액세서리 및 장비, 엔진 등 다양한 분야의 생산, 수출, 매출액 등 산업적 측면의 경제적 효과를 매년 조사하고 있을 뿐만 아니라 해양관광과 보팅산업에 대한 전반적인 발전을 위해 힘쓰고 있다. 2019년 제57회째를 맞이하는 유럽3대 국제보트쇼로 유명한 제노바국제보트쇼도 이 협회에서 주관하고 있다.

네덜란드 해양스포츠연맹(HISWA : Handel[Trade] and Industries the area of Shipbuilders and Watersport)은 1932년에 창립되었다. 17개 산업분야의 약 1,200여개의 크고 작은 회사로 구성되어 있다.

네덜란드에서 해양스포츠산업은 요트빌딩, 판매, 수입, 수리, 유지, 보관, 대여, 디자인 등 다양한 산업을 포함하는데 이 연맹은 레이보트쇼(RAI Boat Show)를 중심으로 해양스포츠산업 전반에 걸쳐 건전한 발전을 위해 힘쓰고 있다.

일본의 일본보팅산업협회(JBIA : Japan Boating Industry Association)는 1962년에 일본보팅자립조직(JBVO)이란 이름으로 처음 설립되었고, 그 후 지금의 이름으로 1970년에 재탄생하였다. 일본과 해외의 해양산업 시장의 확장을 위해 보트쇼 개최, 보팅의 저변확대 및 참여기회 제공 행사 개최, 보트 관련 기술적 연구, 보팅 안전, 다양하고 넓은 범위의 정보수집 등 다양한 업무를 수행하고 있다. 특히 해양스포츠산업의 경제적 효과를 조사하기 위해서 모터보트, 요트, 수상오토바이, 노보트 등 다양한 보트의 수출입 현황 및 내수시장 분석을 매년 지속적으로 실시하고 있다.

그밖에 노르웨이의 노르웨이해양연맹(NORBOAT : The Norwegian Marine Federation), 폴란드의 해양·해양스포츠원(POLBOAT : The Polish Chamber of Marine Industry and Water Sports), 스페인의 스페인해양스포츠협회(ANEN), 스웨덴의 해양산업연맹(SWEBOAT : Swedish Marine Industries Federation) 등 해양스포츠가 발전한 모든 국가에서는 해양스포츠의 발전을 위한 단체나 기관이 설립되어 있고, 실제로 활발하게 해양스포츠산업의 발전과 육성을 위해 연구 활동을 하는 등 크게 기여하고 있다.

2) 경제위기와 세계해양스포츠산업

지난 2008년 미국발 금융위기, 즉 서브프라임 모기지(비우량 주택 담보대출) 붕괴에서 촉발된 2008년 금융위기 즉 '대침체(The Great Recession)'로 인해 미국뿐만 아니라 전 세계에 영향을 끼쳤다. 경제침체로 인해 전체적인 소득이 줄어들고 사람들의 소비습관이 철저히 바뀌었으며, 실업률은 수십년 간 최저로 떨어지고 이로 인해 소비자들의 주머니가 굳게 닫힌 결과 전체적인 세계경제는 하락하게 된 것이다.

글로벌경제보고서(Global Wealth Report 2013, Credit Suisse), 세계관광지표(World Tourism Barometer 2013, UNWTO), 세계경제보고서(Wealth Report 2013, RBC Wealth Management & Capgemini), 레저보팅통계자료집(Recreational Boating Statistical Abstract 2012, NMMA) 등 세계적으로 저명한 경제보고서 또는 통계자료집을 살펴보면, 하나같이 2008년 경제침체 때의 경제, 소비, 참여 등 모든 측면에서 동반 침체되는 특징을 발견할 수 있다.

2008년 대침체 현상의 결과를 자세히 살펴보면, 2000년부터 2007년까지 세계재산 수준은 매년 약 10%씩 상승하다가 2008년 경기침체 이후 20% 이상 감소한 것으로 나타났다. 뿐만 아니라 세계경제보고서가 발표한 고액순자산 보유자(HNWIs) 현황 또한 상당히 줄어든 것으로 나타났다. 2007년 총 1,010만 명에서 2008년 860만 명으로 약 150만 명이 줄어든 것을 확인할 수 있다. 이러한 경기침체는 곧바

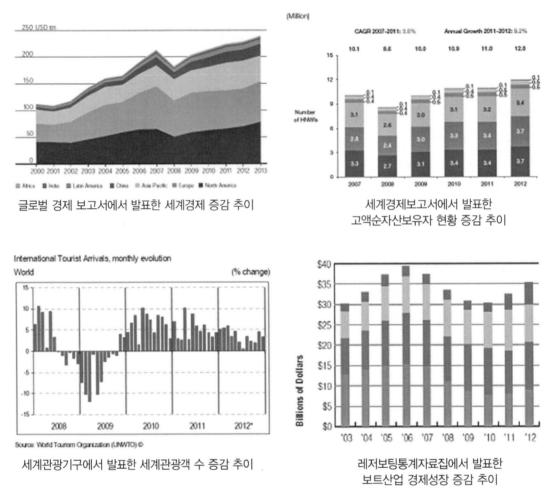

글로벌 경제 보고서에서 발표한 세계경제 증감 추이

세계경제보고서에서 발표한
고액순자산보유자 현황 증감 추이

세계관광기구에서 발표한 세계관광객 수 증감 추이

레저보팅통계자료집에서 발표한
보트산업 경제성장 증감 추이

〈그림 14-4〉 전 세계 주요 경제관련 보고서에서 나타난 2008년 경제침체 영향
출처 : UNWTO(2013), *Global Wealth Report*.

로 소비 및 참여에 직접적으로 연관이 있는 것을 알 수 있다. 세계관광기구가 발표한 세계관광지표에서
는 경기침체에 따른 해외여행의 감소는 1995년부터 2012년까지 세계관광객 수의 변화에서 2009년에
는 총 해외여행을 한 인원이 2008년 9억 2,900만 명에서 2009년 8억 9,400만 명으로 크게 줄어든 사
례를 볼 수 있다. 뿐만 아니라 미국레저보팅 통계자료집에서 발표한 연도별 보트산업 경제규모의 증감추
이에서 새보트구입, 중고보트구입, 액서서리 등에 지출액은 2007년 총 370억 3,170만 달러, 2008년 330
억 8,090만 달러, 2009년 308억 2,100만 달러, 2010년에는 304억 3,400만 달러로 경기침체 이후 3년 동
안 계속적으로 감소한 것으로 나타났다. 반면에 대형슈퍼요트시장은 2006년과 비교하여 계속적으로 증
가한 추세를 보였다. 부자는 경기변동에 영향을 적게 받는다는 것을 알 수 있다. 중동, 지중해, 호주의 시
장 증가율은 상대적으로 고성장을 기록했고, 슈퍼요트를 위한 차터링산업, 마리나시설 관리업 등이 동

반 성장했다. 이 장에서 기술할 미국과 이탈리아의 해양스포츠산업 현황은 이러한 경제 상황과 보트의 특성 등 다양한 요소를 고려하여 이해할 필요가 있다. 게다가 국가들마다 해양스포츠산업의 분류체계와 해양스포츠를 포함하는 종목이 모두 상이하기 때문에 각 국가나 관련 단체에서 제공하는 자료로 비교·분석하는 것은 한계가 있다. 다만 일부 국가라고 하더라도 동일한 기준으로 미국과 이탈리아를 대상으로 한 이 연구는 세계 해양스포츠산업 현황을 파악하는 데는 전혀 문제가 없다.

따라서 이 장에서는 세계해양산업연맹(ICOMIA)과 미국 해양제조업체연합회(NMMA)가 함께 조사한 자료인 2012년 『세계해양스포츠산업통계자료집』을 참고하여 세계에서 가장 많은 보트를 생산하고 수출하는 미국, 그리고 EU지역 이탈리아의 해양스포츠산업 시장을 중점 살펴보고자 했다. 물론 이들 국가들은 국내와는 비교 자체가 무의미할 정도로 세계 해양스포츠산업을 주도하고 있기 때문에 결국 우리는 허무와 마주할 수밖에 없는 왜소한 처지에 노출되어 있음을 절감할 것이다. 그렇지만 이 분야를 전공하는 학도들의 경우에는 이들을 통해 2019년 현재의 국내 해양스포츠산업이 가야야 할 길을 파악할 수 있고, 특히 이 산업의 사회적·일자리창출 효과 등은 확실하게 인식할 수 있는 계기가 된다. 이 자료집은 보트 등록, 판매, 지출, 참여 그리고 소매시장에 대한 구체적인 통계를 제공하고 있다. 보팅인구는 2012년 후반에 미래예측조사기관에서 보트 이용자의 참여와 보트소유주의 설문조사로 얻은 '보팅참여, 소유, 사용 그리고 행동양식에 대한 자료'를 포함한다. 수입·수출에 대한 부분은 생산 분류, 무역상대국 그리고 지역별 분석결과도 밝히고 있다.

3) 세계의 동향 및 미국, EU지역 이탈리아 해양스포츠산업의 현주소

지난 2014년 8월에 발간된 『글로벌 해양스포츠산업 분석과 전망 : 2014~2019(Global Receational Boating Industry Analysis and Forecast : 2014~2019)』에 따르면, 세계 해양스포츠산업 시장은 2008년 미국발 경기침체로 전세계적으로 2008~2010년 동안 불황기를 맞이하였지만, 경기회복, 보팅에 대한 욕구 증가, 여가시간 확대 등 여러 가지 이유로 2010년 이후로 다시 해양스포츠산업이 회복하여 성장기를 맞이한 것으로 나타났다. 특히 2019년이 되면 높은 환율(relpacement rate), 기술의 발전, 보트 사이즈의 증가 추세, 고액순자산보유자 증가 등으로 해양스포츠산업의 경제적 규모는 약 252억 달러, 한화로 25조 2천억 원 규모에 달할 것으로 예상된다.

세계적인 경영컨설팅과 시장조사 전문회사인 루킨텔(Lucintel)사(社)에서 발표한 세계 해양스포츠산업 분석과 전망에 따르면, 2008년 경기침체가 오기 전에 2004년에서 2009년까지의 해양스포츠산업 시장은 보다 큰 사이즈의 보트에 대한 수요가 비교적 높은 EU지역이 상대적으로 높은 성장률을 기록했다. 그 후 세계적인 경제위기가 왔을 때 다른 모든 산업과 마찬가지로 해양스포츠산업 또한 불황을 맞았다. 2009년 해양스포츠산업 시장은 경기침체로 인해 전 세계에 걸쳐서 하향세를 기록했다. 그중에서도 EU

지역은 경기침체에 가장 큰 영향을 받은 것으로 나타났다. 특히 폴란드가 대표적인 사례이다. 폴란드해양스포츠산업협회에 따르면 2010년 폴란드 보트생산량은 전년도 대비하여 50% 이상 줄어들었다. 이 기간에 많은 해양스포츠 관련 업체는 직원 수를 70% 이상 감원하는 등 힘든 시기를 겪었다. 또한 일부 업체들은 파산을 하거나 다른 경쟁업체에 팔리는 사례도 많았다. 그 후 세계경제가 점차 회복세를 보이면서 폴란드의 해양스포츠산업 역시 위기로부터 극복하기 시작했지만 그 속도는 매우 더딘 소걸음이었다.

세계 해양스포츠산업의 중심이라고 해도 과언이 아닌 미국은 현재까지 전 세계에서 가장 많은 보트를 생산하고 수출하는 나라이다. 북미 보트시장은 항상 유럽시장보다 컸으나, 2010년 처음으로 달러가치 하락으로 인하여 유럽이 북미시장을 앞질렀다. 2010년에 미국에서 생산된 보트는 총 517,630척이었으며, 세계적으로 가장 큰 보트회사인 그루프 베니티우(Groupe Beneteau)의 영향으로 프랑스가 그 뒤를 이어 24,739척을 생산했다. 그다음은 폴란드가 총 16,610척으로 세 번째였으며, 아지뮤트 베네티(Azimut Benetti)와 페레티 그룹(Ferretti Group)이라는 세계적으로 유명한 보트와 요트 건조회사가 있는 이탈리아가 12,010척으로 네 번째로 보트를 많이 생산한 것으로 나타났다. 미국은 매출량에 있어서도 가장 많은 1,125개의 보트건조회사를 보유하고 있고 매출도 687억 4,187만 유로(약 92조 5천억 원)였다. 다음으로 높은 매출을 기록한 나라는 영국이다. 영국은 35억 4,330만 유로(약 4조 7천억 원)의 매출을 달성했으나 보트 건조회사는 상대적으로 적은 380개의 업체가 있다. 이탈리아와 프랑스는 33억 3,600만 유로와 29억 5,050만 유로의 매출량을 각각 기록했으며, 보트 건조회사는 총 400개소가 있는 터키, 호주가 독일보다는 많지 않았다. 다음은 미국과 이탈리아의 해양스포츠산업 현주소다.

(1) 미국(USA)

앞에서 언급하였듯이 각 국가마다 해양스포츠산업의 개념을 정의하고 산업 차원으로 분류하는 체계는 모두 상이하다. 따라서 스포츠산업, 관광산업, 해양산업, 여가산업 등 다양한 산업 중 어디에 속해 있는지 또는 산업 내 분류군이 어떻게 구성되어 있는지 조차도 모두 다르다.

미국의 경우 해양스포츠산업을 보팅산업, 야외휴양산업, 스포츠산업, 관광산업 등 다양한 상위개념에 속해 다양한 조사가 실시된 것으로 나타났다. 그중 야외휴양의 하위개념으로 조사한 자료에 따르면 다음과 같다.

야외휴양(Outdoor Recreation)은 사람들이 생각하는 것보다 미국경제에서 더 크고 중요한 분야이다. 다양한 분야가 합쳐진 미국 야외휴양산업의 경제규모는 2011년 기준 6,460억 달러(한화 약 662조원) 이고, 제조, 금융, 무역, 관광, 여행과 같은 대표적인 산업 분야 중 하나이다. 특히 〈그림 14-5〉와 같이 미국 산업 분야별 개인소비규모를 살펴보면, 금융서비스 및 보험(7,800억 달러), 의료·보건서비스(7,670억 달러), 야외휴양(6,460억 달러), 석유연료(3,540억 달러), 자동차·부품(3,400억 달러), 가정용품(3,090억 달러) 순으로 나타났는데, 야외휴양산업이 미국 개인소비에 있어서 세 번째로 높은 것으로 나타났다. 미국

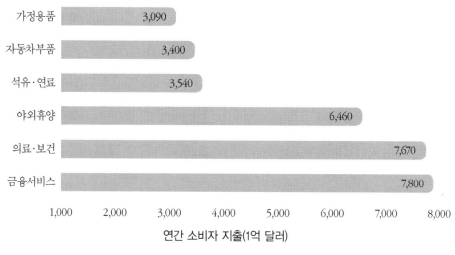

〈그림 14-5〉 미국의 산업분야별 연간 소비자 지출

아웃도어산업협회(Outdoor Industry Association)는 야외휴양산업을 자전거(포장도로, 비포장도로), 캠핑(야영지, 텐트촌, 전원지역), 낚시(플라이 피싱, 보트피싱), 사냥(샷건, 라이플, 활), 오토바이(온로드, 오프로드), 오프로딩(ATV, 무인자동차 운전 등), 동계스포츠(스키, 스노우보드 등), 트레일스포츠(트랙킹, 하이킹, 암벽등반 등), 해양스포츠(보팅, 해양카약, 해양카누, 패들링 등), 야생동물 관람으로 총 10가지로 구분하고, 그 경제적 영향력을 조사한 결과는 다음의 〈표 14-3〉과 같다.

야외활동 10가지 분야에서 해양스포츠(보팅, 해양카약, 해양카누, 계곡레프팅 및 해양래프팅 등 각종 해양스포츠)는 차량, 장비, 부품 등에 대한 연간 개인소비는 194억 2,100만 달러이고, 여행관련 물품 구입에 해당하는 연간 개인소비는 667억 7,660만 달러로 총 연간 개인소비는 861억 9,749만 달러로 캠핑 분야 다음으로 2번째로 높은 산업임이 확인되었다.

① 미국 해양스포츠산업의 요약

미국은 조사대상인 세계 해양스포츠산업 선진국 총 23개국 중에 단연 최고 발전국이며, 나머지 22개국이 생산하는 보트보다 더 많은 보트를 생산하여 세계 해양스포츠산업의 절반 이상을 차지한다고 볼 수 있다. 미국 해양스포츠산업은 2011년 보다 10% 증가한 2012년 총 356억 달러의 상품과 서비스의 직접적 판매를 창출한 분야로써 미국 경제에 중요한 산업 중 하나임에 틀림이 없다. 이는 경기침체로 인해 2010년 304억 달러로 하락한 이후 최근에 발표된 2013년까지 3년 연속 증가한 수치이다. 미국 해양스포츠산업의 경우 2006년에 395억 달러로 가장 높은 수치를 기록한 바 있다. 전체 보트와 엔진의 판매량은 2012년에 200억 6천 달러에 달했다. 그 중 새 보트와 새 엔진의 판매량은 88억 6,000만 달러에 달했고, 전통적인 파워보트(선외기, 선내기, 선내·외기, 제트보트)는 58억 4,000만 달러, 다른 보트의 판매량은 9,600만 달러, 선외기 엔진의 판매량은 20억 6,000만 달러에 달했다. 중고보트와 엔진 판매량은 117억 4

〈표 14-3〉 야외휴양 참여자의 연간 개인소비 규모

구분	장비·부품 등	여행관련 판매	총계	일자리
캠핑	$18,614	$124,770	$143,384	1,356,902
각종 해양스포츠 (보팅, 카약, 카누, 래프팅 등)	$19,421	$66,777	$86,197	1,521,486
자전거	$10,539	$70,782	$81,321	772,146
트레일 스포츠 (트래킹, 암벽등반, 백팩킹 등)	$12,252	$68,377	$80,629	768,251
오프로딩 (ATV, 사륜오토바이 등)	$13,166	$53,334	$66,495	684,464
동계스포츠	$7,718	$45,329	$53,047	504,342
오토바이	$10,025	$32,502	$42,527	410,972
낚시	$9,742	$25,726	$35,468	307,175
야생동물 관람	$10,737	$22,585	$33,322	289,168
사냥	$8,526	$14,637	$23,163	201,822
총 합계	$120,734	$524,818	$645,552	6,097,303

출처 : 아웃도어산업협회(2012). 미국 야외휴양산업의 경제.

천만 달러에 달했다. 그 중 전통적인 파워보트는 89억 2,000만 달러에 달했고, 다른 보트들은 판매량은 8,900만 달러에 달했으며, 선외기 엔진의 판매량은 19억 3,000만 달러를 기록했다.

2012년 미국에 살고 있는 성인 2억 3,230만 명 중 8,800만 명(37.8%)이 여가보팅에 참여했으며 이는 2011년 보다 6% 증가한 수치이다. 주목되는 측면은 미국해양제조업체연합회(NMMA)가 1990년에 처음 여가보팅 참여자를 조사한 이후로 가장 높은 수치이다. 2012년에 판매된 중고와 새 파워보트 및 세일보트의 판매실적은 2011년 대비 3.7% 증가한 총 1,167,900척이었다. 중고보트는 2011년 대비 6% 증가한 총 969,000척이 판매됐다. 2012년에 판매된 보트의 83%가 중고보트였다. 새로운 보트시장에서 증가된 판매실적은 제트(워터 젯)보트(36%), 세일보트(29%), 선내기·수상오토바이·웨이크보드(13.4%), 선외기 보트(11.3%), 해양카약(2%), 해양카누(1%)로 나타났다. 2012년 새 보트트레일러의 판매량은 2011년 1억 2,200만 달러에서 8.6% 증가한 1억 3,300만 달러였으며, 판매실적은 2011년 보다 약 2% 증가한 77,400 척에 달했다. 선외기 보트 시장의 60%가 중고보트에 해당했다.

부품시장에 해당하는 액세서리 판매량은 2012년 560억 달러에 달했다. 보트 1척 당 연간 352달러(한화 약 37만원)을 소비하는 셈이다. 2012년에 보트소유주의 78%는 적어도 1개 이상의 해양 관련 액세서리를 구매했으며, 이는 2011년 대비 75%가 증가한 수치이다(액세서리에는 네비게이션 장비, GPS, 전자장비, 커버, 안전장비, 수리장비, 로프, 부이, 낚시 용품, 해양스포츠 장비 등이 포함된다.).

보트소유주는 보험, 계류, 보관, 마리나 이용료, 연료, 유지·보수비, 세금 등 운영비에 있어서 2011년 보다 5% 감소한 비용을 2012년에 지불했다. 이러한 비용은 2011년 거의 98억 달러에서 92억 7천달러로 감소했다. 2012년 연료비는 2011년에 비해 24% 감소한 27억 달러에 달했다. 이러한 연료비 감소에는 유류비 감소와 보팅 참여일수 감소라는 두 가지 요인이 있다. 2011년 1갤런(gal) 당 3.70달러에서 2012년 3.58달러로 유류비가 3.2% 감소했다. 뿐만 아니라 파워보트 이용자들은 2011년 연간 평균 31회를 보팅에 참여했다면 2012년에는 연간 평균 26회로 감소했다. 수리·서비스 비용은 2012년 26억 2천만 달러에 달했고, 마리나 이용료와 보관비용(육-야드 및 드라이 스택-·해상 보트계류비)은 19억 7천만 달러를 기록했다.

② 보팅인구 통계

미국인 대부분은 운동을 목적으로 하거나 또는 가족, 친구 등 지인들과의 시간을 보내기 위해서 야외활동에 참여한다. 이러한 야외활동에 참여하는 인구는 꾸준하게 증가해왔다. 2012년에는 미국인구의 49.4%인 1억 4,190만 명이 야외활동에 참여한 것으로 나타났다. 특히 야외활동 중 처음으로 접하는 종목을 살펴보면, 총 42개 종목을 대상으로 조사한 결과 스탠드업 패들보드(Stand Up Paddle : SUP) 56%, 윈드서핑 43%, 급류카약 32%, 해양카약 30%, 래프팅 28%, 스포츠잠수 26%, 서핑 23%, 세일링 23%, 바다배낚시 21% 등 총 9개 종목이 상위 20위안에 있는 것으로 나타나 처음 접하는 야외활동 중 대부분이 해양스포츠 활동인 것으로 나타났다. 특히 스탠드업 패들보드는 최근 국내에서도 서핑에 이어 크게 대중화되고 있는 추세에 있다. 강원도 양양의 죽변해수욕장과 충남의 대천해수욕장, 제주도 중문 해수욕장, 부산 송정해수욕장, 그리고 초보자는 부산 광안리해수욕장이 선호되고 있는 곳이다.

모터요트 중심의 보팅은 중산층의 여가활동으로 간주된다. 2012년에 보팅에 참여한 81%의 성인은 가계소득이 10만 달러 이하이고, 65%는 7만 5천달러 이하로 나타났다. 다만 16%만이 가계소득이 10만 달러 이상인 것으로 밝혀지고 있다. 선진국에서는 해양스포츠가 부자들의 전유물이 아님을 엿볼 수 있다. 보팅 참여자의 분포를 살펴보면 성별의 경우, 남성이 58%로 더 많고, 연령은 50세 이하가 전체의 74%이며, 가계 소득이 5만~10만 달러인 경우가 41%이다. 약 7%의 보팅 참여자는 65세 이상이고, 10%는 은퇴한 사람으로 밝혀졌다. 보팅 참여자의 8%는 라틴아메리카계 사람이고, 10%는 아프리카계 미국인으로 나타났다. 2012년 미국에 거주하는 성인 2억 3,230만 명 중에 8,800만 명(37.8%)이 레저보팅에 참여한 것으로 나타났고 이는 2011년에 비해 6% 증가한 수치이다. 이는 해양제조업체연합회(NMMA)가 1990년에 처음으로 참여자 현황을 조사한 이후 가장 높은 비율을 나타냈다.

③ 전체 보트판매량

2012년 판매된 새 보트는 546,395척으로 2011년에 비해 3.7% 증가했다. 그리고, 전체 판매가치는 약 68억달러로 2011년에 비해 12.2% 증가했다.

전체 중고보트의 판매량은 2012년에 969,400척으로 2011년 대비 6.5% 증가한 수치이고, 그 해당가치

〈표 14-4〉 미국 성인을 대상으로 한 연도별 보팅 참여자 인구증감 현황

연도	보팅참여자 수 (백만명)	보팅 참여자 비율(%)
1990	67.4	36.50%
1991	67.2	36.30%
1992	67.9	36.10%
1993	68.7	36.20%
1994	69.6	36.20%
1995	70	35.60%
1996	70.7	36.00%
1997	71.3	35.80%
1998	68	33.60%
1999	68.2	33.40%
2000	67.5	32.30%
2001	62.1	29.20%
2002	65.5	30.40%
2003	63	28.90%
2004	63.4	28.80%
2005	57.9	26.00%
2006	60.2	26.60%
2007	66.4	29.20%
2008	70.1	30.50%
2009	65.9	28.30%
2010	75	32.40%
2011	82.7	34.80%
2012	87.8	37.80%

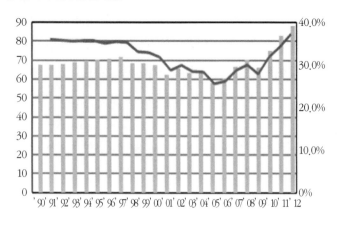

■ 보팅 참여자 비율 (%)
■ 보팅 참여자 수(백만 명)

출처 : 미국해양제조업체연합회(2013). 미국 레저보팅 통계자료집.

는 2011년 대비 11% 증가한 98억 달러에 달한다.

새 보트판매에는 시즌의 영향이 상당한 것으로 나타났는데, 2012년에 등록된 새 보트의 58%가 4~7월(4개월), 즉 성수기에 거래된 것으로 확인됐다.

보트의 종류별 판매량을 살펴보면 〈표 14-6-1, 2〉와 같다. 총 546,345척의 보트 판매량 중 카약(239,500척)이 가장 많고, 그 다음으로 아웃보드 보트(128,800척)가 가장 많았다. 트레일러는 총합계에 포함되지 않았지만 2012년 총 77,400대가 판매된 것으로 나타났다.

〈표 14-5-1〉 보트 종류에 따른 연도별 판매현황

연도	2003	2004	2005	2006	2007	2008	2009	2010	2011	2012	변동율(%)
새보트	837,900	870,100	864,450	912,130	841,820	704,820	572,520	517,745	527,005	546,395	3.7%
전체판매금액(10억)	$10.027	$10.754	$11.574	$11.891	$11.739	$9.177	$6.847	$5.857	$6.060	$63799	12.2%
대당 평균가격	$11,967	$12,360	$13,389	$13,037	$13,944	$13,021	$11,959	$11,312	$11,500	$12,443	8.2%
중고보트	1,006,200	1,006,400	1,032,100	1,004,200	961,800	886,800	953,200	929,900	909,900	969,400	6.5%
전체판매금액(10억)	$7.362	$7.901	$9.112	$10.535	$9.641	$9.451	$9.840	$9.923	$8.846	$9.812	10.9%
대당 평균가격	$7,316	$7,850	$8,829	$10,491	$10,024	$10,658	$10,323	$10,671	$9,722	$10,122	4.1%
새아웃보드엔진	305,400	315,300	312,000	301,700	275,500	227,000	180,700	178,900	178,500	193,200	8.2%
전체판매금액(10억)	$2.555	$2.879	$3.155	$2.689	$2.071	$1.659	$1.722	$1.722	$1.794	$2.057	14.7%
대당 평균가격	$8,365	$9,131	$10,112	$10,790	$9,761	$9,125	$9,178	$9,624	$10,052	$10,649	5.9%
중고아웃보드엔진	520,005	536,862	531,200	515,700	469,100	463,100	504,600	482,985	483,000	518,400	7.3%
전체판매금액(10억)	$1.566	$1.765	$1.934	$1.947	$1.741	$1.479	$1.621	$1.627	$1.699	$1.931	13.7%
대당 평균가격	$3,011	$3,287	$3,641	$3,776	$3,711	$3,194	$3,212	$3,368	$3,518	$3,727	5.9%
새보트트레일러	130,600	133,400	134,100	130,900	126,200	92,400	56,900	65,100	76,200	77,400	1.6%
전체판매금액(10억)	$0.202	$0.228	$0.248	$0.296	$0.232	$0.162	$0.088	$0.102	$0.122	$0.133	8.6%
대당 평균가격	$1,547	$1,709	$1,849	$2,260	$1,839	$1,750	$1,555	$1,569	$1,603	$1,714	6.9%

출처 : 미국해양제조업체연합회(2013). 미국레저보팅통계자료집.

〈표 14-5-2〉 보트 종류에 따른 연도별 판매 현황(앞에서 계속)

연도	2003	2004	2005	2006	2007	2008	2009	2010	2011	2012	변동율(%)
보트/모터/트레일러(10억)	$27.7110	$23.5260	$26.0230	$27.9250	$26.0420	$22.3410	$20.0550	$19.3200	$18.5220	$20.7320	11.9%
부품시장(10억)	$2.124	$2.421	$2.905	$2.760	$2.608	$2.431	$2.309	$2.443	$3.980	$5.585**	40.3%
소계(10억)	$23.834	$25.947	$28.928	$30.685	$28.650	$24.772	$22.364	$21.674	$22.502	$26.318	17.0%
기타(연료/유지보수)(10억)	$6.448	$7.006	$8.808	$8.842	$9.038	$8.457	$8.760	$8.760	$9.769	$9.273	-5.1%
총지출액(10억)	$30.283	$32.953	$37.317	$39.493	$37.492	$33.809	$30.821	$30.434	$32.271	$35.591	10.3%
변동율(%)	-4.5%	8.8%	13.2%	5.8%	-5.1%	-9.8%	-17.8%	-1.3%	6.0%	10.3%	
총새보트지출액(10억)	$12.581	$13.633	$14.729	$15.147	$14.428	$11.249	$8.505	$7.579	$7.855	$8.856	12.8%
변동율(%)	-6.3%	8.4%	8.0%	2.8%	-4.7%	-22.0%	-24.4%	-10.9%	3.6%	12.8%	
지출비율(%)	58.5%	58.5%	57.1%	54.8%	55.9%	50.7%	42.6%	39.6%	42.7%	43.0%	
중고보트지출액(10억)	$8.927	$9.665	$11.046	$12.482	$11.382	$10.930	$11.461	$11.550	$10.545	$11.743	11.4%
변동율(%)	-6.1%	8.3%	14.3%	13.0%	-8.8%	-12.4%	4.9%	0.8%	-8.7%	11.4%	
지출비율(%)	41.5%	41.5%	42.9%	45.2%	44.1%	49.3%	57.4%	60.4%	57.3%	57.0%	

출처 : 미국해양제조업체연합회(2013). 미국레저보팅 통계자료집.

〈표 14-6-1〉 해양스포츠 분류에 따른 연도별 판매 현황

연도	아웃보드 보트	인보드 보트	스턴 드라이브 보트	제트보트 (워터젯)	수상 오토바이	세일보트	카누	카약	인플레이 터블 보트	총계
2002	212,000	22,300	69,300	5,100	79,300	15,800	100,000	340,300	–	844,100
2003	207,100	19,200	69,200	5,600	80,600	15,000	86,700	324,000	30,500	837,900
2004	216,600	20,200	71,100	5,600	79,500	14,300	93,900	337,300	31,600	870,100
2005	213,300	20,400	72,300	6,700	80,200	14,400	77,200	349,400	30,100	864,000
2006	204,200	20,000	67,700	6,200	82,200	12,900	99,900	393,400	25,100	911,600
2007	188,700	18,200	60,400	6,800	79,900	11,800	99,600	346,600	29,400	841,400
2008	151,400	13,100	38,500	4,900	62,600	9,300	73,700	322,700	28,300	704,500
2009	117,500	9,500	26,550	3,550	44,500	5,400	89,600	254,000	21,700	572,300
2010	112,800	7,330	18,700	3,500	41,600	4,300	77,100	228,000	24,300	517,630
2011	115,750	6,890	16,890	3,300	42,900	4,600	77,800	234,800	24,000	526,930
2012	128,800	7,500	16,500	4,500	38,500	5,945	78,600	239,500	26,500	546,345

출처 : 미국해양제조업체연합회(2013). 미국레저보팅 통계자료집.

〈표 14-6-2〉 해양스포츠 분류에 따른 연도별 판매 현황(앞에서 계속)

연도	트레일러	아웃보드엔진	스턴, 인보드 엔진	총계
2002	141,200	302,100	105,000	548,300
2003	130,600	305,400	99,000	535,000
2004	133,400	315,300	103,800	552,500
2005	134,100	312,000	104,400	550,500
2006	130,900	301,700	97,900	530,500
2007	126,200	275,500	90,400	492,100
2008	92,400	227,000	57,700	377,100
2009	56,900	180,700	40,600	278,200
2010	65,100	178,900	29,200	273,200
2011	76,200	178,500	26,600	281,300
2012	77,400	193,200	26,800	297,400

④ 전체 새파워보트와 중고파워보트 판매량

2012년, 새파워보트와 중고파워보트(선외기, 선내기, 스턴드라이브, 제트보트)의 판매가치의 합은 2011년에 비해 13% 증가한 148억 달러로 집계됐다.

새 파워보트는 2012년에 157,350척이 판매되었으며, 이는 2011년에 비해 10% 증가한 수치이고, 전체 파워보트 판매량의 16%에 해당하는 수치이다.

중고 파워보트는 2011년에 비해 7% 증가한 805,600척을 기록했다.

〈표 14-7〉 보트 종류에 따른 총판매량 및 판매금액

연도	2002	2003	2004	2005	2006	2007	2008	2009	2010	2011	2012	변동율(%)
아웃보드 보트												
총판매량	212,000	207,100	216,600	213,300	204,200	188,700	151,400	117,500	112,800	115,750	128,800	11.3%
총판매금액	$2.437	$2.743	$2.868	$3.201	$3.216	$3.359	$2.803	$2.157	$1.973	$2.126	$2.626	23.5%
평균 가격	$11,495	$13,244	$13,239	$15,006	$15,748	$17,798	$18,513	$18,356	$17,492	$18,369	$20,387	11.0%
수상스키용 보트												
총판매량	10,500	11,100	11,600	12,600	13,100	12,000	8,900	6,500	5,000	4,850	5,500	13.4%
총판매금액	$0.399	$0.403	$0.435	$0.508	$0.568	$0.567	$0.449	$0.348	$0.287	$0.297	$0.375	26.4%
평균 가격	$37,982	$36,332	$37,533	$40,297	$43,386	$47,234	$50,403	$53,519	$57,423	$61,300	$68,269	11.4%
크루즈용 보트												
총판매량	11,800	8,100	8,600	7,800	6,900	6,200	4,200	3,000	2,330	2,040	2,000	-2.0%
총판매금액	$4.337	$3.020	$3.335	$3.119	$3.070	$2.888	$2.548	$1.921	$1.750	$1.726	$1.798	4.1%
평균 가격	$367,505	$372,830	$387,771	$399,815	$444,872	$465,826	$606,621	$640,418	$750,917	$845,869	$898,795	6.3%
스턴드라이브 보트												
총판매량	69,300	69,200	71,100	72,300	67,700	60,400	38,500	26,550	18,700	16,890	16,550	-2.0%
총판매금액	$2.192	$2.221	$2.368	$2.573	$2.724	$2.672	$1.789	$1.244	$0.877	$0.857	$0.884	3.1%
평균 가격	$31,634	$32,097	$33,306	$35,592	$40,237	$44,237	$46,459	$46,859	$46,894	$50,731	$53,397	5.3%
제트보트												
총판매량	5,100	5,600	5,600	6,700	6,200	6,800	4,900	3,550	3,500	3,300	4,500	36.4%
총판매금액	$0.108	$0.115	$0.130	$0.168	$0.152	$0.189	$0.138	$0.106	$0.115	$0.112	$0.160	43.0%
평균 가격	$21,176	$20,584	$23,280	$25,108	$24,443	$27,784	$28,088	$29,774	$32,752	$34,082	$35,589	4.4%
새 파워보트 판매량	308,700	301,100	313,500	312,700	298,100	274,100	207,900	157,100	142,330	142,830	157,350	10.2%
변동율(%)	-2.9%	-2.5%	4.1%	-0.3%	-4.7%	-8.1%	-24.2%	-24.4%	-9.4%	0.4%	10.2%	
총판매금액	$9.472	$8.502	$9.136	$9.569	$9.729	$9.674	$7.726	$5.776	$5.001	$5.118	$5.843	14.2%
변동율(%)	9.40%	-10.20%	7.50%	4.70%	1.70%	-0.60%	-20.10%	-25.30%	-13.40%	2.30%	14.20%	
새 파워보트 판매량	303,600	295,500	307,900	312,700	298,100	274,100	207,900	153,550	142,330	142,830	157,350	
중고보트 총판매량	873,338	827,105	828,555	855,785	838,800	801,400	734,932	780,300	767,900	751,400	805,600	

출처 : 미국해양제조업체연합회(2013). 미국레저보팅통계자료집.

⑤ 보트의 추정 평균가

2012년 새 파워보트의 평균 판매가는 2011년에 비해 4% 증가한 37,140 달러이다. 중고 파워보트의 평균 판매가는 2011년에 비해 4.7% 증가한 13,771 달러이다. 그리고 2012년에 판매된 전체 파워보트와 세일보트의 83%는 중고 보트이고, 2011년보다 시장 점유율이 2% 증가했다.

2013년에 미국에 등록된 레저용 보트의 총 수는 약 1,199만 척이 등록되어 있다. 이는 우리나라의 수상레저기구 등록현황과 비슷한 개념으로 세부적인 등록기준은 상이하지만, 그 개념이나 분류 기준은 유사하다. 등록 대상 보트에는 세일보트, 수상오토바이, 스턴드라이브보트, 선내기·선외기 보트 등이 있다. 2005년에는 가장 많은 등록 척수인 약 1,294만 척까지 등록되었으나, 그 후 점차 줄어드는 현상을 보였으며 2008년 경제침체 이후 2013년 1,199만 척으로 줄어들고 있다. 이는 세계 최대해양스포츠·보트 산업국인 미국은 이미 발전기, 성숙기의 정점을 넘어 포화상태에 달한 것으로 예상할 수 있다.

우리나라의 경우, 2013년 발간된 해양경찰백서에서 발표한 수상레저기구 총계는 12,175척으로 파악되고 있다. 물론 등록 대상의 보트 및 국가간의 경제, 환경, 문화 등 많은 차이가 있지만, 미국과 한국의 레저용 보트 등록 척수를 비교해본다면 2012년 기준으로 약 980배의 차이를 나타낸다. 1980년의 미국의 레저용보트 등록 척수(약 858만 척)를 비교해도 무려 약 700배의 차이를 보인다. 한국을 미국과 견주면 한국의 보트 척수는 조족지혈이다.

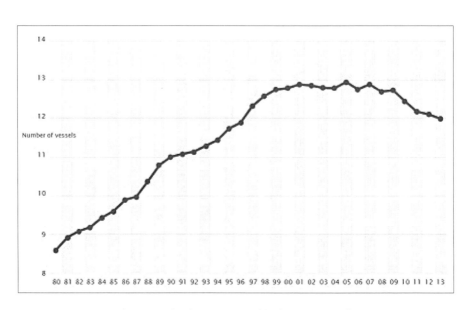

〈그림 14-6〉 미국 보트 등록 현황(1980~2013년)
출처 : 스타티스타 홈페이지(2014). http://www.statista.com/

등록된 보트 수와 실제로 이용 중인 보트의 척수에는 다소 차이가 있는 것이 사실이다. 보통은 보험, 등록 대기, 일부 이용자들의 양심불량으로 미등록된 채로 이용 중인 보트가 많다는 뜻으로 풀이된다. 2012년 미국에서 실제로 이용 중인 보트의 수는 2011년 1,616만 척에서 약 51만 척(3%) 증가한 총 1,667만 척으로 추정된다.

〈표 14-8〉 실제 이용 중인 레저용 보트 현황 추정

연도	등록 보트	미등록 보트	총계
1989	10.78	4.88	15.66
1990	11.00	4.99	15.99
1991	11.07	5.19	16.26
1992	11.13	5.13	16.26
1993	11.28	4.93	16.21
1994	11.43	4.81	16.24
1995	11.74	3.64	15.38
1996	12.06	3.77	15.83
1997	12.41	3.83	16.23
1998	12.67	3.70	16.37
1999	12.84	3.64	16.48
2000	12.89	3.94	16.83
2001	12.99	4.01	17.00
2002	12.97	4.21	17.18
2003	12.91	4.25	17.16
2004	12.90	4.47	17.37
2005	13.06	4.61	17.67
2006	12.87	3.94	16.81
2007	13.00	4.14	16.94
2008	12.80	4.00	16.80
2009	12.83	4.00	16.82
2010	12.54	3.81	16.35
2011	12.27	3.89	16.16
2012	12.78	3.88	16.67

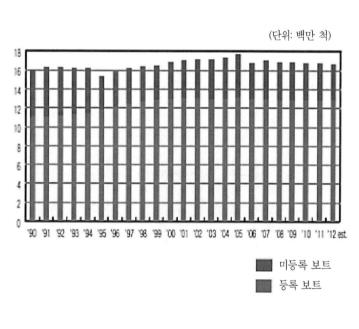

(단위: 백만 척)

■ 미등록 보트
■ 등록 보트

출처 : 미국해양제조업체연합회(2013). 미국레저보팅통계자료집.

보트 유형에 따른 이용 중인 보트를 살펴보면, 아웃보드 보트가 16년 연속으로 가장 많이 이용하는 보트 유형으로 나타났으며, 2012년에는 총 1,667만 척의 보트가 이용되었는데, 그중에 거의 절반(49%)에 가까운 보트가 바로 아웃보드 보트인 것으로 나타났다.

〈표 14-9〉 보트 유형에 따른 이용 중인 레저용 보트 현황

연도	아웃보드보트	인보드 보트	스턴드라이브 보트	수상오토바이	세일보트	기타	총계
1997	8.13	0.98	1.58	1	1.65	2.89	16.23
1998	8.18	0.99	1.42	1.18	1.67	2.93	16.37
1999	8.22	0.94	1.55	1.2	1.65	2.93	16.48
2000	8.29	0.98	1.57	1.23	1.64	3.13	16.83
2001	8.37	1.12	1.56	1.22	1.63	3.11	17.00
2002	8.33	1.09	1.52	1.22	1.61	3.42	17.18
2003	8.4	1.06	1.6	1.17	1.58	3.35	17.16
2004	8.42	1.06	1.66	1.25	1.58	3.4	17.37
2005	8.47	1.1	1.68	1.23	1.57	3.62	17.67
2006	8.27	1.09	1.64	1.19	1.56	3.07	16.81
2007	8.28	1.1	1.71	1.19	1.55	3.11	16.94
2008	8.29	1.09	1.57	1.24	1.54	3.07	16.80
2009	8.29	1.08	1.56	1.33	1.54	3.03	16.82
2010	8.13	1.05	1.52	1.27	1.57	2.82	16.35
2011	7.96	1.01	1.47	1.27	1.59	2.86	16.16
2012	8.24	1.08	1.52	1.3	1.53	2.99	16.67

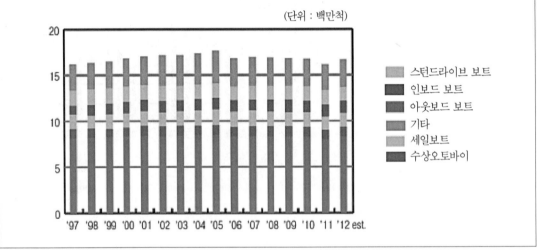

(단위 : 백만척)

스턴드라이브 보트
인보드 보트
아웃보드 보트
기타
세일보트
수상오토바이

출처 : 미국해양제조업체연합회(2013). 미국레저보팅통계자료집.

　　5대호(the Great Lakes) 지역은 2012년에도 레저보팅을 즐기는 사람들이 가장 많은 것으로 나타났다. 약 1,800만 명(20%)의 참여자가 바다나 다름 없는 오대호에서 보팅을 즐긴 것으로 조사됐다.

　　어렸을 때 보팅에 참여한 사람들은 어른이 돼서도 보팅에 참여하는 것으로 나타났는데, 보팅 참여자의 70%가 어릴 적 보팅에 참여한 것으로 나타났다.

　　선외기 엔진의 보트는 16년 연속으로 가장 인기 있는 형태의 레저보트였으며, 거의 1,670만 척(49%)이 2012년에 이용 중인 것으로 나타났다.

⑥ 보트 등록

〈표 14-10-1〉 미국 주별 레저용 보트 등록현황

순위	미국 주	2006	2007	2008	2009	2010	2011	변동율(%)
1	Florida	988,652	991,680	974,553	949,030	914,535	889,895	−2.70%
2	California	893,828	964,881	858,853	906,988	810,008	855,243	5.60%
3	Minnesota	862,937	866,496	867,446	811,775	813,976	808,783	−0.60%
4	Michigan	828,529	830,743	816,752	811,670	812,066	803,391	−1.10%
5	Wisconsin	635,751	617,366	634,546	626,304	615,335	628,743	2.20%
6	Texas	595,934	599,567	597,428	622,184	596,830	577,174	−3.30%
7	New York	497,975	494,020	485,541	479,161	475,689	467,828	−1.70%
8	South Carolina	436,075	442,040	436,844	435,528	435,491	447,745	2.80%
9	Ohio	412,256	415,228	416,586	424,877	430,710	432,696	0.50%
10	North Carolina	370,291	375,815	371,879	405,663	400,846	392,566	−2.10%
11	Illinois	383,615	379,454	378,208	373,530	370,522	371,365	0.20%
12	Pennsylvania	344,190	342,427	338,316	337,747	365,872	331,590	−9.40%
13	Georgia	336,579	344,597	350,479	352,054	353,950	322,346	−8.90%
14	Louisiana	306,366	301,249	302,753	303,111	302,141	302,974	0.30%
15	Missouri	324,826	321,782	322,253	314,131	297,194	302,271	1.70%
16	Alabama	271,658	274,176	272,558	270,726	271,377	265,526	−2.20%
17	Tennessee	271,687	274,914	271,475	269,361	266,185	259,904	−2.40%
18	Virginia	248,091	251,440	249,312	249,235	245,940	242,473	−1.40%
19	Washington	270,627	270,789	264,393	269,845	237,921	234,543	−1.40%
20	Iowa	234,335	213,767	231,333	247,190	209,660	228,743	9.10%
21	Indiana	164,678	241,474	271,532	268,424	281,908	217,297	−22.90%
22	Arkansas	199,189	206,195	199,104	198,805	205,925	200,915	−2.40%
23	Oklahoma	216,556	223,758	196,052	205,079	209,457	199,337	−4.80%
24	Maryland	204,277	202,892	199,087	196,806	193,259	188,623	−2.40%
25	Oregon	186,497	184,147	180,063	180,552	177,634	171,983	−3.20%
26	Kentucky	177,951	176,716	173,981	176,535	175,863	171,936	−2.20%
27	New Jersey	205,967	183,147	185,359	173,994	169,750	166,037	−2.20%
28	Mississippi	179,433	180,356	191,312	194,016	156,216	156,743	0.30%
29	Massachusetts	148,640	145,496	145,113	142,625	141,959	139,991	−1.40%
30	Arizona	145,023	144,570	140,291	136,463	135,326	131,665	−2.70%
31	Maine	113,276	112,818	109,657	109,169	111,873	106,679	−4.60%
32	Connecticut	108,701	108,539	110,650	109,213	108,078	105,499	−2.40%
33	New Hampsire	101,297	100,261	96,205	95,402	94,773	91,950	−3.00%
34	Colorado	98,067	98,055	95,330	95,822	91,424	89,321	−2.30%
35	Kansas	95,677	93,900	91,067	90,522	89,315	88,041	−1.40%
36	Nebraska	83,313	83,722	83,280	80,089	83,832	84,471	0.80%

출처 : 미국해양제조업체연합회(2013). 미국레저보팅통계자료집.

〈표 14-10-2〉 미국 주별 레저용 보트 등록현황(앞에서 계속)

순위	미국 주	2006	2007	2008	2009	2010	2011	변동율(%)
37	Idaho	88,464	91,612	89,026	90,501	87,662	84,290	−3.80%
38	Utah	76,481	76,921	73,009	72,419	70,321	68,427	−2.70%
39	Delaware	59,192	61,569	56,669	61,523	62,983	57,687	−8.40%
40	South Dakota	53,430	53,570	56,604	60,094	56,624	56,615	0.00%
41	West Virginia	57,422	63,064	49,930	57,415	64,510	51,752	−19.80%
42	Nevada	59,957	59,895	57,519	56,053	53,464	50,864	−4.90%
43	Alaska	49,533	47,548	47,534	48,892	48,891	50,219	2.70%
44	North Dakota	49,638	53,519	46,067	51,609	56,128	47,537	−15.30%
45	Montana	81,935	79,651	84,988	83,394	52,105	42,985	−17.50%
46	Rhode	43,375	43,665	42,524	42,519	45,930	40,989	−10.80%
47	New Mexico	38,794	38,100	33,304	36,544	37,340	37,469	0.30%
48	Vermont	32,090	31,482	30,429	30,480	30,315	28,807	−5.00%
49	Wyoming	26,296	26,956	27,243	27,955	28,249	28,164	−0.30%
50	Hawaii	15,109	15,094	15,404	15,709	14,835	13,375	−9.80%
51	Dist. Of Columbia	2,425	2,866	2,922	2,798	3,017	2,889	−4.20%
	US Territories	69,241	71,579	70,129	70,010	73,712	35,579	−51.70%
총합계		12,676,885	12,803,989	12,622,763	12,651,531	12,365,214	12,138,356	
변동율(%)		−1.50%	1.00%	−1.40%	0.20%	−2.30%	−1.80%	

출처 : 미국해양제조업체연합회(2013). 미국레저보팅 통계자료집.

등록한 보트의 수는 2011년 1,240만 건에서 2012년 1,220만 건으로 1.8% 감소했다. 플로리다는 2011년 동안 가장 높은 보트 등록율을 보였으며, 그 뒤로는 캘리포니아, 미네소타, 미시간, 위스콘신 순으로 나타났다. 미국의 상위 20개 주에서 등록된 보트는 미국 전체에 등록된 보트 수의 75%를 차지한다.

2011년에 등록된 모든 보트의 93%는 파워보트 이거나 세일보트에 엔진이 보조로 장착된 보트로 엔진을 동력을 사용하는 보트이다. 이는 2002년 이후로 지속적으로 성장해왔다. 2011년에 등록된 보트 3척 중 1척은 거의 16피트 이하의 보트였으며, 이러한 보트의 대부분은 뉴질랜드에서 개발된 알루미늄 선체의 보트이다. 2011년에 등록된 보트 5척 중 1척은 헐(hull)이 유리섬유로 만들어졌으며, 39%는 뉴질랜드에서 첫 개발된 알루미늄 헐로 제작하였다.

⑦ 수입과 수출

레저용 보트의 수출량은 2010년부터 2012년까지 3년 연속으로 증가했고, 파워보트 36,265척, 로우보트(rowboat)와 카누(canoe) 35,222척, 수상오토바이(pwc)를 포함한 기타 51,989척, 고무보트(inflatable boat) 4,695척, 세일보트 2,398척으로 총 130,569척이 수출되었다. 2012년 미국에서 생산된 전체 파워보트는 183,205척이고, 그 중 20%는 외국으로 수출되었다. 2012년 미국으로 수입된 보트는 301,000척으로 역대 최고치를 기록했는데, 그중 80%가 카누이고, 10,500척이 파워보트로 나타났다. 2012년 보트와 엔진의 수출액은 총 20억 2,400만 달러를 기록했고, 이는 2011년 대비 2.9% 상승한 수치이다.

레저보트와 엔진은 캐나다(6억 9천만 달러, 31%), 라틴아메리카(5억 5,300만 달러, 25%), 서유럽(3억 9,100만 달러, 17%), 호주 및 태평양제도(2억 3,900만 달러, 11%)로 주로 수출되는데 전체의 84%를 차지한다. 북미자유무역협정(NAFTA) 무역상대국인 캐나다, 멕시코는 시장수출의 3분의 1이상을 차지한다. 라틴아메리카는 계속해서 증가하는 수출대상국이며, 2011년 대비 2012년에는 26%가 증가한 지역이다. 보트선체와 엔진의 수입액은 총 19억 7천만 달러이고 2011년 대비 거의 8% 증가했다. 2012년에 수입된 모든 보트와 엔진의 거의 절반(48%, 9억 5,300만 달러)은 아시아에서 수입되었으며, 그 다음으로 서유럽(28%, 5억 600만 달러), 캐나다(15%, 2억 7,200만 달러), 라틴아메리카(7%, 1억 3,800만 달러) 순(順)으로 나타났다.

⑧ 보팅과 경제

RV시장은 경기침체시기 전의 평균 수준에는 약 10만 건 정도 못 미치지만, 최근 3년(7.2%)동안 계속해서 성장해왔고, 용품 판매는 209,000건을 기록했다. 파워보트 판매는 2012년 동안 계속 상승한 추세였으며, 그 결과 연말에는 10.2% 상승한 것으로 나타났다. 소비의욕은 2012년 평균 67.1 포인트였으며, 연말에는 66.7포인트를 기록했다. 경기침체기 이후로 소비의욕은 꾸준히 증가(2009년 45.2, 2010년 54.6, 2011년 58.1)했다. 이는 경기침체 이전의 소비의욕이 100포인트를 상회한 것을 고려하면 상대적으로 썩 좋지는 않은 결과이다. 낚시면허는 2012년에 2,930만 건으로 약 3.3%증가했다(출처 : 미국 낚시서비스: US Fish and Wildlife Service). 낚시 도구의 판매수익은 2009년 19억 달러에서 2011년 13% 증가한 21억 달러로 2년 연속으로 증가했다(출처 : NSGA).

또한 미국해양제조업체연합회에서 별도로 실시한 해양스포츠와 경제조사(Recreational Boating Economic Study)에 따르면 2012년 미국 레저보팅 시장의 경제규모는 1,215억 5천만 달러에 달한다. 레저보트의 수는 2012년 기준 12,182,157척이고, 관련 사업체의 수는 34,833개이며, 직·간접적 일자리는 총 963,818개를 창출했으며, 참여자들은 매년 직·간접적 소비와 2차 소비로 약 830억 달러를 소비하는 것으로 나타났다. 미국 연안경비대에 각각의 주별로 보고된 보트의 종류 별 수를 살펴보면, 파워보트는 9,926,221척(82%), 수상오토바이 1,268,624척(10%), 세일보트 249,803척(2%), 기타 다른 보트(6%)가

737,509척이 등록되어 있다. 가구 수에 따른 각종 보트 보유 비율은 9.4가구 당 1척의 보트를 소유하고 있는 것으로 나타났다.

해양스포츠산업 중 보팅과 관련된 일자리는 총 338,526개이며, 유형별로는 보트서비스 관련 164,338개(49%), 액세서리 및 소모품제조업 78,472개(23%), 소·도매업 45,351개(13%), 보트빌딩 32,485개(10%), 모터엔진 생산 17,880개(5%) 순으로 나타난다. 그리고 해양스포츠와 연관된 사업체는 총 34,833개가 있으며, 유형별로는 보트서비스 관련이 24,445개(70%), 소·도매업 5,463개(16%), 액세서리 및 소모품제조업 3,854개(11%), 보트빌딩 830개(2%), 모터엔진 제조 241개(1%) 순으로 나타난다.

해양스포츠와 관련하여 창출되는 일자리의 경제적 영향을 살펴보면, 총 963,818개의 일자리를 창출하였는데 이중 직접적 일자리는 472,594개이고, 간접적 일자리는 177,421개, 그 외 2차로 유발된 연관일자리는 313,803개이다. 이러한 직업의 전체 근로소득은 약 399억 달러이고, 더 구체적으로는 직접적 일자리의 근로소득 약 163억 달러, 간접적 일자리의 근로소득 약 99억 달러, 2차로 유발된 연관일자리의 근로소득은 약 137억 달러로 각각 나타났다.

미국의 레저보팅산업의 판매규모는 보트건조(제조)업이 약 66억 달러, 모터엔진 제조 81억 달러, 액세서리 및 소모품 제조업이 약 162억 달러로 제조업관련 전체 판매규모는 약 309억 달러로 나타났으며, 소·도매업 약 206억 달러, 보트서비스 관련 약 407억 달러로 총계가 약 613억 달러로 나타났다.

(2) 이탈리아(ITALY)

① 이탈리아의 보팅산업의 개요

이장에서는 전체 보팅산업 분야와 그 하위분야인 보트제조, 수리, 보수, 관리, 보트 액세서리, 장비, 엔진 등에 대한 통계자료를 취급했다. 다음의 〈표 14-11〉은 각각의 해양산업 하위분야에 대한 현황을 보여주고 있다.

2010년 전체 레저보트산업의 총매출액은 2009년에 비해 20.9% 감소한 €3,35 8,890,000로 국내 총생산이 €2,771,580,000(82.5%)와 수입이 €587,310,000(17.5%)로 각각 추산되었다. 국내 총생산은 내수시장을 겨냥하여 €1,160, 770,000와 직수출을 겨냥하여 €1,610,810,000으로 나누어지고, EU국가들을 대상으로 €747,350,000(46.4%)와 비EU국가를 대상으로 €863,460,000(53.6%)으로 나눌 수 있다. EU국가로부터의 수입은 €377,840,000(64.3%)을 차지하고 비EU국가로부터의 수입은 €209,470,000(35.7%)을 차지한다. 수입은 이탈리아 내수시장이 €537,860,000(91.5%)이고 해외 판매가 €49,450,000(8.5%)이다. 보트빌딩분야의 총매출액은 €2,006,040,000, 액세서리, 기타 장비 분야는 2009년에 비하여 5.8% 감소한 €881,600,000, 엔진분야는 2009년 대비 5.7% 감소한 €298,770,000으로 추산된다.

〈표 14-11〉 이탈리아 보팅산업 현황

(단위:유로)	보트제조		수리, 관리	액세서리, 기타 장비	엔진	총계	
국내 총생산	1,880,150,000	93.7%	172,480,000	658,860,000	60,090,000	2,771,580,000	82.5%
내수시장	616,730,000	32.8%	127,090,000	397,370,000	19,580,000	1,160,770,000	41.9%
수출시장	1,263,420,000	67.2%	45,390,000	261,490,000	40,510,000	1,610,810,000	58.1%
EU국가 대상	521,670,000	41.3%	21,230,000	177,150,000	27,300,000	747,350,000	46.4%
비EU국가 대상	741,750,000	58.7%	24,160,000	84,340,000	13,210,000	863,460,000	53.6%
수입	125,890,000	6.3%		222,740,000	238,680,000	587,310,000	17.5@
EU국가 대상	74,090,000	58.9%		160,610,000	143,140,000	377,840,000	64.3%
비EU국가 대상	51,800,000	41.1%		62,130,000	95,540,000	209,470,000	35.7%
국내 판매	113,300,000	90.0%		197,300,000	227,260,000	537,860,000	91.6%
해외 판매	12,590,000	10.0%		25,440,000	11,420,000	49,450,000	8.4%
총매출액	2,006,040,000		172,480,000	881,600,000	298,770,000	3,358,890,000	
비율	59,70%		5.1%	26.2%	8.9%	100.0%	
수입-수출 비율	1,137,530,000		45,390,000	38,750,000	-198,170,000	1,023,500,000	

출처 : 이탈리아 해양산업협회(UCINA: Italian Marine Industry Association)

② 이탈리아 보트산업이 국가총생산에 미치는 영향

국가총생산에 영향을 미치는 분야를 산출하기 위해서 각각의 생산적인 분야에서 다른 모든 분야로부터 구매하는 생산의 양을 측정하는데 유용한 투입산출모형(Input-Output Matrix)을 사용되었다. 이용된 자료는 생산의 종류(보트제조, 액세서리 및 기타장비, 엔진)와 매출액의 범위에 대한 구체적인 질문지를 보내서 얻어내졌다. 보팅분야는 일반적으로 네(보트제조활동, 수리·관리, 액세서리 및 장비의 생산, 엔진의 생산) 가지 부분으로 구성된다. 국가총생산에 미치는 영향을 추산하기위해서 처음 두 가지, 즉 보트제조활동, 수리·관리 분야가 함께 고려되었다. 국가총생산에 미치는 보팅산업의 영향은 시가(市價)로 이 산업 분야에 생산의 가치로부터 비롯된다. 보팅산업이 국가총생산에 미치는 영향은 해당분야에서 시가로 생산의 가치로부터 기인된다. 다음 세 가지 이유도 포함된다. 첫째, 하위분야의 부가가치 둘째, 하위분야의 중간비용(각각의 하위분야의 중간비용의 합) ·셋째, 시장에 생산품을 출시하는 수수료(레저용 보트를 시장에 판매; 생산과정을 거친 완성품은 자원의 가치가 올라갔다는 것을 의미)이다. 중간비용은 최초 산업분야에서 실제로 이용되는 산업분야로 산업 간에 이동하는 상품과 서비스의 매매로부터 생겨나고, 각각의 생산과정에 투입되면서 생겨난다. 그리하여 보트제조분야에서 중간비용은 모든 경제 분야에서 판매되는 상품과 서비스의 가치로 결정된다.

레저보트분야가 국가총생산에 영향을 미친 상품의 가치는 부가가치 €806, 150,000 , 하위분야의 중간비용 €1,659,360,000 , 대행수수료 €326,778,000을 포함해 총 €2,792,288,000에 달한다.

〈표 14-12〉 이탈리아 보트산업 분야가 국가총생산에 미친 영향

보트산업 분야가 국가총생산에 미친 영향		
2010년	가치(€)	비중
분야별 부가가치	806,150,000	29%
보트제조, 수리·관리분야의 중간비용	1,328,900,000	
보트장비분야의 중간비용	249,400,000	
엔진분야의 중간비용	81,060,000	
중간비용 합계	1,659,360,000	59%
대행수수료	326,778,000	12%
국가총생산에 미친 영향(2009년)	2,792,288,000	100%
국가총생산에 미친 영향(2008년)	3,646,170,000	
차이(2008-2009) %		-23.4%

출처 : 이탈리아 해양산업협회(UCINA: Italian Marine Industry Association)

③ 보팅산업과 일자리 창출

〈표 14-13-1,2〉는 보팅산업이 일자리 창출에 미친 영향을 이탈리아해양산업협회가 실시한 설문지조사 방법으로 추출한 자료를 분석한 결과이다.

3가지 세부항목에 연관된 자체직원들은 총 19,790명으로, 보트제조 분야에서 10,500명, 액세서리 및 기타장비 분야에서 5,820명, 엔진 분야에서 730명, 수리·관리 분야에서 2,740명으로 구성되어있다. 외부 인력은 총 3,560명으로, 보트제조 분야에서 2,150명, 수리·관리 분야에서 1,040명 등으로 구성되어있다. 평균적으로 외부 인력은 2009년 보다 2개월 짧은 약 8개월 동안 회사에서 근무한다. 이러한 외부인

〈표 14-13-1〉 보팅산업이 일자리 창출에 미친 영향

분야	자체 직원	외부 용역	전체 직원 중 자체직원의 비율	자체직원과 외부용역의 합	외부용역 평균고용기간	1년 중 11개월 이상 고용 비율	1년 중 6개월 이상 고용비율
보트제조	10,500	2,150	30%	12,650	8	40%	82%
액세서리, 기타장비	5,820	340	26%	6,160	8	29%	65%
엔진	730	30	33%	760	9	70%	80%
조선소+ 수리·관리	2,740	1,040	32%	3,780	7	36%	85%
합계	19,790	3,560	30%	23,350	8	39%	82%

출처 : 이탈리아 해양산업협회(UCINA: Italian Marine Industry Association)

력 중 약 82%가 6개월 이상 근속을 하는 반면에, 단지 39%만이 11개월 이상 근속한다. 외부 인력은 국내처럼 파리 목숨이다.

외부 인력의 일자리는 작년에 비해 26%나 감소했지만 여전히 높다. 전문직 직원을 최대한 확보하기 위해서 자체직원의 감소는 −11%로 가급적 억제했음을 엿볼 수 있다. 노조의 저항 결과일 수 있다. 해양관광분야의 고용을 포함한 이탈리아 전체 보팅분야의 전체 일자리 수는 2010년 90,000명에 달했다.

〈표 14-13-2〉 보팅산업이 일자리 창출에 미친 영향

분야	자체직원	외부인력	전원 외부인력
보트제조	−16%	−27%	−22%
액세서리 및 기타장비	−5%	−24%	−29%
엔진	0	−30%	+11%
수리·관리	−8%	−25%	+62%
합계	−11%	−26%	−8%

출처 : 이탈리아 해양산업협회(UCINA: Italian Marine Industry Association)

제 2 편

마리나의 바다 Marina Of Sea

제 1 장

선진국 마리나산업(Marina Industry) 따라잡기

1. 적잖은 시간 내공을 쌓아가면서 따라잡기 효과에 희망 찾아야

달리기 경주를 할 때 뒤에서 달리는 선수들은 본능적으로 제일 앞서는 선두 주자를 따라잡으려고 한다. 의욕은 넘치지만 신체적 열세나 훈련 부족으로 도저히 따라잡을 수 없는 경우도 허다하다. 하지만 후발 주자는 선두 주자가 잘 달리는 이유를 열심히 연구하여 언젠가는 선두 주자를 따라잡을 수도 있는 가능성 또한 높다. 소위 따라잡기 효과다. 물론 심리적으로는 앞서가는 1인자가 더 불안하다. 그래서 따라가기는 쉬워도 계속 선두를 유지하기는 참으로 어렵다고들 한다. 그렇다고 해도 줄곧 따라만 가다 어느 순간 선두 주자를 젖히고 앞으로 성큼 나서기는 더 어렵다. 오랜 기간에 걸쳐 착실하게 공부하여 쌓은 실력인 공력(攻力)이 있어야 가능한 일이기 때문이다. 충분한 준비가 되어 있지 않으면 자칫 촌놈 마라톤처럼 자기 실력 이상으로 무리하게 선두로 치고 나서다 완주는커녕 중도에서 제풀에 고꾸라지기 일쑤다. 어느 분야나 계속 선두 유지, 아무나 하는 것이 아니다. 특히 자본이 빈약한 사업자가 마리나운영 외주업체로 뛰어드는 것도 아무나 하는 일 아니다.

이제 말을 바꿔 중진국에서 선진국으로의 발돋움에 관련된 이야기를 좀 해보자. 지난 20여 년에 걸쳐 경제성장률이 10%대를 웃돌던 중국의 국내총생산(GDP)이 독일과 일본을 추월해 미국까지 바짝 따라잡고 있다. 하지만 이 지표는 일인당 국내총생산과는 차이가 있다. 그런 면에서 중국이 미국을 따라가려면 아직 갈 길이 멀다. 실제로 최근 중국은 허풍 떨다 미·중 무역전쟁에서 허약한 경제체질 때문에 더디어는 쌍코피를 흘리게 됐다. 경제체질이 중진국 수준인 중국이 제 깜냥은 생각하지도 않고 선진국인 미국을 상대로 만용을 부린 결과다. 결국 오버 페이스(over pace)하다 개혁·개방의 역사에서 기로에 서 있는 듯하다. 미국과의 관계가 달라졌기 때문이다. 우리나라도 1997년 IMF 위기 전까지는 세계가 경탄할 정도의 고도성장을 기록한 때가 있었다. 그러나 그 후 성장률이 크게 떨어져 1인당 국민소득이 12년 간 2만 달러대를 넘지 못하다 겨우 2018년에 와서야 3만1000 달러를 달성했다. 이처럼 중진국이 선진국이 된다는 것은 예삿일이 아니다.

아무튼 2019년 6월 현재 경제성장률을 2.4%로 하향조정한 한국이 선진국 마리나산업 수준으로 발돋움 하기위한 여정 또한 후발주자가 선두주자를 따라잡는, 또는 개발도상국이 선진국으로 발돋움하는 것처럼 예삿일이 아닐 것이 확실해 보인다. 성장률 둔화 외에도 다음의 네 가지를 꼽을 수 있다.

첫째, 물을 친근하게 관리해온 역사가 그렇게 길지 않았기 때문에 물에 대한 시민 DNA의 농도 역시 매우 엷다는 점. 실제로 연초에 심심풀이로 '토정비결'을 봐도 어김없이 여름철에는 '물을 조심하시오'라고 주문할 정도로 물에 대한 접근 자체를 터부(taboo), 즉 금기시해 왔다.

둘째, 전국을 망라 초등학교에 자체 수영장시설을 갖춘 곳은 거의 없기 때문에 물을 두려워하는 정서가 일반화되어 있다는 점. 물론 학습능력이 뛰어난 시기에 사교육을 통해 이미 수영을 익힌 초등학생들이 제법 있지만, 그 숫자는 그렇게 많지 않은 실정이다. 게다가 1970년대까지 거의 모든 중·고등학교가 취급하던 '해양훈련'도 방기(放棄)시켜온 기간이 대략 50년쯤 된다.

셋째, 인력양성(강사)을 하고 있지만 취업 기반이 대단히 취약하고 또 각종 안전법에 관련된 시민 인식 수준이 낮은 가운데 특히 '마리나항만법'과 일부 정책이 겉돌고 있고, 또 비영리법인을 표방하는 복수의 마리나산업단체도 활동하고 있지만 이들의 전문성이 의문시되고 있다는 점. 더 구체적으로는 생활체육형 해양스포츠지도자 양성기관인 해양스포츠학과가 세계 첫 개설된 것은 1996년의 일이고, 지금은 유사학과까지 총 4개 교가 있지만 이들을 필요로 하는 업체가 많지 않은 상태다. 또 시민 안전을 담보할 '수레법(약칭)'이 발효된 것은 2000년 2월이고, 이 법에 의해 면허를 취득한 사람은 2018년 기준 약 22만 2347 명이다. 이들 중 장롱면허자는 대략 70~80% 수준으로 추산된다. '수중레저법(약칭)'이 마련된 것은 2017년의 일이다. 게다가 '마리나항만법'이 마련된 것은 2010년이고, 이후 재단법인과 특수법인 등 복수의 마리나산업단체가 설립되어 활동하고 있지만 지금껏 공익 측면의 실적은 아주 미미하다. 염불에는 별 관심이 없고 잿밥에만 눈독을 들이고 있는 탓이다.

넷째, 2017년 기준 이미 운영 중인 34개 마리나의 경영실태는 마리나시설이 아니라 숫제 식음료 판매시설이라고 해야 할 정도로 '마리나항만법' 마련 취지를 무색하게 만들고 있다는 점. 정부의 당초 마리나확보 계획대로라면 2019년에는 전국에 걸쳐 총 62개소의 마리나에 선석 4,000석이 확보된다. 그러나 2017년 기준 총 34개소의 마리나 경영 실태를 들여다보면, 거의 모든 마리나가 기본 및 지원시설 등 폰툰을 통한 수익창출보다 음식 및 주류 판매 분야가 압도적으로 기여도가 높았다(김용환, 앞의 책). 사실이 그렇다면 육·해상보트계류비, 보트수리와 판매, 그리고 사무실 등 부동산임대 수익 등에 걸쳐 마리나 본래의 기능시설에서는 수익창출이 아주 빈약했다는 점에서 실로 충격이 크다. 당국이 마리나산업 활성화 진작(振作) 행정을 적극 펼친 이래 8년이 지난 지금 벌써 '탈이 나도 단단히 낫다'고 말할 수 있다.

'따오기를 그렸으나 오리'가 돼버린 직접적인 원인과 그간 간과한 간접적인 원인을 콕 짚어보면 크게 두 가지다. 하나는 '클럽하우스시설' 이용자에 대한 정의와 그에 반할 때의 행정처분에 대한 규정이 없다는 점이다. 다른 하나는 당초 허가받은 사업자가 마리나시설을 반드시 직영해야한다는 의무규정 또한 없다는 점이다. 실제로 2009년 마련한 '마리나항만법과 그 시행령 및 시행규칙'에서는 단 한 줄도 클럽하우스 운영원칙을 비롯하여 당초 허가 받은 사업자가 직영해야 한다는 의무규정을 명시해 놓고 있지 않다. 다만 마리나시설 사업자의 경우 명의변경 승인을 받으면 위탁시킬 수 있도록 되어 있다. 게다가 시행규칙 제28조의5제2항제1호에서는 승인 없이 다른 사람에게 자신의 명의로 영업을 하게한 경우 1차 영업정지 1개월, 2차 3개월, 3차 허가취소로 되어 있다. 결국 명의변경 조항은 당초의 사업자가 경영위험을 회피할 목적으로 악용될 우려가 있기 때문에 국내마리나산업계를 몰라도 한참 모르고 만든 조항이다. 이런 짓을 두고 사람들은 탁상공론이라고 말한다.

일본 '베이사이드마리나'를 보면 개발 후 약 10년 정도는 적자가 빤한 마리나사업을 재력가인 당초의 사업자가 경영위험을 전가하기 위해 분별력이 결여되어 있는 소상공인에게 외주를 주어 명의변경 승인을 받으면 합법이 되어버린다. 과욕과 무지가 빚은 결과이긴 하지만 소상공인은 결국 당하고 깨진다. 반면, 당초의 마리나사업자는 마리나시설이 대략 10년 정도는 적자운영이 빤한 가운데 수십억 원이 투입되는 보트구입 및 관리비를 한 푼도 부담하지 않고도 임차료까지 챙긴다. 더욱이 정작 자신은 회원전용인 클럽하우스시설 면적을 크게 확장하여 소위 돈이 되는 일반요식업이나 예식장업에 열을 올리고 있다. 당초부터 마리나사업을 기필코 성공시키겠다는 진정성은 1도 없었던 셈이 된다. '꿩 먹고 알까지 먹는' 이런 얌체사업자를 퇴출시킬 방도는 없을까. 이런 사람은 마리나사업자를 빙자한 요식업자임이 분명해졌다. 정말이지 '돈 앞에서는 가진 놈이 더 무섭다'는 사실을 실감하기에 충분한 사례다. 당국이 지금껏 이 같은 왜곡된 사업행태를 몰랐다면 무능이고, 지켜보고 있다면 직무유기다.

클럽하우스는 마리나시설을 이용하는 고객만을 위한 편의시설이라는 일반의 상식이 민망해진다. 그러나 '시행규칙'에서 클럽하우스 이용자의 범위를 명시해 놓은 '규정'은 지금껏 단 한 줄도 없다. 게다가 지금껏 업태 위반에 대한 행정처분도 없었다. 그런 배경으로 마리나경영자들은 '마리나항만법'을 비웃기라도 하듯 상당한 면적을 할애하여 마리나시설 이용고객과는 전혀 관계가 없는 일반 대중을 대상으로 주야간에 걸쳐 갈비, 소주, 와인 등 요식업, 그리고 예식업에서 톡톡히 재미를 보고 있다. 마리나시설을 요식업이나 예식장시설로 왜곡시킨 첫 사례는 부산 '000 마리나'였다. 이후 2017년 기준 전국 34개 마리나도 이 대열에 동참함에 따라 결국 국내의 모든 마리나시설은 요식업시설로 둔갑한 형국이 됐다. 우리가 그 흔한 요식업과 예식업시설을 만들겠다고 '마리나항만법'을 마련하지는 않았을 것이다. 더욱이 이럴려고 공유재인 바다를 비록 일정 기간이라 하더라도 독점 이용할 권리를 그들에게 주지도 않았다. 물론 부산의 '001 마리나'를 제외한 다른 마리나사업자들은 마리나시설에서 워낙 수요가 턱 없이 부족하다보니 어쩔 수 없이 클럽하우스 이용자를 일반 시민으로까지 문호를 활짝 개방하여 운영을 할 수밖에 없었다고 강변할 여지는 있어 보인다. 워낙 수요가 없기 때문이다.

그렇다고 해도 국가사업을 이렇게 왜곡시켜도 되는가에 대한 질문에는 합당한 답변이 되지를 못한다. 나라의 마리나산업 활성화 길에 큰 장애물이 되어 있기 때문이다. 특히 이런 심각한 문제점은 필자가 2014년 지역의 한 일간지에 기고한 칼럼에서 일차 지적했고, 이어 2017년에는 부산문화방송이 리포트에서도 지적한 사실이 있었다. 당국자의 무관심이 사태를 키워온 측면을 부정하기 어려운 정황증거들이다. 당초의 사업자가 왜 직영을 해야만 할까. 흑자가 난 곳에서 적자를 낸 곳에 투입하는 등 경영의 자체 순환시스템을 구축하라는 주문이 담겨있다. 당국은 당초의 사업자인 재력가가 마리나시설을 직영하도록 해야 하고, 또 클럽하우스 역시 이용자를 '마리나회원'으로 한정시키는 것에 방점을 찍는 법 개정에 나서 주기를 바란다. 특히 '001 마리나' 맞은편에도 이 업체가 '운촌항 마리나개발'에 나설 계획을 갖고 있으나 주민과 어민들이 엄청 반대하고 있다. A마리나의 왜곡된 운영행태가 소화되지 못한 음식물처럼 토악질을 하고 트림한 것이 주민과 어촌계원들의 반발이라고 볼 수 있다.

한편 프랑스에서 조사된 선행연구와 국내 마리나의 운영실태를 비교하면 허탈감은 하얀 비단 천에 먹물 번지듯 삽시간에 채색된다. 프랑스 감사원인 ODIT(2007)에 의하면, 영불해협~북해~대서양지역 마리나들이 창출하는 총 수익금 중 육·해상보트계류비(장기임대·일회성 임대비)가 차지하는 비중은 평균 83%, 사무실 등 부동산 임대수입 및 기타 9%, 보트오너와 동승자에게 제공되는 각종 서비스 8%이다. 또 지중해지역(PACA) 마리나들이 창출하는 총 수익금 중 육·해상보트계류비가 평균 83%, 사무실 등 부동산임대 수익 및 기타 10%, 보트오너 및 동승자에게 제공되는 각종 서비스 7%이다. 결국 마리나들의 수익창출 아이템에 대한 국내외 간 비교 결과가 참담하게 나타남에 따라 앞에서 정부의 마리나산업 육성정책이 '탈이 나도 단단히 낫다'고 일갈한 말이 전혀 악의가 아닌 것은 물론 당국이 지금껏 추진한 마리나관련 일부 정책이 한 마디로 '헛방'이었음을 동시에 입증해 주고 있는 셈이 된다.

실정이 이러함에도 국내에서는 수백 억~수천억 원이 예사로 투입되고, 또 개발 후 손익분기점 도달까지는 대략 10년이 소요되는 마리나개발을 놓고 '황금알 낳는 거위'라고만 무책임하게 말들을 하는 경향이 있어 왔다. 그러나 황금알을 탐하기보다는 우선 거위를 튼실하게 키우는데 열중하는 일이 더 급선무가 아닐까. 그것은 어디까지나 황금알을 낳을 수 있는 자체 시장생태계 확보를 비롯하여 수요창출을 위한 사회적 배경을 갖추고 있는 미국, 영국, 프랑스, 독일, 덴마크, 스페인 등 마리나산업 선진국에서나 할 수 있는 성공담일 뿐이다. 물론 그들 사회에서도 쫄딱 망한 마리나도 몇몇 있다. 미국 캘리포니아 남부와 멕시코 간 국경을 마주한 지역의 경우 마리나사업이 활성화되어 있는 미국임에도 보트계류 규모 100척 안팎의 몇몇 영세마리나들이 그랬다. 그런 가운데서도 평균적으로 성공률이 높은 것은 결코 우연이 아니다. 그들 사회는 필요충분조건, 즉 규모의 경제 메커니즘이 작동됐기 때문에 가능한 일이었다고 봐야 한다. 뿐만 아니라 그들은 현대마리나개발 총 187년을 통하여 얻은 성공과 실패의 산물인 고도의 운영노하우를 경영자산으로 삼고 있는 것을 비롯하여 해양스포츠인들이 추구해야 할 고결한 정신인 '해양스포츠맨십'과 '마리나공동체 문화'를 각각 정립시킬 수 있었음을 간과해서는 안 된다. 그런 의미에서 그들의 평균적인 높은 성공률은 우연이 아니라고 한 마디로 말할 수 있게 된다. 비실비실한 거위가 어떻게 튼실한 황금알을 낳는다는 말인가. 주로 근본 없는 인사들이 떠벌리는 얘기일 뿐이다.

특히 복잡한 마리나경영의 세계를 간결하게 핵심을 짚어내는 것은 연구자 개인의 '능력'이다. 한국 마리나산업계에 은폐되어 있거나 지금껏 간과한 것을 찾아내는 것 또한 그의 '실력'이다. 지금 우리에게 필요한 것은 '헛방' 정책의 핵심을 짚어내는 능력과 그간 간과한 것을 찾아내 이슈화하는 실력을 함께 겸비한 권위자의 활약을 기대할 수밖에 없는 상황에 직면해 있음을 직시하지 않으면 안 된다. 하지만 하늘에 천마(天馬)가 있다는 말은 들었지만 목격한 사람이 없듯, 국내 마리나 분야 역시 전문가가 있다고는 말들을 하고 있으나 실제 실력과 능력을 입증해 보인 이는 지금껏 거의 없었다. 있다고 해도 악화가 양화를 구축하기라도 할 것은 기세로 아예 투명인간으로 취급하는 태도를 취했다. 그러는 가운데서도 어떤 이는 저서나 논문을 통해 약간의 소금(근거를 중심으로 우려론 제기)을 뿌렸고 또 어떤 이는 주로 '순 개뻥(근거 없는 낙관론)'을 쏟아내기도 했다. 그 시간이 벌써 8년이나 지났다. 입장에 따라 이런저런 평가가 나오는 연유이다. 물론 자기성찰을 요구하는 소금은 입에 쓰긴 해도 몸의 건강을 위해서는 꼭 필요한 존재다. 그러나 듬뿍 뿌린 설탕 맛에 비견되는 요사 서러운 요설(妖說)로 사람들을 현혹시키는 '순 개뻥'은 국내 마리나산업을 결국 당료병환자로 만들었다. 없는 '거북의 털'을 선전한 지난 8년은 근거 없는 헛소리를 마구 쏟아낸 생계형 얼치기들이 주도한 세월이었다. 그런 탓으로 마리나산업 활성화 발걸음은 결국 문밖을 나서자마자 스텝이 꼬이고 말았다.

바다! 듣기만 해도 낭만적인 곳이라는 사람들이 많다. 시인 휘트먼도 그렇게 노래했다. 그러나 뱃사람들은 "판자나 철판 한 장 밑이 지옥"이라고 말한다. 그 말도 부족하여 "저승에서 벌어 이승에서 쓴다"고 한다. 이처럼 바다의 진면목을 아는 사람과 모르는 사람은 그 인식이 하늘과 땅이다. 이는 국내 마리나분야 전문가와 얼치기의 인식 정도를 담방 이해할 수 있도록 뱃사람들의 삶을 잠깐 소환하여 빗댄 말이다.

논문도 저서도 없는 맹탕의 처지에서 정연한 논리가 나올 턱이 없다. 그러나 그간 이들이 자가 발전하여 공중부양을 마구 일삼았지만, 당국의 실무자도 그 누구도 제지하는 사람이 없었다. 오히려 당국의 일부 실무자는 이들의 요설을 더 선호하는 듯했고, 또 2014년 '2개 마리나 전문인력 양성교육 사업단' 선정의 경우 지역에 정치적 기반을 두고 있는 일부 중앙정치인을 비롯하여 마리나산업 관련 이익단체의 입김도 봉쇄하지를 못했다. 2개 국립대학, 그것도 전공학과를 탈락시킨 2개 사업단의 교육성과는 결국 기대에 크게 못 미쳤다는 점에서 사업단 선정의 부적격성을 간접적으로나마 웅변해 준다. 이렇게 부실한 심사를 한 당사자들은 지금껏 죄책감을 느끼는 이가 없는 듯하다. 전문 식견이 부족한 사람이 중요한 의

사결정 과정에 참여하여 인력양성에 참사를 일으킨 사례다. 더욱이 당국은 마리나 숫자 확보에, 또 바다를 끼고 있는 지자체단체장은 업적 쌓기에 몰입한 것도 마리나산업 활성화 첫 출발부터 스텝이 꼬이도록 만든 또 다른 주요 원인으로도 지목할 수 있다.

하지만 2018년 기준 한국의 마리나산업은 시작은 창대했으나 끝이 흐릿한 처지에 처한 지난 8년이 잃은 것만 있는 것은 아니다. 세월의 바닷물에 그간 발호하든 대부분의 쭉정이(어깨 넘어 공부가 바닥을 드러낸 얼치기)는 제풀에 쓸려갔고, 이제 알곡(능력과 실력 겸비)만 극히 일부 남은 가운데 모두가 그 알곡의 소중함과 함께 그의 역할을 절감하는 계기가 되었기 때문이다. 이제야 우리는 체계적인 공부의 필요성과 함께 가짜와 진짜에 대한 분별력을 갖게 된 것이다. 하기야 전공학과가 있다고는 하지만 우리가 언제 마리나분야에 대한 '집단지성'을 양성한 역사가 있었던가. 있었다 해도 그 연륜은 매우 짧았다. 그런 연유로 집단지성으로까지는 발전하지 못한 단계다. 그래서 지난 8년간 허방을 짚은 것은 성공을 위한 일종의 통과의례요 낭비한 경비는 그간 공부한 월사금(?)으로 이해해야 할 것 같다.

따라서 당국과 마리나산업계는 지난 8년의 참담한 결산서를 겸허히 받아들이는 가운데 분야 권위자로부터 적극적인 자문을 받아 긴 호흡으로 한국 마리나산업에 기초체력을 다지는 일부터 차근차근 시작하지 않으면 안 된다. 초심, 즉 2010년으로 돌아가야 할 정도로 경로(經路)를 크게 이탈했기 때문이다. 달리기에서 기초체력이나 전문체력이 취약한 상태에서 자신의 능력을 초과하면, 맘껏 달려보지도 못하고 제풀에 고꾸라진다. 따라잡아야 할 거리가 멀면 멀수록 깜냥에 맞춤한 자기 페이스를 잘 유지하지 않으면 안 된다는 것이 유명 마라토너의 조언이다. 새겨들을 만한 말이다.

따라서 관련법을 위반하면서까지 마리나시설을 식음료 및 예식장시설로 전락시킨 나쁜 짓, 마리나산업이 좀처럼 생기를 찾지 못하고 빈사상태에 머물러 있는 불편한 진실 등의 요인을 제거하면 좋은 것이 된다. 나쁘고, 불편한 것이 분명해야 그것을 제거할 용기와 능력도 생기는 거다.

2019년 기준 현대 마리나개발 역사는 총 187년이다. 1832년 첫 개발된 미국의 사우스워프 마리나를 기준하면 그렇다(www.southwharf.com). 국내는 '86아시안게임과 '88서울올림픽 요트경기를 위한 경기장목적으로 제1세대 마리나, 즉 1832년부터 1950년대까지 유행한 기본시설과 지원시설 중심으로 1986년에 첫 개발했다. 겉으로만 보면 그 격차는 무려 총 154년이나 되는 셈이 된다. 게다가 부산수영요트경기장이 2019년 기준 33년이나 되었다고는 하지만 그에 상응하는 경영 및 운영노하우도 축적된 것이 거의 없다는 점에서 보면, 마리나선진국과의 경영노하우 격차는 총 187년이라고 봐야 한다. '요트경기장관리사업소'는 공무원들이 관리·운영하는 공공체육시설이기 때문에 마치 그림자를 추월해야 하는 가망 없는 질주처럼 조금 근무하다 업무를 파악할 정도가 되면 이내 자리를 이동하는 근무형태가 반복되고 있는 실정이다.

실제로 인사철 이후에는 보트오너들로부터 볼멘소리가 한동안 나오는 현상이 반복돼 왔다. 이는 인계 인수되는 매뉴얼이 있거나 한지 의구심을 갖기에 충분한 대목이다. 형편이 그러니 만큼 실제 마리나문화

격차는 생각보다 더 많이 벌어져 있다고 보는 출처다. 마리나산업 선진국들과 어깨를 나란히 하기까지에 필요한 시간과 기간을 단축시키는 일이 앞으로 풀어가지 않으면 안 되는 숙제다. 그런 뜻으로 제Ⅱ편 '마리나의 바다'에서는 학부생을 위한 '마리나 톺아보기', 즉 논의의 주안점은 마리나의 ABC부터 하나하나 샅샅이 톺아 나가면서 공부할 수 있도록 집필하는 데 방점을 찍고 있다.

2. 마리나의 각종 시설물을 필수 · 선택시설 등 5개 시설로 분류

마리나 혹은 해양스포츠 전진기지란, 해양스포츠와 해양휴양 활동을 할 수 있는 복합시설 집적지로서 요트를 포함하는 각종 보트류(類)를 안전하게 계류·보관하기 위한 수역시설, 외곽시설(고정 방파제·부유식 방파제), 보트해상계류시설(pontoon), 경사로 등의 기본시설을 비롯하여 클럽하우스(club house), 편의점, 주차장, 주유소, 육상보트계류장(boat yard), 실내보트창고시설(dry stack), 오폐수차집관로시설, 소각장, 보트상하이동시설(上下架), 보트제조/수리시설, 급전/급수/급유 등 각종 지원시설, 그리고 쇼핑, 식음료, 주거[해변(수변)주택/마리나텔/콘도], 각종 보트 및 부품판매장, 연수/교육장 등 각종 편의시설, 게다가 해양문학 및 인물(요트세계일주 김승진 등)관/해양미술/해양음악 감상관, 해양스포츠·마리나·스포츠형 해양관광발전 인물역사관, 해수찜질/해수사우나탕, 돌고래쇼장, 해양희귀생물 3D전시관 등에 관련된 해양문화시설, 특히 비수기 경영수익 창출을 위한 카지노장, 대중골프장, 테니스장, 게이트볼장, 롤러코스트장, 그리고 제4세대 마리나인 '(가칭)복합녹색안전인공지능마리나'를 위한 풍력과 태양광에 의한 스마트그리드시스템 구축 등에 관련된 기타시설을 포함 총 5개 시설을 일정 공간 내에 집적시켜 놓은 해양공간건축물을 마리나시설이라고 일컫는다. 크게는 기본시설과 지원시설은 필수시설이고, 나머지는 선택시설이다. 〈표 1-1〉을 참고하기 바란다.

한편으로 국립국어원에서는 영미권 해양문화의 소산인 '마리나'를 우리말로 '해변유원지'라고 정의하고 있음을 특별히 주목할 필요가 있다. 우리가 영미권 해양문화의 소산인 마리나시설을 이해함에 있어서 우리말의 '해변유원지'라는 개념이 영미권의 마리나시설에 대한 전체적인 이미지를 어렴풋하게나마 연상(聯想)해볼 수 있는 실루엣(Silhouette), 즉 마리나기능의 전체적인 윤곽을 어느 정도는 상상해볼 수 있게 해주기 때문에 주목할 필요가 있다고 말하게 된다.

물론 앞에서 언급한 '마리나'나 '해양스포츠 전진기지'는 해양수산부나 사단법인 한국항만협회에서 2014년부터 이미 동격(同格)으로 이해하여 사용하고 있기도 하지만 '개념기준분류체계상'으로도 두 개념 모두 최상위에 놓이는 대분류 개념이다. 조금 더 설명을 덧붙이면 마리나의 경우, 마리나를 대분류로 그 종개념에 자리하는 중분류에는 마리나 빌리지, 대형 마리나, 중형 마리나, 소형 마리나, 간이 마리나, 어촌 마리나역이 각각 위치한다. 순전히 규모와 관련 시설구축의 목적, 충실도, 그리고 공법 등을 중심으로 구분한 것이다.

다음은 해양스포츠 전진기지 개념의 경우 해양스포츠 전진기지를 대분류로 중분류에는 해양스포츠 단지(혹은 새로운 개념의 해양관광단지), 보트계류장, 다기능어항/어촌 마리나 역이 각각 위치한다. 물론 다기능어항과 어촌 마리나역 개념 역시 이음동의어(異音同義語)이다. 다만 마리나와 달리 중분류의 보트계류장은 그 밑에 종개념에 속하는 소분류에 대형 보트계류장, 중형 보트계류장, 소형 보트계류장, 간이 보트계류장이 각각 위치한다. 이 또한 시설구축의 목적, 규모, 시설의 충실도, 그리고 건설공법을 중심으로 구분한 것이다.

특히 '마리나(Marina)'라는 말은 라틴어의 '해변의 산책길'에서 유래한다. 미국의 '전국엔진보트협회'가 1928년에 먼저 써먹은 '마리나'라는 말의 이력이야 어떻든, 그 뜻이 무려 90년이나 지난 오늘날에는 맞지 않는다는 점에서 새 옷으로 갈아입지 않으면 안 된다. 그런 뜻으로 나는 시대의 변화에 맞춤한 새 옷인 '해양스포츠 전진기지(base of Haeyang Sport or base of Marine Sports)' 개념을 확립시키기에 이르렀다.

필자는 마리나시설 내에 구축되는 각종 시설물을 구체적으로 이미 『마리나관리론(2008년)』, 『마리나개발 및 운영론(2011년)』, 『마리나관리 및 운영론(2013년)』을 통해 각각 밝혀 놓은 바가 있었다. 그럼에도 또 다시 마리나나 해양스포츠 전진기지나 새로운 개념의 해양관광단지 내에 구축되는 각종 시설물, 즉 각종 해양공간건축물에 대한 개념의 성격을 총 5개(기본시설·지원시설·편의시설·해양문화시설·기타시설) 분야로 구체화시켜 놓은 이유는 각 시설에 대한 개념이해(인식)의 차이가 자칫 이해관계자 간 법정다툼으로 비화될 개연성이 있기 때문이다. 만약 그렇게 된다면 법조인들이 법리 판단에 앞서 마리나시설을 학술(원칙)적으로 이해할 수 있는 객관적인 기초자료로서 쓸모가 상당할 것으로 본다. 평소 특정시설을 어떻게 부르느냐 하는 것은 그래서 대단히 중요하다. 무릇 인간은 이익 앞에서 다툼의 쟁점을 자신에게 유리하게 견강부회시키는 것이 일반적 현상이다. 개념에 대한 학술적인 정립이 미진하거나 조금이라도 빌미를 제공해서는 안 된다는 뜻이다. 실제로 마리나 내의 각종 시설물에 대한 개념 이해, 즉 개별 시설물에 대한 인식의 차이가 법정공방으로 비화된 사례가 있었다. 결과는 순전히 개념에 대한 학술적인 정립이 미진한 탓으로 아전인수의 빌미를 제공한 셈이 되었다.

3. 마리나의 각종 시설물에 대한 인식의 차이가 부른 법정다툼 사례

2008년 시작한 부산 수영만 요트경기장재개발 사업(사업비 2000억 원)은 법정소송 때문에 공사 착수 자체가 멈춘 때가 있었다. 부산시는 2016년 8월 아이파크컨소시엄 측과 실시협약에 포함된 '호텔의 성격과 위치 이동 문제'를 놓고 협상을 벌이다 결렬되자 사업자 지정 취소 및 실시협약 해지라는 초강수를 뒀다. 아이파크는 그해 9월 소송을 제기했다. 논란의 핵심이었던 호텔의 성격에 대해 1심 재판부가 명확하게 판단을 내리지 않아 항소심 판결에 관심이 모아졌다. 항소심 1차 변론은 2017년 9월에 있었다(김희국, 2017a). 2017년 12월 15일에는 부산시가 1심에 이어 항소심에서도 패소하여 파문이 예상됐었다. 항소심에서도 승소한 아이파크마리나는 요트경기장 재개발 사업의 민간사업자 지위를 회복했다. 부산시와 맺은 실시협약도 효력을 얻게 됐다. 하지만 시는 고등법원의 판결문을 검토한 후 대법원에 상고한다는 입장이기 때문에 10년을 끌어온 수영만 요트경기장 재개발 사업은 계속 표류할 전망이다. 수영만 요트경기장 재개발 사업은 부산 해운대구 우동 1393 일원 23만 4516m²(육상 14만2274m², 해상 9만2242m²) 규모에 세계적 수준의 마리나와 관련시설을 건립한다는 내용이다. 육·해상보트계류 규모는 총 628척 등 마리나 시설과 컨벤션, 호텔(325실) 시설이 들어설 계획으로, 사업 기간은 애초 2016년부터 2021년까지였다(이선정, 2017).

그런데 위탁자인 부산시는 호텔을 '부대시설(마리나에 딸린 시설 또는 설비, 즉 휴게 공간, 주차장과 같은 반열의 시설 중 하나로 호텔시설을 이해)'로 봤고, 재개발 업체인 아이파크컨소시엄 측은 '부속시설(마리나에 부속되어 그 사용에 도움을 주는 시설, 즉 예컨대 시계에 딸린 줄, 자물쇠에 딸린 열쇠와 같이 호텔시설이 마리나에 부속되어 도움을 주는 것으로 이해)'이라고 주장했다. 부산시가 생각하는 부대시설이 되면 투자금 회수기간이 총 20년이고, 특히 호텔시설에 대한 투자비도 전체 사업비 2000억 원 중 50%, 즉 1000억 원을 넘지 못한다. 반면 재개발 업체가 강변(强辯)하는 부속시설은 호텔시설에 대한 투자비가 50%를 넘을 수도 있고, 총 30년 사용 후 부산시에 기부채납하면 된다.

결국 호텔의 성격, 즉 호텔이 부대(선택)시설에 속하느냐 아니면 부속(필수)시설에 속하느냐에 따라 부산 수영만 요트경기장재개발 사업에 대한 사업성이 현격하게 달라지기 때문에 앞으로 대법원에서의 공방에 사람들의 관심이 모아질 수밖에 없었다. 생각 같아서는 향후 대법원이 전문성을 갖고 있는 가운데 중립적인 위치에 있는 (사)한국항만협회 마리나분과위원회의 의견을 청취·참고할 수 있을 것이다. 다만 항만협회는 분과위원회에 혹시 이해관계자가 포함되어 있을 수도 있기 때문에 그 위원은 사전에 제외시키면, 논란의 여지는 전혀 없다는 생각이다. 게다가 재판부는 법리 판단에 앞서 세계의 마리나시설들에 대한 사례들도 참고할 필요가 있다는 생각이다.

따라서 개념의 이해 차이에 따른 이해관계자 간 법정공방의 쟁점은 각종 마리나시설, 즉 각종 해양공간건축물 중 호텔시설이 '부대(선택)시설'에 속하느냐, 아니면 '부속(필수)시설'에 속하느냐로 압축되고 있다. 달리 말하면 호텔시설이 마리나의 필수시설인 방파제와 경사로, 그리고 육·해상보트계류장 등에 관련된 기본시설이나 지원시설에 속하는가, 아니면 휴게 공간, 주차장, 쇼핑장, 식음료, 주거(해변주택·마리나텔·콘도), 각종 보트 및 부품판매장, 연수·교육장 등의 편의시설과 또는 돌고래쇼장, 해양미술·해양음악 등의 해양문화시설, 그리고 대중골프장, 테니스장 등의 기타시설에 속하는가이다. 물론 나의 관점은 법리 공방과는 별개로 호텔시설이 마리나에 꼭 있어야 하는 필수시설인 기본시설이나 지원시설에는 속하지 않는다고 확실하게 말할 수는 있다. 분명히 편의시설에 속하기 때문이다. 1950년대까지 이어진 총 118년간 제1세대 마리나는 기본시설과 지원시설이 전부였다. 국내에서 이 개념에 가장 가까운 시설은 바로 부산 수영요트경기장이다. 이곳에 숙박시설 자체가 있거나 한가. 더욱이 마리나시설 분류에 지금껏 '부대시설'이나, 또는 '부속시설'이라는 용어 자체가 존재하지도 않았다. 순전히 율사들의 말장난에 불과하다고 봐야 한다. 그런 의미에서 평소 특정시설을 어떻게 부르느냐 하는 것은 그래서 거듭 중요하다고 말하게 된다. 일종의 관행이 법정다툼에 참고로 작용하기 때문이다. 뿐만 아니라 이미 학술적으로 깔끔하게 정리가 되어 있었다면 소모적인 법정다툼이 있을 리가 만무했다.

지금까지 설명한 내용을 요약하면 다음과 같다.

〈표 1-1〉을 참고해 보면, 원칙적으로 "마리나시설에서 부대시설은 '선택(권장)'이고, 부속시설은 '기본시설(방파제, 폰툰, 선석 등)에 부속되어 있는 지원시설(급전, 급수, 급유, 보트상하이동시설 등)'에 해당된다고 이해하는 것이 온당하다. 더 구체적으로는 선택시설에 해당되는 부대시설은 편의시설(주차장, 휴게공간 등), 해양문화시설, 기타 시설이 해당되기 때문이다. 따라서 필수(기본)시설에 부속되어 있는 시설은 지원시설이 해당된다. 사실이 그렇다면 마리나텔(호텔, 콘도)이 과연 마리나에서 반드시 갖춰야 하는 방파제와 육·해상보트계류시설(폰툰, 선석), 그리고 급전·급수시설과 보트상하가시설 등과 등치되는 필수(기본)시설 및 지원시설인가, 아니면 사업자가 비수기 극복과 함께 고객에게 고품질 서비스 제공을 통

〈표 1-1〉 마리나 내의 각종 해양공간건축물을 크게 필수·선택시설로 구분

기본시설/ (필수시설)	고정식·부유식 방파제, 육상보트계류장, 해상보트계류장(폰툰 및 선석), 보트실내창고시설, 경사로, 보안(지문인식, CCTV) 및 일기예보
지원시설 (필수를 지원하는 지원시설)	보트수리소, 폐유처리시설, 클럽하우스, 한·양식당, 보트실내보관창고, 보트이동승·하강리프트, 급유·급전·급수시설, 조명, 보트세척시설, 오수관로관리, 공중화장실, 주차장, 응급실, 구조선, 교통선, 마린 돔 시설
편의시설·해양문화 시설/ (선택시설)	해·수변주택, 콘도, 마리나텔 등 숙박시설, 카지노, 신·중고보트판매 및 대여소, 위그선터미널, LPG가스판매점, 식음료·잡화점, 쓰레기분리·소각장, 컴퓨터게임방, 세탁장, 우체통, 학술세미나실, 야외공연장, 영화관람장, 수산식품판매장, 야외선탠장, 디스코텍, 바(BAR), 해변캠프장, 해양문학도서관, 해양박물관, 해수풀장, 해양수족관, 바다골프연습장, 경노잔치·예식장, 게이트볼장, 크루저선터미널, 헬스장, 카페테리아·커피　　, 인라인/롤러스케이트장, 주차장, 동력·요트면허취득이론·실기·안전교육장
기타 서비스 시설/ (부대·선택시설)	세관출입국신고소(CIQ), 해경출장소, 선석·주차장에 차양막설치, 체험어패류양식장, 롤러코스트/바이킹 등 다중위락시설, 전통을 고려한 식재 및 조경, 야간조명시설, 방문자보트를 배려한 여유 선석 확보, 인접 골프장과 마리나 간 상호협력시스템 구축, 인근주민산책로(방파제) 제공

해 고수익 창출을 기대하는 등 순전히 업체의 공격적인 마케팅 전략에 의해 구축하는 편의시설, 해양문화시설, 기타 시설 등 전략(선택)시설인가 이다. 결국 이렇게 기능들을 상호 비교해 보면 정답은 명약관화해진다. 더욱이 2019년 기준, 세계의 마리나는 약 12,000개소 안팎으로 추산되고 있고, 이 중 최근에 개발된 몇몇 마리나를 제외하면 거의라 해도 좋을 만큼 모든 마리나가 지금껏 호텔시설을 마리나 내에 갖추지 못하고 있다. 산업생태계가 양호한 환경이라면 기본시설과 지원시설 중심으로 운영해도 마리나의 운영에는 크게 어려움을 겪고 있지 않다. 결국 호텔이 필수시설인가, 아니면 선택(전략)시설인가 하는 평가는 법리 공방과는 별개로 비교적 그 분별이 또렷해 졌다.'라고 말할 수 있다.

따라서 마리나나시설 내에 설치되는 호텔건설을 두고 사업자가 마리나개발 과정에서 반드시 갖춰야 하는 기본시설이나 지원시설이라고 주장하는 것은 억지스런 측면이 적잖다. 그렇지만 1심과 2심, 그리고 2018년 5월 초에는 대법원에서도 부산시가 패소했다. 사회학자 에밀 뒤르켐은 "사회는 틀림없이 비합리적 기초 위에 서 있다."고 설파했다(김승욱, 앞의 책). 이번 판결로 '아이파크마리나'가 수영만 요트경기장재개발 사업을 추진할 수 있게 됐지만, 이번에는 50여 입점업체들의 보상과 호텔위치를 둘러싼 집단민원제기 등 갈등의 불씨는 여전히 남아 있는 상태다. 게다가 자금력 부족으로 재개발 자체도 의문시되고 있다.

아무튼 세 차례의 재판과정에서 적용된 법리검토는 전혀 문제가 없었다. 그러나 전문가 차원에서는 '부대시설'과 '부속시설'에 대한 대체적인 이해는 있지만, 학술적으로는 지금껏 그 정의가 명쾌하게 정립되어 있지 못한 상태이기 때문에 이해관계자들은 녹비(鹿皮)에 가로 왈(曰)자 식으로 자신에게 유리한 논리를 주장할 개연성이 대단히 높다. 따라서 1·2심재판부는 법리검토에다 전문단체의 견해도 적극 참고하는 가운데 세계의 마리나시설들에 대한 평균적인 특징도 직접 면밀하게 살펴본 후에 최종 판단했다면, 대법원의 판단에 과연 어떻게 영향을 미쳤을까 하고 대단히 궁금해진다. 특히 개념에 대한 학술적인 정의는 물론 그 정의에 따른 '개념기준분류체계'의 확립이 얼마나 중요한가를 실감하는 법정 다툼이기도 했다. 그럼에도 마리나 분야에 '부대시설'과 '부속시설' 개념은 존재하지 않는다. 오직 기본시설, 지원시설, 편의시설, 해양문화시설, 기타 시설 등 총 5개 시설이 존재할 뿐이다. 따라서 순전히 율사가 만들어 낸 작위적(作爲的)인 개념임에도 법정다툼에서 가당치 않게도 승과 패를 가름하는 심판자가 됐다. 아무튼 율사들의 말장난을 지켜보면서 마리나 분야에 더 많은 연구가 필요함을 절감하는 자극제가 되었다.

4. 마리나의 분류, 해수면vs내수면, 인공vs자연마리나로 각각 대별

〈그림 1-1〉은 국내 처음으로 마리나가 놓여 있는 장소(위치)와 소유권(운영성격)을 중심으로 구분했다(지삼업, 2011b). 특히 필자는 마리나가 놓여 있는 장소를 중심으로 크게 '해수면 마리나'와 '내수면 마리나'로 대별하는 것을 원칙으로 삼고 있지만, 인공과 자연이라는 환경특성에 따라서는 '인공 마리나

(운하·인공저수지)'와 '자연 마리나(자연호수·강·바다·도서)'로 각각 구분하기도 했다. 게다가 마리나를 도서지역을 포함하는 해수면 마리나를 '해양 마리나', 강·운하·저수지·자연호수를 포함하는 내수면 마리나를 '강 마리나'라고 크게 두 종류로 대별시킬 수도 있다. 순전히 물(water)의 성분, 즉 담수(淡水)인가 아니면 해수(海水)인가를 중심으로 따져본 구분일 뿐이다. 게다가 내수면 마리나를 필요에 따라서는 '강 마리나', '호수 마리나', '저수지 마리나'로 각각 세분화시킬 수도 있을 것이다. 실제로 앞으로 내수면을 중심으로 개발될 해양수산부의 마리나확보 계획을 참고해 보면, 세분화된 개념이 적용될 가능성은 한층 높아 보인다. 해경은 이미 내수면인 한강에 '해경파출소'를 운영해왔다.

한편으로 소유권 및 운영주체별로 분류하면, 공공마리나, 비영리마리나(자치단체·항만공사·도시개발공사 등 비영리단체), 공공상업 마리나(공공 51% 및 개인 49%투자 등 제3섹터 개발, 또는 BTO, 즉 민간투자사업은 민간기업이 스스로 자금을 조달하며, 사회 기반 시설의 준공과 동시에 당해 시설의 소유권이 국가 또는 지방자치단체에 귀속되며, 사업 시행자에게는 일정 기간 시설에 대한 운영권을 인정하는 방식이다. 지금 해수부가 추진하는 마리나개발은 BTO 방식이다.), 상업 마리나(100% 개인투자), 클럽마리나 등 크게 5개 종류로 분류할 수 있다.

이 외에도 이례적인 운영방식이라고 평가할 수 있지만, 2021년 9월 완공을 목표하는 부산 '북항마리나'는 비영리 및 회원제를 겸하는 '투 트랙', 즉 하이브리드 방식을 채택할 예정으로 있다. 그렇고 해도 항만공사는 정부출연기관이기 때문에 마리나의 분류는 역시 기존 다섯(비영리 및 회원제 혼합)개의 일반적 분류법 내에 있다고 볼 수 있다. 국제적으로 마리나의 운영주체에 따른 특성은 세계 5대륙(중남미 제외) 23개국 138개 마리나를 대상으로 설문조사한 이스라엘의 아모스 라비브(Raviv. A. 2006)의 선행연구에 의하면 공공상업 마리나가 가장 많고, 그다음은 공공 마리나, 상업 마리나 순이다. 특히 폐유를 비롯하여 오물 등 폐기물처리상태 그리고 화장실 및 탈의실 청결상태 등에 관련된 환경보호에 대한 의식은 상업 마리나가 가장 높고, 그다음은 공공상업, 공공 및 비영리 마리나 순이었다. 결국 세계 5대륙 23개국 138개 마리나의 경우 공공 및 비영리 마리나는 이용요금이 한층 저렴한 반면, 서비스 품질은 상업 및 공공상업 마리나에 비해서 열악했다(지삼업, 2008a).

운영주체가 부산시로서 공공인 부산 수영요트경기장이 재개발되어 일반 마리나로 거듭 태어나면, 민자투자방식(BTO)으로 재개발되었기 때문에 운영주체의 성격이 공공상업 마리나로 변경된다. 지금보다는 보트계류비가 한층 인상될 전망이다. 그렇지만 고객에게 제공하는 서비스품질이 크게 향상되는 가운데 수질환경도 모범적으로 관리될 것으로 기대된다.

이처럼 마리나의 운영주체의 성격 및 규모, 활동 공간의 최적성, 시설의 질적 수준, 이용요금의 수준, 제공되는 서비스품질 등의 변인들은 각종 마리나 간 비용의 차이를 비롯하여 보트의 크기와 오너들의 계층(주류사회·비주류사회 일원)을 결정짓는 요소로 작용한다. 그렇기 때문에 여름철 시민 건강권 확보와 저변확대를 통한 시장개척과 국내외해양관광객 해양스포츠체험장 제공을 목적하는 공공마리나 개발

〈그림 1-1〉 해수면 vs 내수면, 인공 vs 자연마리나로 각각 구분하는 한편으로 운영주체를 중심으로도 분류해 보았다.
출처 : 지삼업(2011b). 앞의 책. 대경북스(서울). 172.

계획은 최 열악과 최고급이라는 극단적으로 편향된 유형은 가급적 회피하는 가운데 다양한 유형의 마리나를 개발할 필요가 있다. 그렇지만 어떤 유형의 마리나 개발도 고객들에게 흥미를 불러일으키거나, 마음을 사로잡기 위해 어필(appeal)하지 않고서는 성공할 수 없다. 어떤 오너는 주거지 인근에 자연적으로 형성된 조그만 만(灣)이나 강(江)에 단 몇 석의 계류시설이 있는 대단히 소박한 곳을 선호하는 경우가 있을 수 있고, 반대로 또 어떤 오너는 각종 보트를 8,000척이나 수용할 수 있는 마리나 빌리지급의 최고급 클럽하우스시설과 콘도, 호텔 그리고 보트 수리를 비롯하여 각종 서비스를 양질로 제공하는 명품마리나의 회원이 되었을 때 그 순간 열반에 든다. 주류사회 일원으로 평가 받을 수 있기 때문이다.

1964년 세계 처음으로 다목적용으로 선보인 '시카고시티마리나'개발 이후부터 마리나의 개념은 1928년에 첫 적용한 '해변산책길'을 비롯하여 마리나 용어 그 자체의 의미만으로 한정시켜 이해하는 것은 문화 자체로 평가 받기 시작했다는 측면을 주목해야 한다. 마리나는 해양스포츠 활동을 위해 필수적인 시설인 것만은 분명하지만, 내가 나에게 주는 휴가에 즐기는 콘텐츠라고 볼 수 있는 여가분야의 아이템이 다종다양하게 구축된다는 점에서 마리나는 더 넓은 여가산업 발전의 바다 중 고작 조각바다에 불과하기 때문이다.

실제로 1968년에 개발된 〈그림 1-2, 1-3〉의 프랑스 랑그독-루시옹지역의 '그랑모뜨마리나'가 마리나시설을 중심으로 콘도 등 각종 여가 콘텐츠를 한 곳에 모아 놓은 복합기능용으로 개발되었음을 입증해 주고 있다. 900실의 콘도와 1,500여척의 각종 보트를 계류시킬 수 있는 규모다. 지중해에 접한 랑그독-루시옹지역의 해안은 프랑스 남부의 '니스'에서 '상트로 베'로 이어진다. 해변 길이가 약 180km, 폭이 20km나 된다. 파리로부터 약 900km 정도 떨어진 곳에 자리 잡고 있다. 특히 이 지역이 개발되기 전에는 야생마가 뛰놀던 불모지였고, 또 모기떼가 득실거리던 버려진 습지였다. 프랑스 정부는 누구도 관심을 갖지 않았던 랑그독-루시옹지역을 그야말로 상전벽해로 변모시켰다. 1963년 프랑스 정부가 국토 균형발전과 해외로 빠져 나가는 여름휴가객을 붙잡기 위해 세계적 휴양지로 탈바꿈시킨 '랑그독-루시옹'은 프랑스 국내는 물론 인근 스페인과 이탈리아 등에서 몰려든 수많은 해양관광객들이 해양스포츠를 즐기기 위해 이곳을 찾는 명소가 됐다.

〈그림 1-2〉 왼쪽은 개발 완료 당시인 1968년경의 모습이고, 오른쪽은 그로부터 대략 40년이 경과한 2009년의 그랑 모뜨 마리나(La Grande Motte Marina)의 전경이다. 지난 40년 동안 각종 편의시설과 서비스시설을 대거 수용한 이른바 복합시설의 마리나문화가 시민 생활 속으로 깊숙이 침투되어 있음을 엿볼 수 있다.

출처 : 지삼업(2011b). 앞의 책. 174.

〈그림 1-3〉 왼쪽은 1968년경에 그랑모뜨 마리나의 폰툰(Pontoon) 출입구 쪽에서 바라본 피라미드형 콘도의 모습이고, 오른쪽은 2009년의 전경이다. 각종 보트를 계류할 수 있는 능력은 1,500여척이다. 콘도 앞에서 바다 쪽으로 고속도로처럼 시원스레 쭉 뻗어 있는 마리나의 폰툰은 인간을 바다와 연결시켜 주는 가교역할을 하고 있다.

출처 : 지삼업(2011b), 앞의 책. 174.

당초 프랑스 정부는 그간 팽개쳐 놓은 해안 지역에 그랑모뜨, 카프닥드, 그뤼상, 리까르, 바르까레, 생시프레앙 등 7개 리조트 기지를 만들어 세계 최대 해양관광단지로 탈바꿈시켰다. 스페인으로 향하던 국내 관광객의 발길은 다시 프랑스 남부로 향했고, 그 결과는 곧 지역경제에 반영됐다. 3만3,000명의 고용 증대효과를 가져온 것이다. 랑그독-루시옹지구 개발계획은 드골 대통령이 프랑스의 명예와 운명을 걸고 시작한 국토개발 계획의 일환으로 추진되었다. 정부 내 프로젝트팀을 발족하고 '프랑시스 스포어리(Francis Spoerry)' 등 유명 건축가 6인에게 개발 계획을 전적으로 맡겨 5개 데파르트망, 7개 레저 개발지구를 모두 고속도로와 연결하고 마리나를 중심거점으로 한 17개 항(港)을 개발했다. 4개의 공항, 수 마일에 이르는 도로, 백만 그루의 식재(植栽), 광활한 공간을 자연 보호구역으로 지정, 그리고 컴퓨터에 의한 관개시스템도 설비했다. 개발 초기에는 부정적이고 비판적인 시각도 적지 않았다.

그렇지만 30년 동안 일관된 범정부적인 지원으로 성공적인 사업을 이끌어냈다. 주요 지역을 거점 개발하고, 관광지별로 특색 있는 설계를 도입하여 다양성을 확보했다는 점, 배후 관광지와 연계하여 머무르는 해양관광지로 육성, 지역여건에 맞는 해양휴양지로 개발했다는 점, 관광 비수기 시 지역경제 활동을 위한 맞춤정책을 추진하고 마리나를 중심으로 카지노, 레스토랑 등을 통해 부대수입을 창출하는 등 해양스포츠 활동, 즉 바다 활동과는 거의 관계가 없는 각종 시설물을 구축하여 연중 지속적인 부가가치를 창출했다는 점은 '4계절 마리나시대'를 열어가고자 하는 우리나라 정부가 눈여겨 봐야할 대목이다.

  프랑스 정부와 개인사업자가 총 40억 유로를 투입하여 약 30년 간 장기프로젝트로 진행한 랑그독-루시옹(the Ranguedic-Roussillon)의 해양관광단지 개발의 시작과 끝을 분석해보면, 교훈은 크게 두 가지라고 볼 수 있다. 하나는 오늘날의 마리나는 건강, 안락, 쾌락, 쾌적, 친절, 깨끗한 수질, 원스톱시스템 구축 등 7개항을 고품질화 시키기 위해 살아 있는 유기체처럼 끊임없이 진화할 수밖에 없는 가운데 해양스포츠 활동 지원시설 외에도 바다와는 직접 관계가 없는 주거, 마리나텔, 상업기능 등이 접목된 다

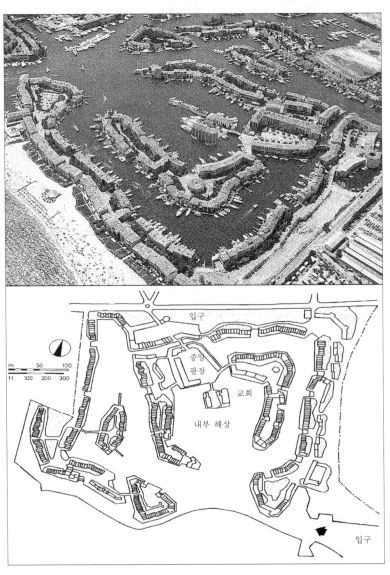

〈그림 1-4〉 그랑모뜨 마리나에서 승용차로 약 20분 거리에 위치한 '뽀르 까마르그 마리나'의 전경이다. 아래쪽 그림은 평면도이고, 위쪽의 그림은 실제의 모습이다.

출처 : 지삼업(2011b). 앞의 책. 175.

목적시설, 또는 복합시설로서 기능할 수 있어야 흑자경영이 가능하다는 점이고, 다른 하나는 사회 환경변화로 본래의 기능이 상실되어 있는 부두나 항만, 그리고 어항이 비록 현재는 지방에 팽개쳐 놓은 지저분한 해변 친수공간에 불과할지라도 양호한 자연환경과 접근성을 중심으로 마리나로 재개발하면, 개천에 용(龍)나오듯 단번에 번듯한 해양관광 인프라로서 부가가치 및 일자리를 각각 창출할 수 있다는 복음의 메시지를 주고 있다는 측면이 마리나 개발의 진면목이 아닌가 생각되고 있다는 점이다. 1960년대 후반에 마리나로 재개발된 영국 캐서린 부두(St. Katharine's Dock)가 바로 오래된 미래의 상징이기도 하다. 물론 시멘트로 축조된 옹벽 등은 그때는 맞았지만, 지금은 환경 측면에서 친환경소재로 재검토가 필요하다고 볼 수 있다.

한국인들이 빨리 일하는 방식은 어느 경우에는 모범이 된다. 그렇지만 지방 및 도시지역 해변 친수공간 개발 노하우가 거의 축적되어 있지 못한 상태에서 조급하게 서둘다 보면 후회막급의 큰 실수를 저지를 수 있다는 점을 항상 경구로 삼아 해빙기 살얼음 위를 걷듯 한걸음 한걸음 옮길 때마다 조심하고, 또 조심했으면 한다. 더욱이 국내가 미국, 프랑스, 영국, 호주 등 해양산업 선진국들이 그간 성공과 실패를 통해 얻은 교훈으로부터 배워야 할 것이 있다면, 지방 및 도시지역 해변 친수공간을 중심으로 최고급 아파트의 건설이 아니라 내가 나에게 주는 휴가에 즐기는 콘텐츠인 마리나시설 등 삶의 여줄가리(틈새) 시간에 대한 새로운 이해의 인식지평 확장을 통한 창발적인 개발이 되지 않으면 안 된다는 점이다. 지방 및 도시지역 친수공간은 살며, 즐기며, 건강을 다지는 등 3개 덕목을 두루 갖춘 아주 매력적인 공간인 것만은 확실한 사실이다. 그러나 친수 공간개발은 1960년대부터 지중해지역을 시작으로 북유럽 등 지금껏 여러 나라에서 선호되어온 이래, 성공보다는 실패한 사례가 훨씬 더 많았다는 사실도 주목하지 않으면 안 된다. 부산 해운대 해변친수공간과 한강의 강변친수공간이 고작 아파트건설업자의 생일밥상으로 둔갑되어버린 현실을 두고 누가 감히 친수공간의 창발적인, 또는 성공적인 개발이라고 촌평할 수 있을까. 잘못되어도 한참 잘못된 사례들이다.

그런데 정부(해양수산부)는 2009년 '마리나항만법' 마련을 계기로 2010년부터 해수면 마리나 개발에 본격 나선 것을 시작으로 이번에는 내수면 마리나 국내 첫 육성을 위해 2017년 6월부터 수요 조사를 위한 용역을 본격 착수하여 2018년 4월까지 10개월 간 진행하고, 이후에는 후보지 선정에 나선다고 한다. 해수부는 2017년 9월까지 현황을 파악하고, 개발수요 조사를 마칠 계획이다. 뿐만 아니라 2017년 12월 말까지 지방자치단체의 의견도 수렴해 관련 규제(건축 법·수도 법 등) 개선을 협의할 예정이다. 2015년 기준 국내에 등록된 보트는 2007년 대비 3.8배 증가한 총 1만 5172척으로, 이 가운데 5100여 척이 내수면에, 나머지 1만 여척은 해수면에서 활동하는 것으로 조사됐다. 2017년 현재 국내 내수면 마리나는 서울(한강)과 경기도 김포 2곳에만 있어 기반시설 확충이 시급하다(송현수, 2017a). 21세기 '해양수도' 건설을 표방하는 부산은 2017년 9월 완료를 목표로 같은 해 3월 부산발전연구원에 '낙동강 일원 리버(강, River) 마리나조성방안' 용역을 의뢰한 적이 있다. 또한 부산시는 낙동강 본류인 화명·삼락·구포지구와 서낙동강 에코델타시티 개발지구 등 4개소를 내수면 강 마리나 조성 후보지로 선정될 수 있도록 해수부에 건의했다. 물론 화명·삼락지구는 이명박 정부 때에 4대강 사업으로 이미 계류시설이 일부 조성되어 있기 때문에 이번 기회에 기존 시설을 확대하는 방안이 주로 검토되었다. 울산은 태화강 하류에, 경남은 섬진강 하동포구와 진주 남강이 강 마리나 후보지로 거론되고 있다(김희국, 2017b). 결국 2018년 기준 내수면 마리나 중 강 마리나개발은 적극 검토하기 시작한 단계이고, 반면에 '운하 마리나'는 김포마리나가 이미 개발되어 있다. 다만 '호수 마리나'와 '저수지 마리나'는 검토단계에 있는 가운데 내수면개발에 관련된 법적 근거마련을 위해 고민하고 있고, 오는 2020년 제2차 '중앙항만심의위원회'의 의결을 거쳐 개발에 본격 착수한다는 계획이다. 이렇게 되면, 마리나개발 공간의 대상은 해수면과 내수면을 총망라 사실상 전 국토화의 길을 걷게 되는 출발선이 된다.

특히 내수면(강/호수/저수지/운하) 마리나는 물리적인 양호한 수역환경과 접근성이 매우 수월하기 때문에 초보자들의 활동에는 최적이다. 게다가 개발사업자의 경우에도 거액이 투입되는 고정방파제가 거의 필요가 없기 때문에 해수면 마리나에 비해 개발비용도 한층 절감되는 장점이 있다. 다만 방파제가 필요하다면, 부유식 방파제 정도면 족할 것이다. 2006년 프랑스에서 조사된 한 연구를 참고해 보면, 해수면 마리나의 개발비용 중 가장 많이 투입되는 항목이 고정방파제, 삼발이공사, 수중암반제거작업 순(順)이었다. 실제로 수심 30~40m를 기준, 해수면 마리나의 고정방파제 건설비용은 1m 당 약 1억8천~2억원 정도가 소요된다(지삼업, 앞의 책). 아무튼 운하를 제외한 강과 호수, 그리고 저수지는 상수원인 경우가 적잖기 때문에 내수면 마리나 개발 적지인 수(강)변 및 호반 친수공간의 활용에는 해수면 마리나보다 수질오염에 따른 환경 민감성이 대단히 높은 단점도 있다. 물론 미국 플로리다 가네스빌 환경공학연구소에서 자연호수를 대상으로 미국산 모터보트 머큐리엔진을 사용하여 측정한 연구결과에 의하면, 물고기의 생명이 위험하다고 판단될 정도의 유독성은 1년 동안 하루 24시간 1만 8000척의 엔진을 계속 작동시켜야 하는 경우에 해당된다고 보고한 사실이 있다. 게다가 활동 시간을 하루 8시간으로 제한하고, 또 해양스포츠 시즌(영업기간)이 180일(6개월)이라고 했을 경우에는 10만 8000척의 모터보트가 활동하는 것에 해당된다. 이 연구 결과만 놓고 보면, 내수면이라고 하더라도 실제의 상황에서는 물고기가 죽거나 또는 기형어가 나타날 수준의 수질오염이 절대 발생할 수 없는 일이라고 볼 수 있다.

따라서 보트 길이 10m 내외의 동력요트(모터보트 등)의 평범한 영업활동은 인접지에서 유입되는 농약과 축산폐수, 생활오수 등의 수질오염에 견주어 거의 걱정을 안 해도 된다고 생각된다. 그러나 극미량이라고 해도 10년, 또는 20년 장기적으로 유류오염에 노출될 경우, 누적적인 측면을 고려하면 유류비가 업체의 경영에 조금 어려움을 준다고 해도 결국 수상오토바이를 포함하여 모든 동력보트에 식물성 휘발유 사용을 권장하는 것이 바람직하다 할 것이다. 국제적 추세도 그렇다. 일본의 경우 수상오토바이는 연소율이 낮은 2사이클(Cycle) 기종은 이미 단종(斷種)시킨 가운데 지금은 4사이클이 환경친화시대를 견인하고 있다(지삼업, 2008a).

아무튼 "마리나 개념이 '영미권 해양문화의 소산'이라면, 해양스포츠 전진기지 개념은 시대 변화에 맞춤한 '우리 해양문화 적합성의 소산'이라고 말할 수 있다. 그러나 그 어떤 개념을 선호하든지 간에 과거나 현재나 미래나 변함없는 가치는 단 하나, 즉 '충실과 신뢰를 중심으로 고객에게 집과 같은 안락과 쾌락을 서비스하여 부가가치 및 일자리 창출을 기대한다'는 측면은 이들 시설들의 경영에 예외 없는 지상과제라는 점이다. 물론 내수면 마리나 역시 경영목적은 해수면 마리나와 별반 다르지 않다."라고 말할 수 있다.

5. 마리나산업의 분류, 개념기준분류체계 확립 필요성

마리나(혹은 해양스포츠 전진기지나 새로운 개념의 해양관광단지)산업에 대한 이해에 앞서 주목하지 않으면 안 되는 개념들이 있다. '체육학(스포츠산업 분류표)'이나 그 체육학에서 분화(分化)된 '해양스포츠학(해양스포츠산업 분류표)'을 비롯한 '개념기준분류체계' 등 3개 개념이 바로 그것이다. 달리 말하면 '마리나산업'보다 상위개념에는 '해양스포츠산업'이, 또 해양스포츠산업보다 상위개념에는 '스포츠산업'이 각각 놓여 있음을 주목하지 않으면 안 된다는 뜻도 된다.

체육학에서 이미 정립시켜 놓은 앞의 논리를 따라가면, 대분류에는 '스포츠산업'이 놓이고, 그 하위의 몇 중분류 중 하나에는 '해양스포츠산업'이, 그리고 해양스포츠산업의 종개념인 소분류에는 '마리나산업'이 각각 위치하고 있음을 이해할 수 있게 된다. 논지(論旨)에 따라 '해양스포츠산업'을 특별히 강조할 목적이라면 대분류에 해양스포츠산업을 놓을 수 있으므로 시설업(마리나)과 용품업(기구제조 및 유통)은 중분류로 격상되고, 또 마찬가지 논리로 '마리나산업' 분야를 강조할 목적이라면 마리나산업을 대분류의 위치에 놓고 그에 따른 종개념들을 하나하나 따져나가도 하등 문제될 것이 없다.

그런데 마리나산업을 대분류로 했을 경우 각종 해양스포츠 프로그램은 마리나산업 중분류인 서비스업의 종개념으로서 소분류에 위치하게 된다. 그런 가운데서도 '개념기준분류체계'만은 항상 존중하면서 종개념 설정에 각각 나서야 한다. 그래야만 그들 개념에 대한 설명력을 보다 높일 수 있기 때문이다. 게다가 '해양산업'을 대분류로 설정을 한다고 가정(假定)해도 '개념기준분류체계표'에 의해 종개념을 기준으로 따져나가야 하는 작업은 마찬가지일 수밖에 없다. 그렇기 때문에 지금처럼 '개념기준류체계' 자체에 대한 이해가 흐릿한 상황에서는 지식체계 구축의 기본단위인 개념 설정에 혼선을 빚는 등 중구난방이 될 수밖에 없다. 이 분야를 학문으로 발전시키기 위해서는 중심개념 확립은 꼭 필요한 작업이다.

한편 마리나산업 서비스업과 제조업도 해당되지만, 이들 산업의 민낯에 대해서 생각해 보지 않을 수 없다. 서비스업의 경우, 경제학자 보몰(William J. Baumol ; 1922~)의 연구에 의하면 서비스업을 해서 발전하는 나라도 있고, 서비스업을 해서 망하는 나라도 있었다. 그래서 보몰은 서비스업이 두 가지 종류가

〈표 1-2〉 마리나산업(marina industry or base of Haeyang Sport industry) 분류표

마리나 산업		
시설업	**용품업**	**서비스업**

시설업

〈건설 /설비/시공-건설업〉

» 마리나 빌리지 및 대·중·소규모보트계류장(or중규모·소규모 마리나/대·중·소규모 요트하버), 다기능어항, 어촌 마리나 역, 해양리조트/마리나텔/해변주택 등 숙박시설, 카누·조정경기장, 지하오폐수처리 및 유류저장고, 도로, 조경 등 각종 해양공간건축물의 설계 및 시공, 상·하수도, 전기, 가스, 소방 설비 등

〈시설/장비/ 선석 관리업〉

» 마리나(빌리지/보트계류장/다기능어항/어촌 마리나 역) 및 해상보트계류장 선석 임대/보트대행관리/수면비행선박(위그선) 계류시설관리 등
» 스포츠잠수리조트 및 해양 리조트형 마리나 관리 및 운영/임대
» 환경인증프로그램 운영/보 안 및 해상구조물안전관리
» 계류장급유/해상급유선, 스윙 계류오너수송선 운영 등
» 구조선/교통선/구급장비/소방 장비 관리 등

용품업

〈보트/기구제조/소재 제조업〉

» 각종 보트건조 및 장비/기구 제조(엔진, 선체, 서핑·패들보드, 선내·외 accessory, 요팅슈트, 스포츠잠수·서핑 및 카이트서핑 슈트 및 슈즈, 바다배낚싯대 및 전동릴, 구명동의)
» 세일링·크루징·바다배낚시/갯바위낚시웨어제조, 선체디자인, 돛(sail) 소재개발, 염분/파도/심해압력에 잘 견디는 해양 신섬유(해양스포츠기구/장비 등) 분야 '해양 융복합소재' 개발
» 해양스포츠 음료 등

〈장비/기구/식자재/택배 유통업〉

» 세일링요트·모터요트 류, 해양카약·해양카누, 서핑보드, 카이트서핑, 윈드서핑, 서핑 등 국산 및 수입보트 도·소매
» 세일링·크루징 전용점퍼, 윈드서핑/서핑/스포츠잠수 등의 슈트와 슈즈, GPS 등 보트 관련 각종 내·외장 액세서리, 바다배낚시복, 티셔츠 등 해양스포츠관련 각종 의류 도·소매
» 해양관광크루즈선 및 비지터보트(Visitor boat) 식자재공급, 해양관광기념품, 편의점, 각종 기능성 수산식품 등 도·소매
» 리쉬코드, 왁스, 패드, 배터리 등 전자부품 도·소매 등

서비스업

〈여행/숙박/선석임대/랜탈/금융/보트수리업〉

» 요트대회 등 각종 경기관람, 고래/등대탐방, 갯벌체험 등 해양관광 3개(스포츠형·레저형·관광(람)형) 콘텐츠 운영
» 각종 보트 랜탈, 발레파킹, 보트 딜리버리(boat delivery) 및 각종 장비/기구 택배, 요트텔/마리나텔/선석계류보트/수면비행선박 각종 식음료 및 우편물 배달
» 보트구입 관련 금융·리스·보험 상담 및 안내
» 마리나텔, 요트텔, 해변주택 등 숙박시설

〈대행/교육/가이드/면허교습장 운영업〉

» 마리나 및 마리나텔 개발 인·허가신청서작성 및 접수, 공유수면 점·사용허가신청서, 수상레저사업신고서 작성 및 보트안전검사, 홍보마케팅, 행사이벤트, 선석예약 및 계약, 숙박(마리나텔/요트텔)시설 및 수면비행선박 예약업무 등 대행
» 마리나텔/해양리조트형 마리나 개발 관련 컨설팅
» 해양관광 스포츠형 프로그램 현장지도 강사/수중탐험가이드
» 마리나텔/해양리조트리어, 해양스포츠 초보자강습, 동력/요트조종면허실기강습, 스트래들 캐리어 등 보트상하이동 장비운용 기사양성 교습, 마리나관리 및 운영(HR : 고성과 인적자원 관리)/정책/법률/환경 /수면비행선박조종사교육 분야 등을 중심으로 초급/중급/고급관리자과정 등을 레벨별로 교육연수
» 보트선체/수면비행선박 기체 파손 및 엔진고장수리, 각종 기구 및 전자기기 수리 및 보수, 선내 전기배선교체 등

〈출판/플랫폼/보트가격 정보업〉

» 보팅 월간지, 면허예상문제집출판, 수면비행선박 등 해양관광 관련 국내외출판물 소개
» 해양음악/일기예보제공/수면비행선박 운항시간 안내 라디오방송, 플랫폼을 통한 마리나운영 정보/ 보트종류·식사예약 등
» 전국의 마리나/해양스포츠체험시설 소개
» 해양리조트회원권/마리나선석 판매정보
» 신품, 중고보트 판매시장 소개 등

출처 : 지삼업(2002). 대규모 국제행사 경제효과 극대화를 위한 해양스포츠육성방안. 한국체육학회지(제41권 제4호). 91.
2019년 6월 일부 재구성.

있다는 주장을 했다. '발전적 서비스업'과 '퇴행적 서비스업'이 있다고 본 것이다. 퇴행적 서비스업에는 금융보험업, 호텔, 영화, 오락, 의학, 의료, 의료교육, 비영리기관이 모두 포함된다. 물론 이런 서비스업이 고상하고 좋다고 생각하는 사람이 있지만, 국가발전에는 별 도움이 안 된다는 것이 그의 주장이다. 게다가 발전적 서비스업 부문에는 방송·광고, 교역, 부동산, 경영·전문가서비스 등이 포함된다. 결국 서비스업 중에서 국가발전에 도움이 되는 게 있고 안 되는 게 있다는 것이 보몰이 펴낸 책『좋은 자본주의 나쁜 자본주의 : 성장과 번영의 경제학』의 핵심적 논지다.

그러나 보몰이 얘기한 발전적 서비스업을 집중해서 육성하더라도 서비스업만으로는 한계가 있다. 제조업과 서비스업을 비교해보면 제조업이 경제성장을 견인하는 것은 명백하지만, 반대로 서비스업이 경제성장을 견인하는 것은 아니라는 것이 통계적인 자료로 나와 있다. 무엇보다 제조업은 전 산업에 대한 생산유발 효과가 크기 때문에 제조업이 발전하면 모든 산업이 발전하는 효과를 낳는다. 과거 1800년대 초에 고전경제학자 세이(J. B. Say : 1767~1832)는 "공급이 수요를 창출한다."는 주장을 했는데, 그것이 학계의 정설로 인정받아왔다. 그러나 20세기에 들어 대공황이 일어나면서 상품의 공급은 많은데 살 사람이 없는, 즉 '풍요 속의 빈곤' 상황이 전개되면서 세이의 법칙은 틀렸다고 여겼다. 하지만 21세기에 들어서면서부터 다시금 세이의 법칙이 들어맞고 있다. 혁신적인 신제품이 신수요를 창출하는 것이지, 원래 수요가 있고 그것을 충족시키기 위해 신제품이 만들어지는 게 아니다. 20세기 들어 대량생산이 발달하면서 공급이 수요를 창출하지 않는 시대가 있었지만, 지금은 다시 '신기술이 신수요'를 창출하고 있다. 신상품을 개발하고 만들어내는 제조업이 수요를 창출하고 있는 셈이 된다(김태유, 2015). 그러니까 마리나산업에서 중심개념 확립도 중요하지만 어느 산업을 더 귀하게 여겨야 할지 우선순위를 잘 생각해야 하는 일은 더 중요하다 할 것이다.

내친 김에 산업에 대한 김태유 교수의 분류법을 보면, 산업은 '가치창출산업'과 '가치이전산업'으로 중분류되고, 또 중분류 중 하나인 가치창출산업은 '가치기반산업'과 '확장가치산업(과일을 냉장 보관하여 출하시기를 조절함으로써 높은 부가가치를 창출하는 것 등)'으로 구성된다. 게다가 또 다른 중분류 중 하나인 '가치이전산업'은 생산지원서비스와 개인·공공서비스로 구성된다. 특히 가치창출산업은 유형의 재화를 생산해내는 산업인 가운데 고용을 많이 하고, 설비에 투자하고, 기술을 많이 개발하기 때문에 빈부의 격차를 많이 늘리지 않는다. 반면에 스스로는 가치를 창출하지 못하는 산업인 가치이전산업, 즉 '생산지원서비스(금융서비스, 법률서비스 등 가치창출을 돕는 서비스업)'와 '개인·공공서비스(마사지, 이발소 등 소비자에게 서비스를 제공하고 대가를 받는 활동)'로 유형화된다. 이 네 가지 유형의 산업 중 가장 중요한 것이 '가치기반산업'인데, 유형의 재화를 생산해 내는 산업이다(김태유, 앞의 책). 특히 그는 현재 서비스업으로 분류되고 있는 소프트웨어산업도 원형(origin)이 있기 때문에 제조업과 같은 기반가치산업이라고 보고 있다.

따라서 2019년 6월 현재 정부가 해양스포츠산업이나 마리나산업 육성에서 직·간접 경제유발 효과가 상당한 것으로 확인되고 있는 제조업분야는 소홀히 한 채 서비스업에 치중하고 있는 정책은 재고함이 마땅하다 할 것이다.

6. 마리나산업, 독자적인 산업지위를 확보할 수 있는가

경제학자들은 한 시장에서의 가격의 변화가 다른 시장에서의 가격이나 수량의 변화에 영향을 주지 않는 시장 간의 교차탄력성(cross-elasticity)이 영(零)인 것을 다른 산업, 또는 다른 시장이라고 정의한다. 그러나 현실적으로 시장의 교차탄력성이 완전히 영이 되는 경우는 없다. 따라서 산업과 시장의 범위를 정하는 것은 그때마다 관찰자의 주관에 달려 있고, 그 분석의 목적에 따라서 달리 정할 수가 있다. 왜냐하면 산업이란 궁극적으로 자의적·주관적인 개념일 수밖에 없기 때문이다. 즉 기업들은 실제로 존재하는 주체이고, 서로 경쟁하고 있지만 기업들끼리의 경쟁의 범위를 정하는 '산업' 또는 '시장'은 분석자의 목적에 따라서 때로는 넓게도 또는 좁게도 정의될 수 있다. 산업이란 궁극적으로 자의적인 개념일 수밖에 없기 때문이다. 예를 들어 우리는 산업의 범위를 넓게 정의하여, 자동차산업을 하나의 산업으로 보고 분석 할 수도 있으며, 좁게 정의하여 자동차산업을 대·중·소형차 세 개의 시장으로 나누어 각 시장에서의 특성을 분석할 수도 있는 것이 사실이다. 따라서 구매자의 유형에 따라 시장을 세분화할 수도 있고, 제품의 특성에 따라 세분화할 수도 있다(장세진, 2004).

그렇다면 마리나산업에 대해 산업구조를 분석할 때 하나의 산업으로 볼 수 있는가에 대한 의문도 자연히 해소될 수 있다는 생각이다. 현재로서는 명확한 산업의 경계선은 없기 때문이다. 한국에서는 '표준산업분류'라고 하는 산업분류체계가 있으나, 이는 정부의 통계조사 목적을 위한 것이지 적확하게 기업들이 경쟁하는 산업의 범위를 결정짓는 분류체계라고는 할 수 없기 때문에 필자가 말하는 '마리나산업'이 비록 자의적 개념일 뿐만 아니라 표준산업분류체계에서 취급하는 '산업'의 정의[카테고리] 밖에 존재한다고 하더라도 해양스포츠산업구조분석을 중심으로 마리나 산업에 대한 경제적 이해를 돕는데 큰 무리는 없다는 생각이다. 실제로 스포츠산업이 매우 발달한 일본과 미국의 경우도 스포츠산업이 '산업'의 정의 밖에 놓여 있지만 산업구조분석을 중심으로 스포츠산업을 경제적 측면에서 활발하게 논의하고 있다. 따라서 국내외 인접분야의 선례를 참고하면, 마리나산업 역시 독자적인 산업지위를 확보할 수 있다고 본다.

7. 마리나산업의 실체 및 내·외적 환경

1) 마리나, 어떤 산업인가

고대 그리스 소아시아 밀레토스학파의 철학자요 탈레스의 제자인 아낙시만드로스(Anaximandros : BC 610~BC 546)는 '모든 생명의 원천은 바다'라고 설파했다. 만물의 근원이란 양적으로나 질적으로 무한의 것인 아페이론(apeiron)이라고 했다. 만물은 아페이론에서 생성되고, 다시 아페이론으로 돌아간다고 하는 등 자연에 대해 최초로 언급했다. 그리스 최초의 철학책『자연에 대하여』를 저술했다고 전하여지고는 있지만, 안타깝게도 그가 저술한 책이 보존되고 있지는 않다(이희정, 2017).

미래학자 엘빈 토플러는 그의 저서『제3의 물결』에서 "21세기를 열어갈 미래 산업으로 우주, 정보통신, 해양, 생명공학을 꼽았다."(이상백, 1991). 그중 해양은 최근 우리나라에서도 미래산업을 얘기할 때 해양산업을 중요하게 부각시키고 있을 정도로, 이 분야는 얼마 전부터 바다를 끼고 있는 각 지자체들을 중심으로 관심의 대상으로 부각되고 있다. 그렇지만 신해양산업의 한 축이라고 할 수 있는 해양스포츠산업의 '블루오션'이라 불리는 마리나산업에 대해 나름의 담론은 무성하지만, 구체적으로 무엇을 뜻하는지 지금껏 국내는 그 개념이 일반화되어 있지 못하기 때문에 많은 궁금증을 자아내는 분야다.

실제 학술적으로도 이 분야 각종 시설에 대한 분류는 꼭 필요하기 때문에 이를 위한 대분류에는 '해양스포츠전진기지산업'이 해당되고, 이 대분류의 아래에 놓이는 세 가지 중분류 중 그 하나에 해당되는 산업이 '마리나(해양스포츠단지)산업'이 된다고 할 수 있다(지삼업, 2008a). 우선 마리나산업 또는 마리나항(해양수산부 개념)의 개념이 과연 무엇인가에 대한 논의부터 시작하고자 한다. 한마디로 해양산업의 아들 격은 해양스포츠산업이다. 또 해양스포츠산업의 세(시설업·용품업·서비스업) 아들 중 하나가 마리나산업[시설업]이라고 볼 때, 이는 전통적 해양산업의 손자가 마리나산업에 해당되는 셈이 된다. 결국 전통적인 해양산업을 태반으로 1차 진화한 몇몇 파생콘텐츠 중 하나가 해양스포츠산업이 되고, 또 해양스포츠산업을 모태로 진화한 3개 파생콘텐트 중 하나가 마리나산업(시설업)이라는 뜻도 된다. 물론 마리나산업을 강조할 목적이라면 대분류인 해양스포츠산업 자리에 마리나산업을 위치시켜도 된다. '해양스포츠산업'과 '마리나산업분류표'를 비교해 보면 확인된다. 따라서 마리나산업은 전통적 해양산업을 태반으로 진화한 일군의 신종산업들인 이른바 '해양신산업군(群)'에 속하는 산업이라고 규정할 수 있다. 여기까지는 가설이다. 가설을 데이터나 사실(fact)을 중심으로 증명하는 일은 학자의 역할이다.

그렇게 보는 가설의 인과관계는 다음에서 확인할 수 있다. 그간 해양수산부의『항만 및 어항 설계기준·해설』은 1976년에 첫 마련된 이후 1977년, 1986년, 1996년, 2005년, 2013년, 2017년까지 총 7회에 걸쳐 개정되었다. 특히 항만, 어항, 마리나개발은 그 지적·건설 노하우가 모두 해안·항만·해양공학 분야에 있는 이른바 일란성 3생아(三生兒)임에도 그간의 국가설계기준은 '통합코드가 부여되지 못한' 채 제

각각 저술됨으로써 통일성이 결여되어 있었다. 그러다 2017년 개정에서는 비로소 '통합코드화작업'을 통해 세 분야에 걸쳐 국가설계기준을 공통·적용시킴으로써 상호 관련성을 중심으로 일목요연하게 정리됐다. 이로써 마리나시설은 전통적 해양산업(항만·어항)을 태반으로 진화해 왔음이 해양수산부에 의해 공식적으로 확인되는 계기를 맞았다. 그런 가운데서도 KDS 64 50 00 해설 표(4.1-2) 중 일부 내용은 해양스포츠학 시각과는 다른 표현을 하고 있어 옥의 티가 되고 있다. 추후 개정 시 수정되어야 할 내용이다. 집필자 간의 소통이 부재했던 것이 이유이고, 또 다른 주요 이유는 항만·어항 분야 집필자의 해양스포츠에 대한 인식이 좀처럼 바뀌지 않고 있음을 보여주는 사례이기도 하다. 아직까지도 도처에서 이 지경이니 새삼스럽게 놀랄 일도 아니다. 그래도 과거보다는 이해가 높아지고 있다.

특히 지난 2005년에는 마리나 분야가 '항만 및 어항 국가설계기준'에 첫 포함되었다. 이후 2013년과 2017년에 걸쳐 두 차례 개정작업이 있었다. 2005년까지만 해도 마리나에 대한 이해는 항만·어항 시설이라는 시각이 우세한 가운데 해양스포츠시설이라는 주장도 일부 제기되는 등 두 시각이 엄연히 존재해 왔다. 그런 영향으로 '마리나 편'의 집필내용은 항만과 어항 분야의 용어가 마구 사용되기도 했다. 그러다 2013년과 2017년의 개정작업에서는 마리나가 양질의 해양스포츠 활동을 돕는 지원시설인 이상 해양스포츠학의 시각을 기준으로 집필(오션스페이스 정현 사장)하고, 심의(부경대 지삼업)하는 계기를 마련할 수가 있었다. 따라서 해양수산부 발행(등록번호 11-1192000-000184 -14) 『항만 및 어항설계기준·해설(2017)』서를 참고해 보면 마리나개발 지적 노하우는 해안·항만·해양공학 분야에 있는 가운데 건설 노하우 역시 항만과 어항개발 분야에 있다는 사실은 부정할 수 없다. 그렇지만 2017년을 기준 해양스포츠 분야는 이들 분야의 지적·건설 노하우를 토대로 만인의 건강을 갈무리하는 체육시설로서 독자적인 위상을 강화해 나갈 수 있게 되었다는 측면은 주목할 필요가 있다. 다르게는 마리나시설이 드디어 항만이나 어항시설의 아류(亞流)에서 벗어나 인간과 세상을 대하는 해양스포츠 활동 전진기지시설로써, 건강을 다지는 체육시설로써, 또는 스포츠형 해양관광전진기지로써 각각 자리매김할 수 있게 되었음을 의미한다. 이로써 마리나산업이 '해양신산업군'에 속한다는 필자의 가설이 객관적으로 증명된 셈이다.

아무튼 마리나는 개발에 따른 건설 분야를 비롯하여 사무실·보트와 차량의 렌트·연료판매·보트육해상보관료/진수료·보트의 제조/판매/유지/보수·여가분야(바, 식당, 목욕탕과 스포츠시설, 해양문화, 음식, 정보, 해양관광)·쇼핑센터 분야(잡화점, 간이음식과 음료, 보팅관련 의류와 부티크, 이발 및 미용원)·건강분야(헬쓰장, 응급서비스)·숙소분야(마리나텔, 식음료, 콘도) 등 2·3차 산업이 함께 어우러져 있는 이른바 2.5산업이 한곳에 집적되어 있다고 볼 때, 마리나 빌리지는 제I편 제13장 〈그림 13-3〉과 같이 일정한 공간에 상호 연관된 2·3차 산업들이 옹기종기모여 있는 아주 작은 단위의 '초미니도시' 기능을 발휘하고 있음을 일목요연하게 확인할 수 있게 해준다.

말을 더 보태면 전통적 해양산업은 항만·해운물류·수산·조선분야를 일컫는다. 그렇지만 최근의 해양산업은 전통적 해양산업뿐만 아니라 신해양산업, 즉 해양과학기술(해양바이오·해저로봇 등)·해양환경

(풍력·조력발전 등)·해양관광(스포츠형·레저형·관광(람)형)/해양스포츠(세일링요트·모터요트·파워스키보드 등)·해양정보·국제선박거래 관련 해양금융 등 이 분야 산업의 범위가 과거보다 한층 확장된 '신 해양산업'분야까지 진화한 수준에 이르고 있다. 특히 해양스포츠산업은 시설업(건설업·운영업), 용품업(제조업·유통업), 서비스업(초보자강습업·마케팅업·정보업) 등 3개 중분류에 7개 소분류가 있다(지삼업, 2006a). 더욱이 마리나 개발은 건설업이고, 운영은 서비스업이다. 각종 보트제조와 판매는 제조업과 유통업에 속한다. 앞으로 융복합소재섬유를 비롯하여 해양과학기술 분야는 그 범위가 더 많이 확장될 전망이다. 마리나산업은 가까운 장래에 지역과 나라를 먹여 살릴 친환경적인 복합녹색동력산업도 되기 때문에 기회비용이 적지 않게 투입된다고 하더라도 마리나 선진국의 건설 노하우를 학습하는 가운데 한국에서만 감상할 수 있는 '토종마리나 풍경'도 선보일 수 있기를 재촉해 본다.

그 이유는 지금 현재로도 수요가 있는 경제적으로 여유가 있는 국내 중상류층을 비롯하여 외국 관광객을 대상으로 고부가가치를 창출할 수 있는 등 각 지역의 내발적 자원인 바다와 강, 그리고 호반을 기반으로 지역경제 활성화를 가까운 장래에 꿈꾸게 해주는 효자산업이기 때문이다. 결코 정신적 사치가 아니다. 이는 최근 마리나 구축 최적의 공간인 지방과 도시지역 해변친수공간을 끼고 있는 각 지자체들이 경쟁적으로 이 산업에 뛰어들고 있는 속내이기도 하다. 물론 지금의 해변 다음으로 마리나 개발지로서 각광받을 수 있는 공간은 강(수)변과 호반친수공간이 될 것으로 전망해 왔다. 그런 점에서 보면 한때 분야 간 의견이 분분했던 4대강개발사업이 강의 지류까지 순조롭게 마무리되었다면, 강변친수공간이 '강 마리나' 시대를 견인하는 계기를 마련할 수 있었겠지만, 결과는 오히려 보(洑)를 철거할 예정이다. 한 시대가 꾸는 꿈이 비전이다. 함께 꾸는 꿈은 현실이 된다. 그러나 4대강개발은 함께 꿈을 꾸지 못하고 결국 남가일몽(南柯一夢)으로 끝날 전망이다.

한편으로 필자는 해양스포츠 각종(해양스포츠단지, 마리나 빌리지, 새로운 개념의 해양관광단지, 보트계류장, 다기능어항, 어촌 마리나역) 전진기지 개념과 같은 반열(대분류)에 놓이는 마리나를 크게 '해양 마리나'와 '강 마리나'로 중분류하고 있다. 물론 세계적으로 현대적 개념의 마리나가 처음 선보인 곳은 지극히 소박한 기본시설만 갖추었던 미국과 영국의 '강 마리나'였다. 이 강 마리나가 기본 및 지원시설을 중심으로 점차 인간적인 요소[편의시설]를 강화하는 쪽으로 진화해온 결과 오늘날은 기본 및 지원시설에다 주거시설이 포함된 편의시설, 교육문화시설, 기타 각종 위락시설까지 추가되는 등 총 5개 기능을 한 곳에 집적시킨 복합녹색안전기능의 해양공간건축물로써 고객의 바람인 집과 같은 '자유와 휴양의 만끽 공간'이 되고 있는 지금의 해양마리나 전성시대를 성큼 열어 놓았다. 물론 강 마리나는 앞으로도 해양 마리나와 함께 여전히 선호될 전망이다. 그러나 해양스포츠 활동에 있어 무엇이 어떻다고 해도 최적의 공간은 바다이고, 차선의 공간은 강이나 호소(lake)일 수밖에 없다. 실제로 대다수 동호인들이 선호하는 공간은 바다라는 점에서 해양 마리나의 선호추세는 계속될 전망이다.

특히 당시 국토해양부가 2009년에 처음으로 내놓은 개념인 마리나항은 '개항질서법'에 따른 무역항의 기능이 쇠락한 기존 항만을 중심으로 재개발을 통해 마리나로 일부 기능을 전환시킨 항만을 일컫는다. 특히 '마리나항만의 조성 및 관리 등에 관한 법률' 제1조 제1항에서는 "마리나항만이란 '마리나 선박의 출입 및 보관, 사람의 승선과 하선 등을 위한 시설과 이를 이용하는 자에게 편의를 제공하기 위한 서비스시설이 갖추어진 곳으로서 같은 법 제10조에 따라 지정·고시한 마리나항만 구역을 말한다.'라고 규정해 놓고 있다. 유럽의 경우, 이 개념에 엇비슷한 마리나항은 흔히 있다. 그러나 그들은 마리나, 혹은 요트항이라고는 말할지라도 '마리나항만'이라는 개념은 적용하지 않는다. 이 개념은 해양스포츠 각종 전진기지 중 중분류에 해당되는 해양스포츠단지(마리나 빌리지·새로운 개념의 해양관광단지), 또는 보트계류장에 이미 함의되어 있는 개념이기 때문에 대중의 혼란을 가중시킬 우려가 있지 않을까 조금은 걱정이 되고 있다. 그런 점에서 보면 당시의 국토해양부가 군이 억지스런 개념조작을 통해 새로운 개념을 내놓지 않으면 안 되었던 속내는 기능쇠락의 항만이나 어항을 마리나로 재개발하기 위한 법적 근거 마련에 있었지 않았을까 하고 추론해 볼 수 있다.

아무튼 마리나 등 해양스포츠 각종 전진기지에 대한 고객의 바람은 집과 같은 '안락함(자유)과 쾌락(휴양)의 만끽'일 것이다. 이 바람 속에 앞으로 마리나산업이 지향해야 할 인프라 구축 과제가 있다고 볼 때, 숙박하는 가운데 각종 해양스포츠 활동과 인근 대중골프장과의 연계상품화, 그리고 다양하고 고급스런 편의시설과 고품질 서비스 제공 등 원스톱시스템 구축을 통해 아무런 불편 없이 수일 머물 수 있는 그런 매력적인 공간의 창조가 마리나산업이 궁극적으로 지향해야 할 역점방향, 즉 제4세대 마리나인 '복합녹색안전인공지능 마리나'라고 생각하고 있다. 게다가 마리나산업은 다른 분야에 비해 비용 대비 편익(B/C)이 가장 높고, 특히 마리나는 다른 사업보다 수익이 높기 때문에 EU지역 마리나사업자들은 투자에 대단히 매력 있는 산업으로 평가하고 있다(Raviv, A., 2006).

그렇지만 국내는 2019년 3월 기준 해양스포츠 저변확대 속도가 생각보다는 소걸음 상태이고, 또 경제강국을 의미하는 1인당 국민소득 3만 달러를 넘었다고는 하지만 우리가 앞으로 헤쳐가야 할 경제상황이 녹록지 않을 뿐만 아니라 주요국의 보호무역과 통상 분쟁으로 세계 자유무역 기조가 위협받고 있는 요인까지 덧보태져 마리나산업 시장현재화 시점을 언제쯤이라고 콕 짚어 말하기가 어렵다. 물론 지금 현재로도 마리나가 일부 필요하고, 또 앞으로는 더 많이 필요할 것은 사실이다. 그러나 시장성이 의문시되기 때문에 지금은 우선 시장을 활성화시킬 방안으로 중앙정부와 지자체가 49 vs 51 지분으로 공동 투자하여 전국을 사업권으로 하는 보트수용규모 최소 300~500척(보트길이 10m 기준)이상의 공공거점마리나 5~6개소 개발을 중·대도시권부터 시작하여 2025년까지 연차적으로 추진해 나가는 일이 될 것이다. 2009년 '마리나항만법'이 마련된 이후 순수민간자본으로 개발한 영세마리나는 대략 40여 곳 있는 가운데 주민민원에 발목 잡혀있는 수영요트경기장이 1000억 원을 투입하여 마리나로 재개발될 예정이지만, 2019년 3월 기준으로는 기본 및 지원시설은 물론 편의시설과 해양문화시설, 기타서비스시설까지 다양하게 갖춘 마리나다운 마리나는 단 한 곳도 없다. 다만 공기업차원에서는 부산항만공사가 500억 원을 투자하여 200척 수용규모로 2021년 9월에 완공할 '북항 마리나'개발이 현재 진행되고 있을 뿐이다. 이처럼 마리나산업 활성화에 크게 영향을 미치는 해양스포츠 저변확대 속도가 매우 느리고, 또 마리나가 고객에게 제공하는 서비스품질 역시 낮은 수준이기 때문에 수요 창출에 이래저래 어려움을 겪을 수밖에 없는 상황이라고 진단할 수 있다.

특히 일본의 사례를 보면, 마리나산업은 1인당 국민소득 3~4만 달러 사회에서도 경제 호황기에는 왕자이지만, 불황기에는 걸인신세로 수직 추락하는 특성을 갖고 있음이 확인되고 있고, 또 300~500척 규모라고 하더라도 마리나 개발 손익분기점은 개발 이후 대략 10년 안팎의 시간이 경과되어야 도달할 수 있다는 필자의 일관된 주장에도 동의하는 사람들이 점차 증가하고 있다. 1986년 개발된 부산수영요트경기장이 20여년이 지난 2010년에 와서야 겨우 손익분기점을 웃돌고 있는 사례를 들어, 마리나산업은 개발 후 손익분기점이 되기까지는 10~20년 정도 소요되는 장기산업군(群)에 속하는 업종이라고 규정한 바가 있었기 때문이다. 손익분기점 도달 기간은 공공상업마리나가 수영요트경기장처럼 주인이 없는 것이나 다를 바 없는 공공마리나보다 훨씬 빠른 것은 사실이다.

실제로 손익분기점 도달 기간에 대한 해외사례는 1996년 자본금 40억엔(요코하마시 51%, 민자 49%)으로 개발한 보트수용규모 1,501척(모터요트 60%, 세일크루저요트 40% 점유)인 일본 요코하마 베이사이드 마리나를 꼽을 수 있다. 이 마리나는 개발 후 12년이 지난 2008년쯤에야 겨우 손익분기점을 웃도는 경영이 가능할 수 있었다는 사실을 주목할 필요가 있다(울산광역시, 2010). 특히 부산수영요트경기장을 놓고 본 필자의 견해가 이번에는 '울산광역시 선진국(호주·뉴질랜드·일본) 마리나 벤치마킹 결과보고서'에서 사실로 확인되고 있기 때문에 자치단체들의 민자 유치사업이라면, 마리나 개발 즉시 이 공간을 중심으로 4계절 수익창출이 가능한 콘도 등 숙박시설, 대중골프장, 롤러코스트 등 편의 및 위락시설을 선도 사업으로 착수할 수 있도록 마리나 배후부지를 대규모로 제공하는 등 적극적인 행정 지원이 중요하다. 결국 사업자로서는 선도 사업에 관련된 아이템 덕분으로 마리나 경영도 덩달아 어느 정도는 숨통이 트이는 이른바 '옷자락 효과(coattail effect)'에 의해 사업의 장기국면에 대비할 수 있는 기초체력을 강화할 수 있게 된다. 국내의 경우, 사업자들이 겪게 될 막대한 초기투자비에 따른 부담스런 금융비용 발생을 비롯하여 개발로부터 약 10여 년간 이어질 마리나 적자운영에 의한 단·중기적인 경영압박 요소 등을 해소시켜 나갈 동력이 되도록 정부가 배려하지 않으면 민자 사업유치는 성공하기 어렵기 때문이다.

최근의 국제추세는 마리나 개발을 위한 마리나 개발이 아니라, 1960년대 후반 개발된 프랑스 랑그독-루시옹지역의 마리나 개발에서 첫 선보인 콘도, 혹은 고급주택단지를 원활하게 분양하기 위한 마케팅전략 중 하나로서 마리나 개발을 도입하고 있다는 측면도 주목했으면 싶다. 이런 점에서 당국이 규정한 개념인 순수 스포츠형 마리나보다는 숙박기능 등 각종(주력 및 환경아이템) 시설을 중심으로 수익창출 다변화를 통한 고부가가치 창출을 목적하고 있는 해양리조트형(복합형) 마리나 개발에 올인하는 전략이 한층 정책리스크가 적을 것으로 보고 있다.

결국 2019년 6월 현재, 1인당 국민소득 3만 달러 사회에 진입한 우리나라의 마리나산업은 7~8개월 정도 지속되는 비수기를 비롯하여 개발 이후 손익분기점이 되기까지 10~15년 동안 지불해야 할 비교적 거액의 초기투자비에 대한 부담스런 금융비용 발생, 그리고 수산업법 등 제도개선 미흡과 국산장비 개발과 저변확대 부진에 따른 시장현재화 시점 불투명성 등의 경영 위험요소가 산재해 있는 만큼, 마리나의 전통적인 수익창출 분야인 보트계류비나 사무실임대비에만 의존하기보다는, 우선 개발완료 즉시 연중 수익이 창출되는 콘도, 대중골프장, 위락시설 등에 관련된 '환경상품'을 선도 산업으로 적극 도입하여 경영에 안정화를 기해 나가는 등 단·중·장기별 전략수립을 통해 마리나를 관리해 나가는 방안 모색이 보다 현실적인 대안이라는 생각을 갖는다.

이는 선진국 진입을 의미하는 1인당 국민소득 3만 달러 사회가 되었고, 또 영국, 프랑스, 미국의 선례를 보면 마리나산업이 언젠가는 돈이 되는 산업이 될 것은 분명하다고 하더라도 매우 장기적일 것으로 예상되는 시장현재화 시점(2025~2030년)까지는 경상경비, 인건비, 금융경비 등 부담스런 지출이 계속 이어지는 가운데 비수기마저 연중 최소 8개월 이상 지속됨에 따라 수입은 거의 없는 악순환의 상태가 지속되는 등 경영 위험요소가 적잖게 도사리고 있다는 뜻도 된다. 그렇기 때문에 지구전(持久戰)이 될 사업장기국면에 대비한 경영전략이 꼭 필요하다는 점에서 2019년 6월 현재로서는 환경콘텐츠(콘도·대중골프장·보트수리소 및 판매장·롤러코스트 등 위락시설)를 중심으로 수익을 어느 정도는 창출해 나가는 등 마리나 경영에 슬기롭게 대처해 나갔으면 한다. 실제로 한국마리나산업협회 김용환 박사의 연구(2018년 10월 26일)에 의하면, 2017년 기준 34개 마리나의 수익창출 아이템 중 보트계류비와 사무실임대료 항목에서는 거의 수익이 창출되고 있지 않았다고 했다. 수익창출 주력 항목은 식음료 분야로서 필자가 말하는 '환경상품'이었다.

더욱이 각 지자체에서는 마리나 시장현재화 시점에 대한 예측이 불투명한 실정에서는, 중앙정부의 마리나산업 활성화 정책에 따른 사회간접자본시설 지원 등 이른바 '낙수효과'에 의존할 것이 아니라 개별 중심을 갖는 분자적 마리나 생존전략, 즉 지자체 각자의 지역시장 공간 범위 내에서 창의적인 방식으로 마리나를 개발하여 고객으로부터 다른 세상에 와 있는 것처럼 착각할 수 있도록 차별화시키는 한편으로 대대적인 해양스포츠 저변확대사업 전개를 중심으로 치열(熾烈)하게 자체 시장생태계 갈무리에 나서야 하는 이른바 '분수효과'를 중심으로 자구책을 적극 구사하는 자세가 가장 현실적인 생존전략이요 반드시 뛰어 넘어야 할 허들(hurdle)이라고 강조하게 된다.

따라서 마리나산업은 〈그림 1-5〉와 같이 아주 작은 규모의 소도시기능을 발휘하고 있는 개별 마리나의 활성화를 통해 일자리 및 부가가치 창출기대가 중요하고, 마리나운영의 성공 지름길은 크게 3가지라고 보고 있다. 첫째, 대도시권에서 최대 1시간 이내의 거리에 놓여 있는 곳에 더 넓은 부지를 확보하고 있는 소위 제4세대 마리나인 '복합녹색안전인공지능 마리나'로 개발되어야 하고 둘째, 이 시설을 운영할 인력들의 업무역량 고도화이다. 셋째, 마케팅능력이다. 따라서 마리나 빌리지는 사람들의 소박한 정서인

'해양스포츠', '해양휴양', '오락', '심미', '안전' 등 5개 요소를 오롯이 담아낸 결정체로서 몸이나 마음의 치유인 힐링(healing)을 마케팅 할 관련 2·3차산업이 함께 어우러져 있는 2.5차 산업단지로써 직·간접경제유발효과는 물론 일자리 창출효과도 대단히 높은 산업이 곧 마리나산업이라고 말할 수 있다.

2) 마리나산업의 내·외적 환경

마리나를 이해하기 위한 접근방법은 두 가지가 있다. 하나는 마리나를 기본 및 지원시설 중심으로 그 자체의 고유한 논리에 따라서 이해하는 것이고, 다른 하나는 마리나를 편의시설, 해양문화시설, 기타서비스시설을 중심으로 경제·사회적 환경 속에서 이해하는 일이다. 전자를 마리나에 대한 내적 접근방법이라고 한다면, 후자는 외적 접근방법이라고 말할 수 있다. 상보성(相補性), 즉 기본시설을 지원하는 성격을 갖고 있는 지원시설인 보트수리소, 선석과 보트실내보관창고, 스트래들 캐리어(straddle carrier) 등에 대한 이해는 내적 접근방법이다.

내적 접근방법은 마리나를 이해하는 데 기본은 되지만, 그것만으론 마리나와 경제에 대한 전모를 파악하는 데는 크게 못 미친다. 마리나활동은 인간의 다른 여가활동과 동떨어져 존재할 수 없기 때문에 항상 사회·경제와 관련을 맺으며 선호되고 있다. 마리나자체의 내적인 요구가 전혀 없다고 하더라도 사회·경제 환경이 변하면, 마리나는 그에 상응하는 변화의 부침을 겪을 수밖에 없다. 마리나를 살아 있는 생명체로 봐야하는 연유가 바로 여기에 있다. 변화를 겪지 않는 생명이 존재하지 않듯이 변화 없는 마리나도 없다는 뜻이다. 그 절박한 경영환경은 오늘날에도 이어지고 있다. 환경콘텐츠에 속하는 세컨드하우스, 마리나텔 등의 숙박 및 편의시설이나 기타 서비스시설, 심지어 바다 활동과는 거의 관련성이 없는 롤러코스터 등의 일반 다중위락시설처럼 비수기를 극복할 새로운 아이템이 적극 도입되기도 하는가 하면, 일본 '즈시 마리나'는 신도시건설을 위한 고급아파트단지 분양을 촉진할 목적으로 마리나시설을 오히려 장식품(accessory)으로 선전하여 주객전도(主客顚倒)시켜 놓은 이례적인 돌연변이(mutation) 사례가 있고, 또 폰툰 등 각종 기본시설은 절박한 경영환경 속에서도 그 중요성을 결코 의심하지 않는 그런 일련의 부침현상들은 마리나 고유[DNA]의 내적인 논리만으론 도저히 설명력을 갖지 못하는 사례들이라고 봐야 한다.

물론 세계적으로 기본 및 지원시설이 중심이 되는 현대적 마리나의 개념을 처음 선보인 곳은 1832년 미국의 '사우스 워프 마리나'이다. 이후 총 187년이 경과한 지금까지도 방파제를 비롯하여 마리나의 육·해상보트계류장과 경사로 등에 관련된 기본 및 지원시설(급전·급수·급유)이 모든 외부 환경으로부터 자유롭다는 관념은 여전히 힘을 지니고 있는 것이 사실이다. 그러나 마리나가 경제 환경으로부터 독립되어 있다는 관념은 마리나산업에 종사하는 많은 사람들이 그것으로 생활을 영위하고, 또 마리나 개발이 이용객의 선택을 둘러싸고 다른 재화와 치열하게 경쟁하고 있는 시장 환경을 외면한 시각이다.

필자의 연구 '해양스포츠 전진기지 기능과 이용자의 라이프스타일 및 만족도의 관계(지삼업·이재빈 2009b)'를 참고해 보면, 마리나의 각종 시설은 부가가치 창출과 직결되고 있음이 확인되고 있다. 심지어 마리나의 풍경도 경제와 연관되어 있는 터에 그 어떤 시설인들 경제와 관련성이 없을까. 187년 전부터 강변을 중심으로 현대마리나의 개념이 나타나기 시작한 시기에는 기본시설, 지원시설, 편의시설, 해양문화시설, 서비스시설 등에 대한 개념이 흐릿한 가운데 기본 및 지원시설 중심으로 운영되어 왔다. 이는 제한적인 계층만이 참여하는 등 이용률이 극히 낮았을 뿐만 아니라 사람들의 문화생활도 행복의 갈무리단계까지는 진화하지 못했던 것에서 비롯된 현상이라고 볼 수 있다. 영국의 경우 개인소득이 증가하고, 또 노동 분업의 진화와 1850~60년대에 토요 반휴 및 일요일 전휴제도가 은행권 및 섬유산업으로부터 세계 첫 도입된 이래 법정 공휴일로 지정된 것은 1871년의 일이고(지삼업·조성민, 2013b), 이럴 계기로 각종 편의시설에 대한 요구가 증대되기 시작한 결과 다양한 문화가 마리나시설에 도입되는 계기를 촉발시켰다. 이런 점에서 보면, 마리나시설도 경쟁에서 살아남기 위해서는 어쩔 수 없이 그 시대의 경제·사회·문화적 측면을 적극 반영할 수밖에 없었다고 봐야 한다. 다르게는 시장에 기반을 둔 근대사회가 성립된 이후 사회 각 부문에서 경쟁이 기본원리로 자리 잡았다는 의미도 함의하고 있다.

마리나는 현대마리나가 첫 나타난 1832년부터 1950년대까지 대략 118년 간은 제1세대 마리나인 기본시설시대였고, 이어 1960년 6,100척(2018년 기준 1만 척 계류규모) 계류규모의 미국 마리나 델 레이(Marina Del Rey)와 1964년 시카고 시티 마리나에 의한 복합형 마리나가 선을 보였고, 프랑스 랑그독-루시옹지역에 소재한 그랑모뜨 마리나개발이 완료된 1960년대 중반부터 해양리조트형이, 게다가 1990년대 중반부터는 미국(플로리다), 영국, 그리고 2004년 호주, 2006년 뉴질랜드 등을 중심으로 '클린 마리나', 즉 복합친환경 마리나 개발과 차별성을 중시하는 관념이 형성되었고, 그런 결과로 오늘날은 과거 1950년대와는 전혀 다른 복합녹색안전개념의 새로운 마리나 풍경을 선보이기에 이르렀다. 결국 마리나 발전은 크게 제1세대 마리나인 '기본시설 시대', 제2세대 마리나인 각종 편의시설 중심의 '복합시설 시대', 특히 오늘날은 제3세대 마리나인 '복합녹색안전 마리나 시대'가 이어지고 있는 가운데 제4세대 마리나인 '복합녹색안전인공지능 마리나 시대' 여명기도 맞고 있다. '녹색마리나'는 해양기후를 포함한 모든 환경인자와 문화가 가미된 정량적 분석을 토대로 하는 해양공간건축설계가 이뤄져야 복합녹색해양건축물로써의 친환경마리나가 된다. 물론 지금까지의 그 모든 변화의 중심에는 시대에 따라 변화하는 고객의 가치관이 똬리를 틀고 있음이 사실이다. 이처럼 마리나시설의 흐름을 일목요연하게 파악하는 것은 마리나읽기의 첫 걸음이고 첫 삽질이다. 마리나읽기는 소박하게나마 짚어내기가 되고 캐기가 된다. 광부가 광맥을 캐듯이 눈으로 마리나의 밑층을 헤집게 된다. '누워서 떡먹기'까진 몰라도 '앉아서 떡먹기' 정도는 될 수 있다. 그러나 고객 가치관 변화를 잘못 파악하거나 아예 파악하지 못하면 마리나읽기는 길을 잃게 된다.

한편으로 마리나의 외적 접근도 내적 접근과 마찬가지로 한계가 있기 때문에 마리나의 진면목을 파악할 수는 없다. 외적접근은 마리나에 대한 수준 평가기준을 제시할 수 없는 단점이 있다. 일반 재화와는 달리 마리나의 가치는 기본 및 지원시설의 특성에 의해 결정된다. 그렇지만 기본 및 지원시설의 편리성, 다양함, 독창성, 안전 같은 가치는 경제적 가치와 비례하지도, 그것으로 등치되지도 않는 등 그 자체로 소중한 역할을 한다.

한 사회 속에서 마리나와 경제는 어떤 위치에서 어떻게 관련을 맺고 있을까? 사회는 정치, 경제, 문화 등 세 가지 영역으로 구성된다. 마리나는 해양공간건축, 해양·해안·항만공학, 조경, 건축디자인 등의 분야가 참여하는 각종(마리나·해저수족관·해저호텔·방파제시설 등) 해양공간건축물 중의 하나에 속하는 해양문화 향수 공간이다. 사회는 고정되어 있지 않고 끊임없이 발전 진화한다. 더욱이 사회를 구성하는 정치, 경제, 문화는 정태적 조응관계(照應關係)를 유지하는 것이 아니라 많은 변화 속에서 서로 작용하고 영향을 미치면서 함께 발전한다. 이러한 조응관계에 대해 일찍이 칼 하인리히 마르크스(Karl Heinrich Marx: 1819~1883)는 "토대[경제]에 기초해 정치적 상부구조가 나타나고, 또 토대에 상응해 일정한 형태의 사회의식이 발생한다."고 설파했다. 물론 여기서 말하는 토대는 경제영역이고, 사회의식은 문화영역을 일컫는다. 마르크스에 의하면, 특히 사회 존립의 토대인 경제영역은 문화영역이나 정치영역을 자리매김하는 지위에 있다는 것이다. 인간생활은 일차적으로 물질적인 조건에 의지하며, 정치·문화와 같은 정신활동은 물질적 활동에 기반을 둔 이차적 활동이기 때문이다.

더욱이 경제적 번영은 한 사회의 문화·예술·스포츠가 발전하는 자양분이다. 실제로 고대 그리스, 르네상스 시대의 이탈리아(베네치아), 17세기 프랑스, 19세기 영국, 20세기 미국 등 그 시대의 경제 중심지는 곧 문화·스포츠의 중심지이기도 했다. 특히 21세기 첫 20년대를 목전에 두고 있는 지금 세계경제 중심은 중국, 한국, 일본 등 동아시아로 이미 이동하고 있다고 한다. 2008년 북경하계올림픽, 한국은 1988년 서울하계올림픽을 비롯하여 2018년 2.9~2.25까지 개최된 평창동계올림픽까지 성공시켰고, 또 일본 역시 탄탄한 경제력을 앞세워 2020년 도쿄하계올림픽개최를 차질 없이 준비하고 있는 등 세계스포츠의 중심 축(軸) 역시 동아시아로 이동했음을 실감하기에 충분한 사례들이다. 특히 비약적으로 발전하는 중국의 경제력은 미국의 경제력을 따라잡기에 이르고 있다. 물론 한국도 2018년 선진국 진입을 의미하는 1인당 국민소득 3만 달러대에 진입했다.

선진국의 사례를 참고해 보면, 해양스포츠는 1인당 국민소득 2만 달러 사회가 되면 1인 1척의 보트소유를 의미하는 '자가 보트(My Boat) 소유시대' 도래의 징후가 서서히 나타나는 것과 함께 해양스포츠가 대중화의 급물살을 타기 시작하고, 이어 마리나산업도 관심을 보이기 시작하여 3~4만 달러시대에는 꽃을 활짝 피운다는 점에서 경제와 해양스포츠와 마리나산업은 더욱 민감한 조응관계에 놓여 있음이 입증되고 있다.

그러나 2019년 6월 기준 한국의 1인당 국민소득(GNI)은 2만 달러대를 12만에 졸업하고 3만 달러를 돌파하며 선진국과 어깨를 나란히 했지만 소득 주도 성장을 고집하는 한, 4만 달러를 향한 우리 경제의 미래는 어둡다는 것이 전문가들의 진단이다. 많은 소상공인들이 문 닫을 위기에 있고 물가는 치솟고 청년 취직은 안 되는 이런 상황에서 마리나산업은 더욱 어려울 수밖에 없다는 전망을 내놓는 근거이기도 하다. 2019년 6월에 발표한 한국은행의 경제발전 목표는 2.4%이다. 과거 거품경제로 어려움을 겪은 일본의 경우를 보면, 마리나산업은 경제호황기에는 '범털이지만, 불황기에는 개털'로 전락하는 등 여가산업분야 중 가장 경기변동에 민감한 반응을 나타낸 사례가 있다. 특히 세계의 보트산업은 미국의 소형보트시장 회복세를 젖혀 놓으면, 유로존 등 거의 모든 나라가 적잖은 어려움을 겪고 있는 상황이기도 하다.

결국 문화·스포츠영역과 경제 간에는 민감한 조응관계가 존재하고, 특히 역사 속에서 볼 때 하나의 경제체제가 있으면, 그것에 버금가는 수준에서 문화·스포츠가 존재한다는 것이 통례였다고 말할 수 있다. 그렇지만 마리나와 경제의 관계는 그렇게 단순하지도 일방적이지도 않다. 마리나는 그 자체로서 필요에 따라 발전하기도 한다. 또 마리나 발전에는 경제적 요소 외에도 여러 다른 영역의 변수가 광범위하게 영향을 미친다. 마리나가 불황기를 잘 대응하지 못함으로써 도산하는 사례가 많고, 반대로 마리나의 자기변신이 경제를 촉진시키는 역할을 하기도 한다. 실제로 최근 제주도를 포함하여 바다를 끼고 있는 전국의 각 지방자치단체들이 경쟁적으로 마리나 개발대열에 참여하고 있는 이유도 마리나의 경제촉진 기능에 주목하고 있기 때문이다.

그렇지만 민자 유치사업의 경우 시장현재화 시점 예측이 불투명한 현재의 상황에서 토지이용도(상업지구로 용도변경)와 사업성(용적·건폐율)이 없으면 그들은 외면한다. 또는 일부 참여한다고 하더라도 자체시장생태계가 매우 열악하고 또 보트계류척수도 규모의 경제수준에 훨씬 미달하는 요인들이 덧 겹쳐 사업부진과 도산에 내몰림에 따라 지역경제를 활성화시키기는커녕 오히려 발목을 잡는 경우도 있을 수 있기 때문에 적확한 수요예측을 중심으로 개발 여부를 결정했으면 한다. '동해안권 발전 종합계획 중 일부(울산 진하마리나) 선도 사업 기본계획용역'처럼 자칫 전문성이 없는 얼치기용역업체만 배불리는, 그래서 휴지조각보다 못한 거의 실현성이 없는 기본계획용역 때문에 실시설계용역비만 낭비하는 일은 없어야 한다. 결국 울산 진하 마리나개발 계획은 사업자들이 외면함에 따라 백지화되었다. 자문과정에서 우려를 중심으로 필자가 조목조목 지적한 것을 두고 군수가 고깝게 생각하여 버럭 화를 내기도 했지만, 결국 자문내용이 현실이 되어 계발계획은 무산됐다.

따라서 마리나산업과 내·외적 환경간의 상호영향을 감안해 보면, 국내의 경제가 처해 있는, 또는 마리나산업이 처해 있는 상황을 중심으로 마리나개발 주요 변수로 적용하여 2020년까지는 소상공인에 의한 간이보트계류장 다수 공급과 병행하여 중앙정부와 지방자치단체 협력차원(1+1)의 거점 국제공공마리나를 5~6개소 정도 신규 개발하는 등 스포츠형 해양관광객들에게 체험기회 제공과 교육을 통한 시장 외연확장에 진력하고, 이후에는 시장기제에 맡기는 그런 정책구사가 필요하다고 볼 수 있다. 당국은 당초 목표한 2019년까지 총 선석 4000석에 62개소 마리나확보 숫자에만 함몰되기 보다는 수요를 가로막고 있는 장애요소를 우선 하나하나 제거해 나가는 가운데 마리나공급을 조절하는 등 '과유불급(過猶

不及)'을 마리나개발 경구로 삼았으면 한다. 마리나를 과잉 공급하여 1990년대 중반부터 2010년대인 오늘날까지 어려움을 격고 있는 일본의 사례를 반면교사로 삼았으면 한다.

8. 마리나산업 정책비중, 제조업과 서비스업 분야에 무게를 더해야

충실과 신뢰를 중심으로 건강을 다지고 너도나도 행복을 갈무리하는 가운데 집과 같은 안락과 쾌락을 서비스해야 하는 마리나는 양질의 해양스포츠 활동을 비롯하여 해양관광 스포츠형 프로그램 향수를 위한 필수시설에 해당되기 때문에 〈표 1-2〉에서처럼 최상위개념인 대분류에는 '마리나산업'이 놓이고, 그 대분류의 종개념에 속하는 중분류에는 시설업(소분류 2개 업종), 용품업(소분류 2개 업종), 서비스업(소분류 3개 업종) 등 세 가지가 놓이게 된다. 따라서 마리나의 개발과 관리 및 운영 분야는 마리나산업의 세 가지 중분류 중 한 분야인 시설업의 종개념에 놓이는 소분류의 위치에 놓인다. 마리나산업 전체에서 차지하는 시설업의 비중 역시 산술 평균적으로 보면 대략 33.3%를 점하고 있지만 직·간접적으로 연관되어 있는 산업의 종류가 많다.

그렇지만 '마리나산업'과 함께 '해양스포츠 전진기지산업', '요트하버산업' 역시 직·간접적으로 관련되는 산업의 종류가 다양하고, 시장 영향도 국지적·글로벌적인 가운데 그 흥망도 서로 병렬적(並列的)으로 잇대어 있다는 특징을 감안하면, '해양스포츠 전진기지산업'을 비롯하여 '요트하버산업'을 대분류개념에 놓고 각각의 종개념들을 따져보아도 그 이해에는 별반 문제될 것이 없다. 그러나 특정의 분야에 큰 의미를 두지 않는 해양스포츠학연구의 시각으로 접근하면, '해양스포츠 전진기지산업' 혹은 '마리나산업'은 당연히 해양스포츠산업보다 하위의 위상을 갖는 세 가지 중분류 중 하나인 '시설업'에 불과하다는 점은 확실해진다.

더욱이 세간(世間)에서는 '마리나'라는 용어만 나오면 거의 모든 사람들이라고 해도 좋을 만큼 많은 사람들이 시설업인 마리나의 개발 및 관리/운영 분야만 떠올리는 경우가 흔하다. 그렇지만 직·간접으로 연관되어 있는 다양한(용품제조업·서비스업) 산업을 망각하고 있는 이런 경향성은 마리나산업 활기찬 미래를 위해 특별히 유의하지 않으면 안 되는 측면이다. 물론 해양수산부는 2015년 7월에 일명 '마리나항만법(약칭)' 시행령을 일부 개정하여 마리나 내에 숙박시설(콘도·해변주택 등) 건설을 비롯하여 일정규모 이상의 1인 소유 보트(세일크루저요트·모터요트)도 숙박업이 가능하도록 하고 있기 때문에 서비스업 활성화에 촉진제가 될 전망이기는 하다. 이후 이 시행령에 근거를 두고 부산에서는 '요트탈레' 등 2개 업체가 2016년에 호기롭게 스타트업했다. 이후 우후죽순 격으로 60여개 업체가 난립하고 있다. 이중 몇 개나 끝까지 살아남을지 궁금해지기도 한다. '요트탈레'는 2018년 부산시로부터 우수 벤처기업으로 선정되어 표창을 받았다.

아무튼 당국의 이런 전향적인 태도를 시작으로 이제 시설업과 같은 맥락에서 '용품제조업'과 '서비스업' 분야에도 정책육성의 비중이 한층 무게를 더해 나가야 할 과제를 안고 있는 셈이 된다. 마리나산업은 각종 해양스포츠 향수를 비롯하여 해양휴양 활동에 관련된 시설업(마리나개발·전기/수도/오폐수종말처리시설 등 설비업·시설관리/ 운영업)을 비롯하여 용품제조업(장비/기구제조/소재개발)과 서비스업(해양관광스포츠형 프로그램지도·숙박·랜탈·금융·장비/기구 택배·대행[발레파킹(valet parking)/딜리버리(delivery)·컨설팅·가이드·교습강사·연수/교육·고장수리·장비/기구판매·정보업] 등 마리나산업을 대분류로 하는 3개 중분류에 7개 소분류로 구성되는 이른바 2.5산업군(群)이 직·간접으로 연계되어 있기 때문에 이들 분야에 관련된 직·간접 경제유발 효과를 비롯하여 일자리 창출 효과도 상당하다. 내수면 마리나 역시 직·간접 경제유발 효과를 비롯하여 일자리 창출 효과 또한 다른 산업에 비해 높을 것이 예상된다.

따라서 이 책에서 우리문화의 적합성을 중심으로 규정한 '해양스포츠 전진기지산업', 또는 세간에서 흔히 말하는 '마리나산업'이라는 개념의 대분류 적용은 어느 경우나 층위(層位)를 의미하는 것이 아니다. 특히 '해양스포츠 전진기지' 개념의 경우 1928년에 미국의 전국엔진보트협회'가 처음 써먹은 '마리나(해변산책길)라고 하는 말의 그 뜻이 그로부터 대략 90년이 지난 오늘날에는 맞지 않기 때문에 우리나라 해양문화의 적합성을 강조할 목적으로 '해양스포츠 전진기지'로 표현하고 있음을 분명하게 이해하는 일이 매우 중요하다. 이들 두 개념은 본질적으로 이음동의어이다. 그러나 자칫 헷갈릴 수 있기 때문에 설명을 조금 보탰다.

실제로 해양수산부가 2014년(항만 및 어항공사 전문시방서, 해설서)에 이어 2017년 8월에 발행한 '항만 및 어항 기술기준(설계기준/표준시방서-마리나편-) 통합코드와 그 해설서'에서도 '마리나'와 '해양스포츠 전진기지'를 영문을 통해 같은 개념으로 나란히 병기(倂記)해 놓고 있다. 사실이 그렇다면, 마리나나 해양스포츠 전진기지가 양질의 해양스포츠 활동을 위한 시설임에는 분명한 이상 개념기준 분류체계에서 최상위에 놓여 있는 '마리나산업'이나 '해양스포츠산업'의 중분류에 시설업이 각각 위치하게 되는 것은 너무나 당연하다고 볼 때, '마리나'나 '해양스포츠 전진기지' 개념이 같은 위상을 갖고 있음이 '개념기준 분류체계'에 의해서도 재확인되고 있다고 해야 할 것이다.

뿐만 아니라 마리나산업 용품업(제조업)과 서비스업에서 창출되는 부가가치 및 일자리는 시설업(마리나 개발 및 관리/운영)보다 오히려 높다는 것도 확인할 수 있었다. 그런 가운데서도 특히 산업으로 키우고 수출을 장려해야 하는 마리나산업 용품업(제조업)은 서비스업보다 그 효과가 더 커다는 것이 통설이다. 마리나산업 용품업을 포함하는 일반 제조업의 경우, 독일 일본 등 선진국들을 보면 하나같이 제조업 강국이다. 미국, 일본, 중국 등 제조업을 잘하는 나라들은 경제가 발전하고 있다. 무엇보다 제조업은 생산유발 효과가 크기 때문에 제조업이 발전하면 모든 연관 산업이 동반 발전하는 시너지효과를 낳는다. 서비스업의 규모가 실질적으로 굉장히 커지고는 있지만, 경제성장 기여도는 오히려 제조업의 비중이 크다. 바둑에서도 수순이 틀리면 대마가 죽어버린다고 한다. 그러니까 어느 산업을 더 중요하게 여겨야 할지 우선순위를 잘 생각해야 한다(김태유, 앞의 책). 특히 우리나라가 1997년 IMF 경제위기를 비교적 단기간에 벗어날 수 있었든 것도 당시로서는 제조업 분야가 튼실했기 때문에 가능했음을 잊지 말아야 한다는 것이다. 그렇지만 2019년 현재는 국내 제조업이 크게 어려움을 겪고 있다고 한다. 실제로 반도체산업을 젖혀두면, 그간 국가 경제에 효자 노릇을 톡톡히 해온 조선업의 몰락을 비롯하여 승용차 수출 역시 고전을 면치 못하고 있다는 것이다.

나라의 튼실한 경제를 위해 예전 같지 않은 제조업 분야를 특별히 걱정하지 않을 수 없는 대목이다. 사실이 그렇다면 문재인 정부의 '해양수산부', '산업통상자원부', '중소벤처기업부'가 앞장서서 자본과 기술이 투입되도록 마리나산업 제조업(용품업) 분야만이라도 우선 규모의 경제를 이뤄나갔으면 한다. 그런 가운데서도 특히 문화체육관광부는 마리나산업 분야 중소·중견 상공인들이 덩치를 키울 수 있도록 현재 법령상 관광사업에 해당되지 않은 채 그간 법령의 사각지대에 팽개쳐 놓고 있었던 마리나산업 서비스업 분야 활성화를 위해 마리나사업(보트계류/보관·식당·숙박· 해수수영장· 볼링장·카지노·각종 위락시설 등 육상과 해양의 관광 콘텐츠를 융·복합시켜 마리나를 4계절 해양관광지로 육성이 마리나사업 육성의 알파요 오메가가 됨.)을 시대 발전을 감안하여 반드시 신(新)유형의 해양관광사업도 기존 관광사업의 카테고리, 즉 범주(範疇)에 포함될 수 있도록 관광사업 분류체계 개편·지정 기준 마련을 위한 관련 법령을 개편할 필요가 있다할 것이다. 더욱이 마리나는 새로운 개념의 해양관광단지라는 점에서도 문광부의 관련 법령의 개편 작업에 당연히 그 책임이 있다.

물론 정부는 2018년 하반기까지 관계법령을 개편하기로 했다는 보도가 있기는 하지만 과거의 사례를 참고해 보면, 현장의 실정을 십분 반영한 보다 촘촘한 정책수립 없이는 문광부의 이번 법령 개편의 효과는 제한적일 수밖에 없다는 사실을 관계자들은 명심(銘心)했으면 한다. 진작부터 그렇게 되어야 했지만 그래도 지금부터라도 문체부의 세심한 정책에 의해 마리나사업이 '큰 카테고리(대분류)'의 관광업으로 등록이 되는 시대가 성큼 열리면, 마리나사업자들도 기존의 일반 관광사업자들과 마찬가지로 관광개발진흥기금 융자를 받을 수 있음은 물론 5년간 세금면제 등의 혜택을 받을 수 있기 때문에 2019년부터는 해양스포츠 중심의 해양관광 활성화에 획기적인 전기가 마련될 수 있다는 점에서 매우 시급한 규제 완화책이 된다.

현 관광진흥법령상 일반 관광사업의 종류는 여행업, 관광숙박업, 관광객 이용시설업, 국제회의업, 카지노업, 유원시설업, 관광편의시설 등이 있지만, 보트계류/보관·식당·숙박·해수수영장·볼링장·카지노·각종 위락시설 등과 관련된 마리나사업 업종은 없는 실정이다. 결국 앞에서 열거한 일반 관광사업의 종류들이 마리나시설 내에 이미 일부 구축되어 있거나, 또는 앞으로 건설 예정인 마리나들에도 구축될 예정이기 때문에 마리나사업계로서는 사업 활성화를 위해 이번 법령 개편에 거는 기대치가 대단히 높을 수밖에 없다. 이와 함께 해양수산부 역시 2017년부터 본격 관심 갖기 시작한 내수면 마리나의 규제(건축 및 수도 법 등)를 푸는 일도 문광부의 관광사업 분류체계 개편·지정 기준 마련을 위한 관련 법령개편 작업과 때를 같이하여 적극 추진되어야 이 분야 산업발전에 획기적인 계기가 마련될 것으로 보고 있다. 그러나 당국의 추진일정에 따르면 내수면 마리나는 2020년 이후에나 규제가 풀릴 전망이다.

9. 마리나를 세계 첫 시대별(時代別)로 구분한 기준과 국내의 과제

나는 2008년에 집필한 졸저『마리나관리론』에서 처음으로 현대적 마리나 개발의 효시는 1832년 미국 메사츠세스주 뉴잉글랜드 퀘인트시에서 선보인 '사우스 워프 마리나(South Wharf Marina)'라고 밝힌 적이 있다. 이어 2013년에는 '마리나 관리 및 운영론'에서 이 마리나를 시작으로 1950년대 말까지 이어진 총 118년간이 이른바 제1세대 마리나인 '기본시설 마리나 시대'라고 규정하는 가운데 그 출처로서 미국 시카고 중심가 강변에 1959년에 착공하여 1964년에 쌍둥이 주상복합(방송국·극장·은행·아파트·대형주차장·피트니스센터·푸드코트와쇼핑센터·마리나시설) 건물로 완공한 '시카고 마리나 시티(Chicago Marina City)', 그리고 이보다 조금 뒤에 개발된 프랑스 랑그독루지옹지역 '그랑모뜨 마리나'와 '뽀르까마르그 마리나'를 기준, 1960년대 초반부터 1990년대 중반까지 약 35년간을 제2세대 마리나인 '복합시설 마리나 시대', 이후 1990년대 중반부터 생추어리코브 마리나, 미라지 마리나 등 호주 골드코스트지역 마리나들로부터 첫 시작되어 이후 미국 마이애미지역을 비롯하여 영국, 싱가포르 등으로 벤치마킹된 이른바 제3세대 마리나인 '복합녹색안전 마리나 시대' 서막이 펼쳐진 이래 지금껏 약 20여 년간 계속 진행되고 있다고 그 출처를 밝힌 바 있다.

2019년 현재는 제3세대 마리나 시대가 서서히 막을 내리고 있는 경향성을 나타내고 있는 가운데 초연결(hyperconnectivity)과 초지능(superintelligence)을 특징으로 하는 제4차 산업혁명 시대까지 맞고 있어 마리나도 이제 제4세대 마리나인 가칭 '복합녹색안전인공지능(AI) 마리나 시대' 출현의 어슴새벽도 함께 맞고 있다고 말할 수 있다. 이런 점에서도 1928년 미국의 전국엔진보트협회가 '해변 산책길'을 뜻하는 마리나 개념을 첫 사용한 것은 그 뜻이 오늘날에는 거의 맞지 않기 때문에 이제 새 옷을 입지 않으면 안 된다고 말하게 되는 출처다. 물론 새 옷은 '해양스포츠 전진기지(base of Haeyang Sport or base of Marine Sports)'가 된다.

아무튼 제1세대(기본시설 시대) 마리나가 지속된 118년, 제2세대(복합시설 시대) 마리나 35년, 제3세대(복합녹색안전시설 시대) 마리나 20여년과 함께 곧 도래할 제4세대(복합녹색안전인공지능 시설 시대) 마리나 여명기가 의미하는 진실은 과연 무엇일까? 이 같은 현대마리나의 변천사가 보여 주는 행간(行間)에 숨은 진실은 크게 네 가지가 아닐까 싶다. 첫째, 그 시대 사람들이 추구한 삶의 의미나 가치관이나 세계관이 점차 더 빠른 속도로 달라지고 있는 추세에 있다는 점이고 둘째, 정책당국자나 경영자는 사람들의 가치관 변화가 비교적 빠르게 진행되고 있는 추세에 대응할 마리나개발 정책과 경영전략(고품질 서비스 제공)을 구사하지 않으면 안 되는 절박한 현실에 노출되어 있다는 점이고 셋째, 정책 당국자나 마리나 경영자는 공동운명체에 놓여 있기 때문에 정책은 현장의 요구를 적극 반영할 수밖에 없고, 특히 경영자는 자신의 자질(탁월한 사업 감각과 근면성 80%·보트산업에 대한 이해도 10%·도전정신 10%)과 역량(풍부한 종자돈)을 모두 겸비하지 않으면 안 된다는 점을 인식하는 일이고 넷째, 현상이 같다고 해서 원인도 같은 것은 아니라는 점 등이다.

이들 네 가지 진실 가운데서도 무엇이 어떻다고 해도 마리나개발과 경영의 으뜸 리스크는 사업자 자신의 자질과 역량인 것은 두말 할 필요가 없다. 같은 레벨에서 마리나 개발의 의미나 가치 역시 인간이 움직이는 방향, 즉 오늘날 '셀카 시대'의 특징인 '우리'에서 '나'의 시대 추구 경향을 적극 수용하는 일도 매우 중요하다. 게다가 친환경 시대에 '인간과 바다가 서로 이로운 겸애(兼愛)'를 브랜드로 만들어 판매하는 일에 진력하지 않으면 안 된다. 그러나 국내는 지금껏 시대를 관통하는 생태 문화는 관심이 없고 지난 시대의 개발지상주의 문화가 아직도 판을 치고 있어 우려되고 있다. 각종 시설도 고객의 바람을 도외시한 제1세대 마리나인 시대 퇴행적인 총 34개소(2017년 기준)의 고만고만한 마리나시설들이 개발되어 있다. 이런 시설들이 과연 가까운 장래(2020년 이후)에 국가 사회·경제적으로 '얼마만큼 소용이 있고, 또 마리나 개발자에게는 투자대박을 안길 수 있을 것인가.'라는 소박한 의문이 제기될 수밖에 없다.

2019년 6월 기준, 국내 마리나시설들이 평균적으로 보여주고 있는 시대 퇴행적이고, 또 규모의 경제에도 절대 미달인 점, 그리고 개발위치도 중소도시 규모로서 도시자체의 역량인 산업생태계가 의문시되고 있다고 볼 때, 정책 입안자의 안목과 직관력이 결여되어 있는 것을 비롯하여 경영자의 자질과 역량 의문 때문에 정책 실패요, 경영 실패로 결론이 날 가능성을 배제하기 어렵다는 말이 목구멍을 맴돌고 있다. 그럼에도 당국은 해양스포츠산업과 함께 마리나산업 낙관론을 선전하고 있고, 또 일부 함량미달의 연구자와 관련 산업단체는 자신들의 노림수에만 함몰되어 앞에서 나팔까지 불고 있어 걱정이 많은 실정이다. 하지만 당국은 지금껏 마리나산업 직·간접경제유발효과를 비롯하여 일자리 창출 효과를 아예 측정하지 못할 정도로 국내 마리나산업 분야는 영세한 마리나들이 주류를 이루고 있다는 것이 중론이다. 순전히 국내 해양스포츠산업과 마리나산업 기반 자체가 매우 열악할 뿐만 아니라 개별 마리나들의 산업생태계 역시 취약하기 때문이다. 그런 점에서 보면, 당국의 '해양스포츠산업과 마리나산업 낙관론' 선전은 마치 '둥근 사각형'이란 말처럼 들리는 오늘 날이다. 다르게는 아마추어 시늉을 하는 줄 알았더니 그냥 아마추어였다고 말하게 된다. 당국의 낙관론이 도무지 피부에 와 닿지 않기 때문이다. 따라서 향후 10년 이내는 성공마리나보다는 왕창 깨진 마리나가 더 많을 것이 아닌가 하고 조심스럽게 우울한 전망을 내놓을 수밖에 없다. 결국 마리나 개발의 의미나 가치가 시대가 요구하는 방향과 엇박자라면 정부의 정책 추진이 무슨 의미가 있을까.

이 외에도 마리나산업은 '경제 호황기에는 황금알 낳는 거위이지만, 2019년 6월 현재와 같이 국내 경제 활성화에 대한 전망을 두고 낙관론보다 오히려 회의론이 우세한 시기에는 '애물단지'로 전락하는 특성을 갖고 있는 가운데 '규모의 경제(보트길이 10m를 기준, 250~300척 ; 보트계류비와 사무실임대비 항목에 경영 방점을 찍고 있는 경우)'에 지배받는 대표적인 산업 분야라는 점, 게다가 순전히 계절성의 한계에서 비롯되는 것이긴 하지만 성수기는 불과 4~5개월에 불과하고, 또 지구 온난화 현상의 가속화로 여름철이 100전보다 약 1개월 정도 길어졌고 게다가 민승기 포스텍 환경공학부 교수가 영국 옥스퍼드대와 공동연구를 통해 이른 여름 가능성이 2~3배 높아진 가운데 2017년엔 여름이 8일이나 앞당겨졌다(이영완, 2018)고 밝히고는 있지만, 실상은 현재로도 비수기는 여전히 7~8개월이나 되기 때문에 보트를 통한 숙박업(요트텔) 운영 등 바다 활동과는 직접 관계가 없는 각종 편의 및 기타시설을 강화하는 쪽으로 특별히 비수기 극복전략을 적극 검토해야 된다는 점, 특히 사업 방식은 민간이 건설비용을 수백~수천억원 투입한 상태에서 소유권은 정부나 지자체로 양도한 채 30년 동안 민간이 직접 운영하여 고객 이용료로 수익을 추구하는 것을 원칙(민간투자사업 방식 : BTO ; Build-Transfer-Operate)으로 하고 있기 때문에 개발 후 대략 10년간은 적자운영이 불가피하다는 점에서 사업자가 투자비를 회수할 기간이 절대부족하다는 점이다.

시장 갈무리가 비교적 양호한 사회적인 환경을 구비하고 있는 일본 요코하마 베이사이드 마리나의 경우 수도권이라고 하더라도 손익분기점 도달까지는 빨라도 10~12년이 소요되는 사례가 있었고, 이들이 실제 흑자 운영한 기간은 18~20년에 불과했다. 결국 2019년 기준, 해양스포츠산업과 마리나산업 직·간접경제유발효과를 비롯하여 일자리 창출 효과를 측정하지 못하고 있을 정도로 마리나산업 산업생태계가 매우 열악한 국내의 경우라면, 적자행진 기간이 일본보다 훨씬 더 많이 소요될 가능성을 배제하기 어렵다는 점도 경영리스크 관리에서 비수기관리와 함께 절대 놓쳐서는 안 되는 두 가지 중점 관리항목들이 된다. 게다가 마리나개발 참여 업체는 중견기업 이상의 경제규모를 갖고 있는 가운데 자금력이 풍부하지 않으면, 초기 약 10년 내외의 적자행진 기간을 버티기가 대단히 어려울 것으로 전망된다. 특히 금융권으로부터 대출받은 고액의 차입금은 그에 따른 금융경비 지불 때문에 사업부도에 내몰리는 상황에 노출될 수 있음을 주목해야 한다. 결국 과도한 차입금은 사업 부도로 내몰리게 하는 자살골로 작용한 사례가 많았다는 점에서 마리나개발 사업자에게는 풍부한 종자돈이 사업성공을 담보하는 견인차 역할을 하고 있다고 거듭 강조하게 된다. 결국 중견기업 이상의 자금력이 탄탄한 사업체를 이미 운영하고 있는 사업자라면, 적자행진기간 대략 10년을 버틸 수 있는 자금을 기존 주력 기업에서 지원함으로써 경영위기를 극복하는 가운데 흑자경영 기회를 가질 수 있다. 그러나 마리나사업에 중소기업 규모의 영세한 자금력으로 신규 참여한 경우라면 변변한 수입이 없는 상태에서 눈덩이처럼 늘어나는 부채를 감당할 여력이 없는 탓으로 사업부도에 내몰리는 경우가 흔하다는 측면을 직시하지 않으면 안 된다. 그야말로 마리나사업은 고객 트랜드에 맞춤한 '돈 놓고 돈 먹기의 치킨게임' 현장임을 실감할 것이다.

한편으로 이쯤에서 무엇을 근거로 연구자로써는 세계 처음으로 마리나 시대를 제1세대, 제2세대, 제3

세대, 제4세대 마리나로 각각 구분 짓게 되었는가를 이제는 그 출처를 밝힐 때가 되었다고 생각된다. 구분 짓기의 출처는 바로 '사람'이다. 제1세대 마리나 시대 서막이 열릴 때는 19세기 중반(118년)인이 살았고, 제2세대 마리나 시대에는 20세기 중반(35년)인이 살았으며, 제3세대 마리나 시대인 현재는(20여년 ~) 현대인이 살고 있다. 다만, '더 많은 물건을 더 적은 인력으로 더 빨리 만든다'는 점을 특징으로 하는 제4차 산업혁명 시대의 서막이 본격 열리고 있는 2019년 6월 현재는, 제3세대 마리나 시대의 현대인과 곧 도래할 가까운 장래의 제4세대 마리나 시대를 향유할 장래인들이 공존하고 있는 셈이 된다. 시작(1832년)과 끝(2019)이 불과 총 187년에 불과하다고 하더라도 엄밀히 말하면, "19세기 중반인과 20세기 중반인은 서로 다른 사람이다. 마찬가지로 20세기 후반인과 21세기 들머리 첫 10년대의 현대인과 21세기 첫 20년대의 가까운 장래인도 다른 사람들일 것이다. 물론 생물학적으로는 같은 사람들임에는 틀림없다. 그러나 '생각의 틀'을 다르게 가졌다는 점에서는 분명히 다른 사람들이다(최진석, 2013)."

더욱이 동 시대를 살아가는 현대인이라고 해도 그 속에는 가까운 장래의 제4세대 마리나 시대를 견인할 '생각의 틀'이 다른 사람들이 적잖게 공존하고 있는 것도 사실이다. '생각의 틀'이란 곧 '세계관'을 일컫는다. 세계관이 다르면 세계와 관계하는 방식이 전혀 달라진다는 것이다. 삶의 의미나 제도가 달라지고, 심지어 효율적인 마리나관리를 위한 작업방식도 로봇이나 사물인터넷, 그리고 빅데이터에 의해 달라진다. "당연히 시대 구분의 근거는 세계관, 즉 인간의 무늬 혹은 인간의 마음이 움직이는 동선(動線)이다(최진석, 앞의 책)." 과거는 인간의 동선 뒤쪽이고, 미래는 앞쪽 방향이 된다는 점에서 나의 마리나 시대별 구분 짓기 기준 역시 시간이나 세월의 흐름인 '시계열별(時系列別)'로 진행되는 특정의 어느 시기쯤에서 돌올(突兀)하게 달라지는 인간의 동선에 주목한 결과인 셈이 된다. 마찬가지로 제4차 산업혁명 시대, 곧 도래할 제4차 마리나 시대의 출현을 조심스럽게 전망하고 있는 출처도 바로 달라지려는 징후가 미약하게나마 어느 정도 감지되고 있는 인간의 동선에 주목한 직관력이라고 말할 수 있게 된다.

어쨌든 달라지는 생각의 틀에 의한 산물인 시대적 현상의 안쪽에 숨은 진실, 즉 오늘날의 성공마리나는 기본시설과 지원시설 보다는 '인간과 바다가 두루 이로운 겸애'를 브랜드로 바다의 활동과는 직접 관련이 거의 없는 마리나텔, 해변주택, 요트텔, 카지노 등 다양한 편의시설과 해양문화시설, 기타시설을 강화하는 쪽으로 경영의 무게를 더하고 있다. 한 마리의 제비를 보면서 천하에 봄이 왔음을 읽어내는 것을 선견지명이라고 한다. 이는 사람들의 마음이 이동하는 동선을 진작부터 읽어내는 혜안, 즉 고객의 바람을 선제적으로 맞춘 경영전략 구사가 흑자경영의 출발선이라는 뜻도 함의하고 있다.

어쩌면 이런 측면이 고품질 서비스 제공과 함께 마리나산업 활성화 기반인 개별 마리나의 흥망성쇠에 명운을 결정지우는 핵심 경영전략이 아닐까 싶다. 그러나 국내는 21세기 첫 10년대, 즉 제3세대 마리나 시대가 거의 종착역에 이르고 있음에도 1950년대까지의 스타일인 기본시설이나 지원시설 중심의 제1세대(1832~1950년대 말까지) 마리나 개발디자인 시대가 계속 이어지고 있다. 시대퇴행도 이런 퇴행이 없다. 국내의 실정은 뭍 제비를 목격하고도 천하에 봄이 이미 무르익고 있다는 사실조차도 모르고 있는 청맹과니 같은 정책이 계속 이어지고 있다고 말할 수 있다. 물론 개발도상국들의 개별 마리나는 평균적으로 '성공은 희귀하고 실패는 흔하다.'는 것이 통례였다. 순전히 척박한 마리나문화와 개별 마리나의 열악한 산업생태계 때문이었다.

따라서 2019년 6월 기준 이대로 가면 국내 마리나산업에 대한 결론이 뭐가 될지는 희미하게나마 조금은 짐작이 간다는 점에서 마음이 무겁다. 무지로 인해 실패하는 것이야 말로 바로 우리가 경계해야 할 일이며, 특히 마리나시설 내에서 '마리나 공동체문화'가 어떻게 형성되고 발전하며 또 유사업종과 어떻게 서로 연계하여 상생 발전할 시너지효과를 기대하고 있는지를 이해한다면 더욱 무지를 경계하지 않으면 안 된다. 일찍이 '국립국어원'이 마리나를 '해변유원지'라고 정의한 배경으로부터 길을 찾아야 한다. 어렴풋하게나마 가야 할 방향을 시사하고 있기 때문이다. 그렇다. 마리나를 각종 위락시설이 구축되어 있는 해변유원지 개념으로 인프라를 강화하지 않으면 안 된다.

그런 맥락에서 턱 없이 부족한 마리나 배후부지 때문에 마리나 공동체문화가 정립되지 못하고 있고, 또 바다 활동과는 거의 관계가 없지만 그래도 연중 돈줄이 되는 각종 편의시설을 구축하지 못한 탓에 경영에 어려움을 겪을 것이 거의 확실한 상황에서는 더 넓은 배후부지 확보와 관련된 법 개정(스포츠형 마리나, 리조트형 마리나 육·해상 부지의 너비 재검토)에 선제적으로 대응해 나가야 한다. 개별 마리나는 곧 마리나산업 흥망을 미리 읽을 수 있는 풍향계이기 때문이다. 그렇다. 개별 마리나의 성공이 이 분야 산업 활성화에 확신을 가질 수 있는 시금석이기도 하다. 꼭 죽어 봐야 저승을 아는가. 한데, 2017년 기준 총 34개의 개별 마리나의 경영실상은 한 마디로 빈사상태에서 요식업시설로 둔갑된 채 하루하루 겨우 명줄을 이어가고 있는 등 수익창출 아이템만 하더라도 당초 정부가 목적한 경로를 이탈해도 엄청 이탈한 상태다. 사업자는 속성상, 또는 지금의 매우 어려운 경영환경에서는 틈만 주면 변칙을 일삼기 일쑤일 것이다. 그런 연유로 지금부터라도 정곡을 찌르는 맞춤정책과 함께 촘촘한 '시행규칙'을 마련하지 않으면, 차제에 바른 모습의 마리나산업 활성화 기대는 헛물을 켜지 않을까 우려되고 있는 실정이다. 마리나시대의 역설은 마리나를 개발하고 활성화 계획을 세우면서도 이 마리나시설이 국가 사회적으로 애물단지가 되지 않도록 기도하는 것이다. 이 역설을 꿰뚫어 보지 못한 자칭 마리나 도사(道士)들은 지금 어디에 있는가.

그러나 이미 시대퇴행적인 반영구적 마리나를 다수 개발해 놓은 상황에서 그 부작용이 만만찮을 것이 거의 확실한 터에 달팽이가 바다를 건넌다고, 오히려 그간 처방을 잘못하여 덧난 환부[부작용]를 치료부터하면서 천천히 가면 뭐 어떠냐는 느긋함이 필요하지 않을까 싶다. 위기가 곧 기회라는 말도 있다. 지금은 그간의 모든 오류에 대해 갑론을박하기보다는 차분한 마음가짐으로 모두가 자기의 위치에서 나름 겸허하게 간과한 측면을 치열하게 성찰하고 또 분발하는 일이 매우 중요한 때다. 물론 기회의 중심에는 정책이 있다. 사회적 세계는 다중인과적(多衆因果的)인 것이 특징이다. 나만 잘한다고 해서 모든 분야가 일반으로 좋아지는 것이 아니다. 분야별 개별성의 충실을 통해 한 치의 오차도 없는 총체성을 확보하는 일이 당면과제일 수밖에 없다. 물론 이 과정에서 정책입안자(사무관)는 무엇을, 어떻게, 왜라는 명제에 대해 명쾌하게 답할 설명력을 높이기 위해 오케스트라의 훌륭한 연주자와 같은 역할을 맡아야 한다. 역할이란 직관력에 의한 자체시장생태계 조성을 위한 조직적 저변확대사업, 특히 개별 마리나의 자체시장을 최우선 고려한 위치선정 등 현장맞춤 정책구사를 일컫는다. 정말 마리나 숫자 중요하지 않다.

마리나산업 활성화 정책추진에 회한을 남기지 않아야 한다. 어깨가 대단히 무거울 것이다. 공부하면서 선진국 마리나산업시찰 기회도 자주 가져야 함은 물론이다. 아는 만큼 보인다. 특히 해양스포츠, 마리나, 해양관광 분야는 행정고시과목에는 포함된 적이 없는 분야이기 때문에 명석한 두뇌를 소유한 행정고시출신 사무관이라고 해도 생소한 업무에 스스로 분간을 세우기가 사실상 한계가 있음은 사실이다. 물론 이 분야의 행정가는 정도의 차이는 있겠지만, 세계의 모든 공무원들이 다 그런 처지에 노출되어 있을 것이다. 그렇다고 하여 선진국 마리나산업 따라잡기에 총력 경주해야 하는 우리의 처지를 망각한 채 전임자의 행적을 답습하다 끝내 자리만 옮겨 앉는다고 해서 허물이 면피되는 세상도 아니다. 그놈의 인터넷과 국민청원게시판세상이 사람 여럿 잡는 꼴을 봤다. 곤혹스럽게 됐다.

따라서 관련 공무원도 전 세계를 발로 뛰어 다니며 많이 부딪치는 것이 중요하다. 근본(배경) 없이 행정테크닉으로 마리나의 세계를 이해할 수 없다. 겉만 보아서는 모른다. 현상의 안쪽에 숨은 본질을 꿰뚫어 보는 눈을 통해 핵심을 장악해야 한다. 그러기 위해서는 사례중심 행정관행에서 과감하게 탈피하는 한 편으로 이미 국내에 개발되어 있는 문헌연구를 비롯하여 권위자에게 적극자문을 구하는 가운데 해외산업시찰도 병행하여 선진국과 국내 마리나산업현장을 비교분석하는 등 직관력을 통해 스스로 분간을 세우는 일이 꼭 필요하다. 현장맞춤 정책은 그렇게 나온다. 아무튼 "흔들리지 않고 피는 꽃이 어디 있으랴/이 세상 그 어떤 아름다운 꽃들도 다 흔들리며 피었나니/중략/바람과 비에 젖으며 꽃잎 따뜻하게 피었나니/젖지 않고 가는 삶이 어디 있으랴." 도종환(1955~) 시인이 마치 2019년 6월 현재의 마리나산업 정책관계자에게 건네는 위로의 말로도 읽히고 있다. 이 시를 통해 다시 심기일전하기 위한 용기를 얻을 수 있기를 바란다.

국내 마리나사업자들 역시 1996년 노벨문학상 수상작가인 폴란드의 시인 비슬라바 쉼보르스카 (Wislawa Szymborska ; 1923~)의 시(詩) "두 번은 없다"를 통해서도 위로 받기를 바란다. 이 시가 바로 그런 시다.

"두 번은 없다. 지금도 그렇고/앞으로도 그럴 것이다. 그러므로 우리는/아무런 연습 없이 태어나서/아무런 훈련 없이 죽는다./우리가, 세상이라는 이름의 학교에서/가장 바보 같은 학생일지라도/여름에도 겨울에도/낙제란 없는 법." 시인의 말처럼 반복되는 하루는 단 한 번도 없고, 두 번의 똑 같은 밤도, 두 번의 동일한 눈빛도 없다(백영옥, 2018). 경영위험이 곳곳에 도사리고 있는 마리나사업에서 망했다고 생각하는 사업자들에게 이 시를 연고처럼 건네고 싶다. 무엇보다 재기를 도와줄 정책구사 기회가 아직 남아 있지 않은가. 정부가 끝내 이 분야를 포기하진 않을 것이라는 믿음이 있기 때문이다. 오류 없는 인간과

정책은 이 세상에는 없다. 다만 오류를 빨리 발견하고 극복하고 노력하는 그게 바로 진화이고 발전이다. 세상만사 통찰로 사는 거지, 꼭 해봐야 하는 것은 아니다. 그런 가운데서도 사업자의 경우 자기성찰과 함께 오지게 깨진 경험의 항체까지 몸속에 형성되어 있다면 또 무엇이 두려우랴. '씨알의 소리'를 창간하고 민중운동을 전개한 함석헌(1901~1989)식으로 말하면, 성찰의 목적은 가르침을 얻는 데 있다. 게다가 가르침의 목적은 자기를 키우고 발전시키는 데 있다고 하지 않는가.

다만 정부의 지원이라는 낙수효과 기대보다는 오히려 스스로 우물을 파고, 펌프질에 의해 힘차게 물을 뿜어내는 분수효과에 사업의 명운을 걸지 않으면 재기하기 어렵다는 점만은 항상 명심해야 한다. 개별 마리나의 자체산업생태계 조성이 사업자 스스로가 우물을 파는 일에 해당된다. '마리나항만법'에 근거를 두고 있는 정부의 지원은 단지 마중물에 불과할 뿐임을 인식하는 일이 매우 중요하다. 이제 '선무당이 북채를 제멋대로 흔드는 희한한 굿판'과 같은 마리나, 해양스포츠, 해양관광 활성화 방식은 그만두자.

10. 마리나의 기능별 및 이용유형별 분류

1) 기능별 분류

(1) 거점(據點) 마리나(Destination Marina)

일반적으로 해양리조트 스타일로 개발하거나, 또는 해양관광단지와 연계하여 개발되는 경우가 많다. 오너들이 특별히 선호하는 방문지 내에 있고 쇼핑, 식당, 상점 등 다양한 시설이 갖춰져 있다. 예를 들면 뉴질랜드 '솔져 포인트 마리나(Soldiers Point Marina)'의 경우 부동 콘크리트폰툰 시스템, 보트길이 7.0~45m에 달하는 100개의 선석보유, 식당, 24시간 서비스하는 주유소, 보트계류대행(발레파킹) 서비스, 사우나 및 이·미용실을 각각 갖추고 있다. 또 호주 퀸즐랜드(Queensland) 주에 소재한 틴 켄 마리나(Tin Can Bay Marina)와 홀리데이 빌리지(Holiday Village)의 경우는 해양휴양용 빌라, 보트정박시설이 패키지로 되어 있고, 길이 9.0~12m에 달하는 172개소의 선석보유, 바다보트낚싯배, 레스토랑, 수영장, 바비큐 시설 등을 갖추고 있다.

(2) 단기체류 마리나

장기로 머무는 보트는 거의 없다. 보통 바다에서 곧장 접근할 수 있는 지역에 소재한다. 바다 정거장, 역 마리나, 어촌 마리나 역 개념으로써 각종 물자의 보급 및 엔진고장 등 긴급수리를 위해 일시 방문하는 등 단기간 임대차 기준으로 운영된다.

(3) 클럽 마리나

요트클럽과 같은 형식의 회원제형태로 운영되고 있는 것이 특징이다. 원칙적으로 일반대중과 해양관광객은 이용할 수 없다. 전적으로 멤버십(membe- rship)에 의한 클럽회원제로 운영되기 때문에 방문자 보트를 위한 정박시설이 거의 없다. 식당과 주점이 있고 대회개최를 위한 모임을 자주 갖는다. 호주 '로얄 퍼스 요트클럽(Royal Perth Yacht Club, Western Australia)'의 경우 '로얄 퍼스'는 '오스트레일리아Ⅱ (AustraliaⅡ)호'가 아메리카스컵에서 승리를 함에 따라 아메리카스컵 실물이 보관되어 있는 세계적으로도 명성이 높은 요트클럽이다. 이 클럽이 관리하고 있는 2개소의 마리나는 강과 바다를 통해 모두 접근할 수 있는 장점을 갖추고 있는 가운데 평소 명성이 높은 요트경기로 스케줄이 꽉 차있다. 또한 시드니에 소재한 '로얄 프린스 알프레드 요트클럽(Royal Prince Yacht Club)'은 크루즈해양관광 및 대회개최, 세일링훈련, 결혼식장 및 이 외의 각종 행사도 치러진다. 주점과 식당이 있고 주로 부유층 젊은이들이 많이 이용하는 요트클럽으로도 유명하다.

(4) 보트수리 및 점검 마리나

보트수리 및 점검을 위한 각종 정비시설이 다양하게 완비되어 있고, 분야별 전문수리업체들이 입주하고 있다. 보트수리시설 전용공간이 있다. 다만 해양관광시설은 전무한 것이 특징이다. 한 마디로 전문보트수리 및 점검마리나이기 때문에 보트수리공장이라고 생각하면 틀림없다. 국내에서도 이런 마리나가 개발되었으면 한다.

(5) 복합 마리나

대부분 개인 사업자들이 운영하는 상업 마리나들이 복합기능 마리나에 해당된다. 지역에 따라 다르지만, 특히 강(江) 상류지역에 위치한 마리나는 대부분 단기체류 보트를 비롯하여 하룻밤 정도 머물 보트는 아예 유치하지 않는다. 복합 마리나는 주로 '로열패밀리(VVIP)'를 경영타깃으로 운영하고 있기 때문에 고수익을 창출하고 있는 것으로 알려져 있다. 보트길이 70~80피트 안팎의 대형보트를 소유하고 있는 부자들이 주로 이용하고 있다는 점에서 경제 불황기에도 경영에 크게 타격을 받지 않는 특징을 발견할 수 있다.

1960년 미국 마리나 델 레이, 1964년 시카고 시티 마리나에 의해 복합기능 마리나가 첫 선을 보인 이후 2000년대에 접어들면서 복합기능 마리나는 또 다른 형태로 변신하고 있다. 호주의 대표적 복합 마리나인 '펜위크 마리나(Fenwicks Marina, North of Sydney)'의 경우, 가족들이 운영하는 마리나로 원스톱서비스 센터를 운영하고 보트수리시설 공간인 하드스탠드를 갖추고 있다. 이례적으로 선석은 고작 58개소만 확보하고 있을 뿐이다. 결국 펜위크 마리나의 경영은 육·해상보트계류장 선석을 통한 수익창출보다는 오히려 바다 활동과는 거의 관계가 없는 각종 위락과 편의시설 중심으로 수익창출에 경영무게가 쏠려 있는 마리나이다(지삼업, 2013a). 따라서 1960년부터 선보인 복합기능 마리나와 '펜위크 마리나'를 서로 견주면 대략 지난 50년 동안에 경영기법이 크게 진화해 왔고, 또 관련 시설들도 그런 추세로 변화하여 왔음을 알 수 있다. 특히 그런 변화의 특징은 편의시설과 기타시설에서 도드라지게 나타나고 있다.

2) 이용유형별 분류

(1) 모항(母港) 마리나

보트를 장기적으로 계류시켜 놓고 유지·관리하고 있는 가운데 출항과 기항을 자유롭게 할 수 있는 등 오너가 주로 활동근거지로 삼고 있는 마리나이다. 보트에 제공되는 서비스는 연료와 수도와 전기 공급을 비롯하여 보트의 오물을 퍼내는 빌지(Bilge)이다.

(2) 경유지(經由地) 마리나

보팅 경유지에 위치한 마리나는 보통 잠깐 들렸다가 금방 떠나기 때문에 제한적인 편의밖에 서비스를 받지 못한다. 연료공급과 긴급 수리전문이다.

(3) 단기체류 마리나

선호도가 높은 항로에 위치한 마리나에 잠시 머무는 경우, 불과 1~2일 정도이기 때문에 연료공급과 긴급 수리에 걸쳐 제한적인 편의시설만 이용한다. 다만 경유지 마리나와 차이가 있다면 숙박을 한다는 점이다.

(4) 보트수리전문 마리나

후쿠오카 마리노아와 같이 주로 보트 수리와 정비 서비스, 보트 실내인테리어, 보트 수송, 보트 진수를 목적하기 때문에 단기대여나 연료공급 서비스를 일체 제공하지 않는다.

(5) 클럽 마리나

선진국에서 흔히 볼 수 있는 클럽 마리나의 경우, 부자들로 구성되어 있는 자신들의 회원들에게만 마리나시설 전반에 대한 서비스를 제공한다. 다만 비회원에 대하여는 연료를 일부 판매하는 경우도 있지만 이 외의 다른 서비스는 일체 제공하지 않는다.

(6) 베네치아식(Venezia Style) 개인전용 보트계류장

미국 플로리다지역의 수로(水路), 호주 쿠메라 강변, 그리고 스웨덴의 메라른(Malaren)호수와 발틱해와 서로 연결된 기수지역에 위치한 남쪽 섬의 수로처럼 주거지 앞이나 강변에 개인전용 보트계류장을 설치한 경우이다. 베네치아는 이탈리아 북부 아드리아해 북쪽 해안에 무려 118개의 작은 섬으로 이루어 져 있는 항구 도시이다. 시내 도로는 자연히 수많은 수로가 이용될 수밖에 없고, 개인전용보트계류장 확 보 역시 필수다. 해양스포츠분야에서 사용하는 '베네치아식'이라는 개념도 그들의 생활방식을 모방한 것 으로 추론된다.

제 2 장

해양스포츠 전진기지의 개념과 기능

1. 해양스포츠 각종 전진기지는 해양놀이문화 향유 수준을 결정

해양스포츠 각종 전진기지는 해양스포츠공동체의 해양놀이문화의 향유 수준을 결정한다. 예를 들면 해양스포츠단지, 보트계류장, 다기능어항, 어촌 마리나역과 같이 서로 개념이 다르면 해양놀이문화 향유 방식(질적 수준)과 가치관과 세계관과 생태환경관, 특히 해양스포츠 전진기지산업 진흥에 의한 일자리 및 부가가치 창출효과 등에 걸쳐 국가 사회적 기대(목적)도 달라진다. 더욱이 개념 성립으로부터 무려 90년이 지난 마리나 개념이 오늘날에는 그 뜻이 맞지 않아 새 옷이 필요하다는 점에서 우리 해양놀이 문화 향유 방식을 중심으로 '해양스포츠 전진기지 개념'을 생각하곤 한다. 전문가는 팩트(fact)를 연결해 의미를 부여하는 사람이다. 그들 나름의 진리는 그 사회에서는 절대적인 진리라는 것이다. 그렇지만 사실은 마리나나 요트하버를 비롯하여 해양스포츠 전진기지에 대한 개념이 다르면 합리성도 다르고, 따라서 그들 나름의 타당성도 다르기 때문에 절대적인 기준은 없고, 모든 합리성도 논리적인 정당성도 절대적인 진리라는 것도 상대적이다. 이런 점에서 보면 우리가 일상생활에서 내세우는 정당성이라는 것, 논리적이라는 것, 올바른 이론이라는 것, 진리라는 것도 모두 상대적인 것에 불과하게 된다.

개념이 다르고 동양과 서양이라는 문명의 성격과 마리나나 요트하버문화에 대한 전통(유·무형의 문화유산과 정신문화 및 생태환경관)이 다르면 달라질 수밖에 없다. 이러한 상대성과 우리가 흔히 종래 믿었던 절대성의 갈등은 지난 20세기의 철학을 지배했다. 한쪽에서 절대적인 것은 없다. 해양스포츠 각종 전진기지에 대한 모든 진리와 가치관이 상대적인 것에 불과하다고 주장한다면, 다른 편에서는 자기들의 세계관, 마리나나 요트하버관을 절대적인 것처럼 믿어 마지 않는다. 물론 일본과 한국의 전통어항문화 속에 담겨 있는 사회적인 패러다임(성격)인 다기능어항과 어촌마리나역의 개념을 수렴할 수밖에 없는 해양스포츠 각종 전진기지에 대한 가치관, 세계관, 경제관, 생태환경관도 마찬가지다. 특히 종교적인 신앙은 그 교조와 이론을 절대화하기가 쉽다고 한다. 사실 절대적인 교리를 내세우는 종교적인 이론뿐만 아니라 과학이 전제하고 있는 패러다임과 상식적인 전제들도 신화들과 연결되어 있다는 것이 언어철학의 주장이다. 신화나 전통은 그대로 단순한 종교의 교리뿐만 아니라 우리의 세계관과 과학을 모조리 밑받침하고 있다는 것이다.

현대물리학과 상대성이론에 의하면, 과학도 혁명적인 변화 때는 특히 신화적인 패러다임에 의해 이끌려갔다는 것이다. 미시의 물리학에 의하면 최종적인 실체, 즉 만물의 존재를 이루는 것은 입자도 파장도 아니며 관찰자의 입장과 패러다임에 의해서 입자인지 아니면 파장인지가 결정된다는 것이다. 예컨대 어떤 때는 입자인 것처럼 상상해야 되고, 또 어떤 때는 파장인 것처럼 생각해야 된다는 것이다. 한때는 연구자의 철저하지 못한 연구와 관찰에 사용된 기자재의 부정확성 때문에 그런 결과가 나타난 것이라고 믿기도 했지만, 이제는 과학 연구에 있어서 과학자들의 최근 연구들은 거의 과학에 있어서의 패러다임의 전제를 믿게 되었다(이규호, 2007).

말하자면 모든 사고방식과 세계관은 그것이 객관적이라고 주장되는 이론이든, 아니면 주관적이고 관념적인 이론이든 모두 패러다임에 의해 밑받침되고 있다는 것이다. 그런데 여기서 말하는 패러다임은 전통문화(유·무형의 문화유산과 정신문화) 속에 담겨 있는 사회적인 성격의 것이라고 보여진다는 것에 주목할 필요가 있다. 특히 세계관이나 인생관에서 큰 역할을 하는 이론들은 신화, 혹은 전통적인 성격들을 더욱 또렷하게 품고 있다는 것이다. 그러므로 그 신화, 혹은 전통적인 성격의 이론들이 그 속에 담겨 있는 언어(개념)들의 영향을 벗어날 수 없다고 할 수 있다. 따라서 나름의 신화나 전통이 없는 문화들이 빈곤할 수밖에 없다는 주장은 정당성을 가졌다고 말할 수 있다. 사회적인 제도이든 윤리적인 규범이든 용어에 따른 개념이든 절대적(신화나 전통)인 요소들이 빠져버리면 인간의 삶을 지배할 수 있는 힘이 없어지듯 영미권의 마리나개념 역시 국내 해양스포츠 분야 해양스포츠단지, 보트계류장, 다기능어항, 어촌마리나 역 등의 해양스포츠 각종 전진기지를 지배할 수 있는 힘이 없어진다.

그래서 마리나나 요트하버라는 외국의 개념을 국내에 그대로 적용하면 국내 해양스포츠세계를 지배할 수 있는 힘이나 학문적인 논리전개의 준거도 상당 부분 약화되는 한계를 드러낸다. 우리 해양문화에서 비롯된 전통적인 개념이 아니기 때문이다. 현실의 세계는 모두 상대적이고 변화무쌍하지만 신화적이고 전통적인 언어(개념)만이 절대적인 것을 가르쳐 준다. 이 절대적인 것이 종교의 교리와 윤리의 규범을 이끌어갈 때만 인간의 삶을 지배하는 힘을 갖는다. 신화나 전통이 없는 문화는 빈곤하다. 혹은 더 사실적으로 말하자면 신화나 전통적인 언어(개념)가 없는 곳에는 진정한 문화가 없다고 말 할 수 있다. 게다가 신화나 전통적인 언어가 없으면, 또는 문화를 이끌어 가는 절대적인 규범이 없는 곳에는 문화가 없다고 말할 수도 있다. 신화나 전통이 풍부한 문화, 또는 언어를 가진 민족은 문화적으로 힘차기 때문에 망할 수 없는 것이다. 예를 들자면 한 민족의 언어가 몇 줄의 아름다운 시(詩)를 가졌을 때 그것은 그 민족을 지키는데 있어서 백만 대군보다 더 강한 힘을 가졌다는 것을 우리는 이해할 수 있다. 한 줄기의 시가 그 민족을 지키는 힘이 된다는 것이다(이규호, 앞의 책).

런던을 압축적으로 묘사(상징)한 '안개'와 같은 한 줄의 시어, 곧 몇 마디의 말은 그 언어공동체와 그 민족의 문화를 지키는데 있어서는 어쩌면 현대무기로 무장한 백만 대군보다도 더 강할 수 있다는 것이다. 이른바 인간에 의해 만들어진 상징(기호)들은 인간의 생활을 편리하게, 또는 인식을 쉽게 시킬 수는 있지만 문화의 전통을 지킬 수는 없다. 언어는 흔히 인간의 능력의 한계를 초월한 세계를 지시하기도 하고 인간의 능력의 한계를 넘어선 세계를 보여 주기도 한다. 그것이 예술의 세계이며 종교의 세계이다. 게다가 추신수, 류현진, 김연화, 손연재, 박인비, 손흥민을 보면 때로는 스포츠도 인간능력의 한계를 거의 넘어서는 경우가 있다. 그렇게 되면 스포츠[체육]의 범위 안에 있는 해양스포츠, 더욱이 해양스포츠의 범위 안에 있는 해양스포츠 전진기지문화도 예술이 될 수 있다. 그렇지만 인간의 능력의 한계를 넘어선다고 해도 언어의 표현의 한계를 넘어서는 것은 아니다.

독일 튀빙겐 대학에서 철학을 전공했고, 교육부장관을 역임한 단계(丹溪) 이규호(1926~2002)는 여러 가지 형태의 언어들 중에서 시어(詩語)가 가장 순수한 형태의 언어라고 생각하고 있다는 것이다. 게다가 그는 만약 셰익스피어가 없으면 오늘날의 영미문화는 없고, 만약 괴테와 칸트와 루터가 없으면 오늘날의 독일문화는 없다. 만약 톨스토이와 도스토예프스키가 없다면 고르바초프의 인식전환은 없었을 것이다. 만약 1948년에 『설국(雪國)』을 출간한 가와바타 야스나리와 같은 그 많은 문인들의 노력이 없었더라면 일본의 경제 부흥은 의미가 없었을는지도 모른다. 만약에 사서오경이 없었더라면 중국문화의 자랑스러운 전통은 오늘날까지 이어지지 못했을는지 모른다는 것이다.

2. 전진기지문화는 우리가 누리는 해양문화의 수준에 의해서 창조

단계의 주장은 계속 이어진다. 성실이라는 덕목이 성실이라는 말을 떠나서 존재할 수 있을까? 성실이라는 말을 떠나서는 성실이라는 덕목도 없다. 호연지기(浩然之氣)라는 말은 아무리 궁리해도 영어나 일본말로 표현할 수 없다. 호연지기는 역시 한자어를 통해서만 그 의미를 갖는다. 그러므로 추상적인 개념이 많은 철학뿐만 아니라 모든 언어의 번역이라는 것은 처음부터 한계를 벗어날 수 없다. 같은 라틴말에서 왔다고 믿어지는 독일 말과 영어를 비교해 보면, 번역의 한계라는 것이 얼마나 또렷한가를 알 수 있다.

'가이스트(Geist)'라는 독일 말을 '마인드(mind)'라는 영어로 번역하는 것은 우스운 일이고, 또 건강하고 씩씩한 사내를 일컫는 '대장부(大丈夫)'라는 중국말을 귀인을 가까이에서 경호하는 사람을 일컫는 '사무라이'라는 일본말로 번역하는 것도 우스운 일이다. 엄격하게 말하면 번역이라는 작업은 애시 당초부터 불가능한 일인지도 모른다. 말이라는 것은 처음부터 그 민족의 문화적인 전통에서 떼어 버리기가 어렵기 때문이다. 언어는 유·무형의 문화유산과 정신문화의 전통에 의해서 창조되었지만, 또한 문화적인 전통을 창조하는 것이 언어(개념)이다. 말은 사람의 생활을 이끌어가지만 생활에 의해서 창조되는 것이다. 언어는 인간생활의 피조물이기도 하지만, 인간생활의 창조자이기도 하다(이규호, 앞의 책).

따라서 해양스포츠 전진기지 개념 역시 해양스포츠 생활의 피조물이기도 하지만, 해양스포츠 활동의 창조물이기도 하다. 그렇기 때문에 해양스포츠 전진기지 개념은 우리 해양문화에서 비롯되는 전통을 중심으로 언어의 의미를 대신할 수도 있는 상징(묘사)을 통해 해양스포츠 전진기지를 구분(세분류), 즉 대분류, 중분류, 소(세)분류하는 일은 해양스포츠 활동의 부산물이기도 하지만, 새로운 해양문화 창달을 위한 창조이기도 하다는 점에서 매우 중요한 작업이 된다고 말할 수 있다. 그 이유는 우리 해양스포츠 전진기지문화에 대한 가치를 높이고 사회 곳곳에 해양스포츠 전진기지문화의 가치가 스며들게 하여 우리 모두가 해양스포츠 전진기지문화가 있는 삶을 누릴 수 있어야 '해양스포츠 전진기지경제'를 통한 '해양신산업경제' 활성화도 가능한 토대가 구축되기 때문이다.

더욱이 창조 해양스포츠 전진기지경제는 해양과학기술(해양·해안·항만공학, 해양지질, 해양바이오 등)과 ICT(태양광을 통한 스마트그리드시스템, GPS 등 첨단기자재를 장착한 모터요트 생산 등)가 융합하고, 그리고 조선산업이 보트문화와 융합하고, 해양스포츠산업과 해양관광이 해양문화와 융합하고, 해양플랜트산업과 해양공간건축물(해양스포츠 전진기지 관련 콘도, 해상계류장, 방파제, 드라이스택 등 직·간접인프라) 간의 벽을 허문 패러다임의 구축 경계선상에 창조의 꽃을 피우게 되는 특성을 갖고 있다.

아무튼 이러한 언어의 성격에 비하면 상징지우는 개념의 성격은 매우 단순하다. 일정한 목표를 전제하고 일정한 범위 안에서 해양스포츠의 활동을 편리하게 조정하거나, 개념을 쉽게 표현하는 것이 상징이다. 그러므로 언어 아닌 상징도 생각할 수가 있다. 더군다나 언어가 상징의 역할도 할 수 있는데, 그럴 때는 언어의 다양한 의미를 대신할 수도 있을 것이다. 만약 성실이라는 말을 영어로는 번역할 수 없다고 해도 영미사람들은 전체적으로 불성실하다고 낙인찍을 수는 없다. 우리말의 성실에 가장 가까운 '정직'을 영어로 '아니스트(honest)'로 번역할 수 있겠지만, 성실과 아니스트(honest)가 같은 말은 아니다. 그러나 언어는 여러 가지로 넓게 해석할 수 있기 때문에 언어와 언어 사이, 즉 마리나 요트하버와 해양스포츠 전진기지 간에 양 걸림을 통해 나름 대화가 가능해질 수 있는 다리는 확보할 수 있다. 그러므로 마리나나 요트하버도 사회적인 제약을 초월해서 서로 이해하고 서로 대화를 가능하게 할 수가 있다. 마리나와 요트하버와 해양스포츠 전진기지 간에는 중국말의 대장부를 일본말의 사무라이로 번역할 수 없는 것처럼 원칙적으로 동의어로 번역은 불가능하지만, 그 진리에 도달하기 위한 도정에서 이쪽과 저쪽을 이어주는 '양(兩) 걸림'의 교량을 통해 그나마 대화의 꼬투리는 서로 제공하고 있다. 같은 영미문화권에서 사용된 보통명사 마리나나 요트하버 개념도 국제상설운항협회(PIANC)가 두 개념에 대해 대화의 상대어로서 이해하고 있는 경우가 '양 걸림'의 좋은 사례가 되고 있음이 사실이다.

대화는 역시 나라 안에서든, 밖에서든 진리에 이르는 유일의 길이요 꼬투리인 셈이다. 외국과 해양스포츠문화 교류나 협력이 가능해지는 것도 바로 그 때문이다. 그러나 우리가 지금처럼 너무 쉽게 마리나나 요트하버라는 외국말을 그대로 사용하면 추종주의에 함몰될 수 있다. 서로 조금은 다른 것을 의미하면서 서로 자기의 주장을 너무 믿을 수 있기 때문이다. 해양스포츠 전진기지가 해양스포츠 활동의 질적 수준과 가치관과 세계관과 생태환경관을 결정하지만, 마리나도 '마리나 빌리지(Marina Village)' 규모라면 해양스포츠 각종 전진기지 중 그 일부(해양스포츠단지)가 됨을 인도한다. 이런 점에서 마리나 빌리지는 해양스포츠 전진기지의 중분류 중 하나인 '해양스포츠단지'급과 거의 같다고 말할 수 있다. 물론 새로운 개념의 해양관광단지도 마찬가지다.

마리나 빌리지는 해양스포츠 전진기지를 대분류로 하는 중분류 중 하나인 '해양스포츠단지(Haeyang Sport Complex)', 혹은 새로운 개념의 '해양관광단지(Marine Tourism Complex)'의 개념과 원칙적으로 동의어는 아니지만 대화의 상대어인 것만은 분명하다고 봐야 한다. 그렇기 때문에 해양스포츠 활동에 사용되는 각종 보트를 계류·보관하기 위한 최소의 소박한 시설로 구성되어 있는 우리의 대·중·소형·간이 보트계류장의 개념과 어금버금한 외국의 대·중·소형·간이 요트하버(Floating Pontoon yacht harbor)와 마리나 빌리지·중·소형·간이 마리나의 경우, 대분류 개념인 우리의 해양스포츠 전진기지와 같은 개념으로 이해하는 일이 있다면 우스꽝스런 일이 된다. 군이 시비를 가리자면 각종 요트하버는 각종 보트계류장과 대화의 상대어로 삼을 수는 있겠지만, 중분류에 놓이는 마리나 빌리지급은 대화의 상대어로 삼을 수 없다. 더욱이 다기능어항이나 어촌마리나역 개념은 외국의 마리나나 요트하버와는 전혀 대화의 상대어조차 되지 않는 별개의 개념일 뿐이다. 개발목적이 다르고, 개념 사용의 사회적 배경 또한 전혀 다르기 때문이다.

중국말의 '대장부'를 일본말의 '사무라이'로 번역할 수 없는 것처럼 마리나나 요트하버를 해양스포츠 전진기지로, 반대로 해양스포츠 전진기지를 마리나나 요트하버로 각각 번역하는 것은 불가능하다. 따라서 사람들의 해양놀이문화 향유 방식(질적 수준)과 가치관과 세계관과 생태환경관, 특히 해양스포츠 전진기지경제 효과에 의한 일자리 및 부가가치 창출에 따른 국가 사회적 기대 등 상징(기능)을 중심으로 국내 나름으로 '해양스포츠 전진기지'라는 대분류개념의 적용이 불가피할 수밖에 없다. 그렇다고 해서 이 대분류 개념 속에 외국의 마리나나 요트하버개념이 전혀 없다는 뜻은 아니다. 오히려 〈표 2-1〉을 참고해 보면 마리나란 개념은 보통명사로서 자국의 해양문화에 따라 다양하게 이해하고 있음을 확인할 수 있다. 세상 유일의 개념인 고유명사가 아니라 보통명사로서 자국과 외국 사이에 양 걸림하고 있다고 봐야 한다.

사실이 그렇다면 필자가 말하는 해양스포츠 전진기지개념 역시 영미권의 마리나 개념처럼 우리해양문화의 소산으로써 우리나라와 외국 사이에 양 걸림하고 있는 셈이 된다. 따라서 마리나와 해양스포츠 전진기지 이 둘은 개념적으로 쌍둥이는 아니지만 나름 대화의 상대어는 된다고 말할 수 있다. 그렇지만 1928년에 미국의 전국엔진보트협회가 먼저 써먹은 '해변의 산책길'을 뜻하는 보통명사 '마리나'라는 말의 이력이야 어떠하든 제Ⅱ편 〈표 2-1과 표 2-2〉를 참고해 보면 많은 나라에서도 자국의 해양문화에 따라 다양하게 이해하고 있음을 확인할 수 있다. 뿐만 아니라 시대별 마리나시설의 특징 역시 당초 '해변의 산책길'이 마리나 개념이라고 내세운 그 뜻이 오늘날에는 거의 맞지 않다는 점에서 새 옷으로 갈아입지 않으면 안 되는 불가피성이 있다. 따라서 이제 국내는 '해양스포츠 전진기지(base of Haeyang Sport or base of Marine Sports)'라는 새 옷으로 갈아입지 않으면 안 된다. 다만 소통을 위해서는 영미권의 마리나 개념을 사용할 수는 있다.

아무튼 '해양스포츠 전진기지'의 본질은 살아 있는 생명체와 같은 속성을 지니고 있는 가운데 그 정체성은 영원불변이 아니라 고객과 사회의 요구에 따라 항상 변신해왔고, 또 앞으로도 끊임없이 변신하지 않으면 안 되는 운명에 처해 있다는 데 있다. 오늘날의 해양스포츠 전진기지의 정체성은 보트생산·판매·보관·정비·임대·레스토랑을 비롯하여 숙박 및 주거와 다중위락시설까지 갖춰진 마리나 빌리지나 새로운 개념의 해양관광단지의 집[home]이기도 하다. 결국 해양스포츠 전진기지라는 주택 속에 마련된 3개의 방(房) 중 그 하나에 우리말의 해양스포츠단지, 혹은 새로운 개념의 해양관광단지가 기거(寄居)하고 있기 때문에 이들 개념과 대화의 상대, 즉 개념적으로 말이 통하는 마리나 빌리지개념 역시 "같은 방에 동거(同居)시킬 수 있다."고 말할 수 있게 된다. 물론 나머지 두 개의 방에는 '보트계류장[외국의 요트 하버 개념과 얼추 비슷한 개념]'과 '다기능어항('어촌마리나역'과 '피셔리나'는 한국과 일본에만 존재하는 개념)'을 기거시킬 수 있다. 결국 해양스포츠 전진기지는 마리나가 기거할 방을 제공하고 있는 셈이 된다. 해양스포츠 전진기지라는 주택 속에 마리나는 존재한다. 해양스포츠 전진기지를 인간이 그 속에 사는 집에 비유한 것이 얼마나 정당하며 또한 어떤 의미를 가졌는가 하는 문제는 별개로 하고 하는 이야기다. 특히 해양스포츠 전진기지는 그 자체의 기반시설의 개발과 운영과정을 통해서도 일자리 및 부가가치를 적잖게 창출하는 2.5산업단지다.

그러나 그것보다는 우리나라와 같은 경우에는 외지방문객들에게 숙박하고 체류하는 해양관광이 될 수밖에 없도록 중간매개체로써 작용함으로써 숙박 및 식음료산업에 걸쳐 관련 파생산업을 전진기지 그 자체의 산업보다 약 3.7배 정도 더 많이 활성화시키는 파급효과를 갖고 있는 핵심시설이고, 또 해양관광산업 진흥을 위한 기반시설로도 기능한다. 이는 내가 지금껏 주장해온 해양스포츠 전진기지에 대한 논의의 준거를 압축적으로 웅변해 주기도 하지만, 다른 한편으로는 해양스포츠 활동 근거지(야구의 home base, 혹은 영어의 home)에 대한 이해 그 자체의 원칙적인 문제이기도 하다. 또한 기능과 역할을 본질로 하는 해양스포츠 각종 근거지들의 시설과 규모파악을 위해 굳이 현장을 방문하지 않고도 어렴풋이나마 이미지를 상상해볼 수 있게 해주는 개념화작업도 가능한 장점까지 함의하고 있다는 점에서 돌올한 특징이 있다.

〈표 2-1〉 국내외 마리나 개념(정의)의 상호 비교

국가	단체 및 기관	개념
세계	세계해양협회 (ICOMIA)	주로 물가에 위치하고 레저용 보트를 위한 선석, 무어링, 앵커링 계류시설 등과 같은 해상보관시설과 드라이스택, 육상계류장과 같은 육상보관시설을 제공할 뿐만 아니라 연료, 화장실, 샤워, 수리, 배수, 보트 판매 등과 같은 다양한 보팅 관련 서비스를 제공하는 공공·비영리·공공상업·클럽마리나시설
미국	전국엔진보트제조협회 (NAEBM)	여가용 보트를 위한 해안가 시설로서 현대 보팅에 관련된 서비스를 제공하는 시설인 가운데 보트오너들이 계류, 수리, 연료 등 보팅을 편리하게 준비하고 온수샤워, 식사, 쇼핑, 의사소통, 보트상하 이동 시설 등을 편리하게 이용할 수 있는 곳
미국	마리나운영자협회 (MOAA)	보트소유주와 승객이 보트에 승·하선하는 기능뿐만 아니라 보트를 계류할 수 있는 육상·해상계류시설과 관련 서비스를 제공하는 해수면 또는 내수면 레저용 보팅시설
영국	감정평가기구 (VOA: Valuation Office Agency)	육상계류시설, 고정식·부유식 방파제와 해상계류시설, 경사로, 크레인, 주차장, 사무실, 잡화점, 보트판매점, 수리소, 연료, 화장실, 탈의실, 세탁실 등 편의시설이 있는 개인소유의 모터요트 또는 세일링(딩기·크루저)요트 등 각종 보트를 보관하는 자연적 또는 인공적 하버(harbour)
영국	영국해양연맹 (BMF)	각각의 보트에 도보로 접근이 가능하며 주차장, 화장실, 각종 서비스 및 생활편의 시설을 갖추고 충분한 수심이 확보된 공간에 레저용 선박을 계류할 수 있는 시설
호주	호주마리나산업협회 (MIAA)	해양스포츠 활동을 위한 요트 등 각종 보트를 두 척(2隻)이상 계류시켜 놓은 공간인 가운데 데스티네이션 마리나, 트레전트 마리나, 클럽마리나, 워킹마리나, 콤비네이션 마리나로 각각 구분한다.
일본	일본항만법	스포츠 또는 레크리에이션에 사용되는 요트, 모터보트, 기타 선박의 편의성에 이바지하는 것을 목적으로 하는 구역
일본	마리나비치협회	마리나는 플레저보트(P·B)의 편의를 위한 항만시설로 일반적으로 레저용보트의 계류, 보관, 업무를 수행하는 관리시설로서 수변공간에 존재하는 시설
한국	마리나항만법 (제1장제2조)	제1항 : 마리나항만이란, 마리나선박의 출입 및 보관, 사람의 승선과 하선 등을 위한 시설과 이를 이용하는 자에게 편의를 제공하기 위한 서비스시설이 갖추어진 곳으로서 제10조에 따라 지정·고시한 항만구역을 말한다. 제2항 : 마리나항만시설이란, 마리나선박의 정박시설 또는 계류장 등 마리나선박의 출입 및 보관, 사람의 승선과 하선 등을 위한 기반시설과 이를 이용하는 자에게 편의를 제공하기 위한 서비스시설로서 대통령령(제2·제3조)으로 정하는 것을 말한다.
한국	지삼업	마리나는 해양스포츠 활동과 해양휴양의 세계를 형성하는 복합녹색안전시설집적지로써 지방과 도시지역 해수면과 내수면의 친수공간에 위치한 가운데 기본시설, 지원시설, 편의시설, 해양문화교류시설, 기타 위락시설 등 5개 기능을 담아내고 있는 인프라구축의 목적·질적 수준·육·해상보트계류규모, 보트길이 10m, 폰툰설비공법 등을 중심으로 검토한 '개념기준분류체계'에 따라 마리나빌리지(1,001척 이상), 대형마리나(501~1000척까지), 중형마리나(301~500척까지), 소형마리나(200~300척), 간이마리나, 다기능 어항 혹은 어촌 마리나 역으로 분류한다.

3. 해양스포츠 전진기지 · 마리나 · 요트하버 간 상호 비교

"지방과 도시지역 해수면(해변)과 내수면의 친수공간[강·(수)변·호반]에 해양·해안·항만공학, 해양생태공학, 사회경제적 측면 등을 종합적으로 고려한 최적(대상 보트 등을 고려한 계획규모·자연조건·사회조건·경제성·접근성·유입토사 퇴적률 등 총 6개 요소)의 개발입지를 중심으로 해양스포츠 활동과 해양휴양의 세계를 형성시킨 각종 해양공간건축물 집적지인 가운데 보트 안전보관을 위한 방파제(고정식/부유식)시설, 육·해상계류(Pontoon) 및 실내창고시설(드라이스택), 그리고 보트 상하이동시설 등의 기본시설을 비롯하여 인간적 요소인 호텔, 콘도, 해변·수변주택, 요트텔 등 주거시설을 포함하는 각종 편의시설과 해양문화교류시설, 수리/제조시설, 기타 각종 위락 시설 등 5개 기능을 담아내고 있는 해양공간건축물로써 인프라 구축의 질적 수준· 공법·개발목적에 따라 초 미니도시로서 2·5산업단지를 형성하고 있는 해양스포츠단지(마리나 빌리지), 혹은 새로운 개념의 해양관광단지를 비롯하여 보트계류장(간이 포함), 다기능어항(어촌 마리나 역 포함)으로 각각 중분류 하는 가운데 이들 모두의 시설들을 아우르는 대분류 개념이 곧 해양스포츠 전진기지다(표 2-2)."라고 말할 수 있다. 물론 논지(論旨)에 따라서는 영미권의 마리나(마리나 빌리지, 중형, 소형, 간이), 요트하버(대형, 중형, 소형, 간이) 개념을 비롯하여 해양수산부가 한 때 사용한 적이 있는 '마리나역' 개념을 2016년에 수정하여 내놓은 '어촌마리나역' 개념까지 수렴해도 정당성이 확보될 수 있다. 게다가 필자가 말하는 해양스포츠 전진기지 개념 역시 마찬가지다. 문화의 이해기준은 오직 자국(自國) 해양문화의 적합성과 합리성에 있기 때문이다.

따라서 지금껏 국내에서 금과옥조로 여긴 적이 있는 '마리나'와 '요트하버' 개념은 절대적 진리, 즉 부가가치 및 일자리 창출 목적의 바다를 건너기 위한 시대별 또는 영미문화권 해양문화의 소산일 뿐 세상유일의 진리가 될 수가 없고, 또 되어서도 안 된다. 예컨대 영미문화권만 하더라도 '해양스포츠'라는 분야 중심 개념이 성립되기 전에는 '요트'가 해양스포츠의 개념을 상징하여 1960년대까지 풍미한 때가 있었다. 그러다 모터요트, 해양카누, 해양카약, 윈드서핑 등 각종 장비들이 속속 개발되면서부터 이 분야를 대표할 대분류개념이 필요함에 따라 '해양스포츠'라는 개념이 성립되기 시작했던 전례가 있다. 마찬가지로 필자가 말하는 '해양스포츠 전진기지'라는 개념 역시 요트가 한때 해양스포츠개념을 상징했던 것처럼 언젠가는 마찬가지 운명에 처할지도 모를 일이다.

그런 뜻에서 보면, 개념 성립의 필요에 따라서는 '해양스포츠 전진기지'든, '마리나'든, '요트하버'든, 아니면 어항의 경우는 '어촌마리나역[일본의 피셔리나(Fisharina) 개념을 탈피한 우리 해양문화의 소산으로 거듭 태어남.]'이든 그 어떤 개념을 적용해도 무리가 없다고 보는 이유가 된다. '하나의 원인으로 하나의 결론을 도출'하는 인과론, 또는 '인과관계'를 중심으로 모두 입증할 수 있기 때문이다. 다만 동양적인 사유(思惟)에는 없지만, 원인과 결과의 관계를 규명하는 인과론(因果論)은 지나치게 단선적이고 기계적인 논리라는 한계가 있다. 그럼에도 사물의 관계를 규명하는 데는 인과론만한 논리도 없다.

〈표 2-2〉 해양스포츠전진기지·마리나·요트하버 간 상호 비교

* 상호비교를 통해 문화의 상대성이 파악된다. 문화 평가에 절대적인 기준은 없다. 우월성이 아니라 어느 것이 더 자국(自國)의 실정에 맞느냐는 적합성이 기준이 될 뿐이다. 결국 해양스포츠와 해양휴양 활동을 목적하는 시설들에 대한 이름은 '마리나', '요트하버', '해양스포츠 전진기지', '어촌 마리나 역(驛)' 등 보통명사로서 다르게 얼마든지 존재할 수 있다.
다만 '개념기준분류체계표' 상으로는 마리나, 해양스포츠 전진기지, 요트하버는 각각 종개념의 종차(從此)를 갖는 대분류의 위치에 놓임에 따라 그 대분류 밑에는 중분류, 소분류, 세(細)분류 순으로 놓이게 된다. 그렇지만 그 어떤 이름을 선호하든지 간에 과거나 현재나 미래나 변함없는 가치[진리]는 단 하나, 즉 '충실과 신뢰를 중심으로 고객에게 집과 같은 안락과 쾌락을 서비스하여 부가가치 및 일자리 창출을 목적한다'는 사실만은 공통점이다.

출처 : 지삼업(2013a), 마리나 관리 및 운영론, 대경북스(서울), 29. 2019년 6월 재구성.

더욱이 요즘에는 전통적인 마리나시설이 아닌 복합리조트에도 마리나라는 이름을 사용하는 경우가 적잖다. 해외는 싱가포르의 복합리조트 '마리나베이샌즈(M-SB)'를 꼽을 수 있고, 국내는 부산시와 정부가 세계적인 친수공간 복합기능 도시를 조성하기 위해 부산 북항 재개발지구 내 위치한 아파트단지 '협성마리나 G7'이 좋은 사례가 된다. 레스토랑이나 호텔의 이름으로도 마리나라는 용어가 흔히 사용되고 있는 추세에 있다. 결국 '마리나'라는 이름은 세상에서 그 대상이 딱 하나뿐인 고유명사가 아님을 싱가포르의 MSB가 보여주고 있다고 볼 때 자국 해양문화의 소산으로서 '보통명사'인 해양스포츠단지, 새로운 개념의 해양관광단지, 마리나, 보트계류장, 요트하버, 어촌 마리나 역, 다기능 어항 등 그 이름은 여러 개가 존재할 수 있다고 본다.

현실도 그렇다. 다만 필자가 해양스포츠 전공자들을 위해 이미 제시한 '개념기준분류체계', 즉 대분류, 중분류, 소분류, 특히 소분류의 하위단계가 필요한 경우에는 세(細)분류 등으로 〈표 2-3〉에서 분류해 놓은 이른바 '개념기준분류체계표'를 중심으로 설명을 조금 더 보태면, 대분류에는 '해양스포츠 전진기지(Base of Haeyang Sport)'가 놓이고, 중분류 세 가지 중 하나에는 해양스포츠단지/해양관광단지/마리나 빌리지(Village)가 한 묶음으로 엮이고, 다른 하나의 묶음에는 보트계류장/요트하버, 나머지 하나의 묶음에는 어촌 마리나 역/다기능 어항이 각각 위치한다.

소분류에는 중분류 중 하나의 묶음인 보트계류장/요트하버의 종개념인 대형 보트계류장/대형요트하버/대형 마리나, 다른 하나의 묶음에는 중형 보트계류장/중형 요트하버/중형 마리나, 또 다른 하나의 묶

〈표 2-3〉 개념기준분류체계 표를 중심으로 본 해양스포츠 각종 전진기지의 명칭

출처 : 지삼업(2008b). 마리나 조성계획과 실제. 대경북스(서울). 26. 2019년 6월 재구성.

음에는 소형 보트계류장/소형 요트하버/ 소형 마리나, 나머지 하나의 묶음에는 간이 보트계류장/간이 요트하버/간이 마리나가 각각 위치하게 될 것이다. 게다가 만약, 마리나·요트하버를 대분류 위치에 놓으면, 그 종개념인 중분류 네 가지 중 하나의 묶음에는 마리나 빌리지/대형 요트하버, 다른 하나의 묶음에는 중형 마리나/중형 요트하버, 또 다른 하나의 묶음에는 소형 요트하버/소형 마리나, 나머지 하나의 묶음에는 간이 요트하버/간이 마리나를 각각 위치시킬 수가 있다. 따라서 학술적 연구차원에서 검토한 '개념기준 분류체계상'으로 보면, 현재의 명칭들은 지금껏 대분류개념에 머물러 있는 상태에서 조금도 벗어나지 못하고 있거나, 아니면 분류체계의 정립이라는 개념이 거의 없는 원시적 단계에 머물러 있는 가운데 중구난방의 양태를 띠고 있다고 말할 수 있다. 아무튼 보통명사로서 그 어떤 이름을 갖든 닫힌 일상을 구원하는 열린 세계를 제공하기 위한 해양스포츠 체험중심의 해양관광단지나 마리나 마을(Village)의 공간으로서 자국 해양문화의 소산에 의한 결과의 산물이라면, 그 이름은 나름 존중될 수밖에 없음이 사실이다.

지금까지 본 내용을 요약하면 다음과 같다.

영미권 해양문화의 소산인 마리나 개념에 다른 개념은 전혀 비집고 들어갈 수 없도록 '섬은 달의 영토다.' 혹은 '뭍은 태양의 영토다.'라는 식으로 한쪽으로만 몰아가는 논리 확장은 곤란하다는 생각을 갖는다. 다만 마리나였든 아니면 해양스포츠 전진기지 개념이었든, 또는 놓여 있는 위치가 해수면이었든 아니면 내수면이었든 간에 충실과 신뢰(기업윤리)를 중심으로 고객에게 집과 같은 안락과 쾌락을 서비스하여 부가가치 및 일자리 창출을 기대한다는 측면은 이들 마리나시설들의 경영에 예외 없는 지상과제가 된다는 점은 공통점이다. 다르게 말하면 마리나는 개발한 사람의 것이 아니라 가격 대비 성능, 즉 가성비(價性費 : cost-effectiveness)를 중심으로 그 시설을 선택한 사람들의 것이라고 말해도 지나친 말은 아니라는 뜻도 된다. 특히 마리나의 경영 일선인 "야전에서 살아남으려면 순간순간 판단하고 적응해야 하는 순발력이 필요하다. 즉 기본전략은 있되 철칙은 없다(조정래, 2014)."

그렇긴 해도 고객 역시 지금처럼 무조건 저렴한 마리나만 찾는다면, 결국 '농약 달걀'처럼 제공되는 서비스품질이 열악해질 것은 빤하기 때문에 마리나의 이윤을 어느 정도는 인정하는 이른바 '윤리적 소비' 자세를 지금부터 차근차근 확립해 나가는 일도 특별히 필요하다고 본다. 마찬가지로 경영자 역시 '윤리적 서비스제공'에 최선을 다해야 한다. 물론 어디가나 밀로 빵 만들고, 쌀로 밥 짓듯이 돈 싫어하는 기업인은 없다. 그럼에도 경영자는 윤리적 서비스제공에 따른 경비상승에 일부 경영 어려움을 겪는다고 하더라도 그것은 '경영리스크가 아닌 개별 마리나의 경쟁력'으로 이해해야 하는 시대가 곧 닥친다는 점을 주목하지 않으면 안 된다. 사실이 그렇다면, 곧 도래할 제4세대 마리나가 될 이른바 '복합녹색안전인공지능(AI) 마리나시대(가칭)'를 상정(想定)해 보면, 고객은 '윤리적 소비', 마리나경영자는 '윤리적 서비스제공'이라는 두 가지 가치를 2019년 3월 현재부터 함께 실현시켜 나갈 구체적인 방안을 적극 모색하지 않으면 안 된다. "시장이 부(富)를 창출하는 효과적인 동력이듯, 가치와 윤리가 개인과 집단의 행동양식 그리고 시스템의 중심에 자리 잡고 있음을 이해하는 일이 매우 중요하다. 이런 측면은 관용과 존중에서 배려와 연민이라는 더 높은 수준의 관점으로 지속적으로 발전해 나가야 한다는 뜻도 된다(송경진, 2016).''

국비와 시비 등 총 450억 원을 들여 약 300척 안팎의 규모로서 국내 첫 보트수리시설도 갖추게 되는 등 오는 2020년 완공을 목표로 하는 '진해 명동마리나'가 바로 그런 곳이었으면 하는 것이 필자의 바람이다. 다만 명동마리나의 경우, 자체시장이 될 마산과 창원이 인근에 있다고는 하지만 배후지인 진해구의 상주인구가 불과 20만 명 내외이고, 이 중 군인가족과 농어촌 인구가 적잖은 상황은 경영을 매우 장기간 어렵게 할 우려가 있다고 보는 측면이다. '자체시장이 부를 창출하는 효과적인 동력'임에도 진해는 그런 환경을 갖추지 못하고 있기 때문이다. 이처럼 자체시장이 의문시되는 상황에서는 창원시가 마리나전문가를 운영책임자로 영입하여 공공마리나로서 직영하는 가운데 인내심을 갖고 꾸준하게 투자와 관리를 해나갔으면 한다. 그렇다고 하여 경영에 어려운 측면만 있는 것은 아니다. 보트수리시설은 국내의 다른 마리나에는 전혀 없는 유일 시설이기 때문에 부산과 경남의 동호인들에게는 반가운 소식임에는 틀림없다. 지금은 심각한 고장이 나면 일본 후쿠오카까지 원정하여 수리를 하는 수고를 감수하고 있는 실정이기 때문이다.

아무튼 경영자에게는 '윤리적 서비스' 제공 만큼이나 '규모의 경제' 확보도 중요할 수밖에 없다. 일찍이 필자는 보트길이 10m를 기준, 250~300척 규모의 흑자가 가능한 시설을 '소형 마리나'라고 이미 규정해 왔다(지삼업, 2008a). 해양수산부가 마리나 개발에 규모의 경제를 처음 고려하기 시작한 것은 필자의 첫 규정으로부터 대략 8년쯤 지난 2016년부터라고 볼 수 있고, 그 사례는 울진 후포마리나처럼 300척 내외의 '거점 마리나' 5개소 개발계획이 그 출처이다. 이 이전에 검토한 정부의 마리나확보 계획에서는 '규모의 경제'에 대한 개념 자체가 흐릿했다고 봐야 한다. 그래서 필자는 2015년까지 확보한 국내 마리나 30개소에 대해, 부산 수영요트경기장 마리나시설로의 재개발 추진을 제외한 총 29개소의 마리나는 진작부터 성공보다는 실패할 가능성이 높은 마리나가 더 많이 속출할 것으로 전망해오기도 했다. 물론 이런 부정적인 전망이 우리의 노력에 의해서 콧노래로 바뀌기를 기대한다.

프랑스 계몽시대 철학자이자 작가인 볼테르(Voltaire; 1694~1778)는 "의심은 불쾌한 일이지만, 확신은 어리석은 일이다."라고 말했다. 실제로 정부의 마리나개발 계획이 어떤 결과를 낳게 될지, 우리가 안다고 확신한다면 지나치게 순진한 생각일 것이다. 그러나 그것이 어떤 결과일지에 대한 불안과 불확실성으로 얼어붙는다면 이 역시 순진한 행동이다. 독일 시인 라이너 마리아 릴케(Rainer Maria Rilke ; 1785~1926)는 자신의 시(詩) "젊은 시인에게 보내는 편지"를 통해 "미래는 우리 안에서 변화하기 위해 훨씬 전부터 우리 내부에 들어와 있다."고 말했다. 결국 릴케의 말이 맞는다면, 우리 내부에 이미 들어와 있는 변화의 바람을 통해 그 성공 가능성을 최대한 높일 수 있도록 노력해 나가야 하는 것은 지금 한국의 능력에 달려 있다 할 것이다.

따라서 정부는 2019년까지 총 62개소 확보라는 숫자에만 함입되어 당초 계획을 고집스럽게 계속 추진할 것이 아니라 지금부터라도 입지는 마리나 배후지의 상주인구 100만 안팎의 도시, 그리고 규모의 경제를 고려하여 보트길이 10m를 기준, 250~300척 규모의 거점마리나가 우선 확보되어야 한다고 충심으로 조언하고 싶다. 그런 다음에는 중규모 도시 순으로 인프라를 구축해 나갔으면 한다. 다만 손익추구보다는 시민 실질적 삶의 질 향상과 지역을 찾는 해양관광객들에게 즐길 거리 제공에 방점을 두고 개발·운영되는 지자체 직영의 공공마리나라면 규모의 경제 고려는 큰 의미가 없음이 사실이다.

그러나 지금껏 국내 각 지자체들이 주로 추진하고 있는 마리나개발 방식을 보면, 부지와 방파제와 진입도로 등 사회간접자본(SOC) 시설에 해당되는 부분에 대한 예산은 해양수산부가 예산의 범위 내에서 지원하고, 사업자는 육·해상보트계류시설과 편의시설 등 각종 지상시설물에 투자한 것을 전제로 약 30년간 운영한 후 모든 시설물을 국가에 귀속시키도록 되어 있는 '공공상업마리나'이기 때문에 손익추구는 양보할 수 없는 절대조건이라는 점에서 마리나 배후지의 상주인구가 100만 명, 또는 최소 50~80만 명 안팎을 중심으로 '자체시장생태계' 고려는 필수일 수밖에 없는 조건들이다. "개 꼬리 3년 묵혀도 황모(명품 붓을 만들기 위해 사용하는 족제비 꼬리털)되지 않는다."는 옛말이 있다. 이는 정부의 조장행정 효과에 의해 해양스포츠산업이 이제 겨우 천연 잠에서 깨어난 한국에서, 그것도 손익분기점을 상회할 자체시장생태계 형성이 근본적으로 의문시 되는 상황에서는 시장개척도, 경영전략도, 고품질 서비스도 모두 공허한 말로만 들릴 수밖에 없다는 뜻도 된다. 오직 기댈 곳은 자체시장이 부를 창출하는 확실한 동력인만큼 자체산업생태계 조성뿐이다. 다르게는 낙수효과가 아니라 분수효과에 목숨 걸어야 한다는 말도 된다.

4. '해양스포츠 전진기지' 개념은 우리 문화의 소산

모든 개념은 저마다의 표현형식을 갖고 있고, 또 각기 다른 생각 도구를 채용한 여러 개의 등가적 형태로 변형될 수 있고, 또 그래야만 한다. 마리나라는 한가지 개념을 놓고 더 많은 방법으로 생각할수록 더 나은 통찰을 얻을 가능성도 높아진다. 또한 그 통찰을 표현할 방법이 많으면 많을수록 다른 사람들이 더 잘 이해할 가능성도 높아진다. 그런 뜻으로 마리나개념과의 등가적 층위(層位)를 오히려 압도하는 토종 '해양스포츠 전진기지개념'이 소위 신(神)이 창조했다는 희망의 수평선을 향해 메인세일(mainsail)과 집 세일(jib sail)을 곧추세우고 힘찬 항해에 나선다.

제II편 〈표 2-1〉과 〈표 2-2〉에서 이미 밝혀 놓은 한국의 해양스포츠 전진기지개념이 일반 체육 분야의 개념정립 발전 속도와 비교해 뒤져 있다는 평판을 듣는 것은 국내의 해양스포츠 전진기지문화를 분석 해명할 나름의 적정한 개념 도구를 지금껏 만들어 내지 못하고 외국에서 사용되고 있는 마리나나 요트하버개념을 추종해온 탓이 컸다. 더욱이 세계에서도 특정 사물에 대한 평가가 가장 빠른 속도로 변화하는 한국의 역동적인 사회에서 그것도 시대 낙오적인 마리나개념에 대한 기존 사고방식을 정색하고 부서뜨리려는 창조적 파괴 노력은 오히려 때늦은 감이 있다. 특히 세계 스포츠발전 중심축으로 부상한 대한민국의 해양스포츠학계에서는 추종주의에서 벗어나는 가운데 국내는 물론 세계인이 함께 공유할 새로운 개념을 정립시켜야 할 필요가 있다. 그럼에도 오늘날 마리나가 약간의 신비한 매력을 자아내는 것은 1928년 미국의 전국엔진보트협회가 라틴어로 포장[유래]한 '해변의 산책길'이라는 뜻의 막연함 때문인지도 모른다. 이런 측면에서 보면, 이제 한국의 해양스포츠 전진기지문화 정립을 위한 적정한 개념 도구를 개발할 논의가 필요하다고 볼 때, '해양스포츠 전진기지론'을 문제제기의 꼬투리로 삼아 그 논의가 활발해지는 계기가 마련되기를 재촉해 본다.

더욱이 바다가 해양문화의 공간이 되기 위해서는 해양스포츠전진기지에 대한 개념 정립을 통한 정체성 확립을 중심으로 해양스포츠, 마리나, 해양관광, 해양휴양 등에 걸쳐 매우 유용한 공간이라는 인식전환과 함께 이 분야 산업을 고무할 활성화법, 수상레저안전법, 수중레저활성화법, 그리고 전진기지가 시민의 생활체육의 전초기지가 되지 않고는 해양놀이문화의 정립이 어렵다는 측면에서도 해양스포츠 전진기지 개념의 확립은 꼭 필요하다. 사람과 전진기지의 상호관계에 의한 그 산물이 바로 해양스포츠문화이기 때문이다. 다르게는 해양스포츠 전진기지의 바다 개척을 통해 바다에서 바다를 즐기는 '호모 루덴스(Homo Ludens)', 즉 놀이하는 인간이 출현할 때 문화의 기원으로서의 바다가 자리 잡으면서 비로소 보팅문화는 한국체육에 새로운 신화창조를 통한 차원 높은 해양스포츠문화를 꽃피울 수 있다는 얘기도 된다. 놀이의 중요성은 즐거움 측면에서 명백하다. 즐거움은 무조건적이기 때문이다. 전진기지와 해양스포츠문화의 관계는 머리와 모자(帽子)의 관계다.

정체성의 본질은 복잡성이다. 건전한 시민 생활체육에 의한 신체조성과 해양관광의 장으로서의 '해상안전', 그리고 심미성과 오락성 추구에 의한 '행복'이라는 3가지 가치가 한 몸으로 존재하는 복합적 구성이 중요하다. 그렇기 때문에 극단적으로 해상안전만 추구한다거나, 아니면 디오니소스적인 정열과 쾌락만을 추구하는 무절제한 공간으로 전락시키는 등 다른 한 쪽을 없애 버리면 대립은, 혹은 편견적인 인식은 불가피해진다. 실제로 세계의 마리나나 요트하버를 보면, 어느 한쪽을 포기하지 않는 '복합녹색안전 마리나'가 대중의 선호도가 높다.

따라서 지금껏 내가 주장하는 해양스포츠 전진기지는, 21세기형 건전한 가족여가문화 정립과 시민 해양스포츠 생활화와 해양관광과 해양휴양의 장(場)으로서 안전하게 건강을 다지는 가운데 집과 같은 안락과 즐거움을 만끽할 기본시설, 기지텔, 즉 숙박시설[2019년 6월 현재 세계적으로 싱가폴 one degree fifteen, 즉 'One° 15 마리나'가 자체 마리나텔에 룸 40개를 보유하고 있고, 호주의 '생츄어리 코브 마리나' 역시 자체 호텔(Hyatt Regency)을 운영하고 있다. 그러나 호주의 '마리나 미라지(Mirage)'는 콘도와 상가호텔, 쇼핑·식사·계류중심인 가운데 숙박은 5km 이내에 위치한 객실 295개의 쉐라톤 미라지 리조트와 객실 200개의 팔라초 베르사체 호텔과 연계하여 운영하고 있다. 따라서 외국의 마리나 숙박시설은 대체로 호주와 같은 방식으로 운영되고, 또 프랑스의 그랑모뜨나 뽀르 까마르그 마리나처럼 자체 콘도를 보유하고 있는 경우도 있다. 물론 이런 시설은 편의시설에 속한다.] 등의 편의시설, 해양휴양시설, 기타 일반 위락시설 등 총 5개 요소를 중심으로 해양스포츠와 해양관광 활동에 필요한 질서의 영역을 점점 넓혀 나가는 한 편으로 해양스포츠, 해양관광, 해양휴양의 세계를 형성하는 근거지로서의 기능을 할 수 있도록 하는 등 해양스포츠단지(마리나 빌리지·새로운 개념의 해양관광단지), 보트계류장, 다기능어항(어촌 마리나 역)으로 중분류 되는 종류별 정체성 확립을 통한 개념의 명료성과 엄밀성을 돋을하게 드러내고 있다는 점이 평가(제I편 〈표 2-1〉과 〈표 2-2〉) 포인트다. 다만 '해양스포츠단지'는 '마리나항만의 조성 및 그 관리에 관한 법률'에서 규정한 마리나관련 기술연구, 전문인력양성, 보트(선박)건조, 상품개발 및 제조 등 제조시설 및 관련업체 유치를 위한 '마리나산업단지(연관산업 집적화)' 개념과는 그 품격을 달리하는 해양놀이공간의 개념이다. 놀이의 목적은 지혜와 바보, 선과 악의 대립 밖에 존재하는 즐거움에 있기 때문이다. 그러니만큼 해양스포츠 전진기지에 대한 공간 개념은 사회적으로도 유의미할 수밖에 없다.

 개발목적, 관련 직·간접시설의 질적 수준과 규모, 폰툰설치 공법 등을 기준으로 각종 기지의 정체성을 각각 확립하여 경제적 능력에 따라 선택할 수 있도록 하는 등 계층 간 대립요소를 미연에 제거해 나갈 수 있는 효과는 부수적인 기대다. 이런 점에서 보면, 당초의 마리나나 요트하버 개념은 오늘날에는 맞지 않고 막연하기조차 하며, 또 회원제로 운영하는 클럽마리나가 있음에 따라 만인의 참여가 원천봉쇄되는 등 시대성과 부조화를 빚고 있다. 게다가 고객의 니즈를 십분 반영해야 하는 등 경제논리 때문에 자연 지배에 따른 환경훼손 우려를 비롯하여 쾌락추구 때문에 생활체육의 장에서 최우선 담보되어야 할 평등성과 건전성과 안전성마저도 위협 받을 수 있는 개연성이 일부 있다는 점에서 그들 논리의 추종은 시민 건전해양놀이문화 정립에 오히려 장애요소로 작용하여 바다가 해양문화 불모의 공간이 되지 않을까 하는 염려도 일부 있다.

 특히 '해양스포츠 전진기지'에 대한 정체성 확립과 수평적·민주적·소통적 관계망 형성은 역사와 전통을 비롯하여 성공과 실패를 통한 깨달음에 의한 대한민국 나름의 시대 견성(見性), 즉 우리 문화개념의 산물일 수밖에 없기는 하지만, 마리나나 요트하버 개념보다 설득력이 있고 대화의 통로가 활짝 열려 있는 더 큰 포용력을 갖고 있는 개념임에는 분명하다. 그런 가운데서도 대분류로써의 해양스포츠 전진기지는, 마리나가 되었든, 요트하버가 되었든 간에 연구의 소용(所用)에 따라서는 그 어느 용어를 대화의 상대로써 삼아도 큰 탈이 없는 총괄성을 바탕에 깔고 있는 멜팅 폿(Melting Pot ; 용광로)인 큰 그릇이라고 볼 수 있기 때문에 해양스포츠 전진기지의 정체성(기능)은 전통·수평·민주·소통 등 총 4개 요소의 정신을 함의(含意)하고 있다고 말할 수 있다.

 실제로 중분류나 소분류에서는 차이가 일부 존재할망정, 큰 의미에서는 서로 간에 상당부분 닮은꼴(해양스포츠 전진기지라는 용광로에서 용해시켜 얻은 용액)이기 때문이다. 실제로 어떤 한 사물은 이 세상에 존재하는 또 다른 어떤 사물과 어떤 형태로던지 닮았다는 것이 일반적이고 보면, 표현상의 차이야 어쨌하든 개념간의 인식거리는 이웃 마을쯤 된다. 따라서 소용에 따라서는 마리나든, 요트하버든, 해양스포츠 전진기지든 그 어느 개념을 적용해도 수습 불능일 정도로 큰 탈은 발생하지 않지만, 가급적이면 해양스포츠 전진기지 개념을 적용하는 것이 전통적인 언어 구사와 함께 절기(節氣)에도 맞는 맞춤옷이라는 결론에는 상당부분 도달했다고 볼 수 있다.

그래서 이 책에서는 나의 가치관은 분명히 '해양스포츠 전진기지 개념'에 무게 중심이 옮겨져 있지만, 아직은 이에 미치지 못하고 있는 대중이나 얼치기들의 인식지평을 고려하여 '마리나'라는 개념을 함께 사용하고 있음을 참고하기 바란다. 그들이 헷갈려 하여 결과적으로는 자살골을 넣을 우려가 있기 때문이다. 물론 그렇게 해도 진리에 도달하기 위한 대화의 상대어(相對語)로서는 만족스럽지는 않다고 하더라도 그나마 무릎맞춤의 대상은 된다.

다만 전통이 없는 전진기지문화는 빈곤하다는 측면은 주목해야 한다. 더욱이 전통적인 언어[개념]가 없는 곳에는 진정한 해양스포츠 전진기지문화도 없다고 말할 수 있다. 전통적인 언어가 없으면, 또는 해양스포츠 전진기지문화를 이끌어 가는 절대적인 개념이 없는 곳에는 전진기지문화도 없다. 전통이 풍부한 해양스포츠 전진기지문화, 또는 민족의 얼과 함께 시대의 가치관이나 고객들의 세계관을 반영한 해양스포츠 전진기지 세계는 문화적으로 힘차기 때문에 망할 수 없다. 그런 뜻에서 대중이 아닌 연구자들은 가급적이면 외국의 마리나나 요트하버개념보다 '해양스포츠 전진기지' 개념을 더 선호했으면 하는 바람을 갖는다.

따라서 한국에는 마리나나 요트하버개념이, 또는 영미지역에는 해양스포츠 전진기지 개념이 전체적으로 전혀 없다고 낙인찍을 수 없음이 제II편 제2장 〈표 2-1과 2〉에서 확인되고 있기 때문에 국내는 해양스포츠 활동용 보트를 계류·보관을 비롯하여 각종 편의시설을 고객에게 제공하여 부가가치 및 일자리를 창출하는 등 해양스포츠 활동과 해양휴양의 세계를 형성하는 복합녹색안전시설집적지에 이르는 유일한 진리가 마리나나 요트하버라고만 생각하는 추종주의에서 벗어날 수 있는 깨달음을 얻을 수 있었기 때문에 그런 성찰로부터 새로운 개념 성립을 위한 '앎'의 길이 활짝 열리게 된다.

결국 필요에 따라 그 어떤 개념을 적용하든 나름 말벗은 되기는 하지만 그래도 국내는 해양스포츠 전진기지라는 개념의 틀[우산] 속에서 마리나나 요트하버개념을 이해하는 의식의 전환이 있었으면 한다. 다만 논지(論旨)에 따라서는 '해양스포츠 전진기지(base of Haeyang Sport or Marina, yacht harbor)', 혹은 '마리나[Marina or base of Haeyang Sport : 2013년 부활 해양수산부 항만 및 어항공사전문시방서 – 마리나 개발 전문시방서 포함한 개정작업 과정에서 집필자와 심의자가 합의하고, 또 10여개 관련 업체를 대상으로 여론수렴까지 거쳐 해설항목에서 첫 적용, 또한 동(同) 시방서에서는 해양스포츠 장비/기구개념 중 선박이라는 용어를 거의 배제시키는 가운데 스포츠 용어인 보트개념으로 통일시킴.]', '요트하버(yacht harbor or base of Haeyang Sport)'라고 말해야 할 필요성이 있을 경우에는 괄호 속의 영어는 base of Haeyang Sport or base of Marine Sports, Marina, yacht harbor 중 어느 하나를 선택해도

'해양스포츠 전진기지'에 대한 진면목을 이해하기 위한 도정에서는 나름 소용은 있다. 그렇지만 이 분야를 학문으로 접근하는 연구자의 경우는 가급적이면 우리문화의 소산인 '해양스포츠 전진기지(base of Haeyang Sport or base of Marine Sports)' 개념이 민족의 얼과 함께 시대에 따라 달라지는 사람들의 세계관(世界觀)도 반영하고 있기 때문에 널리 사용된다면 더 좋은 사례가 되는 것은 확실해 보인다.

물론 유전자 결정론 측면에서는 세쌍둥이가 아니다. 그럼에도 대화의 상대어로서는 만족스럽지는 않다고 해도 나름 대상은 된다. 따라서 '마리나'와 '해양스포츠 전진기지', 그리고 '요트하버' 이들 세 가지 개념은 이미 보통명사로서 영미권과 한국, 한국과 영미권, 또는 이쪽과 저쪽 사이를 그나마 서로 이어주는 '양 걸림'의 교량 역할을 하고 있음이 제Ⅱ편 제2장 〈표 2-1〉이 입증해 주고 있기도 하다. 그러나 극단적으로 '해양스포츠 전진기지개념'의 사용에 혹시 부담을 느끼는 이가 있다면 어차피 '해양스포츠 전진기지'나 '마리나'나 '요트하버'가 세상 유일로 존재하는 고유명사가 아닌 터에 논지(論旨), 즉 전달하고자 하는 말이나 글의 취지에 따라서는 영미권의 마리나나 요트하버개념을 사용해도 '빈도 과잉'만 아니라면 그같은 '해양스포츠 전진기지개념'에 대한 '탈맥락화'는 오히려 '해양스포츠 전진기지개념'의 본질에 대한 도발적인 질문도 된다는 점에서 긍정적인 측면이 있다고 생각하고 있다. '탈맥락화'를 철학에서는 '자기성찰'이라 하고, 심리학에서는 '메타인지'라 한다. 미술에서는 신이 되고자 하는 인간의 시도라고도 할 수 있는 '추상(Abstraktion)'이라고 한다(김정운, 2018b). 해양스포츠 전진기지개념을 상대화하여 해체해야 자기논리의 얼개를 강화할 자극도 주어진다. 일반화시켜야 자기 성찰을 통해 해양스포츠 전진기지개념을 보다 창조적인 방향으로 인도할 수도 있다. 더욱이 이 개념을 악의적으로 '탈맥락화'시키는 순간에도 그리 당황할 일은 없다. 이미 대화를 통한 맷집이 생겼기 때문이다.

따라서 해양스포츠 전진기지개념에 대한 '자기 창조', 즉 '재단장'은 버리는 학습과 채우는 학습에 의해서 피드백(feedback)된다. 버리는 학습의 시작은 마리나나 요트하버 개념이라는 상대의 거울을 통한 자기 성찰에서 시작된다. 그래야만 개념 간 건강한 관계가 형성되어 대화가 가능해지기 때문이다. 채우는 학습은 해양스포츠 전진기지와 마리나와 요트하버개념들 간 상호 비교검토를 통해 도출된 공통점과 다른 점, 그리고 그 같은 개념들이 성립된 사회적 맥락들을 분석하는 가운데 새로운 루틴(routine), 즉 '해양스포츠 전진기지학' 지식체계 구축의 기본단위로써 한국에 통하고 세계에도 통할 소위 '한통세괘(韓通世掛)'를 위한 기반을 구축하기 위해 지금의 해양스포츠 전진기지개념에서 받아들여야 할 측면이 있다면 기꺼이 취하는 것과 함께 계속 추구해야 할 개념의 얼개는 더욱 강화해 나가는 것을 말한다.

왜 그렇게 해야 할까. 이유는 두 가지다. 첫째, 삶 속에서 내가 왜 해양스포츠와 함께 해야 하는가에 대한 답을 제시하는 일이고 둘째, 마리나나 요트하버개념에 대해서도 분명한 메시지를 주어야 하기 때문이다. 특히 초점을 분명하게 드러낸다는 것은 토종개념 정립의 길에 영미권의 마리나나 요트하버개념들과 정색하면서 겨뤄야 할 일인지, 또는 이치와 논리를 통해 설득하고 이해할 대화를 통해 상호 문화교류를 강화할 가치가 있는 상대개념인지를 분간하는 데에 도움이 된다는 전략적인 측면도 함의하고 있다는 점에서 중요하다.

　결국 우리 해양문화의 소산인 '해양스포츠전진기지'는 양질의 해양스포츠 활동을 위해서는 꼭 필요한 하드웨어로서 행위를 통해 구현되는 해양스포츠와 해양놀이문화에 대한 정신적 고양상태를 유지하는 가운데 해양스포츠와 해양놀이문화 생활화의 생명력유지에도 재신력(再新力)을 공급해 주는 힘을 가지고 있다. 그리고 둘 다 참여를 통해서 구현되는 속성을 가지고 있으며, 순도 높은 성취감을 안겨다준다. 뿐만 아니라 전진기지 없는 양질의 해양스포츠 활동을 기대할 수 없고, 해양놀이문화 없는 '해양스포츠 전진기지산업' 활성화 기대도 연목구어가 된다. 해양스포츠 전진기지산업의 밝은 미래는 영미문화권의 소산인 마리나나 요트하버개념의 추종이 아니라 우리 전통해양문화의 소산인 '해양스포츠 전진기지개념'에 대한 사랑을 통해 우리가 만들어 나가는데 있다. 더욱이 절대(전통)적인 개념[언어]이 없는 곳에는 토종 해양스포츠문화가 싹트지 않는다. 게다가 21세기 체육을 주도하고 있는 해양놀이문화도 꽃피우지 못한다. 놀이는 절대성에 뿌리를 박고 있다. 누가 뭐라고 해도 내가 좋으면 그것으로 그만이다. 전통이 풍부한 해양스포츠문화, 또는 민족의 얼[토종개념]과 함께 시대의 자유정신도 수렴하고 있는 해양스포츠 전진기지 세계는 문화적으로 힘차고, 특히 절대성에 뿌리를 박고 있는 스스로의 참여를 통해 구현되는 특성까지 갖고 있기 때문에 장래가 매우 밝다.

　그렇기 때문에 이 분야를 전공하는 학도들만은 매우 복잡한 이론이기는 하지만 '유전자 결정론'과 대척점에 있는 소위 '배운 버릇'도 유전된다는 논리와 비슷한 이른바 '후성유전학(後成遺傳學)'이 요즘 많은 과학자들로부터 관심을 끌고 있다는 측면을 고려한다면, 해양스포츠 전진기지분야의 밝은 미래를 위해 개념 적용에 보다 사랑을 담을 필요가 있다는 생각이다. 1928년 미국의 '전국엔진보트협회'가 '해변산책길' 개념으로 첫 사용하기 시작한 마리나개념이 골동품 수준이라면, 당연히 시대에 맞춤한 새 개념, 즉 새 옷으로 바꾸어 입지 않으면 안 된다는 것이 시대의 요구라고 봐야 한다. 더군다나 '해양스포츠 전진기지학' 지식체계 구축의 기본단위인 '해양스포츠 전진기지'개념이라면, 이것을 대하는 태도는 더욱 진지해야 한다. 해양스포츠 전진기지학 정립을 위한 도정(道程)에 해양스포츠 전진기지개념을 연료로 사용하여 계속 불을 지펴나갔으면 한다. 일관성을 유지해야만 본인은 물론 후학들도 '배운 버릇'으로 유전된다지 않는가.

　한편으로 어디서 들었거나 인터넷의 정보를 짜깁기 하여 마치 대가처럼 행세하는 일부 얼치기들의 폐해에 대해 생각하곤 한다. 흔히 '정보'와 '지식'은 잘 어울리는 한 쌍으로 생각한다. 현대를 첨단지식의 시대, 정보화 사회라고 부르는 게 그렇다. 영어의 정보(information)와 지식(knowledge)도 둘 다 '앎'이라는 뜻이다. 하지만 정보와 지식은 같은 층위의 앎이 아니다.

　백화점 세일 기간이나 김치찌개 끓이는 법은 정보일 뿐 지식이 아니다. 반면 현대마리나가 첫 개발된 역사나 마리나의 시대별 특징짓기를 지식이 아니라고 감히 말할 사람은 없다. 정보는 그냥 널려 있을 뿐이다. 친구가 전하는 소문에, 인터넷의 마리나정보는 누구나 마음대로 가져다 쓸 수 있도록 파편화된 상태로 우리 주변에 있다. 하지만 지식은 다르다. 지식은 그냥 있는 게 아니라 구성하고 만들어내는 것이다. 지식의 요체는 분류다. 정보를 포함하는 단위요소들을 적절히 분류하고 체계화해서 얻는 게 지식이다.

정보와 지식 중에 어느 것이 더 깊고 장기적인지는 명백하다. 일상생활에서는 정보가 중요하지만 특정 연구자의 가치관, 나아가 마리나 분야의 정책이라면 지식이 더 중요하다. 그러나 국내 마리나계의 불행은 얕은 정보가 웅숭깊은 지식을 마구 찜 쪄 먹고 있다는 사실이다. 심지어 단편적이고 불연속적인 정보가 체계적이고 연속적인 지식을 비웃고 구박하기까지 한다. 이쯤대면 막가자는 형국이다. 콩가루 집안이다. 근본 없는 집안에서나 볼 수 있는 풍경에 다름 아니다. 정보를 운용해야 할 때 지식을 들이대면 모기를 보고 칼을 뽑는 우스꽝스러운 짓이 되지만, 반대로 지식을 적용해야 할 때 정보를 적용하면 우스꽝스러운 정도가 아니라 아예 큰 낭패를 빚게 된다.

코미디언이 정치하면, 웃어넘길 수나 있지만 정치인이 코미디를 하면 재앙이 일어난다. 질서도 양식도 그 무엇도 찾아보기 어려운 국내 마리나 분야에 하루 빨리 근본을 세워나가기 위해서는 그 어느 때보다도 지식인의 식견이 요구되고 있다. 만약 지금처럼 얼치기가 계속 지식인 행세하면 근본을 세우기는커녕 오히려 큰 재앙을 불러온다.

이제 전공자들은 '해양스포츠 전진기지학' 지식체계 구축의 기본단위인 해양스포츠 전진기지라는 순수토종 개념이 '배운 버릇'에 의해 국내 및 세계를 평정할 수 있도록 적극 앞장서야 하는 가운데 '지식공동체'도 발족하여 이럴 담론화시켜 나갔으면 한다. 특히 이 시점에서 자해행위는 절대 삼가야 한다.

5. 해양스포츠와 해양놀이문화의 불가분성(不可分性)

해양스포츠와 해양놀이문화는 일란성 쌍생아와 같은 동일 모체의 산물이다. 게다가 해양스포츠 없는 양질의 해양놀이문화를 기대할 수 없고, 해양놀이문화 없는 해양스포츠 활성화를 기대할 수 없다는 점에서도 이 둘은 따로 분리시킬 수 없는 불가분(不可分)의 성질을 가지고 있다.

조각바다[연안해 ; Marine]가 곧 놀이의 마당이 된다는 점에서도 해양스포츠와 해양놀이문화는 동일한 공간을 공유하고 있다. 둘 다 놀이의 한 양식이라는 점에서도 이는 마찬가지다.

네덜란드의 역사학자이자 문화학자인 요한 호이징하(Johan Huizinga, 1872~1945)는 1938년에 출간한 자신의 저서 『호모 루덴스(Homo Ludens)』에서 놀이하는 인간이 스포츠를 즐기고 예술을 낳았으며 놀이가 인류 문화 창조의 원동력이 되었음을 역설하였고, 이는 2018년 기준 약 80년이 흐른 지금은 이미 정설로 굳어졌다는 사실을 상기하면 한층 이해가 쉬울 것이다.

그러나 놀이에 속하는 해양스포츠와 해양놀이문화는 당초 스포츠에서 해양스포츠가, 해양놀이(스포츠형·레저형·관광(람)형)문화에서 해양관광이 각각 분화되었을망정 상관성에 서로 얽매이지 않고 별도의 양식으로 독립 확장되면서 독자적인 분야로 발전하여 왔다. 개체의 발전을 위해서는 바람직한 일이기도 하다. 그렇지만 상호 보완하면서 상생발전을 도모했다면, '해양스포츠학' 또는 '해양관광학'이 각각의 학문의 반열에서 당당히 위치할 수 있었지 않았을까 하는 아쉬움은 있다. 물론 해양스포츠학은 해양관광학을 일부 접목시키지 못한 채 유사학과와 함께 현재 국립대 2, 사립대 2 등 총 4개 학과가 있고, 이들 학과에서 학사 약 500여 명, 석사 50여 명, 박사 5명을 각각 배출시킨 가운데 학문성 정립에 나름 박차를 가하고 있다. 일반 관광학과는 전국에 걸쳐 80여개 학과가 있다. 반면에 해양관광학과는 지금껏 해양스포츠학을 일부 접목시키기는커녕 전국 어느 대학에도 설치되어 있지 못한 채 학문으로써는 표류하고 있는 안타까운 상황에 놓여 있다. 그런 가운데서도 그간 서로의 필요성은 인식하여 왔지만 가슴을 열고 손잡지는 못했다.

　그러다 2012년 9월에 와서는 이 두 분야가 '한국해양관광학회' 제5대 회장 취임을 계기로 동반발전의 상승효과를 기대할 수 있게 되었다. 이 학회가 정관 개정을 통해 처음으로 '해양스포츠분과'를 신설했기 때문이다. 그러나 그것으로 끝이었다. 이 학회의 위상이 '등재지, 또는 등재후보지'의 반열에도 오르지 못하고 어정쩡한 위치에 있었기 때문이다. 그렇지만 이 두 분야는 비록 학회차원이기는 하지만 진작부터 손을 잡아도 굳게 잡아야 했었다. 손을 잡는 것이 모두의 발전을 위하여 바람직한 일이라고 생각되기 때문이다. 그리고 최근 국제적인 흐름은 해양스포츠, 해양관광에 관련된 두 분야의 인식 흐름은 제휴하는 쪽으로 급속히 기울고 있음도 우리가 결코 가볍게 볼 수 없는 이유가 된다.

　이와 같은 인식의 전환은 국제적 시각과 관계가 있으며, 사회적 흐름과도 관계가 있다. 그것은 이 둘이 해양 분야 신 성장 동력산업으로써 엄청난 직·간접 경제유발 효과를 비롯하여 특히 고용 없는 성장이 지속되는 사회에 청년 복지 중 으뜸 복지인 일자리 창출효과가 대단히 높다는 점과 상관관계가 있다. 영국 브라이튼 해양리조트단지, 조그만 어촌에 불과했던 영국 서남쪽 해안에 위치한 풀(Poole)을 보트제조(세계적인 브랜드명성을 갖고 있는 선시커 등) 중심의 해양스포츠산업단지로 재개발하여 매년 4000억 원의 수익을 창출하고 있는 등 부자도시로 변모할 수 있었다. 게다가 세월을 조금 더 거슬러 올라가면 1960대중반부터 버려진 해안늪지대를 체류형 마리나개발(그랑모뜨·뽀르까마르그 마리나 등 7개 해양관광지구 개발)을 중심으로 세계유명관광단지를 조성한 프랑스 랑그독-루시옹지역이 좋은 예가 되고 있다.

　더욱이 지방과 도시발전에 문화적 요소의 강화는 이제 필수다. 21세기 첫 20년대를 목전에 두고 있는 반도국가 한국에서 지역마다 각종 해양축제가 적잖게 개최되고 있고, 전국해양스포츠제전, 그리고 해양관광단지와 부산 북항마리나 개발에 걸쳐 해양문화적 관심이 높아지는 가운데 해양관광문화요소가 강화되어야 한다는 주장이 강하게 제기되고 있는 것도 이 같은 맥락에서 충분히 그 인과관계를 찾을 수 있다. 이런 점에서 2021년 9월에 완공될 예정으로 있는 부산 북항마리나를 생각해 보면, 보트길이 10m를 기준 200여 척의 계류규모를 갖는 가운데 휴양과 휴식을 위한 이종(異種)문화까지 다양하게 접목시킬 계획으로 있기 때문에 사람들이 바다에서 바다를 맘껏 즐길 수 있는 해양스포츠 전진기지로서, 또는 새로운 개념의 해양관광단지로서 기능함에 따라 비로소 보팅문화는 새로운 신화, 즉 차원 높은 해양스포츠문화 정립 핵심시설의 의미를 갖고 있기 때문에 해양스포츠와 해양놀이문화의 불가분성을 단적으로 입증해 주고 있다할 것이다.

남북분단으로 섬나라나 다를 바 없는 우리나라는 해양놀이문화 전파와 수용면에서 유리한 조건을 갖추고 있으면서도 제 구실을 못해온 것이 사실이다. 특히 순도 높은 해양놀이문화를 통해 삶의 질을 높이고, 또 부가가치 및 일자리 창출에 앞장서는 가운데 우리 해양놀이문화가 변방 해양관광문화가 아니라 세계 중심에 설 수 있는 해양놀이문화임을 증거해 보여야 한다. 그래서 우리도 1인당 국민소득 3만 달러의 경제대국진입을 계기로 해양강대국의 지표라 할 수 있는 해양문화국가며, 해양놀이문화로 세계에 우뚝 설 수 있는 학문적 역량을 갖고 있는 국가임을 입증해 보여야 할 필요가 있다.

이로써 해양놀이문화, 즉 해양관광문화가 국가사회발전에 중요한 의미를 갖는다는 결론에는 도달했다고 본다. 해양스포츠 프로그램을 핵심 콘텐츠로 하는 이 해양놀이문화가 손색없는 해양관광문화가 되도록 해양관광학과 설치 등 구체적인 발전 방안을 설정하고 실행에 옮겨야 할 것이다. 지금껏 전국 80여 개 대학에는 관광경영학과가 있다고는 하지만 해양관광 분야의 기대에 크게 못 미치고 있기 때문이다.

해양스포츠의 바다가 해양놀이문화를, 해양놀이문화가 해양스포츠나 스포츠형 해양관광의 바다를 풍요롭게 한다. 한데, 건축디자이너 사회에서는 스카이라인은 인간이 창조했고, 수평선은 신이 창조했다는 말이 회자되고 있다. 그렇지만 수평선이 한없이 펼쳐지는 망망대해는 처음에만 멋있다. '와' 했다가도 마땅히 시선이 머물 곳이 없기 때문에 이내 심드렁해진다. 중상류층들의 놀이 마당인 마리나 역시 그 공간에서 추구할 수 있는 의미와 내용이 없으면 허무와 무의미성에 직면한다. 그렇게 되면 고객들은 두 번 다시 마리나를 찾지 않는다. 독어에 슈필리움(Spielraum)이라는 말이 있다. 놀이(Spiel)와 공간(Raum)이 결합된 어형이다. 물론 이 말은 인간이 살면서 무언가 의미를 가진 공간의 전부를 뜻하는 '행동 공간'보다는 한층 좁은 공간개념이다. 특히 문화심리학자 김정운 교수의 주장을 따라가다 보면, 마리나는 사람들이 가장 편안하게 생각하는 집과 같은 사적놀이 공간인 슈필리움, 즉 마리나시설에서 해양스포츠 동호인들은 자신도 모르게 안정감을 느끼는 편안함 속에서 한껏 고양된 미적체험[기분]까지도 경험할 수 있다. 중지를 모아 세계인이 눈을 크게 뜨고 한국의 해양놀이문화에 주목하는 등 마리나를 가장 편한 사적놀이 공간으로 가꾸어 나가는 것을 중심으로 세계 유명해양관광국가로 발전시켜 나갔으면 한다. 그 해법은 마리나 혹은 해양스포츠전진기지공간에서 이뤄지는 해양스포츠와 해양놀이문화의 불가분성에서 찾아야 하지 않을까 싶다.

제3장

마리나디자인, 어떤 시설을 유지 또는 강화시켜야 할까

1. 트랜드(trend)에 맞춤한 편의·해양문화·기타 시설 강화가 대세

승풍파랑(乘風波浪), 즉 바람결을 읽고 물결을 거침없이 헤쳐 나가는 가운데 일상의 정신적·육체적 스트레스를 말끔히 해소시켜줄 세일링과 크루징을 위해서는 각종 시설물을 비롯하여 보트의 안전과 휴양기능을 담아내고 있는 가운데 모항으로서의 역할을 담당하고 있는 해양스포츠 각종 전진기지의 디자인은 꼭 필요하다. 각종 전진기지는 해양스포츠단지, 새로운 개념의 해양관광단지(마리나 빌리지), 마리나, 보트계류장, 어촌 마리나 역 등이 해당된다. 이들 기지가 담아내야 할 기능은 규모와 시설의 질적 수준에 따라 각각 조금씩 서로 상이한 측면이 있기는 하지만, 보트길이 10m를 기준 계류규모 500~1000척 이상의 중·대형마리나라면 계류, 보관, 수리, 경사로, 보트 상하이동 시설, 급유, 장비점검, 보트세척, 물자보급, 세탁, 소각장, 정보제공, 안전관리, 식사, 숙박, 휴식, 연수, 교육, 용품판매, 식료품 및 잡화점 기타 각종(롤러코스트 등 다중위락시설 등) 편의시설, 그리고 인근 주민에게도 해양문화향수 문호개방 등 다양한 인프라가 구축되어 있는 이른바 제3세대 마리나인 '복합녹색안전 마리나'로서 역할하고 있는 것이 세계 유명 마리나들이 보여 주고 있는 모습이다. 특히 오수관로관리 및 폐유처리시스템 구축은 꼭 필요하다. 환경은 동시대를 함께 살아가고, 또 살아가야 할 전 인류의 화두이기 때문이다. 다르게는 환경이 돈인 시대라는 뜻도 된다.

더욱이 2019년 6월 기준 지금은 제4세대 마리나가 될 가칭 '복합녹색안전인공지능 마리나' 시대의 어슴새벽도 맞고 있다. 그만큼 사람들이 추구하는 정신과 가치관이 크게 영향을 미쳐 과거 제1세대, 제2세대, 제3세대 마리나시대가 유지됐던 기간이 점차 단축되고 있는 특징을 나타내고 있는 가운데 그것도 아주 빠른 속도로 단축되고 있기 때문에 그에 맞춤한 마리나개발 디자인을 위한 고민은 깊어질 수밖에 없다. 요컨대 어떤 기능을 현상 유지시키고 또 어떤 기능을 더욱 강화할 것인가가 현안인 셈이 된다. 공간 기능 간 부침을 뜻한다.

최근의 추세는 과거 바다 활동 중심의 인프라 중심에서 이젠 바다 활동과는 거의 관계가 없는 소위 연중 돈줄 역할을 하고 있는 각종 편의시설과 기타 시설의 강화 쪽으로 인프라구축의 무게추가 서서히 기울고 있는 경향성을 조금이나마 읽을 수 있다. 순전히 사람들의 선호도 변화에 맞춤한 인프라구축 필요성과 함께 경영자 역시 시즌 경영의 한계로부터 성큼 벗어날 대안 마련에 고심해 왔다는 점에서 이들 두 가지 현실적인 고민이 합쳐진 경영전략의 모색이 곧 공간 기능변화 징후로 나타난 것이 아닐까 싶다. 다르게는 사람들의 취향과 관심을 구체화시켜 놓은 곳이 '마리나'이자 '마리나문화'이다. 고객의 아이덴티티는 마리나 공간에 구축시켜 놓은 각종 기능시설들로 확인된다. 그러니만큼 공간이 곧 마리나요 공간이 곧 마리나문화라고 말할 수 있게 된다. 사람들의 마리나에 대한 '공간 욕심', 즉 '공간 충동'을 지속적으로 충족시키려면 그 공간에서 추구할 수 있는 의미와 내용이 있어야 한다. 고객이 원하는 콘텐츠가 다양하게 구축되어 있어야 하는 이유다. 그러는 가운데서도 마리나 공간에 구축되어 있는 각종 시설물 중 어떤 것은 현상 유지시키고, 또는 어떤 것은 사라지고 그 자리에 요청시설들을 중심으로 더욱 강화시킬 수밖에 없다.

〈표 3-1〉 호주 350개소 마리나들이 기본·지원·편의·기타시설을 제공하고 있는 비율(%)

순위	내용	%	순위	내용	%
1	해상계류시설	95.2	10	육상계류 전용	33.3
2	해상계류장의 각종 서비스 수도, 전기, 보트세척	66.7	11	보트수리서비스	28.6
3	기타 서비스 인터넷, 전화, 우편물 배달	60.3	12	편의점 및 전자제품 수리	27.0
4	연료주입시설 설비	57.1	13	회원제 요트클럽	25.4
5	보트 각종 견인·인양기설비	49.2	14	교육서비스·초보자강습	23.8
6	임차선석 전기·수도료 부과	47.6	15	보트임대	19.0
7	하드스탠드(수리공간)·트레일러	46.0	16	초보자교습교실 운영	19.0
8	식당·음식 및 음료	39.7	17	신품·중고 보트 판매	17.5
9	회의 및 다른 기능 제공 선상결혼식 및 피로연, 회갑잔치 등	36.5	18	드라이스택 보관 육상 야외 야드 및 실내보트창고	12.7

출처 : MIAA(2010). *Size and Characteristics of the Australian Marina Sector*. Marina Industries of Australia.

결국 마리나의 전통적인 기본시설과 지원시설은 이용률에서 시즌의 성격이 강하기 때문에 현상 유지하는 가운데 연중 상시 운영이 가능하여 돈줄 역할을 하는 편의시설과 해양문화시설, 기타 시설에 방점을 찍을 수밖에 없는 경영환경에 노출되어 있는 셈이 된다. 그만큼 마리나의 경영은 과거에 비해 어려워지고 있음을 시사하는 대목이다. 그런 점에서 보면 국립국어원이 마리나를 '해변유원지'로 정의한 것은 실로 혜안(慧眼)이었다고 봐야 한다. 지금에 와서야 그 맥락을 이해하고 있는 전문가들을 부끄럽게 만들고 있기 때문이다. 그렇다고 해도 기본시설과 지원시설만은 바뀐 계절처럼 갑작스럽게 큰 변화를 겪지 않는다. 세상 어딜 가나 밀로 빵 만들고 쌀로 밥 짓듯이 마리나세계 역시 세일링과 크루징에 관련된 바다활동을 지원할 기본시설과 지원시설은 항상 필수시설의 지위를 유지할 수밖에 없기 때문에 지금껏 그랬던 것처럼 앞으로도 그 지위는 불변일 것이 거의 확실하다. 실제로 호주 마리나산업협회가 350개소의 마리나를 대상으로 개별 마리나들이 제공하고 있는 각종 시설을 설문조사한 결과인 〈표 3–1〉이 증명해주고 있다.

2. 마리나디자인의 주요 포트폴리오(portfolio)는 위치·규모·기능

각종(해양스포츠단지·해양관광단지·마리나·보트계류장·어촌 마리나 역·요트하버 등) 해양스포츠 전진기지는 해변·수변·호반 친수공간에 활력, 화려함, 친근감을 느끼게 한다. 국내는 지방 및 도시지역 해변 친수공간의 경우 그간 항만과 어항이 조선(造船) 및 항만물류나 어업전진기지로서만 이용되었다면, 2009년 12월부터는 '마리나항만법(약칭)'에 의해 적극 개발되고 있는 마리나, 어촌마리나역을 통해 모든 시민들에게 그 이용을 증대시킴으로써 바다에 대한 시민 관심과 접근성을 용이하게 하는 가교 역할을 하고 있는 가운데 해양스포츠의 바다, 마리나의 바다, 스포츠형 해양관광의 바다를 통해 고부가가치 및 일자리 창출에 각각 효자 역할을 기대하고 있다.

다만 기능이 날로 쇠락하고 있는 항만(무역항 28개소·연안항 24개소)과 어항(국가어항·지방어항·마을정주어항)을 중심으로 마리나나 어촌마리나역을 개발하기 위한 계획을 검토할 때에는 개인사업자보다는 지역의 경제·사회적인 측면을 중점 고려하는 가운데 만약 수리조선소가 계획지 내에 위치하고 있다면 그곳에서 발생하는 분진·소음·유류오염을 감안하여 타 지역으로 이전시키는 등 마리나 주변 환경을 오염시키고, 또 저해할 가능성이 높은 요소들을 철저히 제거시키는 가운데 배후지와의 조화성, 친수성, 심미성, 그리고 해양환경과 해양생태계의 건강성 확보를 위한 계획도 병행 추진하는 일이 중요하다. 쾌적한 환경과 깨끗한 수질이 경제 가치로 환원되는 세상에 우리가 살고 있기 때문에 경제와 환경의 균형 검토는 이제 상식적인 문제다.

한편으로 해양스포츠 분야는 2019년 6월 기준 1인당 국민소득 3만 달러 사회를 맞고 있는 가운데 이미 주 2일 휴무제의 정착을 비롯하여 2014년부터는 설과 추석이 휴일과 겹칠 경우, 하루 더 쉬는 '대체휴일제'가 적용되어 왔을 뿐만 아니라 2018년에는 300인 이상 사업장부터 주 52시간 근무제까지 시행될 예정이었지만, 이해 관계자 간 이견이 첨예하게 대립함에 따라 실제 적용까지는 약간의 시간이 더 필요할 전망이다. 그런 가운데서도 몸과 마음을 충전할 수 있는 개인의 여가시간이 한층 증대될 것이 예상되고 있으며, 개인 소득도 증가함에 따라 해양스포츠를 향수하고자 하는 인구 역시 점차 증가할 전망이다.

결국 마리나개발 계획에서 중심부에 놓이는 것은 역시 위치[대상 보트를 감안한 계획규모·개별 마리나의 시장생태계(경제성)·자연조건·사통팔달의 접근성·사회조건·유입토사 퇴적률 등 총 6개 요소], 규모, 기능 등 크게 3대 요소가 주요 포트폴리오일 수밖에 없다. 물론 세부적으로는 앞 괄호 속의 총 6대 요소가 포트폴리오가 된다. 특히 이러한 요소들은 서로 연관성이 높기 때문에 개발을 위한 계획단계는 물론 이후 마리나관리와 경영에서도 성공과 실패에 크게 영향을 미치는 주요 변수가 됨을 주목하지 않으면 안 된다.

장사는 목(자체시장생태계 및 사통팔달의 접근성)이 좋아야 한다는 것이 일종의 상식이다. 마리나산업에서 목은 바로 위치와 연관되어 있는 자체시장생태계와 접근성이 해당된다. 그만큼 마리나경영도 위치가 중요하다는 뜻이다. 우선 위치는 세계 5대륙 138개 마리나를 대상으로 검토한 아모스 라비브(2006)의 선행연구에 의하면, 도시상업지역인 도심지로부터 직경 약 26km(승용차로 약 47분 소요되는 거리) 이내가 공공(7km, 10분 거리) 및 상업마리나(33km, 72분 거리)의 평균적인 직접시장권이고, 또한 사통팔달의 교통망 확보에 의해 접근성이 대단히 양호한 위치인 것으로 밝혀져 있다(지삼업, 2008a).

그다음은 규모이다. 특히 마리나는 규모의 경제에 지배받는 대표적인 산업군(群)에 속한다. 마리나산업도 주차장산업과 같이 보트수용능력이 일정규모 이상이 되지 않으면 영업이익을 기대할 수 없기 때문이다. 흑자경영 규모는 '소형 마리나(필자는 손익분기점을 웃도는 규모인 최소 보트계류척수를 기준으로 '소형마리나'라고 규정하고 있음)'의 경우 보트길이 10m 기준, 250~300척이다. 대형 마리나인 일본 요코하마 베이사이드 마리나의 경우, 총 면적은 $279,000m^3$(약 84,546평)로서 보트수용능력은 1,500여척이다. 2008년 기준, 이 마리나를 이용하는 보트는 약 1,200척으로서 선석점유율은 약 83%이다. 연간 총수익은 우리 돈으로 약 1,600억 원으로서 이중 보트계류수익이 64%, 수리비 21%, 주차료 7%, 연료판매 등 기타수익 8% 순으로 점하고 있다. 연간 순수익은 우리 돈으로 약 120억 원 수준으로서 '중소·중견기업 적합업종'임을 시사한다. 개발 후 손익분기점 도달까지는 대략 10년이 조금 더 소요되었다.

수익규모만 놓고 보면 다목적시설 집적지인 해양스포츠단지나 마리나 빌리지급이 아닌 단순하게 계류수익에만 올인하는 중·소형급 마리나는 중소·중견기업에 적합한 사업규모라고 볼 수 있다. 삼성·현대·GS 등 이른바 국내 대기업은 990,000~$1,320,000m^3$(약 30~40만 평) 규모의 부지에 해양스포츠단지, 마리나 빌리지급에 사업 참여하는 것이 적절할 것으로 보고 있다. 이들 대기업은 아마도 지금보다 한층 내수시장이 확장된 오는 2025~2030년 이후가 아닐까 하고 전망해 볼 수 있다. 다르게는 중소·중견기업들이 초기시장 개척에 혼신의 힘을 다하다 깨진 그 시장을 냉큼 차지한다는 의미도 된다.

이 외에도 프랑스에서 기본시설과 지원시설 중심으로 운영되는 마리나의 경우 2008년 기준 7개 마리나를 대상으로 개별 마리나의 총수익을 분석한 결과, 보트계류수익이 총수익금에서 차지하는 비중이 평균 83%를 차지하고 있는 것으로 밝혀졌다. 따라서 마리나산업은 역시 계류규모의 경제에 지배받는 산업임이 일본 베이사이드마리나에 이어 프랑스에서도 입증되고 있고, 게다가 선석점유율이 낮거나 또는 높거나에 따라 경영의 성패가 좌우된다고 봐야한다. 그렇지만 프랑스의 경우를 역설적으로 생각해 보면, 국내는 2017년 기준 선석점유율이 거의 바닥일 뿐만 아니라 계절의 한계성도 갖고 있는 등 경영에 매우 불리한 요소가 적잖다는 점에서 배후지를 활용한 주거시설 등 각종 편의시설 구축을 통해 년 중 항상적 수익창출 방안 모색이 대단히 중요할 수밖에 없다는 점을 강력 시사하고 있다.

끝으로 기능이다. 해양스포츠 각종 전진기지는 제Ⅱ편 제1장 〈표 1-1〉과 같이 보트 계류기능이 중심이 되는 기본시설과 지원시설을 비롯하여 다종다양한 기능이 연출되는 각종 편의시설, 그리고 해양문화교류시설, 기타 시설(다중위락 시설 등) 등 5개 기능의 복합체로서 구성되어 있는 해양공간건축물이다. 따라서 해양스포츠 각종 전진기지 개발 계획은 계획조건(제도적 제약요소·자연조건·인문/사회조건 등)과 같은 원칙적 요소를 충분히 고려하는 것과 함께 필수시설과 선택시설 등에 관련된 각각의 기능이 서로 조화를 이룰 수 있도록 종합적으로 검토하여 고객으로부터 '별천지에서 대접받고 있다'는 느낌을 가질 수 있도록 고품질 서비스를 제공하는 일이 매우 중요하다.

한편 현대 미니멀리즘(minimalism)의 선구자인 디자이너 디터 람스(Dieter Rams)는 자신이 추구하는 디자인 방향을 한마디로 '좋은 디자인(Gutes Design)'이라고 정의했다. 적지만 '더 좋은'이라는 그의 디자인 철학은 오늘날 애플의 모든 스마트기기 디자인에 적용되었음을 이제 사람들은 다 안다. 여기서 '미니멀리즘'이란 무조건 줄이는 게 아니다. '나쁜 것'을 줄이는 거다. 싫은 것, 나쁜 것, 불편한 것을 제거하면 좋은 것이 된다. 나쁜 것이 분명해야 그것을 제거할 용기와 능력도 생기는 거다. 오스트리아의 건축가 아돌프 로스(Adolf Loos)는 아예 '장식은 죄악이다'라고 했다. 게다가 경남에서 출생한 제일교포 화가이자 조각가로서 세계적인 거장의 반열에 이름을 올리고 있는 이우환(1936~)의 책『시간의 여울(2009)』을 뒤늦게 읽다가 다음의 문장도 발견했다. "현대 조각에서도 만드는 것의 의미가 타력본원적(他力本願的)으로 변해가고 있다. 자기 완결로 대상물을 완성시켜버리는 것은 너무나도 인간 배반의 근대주의적이라 하지 않을 수 없다. 문화인류학이나 생물생태학이 주목받을 수밖에 없는 오늘날의 지평에서는, 하나의 덩어리 같은 대상, 하나의 완성된 메시지와 마주하는 것은 견디기 힘들다. 사물도 인물도 있으면서 없는 것 같은 존재 방식이 바람직하다. 오히려 마주 대하는 일 없이 사이를 의식하는 것, 나아가서는 보이지 않지만 보다 큰 언저리의 시공간을 능히 감지하고 그곳에 자신을 풀어놓고 싶은 터이다. 시선은 너무나도 지쳐 있다. 의미 있는 듯한 덩어리로 장소를 점거하는 것만큼 짜증나는 것은 없다. 그것은 세상

〈표 3-2〉 마리나개발 디자인계획·세부 검토항목·관련 업무추진 일람표(一覽表)

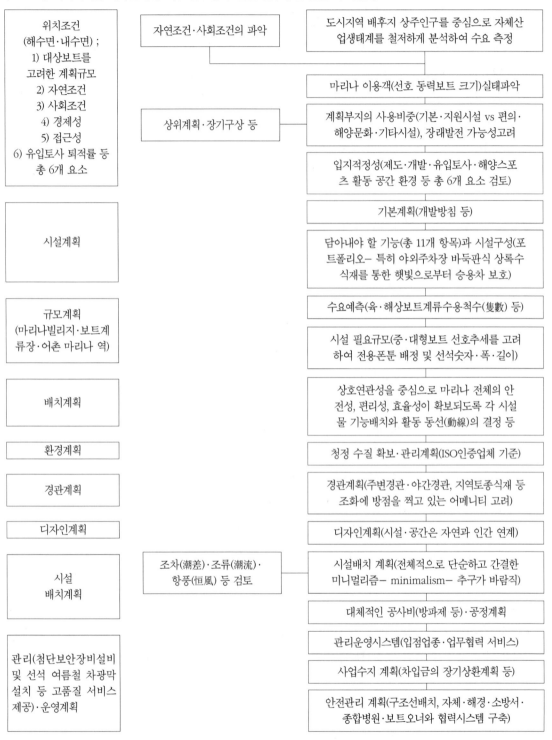

위치조건 (해수면·내수면) ; 1) 대상보트를 고려한 계획규모 2) 자연조건 3) 사회조건 4) 경제성 5) 접근성 6) 유입토사 퇴적률 등 총 6개 요소	자연조건·사회조건의 파악	도시지역 배후지 상주인구를 중심으로 자체산 업생태계를 철저하게 분석하여 수요 측정
		마리나 이용객(선호 동력보트 크기)실태파악
	상위계획·장기구상 등	계획부지의 사용비중(기본·지원시설 vs 편의· 해양문화·기타시설), 장래발전 가능성고려
		입지적정성(제도·개발·유입토사·해양스포 츠 활동 공간 환경 등 총 6개 요소 검토)
시설계획		기본계획(개발방침 등)
		담아내야 할 기능(총 11개 항목)과 시설구성(포 트폴리오― 특히 야외주차장 바둑판식 상록수 식재를 통한 햇빛으로부터 승용차 보호)
규모계획 (마리나빌리지·보트계 류장·어촌 마리나 역)		수요예측(육·해상보트계류수용척수(隻數) 등)
		시설 필요규모(중·대형보트 선호추세를 고려 하여 전용폰툰 배정 및 선석숫자·폭·길이)
배치계획		상호연관성을 중심으로 마리나 전체의 안 전성, 편리성, 효율성이 확보되도록 각 시설 물 기능배치와 활동 동선(動線)의 결정 등
환경계획		청정 수질 확보·관리계획(ISO인증업체 기준)
경관계획		경관계획(주변경관·야간경관, 지역토종식재 등 조화에 방점을 찍고 있는 어메니티 고려)
디자인계획		디자인계획(시설·공간은 자연과 인간 연계)
시설 배치계획	조차(潮差)·조류(潮流)· 항풍(恒風) 등 검토	시설배치 계획(전체적으로 단순하고 간결한 미니멀리즘― minimalism― 추구가 바람직)
		대체적인 공사비(방파제 등)·공정계획
관리(첨단보안장비설비 및 선석 여름철 차광막 설치 등 고품질 서비스 제공)·운영계획		관리운영시스템(입점업종·업무협력 서비스)
		사업수지 계획(차입금의 장기상환계획 등)
		안전관리 계획(구조선배치, 자체·해경·소방서· 종합병원·보트오너와 협력시스템 구축)

출처 : 지삼업(2011b). 마리나개발 및 운영론. 대경북스(서울). 110. 2019년 6월 재구성

으로 뛰어들지도 않고 타자의 수용도 거부한 채 오로지 자기 존재를 과시하기만 한다. 일방적인 시선의 요구는, 지금에 와서는 심한 폭력과 다를 바 없다." 그는 또 "시선이 날아다닐 공간성을 거의 차단하는 덩어리와도 같은 점유물은 타도하지 않으면 안 된다."고 말한다. 사람들의 시선까지도 배려하는 미니멀리즘 개념을 쉽게 설명한 그의 말에 왈칵 마음이 쏟아졌다.

따라서 디자이너 디터 람스, 건축가 아돌프 로스, 화가이자 조각가인 이우환의 얘기는 한마디로 필자가 강조하고 있는 앞의 〈표 3-2〉의 마리나시설배치 계획에서 오늘날의 마리나는 '전체적으로 단순하고 간결한 미니멀리즘 추구가 바람직하다'고 강조하기까지에 이르도록 영향을 미친 영감의 출처들이다. 특히 항풍(恒風)을 중심으로 각종 시설의 간격과 높낮이를 결정하는 것도 디자인에서 소홀히 할 수 없는 항목이다. 바람의 방향과 강약에 많은 영향을 받는 세일링(세일딩기·세일크루저)요트에 대한 고려이다. 물론 세일링요트가 마리나의 선석을 차지하는 비율은 평균적으로 25% 안팎이지만, 그럼에도 배려해야 한다. 팍팍한 경영에 25%가 어디 적은 비중인가. 게다가 조차(潮差), 조류(潮流)의 고려도 대단히 중요한 항목이다. 그런 연유 때문에 〈표 3-2〉에서 중앙에 항풍·조차·조류를 한 묶음의 박스로 처리하여 강조하고자 했다.

그렇지만 최근까지도 국제적 추세는 한정된 공간을 놓고 기본시설과 지원시설은 가급적 현상 유지시켜 나가는 가운데 인간적 요소인 편의시설과 해양문화시설, 그리고 기타 서비스시설을 강화하는 쪽으로 마리나를 개발·운영하고 있을 뿐 고객의 정서를 적극 배려한 미니멀리즘개념의 적용사례를 찾아보기 어렵다. 아직은 마리나가 풍기는 분위기를 문화로까지 디자인하지 못하고 고객의 정서에 심한 폭력을 가하는 것과 다를 바 없는 천박한 자본주의에 함몰되어 있기 때문이 아닌가 싶다. 냉소는 가깝고, 희망은 멀고 작아 보이는 불편한 세상을 살아가고 있는 고객들이 마리나가 풍기는 편안한 분위기로부터 모처럼 넉넉한 위로의 선물을 받을 수 있는 그런 마리나가 개발되기를 기대해 본다. 게다가 행복과 불행 사이에 '다행'도 있다는 깨달음을 얻는 그런 반성과 모색의 시간을 마리나의 분위가 안길 수 있으면 더욱 좋고.

다시 치열한 마리나의 현실로 돌아가 보자. 연중 항상적 수익창출 목적은 물론 인근 주민과의 커뮤니케이션을 위해 위락장 기능도 일부 제공해야 한다는 사회적 바람을 적극 수용하고 있는 경향성을 띠고 있다고 볼 수 있다. 그렇지만 편의시설·해양문화교류시설·기타 서비스시설은 고객의 트랜드 변화에 따라 부침을 계속할 수밖에 없는 운명을 지니고 있음이 사실이다. 다르게는 이런 측면을 두고 이른바 '마리나의 발전사'라고 말할 수도 있겠다.

3. 개발사업자, 시장진입 4개 장애요소의 극복이 과제

롤러코스트 등과 같은 다중위락 목적의 기타시설들은 마리나시설과는 직접적인 관계는 없지만 효율적인 경영과 지역사회와의 관계강화에는 큰 역할을 한다. 국내와 같이 동절기를 포함하는 비수기가 대략 8개월 정도 지속되는 마리나의 경우, 이 가혹한 시기에 경상경비라도 일부 충당할 수 있는 아이템이 된다. 마리나의 경영안정에 효자역할을 기대할 수 있다는 점에서 2019년 6월 현재를 기준으로 보면, 첫째, CEO자신의 역량(종자돈)의문 둘째, 자질(해박한 전문성 80%·보트산업에 대한 이해 10%·도전정신 10%)도 크게 미흡하고 셋째, 저변이 빈약하여 시장성도 열악한 가운데 비수기에 의한 짧은 영업기간 넷째, 거액의 차입금에 따른 부담스런 금융경비를 비롯하여 고정비 지출 등 4개 사업장애 요소에 시달릴 수밖에 없는 국내 마리나 개발사업자들은 10개의 매서운 눈[目]으로 계획단계에서부터 이들 4개 요소를 관심 갖고 적극 검토해야 할 항목이라고 특별히 강조해 두고 싶다.

기본 및 지원시설 중심의 마리나 시설만으론 손익분기점 도달까지는 대략 10년 안팎이 소요되는 것이 예사이기 때문에 손익분기점 도달까지 경영에 어느 정도 안정을 유지할 편의시설과 해양문화시설, 그리고 기타 시설의 대거도입을 통한 수익창출은 국내 마리나의 생존전략에 관계되는 측면이라고 봐야한다. 대박을 꿈꾸다 자칫 쪽박 찰 수 있음을 항상 경구로 삼았으면 한다. 경영하면서 스스로 깨닫겠지만, 마리나사업은 결코 호락호락한 분야가 아니다. 성공은 아파트 분양처럼 당장이 아니라 길게 봐야 하는데 있다. 그 때까지 각고의 노력으로 살아남는 일이 매우 중요하다는 뜻이다. 물론 나는 이런 측면을 10여 년 전부터 일관되게 주의를 환기시켜 왔다. 그러나 경영위험은 바로 CEO자신에게 있음에도 목전의 이익만을 취하려 덤비는 듯하다. 성수기에 열 끼를 먹는다고 비수기에 배가 고프지 않으리란 보장은 없다.

국내의 경우, 앞으로 개인사업자들이 부딪치게 될 4중고, 즉 앞에서 언급한 마리나 경영에 관련된 위험요소가 단기간에 해소될 것이라고는 보기 어렵다는 점에서 2020년 이후부터는 중앙정부와 지자체가 51 vs 49의 지분으로 공동 투자하여 '국제거점형(300척 이상 규모)공공마리나' 5~6개소 개발에 나섰으면 한다. 그 이후는 그렇게 다져진 토대를 바탕으로 자연스레 중소·중견기업자들이 스포츠형, 혹은 해양 리조트형 마리나 개발에 참여할 시장기제가 작동되기 때문이다. 특히 지방분권과 잇대어 있는 것이긴 하지만 지금껏 당국이 행사하고 있는 마리나개발 권한을 이젠 국내최고의 해양도시 부산 등 내발적 자원, 즉 바다자원이 풍부한 자치단체로 이양시키는 문제도 적극 검토할 때가 되었다는 생각이다. 어쩌면 지금은 국내 마리나산업이 놓여 있는 환경은, 확실한 것은 거의 없는 상황에서 가능성만 난무하고 있는 실정이라고 봐야 하기 때문에 사업자들이 지금처럼 시장진입에 우물쭈물 망설이는 것은 어쩌면 당연한 행동이라고 볼 수 있다.

그런 점에서 필자는 더욱 중앙정부나 각 지자체의 적극적인 시장개입을 재촉하는지도 모른다. 실제로 마리나산업 선진국의 사례를 보면, 초기의 시장개척에 마중물 역할을 할 공공마리나개발과 같은 기반구축작업은 정부의 몫이 컸다. 물론 마리나항만법에 의거 진입도로, 방파제, 수도, 전기 등 사회간접자본시설(SOC) 분야는 예산의 범위 내에서 정부가 지원하도록 되어 있지만, 그럼에도 사업자들은 시장진입에 망설이고 있음을 주목하여 현장중심으로 관련 장애요소를 제거할 정책마련의 필요가 있어 보인다. 정책의 본질은 공평하다는데 있다. 노력과 노력이 부딪쳐 사업의 승부가 갈려야 정상이다. 그만큼 정책은 촘촘해야 사업자의 기대를 벗어나지 않는다. 그러나 지금은 엉성한 정책이 승부를 가르는 듯하다.

4. 마리나개발 디자인과정에서 고려되어야 할 총 11개 기능들

1) 보트계류 및 각종 해양공간건축물 안전확보 기능

'해양스포츠 각종 전진기지 시설(아직까지는 공부가 깊지 않은 학부생들을 고려하여 이하 '마리나'라는 단일 용어로만 사용)' 중에서 가장 핵심시설은 무엇이 어떻다고 해도 변함없는 것은 자연재해로부터 각종 시설들을 보호해 줄 '고정식·통수식(구멍 뚫린 이색 고정방파제)' 및 '부유식' 방파제시설이고, 그 다음은 보트를 계류시키기 위한 육·해상보트계류장이고, 또 보트실내 및 수직형 보관창고(드라이 스택)일 것이다. 현대 마리나개발 초기단계에서는 첫째, 장비(보트)가 안전성 측면에서 조악했고 둘째, 해양·해안·항만공학기술 발전이 미진했던 탓으로 정온수역을 중심으로 마리나를 개발해야 할 필요성이 크게 대두됨에 따라 상대적으로 바다보다는 위험요소가 적고, 또 개발비도 한층 적게 투입되는 강을 이용한 '강 마리나'를 주로 개발할 수밖에 없었다.

그러다 해양·해안·항만공학기술이 크게 진화된 것을 계기로 활동공간의 최적성, 그리고 보트의 견고성과 대형화가 이어지면서 비로소 해양마리나 시대의 서막이 열리게 됐다. 게다가 지방과 도시지역 해변 친수공간이 살고, 즐기며, 건강을 다지는 등 크게 보면 그 장점이 세 가지이지만, 더 구체적으로는 7대 매력을 지니고 있는 공간으로 널리 인식되면서부터 '해양 마리나' 개발과 그 이용을 선호하는 경향이 빠르게 심화·발전되어 오늘날의 해양 마리나 전성시대를 성큼 열어왔다고 볼 수 있다. 물론 해양 마리나가 이용자에게는 탁 트인 공간에서 해방감을 만끽할 수 있는 등 많은 장점이 있는 것은 사실이지만, 개발사업자에게는 해양의 거친 물리적 요소를 제어할 첨단해양·해안·항만공학기술을 비롯하여 외곽시설로서의 방파제나 테트라포드(삼발이)를 축조하여 정온수역을 확보할 수밖에 없기 때문에 과중한 초기개발비가 큰 부담이 되는 단점이 있다.

실제로 유럽연합(EU)지역에서 7개 마리나를 중심으로 2007년에 설문조사한 결과에 의하면, 총 마리나 개발비에서 고정방파제 및 테트라포드(삼발이) 등에 관련된 공사비가 차지하는 비중은 적게는 22%이고, 많게는 67%로서 평균 약 44%를 차지하고 있다. 게다가 해상계류장공사에서 부닥치게 되는 준설 및 수중암석 분쇄비는 0%~24%로서 평균 16%를 점하고 있는 실정이다(지삼업, 2011b). 결국 〈표 3-2〉를 참고해보면, 총 마리나 개발비에서 고정방파제 및 해상계류장과 수중 암석과 준설 관련 공사비가 차지하는 비중은 평균 약 60%에 달하고 있는 셈이 된다.

〈표 3-3〉 마리나개발 총건설비 중 각종 공사비가 차지하는 비중(%)

항목	총 개발비 중 공사항목별 비중	평균(M)
고정 및 통수식 방파제·삼발이공사	22%~67%	44%
준설·수중암석 분쇄	0%~24%	16%
해상폰툰·기둥(파일)	9%~14%	12%
각종 배선 및 배관공사(VRD)	2%~32%	9%
해양공간건축물을 위한 부지 조성비	0%~20%	8%
용역 및 설계비 등	0%~10%	7%
해양공간건축비 (관리 및 클럽하우스/보트 건식보관 창고동 등)	0%~6%	3%
보트야적 이동 및 검기료 시설 등	0%~2%	1%
합 계		100%

출처 : ODIT(2007). 14. : 지삼업(2011b). 510.

그렇기 때문에 정부가 '마리나항법'에서 마리나 개발 하드웨어부분에 관련되는 공사비를 직접 지원하는 것은 항만이 국가기간산업 속한다는 이유 외에도 사업자의 부담을 한층 경감시켜줄 수밖에 없는 이유가 바로 부담스런 해상공사비에 있다. 계류시설로서는 안벽, 잔교, 부이 등이 사용되어 왔지만 최근에는 조수간만의 차에 대한 고려, 이안 접안의 편의성·운항 적정성·저렴한 설치비용 등의 측면에서 플로팅 공법의 부유식 방파제와 부잔교가 사용되는 사례가 흔하다. 이 외에도 2009년 11월 한국해양연구원이 물에 떠다니는 콘크리트 해상구조물인 '하이브리드 안벽'을 세계 최초로 개발, 상용화에 나선 사실이 있다(한국경제신문, 2009). 앞으로 마리나에서도 이 공법을 응용한 부채식, 혹은 돌출식, 평행식 폰툰에 적용될 가능성이 높아 보인다.

특히 선석의 공급보다 수요가 많다는 전제가 성립된다면, 프랑스처럼 초기 개발비의 안정적 확보를 위해 선석을 1회성 계약에 의해 20~30년 등 공사착공 전에 아파트처럼 사전분양(장기대여) 방식을 채택할 필요가 있다. 게다가 점유율은 최대 총 보트수용능력의 약 70~80% 수준을 유지시키면, 마리나를 이용하는 자체회원들에게는 혼잡으로 인한 불편완화 등 양질의 서비스를 제공하여 이용 충성도를 높이게 되는 가운데 식자재와 식수 등에 관련된 물자공급, 그리고 보트수리를 위해, 또는 갑작스런 태풍 등에 따른 피항 목적 등으로 일시 방문하는 방문자보트도 적극 수용할 수 있는 등 좋은 점이 많다. 특히 마리나의 소위 뜨내기손님인 비지터(visitor), 즉 방문자보트들을 통해 숙박 및 식음료, 그리고 보트수리 등에 걸쳐 예상외의 수익을 창출할 수 있어 경영에 적잖은 도움이 된다. 경영의 혁신이 신수요를 창출한다.

2) 보관 기능

마리나 기능 중 주요 시설로서 기본(필수)시설에 속하는 것은 보관 기능이다. 해상보관과 육상보관이

〈그림 3-1〉 7.5m 이하의 소형보트를 실내보트보관창고를 이용하여 관리하고 있는 모습
출처 : 뉴질랜드 오람스(Orams) 마리나

있다. 해상계류는 부잔교(폰툰) 등의 선석(船席)에 보트를 보관하는 것이다. 육상계류는 육상에 보트를 올려놓는 야외보트 하치장, 그리고 보트실내보관 및 수직형 창고에 보관하는 형태이다. 〈그림 3-1〉처럼 소형 모터요트와 세일딩기요트는 육상보관이나 보트실내보관창고(드라이 스택) 형태가 일반적이다. 특히 상온이 지속되는 여름철의 혹서기, 또는 겨울철 혹한기에는 실내 및 수직형 보트보관창고는 보트 안전관리를 위해 냉·온방기 설치가 필요할 수도 있다.

부잔교 설치 형태는 돌출식과 평행식이 있고, 이 둘의 혼합인 부채식 등 세 종류가 있다. 어느 경우나 조수간만의 차에 따라 자동으로 높낮이가 결정된다. 더욱이 세일딩기 요트만을 취급하는 마리나는 해상계류시설을 전혀 가지고 있지 않는 경우도 일부 있다. 국내만 하더라도 난지요트장 등 10여개소가 있다. 게다가 최근에는 중·소형보트의 경우, 보트관리에 편리한 육상계류를 선호하는 추세가 심화·발전하고 있기 때문에 해상계류장보다 육상계류장을 위한 공간을 더 많이 확보할 수 있도록 육상부지 면적을 충분히 확보하는 한편, 해상계류장의 부지는 과거보다 상대적으로 적게 확보하는 것이 필요하게 되었고, 또한 보트의 규모도 중·대형을 선호하는 경향성을 띠고 있기 때문에 부잔교 선석의 폭과 길이, 즉 사이즈도 과거보다 더 크게 디자인되어야 할 필요성이 증대되고 있는 실정이다. 특히 한국인의 승용차 구매 경향성을 보면 처음부터 중대형승용차를 구매하는 경우가 흔하다. 중국처럼 체면을 중시하는 사회이기 때문이다. 보트 구매도 승용차와 같은 경향성을 나타낼 가능성이 높다고 볼 때 호주, 뉴질랜드와는 사뭇 다르게 소형보트 시대를 뛰어 넘어 곧바로 중대형보트 시대로 진입하지 않을까 전망되기도 한다.

일본 우수마리나 선정 기준에는 악천후 시 긴급대피 및 오버나이트 크루징, 그리고 물자보급을 위해 잠깐 마리나를 이용하는 방문자보트를 배려한 여유 선석도 요구하고 있다. 게다가 태풍 등에 따른 재난 회피를 위해 다급하게 방문할 수밖에 없는 보트와 소형어선들에게도 계류편의를 제공할 수 있는 여유 선석을 항상 갖추고 있어야 한다. 통상 이런 보트들에게는 1주일의 범위 내에서라면 계류비를 부과하지 않는 것이 국제적 관행이다. 그만큼 보트계류 공간이 평소에 여유가 있어야 하고, 또 태풍에 따른 피항 등 갑작스런 재난에 의한 구호대책도 마련되어 있어야 한다는 뜻도 된다. 선석점유율은 고품질 서비스를 위해 최대 70~80% 안팎의 유지가 적정선이다. 번잡하면 보트 간 충돌할 위험이 많은 등 보트안전에 위협받는 것을 비롯하여 기존 고객의 만족도 역시 반감되어 오너의 충성도를 약화시킨다. 일본 오너의 경우 배신감 때문에 '무거운 절이 떠날 수 없다면, 가벼운 중이 떠나면 될 것 아닌가' 하는 심정으로 아예 마리나를 다른 곳으로 옮기는 경우도 흔히 있다고 한다.

3) 보트상하 또는 수평이동 시설(크레인·포크리프트·레일 램프 등) 기능

소형보트를 육상과 실내창고보관을 비롯하여 국내 서해안처럼 조차(潮差)가 극심한 지역의 경우에는 입·출항할 때 보트를 수면에 내려야 할 필요가 있다. 또한 수면 보관 경우에도 수리·보수·점검을 위해서 보트를 일시 육상으로 올려야 할 필요도 있다. 그럴 때 보트이동시설의 사용은 필수적이다. 보트대형화 추세를 고려하여 가격대가 만만찮기는 하지만 50톤 이상의 대형크레인이 몇 대 설비되면 고객 대기시간이 한층 단축되는 등 고품질서비스 제공에 유효하다. 물론 이 과정에서 수익도 많이 창출된다.

특히 보트상하이동시설은 마리나의 입출항 능력을 결정하는 중요한 요소이기 때문에 설비기종의 선

〈그림 3-2〉 뉴질랜드 오람스(Orams) 마리나의 보트상하·좌우(수평)이동시설

정과 처리용량의 선택에는 신중한 고려가 있어야 한다. 예를 들면 컨테이너항에서 하역장비(캔트리크레인)의 처리능력이 우수해야 체선체화를 예방할 수 있고, 그래야 각국 선사들의 이용률이 높아진다. 반대로 컨테이너처리 능력이 부족하여 대형선박이 컨테이너 하역을 제때 못하고 기약 없이 기다려야 한다면 그에 따른 입항료, 유류비 등 물류비가 엄청나게 증가함으로써 특정 항만사용을 회피할 것은 불을 보듯 빨해진다. 마리나의 크레인 기능도 마찬가지 원리가 적용된다는 점을 이해할 필요가 있다. 더욱이 인공지능 마리나 시대 실내외의 무인 크레인 설비가 긴급하게 되었다. 컨테이너전용항의 경우 중국 청도항은 무인크레인 설비가 거의 100%이뤄져 있지만, 부산 신항은 그로인한 일자리 소멸 때문에 노사 간 합의를 이루지 못하고 있다. 그렇게 되면 인건비 때문에 경쟁력이 약화될 것은 불을 보듯 빨해진다. 한 편으로 제4세대인 복합녹색안전인공지능 마리나 시대의 여명기를 맞고 있는 국내 마리나업계 역시 크레인·포크리프트·레일 램프에 걸쳐 인공지능(AI)시스템에 의한 무인화는 곧 실효현실이 될 전망이다.

수질이 양호하지 못한 지역에서는 수면 보관 1주일만 되어도 석화, 담치(홍합) 등의 패류가 도저히 믿을 수 없을 정도로 빨리 성장하기 때문에 육지 보관이 필수적이다. 해수욕장에 보관해 두는 보트들을 위해서는 전국 각지의 해수욕장접지에 경사로설치를 비롯하여 일부 어항에도 설치되어 있는 보트상하이동시설(크레인) 설치가 꼭 필요하다. 이와 함께 육상 야드 공간도 확보하면 해수욕장 공간이용률을 크게 높일 수 있을 것으로 생각하고 있다. 그렇지만 국내 약 250여 크고 작은 해수욕장에는 지금껏 이런 시설이 거의 전무한 실정이다. 놀이시설과 관련해서 생각해 보면, 해양수산부 우수해수욕장선정 평가기준, 즉 해수욕장 유입 하천 관리 등의 환경수질 분야와 탈의실·주차장·숙박시설 등 4개 분야 외에도 보트상하이동 크레인과 다이빙대 등 보팅 및 각종 물놀이 시설을 추가, 총 5개 항목으로 평가할 때가 되었다는 생각이다. 그럼에도 지금껏 관련제도가 사회적 요구를 적극 수렴하는 쪽으로 개선되지 않고 있어 해수욕장의 기능이 반쪽에 머물러 있다. 당국의 관련 부서 간 칸막이 행정이 빚은 부작용이다.

4) 보트 수리(보트엔진구조학)·점검 기능

안전한 해양스포츠 활동을 위해서는 보트에 대한 적절한 수리·점검이 불가피하다. 마리나에서 정비되는 수리시설에는 본격적인 수리 설비를 구비한 것에서부터 간단한 것까지 다종다양하다. 그렇지만 우리나라는 조선(造船) 대국이지만 모터요트 엔진 수리 전문가는 지금껏 체계적으로 양성되어 있지 못하다. 물론 당국은 2014년 4월~11월까지 총 3억 원을 투입하여 00해양대 산학협력단과 마리나00협회를 교육기관으로 선정, 마리나 운영·조종·정비/수리 분야에 걸쳐 총 338명(대학 238명·협회 110명 교육수료)을 양성했다고 비공식(필자의 자료요청)으로 밝히고는 있지만, 정작 교육성과는 사회적 기대에 크게 못미쳤다. 당초 사업단 선정이 부적절했다는 일부 언론과 필자의 신문칼럼에서 연거푸 지적을 받아 당국이 공개적으로 해명에 나선 사실도 있었던 터라 미흡한 성과는 어쩌면 예견된 것이었는지도 모를 일이다. 결국 나랏돈만 낭비한 사업이었던 셈이 된다. 그럼에도 대학사업단의 경우 자체에서 실시한 '교육만족도 설문 평가 결과 84.6%의 교육생이 만족한 것으로 조사됐다'고 당국에 보고했다. 만약 그렇게 우수한 교육을 시켰다면, 그들은 이미 산업현장에 50% 이상 취업이 되어 있어야만 했다.

그러나 보고서를 보면 이 사업단은 단 한 명도 취업과 연계시킨 실적이 없다. 교육 결과만 놓고 보면 결국 '먹튀'였음을 자인한 셈이 된다. 그런데 해양스포츠비전공 2개 사업단에서 그렇게 우수한 양질의 교육을 시켰다면, 부산에 소재한 2개 국립대학전공학과는 모두 영도다리에서 뛰어내려 바다에 빠져 죽어야만 할 일이 아닐까. 또 다른 사업단은 그로부터 대략 4년이 지난 2019년 3월 현재까지 총 10명을 취업과 연계시켰다고 한다. 그렇지만 실상은 위장교육생(협회회원들의 마리나에 이미 취업되어 있었지만, 이 교육에 참가시킨 인원은 약 10명으로 추정됨)이 아닌 순수교육생출신이 취업했다는 얘기를 전해들은 적이 없다. 특히 사업단선정심사에서 경악할 결과를 내놓은 심사자들(총 5명) 역시 단 한 사람도 지금껏 반성하는 꼴을 본 적이 없다. 그래서 심사결과도, 교육내용도, 취업실적도 모두 맹탕이었다고 말하게 된다. 이것이 당국이 진행한 교육사업의 현주소였다면 '일모도원(日暮途遠)', 즉 '날은 저무는데 갈 길은 멀다'는 생각을 끝내 지울 수가 없다. 거선(巨船)의 뱃고동처럼 목이 멘다. 앞으로도 그들의 의기투합이 빚을 부작용은 놀라움 그 자체로 나타날 것이 빤하기 때문이다.

암튼 보트엔진은 고가이다. 그러나 대부분 승용차수리업체에서 활동하다 보트엔진수리업으로 옮겨 앉아 종사하는 사업자들이 대부분 활동하고 있기 때문에 보트오너와 분쟁이 잦게 발생하고 있는 실정이다. 특히 업계의 이런 형편을 감안하여 P대학 해양스포츠학과에서는 2008년부터 '보트엔진구조학'을 전공 선택과목으로 채택하여 간단한 엔진고장 정도는 현장 강사들이 즉시 수리할 수 있는 역량을 갖추도록 지도해 왔다. 그런 점에서 보면, 엔진수리 분야에 종사할 체계적인 인력양성 시스템 구축은 물론 '보트선체 및 엔진수리전문' 마리나의 개발은 시급한 과제가 되고 있다고 볼 수 있다. 게다가 최근에 출시되는 제품들의 엔진은 과거와는 달리 첨단전자시스템으로 설비되어 있기 때문에 관련 기술이 없으면 취급과 고장수리가 간단치 않다. 엔지니어의 자질향상은 꼭 필요한 시대를 맞고 있다. "인공지능과 전공분야를 처음부터 함께 배우는 것이 중요하다."고 미국 매사추세츠 공과대학(MIT) 다니엘라 러스 교수는 강조했다. 뿐만 아니라 "AI가 가져올 변화는 컴퓨터를 몰랐던 세상과 지금의 차이보다 클 것"이라고 덧붙인다(박건형, 2019. 이런 측면에서 보면, 인공지능 마리나 시대를 견인할 엔지니어들에 대한 인력양성책과 그 방향은 비교적 분명해 졌다. 그러나 한국의 마리나산업계는 아직 먼 나라 얘기일 뿐이다.

마리나 디자인과정에서부터 배후지에 수리공간을 많이 확보해 두면, 수리 고장이 중심이 되는 고품질 서비스가 가능할 뿐만 아니라 수리 때문에 방문할 수밖에 없는 방문자보트의 증가 등 결과적으로는 마리나의 점유율을 높일 수 있다. 게다가 불황기에도 고부가가치 창출 콘텐츠가 되어 효자품목으로 기능한다. 실제로 프랑스 뽀르 까마르그를 비롯하여 일본 후쿠오카 마리노아가 좋은 사례가 된다. 특히 마리노아의 경영자는 후쿠오카 인근지역은 물론 심지어 부산지역의 보트수리도 일부 담당하고 있다고 언젠가 필자에게 자랑스럽게 밝히기도 했다. 이제 보트 계류비에만 의존해온 마리나 운영 관행으로부터 탈피하기 위한 관리 혁신전략 구사가 필요한 때이다. 뿐만 아니라 '보트수리전문마리나'의 출현도 시급한 때이다. 부산은 영도와 다대포에 경영 어려움을 겪고 있는 선박수리조선소가 몇 있다. 그들 업소를 보트수리전문마리나로 리모델링하는 방안이 모색될 수 있을 것이다. 지름길이다.

5) 물자 보급과 전기·수도·청소·오폐수처리 관로관리시스템 구축 기능

마리나 내에서 보관보트, 또는 방문자보트를 위해서 식수·연료·전기·식자재 보급은 꼭 필요하다. 특히 해양스포츠가 활성화되면 '어촌마리나역'을 중간 기착지로 하는 장거리 크루징이나 세일링을 선호하는 동호인들을 비롯하여 요트를 활용한 '방랑해양관광여행업' 활성화, 그리고 의료와 해양관광을 융합시킨 '의료해양관광크루저선', 그리고 '위그선(수면비행선박)' 터미널로도 각각 마리나가 사용될 전망이기 때문에 지금보다는 관련 물자보급기지로서의 역할이 훨씬 높아진다고 봐야 한다. 또한 세계 유명 마리나를 보면, 쓰레기·폐유 등에 관련된 폐기물 처리시설 설비도 꼭 필요한 것이 사실이다. 더욱이 보트를 청소하여 깨끗하게 유지하기 위한 세척시설을 비롯하여 빨래방의 설치도 필요하다. 게다가 이제 우리나라도 이웃에 경쟁기지가 출현할 수밖에 없는 영업환경이 서서히 조성되어 가고 있을 뿐만 아니라 쾌적한 환경을 그 어떤 가치보다 중요시 하는 시대에 오폐수처리를 관로관리시스템으로의 전환이 꼭 필요하다. 깨끗한 수질이 담보되는 마리나를 오너들은 선호할 것이 분명하기 때문이다. 물론 이런 종류의 시설들은 기본(필수)시설을 서포터(supporter)하는 지원시설이다.

한편으로 국제수상교통시설협회(PIANC)는 산하기구인 '국제 스포츠 및 레저항해위원회'로 하여금 마리나의 각종 시설들의 중요도를 파악하기 위해 1991년에 특별연구위원회를 구성하는 한편으로 마리나시설의 유지, 보안, 그리고 안내서비스를 포함하여 폰툰, 수도, 전기, 보트상하이동시설 등 각종 서비스시설과 기타 서비스 항목에 대하여 설문조사를 실시한 적이 있었다.

질문지는 북미(캐나다·미국 - 48부), 유럽(벨기에·덴마크·프랑스·독일·이탈리아·네덜란드·스웨덴·영국 - 145부), 아시아(일본 - 1부), 오세아니아(호주·뉴질랜드 - 16부) 등 4개 지역 총 210부를 회수하여 분석한 결과보고서 중 눈길을 끄는 항목은 보트길이 7.5m 이하의 소형보트 오너들은 계량기를 갖춘 전기와 수도의 사용을 마뜩찮게 생각하고 있는 반면, 마리나경영주는 환영하고 있는 것으로 나타났기 때문이다. 결국 소형보트도 전기, 수도가 필요한 것은 사실이지만 이미 계류비를 납부하고 있는 상태에서조차 별 건으로 요금을 부과하고 있는 것에 대해서는 매우 불편한 심기를 드러내고 있는 셈이 된다. 따라서 20여년 지난 얘기이기는 하지만, 국내는 그들의 과거가 실효현실 사회인 점을 감안하면 그들의 소박한 바람은 유효하기 때문에 국내에서는 경영에 큰 어려움만 없다면, 소형보트가 해상폰툰에서 사용하는 전기와 수도료까지 야박하게 징수하는 일은 재고되어야 할 것으로 보고 있다.

6) 정보제공 기능

하늘과 바다는 각기 따로 놀고 있는 것같이 보이지만 사실은 서로 내통하고 있다. 바다의 수증기가 증발하여 구름이 되고, 그 구름이 바다에 비를 뿌리면 바닷물이 된다. 게다가 뭍에 비를 뿌리면, 물은 낮은 곳으로 흘러서 어제는 옹달샘이었다가 오늘은 실개천이 되고, 내일은 강물이 되어 큰 바다로 흘러드는 것과 같은 일련의 메커니즘(mechanism)을 통해서도 하늘과 바다의 내통사실에 대한 인과관계를 분명하게 이해할 수 있다. 물론 인과 설정의 오류도 있기는 하다. 또한 하늘에 먹구름이 끼지 않았는데 바다에 폭우가 쏟아지는 법은 거의 없다. 게다가 멸치 구름이 서쪽 하늘에서 발생하면 바다의 날씨는 나빠진다. 밤에 서쪽 하늘에서 번개가 보이면 높은 파도를 동반한 돌풍이 곧 닥친다. 뿐만 아니라 서쪽 하늘에서 붉은 구름이 나타나면 돌풍이 온다는 사실 등등이 하늘과 바다의 내통사례로 꼽을 수 있을 것이다. 이렇게 하늘과 바다는 서로 잇대어 있기 때문에 어느 한 쪽, 또는 지리적으로도 국지적인 정보만 이해하게 되면 곤경에 처할 수 있음을 잊지 말아야 한다.

특히 바다의 일기는 종잡을 수 없을 정도로 시시각각으로 변하는 경우가 흔하고, 더욱이 이런 특성을 갖고 있는 공간에서 활동할 수밖에 없는 해양스포츠 마니아들은 해양스포츠 전진기지로부터 기상·해상에 관한 정보를 신속하게 제공받아야 하는 것은 물론 스스로도 크루징이나 세일링에 앞서 이에 대한 충분한 정보파악을 해두는 일이 대단히 중요하다. 고립무원의 상태에 노출되어 생명을 위협 받는 경우가 가끔 있기 때문이다. 항상 이용하는 마리나가 아닌 어항, 혹은 간이보트계류장을 이용하고 있는 경우라면, 반드시 지역 어민에게 조언을 구하여 크루징과 세일링 계속여부를 판단해야 할 것이다. 마리나의 동호인들이 평소에 파악해 두어야 할 상식과 기상·해상에 관한 정보는 다음과 같은 것들이 있다.

우선 계절풍은 겨울철에 대륙에서 해양으로, 여름철에는 반대로 해양에서 대륙으로 부는 바람을 말한다. 우리나라의 여름에는 대륙의 하층에 저기압이 형성되어 주로 해양으로부터 덥고 습한 남동 계절풍이 불어오고, 겨울에는 시베리아 고기압이 형성되어 차고 건조한 북서 계절풍이 불어온다. 시시각각으로 변화하는 대기의 상태, 즉 지상과 대기 상층에서 관측한 각종 기상요소를 종합하여 자세히 나타낸 지도가 일기도다. 일기도는 3시, 9시, 15시, 21시에 각각 관측한 자료를 중심으로 6시간마다 하루에 4번 작성되지만, 필요시에는 0시, 6시, 12시, 18시의 일기도를 각각 작성하기도 한다. 일기예보는 3종류가 있다. 단기간예보(현재로부터 6시간, 혹은 12시간까지의 전선과 기압계의 변화를 예상하여 예보한다.), 단기예보(24시간, 또는 48시간 후의 전선과 기압계의 예상위치를 중심으로 예보), 중·장기예보(중기예보는 일주일, 장기예보는 한 달, 또는 한 계절, 1년 앞의 대체적인 일기 특성을 예보하는 것으로서 기상요소는 기온과 강수이다.) 등이다.

특히 폭풍, 호우, 대설 등으로 비교적 적은 피해가 예상될 때, 기상대가 특별히 발표하는 예보를 '기상주의보'라 하고, 중대한 재해가 예상될 때는 '기상경보'를 발령한다. 게다가 중앙기상청은 전역 또는 특정

지역에 태풍의 내습으로 25m/s 미만의 강풍이 예상될 때는 '태풍주의보', 25m/s 이상의 강풍이 예상될 때는 36시간 전부터 매 6시간 간격으로 '태풍경보'를 발령한다. 또한 평균 최대풍속이 14~20m/s이고, 이러한 상태가 3시간 이상 계속될 것으로 예상될 때는 '폭풍주의보', 평균 최대풍속이 21m/s 이상이고 이러한 상태가 3시간 이상 예상되고 순간 최대풍속이 26m/s 이상이 예상될 때는 '폭풍경보'를 발령한다.

뿐만 아니라 24시간 강우량이 80mm 이상의 호우와 이로 인한 다소의 피해가 예상될 때는 '호우주의보', 24시간 동안 강우량이 150mm 이상의 호우와 이로 인한 상당한 피해가 예상될 때는 '호우경보'를 발령한다. 게다가 폭풍현상이 없이 해상의 파도가 3.0m 이상이 될 때는 '파랑주의보', 6.0m 이상이 될 때는 '파랑경보'를 각각 발령한다. 수상레저안전법에서는 파랑주의보가 발표 시에는 해양스포츠 활동을 금하도록 규정하고 있다(지삼업, 2013a).

다만 서핑은 우선 파도가 높아야 하기 때문에 국내의 경우, 파랑주의보 전후에 잠깐 활동환경이 충족되는 자연조건을 감안하여 부산송정해수욕장에서만 예외적으로 허용되고 있고, 또 해운대와 광안리해수욕장에서도 동호인들이 일부 활동하고 있었다. 그러다 2015년 전후부터 강원 양양해변, 충남 대천해수욕장, 제주 중문 색달해변을 중심으로 동호인들이 많이 활동하기에 이르고 있다.

한편으로 마리나를 중심으로 한 여러 가지 이벤트 정보까지 제공이 요구되고 있다. IT 선진국인 우리나라는 앞으로 해양스포츠 활동의 보편화에 따라 온라인을 통한 회원 소통을 목적으로 운영할 수 있는 웹사이트인 쇼셜 네트워킹 서비스(Social Networking Service), 즉 SNS, 그리고 페이스북(Face book), 트위터(Twitter) 등에 의한 정보제공 요구는 더욱더 보편화될 것으로 전망된다. 게다가 플랫폼(Platform) 시스템이 구축되면, 원하는 마리나와 보트의 종류와 크기, 그리고 숙박시설과 음식도 예약이 가능해질 수 있다. 요즘은 인공지능(AI) 마리나 시대의 어슴새벽이 밝아오고 있음을 실감하기에 이르고 있다.

7) 숙박·휴식 기능

마리나에는 보트오너들을 위한 휴식시설이 필요불가결하기 때문에 클럽하우스나 휴게실은 대부분의 마리나에 구비되어 있다. 또한 일본의 경우, 비율은 아직 낮지만 숙박 기능을 구비한 보트계류장급과 다기능어항도 일부 있다. 물론 마리나 빌리지, 혹은 해양스포츠단지급의 경우도 싱가폴의 '데그리지 15 마리나(자체객실 40개 보유)'를 제외하면 자체보다는 최인접 호텔과 연계하여 숙박시설을 제공하고 있는 것이 일반적이다. 그러나 보트오너들이 특급호텔 이용보다는 보다 소박한 숙박시설을 요구하는 경우가 많기 때문에 제공되는 숙박시설의 종류는 다양하고 일반인까지 겨냥한 등급이 높은 것부터 비즈니스호텔, 그리고 학생들의 합숙도 할 수 있는 유스호스텔까지 있다.

이런 점에서 보면, 앞으로 우리나라의 마리나는 20~30년 전에 개발된 외국 마리나의 숙박시설 운영시스템 방식보다는 직영시스템 구축이 바람직한 방법이라고 볼 수 있다. 일부 골프텔처럼 이런 숙박시설은 보트오너들뿐만 아니라 일반 관광객들도 가능하다면 여름철에 대기오염이 극심한 도심의 특급호텔 이용을 배제하고, 깨끗한 공기는 물론 고급스럽고 이국적인 풍경의 마리나텔을 중심으로 가족·연인과 함께 숙박하면서 해양스포츠도 즐기고, 또 인근 골프장 및 관광지도 찾아다니고 싶은 것은 인지상정일 것이기 때문이다. 물론 최근에는 정박 요트를 통한 요트텔, 그리고 콘도도 선호하고 있다.

특히 프랑스 랑그독-루시옹지역 그랑모뜨 마리나를 참고해 보면, 해변주택과 콘도는 마리나 개발 초기투자비의 안정적 확보에 유효한 인프라다. 그러나 국내에서 2017년 현재 운영 중인 34개소의 마리나 중 통영 한산 마리나의 해변주택과 금호 마리나의 콘도가 운영되고 있을 뿐이다. 가급적이면 어촌 마리나 역에도 인간적 요소인 숙박·휴식 기능에 관련된 인프라를 다양하게 구축하는 것이 이용객의 편리도모를 통한 영업이익 창출에 큰 도움이 될 것으로 보고 있다. 어촌·도서지역 숙박시설 확보의 구체적 방법으로는, 항·포구의 인근 주민들을 대상으로 민박의 등급화 도입을 제안하고 싶다. 예를 들면 시설기준 제시에 따라 A, B, C급으로 분류하여 정부가 시설 개·보수비를 차등 지원한다면, 거의 모텔시설에 준하는 고급스런 민박을 확보할 수 있기 때문에 특히 가족단위로 바다보트낚시를 즐길 해양관광객들이 어촌 마리나 역을 선호하게 될 것으로 전망되기 때문이다. 2018년 기준 전남 관광의 형태는 버스투어를 통한 도서지역 방문객이 크게 증가했다고 한다. 이제 뭍의 일반관광에는 사람들이 흥미를 크게 잃었다는 반증이기도 할 것이다. 일본에서 얼마 전에 개발된 다기능어항(피셔리나)이 숙박시설 마련 등 과거에 비해 인간적 요소에 관련된 각종 편의시설을 특별히 강화해 놓고 있는 것도 바로 집객성에 주목하고 있기 때문일 것이다.

8) 연수·교육·보트 및 사무실임대 기능

여러 가지 보트 중에서도 세일딩기요트는 초보자강습을 비롯하여 스포츠형 해양스포츠이기 때문에 수많은 강습회·스쿨이 개최되고 있다. 게다가 생활체육 차원이라고 하더라도 먼 바다로의 세일링이나 크루징을 위해서는 세일딩기 요트를 통한 강습을 통한 기초연마는 필수이다. 그리고 회의실 등 일반 시설의 임대는 인근 주민의 경로잔치 및 예식장 제공을 통한 유대강화라는 측면에서도, 마리나운영실무자 세미나를 위해서도, 특히 교육기능은 초보자를 대상으로 저변확대를 위한 종목별 맞춤강습회 제공을 위해서도 필요하다. 우리나라는 2019년 3월 현재 어느 나라 어느 지역보다도 저변확대를 통한 시장개척이 당면한 현안으로 부각되고 있다는 점에서 개별 마리나에서의 초보자 강습회 및 해양스포츠체험학습의 연중 개최는 자신을 위해서도, 나라의 해양스포츠산업을 위해서도, 효과적인 해양교육을 위해서도 아무리 강조해도 지나침이 없는 항목이다. 실제로 뉴질랜드 오클랜드의 웨스트헤번 마리나가 맞춤형 강습회를 통해 운영활성화를 기하여온 선례가 있다. 특히 마리나가 동력 및 요트조종면허 관련 이론·실기·안전교육장으로의 역할도 적극 검토해 나가야 하지 않을까 싶다. 이미 관련 인프라를 갖추고 있을 뿐만 아니라 복수의 대행기관 선정도 시장만 있다면 가능하기 때문이다.

우리나라 초·중등교육법시행령에는 각종 체험학습을 시행하도록 규정해 놓고 있다. 해양스포츠체험학습의 경우, 필자의 10여 년 간의 현장경험에 비추어 보면 연 중 단 몇 차례에 불과하다고 하더라도 반도국가인 우리나라의 해양교육을 위해서는 초등학생들이 직접 몸으로 넓혀가는 바다의 중요성에 대한 인식을 할 기회제공은 꼭 필요한 작업이라고 생각하고 있다. 특히 신체의 오감(五感)이 역동적으로 피어나는 초등학교 시기의 해양스포츠체험학습은 무엇과도 바꿀 수 없는 최고의 교육이라고 생각된다. 인간의 뇌에서 정서를 담당하는 편도체와 기억을 담당하는 해마, 즉 측두엽(왼쪽 옆머리 아래)은 매우 근접해 있다. 정서적으로 강한 흔적이 남으면 기억이 잘되는 까닭이다. 오감을 자극하는 해양스포츠체험학습을 통해 강한 정서적 경험을 한다면, 개인건강 측면과 마리나 경영 측면의 효과는 젖혀두고라도 매우 효과적인 해양스포츠학습과 해양교육이 동시에 이루어지는 효과가 있다.

더욱이 보트임대 기능의 경우, 각급 학교 차원의 청소년 해양교육을 위한 임대보트의 요청이 있을 수 있다. 게다가 해양관광객들도 해양카약과 해양카누 등의 임대보트를 많이 이용하기 때문에 이에 대한 대비도 있어야 한다. 특히 우리나라에서 선호되는 주택은 아파트구조이기 때문에 단독주택을 선호하는 외국처럼 오너들이 장비를 주택에서 보관하고, 또 정비할 수 있는 공간이 없는 주택환경일 뿐만 아니라 극히 짧은 시즌에 고가의 장비를, 그것도 바다에서 활동함에 따라 부식이 대단히 빠르게 진행되고, 또 그에 따른 고장도 비교적 잦게 발생하는 상황에서 오너가 스스로 보트를 관리할 공간도 전문성도 거의 없다는 것이 현실이다.

이런 어려운 환경에서 개인이 고가의 장비를 구입한다는 것은 무모한 행동에 가깝다고 볼 때, 보트임대 기능의 활성화는 마리나뿐만 아니라 사회적으로도 1인당 국민소득 3~4만 달러 시대의 가족해양놀이문화를 활성화시키기 위해서도 꼭 구축시켜 놓아야 할 사회교육시스템 중의 하나임을 특별히 강조해 두고 싶다. 세계 최초로 보트임대협회가 영국에서 출현한 것은 2019년 기준, 지금으로부터 56년 전인 1963년의 일이다(지삼업, 2008a). 물론 이 이전에도 개인보트임대업자는 일부 있어 왔다. 더욱이 해양 정책 관계자들이 해양스포츠 활성화를 위해 고민해야 할 최우선 과제는 소수의 허가업체가 아닌 곳에서도 개인 및 단체의 안전이 보험으로 보장되는 가운데 언제, 어디서나 강습을 받을 수 있고, 또 장비도 쉽게 임차할 수 있는 사회교육시스템의 구축이라고 볼 때, 이런 측면에 대한 제도적 개선(공유수면 점·사용허가 제척)이 획기적으로 이루어질 수 있도록 적극 나섰으면 한다.

2019년 현재는 이해관계자의 동의서첨부에 의한 공유수면 점·사용허가와 해경에 영업신고 시스템에 의한 레저업체활동으로서는 증가하는 수요에 따른 공급이 비효율적이기 때문이다. 다만 수상레저안전법에서는 수혜자에게 직접 수강료만 받지 않으면 불특정다수를 대상으로 강습은 시킬 수 있기 때문에 해양수산부는 해양스포츠전공 및 유사학과 총 4개 대학에 관련경비를 지원하고, 해당 학과는 수강생에게 수강료를 일체 받지 않고 무상으로 교육시키면 수례법 저촉 대상은 아니다. 물론 이 과정에서는 해수욕장을 행정관할하는 지자체가 이해관계자 설득과 함께 활동 공간제공에도 적극 협력할 수 있어야 한다. 그렇지만 이렇게까지 하면서 꼭 저변확대에 나서야 하느냐는 회의가 있을 수 있기는 하다. 그러나 방관하고 있기에는 마리나들이 처한 경영현실이 엄중하다. 해양수산부는 해경과 협력하여 어떤 선택을 하든 수상레저안전법(사업자등록 규정)상의 단속 대상에서 제외되면서도 개인이나 단체보험이 가능한 제도의 마련을 통해 증가하는 수요에 따른 공급시스템의 효율적 구축이 꼭 필요한 시점임은 분명하다고 봐야 한다. 마리나의 이용수요가 절대 요구되는 엄중한 상황에서는 더욱 다양한 대응책 마련이 절실할 수밖에 없다.

이 외에도 마리나의 사무동 일정 공간을 일반 사무실로 제공할 수 있는 부동산임대업도 적극 모색할 수 있을 것이다. 마리나의 수익창출에 기여도가 높은 분야다.

9) 안전관리 기능

마리나는 부유식 및 고정식 방파제시설을 중심으로 보트를 비롯하여 각종 해양공간건축물의 안전을 담보하고 있다. 마리나에서는 입·출항 신고에 의해 동호인들의 동향을 파악함과 동시에 각종 보트가 항해하기 위한 해도제공을 비롯하여 전망대(컨트롤하우스)에서의 감시 사례가 외국의 경우에는 많다. 마리나의 개발과 운영 면에서도 중요한 기능의 하나이다. 최근에는 보트에 GPS 장착을 의무화시켜 안전관리에 적극 대응하고 있는 것이 국제적 추세다. 게다가 보트 자체도 고가이지만, 오너 개인의 귀중품도 보트에 흔히 보관되기 때문에 폰툰출입구별 전자지문인식기 설치 등 첨단보안장치의 설비는 마리나에 대한 고객의 신뢰도를 높이는 역할을 한다. 그렇기 때문에 마리나는 개발당초부터 통합된 보안구역 및 접근가능 구역을 구분하여 설계하고, 또 그렇게 설비해 놓아야 한다. 특히 긴급구조에 나설 안전선의 운영은 꼭 필요하다. 게다가 국내는 아직은 이르다고 하더라도 마리나 밖의 해상에 무어링계류 방식으로 해상계류시켜 놓은 오너의 교통편을 제공할 교통선 운영도 검토해 둬야 한다.

마리나 개발자는 다음을 고려한 디자인과 개발이 필요할 것이다.

① 난시청 지역을 최소화하는 디자인과 함께 보안직원들에 의한 감시가 유지될 수 있도록 은폐된 지역에는 CCTV가 항상 가동되도록 해야 한다.

② 폰툰입구의 통제 지점에는 보안인력 배치와 카드식 통행 개·폐장치가 설치되 어야 한다. 해양관광지에 위치한 마리나는 더욱 세밀한 감시체계가 도입되어야 한다. 그렇지만 보안을 강화하는 것과 해양관광객들을 배척하는 것 간에는 균형을 적절하게 유지시키는 방안 모색이 대단히 중요하다.

③ 방문객들은 안내문에 따른 동선(動線)에 따라 관리되어 보트를 볼 수는 있지만, 고가의 보트가 있는 부잔교와 기타 지역에 무단으로 접근할 수 없도록 해야 한다. 물론 방문객들의 효과적인 흐름의 유도는 그들로 하여금 기념품구입 등에 돈을 쓰도록 유도할 수 있다.

④ 야간조명 장치는 고객의 보행안전과 보트의 안전 접안, 그리고 보안상의 이유로도 필요하지만, 이 국적인 야간 풍경을 연출하기위해서도 중요하다.

⑤ 핸드폰, 노트북 등 이동용 전자 제품 및 장비충전을 위한 전기설비가 제공되어야 한다.

⑥ 출구를 통제하는 시설이 만들어져 차량의 감시를 가능하게 해야 한다. 특히 마리나시설 내로의 차량의 이동은 제한되어야 하며, 차량의 통제는 방문객관리의 주요 업무에 해당된다.

이 외에도 마리나가 노력해야 할 것은 다음과 같다.

① 마리나 내에도 자구책이 마련되어 보트오너들도 경영자와 함께 보안에 연대 책임을 갖도록 할 시스템의 구축도 필요하다.

② 마리나 접근을 획일적으로 제한하는 것은 고객들에게 거부감을 줄 수 있기 때문에 별도의 통제시스템을 구축하여 고객들이 특별히 대접받고 있다는 느낌을 갖도록 하는 일이 중요하다.

③ 마리나경영자들은 경보시스템 구축을 위해 VHF 스테이션, 혹은 온라인을 통한 회원 소통을 목적으로 운영할 수 있는 웹사이트인 쇼셜 네트워킹 서비스(Social Networking Service), 즉 SNS, 그리고 페이스북(Facebook), 트위터(Twitter) 등을 통해 안전에 관한 정보를 제공해야 한다. 이는 날씨 관련 풍랑주의보 등 경보 발령에 대한 신속한 대응 등 안전 확보에 필수시설이다.

④ 으슥하거나 음침한 장소에 대한 이동순찰은 성추행 및 성폭력 예방 등 예상외의 효과를 얻을 수 있기 때문에 매일 부정기적인 시간에 청경으로 하여금 필수적으로 살펴보도록 하는 것이 마리나의 이미지 고양에 유효하다.

⑤ 보트 고객과 오너들 및 강사들을 위해 특정 보험설계사와 유대를 강화시켜 놓으면, '규모의 경제'에 의해 저렴한 보험가입비가 협상될 수 있기 때문에 고객들에게는 적잖은 혜택이 된다.

그렇지만 마리나시설에 대해 얼마나 많은 접근권을 허용할지 여부를 결정하는 것은 사실상 어려운 문제이다. 특히 철책과 순찰 견(犬)을 이용한 방범은 보트를 범죄 행위로부터 보호하지만, 다른 한편으로는 마리나의 이미지를 경직시켜 자유스런 분위기를 완전히 파괴하게 된다. 자유스런 분위기가 파괴되면, 해양관광지로서의 마리나 이용률이 급감한다는 것이 외국의 선례다. 마리나의 구역 설정은 디자인단계에서부터 검토되어야 한다. 철책 등 물리적인 방범(防犯)은 일탈행위 및 범죄에 대한 효과적인 해결책이 아니다. 무한의 자유를 만끽하고자 마리나를 찾고 있는 방문객들이 날로 증가하고 있는 추세에서 보면, 분명한 것은 지금보다 훨씬 더 친근한 응대방법이 모색되어야 할 것으로 보고 있기 때문에 외국의 사례에만 의존할 것이 아니라 보다 창의적인 보안관리 방안모색에 많은 고민이 있었으면 한다(지삼업, 2008a).

그러나 개인차원의 해양스포츠 활동 안전담보는 마리나자체에서 마련한 안전관리 방안도 중요하지만,

오히려 그것보다는 보트오너들 스스로 예의·주의·상식 등 세 가지요소의 생활화에 있음을 잊지 말았으면 한다. 게다가 이탈리아, 호주, 미국 등 해양선진국의 지방자치단체처럼 해양경찰청과 마리나산업 관련협회가 서로 협력하여 개인차원에서 안전에 유의해야 할 세 가지요소를 중심으로 '마리나 안전가이드 북'이라는 소책자를 발간하여 적극 홍보했으면 한다.

10) 해양문화교류 기능

마리나는 해양스포츠 활동의 전진기지임과 동시에 이 시설을 통한 친교의 거점으로서 충분히 기능하도록 다양한 인프라를 고급스럽게 구축할 필요가 있다. 회원제 골프장이 그렇다. 특히 마리나가 인간적인 여가시설로 변모하기 위해서는 문화가 필요하다. 문화는 선과 악이라는 반쪽으로서의 인간을 다시금 하나로 결합시키는 과제를 떠앉았기 때문이다. 해양문화의 기능도 마찬가지다. 더욱이 시장 경제의 뿌리 깊은 악폐인 '너의 불행이 나의 행복'이라는 식으로 극도로 황폐화되고 파괴된 인간성을 치유하기 위해서는 문화가 필요하고 특히 해양문화를 통하여 인간의 천성이 재건되는 중심에 마리나문화, 해양스포츠 문화가 함께한다는 사실을 잊지 말아야 한다.

최근에는 해양박물관·해양도서관·전시관·공연장 등의 문화시설이나 이벤트 광장·집회장·유기장 등의 시설이 도입되고 있다. 마리나 빌리지급(해양스포츠단지)을 제외하고는 반드시 모든 시설을 확보할 필요는 없다. 다만 마리나시설 내 보관 보트의 종류(대·중·소형)와 성격에 따라 도입하면 되지만, 가급적이면 인간의 천성을 재건시킬 수 있는 해양문화시설을 개입시키면 바람직하다. 더욱이 어항을 중심으로 앞으로 개발해 나갈 어촌 마리나 역에는 숙박시설을 비롯하여 해양문화교류 및 기타 서비스기능 등 인간적 요소의 강화가 꼭 필요하다. 실제로 일본 피셔리나가 인간적 요소에 관련된 인프라를 강화하는 쪽으로 진화하고 있다. 게다가 지역주민과의 유대강화를 위해 유휴시설 무상제공을 통해서도 각종 해양문화가 꽃피울 수 있는 장의 제공에도 인색하지 않아야 한다. 부산 대변항처럼 해양문화가 빠지면, 이름만 다기능어항일 뿐 결과는 자본주의가 판치는 삭막한 어항으로 전락한다.

특히 부산항만공사(사장 남기찬)가 운영주체인 '북항 마리나'의 경우 자체마리나관에는 이 마리나의 개발과 완공에 이르기까지의 자료는 물론 우리나라의 돛단배 문화인 서해·남해·동해안 지방의 재래형 어선인 전통 한선(韓船 ; 선망어선·주목망어선·연승어선·자망어선·안강망어선 등)을 비롯하여 이 선형을 중심으로 토종 세일크루저요트(방방해해 호)를 국내 첫 개발한 박근옹 박사에서부터 1989년 '한노선(韓櫓船)'이라는 토종 해양스포츠 장비를 개발한 정채호 선장, '88년 요트로 태평양 단독횡단에 성공한 김원일, 세계 일주 단독항해에 성공한 강동석, 또 2011년 5월에 세계 일주 단독항해에 성공한 윤태근(47세), 특히 2014년 10월 19일~2015년 5월 16일 당진 왜목항 입항까지 총 209일 간 중고요트로 아무나 감히 도전조차 할 수 없다고 하는 단독·무기항·무원조 세계일주(2015년 5월 16일 기준, 세계 여섯 번째)

에 성공한 인간승리 김승진 선장, 그리고 '90년 북경아시안게임 카누 3종목에서 우승한 천인식, 게다가 '95년 세계 첫 해양스포츠학과 설치와 관련 전공도서 다수계발, 또 전국을 사업권으로 하는 해양스포츠 분야 생활체육단체인 사단법인 한국해양스포츠회의 설립과 15년간 전국에 걸쳐 약 30여만 명에게 해양 스포츠를 향수시키는 등 초창기 우리나라 해양스포츠, 마리나산업, 스포츠형 해양관광산업 발전에 관련된 인물들에 대한 행적에 걸쳐 관련 자료가 사라지기 전에 두루 갖추고 전시할 수 있었으면 한다. 김 승진과 정채호 선장을 제하면 모두 부산지역이 여태까지 갈무리했거나 깊은 인연을 갖고 있는 업적들이다. 물론 해양수도를 자임하는 부산의 첫 마리나기념관이라면 김승진과 정채호 선장의 업적은 당연히 함께 전시되어야 마땅하다는 생각을 갖는다.

11) 기타 서비스 기능(롤러코스터 등 일반 위락시설 및 CIQ기능)

신품보트 및 중고보트 판매점, 보트 내 각종 장식품 판매점, 보트 및 엔진수리소, 세탁 및 빨래건조기, 방문자보트를 위한 여유 선석 확보, 특히 이웃 마리나 간 네트워킹을 위한 MOU 체결, 그리고 해경출장 소를 마리나 내에 입주시키는 등 고객들의 세일링·크루징 편의가 다양하게 제공되면 마리나의 선석 점유율 향상으로 이어진다. 더욱이 우리나라와 같이 해양스포츠 비수기가 8개월 정도 지속되는 곳에서는 이를 극복하기 위해 헬스장, 수영장, 영화관, 공연 및 전시, 특히 롤러코스터 등 다중 위락시설에 관련된 일반여가스포츠시설도 다양하게 구축하여 연중 마리나 내의 숙박시설과 레스토랑 등 각종 편의시설들 간의 시너지효과를 높이는 방안의 모색이 절대 필요하다.

뿐만 아니라 고객에 대한 고품질 서비스 제공을 위해 방문자보트 및 대기자 선석 확보, 대여보트, 전자기기수리소, 식료품 및 잡화점, 각종 수산식품판매점, 야외 선탠장, 노래방, 카페테리아 등의 시설 설비도 필요하다. 특히 마리나빌리지급은 외국인 방문자 보트를 위해서 마리나 내에서도 세관(Customs)·출입국(Immigration)·검역(Quarantine) 등이 원스톱시스템으로 가능한 CIQ기능이 제공되도록 하는 등 입·출국에 따른 3개 행정절차의 편의제공도 일본, 중국, 러시아 등 외국인의 재방문율을 높이는데 기여하는 요소 중 하나로 작용한다.

고객이 서비스에 대해 불만을 가진 나머지 그 자신의 감정이 개입된 컴플레인(complaint)을 제기하고 시정을 요구하다가 결국 원하는 수준으로 변하지 않으면 그 마리나를 미련 없이 떠난다. 특히 이런 불만들은 요즘과 같은 쇼셜 미디어 시대에는 들불처럼 삽시간에 번져 나간다. 그렇게 되면 대략 수습 불능에 빠진다. 한 마케팅 연구 결과에 의하면, 고객 이탈률을 단 5%만 감소시켜도 순이익이 25~85%까지 커지는 효과가 있다고 한다.

더욱이 신규 고객 창출에 필요한 금액은 기존 고객을 유지하는 비용의 6배 이상이다. 악소문의 구전 효과는 만족보다 3배 이상이다(이문규, 2013). 고객이 중요하게 생각하는 것과 덜 중요하게 생각하는 것의 순서가 바뀌지 않아야 한다. 그리하여 다르게 경영하려면 보편적 보다는 구체적으로 서비스를 제공해야 한다. 이런 걸 고품질 서비스라고 말한다. 특히 자금력만 풍부하면 시설에 관련된 하드웨어는 단기간에 모방할 수 있고, 심지어 더 낫게도 할 수 있다. 광고 역시 자본주의 미학의 꽃이다. 유행은 변화 그 자체를 탐닉한다. 그러나 종업원 개개인의 진심이 담긴 고품질 서비스와 세련된 매너는 돈으로 단기간에 체질화시키기 어렵다. 돈을 주고도 살수 없는, 기업고유의 순자산이다. 종가집의 품위 있는 거동과 음식에서, 또는 오랜 전통을 자랑하는 유명호텔을 이용해 보면 담방 느낄 수 있다. 그렇지만 무형자산인 세련된 응대자세와 같은 것은 십분 공감을 하지만 일조일석에 기대하기가 실로 어렵다는 측면이 신생기업의 오너에게는 정말 골머리 아픈 현안이 될 수밖에 없다. 쉽게 말하면 100년 빵집과 50년 빵집의 다른 점이다. 100년 빵집이라면 고객들은 뭔가 다를 것이라는 기대가 있다. 실제로 나가사키 '분메이도 카스테라'의 경우 그런 기대가 헛되지 않는다. 그게 바로 오랜 전통을 통한 고객신뢰의 출발선이다. 마리나경영 역시 세련된 고품질서비스에 답이 있다. 특히 오랜 전통에서 축적되는 기업의 무형자산이 없는 국내 마리나의 경우라면, 직원들의 역량강화교육에 외국보다 상대적으로 더 많은 돈을 쓸 수밖에 없는 이유다.

한편으로 "행동경제학자 대니얼 카너먼(Daniel Kahneman : 1934~)은 인간의 기억과 관련해 '정점-종점규칙(peak-end rule)'을 주장했다. 지난 일을 평가할 때 '가장 좋았던 일(peak)'과 '가장 마지막(end)'이 그 경험 내용을 결정한다는 이야기다. 시간이 지나면 '정점'과 '종점'을 제외한 일은 거의 생각나지 않는다(김정운, 2019)." 그래서 고객이 마리나에서의 행복한 경험을 오랜 기간 동안 추체험할 수 있도록 특히 마지막까지도 세련된 고품질서비스를 제공하지 않으면 결코 다시 찾고 싶은 인상적인 마리나로 기억되지 않는다.

제4장

마리나의 경제적 영향과 잠재적 가치

1. 일반적인 사항들

프랑스에서 발표된 ODIT(2007)의 사례연구에 의하면, 마리나는 크게 3가지 측면에서 경제적으로 영향을 미친다. 첫째, 건설과 개발에 따른 직접적 영향(시설업)이다. 둘째, 해양스포츠 활동 및 해양휴양객들에게 필요한 각종 서비스제공과 관련된 경제활동과 지역 호텔 및 식음료산업 분야에서의 지출에 해당하는 간접적 영향(서비스업)이다. 셋째, 마리나의 존재자체가 가져오는 스필오버 즉 나비효과와 지역의 해양관광지 개발 가능성, 지역경제의 활성화, 마리나 인접지역의 부동산 가치 상승 등에 미치는 파생영향들이다.

이러한 경제적인 직·간접 및 파생산업에 미치는 영향들은 자연히 이루어지는 것은 아니다. 필요한 활동들, 기업들, 상점들, 서비스들이 자리를 잡을 때에만, 또는 토지 시장과 부동산 시장이 실질적인 매물을 가지고 있을 때에만 발생한다. 잠재적 부가가치, 즉 후광효과는 마리나 때문에, 혹은 마리나 주변에 발생할 수 있는 활동들과 시장들을 의미한다. 이러한 경제적 영향들과 잠재적 가치들을 분석할 때는 그 유인조건과, 그것들이 프로젝트의 재정 관리에 기여할 수 있는 바를 염두에 두어야 한다.

그렇지만 경제적 영향은 눈으로 파악하거나, 또는 추적하기가 어렵도록 각종 변수가 혼재해 복합적으로 나타나는 특징을 갖고 있다. 그 영향은 아주 미세하게 체감된다. 부가가치의 존재는, 그것이 마리나 구역 안에 있고, 경영주에 의해 혹은 그의 관리하에서 개발 가능한 경우, 마리나의 재정계획 수립에 직접적으로 기여할 수 있다. 반대로 부가가치의 존재가 마리나 외부에 있는 경우에는 좀 더 복잡한 파트너십을 통하거나, 더 넓은 작동 범위 안에서 재원이 동원될 수 있다.

2. 마리나의 개발효과

앞에서 주요 요소들을 대략적으로나마 환기시킨 바 있다. 마리나의 매출액은 요금과 보트의 크기에 좌우된다. 기본·지원시설 중심 마리나의 경우, 대륙에 따라 조금은 차이가 있지만 육·해상보트계류비가 전체 매출액에서 70~90%를 차지한다. 특히 대형·메가보트가 부가가치 창출 효과가 소·중형보트보다 상대적으로 크다. 게다가 불황기 일수록 이들 대형·메가보트가 기여도가 높다. 고용 발생(풀타임 기준)은 요금이 낮은 마리나에서는 100선석당 0.3~1.3명이다. 지중해지역을 제외한 해상계류 전용 마리나에서는 100선석당 0.5~2명이다. 지중해지역의 중·대형마리나에서는 100선석당 1~2.5명이었다. 특히 대형 관광유람선들이 주로 이용하는 지중해지역 일부 마리나에서는 100선석당 5명까지도 투입된다. 마리나 개발의 부가가치는 총매출액의 60% 이상을 차지하고 있었다. 이와 같은 사례연구에서 검토된 마리나들은 규모가 비교적 소형이지만, 활발한 영업활동을 펼치고 있었다. 총매출액은 평균 150~300만 유로로서 풀타임 고용인원은 15~30명 수준을 유지하고 있었다(ODIT, 앞의 책). 영국의 마리나가 평균적으로 15~20명인 것과 비교하면 많은 숫자다.

3. 각종 아이템의 효과가 마리나산업에 미치는 기여도

1) 마리나산업의 위치

2013년 기준, 전통 해양산업은 필자의 졸저 『해양관광론 플러스(2012)』제1장의 〈표 1-1〉과 같이 6개 중분류에 13개 소분류가 있다. 물론 해양신산업 분야는 더욱 진화할 전망이다. 해양신산업 중분류 중 하나인 이 책 제Ⅱ편 제1장 〈표 1-2〉와 같은 '마리나산업'은 3개 중분류에 7개의 소(세)분류가 있다. 중분류인 마리나건설업, 보트 및 용품제조업, 서비스업을 비롯하여 7개 세분류 업종들이 서로 얽혀 있는 등 합종연횡하고 있다.

마리나개발에 의한 새로운 보트수용능력의 창출은 곧 보트의 판매에 긍정적인 효과를 미친다. 예를 들어 100개소의 선석을 개발한다는 것은 다량의 중고보트판매와 함께 대략 100척의 새 보트를 판매하도록 촉진하는 효과가 있고, 그리고 이후에도 숙박 등 각종 서비스시설업과 부속품의 소비를 자극한다는 것이 정설이다. 이런 판매와 서비스 활동들은 아무곳에나 우연히 자리를 잡는 것은 아니다. 대부분 단골 고객을 많이 확보하기에 가장 좋은 조건을 가진 마리나 주변을 중심으로 번창한다. 더불어 주목해야 할 것은 2004년 기준 프랑스 본토령에 162,000개소 정도의 선석이 있다면, 활동 중인 보트는 약 500,000척 정도가 있다고 추정할 수 있다. 따라서 이들 마리나가 영향을 미치는 시장의 잠재성은, 마리나의 수용능력에만 한정되는 것이 아니라, 그 지역에서 사용되는 보트들 전체에 달려있다고 봐야 한다. 그렇기 때문에 마리나산업은 보트산업에, 또는 보트산업은 마리나산업의 흥망에 각각 결정적으로 영향을 미친다고 결론 내릴 수 있다.

게다가 프랑스의 마리나산업 분야는 보트생산, 설계, 국내 및 외국으로의 유통의 활동 등을 포함하며, 그 위치 선정은 지역 마리나의 수용능력에만 달려있는 것이 아니라, 환경과 활동성(인력자원·해양스포츠문화·해양스포츠산업 발전 가능성·경쟁 등)에도 많은 영향을 받을 수 있다. 따라서 마리나 개발 프로젝트와 연관된 마리나산업 건설업과 용품제조업분야의 고용창출 효과는 개인의 경제적 기반을 안정시켜 주는 고용기회를 많이 제공하고 있다고 볼 때, 결국 지역 자치단체들에게 미치는 경제적 측면의 중요성은 단순히 마리나 수용능력 규모 수준에서만 그치는 것이 아닌 셈이 된다.

이처럼 기업을 끌어들이고 고용을 창출할 가능성은 경쟁 메커니즘의 토대위에서 이루어지는데, 이런 맥락을 잘 이해해야 할 필요가 있다. 기본적인 관리 서비스는 인근 마리나 및 보트계류장(수리, 겨울 정박, 관리 등을 위한)의 수용 능력과 밀접한 관련을 가진다. 마리나의 위치 선정은 자연환경과 사회적 환경 등 보다 복잡한 요소들로부터 영향을 받기 때문에 특별히 전략적인 접근이 요구된다. 그리고 마리나산업의 국내외적 위상은 점차 높아만 가고 있다. 해양스포츠는 선진국의 사례를 보면, 21세기 체육전반을 주도할 주목받는 분야이기 때문이다. 해양스포츠의 생활화는 곧 해양스포츠산업, 마리나산업, 보트산업의 풍요로운 시장을 담보하고 있는 가운데 개별 마리나들을 경제·사회적으로 보면, 규모가 아주 작은 '미니도시', 또는 '작은 촌락' 기능을 발휘하고 있다고 말할 수 있다.

아무튼 지방 및 도시지역 친수공간(해변·수변·호반)을 활용, 마리나를 개발하면 기대할 수 있는 이점은 크게 살며, 일하며, 건강을 다지는 등 세 가지를 꼽을 수 있지만, 더 구체적으로는 다음의 일곱 가지 효과를 기대할 수 있다.

① 해양스포츠 활동과 해양관광 참여를 통한 시민 실질적 삶의 질 향상

② 데크 및 접근로를 통해 사람들이 수변, 해변, 호반으로 편리하게 접근

③ 그간 활용되지 않았거나, 또는 기능이 날로 쇠락하고 있는 항만과 어항을 2,5산업단지인 마리나로 재개발하여 도시경제구조를 재편(再編)

④ 신도시개발을 비롯하여 고급아파트단지개발과 연계시키면 주거환경을 획기적으로 개선하는 장점을 통해 분양을 촉진

⑤ 해양스포츠, 해양휴양, 심미, 오락 등 4개 힐링 요소에 관련된 흥밋거리 제공

⑥ 도심지역 중 당초의 기능이 쇠락하여 시민들의 기억에서 사라진 친수공간으로 사람들을 다시 집
　객시키는 촉매제 역할

⑦ 문화적·역사적 가치를 지닌 친수공간과 접하면서 느끼는 어메니티(amenity)를 중심으로 시민 심
　신의 쾌적함을 제공

2) 마리나산업 및 해양스포츠산업이 각 분야에 미치는 효과

유럽해양산업연합이 2004년 실시한 해양스포츠산업(용품업·시설업·서비스업)에 대한 조사에 따르면,
5,000여개의 기업, 44,500명의 정규직이 있으며, 매출액은 총 41억 유로이고, 이는 우리 돈 410조 원에
달한다. 특히 해양스포츠산업은 2·3차 산업이 혼재되어 있는 이른바 '2.5산업'이라고 볼 수 있는 가운데
보트생산은 제조업에 속하고, 마리나 개발은 시설업에 속하기 때문에 특히 고용창출효과가 매우 높은
장점이 있다. 실제로 주류를 이루는 산업은 2차(보트생산 활동과 관련된 제조업분야) 산업이다. 3차 산
업에 속하는 관광객들에 대한 서비스 종류별 매출액은 앞의 〈표 4-1〉과 같다.

서비스 분야는 22,000명의 정규직이 있고, 인원 당 매출액은 80,000유로에 해당한다. 이 산업은 관할
기관에 등록이 되어있는 5,000,000척의 보트 및 해양관광유람선, 그리고 마리나와 연안 항해에만 주로
사용되는 세일크루저요트와 모터요트를 포함하는 몇 만 척의 보트들이 포함되어 있다. 특히 해양산업

〈표 4-1〉 마리나산업(건설·보트제조/유통·서비스)이 수익 및 고용창출에 미치는 효과

	매출액(단위 : 1000€)	고용인원/명
육·해상보트계류서비스	57.25	929
해수면/내수면 지도강사	13.33	236
기타 전문가	5.81	331
세일(돛) 제작/수리	46.69	597
엔진수리/재판매	175.70	2331
전기/전자제품 수리	71.30	838
각종 부품 판매/관리	392.66	4255
새 보트/중고보트 중개	22.28	367
각종 해양스포츠학교 운영	28.72	926
설비/보수	474.49	5423
보안/보호	41.30	594
식음료 등 보트물품조달	227.78	2400
안내 선장(스키퍼 : skipper)	11.34	233
국내 보험	73.92	1051
고객보트보험 중개	44.11	718
잡지 등 전문 미디어	56.14	651
총계	41억 유로	44,500명

출처 : ODIT(2007). *Le Financement des Port de Plaisance*. 36. : 지삼업(2011a). 542.

관련 기업들과 직원들은 대부분 연안과 마리나 부근에 소재하고 있거나 거주하고 있으며, 대도시(특히 파리)와 내수면 마리나 주변에 분포한 판매와 서비스업체들의 활동은 전체의 약 4분의 1인 25%를 넘지 않는다. 그러니까 본토령 프랑스의 해변 친수공간에서 활동하는 각종 서비스 분야는 최소한 16,400명의 고용직과 13억 유로 정도의 매출액을 기록하고 있다.

이 수치를 마리나에서 162,000개의 선석을 통해 활동 중인 500,000척의 각종 보트들과 연결시키면, 해수면 마리나는 100선석당 10명의 고용인원(등록된 100척의 보트 당 3.3명의 고용인원)을 채용하고 있는 셈이 된다. 매출액 수준에 있어서는 비율의 중요성이 감소되는데, 매출액은 보트의 사이즈(Size)와 밀접하게 관련되기 때문이다. 그럼에도 불구하고 대략적으로 살펴보면, 구매 및 각종 서비스를 통해 수익을 창출할 수 있는 금액은 선석당 8,000유로이고, 또는 등록된 보트 1척당 2,600유로에 달한다. 따라서 〈표 4-1〉은 해양스포츠산업 및 마리나산업이 수익 및 고용창출에 미치는 효과를 구체적으로 나타낸 사례이다.

3) 논의

마리나산업 및 해양스포츠산업 서비스분야의 발달은 마리나에 따라 지역 내의 이웃 마리나 간 경쟁이나 보트들의 크기에 따른 수익창출 기여도에 따라 달라지며, 보트수리업체 등 관련기업들이 입주(임대업체)할 수 있는 임차부지확보 여부, 마리나 내에서의 활동 가능성, 선석의 수, 화물운송 서비스 등 임차기업의 정착과 활동을 편리하게 하는 여건조성들의 여부가 중요한 변수가 된다. 실제로 호주 마리나산업협회와 캘리포니아주립대학 마흐니박사의 공동연구(2011)에 의하면, "임대업에 의해 마리나 자체의 경영수익 창출은 물론 일자리 창출효과도 상당하다."고 한다. ODIT(2007)의 사례 연구에서도 관찰된 바에 따르면, 상당한 수준의 전문가 활동 환경을 갖춘 마리나들은, 선석 100개소당 고용인원 15명 이상의 높은 고용인원 비율을 보인다.

쉬드 꼬뗀땅(Sud Cotentin)의 배후지인 '그랑빌드 에헬(Granville Le Hérel)'의 경우가 그러하기(60개의 기업, 1,600개의 정규고용직) 때문에 마리나는 기술적 베이스(base)로 인식되며, 특히 해양스포츠 활동을 목적하는 동호인(끄헤으 : coureurs)들의 활동이 활발한 '뽀흐 라 포렛(Port la Forêt : 20개 기업, 150개 이상의 정규고용직)'과 '드 쨍 시브리앙(de Saint-Cyprien)'은 해양스포츠 활동의 중심지이자 동절기 계류장으로 선호되고 있는 가운데 고용과 부가가치 창출효과가 높은 대표적인 지역이다.

반면 어떤 마리나들은 계류나 수리작업을 위한 공간이 부족한 까닭으로 인하여 선석 100개소 당 정규직 5명 수준의 느슨한 해양스포츠 활동 환경이 조성되며, 예로 '쨍 끼 뽀흐뜨이흐(Saint-Quay Portrieux : 12개 기업, 50명의 정규직)', '앙다이(Hendaye : 12개 기업, 50명의 정규직)', '망통(Menton)', '자하뱅(Garavan : 20개 기업, 50명의 정규직)' 등을 꼽을 수 있다.

한편 라 로쉐(La Rochelle), 로리앙(Lorent), 이에레(Hyères), 깐느 망드웨(Cannes-Mandelieu), 라 나풀(La Napoule), 앙띠브(Antibes) 등은 교통요충지에 위치하고 있기 때문에 다양한 활동들을 유치하며, 고용과 부가가치 효과가 평균 수치를 훨씬 상회하기도 한다.

4) 종합

수백 척의 보트를 수용할 수 있는 프로젝트들이나 지역에서 기술적, 혹은 상업적인 역할을 담당할 가능성이 있는 개발/확장(재개발) 프로젝트들은 특별한 검토가 필요하다. 첫째, 다른 마리나들의 위치 분포를 고려할 때 경쟁 상대가 될 수 있는 위치 둘째, 고객층과 보트들(특히 수용규모 측면)의 특성 셋째, 지역 서비스만을 제공하는 것을 넘어서 상위의 서비스를 제공하거나 생산 활동을 할 수 있는 가능성 등을 추가로 검토함에 있어, 다음의 〈표 4-2〉에서 밝혀 놓은 미국과 프랑스의 마리나 총 수익금 중 각종 품목이 차지하는 수익창출 기여도를 참고했으면 한다.

〈표 4-2〉 미국·프랑스의 마리나 총 수익금 중 각종 아이템이 차지하는 수익창출 기여도

(A) 미국의 경우	
육·해상보트계류시설 이용료	19.4%
보트 관련 각종 용품 판매	13.1%
수리	11.7%
신품보트 및 엔진판매	10.5%
연료판매	10.1%
육상장치(보트상하이동 크레인, 보트보관창고 등)	10%
식음료 판매	9.1%
중고보트 판매	8.2%
렌탈(대여)보트수입	4.2%
선상낚시용품 판매 및 대여	3.7%
(B) 프랑스의 경우	
육·해상보트계류시설 이용료	70%
상업시설 임대비(커피, 레스토랑 등)	20%
보트수리	10%

출처 : 梁谷昭夫·藤森泰明·森繁 泉(1988). Marina의 計劃. 鹿島出版會. 155. 재구성

4. 마리나를 이용하는 해양관광객들의 소비 실태

새로운 수익창출을 위해 해양관광 스포츠형·레저형·관광(람)형 등 3개 콘텐츠를 활용하면 해양관광객들을 많이 집객(集客)시킬 수 있다. 일시적 휴양객을 비롯하여 연간이나 한 계절 단위로, 혹은 겨울 정

박을 위해 머무는 해양휴양객들 등이 마케팅 대상이다. 이 경우 지역에 거주하는 해양휴양객과 마케팅을 통해 집객시키는 외부 해양휴양객을 구분하여 평가해야 한다.

1) 일시적 해양관광객

지나는 길에 잠깐 들르게 된 해양스포츠 중심의 이른바 뜨내기 해양관광객들의 지출은 지역 마리나나 마리나항만시설 전체의 수입에 플러스(+)를 가져온다. 프랑스를 제외하면 국내외에 걸쳐 해양관광객이 마리나에서 지출하는 실태에 대한 조사 자료가 2019년 3월 현재까지도 존재하지 않기 때문에 지난 2006년까지 프랑스에서 주기적으로 조사해온 자료를 보면, 머무르는 기간 중 첫 번째 날에 보트 1척 당 150~200유로의 지출이, 그 이후로는 좀 더 적은 지출이 있었던 것으로 추정되며, 식음료 등의 선상 필수품 보급이 요구되는 경우에는 지출이 늘어날 수도 있다.

잠재성은 보트의 크기에 달려 있는데, 대형 및 메가보트를 비롯하여 해양관광크루저(유람)선이 미치는 효과는 매우 크다고 볼 수 있다. 일부 마리나나 마리나항만은 이 유형의 해양관광객들의 혜택을 특히 많이 받는다. 크루즈(유람)선의 여정이 지나는 길에 위치하거나, 해양관광객들이 많이 방문하는 스페인 마요르카와 같은 섬이나 장소 근처에 위치한 마리나나 마리나항만들이 그렇다. 프랑스의 전형적인 예로 쉐르부흐(Cherbourg), 아작씨오(Ajaccio), 깔비(Calvi)를 들 수 있으며, 조사 결과에 의하면, 쌩끼 뽀르뜨히으(Saint-Quay Portrieux : 누적일수 10,000일, 1,500~2,000유로 지출), 그랑빌(Granville : 11,000일, 1500유로 지출), 포르뜨 라 포렛(Port la Forêt : 9,000일, 1,200유로 지출), 라 그랑모뜨(La GrandeMotte : 7,000일, 1,000유로 지출) 등의 마리나나 마리나항도, 이 일회적 체류가 수익창출에 상당한 영향을 미치는 것으로 파악되고 있다(ODIT, 2007).

2) 지역에 거주하는 해양관광객

연간 혹은 계절별로 계약을 맺고 있는 해양관광객들의 지출은 그들의 거주지에 따라서 다른 의미를 갖는다. 지역 해양관광객들이나, 주 거주지는 다른 지역이라 하더라도 그 지역에 부차적(세컨드 하우스 : Second house·별장) 거주지를 소유한 해양관광객들은 지역에 새로운 수입을 가져오지는 않지만, 마리나나 마리나항의 개발이 그들로 하여금 거주지를 특정지역을 선택하도록 유도한 경우는 예외이다. 지역 해양관광객들의 경우에는, 마리나나 마리나항만에서의 해양휴양 활동은 마리나 인근의 상점, 레스토랑 등에서의(그리고 보급품 조달을 위한 유통 분야에서의) 지출을 집중시키는 요인에 불과하다고 분석되었다.

3) 외부 해양관광객

세일링 및 크루징 시즌이나 관리철에 해양스포츠 활동을 위한 체류 비용이나 소비 지출은 순수한 가치 창출이라기보다는 소비의 이동 쪽이기는 하지만, 해당 지역의 수입에 플러스(+)를 가져온다. 이 분야 수익창출에 대한 예측은 첫째, 관찰되거나 예상되는 각 카테고리(지역 고객층, 별장 거주자, 타지역 거주자, 외국인 등)는 해양관광객들의 분포이고, 이중에서도 중요하게 연구되어야 할 대상 중 하나는 당일 혹은 주말 중에 다녀갈 수 있는 가까운 거리에 위치한 고객층(인근 대도시)이다. 둘째, 세일링이나 크루징의 빈도수이다. 셋째, 유흥 요소나 우리나라의 '열린음악회'와 비슷한 이벤트행사의 존재 혹은 가능성 등에 기초하여 집객되어진다고 생각된다.

언제 방문과 세일링과 크루징이 이루어지는지도 예측의 대상이다. 1일 지출의 수준은 지역에서 관찰되는 관광 지출을 일반적으로 참고하여 분석한 것이다. 실제 존재하는 기초자료가 없기 때문에 1인당 숙박과 교통을 제외한 50유로 지출이 비율로 제시될 수 있다. 그러나 모로코의 몬테카를로와 같은 호화휴양 지역이나, 대형관광크루저선이 주로 이용하는 곳은 제외되었다. 이러한 해양휴양 지출은 물론 마리나나 마리나항만에 인접한 곳에 위치한 상업과 서비스업분야(특히 식당)에서 이루어진다. 흥미로운 것은 마리나가 식당, 상점 및 각종 서비스가 잘 연계된 하나의 전체를 제공(마리나에 관련된 서비스의 이미지)하는 등 속해있는 도시나 지역의 특별한 소비지구가 조성되어 있음에도 실제 지출은 일부 밖에는 되지 않는 경우도 있었다. 디에쁘(Dieppe), 로얀(Royan), 까쁘 다드(Cap d'Agde), 쌩 라파엘(Saint Raphaël), 쌩 트로페(Saint-Tropez)를 대표적인 곳으로 꼽을 수 있다.

해양관광객들의 지출에서, 국제보트 쇼, 세계요트선수권대회, 남·여 매치레이스 국제요트대회, 글로벌 세미나나 컨퍼런스 등으로 창출되는 지출이 특별한 자리를 차지한다. 직접적인 영향(참가자와 동반자들)으로 수 천일에 해당하는 총 누적 체류일수와 수십만 유로의 지출이 생긴다. 관람객들에 관련된 간접적 결과는 훨씬 더 큰 규모일 수 있다. 라 뜨리니떼 쉬흐 메흐(La Trinité s/mer), 스삐 오웨스뜨 프랑스(Spi Ouest France), 두아흐네네(Douarnenez), 그랑 프리 쁘띠뜨 나비흐(Grand Prix Petit Navire), 쌩 말로(Saint-Malo), 후뜨 드 럼(Route du Rhum), 레 사블론 돌론느(Les Sables d'Olonne), 방데 글로브(Vendée Globe) 등의 마리나항이 그 예이다〈표 4-3〉.

대회유치로 인한 효과는 2007년 7월 제32회 아메리카스컵 요트대회를 개최한 스페인 발렌시아를 꼽을 수 있다. 인구 약 80만 명에 불과한 발렌시아는 스페인에서 3번째로 크지만 경제기능이 날로 쇠락하는 도시였다. 스페인 사회당의 아성이었던 이 지역 주민은 요트를 소수 부자의 전유물로 치부했다. 그러나 국제적인 해양관광도시로 부활하겠다는 목표를 세운 이 지역에 아메리카컵 유치는 가장 이상적인 기회가 됐다.

발렌시아는 선수들이 출전을 하는 데만 최소 1,000억 원이 소요되는 아메리카스컵대회를 유치하기 위해 마리나 시설과 인프라 구축 등에 걸쳐 총 30억 달러를 투자했다. 세계 최고 수준의 마리나는 물론 항만, 공항, 도로, 지하철 등 사회간접자본시설까지 새로 건설했다. 특히 발렌시아는 이 대회의 개최로 100억 달러 이상의 직간접경제적유발 효과를 본 것으로 추산되었다. 각 팀이 대회 기간 동안 지출한 비용과 민간자본의 호텔·레스토랑 투자, 대회개최로 인한 고용효과 등 직접적인 수입만 50억 달러에 이른다. 도시의 국제적 인지도 고양과 같은 무형적 효과까지 포함하면 간접적인 효과는 직접적인 효과 50억 달러보다 더 클 것으로 추정된다.

따라서 프랑스 그랑빌(Granville : 선석 1,000석 – 보트오너 중 약 30%는 타 도시의 거주자인 가운데 이들 중 약 35%가 이 지역에 별장을 소유한 거주자)마리나를 대상으로 실시한 사회·경제연구에 의하면, 마리나 때문에 이 지역을 방문하게 된 비거주 해양휴양객들과 부거주(별장이용) 해양휴양객들의 지출의 영향에 의해 130만 유로의 지출과 13개 분야의 풀타임 고용직이 발생한 것으로 분석되었다. 인접 국가 스페인, 이탈리아 등 300척의 외국보트들과, 연간 30,000명의 일시적 해양관광객 1인 당 1,500유로 정도의 지출이 있었던 것으로 예측되는 그랑빌 마리나는 여러 유형의 마리나들 중 경영에 성공한 대표적인 마리나라고 볼 수 있다.

특히 스페인과 이탈리아 국경 근처에 위치한 앙다이(Hendaye)나 망통(Menton)같은 마리나들은 외국의 해양관광객들을 많이 유치한다. 앙다이에는 스페인인들, 망통에는 이탈리아인들이 주로 많이 이용한다. 이들 외국 해양관광객들의 지출은 연간 수백만 유로에 달한다.

5. 마리나산업 및 해양스포츠산업의 새로운 콘텐츠 개발

새로운 마리나를 개발하거나, 기존 항만의 성격을 해양관광과 해양휴양 쪽으로 기능 전환시킨 마리나 항으로의 개발을 비롯하여 임시마리나를 상설마리나로 전환시키는 것은 대중에 호소하는 해양관광, 해양휴양 콘텐츠의 개발을 가능케 한다. 해양관광유람선, 바다배낚시(스포츠피싱 요트), 스키퍼(skipper)의 도움을 받거나, 자가 조종에 의한 보트임대, 해양스포츠(세일링·스포츠잠수 등)학교운영 등이 수익창출을 위한 새로운 콘텐츠의 개발에 해당된다.

필자의 경험으로 볼 때 이런 활동들도 매출액과 고용에 있어서 무시할 수 없는 경제적 영향을 갖는다고 보고 있다. 실제로 2004년 기준 프랑스의 경우, 마리나산업을 포함하고 있는 해양스포츠산업 임대업 분야에 1,760명이 종사하고 있고, 이는 마리나 100선석 당 1명이 임대업종종사자라는 비율에 해당된다고 볼 수 있다(ODIT, 앞의 책). 이와 같은 콘텐츠들은 대중을 끌어들이는 유인요소들일 뿐만 아니라 마리나가 속해있는 도시나 지역에 해양관광지로서의 독특한 특성을 돋보이게 한다고 생각된다.

그러나 국내 마리나업계의 경영에서는 전통적인 아이템인 세일링이나 크루징 일변도에서 좀처럼 벗어나지 못하고 있는 듯하다. 경영환경이 매우 팍팍한 처지에서 수익창출과 보팅인구 확장에 도움이 된다면 경영자로써는 그 어떤 아이템이든 마다할 이유가 없다. 더욱이 보팅인구 저변확대 사업은 해양스포츠산업, 마리나산업, 보트산업에 걸쳐 명운을 가름할 미래시장 갈무리사업이 되고, 또 현재에 직면한 어려운 경영환경을 버틸 작은 수입원도 된다. 그러나 국내는 2017년 기준 총 34개 마리나가 보여주고 있는 식음료산업 중심의 마리나경영은 패도를 벗어나도 한참 벗어난 극히 우려스런 상황이다.

6. 기대되는 영향들

1) 기대되는 효과들의 성격

해양관광객들의 유치, 특히 일본 요코하마 즈시 마리나처럼 마리나가 그 주변에 발생시킬 수 있는 신도시 개발과 상업의 활성화, 토지나 부동산 가치에 미치는 효과들에 관련된 것들이 기대되는 영향들이다. 해양관광객 유치의 경우 마리나의 구조, 즉 도시를 낀 마리나인지 해수욕장을 낀 마리나인지, 또는 마리나의 상황과 앞에서 언급된 새로운 해양관광 콘텐츠들, 그리고 무엇보다 상업적, 해양관광적 인프라 구축 여부에 따라 영향은 달라질 수 있다. 많은 상업지역과 레스토랑을 유치하여 지역의 가장 활력 있는 장소 중 하나가 된 쌩 라파엘(St Raphaël)과 싼타 루시아(Santa-Lucia)를 비롯하여 카지노와 온천 등을 도시개발에 연관시킨 앙다이(Hend-aye)의 경우가 좋은 사례이다.

도시경제 활성화의 경우, 영향은 해양관광 분야에만 한정되는 것이 아닐 수 있다. 마리나를 비롯하여 기존 항만을 마리나항으로 기능 전환시킬 프로젝트가 문화유산적인 가치를 부활시킨다든가, 각종 활동과 활발한 서비스 분야를 유치함으로써 마리나가 속해있는 지역의 성격을 상전벽해로 변화시키게 될 수도 있다. 프랑스 앙다이의 경우, 마리나항과 연계시켜 새로 개발된 지역은 주로 해양휴양목적의 주택인 세컨드 하우스(Second house)가 밀집한 곳인 반면, 그랑모뜨(la Grande Motte)의 경우는 모기가 득실거리는 한적한 어촌이었지만, 지금은 그랑모뜨를 필두로 카프닥드, 그뤼상, 리까르, 바르까레, 생시프리앙 등 6개 해양관광벨트를 형성하는 가운데 마리나가 도시의 중심부에 놓여있는 한 편으로 상시적 주거가 이루어지는 등 프랑스 사람들이 살고 싶은 도시 주거지역으로 변모되었다.

물론 프랑스 내의 사례들은 국제적으로 보면, 비교적 그 예가 흔치 않다. 항계(港界), 공공 지역 등 구역들이 제 각각 분리되어있기 때문이다. 덩께르끄 납뜐(Dunkerque Neptune) 마리나항은 지역에 대한 이미지를 업그레이드시켰고, 또 2005년부터 시작된 그랑 라흐쥬(Grand Large) 구역의 개발을 촉진시켰다는 점에서 대단히 긍정적인 예라고 평가할 수 있다. 마리나 개발이 미치는 긍정적 영향 역시 이 범주에 속한다.

뿐만 아니라 토지와 부동산 가치 상승의 경우, 프랑스 전역에 걸쳐 지방이나 도시지역 해변 친수공간을 중심으로 건축 가능한 토지를 비롯하여 부동산 전반에 걸쳐 가격이 급등한 사례가 있다. 2010년 부산의 경우, 고급아파트시장에서도 해변 친수공간에 위치한 마리나(수영요트경기장) 인근의 '마린시티' 아파트지역이 매력적인 주거 공간으로 선호되었고, 그 선호도는 2019년 6월 현재도 상승곡선을 그리고 있다.

결국 마리나의 존재가 토지와 부동산 가치상승의 주요 원인은 아닐지 몰라도, 부동산의 가치상승을 가속화시킨 주요 원인 중의 하나로 작용했음은 분명하다고 볼 수 있다. 마리나의 개발이나 확장은 유유자적한 해양휴양 활동을 원하는 거주자들을 끌어들임으로써 특히 부동산 수요를 창출한다. 그렇지만, 지방이나 도시지역 해변 친수공간의 거주 수요가 온전히 마리나 프로젝트에만 한정된 것만은 아닌 것도 사실이다. 이미 친수공간은 미국, 유럽, 일본, 호주, 싱가포르, 한국 등을 중심으로 살며, 즐기며, 건강을 다지는 3대 매력을 지닌 공간으로 널리 평가 받아왔기 때문이다. 더욱이 이 공간에 마리나 기능까지 도입되었을 경우, 한층 매력을 높여 주는 등 마리나가 친수공간 매력 요소의 고양에 화룡정점 역할을 하고 있다는 사실만은 부정하기 어렵다고 봐야한다. 모든 것이 그렇듯, 지나고 나서 돌이켜 보면 이처럼 확실해 진다는 것이 통례였다.

따라서 마리나 개발 프로젝트는, '경제 호황기에는 왕자, 불황기에는 거지신세로 수직 전락'하는 특성을 갖고 있는 등 다양한 사회·경제적 변수가 존재하고 있는 것은 사실이지만, 개발지 주변 지역의 부동산 가격 앙등에 적잖은 영향을 미친다는 사실만은 분명해 보인다.

이 영향은 미국 캘리포니아 남쪽 해안의 '마리나 델 레이'와 프랑스 '그랑 모뜨 마리나'처럼 프로젝트가 거의 가치가 없던 버려진 공간을 가치 있는 개발 지역으로 변모시키는 경우, 마리나 개발 효과가 주효했다고 볼 수 있는 확실한 정황증거가 된다. 물론 ODIT(2007)의 연구목적은 부동산 개발의 가능성을 찾으려는 시도보다는, 어떻게 마리나 개발이나 개발 계획이 미래의 도시비전과 맞물리면서 인접 공간의 위상과 용도를 얼마만큼 돌올하게 변화시킬 수 있는가를 연구하는데 있었다. 마리나의 경우에 덩께르끄(Dunkerque)나 랑그독-루시옹(Languedoc-Roussillon) 지역 전체를 하나의 해양관광벨트로 재개발한 사례를 비롯하여 일본의 즈시 마리나 등을 각각 대표적 사례로 꼽을 수 있다.

2) 기대되는 긍정적·부정적 효과들에 대한 평가

이 평가는 기존 마리나는 물론, 아직 프로젝트 단계에 머물러 있는 경우에는 더더욱 어렵다. 앞에서 일부 언급한 프랑스 그랑빌 마리나항의 사회·경제적 연구조사에서 상인들에 대한 설문조사와 매출액 구조 분석을 통해 마리나항에의 해양관광 목적 방문 횟수를 추정할 수 있었다. 시즌에는 일일 평균 2,000~3,000회에 달한 가운데 연간은 총 수십만 회에 달했다.

그렇지만 비시즌의 경우 어떠했을 것인가 역시 추정되어야만 한다. 사업자로서는 비시즌기가 끔직한 시련의 계절일 수밖에 없기 때문이다. 뿐만 아니라 해양관광 목적의 고객층에 대한 분석도 별도로 진행되어야 한다. 인근도시민들이 해양스포츠 중심의 해양관광을 목적으로 방문한 이유 등에 대해서도 연구가 있어야 할 것이다. 특히 경제적인 측면의 가치평가는 프로젝트의 가치를 높이기 위한 기본계획 중 기술적 검토 항목에 필수적이다.

특히 외국의 해양관광 고객에 대한 문화 간 접촉에 대해서도 이해가 있어야 한다. 외국 해양관광 여행은 가장 피상적인 문화 간 접촉 형태다(차재호·나은영, 2014). 단체 해양관광객들은 오슬로, 발렌시아, 오클랜드, 시드니, 발리, 그랑모뜨, 요코하마, 발트삼국 크루즈여행 등을 2주 동안하고도 그 고장 해양문화나 그들의 의식은 하나도 알지 못하고 돌아갈 수 있다. 해양관광객을 받는 국가의 관광가이드는 여행자 문화에 대해서 조금 더 알게 되는 정보를 얻겠지만, 정작 안내하는 그 해양관광객들이 자기 나라에서 어떻게 사는지에 대해서는 속속들이 알지 못한다.

사람들이 다른 집단에서 얻는 것은 고작 낱말, 유행물, 음악 등에 속하는 것들이 대부분이다. 반대로 여행객이 얻는 정보는 낱말 자체가 아니라 낱말이 자신들의 문화적 틀에 맞춰질 때, 또는 내 삶에 들어올 때 생기는 것이다. 이런 측면에서 생각해 보면 글로벌 시대, 번역자의 역할은 지금보다 더 높이 평가받아야 하는 이유도 된다. 작가가 속한 나라의 언어나 사회를 속속들이 이해하고 있지 못하면 번역은 사실상 꽝이기 때문이다. 뿐만 아니라 여행자 역시 대상국가의 언어에 대한 기초는 이해하고 있어야 상대가 무엇을 좋아하고, 또 무엇을 싫어하는지 등 그 문화권에 대한 더 유익한 정보를 얻을 수 있다.

단체 해양관광객이 관광 대상 국가에 미치는 경제적 효과는 반드시 좋은 것만은 아니다. 전통적으로 있어왔던 주민의 수입원이 사라지고, 또 전통문화가 웃음거리가 되어 버린다. 뿐만 아니라 해변과 같이 지역주민들이 선호하는 공간으로부터 오히려 쫓겨나는 것은 캐러비안 '토마스 가(St Thomas)'에서는 흔한 일이었다(지삼업, 2012). 결국 해양관광 수익은 정부나 기업인, 그리고 외국투자가에게만 돌아간다. 바하마의 일부 지역이 그랬다. 지역주민은 이득 쪽보다는 오히려 손해를 보는 쪽이 많게 된다. 특히 쓰레기와 수질오염 등 환경적 효과는 부정적으로 나타날 수도 있다. 이처럼 해양관광 사업은 좋기만 한 것은 아니다.

그러나 외국 해양관광은 보다 기본적인 문화 간 접촉의 시발점이 될 수 있다. 그것은 문화집단들의 고립을 해체시키고 다르게 사는 사람들이 있다는 새로운 인식을 심어 준다. 게다가 일부라고 하더라도 사람들의 마음속에 뿌려진 씨는 언젠가 열매를 맺게도 된다. 어떤 해양관광객은 그들이 방문해 보고 다시 방문하고 싶은 국가의 언어와 역사를 배우기 시작하고, 해양관광객을 받는 쪽은 해양관광 사업이 계속 번창하게 하기 위해서 주 고객의 언어를 배우기 시작한다. 엉뚱한 국가 사람들이 엉뚱한 방식으로 친교를 맺게 된다. 문화 간 접촉이라는 견지에서 상호 자신들의 삶에 들어갈 수 있는 계기가 된다는 점에서 해양관광사업의 장점은 확실히 단점을 능가한다고 볼 수 있다.

3) 가치평가의 조건

가치평가는 주로 2가지 항목으로 귀결된다. 첫째, 개발 후보지의 특성을 비롯하여 도시로의 편입 가능성이고 둘째, 활용 가능한 공간의 크기(size) 여부이다.

마리나개발 후보지가 도시중심부로부터 격리되어 있거나 도시의 교외지역에 놓인 경우, 또는 법적·제도적 혹은 대규모 환경훼손에 대한 민원발생 측면에서 개발 가능한 공간이 한정되어 있는 경우에는 기껏해야 산책 공간 정도를 제외하고는, 육역의 공간을 활성화시킬 수 있는 가능성이 실질적으로 없다고 볼 수 있다. 기능이 해양적인 부분에만 한정되고, 보트수리업 등 연관 산업을 유치하는 것이 불가능하기 때문에 지역발전에 모티브를 제공하는 데는 한계가 있을 수밖에 없다. 도시 내에 있는 마리나의 경우에는 기존 마리나의 재정비나 마리나 입구 부분의 정비는 바로 도시와 해양관광을 활성화시킬 수 있는 가능성을 가지고 있다. 이런 가능성은 기존 항구와 마리나를 연결시켜낼 수 있는지 여부, 또는 충분한 배후공간이 존재하는지 여부에 달려 있다. 그리고 대도시에 위치한 부산 영도의 동삼동지역 하리항처럼 이미 어선중심의 중소조선업이 활성화된 적이 있었지만, 지금은 어항경제가 쇠락한 주변 환경 속에 위치한 어항의 경우, 보트수리·점검 전문마리나의 개발가능성은 동해남부지역의 각종 해양스포츠 활동이 원활할 수 있도록 지원하는 쪽으로 열려있다.

실제로 이 지역 중앙정치인은 하리항의 수리·점검 전문마리나 개발이 국내 마리나 개발시장에 일종의 틈새시장이 되는 것은 물론 침체인 영도경제에 활로가 될 것으로 기대하면서 개발사업자에게 용기를 북돋아 주기 위해서 가능한 행정지원에 나설 계획으로 있기도 하다. 게다가 다른 한편으로는 새로운 관심과 활동의 중심지를 창조하는 것, 즉 기술 문화유산의 가치라든가, 토종선형인 '방방해해'와 같은 국산 세일크루저요트 1호나 거북선의 역사적 가치를 강조시키는 것도 고려해볼 가치가 있다. 해양휴양, 바다 배낚시, 일시적 체류 등 마리나 활동의 다양성 또한 활성화라는 측면에서 하나의 장점이 될 수 있다. 이런 이유에서 마리나의 전면(前面)에 역사·문화적 시설과 연계하여 다국적 식당 촌을 형성시키는 문제도 적극 고려해볼 필요성이 있다는 생각도 갖는다. 그러나 2019년 6월 현재 부산 영도 하리항 마리나개발은 민간투자자가 나타나지 않아 결국 아파트단지로 개발할 계획으로 있다.

또한 '뽀르 까마르그 마리나'처럼 해수욕장을 끼고 있는 마리나의 경우에는 마리나나 항구는 전통적으로 해수욕장 지역과 깊은 연관이 있어 왔다. 문제는 산책공간이나, 관련 상품과 소비의 공간들을 이용하여 어떻게 마리나가 이 해수욕장 지역의 중심이 될 수 있느냐 하는 것이다. 특히 시역 내에 도심 해수욕장을 7개소나 갖고 있는 부산을 비롯하여 삼척과 같은 도시들이 이런 측면에 많은 고민이 있었으면 한다. 앞에 제시한 4가지 유형의 상황은, 마리나개발 프로젝트가 도시지역 해변친수공간의 가치를 더욱 돋보이게 하기 위해서는 반드시 도시공학 및 건축디자인전문가들의 안목이 동원되어야 한다. 이들 분야의 안목은 마리나의 기술부문 선택만큼이나 경제·사회적인 효과 거양에 중요한 역할을 한다. 마리나는 사람들의 행복을 갈무리해 주는 도시의 축소판인 '미니도시'라고도 볼 수 있기 때문에 삶에 필요한 조건은 가급적 모두 갖춰야 하는 이유가 된다.

7. 질적인 영향들

질적인 영향은 마리나를 보유한 도시나 해수욕장의 사용양태와 인지도, 거주자와 기업을 끌어들이는 능력, 행사들을 기획할 마케팅력, 미래지향적인 각종 아이템들의 유치능력 등에 대한 것이다. 질적인 영향은 마리나의 콘셉트, 앞서 기술된 영향들에 대한 마리나의 실제적 역할, 그리고 관련 단체들의 커뮤니케이션과 방향설정에 달려 있다.

8. 사례연구의 종합

〈표 4-3〉에 나타낸 그랑빌, 그랑모뜨, 자라뱅 등 8개 마리나에서의 경제적 영향의 평가를 종합적으로 검토해보면 다음과 같다.

〈표 4-3〉 프랑스 8개 마리나의 경제적 영향 평가(2007년 기준)

	그랑빌 Granville	쌩 끼 뽀 르뜨히으 St-Quay Portrieux	뽀흐 라 포렛 Port La Forêt	앙다이 Henday-e 소꼬뷔휘 Sokobur-u	쌩 시브리앙 St Cyprien	라 그랑모뜨 La GrandeMotte	쌩 라파엘 St. Raphaël 싼타루씨아 Santa Lucia	망똥 Menton-e 자라뱅 Garavan
경유객 지출	+++	+++	+++	++	+	++	++	++
해양관광객의 지출	+	+	+	+	++	++	++	+++
해양스포츠 활동 지구	+++	+	+++	+	++	++	++	+
상업 활동	+	+	+	+++	++	++	+++	+
해양관광 유인요소	++	++	+	+++	++	++	++	++
행사(이벤트)	+	++	+	+++	++	-	++	구항
이미지	+	++	++	++	++	++	++	++
부동산 영향 : 거주지로서의 장점	0	0	+	++	+	0	+	+++
외국인 세금환급	+	+	+	+++	+	+	++	++

출처 : ODIT(앞의 책), 42. : 지삼업(2011a), 550.
※ '+'로 표시된 것은 경영기여도를 의미함.

망통(Menton)과 자라뱅(Garavan)은 선구자적인 마리나항으로 꼽을 수 있고, 쌩 라파엘(St. Raphaël : 각종 보트 1,800척 수용규모), 쌩 씨브리앙(St Cyprien), 앙다이(Hendaye)는 이미 활성화된 해양관광지구에 위치해 있는 마리나들이다. 무엇보다 각종 보트들을 맞이하기 위한 해양관광 활성화의 목적으로 건설된 마리나들은 뽀흐 라 포렛(Port La Forêt), 그랑빌(Granville)이고, 또 배후에 있는 도시와의 관계가 아직 뚜렷하게 설정되지 않은 마리나항은 쌩 끼 뽀르뜨히으(St-Quay Portrieux)와 뽀흐 라 포렛(Port La Forêt)을 꼽을 수 있다. 물론 이 8개 마리나항은 처해 있는 사회적·경제적 상황이 서로 다를 뿐만 아니라 문제 접근방식이나 운영 방식 또한 서로 다른 마리나들이다.

9. 결론

1) 수익창출 아이템 적극 발굴

앞에서 기술된 영향들과 관련하여, 개발 또는 규모 확장을 위한 재개발 프로젝트는 잠재적 부가가치에 대한 연구인 '수요예측'을 전제하고 있다. 연구의 주제는 2개의 항목이다. 첫째, 시장의 잠재성(산업생태계) 분석인 수요예측이고 둘째, 가치(장점)를 내세울 만한 요소들의 목록을 작성하는 일이다.

(1) 시장의 잠재성(자체 산업생태계)

우선 마리나 자체의 시장, 즉 특히 외국인 고객층을 대상으로 하는 경유객 시장(순이익을 가져오는)을 중심으로, 인근 도시로부터의 고객층을 중심으로(마리나가 소재한 도시에 거주하지는 않으나, 자주 방문 가능한 인접지역의 고객들) 각각 검토해야 한다. 단기적으로는 서비스 제공이 용이하면서, 또한 장기적으로는 지역적·전국적 수준의 활동을 염두에 둔, 마리나 배후지의 위치 선정은 특별히 면밀한 검토가 요구된다.

마리나와 그 주변을 관광지로서 가능케 하기 위한 요소들인 고객층, 새로이 개발 가능한 관광요소, 시설 등 각종 아이템들을 고려해 보아야 한다. 마리나와 그 주변 환경의, 도시에 대한, 서비스의 제공에 대한, 해양관광에 대한, 상업적 가능성, 또는 마리나가 위치한 도시나 지역의 이미지를 변화시킬 수 있는가?

뿐만 아니라 주거지로서의 가능성과 관련된 잠재성은 단독주택 및 고급아파트단지 개발, 서비스시설과 수도, 전기, 철도, 도로, 공항 등 사회간접시설(SOC)에 관련된 각종 설비가 이미 되어 있는가? 등을 따져봐야 한다.

(2) 가치부여의 요소들

공공의 유산, 즉 거북선 또는 전통 한선(어선)을 세일크루저요트로 첫 국산화시킨 '방방해해', 등이 해당된다. 기능 쇠락의 항구를 마리나항으로 재개발하는 경우에도 사용 가능한 물류창고, 홀 등을 비롯하여 재정비와 개발이 가능한 공간, 그 한계와 특징을 중심으로 기존의 상업적 환경과 서비스 환경의 인접성이나, 활기, 단골 고객층을 활용할 수 있는 시설과 활동들을 가치화할 수 있다.

따라서 이 사례연구는 2가지 측면에 목적을 두고 있다. 첫째, 잠재적인 가능성이 있는 시장을 조사하는 일이고 둘째, 부가가치가 높은 요소를 면밀하게 조사하는 일이었다. 잠재적인 가능성이 높은 시장으로 해양관광유람선을 생각해 볼 수 있다. 외국인 고객층을 위한 해양관광크루저선의 기항에 대한 시장이 특히 강조된다. 이에 더해 인접 도시에 있는 고객층이 검토된다. 이들은 거주민은 아니지만 자주 방문할 가능성이 높기 때문이다. 국내외 해양관광크루저선 서비스를 위한 전문적인 플랫폼이 들어서게 될 장소는 지역적·국가적 차원에서 전략적인 위치이어야 한다. 부산은 북항에 해양관광크루즈선 터미널을 이미 구축해 놓고 있는 가운데 지금의 경유지항에서, 출발항과 귀향항 기능을 동시에 발휘하는 모항(母港)으로의 기능강화에 행정력을 동원하고 있다. 그렇게 되어야 많은 일자리는 물론 고부가가치 창출이 가능하기 때문이다.

모항으로 발전하고자 부산은 지역의 우수한 해양환경과 국내 최대의 해양도시라는 전국적인 인지도, 그리고 김해국제공항을 통한 국제항공노선과도 연결되는 해양관광 최적의 도심부에 놓여 있다. 항구기능이 쇠락한 도심항만을 해양문화지구로 재개발하고 있는 가운데 해양관광크루저선 터미널 완공과 함께 오는 2021년 9월에는 '북항 마리나'도 완공될 예정으로 있다. EU지역의 일부 마리나를 비롯하여 〈그림 4-1〉의 카리브해 바하마의 '포트 루카야 마리나'와 '바하마 그랜드 마리나'를 보면, 대형·메가요트를

〈그림 4-1〉 왼쪽은 바하마 제도에 위치한 '포트 루카야 마리나(Port Lucaya Marina)'이고, 오른쪽은 '그랜드 바하마 마리나'에 정박되어 있는 해양관광크루저선의 모습이다.

출처 : http://www.bymnews.com/news/newsDetails.php?id=148
　　　http://www.geographia.com/grandbahama/marinas.htm

비롯하여 해양관광크루저선이 마리나항의 수익창출에 비중 높은 역할을 하고 있음이 확인되고 있다.

아무튼 마리나개발은 규모에 따라 우리 돈으로 수백 억, 또는 수천억 원이 예사로 투입되는 등 상당한 금액을 투자하지 않으면 안 된다. 프랑스의 경우, 고정방파제와 해상계류장 등 보호된 인공호가 이미 조성되어 있는 유리한 조건을 가진 경우를 제외하면 선석길이 8m를 기준, 1개 선석 당 설비비용은 세금을 제외하고도 20,000~30,000유로에 이르는 경우가 일부 있고, 많은 경우 30,000~40,000유로 사이이다. 선석 당 설비비용은 선석의 한 면의 길이가 달라짐에 따라 변화한다. 예를 들면 8m=1배(倍), 10m=1.5배, 12m=2배로 각각 달라진다. 개발 비용은 제공하는 서비스품질과 고용인원의 수준에 달려있고, 특히 잠재적으로 중대한 영향을 미칠 수 있는 변수가 준설작업의 주기에 따른 막대한 관리 비용이다. 그런 이유로 2017년 개정된 '항만 및 어항설계 기준' 중 마리나편에서는 개발 입지조건 고려 6개 요소 중 계획규모, 경제성, 접근성 등 5개 요소는 이미 포함되어 있었지만, '유입토사퇴적률' 요소는 필자가 새로이 추가시켜 놓게 되었다. 연간 10cm이내로서 5~6년 주기로 준설하면 양호한 수준이고, 50cm 수준이면 최악의 위치로 평가한다. 만약 최악이 되면 겉으로는 흑자운영이 되고 있는 것처럼 보이지만, 실제에 있어서는 엄청난 준설비 때문에 마리나는 결국 망할 수밖에 없다. 그런 배경으로 준설비 투입 주기를 흥망의 잠재적 변수로 꼽는다.

부산 수영요트경기장을 마리나로 재개발하기 위한 공사가 조만간 착수되면, 모르긴 해도 대략 지난 30년 동안 한 번도 준설을 한 적이 없기 때문에 당초 양호한 위치를 선택했다고 치더라도 지금껏 수중에 쌓여 있는 유입토사의 준설비가 과연 얼마나 투입될 것인가가 관전 포인트가 될 전망이다. 국내에서는 첫 사례이기 때문이다. 족히 2.0m 정도는 쌓여 있다고 상정(想定)할 때, EU지역 사례를 참고해 보면 어림잡아 200억 원을 웃돌 것으로 추정된다. 특히 준설토는 공해상에도 버릴 수 없도록 규정되어 있기 때문에 준설비를 비롯하여 덤프트럭 상차와 매립장까지 운임비, 그리고 매립비 등에 걸쳐 투입될 경비는 상상을 초월할 수밖에 없다. 사실이 그렇다면 총 1000억 원을 재개발비로 예상하고 있는 현대산업개발 등 6개 컨소시엄의 자금동원력에 상당한 차질을 빚게 할 것이 거의 확실해지고, 그 차질 때문에 다른 인프라 구축에도 어려움이 예상되는 가운데 자금난 때문에 사업포기로 이어질 우려 또한 잠재되어 있어 보인다. 물론 이 같은 전망은 모든 것이 그렇듯, 지나봐야 확실해 질 것은 분명하다. 재개발 관전 포인트다.

다시 프랑스 8개 마리나 개발 얘기로 돌아가 보자. 선석길이 8m를 기준으로 하면, 준설비를 제외하고도 선석 당 관리비용은 보통 1,100유로 전후이다. 마리나의 요금은 마리나의 성격과 역사에 따라 매우 다양하다. 임대에 의해 운영되는 프랑스 마리나들의 대부분은, 공공마리나로서 지자체의 재정지원에 힘입어 실제 비용과 감가상각비에 못 미치는 요금 수준을 제공하고 있다. 지중해지역의 마리나들과 상업마리나들을 제외하면, 비슷한 수준의 외국 공공마리나들보다 요금이 낮은 특징을 나타내고 있다. 2019년 현재와는 달리, 1970년대만 하더라도 지중해지역에서는 주식공모를 통한 사설 개발업자들에 의한 마리나 운영이 가능했었다.

　30년에 걸친 장기적 사적 점용권은 긍정적인 측면에서 보면, 개인들의 투자 참여를 가능케 한다. 희소성의 가치를 포함하는 이런 유형의 건설 계획이 시장의 현실에 보다 가깝다고 할 수 있겠지만, 그럼에도 가격책정 가이드라인은 인근 지역의 요금 환경에 영향을 받지 않을 수 없다. 건설비용이 적게 소요되고, 경제적으로 윤택한 고객층을 가진 유리한 환경에 놓인 경우를 제외하면, 마리나 개발사업자의 독자 재정은 외부로부터의 출자 없이는 불가능한 것으로 보인다. 기반시설 건설, 프로젝트가 가져올 경제적 영향, 또는 공공서비스(철도 항만 등 국가기간시설이 해당됨.)를 제공하기 위한 보완 요소 등을 명목으로 한 공공 재정(정부)의 지원이 있을 수 있다.

　국내에서는 '마리나항만법(약칭)'에 의해 과거의 국토해양부나 부활 해양수산부로부터 '마리나항'으로 지정된 마리나가 바로 이런 경우에 해당된다. 재개발을 위한 마리나 확장의 재정 관리는, 마리나가 채무를 이미 상당히 상환한 경우에 보다 용이하며, 건설 능력과 그 비용을 통해 더 큰 이윤 가능성을 기대할 수 있다(ODIT, 앞의 책 : 지삼업, 2011a). 아무튼 마리나사업은 아파트건설업과는 달리 투자비 회수가 매우 장기적이라는 점에서 조급증은 절대 금물이다. 자기자본 비율이 대단히 높아야 튼실한 가을 열매를 수확할 수 있다는 역설의 얘기다. 다르게는 뭍으로 잘못 뛰어오른 물고기처럼 생명부지가 잠깐일 뿐이라는 얘기도 된다.

　따라서 마리나 하나는 단순한 물리적인 시설이 아니라 수직, 수평적 가치사슬로 얽혀 있는 마리나 생태계 전체의 기술 역량과 암묵적인 노하우를 담은 그물망의 한 결절점이다. 당대 사회가 축적한 지식과 경험의 수준에 적합한 높이로만 무언가를 할 수 있기 때문이다. 지난 10년 동안 국가 주도로 이루어진 마리나개발의 득과 실을 냉정하게 평가할 수 있어야 대한민국 마리나산업의 기술 역량과 암묵적인 노우에 대한 현 위치를 제대로 파악할 수 있고, 그에 걸맞은 향후 계획과 비전도 제시할 수 있다. 그렇지만 대체로 마리나산업계 안에서는 학계의 조언을 이해하고 받아들일 수 있는 사람, 즉 업계의 문제점을 제대로 파악하고 해결할 만한 능력을 갖춘 인사가 드물다는 것은 대한민국 마리나산업의 밝은 미래를 위해 대단히 우려되는 측면이라고 지적하지 않을 수 없다.

제5장

마리나의 서비스태도·고객응대·공동체형성, 관리운영의 실제

1. 직원의 서비스 태도

1) 개별 마리나 차원의 '자체직원역량강화교육(OJT)'의 필요성

2019년 말 기준, 정부가 당초 확보하고자 했던 크고 작은 마리나는 총 62개소에 선석은 4000석(席)이었다. 이중 실제 운영되고 있는 마리나는 2017년 기준 총 34개소에 선석은 2000여 석에 이르고 있다. 그러나 대부분의 경영자들은 고객환대에 관련된 실무적인 노하우를 쌓기 위한 '직무훈련(OJT : On the JOB Training)'의 중요성에 대한 이해가 매우 부족한 실정이다.

이 장에서는 마리나에서의 서비스 제공자와 고객이 함께 누리는 승리(Winning with the Customer)를 위해 고품질 서비스를 제공할 현장직원의 응대자세와 실제의 업무 내용을 검토하고자 한다. 물론 'A'와 'B'의 공동승리는 공짜로 얻어지는 것은 결코 아니다. 익혀야 할 다양한 기술과 이해해야 할 기본적인 개념들이 있기 때문이다. 또한 개인적으로 유능하거나 재치가 있다고 고품질 서비스를 제공할 수 있는 것은 아니다. 그런 점들이 가끔은 도움을 주기도 하지만, 유능하고 재치 있는 서비스 제공자들이라고 해도 그 분야에 공부가 부족하면 고품질 서비스 제공은커녕 아예 수습이 불가능한 사태에 직면하는 경우도 적잖다. 이러한 서비스 실패는 고품질 서비스가 무엇인지조차 잘못 이해했기 때문이라고 생각된다. 거기에는 원칙, 방법론, 그리고 숙달이 필요하다. 특히 완전한 숙달에 이르기 위해서는 노력과 시간과 연습이 필요한 것은 사실이지만, 우선적으로 필요한 것은 배우려는 의지와 훌륭한 서비스 제공자가 되겠다는 열망이 더 중요하다.

마리나 내의 모든 현장에서 고객에게 실제 서비스를 제공하는 사람은 현장직원, 즉 '서비스 제공자(이하 현장직원)'이지 결코 '서비스 관리자(이하 관리자)'가 아니다. 현장직원이 고객에게 인사하고, 고객과 의사소통하고, 서비스를 제공하고, 여러 가지 형태로 고객과 상호작용하고, 담당한 현장업무를 완수하며, 고객이 떠날 때 진심을 담아 인사를 한다. 특급호텔, 회원제골프장, 마리나 등 모든 환대산업에서 지근에 관리자가 있을 수도 있고, 없을 수도 있는 상황이 나타나는 경우는 흔한 일이다. 이때 현장직원은 자기 판단에 의해 무엇을 하고, 어떻게 말하고, 행동할 것인지를 실질적으로 선택해야 하는 상황에 처하게 된다. 명백한 사실은 관리자가 가까이에 있거나 없거나를 가릴 것 없이 고객에게 제공되는 서비스의 성공 여부를 전적으로 현장직원이 결정한다는 점일 것이다. 현장직원이 고품질 고객 서비스가 무엇인지에 대하여 잘 알고 있다면, 고객에게 진심을 담아 인상적인 서비스를 제공할 것인지 아닌지의 결정은 바로 현장직원의 몫이 될 수밖에 없다.

그러나 국내 대부분의 마리나 현장직원들은 고품질 서비스는커녕 서비스의 본질에 대해서조차도 그 개념이 흐릿한 실정이다. 책가방 끈이 짧기 때문이다. 국내에는 해양관광크루저선의 경우 2년제 전문학사과정인 관광크루저승무원학과(해양관광가이드·여행코디네이터·터미널지식·객실리어/해양리조트·칵텔/바리스타 분야 전공)는 있지만 마리나 분야는 없다. 다만 해양수산부가 2014년 4월~11월까지 총 60시간 교육을 통해 마리나 운영, 보트 조종, 보트 정비 및 수리 분야 인력을 양성한 사례는 있었다. 그러나 서비스분야에 대한 교육은 없었다. 게다가 총 3억 원의 국비를 투입한 2개 사업단 3개 분야 인력 양성도 강사선택을 잘못하여 특히 서비스의 본질이 포함되는 마리나 운영분야의 교육성과는 크게 미흡했다. 배워야 할 마리나 분야의 서비스교재가 개발되어 있지 않았기 때문이다. 그런 점은 지금도 마찬가지다. 나랏돈을 허비할 수밖에 없는 배경이다. 이후 이 사업은 국가재정전략회의('2014.5)에 따라 2015년부터 고용노동부의 국가기간·전략산업직종 훈련사업으로 이관되었다.

지금껏 2·4년제 대학에 해양관광학과가 부재한 탓도 있지만, 그들은 거저 일반관광경영학과에서 소정의 준비과정을 거친 나머지 생소한 분야인 마리나 현업에 투입되고 있거나, 앞으로도 당분간은 그렇게 투입될 전망이다. 이들 학과의 관광학담당 교수의 전공은 거의 외국 대학에서 호텔경영이나 식음료산업 분야이다. 그렇기 때문에 오늘날 국내 마리나 현장에서 고품질 서비스 제공이 중요한 문제로 부각되고 있지만 대안을 마련하지 못하고 있는 난감한 상황에 처해있을 수밖에 없다. 따라서 해양관광학과가 출현할 때까지는 개별 마리나 차원의 'OJT훈련', 즉 '자체직원역량강화교육'은 불가피하게 되었다는 점에서도 검토 필요성이 확인되고 있다.

2) 고객 서비스의 정의 및 본질

고객 서비스란 "고객이 자신의 니즈(needs)가 충족되었음을 체감(體感)하는 방식"이다. 이를테면 고객은 자신이 지불한 돈의 값어치를 기준으로 마리나가 제공하는 유·무형의 서비스에 대해 '기대 충족', '기대 이상', '기대 이하'로 각각 평가한다고 보면 틀림없다.

한편으로 '고객 서비스'는 '서비스 상품'과는 다르다는 점에 주목하지 않으면 안 된다. 자본주의사회는 상품사회이고, 상품의 최고 형태가 화폐다. 결국 화폐가 최고의 상품이 되는 셈이 된다. 반면에 마리나에서의 고객 서비스는 선석과 보트실내창고시설이나 마리나텔의 방과는 다르게 직접 치수나 길이를 재거나 눈으로 확인할 수 없는 무형이다. 그래서 그 마리나의 무형자산인 서비스 활동은 세심하게 주의를 기울여야 하는 매우 어려운 과제이기도 하다. 그렇지만 회원제골프장처럼 환대산업에 속하는 마리나 운영이 '특수산업'이라는 사실을 이해하고, 인식하는 사람은 그리 많지 않다. 더욱이 어떤 사람들은 선석이나 스트래들 캐리어와 같은 유형의 제품과 비교했을 때, 고객 서비스와 같은 무형의 제품이 전체적인 경영의 성공에 얼마나 많은 영향을 미치는지도 모르고 있는 듯하다.

고객 서비스는 인간적인 면을 반영하고 있다. 이러한 측면에서 인간적인면의 복잡성을 인식하고 이해하지 못하면 곤경에 처하게 된다. 그럼에도 많은 사람들이 이러한 사실을 간과하고 있다. 식당, 잡화점, 보트수리소, 선석과 같은 유형적인 면에만 열중하면서 정작 중요한 실체가 불가시적인 무형의 인간적인 측면은 자연히 해결되기를 기대하는 잘못을 범하고 있다. 또한 가시적인 것들은 더 쉽게 다룰 수 있다고 보기 때문이다. 실제로 유형적인 것은 CEO가 자금력만 있으면 일시에 얼마든지 세계 최고수준의 시설을 갖출 수 있다. 그러나 불행하게도 고객 서비스는 CEO가 아닌 주로 현장직원에 의해서 제공될 뿐만 아니라 고품질 서비스를 위해서는 식물의 성장과정처럼 일조일석에는 불가능한 시간, 노력, 연습이 꼭 필요한 가운데 직원 스스로의 의지와 열망까지 전제되기 때문에 그렇게 할 수 없다. 더군다나 현장직원이 고객

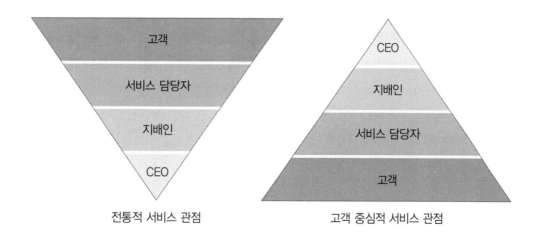

전통적 서비스 관점   고객 중심적 서비스 관점

〈그림 5-1〉 CEO가 갑(甲)의 위치인 전통적 서비스 관점과, 오늘날에는 CEO가 을(乙)의 위치인 고객 중심적 서비스 관점 간의 인식비교. 고객이 '지존(至尊)'이라는 의미다.

출처 : William B. Martin(2003), 최복수 외 12인 역(2012), 고객 서비스업무의 실제, 한올출판사(서울), 18.

과 상호작용하기 시작했을 때는 인간관계를 다루는 기술(Skill)이 대단히 중요해 진다.

대인관계의 복잡성과 중요성 때문에 어느 서비스 업체에서든 대인관계 기술을 그저 행운에 맡기지 않는다. 대인관계 기술과 연관되어 있을 때는 인간이 가지고 있는 필요성, 욕구, 바람, 기대 심리, 관습 및 의사소통 방법과 관련된 정서적인 면, 사회적인 면, 그리고 문화적인 면을 고려해야 한다. 결국 말은 쉽지만 이 모든 것은 복잡하다. 그렇다고 해서 마리나에서 단지 다루기 쉬운 유형적인 측면에만 전념할 수 없는 노릇이다. 더욱이 국내도 조만간 마리나업계에 뜨거운 경쟁시대가 도래할 것이 분명한 만큼, 그런 시대에 걸맞은 양질의 고객 서비스를 제공하려면 소위 '고객이 왕'인 〈그림 5-1〉과 같은 마인드를 갖는 가운데 지금껏 마리나 개발과 같은 유형적인 요소에 쏟아왔던 노력과 집중을 이젠 무형적인 대인관계에도 적용하지 않으면 안 된다. 따라서 국내 마리나업계에서는 고객을 이해할 기술을 지금부터 학습해 나가지 못한다면, 마리나 사업자체를 이해하지 못하는 일이 된다는 점을 인식하지 않으면 안 된다.

3) 고품질 서비스의 의미

고품질 고객 서비스란 "합당한 절차와 인격적인 만남을 통해 외부 또는 내부 고객의 필요, 요구, 기대를 일관되게 만족시킬 수 있는 능력"을 말한다. 앞에서 언급한 서비스 품질에 대한 정의는 세 가지 요소로 구성되어있다.

첫째, 일관성이다. 현장직원들이 제공하는 고객 서비스에서 고품질이라는 평가를 받으려면 일관된 서비스이어야 한다. 물론 100% 완벽한 고품질 서비스를 제공하는 사람은 없다. 다만 서비스 수행과정에서 성공 횟수를 늘리고, 실패 횟수를 현저히 감소시켜 나가는 일은 가능하다. 이런 작업을 매일 반복할 때, 실패할 확률이 아주 적거나 없어질 수 있다. 이것이 일관성이다.

둘째, 마리나의 필요보다는 고객의 기대에 의한 것이어야 한다. 이는 내부고객과 외부고객에 초점을 맞추는 가운데 고객의 관점에서 설명되고 이해되어야 한다는 뜻도 된다. 고품질 고객 서비스란 이런 사실을 받아들이고, 도전 의지에 한 걸음 더 내딛는 다는 것을 의미한다.

셋째, 고객응대 시 고객의 기대를 절차적인 면과 인간적인 면 두 가지 측면으로 나눌 수 있다. 절차적인 측면은 안내데스크를 비롯하여 보팅에 나서기까지에 필요한 시스템과 진행전 과정으로 구성되어 있다. 이는 속성상 개성이 없는 기계적인 성격을 가지고 있다. 서비스의 인간적인 측면은 고객과의 접촉 시 필요한 자세, 행동, 말하는 기술 등을 포함한다. 특히 절차적인 측면에 비하여 인간적인 측면은 인간의 활동에 관련된 속성을 지니고 있다. 고품질 서비스라는 평가를 받으려면, 요소요소에 근무하는 현장직원들이 고객의 기대에 대하여 절차적인 면과 인간적인 면을 동시에 만족시켜야 한다.

고객 서비스의 유형은 냉담형, 절차형, 온정형, 고품질형 등 네 가지가 있다. 특히 현장직원이 노력해야 하는 목표는 〈그림 5-2〉와 같이 양쪽 부분을 최대한 만족시키는 고품질형 서비스이다. 그림에서는 거의 대부분의 영역에서 서비스가 만족스러운 것처럼 표시되어 있지만, 그럼에도 일부분이 비어 있는데 이는 완벽한 서비스는 불가능하거나 매우 드물기 때문에 개선의 여지를 남겨두고 있다는 뜻을 함의하고 있다. 그러나 전체적으로는 현장직원이 이 중요한 절차적인 면과 인간적인 면을 모두 충족시키고 있다. 절차적인 면에서는 즉시 서비스, 효율성, 동일성, 일관성을 준수해야 한다. 인간적인 면에서는 고객 친화적이어야 한다. 특히 주로 우리 사회 중·상류층인 고객 개개인에 대하여 진심어린 관심을 나타내어야 한다. 그들에게 던져야하는 무언(無言)의 메시지는 "나는 당신을 섬기면서 서비스를 제공하고 있습니다."라는 것이다. 고객은 이런 느낌을 받는 순간 열반(涅槃)에 든다.

4) 고객 서비스가 중요한 이유

주요 목적은 고객을 절차적·인간적 측면에 걸쳐 동시에 만족(갑과 을의 승리)시키는 일이다. 적절한 편의 제공을 위해서는 정확한 예측과 적절한 의사소통이 필요하다. 고객들은 돈을 지불했으니만큼 당연히 그들의 편의를 봐주길 기대하고 있다. 따라서 서비스를 제공하는 절차와 체계는 한국사회 중·상류층으로서 비교적 로열패밀리에 속하는 고객들의 요구에 탄력적으로 융통성을 발휘하여 적용할 수 있도록 설계되어야 한다. 특히 중·상류층은 우리가 생각하는 것보다 많이 까탈스럽다. 돈을 지불한 것 이상으로 대접받기를 원한다. 결국 편의제공의 핵심은 고객들의 평범하지 않은 요청사항이나 특이한 요구사항에도 긍정적인 자세와 마인드로 받아들이고 또 이를 적극 반영하기 위해 최선을 다하는 태도의 확립이다. 특히 관리자는 현장에 투입되는 요즘의 젊은 직원들의 성향이 대부분 개성이 분명한 가운데 융통성

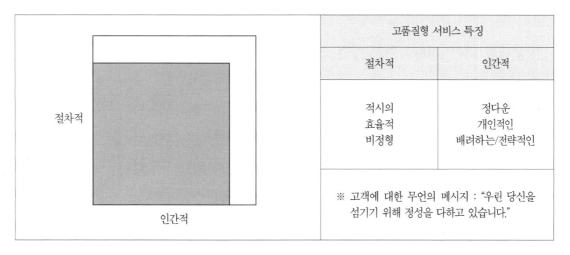

	고품질형 서비스 특징	
	절차적	인간적
절차적 / 인간적	적시의 효율적 비정형	정다운 개인적인 배려하는/전략적인
	※ 고객에 대한 무언의 메시지 : "우린 당신을 섬기기 위해 정성을 다하고 있습니다."	

〈그림 5-2〉 절차적·인간적 측면을 동시에 만족시켜야 하는 고품질 서비스의 특징
출처 : 최복수 외 12인(2012), 앞의 책

이 결여되어 있는 세대인 반면, 주 고객은 이른바 산전수전 공중전까지 다 치른 가운데 대접받는 문화에 익숙한 중년층이상의 노회한 세대들이다. 게다가 이들은 걸핏하면 버럭 화를 내기 일쑤다. 이 같은 측면을 고려하여 세대 간 문제해결을 위한 방법론에 이견(異見)과 갈등이 발생하지 않도록 고객맞춤의 직원 역량강화교육에 특별히 관심 갖지 않으면 안 된다는 점을 강조해 두고 싶다.

고객이 없으면 마리나는 존재할 수 없다. 특히 제공한 서비스에 만족한 고객 1명은 다른 사람 5명에게 좋게 입소문을 내지만, 반대로 불만족한 고객 1명은 다른 사람 27명, 즉 좋게 보다는 나쁘게 선전하는 경우가 5.4배에 이른다는 연구가 있다. 사실이 그렇다면 관리자가 유형적 요소인 어떤 시설을 어디에 설비해 놓고, 또 무형적 요소인 어떻게 환대할 것인가를 스스로 자문자답하는 것에서부터 고객 서비스 수준은 이미 결정된다는 점을 잊지 말아야 한다. 역지사지의 자세 확립이 중요한 이유다.

5) 마리나에서의 고객은 과연 누구인가

마리나에서의 고객은 크게 외부고객, 내부고객, 기타 등 세 종류로 구분된다. 일반적으로는 근무 중, 혹은 업체를 대표하는 중에 마주치는 모든 사람들이 해당된다. 구체적으로 외부고객은 선석 보유자, 보트오너, 부지 및 사무실 임차인과 현장에서 만나는 일반 대중이고, 내부고객은 자사직원과 본사임직원이다. 그리고 기타고객은 납품업체, 계약업체, 해양스포츠단지나 마리나 빌리지 입주자, 콘도와 마리나텔, 요트텔 이용자 등이 해당된다.

2. 고객 응대(應待)방법

1) 응대를 위한 열여섯 가지 방법

① 고객에게 즉시, 반갑게 인사하라.
② 고객의 눈을 보고 진정성을 담아 이야기하라.
③ 고객을 향해 미소를 지으라.
④ 고객을 위해 무언가를 하라.
⑤ 용모를 확인하고 단정히 하라.
⑥ 근무 공간의 외관상태(정리정돈)를 확인하라.
⑦ "부탁합니다"와 "감사합니다"라는 말을 입에 달고 근무하라.
⑧ 전화를 할 때는 이름을 부르라.

⑨ 메모하면서 주의 깊게 경청하라.

⑩ 요청이 있을 때는 작업 상황을 상세하게 설명하라.

⑪ 첫인사와 더불어 고객이 서비스를 제공받기 전에 기다리는 시간과 서비스가 제공되는 동안 기다리는 시간을 비롯하여 서비스가 제공된 후의 기다리는 시간 등에 걸쳐 타이밍을 잘 맞추라.

⑫ 덜 약속하고 더 해주자.

⑬ 문제 해결 테크닉을 마스터하라.

⑭ 번번이 트집 잡는 까칠한 고객은 첫째, 개인적인 감정을 개입시키지 말라. 둘째, 평정심을 유지하고 주의 깊게 들어라. 셋째, 사람이 아닌 문제에 대화의 초점을 맞춰라. 넷째, 불만에 가득 찬 고객을 행복한 고객으로 만든 자신을 스스로 위로 하라. 다섯째, 실패했을 때는 언쟁을 하기보다 즉시 상사에게 보고하여 상사가 해결하게 하라. 호기심을 갖고 더 나은 아이디어를 발견하라.

⑮ 고객이 특별한 대접을 받는다고 느끼게 하라.

⑯ 상냥한 미소를 띠면서 특징과 장점에 대해 간결하게 설명하라. 사무적인 설명은 절대 피하라.

이 외에도 서비스 흐름에 대한 불균형이나 문제점을 사전에 예측할 수 있어야 하고, 또 예측해야만 한다. 서비스와 관련된 문제점이나 지연 요소를 사전에 예견하고, 이에 대한 조치를 적시에 취해야 한다. 이 같은 상황에서 반드시 필요한 것은 두 가지다. 첫째, 안내 데스크에 적정한 인력 배치를 통한 서비스 제공의 흐름 조절이다. 둘째, 고객이 필요로 하는 폰툰의 요소요소에 인턴보다는 열정, 능력, 경험이 풍부한 정규직 최정예인력을 즉각 투입할 수 있는 유연하고 탄력적인 인력운영이 가능하도록 하는 등 한발 앞선 예측 서비스 팀을 구성해 놓는 일이다.

특히 폰툰이나 선석 근무자는 5명의 인턴보다 상대적으로 유능하고 현장경험이 풍부하여 상황판단 능력이 민첩한 1명의 정규직투입이 업무 및 응대리스크가 적다. 한편으로 전화응대 및 안내 데스크 근무 요령은 다음과 같다.

2) 전화

전화를 받을 때나 인사를 할 때 언제나 만면에 미소를 지으라(웃는 얼굴에 침 못 뱉는다). 조직과 나 자신의 정체를 밝히라(항상 명찰을 착용하라). 고객보다 말의 횟수를 확 줄이고 적극 경청하는 태도를 취하라. 직접 도울 방법이 없을 때에는 방문객이나 전화를 건 사람에게 우선 양해를 구하고 난 다음 도움이 될 수 있는 사람에게 즉시 연결해 주고, 전화를 받을 때는 항상 메모하고 메시지가 제대로 전달되었는지 확인하라. 답신을 해주기로 약속했을 때는 반드시 답신(recall)을 하라. 인터넷이나 스마트폰을 통한 문자 메시지 전달도 마찬가지다. 꼰대 취급하면 안 된다.

3) 안내 데스크

매무새를 가다듬으라(깨끗하고 깔끔하며 단정한 모습으로 맞이하라. 이는 새로운 고객이 마리나에 대해 갖는 첫 인상이자 매우 오래 지속되는 인상이 된다.), 도움이 필요한지 물어보라, 고객이 하는 말을 경청하고 고객의 니즈를 파악하라, 도울 수 있다면 그렇게 하되, 그럴 수 없는 경우 도움이 되는 사람에게 즉시 안내하라.

4) 고객 불만처리 5개(L-E-A-R-N) 요령

경청(Listen : 변명하지 말 것), 공감(Empathise), 사과(Apologise : 상황에 대해 정확하게 사과하라), 반응(React : 해결하기 위해 최대의 노력을 하라), 통보(Notify : 결과를 알리고 감사의 말을 하라.) 등이다. 이 외에도 항상 고객의 입장에서 생각하라, 모든 불만과 고객을 역지사지(易地思之), 즉 나 자신이 대접받기를 원하는 수준과 동일하게 응대하는 일이 중요하다.

5) 의사소통(Communication)

■ 고품질 서비스를 제공하기 위해서는 반드시
  ① 고객의 니즈를 이해해야 한다.
  ② 모든 고객의 니즈는 서로 다르며 유일무이한 것임을 인식해야 한다.

■ 고객 서비스는 모두의 임무이다 / 모든 직원들은 고객의 경험과 만족에 영향을 미친다.
  ① 고객에게 귀를 기울이라(최종 판단은 고객이 한다. 고객이 그 이상의 것을 기대한다면 '좋은' 것만으로는 충분치 않을 수 있다). 심지어 고객이 선석이용계약을 취소할 경우에도 고객이 오히려 미안해할 정도로 상냥한 태도를 취하라.
  ② 68%의 고객은 직원의 무관심한 태도에 실망한 나머지 발길을 돌린다는 점을 명심해야 한다.
  ③ 고객이 불만을 토로할 수 있는 분위기를 조성하라. 그렇게 하면 고객을 만족시키는 최상의 정보를 쉽게 얻을 수 있는 기회가 된다.

6) 외모 및 자기 관리

깨끗하고 단정한 모습을 하고, 언제나 만면에 미소를 지을 것, 친절하고 접근하기 쉬운 태도를 취할 것, 만나는 모든 사람들에게 다가가 말을 걸 것, 메모수첩을 갖고 다니며 보고 들은 것을 기록하여 미팅 때 개선의 참고자료로 전파하면 모든 직원이 고객의 마음을 쉽게 사로잡을 수 있다.

(1) 고객에게 인사를 건네는 방법

눈을 보고 말을 한다. "안녕하세요! 무엇을 도와드릴까요?" "어서오세요! 오늘 날씨가 정말 화창하게 좋죠?" "멋진 보트네요!" 서비스 제공이 끝난 후에는 "제가 더 도와드릴 일은 없습니까? "좋은 하루 보내세요!" 등

(2) 좋은 첫인상 만들기

처음 만난 사람의 첫인상은 단 3초 안에 결정된다고 한다. 첫인상을 만들 수 있는 기회(단 3초)는 결코 다시 오지 않는다. 시간을 정확히 지키라. 적합한 외관을 갖추라. 옷차림 등 자신의 모습에 대해 생각하라. 미소를 지으라. 개방적이고 자신감 있는 태도를 견지하라. 긍정적인 태도를 견지하라. 공손하고 경청하는 태도 역시 매우 중요하다.

7) 요약

현장직원은 서비스를 생성하고, 고객에게 이를 제공해 준다. 그렇기 때문에 서비스를 생성하는 과정은 현장직원과 고객 사이의 섬세한 조화를 필요로 한다(양성국·김수잔, 1998). 특히 마리나의 고객은 현장직원의 특성을 보고 판단하는 경향이 있다. 예를 들면 마리나에서 제공하는 무료강습회에 참가하기 위해 접수증을 받으러 갔다가 자신이 원하는 종목이 아닌 다른 종목으로 권유를 받거나, 혹은 "죄송합니다. 이미 접수가 완료되었습니다. 오늘 이렇게 많은 고객들이 오실 줄 몰랐습니다."란 말만 듣고 되돌아가는 고객이 있을 수 있다. 이와 같이 서투른 방법이나 불친절한 직원의 행동으로 악감정만 불러일으키는 일은 다시 돌이킬 수 없는 결과를 초래한다. 고객을 대상으로 이러한 경험을 치유하거나 변화시킬 수는 없다. 필자가 무료강습회를 15년 간 개최한 경험에 의하면 역시 참가자(고객)의 눈에는 직원과 무료강습회의 제공과정이 관련협회 및 마리나의 전반적인 서비스품질과 밀접하게 연관된 것으로 생각하는 경우가 일반적이었다. 각종 해양스포츠 활동을 포함하는 모든 스포츠는 접촉 스포츠다. 고객은 현장직원을 통하지 않고는 마리나시설에 접근할 수 없다. 훌륭한 핵심제품도 멍청한 직원이나 서비스 과정상의 실수로 인하여 엉망이 될 수도 있다. 마리나에 고객을 붐비게 하는 주요 요인은 예의 바른 현장직원이다.

시설의 질적 수준은 투자에 비례하기 때문에 CEO가 능력만 된다면, 언제 어느 때이든 실현 가능한 일이다. 그러나 현장직원의 서비스 역량은 관리자의 풍부한 종자돈과는 관계가 거의 없고, 또 일조일석에 갖춰지지도 않는다는 특징이 있다. 그렇기 때문에 현장직원들에 대한 응대자세(hospitality)의 강화, 즉

지속적인 '직원업무역량강화교육(OJT)'은 마리나운영에서 매우 중요한 자산관리에 속하는 영역임을 인식하지 않으면 안 된다.

현장직원은 고객만족을 위해서 항상 양질의 교육이 되어 있어야 하고, 또 더 높은 수준의 업무효율성을 갖춰야 한다. 교육은 보안, 서비스품질, 비용의 절감, 전문성 고양에 지름길이다. 그런데 관리자들은 자신들이 한 번 큰소리로 지시만 하면 마치 부서 간 협업과 시너지 창출이 금방 가능할 것이라고 착각한다. 아무튼 결정인 혁신은 사람이다. 교육을 통해 대체 불가능한 정예인력을 확보하는 일이 직원교육의 서론이고, 결론이어야 한다. 특히 현장인력은 책임감이 있는 정규직이어야 한다. 고객의 행복은 통제보다 자율성의 보장에서 움튼다.

마리나를 운영하고 있는 관리자들은 직원들의 지속적인 업무역량강화교육이 고객들의 충성도 고양에 결정적으로 영향을 미친다는 점을 항상 염두에 두지 않으면 안 된다. 직원 교육과정과 훈련과정을 마리나 운영정책에 반드시 반영시켜 놓아야 하는 이유다. 더욱이 국내도 머잖아 마리나시장 내에서의 경쟁이 치열해질 것이 거의 확실한 만큼 고품질서비스 제공이야말로 개별 마리나의 관리자 및 직원들이 구사할 수 있는 유일한 차별화 전략이라는 점도 꼭 기억했으면 한다(지삼업, 2011).

3. 마리나 공동체 형성

1) 마리나(Marina or Base of Haeyang Sport) 커뮤니티란

마리나 커뮤니티(Community)란 "해양스포츠 활동 및 해양휴양의 세계를 형성하는 지원시설집적지인 마리나를 함께 이용하는 지연(地緣)에 의하여 형성되는 마리나 공동사회, 즉 마리나의 임직원을 비롯하여 이 시설을 이용하는 동호인, 그리고 관련 산업체 관계자 모두가 공통으로 지녀야 하는 마리나에 대한 관념, 그리고 행동 양식의 결정체인 해양스포츠맨십(Haeyang Sportmanship)으로 결속된 공동사회"라고 정의한다. 물론 논지(論旨)에 따라서는 '해양스포츠 전진기지 커뮤니티', 혹은 '요트하버 커뮤니티'나 '보트하버 커뮤니티', '어촌 마리나 역 커뮤니티'라고 달리 말할 수도 있다. 시설의 특징에 따른 개념들이다.

내친김에 마리나나 요트하버 개념에 대해서도 한번 생각해 보았으면 한다. 결론부터 말하면 외국의 마리나나 요트하버 문화를 존중은 하여야 하겠지만, 2019년 3월 현재처럼 그대로 계속 추종·답습하는 일은 없어야 한다는 생각을 오래 전부터 하고 있었기 때문이다. 음악의 경우, 똑같은 곡(曲)의 연주도 지휘자에 따라 달라진다. 작곡자의 원래의 의도를 살리면서도 자신의 개성을 드러내야 뛰어난 지휘자로 칭송 받는다. 마찬가지로 '마리나'라는 용어가 미국 전국엔진보트생산자협회에 의해 세계 처음으로 정의된

1928년 이후 영미문화권을 지배하기 시작한 마리나개념을 비롯하여 특히 1928년보다 훨씬 이전부터 지금까지 이어지고 있는 주로 클럽 및 동호인 중심으로 운영되는 요트하버개념까지 그 특성을 존중하는 가운데 대한민국의 개성(특성)을 드러낼 우리 나름의 해양스포츠 전진기지문화, 즉 뛰어난 음악 지휘자처럼 원래의 영미권의 의도[진리]는 참고하면서도 문화이해의 보편적 기준인 적합성을 중심으로 대한민국 나름의 훌륭한 해양스포츠 전진기지문화를 정립시킬 수가 있고, 또 그렇게 해양스포츠 전진기지 공동체가 형성되어야 하기 때문이다.

국내에 '해양스포츠전진기지(Base of Marine Sports)'라는 용어가 필자에 의해 공식적으로 첫 사용된 것은 2006년의 일[『해양스포츠 자원론』 출간]이다. 이후 일부 박사학위논문(이재빈 박사 등)이나 학술논문(이재빈, 임재현, 이호, 김영돈 박사 등), 세미나발제문(KMI 전 원장 김성귀 박사), 특히 최근에는 해양수산부로부터 연구용역을 의뢰 받은 사)한국항만협회가 작성한 "항만 및 어항공사 전문시방서(2005년부터 마리나설계에 첫 적용되어온 정부의 설계기준을 2013년에 대폭 개정하였고, 이어 2017년에는 분야 간 코드통합작업도 마무리된 상태임)" 중 "제12편 마리나 총설(1289p) 해설 (1) 마리나(Marina or Base of Marine Sports)란…"에서 괄호 속에 들어가는 외국어를 '마리나'와 '해양스포츠 전진기지'를 같은 개념으로 사용하기에 이르고 있지만, 그런 사례의 리스트는 사실 그리 길지 않다. 필자가 열심히 계몽에 나서고는 있지만, 아직은 '해양스포츠'라는 용어를 비롯하여 분야 중심용어들이 하나하나 정립되어가는 과정에 놓여 있기 때문이다.

그렇다고 하더라도 이미 학계가 공감대를 넓혀가고 있고, 더욱이 정부의 항만 및 어항공사(마리나 개발 포함) 설계기준인 전문시방서에서 공식 용어로 첫 사용된 것은 매우 고무적인 사례라고 평가할 수 있다. 이는 1986년에 개발된 부산수영요트경기장을 기준으로 보면, 우리가 마리나나 요트하버라는 용어를 해양스포츠의 세계를 형성하는 활동기지를 대변하는 유일한 개념처럼 무심코 본격 입에 담기 시작한지 불과 33년 정도밖에 지니지 않은 시점임에도 맹목적인 추종주의를 과감하게 청산하고자 하는 일단의 노력들이 벌써부터 공감대를 넓혀 가고 있다고 볼 때, 결과여부는 젖혀두고라도 문제제기 그 자체만으로도 좋은 본보기가 되고 있음이 사실이다. 따라서 오늘날의 마리나나 요트하버개념처럼 이제 한국인 모두에 통하고 인류전체를 관통하게 할 '해양스포츠 전진기지개념'을 '한통세괘'시켜 나가는 일에 모두가 동참하여 대한민국 해양스포츠의 위상을 곧추세워 나갔으면 한다.

한편으로 호주의 경우 마리나의 이용유형(기능)별 종류는 크게 '클럽형', '경유형', '종착(모항)지형', '작업(보트수리)형', '단기형', 베네치아식 개인전용 보트계류장형 등 여섯 가지 유형으로 구분한다. 필자는 마리나가 놓여 있는 위치에 따라 크게 내수면(강·호수) 마리나, 해수면(해양) 마리나 등 두 종류로 구분하고 있다. 물론 이런 편의적 구분은 지역과 나라마다 다를 수 있음을 보여 주는 사례. 마리나의 개념도 그렇지만, 이 개념에 따른 구분 역시 이 세상 유일의 표준은 있을 수 없다는 뜻이다. 앞으로 국내도 다수의 마리나가 개발되면 생존을 위해 기능별 특화된 마리나가 속속 나타날 전망이다.

아무튼 마리나 및 요트하버나 해양스포츠 전진기지의 커뮤니티에 속하는 관계자들은 보트오너를 비롯하여 마리나 인근 지역주민, 보트에서 거주 및 일시 숙박하는 것을 비롯하여 마리나 빌리지 입주자, 편의점 및 기념품 판매점, 식당, 사무실, 주유소, 물자공급업체(배송, 연료, 창고), 일반 대중(방문객), 학생(오늘날 학생들은 국제적으로도 그렇지만, 특히 마리나산업 활성화 초기단계인 국내는 학생들이 마리나 커뮤니티 형성을 위한 주요 타깃이 될 수밖에 없다는 점에서 기득권층에서 일부 반발이 예상되지만, 그럼에도 이들을 수용해야 한다.), 다른 마리나와의 공동발전을 위한 정보공유, 전문가 그룹 및 협회 조직, 마리나 산업에 종사하는 납품업체 관계자 등 다종다양한 이해관계자로 구성된다.

2) 마리나의 커뮤니티가 요구하는 것은 과연 무엇인가

(1) 보트 오너

보트보관 장소에 대한 요구 사항은 다음과 같다. 고정 및 통수식과 부유식 방파제시설에 의해 안전하고 잘 관리된 육·해상보트계류장, 전력, 수도, 쓰레기 분리수거용기, 쾌적한 환경, 폐유 처리, 연료 보급, 보트 내 발생 오수펌핑 및 폐기, 발레 파킹(Balet parking), 특히 패밀리보트(소형)오너들은 폰툰의 전기·수도료 부과를 못마땅하게 생각하는 정서가 일부 있다.

(2) 개인적 요구사항

깨끗하고 위생적인 화장실 및 샤워시설, 충분한 교통수단 확보 등을 비롯하여 인접에 고객의 요구에 부응할 편의점, 세탁시설, 카페, 부동산소개업자, 친절하고 아늑한 분위기 제공 등에 걸쳐 각종 서비스를 맞춤 공급할 이른바 프로비저닝(provisioning), 즉 고객의 요구에 맞게 시스템 자원을 할당, 배치해두었다가 필요 시 시스템을 즉시 사용할 수 있는 상태로 준비가 되어 있기를 원한다.

(3) 항해자

보트오너와 개인적 요구사항에 더해 주차장, 현금인출기, 핸드폰 충전시설, 빨래세탁 및 건조시설, 우편물을 발송하고 받을 수 있는 우체국시설 등 육상에 위치한 공동이용 시설 등을 필요로 한다. 모항마리나 기능을 하는 경우에는 더욱 그러하다.

(4) 마리나 촌락(Marina Village)의 입주자 및 마리나텔 이용자

잘 관리된 건물, 장애인 시설을 포함한 안전한 접근 시설, 충분한 면적의 주차 공간, 임대주와 임차인의 좋은 관계, 공정한 임대료, 쾌적한 주변 환경, 택시 승강장, 화물적재 구역 지정 등 물자공급업자를 위한 양호한 접근성 확보 등

(5) 자재공급업체/사무실 임차(賃借)업체

마리나의 보건 및 안전 요구사항에 대한 이해, 일과 중에 대중교통을 이용할 수 있는 접근 가능성, 적재/하역 시설, 전문적인 사업 관계, 편리하게 이용할 수 있는 주차장 등

(6) 인근주민 및 일반대중

안전한 주변 환경, 도시지역 해변친수공간으로의 접근성, 주차장, 식음료 시설, 쇼핑 시설, 산책로, 친절하고 아늑한 분위기 등

(7) 외부커뮤니티

사회적인 관계망 형성, 전문가 집단의 관계망 형성에 따른 소속감, 정보발신의 원천, 인적네트워킹 강화, 신뢰를 강점으로 하는 비즈니스 계약의 높은 성공률, 매력적인 해양스포츠 전진기지, 마리나, 요트하버 활동(예 : 콘서트, 각국의 품위 있는 음식점 입점 등)

(8) 고객들이 필요로 하는 것을 어떻게 확인할 수 있는가

■ 개인적 선택

역지사지(易地思之)의 자세로 면밀히 살펴볼 필요가 있다. 예를 들면 "내가 고객이 되어 마리나에 정박/상주/방문하고자 할 때, 유·무형의 서비스제공 측면을 중심으로 우선 무엇을 살펴보게 될 것인가?"라는 자문자답으로부터 고객 불만해소를 위한 첫걸음이 시작된다.

① '골드 앵커(Gold Anchor)' 등급, '블루 플래그(Blue Flag)' 인증과 같은 친환경실천 증표(證票) 획득 여부. 골드 앵커 멤버는 2012년 5월 기준, 싱가폴 케펠 베이 마리나, 센토사 코브 마리나 등 전 세계에 걸쳐 총 12개소가 있다. 이 외에도 한강 '아라마리나'도 골드 앵커 멤버에 포함되었다.

② 마리나 빌리지의 경우, 입주자 집단의 질적(품위) 수준 확인

③ 사용자 집단의 매너 확인

④ 방명록에 나타난 인사들의 면면

⑤ 고객 설문조사를 통한 불만요소 파악과 해소

⑥ 기본시설, 지원시설, 편의시설, 해양문화시설, 기타시설 등 다양한 측면을 중심으로 다른 마리나와 서비스품질 비교 모니터링 등

그렇다면 마리나가 어쩌다 고객의 신뢰를 저버렸을 경우, 신뢰를 회복하려면 어떻게 해야 할까. 그 해답은 대기업의 이미지 관리 방법에서 영감을 얻을 수 있다. 세계적인 평판관리 컬설턴트로 꼽히는 플레시먼힐러드(CCW) 사장 피터 베렌지아(Peter Verrengia)는 "사회적 불신에 대해 억울해 하며 우리는 그

런 불신을 받을 만한 회사가 아니라고 부정해봐야 소용없다.”며 “소비자와 이해당사자의 분노 등 감정적 문제를 풀어야 한다.”고 말했다. 이어 베렌지아 사장은 2013년에 발생한 남양유업과 포스코 사건이 큰 논란이 된 것을 두고, 대기업이나 대기업 임원에 대한 신뢰의 위기는 세계적인 추세다. 한국의 남양유업과 포스코는 이런 상황에서 막말, 갑질 등 작은 사건이 불씨가 돼 기업에 큰 손해를 입히는 큰불이 날 수 있음을 보여 주고 있는 사례들이다. 이 외에도 2018년 발생한 대한항공 오너일가의 갑질 역시 마찬가지 사례다.

남양유업의 경우, 기업이 어떤 가치를 추구하는지 제대로 설명하고 밝혀야 한다. 이에 걸맞은 행동을 하도록 직원을 훈련시켜야 한다. 비즈니스 파트너와 관계 개선도 중요하다. 마리나는 어촌계와 외주업체 및 납품업체에 걸쳐 자녀들을 위한 장학금 펀드 조성도 좋다. 특히 직원 한 명의 잘못으로 회사가 부정적인 관심을 받게 되었을 때 어떤 회사들은 ‘나도 피해자다’라는 반응을 보인다. ‘소수의 직원이 우리기업 가치와 반대되는 행동을 했을 뿐이다. 우리는 그런 회사가 아니다’라고 강하게 회사 책임을 부정한다. 그러나 그래 봐야 소용없다. 회사를 비판하는 사람들의 감정적 반응을 해결할 수 없기 때문이다. 기업은 대중의 감정에 대해 잘못됐다거나 억울하다며 부정(objection)하기보다는 진정성 있는 소통으로 반응해야 한다. 대한항공 오너일가 역시 철저한 자기성찰이 있어야 한다.

진정성 있는 반응이란 기업이 필요로 하는 가치와 공통되는 부분을 찾아서 소통을 해야 한다. 문제된 사건에 대해 사과하거나 해명하는 데 거치지 않아야 한다. 임원진이 다른 기업과 학계, 시민단체 등과 만나 함께 해결 방안을 모색해야 한다.

2013년과 2018년에 걸쳐 한국에서는 대기업들이 정부의 규제 강화 등을 예로 들며 사회 전반에 대기업 때리기가 만연해 있다며 불만을 표출하고 있는 현상에 대해서는, 대기업에 대한 비판을 기업들이 부정만 해서는 상황이 개선될 수 없다고 조언한다. 한국 기업들은 글로벌 기업이라는 점에서 더욱 그렇다. 자국 정부와 마찰을 빚으면서 영업을 한다면 해외에 나쁜 신호를 줄 수 있다. 해외에서도 정책결정자들과 법을 무시하며 영업하겠다는 뜻으로 받아들여질 수 있기 때문이다.

그는 평판관리 로드맵 4단계를 제시하고 있다. 이해당사자들과의 관계를 재구축하는 남양유업은 1단계(토대 구축과 회복 : 기업가치에 집중, 이해당사자와 관계 재구축)에 있는 것 같다. 2단계(평판개발 : 베스트 사례를 안팎에 보이기, 다수직원들의 변화 유도)가 흥미롭다. 기업에 자신이 되고 싶은 모습이 이미 된 것처럼 행동하라고 조언한다. 위선이다.

그렇다고 하여 2단계만 떼어내 생각하지 않아야 한다. 1~4단계는 목표를 달성하기 위한 일련의 과정이기 때문이다. 2단계는 자신이 되고 싶은 이미지 대로 행동하는 모습을 보여주는 단계다. 혁신·공정 등 자신이 원하는 기업 가치가 행동으로 옮겨지는 사례를 보여주라는 뜻이다. 이를 통해 다른 직원들도 좋은 선례를 따라가도록 유도하는 과정이 2단계다. 3단계(정렬하기 : 기업 가치와 다수 직원의 행동 일치, 회사와 고객의 공통 관심 분야에서 성과 보이기)는 기업이 되고 싶은 모습이 실제의 ’기업 문화’로 자리 잡는 단계다. 기업 스스로 '내가 이런 모습이 되겠다'고 얘기하는 것과 외부인이 '실제 너희 기업은 이런 모습이다'고 얘기하는 것 사이의 간격을 없애는 단계다. 4단계는 성취단계로서 기업이 되고 싶은 모습과 실제가 일치하는 가운데 기업·업계·사회를 위해 미래를 계획하기다.

특히 '라면 상무'로 유명세를 치른 포스코는 비행승무원 폭행 논란 이후 이미지에 타격을 받았다. 포스코는 2단계에서 어떤 행동을 해야 할까. 우선 포스코의 기업 가치가 무엇인지 정의 하고, 임직원들의 행동에 제대로 반영되고 있는지 검토해야한다. 이를 '컬처 오딧(culture audit)'이라고 하는데 제3자에게 의뢰해 실시할 수도 있다. 흔히 기업들은 사과문 발표로 충분하다고 생각하는데 그렇지 않다. 기업문화를 재검토하고 변화를 위해 노력하는 게 중요하다. 기업은 더 이상 숨을 곳이 없기 때문에 변화를 위한 노력은 필수다. 전 세계가 기업을 주시하고 있는 시대에 기업이 노출되어 있기 때문이다(김인수, 2013).

따라서 마리나도 일반 기업의 평판관리 로드맵 4단계를 참고하는 가운데 사회에 기여하는 점에 대해 대중과 충분히 소통하지 않는다면 과거 어느 때보다 쉽게 공격을 당한다. 남양유업의 밀어내기식 영업과 막말, 포스코에너지 임원의 승무원 폭행 논란(라면 상무), 대한항공 오너일가 갑질 논란 등은 런던대 경영대학원 게리 하멜 교수의 말처럼 "기업이 사회적 신뢰를 배신한 사례"다. 이를 반면교사로 삼아 소통하지 않는 마리나는 스스로를 방어하는 데 많은 자산을 낭비한다는 점을 잊지 말아야 할 것이다. 더욱이 역지사지의 시각으로 해양스포츠 전진기지나 마리나 공동체가 요구하는 것이 무엇인가를 끊임없이 찾아 하나하나 해결해 나가는 자세의 견지야말로 평판관리의 핵심이 될 것이다.

4. 마리나관리의 실무(實務)

1) 일일 점검 6개 항목

(1) 선석 점유율
마리나의 선석이용률은 통상적으로 총선석 수(數)에 대한 백분율로 표시, 일일 폰툰 및 선석 순찰 등

(2) 통로
일일 점검 시 위험요소, 불필요한 물건, 계선줄, 청결상태, 전력선 안전 및 용량표시 등을 주의 깊게 살펴볼 필요가 있다.

(3) 화장실
위생 및 청결도, 수리 상태(매니저에게 보고), 장애인 시설, 보건과 안전 등

(4) 쓰레기장

재활용 시설, 쓰레기 발생 억제 조치, 처리 장비의 운용상태 등

(5) 건물

출입구의 청결상태, 유지보수 문제, 소방 시설, 비상 시 절차 등

(6) 보안 수준

출입 통제 기능, 방문객/업체 기록 절차, 업체 및 방문객 출입 시 컴퓨터를 이용해 이름, 회사명, 차량 번호, 차종, 선석 고유번호 등을 기록, 관련 보험 가입 및 종료일 여부 등

2) 기록관리

(1) 정박 및 출항

① 선석 점유상황은 최소 하루 한 차례 점검한다(일부 마리나에서는 2회).

② 항상 가용 선석 수를 최적(75~80%) 수준으로 이용 및 관리한다.

③ 점유율을 높이면 영업에는 유효하겠지만, 혼잡으로 인한 안전 확보의 어려움 및 서비스품질 저하에 따른 고객충성도에 약화를 초래한다. 게다가 비지트(visit) 보트, 즉 휴식과 식량 및 식수 등 물자보급, 그리고 긴급수리를 목적으로 잠깐 방문하는 보트를 비롯하여 특히 태풍 등 악천후 시에 긴급피난을 목적으로 방문하는 보트들을 수용할 수 없게 되는 난감한 상황에 부닥치게 될 우려가 있다.

④ 그렇다고 하여 이들이 마냥 부담스런 존재는 아니다. 식음료 판매를 비롯하여 보트수리, 선석이용료 등을 통해 덤으로 부가가치를 창출할 수 있는 고객들이기 때문이다.

⑤ 방문자 보트를 제외한 긴급피난 보트는 1주일의 범위 내에서라면 계류비를 부과할 수 없도록 되어 있는 것이 국제적인 관행이다.

(2) 사전 예약

사전 예약 시설을 제공해야 할 필요성은 운영 중인 마리나의 종류에 좌우된다. 외국에서 일반적으로 적용되는 원칙은 다음과 같다.

① 방문자보트가 경유지로 이용하는 마리나는 사전 예약이 필요치 않다.

② 종착지(모항)로 이용되는 마리나는 사전 예약이 필수다.

③ 클럽 마리나에서는 선석 시설의 과도한 이용을 막기 위해 자체 회원이라고 하더라도 사전 예약이

필수다.

(3) 선석의 수익

① 마리나는 선석 이용료와 서비스 이용료를 부과함으로써 수익을 얻는다.

② 이를 통해 직원들에게 급료를 정기적으로 지불할 수 있다.

③ 앞에서 언급한 경우는 해양스포츠가 생활화 차원으로까지 발전되어 있고, 또 시즌, 즉 계절성(영업기간과 잇대어 있음)이 양호한 나라에서나 이뤄지는 부가가치 창출 메커니즘일 뿐이다.

④ 따라서 시장성과 계절성이 비교적 열악한 상황에 노출되어 있는 국내의 마리나의 경우, 저변확대에 의해 시장이 한층 활성화될 오는 2025년까지는 기본시설이나 지원시설을 통한 수익창출보다는 마리나 배후 부지를 크게 확보하여 혹한기를 제외하고는 연 중 어느 정도는 수익창출이 가능한 콘도 등 주택분양을 비롯하여 각종 위락시설을 통해 부가가치를 창출하도록 하는 가운데 당장보다는 길게 보는 경영전략 구사가 바람직하다고 보고 있다. 실제로 해양스포츠가 상당한 수준에서 생활화되어 있는 선진국의 마리나도 개발 이후, 흑자경영에 도달하기까지는 약10년 정도 소요되는 경우가 흔하다. 어쩌면 국내는 이보다 더 많은 기간이 소요될지도 모른다.

⑤ 물론 흑자가 달성될 약 10년 동안, 또는 더 이상을 버티기 위해서는 지 금 당장부터라도 어느 정도는 부가가치를 창출할 수 있는 아이템은 꼭 필요하다. 앞에서 예시한 아이템들에서 희망을 발견했으면 한다.

⑥ 특히 이런 측면의 강조는 필자가 2008년부터 줄곧 해왔다. 그럼에도 정부는 2009년 12월에 외국의 선례만 쳐다보고 '마리나항만법'을 덜컥 제정했다. 그러다 약 3년 지난 2012년에 와서야 시행령을 두 차례 개정하여 주택분양이 가능하도록 하여 개발사업자의 초기자금 확보에 서광이 비치는 듯했다. 그러나 2019년 6월 현재는 그때보다 국내경제가 더 어려운 상황에 처함에 따라 개발사업자가 선뜻 마리나개발에 나서지 못하고 있어 오는 2019년까지 정부가 확보할 총 62개소의 마리나 확보계획은 크게 차질을 빚을 것이 불을 보듯 빤하게 된 안타까운 현실에 직면해 있음이 사실이다.

⑦ 따라서 시행착오를 통해 정부는 적어도 '두 개의 오답을 합친다고 해서 하나의 정답을 얻을 수 있는 것은 아니다'라는 소중한 교훈을 얻을 수 있었기 때문에 앞으로는 분야 전문가의 진성이 담긴 조언을 참고했으면 한다. 물론 현상이 비슷하다고 해서 원인도 일반으로 같은 것은 아니다.

(4) 점유율 통계

점유율 통계는 도착, 출항, 사전 예약상황 등을 종합하여 만들어진다.

① 전략적 계획에 사용하기 위해 보트 크기의 국내적, 세계적 추세를 확인

② 사업 계획 검토에 있어 마리나 확장을 위한 재개발의 근거로 이용

(5) 유지보수 절차

① 시설 전체에 걸친 계획적이고 일관성 있는 접근을 위해 유지보수 절차를 작성·실시한다.

② 유지 보수 활동 기록은 대규모 유지보수 등의 목적으로 문제가 있는 지점을 확인할 수 있게 해 준다.

③ 유지/보수/정비가 필요한 세 가지 이유

> » 안전상의 이유 : 부상과 손해를 예방하기 위해서는 시설과 장비가 안전하게 작동해야 한다.
>
> » 상업적인 이유 : 잘 관리된 장비가 수명이 더 길다. 건축물 내부 교체 공사 빈도가 낮아진다. 인프라와 보트에 가해지는 피해가 줄어든다.
>
> » 사회적인 이유 : 잘 관리된 장비는 오염을 덜 발생시킨다. 환경에 대한 피해를 최소화시켜야 하는 것은 기업의 사회적 책임이다. 시설은 사용자를 최우선 보호해야 한다.

(6) 월말 정산

월별로 수입과 지출을 정산하는 대차대조표를 작성한다.

(7) 소프트웨어

홈페이지 및 플랫폼관리, 예약자관리 등 자체 및 소프트웨어 위탁관리 등

3) 계선(繫線)

(1) 정박 및 출항 보조

보트의 정박과 출항을 도울 때에는 항상 안전을 고려해야 한다.

① 계선줄과 밧줄 걸이, 즉 계선줄과 클리트(Cleat) 사이에 손가락을 넣는 일이 없도록 주의할 것.

② 고가의 보트에 충격이 가해질 정도로 무리하게 밀지 말 것.

(2) 작업장의 유지/보수/공정 확인

① 매일 작업착수 전에 스트레칭을 통해 몸의 컨디션을 최적화

② 미팅을 통해 당일의 전체적인 유지/보수 작업공정 확인

③ 조석간만의 차, 슬링, 크래들 캐리어, 선대(boat stand) 확인

④ 육상의 수리공간(Hardstand Area)으로 이동

⑤ 당일 시행할 작업 목록

⑥ 풍향과 풍속

⑦ 특히 샌딩 작업착수 전에 마스크착용 등 작업장의 보건 및 안전 확인

⑧ 작업종료 후 작업장의 보건 및 안전정비

4) 마리나의 홍보 및 마케팅

(1) 마리나 마케팅의 정의
마리나 마케팅은 "해양스포츠 활동과 해양휴양의 세계를 형성하는 기본시설, 지원시설, 편의시설, 교육문화시설, 기타 위락시설 등에 관련된 복합시설집적지를 통해 고객의 필요와 욕구를 충족시킬 요구사항을 유익하게 파악·예상, 충족시키는 관리 과정"이라고 정의할 수 있다.

(2) 마케팅 믹스
마케팅의 "4P[Product : 제품, Price : 가격, Promotion : 홍보, Place(distribution : 배치(유통)]"

■ 적재적소에 배치되고, 제대로 홍보된 착한 가격의, 착한 제품 제공
① 제품 : 선호도가 높은 연료를 판매하는 주유시설
② 가격 : 연료는 동일 지역 내 다른 마리나와 비교해 약간 낮은 가격에 판매되는 경우가 일반적이다.
③ 홍보 : 홍보는 마리나 전문잡지, e-뉴스, 회원 및 클럽고객 데이터베이스에 저장된 사람들에게 보내지는 SNS문자 메시지제공을 통해 이루어진다. 일간지나 다른 산업계의 잡지에도 광고를 한다.
④ 배치 : 미국 플로리다주 '피어66' 마리나의 경우, 연료 주입기는 보트가 손쉽게 접근할 수 있는 주유전용폰툰에 배치시켜 놓고 있다. 호주의 경우, 운영 시간은 오전 7 : 30~오후 7 : 30인 경우가 일반적이고, 계절별로 달라진다. 물론 국내는 2019년 6월 현재, 마리나다운 마리나시설이 부재한 상태이기 때문에 운영시간에 대한 개념은 전무한 실정이다. 자체주유시설을 갖춘 곳은 지금껏 없다. 인근주유소를 이용하고 있다.

(3) 마리나의 홍보
■ 기존 고객 및 데이터베이스에 등재된 이들에게 마리나를 홍보하는 방법
① 월간 뉴스레터, 브로슈어, 페이스북, 트위터(SNS), tm마트폰을 이용하여 문자메시지 제공, 웹사이트 : 항상 최신정보로 유지할 것
② 홍보 및 기존 고객과의 접촉 강화
③ 마리나 고객들이 모여 서로를 알 수 있는 "마리나의 밤"과 같은 행사를 마련한다.
④ 기존 고객에게 클럽 하우스 바에서 음료에 대해 추가 할인을 제공한다.

⑤ 셔틀버스 이용 고객을 위해 영업시간을 연장한다.

⑥ 마리나에서 다양한 제품을 판매(예 : 보트 전용슈즈, 의류, 머그잔 등)

⑦ 모든 회원에게 생일 쿠폰(약 3만원 상당 등) 등을 제공한다.

⑧ 개인정보 이용에 대한 동의를 전제로 회원 간 교류와 비즈니스를 위한 주소록, 즉 디렉터리 (directory) 제공

⑨ 연료 할인 등

(4) 광고

지역 매거진, 해양관광 또는 해양스포츠 관련 출판물, 바다보트낚시 또는 보트 매거진, 전국 및 지역 신문과 방송, 웹사이트, 스포츠산업 매거진

(5) 경쟁자 분석

이웃 경쟁자를 면밀하게 관찰하라. 자신의 마리나와 경쟁 마리나에 대한 강점·약점·기회·위기 등 이른바 SWOT 분석을 실시하여 기회를 발전전략의 추진항목으로 삼는 가운데 약점 강화를 통해 위기의 리스크를 감소시켜 나가야 한다. 비교 항목은 다음과 같은 것들이다. 고정식 선석과 스윙형 해상계류장 개수, 슬립 웨이 서비스, 정박료, 고장수리 등 기타 현장 서비스, 마리나 구조, 보안 수준, 주유시설, 영어·일본어·중국어 방송횟수, 기타 서비스, 임시 정박 가능 여부 및 계류비 수준 등

(6) 이벤트

이벤트는 사람들을 마리나에 불러 모으고 서비스를 홍보함으로써 마리나 커뮤니티로의 참여를 유도하는 훌륭한 방법이다. 다음과 같은 이벤트 기획이 있다. 보트 쇼 및 동양화전시회, '해양스포츠맨의 밤' 등 축제형, 레이스 및 토너먼트대회 개최, 훈련 프로그램 및 명사초청 교양강좌(가정에서의 아버지 역할 및 이혼에 따른 자녀의 정서발달 특징, 해양스포츠를 통한 다이어트작전) 등

5) 작업안전과 직원의 건강보호

(1) 작업안전

고용주와 근로자(직원) 모두가 갖는 책임으로, 양자 모두가 갖는 주의의무로써, 작업안전 모범사례에 따르면, 근로자는 첫째, 안전한 건물 둘째, 안전한 기계와 물질 셋째, 안전한 근로 체계 넷째, 정보·지침·감독·훈련 다섯째, 적절한 작업 환경과 시설의 조건으로 보호받아야 할 권리와 책임이 있다.

(2) 관계자의 작업안전

직원들은 반드시 작업 시 자기 자신의 건강과 안전, 동료 직원, 고객, 외주업체, 대중을 포함한 타인의 건강과 안전을 보호하기 위해 합리적인 주의를 기울여야 한다. 이러한 법적(노동법) 요구사항을 직원의 "주의 의무"라고 한다. 물론 이런 '주의 의무'는 마리나 뿐만 아니라 모든 노동현장에 함께 적용되는 공통적인 의무사항이다.

① 직원의 주의의무

　» 건강 및 안전을 위해 제공되는 장비 사용

　» 고용주와 직속 상사가 제공하는 건강 및 안전에 대한 지침과 훈련 준수

　» 직장에서의 건강 및 안전에 관한 정책을 준수

　» 직장에서 위험하다고 판단되는 모든 상황을 상사에게 즉각 보고

② 고객의 주의의무

　» 직장안전 및 건강에 관한 방침을 준수(예 : 작업장 등 제한구역 출입 금지)

③ 방문객의 주의의무

　» 표지판, 협조문 및 안전 시스템 준수

④ 고용주와 직원은 다음을 위해 반드시 함께 노력해야 한다.

　» 위험한 작업을 하는 작업자가 작업 시작 전 적절한 정보, 지침 및 훈련을 받도록 함.

　» 직장의 환경변화로 인해 위험에 처할 가능성이 있는 직원들에게 그러한 변화가 일어나기 전 적절한 정보, 지침과 훈련을 제공.

　» 관리자와 감독자에게 개별 직원의 안전을 담보하는데 필요한 정보, 지침, 훈련을 제공.

(3) 마리나에서의 근무지란

마리나에서의 근무지는 사무실을 비롯하여 스립웨이 또는 운반차, 모든 작업장, 식당, 욕실 등, 연료 주입 플랫폼, 기타업무(업무용 차량, 지게차 운전석, BBQ구역 : 청소 등의 작업을 할 경우, 공공구역 : 작업을 실시할 경우)를 수행하는 곳 등이다.

(4) 직장안전의 중요성

① 안전 및 위험 관련 문제 : 비좁은 공간, 유해 물질 및 위험한 물품, 주요 위험 시설, 부적절한 작업방법, 석면 및 방사능, 소음과 청력, 시설 내 기계 및 장비 등

② 직장 안전 확보의 중요성 : 직장의 안전 확보는 윤리적 책임이다. 건강과 안전의 중요성을 인식하고 모든 직원, 외주업체, 고객들이 이를 주지하도록 하는 책임 있는 직장은 모든 사람의 고통과 부상, 괴로움을 현저히 감소시켜 줄 것이다.

③ 마리나 주변에서의 안전사고 발생 가능요소 : 해상 작업, 연료, 공구취급 부주의, 찰과상 및 미끄
러짐, 보트, 하수, 전기, 유독성 물질, 화재, 보트 충돌, 추락, 출항, 오염, LPG취급 부주의 등

(5) 안전 체크리스트

항목	예	아니오	우선순위 (상·중·하)	의견
쓰레기 분리수거 및 휴지통을 깨끗이 비웠는가?				
마리나 통제실 정리정돈 여부				
깨끗하게 정돈된 작업장 내부				
창고 내 비품, 로프 등 각종 장비의 정리정돈				
계단과 핸드레일의 안전성 여부				
사무실 내부가 깨끗하게 정리 정돈되었는가?				
클럽 운반차 보관 구역				

6) 요약

모든 마리나의 근무 환경은 서로 다르다. 나 자신의 행복과 직장의 발전을 위해서는 근무지에서의 작업을 건강하고 안전한 것으로 만들어 나가지 않으면 안 되기 때문에 우선 모든 구성원들이 각자 주인의식을 갖고 직장과 자신의 근무지에 맞는 구체적인 솔루션(solution), 즉 작업매뉴얼을 마련해 둘 필요가 있다.

마리나와 보트수리 공간(Hardstand Area)에서 작업할 때는 나의 일터가 위험한 곳이라는 사실을 쉽게 잊곤 한다. 분명한 것은 그 어디에서 어떤 작업을 수행하든 경중의 차이가 있을 뿐 나름의 위험요소는 항상 존재하기 때문에 위험을 의식하는 가운데 언제나 조심해야 한다. 특히 지금껏 아무일 없었는데 설마 오늘 무슨 일이 일어나겠는가? 등 매너리즘에 함몰되어 자만하거나 집중력을 잃지 않아야 할 것이다. 이것이 작업장안전 확보의 알파요 오메가다.

더욱이 작업안전이든, 아니면 고객관리 소홀에서 비롯된 안전사고 발생이든 그 모든 책임은 담당자와 경영자에게 있고, 이로 인한 민·형사적 책임에 의해 기업은 부도를 맞게 되는 등 안전과 안심을 최고의 가치로 인식하고 있는 현대사회에서는 안전사고가 기업의 존망에 결정적으로 영향을 미치는 주요 경영 리스크임을 항상 유의해야 한다. 특히 박근혜정부에서 '행정안전부'를 '안전행정부'로 부서의 명칭을 바꾼 것도 국민을 위험으로부터 안전하게 보호하지 않으면 안 된다는 시대정신을 반영한 사례에 다름 아닐 것이다.

7) 환경관리

(1) 환경관리의 중요성(환경친화는 필수)
연안과 수로 및 습지의 보호, 수산업, 조류 보호, 마리나 산업의 밝은 미래 담보

(2) 계획
환경 영향 평가, 감사, 잠재적 환경 위험 요소 확인, 유지 관리 일정 및 정책 시행, 자원과 관리, 보고 및 계획, 현실적 목표 설정(즉시, 단기, 장기)과 실행, 모니터링, 검토

(3) 운영
직장 보건 및 안전 정책을 채택한다(정착과 절차의 틀을 구성, 책임을 배분, 책임을 결정, 관리 방식 수립, 선석사용 협약 시에 환경정책을 포함시키는 문제를 적극 검토 등).

〈그림 5-3〉 환경적 우려를 완화할 수 있도록 분리수거함을 비치하여 플라스틱류(PLASTI- C), 병류(BOTTLES), 캔류(CANS), 일반쓰레기(Wastes)로 각각 분리하여 처리한다.

(4) 교육
직원 훈련, 직원에 대한 환경 교육, 외주 및 입점업체와 고객에 대한 환경 교육, 정보를 공유하고 업계에서 주최하는 회의에 참석, 지자체·해양환경안전관리공단·해경서·인근주민과의 커뮤니케이션을 위한 관계망 형성.

(5) 클린 마리나 프로그램

세계적으로 실시되는 인센티브 프로그램으로 내수면 및 연안수로의 환경 보전과 보호를 독려하며, 자발적 인증 절차이다. 호주 및 아시아지역에서 56개 마리나가 참여하고 있다. 이 프로그램운영으로 인한 이점은 다음과 같다.

① 고객과 정부에 대한 기업 이미지 개선

② 경영자의 도덕과 양심을 대변하기 때문에 훌륭한 사업 마케팅이 됨

③ 오염의 영향을 감소시키는 데 필요한 전문적인 조언을 제공

④ 단기적으로는 비용이 크게 증가하지만, 길게는 비용절감 효과가 있음

⑤ 환경관련 벌금 및 기소의 우려를 미연에 예방하여 마리나의 경영리스크 감소 등

8) 응급 대응절차

(1) 응급상황의 정의

응급상황은 '보트에 화재발생 등 마리나에 심각한 상황이 발생하여 즉각적인 주의를 필요로 하는 심각한 상황'으로 정의된다. 신체에 부상, 상해를 입히거나 재산상의 손해를 유발할 가능성이 있는, 그래서 일반적으로 쉽게 통제되지 않은 사건 또는 일련의 사고들을 의미한다.

(2) 응급 대응절차

응급 대응절차는 응급상황에서 무엇을 할 것인가를 사전에 문서로 작성해 놓은 매뉴얼이다. 이는 공황상태의 노출을 미리 예방하는 가운데 상황에 차분하고 일사분란하게 대처하여 인명과 재산의 희생을 최소화시키는 것이 목적이다. 전체적인 상황을 신속하게 파악, 인명보호부터 최우선 착수하고, 그 다음에 재산보호에 나서야 한다. 물론 가능한 상황이라면, 인명과 재산보호를 동시에 수행할 수 있다.

(3) 응급 대응절차가 필요한 이유

어떤 상황에서도 우선적으로 고려해야 할 것은 사람의 안전이다. 그 다음은 추가적인 피해확산의 조치이다. 법률상의 요구사항, 기준, 규제의 충족, 마리나의 경영리스크 최소화가 중요하다.

■ 평소에 모든 직원들에 대해 다음의 교육을 실시

① 응급 대응인력을 현장으로 직접 인도

② 전원/유류/가스 시설 차단

③ 모든 전화 및 차량에 응급 대응 매뉴얼 및 소방서, 종합병원 등의 관련 기관과 관계자의 최근 핸드폰번호를 비치

〈표 5-2〉 RMYC(Royal Motor Yacht Club)환경 사고 보고서 양식(예시)

사고일자		사고 발생 추정시간	

1. 사고 보고자 연락처

·성명 :   ·전화번호 :

·직위 또는 멤버십 현황 :

2. 사고 세부내용

·어디에서 일어났는가?

·무슨 일이, 어떠한 규모로 일어났는가?

·어떻게 대응했는가?

·원인조사를 실시했는가?   (예 / 아니오)

(실시한 경우, 자료를 첨부할 것)

·추가적 예방조치를 실시했는가?   (예 / 아니오)

(실시한 경우, 아래 항목 3을 작성할 것)

3. 필요한 시정조치 / 예방조치

·필요로 하는 시정조치 및 예방조치에 대해 기술하시오.

(확실치 않은 경우 클럽 회장과 상의할 것)

4. 검증

·시정조치가 효과를 거두었는가?   (예 / 아니오)

(시정조치가 효과가 있었던 경우, 아래에 서명하고 제출하고, 효과가 없었을 경우에 는 추가적인 시정조치에 대해 기술하시오)

년   월   일

작성자 :   (인)

이 양식은 환경사고 보고용이기 때문에 보고서 작성 즉시 관리자에게 제출할 것.
또한 증빙자료로서 사본(寫本) 한(1) 부를 본인이 보관할 것.

출처 : 지삼업(2013). 마리나 관리 및 운영론. 대경북스(서울). 537.

④ 인근 외상전문종합병원(경인지역은 아주대병원, 부산지역은 해운대 인제대 백병원 등)과 MOU체결 및 특별한 도움이 필요한 사람들을 확인

⑤ 보험회사, 고문변호사 등과 연락

■ 다음이 적재적소에 배치되어 있는지를 확인

① 접근로 확보 및 소방장비와 물자

② 고객과 대중을 상대하는 절차와 지침서의 보관

③ 응급 장비가 즉각 작동할 수 있는 상태인지 여부를 주기적으로 확인하고, 특히 포말소화기의 경우 유효기간을 확인

④ 접근하기 쉬운 곳에 배치된 응급 차량(다른 차량이 막아서는 안 됨)

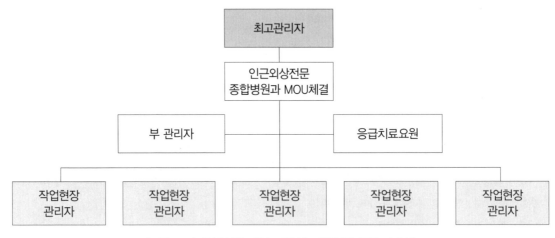

〈그림 5-4〉 응급상황 대처 조직 및 비상인력 동원도(예시)

(4) 응급상황의 종류

화재는 언제 어디서나 발생할 수가 있고, 보트, 사무실, 작업장, 슬립웨이 등에서의 화재에 대비한다. 단일 또는 복수의 보트의 화재, 선석계류 보트의 대피, 사무실 대피, 작업장 대피 등에 걸쳐 대응 가능한 다양한 절차(매뉴얼)를 각각 가지고 있어야 한다.

※ 주의사항

응급 상황발생 시에는 가장 중요하는 것은 자신과 자신을 도와주는 사람들의 안전이다. 재산을 보호하는 것은 그 뒤의 일이며, 어떠한 경우에도 사람의 안전보다 재산 보호를 우선 시 해서는 안 된다.

① 응급사태가 발생하면 이를 발견한 직원은 가능한 모든 수단을 동원하여 마리나 관리사무실에 연락을 취함으로써 상황을 신속하게 전파 시킬 수 있도록 한다.

② 마리나 관리직원들은 화재의 규모에 관계없이 관할소방서에 즉시 이를 알리도록 하는 한편으로 마리나 직원들에게도 이 사실을 알린다.

③ 해당 지역으로부터 비상사태 대처를 담당하는 사람 이외는 모두 대피시킨다.

④ 유류에 의한 경우, 전기에 의한 경우, 가스에 의한 경우 등 화재의 유형을 안전하게 확인할 수 있는 경우에는 즉시 이를 마리나 관리사무실에 알려 준다.

⑤ 정박시설로부터 보트를 이동시킬 때에는 보트에 올라타지 말고 스테인리스 스틸 와이어가 부착된 당김 후크를 사용하여 보트를 안전한 계류시설로 이동시켜 다른 보트 및 시설에 화재가 번지지 않도록 한다.

⑥ 화재를 진화할 수 있는 경우에는 진화를 시도한다. 다만 화재를 끄기 위하여 물을 장시간 사용하는 경우에는 떠 있는 보트의 특성으로 인하여 배가 전복되거나 침몰하지 않도록 주의한다.

⑦ 자신이나 다른 사람이 위험에 처해져 있다고 생각되는 경우에는 그 지역을 급히 이탈한다.

⑧ 일반 및 바다소방서 직원이 도착하면 즉시 이들에게 화재진압을 인계하도록 하는 가운데 필요한 경우 인적·물적 지원을 하도록 한다.

⑨ 일단 불이 진화되면 기름 유출 등과 같은 환경오염에 주의를 기울인다.

⑩ 보트를 폰툰에 안전하게 계류시켜 놓은 후 보트 소유주(오너)에게 즉시 연락을 취한다.

■ 화재(보트화재 시 대응절차)

마리나 및 보트 대피, 사무실, 작업장, 보트 화재 시 고려해야 할 것들, 마리나에서 보트의 위치, 풍향 등. 그러나 화재예방 훈련은 더욱 중요하다.

구체적인 위험에 맞는 올바른 장비를 보유하고 있는지 확인하라

구체적인 위험에 맞는 올바른 장비를 보유하고 있는지 확인하라

〈그림 5-4〉 화학소방차 및 수레

▣ 보트침몰

펌프, 도끼, 소화기, 로프, 줄, 리드, 라이트, 소방복 및 개인 보호 장비를 갖춘 응급 카트를 준비할 것, 매뉴얼화된 운영절차 등

▣ 기름유출 대응절차

모든 마리나에는 다음의 대응절차가 마련되어 있어야 한다. 연료/기름 & 화학물질, 대부분의 연료 유출은 부주의한 연료 주입으로 인한 것이다. 허가된 주유소를 이용하라. 연료통을 이용할 때는 대형 깔때기가 있는지 확인하라. 연료 주입 시 모든 승선자는 하선시켜야 한다.

유출이 확인되면 새는 곳을 막고 다른 직원을 호출한다. 유출이 확산되지 않도록 보트를 정지시킨다.	유출현장으로 오일펜스를 가져간다. 보강용(흰색)오일펜스는 필요에 따라 이용한다.	오일펜스를 클립에 끼우고 한쪽 끝을 밧줄걸이에 단단히 묶는다.
확산방지를 위해 누유가 이루어지는 곳을 오일펜스로 둘러싼다.	필요시 보트 전체를 둘러 싼다.	오일펜스 끝부분을 다른 쪽 끝에 고정한다.
흡유재를 뿌리고 5분간 기다린다. 표면을 눌러 흡유를 촉진한다.	뜰채로 표면의 모든 잔여물을 건져낸다.	봉투에 담아 폐기 절차에 따라 처리한다.

〈그림 5-5〉 기름유출 통제절차 : 기름, 디젤유, 페인트, 기타 화학물질이 수중으로 유출되었을 때, 외부의 도움이 필요한 대규모 유출의 경우 119에 연락하고, 그렇지 않을 경우 클럽 관리자나 직원에게 연락한다.

여러 척의 보트 주변에서 동시에 기름이 유출될 경우, 위 사진과 같이 오일펜스를 펼친다. 특히 다발적인 유출의 경우 다음 페이지의 2,3그림에 담긴 오일 펜스로는 해결할 수 없다. 개별 마리나에서 마련한 대응 절차에 따라야 한다.

〈그림 5-6〉 각종 보트 주변에서 일어나는 기름 유출사고 대응방법

특히 유류가 불과 1*l*일지라도 물 100만*l*를 오염시킬 수 있는 분량에 해당된다는 점을 주목해야 한다. 대부분의 연료 누수는 부주의한 연료주입에 의하여 발생한다. 마리나가 직영하는 주유소를 이용하고, 연료용기에 옮겨 담을 때에는 대형 깔때기를 사용한다. 모든 승선자는 연료 주입 시 하선시키도록 한다. 더욱이 누출된 1*l*의 기름은 4,000m²의 기름띠를 형성하게 된다.

기름은 어류와 수생생물에 독성을 준다. 오랜 기간 기름에 노출되면 수생생물의 생식, 성장 및 식생에 악영향을 미치게 된다. 이는 기름농도가 약할 경우에도 그러하다는 사실을 항상 유념해야 한다. 숙련된 직원으로 하여금 주유를 전담시키는 방법이 바람직하다.

유출이 확인되면 새는 곳을 막고, 보트를 정지시킨 후 보조선을 호출한다.	통에서 오일펜스를 꺼내 펼친다.	유출된 기름은 바람 부는 방향 또는 조류의 방향 쪽으로 퍼진다.

한쪽 로프를 꺼내 보조선에 넘겨준다.	통을 눕혀 보트가 움직일 때 오일펜스가 자동으로 퍼지도록 한다.	나머지 오일펜스 한쪽 끝은 선착장쪽에 둔다.

〈그림 5-7〉 부잔교 통로주변의 대규모 유출 응급대응절차

· 위의 그림 1~15까지의 응급 대응 절차(메뉴얼)에 따라 행동한다.
· 위의 그림들은 처리원칙이기 때문에 가상 유출훈련 시에도 메뉴얼에 따라 훈련시킨다.
· 응급상황 여부가 불확실 할 경우에는 감독 및 관리자의 지침을 받아 위의 절차를 이행한다.

▣ 각종 응급상황

의료, 태풍, 폭탄 설치 위협, 해일 등

» 의료 : 심장 마비, 열사병, 부상 등의 사태에 대비한 절차를 갖출 것

» 태풍 : 보트 결박상태 검사 등 사전 절차, 마리나 내 보트의 대피 계획, 지역 재난 대응 계획의 일환

» 폭발물 설치 위협 : 전화 응대 체크리스트를 작성한다. 당국과 긴밀히 대처해야 한다.

〈그림 5-8〉 태풍과 쓰나미로 인하여 발생한 응급상황

▣ 요약

응급대응절차는 응급상황 시 준수해야 하는 문서화된 과정의 흐름이다. 응급대응절차가 필요한 이유는 응급상황에서 사람들의 안전과 건강, 그리고 재산보호를 하기 위해서다. 응급상황의 영향을 최소화시킨다. 의료, 태풍, 기름유출, 폭발물 설치 위협 등 서로 다른 종류의 응급상황에는 그에 걸맞은 대응절차가 마련되어 있어야 한다.

화재예방 훈련이 필요한 이유는 고객의 욕구를 충족시키는 일보다 더 중요하기 때문이다. 소방당국에서 많은 사항을 요구하고 있기도 하지만, 그것보다는 오히려 모터요트의 대형화 추세에 따라 가격역시 고가품이 증가하고 있기 때문에 고객의 재산을 안전하게 보호하기 위한 화재예방의 중요성은 날로 증대될 수밖에 없다는 현실적인 측면과 인과관계가 깊다.

특히 해상보트계류장에서의 화재진압은 매우 어려운 작업이다. 이론보다는 실제적인 액션을 필요로 하고, 또한 화재진압 노하우의 축적을 위해 실제를 방불케 하는 가상훈련이 절대 필요하다. 2008년에 바르셀로나 도심에 있는 마리나에서 발생했던 화재의 경우, 어떻게 손쓸 틈도 없이 단 20분 만에 보트들이 불길에 휩싸였다. 그래서 실제 환경과 유사한 모습의 시뮬레이션을 통한 훈련이 필요하다고 강조하는 이유이기도 하다. 화재진압을 어떻게 해야 되는지, 마리나의 운영자가 실제로 화재가 발생했을 때 어떻게

신속하게 대처를 해야 되는지를 교육시켜야 한다. 최대한 빠른 시간 내에 대처를 하는 것이 가장 중요하다. 훈련과정에서도 특수 소화 장비를 투입하여 화재발생 가상보트를 해상보트계류장에서 비교적 한적한 곳으로 견인하는 훈련이 있어야 한다. 실제로 바르셀로나처럼 보트에서 발생한 화재가 어떻게 할 수 없을 정도로 순식간에 확대되었을 때는 이웃 보트로 불이 옮기는 것을 차단하는 일이 매우 중요하기 때문이다.

그러나 화재진압에 동원된 스태프들이 위험에 노출되지 않도록 하는 일이 최우선 고려되어야 한다. 가장 어려운 점은 10~15명 이상의 사람들이 서로 협력하여 일사분란하게 화재진압에 나서는 일이다. 최대한 빨리 대응하는 가운데 리스크를 완화하고, 그리고 불길이 다른 보트로 옮기지 않도록 대처하는 일이 중요하다. 따라서 화제진압 성공요인은 첫째, 얼마나 빨리 화재에 대응하는가? 둘째, 소방원들 간 얼마나 제대로 협력이 이루어지는가? 셋째, 적절한 도구와 장비를 이용하여 화재를 진압하는가? 넷째, 안전한 방식으로 그 마리나 요원들이 화재진압에 참여할 수 있도록 하는가이다. 물론 경우에 따라서는 야간 훈련을 필요로 하는 수도 있다. 야간에 화재가 발생할 경우에 주간보다 훨씬 대처하기가 어렵기 때문이다. 게다가 낮이라고 하더라도 직원 수가 25명 이상이고, 보트길이 10m를 기준, 보트계류 척수가 300~400척 이상인 규모의 경우는 난감한 상황에 노출되기 쉽다.

따라서 사전에 조직적인 훈련을 해놓으면 실제로 위기상황이 발생했을 때 훨씬 더 효과적으로 대처할 수 있게 되는 것은 자명한 일이다. 더욱이 훈련과정에서도 가능하다면, 지역소방서의 협조를 받아 전문가들과 함께 합동훈련을 해두는 등 실전과 같은 화재진압 노하우를 쌓아두는 것은 마리나의 바람직한 운영사례가 된다.

5. 마리나운영의 실무(實務)

1) 스윙계류보트 오너를 위한 교통선 운영

① 업무전담 조종자가 마리나 관리자 및 감독자로부터 키, 구명조끼를 수령한다.

② 오너 수송전용 교통선의 계류줄을 풀고, 또 보트덮개를 제거한다.

③ 전일 수송일지에 기록된 내용을 확인한다.

④ 수송일지에 규정된 출항 전 확인사항을 점검한다.

⑤ 출항을 위해 교통선을 준비하고, 필요한 경우 시트와 핸드레일을 건조 시킨다.

⑥ 안내 직원이 매 수송 때마다 조종자에게 고객예약 사항과 요구사항을 주지시킨다.

⑦ 교통선의 서비스를 이용하는 고객은 원거리 항해의 경우, 해경파출소에 출항신고서를 제출해야

한다. 다른 모든 승, 하선 요청은 마리나 관리자/감독자의 승인 대상이다.

⑧ 항해일지에 규정된 교통선의 운영 절차는 반드시 준수해야 한다. 이 지 침을 벗어난 운영은 마리나 관리자 및 감독자의 승인에 의해서만 가능하다.

⑨ 어떠한 경우에도 고객이 직접 수송보트를 조종, 운항할 수 없다.

⑩ 마리나 운영 매뉴얼의 관련 내용에 규정된 연료보급 절차, 비상 대응, 안전사고 보고 및 안전, 당국의 환경보호 정책 등을 항상 주지시킨다.

⑪ 운항을 완료한 후에는 운항일지에 규정된 절차에 따라 시동을 정지한다.

⑫ 보트가 안전하게 정박되어 있고, 연료가 보충되어 있으며 청소가 완료 되어 익일 운영 준비를 완벽하게 마쳤는지 여부를 반드시 확인한다.

⑬ 주지할만한 사항이 있다면 다음 운항자를 위해 무엇이든지 운항일지에 기록한다.

⑭ 보트에 덮개를 씌우고, 계류로프를 클리트에 묶는다.

⑮ 키·구명조끼를 마리나 관리자 및 감독자에게 반환하고 당일 활동에 대한 보고서가 있는 경우 함께 제출한다.

2) 연료주입(※자체 주유소를 운영하는 경우를 상정한 매뉴얼)

(1) 유지관리 및 보급품

① 지하 유류 저장 시스템(UPSS)에 대한 환경 보호

② 연료저장소는 항상 깨끗하고 정리 정돈된 상태로 유지해야 한다.

③ 연료탱크는 주당 3회 점검을 실시해 결과를 기록하고 필요에 따라 연료를 보충해 놓는다.

④ 얼음과 오일 등의 보급품은 필요에 따라 확인하고 주문한다.

⑤ 펌프와 호스 가동 여부는 매일 확인한다.

⑥ 걸려 넘어지는 것을 방지하기 위해, 호스는 항상 고리에 말아 보관한다.

⑦ 연료 주입기는 연간 유지보수 일정에 따라 유지, 관리한다.

⑧ 화재발생 등 비상시를 대비해 연료 차단 밸브를 확인해둔다.

⑨ 기름 유출 시 사용하는 키트의 내용물을 잘 확인해둔다. 각 구성요소와 용도를 파악해둔다.

⑩ 소화기 사용법을 확인해둔다. 반드시 용도와 작동법을 숙지해둔다.

(2) 연료 서비스

■ 연료 주입 전

① 친절한 인사말과 미소로 고객에게 인사한다.

② 보트가 선석에 확실히 고정되어 있는지 확인한다.

③ 엔진과 모든 전자기기가 꺼져 있는지 확인하고, 불꽃이나 열원이 전부 제거되어 있는지 여부도 반드시 확인한다.

④ '금연' 규칙은 항상 준수해야 한다.

⑤ 인화물질이 있다면 무엇이든 주저하지 말고 고객에게 제거해 줄 것을 요청한다.

⑥ 보트오너에게 유증기가 발생하지 않는지 보트 밑바닥의 기름저장고를 살펴볼 것을 반드시 요청한다. 유증기에 의한 화재발생이 빈번하기 때문이다.

⑦ 연료를 주입하는 동안에는 연료 주입을 실시하는 단 한 사람만 선내에 남아 있을 수 있도록 협조 요청한다.

⑧ 고객에게 필요한 연료의 종류를 반드시 물어본다.

⑨ 어떤 종류의 연료인지 분명히 표시되어 있는 연료태그가 달린 연료 노즐을 고객에게 전달한다.

⑩ 연료 주입은 항상 고객이 스스로(self-service) 하도록 한다.

■ 연료 주입 중

① 정전기 스파크를 방지하기 위해 노즐과 연료주입 파이프가 제대로 연결 되어 있는지 계속 확인한다.

② 유출된 연료는 즉시 마른수건으로 닦아낸다.

③ 과주입으로 인하여 기름이 밖으로 유출됨에 따라 바다를 오염시키는 일이 없도록 한다.

④ 항상 집중한다. 무슨 일이 일어나고 있는지 주의 깊게 살핀다.

■ 연료 주입 후, 엔진 시동 전

① 고객으로부터 주유노즐을 돌려받아 주입기를 원위치 시킨다(절대로 고객이 하도록 해서는 안 됨).

② 고객에게 다음을 요청한다.

　　» 연료가 유출되거나 냄새가 나지는 않는지 보트 밑바닥을 살필 것을 요청한다.

　　» 엔진 시동 전 빌지 송풍기를 작동시킬 것을 요청한다.

　　» 냄새가 사라질 때까지 환기시킬 것을 요청한다.

③ 호스를 말아 노즐을 고리에 건다.

④ 패드록을 주유기에 원위치시킨다.

⑤ 정확히 지불이 이루어졌는지 확인한다.

⑥ 고객 요청 시 영수증을 제공한다.

⑦ 보트가 떠날 때 계류줄 정리를 돕는다.

⑧ 시간이 허락하는 경우, 연료탱크의 총기름량을 확인한다.

3) 계류시설의 유형

(1) 부유식(Floating) 계류

마리나시설이라고 생각할 때 언뜻 떠올리는 유형의 계류시설로써 보통 콘크리트재질로 만들어져 있다. 파일(기둥)에 의존하여 조차(潮差)의 높고, 낮음에 따라 자동으로 위 아래로 움직이는 부유식형태다.

■ 폰툰의 일반적인 관리 및 정비
① 아연 도금강 부품은 매주 담수를 이용하여 호스로 물을 뿌려서 쌓여있 는 소금기를 제거하도록 한다.
② 모든 아연 도금강에는 유성 부식 방지제를 뿌리도록 한다.
③ 주기적으로 모든 알루미늄은 비눗물로 세척하여 쌓인 소금기를 제거한다.
④ 모든 윈치에 사용되는 와이어로프, 혹은 케이블 서포트를 체크하여 줄(로프)이 안전한가를 항상 체크한다.

〈그림 5-9〉 골드코스트 시티마리나의 폰툰 : 이 시스템은 플로트 통(桶)과 볼트와 웨일러 연결 시스템을 이용함. 장점은 내구성, 안정성, 화재 시 난연성(難燃性 : 재료가 가연성과 불연성의 중간으로서 쉽게 불에 타지 않는 성질을 갖고 있음)의 증대, 그리고 시공이 빠르다는 점이다.

〈그림 5-10〉 골드코스트 생츄어리 코브 마리나(Sanctuary Cove Marina) : 이 부유식 폰툰의 시스템은 폴리에틸렌 플로팅공법로 제작되었으며, 볼트가 알루미늄 구조체에 연결되어 폭풍, 해일 등의 급변하는 가혹한 물리적 해양환경에서도 잘 견디는 특징이 있다.

⑤ 매년 전기로 작동되는 윈치에는 윤활유를 칠해 둔다.

⑥ 주기적으로 파일 위의 롤러와 드라이 정박시설을 체크하여 과도한 마모가 발생하지 않았는지를 수시로 확인한다.

⑦ 주기적으로 너트와 볼트의 안정성을 체크한다.

(2) 고정식 계류

전통적인 부두형 건설 방식으로, 계류선박이나 보트는 조차에 따라 위 아래로 움직인다. 조차가 큰 경우에는 계류로프(線)에 문제가 발생할 수 있다. 측면계류가 불가피하기 때문에 공간이 비효율적으로 사용되는 단점이 있다.

〈그림 5-11〉 호주 시드니의 미들 하버 요트클럽(Middle Harbour Yacht Club, Sydney) : 알루미늄 재질의 부유식 폰툰에 76개소의 선석을 갖추고 있다.

〈그림 5-12〉 남호주 헤론섬을 왕복하는 카타마란(catamaran)형 모터요트

(3) 스윙식(앵커 계류) 계류

선수 혹은 선미에 로프를 연결하여 해상계류하는 방식으로, 선수 계류일 경우에는 조류를 감안해야
하고, 더 많은 공간이 필요하다. 승선자나 보트오너가 직접 해안으로 접근이 불가능하기 때문에 뭍으로,
또는 뭍에서 보트로 접근 시에는 마리나에서 운영하는 수송전용보트를 이용하여야 하는 불편이 있는
가운데 수도와 전력이 없는 단점이 있는 대신에 계류비가 매우 저렴한 장점이 있다.

〈그림 5-13〉 무어링(스윙식) 계류 모습

(4) 파일식 계류

스윙식 계류와 마찬가지로 승선자가 직접 해안으로 접근이 어렵고, 전기 및 수도가 없으며, 계류체인에 문제가 있을 수 있으나 가격이 저렴하다.

〈그림 5-14〉 뉴질랜드의 오클랜드에 소재한 웨스트 헤븐 마리나(Westhaven Marina, Auckland NZ) : 여기에는 333개의 파일식 보트해상계류시설이 있으며, 총 정박시설의 수는 1,433개소이다. 계류방식은 부유식 (폰툰의 선석), 스윙식, 파일식 등 3개 방식을 혼합하여 운영하고 있다. 이 마리나의 주 수입원은 보트 계류비 항목에 방점을 찍고 있다.

(5) 계류의 유형을 결정하기 전에 고려해야 할 사항

① 마리나의 디자인, 레이아웃, 규모 및 용량. ② 마리나의 유형 : 클럽시설, 작업시설. ③ 투자수익률. ④ 정비비용 : 수리, 부식. ⑤ 환경 : 담수, 염수, 조류, 기후조건, 접근용이성, 해양생물. ⑥ 위치 : 주거지역 혹은 상업지역. ⑦ 시설 : 연료주입, 전력, 물, 펌프아웃. ⑧ 비상사태 시 절차 : 소방차 및 구급차 접근용이성. ⑨ 미래에 사업 확장을 위한 여유 부지확보 여부 등

4) 스트래들 캐리어 및 드라이 스택

(1) 스트래들 캐리어(Straddle Carrier)

도로가 아닌 레일, 또는 동선을 따라 보트를 옮길 수 있는 장비로서 마리나에서 보트를 인양하여 해안으로 들어 올리거나, 또는 바다로 내리는 장비이다. 최대 100톤의 선박이나 보트도 인양할 수 있는 대용량 스트래들 캐리어가 선보이고 있다. 특히 스페인에는 2013년 기준, 500톤의 처리용량을 갖고 있는 스트래들 캐리어도 있다.

〈그림 5-15〉 스트래들 캐리어를 이용하여 해상에서 뭍으로, 뭍에서 해상으로 보트를 안전하게 옮기는 모습

(2) 레일 슬립웨이(Rail Slipway)

각종 보트를 슬립 웨이시설에서 잘 미끄러지도록 하는 과정이 아주 간단하며, 비용이 적게 소요되는 방법으로서 이를 이용하여 보트를 물 밖으로 옮겨 검사 혹은 수리를 한다. 많은 경우, 낙조류가 시작될 때 보트를 물 밖으로 옮겨 다음 창조류 때 보트를 다시 바다에 내려놓는다. 이러한 진입식 요트항이나 마리나에서는 보통 창조류 때를 기다려야 하는 불편이 있다.

〈그림 5-16〉 만조 시에 보트를 해상으로 진수시키기 위해 슬립웨이에서 대기

(3) 크래들 캐리어(Cradle Carrier)

〈그림 5-17〉 트레일러에 적재되어 있는 모터요트를 트럭 크레인을 이용, 해상으로 옮기는 모습

(4) 하드스탠드 구역(Hardstand Area)

하청업체(조선업자, 스테인레스스틸 조립회사, 해양기술자, 도장공, 전기기사, 기계기사, 수리업자, 연마블라스팅업자)들이 주로 수리를 위해 사용하는 작업공간을 일컫는다.

〈그림 5-18〉 주로 외주업체들이 수리공간으로 이용하고 있는 하드스탠드 구역의 모습

(5) 드라이스택(Dry Stack)

실내보트보관 창고인 드라이스택에는 길이가 최대 9.0m, 무게 10톤까지의 보트 250척을 보관할 수 있다. 완전히 천정이 덮여 있는 이 최신식 보관시설에는 밑으로 3.5m, 위로 14.4m 구간을 움직이는 마린 포크리프트(Marine Forklift)사(社)에서 제작한 최신 장비가 주로 많이 이용되고 있다. 1시간 전에만 연락을 하면, 담당직원은 고객이 도착하는 시간대에 맞춰 보트를 준비한다. 뿐만 아니라 뉴질랜드 오클랜드의 오람스 마린(Orams Marine, Auckland)의 드라이스택은 길이 5.0~12.0m까지의 각종 보트를 320척 보관할 수 있는 규모이다.

■ 드라이 스택시설(실내보트보관 창고) 이용의 장점

① 보관이 안전하다. 보안이 확보되기 때문에 선내에 보관된 귀중품 도난을 예방할 수 있다.

② 온도, 습도, 특히 강한 태양열로부터 보트가 훼손되지 않도록 하는 등 기후조건에 비교적 영향을 적게 받도록 지붕으로 덮여 있다.

③ 유지관리비가 적게 든다. 세척비 및 페인트 비용 절감.

④ 부식 손상과 축, 프롭 및 선미 드라이브 장치에 대한 손상과 정비 횟수를 현저히 감소시킬 수 있다.

⑤ '오람스 마린'처럼 창고에서, 또는 수로나 해상에서 곧장 진·출입이 가능하여 크루징에 어려움이 없다.

⑥ 보트를 옮기기 위한 트레일러가 더 이상 필요 없다.

⑦ 보트램프(경사로)가 필요 없다.

⑧ 보트가 드라이스택에 보관되어 있는 경우에는 보험료 할인혜택도 받을 수 있다.

⑨ 미리 마리나에 연락을 주면 곧장 바로 승선할 수 있도록 준비가 완료되어 있다.

5) 로프를 묶는 매듭 네 가지 방법

로프를 통한 매듭을 묶는 방법은 〈그림 5-19〉와 같이 크게 노트(knot), 벤드(bend), 히치(hitch), 스플라이스(splice) 등 네 가지가 있다.

'노트'는 연결 매듭을 만드는 것이고, '벤드'는 로프를 연결하여 잇는 것이다. '히치'는 어떤 물체에 로프를 매는 것이며, '스플라이스'는 로프 끝을 영구적으로 잇거나 무어링 라인(mooring line)과 같이 영구적인 고리를 만드는 방법이다. 특히 세일크루저요트의 범장은 로프에 의해서 조작되기 때문에 일부 오너들이 이에 대한 이해가 부족하다면 도움을 주지 않으면 안 된다.

① 노트 : 스토퍼 노트(Stopper Knot)·스퀘어 노트(Square Knot)·서전트 노트(Sergent Knot)·바우라인 노트(Bowline Knot) 등 네 종류

② 벤드 : 시트 벤드(Sheet Bend)·더블 시트 벤드(Double Sheet Bend)·캐릭 벤드(Carrick Bend) 등 세 종류

③ 히치 : 팀버 히치(Timber Hitch)·슬리퍼리 히치(Slippery Hitch)·하프 히치(Half Hitch)·투 하프 히치(Two Half Hitch)·클로브 히치(Clove Hitch)·롤링 히치(Rolling Hitch) 등 여섯 종류

⑤ 스플라이스 : 아이 스플라이스(Eye Splice)·쇼트 스플라이스(Short Splice)·롱 스플라이스(Long Splice) 등 세 종류

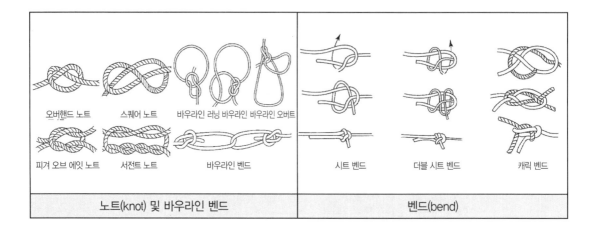

오버핸드 노트	스퀘어 노트	바우라인 러닝 바우라인 바우라인 오버트		시트 벤드	더블 시트 벤드	캐릭 벤드
피겨 오브 에잇 노트	서전트 노트	바우라인 벤드				
노트(knot) 및 바우라인 벤드				**벤드(bend)**		

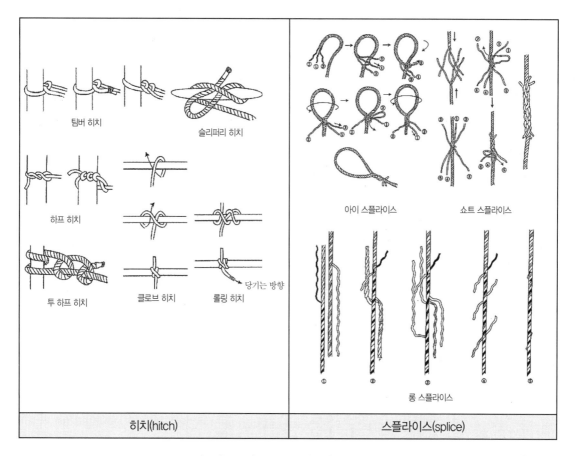

팀버 히치	슬리퍼리 히치
하프 히치	
투 하프 히치 · 클로브 히치 · 롤링 히치 당기는 방향	아이 스플라이스 · 쇼트 스플라이스
히치(hitch)	롱 스플라이스
	스플라이스(splice)

〈그림 5-19〉 로프를 묶는 매듭의 종류

출처 : 지삼업(2019). 동력수상레저 1·2급 예상문제집. (주)시대고시기획. 45~47.

| 참고 문헌 |

강남주(1991), 남해의 민속 문화, 도서출판 둥지(부산), 45~120.

강병균(2017), 해양수산업의 4차 산업혁명, 부산일보(3월 21일), Vol. 31.

공병호(2006), 10년 법칙, 21세기북스, 46~47.

교육통계연보(2018), 한국교육개발원 교육통계·연구센터

구시영(2018), 첫 원양어선 선장(윤정구), 국제신문(11월 21일), Vol. 26.

권상국(2018), 조재기 국민체육진흥공단 이사장 부산 해양스포츠 활성화에 역할 다할 것, 부산일보(8월 7일), Vol. 25.

김경숙(1994), 사회체육학과 교육과정 방향 탐색에 관한 연구, 한국체육학회지, 33.

김기진(2009), 김기진 국제팀장이 만난 요란 페테르손 국제요트연맹 회장, 부산일보(11월 13일), Vol. 12.

김미희(2017), 한국 디지털 발전 가능성 세계 최하위권, 국제신문(7월 18일), Vol. 01.

김민수(2002), 김민수의 문화 디자인, 다우출판사(서울), 267.

김민주(2018), 윈드서핑 선수 2시간 만에 구조, 국제신문(8월 8일), Vol. 6.

김민진(2017), 마산 앞바다서 60대 스킨스쿠버 숨져, 부산일보(8월 25일).

김성귀(2007), 해양개발을 위한 해양관광론, 현학사, 47.

김성우(2011), 돌아가는 배, 삶과 꿈(서울), 312~318.

김성우(2015), 인생을 묻는다, 한길사(서울), 6.

김소영(2018), 나는 혁신에 반대한다, 동아일보(8월 02일), Vol. 26.

김승욱 역(2014), 사회학 본능(랜들 콜린스 저), 알마출판사(서울), 22~23, 49.

김아진(2019), 런던 템즈강의 '하우스보트' 피플, 조선일보 5월 20일자, Vol. A33.

김열규(1998), 푸른 남해를 위하여, 부산발전연구원(Vol. 54), 72~76.

김열규(2013), 읽기 쓰기 그리고 살기, 도서출판 한울(서울), 4, 37, 90, 114, 217, 219.

김영명(1994), 생활체육지도자 실태조사, 문화체육부.

김용석(2001), 문화적인 것과 인간적인 것, 푸른 숲(서울), 14, 27~28.

김용환(2018), 마리나 사업체 동향조사, 마리나 투자설명회 및 워크샵 자료집, 부산국립해양박물관 대회의실 (10월 26일), 25~36.

김원룡(1980), 울주반구대 암각화에 대하여, 한국고고학보(Vol. 9).

김윤수 역(1981, J. Huizinga. ; Homo Ludens : 놀이하는 인간), 놀이와 문화에 관한 연구. 까치(서울), 7.

김인수(2013), 세계적 평판 컨설턴트 피터 베렌지아에 듣는 갑을 놀란·라면상무 대처법, 매일경제(7월 06일), Vol. B2.

김인영(2018), 극동범선대회 B클래스 우승 정채호 선장 귀국보고. 오피니언뉴스(9월 16일).

김재한(2018), 연대 현상의 이해, 박영사(서울).

김정운(2014), 에디톨로지(editology), (주)북이십일 21세기 북스(서울), 06~08, 68~69, 93.

김정운(2018a), '편지 공화국'과 '단언적 삶', 조선일보(11월 07일 칼럼)

김정운(2018b), 매번 나만 슬프다, 조선일보(12월 26일 칼럼), A39.

김정운(2019), 누가 방울토마토를 두려워하랴, 조선일보(1월 30일 칼럼), A31.

김종우(2018), 수상레저기구 사고 배(倍) 이상 증가, 부산일보(10월 15일), Vol. 05.

김준(2018), 체육지도자 현실과 미래 방향에 대한 토론문(체육지도자 삶의 질 향상을 위한 지원 방안 모색), 광주광역시의회, 28~29.

김준·이근모·김인형(2007), 해양스포츠 참여자 재미요인과 참여제약이 몰입도에 미치는 영향, 한국스포츠사회학회지, 제20권 2호, 217, 228.

김준용(2017), 공공성 결여 운촌마리나사업 철회해야, 국제신문(9월 30일), Vol. 06.

김준용(2018), 부산, 해양 재난 대비 방파제 확충 서둘러야, 부산일보(10월 30일), Vol. 08.

김중웅 역(2006), 부의 미래(Alvin Toffler, Heidi Toffler), 청림출판사(서울), 172~173, 571~573.

김진석(2009), 융합형 학부교육 강화해야, 한국대학신문.

김창일(2019), 갯마을 탐구(23), 동아일보(3월 8일자 칼럼).

김한수(2018), 난개발 그늘, 해안의 역습, 부산일보(9월 18일), Vol. 6.

김한수(2019), 착하게 살라 말하지만, 늘 실천하긴 어렵지요, 조선일보(1월 11일자 청전 스님 인터뷰), Vol. A21.

김형석(2018), 손주들에게 줄 세뱃돈이 떨어졌다, 조선일보(5월 12일), Vol. B1.

김희국(2017a), 낙동강 하구 연계 '리버마리나' 추진(국제신문 4월 19일), Vol. 08.

김희국(2017b), 수영만 요트장 재개발 법정공방 2라운드, 국제신문(7월 25일), Vol. 06.

김희정 역(David Brooks, 2015), 인간의 품격, 부키(서울), 05, 475~476.

남정욱(2017), 글 잘 쓰려고요? 독서부터 하세요, 조선일보(6월 17일-Way).

대한조정협회(2001), 한국조정 85년사(史), 10, 540~544, 546, 561~564.

민소영(2018), 연안마다 침식 원인 달라.. 현지 상황 따라 맞춤 대책을, 부산 일보(10월 18일), Vol. 10.

박건현(2019), MIT, 모든 학생들에 전공과 AI '두 개의 언어' 가르친다, (조선일보(1월 1일) Vol. A5.

박근웅(1997), 세일링크루저 그 실체와 기법, 인쇄정보(부산), 34~36.

박근웅·최미순(2007), 21척 우리고유의 돛단배, 대불대출판부(전남), 313.

박돈규(2017), 영화·드라마·예능·CF까지 종행 무진하는 배우 신구, 조선일보 (6월 3일), Vol. B1·B2.

박성희(2017), '적폐' 윤회설, 조선일보(7월 25일 칼럼), Vol. A30.

박세미(2018), 한국교육, 평준화·획일화로 역주행, 조선일보(7월 27일), Vol. A14.

박찬주(2004), 현해탄 건너며 한·일 우호 다져, 부산일보(7월 17일).

박찬주(2009), 초·중등학교 해양훈련 부활시켜야, 부산일보(8월 4일), Vol. 21.

박호걸(2018), 야간 근무 후 스킨스쿠버 즐기던 50대 경찰 숨져, 국제신문 8월 12일.

박희봉(1995), 수상오토바이 스포츠로 탈바꿈, 국제신문(8월 16일), Vol. 22.

박희봉(2017), 부산의 기억 상실증, 국제신문(8월 1일 칼럼).

방현철(2018a), OECD 25개국 중 유독 한국 기업들만 "경기 악화될 것", 조선일보(6월 27일), Vol. A3.

방현철·양모듬(2018b), " 3중 먹구름 몰려오는 한국경제", "투자설비 마이너스 4.7%, 건설투자 마이너스 6.4%… 경제 퍼펙트 스톰 올 수 있다", 조선일보(10월 26일), Vol. 1, 3.

백영옥(2017), 백영옥의 말과 글[1] 자기 구조와 각자도생, 조선일보(6월 24일 칼럼).

백영옥(2018), 백영옥의 말과 글[75] '두 번은 없다', 조선일보(12월 1일 칼럼).

백태현(1999), 뭍 청소년들의 바다체험, 부산일보(6월 3일), Vol. 24.

법정(1989), 텅빈 충만(인간과 자연), 샘터(서울), 113.

법정(1990), 무소유, 범우사(서울), 61.

변희원·백수진·이해인(2018), 주 52시간 시행 한달, 직장인들 달라진 '퇴근길 문화', 조선일보(7월 28일), Vol. A2.

부산해양고등학교(1972·1973), 졸업사진첩(album).

서울특별시(2012), 서울특별시 알기 쉬운 도시계획 용어, 도시계획국.

서창완(2017), 김승진, 바다의 엄홍길(국내 최초 무기항·무원조 요트 세계일주 이력), 글로벌이코노믹(12월 04일).

석기용 역(2004), 프리 에이전트의 시대(Daniel H. Pink), 에코리브르(서울), 27, 37, 53.

손준구(2017), '건강과 행복'이라는 스포츠의 참뜻, 국제신문(7월 13일 칼럼).

송경진 역(2016), 제4차 산업혁명(Klaus Schwab), 새로운 현재(서울), 5~27, 114~117, 124, 259.

송동훈(2019), 세계문명기행 〈21〉 대항해의 출발점, 포르투갈 사그레스, 조선일보(1월 17일), Vol. A27.

송현수(2017), 낙동·수영강 개발, '강 마리나 도시' 부산 만들자. 부산일보(6월 8일), Vol. 08.

송현수(2018), 바다 보고 싶은 국민 절반 부산행, 부산일보(7월 20일), Vol. 02.

송혜진(2017), "상처엔 시간 필요, 이화(梨花)를 믿습니다." 조선일보(7월 8일), Vol. B1.

신영복(2011), 강의(나의 동양고전 독법), 돌베개(사울), 129.

신영복(2018), 담론(談論 : 신영복의 마지막 강의), 돌베개, 15~16, 19~20, 24~25, 55, 106~108, 137, 191, 205, 353, 404~406, 426.

심상목(2004), 형주자세를 고려한 세일링 요트의 선형시험 기법연구, 부경대 대학원 박사학위청구논문, 11~18.

안두옥(1996), 보드세일링훈련프로그램 개발, 한국체육과학연구원 논문집.

안영필·최인섭·박성계·조만태(1996), 현대사회와 스포츠, 동아대출판부, 19.

양성국·김수잔 역(1998), 스포츠 마케팅, 대경(서울), 192.

양지호(2017), "4차 산업혁명과 빅데이터는 허구다." 조선일보(7월 10일), Vol. A20.

울산광역시(2010), 해양선진국(호주·뉴질랜드·일본)의 마리나운영 벤치마킹결과보고서, 02.

원영신(2005), 스포츠사회학 플러스(전정판), 대경북스(서울), 18~19, 156.

유현준(2017), 도시는 무엇으로 사는가, 을유문화사(서울), 124, 138.

윤경철(2009), 대단한 바다여행, 푸른길(서울).

윤미연 역(2002), 라이언 하트(제스 마틴·에드 게논), 인북스(서울), 318~319.

이경남 역(2017), 미국의 성장은 끝났는가(Robert J. Gordon – 원제: The Rise and Fall of American Growth), 생각의 힘 (서울), 15~16.

이규호(2007), 단계 이규호 전집 제3권(언어철학 – 말의 힘·거짓말 참말, 그리고 침묵), 연세대출판부(서울), 20, 193.

이문규(2013), 컴플레인 마케팅 왜 중요한가, 조선일보(5월 20일), Vol. B10.

이민용(2018), 부산 3곳에 내수면 마리나 조성된다, 부산일보(9월 21일), Vol. 16.

이상백 역(1991), 제3의 물결(Alvin Toffler), 영광출판사(서울).

이선규(1995), 진해·온산·부산해역 등 7곳 수질 최하위 3등급 수준, 부산일보 (3월 8일), Vol. 28.

이선정(2017), 수영요트장 재개발 2심도 부산시 패소, 국제신문(12월 25일), Vol. 01.

이승훈(2017), 여름철 해양레저 후끈 안전수칙 경시했다가 혼쭐, 부산일보(6월 26일), Vol. 9.

이영미 역(2018), 죽을 때까지 책읽기(니와 우이치로), 소소의 책(서울).

이영완(2018), "빨라진 여름, 사람이 만든 환경오염 탓"… 실험 통해 첫 확인, 조선일보(12월 18일), B3.

이우환(2009), 시간의 여울, 현대문학(서울), 225~227, 340.

이은정(2018), 북항 마리나 설계 정림종합건축사무소 작품 선정, 국제신문(10월 24일), Vol. 02.

이정동·김태유·현택환 외 22인(2015), 축적의 시간(Made in Korea, 새로운 도 전을 시작하자), 지식노마드(서울), 63, 65, 68~69, 333, 344~345.

이정동(2017), 축적의 길(MADE IN KOREA의 새로운 도전), 지식노마드(서울), 111, 194~195.

이주홍(1954), 청년의 향기, 부산수산대학보(부산).

이태식·지삼업(2002), 지체 장애인의 해양스포츠 참여 실태연구, 스포츠사회 학회지, 664~674.

이희정 역(2017), 과학적 사고의 탄생, 첫 번째 과학자 아낙시만드로스(카를 로 로벨리), 푸른지식(서울).

장세진(2004), 글로벌경영시대 경영전략(제3판), 박영사(서울), 130~132.

전상인(2017), 80년대식 이념 권력과 직면한 지식인 사회, 조선일보(5월 20일), Vol. A30.

전승엽(2009), 국민소득 1만 7천불… 4년 전으로 추락, 연합뉴스(11월 16일).

정광복(1999), 생활(사회)체육계열의 교육과정 구성과 모형개발에 관한 연구, 동아대대학원 이학박사학위청구논문.

정대영(2016), 1인당 국민소득으로 본 한국경제, 이투데이(9월 27일 칼럼).

정민(2011), 삶을 바꾼 만남(스승 정약용과 제자 황상), ㈜문학동네(경기도), 231, 259.

정민(2018), 구사비진(求似非眞), 세설신어(世說新語) [468], 조선일보(5월 25일).

정성원(2018), 와이키키 같은 여기, 조선일보(5월 4일), Vol. A16.

정연근(2014), 제8회 장보고대상 수상자(③ 지삼업 부경대학교 명예교수 : 생산의 바다에서 즐기는 바다로 개척), 석간 내일신문(11월 21일), Vol. 14.

정우상(2018), 文대통령 "체육 시설, 도서관 등 생활 SOC투자 확대", 조선일보(8월 7일), Vol. A3.

정종훈(1998), 체육원리, 동아대학교 출판부(부산), 38~41.

정채현 역(2014·개정판) 지두 크리슈나 무르티(J. Krishnamurti), 마음과 생각, 고요아침(서울), 58, 79, 82, 164.

정철화(2016), 황천(荒天) 항해, 경북매일(11월 16일), 칼럼.

정현·지삼업(2017), 해양수산부 항만 및 어항 설계기준·해설(하권 ; 설계코드 KDS 64 70 00), 01~40.

조영미(2014), 조선시대 기법 그대로 '황포돛배' 만들었다, 부산일보(7월 31일), Vol. 09.

조정래(2014), 정글만리(1), 해냄(서울), 108.

지삼업(1996), 내일의 파도를 향하여(스포츠 평론집), 해원출판사(부산), 40~43.

지삼업(2002), 대규모 국제행사 경제효과 극대화를 위한 해양스포츠육성방안, 한국체육학회지(제41권 제4호).

지삼업(2004), 해양스포츠 대중화를 위한 자연환경요인 분석, 한국스포츠리서치, 제15권 제6호(통권87호), 956.

지삼업(2006a), 해양스포츠 자원론, 대경북스(서울), 118, 120, 143~149.

지삼업(2006b), 고등학생의 해양스포츠 활동과 사회성 발달에 관한 연구, 수산해양교육연구 제18권 3호(통권 제36호), 330.

지삼업·양위주·설훈구·전재균(2007a), 부산·경남지역 해양관광 활성화를 위한 체험프로그램 개발, 한국자료분석학회지(11월호), 3047~3063.

지삼업(2007b), 한국형 세일크루저요트를 세계적 브랜드로, 월간 'SEA &' 7월호, 사)해양산업발전협의회(부산), 106~110.

지삼업(2008a), 마리나 관리론, 대경북스(서울), 62~69, 113, 130, 141~142, 285, 287~394.

지삼업(2008b), 마리나 조성계획과 실제, 대경북스(서울), 26, 28~29, 42, 170.

지삼업(2009a), 초·중등학교 해양훈련 부활시켜야, 한국일보(8월 05일).

지삼업·이재빈(2009b), 해양스포츠 전진기지 기능과 이용자의 라이프스타일 및 만족도의 관계, 한국자료분석학회(6-B-11), 3401.

지삼업(2010), 초단기완성 동력수상레저조종면허예상문제집, 주)시대고시기획 (서울), 11~24.

지삼업(2011a), 해양스포츠론, 대경북스(서울), 46, 98, 246~247.

지삼업(2011b), 마리나 개발 및 운영론, 대경북스(서울), 53~56, 61, 76, 172, 345~347, 424~428, 510, 566~567, 590.

지삼업(2012), 해양관광론 플러스, 대경북스(서울), 37, 59~60, 62, 90, 119, 167, 279~280, 284.

지삼업(2013a), 마리나 관리 및 운영론, 대경북스(서울), 29~31, 85~86, 144~147, 182, 200~213, 228~233, 246, 522.

지삼업·조성민(2013b), 요트학교 참여자의 참여 동기 및 여가만족도가 운동지속에 미치는 영향, 한국수산해양교육연구(Vol. 25-1-), 123.

지삼업(2014), 해양스포츠 전진기지의 일탈, 국제신문(7월 02일).

지삼업(2016), 마리나시설을 통한 해양스포츠체험관광 활성화 전략, 순천 대스포츠산업 전문인력양성사업단 강의교재(순천), 58.

지삼업(2018), 해양스포츠관광 시설의 효과적인 운영전략, 2018 순천대지역특화산업을 접목한 스포츠 관광 전문가 과정 교재, 277, 314.

지삼업(2019), 수상레저동력조종면허 1·2급 예상문제집(개정7판1쇄), 이 책을 펴내며 및 수상레저기구 종류, 주)시대고시 기획(서울).

차재호·이은영 역(2014), 세계의 문화와 조직(Geert Hofstede·Gert Jan Hofstede· Mivhael Minkov), 학지사(서울), 55, 435.

차주홍(1991), 잠수기술개론, 한국기능잠수학교(부산), 115.

최복수 외 12인(2012) 역, 고객 서비스업무의 실제, 한올출판사(서울), 15, 18.

최성애(2016), 한·중·일 해양교육 현황과 시사점(학교 해양교육을 중심으로), 한국해양수산개발원(KMI) 현안 과제(NO. 11), 23(표 3-3).

최승담·김재철·박춘호·이정환·홍승용(2008), 신 해양시대 신국부론(해양관광 중심국가로 가는 길), 나남(서울), 324.

최일선·이정아(2017), 한국해양수산개발원(KMI) 월간동향 제6호(해양수산), 11~16.

최진석(2013), 인간이 그리는 무늬, 소나무(서울), 58~59, 61.

한국경제신문(2009), 떠다니는 부두·해상호텔·놀이공원… '플로팅 시장' 열리다(11월 16일).

한국해양수산개발원 성장동력실(2017a), 해양신산업동향(New Marine Indus-try Trends) 8월호, 09.

한국해양수산개발원(2017b), 국내 해수욕장 관리, 패러다임 변화 모색 필요, 동향분석 제38호(Pdf. 6).

한림화·김수남(1987), 제주바다 잠수(潛嫂)의 사계, 한길사(서울), 12~13.

한삼희(2018), 산 깎아 만드는 태양광, 조선일보(6월 21일), Vol. A34.

한완상(1987), 인간과 사회 구조, 경문사(서울), 32~35.

한현우(2018), 글쓰기의 달콤 쌉쌀함, 조선일보(10월 5일), Vol. A38.

해양수산부(2017), 항만 및 어항 설계기준(설계코드 KDS 64 70 00)·해설[하권].

현택환(2017), 축적의 시간(이정동 외 25명), 주)지식노마드(서울), 340.

홍준기(2018a), 고령자 1인당 연 진료비, 400만원 첫 돌파, 조선일보(9월 27일), Vol. A1.

홍준기·김효인(2018b), 100년새 여름 37일 빨라지고, 겨울 20일 짧아졌다. 조선일보(5월 9일), Vol. A16.

三谷 一也(1992), 새 보트 및 중고보트 선택의 A에서 Z까지. 舵社(日本), 10~13, 19~22, 54.

橫內 憲久(1996), 친수공간 개발과 해양스포츠시설의 현상과 전망, 해양스포츠연구 제1호, 日本 國立鹿屋體育大學海洋スポーツセンター, 04~14.

國立鹿屋體育大学海洋スポーツセンター(2007). 海洋スポーツ研究(12號). 62.

梁谷昭夫·藤森泰明·森繁 泉(1988), Marina의 計劃, 鹿島出版會, 17, 96~ 131, 155.

Adair, J.(1982), Action Centred Leadership, Grower, Aldershot.

Anderson, J. (1993), Changing Patterns of Watersports Participation, unpublished report, Southampton Institute, Southampton.

Anderson, J. (1994), Participation in Water Sports, Insights, English Tourist Board.

Blain, W. R. (1993), Marina developments, UK, 85.

BMIF(1992), Mritish Marine Industry Guide, BMIF.

Brasch, R. (1995), How Did Sports Begin. Harper Collins, Sydney.

Bromley, P.(1990), Countryside Management, E & FN Spon, London.

Clark, R.B.(1989), Marine Pollution, Oxford : Clarendon press.

Cole, G. A.(1993), Management Theory and Practice, 4th edn, DP Publicat— ions, London.

Drucker, P.(1955), The Practice of Management, Pan Book, London.

English Nature(1992), Caring for England's Estuaries: An Agenda for Action, English Nature, Peterborough.

Gilbert, E.W. (1953), Brighton: Old Ocean's Bauble. Methuen, London.

Global Receational Boating Industry Analysis and Forecast(2014~2019).

Henley (1991), Leisure Futures, Henley Centre for Forecasting.

ICOMIA·NMMA(2012), Global Marine Sports Industry Statistics.

JJ lsler & Peter lsler(1997), Sailing for Dummies, IDG BOOKS, 128.

Kerr, S.(1994), Scottish Regional Planning, RICS Workshop, Surveying at Sea: Business opportunities in the coastal zone, Cardiff, 30 September 1994.

Kresimir Zic·Perter Jansen (2016), 5th international Marina Conference Pre— sentation material(Seoul Marina).

Laffoley, D. (1991), Use of Coastal land and water space: recreation. In N.C Eno(ed.), Marine Conservation Handbook, 2nd ed., English Nature, ch.6.4

Leisure Consultants (1989), Boating and other Water spots, Leisure Consultants.

Leisure Consultants (1992), Leisure Forecasts 1992 — 1996. Leisure Consultants.

Leisure Consultants (1992), Activity Holidays The Growth Market on Tourism, Leisure Consultants.

Levens, G. (1991), Survey of Boat Owners, British Marine Industry Federation.

Martin, B. and Mason, S. (1993), Current trends in leisure: new views of countryside recreation, Leisure Studies, 12(1), 1—7.

Mele, A.(1994), Polluting for Pleasure, London : W. W. Norton.

MIAA(2010), Size and Characteristics of the Australian Marina Sector, Marina Industries of Australia.

Miller, M. and Ditton, R. D. (1986), Travel, tourism and marine affairs, Coastal Zone management Journal, 14(1/2).

Miller, M. L. and Auyong, J.(1991), 'Coastal zone tourism: a potent force affecting environment and society'. Marine policy March: 75~79.

Mullard, S. (1994), Towards an EU Strategy for Integrated Coastal Zone Management, IEEP London, Background Briefing No.1.

O'Neil, S. (1993), The future of the coast, Sport and Leisure, Jan./Feb.

OCED (1993), Coastal Zone Management Integrated Policies, Paris, Organi—sation for Economic Cooperation and Development.

ODIT(Observation, Developpment et Ingenierie Touristiques; 2007: France), Le Financement des Ports de Plaisance: Indicateurs, impacts economiques et possibilities de montages financiers : Paris, 10~45.

Orams, M.B.(1999), Marine Tourism : Development, Impacts and Management. Routledge. New York : 5.

Pagh, N.(1996), At Home Afloat; Gender and Northest Coast Marine Travel Accounts, The University of British Columbia(Canada).

Pelly, D. (1989), The Illustrated Encyclopedia of World Sailing, Marshall Cavendish Ltd.

Raviv, A.(2006), MARINA'S BEST(Comprehensive marina management handbook), LuLu, 10~102.

Sells Marine Market International (1993), Ben Business Information Services Ltd.

Selman, P.(1992), Environmental Planning: The Conservation and Develop– ment of Biophysical Resources, Paul Chapman Publishing Ltd, London.

Sidaway, R. (1991), Marina development and coastal recreation: managing growth, Ecos, 12(2).

Tate, M.(1994), Boat Show on a crest of a w, Observer, 21.8.94.

Tim Goodhead & David Johnson (2005), Coastal recreation Management, The sustainable development of maritime leisure. Tayot & Francis Group, London and New York, 9, 19, 23~40.

Tobiasson & Kollmeyer(1991), "Marina and Small Craft Harbors", New York.

Torkildsen, G. (1992), Leisure and Recreation Management, E&F N Spon.

Torkildsen, G.(1986), Leisure and Recreation Management, E & FN Spon, London

Torrington, D. & Weightman, J. (1994), Effective Management People and Organisation, 2nd edn, Prentice Hall International, Hemel Hempstead.

UCINA(2013): Italian Marine Industry Association

Underwood, H.H.(1934), Korean Boats and Ships.

UNWTO(2013), Global Wealth Report.

Urry, J. (1990). The Tourist Gaze: Leisure and Tourism in Contemporary Societies, Sage.

W. R. Blain(1993), "Marina Developments", UK Computational Mechanics Publications.

Wooder (1992), Multi activity centres, Insights, English Tourist Board, May, B71–B82.

〈참고 사이트〉

http//meriam–webster.com

http://oxforddictionaries.com.

http://www.southwharf.com

http://krdic.naver.com

http://www.krihs.re.kr

http://cafe.naver. com

http://www.azimutyachts.com

https://post.naver.com/viewer/postView

http://www.padi.com/english/common/padi/statistics/)

https://blog.naver.com/spuad/220530947591

https://m.post.naver.com/viewer

http://www.bymnews.com/news/newsDetails.php?id=148

http://www.geographia. com/grandbahama/marinas.htm

http://www.statista.com/

https://m.post.naver.com/viewer.

해양스포츠론 플러스

초판인쇄　2019년 6월 15일
초판발행　2019년 6월 20일
발 행 인　민유정
발 행 처　대경북스
　ISBN　　978-89-5676-786-4

등록번호 제 1-1003호
서울시 강동구 천중로42길 45(길동 379-15) 2F
전화: (02)485-1988, 485-2586~87 · 팩스: (02)485-1488
e-mail: dkbooks@chol.com · http://www.dkbooks.co.kr